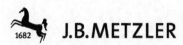

Handbuch
der Kulturwissenschaften

Band 1

Grundlagen
und Schlüsselbegriffe

*Herausgegeben von Friedrich Jaeger
und Burkhard Liebsch*

Sonderausgabe

Verlag J. B. Metzler
Stuttgart · Weimar

Bibliografische Information Der Deutschen
Nationalbibliothek
Die Deutsche Nationalbibliothek verzeichnet diese
Publikation in der Deutschen Nationalbibliografie;
detaillierte bibliografische Daten sind im Internet über
<http://dnb.d-nb.de> abrufbar.

Gedruckt auf chlorfrei gebleichtem, säurefreiem
und alterungsbeständigem Papier

ISBN 978-3-476-02400-8

© 2011 J. B. Metzler'sche Verlagsbuchhandlung
und Carl Ernst Poeschel Verlag GmbH in Stuttgart

www.metzlerverlag.de
info@metzlerverlag.de

Einbandgestaltung: Willy Löffelhardt/Melanie Frasch
Satz: Dörr + Schiller GmbH, Stuttgart
Druck und Bindung: CPI books GmbH, Leck
Printed in Germany
Juli 2011

Verlag J. B. Metzler Stuttgart · Weimar

Inhalt

6   Geschichte

Vorwort

Die Kulturwissenschaften befinden sich momentan in einer ambivalenten Lage. Einerseits gewinnen sie zunehmendes Gewicht für die Prozesse der kulturellen Deutung und Orientierung gegenwärtiger Gesellschaften, nicht zuletzt im Kontext der interkulturellen Verständigung in einer globalisierten Welt. Andererseits ist ihr fachliches, theoretisches und methodisches Selbstverständnis keineswegs hinreichend geklärt. Auch gibt es derzeit keinen Konsens in der Frage, ob die Kulturwissenschaften im Sinne einer einheitlichen Disziplin institutionalisiert, oder ob sie in der Pluralität teils traditioneller, teils neuer Fachwissenschaften betrieben werden sollen. Das vorliegende Handbuch plädiert für den zweiten Weg. Dazu sollen die trans- und interdisziplinären Fragestellungen, die sich bislang erst sehr vereinzelt bemerkbar machen, stärker vernetzt werden, um sie als kulturwissenschaftliche Forschungsperspektiven in den verschiedenen Disziplinen fruchtbar zu machen. Diese Tendenz zu einer fächerübergreifenden Kooperation entspricht zwar einer seit längerem erhobenen Forderung, hat sich aber in jüngerer Zeit verstärkt und zeitigt ermutigende Ergebnisse.

Die Schwierigkeit, das interdisziplinäre Profil der Kulturwissenschaften und die Spezifik ihrer jeweiligen Erkenntnisleistungen zu bestimmen, hat nicht zuletzt mit der wachsenden Internationalität der Diskussion zu tun. Sie hat dazu geführt, dass eine Verständigung über disziplinäre Strukturen und Abgrenzungen, über methodische Konzepte und Forschungsstrategien sowie schließlich über praktische Aufgabenfelder und Funktionsbestimmungen der Kulturwissenschaften komplexer geworden ist. »Kulturwissenschaften« im Sinne deutscher Traditionen des frühen 20. Jahrhunderts meinen offensichtlich etwas anderes als die »Cultural Studies« britischer und amerikanischer Prägung oder als die aus der Annales-Tradition, der Phänomenologie oder dem Poststrukturalismus hervorgegangenen französischen Strömungen kulturwissenschaftlichen Denkens. Weder die Verwandtschaften und Gemeinsamkeiten noch die Unterschiede und Divergenzen zwischen diesen verschiedenen Traditionen kulturwissenschaftlichen Denkens wurden bislang in ausreichender Klarheit herausgearbeitet.

Infolge dieser unübersichtlichen Diskussionslage droht »Kultur« zu einem Allgemeinplatz zu werden, der keinerlei analytische Trennschärfe mehr besitzt und die Fragestellungen, Perspektiven, Methoden, Funktionen und Erkenntnisleistungen der mit ihr befassten Wissenschaften nicht mehr zu bündeln und zu begründen vermag. Damit stehen nicht nur der fachliche Zusammenhang und die Dialogfähigkeit, sondern auch die Legitimität der Kulturwissenschaften als Instanzen der kulturellen Deutung und Orientierung auf dem Spiel. Angesichts dieser schwierigen Situation möchte das vorliegende Handbuch, das die Kulturwissenschaften mit ihren bereits erwiesenen Stärken, aber auch mit ihren offenen Fragen vorstellt und aufeinander bezieht, einen Überblick über den Stand der Diskussion bieten, der zu weiterer Klärung und Kooperation motiviert. Zu diesem Zweck wurden von nahezu einhundert Autoren Beiträge erarbeitet, die einen weit gefächerten Einblick in Grundfragen der kulturwissenschaftlichen Forschung eröffnen.

Im vorliegenden ersten Band »Grundlagen und Schlüsselbegriffe« wird die derzeitige Lage der Kulturwissenschaften anhand der theoretischen Leitkategorien Erfahrung, Sprache, Handlung, Geltung, Identität und Geschichte sondiert. Dabei werden diese Begriffe stets auch mit ihrem Gegenstand konfrontiert: mit der »gelebten Kultur« und mit den lebenspraktischen Herausforderungen, die sie beinhaltet. Die Konzeption dieses Bandes ist von der Überzeugung geleitet, dass die Kulturwissenschaften sich nicht selbst genügen. Vielmehr sollen sie die dem kulturellen Leben selber inhärenten Ansprüche, Herausforderungen, Probleme und Aporien zur Sprache bringen. Ob das bislang wirklich in angemessener Weise geschehen ist, wird ausdrücklich zur Diskussion gestellt. In diesem Sinne präsentieren die Beiträge nicht etwa einen letzten Erkenntnisstand, sondern sollen die kulturwissenschaftliche Arbeit neu inspirieren.

Im zweiten Band geht es unter dem Titel »Paradigmen und Disziplinen« um die epistemologischen, methodologischen und fachlichen Grundlagen der Kulturwissenschaften in einem weiten Sinne. Die Hauptthemen sind hier der Zusammenhang von methodischer Rationalität und Lebenspraxis, die grundlegenden wissenschaftlichen Problemstellungen, einflussreiche theoretische Ansätze wie Handlungs- und Systemtheorie, Sprachpragmatik, strukturalistische und poststrukturalistische Konzeptionen oder allgemein relevante Methodenkonzepte. Schließlich werden zahlreiche traditionelle Disziplinen – teilweise gegen den Strich ihres jeweils dominierenden Selbstverständnisses – als *Kulturwissenschaften* präsentiert, wobei sowohl historische Rekonstruktionen als auch systematische Reflexionen angestellt werden.

Im dritten Band »Themen und Tendenzen« liegt der Schwerpunkt auf den in den Kulturwissenschaften gegenwärtig favorisierten und angewandten Interpretationsmodellen von Kultur, Wirtschaft, Gesellschaft, Politik und Recht. In ihm ziehen die Autoren eine Zwischenbilanz aktueller Forschungstrends und präsentieren wichtige Ergebnisse der empirisch-analytischen Arbeit.

Diese Gliederung soll die Diskussion darum, was Kulturwissenschaft ist, zusammenfassen und einen Überblick bieten, der mehr als nur eine Bestandsaufnahme darstellt. Sie versucht eine Ordnung in die Debatte zu bringen, die sie einen Schritt weiterführt – zu einer systematischen Reflexion von Grundlagen, Kategorien und Erkenntnisfeldern, von transdisziplinären Voraussetzungen, Implikationen und Funktionen des kulturwissenschaftlichen Denkens, von interdisziplinären Konstellationen, Verflechtungen und Überschneidungen. Schließlich werden mit ausgewählten Forschungsparadigmen auch Praktiken der kulturwissenschaftlichen Erkenntnisarbeit präsentiert. Theoretische Grundlagenreflexion, methodologische Selbstvergewisserung und forschungspraktische Erfahrungen werden in ein systematisches Verhältnis zueinander gesetzt. Dadurch soll die Debatte um den *cultural turn* in den Humanwissenschaften angeregt, erweitert und vertieft werden, – ein Überblick über das Ganze, das dem Einzelnen zugute kommen kann und weitere Erkenntnisfortschritte stimulieren soll.

Andererseits soll mit diesem Handbuch kein bestimmtes Verständnis von Kultur und Kulturwissen-

schaft festgeschrieben werden. Vielmehr soll die Vielfalt von Positionen, Zugriffen und Disziplinen dokumentiert und ein Beitrag zur Klärung ihres Verhältnisses zueinander geleistet werden. Zugleich geht es darum, diese Vielfalt der kulturwissenschaftlichen Forschung auf übergreifende Fragen und Problemstellungen hin zu beziehen. Daher wurden die einzelnen Bände, Kapitel und Artikel des Projekts so weit wie möglich aufeinander abgestimmt, um die Verzahnung der Grundbegriffe, Methoden und Themen der Kulturwissenschaften transparent werden zu lassen.

Realisiert werden konnte das Unternehmen allein aufgrund der engagierten Mitwirkung seiner Autorinnen und Autoren. Ihnen sei dafür an erster Stelle herzlich gedankt. Nur in wenigen Fällen konnten ursprünglich vorgesehene Artikel und Themen keine Berücksichtigung finden, da ihre Bearbeiter die zugesagten Beiträge nicht fertiggestellt haben.

Der Arbeit der Autorinnen und Autoren gingen jedoch mehrere Schritte voraus, die für die Realisierung dieses Handbuch ebenfalls wichtig waren: Hervorgegangen ist es aus Diskussionen, die seit 1997 innerhalb der Studiengruppe »Sinnkonzepte als lebens- und handlungsleitende Orientierungssysteme« und seit Oktober 1999 zusätzlich in der Studiengruppe »Lebensformen im Widerstreit. Identität und Moral unter dem Druck gesellschaftlicher Desintegration« am Kulturwissenschaftlichen Institut in Essen geführt worden sind. Allen Wissenschaftlerinnen und Wissenschaftlern, die sich entweder als Mitglieder oder als Gäste dieser beiden Studiengruppen an der Vorbereitung des Unternehmens beteiligt haben, gilt unser Dank.

Neben ihnen danken wir den Mitarbeiterinnen und Mitarbeitern des Kulturwissenschaftlichen Instituts in Verwaltung und Bibliothek für ihre Hilfe bei der Durchführung dieses Unternehmens, vor allem Ursula Sanders für die Sorgfalt und Kompetenz, mit der sie für die formale Gestaltung und Vereinheitlichung aller Manuskripte gesorgt hat sowie Kerstin Nethövel und Annelie Rammsbrock für ihre Unterstützung bei der Endkontrolle des Textes. Bernd Lutz vom Verlag J.B. Metzler danken wir schließlich für die verlegerische Betreuung des Handbuchs.

Essen im März 2003

Friedrich Jaeger / Burkhard Liebsch / Jörn Rüsen / Jürgen Straub

Einführung

Friedrich Jaeger / Burkhard Liebsch

In seinen *Regards sur le monde actuel* hat Paul Valéry als einer der ersten Kulturkritiker der Moderne eine Art »Insolvenz der Vorstellungskraft«, ja sogar einen »Bankrott des Verstehens« diagnostiziert. Was man einst als *bon sens* oder als gesunden Menschenverstand bezeichnete, schien ihm bereits von der Erfahrung des Ersten Weltkrieges genauso radikal überfordert wie die europäische Tradition.[1] Sie verstummte gerade in dem historischen Augenblick, als es darum ging, auf den drohenden Ruin Europas Antwort zu geben. Angesichts ihrer Herausforderung durch den Krieg schienen die Quellen, aus denen Antworten hätten sprudeln sollen, wie ausgetrocknet, schrieb Hannah Arendt 1953 im *Partisan Review*.[2] Seitdem war im Rückblick auf das vergangene 20. Jahrhundert viel von epochalen Verwerfungen, Zäsuren und Brüchen die Rede, die die Kontinuität zumindest der abendländischen Geschichte, wenn nicht der menschlichen Geschichte überhaupt zu zerreißen drohten. Immer wieder wurde gefordert, die entscheidenden Ereignisse – vom Welt- und Vernichtungskrieg über den Genozid bis hin zum jüngsten Terror, aber auch die stumme und vielfach exportierte Gewalt, die der ökonomischen Reproduktion der westlichen Gesellschaften innewohnt – endlich als Herausforderung zur Revision der Begriffe ernst zu nehmen, mit denen man bislang das kulturelle Leben beschrieben hatte, das durch diese Ereignisse an den Rand der Zerstörung seines eigentlichen Sinns gebracht worden war.

In dieser Sicht zeigte sich nicht zuletzt auch das kulturtheoretische Denken zutiefst affiziert von einer radikalen Gefährdung und Entstellung kulturellen Lebens im gewaltsamsten aller bisherigen Jahrhunderte. Es ist freilich eine offene Frage, ob sich die kulturwissenschaftliche Arbeit wirklich dem Anspruch einer kategorialen Revision ihrer Begriffe unterzogen hat und ob sie insoweit wirklich Antwort gibt auf die Herausforderung einer Geschichte, die bereits den Widersinn aller Kultur bewiesen zu haben schien, wie Adorno in einer oft wiederholten,

aber vorschnellen Diagnose feststellte. Die Prätention einer derart totalen Kritik erscheint heute kaum mehr glaubwürdig. Zu sehr bleibt doch unvermeidlich jede Kritik ihrerseits kulturell situiert, so dass es unmöglich ist, das, was man Kultur nennt, unvoreingenommen von außen zu betrachten. Das heißt wiederum nicht, dass man auf Gedeih und Verderb in den Horizont einer Kultur etwa eingeschlossen bleiben müsste. Heterogene Kulturen begegnen einander nicht erst nachträglich, wenn sie bereits als mehr oder weniger abgegrenzte Gebilde vorliegen. Vielmehr formieren sie sich in originärer Interkulturalität, in ständiger Auseinandersetzung mit Anderem und Fremdem, ohne dass ihnen dessen Aufhebung je gelingen könnte. Wo das vergessen wird, drohen Saturiertheit und Selbstgerechtigkeit, in der kulturelles Leben vermeintlich sich selbst genügt und schließlich jeden Sinn für die nicht selten dramatischen Herausforderungen vermissen lässt, denen es sich stellen muss, soll es nicht verkümmern und alsbald absterben. Der als Anspruch zu begreifenden Herausforderung gegenüber bleibt kulturelles Leben stets im Verzug. Erst nachträglich, durch die »Antworten«, die es gibt, werden die Ansprüche deutlich, denen es gerecht werden muss. Das gilt für die Vorgeschichte der vielfachen europäischen Verfeindungsprozesse, die schließlich im Ersten und Zweiten Weltkrieg kulminierten ebenso wie für die neueren Formen ethnischer Gewalt, in denen man angeblich an sich unvereinbare kulturelle Lebensformen aufeinander prallen sieht. Die Antworten auf diese Herausforderungen haben niemals zureichende Gründe. Ihnen haftet vielmehr eine untilgbare Kontingenz an, die bereits in der umstrittenen Wahrnehmung, dann auch in der Beschreibung, Deutung und Er-

---

1 Valéry, Paul *Œuvres* (Bibliothèque de la Pléiade), Bd. 2, S. 913-1159, hier: S. 942.
2 Vgl. Arendt, Hannah (1994), *Zwischen Vergangenheit und Zukunft*, München/Zürich: Piper, S. 110 ff.

klärung der jeweiligen Phänomene wurzelt. Diese, mit Beliebigkeit nicht zu verwechselnde Kontingenz lässt nicht darauf hoffen, dass man eines Tages ein unstrittiges Fundament jeglichen kulturellen Lebens entdecken könnte. Die zentralen »Kulturprobleme«, wie Max Weber jene Herausforderungen nannte, verändern sich auf unvorhersehbare Weise. Ihre »Farbe« wechselt, schrieb er in seinem Objektivitätsaufsatz; manche verblassen in der »Dämmerung« der kulturellen Geschichte; neuartige überblenden unvermittelt normalisierte oder überholte Herausforderungen, denen sie indessen nicht zu widersprechen brauchen.[3] Vielfach muss sich kulturelles Leben dem *Widerstreit* heterogener Anforderungen stellen, die nicht umstandslos auf den gemeinsamen Nenner eines Maßes zu bringen sind, an dem man etwa das Gelingen oder baldige Scheitern einer Kultur im Ganzen messen könnte. Daher können sich auch die sogenannten Kulturwissenschaften nicht mit einer Bearbeitung ihres Stoffes als Selbstzweck begnügen. Sie stehen vielmehr ihrerseits in einem praktischen Verhältnis zu den vielfältigen Formen kulturellen Lebens, die sie rekonstruieren, verstehen und erklären. Das heißt, sie dienen ihrerseits einer kulturellen Selbstverständigung derer, die in diesen Formen koexistieren. Wie die verschiedenen kulturellen Lebensformen den mehr oder weniger dringlichen, unaufschiebbaren, kurz- oder langfristigen, eklatanten oder auch gleichsam subkutanen Herausforderungen gerecht werden, wird seinerseits zur Herausforderung für die Wissenschaften, die kulturelles Leben mit seinen Antriebskräften, Infrastrukturen, Unwägbarkeiten und Aporien als solches zur Sprache zu bringen behaupten. Wenn die Kulturwissenschaften dies wirklich versuchen, müssen sie sich als an die Herausforderungen rückgebunden begreifen, mit denen sich kulturelle Lebensformen immanent, in ihren Verhältnissen untereinander und im Verhältnis zum Anderen und Fremden, das niemals in kulturellem Leben aufgehen wird, auseinander setzen.

In diesem Sinne eröffnet der vorliegende Band die Diskussion der gegenwärtigen Lage der Kulturwissenschaften bewusst mit verschiedenen Ansätzen zur Rückbesinnung auf diese Herausforderungen. Dabei konzentriert er sich auf Grundbegriffe, mit denen sich die Formen und Funktionen kulturellen Lebens beschreiben lassen. Im Einzelnen handelt es sich dabei um die Begriffe Erfahrung, Sprache, Handlung, Geltung, Identität und Geschichte. Mit ihnen verbindet sich kein systematischer Anspruch im strengen Sinn; vielmehr sollen sie als begriffliche Instrumente dienen, auf die sich unterschiedliche Disziplinen im Zuge der Erschließung und Strukturierung eines interdisziplinären Feldes kulturwissenschaftlicher Erkenntnisinteressen und Forschungsperspektiven auf je eigene Weise und durchaus kontrovers beziehen. Sie bewähren sich, wenn sich mit ihnen die Heterogenität und Vielfalt kulturwissenschaftlicher Forschungsstrategien zum Ausdruck bringen lässt, ohne die übergreifenden Gemeinsamkeiten ihres Themenfeldes und Gegenstandsbereichs, der Kultur, aus dem Auge zu verlieren. Mit dem hier dargelegten Geflecht von Grundbegriffen wird der Versuch gemacht, ein flexibles Netz kategorialer Differenzierungen und Konkretisierungen zu spannen, in dem sich die verschiedenen kulturwissenschaftlichen Disziplinen ohne Verlust ihrer jeweiligen Fachspezifik gemeinsam bewegen können. Trotz aller Unterschiedlichkeit und Eigenständigkeit ihrer fachlichen Zugriffe geht es ihnen gemeinsam um Phänomene der kulturellen Erfahrung, um spezifische Formen der Versprachlichung, um Vollzüge menschlichen Handelns, um Fragen der kulturellen Geltung, schließlich um Identitätsprobleme und Prozesse geschichtlichen Wandels. Diese Kategorien sind für sie gleichermaßen von großer Bedeutung; in diesem Sinne ist hier die Rede von kulturwissenschaftlichen Grundbegriffen.

In Kapitel 1 soll zunächst die Verpflichtung kulturwissenschaftlicher Arbeit auf die *kulturelle Erfahrung* deutlich werden. So wird etwa auf Kontingenzerfahrungen Bezug genommen, die nach kultureller Sinnbildung verlangen und auf diesem Wege das kulturelle Geschehen als einen Prozess des Antwortgebens auf diese Erfahrungen in Gang halten. Die Erfahrungskategorie weist darauf hin, dass die kulturelle Deutungsarbeit an den Herausforderungen zu kultureller Sinnbildung immer

---

3 Vgl. Weber, Max (1968), *Soziologie. Weltgeschichtliche Analysen. Politik*, Stuttgart: Kröner, S. 261 f.

schon auf dem brüchigen und kontingenten Boden eingespielter, kulturell tradierter Interpretationen und Deutungen erfolgt. Prozesse der kulturellen Innovation etwa werden unter Berücksichtigung dieser verschiedenen Aspekte der menschlichen Erfahrung als Gewichtsverschiebungen im komplexen Verhältnis zwischen präfigurierten, kontingenten und gedeuteten Erfahrungen kulturwissenschaftlich verständlich. Dabei ist Kultur immer auch ein komplexes Geflecht von Vorgängen, in denen ein in der Zeit sich abspielendes und womöglich mit ihr verschwindendes Geschehen eine äußere und dauerhafte Gestalt erlangt. Nur wo in diesem Sinne eine überlebensfähige Welt Gestalt annimmt, sprechen wir von Kultur, die sich in Objektivationen sedimentiert und damit zugleich ihren eigenen Tod heraufbeschwört. Wo Kultur nur noch in sogenannten Kulturgütern besteht, ist alles kulturelle Leben erloschen. Das gleiche gilt, wenn kulturelles Leben kein Verhältnis zum Anderen der Kultur erkennen lässt, wenn es also scheinbar nur noch um sich selbst kreist, ohne an innere oder äußere Grenzen zu stoßen. Wenn »alles Kultur ist«, wird der Begriff sinnlos. Mehrere Beiträge gehen deshalb dem Anderen der Kultur sowie ihren äußeren und inneren Grenzen nach; unter anderem auch Erfahrungen des Scheiterns kultureller Sinnbildung angesichts katastrophischer Kulturkrisen und Zivilisationsbrüche, oder auch angesichts von Naturkatastrophen. Stellen derartige »Sinn-Katastrophen« lediglich Ausnahmefälle dar, in denen die tradierten und kulturell »abrufbaren« Deutungsmuster überfordert und obsolet werden? Oder führen sie auf die Spur subtilerer Missverhältnisse zwischen Sinn und Widersinn, Sinn und Nicht-Sinn, die sich auch im »normalen« kulturellen Leben bemerkbar machen?

In Kapitel 2 soll der kulturelle Zusammenhang zwischen *Erfahrung und Sprache* herausgestellt werden. Generell ist Erfahrung darauf angewiesen, dass ihr »Worte gegeben werden«. Sie vollzieht sich im Medium der Sprache, speziell des Symbolischen, dessen Geltung sich auf Zeit-Räume heterogenen kulturellen Lebens erstreckt. Über diesen grundsätzlichen inneren Zusammenhang von Sprache und Erfahrung hinaus (der u.a. Prozesse der Metaphorisierung oder semantischen Innovation be-

trifft) wird der Zeichenstruktur kulturellen Lebens sowie unterschiedlichen medialen Dimensionen (etwa der Bildlichkeit und ihrer technischen Produktion und Reproduktion) Rechnung getragen. Das verlangt auch nach einer gesonderten Betrachtung verschiedener sinnlicher Register der Erfahrung. Die Frage der Medialität leitet über zur konstitutiven »Öffentlichkeit« des Kulturell-Symbolischen. Im Zeit-Raum einer Öffentlichkeit ist die – stets fragwürdige – Verständlichkeit und »Lesbarkeit« des Kulturellen zu unterstellen; sie ist jedoch niemals einfach gegeben, sondern vielfach umstritten und umkämpft. Die Auseinandersetzung mit anfechtbaren Bedeutungen findet in bestimmten Formen (von denen der Diskurs nur eine ist) und an bestimmten Orten statt, die gleichsam als Brennpunkte der symbolischen Verfasstheit des Kulturellen gelten können.

Die in Kapitel 3 vorgesehene Reflexion des Begriffs der *Handlung* bzw. der *Praxis* als einer weiteren kulturwissenschaftlichen Kategorie dient dazu, Kultur nicht als Objektivität gleichsam »geronnener« Strukturen, sondern als fortwährendes Geschehen zu rekonstruieren und auf diesem Wege innerhalb der Topographie der menschlichen Lebenswelt genauer zu verorten. Darüber hinaus geht es um die geschichtlich handelnden und leidenden Menschen; um die kulturelle Bedeutung menschlicher Subjektivität im Prozess des geschichtlichen Wandels; um die sozial identifizierbaren Träger und Trägergruppen kultureller Erfahrungs- und Geschehensprozesse; um die verschiedenen Formen der Institutionalisierung des Handelns (wie Arbeit, Herrschaft, Technik, Religion, Recht, Wissenschaft, Kunst u.a.), die sich auf dem Wege funktionaler Differenzierung zu denjenigen Dimensionen menschlicher Lebenspraxis verselbständigen, die Weber die autonomisierten Wertsphären der Kultur genannt hat. Kulturwissenschaften benötigen eine Theorie der Institutionen im Sinne von Kristallisationsformen menschlichen Handelns, in denen es sich funktional ausdifferenziert. Ein weiterer Handlungsaspekt kulturellen Lebens besteht schließlich in seiner intersubjektiven Dimension und Vermittlungsstruktur, wie sie in vielfältigen, konfliktträchtigen oder »polemogenen« Formen kultureller Intersubjektivität zum Tragen kommt.

In Kapitel 4 wird der Begriff der *Geltung* in seiner Verflechtung mit Ansprüchen bzw. Herausforderungen kultureller Erfahrung als eine eigenständige kulturwissenschaftliche Kategorie entwickelt. Kulturelles Leben zeigt sich an Geltungsansprüche gebunden, die sowohl anerkannt wie negiert werden können und daher grundsätzlich umstritten und konflikthafter Natur sind. In den Beiträgen dieses Kapitels werden die symbolischen, praktischen, kognitiven, narrativen und ästhetischen Dimensionen kultureller Geltung im Einzelnen herausgearbeitet. Kulturelle Geltungsansprüche betreffen erstens das, was wir provisorisch »Bedeutungsansprüche« nennen möchten, die mit einer kulturellen Kraft der Sinnbildung im Sinne der symbolischen Welterschließung verknüpft zu sein scheinen; sie betreffen zweitens die normative Dimension der Kultur, ihre Bindung an Werte und ihren Anspruch auf Anerkennung; sie betreffen drittens ihre (selbst)-reflexive Struktur, für die etwa – wenn auch keineswegs allein – die Wissenschaft steht; sie betreffen viertens ihre narrative Struktur und damit verbundene Ansprüche auf Sinn als Kohärenz sowie fünftens schließlich ästhetische Geltungsansprüche.

Als ein prägender Begriff der kulturwissenschaftlichen Diskussion der letzten Jahre hat sich der Begriff der *Identität* erwiesen, dem Kapitel 5 gewidmet ist. Nicht erst seit der sogenannten postmodernen Kritik der Identitätskategorie als Instrument kultureller Homogenisierungszwänge und Resultat »erpresster« Kohärenz stellt sich die Frage ihrer kulturwissenschaftlichen Legitimität in verschärfter Form. Das gilt mehr noch für die genealogische und phänomenologische Kritik des Begriffs, der freilich nicht ohne weiteres zu ersetzen ist. Es geht denn auch nicht um »Identität oder nicht«, sondern darum, wie man den Begriff heute angemessen verstehen kann und wie sich die Frage nach Angemessenheit ihrerseits stellt. Vermutlich unersetzbar erscheint der Begriff, insofern er für ein Geflecht kultureller Selbst-Verhältnisse steht, in denen Menschen einander als einzigartige und unverwechselbare Individuen begegnen und sich ihrer Situierung im kulturellen Kontext vergewissern. Hierher gehören Aspekte wie Geschlechtlichkeit, Leiblichkeit, psychische Triebstrukturen und andere individuierende Faktoren von Lebensgeschichten ebenso wie

die identitätsbildenden und vielfach »ethnozentrischen« Selbstverhältnisse sozialer Gruppen, Klassen, Gesellschaften und Nationen; Fragen der Formierung von Zugehörigkeit und Mitgliedschaft usw. Im Medium kulturellen Lebens geben Subjekte und soziale Gruppen eine Antwort auf die Frage, wer sie in der Beziehung zu Anderen (kulturell, räumlich und historisch) sind, worin also die Differenz besteht, die sie von Anderen abgrenzt und die sie Andere ausgrenzen lässt. Die Formierung von Identität impliziert Prozesse der kulturellen Integration, aber auch solche der Abgrenzung und Exklusion, die sich ihrerseits auf raffinierte Weise als mit Formen der Vergemeinschaftung oder der Vergesellschaftung verflochten erweisen. Die kulturwissenschaftlichen Debatten um Phänomene kultureller Differenz und Vielfalt, um Formen kultureller Transfers und Möglichkeiten interkultureller Kommunikation, um Prozesse und Mechanismen gewaltsamer Exklusion sowie um die damit zusammenhängenden Anerkennungs- und Normenprobleme sind in den vergangenen Jahren mit einer unnachsichtigen Infragestellung der Rede von kultureller Identität einhergegangen, die Maßstäbe für die weitere Verwendung des Begriffs setzt.

Kapitel 6 wendet sich abschließend der diachronen, speziell der *temporalen* Ordnung und *geschichtlichen* Dimension der Kultur, aber auch den vielfältigen Aspekten und Problemen der Epochensetzung zu. Dabei stellt sich die ebenso geschichts- wie kulturtheoretisch relevante Frage nach dem inneren Verhältnis und dem wechselseitigen Konstitutionszusammenhang von Kultur und Geschichte. Inwieweit gründet die Geschichtlichkeit des Menschen in seiner Fähigkeit zur Kultur und umgekehrt: In welchem Sinne ist Kultur durch die Historizität der menschlichen Welt gekennzeichnet? In diesem Zusammenhang kommen auch Geschichtsbewusstsein, Erinnerung und Gedächtnis als fundamentale Medien und Modi der kulturellen Überlieferung zur Sprache, in denen der geschichtliche Wandel kulturellen Lebens noch vor aller Verwissenschaftlichung gedeutet wird. Dabei spielt das historische Zeitbewusstsein eine zentrale Rolle: nicht zuletzt in Erwartungen künftigen, sinnvollen geschichtlichen Wandels, bis hin zum Ausgriff über die je gegebene Kultur hinaus. Ohne einen Überschuss an Hoffnungen, Sehnsüchten, Versprechen und Erwartungen, die ihrerseits auf die geschichtliche Erfahrung zurückwirken, ist kulturelles Leben kaum denkbar. Dass dieser Überschuss vielfach zu verbitterter Enttäuschung infolge der Auslieferung an unhaltbare Versprechungen politischer Futuristen geführt hat und dass er seitdem unter generalisiertem Utopieverdacht steht, heißt nicht, dass nun das sogenannte Realitätsprinzip sowie Funktionalismus und Ökonomismus das letzte Wort haben. Nach wie vor beunruhigt die Frage nach möglichen (und richtigen) Epochenbestimmungen vergangenen und Richtungsbestimmungen zukünftigen geschichtlichen Wandels, auf die auch dann nicht verzichtet werden kann, wenn niemand mehr auf eine sich wie von selbst welt-geschichtlich durchsetzende Teleologie der Vernunft und auf eine durch sie in höchst fragwürdiger Weise womöglich mitsamt der fälligen Opfer gerechtfertigte Fortschrittsgeschichte bauen mag. Weniger denn je kann kulturelles Leben heute auf eine utopisch ausgemalte, inzwischen für allzu viele Menschen bedrohlich verdunkelte Zukunft Kredit nehmen; gleichzeitig erscheint es mehr denn je unterwandert und in Frage gestellt von Anderem und sogar radikal Fremdem, das nicht verspricht, sich in ihm aufheben zu lassen.

In dieser prekären Zwischenlage ist es nicht bloß ein »akademisches« Projekt, die Kulturwissenschaften wieder an die Herausforderungen gelebter Kultur zu erinnern, um sie mit der Frage zu konfrontieren, was sie zu deren Aufklärung beitragen. Es versteht sich von selbst, dass es wohl die Aufgabe von Herausgebern sein kann, diese *Problemstellung* attraktiv zu machen, *nicht* aber mögliche Antworten vorzuzeichnen. In diesem Sinne ist der mit dem vorliegenden Band eingeleitete Versuch einer interdisziplinären Bestandsaufnahme der Kulturwissenschaften, dem ein ausführlicher, allen Autoren zugänglich gemachter Entwurf vorausging, unvermeidlich mit der Hypothek von Heterogenität und Unvollständigkeit belastet. Daher spiegeln die Ergebnisse, die hier vorgelegt werden, in sich unvermeidlich die ganze Vielfalt *und* die Inkonsistenzen, die ungelösten Probleme und kommunikativen Hemmnisse, die in der oft beschworenen, aber schwer zu realisierenden Interdisziplinarität der Kulturwissenschaften überall zu bemerken sind. Nicht zu übersehen sind auch manche Desiderate – wie etwa eine ausführlichere Würdigung der vom Widerstreit über den zivilen Konflikt bis zum Krieg in seinen neuartigen Formen reichenden ›polemischen‹ Dimension menschlicher Kultur.

Daher sollte auch der Handbuch-Charakter dieses Unternehmens nicht dahingehend missverstanden werden, als verbinde sich mit ihm der Anspruch, das Gebiet kulturwissenschaftlicher Arbeit verbindlich abstecken und damit einen laufenden Diskurs schließen zu wollen. Dies stünde in klarem Widerspruch zur Eigenschaft der Kulturwissenschaften, in einer dynamischen Beziehung zu den gegenwärtigen, sich beständig wandelnden Konstellationen moderner Lebenswelten zu stehen, die einer informierten Antwort bedürfen. Eher geht es also darum, den Problemhintergrund und die Komplexität einer sich ausdifferenzierenden Wissenschaftslandschaft darzulegen, um diese im Fluss ihrer eigenen, ergebnisoffenen Fortentwicklung zu halten.

1 Erfahrung

1.1 Kultur im Zeichen des Anderen oder Die Gastlichkeit menschlicher Lebensformen

Burkhard Liebsch

Von Anfang an war kulturelles Leben eine ständige Auseinandersetzung mit dem, was *nicht* zu ihm gehört, ihm entgegensteht oder ihm Widerstand leistet. Nicht zuletzt die Etymologie belegt das. Das *Andere der Kultur*, ohne das auch ihr Begriff keinen rechten Sinn ergibt, konnte nicht einfach indifferent neben ihr bestehen bleiben, denn vielfach bedrängte und gefährdete es die Menschen, die die Arbeit der Kultur verrichten mussten, wollten sie nicht untergehen. Ungeachtet zahlloser Niederlagen, von denen die bis in die Ur-Zeiten der Paläontologie zurückreichende Kultur-Geschichte berichtet, war dieser Arbeit schließlich ein gewisser Erfolg beschieden. Formen kollektiver Selbsterhaltung gegen das Andere der Kultur, als dessen Inbegriff die *Natur* gilt, haben sich auf Dauer etabliert, und die Erfolge der Auseinandersetzung mit der Natur sind nicht einfach wieder in Vergessenheit gefallen, sondern nach und nach in überdauernden menschlichen Lebensformen Überlebenden weitergegeben worden. Aus der Weitergabe entwickelten sich unterschiedlichste Traditionsstränge, die verschiedenen *Kulturen* ein ungeahntes Wachstum beschert haben. Die Früchte dieses Wachstums werden nach einer welt-geschichtlich überaus kurzen Zeit bereits in einer *Überfülle* überliefert, die schließlich zur Sichtung, Archivierung und enzyklopädischen Bestandssicherung zwingt. Im 18. Jahrhundert, das sich erstmals mit großer systematischer Energie dieser Aufgabe stellt, werden zugleich unabweisbare Zweifel am zentralen Vor-Urteil dieser Arbeit laut, es handle sich um eine unzweideutige Erfolgsgeschichte, die zumindest gewisse Grundprobleme der Auseinandersetzung mit der Natur einer immer besseren Lösung zuführe. Über diese Kritik noch hinausgehend, verlieh Rousseau nachdrücklich der Überzeugung Ausdruck, dass die Menschen sich durch eben diese Geschichte in eine tiefgreifende Selbst-Entfremdung verstricken. Damit verschaffte er einer radikalen Kultur-Kritik Geltung, die seitdem nicht müde wird, die Kultur gerade von ihrem (von Anfang an mehrdeutigen) Anderen her an ihren eigenen Sinn zu erinnern. Aber auch die Zweifler, die für die Natur Partei ergreifen, nehmen das Andere der Kultur in Beschlag – und sei es nur, um es *in* der Kultur gegen sie zu wenden. So triumphiert auch in der Kritik der Auseinandersetzung mit der Natur am Ende nur die Kultur: Die Natur gerät scheinbar restlos in die Abhängigkeit von einer »menschlichen«, d. h. kulturellen Geschichte[1] ihrer Bewältigung, Beherrschung und Aneignung. So gesehen absorbiert die Kultur am Ende die Natur. Ihres »Anderen« scheint sie sich restlos bemächtigen zu können, um noch die kleinsten und die entferntesten Gegenstände in ihrer Immanenz aufzuheben. Errungenschaften wie das Elektronenmikroskop oder das Hubble-Teleskop symbolisieren diese offenbar unbeschränkte Ausweitung einer Immanenz, die kein Außen, keine Exteriorität mehr zu kennen scheint. Im Raum sind die Grenzen bis weit in mikroskopische Tiefe und in stellare Ferne, in der Zeit bis weit in eine Vor- und Nach-Zeit hinaus vorgeschoben,[2] was nur das Vorrecht des Menschen und der inzwischen von ihm hervorgebrachten Kultur(en) bestätigt. Ist nicht die kulturelle Existenz des Menschen das Maß von Raum und Zeit? Zeitigt nicht der Mensch eigentlich die Zeit? Ist nicht nur an seinem irdischen Ort das mikro- und makroskopisch Fernste repräsentierbar – vorläufig, bis das Spiel aus ist? Und denkt *er* nicht den Raum, der ihn umfasst, wie es schon in Pascals *Pensées* hieß? Dass jener Ort ein »künftig verlassener

---

1 Nach Moscovici (1990).
2 Vgl. Löwith (1981, S. 291).

Schauplatz« ist, wie Montaigne sagte,[3] können auch nur diejenigen wissen, die ihn unbestimmt befristet bewohnen. So ist auch das mit kosmologischer Notwendigkeit eintretende absolute Ende der menschlichen Kultur scheinbar nur ein Moment der Aufhebung aller Grenzen in ihr selbst. Hier scheint sich zu bestätigen, was immer wieder behauptet wurde: dass nämlich im Grunde »alles Kultur« sei. Mögen noch hier und da Schlachten der Auseinandersetzung mit einer widerständigen Natur geschlagen werden – auch diese Natur begegnet nur *in* einem kulturellen Verhältnis zu ihr. So hat die Kultur scheinbar ihr Anderes aus dem Blick verloren, ohne das ihr Begriff doch keinen Sinn ergibt. Wenn alles Kultur ist, wissen wir nicht mehr, was Kultur ist.[4]

Wäre aber alles Kultur, dann wäre die oft postulierte *Ur-Aufgabe* der Kultur, den Menschen eine *Bewohnbarkeit der Welt*, eine wenigstens unbestimmt befristete »Bleibe« *angesichts einer radikalen Herausforderung durch das Andere der Kultur* möglich zu machen, nicht mehr verständlich zu machen oder sie wäre obsolet. Die Kultur fiele dann mit der Welt zusammen und hätte zu ihrem Anderen keine Beziehung mehr. Verhielte es sich aber so, dann wäre das Andere der Kultur nicht mehr wie einst die Natur als radikale Herausforderung menschlichen Überlebens zu denken.[5] Läge die Geschichte der Bewältigung dieser Herausforderung inzwischen weitgehend hinter uns und wäre nunmehr »alles Kultur«, ohne dass sich noch Spuren ihres Anderen fänden, so würde die Frage nach dem Sinn von Kultur insofern ins Leere laufen, als ihr nun

nichts mehr entgegenstünde, was sich als »Herausforderung *zur* Kultur« begreifen ließe. Dann wären wir lediglich noch mit gewissen Herausforderungen *in* kulturellem Leben oder *durch* dieses selbst konfrontiert, aber der Bezug kulturellen Lebens zum Anderen der Kultur wäre verschwunden.

In Wahrheit sind wir weit davon entfernt, im globalen Maßstab der »Herausforderung *zur* Kultur« (durch die Natur als ihr ursprüngliches Anderes) gerecht geworden zu sein. Gewaltsam reproduzieren sich speziell die westlichen Kulturen nach wie vor auf Kosten des Nicht-Überlebens Anderer anderswo, denen vielfach nur ein kümmerliches Vegetieren verstattet ist.[6] Erfährt man sich im Westen dadurch überhaupt noch *in* sich selbst als herausgefordert zu einer kulturellen Existenz, die ihren Namen verdient? Vielfach hat sich das kulturelle Leben aber auch *zwischen* den ausdifferenzierten Kulturen als derart verletzlich, heterogen und brüchig erwiesen, dass nicht wenige Zeitdiagnostiker bereits seinen Zerfall in eine Pluralität »unvereinbarer«, sich »polemisch« zueinander verhaltender kultureller Lebensformen prognostiziert haben, die am Ende nur an der Bewohnbarkeit ihrer eigenen Welt interessiert wären. Deshalb bleiben Herausforderungen *zu*, *in* und *zwischen* Formen kulturellen Lebens virulent, die sich nicht vorrangig um die Natur drehen. Offensichtlich ist das überkommene Modell revisionsbedürftig, demzufolge Kultur primär den Sinn der Bewältigung der Natur hat, die vielfach allzu schnell mit dem Anderen der Kultur identifiziert wird. In Wahrheit hat das Andere viele Gesichter. Es liegt nicht nur *vor* kulturellem Leben, das sich seiner bemächtigt; es kehrt *in* ihm wieder und kündigt sich als apokalyptische Bedrohung an, die eine Zeit *nach* der menschlichen Kultur anbrechen lassen könnte. Aber wird das Andere der Kultur nicht von ihr selbst absorbiert?

Ist nicht auch die Natur, die als Anderes der Kultur »zurückschlagen« könnte, nur ein Produkt unserer Antizipationen, die sich in der Immanenz unseres Wissens verschanzt haben? Vollzieht sich Kultur sogar im Vorgriff auf das, was sie negiert, nur »als Denken des Selben, in dem die Freiheit des Menschen garantiert, seine Identität gefestigt wird, [...] ohne dass der oder das *Andere* es infragestellen oder ›aus der Fassung bringen‹ können«, wie Levinas meint?[7] Kaschieren etwa selbst Antizipationen,

---

3 Das Ende sowohl im metaphysischen wie auch rein zeitlichen Sinne bleibt noch bei Jaspers ein »alles überschattender Maßstab« (1957, S. 235); vgl. Troeltsch (1925, S. 94); Du Bois-Reymond (1878, S. 33, 40); zum kulturgeschichtlichen Hintergrund Hölscher (1999, S. 140–151).

4 Am Ende sind auch wir Menschen ganz und gar »kulturelle Artefakte«, schreibt Geertz (2000, S. 227).

5 Wie man das Andere der Kultur bestimmt, hat umgekehrt Folgen für den Begriff des Überlebens, der keineswegs auf ein physisches Weiterleben oder auf ein postmortales Überdauern zu reduzieren ist. Vgl. Lasch (1984); Arendt (1985, S. 307–317); Derrida (1994).

6 In den vergangenen Debatten um das Ende der Geschichte (von Kojève bis Fukuyama) spielt eine solche Überlegung allenfalls eine kümmerliche Rolle; vgl. Anderson (1993, S. 67, 83, 87, 101).

7 Levinas (1995, S. 220).

in denen sich eine kommende Katastrophe menschlicher Kultur ankündigt, nur den Befund, dass auch hier ihr Anderes zum Verschwinden gebracht wurde? Beschwört man dem gegenüber nicht seit langem das Nicht-Identische, das Andere und das Fremde in einer Geste des Verzichts auf dessen »Integration« oder »Aufhebung«, weil man um die Sackgasse weiß, in die sich kulturelles Leben manövrieren könnte, das nichts mehr außer sich hat? Muss die kulturwissenschaftliche Arbeit am Ende zum Selbstläufer, zu einem bloßen Beschäftigungsprogramm für Kulturwissenschaftler werden, wenn es nicht gelingt, den Bezug zu einem *radikalen Anderen* der Kultur zu denken? Wäre eine Grenzforschung denkbar, die den Spuren einer nach wie vor geführten Auseinandersetzung mit dem Anderen der Kultur nachzugehen hätte? Gewiss ist dieses Andere nicht mehr einfach lokalisierbar in einem territorialen Jenseits, jenseits der Einfriedung nach außen abgegrenzter Siedlungsräume etwa. Wird die ganze Erde zum Wohn-Raum des Menschen, so lässt sich auf der Erdoberfläche keine Demarkationslinie mehr ziehen, *jenseits* derer das Andere *lokalisiert* zu denken wäre. Insofern muss man von einer weitgehend (freilich nicht absoluten) Enträumlichung des Verhältnisses zwischen Kultur und ihrem Anderen sprechen.[8] Das Andere besteht nicht einfach *neben* oder außerhalb der Kultur, sondern erweist sich als *ihr Anderes*, das ihr anhaftet wie eine Kehrseite. Und die Grenze, die die Kultur von ihrem Widerpart trennt, wird, wenn wir letzteren nicht länger einfach mit der Natur identifizieren können, ebenso vieldeutig sein wie das Andere, das schließlich anders als es selbst ist.

Es steht von vornherein zu erwarten, dass der Begriff *des* Anderen seine scheinbare Einsinnigkeit und Eindeutigkeit einbüßen wird, wenn wir nach »Anderem« der Kultur als Quelle der Herausforderungen fragen, denen sie sich zu stellen hat und die ihren »Sinn« bestimmen. Wenn es *Kultur* nur in Form einer *Vielzahl von Kulturen* gibt und wenn diese wiederum nur in Form einer *vielgestaltigen kulturellen Existenz*[9] in diversen Lebensformen begegnen, dann kann das Andere der Kultur nicht einfach als ein bestimmtes Anderes gefasst werden; es wird sich vielmehr als vielfältig und anders (anders als es selbst) erweisen.[10] Das ist auch Levinas entgegenzuhalten, der letztlich nur dem Anderen,

für den wir ethisch Verantwortung tragen, die Rolle des Anderen der Kultur zutraut, um eine *Kultur im Zeichen des Anderen* zu fordern, die ganz und gar von der verantwortlichen Achtung für ihn getragen ist.[11] Demnach würde menschliche Kultur ihren Namen nur verdienen, wenn sie sich nicht damit begnügte, nur »uns« eine Bleibe zu sichern, sondern darüber hinaus auch von einer unerlässlichen Verantwortung für jeden Anderen getragen wäre.[12] So wird aber die zunächst belassene Vieldeutigkeit des Anderen (das oder der keineswegs von vornherein den anderen Menschen meint) allzu schnell beiseite geschoben und *der* Andere – ungeachtet seiner dem Zugriff allen Wissens angeblich radikal entzogenen Exteriorität – zum »guten« Anderen erklärt. Selbst als Gegner und als Feind, heißt das, begegnet der Andere als derjenige, der uns die Verantwortung »gibt«; und diese Gabe der Verantwortung ist es gerade, dank derer es das Gute als etwas Aufgegebenes und zu Realisierendes gibt, das auch kein Verbrechen aus der Welt zu schaffen vermag.[13]

Aber wenn der Andere in dieser Exteriorität »beheimatet« ist, wenn kulturelles Leben sich tatsächlich durch und durch affiziert erweist von ihr, muss man sie dann nicht auch als Quelle des Schreckens, des Bösen und *dadurch* als radikal befremdend gel-

---

8 Die ist aber nicht absolut. Tektonische Prozesse erinnern mancherorts täglich daran, dass auch eine nicht mehr eindeutig räumlich abgegrenzte Kultur noch räumlich situiert und entsprechend gefährdet bleibt. Das gleiche kann ein Blick in die kosmische (allerdings vielerorts kulturbedingt buchstäblich getrübte) Ferne lehren.

9 Letzteres wäre auch als »das Kulturelle« im Sinne des Mediums menschlicher Koexistenz zu verstehen, im Gegensatz zu bereits verobjektivierten Kulturen und zu »der« Kultur.

10 Vgl. Ricœur (1996, S. 426).

11 Vgl. Levinas (1989, S. 50), wo es darum geht, die Kulturen von der Ethik aus zu beurteilen.

12 Zu einem entsprechend unbedingten Anspruch des Anderen, der jeder andere sein kann, vgl. Levinas (1987, S. 289 ff.). Wie übermäßig, um nicht zu sagen maßlos dieser Anspruch ist, zeigt die neuere Diskussion um Verantwortung und Gerechtigkeit (die den Anspruch des Anderen auf Dritte bezieht) jenseits der nationalen und staatlichen Ordnungen.

13 Ich muss hier absehen von der besonders durch Derrida aufgeworfenen Frage, wie sich jene Gabe und das Versprechen, ihr gerecht zu werden, denken ließen. Keineswegs denkt Derrida hier an eine regulative Idee; vgl. Derrida (1992, S. 56 f.).

ten lassen?[14] Dieser Einwand, durch den das Andere das volle Gewicht seiner *Fremdheit* zurückerhält, ist u. a. von M. Blanchot gegen Levinas erhoben worden. Im Licht dieses Einwands kann nun kulturelles Leben nicht nur durch den Anderen dazu herausgefordert erscheinen, Verhältnisse zu etablieren, die vielen »Anderen« auf verantwortliche Weise gerecht werden. Vielmehr scheint nun im Begriff des Anderen in dem Maße eine tiefgreifende Beunruhigung der Kultur auf, wie er sich jeglicher eindeutigen Fixierung entzieht. Auch der Andere weckt diese Beunruhigung. Auch er hat Anteil an einer unaufhebbaren, insofern radikalen Fremdheit, die sich weniger denn je durch eine räumliche Grenze beschränken lässt: Sie kehrt im Innern der Kultur, jeder Kultur, jeder kulturellen Existenz wieder, die sich vom »Anderen« herausgefordert sieht. So gesehen hat der zweifelhafte Erfolg der Kultur in Gestalt verschiedener Kulturen und heterogener Weisen kulturellen Lebens mitnichten etwa ihr Anderes aufgezehrt und gewissermaßen liquidiert. Vielmehr tritt dieses Andere nun in anderer Form auf – nicht als gegen die Existenz des Menschen »gleichgültige« oder »feindselige« Natur, sondern als innere Fremdheit des Kulturellen an ihm selbst. Die Exteriorität des Anderen der Kultur kehrt in ihrem Inneren wieder.

Die »Herausforderung *zur* Kultur« liegt also nicht lediglich in der Natur; und die verbleibenden Herausforderungen *in* und *zwischen* verschiedenen Formen kulturellen Lebens bergen vergleichsweise kaum weniger gravierende Probleme.[15] Darüber hinaus hat sich die (heute wie gesagt nicht mehr *vorrangig* als räumliche Demarkation beschreibbare) »Frontlinie« dieser Herausforderungen im Laufe der »Kulturgeschichte« nachhaltig verschoben. Weil es nach wie vor – aller kulturellen Saturiertheit zum Trotz – diese dreifache Herausforderung gibt, sprechen wir von Kultur, von Kulturen und von kultureller Existenz nicht einfach deskriptiv, sondern wertend. In der fortdauernden Auseinandersetzung mit der unvermindert virulenten Herausforderung durch eine befremdende Exteriorität des Anderen der Kultur, aber auch in und zwischen Formen kultureller Existenz, die die Gefahr ihres radikalen Scheiterns heraufbeschwören, liegt der tiefere Grund dafür, dass kulturelles Leben ständig darum besorgt sein muss, ob und wie es gelingen kann. Wenn sich das Andere kultureller Existenz nicht »aufheben« und wenn sich deren »Sorge« um sich nicht zur Ruhe bringen lässt, dann kann es keine Kultur geben, die endgültig ihres vermeintlichen Erfolgs sicher sein dürfte. Eine Kultur, die zu ihrem (vielfältigen, in den Plural zu setzenden) Anderen kein Verhältnis mehr hätte und sich für das Ganze hielte, beschwöre schon ihren Untergang herauf. Nur eine Kultur, die ihr Anderes nicht für endgültig liquidiert hält, kann Bestand haben. Im andern Fall müsste sie an ihrem Erfolg zugrunde gehen. Kulturelles Leben kann nur im fortdauernden Missverhältnis zu dem, was nicht restlos in ihm aufgeht und woran es sich insofern vergeblich abarbeitet, bleiben, was es ist: vom Anderen der Kultur *gefährdete und inspirierte* Existenz. In den Begriff der Kultur muss so gesehen das Moment dieser wesentlichen, doppelten Inspiration und Gefährdung (durch sich selbst und durch das Andere der Kultur) mit eingehen. Es genügt deshalb nicht, Kultur etwa bloß als eine komplexe *Wissens*konfiguration zu verstehen, die alles einschließt, was Menschen zusammen tun und hervorbringen. Wenn Kultur auf den Spuren G. Vicos in diesem Sinn nur als der »Inbegriff der von Menschen produzierten und reproduzierten menschlichen Lebenswelt« und diese wiederum nur als eine Sache des Wissens verstanden werden soll, dann gerät das Moment ihrer radikalen Gefährdung *im vorgängigen Geschehen* kulturellen Lebens aus dem Blick.[16] Kultur erschöpft sich nicht im Wissen von ihr. Mit Kultur meinen wir Formen menschlicher Koexistenz, Lebensformen, die kulturelle Artefakte hervorbringen und sekundär durch ein gewisses gemeinsames Wissen davon bestimmt sind.[17] Als Kultur zeichnen wir an Lebensformen

---

14 Man hätte also Grund genug, sich an Schelling zu erinnern, der ja behauptete, der »Grundstoff« des Lebens sei nichts anderes als das Schreckliche. Vgl. zu dieser Problematik auch Fischer/Gondek/Liebsch (2001).

15 Von (Kultur-)»Problemen« spreche ich hier und im folgenden, ohne sie von vornherein »echtem Fragen«, das »aus der Auseinandersetzung mit den ›Sachen‹ erwächst«, entgegenzusetzen, wie es Heidegger mehrfach getan hat. Vielmehr geht es darum, in jenen Problemen echte Fragen (wieder) zu erkennen; vgl. Fehér (1996, S. 249).

16 Vgl. Schnädelbach (1991, S. 517).

17 Es ist ein Desiderat, genauer zu ermitteln, inwiefern sich diese zunächst sehr vage Bestimmung *nicht* mehr auf das

darüber hinaus aber auch etwas aus: ein Gelingen oder etwas zu Bejahendes. Wenn wir von »menschlichen« Lebensformen sprechen, meinen wir keineswegs lediglich einen *naturgeschichtlichen*, nur zu beschreibenden Zusammenhang, in dem alle Wesen stehen, die potenziell miteinander menschliche Nachkommen vom Typ *homo sapiens* haben können.[18] Vielmehr denken wir dabei an Wesen, denen es in ihrem Zusammenleben »von Natur aus« darum zu gehen scheint, es bejahen zu können; und zwar nicht nur angesichts der Gefahr des Misslingens der Auseinandersetzung mit dem Anderen der Kultur, sondern auch insofern sich die Menschen dabei selbst im Wege stehen. Aus schwer zu begreifenden Gründen gehen sie in der Weise ihres Zusammenlebens (in und zwischen heterogenen Lebensformen) nicht den »kurzen Weg«, den die Vernunft ihnen weisen könnte (Kant), sondern beschwören in ihrem »Zusammen« gleichzeitig ein »polemisches« Verhältnis, Antagonismen, Ungeselligkeit, unaufhebbaren Widerstreit, innere Gewaltsamkeit und Verfeindungen herauf, die sie immer wieder an die Grenze des Hinnehmbaren führen und die Frage aufwerfen, was überhaupt unter einer annehmbaren (oder »menschlichen«) Lebensform zu verstehen ist.

Was das positiv besagen kann oder muss, ist nur schwer anzugeben. Nur die »negative« Erfahrung der Unmenschlichkeit zwingt sich vielfach mit Evidenzcharakter auf. Unmenschlich behandelt zu werden, das kann niemand wollen. Und dieses Nicht-wollen-können erscheint kaum bestreitbar. *Allgemein* widerstrebt uns *vermeidbare* Gewalt. Was indessen *als* vermeidbare Gewalt (in Unterschied zu unvermeidlicher *Gewaltsamkeit* etwa) zu *gelten* hat, ist eine andere, strittige Frage. Aber intuitiv ist klar, dass zumindest die nicht nur »naturgeschichtlich« gemeinte, insofern zweideutige Rede von »menschlichem« Zusammenleben mit der Hinnahme vermeidbarer Gewalt kaum zu vereinbaren ist. Deswegen erscheint es sinnwidrig, etwa von einer Kultur des Verbrechens, von einer Kultur der Lüge,[19] des Misstrauens, des Verrats oder der Gewalt zu sprechen. Wenn Gewaltsamkeit schon unvermeidlich zur Stiftung oder Gründung menschlicher Lebensformen gehört, wie die Kritik der Gewalt mit W. Benjamin gezeigt hat, dann sollen diese Lebensformen wenigstens nicht noch

eine Gewalt hinnehmen oder gar affirmieren, die *vermeidbar* wäre. Eine Kultur der Gewalt, die vom Gegenteil ausginge, würde unseren Vorbegriff »menschlicher« Kultur, über den wir uns nach über hundert Jahren »Kulturphilosophie« und »Kulturwissenschaften« wieder Klarheit verschaffen wollen, auf den Kopf stellen und gewiss auf allgemeine Ablehnung stoßen.

Von Kultur zu reden, bedeutet also, immer ein über das Deskriptive hinausschießendes Moment ins Spiel zu bringen, das eine Wertung von Kulturen oder kultureller Existenz impliziert. Und wir unterstellen, dass dieses Moment im kulturellen Leben selber wirksam ist als etwas, was es dazu anhält, auf das aus zu sein, was Kultur *sein kann*.[20] Nicht zuletzt aufgrund der Überkomplexität dessen, was sich uns als Kultur darstellt, haben wir aber eben davon keine *a priori* auszuzeichnende Idee, und sei es nur eine »regulative Idee«, die besagen würde, in welche Richtung sich kulturelles Leben entfalten sollte.[21] Überkomplexes kulturelles Leben lässt sich weder auf einen einzigen Nenner bringen, noch im Sinne genau eines Vektors seiner möglichen Ausgestaltung einsinnig »finalisieren«. Ganze

zunächst sehr verwandt erscheinende Verständnis von *Kultur als Lebensform* reduzieren lässt, wie es bereits in der Weimarer Zeit verbreitet war. Vgl. bspw. Weber (1927, S. 45), sowie zum historischen Kontext v. Verf. (2002 b). Das gilt – unter dem Aspekt der gegenwärtig besonders brisanten Wirkungsmacht der Biologie – nicht zuletzt für das Verständnis des »Lebens«, das geformt werden soll. Aber auch der Begriff der Koexistenz ist nicht so unverfänglich, wie es auf den ersten Blick scheinen mag, wenn er etwa als Gegensatz zu kulturell geformtem Leben ein indifferentes biologisches Nebeneinander von nur der eigenen Selbsterhaltung verpflichteten Wesen suggeriert, wie es vielfach der Fall ist.

18 Das ist Kants, von Löwith wieder aufgegriffene naturgeschichtliche Bestimmung der Einheit des Menschengeschlechts; vgl. Löwith (1981).

19 Zu diesem Begriff vgl. Drehsen/Sparn (1996, S. 12).

20 Ich würde hier nicht gleich von einem prä-skriptiven Moment sprechen (was zu sehr an im kulturellen Leben oktroyierte Normen denken lässt), sondern, im Anschluss an Canguilhem von einem auto-normativen Moment im Geschehen kulturellen Lebens selber ausgehen. Das, was Kultur »sein kann«, steht für Kultur im engeren Sinne, im Gegensatz zu allem, was sich an diesem Anspruch messen lassen muss (als dem Kulturellen im weiteren Sinne). Diese *Spaltung im Begriff* der Kultur scheint unumgänglich zu sein, wenn man ihn nicht deskriptiv trivialisiert.

21 Vgl. Ricœur (1956).

Kulturen erst lassen sich nicht an einem einzigen Maßstab messen; und die Produktivität kulturellen Lebens täuscht vielfach über die Frage hinweg, worum es eigentlich in ihm geht.[22]

Deshalb empfiehlt sich eine negativistische Methode in der Rückbesinnung darauf, was Kultur ist, bzw. darauf, wie kulturelles Leben geschieht. Wo kulturelles Leben aus seiner Normalität ausschert und versagt, beginnen wir zu verstehen, worum es ihm eigentlich gehen sollte. Vom »pathologischen«

Widerfahrnis des Versagens aus muss man sich einen Weg zur Theorie der Kultur bahnen. Auf diesem Weg wird man nicht erfahren, was kulturelles Leben produktiv vermag, zu welchen »kulturellen Leistungen« es imstande ist, die man als Zeugnisse seiner *Fruchtbarkeit* vererben und musealisieren kann. Man wird aber erfahren, welche Anforderungen kulturelles Leben, das seinen Namen verdient, *mindestens* erfüllen sollte.[23] Dass es schwer fällt, von Kulturen der Gewalt zu sprechen, zeigt bereits, dass wir über einen *Vorbegriff* der Kultur verfügen, der implizit solche Mindestanforderungen ins Spiel bringt. Was immer Kultur in einem *produktiven* Sinne *auch* sein kann, was auch immer eine Kultur *ermöglichen* kann, was auch immer kulturelles Leben auf unvorhersehbare Weise *zeitigen* kann, mindestens, so besagt dieser Vorbegriff vor allem, sollte Gewalt überall dort vermieden werden, wo sie vermieden werden kann. Insofern sollte kulturelles Leben das Prädikat »menschlich« verdienen. Eine Kultur, die eine Vielzahl von bewundernswerten »Kulturgütern« hervorbringt, aber auf massiver institutionalisierter Gewalt (von der Initiation über »drakonische« Strafpraktiken bis hin zum Opferritus und zum organisierten Krieg) beruht, erscheint uns eher als Unkultur, als befremdliche Kultur des Schreckens, der nicht anzugehören man u. U. unverdientes Glück hat.[24] Man versetzt sich in die Lage der mehr oder weniger willkürlich bestimmten Opfer der Gewalt und kann nicht umhin,[25] ihre gewaltsame Verletzung oder Verstümmelung (man denke an die Beschneidung) grundsätzlich – und ohne Ansehung der einzelnen Person – für *unannehmbar* zu erklären – es sei denn, man verzichtet auf den Anspruch auf eine »menschliche« Kultur. Der Rückgriff auf Regeln (wie die »Goldene«), auf Imperative (wie den »kategorischen«) oder auf Normen (wie die der »Unantastbarkeit« der Person) sind nachträgliche Antworten auf das Widerfahrnis einer solchen Unannehmbarkeit. Dem pathologischen Widerfahrnis, das sich in der Wahrnehmung vermeidbarer, nicht hinnehmbarer Gewalt[26] ereignet, suchen wir erst im zweiten Schritt begrifflich Rechnung zu tragen, um *als Antwort* auf den Anspruch der *wahrnehmenden Erfahrung* eine *Geltung* zu etablieren, die jede Kultur, die ihren Namen zu recht trägt, *wenigstens* respektieren sollte.[27] Auf diese Weise könnte aus einem intuitiven

---

22 All das unterscheidet die gegenwärtige Lage des Kulturdenkens entscheidend von den Prämissen einer Kulturphilosophie, die für sich in Anspruch nahm, eine *synthetische Einheit* der Kultur diagnostizieren und *geschichtsphilosophisch* in Richtung auf eine Kantische regulative Idee *finalisieren* zu können, wobei unter der Hand die Vielfalt der Kulturen in einer Mono-Kultur zu verschwinden drohte, die auf *einen* (ethischen) Nenner gebracht wurde. Wenn dagegen der Begriff der Lebensform für die Art und Weise steht, in der Kultur im Medium einer irreduziblen Heterogenität existiert, muss der Gedanke einer ethischen, geschichtlich finalisierbaren Einheit der Kultur als anfechtbar erscheinen. Nicht zuletzt setzt dieser Gedanke eine Aufhebbarkeit der Widersprüche voraus, die zwischen den Lebensformen bestehen. Einem unaufhebbaren *Widerstreit* der Lebensformen wird so nicht Rechnung getragen. Vgl. Graf/Ruddies (1986, S. 144 ff.).

23 Vgl. ausführlich dazu meinen Beitrag im dritten Band.

24 Ich führe dies an anderer Stelle weiter aus (2002 d).

25 Dass wir hier vom Erfahrungsanspruch einer zunächst historisch kontingenten Sensibilität ausgehen, erübrigt nicht, sondern provoziert gerade die Frage, ob ihm nicht auch ein Geltungsanspruch zukommt, dem nicht nur »wir« zustimmen würden. Doch darüber ist nicht unter Umgehung des interkulturellen Dialogs zu befinden (s.u.), in dem man, in Ricœurs Worten, zunächst einander »fremde Sinnangebote« machen muss, um ihn zu eröffnen. Ob man in der Folge zur kosmopolitischen Geltung von Ansprüchen gelangt, die diese Spur der Fremdheit am Ende tilgen, muss bezweifelt werden; vgl. Ricœur (1996, S. 350).

26 Zu warnen ist davor, nicht hinnehmbare Gewalt sogleich als »extreme« und auch nur als »widerrechtliche« zu definieren. Das Beispiel der u. a. von Rorty und Margalit untersuchten Demütigung beweist die Virulenz eines starken, gleichwohl juristisch in wichtigen Hinsichten nicht fassbaren, weitgehend impliziten Kriteriums der Beurteilung »menschlichen« Zusammenlebens, das sich nicht selten auf sehr subtil ausgeübte Gewalt bezieht. Vgl. v. Verf. (2002 e).

27 Dieser Gedanke klingt auch bei Habermas an, wenn er der »Solidarität der Weltbürger« einen »reaktiven Charakter« insofern zuschreibt, als sie ihren »kosmopolitischen Zusammenhalt in erster Linie durch Affekte der politischen Empörung über Rechtsverletzungen, d.h. über staatliche Repressionen und Verstöße gegen die Menschenrechte sichert«. Vgl.

Vorbegriff der Kultur ein nicht nur deskriptiver Begriff gewonnen werden, nicht aber ohne weiteres ein Maßstab, der, ungeachtet seiner Herkunft aus bestimmten, lokalisierten Erfahrungsansprüchen, ohne weiteres im Modus normativer Geltung anderen Formen kulturellen Lebens oder gar ganzen Kulturen überzustülpen wäre. Was als Gewalt zu gelten hat und wo im einzelnen die Grenze zwischen vermeidbarer und nicht zu vermeidender Gewalt verläuft, kann nicht am Dialog der Kulturen und der Lebensformen vorbei bestimmt werden. Auch ein vermeintlich überaus bescheidener moralischer Minimalismus, der Weisen kulturellen Lebens oder Kulturen am Maßstab der Wahrung einer nicht zu unterschreitenden Grenze der Gewalt misst, läuft, wenn er sich diesem Dialog nicht rückhaltlos aussetzt, Gefahr, befremdendes kulturelles Leben, auf das man anderswo und zu anderer Zeit stößt, als Unkultur zu entwerten, wenn es Gewalt institutionalisiert, statt sie zu minimieren. Prima facie haben sich dieses Ziel ohnehin nicht viele Kulturen gesetzt. (Insofern ist es nicht möglich, ohne weiteres auf einen »gemeinsamen Nenner« zu schließen, der unterschiedlichste Kulturen durch das verbindet, was sie als Kulturen eigentlich ausmacht.) Wer den Begriff der Kultur nicht bloß deskriptiv verstehen möchte, um nicht in die Lage zu geraten, alles, was als menschliche Lebenswelt produziert oder reproduziert wird, als Kultur (im engeren Sinne) »gelten lassen« zu müssen, begibt sich also von vornherein in eine schwierige Lage, denn nun tritt zur problematischen Grenzziehung zwischen Kultur und ihrem Anderen eine semi- oder pränormative, zweite Grenzziehung zwischen kulturellem Leben einerseits, das seinen Namen verdient, und kulturellem Leben andererseits, das verfehlt, was es sein kann.

Was kulturelles Leben sein kann, davon können wir in produktiver Hinsicht keine angemessene Vorstellung haben, denn es zeitigt ständig Neues, das nur retrospektiv verständlich und erklärbar wird. »Was es sein kann« bezieht sich in der Perspektive eines moralischen Minimalismus freilich nicht auf eine produktive Potenz, sondern auf eine bestmögliche Wahrung der Integrität dessen, was nicht verletzt, verwundet oder »angetastet« werden soll.[28] Von dieser Integrität können wir uns aber nicht auf direktem Wege einen Begriff machen, der auf

kulturelles Leben jedweder Art anzuwenden wäre. Wie Verschiedenes als Gewalt gilt, die verletzt, so herrschen auch unterschiedliche Vorstellungen davon vor, was durch die Gewalt überhaupt verletzt wird. Weder im Rückgriff auf die Kulturgeschichte noch in der Praxis des Kulturvergleichs findet diese Frage ohne weiteres ihre Antwort. Und ob die Kulturwissenschaften in ihrer relativ kurzen Geschichte einen deutlichen Begriff davon entwickelt haben, wodurch Kulturen ihren Namen eigentlich verdienen, darf bezweifelt werden. Gewiss, an Definitionsversuchen mangelt es nicht, doch trotz einer uferlosen und immer noch anschwellenden Literatur ist man sich weniger denn je sicher, ob die kulturwissenschaftliche Arbeit ihren vermeintlichen Gegen-

Habermas (1998, S. 163). Anfechtbar erscheint freilich diese Beschränkung einer »pathologischen« Sensibilität auf die Verletzung »verbriefter« Rechte. Diese stehen Anderen zu, die uns mit viel weiter angehenden, nicht von vornherein juridisch engzuführenden Ansprüchen auf Gerechtigkeit etwa konfrontieren. Dem entsprechend reicht auch der »Sinn für Ungerechtigkeit« (J. Shklar) – wie auch die ihm zugrundeliegende Affizierbarkeit (Ricœur) durch das, was Andere betrifft und trifft (wie der Schmerz oder die Demütigung) – wesentlich weiter als der Geltungsbereich des Rechts. Entscheidend ist hier, wie radikal man diese Affizierbarkeit durch das, was uns »angeht« oder angehen sollte, ansetzt. Mit dieser Frage haben sich schon Weber und Jaspers befasst. Und sie klingt sogar bei Rorty in der Perspektive eines moralischen Minimalismus an, der von der absoluten Nichthinnehmbarkeit »mutwillig« zugefügten Schmerzes (einschließlich des seelischen Schmerzes der Demütigung) ausgeht. Eine andere Frage ist, wie das, was uns in diesem Sinne »angeht«, zur Geltung kommen kann. Vgl. Weber (1959, S. 198); Jaspers (1957, S. 250); Rorty (1992, dritter Teil), sowie v. Verf. (1999). – Die Geltung von Ansprüchen im oben beschriebenen Sinne als Antwort auf Erfahrungsansprüche zu denken, führt in jedem Falle weg von einer Gleichsetzung von Kultur mit der Faktizität von Geltungsansprüchen, wie sie sich bei Habermas findet: vgl. Habermas (1984, S. 146).

28 An dieser Stelle von »gewahrter« Integrität zu sprechen sollte nicht dazu verleiten, anzunehmen, wir wüssten allemal schon bevor sie verletzt wird, worin sie liegt. Die aktuelle Diskussion um die Reproduktionsmedizin ist das beste Beispiel für die Herausforderung, von realisierten Gefahren der Verletzung her nachträglich zu bestimmen, was nicht verletzt werden soll oder darf. Erst der Gedanke der (wie auch immer utopischen) Reproduzierbarkeit eines Selbst fordert dazu auf, zu bestimmen, wie er mit Selbstsein unvereinbar sein könnte. Vgl. v. Verf. (2002 c). Zur Frage, ob das bio-medizinische und -politische Reproduktionsdenken eine verletzende Gewalt mit sich bringt, vgl. v. Verf. (2002 f.).

stand »Kultur« überhaupt angemessen zur Sprache bringt. Auch deshalb scheint es ratsam, Kultur als Geschehen (in der Weise von Lebensformen) einerseits und Kultur als Objekt verschiedener Kulturwissenschaften andererseits[29] deutlich zu unterscheiden und *nicht* von vornherein davon auszugehen, erstere finde sich in letzterer adäquat wieder.[30] War das nicht der Anspruch, mit dem Kulturwissenschaft antrat: kulturelles Leben mit den *ihm eigenen* »Problemen« angemessen zur Sprache zu bringen? Max Weber sprach in diesem Sinne von »Kulturproblemen«.[31] Nichts spricht indessen dafür, dass diese Probleme etwa als »zeitlose« oder geschichtlich invariante, womöglich mit universaler Tragweite auch nur zu formulieren sind.[32]

Selbst innerhalb der europäischen Kulturen, die Weber im Blick hatte, haben sich diese Probleme nachhaltig gewandelt. Risse und Brüchigkeiten sind inzwischen sichtbar geworden, die tiefer noch reichen als der Konflikt jener »todfeindlichen« Werte, deren unaufhebbaren Widerstreit Weber in der Existenz dieser Kulturen verwurzelt sah. Schon damals, vor dem Ersten Weltkrieg, hat man diesen Widerstreit in einen »Krieg der Kulturen« münden

sehen.[33] Aber was dann kam, hat den Begriff dessen, was man bis dahin unter »Krieg« verstanden hatte, ebenso gesprengt wie alle überkommenen Vorstellungen menschlicher Verletzbarkeit. Seitdem sind es immer wieder tief ins Fleisch nicht nur der europäischen und westlichen Geschichte schneidende Ereignisse gewesen, die Fragen nach dem Sinn kulturellen Lebens auf den Plan gerufen haben. Man sprach wechselweise von Wendezeiten, epochalen Einschnitten, Zäsuren, Brüchen oder Geschichtszeichen und suggerierte, damit habe man nun endlich einen Maßstab in den Händen, der zu diagnostizieren erlaubt, ob kulturelles Leben der Gegenwart oder der Zukunft, das die Lehren der Geschichte (d. h. des kulturellen Versagens) beherzigt hat, seinem Begriff entspricht. Seitdem will das *pathologische, vom Widerfahrnis maßloser Verletzungen her artikulierte Fragen* nicht mehr verstummen. Wenn es möglich ist, verfeindete Nationen *als* Kulturen (oder im Namen einer für sich reklamierten »Zivilisation«) derart gegeneinander aufzuhetzen, wie es im Vorfeld des Ersten Weltkriegs geschehen ist, wenn es möglich ist, umwillen des Überlebens des Staates Millionen für einen Krieg zu mobilisieren, der Europa durch sich selbst zu vernichten drohte, worin liegt dann der Sinn kulturellen Lebens? gibt Walter Benjamin zu bedenken. Hat sich der »Geist« der europäischen Kultur nicht endgültig als »sterblich« erwiesen und ist er nicht längst tödlich erkrankt? wird Paul Valéry fragen.[34] Die Diagnose, dass die massive Verfeindung der europäischen Völker ihre gemeinsame Kultur zerstört habe, wird Jan Patočka hinzufügen. Und mit Blick auf Auschwitz wird Theodor W. Adorno schließlich vom Versagen und Misslingen aller Kultur sprechen.[35] Rückblickend will es ihm so scheinen, als liege in kulturellem Leben ein unausgesprochenes *Versprechen*, ein Versprechen, das durch die willkürliche serielle Liquidierung von Millionen Unschuldiger zerstört, wenn nicht für immer *ad absurdum* geführt worden sei. Die gleiche Frage wäre freilich, unter jeweils besonderen Umständen versteht sich, hinsichtlich des Systems des Archipel Gulag, im Hinblick auf das Regime der Roten Khmer, das ruandische Desaster, die Genozide des Balkans und zuletzt den New Yorker Terroranschlag zu stellen: Muss ein kulturelles Leben, das seinen Namen verdient, nicht wenigstens dies:

---

29 Vgl. Cassirer (1962, S. 70 f.).
30 Zur Kultur als Geschehen bzw. Vollzug kulturellen Lebens vgl. Cassirer (1942, S. 76). An anderer Stelle spricht Cassirer auch vom Mythos als Lebensform. Allerdings ist der Sinn dieses Begriffs bis heute nicht wirklich aufgeklärt. S. auch Oexle (1996). Diese Frage erscheint besonders deshalb berechtigt, weil der Verdacht besteht, die heutige Rückbesinnung auf die Begrifflichkeit der (deutschen) Kulturwissenschaft um 1900 unterlaufe nicht zuletzt auch kategorial die Radikalität des inzwischen eingetretenen Wandels; vgl. Daniel (1993, S. 97); Bronfen/Marius (1997, S. 27).
31 Schon für Weber stand fest, dass sich diese »Probleme« in einem radikalen Wandel befinden: Ihr »Licht« ist »weitergezogen«; vgl. Pankoke (1991, S. 817).
32 Vgl. in diesem Sinne zu Weber: Merleau-Ponty (1974, S. 31).
33 Mommsen/Müller-Luckner (1996); Hintze/Meinecke/Oncken/Schumacher (1915). – Auch Cassirer hat im übrigen im *Essay on Man* mit Bezug auf Heraklits Fragmente den Widerstreit zumindest ansatzweise als eine gegenstrebige Fügung des Kulturellen zur Sprache gebracht, ohne diese aber explizit auf einen konkreten Widerstreit der Lebensformen zu beziehen, in denen kulturelles Leben geschieht. (Die Frage, ob sich Cassirers Begriff der Lebensform überhaupt »deckt« mit dem unsrigen, muss hier offen bleiben.)
34 Vgl. v. Verf. (2002 a).
35 Vgl. Adorno (1975, S. 359); (1978, S. 65).

diese unfassbare »Rücksichtslosigkeit« gegen das Leben und den Tod so vieler auszuschließen versprechen?[36] Wenn es das nicht »verspricht«, verdient es dann im geringsten unser Vertrauen?[37] Lässt sich ein kulturelles Leben bar jeglichen Vertrauens in dieses »Minimum« menschlicher Koexistenz auch nur vorstellen? Wenn nicht (wovon ich ausgehe), muss man dann annehmen, dieses vielfach unausgesprochen gehegte Vertrauen werde nur immer wieder enttäuscht und missbraucht? Hat dieses Vertrauen demnach nur Zukunft, weil man immer wieder »vergisst«, in welchem Ausmaß es bereits verraten worden ist? Demnach würden wir nur vertrauen können, weil wir vergessen haben; und die kollektive Erinnerung an jene Zäsuren, Brüche und Geschichtszeichen, die man so oft anmahnt, weil angeblich nichts so sehr die Wiederholung jener »einzigartigen« Ereignisse heraufbeschwört wie das Vergessen, würde das Vertrauen womöglich irreversibel zerstören.

Nur die Erinnerung an das Äußerste, das Menschen widerfahren ist, kann dem Versprechen, das in kultureller Koexistenz liegt oder liegen muss, Glaubwürdigkeit verschaffen. Aber eben diese Erinnerung scheint doch die Zerstörung der Glaubwürdigkeit dieses Versprechens zu bedeuten: Das »Äußerste«, die äußerste Rücksichtslosigkeit gegen Andere, ist bereits Wirklichkeit geworden und wird für immer einen drohenden Schatten in die Zukunft werfen.[38] Es bleibt fortan möglich. Die *Möglichkeit* des Äußersten ist *irreversibel* und jedes Versprechen, das sich der Wiederholung des Äußersten entgegenstemmt, fehlbar und »übermäßig«. Es verspricht etwas, was niemals und durch niemanden jemals zu garantieren sein wird. Dennoch mutet es uns zu, ihm »Glauben zu schenken« – und zwar gerade im Lichte einer Erinnerung, die uns jeglichen »Grund« dafür aus der Hand zu schlagen scheint. Einem kulturellen Versprechen, das im Sinne eines moralischen Minimalismus wenigstens die Wiederholung des Äußersten auszuschließen verspricht, muss man so gesehen »grundlos«, ja sogar allen geschichtlichen Gründen zum Trotz, die dagegen sprechen mögen, »Glauben schenken«. Die Glaubwürdigkeit des Versprechens lebt von dieser – »umsonst« gegebenen – Gabe. Setzt sie sich aber über die geschichtliche Erinnerung daran, *wie* und *wie oft* dieses Versprechen gebrochen worden ist, hinweg,

so erscheint sie nicht nur als unbegründet, sondern als irrational und unbelehrbar. Ein unbelehrbares, grundloses Versprechen kann aber nicht als glaubwürdig gelten. So ist die geschichtliche Erinnerung zugleich Bedingung der Möglichkeit eines glaubwürdigen Versprechens *und* scheint seine Glaubwürdigkeit zu zerstören, es also als wirkliches Versprechen unmöglich zu machen. Umgekehrt kann nur das Versprechen kulturellen Lebens, die Wiederholung des Äußersten auszuschließen, der Erinnerung angemessen antworten. Zugleich muss dieses Versprechen aber als »übermäßig« erscheinen, denn als bloßes Versprechen kann es die Wiederholung gerade nicht ausschließen. Nur wenn dieses Versprechen aber »gegeben« wird, kann der Erinnerung noch ein praktisch der Zukunft zugewandter Sinn zukommen. Aber im Lichte der Erinnerung, auf die es Antwort gibt, läuft es unvermeidlich zugleich Gefahr, diesen Sinn zu unterminieren. Diese doppelte Aporie von Erinnerung und Versprechen ist im Kern eines moralischen Minimalismus angesiedelt, für den Kultur kein bloß deskriptiver Begriff ist, sondern beinhalten muss, wogegen kulturelle Koexistenz auf keinen Fall verstoßen darf, wenn sie ihr Prädikat verdienen soll.

So sehr die Erinnerung der Gewalt als Erfahrung der Sinnlosigkeit auf jedes kulturelle Leben zurückschlagen kann, da das in ihm liegende Versprechen jegliche Glaubwürdigkeit einzubüßen droht, so wenig ist professionellen Sinnstiftern die Aufgabe an-

---

36 Im Unterschied zu einem bloß deskriptiven Kulturbegriff implizieren auch diese Fragen offensichtlich eine »Wertung«, die Gefahr läuft, in eine Polemik zu münden, in der eine Kultur sich selbst ihre Überlegenheit über andere Kulturen bestätigt. Kultur war doch in diesem Sinne lange Zeit eine polemische Vokabel; Perpeet (1984, S. 21 ff.). – Im übrigen wäre jene Frage ebenso gut auf die ganz »normale« Reproduktionsform der westlichen Gesellschaften zu beziehen. Zu warnen ist vor einer hysterischen Skandalisierung singulärer Ereignisse wie der erwähnten.

37 *Kultur als Versprechen* zu denken, wie es Adorno und zuletzt Derrida versucht haben (letzterer hat dabei primär Europa im Blick), ist keine ganz neue Idee. Schon Nietzsche begriff den kulturellen Menschen als »großes Versprechen« – wobei er aber an eine unverhoffte Zukunft der Steigerung über sich hinaus dachte, keineswegs an einen »moralischen Minimalismus«; vgl. Freier (1984, S. 352), sowie v. Verf. (1998); Frankfurter Institut für Sozialforschung (1983, S. 88).

38 Vgl. Todorov (1993).

zuvertrauen, diesem Leben wieder eine gewisse Glaubwürdigkeit zu verschaffen.[39] Denn diese kann sich nur als – im wirklichen kulturellen Leben gegebene – Antwort auf ihre radikale Infragestellung durch die geschichtliche Erfahrung ergeben, an deren Anfang die niemandem zu delegierende Annahme der Herausforderung durch diese Infragestellung steht. Diese Herausforderung hat aber den Charakter eines »pathologischen« Widerfahrnisses und ist nicht bloß das Problem eines Kulturdenkens, das zu einem angeblich »sinnlos« gewordenen geschichtlichen Geschehen nachträglich den Sinn eines finalen Zwecks etwa hinzudenken müsste. Ausgehend von diesem neukantianisch konzipierten Gegensatz von sinnlosem Geschehen und sinnsetzendem Denken hat Weber den Sinn kultureller Existenz nur in einem Zweck, also darin erkennen können, wozu sie letztlich »gut ist«. Mit diesem Wozu sah er den »Wert« kultureller Existenz engstens verkoppelt. Dabei geriet aber der Widerfahrnischarakter kultureller Erfahrung selber völlig aus dem Blickfeld. »Sinn« liegt nicht erst in einem Sinn-Denken, das zu einer bloß gegenständlich gedachten Wirklichkeit noch einen (möglichst finalen) Zweck teleologisch hinzudenkt (ohne den die Erde eine »Wüste« wäre, wie Kant sagte), sondern Sinn liegt bereits in der widerfahrenen Infragestellung kulturellen Lebens durch gerade das, wovon es negiert oder bedroht wird. Ein Kulturdenken, das sich

auf die Suche nach dem »Sinn« kultureller Existenz begibt, müsste sich so gesehen seinerseits als Antwort auf die Herausforderung dieser Infragestellung verstehen lassen.[40] Ihm liegt keine sinn-freie Wirklichkeit voraus, die nur ein in ihr nicht situiertes Denken sinnhaft zu ordnen vermöchte, sondern eine Realität, in der gewiss Sinn nicht fertig vorzufinden ist, die immerhin aber (in Patočkas Worten) »Gelegenheit zur Sinnbildung« bietet und ein »Sinnverlangen« auf den Plan ruft. Findet eine antwortende Sinnbildung im Modus des Denkens statt, so kann es sich nicht um eine bloße Konstruktion handeln, die sich selbst genügen könnte. Vielmehr muss ein sinn-bildendes Denken die Vorformen sinnhafter Artikulierbarkeit aufgreifen, die ihm zunächst die Erfahrung bietet, und es muss sich der Artikulationsnot stellen, in der sich eine Erfahrung befindet, die nicht aus eigener Kraft zu realisieren vermag, was ihr widerfahren ist. Eine derart überforderte Erfahrung bedarf des Denkens, um sich des Erfahrenen überhaupt vergewissern zu können. Das Denken muss sich umgekehrt als Artikulation dieser Erfahrung verstehen lassen, will es Antwort geben auf die Herausforderung, die im Widerfahrenen (und nicht nur in gedachten »Kulturproblemen«) liegt. So verlangt die Erfahrung gerade auch dann, wenn sie als traumatisierende kaum noch das Erfahrene als solches zur Sprache zu bringen vermag, danach, gedacht zu werden; und das Denken muss versprechen, der Erfahrung zur Aussprache des ihr eigenen Sinns zu verhelfen (Husserl) – handle es sich auch nur einen kryptischen Sinn oder um einen Sinn in statu nascendi, der erst mit Hilfe des Denkens überhaupt sagbar zu werden vermag.

Das angedeutete »responsive« Wechselverhältnis zwischen Erfahrung und Denken wäre auf ganz unterschiedlichen Ebenen zu explizieren – angefangen bei der individuellen Erfahrung, über deren kollektive, lebensweltliche Horizonte bis hin zur Kulturwissenschaft, die ihrerseits die Erfahrung der Versehrbarkeit kultureller Existenz zum Anlass nimmt, theoretisch begreiflich zu machen, worum es ihr angesichts dieser Versehrbarkeit eigentlich gehen muss. So wird die geschichtliche Erfahrung, in der diese Versehrbarkeit zur Sprache kommt, in gewisser Weise auch hier, in der Wissenschaft von der Kultur, zum Maßstab eines seinem Gegenstand angemessenen Kulturverständnisses. Gleichwohl

---

39 Vgl. Assmann (1990, S. 35).

40 So schrieb Cassirer: »Die historische Erkenntnis ist die Antwort auf bestimmte Fragen, eine Antwort, die von der Geschichte gegeben werden muss; aber die Fragen selbst werden von der Gegenwart gestellt und diktiert – von unseren gegenwärtigen geistigen Interessen und von unseren jetzt bestimmenden moralischen und sozialen Anliegen.« (1962, S. 178). Soll die Rede von Fragen und Antworten nicht zur bloßen Leerformel verkommen, ist allerdings zu spezifizieren, wo und wie sich ihr Zusammenspiel und Gegeneinander »abspielt«. Fraglich ist, ob die Gegenwart als autonome Instanz des Fragens gelten kann. Cassirer kommt hier einer präsentistischen Position sehr nahe. Für den Bereich der Historik vgl. v. Verf. (2001 a). Hier wird auch Bezug genommen auf eine von Waldenfels über Jauss und Gadamer bis hin zu Collingwood, Löwith, Toynbee u. a. zurückreichende Philosophie des Frage-Antwort-Verhältnisses. – Zur Kritik eines sei es utopistischen, sei es eschatologischen Ausweichens in letzte Antworten, die gerade die dringend fälligen nächsten und übernächsten übersehen lassen, vgl. Polak (1986, S. 379); Ricœur (1986).

sind wir weit davon entfernt, ohne weiteres angeben zu können, um was sich kulturelle Existenz eigentlich »dreht«. Im Rückblick auf die Anfänge menschlicher Kulturgeschichte schien die Antwort für Ernst R. Curtius eindeutig auszufallen: »Der geschliffene Kiesel [...] ist Zeuge des Prometheusschicksals unserer Menschheit. Dieses Steinbeil, dieses eingeritzte Rentierbild – sie stammen aus derselben Kraft, welche die Pyramiden des Nillandes, die Götterfriese von Hellas, auch die Dome der Gotik und die Stahlwerke Westfalens aufgerichtet hat. In allen Werken der Menschen durch Zeiten und Räume hindurch wirkt die eine und gleiche Schöpferkraft. Sie hat das Reich des Menschen gegründet im Ringen mit den Elementen der Natur. Den Kampf des Höhlenmenschen mit dem Mammut setzt der Maschinenbauer und der Ozeanflieger unserer Tage fort.«[41] Heute würde der Autor vermutlich auch noch die Bioingenieure und die Softwarespezialisten hinzusetzen. Sie alle belegen scheinbar jene eine, schöpferische, prometheische Kraft, die nach wie vor die Auseinandersetzung mit dem Anderen der Kultur beseelt und uns die besagten »Erfolge« beschert. So gesehen gibt es nur *eine* Kulturgeschichte und nur *eine* »Menschheit«, die sie, mit dieser Kraft als Subjekt im Rücken, vorantreibt. Dabei ist schon zweihundert Jahre zuvor mit Blick auf eine zunehmende Diversifizierung kultureller Entwicklungen nachdrücklich skeptischer Zweifel an der Denkbarkeit eines wahren Problemkerns kultureller Existenz angemeldet worden, der wie jene eingangs genannte »Urfrage« immer neue Antworten provozieren würde.[42]

Kann demnach heute überhaupt noch davon die Rede sein, dass »Ur-Fragen« (oder »Ur-Aufgaben« wie diejenige, die Bewohnbarkeit der Welt zu sichern) die kulturelle Existenz nach wie vor inspirieren? Haben neue Fragen nicht eine ungeahnte Vielzahl von Antworten hervorgerufen, während man aber nach wie vor »antwortlos« den Urfragen gegenüber steht (falls man sich überhaupt an diese erinnert)?[43] Mehr noch: Haben sich im Zuge kultureller Entwicklung nicht auch die Fragen nachhaltig gewandelt? Lassen sich jene Antworten überhaupt noch *als* Antworten verstehen, oder sind uns längst die entsprechenden Fragen abhanden gekommen? Sind nicht längst zahllose Antworten selbstverständlich geworden und in ihrer Fraglosigkeit

erstarrt? Will man kulturelles Leben nicht nur auf von Menschen Hervorgebrachtes und auf das Wissen darum reduzieren, empfiehlt es sich, dem Vorschlag Toynbees zu folgen und Kultur als nichtintendierte Resultante eines *challenge-response*-Verhältnisses zu deuten, um begreiflich zu machen, worum es (in) diesem Leben eigentlich geht. Dann aber muss man jenen Fragen Rechnung tragen.[44] Weit und breit ist keine *eindeutige* Herausforderung auszumachen, die *allein* es gestatten würde, kulturelles Leben »als Antwort« zu verstehen. Wir sind vielmehr mit einer Vielzahl von Antworten konfrontiert, die *als* solche nicht selten »vergessen« werden. Sie wieder als solche zu verstehen, bedeutet nicht, dass man erwarten könnte, im Sinne eines ein-eindeutigen Verhältnisses seien ohne weiteres die entsprechenden »Fragen« aufzufinden.[45] Eine solche Erwartung könnte absurde Konsequenzen haben. Z.B. ließe sich unter dieser Voraussetzung aus der Art und Weise, in der man in den westlichen Systemen eine beschleunigte Mobilität organisiert hat, auf ein allgemeines Bedürfnis nach Bewegung schließen, dessen Befriedigung wie die passende Antwort auf die Frage zu verstehen wäre, die dieses Bedürfnis *gleichsam* zu stellen scheint. Und in China würde man mit der Hilfe westlicher Konzerne nur dieselben Bedürfnisse zu befriedigen versuchen – nicht etwa diese erst *erzeugen* oder *erfinden*. Gerade das Beispiel der Mobilität zeigt indessen, dass die Herausforderungen, denen sich kulturelles Leben zu stellen hat, vielfach nicht in ersten, gar »ursprünglichen« Bedürfnissen oder Fragen liegt, die noch immer einer befriedigenden

---

41 Curtius (1928, S. 727).

42 Vgl. Bollenbeck (1996, S. 187).

43 Vgl. Böhme/Matussek/Müller (2000, S. 78). Ob diese Urfragen überhaupt je *gewisse* Antworten gestattet haben, mag dahingestellt bleiben; vgl. Weber (1959, S. 85, 217).

44 Vgl. Perpeet (1976, S. 95). Allzu schnell wird jenes Schema andernfalls zur Binsenweisheit, mit der sich alles und nichts beweisen lässt; vgl. Arendt (1994, S. 55).

45 Die Phänomenologie der Responsivität spricht ohnehin dafür, dass sich diese nicht in beantworteten Fragen erschöpfen kann. Das Antworten geschieht im »Ausstand«, der denkbare letzte Antworten immerzu verschiebt oder vertagt, um nicht in den Antworten das Fragen zu ersticken. Heißt das am Ende, dass uns die Sorge um ein nicht endendes »Leben« des (ständig aufgeschobenen) Antwortens wichtiger ist als »definitive« Antworten? Vgl. Waldenfels (1994).

Antwort harren.[46] In diesem Fall ist es nicht ein Mangel an technischen Mitteln, sondern ihr *exzessiver* Einsatz, der als destruktiv und »sinnlos« erfahren wird. Nicht die »mangelhafte« Konstitution des »natürlichen Wesens« Mensch samt seiner Bedürfnisstruktur, sondern ein dramatisches »Zuviel des Guten«, das die Kompensation seines Ungenügens hervorgerufen hat, ruft nicht nur in diesem Fall die Suche nach den »eigentlichen« Herausforderungen wieder auf den Plan, um die es kulturellem Leben gehen sollte.[47]

Wenn wir Freud folgen, haben unverändert die »ursprünglichen« Herausforderungen als die »eigentlichen« zu gelten. Freud behauptete, dass ungeachtet der Erfolge, die die Herrschaft über die Natur gezeitigt hat, deren »Grundproblem« *nach wie vor und unverändert* besteht; und zwar als ein »ökonomisches«, das letztlich auf »die ewige, urzeitliche, bis auf die Gegenwart fortgesetzte Lebensnot« zurückgehe, die nie wirklich bewältigt werden

könne.[48] In seinen umstrittenen kulturgeschichtlichen Spekulationen praktiziert Freud erklärtermaßen eine Art Archäologie, um sich zu den aus der »Lebensnot« resultierenden Grundproblemen kultureller Existenz vorzuarbeiten, die unter geschichtlichen Ausformungen kulturellen Lebens gleichsam verschüttet zu sein scheinen. Insofern beherzigt die psychoanalytische Archäologie einen Vorschlag Platons, »fraglose« Antworten zunächst einmal zu »vergessen«, um so wieder einen Weg zur Anamnese der Fragen zu bahnen, die diese Antworten möglicherweise einmal inspiriert haben. Diese Methode unterstellt ein partiell oder weitgehend unkenntlich gewordenes, im Prinzip aber wieder rekonstruierbares Passungsverhältnis von Fragen und Antworten. Danach wird es immer möglich sein, auch zu »selbstverständlich« oder »fraglos« gewordenen Antworten, die die kulturelle Entwicklung gezeitigt hat, vorgängige, erste Fragen ausfindig zu machen, die die Antworten erst als solche intelligibel werden lassen. Die archäologische Methode der Rekonstruktion von Urfragen unterstellt, dass kulturelle Existenz überall auf der Welt die Tiefe ihrer Vergangenheit in ihrer Gegenwart aufhebt. So mögen sich die Urfragen in einer unvordenklichen Zeit erstmals gestellt haben, doch liegen sie gegenwärtigem kulturellem Leben weiterhin zu Grunde – wie entstellt, verschüttet oder verwandelt auch immer. Weil davon auszugehen ist, dass, mit Hegel zu reden, in der Tiefe der kulturellen Gegenwart ihre Vergangenheit aufbewahrt ist, hat es Sinn, *in ihr* nach deren Spuren zu suchen, um die Gegenwart als Antwort auf nach wie vor ebenso ursprüngliche wie grundlegende Fragen kultureller Existenz zu verstehen. Dieses Verständnis liegt vielfach auch der anthropologischen Rückbesinnung auf »Grundbedürfnisse« zugrunde, deren prominentestes Beispiel der Funktionalismus Malinowskis darstellt. An ihm ist zu gut erkennen, wohin uns eine allzu schlichte Interpretation jenes *challenge-response*-Verhältnisses führt.

So will Malinowski in der »Rekonstruktion der vollen lebenden Welt einer vergangenen Kultur« auf das hinaus, »was Kultur in Wahrheit bedeutet«. Der methodische Weg zurück zum »Ursprung«, d. h. zu den Manifestationen »menschlichen Lebens [in] ihren einfachsten Formen« verspricht nicht weniger, als zum »Wesenskern« der »elementarsten«

---

46 Vgl. Piddington (1963, S. 141 ff.). – Gehlen spricht von einer »unerschöpflichen Improvisaton immer neuer Antworten auf die unerschöpflichen Herausforderungen des Daseins«. So kommen schließlich nur »Erkenntnisse« wie der Befund heraus, der Mensch sei offenbar ein »äußerst vielfältiges Tier«; Gehlen (1961, S. 57).

47 Vgl. Arendt (1985, S. 123). – Dass der Exzess derjenigen Kulturen, die sich nach wie vor für die avanciertesten halten, einen apokalyptischen Horizont hat, lässt sich kaum bestreiten. Beschwört ihre heutige technologische Rasanz nicht einen völligen Kontrollverlust über die gezeitigten Wirkungen herauf? Sind die nuklearen und die biotechnischen Entwicklungen in dieser Hinsicht nicht lediglich die extremsten Erscheinungsformen einer hochkulturellen Pathologie, die gerade im *Übermaß* der technischen, freilich nicht beherrschbaren Erfolge ein finales Desaster kulturellen Lebens auf der Erde ankündigt? Die kollektive Phantasie hat sich diesen apokalyptischen Möglichkeitshorizont längst erschlossen. Als bloß hysterisch lässt sie sich gewiss nicht abtun. Dass die Natur als Widerpart aller menschlichen Bemühungen, ihrer Herr zu werden, nicht überwunden ist und sich niemals überwinden lassen wird, zeigen auch wissenschaftliche Prognosen. Wenn der zirkuläre Golfstrom infolge weiterer Erderwärmung durch fortgesetzten Missbrauch fossiler Energiequellen zum Erliegen käme oder seine Richtung gravierend änderte, würde nicht nur die westliche Welt womöglich in einer Jahrtausende währenden Eiszeit versinken. So schlüge der exzessive Erfolg der Kultur in die erneute Herrschaft der Natur um.

48 Ich sehe hier ab von den psychodynamischen Erfordernissen, die die Naturbewältigung nach Freuds Ansicht mit sich gebracht hat. Vgl. Fischer (1998).

menschlichen Institutionen zu führen, ohne die sich keine menschliche Lebensform auf Dauer zu stabilisieren vermag.[49] Wie aus einer Vogelperspektive will Malinowski verschiedene Lebensformen vergleichen, angefangen bei ihrer biologischen Basis. Aber selbst die zeigt sich alsbald durch eine »sekundäre Umwelt« überformt und nimmt höchst unterschiedliche, ja gegensätzliche kulturelle Formen an.[50] »Von biologischem Bedürfnis kann in physiologischen und ökologischen Begriffen nur in bezug auf die Gemeinschaft im ganzen und ihre Kultur gesprochen werden.«[51] Das heißt für Malinowski gerade nicht, dass das »Grundbedürfnis« in der so genannten »Kulturreaktion« aufgeht. Schließlich will er nicht auf den Anspruch verzichten, für »Kulturphänomene« ein »gemeinsames Maß« anzugeben.[52] Doch wird diese analytische Methode um einen allzu hohen Preis erkauft. So schrumpft beispielsweise das »Kulturphänomen« Verwandtschaft zur »Reaktion« auf das Grundbedürfnis der »Fortpflanzung«.[53] Dass damit ein extrem verarmter und nicht einmal mit Recht eindeutig auf »westliche« Lebensformen zu beziehender Verwandtschaftsbegriff angesetzt wird, ist evident.[54]

Baudrillard hat in seiner Kritik an Malinowskis Funktionalismus ein wenig übertrieben, als er behauptete, so werde Kultur zur Metapher für die biologische Funktion der Verdauung.[55] Aber Sahlins ist Recht zu geben, wenn er im Gegensatz zur abstrakten Kategorie der Kulturreaktion darauf insistiert, dass von Anfang an jede menschliche Lebensform nicht nur als »Antwort« auf elementare Grundbedürfnisse »überlebt«, sondern auch auf *bestimmte* Weise ihr Überdauern gesichert und dass dieses Überdauern die ganze Welt, mit der sich die jeweilige Lebensform auseinandersetzen musste, kulturell imprägniert hat.[56] Lebensformen existieren in unterschiedlichen Lebenswelten, die von den Herausforderungen des Lebensnotwendigsten unter dem Druck des Überlebenmüssens schließlich weitgehend entbunden sein können. Die heutige Kulturindustrie stillt schon lange keinen bloß »natürlichen« Hunger oder Durst mehr. Und sie »weckt« nicht nur »Bedürfnisse«, die sie zu befriedigen vorgibt. Sie manipuliert sie nach Kräften und erfindet gar neue, um »Antworten« zu geben auf »Fragen«, die niemand gestellt hat.[57] Wenn die Zeitgenossen freilich diese *Antworten ohne Fragen* immer noch

jenen *Fragen ohne Antwort* vorziehen, die seit Urzeiten »im Raum stehen«,[58] dann fragt man sich, was daran »Betrug« sein soll, wie Adornos ätzende Diagnose lautete. Ist nicht »der Satz, die Welt wolle betrogen sein« durch diese Industrie »wahrer« geworden, als er je gemeint war?[59]

Wie dem auch sei: Die Verve der Kritik zeigt, dass sich in jenen Welten sekundäre Herausforderungen – wie die Suche nach »eigentlichen« Fragen, die von als betrügerisch verdächtigten Antworten ausgelöscht zu werden drohen – herausbilden können, die ihrerseits auf das Bild zurückwirken, das man sich von »elementaren« oder »echten« Bedürfnissen zu machen hätte. Diese sekundären Herausforderungen scheinen schließlich zu den wichtigsten und ernstesten überhaupt zu werden. In ihnen geht es offenkundig nicht mehr darum, dass kulturelles Leben in *irgendeine* Form gebracht werden müsse (oder wie dergleichen Plattitüden mehr lauten),[60] um »Antwort« zu geben. Vielmehr geht es darum, *welche* Lebensform die richtige oder wenigstens die bessere sein könnte. In dieser Hinsicht muss sich die Ethnologie nach der Überzeugung C. Geertz' »voll und ganz« »der Vielfältigkeit der menschlichen Kultur« stellen und darf sich nicht auf allzu allgemein formulierte empirische Universalien wie »Religion«, »Heirat« oder »Eigentum« zurückziehen, deren »Aussagekraft sich förmlich in nichts auflöst«. »Dass die Menschen sich überall paaren und Kinder produzieren, eine Auffassung von Mein und Dein haben und sich auf die eine oder andere Weise

---

49 Malinowski (1988, S. 56 f.).
50 Malinowski (1988, S. 74 ff., 120).
51 Malinowski (1988, S. 140).
52 Malinowski (1988, S. 120, 77).
53 Malinowski (1988, S. 123).
54 So dazu im Detail Malinowskis Behandlung der Familie: (S. 91 f.).
55 Sahlins (1981, S. 110 ff.).
56 Die Rede von einer solchen Imprägnierung soll nicht wiederum auf eine Auflösung der Natur in der Kultur hinauslaufen; vgl. Sahlins (1981, S. 237 f., 252).
57 Treffend beschrieben hat das Hans Jonas (1987, S. 20, 29).
58 Marquard spricht mit Blick auf Dilthey von »immergleichen ›Lebensrätseln‹ und immergleichen ›Typen‹ der Antwort auf sie«; Marquard (1982, S. 133). Vgl. Ricœur zum gleichen Problem (1974, S. 69, 98).
59 Adorno (1977, S. 337–345).
60 Vgl. Marquard (1982, S. 143); Lévi-Strauss (1980, S. 25).

gegen Regen und Sonne schützen, ist weder falsch noch – in jeder Hinsicht – trivial, aber derlei Feststellungen helfen uns schwerlich, ein Portrait des Menschen zu zeichnen, das ihm wirklich ähnlich sieht, und nicht im bloßen Klischee stecken bleibt.« Mit einem jeglichen Inhalts entleerten »gemeinsamen Nenner« verschiedenster Lebensformen ist niemandem gedient. Deshalb fordert Geertz, »in den Kulturformen selbst die bestimmenden Elemente des menschlichen Daseins ausfindig zu machen«, dabei aber gänzlich auf den »Trick« zu verzichten, sich *vorab* dessen »grundlegende Bedingungen« zurechtzulegen, um »dann zu zeigen, dass die mutmaßlich universellen Aspekte von Kultur durch diese Bedingungen ›geformt‹ sind«.[61]

Niemand muss genau einer Lebensform mit ihren »Spielregeln« auf Gedeih und Verderb angehören; man kann die Zugehörigkeit oder die Mitgliedschaft aufkündigen und sich an anderen »Spielen« beteiligen. Aber für den Ethnologen gibt es nichts »hinter« den Lebensformen, »kein ›hinter den Kulissen‹«. Die Menschen können lediglich »ihre Rollen wechseln, ihren schauspielerischen Stil, ja sogar das Stück, in dem sie auftreten; aber [...] spielen tun sie immer«.[62] Hier ist die Rede von den »Spielen« kulturellen Lebens keine bloße *Metapher* und kein bloßes *Modell* mehr. Nahtlos geht der *Vergleich* mit einem Spiel in die implizite Aussage über, kulturelles Leben *sei* (in jeder möglichen Form) ein Spiel und nichts als das. Das soll nicht heißen, dass es nicht zu einem »ernsten«, für diejenigen, die es nicht beherrschen, womöglich tödlichen Spiel werden könnte.[63] Im Spiel einer komparativen Existenz, wo es nicht mehr bloß um physische Selbsterhaltung, sondern um Konkurrenz auf dem »Markt der gegenseitigen Achtung« (Luhmann) und Reputation geht, wird schließlich auch – sozial nämlich – gestorben. Und der soziale Tod vernichtet zwar auf andere Weise, aber nicht weniger radikal als das körperliche Ableben. Bereits Rousseau, der als erster die Bedingungen komparativer, restlos vergesellschafteter Existenz beschrieben hat,[64] begriff die Individuen, die ihr unterworfen sind, nur mehr als »depravierte Tiere«, deren primäre Natur gänzlich in ihrer kulturellen Existenz zu verschwinden scheint. Nicht nur deshalb konnte ihm die Rückbesinnung auf »elementare« Herausforderungen als Ausgangspunkt seiner kulturkritischen Polemik dienen. Als elementarste Herausforderung begreift die Anthropologie der Aufklärung aber, dass der Mensch als »erster Freigelassener der Schöpfung« »von Natur aus nichts« ist. Als »instinktentsichertes«, wehr- und schutzloses Wesen muss er »alles aus sich selbst« machen; und zwar zunächst unter natürlichen Umständen. Nur solche Lebensformen bilden sich deshalb anfänglich aus, zu denen »*Zeit, Klima, Bedürfnis, Welt, Schicksal* Anlass« geben.[65] Aber sobald die Menschen »warm wohnen und satt zu essen haben« (F. Schiller), beginnen sich ihre Lebensformen zu verselbständigen: Aus naturbedingtem »Dasein« wird unwiderruflich, wie J. Burckhardt bemerkte, »Geschäft« (ein ökonomisches Spiel, wenn man so will) in »irdischen Lebensformen aller Art«.[66] Wenn gegen diese Entwicklung Einspruch erhoben wird, so deshalb, weil gerade ein restloses Aufgehen im kulturellen »Geschäft« vergessen lässt, worum es in kultureller Existenz eigentlich geht. Dass diese Frage letztlich immer »im Spiel« bleibt, während das Geschäft kulturellen Lebens sie nahezu zum Verschwinden bringt, mündet aus Simmels Sicht in die »Tragödie der Kultur«. Eine von ihr provozierte Rückbesinnung auf »existenzielle« Fragen kann aber nie von einer maßgeblichen ersten, nicht schon kulturell imprägnierten Natur her erfolgen, sondern muss in *bereits eingespielten* Lebensformen diesen entgegengesetzt werden. Folglich muss eine minimale Differenz dessen zur Geltung zu bringen sein, was nicht im »Spiel« der Lebensformen aufgeht.

Und diese Differenz ist nie gänzlich zum Verschwinden zu bringen, weil niemals eindeutig feststeht, welches »Spiel« in kulturellen Lebensformen eigentlich gespielt wird.[67] So muss auch Gellner, der

---

61 Geertz (1983, S. 213–217). Aber muss man nicht mit einem Vorbegriff dessen, was es heißt, kulturell zu existieren, in das Verständnis fremden kulturellen Lebens »einsteigen«?
62 Geertz (1983, S. 208).
63 Vgl. Huizinga (1956, S. 7, 12 ff., 17).
64 Vgl. Buck (1984).
65 Herder (1877–1913, Bd. V, S. 505).
66 Burckhardt (1946, S. 133 ff.).
67 Ersichtlich fungiert der Begriff des Spiels hier als Metapher und Modell; vgl. demgegenüber Huizinga (1956, S. 7, 12 ff., 17), für den »das Spiel, d. h. die Notwendigkeit eines geordneten menschlichen Zusammenlebens«, »die Grundlage aller Kultur selbst« ist.

universalen ökonomischen Herausforderungen auf der Spur ist, denen sich alle Lebensformen stellen müssen, offen lassen, ob letztlich nicht doch »radikal verschiedene Spiele« gespielt werden, die in einer »überwältigenden Formenvielfalt« anzutreffender Lösungen für diese Herausforderungen begegnen.[68] Welches Spiel gespielt wird, ist nicht allein eine Frage des Vergleichs von Lebensformen, sondern betrifft auch deren innere Verfassung. Von Wittgenstein her hat Lyotard deshalb eine unaustilgbare radikale Strittigkeit dessen behauptet, worum es menschlichen Lebensformen geht oder gehen soll. Würden wir in der jeweiligen Lebensform aufgehen, so hätten wir jedenfalls keinen Anlass mehr, danach zu fragen. Es ist und bleibt aber ein *kulturelles* Problem, wenn man die Frage aufwirft, ob wir als kulturelle Wesen in unseren Lebensformen auf Herausforderungen Antwort geben, die als solche nicht immer schon und restlos in unserer kulturellen Existenz aufgehen. Man kann nicht einfach durch kulturelles Leben hindurchgreifen, um zu von Natur aus und ein für alle Mal gegebenen Bedingungen kultureller Existenz vorzustoßen, die als universale Vergleichsperspektive für alle Herausforderungen gelten könnte, denen sich die unterschiedlichsten Lebensformen zu stellen hätten.

Wenn man gleichwohl mit Geertz daran festhält, dass die Anerkennung der »kulturellen Imprägnierung« aller Lebensformen »keine Abwendung von den existenziellen Lebensproblemen« bedeuten muss,[69] so kann das also nicht bedeuten, mit Blick auf diese »Lebensprobleme« nach einem *uninterpretierten x* oder nach einer *ursprünglichen* Formulierung dieser Probleme zu fahnden.[70] Vielmehr muss man nach Herausforderungen suchen, die sich den *in* verschiedenen Lebensformen zu findenden Antworten *entziehen*. Gerade das, was sich *im Bezug* der Antworten auf die vorgängigen Herausforderungen »entzieht« und nicht »aufgeht« in den Antworten der Lebensformen, bietet die Chance des Vergleichs mit anderen Antworten anderswo.

Es ist allerdings fraglich, ob man so auf »Realitäten« stößt, »mit denen es die Menschen überall zu tun haben«, wie Geertz meint, der damit selbst den von ihm kritisierten Plattitüden der Ethnologie nahe kommt. Ein Blick auf die Liste der »Realitäten«, die er im Blick hat (Urbanisierung, Identität, Tod, Zeit etc.) lehrt, dass man es hier nicht mit

Sachverhalten zu tun hat, die man ohne weiteres als eine jede menschliche Lebensform gleichermaßen betreffende »reale« Herausforderung verstehen könnte.[71] Gewiss, gestorben wird überall. Doch was der Tod für die Menschen einer bestimmten Kultur bedeutet und inwiefern das Sterben Anderer für sie eine Herausforderung darstellt, der sie mit ihren Deutungsanstrengungen begegnen, das lässt sich *allgemein* nur um den Preis einer fragwürdigen Abstraktheit sagen, die entscheidende Differenzen zu unterschlagen droht. Begreift man den Tod (wenn schon nicht die Trauer, in die er die Überlebenden stürzt) als Bedrohung kulturellen Überlebens,[72] so mag der Totenkult als Antwort der Lebensformen verständlich werden, die um ihre *Dauer* besorgt sind. Zumindest die Geschichte des modernen, »westlichen« Totenkults zeigt aber eine grundsätzliche Wandlung an, insofern er die Weigerung öffentlich repräsentiert, aus den Toten zur höheren Ehre des Staates, der Nation oder des Volkes geschichtliches Kapital zu schlagen.[73] Längst hat sich dieser Totenkult von dem fragwürdigen Pathos eines vielfach beschworenen Opfers für das Allgemeine verabschiedet, um den Überlebenden eine nachträgliche Verantwortung für jeden einzelnen Toten aufzubürden.[74] Die entsprechende Trauer lässt sich gewiss nicht mehr ohne weiteres unter die Funktion der Sicherung kulturellen Überlebens subsumieren, denn sie zieht nun ihrerseits den Sinn dieses Überlebens in Zweifel, das allzu oft »über Leichen gegangen« ist.[75]

Kulturwissenschaftlich gesehen sind »Tod« und »Sterblichkeit« ebenso wie »Dauer« und »Überleben« nur leere Worte, die sich allein im Durchgang durch *verschiedene* Deutungen mit Inhalt fül-

---

68 Gellner (1990, S. 19, 310).
69 Geertz (1983, S. 43).
70 Vgl. Vierhaus (1995, S. 14).
71 Den gleichen Einwand zieht Nussbaums »essentialistische« Rede von Lebensformen auf sich; in Nussbaum (1999).
72 Wie man es von Arendt bis hin zu Assmann und Bauman getan hat; vgl. Arendt (1994, Kap. 10, Abschnitt III); Bauman (1994, Kap. V); Assmann (1992); sowie die makabren Beispiele bei Kardiner/Preble (1974, S. 187).
73 Vgl. Young (1993); Koselleck (1998); Koselleck (2000); Koselleck/Jeismann (1994).
74 Vgl. v. Verf. (2001 b).
75 Vgl. Bhabha (1994, S. 172).

len lassen. Eigene müssen mit fremden Deutungsanstrengungen kontrastiert werden – und zwar im Hinblick auf ein Drittes, was zur Deutung herausfordert und zunächst nur durch sie zugänglich wird, was sich aber doch niemals im Gedeuteten auflöst. Was in diesem Fall zur Deutung herausfordert, ist der erlittene Tod, d. h. der Tod des Anderen.[76] Keine Deutung vermag ihm gerecht zu werden. Eben weil zwischen dem Tod als Widerfahrnis und »gedeutetem Tod« immer wieder eine unaufhebbare Differenz aufklafft, interessieren uns fremde Deutungen. Und eben deshalb verschwindet niemals ein gewisser gemeinsamer Bezug, durch den sich die jeweiligen kulturellen Deutungen *als* unterschiedliche *Antworten* auf Erfahrungen verstehen lassen, die zur Deutung herausfordern. Durch alle kulturellen Imprägnierungen hindurch behauptet sich die Referenz auf eine Welt *möglicherweise gemeinsamer* Erfahrung, deren »Realstes« hier allerdings gerade in ihrer Fremdheit liegt. Von dieser paradoxerweise »gemeinsamen« Fremdheit her, auf die der hier und dort zur Sprache gebrachte und öffentlich repräsentierte Tod gleichsam konvergiert, wäre auch neu zu verstehen, was Geertz als die Aufgabe der Ethnologie formuliert, nämlich »uns mit *anderen* Antworten vertraut zu machen, die *andere* Menschen […] gefunden haben«.[77]

Unter diesen Antworten müssen uns nach der Überzeugung Ricœurs vor allem (aber keineswegs ausschließlich) diejenigen interessieren, die sich um »existenzielle Ängste« und »tiefverwurzelte Konflikte«, letztlich um »Aporien der sozialen Existenz« drehen, die »uns Menschen« am wenigsten loslassen.[78] Es geht vor allem um Aporien, die die Menschen seit jeher in einen Notstand des Sinns gestürzt haben. Gulian erklärt den Mythos ganz und gar aus der Unumgänglichkeit einer Stellungnahme zu diesem Notstand, der im archaischen Bewusstsein nicht weniger als eine menschliche Verantwortung für die rituell zu gewährleistende Aufrechterhaltung der Ordnung der Welt implizierte.[79] Aber der Mythos schien auf alles eine Antwort geben zu können und so das Fragen zu ersticken. Seine *heute* immer wieder auflebende Faszinationskraft beweist indirekt freilich die Übermacht der Fragen, auf die wir keine kulturell endgültige Antwort mehr wissen. Mit Hilfe des Mythos ist auf existenzielle Bedrohungen durch den Tod, durch menschliche oder natürliche Gewalt, durch »das Böse« oder die Feindschaft keine allgemein überzeugende Antwort mehr zu geben. Dadurch werden wir auf dasjenige verwiesen, *worauf* der Mythos wie auch ein »aufgeklärtes« Bewusstsein Antwort zu geben versuchte. Gerade dieses Worauf macht den *lateralen* (nicht aus einer Vogelperspektive vorzunehmenden) Vergleich »aufgeklärter« wie mythischer »Antworten« auf das sinnvoll, was sich ihnen entzieht.[80] Der Vergleich kann aber nicht mit diesem Dritten *einsetzen*, das *als* unseren »Antworten« Entzogenes überhaupt erst auftaucht, wenn letztere brüchig zu werden beginnen, d. h. wenn sie sich gewissermaßen nicht mehr »decken« mit den »Fragen«, die wir haben. Einen »Antwortbedarf« erzeugen wie gesagt nicht nur Fragen, die aus einer Situation des Mangels entstehen, sondern auch Fragen, die aus Situationen der Überfülle, der Sättigung, des »Zuviel« entspringen. Auch eine saturierte Kultur, die nicht einmal mehr um ihren eigenen Antwortcharakter weiß und die die Herausforderungen »vergessen« hat, denen sie sich stellen muss, wird aus sich heraus wieder Fragen aufwerfen, wenn sie nicht früher oder später versagen, degenerieren oder sklerotisch verkümmern will; sie muss Fragen aufwerfen, die sich an diesem Vergessen entzünden, dem schließlich gerade das zum Opfer zu fallen droht, was kulturelles Leben selber ausmacht. Gerade überaus produktive Kulturen sehen sich alsbald mit einer Überfülle sogenannter Kulturgüter konfrontiert, die den Blick auf das kulturelle Geschehen nur allzu leicht verstellen, das sie gezeitigt hat. Umstellt von seinen eigenen Produkten, verliert kulturelles Leben am

---

76 Insofern diese »Erfahrung« sich weigert, in eigenen oder auch in fremden Deutungen aufzugehen, markiert sie gleichsam deren Fluchtpunkt, die in der niemals zu tilgenden Distanz zu den Deutungen, die diese Erfahrung herausfordert, eigentlich *fremd bleibt.*

77 Geertz (1983, S. 43); Hervorhebg. B. L. Vgl. Mall (1995, S. 69).

78 Vgl. Ricœur (1978, S. 115). Ich setze »uns Menschen« bewusst in Anführungszeichen, denn hier kann es sich nur um besagten *Vorgriff* darauf handeln, was kulturelles Leben »im Grunde« umtreibt. Nur im lateralen Vergleich mit fremden Lebensformen wird sich ein solcher Vorgriff verifizieren lassen.

79 Gulian (1981, S. 51, 187).

80 Zu diesem Begriff vgl. Merleau-Ponty (1996, S. 13–28).

Ende die Welt aus dem Blick, die ihr einst als Anderes der Kultur eine Antwort auf die Frage abverlangt hatte, wie in ihr zu wohnen sei. Kulturelles Leben wird gleichsam an seinem eigenen Erfolg blind.

Gerade diese Aussicht hat ein radikalisiertes Fragen danach auf den Plan gerufen, was Wohnen in der Welt überhaupt bedeuten soll. Bedeutet Wohnen, sich einen gegen äußere Bedrohung gesicherten Ort in der Welt zu verschaffen, von dem Andere ausgeschlossen bleiben müssen, sofern ihnen nicht freiwillig der Status des Gastes etwa eingeräumt wird? Gegen Heidegger wandte Levinas in seinem Aufsatz »Heidegger, Gagarin und wir« aus dem Jahre 1961 ein:[81] »Die Einpflanzung in eine Landschaft, die Anhänglichkeit am Ort, ohne welchen das Universum unbedeutend würde und kaum existierte, impliziert die Trennung der Menschheit in Autochthone und Fremde. Und in dieser Perspektive ist die Technik weniger gefährlich als die Geister des Ortes.«[82] »Irgendeinen Ort zu seinem eigenen machen, heißt das nicht zugleich, seinen Nachbarn ausschließen?« Was uns trennt (und am Ende zu ethisch radikal Fremden zu machen droht, die einander »nichts angehen«), sind das nicht die gastlichen Behausungen? »Indem sie radikal zwischen dem Drinnen und dem Draußen scheiden, zwischen denen, die drinnen sind, und denen, die draußen sind, gewöhnen sie uns daran, dass wir uns nicht kennen.«[83] Ob diese Scheidung wirklich unvermeidlich derart radikal ausfallen muss, ob sie nicht vielmehr gerade eine politische Gestaltungsaufgabe ersten Ranges im Namen einer gastlichen Kultur darstellt, kann hier lediglich zur Diskussion gestellt werden. Doch ist der Verdacht ernst zu nehmen, dass jede konkrete politische Gestaltung einer *gastlichen Kultur im Zeichen des Anderen* stets nur eine defizitäre Offenheit denen gegenüber wird realisieren können, die der jeweiligen Ordnung nicht an- oder zugehören. Bezieht sich »Politik« nicht stets nur auf Zugehörige *als* Mitglieder derselben politischen Gemeinschaft, die Anderen, Unzugehörigen bestenfalls noch eine gewisse Hospitalität einräumt?[84] Gewiss kann man daraus resultierende Konfliktlagen heute weniger denn je in Abrede stellen. Es kommt aber entscheidend darauf an, wie man sie deutet. Läuft die Rede von einem Wohnen in der Welt, das durch politisch gestaltetes, kultu-

relles Leben ermöglicht wird, unvermeidlich darauf hinaus, anzunehmen, dass die einen auf exklusive Weise *auf Kosten anderer* einen eigenen Ort oder Lebensraum in Anspruch nehmen können und müssen, den sie gegen das Andere der Kultur ebenso wie gegen Fremde zu sichern und gegebenenfalls zu verteidigen haben? In einer solchen Perspektive scheint im Phänomen kulturellen Lebens bereits eine »polemogene« Strittigkeit des Ortes und des Lebensraums angelegt. Und es wäre ein Leichtes, die Affinität dieser Sichtweise zu einem welt-politisch territorial interpretierten Kampf oder Krieg der Kulturen nachzuweisen, denen man bereits im Vorfeld des Ersten Weltkriegs getrennte Kulturräume glaubte zuweisen zu können.[85]

Dieser historische Hintergrund beweist, wie brisant die grundbegriffliche Deutung kulturellen Lebens von gewissen Herausforderungen her tatsächlich ist. So kann die Rede vom unbedingt zu sichernden Wohnen in der Welt bereits einer »pole-

---

81 Ob zu recht oder nicht, kann hier ebensowenig diskutiert werden wie der *ontologische* Sinn der Rede von einem Wohnen im Sein, gegen den sich Levinas wendet.

82 Levinas (1992, S. 173 ff.).

83 Vgl. Jabès (1993, S. 34 f.).

84 Vgl. aber Derrida (1999, S. 134). Bei Derrida werden wenigstens ansatzweise die verschiedenen Bedeutungen von Gastlichkeit (als Ethos, Hospitalität, Besuchs-, Aufenthalts- oder Wohnrecht, Asylrecht) deutlich, die im Spannungsfeld zwischen Ethik und Politik im Sinne von Anforderungen an kulturelles Leben zum Tragen kommen. (Diese und weitere, soziale Dimensionen der Gastlichkeit – die auch bei Derrida auffällig unbelichtet bleiben – vor allem in kulturtheoreti scher Perspektive ins Verhältnis zu setzen, ist ein Desiderat.) Während Levinas sich auf eine radikale Gastlichkeit als ethische Bestimmung menschlicher Subjektivität überhaupt konzentriert, verlangt Derrida, die Ethik der Gastlichkeit mit einem ihr widerstreitenden Begriff des Politischen zu vermitteln, der der notwendigerweise beschränkten Regelung eines mehr oder weniger exklusiven menschlichen Zusammenlebens Rechnung trägt. Derrida spricht pointiert von einem umgangreichen »Staatlichwerden der Gastlichkeit«, die nach rechtlicher Regelung verlange. Erst in der Überkreuzung von Ethik und Politik werden darüber hinaus die *kulturellen* Probleme einer Vermittlung deutlich, die keine Versöhnung oder Aufhebung des Widerstreitenden gestattet. Auch hier sind die kulturellen Lebensformen zwischen Ethik und Politik dazu verurteilt, *im Widerstreit* zu existieren. Dass dieser Ansatz zu einer Revision auch dieser Begriffe zwingt, sei nur nebenbei vermerkt. Vgl. v. Verf. (2001 c, Teil II).

85 Vgl. Oberkrome (1993) und v. Verf. (2002 b).

mischen« politischen Konfrontation zuarbeiten (die sich heute wie damals auf verblüffend ähnliche Grundgedanken stützt), wenn übersehen wird, dass es darauf ankommt, wie dieses Wohnen eigentlich zu verstehen ist. Das ist es auch, was Levinas sagen möchte: Nur Wesen, die zunächst *unbehaust* existieren, bedürfen überhaupt einer Bleibe.[86] Grund des Wohnens ist nicht eine fragwürdige Gemütlichkeit des Bei-sich-seins; wir »wohnen« nur, weil wir im Grunde nicht »zu Hause« sind.[87] Die Erfahrung der Diaspora liegt vor einem »heimatlichen« Sicheinrichten. Paradoxerweise ist es die Erfahrung der Wurzellosigkeit, also eine »ursprüngliche« Fremdheit, die Andere über alle Grenzen zwischen Autochthonen und Unzugehörigen hinweg miteinander verbindet. Die Herausforderung dieser Fremdheit verbindet *und trennt* zugleich durch die Lösungen, zu denen sie Anlass gibt. Gut untersucht sind die Phänomene der Einwurzelung ursprünglich diasporischen kulturellen Lebens in Kulturen, die sich nachträglich räumlich voneinander abgrenzen, um sich mittels genealogischer Mythen einer »Primordialität« zu versichern, die in Wahrheit niemand von Natur aus mitbringt.[88] Die Situierung oder »Verortung« abgegrenzten kulturellen Lebens ist kein naturgegebenes Phänomen; und zwar um so weniger, je eindeutiger sie erfolgt. In kultureller Existenz sind eindeutige Abgrenzungen nirgends vorgesehen, zu denen erst gewisse Kulturen neigen, die territoriale, ethnische und politische Grenzen zur Deckung zu bringen versuchen, um zu *vereindeutigen*, was mitnichten an sich eindeutig *ist*.[89] Die kulturwissenschaftliche Forschung hat in vielen Einzelheiten die Konsequenzen solcher Strategien aufgezeigt, ohne die der bereits gegen Ende des 19. Jahrhunderts propagierte Kampf der Kulturen auf dem Weg in den Ersten Weltkrieg gar nicht zu verstehen ist. Hier wurde die Vereindeutigung der Grenzen in Verbindung mit immer neuen Versuchen, sich einer ethnischen und genealogischen Ursprünglichkeit zu versichern, zur Frage der Konstitution gegnerischer, am Ende verfeindeter Kulturen, deren Selbstherrlichkeit schließlich darin gipfelte, die eigene, mit nichts Fremdem mehr zu vermischende Kultur als *die* Kultur auszugeben. Diese »Wertung« hat die ebenso konsequente *Entwertung* anderer Kulturen nach sich gezogen und so einer Radikalisierung der Verfeindung bis hin zu einem Krieg den Weg gebahnt, den nicht wenige Kulturkritiker als die eigentliche Selbstzerstörung der Kultur Europas interpretiert haben. Die seinerzeit verbreitete Rede von »Kulturmenschen«, die sich die entsprechende Würde gerne selbst bescheinigten, um sie anderen abzusprechen, zeigte den Beginn der letzten Phase dieser Selbstzerstörung an. Es fragt sich heute, ob der Kulturbegriff überhaupt vor einem solchen »polemischen« Gebrauch zu bewahren ist,[90] ob, mit anderen Worten, in der Rede von Kultur nicht mindestens implizit immer auch ein wertendes Zu- oder Absprechen von Kultur mit im Spiel ist, wobei der weite Kulturbegriff im Sinne kultureller Existenz eine Verengung erfährt zur »menschlichen« Kultur, die man nach eigenen Maßstäben bejaht oder »wertvoll« findet.[91] Einer Kultur einen gewissen Wert zuzusprechen bedeutet dann, anderen genau diesen Wert abzusprechen. Das Zu- und das Absprechen geschehen im selben Atemzug. Auch das belegt die Vorgeschichte des Ersten Weltkriegs, in der das Wertdenken Karriere gemacht hat. Am Ende dieser Geschichte standen sich vermeintlich abgegrenzte ganze Kulturen, Kulturen als »Ganze« gegenüber, um in tödlicher Auseinandersetzung mit anderen ihren »existenziellen« Wert auf der Bühne eines historischen Überlebenskampfes zu verteidigen, der eine Kultur zu Lasten der gegnerischen siegen lassen sollte. So konnte die »polemische« Deutung des Prozesses der Formation gegnerischer Kulturen schließlich zur Zerstörung der europäischen Kultur Beihilfe leisten.

Als Adorno die späteren Folgen, die wir mit dem Namen Auschwitz verbinden, bedachte, erhob er diesen *inneren Widersinn* im Prozess der Kulturbildung zur generellen und absoluten, unüberwind-

---

86 Dass dazu weit mehr gehört als nur ein »Dach über dem Kopf«, versteht sich von selbst. Die Begriffe Bleibe und Wohnen sind auch im übertragenen Sinne zu verstehen, ohne doch zu »bloßen Metaphern« herabzusinken. Kulturen bleiben in ihrer Existenz schließlich gefährdet, wenn sie nicht *auch* die Sicherstellung des Lebensnotwendigsten gewährleisten.

87 Patočka (1988, S. 141).

88 Vgl. Müller (1999); Clifford (1994).

89 Vgl. Holenstein (1998, Kap. 11).

90 Busche (2000).

91 Vgl. Taylor (1997).

lichen Aporie jeglicher Kultur: Jede Kultur zeitigt demnach genau die Prozesse, durch die sie als das, was sie sein könnte, verunmöglicht wird. Jede Kultur wird demnach aus sich selbst heraus verhindern, was sie als Kultur eigentlich ausmachen sollte. Diese Kritik verfährt aber selber aporetisch. Denn sie gibt den Begriff einer *denkbaren besseren* Kultur aus der Hand, im Namen dessen sie eigentlich vorgebracht wurde. Wenn jede Kultur unvermeidlich die Gewalt ihrer Selbstzerstörung heraufbeschwört, hat es keinen rechten Sinn, an den Begriff der Kultur noch irgend eine Hoffnung zu knüpfen. Im übrigen verfährt diese Kritik totalisierend. Sie nimmt (und verwirft) Kultur als ein Ganzes und damit in einer Form, die kulturelles Leben keineswegs von sich aus und »immer schon« hat. Kulturelles Leben zeigte sich schon im 19. Jahrhundert, als kulturell fest gefügte Nationalstaaten auf der Bühne der Weltgeschichte den Kampf gegeneinander aufnahmen, in *Lebensformen*, die sich nicht nach staatlichen Grenzen richteten. (Die historische Semantik dieses Begriffs bestätigt diesen Befund.) Diese Lebensformen bilden miteinander aber Geflechte verschiedenster Ordnungen, die nicht in einem etwa nationalstaatlichen System aufgehen können.[92] Damit entziehen sie sich und die Kultur, deren Basis sie darstellen, aber dem Angriff einer totalisierenden Kritik. Lebensformen als die Weisen menschlicher Koexistenz, die allererst *Kultur geschehen* lassen, bevor diese sich in einem Sammelsurium von verdinglichten »Kulturgütern« darstellen kann, haben keine eindeutig bestimmte und abgegrenzte Form, die sich etwa im Rahmen nur einer (bereits als gegeben vorausgesetzten) Kultur zu halten hätte. Sie existieren vielmehr immer schon inter-kulturell. Lebensformen als kulturelle »raum-zeitliche Isolate«[93] stellen auch in der ethnologischen Arbeit extreme Ausnahmen dar; die Regel sind »Migrationen und Diffusionen von Kulturerscheinungen«,[94] die sich niemals *von vornherein eindeutig* in »eigene« und »fremde« scheiden lassen. Sie sprechen nicht für die Existenz in sich geschlossener »Kulturwelten« als Normalfall, von dem her man sich auch jede davon abweichende Kultur vorzustellen hätte, sondern erweisen sich als Spuren einer gleichsam nomadischen *originären Interkulturalität*.[95] »Eigene« Kultur zeichnet sich – mehr oder weniger »symbolisch prägnant«[96] – nur im Zuge einer nachträg-

lichen Abgrenzung ab, die aber nichts an dem eigentümlich »liquiden« und zur Diffusion tendierenden Aggregatzustand jener Erscheinungen ändert, aus denen sie sich formiert.[97] Nicht zufällig akzentuiert die kulturtheoretische Metaphorik dies immer wieder – bis hin zu C. Castoriadis' Begriff des Magmas, der nicht etwa für eine völlige Ungeformtheit kultureller Existenz, sondern für deren außerordentliche, in keiner Ordnung zu bändigende (insofern in der Tat *an-archische*) Deformierbarkeit[98] und Reformierbarkeit steht.

Dabei klingen »lebensphilosophische« Motive wieder an: Lebensformen zeitigen auf unvorhersehbare Weise Neues, das ihre Form transformieren, auflösen und revolutionär umgestalten kann. Insofern können wir der Zukunft kultureller Existenz nicht vorgreifen. Das hat schon Jacob Burckhardt in seinen Vorlesungen *Über das Studium der Geschichte* so gesehen, in denen er die potenziell ebenso konstruktive wie destruktive Zeitigung des Neuen allerdings dem »Geist« zuschrieb: »Allein der Geist arbeitet weiter; Widerstreben [der] Lebensformen und Bruch, durch Revolutionen oder allmähliche Verwesung; Sturz von Moralen und Religionen; vermeintlicher Untergang, ja Weltuntergang. Inzwischen baut der Geist etwas Neues, dessen äußeres Gehäuse mit der Zeit dasselbe Schicksal erleiden wird.«[99] Später wird man den Geist durch das Leben

---

92 Zur Pluralität der Lebensformen, die die Einheit der Nation, des Staates, aber auch des Volkes sprengt, vgl. v. Verf. (2001 c), sowie die Hinweise bei Mergel (1996, S. 49–51, 58).

93 Vgl. Fuchs/Berg (1993, S. 34).

94 Bühler (1963, S. 32).

95 Vgl. Clifford (1993, S. 142).

96 Ich entlehne diesen gestaltpsychologischen Begriff Cassirers Philosophie der symbolischen Formen; vgl. Krois (1988, S. 23).

97 Vgl. Habermas (1988, S. 98 ff.). – Jaspers sprach in *Vom Ursprung und Ziel der Geschichte* vom »Ideenfluss«, den Holenstein mit einem »Genfluss« vergleicht; s. Holenstein (1999).

98 Dieses Wort sollte in diesem Zusammenhang nicht als pejoratives genommen werden; es meint im Grunde allgemein die *Umformbarkeit* kulturellen Lebens, das sich nicht nur als »polyphon« (Ricœur), sondern als *polymorph kulturelles* erweist, ohne dabei auf eine Präformation dieser Vielförmigkeit zu verweisen. Im Verständnis Castoriadis' werden die Formen kulturellen Lebens selber originär »gezeitigt« und nicht etwa nur realisiert. Vgl. Castoriadis (1984, Kap. VII).

99 Vgl. Burckhardt (1982, S. 228 f.).

ersetzen und seinen Formen, in denen kulturelles Leben existiert, eine immanente Kraft zuschreiben, sich aufzulösen und auf ungeahnte Weise zu erneuern.[100] In der Auflösung von Lebensformen widerfährt freilich auch, was unannehmbar ist, eine Gewalt, der unbedingt zu widersprechen ist und die sich als schlechterdings nicht legitimierbar erweist.[101] So kann sich kulturelle Existenz der Zeitigung des Neuen nicht um jeden Preis überantworten; das Neue wird vielmehr in der gewaltsamen Erfahrung des Unannehmbaren seinerseits zur *challenge*, zum pathologischen Widerfahrnis, das die Antwort der Lebensformen provoziert. Wenn diese *sich* nur wieder *als* Antworten begreifen, um so ihren eigenen Sinn[102] auf die Probe zu stellen, ist bereits der erste Schritt aus einer Kulturvergessenheit heraus getan, die sich wie Mehltau über menschliches Zusammenleben legt, das jeden Sinn *für* die Herausforderungen verloren hat, von denen es sich in Wahrheit niemals endgültig wird befreien können – am allerwenigsten von der Herausforderung durch das Andere der Kultur, die das Wohnen in der Welt nie endgültig garantiert erscheinen lässt.

Freilich kann es dabei nicht allein darum gehen, die Welt *überhaupt* »bewohnbar« zu machen und zu erhalten, sondern sie *gastlich* zu gestalten für ein ursprünglich diasporisches, weltfremdes Leben. Wie dieses konkret, im Zusammenspiel zahlreicher heterogener Lebensformen einzurichten ist, wird zur logisch sekundären, aber noch dringlicheren Herausforderung in einer Zeit, in der kulturelle Existenz mehr denn je durch sich selbst und ihre exzessiven »Erfolge« bedroht erscheint. Wenn

gleichwohl für einen moralischen Minimalismus zu plädieren ist, so deshalb, weil das Gelingen der Bewältigung dieser Herausforderung überhaupt nicht *im ganzen* zu beurteilen ist und weil wir die *extremen* Beschädigungen und Zerstörungen gastlichen Lebens als geschichtliche Erfahrung in Erinnerung haben, die von den vermeintlich fortgeschrittensten Nationen zu verantworten waren. *Wenigstens* sollten sich in Zukunft diese Beschädigungen und Zerstörungen nicht wiederholen. Nach einem Jahrhundert größter (und leerster) Versprechungen, die man Millionen gemacht hat, um sie für eine zukunftsschwangere Gewalt zu mobilisieren, hat sich kulturelles Leben, wenn ihm noch die geringste Glaubwürdigkeit zukommen soll, auf das Unverzichtbare, d. h. auf das Minimum zu besinnen, das es *nicht zu verletzen verspricht* muss. Gewiss: Kein Versprechen kann eine wirkliche, absolute Gewähr dafür bieten, dass das Versprochene nicht verraten werden wird. Jedes Versprechen ist insofern »übermäßig«, wie Derrida sagt. Es verspricht etwas für eine Zukunft, der niemand je Herr wird. Um so unnachsichtiger wird nach den Geschichtszeichen des 20. Jahrhunderts, die den Verrat an allem bedeuteten, was Menschen irgend heilig ist, der Anspruch an und auf die Glaubwürdigkeit kultureller Existenz zu erheben sein. Insofern fordert kulturelle Existenz, die mehr bedeutet als eine nur deskriptive Vokabel oder ein Wort für eine Schönwetterkultur für Besserlebende, sich selbst heraus. Sie kann sich nicht auf Fragen des Lebens*stils* reduzieren, die sich nur noch darum zu drehen scheinen, *wie* man lebt, kaum mehr aber darum, *woraus* und *wofür* man lebt, und noch weniger darum, *was* man lebt. Kulturelle Existenz, die das Mindeste verspricht, erschöpft sich nicht im mehr oder weniger kostspieligen Stil einer gewissen Lebensführung oder in ihrer produktiven Fruchtbarkeit, sondern sie *lebt etwas*, den *Gehalt der Einlösung* des Versprochenen nämlich. Dieses Versprechen, ein Minimum an Gastlichkeit des gemeinsamen Wohnens in der Welt zu realisieren, ziehen wir uns auch unfreiwillig zu in einer kosmopolitischen Situation, die für immer mehr Menschen immer weniger ein kulturelles Schutzdach darstellt.[103] Diese Situation ist mehr denn je überall virtuell präsent. Im sogenannten Westen, wo so viele Kulturbeflissene an einer Neubestimmung

---

100 Vgl. Simmel (1987, S. 167).

101 Das ist gegen eine Apologie der Gewalt festzuhalten, die (wie im paradigmatischen Fall Sorels) diese Einschränkung nicht vornimmt.

102 Diesen Begriff sollte man nicht sofort mit einem finalen Zweck etwa identifizieren, wie es oft, unter der Vorherrschaft der Wozu-Frage, geschieht. Vor dem teleologischen Sinn liegt ein *responsiver Sinn*, der sich aus dem ergibt, worauf wir antwortend Bezug nehmen.

103 Durch nichts wird diese kosmopolitische Situation derart herausgefordert wie durch Phänomene radikaler Gewalt, die den Schatten einer über die Grenzen des Verstehens hinausweisenden »fremden« Gewalt auf alle Vorstellungen eines »gemeinsamen« Wohnens unter einem sozialen, politischen, rechtlichen oder auch metaphysischen Dach fallen lassen; vgl. v. Verf. (2003).

dessen arbeiten, was es eigentlich heißt (oder heißen sollte), kulturell zu existieren, muss man sich dieser Erfahrung aussetzen. (Auch hier führt so gesehen vom *pathos* des Widerfahrnisses der Weg zu einem erneuerten Denken des *logos* kultureller Existenz.) Andernfalls droht ein unverzeihlicher Rückfall in die Selbstgefälligkeit jener »Kulturphilosophen«, deren Rede von »wertvollen« »Kulturmenschen« uns heute wie die fatale *Kehrseite* einer nicht selten genozidalen Gewalt erscheint, mit der man »eigene« (mit *der* »menschlichen« unaufhörlich verwechselte) Kultur *anderen zu oktroyieren* versuchte.[104] Eine rückwärts ins Denken des 19. Jahrhunderts voranschreitende neue Kulturwissenschaft[105] spräche damit – nichtsahnend – das Urteil über sich selbst.

Literatur

ADORNO, THEODOR W. (1966 [1975]), *Negative Dialektik*, Frankfurt/M.: Suhrkamp. ▪ ADORNO, THEODOR W. (1977), »Resümee über Kulturindustrie«, in: *Gesammelte Schriften*, Bd. 10.1, Frankfurt/M.: Suhrkamp, S. 337–345. ▪ ADORNO, THEODOR W. (1978), *Minima Moralia*, Frankfurt/M.: Suhrkamp. ▪ ANDERSON, PERRY (1993), *Zum Ende der Geschichte*, Berlin: Rotbuch. ▪ ARENDT, HANNAH (1985⁴), *Vita activa*, München/Zürich: Piper. ▪ ARENDT, HANNAH (1994), *Zwischen Vergangenheit und Zukunft*, München: Piper. ▪ ASSMANN, ALEIDA U. JAN (1990), »Kultur und Konflikt«, in: Assmann, Jan / Harth, Dietrich (Hg.), *Kultur und Konflikt*, Frankfurt/M. Suhrkamp, S. 11–48. ▪ ASSMANN, JAN (1992), *Das kulturelle Gedächtnis*, München: C. H.Beck. ▪ BAUMAN, ZYGMUNT (1994), *Tod, Unsterblichkeit und andere Lebensstrategien*, Frankfurt/M.: Fischer. ▪ BHABHA, HOMI K. (1994), *The Location of Culture*, London, New York: Routledge. ▪ BÖHME, HARTMUT / MATUSSEK, PAUL / MÜLLER, LOTHAR (2000), *Orientierung Kulturwissenschaft*, Reinbek: Rowohlt. ▪ BOLLENBECK, GERD (1996), *Bildung und Kultur*, Frankfurt/M. ▪ BRONFEN, ELISABETH / MARIUS, BENJAMIN (1997), »Hybride Kulturen«, in: Bronfen, Elisabeth / Marius, Benjamin / Steffen, Therese (Hg.), *Hybride Kulturen. Beiträge zur anglo-amerikanischen Multikulturalismusdebatte*, Tübingen: Stauffenburg, S. 1–30. ▪ BUCK, GÜNTHER (1984), *Rückwege aus der Entfremdung*, Paderborn/München: Schöningh. ▪ BÜHLER, ALFRED (1963), »Über die Verwertbarkeit völkerkundlicher Sammlungen für kulturhistorische Forschungen«, in: Schmitz, Carl August (Hg.), *Kultur*, Frankfurt/M.: Akademische Verlagsgesellschaft, S. 17–32. ▪ BURCKHARDT, JACOB (1946), *Weltgeschichtliche Betrachtungen*, Stuttgart: Kröner. ▪ BURCKHARDT, JACOB (1982), *Über das Studium der Geschichte*, hg. v. Ganz, Peter, München: C. H.Beck. ▪ BUSCHE, HUBERTUS (2000), »Was ist Kultur?«, in: *Dialektik*, 1, S. 69–90. ▪ CASSIRER, ERNST (1942), *Zur Logik der Kulturwissenschaften*, Göteborg. Nachdruck: Darmstadt. Wissenschaftliche Buchgesellschaft 1971. ▪ CAS-

SIRER, ERNST (1944 [1962²]), *An Essay on Man*, New Haven: Yale University Press. ▪ CASTORIADIS, CORNELIUS (1984), *Gesellschaft als imaginäre Institution*, Frankfurt/M.: Suhrkamp. ▪ CLIFFORD, JAMES (1993), »Über ethnographische Autorität«, in: Berg, Eberhard / Fuchs, Martin (Hg.), *Kultur, soziale Praxis, Text*, Frankfurt/M.: Suhrkamp, S. 109–157. ▪ CLIFFORD, JAMES (1994), »Diasporas«, in: *Cultural Anthropology*, 9, Nr. 3, S. 302–338. ▪ CURTIUS, ERNST R. (1928), »Wandlungen des französischen Kulturbewusstseins«, in: *Deutsch-französische Rundschau*, 1, Heft 9, S. 723–745. ▪ DANIEL, UTE (1993), »‹Kultur› und ›Gesellschaft‹. Überlegungen zum Gegenstandsbereich der Sozialgeschichte«, in: *Geschichte und Gesellschaft*, 19, S. 69–99. ▪ DERRIDA, JACQUES (1992), *Das andere Kap. Die vertagte Demokratie*, Frankfurt/M.: Suhrkamp. ▪ DERRIDA, JACQUES (1994), *Gestade*, Wien: Edition Passagen. ▪ DERRIDA, JACQUES (1999), *Adieu. Nachruf auf Emmanuel Levinas*, München/Wien: Hanser. ▪ DREHSEN, VOLKER / SPARN, WALTHER (1996), »Die Moderne: Kulturkrise und Konstruktionsgeist«, in: Drehsen, Volker / Sparn, Walther (Hg.), *Vom Weltbildwandel zur Weltanschauungsanalyse. Krisenwahrnehmung und Krisenbewältigung um 1900*, Berlin: Akademie-Verlag, S. 11–30. ▪ DU BOIS-REYMOND, EMIL (1878), *Culturgeschichte und Naturwissenschaft*, Leipzig: Von Veit & Comp. ▪ FEHÉR, ISTVAN (1996), »Gibt es die Hermeneutik?«, *Internationale Zeitschrift für Philosophie*, 2, S. 236–259. ▪ FISCHER, KARSTEN (1998), »*Verwilderte Selbsterhaltung*«. *Zivilisationstheoretische Kulturkritik bei Nietzsche, Freud, Weber und Adorno*, Berlin: Akademie-Verlag. ▪ FISCHER, MATTHIAS / GONDEK, HANS-DIETER / LIEBSCH, BURKHARD (Hg.) (2001), *Vernunft im Zeichen des Fremden*, Frankfurt/M.: Suhrkamp. ▪ FRANKFURTER INSTITUT FÜR SOZIALFORSCHUNG (Hg.) (1983), *Soziologische Exkurse*, Frankfurt/M.: DVA. ▪ FREIER, HANS (1984), »Nietzsche – der Einbruch des genealogischen Wissens in die Kulturhistorie«, in: Brackert, Helmut / Wefelmeyer, Fritz (Hg.), *Naturplan und Verfallskritik*, Frankfurt/M.: Suhrkamp, S. 320–363. ▪ FUCHS, MARTIN / BERG, EBERHARD (1993), »Phänomenologie der Differenz«, in: Fuchs, Martin / Berg, Eberhard (Hg.), *Kultur, soziale Praxis, Text. Die Krise der ethnographischen Repräsentation*, Frankfurt/M.: Suhrkamp, S. 11–108. ▪ GEERTZ, CLIFFORD (1983), *Dichte Beschreibung*, Frankfurt/M.: Suhrkamp. ▪ GEERTZ, CLIFFORD (2000), »Kulturbegriff und Menschenbild«, in: Burkard, Franz-Peter (Hg.), *Kulturphilosophie*, Freiburg/München: Alber, S. 203–230. ▪ GEHLEN, ARNOLD (1961), *Anthropologische Forschung*, Hamburg: Rowohlt. ▪ GELLNER, ERNEST (1990), *Pflug, Schwert und Buch*, Stuttgart: Klett-Cotta. ▪ GRAF, FRIEDRICH WILHELM / RUDDIES,

---

104 So sprach Burckhardt vom »Königsrecht der Kultur zur Eroberung und Knechtung der Barbarei, welche nun blutige innere Kämpfe und scheußliche Gebräuche aufgeben und sich den allgemeinen sittlichen Normen des Kulturstaates fügen« müssten. Noch Schmitt wird in *Der Nomos der Erde* ganz ähnlich den Rechtstitel der kolonialistischen Okkupation rechtfertigen. Vgl. Burckhardt (1982, S. 261).

105 Vgl. Daniel (1993, S. 97).

HARTMUT (1986), »Ernst Troeltsch: Geschichtsphilosophie in praktischer Absicht«, in: Speck, Josef (Hg.), *Grundprobleme der großen Philosophen, Bd. IV*, Göttingen: Vandenhoek & Ruprecht, S. 128–164. ■ GULIAN, CONSTANTIN I. (1981), *Mythos und Kultur*, Frankfurt/M.: Suhrkamp. ■ HABERMAS, JÜRGEN (1984), *Vorstudien und Ergänzungen zur Theorie des kommunikativen Handelns*, Frankfurt/M.: Suhrkamp. ■ HABERMAS, JÜRGEN (1988), *Nachmetaphysisches Denken*, Frankfurt/M.: Suhrkamp. ■ HABERMAS, JÜRGEN (1998), *Die postnationale Konstellation*, Frankfurt/M.: Suhrkamp. ■ HERDER, JOHANN G. (1877–1913), *Werke*, hg. Suphan, Bernhard, Berlin, Bd. V. Nachdruck Hildesheim: Olms 1978. ■ HINTZE, OTTO / MEINECKE, FRIEDRICH / ONCKEN, HERMANN / SCHUMACHER, HERMANN (Hg.) (1915), *Deutschland und der Weltkrieg*, Leipzig/Berlin: Teubner. ■ HOLENSTEIN, ELMAR (1998), *Kulturphilosophische Perspektiven*, Frankfurt/M.: Suhrkamp. ■ HOLENSTEIN, ELMAR (1999), »Die Kulturgeschichte der Menschheit. Ihre Konzeption bei Hegel (bis 1831), bei Jaspers (1949) und heute (1999)«, in: Wiehl, Reiner / Kaegi, Dominic (Hg.), *Karl Jaspers – Philosophie und Politik*, Heidelberg: C. Winter, S. 163–184. ■ HÖLSCHER, LUCIAN (1999), *Die Entdeckung der Zukunft*, Frankfurt/M.: Fischer. ■ HUIZINGA, JOHAN (1956), *Homo ludens*, Hamburg: Rowohlt. ■ JABÈS, EDMOND (1993), *Ein Fremder mit einem kleinen Buch unter dem Arm*, München/Wien: Hanser. ■ JASPERS, KARL (1957), *Vom Ursprung und Ziel der Geschichte*, Frankfurt/M., Hamburg: Fischer. ■ JONAS, HANS (1987), *Technik, Medizin und Ethik*, Frankfurt/M.: Suhrkamp. ■ KARDINER, ABRAM / PREBLE, EDWARD (1974), *Wegbereiter der modernen Anthropologie*, Frankfurt/M.: Suhrkamp. ■ KOSELLECK, REINHART (1998), *Zur politischen Ikonologie des gewaltsamen Todes*, Basel: Schwabe. ■ KOSELLECK, REINHART (2000), *Zeitschichten*, Frankfurt/M.: Suhrkamp. ■ KOSELLECK, REINHART / JEISMANN, MICHAEL (Hg.) (1994), *Der politische Totenkult*, München: Fink. ■ KROIS, JOHN MICHAEL (1988), »Problematik, Eigenart und Aktualität der Cassirerschen Philosophie der symbolischen Formen«, in: Braun, Hans-Jürg / Holzey, Helmut / Orth, Ernst Wolfgang (Hg.), *Über Ernst Cassirers Philosophie der symbolischen Formen*, Frankfurt/M.: Suhrkamp, S. 15–44. ■ LASCH, CHRISTOPHER (1984), *The Minimal Self*, London: Pan Books. ■ LEVINAS, EMMANUEL (1987), *Totalität und Unendlichkeit*, Freiburg/München: Alber. ■ LEVINAS, EMMANUEL (1989), *Humanismus des anderen Menschen*, Hamburg: Meiner ■ LEVINAS, EMMANUEL (1992), *Schwierige Freiheit*, Frankfurt/M.: Suhrkamp. ■ LEVINAS, EMMANUEL (1995), *Zwischen uns*, München: Hanser. ■ LÉVI-STRAUSS, CLAUDE (1980), *Mythos und Bedeutung*, Frankfurt/M: Suhrkamp. ■ LIEBSCH, BURKHARD (1998), »Vom Versprechen, das wir sind. Versuch einer Annäherung an das Thema ›Genozid und Moderne‹«, in: Dabag, Mihran / Platt, Kristin (Hg.), *Genozid und Moderne, Bd.1*, Opladen: Leske & Budrich, S. 39–80. ■ LIEBSCH, BURKHARD (1999), *Geschichte als Antwort und Versprechen*, Freiburg/München: Alber. ■ LIEBSCH, BURKHARD (2001 a), »Perspektiven einer kritischen Revision des Verhältnisses von Historik und Hermeneutik«, in: *Divinatio. Studia Culturologica Series*, 14, S. 29–66. ■ LIEBSCH, BURKHARD (2001 b), »Trauer als Gewissen der Geschichte?«, in: Liebsch, Burkhard / Rüsen, Jörn (Hg.), *Trauer und Geschichte*, Köln: Böhlau, S. 15–62. ■ LIEBSCH, BURKHARD (2001 c), *Zerbrechliche Lebensformen. Widerstreit – Differenz – Gewalt*, Berlin: Akademie-Verlag. ■ LIEBSCH, BURKHARD (2002 a), »Aus Feindschaft geboren? Carl Schmitt, Edgar Morin, Jan Patočka und die europäische Gegenwart. Mit einem Nachtrag zum Geschichtszeichen des 11. September«, in: Geulen Christian / von der Heiden, Anne / Liebsch, Burkhard (Hg.), *Vom Sinn der Feindschaft*, Berlin: Akademie-Verlag, S. 17–52. ■ LIEBSCH, BURKHARD (2002 b), »Lebensformen zwischen Widerstreit und Gewalt«, in: Liebsch, Burkhard / Straub, Jürgen (Hg.), *Lebensformen im Widerstreit*, Frankfurt/M.: Campus (i.E.). ■ LIEBSCH, BURKHARD (2002 c), »Renaissance des Menschen? Die Herausforderung humanwissenschaftlicher Erkenntnis und geschichtlicher Erfahrung«, in: *Freiburger Zeitschrift für Philosophie und Theologie*, 49, (i.E.). ■ LIEBSCH, BURKHARD (2002 d), »Fremdheit im Gegenwartsbezug. Praktische und geschichtstheoretische Dimensionen einer Geschichte der Gewalt im Ausgang von Paul Veyne«, in: *Zur Sprache gebracht. Philosophische Facetten. FS für P. Novack*, Ulm 2002, S. 149–180. ■ LIEBSCH, BURKHARD (2002 e), »‹Sprechende› Gewalt«, in: Kristin Platt (Hg.), *Reden von Gewalt*, München: Fink, S. 150–174. ■ LIEBSCH, BURKHARD (2002 f), »Leben im Zeitalter seiner technischen Reproduzierbarkeit. Vorgreifende Macht über künftige Andere«, Ms. Hannover 11/2002. ■ LIEBSCH, BURKHARD (2003), »Feindschaft aus Verfeindung. Politische Koexistenz zwischen Gastlichkeit und Vernichtung«, in: Liebsch, Burkhard / Mensink, Dagmar (Hg.), *Gewalt – Verstehen*, Berlin: (i.V.). ■ LÖWITH, KARL (1938 [1981]), »Die Einheit und die Verschiedenheit der Menschen«, in: *Sämtliche Schriften, Bd. 1*, Stuttgart: Metzler, S. 243–258. ■ LÖWITH, KARL (1938 [1981]), »Natur und Humanität des Menschen«, in: *Sämtliche Schriften, Bd. 1*, Stuttgart. Metzler, S. 259–294. ■ MALINOWSKI, BRONISLAW (1944 [1988³]), *Eine wissenschaftliche Theorie der Kultur*, Frankfurt/M.: Suhrkamp. ■ MALL, RAM, A. (1995), *Philosophie im Vergleich der Kulturen*, Darmstadt: Wissenschaftliche Buchgesellschaft. ■ MARQUARD, ODO (1982), *Schwierigkeiten mit der Geschichtsphilosophie*, Frankfurt/M.: Suhrkamp. ■ MERGEL, THOMAS (1996), »Kulturgeschichte – die neue ›große Erzählung‹?«, in: Hartwig, Wolfgang / Wehler, Hans-Ulrich (Hg.), *Kulturgeschichte heute*, Göttingen: Vandenhoek & Ruprecht, S. 41–77. ■ MERLEAU-PONTY, MAURICE (1955 [1947]), *Die Abenteuer der Dialektik*, Frankfurt/M.: Suhrkamp. ■ MERLEAU-PONTY, MAURICE (1996), »Von Mauss zu Lévi-Strauss«, in: Métraux, Alexandre / Waldenfels, Bernhard (Hg.), *Leibhaftige Vernunft*, München: Fink, S. 13–28. ■ MOMMSEN, WOLFGANG J. / MÜLLER-LUCKNER, ELISABETH (Hg.) (1996), *Kultur und Krieg: Die Rolle der Intellektuellen, Künstler und Schriftsteller im Ersten Weltkrieg*, München: Oldenbourg. ■ MOSCOVICI, SERGE (1990), *Versuch einer menschlichen Geschichte der Natur*, Frankfurt/M.: Suhrkamp. ■ MÜLLER, KLAUS E. (1999), *Die fünfte Dimension. Soziale Raumzeit und Geschichtsverständnis in primordialen Kulturen*, Göttingen: Wallstein. ■ NUSSBAUM, MARTHA (1999), *Gerechtigkeit oder Das gute Leben*, Frankfurt/M.: Suhrkamp. ■ OBERKROME, WILLI (1993), Volksgeschichte. Methodische Innovationen und völkische Ideologisierung der deutschen Geschichtswissenschaft 1918–1945, Göttingen: Vandenhoek

& Ruprecht. ■ OEXLE, OTTO G. (1996), »Geschichte als Historische Kulturwissenschaft«, in: Hardtwig, Wolfgang / Wehler, Hans-Ulrich (Hg.), *Kulturgeschichte heute*, Göttingen: Vandenhoek & Ruprecht, S. 14–40. ■ PANKOKE, ECKART (Hg.) (1991), *Gesellschaftslehre*, Frankfurt/M.: Deutscher Klassiker Verlag. ■ PATOČKA, JAN (1988), *Ketzerische Essays zur Philosophie der Geschichte*, Stuttgart: Klett-Cotta. ■ PERPEET, WILHELM (1976), »Kulturphilosophie«, in: *Archiv für Begriffsgeschichte*, 20, S. 42–99. ■ PERPEET, WILHELM (1984), »Zur Wortbedeutung von Kultur«, in: Brackert, Helmut / Wefelmeyer, Fritz (Hg.), *Naturplan und Verfallskritik. Zu Begriff und Geschichte der Kultur*, Frankfurt/M.: Suhrkamp, S. 21–28. ■ PIDDINGTON, RALPH (1963), »Die Prinzipien der Kulturanalyse«, in: Schmitz, Carl A. (Hg.), *Kultur*, Frankfurt/M.: Akademische Verlagsgesellschaft, S. 138–177. ■ POLAK, FRED L. (1986³), »Wandel und bleibende Aufgabe der Utopie«, in: Neusüss, Arnhelm (Hg.), *Utopie*, Frankfurt/M.: Campus, S. 361–386. ■ RICŒUR, PAUL (1955 [1974]), *Geschichte und Wahrheit*, München: List. ■ RICŒUR, PAUL (1956), »Que signifie ›humanisme‹?«, in: *Comprendre. Revue de politique de la culture*, no. 15, S. 84–92. ■ RICŒUR, PAUL (1978), »Der Text als Modell: hermeneutisches Verstehen«, in: Gadamer, Hans-Georg / Boehm, Gottfried (Hg.), *Seminar: Die Hermeneutik und die Wissenschaften*, Frankfurt/M.: Suhrkamp, S. 83–118. ■ RICŒUR, PAUL (1986), *Lectures on Ideology and Utopia*, New York: Columbia University Press. ■ RICŒUR, PAUL (1996), *Das Selbst als ein Anderer*, München: Fink. ■ RORTY, RICHARD (1992), *Kontingenz, Ironie und Solidarität*, Frankfurt/M.: Suhrkamp. ■ SAFRANSKI, RÜDIGER (1997), *Ein Meister aus Deutschland. Heidegger und seine Zeit*, Frankfurt/M.: Fischer. ■ SAHLINS, MARSHALL (1981), *Kultur und praktische Vernunft*, Frankfurt/M.: Suhrkamp. ■ SCHNÄDELBACH, HERBERT (1991), »Kultur«, in: Martens, Ekkehard A. / Schnädelbach, Herbert (Hg.), *Philosophie. Ein Grundkurs, Bd. 2*, Reinbek: Rowohlt. ■ SIMMEL, GEORG (1987), *Das individuelle Gesetz*, Frankfurt/M.: Suhrkamp. ■ TAYLOR, CHARLES (1997), *Multikulturalismus und die Politik der Anerkennung*, Frankfurt/M.: Suhrkamp. ■ TODOROV, TZVETAN (1993), *Angesichts des Äußersten*, München: Fink. ■ TROELTSCH, ERNST (1925), *Glaubenslehre. Nach Heidelberger Vorlesungen aus den Jahren 1911 und 1912*, München: Duncker und Humblot. ■ VIERHAUS, RUDOLPH (1995), »Die Rekonstruktion historischer Lebenswelten. Probleme moderner Kulturgeschichtsschreibung«, in: Lehmann, Hartmut (Hg.), *Wege zu einer neuen Kulturgeschichte*, Göttingen: Wallstein, S. 7–28. ■ WALDENFELS, BERNHARD (1994), *Antwortregister*, Frankfurt/M.: Suhrkamp. ■ WEBER, ALFRED (1927), *Ideen zur Staats- und Kultursoziologie*, Karlsruhe: G. Braun. ■ WEBER, ALFRED (1959), *Das Tragische und die Geschichte*, München: Piper. ■ YOUNG, JAMES E. (1993), *The Texture of Memory*, New Haven/London: Yale University Press.

1.2 Tradition als Grundlage und kulturelle Präfiguration von Erfahrung

Bernd Auerochs

1. Allgemeines

Menschliche Gesellschaften müssen sich sowohl materiell wie symbolisch reproduzieren können, um ihre Fortexistenz in der Zeit zu garantieren. Die symbolische Reproduktion stellt Gesellschaften die Aufgabe, ihre kulturellen Gehalte, ihre Praktiken, Sprachen, Institutionen, Normen, Werke von früheren Generationen aufzunehmen und an die nächsten Generationen weiterzugeben. Hierzu bedarf es, neben dem unverzichtbaren Beistand der Natur, auch eigener »kultureller Strategien der Dauer« (A. Assmann): Überlieferungsprozessen, Traditionen. Insofern jede Gesellschaft aus ihrer Vergangenheit heraus ihre Gegenwart und ihre Zukunft gestalten muss, handelt es sich bei der Existenz von Tradition um eine anthropologische Universalie. Ebenfalls universell anzutreffen sind die Momente, aus denen sich der Überlieferungsprozess zusammensetzt: das zu Überliefernde (*tradendum* oder *traditum*), das, wenngleich oft nur hypothetisch, am Ursprung einer Tradition steht und von dem ihre Bildung ausgeht; die Akte der Tradierung, der eigentliche Überlieferungsprozess, eine

»in die Zukunft zielende Doppelbewegung des Empfangens und Weitergebens«;[1] und schließlich das Resultat der Überlieferung, die Gestalt, in der Überliefertes in der jeweiligen Gegenwart anzutreffen ist. Im Deutschen wie in den anderen europäischen Sprachen auch bezeichnet der Begriff »Tradition« alle diese Momente gleichermaßen: Er kann ein bestimmtes *traditum* meinen, ebenso aber den ganzen geschichtlichen Zusammenhang eines langandauernden Überlieferungsprozesses; schließlich wird er natürlich auch verwendet, um das Prinzip »Tradition« zu bezeichnen: Tradition überhaupt im Gegensatz zu einzelnen Traditionen.[2]

Die formalen Eigenschaften von Überlieferungsprozessen können durch die Kombination von (intendierter) *Wiederholung* und (intendierter) *Weitergabe* bestimmt werden. Handlungen (Feste, Rituale, Arbeitsabläufe) sollen in Zukunft in gleicher Weise getan werden wie in der Vergangenheit, Einstellungen und Weltsichten sollen sich in den nächsten Generationen erhalten, Texte sollen genauso gelesen, gelernt, erinnert werden wie ehedem. Besonders stabil sind die Wiederholungen einer Tradition, wenn sie sich an die fest etablierten Zeitrhythmen einer Kultur anschließen, etwa an den jeweiligen Jahresrhythmus, und damit einen Zyklus begründen; beides kann so eng miteinander verwachsen, dass der Zeitrhythmus als identisch mit der Befolgung einer Tradition wahrgenommen wird. Solche Zyklen werden zwar in der Regel von natürlichen Zyklen stabilisiert, kehren aber trotzdem nicht von selbst wieder, sondern bedürfen der Erhaltungsbemühung der Tradenten. Insbesondere muss zur Erhaltung einer Tradition immer wieder die Generationenschwelle überschritten werden; hierzu muss dem Wunsch nach Weitergabe bei den Älteren die Bereitschaft zur Aufnahme bei den Jüngeren entgegenkommen. Die Wiederholung ist durch die *Veränderungen* bedroht, die sich selbst bei sehr rigiden Vorschriften für die Befolgung einer Tradition ergeben und im Laufe der Zeit eine Tradition bis zur Unkenntlichkeit verwandeln können.

---

1 Yerushalmi (1993, S. 14). – Die Metapher der Kette (aus ineinandergreifenden Gliedern), die vorrangig zur sinnlichen Veranschaulichung des Begriffs Tradition verwendet wird, hat hier ihre Plausibilität: Jedes Glied der Kette steht sowohl mit dem vorherigen als auch mit dem nächsten Glied in Kontakt und agiert in der Doppelrolle eines Rezipienten und eines Tradenten.

2 Es sei im Vorübergehen darauf aufmerksam gemacht, dass der für die meisten europäischen Sprachen maßgeblich gewordene lateinische Begriffsgebrauch den Akt des Weitergebens (»tradere«) betont – eine nicht selbstverständliche begriffliche Vorentscheidung. »Traditio« stammt aus dem römischen Erbrecht und ruft damit das Bild eines Tradenten aus der *älteren Generation* auf, der in die ihm unbekannte Zukunft hinein, über seinen eigenen Tod hinaus Vorsorge trifft. Den anderen Pol von Überlieferung, den Tradenten aus der *jüngeren Generation*, der annimmt und empfängt, beleuchtet hingegen z. B. der hebräische Sprachgebrauch: »qabbalah« (»Tradition«) leitet sich von dem Verbum »qibbel« (»empfangen«) ab.

Ein Gegengewicht bildet hier die durch die Weitergabe garantierte Kontinuität in der Zeit; ein Ritus kann z. B. auch bei massiven Veränderungen der Einzelheiten des Rituals noch als derselbe anerkannt werden, wenn er nur kontinuierlich begangen wurde. Der *Abbruch* einer Tradition, ereigne er sich abrupt oder als langsame Erosion des Überlieferten, bedroht die Kontinuität in der Zeit und das Prinzip Weitergabe. Hier kann die Rückbesinnung auf das Identische, die explizite Aktualisierung des Prinzips Wiederholung Abhilfe schaffen. Über die Lücke im Überlieferungsprozess hinweg wird die Tradition wiederbelebt, weil das Wissen über eine Tradition noch vorhanden ist oder wiedererschlossen werden kann. Die Grenzen zwischen einer *Renaissance* und der *Erfindung* von Traditionen sind dabei selbstverständlich fließend.[3]

2. Mündliche Überlieferung und Schrift

Obwohl immer auch Nichtsprachliches tradiert wird, ist alle Überlieferung in die jeweiligen symbolischen Ordnungen von Gesellschaften eingebettet, so wie umgekehrt alle symbolischen Ordnungen durch Überlieferung aufgebaut worden sind. Sprache ist darum das vorrangige Medium von Überlieferung, die nichtsprachliche Überlieferung steht in engstem Zusammenhang mit der sprachlichen und ist auf die Möglichkeit der Versprachlichung, mindestens aber auf die Begleitung durch Sprache angewiesen. Mit einem gewissen Recht hat darum die moderne philosophische Hermeneutik die Zentralität des Textverstehens, der »Kette von Interpretationen und Neuinterpretationen« des »schon Gesagten« für den Traditionsbegriff herausgestellt.[4] Im Rahmen dieses allgemeinen Primats der Sprache kommt für die geschichtliche Evolution von Traditionsstrukturen der Differenz zwischen mündlicher und schriftlicher Überlieferung entscheidende Bedeutung zu.

In schriftlosen Gesellschaften ist unter den Momenten von Tradition der Ursprung dasjenige, was ihre Wertschätzung bedingt. Das Wissen der Vorväter, die heilige, in mythischen Erzählungen bewahrte Ursprungswahrheit legitimiert die Gegenwart und ist einem religiöse Funktionen ausübenden Personenkreis anvertraut, der die für mündli-

che Überlieferung erforderlichen Gedächtnisleistungen erbringt und dessen Autorität auf dem Wissen um die Anfänge beruht. Das Ziel des Überlieferungsprozesses liegt in der *Bewahrung* des Überlieferungsguts, seinem Schutz vor Entstellung. Da aber vergangene mündliche Überlieferung nicht erhalten bleibt, fehlt der oralen Tradition ein Instrument, das, was in der jeweiligen Gegenwart angekommen ist, gegen die Vergangenheit zu halten. Veränderungen im Traditionsbestand können sich daher unmerklich vollziehen und die legitimierende Vergangenheit kann sich immer wieder neu an die Gegenwart anpassen. Jack Goody und Ian Watt, die die Entstehung der Schriftkultur untersucht haben, haben für dieses Phänomen der unmerklichen Neuanpassung der Überlieferung in schriftlosen Gesellschaften den Ausdruck »homöostatische Organisation der kulturellen Tradition«[5] geprägt. Vergangenheit und Gegenwart bilden sozusagen ein im Überlieferungsprozess konstant gehaltenes Milieu: Genealogien und Geschichten wandern mit der sich ändernden Gegenwart mit; jede relevante Veränderung von Institutionen und sozialen Verhältnissen spiegelt sich in einer entsprechenden Umgestaltung der mythischen Vergangenheit. Auch die zeitliche Entfernung zu den Ursprüngen wächst nicht: Nach drei bis vier Generationen ist man von ihnen genauso weit entfernt wie nach zehn.

Mit der Schrift – der »Tradition der Traditionen«, wie sie Herder genannt hat[6] – tritt eine neue Dynamik ins Überlieferungsgeschehen ein. Der Impetus, die heiligen Ursprünge zu bewahren, gilt nun für mündliche wie für schriftliche Überlieferung. Da das schriftlich Niedergelegte aber in seiner ursprünglichen Gestalt erhalten bleibt, kann nun der Abstand zwischen Vergangenheit und Gegenwart wirklich wachsen und dieses Wachstum wahrnehmbar werden. Die Treue zum Alten spaltet sich auf in eine Textpflege, die die schriftliche Überlieferung intakt zu bewahren versucht, und in eine Sinnpfle-

---

3 Zur Erfindung von (legitimierenden) Traditionen vgl. den Sammelband: Hobsbawm/Ranger (1983) (mit Fallbeispielen aus dem 19. und 20. Jahrhundert); sowie Anderson (1983).

4 Vgl. Ricœur (1991, Bd. 3, S. 358 ff., Zitate S. 358).

5 Goody/Watt (1986, S. 68).

6 Herder (1989, S. 355).

ge,[7] die durch Deutungsanstrengungen den heiligen Sinn aus der Vergangenheit mit der jeweiligen Gegenwart vermittelt. Da die Überzeugung, das Alte sei das Gute, die Vergangenheit der Gegenwart überlegen und Legitimation aus den Ursprüngen abzuleiten, noch nicht in Frage gestellt ist, ist mit der schriftlichen Überlieferung auch die Möglichkeit der langen, geschichtlichen Dauer von Traditionen und des Bewusstseins dieser Dauer bei den Tradenten gegeben. Jeder Tradent sucht Anschluss nicht nur an den jeweiligen Stand, den die Überlieferung bislang erreicht hat, er muss sich auch und vorrangig an den schriftlich konservierten Ursprüngen orientieren, die somit einen wesentlichen Beitrag zur Erhaltung der Identität einer Tradition (bei aller Veränderung) leisten.

Den nachhaltig wirksamsten Beleg für große, an Schrift gebundene Traditionen stellen die in der »Achsenzeit« (S. N. Eisenstadt) innerhalb der antiken Großreiche oder in ihrem näheren Umfeld sich formierenden monotheistischen Offenbarungsreligionen dar. Ungeachtet ihrer zum Teil erheblichen Differenzen im Gedankengut haben sie vergleichbare Traditionsstrukturen. Im Zentrum steht eine für göttlich inspiriert erachtete und mit unbedingter Autorität versehene heilige Schrift; ihrer Zentralstellung wegen sind die monotheistischen Offenbarungsreligionen wesentlich Buchreligionen. Daneben genießt aber auch die mündliche Überlieferung hohes Ansehen; sie wird als Ergänzung zur heiligen Schrift aufgefasst und ihr an Autorität teilweise nahezu gleichgestellt. Glaubwürdige und lückenlose Überlieferungsketten sollen ihren Ursprung möglichst weit in die Vergangenheit zurückversetzen, am besten an den Religionsstifter selbst anknüpfen. Im islamischen Hadit werden die dem Propheten zugeschriebenen Worte und Handlungen überliefert, in der jüdischen Mischna immer wieder Lehren als »von Mose vom Sinai her« stammend ausgezeichnet.[8] Im Christentum ist bereits von einigen der älteren Kirchenväter, namentlich Irenäus und Tertullian, im Kampf mit häretischen Strömungen auf den Zusammenhang ihrer Glaubenssätze mit der Lehre der Apostel hingewiesen und zur Beglaubigung der Gedanke der durch eine bischöfliche Traditionskette vermittelten apostolischen Sukzession, des *ordo episcoporum per successionem ab initio decurrens*, entwickelt worden. Jeweils transportieren die Tradenten Autorität und Wahrheit aus der Vergangenheit in die Gegenwart. Da die Späteren den Früheren unterlegen sind, wäre jede Neuerung ein Sakrileg. »Die himmlische Wahrheit kann *nicht verändert, nur näher bestimmt* werden.«[9] Die Aufgabe des Überlieferungsprozesses besteht in der Fortbestimmung und Differenzierung dessen, was im Prinzip schon in den geheiligten Ursprungstexten und -worten enthalten ist und nur noch auf die jeweiligen Lebensumstände angewandt werden muss.

Das Ziel einer solchen Traditionsstruktur, wie sie in den monotheistischen Offenbarungsreligionen vorliegt, ist es, die Vergangenheit für die Gegenwart verbindlich zu machen, aus ihr Normen und Handlungsorientierungen für gegenwärtiges Leben zu gewinnen und generell die Gegenwart in einen tradierten Verstehensrahmen einzupassen. Wie in schriftlosen Gesellschaften auch ist eine solche Traditionsstruktur also letztlich auf Kontinuität und Bewahrung ausgerichtet. Dennoch können die einzelnen Elemente von schriftgestützten Traditionen (die »alte« heilige Schrift, der geschichtliche Zusammenhang der Überlieferung, die Gestalt, in der die Überlieferung in der Gegenwart anzutreffen ist) zueinander auch in ein spannungsreiches Verhältnis treten. So fällt es etwa auf, dass die Differenziertheit und der Reichtum von Traditionen (eventuell auch die Integration verschiedener, gegenläufiger Traditionsstränge in eine »große Tradition«) sich erst im Laufe des Überlieferungsprozesses akkumuliert hat, und dies kann zu einer zumindest latenten Aufwertung der Prozessualität von Tradition gegenüber der Autorität des Ursprungs führen. Umgekehrt kann die Wahrnehmung der Differenz zwischen Tradition und Ursprung auch negativ als sündhafte Entfernung vom Ursprung gewertet werden, und es

---

7 «Textpflege« und »Sinnpflege« nach Assmann/Assmann (1987, insbesondere: S. 11 ff.).

8 Man vgl. auch die berühmte Überlieferungskette (*shalshelet ha-qabbalah*) im Mischnatraktat Avot I, 1, mit deren Hilfe die bruchlose Kontinuität, in der die großen Rabbinen der Mischna mit Moses selbst stehen, gezeigt werden kann: »Moses empfing die Tora am Sinai und überlieferte sie an Josua, Josua an die Ältesten, die Ältesten an die Propheten, und die Propheten überlieferten sie an die Männer der Großen Synagoge. Usw.«

9 Dilthey (1991, S. 112).

kann zum Bruch mit der Tradition um des Ursprungs willen, zu einer Repristination von Tradition, kommen, wie in der josianischen Reform in Altisrael oder in der Reformation in den west- und zentraleuropäischen Ländern. Eigentlich in Frage gestellt aber wird eine auf Kontinuität und Bewahrung des heiligen Alten ausgerichtete Tradition erst durch explizite Traditionskritik.

3. Traditionskritik; Tradition und Moderne

Max Weber unterschied das traditionale Handeln (idealtypisch) vom zweckrationalen, wertrationalen und affektuellen Handeln und definierte es durch »eingelebte Gewohnheit«. »Das streng traditionale Verhalten steht [...] ganz und gar an der Grenze und oft jenseits dessen, was man ein ›sinnhaft‹ orientiertes Handeln überhaupt nennen kann. Denn es ist sehr oft nur ein dumpfes, in der Richtung der einmal eingelebten Einstellung ablaufendes Reagieren auf gewohnte Reize. Die Masse alles eingelebten Alltagshandelns nähert sich diesem Typus.«[10] Webers Definition lenkt die Aufmerksamkeit auf die eigentümliche Selbstverständlichkeit und Alternativlosigkeit, in der Traditionen jenen erscheinen, die sie befolgen und an ihnen teilhaben. Traditionen leben oft auch weiter, weil unsere Möglichkeiten, an ihnen etwas zu ändern oder sie außer Kraft zu setzen, sehr begrenzt sind, und weil es das Leichte ist, so weiterzumachen wie bisher, und der Gedanke an mögliche Alternativen gar nicht aufkommt. Zugleich jedoch vernachlässigt Weber – eine Folge der idealtypischen Trennung des traditionalen vom wertrationalen Handeln – die Bewusstheit, Bedeutsamkeit und Normativität, die mit der Befolgung von Traditionen ebenfalls einhergeht und die sie von bloßem routinierten Alltagshandeln unterscheiden.[11] Man könnte dieses Gegengewicht zum Automatismus von Tradition ihre *Artikuliertheit* nennen. Tiefe Selbstverständlichkeit und tiefe Überzeugung, das Richtige zu tun, schließen einander nicht aus und sind bei der Befolgung ungefährdeter, nicht in Frage gestellter Traditionen in der Regel miteinander verbunden. Starke Traditionen, wie z.B. die monotheistischen Offenbarungsreligionen, beanspruchen sogar, über das Zugehörigkeitsgefühl die kollektive Identität

derer, die an ihnen teilhaben, zu fundieren. Aber auch bei Traditionen, die im Verhältnis zum Selbstverständnis von Menschen als marginaler zu beurteilen sind, fehlt ein wenn auch schwächer ausgeprägter Bezug zur Identität nicht. Traditionsbefolgung und Zugehörigkeitsgefühl gehören zusammen: »Tradition kann definiert werden als eine auf Dauer gestellte kulturelle Konstruktion von Identität.«[12]

Diese Verbindung von Selbstverständlichkeit und Normativität zeigt sich besonders deutlich bei der Konfrontation verschiedener Traditionen. Die eigene Tradition wird als einleuchtend und vertraut, die fremde als unverständlich und seltsam empfunden. Gehen Wahrheitsansprüche mit Traditionen einher, so ist die Wahrheit auf der Seite der eigenen, die Unwahrheit auf der Seite der fremden Tradition zu finden; die eigene Tradition gilt als nicht begründungsbedürftig, die fremde als nicht begründungsfähig. Oft ist jedoch die kulturelle Auseinandersetzung zwischen sich begegnenden Traditionen unausweichlich, gerade wenn sie sich unter den Vorzeichen (behaupteter oder auch anerkannter) kultureller Unter- bzw. Überlegenheit vollzieht. Hier kann es – vorwiegend in den jeweiligen Eliten – zu Synkretismus kommen, zur Übernahme bestimmter Merkmale fremder Traditionen oder zur meist nur partiellen Angleichung an deren Habitus; aber auch zur Abschottung gerade der durch die kulturelle Begegnung gefährdeten Tradition: Angesichts der Bedrohung durch einen dominanten Gegner hält man um so verbissener an der eigenen Überlieferung und damit an der eigenen kollektiven Identität fest. In der Konfrontation mit fremden

---

10 Weber (1972, S. 12).

11 Das mangelnde Bedeutsamkeitsprofil von Gewohnheiten (im Unterschied zu Traditionen) betont Eric Hobsbawm: »convention or routine [...] has no significant ritual or symbolic function as such, though it may acquire it incidentally.« (Eric Hobsbawm in der Einleitung zu Hobsbawm/Ranger 1983, S. 3). Die Bewusstheit von Traditionen hebt Aleida Assmann hervor: »Traditionen erfordern eine aktive Einstellung; man muß sie festhalten, weil sie sich gerade nicht von selbst erhalten.« (Assmann, 1999, S. 72). – Dass hier Gradunterschiede möglich sind, gefährdete Traditionen etwa mehr Engagement verlangen als ungefährdete, ist selbstverständlich.

12 Assmann (1999, S. 90).

Traditionen liegt schließlich auch die Wurzel einer ersten rudimentären Form von Traditionskritik, die die fremde Tradition bereits als Tradition kritisiert, aber die eigene noch wie selbstverständlich von solcher Kritik ausnimmt. So sieht etwa die frühe christliche Mission, dass der griechische Polytheismus seine festesten Stützen in Brauch und Sitte, im eingelebten »Ethos« der einzelnen Stadtgemeinschaften hat, und attackiert darum generell die verhängnisvolle Anhänglichkeit an Tradition;[13] gemeint ist aber trotz des verallgemeinerten Arguments gegen »Tradition« überhaupt nur ein bestimmter Traditionsstrang, eben der des griechischen Polytheismus.

Eine ganz andere Situation tritt ein, wenn bemerkt wird, dass zur Klärung der Wahrheitsansprüche, die von verschiedenen partikularen Traditionen mitgeführt werden, auf dem Boden dieser Traditionen selbst keine Verständigungsbasis zu finden ist und man an die Auffindung einer neutralen Urteilsinstanz verwiesen ist. Alter und Heiligkeit einer Überlieferung kommen hierfür nicht in Frage, da sie eben von den verschiedenen Traditionen gleichermaßen in Anspruch genommen werden können (»darum gedenke ein jeder, dass die anderen auch Schrift führen«) und so der Streit nur endlos perpetuiert wird. Hier ist der Punkt erreicht, an dem die Geltungsgrundlage des Prinzips Tradition thematisiert und kritisiert werden und das Vorurteil für Tradition sich in ein Vorurteil gegen sie verwandeln kann. Ist traditionell Tradition in Geltung, weil sie Tradition ist und die Autorität des Hergebrachten hat, so kann sie nun in Zweifel gezogen werden, weil sie *nur* Tradition ist. Die Begründung einer solchen prinzipiellen Traditionskritik ist ein bleibendes Verdienst jenes Projekts, das den Namen Philosophie führt. Die Philosophie ist bereits in ihren Anfängen im klassischen Griechenland wesentlich traditionskritisch. Die Traditionalisten unter den Gesprächspartnern des Sokrates sind in den platonischen Dialogen dadurch gekennzeichnet, dass sie trotz ehrenwerter Intuitionen an

der Begründung ihrer Position scheitern: Vor der neuen Instanz der der menschlichen Rede und Widerrede innewohnenden Vernunft können sie weder die Sophisten noch den Sokrates überzeugen.

Die Philosophie ist auch die Leitdisziplin jener Entwertung von Tradition, die sich in den drei Jahrhunderten vom 16. bis zum 18. Jahrhundert nach und nach vollzieht. Diese Entwertung beschränkt sich nicht auf ein Kulturgebiet, sondern ergreift sämtliche wichtigen Kulturgebiete. Bereits im 16. Jahrhundert wird von protestantischen Theologen – vorrangig wäre hier das Werk des Flacius zu nennen – die Grundlage einer kritischen Geschichtsschreibung gelegt. In delegitimierender Absicht versucht man, durch Rückgang auf die Quellen die vielfachen hierarchischen Fälschungen und Verzeichnungen der katholischen Tradition zu entlarven und die Geschichte der Kirche kritisch neu zu erzählen.[14] Die aufklärerische Religionskritik geht weiter und wendet ihre Kritik der Überlieferung gegen die heilige Schrift selbst. Die Überlieferung wird zum Ort von Betrug, Unwissenheit, Trägheit und Fehlbarkeit; Sicherheit der Erkenntnis liegt hingegen beim jedem Denkenden unmittelbar zugänglichen *lumen naturale* der Vernunft. Die radikalen Neuansätze der frühneuzeitlichen Philosophie, insbesondere aber die gegen die aristotelische Physik gewonnenen Erfolge der Naturwissenschaft des 17. Jahrhunderts machen eine Auffassung plausibel, nach der sich in den Traditionen des Wissens die unfundierten Überzeugungen der Vergangenheit angehäuft haben, die erst wie Schutt beiseite geräumt werden müssen, damit man dann verlässlichere, unerschütterbare Fundamente legen kann. Das neuzeitliche Naturrecht, das entscheidende Impulse aus der Erfahrung der konfessionellen Bürgerkriege bezieht, versucht, allgemeingültige Normen zu eruieren, an denen dann traditionelle rechtliche und soziale Verhältnisse gemessen werden können. Diese erscheinen so mehr und mehr als Hindernis bei der Einrichtung einer vernünftigen Gesellschaft; der Gedanke einer grundstürzenden Neuerung der gesellschaftlichen Ordnung wird akzeptabel und am Ausgang des 18. Jahrhunderts mit der Französischen Revolution erstmals in die Wirklichkeit umgesetzt. Am längsten halten sich traditionelle Orientierungen in den Künsten; aber auch hier bereitet die *querelle des anciens et des modernes* dem Gedan-

---

13 Als einflussreiches Beispiel vgl. etwa Clemens v. Alexandrien: Protreptikos X, 73 ff.

14 Zum Begriff des kritischen Erzählens vgl. Rüsen (1990, insbesondere: S. 172 f.).

ken einer radikalen Verschiedenheit von Antike und Moderne die Bahn, der ebenfalls gegen Ende des 18. Jahrhunderts verschiedentlich ausgesprochen (Herder, Schiller, Friedrich Schlegel) und dann schnell selbstverständlich wird. Alle diese Entwicklungen tragen dazu bei, dass der *Gegensatz von Tradition und Moderne* zentrale Funktion für die Selbstdeutungen moderner Gesellschaften erhält. In diesem Gegensatzpaar bezeichnet der Begriff Tradition nicht formale Eigenschaften von Überlieferungsprozessen, die es auch in der Moderne geben müsste; er trägt vielmehr einen klar geschichtlichen Index und meint dasjenige, was durch den modernen Fortschritt entwertet und zurückgelassen wird. Das Gegensatzpaar von Tradition und Moderne, wie erhellend es auch in vielerlei Hinsicht sein mag, macht somit auch systematisch blind für das Phänomen spezifisch moderner Traditionen und für die Moderne insgesamt als eigene »große Tradition«.

Ausgestaltung hat die Dichotomie von Tradition und Moderne vor allem in den modernen Sozialwissenschaften gefunden. Wie sich der Übergang von einer traditionellen zu einer modernen Gesellschaft vollzieht und wie beide Gesellschaftstypen zu beschreiben sind, ist das zentrale Problem bereits der klassischen Soziologie und spiegelt sich in den Typologien, die die Gründungsväter dieser Disziplin zur Selbstdeutung moderner Gesellschaften entwerfen: sei es nun Tönnies' Unterscheidung von Gemeinschaft und Gesellschaft, Sir Henry Maines Unterscheidung von Status und Vertrag oder Durkheims von mechanischer und organischer Solidarität. Auch Max Webers Soziologie der Herrschaft mit ihrer Typologie von traditionaler, charismatischer und rationaler Herrschaft gehört hierher.[15] So wurde die moderne Gesellschaft in verschiedenen Hinsichten wesentlich als enttraditionalisierte Gesellschaft gefasst. Der Rationalität der modernen Gesellschaft mit ihrer Effizienz (Zweckrationalität) und ihren universalistischen Orientierungen (Wertrationalität) stehen die partikularistischen kulturellen Orientierungen traditionaler Gesellschaften gegenüber. Der sozialen Mobilität und der Erweiterung des Freiheitsspielraums in modernen Gesellschaften – immer mehr soziale Merkmale sind in ihnen »frei erwerbbar« – entspricht die feste Zugeschriebenheit sozialer Merkmale in traditionalen Gesellschaften; generell ist die moderne Gesellschaft

auf Wandel abgestellt, die traditionale auf Stabilität. Auch strukturelle Merkmale von Gesellschaften (geringe Urbanisierung, geringe Alphabetisierung etc.) wurden in das Bild der traditionalen Gesellschaft aufgenommen.[16] Lange herrschte die sogenannte »Konvergenzthese« vor: In dem Maße, in dem die für kulturelle Verschiedenheit verantwortlichen Traditionen verschwinden würden, würden sich moderne Gesellschaften sowohl in ihren qualitativen wie strukturellen Merkmalen immer mehr einander annähern. Insgesamt hat die Leitdifferenz von Tradition und Moderne maßgeblich dazu beigetragen, Tradition als ausschließlich vormodernes Phänomen zu thematisieren, als bloße Kontrastfolie für Modernität. Erst seit den siebziger Jahren ist Tradition als wichtiger Forschungsgegenstand einer zeitgenössischen Soziologie langsam wiederentdeckt worden.[17]

4. Tradition in der Moderne; Orientierung und Identität

Der verzerrende Blick auf Tradition als ausschließlich vormodernes Phänomen lässt zweierlei nicht

---

15 Vgl. Weber (1972, S. 122 ff.) – Bedingt bei Weber einerseits die charismatischer Autorität innewohnende Möglichkeit der Aufhebung der gegebenen Ordnungen eine gewisse Spannung zur Autorität aus Tradition, so ist andererseits Tradition häufig routinisiertes Charisma und steht als solches im Gegensatz zur (erst in der Moderne konsequent ausgeprägten) rationalen Herrschaft.

16 Vgl. Lerner (1958).

17 Vgl. etwa Eisenstadt (1979, insbesondere den instruktiven Überblick über die Geschichte des Modernisierungstheorems: S. 37 ff.; sowie den Versuch, Modernität als eigene »große Tradition« zu fassen: S. 227 ff.); Shils (1981). – Shils beklagte im Vorwort seines Buches bezeichnenderweise den Mangel an Studien zum Gegenstand: » If there had been other comprehensive books about tradition and traditions, this book would have been a better one.« (ebd., vii). Sein erstes Unterkapitel trägt den Titel: »Tradition in Disrepute«. Noch 1999 konnte Aleida Assmann schreiben, dass im »theoretischen Diskurs« »Tradition ein noch weitgehend ideologisch belasteter oder wissenschaftlich unterbelichteter Begriff ist« (Assmann, 1999, S. 88). Ihr Buch *Zeit und Tradition*, dem diese Bemerkung entnommen ist, ist zugleich ein wichtiges Belegstück für die gegenwärtige, von Assmann geforderte Erschließung der »allgemeinere[n] kulturwissenschaftliche[n] Dimension dieses Begriffs« (ebd.).

sehen: einerseits die Universalität des Traditionsprinzips, den Zwang, unter dem menschliche Gesellschaften stehen, ihre kulturellen Gehalte zu überliefern, auch in der Moderne; andererseits die spezifische Eigenart, die für Traditionen unter den Bedingungen der Moderne kennzeichnend ist. Wenn nicht mehr Kontinuität und Bewahrung positiv bewertet wird, sondern der Wandel, so müssen auch hierfür die Einstellungen in den Menschen geschaffen und weitergegeben werden; auch Wandel muss tradiert werden. In der Moderne steht man also vor der paradoxen Aufgabe, Errungenschaften, die häufig genug in antitraditionalistischer Einstellung gewonnen wurden, selbst Kontinuität zu sichern. Und es müssen selbstverständlich die zentralen Funktionen von Tradition (Handlungsorientierung, Identitätsstiftung) weiter erfüllt werden.

Die Orientierungsfunktion von Tradition hat sowohl eine *kreative* wie auch eine *restriktive* Dimension. Dem Kind, das zunächst in die Grundrechenarten, später auch in komplexere mathematische Operationen eingewiesen wird, werden dadurch die eigenen mathematischen Fertigkeiten ermöglicht. Würde es nicht in die Tradition westlicher Mathematik eingeführt, so würde es Integrale und Sinuskurven nicht etwa freier oder anders berechnen, es würde dies gar nicht tun. So erschließen Traditionen Felder der Erfahrung und eigene Fähigkeiten und Fertigkeiten, die überhaupt nur unter der Voraussetzung der Einführung in eine Tradition zugänglich werden. Zugleich restringiert jede solche Einführung die Erfahrung und den Handlungsspielraum; der Rahmen, den sie stiftet, engt auch ein. Das Kind wird, indem es rechnen lernt, mit der Norm des richtigen Rechnens vertraut gemacht. Je mehr an Mathematik es als selbstverständliche Voraussetzung hinter sich bringt und akzeptieren und handhaben lernt, desto artikulierter und strukturierter wird der Raum, in dem es sich Mathematik treibend bewegt. Zugleich entfernt es sich immer definitiver von den Möglichkeiten anderer, nichtwestlicher Mathematik (in der Regel, ohne von diesen Möglichkeiten überhaupt zu wissen). Das Zusammenspiel von Kreativität und Restriktivität wird noch deutlicher, wenn man es nicht an einer meist relativ identitätsabstrakten Kulturtechnik (wie der Mathematik) illustriert, sondern an identitätskonkreteren Traditionen. Religiöse Er

ziehung z. B. ermöglicht überhaupt erst religiöses Leben und religiöse Erfahrung. Sie legt aber auch das Feld, in dem religiöse Erfahrung gemacht werden kann, und den Habitus, der sich in ihr ausprägt, im Sinne der jeweiligen Religion fest. Selbst Mystiker, denen im Verhältnis zur religiösen Überlieferung in der Regel noch die relativ größte Freiheit attestiert wird, sind zugleich immer klar als Mystiker einer bestimmten Religion zu erkennen.

Obwohl die beiden Dimensionen der Kreativität und der Restriktivität zu Tradition überhaupt gehören, ist doch das restringierende Moment an Tradition in der Moderne deutlich schwächer ausgeprägt als in traditionellen Gesellschaften. Die Gründe hierfür sind vielfältig. Zunächst ist zu nennen, dass das Schicksal von Tradition in der Moderne nicht allein durch Entwertung und Abbruch bestimmt ist. Die Entstehung moderner Gesellschaften bringt auch den Wegfall der Religion als weltanschaulicher Klammer für die einzelnen Kulturgebiete mit sich, damit deren relative Autonomie. In den verschiedenen Kulturgebieten wird die ihnen je eigene Logik aufgefunden und weiterentwickelt. Für viele Mitglieder moderner Gesellschaften wird damit die Wahrnehmung von Differenz innerhalb der eigenen Kultur auf der synchronen Ebene zur Selbstverständlichkeit. Vor diesem Hintergrund findet Wandel auf der diachronen Ebene ebenfalls leichter Akzeptanz. Die orientierenden Elemente von Tradition verschieben sich dabei mehr und mehr in das Reflexionswissen. Dies ist besonders gut an Kulturgebieten und Disziplinen abzulesen, in denen im 19. und 20. Jahrhundert ein stark antitraditionalistischer Gestus das Selbstverständnis prägte.

So wird das gängige Selbstverständnis eines heutigen Wissenschaftlers auch die Überzeugung beinhalten, dass die gleiche Art von Arbeit, mit der er sich darum bemüht, seine Vorgänger zu überbieten und ihre Arbeiten damit einem inzwischen überholten Stand der Forschung zuzuweisen, binnen weniger Jahrzehnte dazu geführt haben wird, dass seine eigene Arbeit das gleiche Schicksal erleidet. Auch wird ihm die generalisierte Erwartung einzelner bahnbrechender Entdeckungen in der Zukunft nicht fremd sein, die einige der Voraussetzungen, unter denen er selbst ganz selbstverständlich arbeitet, falsifizieren und als unbrauchbar erweisen werden. Diese Verinnerlichung einer Haltung, die den ständigen Um

schwung erwartet und will, hat in der Wissenschaftstheorie lange die Ansicht vorherrschen lassen, Tradition sei für die Wissenschaften (insbesondere die
Natur-, aber auch die Sozialwissenschaften)[18] irrelevant. Die ersten Wissenschaftstheoretiker, die das
Phänomen Tradition in den Blick nahmen, haben
hingegen eher eine Art zweischichtiges Modell als
adäquate Beschreibung von Wissenschaft empfunden.[19] Unterhalb der ständigen Revision des For-
schungsstands gibt es auch vorrangig im Bereich
der Methode angesiedelte konservativere Elemente
in der Wissenschaft. Zwar sind auch methodische
Orientierungen keinesfalls von Revision ausgenom-
men; de facto aber dienen sie eher als Mittel denn als
Gegenstand von Revision. In ihnen – nicht etwa in
den Forschungsergebnissen – sind auch das Ethos
und die Rationalität des Wissenschaftlers angesiedelt, die den Kern seiner Identität als Wissenschaftler
– eine über Reflexionswissen konstituierte Identität
zweiter Ordnung – ausmachen. Ethos und Rationalität aber werden nicht jedes Mal neu begründet,
sondern tradiert.

Ein anderes Beispiel lässt sich in der Entwicklung
der Künste im 20. Jahrhundert finden. Die Dynamik der Avantgarden ist wesentlich dadurch mit-
bestimmt, dass selbstverständliche Voraussetzungen älterer Kunst ans Licht gebracht, eigens thematisiert und häufig auch als »heute nicht mehr möglich« verabschiedet werden. Theodor W. Adorno
beschrieb diese Dynamik mit dem Satz: »Das Verhältnis zur Tradition setzt sich um in einen Kanon
des Verbotenen.«[20] Dennoch bedeutet auch hier
nicht der antitraditionalistische Gestus das Ende
von Tradition überhaupt. Zwar lag das Pathos der
ersten europäischen Avantgardisten im radikalen
Traditionsbruch, in der Überzeugung, etwas ganz
anderes als alle bisherige Kunst zu machen. Aber
gerade diese Avantgardisten wurden später von ihren Nachfolgern, die sich in ihren Grundintentionen ihren Vorgängern verwandt fühlten, zu Gründerfiguren stilisiert. Die Tradition der Avantgarde,
die sich nach und nach herausbildete, bezog sich
nicht auf die handwerkliche Dimension von Kunst
und auch nicht vorrangig auf bestimmte Stile oder
Schulzusammenhänge. Eher lag das Gemeinsame in
einem bestimmten Reflexionstyp über Kunst, den
die Avantgarde ausgebildet hatte und der in ihren
späteren Manifestationen variiert und weiterent-

wickelt wurde. Diese Tradition war retrospektiv
konstituiert (denn die Gründerfiguren hatten alles
andere im Sinn als eine Tradition zu stiften), und
sie hatte bei vielen Avantgardisten etwas selbst Zu-
sammengesuchtes und Gebasteltes an sich: Man
musste sich die Tradition, in der man stehen konnte, erst machen. Natürlich sind solche Traditionen
diffuser, stärker individualisiert und unverbindlicher als etwa ältere künstlerische Traditionen.
Auch sie erfüllen jedoch die Funktion, Orientierung
zu geben und einen Beitrag zur jeweiligen (in diesem Falle künstlerischen) Identität zu leisten.

Eine andere Eigentümlichkeit moderner Traditionen betrifft die Gegebenheitsweise von Traditionsbeständen. Edward Shils hat in Bezug auf Tra-
ditionsbestände zwischen »stocks« und »possessi-
ons« unterschieden:[21] jenen Traditionsbeständen,
die den Mitgliedern einer Kultur nur potentiell
zugänglich sind (etwa weil sie in Schrift oder Bild
konserviert, »gelagert« wurden), und jenen, die tatsächlich von Menschen angeeignet wurden. In
schriftlosen Gesellschaften kann diese Differenz
noch keine Rolle spielen; denn alles, was überhaupt
aus der Vergangenheit zugänglich ist, muss zugleich
auch als Gedächtnisgut angeeignet sein. Moderne
Gesellschaften stellen hier das andere Extrem dar. In
ihnen gibt es – z.B. in Gestalt von Museen oder
auch den Geisteswissenschaften, die zum überwiegenden Teil Vergangenheitswissenschaften sind –
eigene Institutionen, die die aus dem Gedächtnis
ausgelagerten »stocks« der eigenen Kultur oder
fremder Kulturen bewahren; die Differenz zwischen
der Masse des nur potentiell zugänglichen kulturellen Vorrats und dem schmalen Anteil des wirklich

---

18 Das Verhältnis der Geisteswissenschaften zu Tradition ist
sowohl in der Praxis dieser Wissenschaften als auch in ihren
theoretischen Begründungsversuchen (man denke an Dilthey, Rickert, Gadamer) deutlich affirmativer als dasjenige der
Natur- und Sozialwissenschaften; nicht zuletzt wohl deshalb,
weil Geisteswissenschaftler über ihre Gegenstände ständig
mit Traditionen konfrontiert sind und von daher eine größere Neigung haben, auch ihre eigene Arbeit als eine Art
Fortsetzung von Tradition zu betrachten. Ich werde weiter
unten, in meinem Abschnitt über Gadamer, noch etwas
näher auf diese Zusammenhänge eingehen.

19 Vgl. Polanyi (1946); Popper (1963); Heisenberg (1975).

20 Adorno (1977, S. 314).

21 Shils (1981, S. 25 ff.).

von Einzelnen Angeeigneten ist groß. Dieser Überhang an nicht angeeigneten Traditionsbeständen ist nicht ohne Folgen auch für identitätskonkrete Traditionen. Zum einen dient er als Reservoir, das in verschiedensten Kontexten für moderne Lebenszusammenhänge reaktualisiert werden kann und damit die Vielfalt des in modernen Gesellschaften Tradierten befördert. Zum anderen inkorporiert er ein Element von Distanz auch in identitätskonkrete Traditionen; sie werden vermehrt auch von denen, die an ihnen teilhaben, als kontingent wahrgenommen, vor einem Horizont von möglicher Varianz, der aus der Vergangenheit der eigenen Kultur, aber auch aus der Gegenwart fremder Kulturen stammen kann und die eigenen Traditionen mit einer Unselbstverständlichkeit versieht, die ihnen traditionell nicht zukommt. Dem entspricht in modernen Gesellschaften die zunehmende Wahrnehmung fremder Tradition als ein Faszinosum, dem man nicht mit Ablehnung begegnen sollte, sondern mindestens mit einer gutwilligen Verstehensbemühung, oft auch mit leidenschaftlichem Interesse. Im Einzelfall kann dies bis zu einer Konversion zur fremden Tradition führen, die in der Regel auch die Rückkehr von einer Identität zweiter Ordnung zu einer Identität erster Ordnung bedeutet.

Moderne Traditionen sind somit eigentümlich gebrochener als traditionelle Traditionen. Sie werden distanzierter »gehabt« und verschieben ihren identitätsstiftenden Kern mehr und mehr ins Reflexionswissen. Immer noch stellen sie einen Rahmen bereit, der den möglichen Erfahrungsraum der Menschen vorstrukturiert, aber auch auf Neuheit und Veränderung eingestellt ist. Die Wertschätzung von Traditionen hat sich vom Ursprung auf den Reichtum verlagert, der im Zuge des Überlieferungsprozesses in einer Tradition akkumuliert wurde; Wandel wird demgemäss nicht mehr perhorresziert, sondern als konstitutives Element von Tradition begriffen, und das Bedürfnis nach einer weltanschaulichen Klammer, die die Vielfalt der Überlieferung umgreift und vereinheitlicht, wird zunehmend weniger gefühlt.

Hat somit Tradition in der Moderne partiell die Intentionen von Traditionskritik in sich aufgenommen und sich in Richtung auf Freiheit, Autonomie und Kreativität geöffnet, so sind die diesem Modell innewohnenden Grenzen doch auch nicht zu übersehen. Moderne Traditionen haben weniger Autorität als traditionelle Traditionen und erfüllen den Normativitätsbedarf einer Gesellschaft damit weniger gut. Normen und Einstellungen werden daher von Mitgliedern moderner Gesellschaften tendenziell weniger aus artikulierten Traditionen bezogen denn aus der anonymen Autorität dessen, was um einen ist: was in Gesellschaftsstruktur, Sprache und die sekundäre Wirklichkeit der Massenmedien sich eingelassen findet und in unreflektierter Übernahme ähnlich prägend auf die Grundhaltungen von Menschen sich auswirkt wie der Fundus an Erzählungen, Spruchweisheit und Erfahrungssätzen in traditionalen Gesellschaften. Der Autonomiechance, die das moderne Geflecht aus Traditionen bereithält, entspricht somit faktisch eine Heteronomie des Anonymen und Momentanen, an dem die zeitliche Tiefe und die Ungleichzeitigkeit des Gleichzeitigen vielleicht gar nicht mehr wahrgenommen wird; zumal auch das anspruchsvolle Modell einer Identität zweiter Ordnung bislang weitgehend eine Angelegenheit von Eliten war und wohl auch bleiben wird. Moderne Traditionen sind darum auch labiler als traditionelle Traditionen. Hier bieten immer noch die pathologischen Übergänge moderner Gesellschaften in totalitäre die besten Lehrstücke. Die Zerstörung, Ersetzung und Umdeutung von Traditionen durch Parteiapparate, die Neuetablierung einer weltanschaulichen Klammer für die einzelnen Kulturgebiete zeigt die leichte Manipulierbarkeit moderner Gesellschaften, die die Kehrseite ihrer Flexibilität ist.

Eine andere, interne Grenze von modernen Traditionen besteht in ihrer Funktion für die kollektive Identität von Menschen. So wie personale Identität wesentlich auf Erinnerung angewiesen ist und niemand ohne Vergangenheit zu einer Selbstdefinition (und auch nicht zu einem Entwurf für die eigene Zukunft) gelangt, braucht auch die Zugehörigkeit von Menschen die Zeitentiefe. In beiden Fällen stößt die moderne Distanz (Distanz zum eigenen Selbst, Distanz gegenüber kollektiven Loyalitäten) an ihre Grenzen. Auch moderne Traditionen müssen die Funktion der Identitätssicherung erfüllen.[22] So verwundert es nicht, wenn die für die Anfänge

---

22 Vgl. Assmann (1999, S. 89f.).

und den Aufstieg der Moderne so charakteristische Traditionskritik nicht immer weiter getrieben wurde, sondern im Gegenteil aus den traditionskritischen Forderungen der Moderne selbst Traditionen erwuchsen. Es ist nicht paradox, wenn einer heutigen jungen Frau der Wunsch nach eigener Berufstätigkeit bereits anerzogen wird, für den ihre Urgroßmutter sich noch auf keine Tradition, sondern nur auf die Anwendung der universalistischen Normen der Moderne auf die Geschlechterfrage berufen konnte. Es zeigt nur etwas, was man auch aus der (oftmals feindseligen) Begegnung westlicher Kultur mit nichtwestlichen Kulturen lernen kann: dass die Moderne selbst eine »große Tradition« ist, die universalistische Ansprüche begründet und stellt, obwohl sie de facto genauso partikularistisch und an einen bestimmten kulturellen Hintergrund gebunden ist wie etwa die monotheistischen Offenbarungsreligionen.

5. Traditionstheorien: Herder, Gadamer, Freud

So wie die Sozialwissenschaften erst spät Tradition als Thema entdeckten, sind auch eigentliche Philosophien der Tradition selten. Zwar gibt es in der Geschichte der Philosophie auch die Hochschätzung der Ursprungsweisheit und das Lob der geheimen Wege, auf denen sie bis in die jeweilige Gegenwart gefunden hat; charakteristischerweise jedoch meist nur dort, wo sich die Philosophie der Religion annähert, so etwa im Neuplatonismus und dessen eng mit Hermetismus und Kabbala verschwisterten neuzeitlichen Wiederbelebungen. Gerade in diesen Strömungen jedoch wird Tradition zwar hochgehalten, aber nicht als philosophisches Problem thematisiert. Wo die Philosophie hingegen ihrer Ursprungsintention, begründetes Wissen sein zu wollen, nachgeht, ist ihr der Verdacht gegen das Überlieferte eigen, nicht zureichend geprüft worden zu sein: Die Überlieferung gehört dem Reich der bloßen Meinung an, das erst beseitigt werden muss, um der Erkenntnis Platz zu machen. Zu einem eigentlich philosophischen Thema wird daher der Begriff der Tradition erst im 18. Jahrhundert durch Denker gemacht, die die für die Philosophie der frühen Neuzeit insgesamt so kennzeichnende Verwerfung von Tradition nicht durch Pochen auf die Ursprungsweisheit, sondern mit Argumenten revidieren wollen: bei Giambattista Vico und bei Johann Gottfried Herder, der als der eigentliche Ahnherr einer Philosophie der Tradition gelten kann. Herders Hauptwerk, die »Ideen zur Philosophie der Geschichte der Menschheit«,[23] steht im Kontext eines Schrifttums, das sich in der zweiten Hälfte des 18. Jahrhunderts erstaunlich mehrt und geradezu zum Modeschrifttum avanciert: eben den »Geschichten der Menschheit«, Büchern, die den zivilisatorischen Fortschritt zum Thema haben und in der Regel den langen Weg vom angenommenen Naturzustand des Menschen bis zu den kulturellen Errungenschaften der Gegenwart nachzeichnen, nicht so sehr im Detail als vielmehr dadurch, dass sie verschiedene Entwicklungsstufen herausarbeiten und um Struktur und Zusammenhang der Menschheitsgeschichte bemüht sind.[24] In diesem Kontext entdeckt Herder das Prinzip Tradition als dasjenige, was den Zusammenhang der Menschheitsgeschichte eigentlich erst verbürgt. »Hier also liegt das Principium zur Geschichte der Menschheit, ohne welches es keine solche Geschichte gäbe. Empfinge der Mensch alles aus sich und entwickelte es abgetrennt von äußern Gegenständen: so wäre zwar eine Geschichte *des* Menschen, aber nicht *der* Menschen, nicht ihres ganzen Geschlechts möglich. Da nun aber unser spezifische Charakter eben darin liegt, daß wir, beinah ohne Instinkt geboren, nur durch eine Lebenslange Übung zur Menschheit gebildet werden, und sowohl die Perfektibilität als die Korruptibilität unsres Geschlechts hierauf beruhet: so wird eben damit auch die Geschichte der Menschheit notwendig ein Ganzes, d.i. eine Kette der Geselligkeit und bildenden Tradition vom Ersten bis zum letzten Gliede.«[25] Diese sich im Laufe der Geschichte vollziehende kulturelle Überformung der natürlichen Ausstattung des Lebewesens

---

23 Erschienen 1784, 1785, 1787 und 1791 in vier Bänden.
24 Die Gattung »Geschichte der Menschheit« war europaweit verbreitet. Zu den bekanntesten Beispielen zählen neben Herders *Ideen* etwa der *Essay on the History of Civil Society* (1767) des schottischen Philosophen Adam Ferguson und der *Essai sur les mœurs et l'esprit des nations* (1756) von Voltaire.
25 Herder (1989, S. 337).

Mensch nennt Herder eine »zweite Genesis des Menschen« und (mit Lessing) eine »Erziehung des Menschengeschlechts«, und er weist darauf hin, dass Tradition die Form ist, in der sie sich einzig erhalten und akkumulieren kann: Nur weil jede Generation ihr kulturelles Wissen an die nächste Generation weitergibt, kann man von einer zusammenhängenden Menschheitsgeschichte sprechen.

Von einer Version der Menschheitsgeschichte, die diese wesentlich als Emanzipation von den Irrtümern der Vergangenheit sieht, unterscheidet sich eine solche Philosophie der Tradition dadurch, dass sie die älteren Stadien der menschlichen Entwicklung aufwertet. Auch in ihnen wurde bereits tradiert, das als wertvoll Erkannte weitergegeben; auch sie kannten also bereits die kulturelle Konstruktion der Welt: »Wollen wir diese zweite Genesis des Menschen, die sein ganzes Leben durchgeht, von der Bearbeitung des Ackers *Kultur* oder vom Bilde des Lichts *Aufklärung* nennen: so stehet uns der Name frei; die Kette der Kultur und Aufklärung reicht aber sodann bis ans Ende der Erde. Auch der Californier und Feuerländer lernte Bogen und Pfeile machen und sie gebrauchen: er hat Sprache und Begriffe, Übungen und Künste, die er lernte, wie wir sie lernen; sofern ward er also wirklich kultiviert und aufgekläret, wiewohl im niedrigsten

Grade.«[26] Auch die zentrale Opposition der Traditionskritik, diejenige von Vernunft und Tradition, wird von Herder eingezogen und damit ihrer kritischen Schärfe. Die Vernunft ist ohne Tradition nicht denkbar. Sie »ist ein Aggregat von Bemerkungen und Übungen unsrer Seele; eine Summe der Erziehung unsres Geschlechts, die, nach gegebnen fremden Vorbildern, der Erzogne zuletzt als ein fremder Künstler an sich vollendet.«[27] Schließlich liegt im Traditionsprinzip auch der Grund für den Optimismus der Herderschen Geschichtsphilosophie. Für Herder stellen die aufeinanderfolgenden bewussten Akte der Weitergabe (die »goldene Kette der Bildung«)[28] sicher, dass aus dem symbolischen Erbe der Menschheit Inhumanes nach und nach ausgeschieden und Humanität akkumuliert wird. Während in der Realgeschichte Rückschläge nicht ausbleiben und sie nur allzu oft den Anblick von Verwirrung, Chaos und Katastrophen bietet, ist der konstruktive Impuls von Tradition so stark, dass symbolisierte Inhumanität in the long run nicht tradiert werden kann. »Vernunft aber und Billigkeit allein dauern; da Unsinn und Torheit sich und die Erde verwüsten.«[29]

Bereits Herders Entdeckung der Tradition im ausgehenden 18. Jahrhundert ist von einem eher modernen Traditionsbegriff geprägt: Nicht auf der treuen Bewahrung von Ursprungsweisheit liegt der Fokus, sondern auf der allmählichen Anreicherung der Menschheitskultur. Im 20. Jahrhundert sind Herders Grundintentionen von Hans-Georg Gadamer wiederaufgenommen worden.[30] Gadamers Ausgangspunkt ist die Beobachtung, dass die Traditionskritik, die mit der Begründung der modernen Wissenschaften einherging, nicht nur in den Natur- und Sozialwissenschaften, sondern auch in den modernen Geisteswissenschaften weitgehende Akzeptanz gefunden hat. Am Beispiel der romantischen Hermeneutik Schleiermachers sowie des Historismus versucht Gadamer zu zeigen, dass sich dem modernen geisteswissenschaftlichen Forscher die Vermittlung der Vergangenheit mit der Gegenwart nicht mehr durch einen Traditionszusammenhang geleistet darstellt. Der moderne Historiker objektiviert die Zeugnisse der Vergangenheit in methodischer Strenge und bringt sie somit als Gegenstände der Erkenntnis vor sich, nicht als Gehalte, die für ihn selbst möglicherweise Verbindlichkeit

---

26 Herder (1989, S. 340).
27 Herder (1989, S. 337). – Eine besondere Rolle kommt dabei der Sprache zu, die geradezu als Bindeglied zwischen Vernunft und Tradition fungiert: »Eine reine Vernunft ohne Sprache ist auf Erden ein utopisches Land.« (Ebd., S. 347). – »Alle kommen wir zur Vernunft nur durch Sprache und zur Sprache durch Tradition, durch Glauben ans Wort der Väter.« (Ebd., S. 352).
28 Herder (1989, S. 344).
29 Herder (1989, S. 670). – Auch die Selbstregulation der Pendelausschläge der Geschichte, durch deren Postulat Herder seinen Glauben an den Fortschritt der Menschheit plausibel zu machen versucht und die er in den *Ideen* (und in anderen Werken) unter der mythologischen Figur der Nemesis fasst, wird von Herder über das Traditionsprinzip begründet.
30 Die folgende Darstellung bezieht sich vorwiegend auf den zweiten Teil von Gadamers Hauptwerk *Wahrheit und Methode*. In ihren Hauptzügen folgt sie einer ausführlicheren (kritischen) Auseinandersetzung mit Gadamers Traditionstheorie, die ich vor einigen Jahren vorgelegt habe: Auerochs (1995).

beanspruchen könnten.[31] Seine Haltung richtet sich darauf, *Wahrheit über Überliefertes* herauszufinden, und verschließt sich damit die Möglichkeit, die der Tradent hat: der *Wahrheit des Überlieferten* inne zu werden.

Für Gadamer zeigt sich in dieser Haltung ein Selbstmissverständnis der modernen Geisteswissenschaften. Es ist seine These, dass auch »die ›vorurteilslose Wissenschaft‹ mehr, als sie selber weiß, mit jener naiven Rezeption und Reflexion, in der Traditionen leben und Vergangenheit da ist«, teilt.[32] Das historische Bewusstsein, das sich in den Geisteswissenschaften artikuliert, ist selbst nur »wie eine Überlagerung über einer fortwirkenden Tradition«,[33] es vermeint nur, die Vergangenheit gegenständlich vor sich bringen zu können, während es in Wahrheit doch Moment jenes Traditionsprozesses ist, von dem auch die zu verstehende Vergangenheit Moment ist. Darum kann Gadamer auch sagen, dass, »*wer sich aus dem Lebensverhältnis zur Überlieferung herausreflektiert, den wahren Sinn dieser Überlieferung*« zerstört.[34] Demgegenüber zeichnet er es als den Normalfall des Verstehens von Vergangenheit aus, dass man sich der »Überlieferung, aus der wir kommen«, reflexiv zuwendet, um sie sich anzueignen.[35] Der zentrale Terminus in dieser Theorie der Tradition ist der des *wirkungsgeschichtlichen Bewusstseins*: Er meint – in bewusster Zweideutigkeit[36] – sowohl die faktische Bestimmtheit eines gegenwärtigen Bewusstseins durch die bis zu ihm hin reichende Wirkungsgeschichte als auch das Bewusstsein dieses Bestimmtseins; Reflexion dient in diesem Modell der Fortsetzung von Tradition, nicht ihrer Kritik.

Auch bei Gadamer sind die modernen Züge seines Traditionsbegriffes nicht zu übersehen; so etwa die Forderung der Reflektiertheit für die Traditionsaneignung oder die positive Sicht des im Überlieferungsgeschehen sich vollziehenden Wandels: »Tradition ist selbst nur in beständigem Anderswerden.«[37] Jedoch macht sich bei ihm zugleich auch ein älteres, letztlich wohl aus religiöser Überlieferung gewonnenes Modell von Tradition geltend: Es ist im Spiel, wenn Gadamer von der »konstitutiven Unterlegenheit dessen, der versteht, gegenüber dem, der sagt und zu verstehen gibt,«[38] spricht oder den Akzent seiner Überlegungen auf das »Hören« auf die Überlieferung legt. Die Autorität einer

sozusagen heiligen Vergangenheit, die hier erneut auftaucht, ist nicht bruchlos für moderne Traditionen zu verallgemeinern. Dementsprechend zu kurz kommen bei Gadamer die charakteristisch moderne distanzierte Teilhabe an Traditionen sowie das Potential an Kritik und Konflikt, das die Existenz vielfältig verschiedener (und eben häufig auch rivalisierender) Traditionen mit sich bringt. Diese Vielfalt tritt gegenüber dem vagen Begriff des Ganzen des Überlieferungsgeschehens zurück, der einerseits nichts weiter ist als ein Sammelbegriff für Tradition überhaupt, andererseits aber für den Einzelnen identitätskonkret sein soll wie eine *bestimmte* Tradition.

Die beiden bislang vorgestellten Traditionstheorien – die Herdersche wie die Gadamersche – sind sich darin einig, dass sie im Gegenzug gegen Traditionskritik die Unausweichlichkeit von Überlieferungsprozessen betonen. Sie sind darum bemüht zu zeigen, wie fundamental für menschliches Leben Tradition ist; aus der Unverzichtbarkeit von Tradition leiten sie zugleich ihre Hochschätzung des Traditionsprinzips ab. Aus der bloßen anthropologischen Universalie Tradition ist allerdings die Hartnäckigkeit nicht zu begründen, mit der sich bestimmte Traditionen dauerhaft auch unter den schwierigsten Umständen erhalten können. Diesem Problem hat sich Sigmund Freud in seinem Spätwerk *Der Mann Moses und die monotheistische Religion* zugewandt, mit dem er einen Beitrag zur

---

31 Der »Philologe« hat – seit dem Siegeszug des historischen Bewusstseins – »den Anspruch aufgegeben, als besäßen seine Texte für ihn eine normative Geltung«. (Gadamer, 1990, S. 342).

32 Gadamer (1990, S. 287).

33 Gadamer (1990, S. 311).

34 Gadamer (1990, S. 366).

35 Das meint die berühmte, wohl etwas zu martialisch geratene Metapher vom »*Einrücken in ein Überlieferungsgeschehen*« (Gadamer, 1990, S. 295).

36 Vgl. Gadamers Selbstkommentar zum Ausdruck »wirkungsgeschichtliches Bewußtsein«: »Die Zweideutigkeit desselben besteht darin, daß damit einerseits das im Gang der Geschichte erwirkte und durch die Geschichte bestimmte Bewußtsein, und andererseits ein Bewußtsein dieses Erwirkt- und Bestimmtseins selber gemeint ist.« (Gadamer, 1986 b, S. 444).

37 Gadamer (1986 a, S. 268).

38 Gadamer (1986 a, S. 264).

Geschichte der jüdischen Religion, aber auch zur allgemeinen Religionstheorie leisten wollte. Freuds These ist es, dass der bloße Mechanismus der Mitteilung, je weiter man sich von den Ursprüngen einer Tradition entfernt, desto weniger genügt, um ihre Macht und Kraft bei den nachfolgenden Generationen zu erhalten. »Nach unserer Annahme stützte sich eine solche Tradition auf bewusste Erinnerung an mündliche Mitteilungen, die die damals Lebenden von ihren Vorfahren, nur zwei oder drei Generationen zurück, empfangen hatten, und letztere waren Teilnehmer und Augenzeugen der betreffenden Ereignisse gewesen. Aber können wir für die späteren Jahrhunderte dasselbe glauben, daß die Tradition immer ein auf normale Weise mitgeteiltes Wissen zur Grundlage hatte, das vom Ahn auf den Enkel übertragen worden?«[39] Zur Beantwortung dieser Frage stützt sich Freud nicht auf eine wie auch immer geartete Theorie kultureller Identität; er behauptet vielmehr, dass die Macht, die religiöse Tradition über Gläubige besitzt, nur mit der sich hinter dem Rücken der Gläubigen durchsetzenden Gewalt unbewusster Prozesse der Kollektivpsyche zu erklären sei. Die Details von Freuds Konstruktion – der (bereits in *Totem und Tabu* angenommene) archaische Mord am Vater der Urhorde durch einen Brüderclan, die Wiederholung dieses Mordes am Religionsstifter Moses durch das jüdische Volk, die Einschreibung dieses Szenariums in die Kollektivpsyche nach dem Schema Verdrängung, Latenzzeit, Wiederkehr des Verdrängten usw. – sind insgesamt auf wenig Zustimmung gestoßen und müssen uns hier nicht interessieren.[40] Freuds Traditionstheorie verdient jedoch Aufmerksamkeit, weil sie – im Unterschied etwa zu Herder und Gadamer – den Blick auf die Möglichkeit einer Pathologie von Tradition lenkt. Hinter der scheinbaren Vernünftigkeit der bewussten Weitergabe von kulturellem Wissen und der Bewahrung von kultureller Identität könnte auch die unbewusste Perpetuierung von Schuldzusammenhängen stecken, die Hartnäckigkeit von verdrängten und unbewusst weiterwirkenden kollektiven Traumata.

Man muss nicht Freuds spekulative Theorie der jüdischen Religionsgeschichte teilen, um generell die Möglichkeit einer solchen Deutung von Überlieferungsprozessen einzuräumen, zumal wenn man den Raum des in psychoanalytischem Vokabular Behandelbaren überschreitet und daran denkt, wie Gesellschaftsstrukturen und herrschende Sprachregelungen zur Kontinuierung von kulturellen Pathologien beitragen können. Aus dieser Warte erscheint der Herdersche Optimismus, der im Traditionsprinzip letztlich den Garanten für Humanität sah, als überzogen. Mit dem korrigierenden Hinweis auf das pathologische Potential von Traditionen steht Freud in Kontinuität mit der aufklärerischen Traditionskritik: Er zeigt, dass deren Motive weiterhin genauso Aktualität beanspruchen können wie die Versuche, Tradition als anthropologische Universalie zu erforschen und in den Status eines kulturwissenschaftlichen Grundbegriffs zu erheben.

Literatur

ADORNO, THEODOR W. (1977), »Über Tradition«, (ursprünglich in: Inselalmanach auf das Jahr 1966), in: Adorno, Theodor W., *Gesammelte Schriften*, Bd. 10, Frankfurt/M.: Suhrkamp, S. 310–320. ■ ANDERSON, BENEDICT (1983), *Imagined Communities. Reflections on the Origin and Spread of Nationalism*, London: Verso. ■ ASSMANN, ALEIDA (1999), *Zeit und Tradition*, Köln: Böhlau. ■ ASSMANN, ALEIDA / ASSMANN, JAN (1987), »Kanon und Zensur«, in: Assmann, Aleida / Assmann, Jan, *Kanon und Zensur*, (Archäologie der literarischen Kommunikation II), München: Fink, S. 7–27. ■ ASSMANN, JAN (1992), *Das kulturelle Gedächtnis. Schrift, Erinnerung und politische Identität in frühen Hochkulturen*, München: C. H. Beck. ■ AUEROCHS, BERND (1995), »Gadamer über Tradition«, in: *Zeitschrift für philosophische Forschung*, 49, S. 294–311. ■ DILTHEY, WILHELM (1991[11]), *Weltanschauung und Analyse des Menschen seit Renaissance und Reformation* (= *Gesammelte Schriften II*), Göttingen: Vandenhoeck&Ruprecht. ■ EISENSTADT, SHMUEL NOAH (1979), *Tradition, Wandel und Modernität*, (engl. Orig. 1973), Frankfurt/M.: Suhrkamp. ■ ELIOT, THOMAS STEARNS (1951[3]), »Tradition and the Individual Talent (1919)«, in: Eliot, Thomas Stearns, *Selected Essays*, London: Faber & Faber, S. 13–22. ■ FREUD, SIGMUND (1982), »Der Mann Moses und die monotheistische Religion (1939)«, in: Freud, Sigmund, *Studienausgabe*, Bd. 9 (Fragen der Gesellschaft. Ursprünge der Religion), Frankfurt/M.: Fischer, S. 459–581. ■ GADAMER, HANS-GEORG (1986 a), »Replik zu »Hermeneutik und Ideologiekritik««, in: Gadamer, Hans-Georg, *Gesammelte Werke*, Bd. 2, Tübingen: Mohr, S. 251–275. ■ GADAMER, HANS-GEORG (1986 b), »Vorwort zur 2. Auflage« [von

---

39 Freud (1982, S. 541).

40 Für eine fundierte Darstellung dieser Zusammenhänge vgl. Yerushalmi (1992).

Wahrheit und Methode], in: Gadamer, Hans-Georg, *Gesammelte Werke*, Bd. 2, Tübingen: Mohr, S. 437–448. ■ GADAMER, HANS-GEORG (1990[6] [1960]), *Wahrheit und Methode. Grundzüge einer philosophischen Hermeneutik*, Tübingen: Mohr. ■ GOODY, JACK (Hg.) (1968), *Literacy in Traditional Societies*, London: Cambridge University Press. ■ GOODY, JACK / WATT, IAN (1986), »Konsequenzen der Literalität«, in: Goody, Jack / Watt, Ian / Gough, Kathleen, *Entstehung und Folgen der Schriftkultur*, Frankfurt/M.: Suhrkamp, S. 63–122. ■ HABERMAS, JÜRGEN (1982[5]), *Zur Logik der Sozialwissenschaften*, Frankfurt/M.: Suhrkamp. ■ HALBWACHS, MAURICE (1967), *Das kollektive Gedächtnis*, (frz. Orig. 1950), Stuttgart: Enke. ■ HALBWACHS, MAURICE (1985), *Das Gedächtnis und seine sozialen Bedingungen*, (frz. Orig. 1925), Frankfurt/M.: Suhrkamp. ■ HEISENBERG, WERNER (1975), »Tradition in Science«, in: Gingerich, Owen (Hg.), *The Nature of Scientific Discovery*, Washington D. C.: Smithsonian Institute Press, S. 219–236. ■ HERDER, JOHANN GOTTFRIED (1989), *Ideen zur Philosophie der Geschichte der Menschheit* (1784–1791), hg. v. Bollacher, Martin, Frankfurt/M.: Deutscher Klassiker Verlag. ■ HOBSBAWM, ERIC / RANGER, TERENCE (Hg.) (1983), *The Invention of Tradition*, Cambridge: Cambridge University Press. ■ LERNER, DANIEL (1958), *The Passing of Traditional Society*, Glencoe, Ill: Free Press. ■ MACINTYRE, ALASDAIR (1981), *After Virtue. A Study in Moral Theory*, London: Duckworth. ■ POLANYI, MICHAEL (1946), *Science, Faith, and Society*, London: Cumberlege. ■ POPPER, KARL (1963), »Towards a Rational Theory of Tradition«, in: Popper, Karl, *Conjectures and Refutations*, London: Routledge and Kegan Paul, S. 120–135. ■ RICŒUR,

PAUL (1988–1991), *Zeit und Erzählung*, (frz. Orig. 1983–1985), München: Fink. ■ RODI, FRITHJOF (1990), »Tradition und philosophische Hermeneutik. Bemerkungen zu einer problematischen Unterscheidung«, in: Rodi, Frithjof, *Erkenntnis des Erkannten. Zur Hermeneutik des 19. und 20. Jahrhunderts*, Frankfurt/M.: Suhrkamp, S. 89–101. ■ RÜSEN, JÖRN (1990), »Die vier Typen des historischen Erzählens«, in: Rüsen, Jörn, *Zeit und Sinn. Strategien historischen Denkens*, Frankfurt/M.: Fischer, S. 153–230. ■ SCHOLEM, GERSHOM (1970), »Offenbarung und Tradition als religiöse Kategorien im Judentum«, in: Scholem, Gershom, *Über einige Grundbegriffe des Judentums*, Frankfurt/M.: Suhrkamp. ■ SHILS, EDWARD (1981), *Tradition*, London/Boston: Faber & Faber. ■ STEENBLOCK, VOLKER (1998), »Tradition«, in: *Historisches Wörterbuch der Philosophie*, Bd. 10, Sp. 1315–1329. ■ VANSINA, JAN (1985), *Oral Tradition as History*, (frz. Orig. 1961), Madison/Wisc.: Univ. of Wisconsin Press. ■ WEBER, MAX (1972[5] [1922]), *Wirtschaft und Gesellschaft. Grundriß der verstehenden Soziologie*, hg. v. Winckelmann, Johannes, Tübingen: Mohr. ■ WIEDENHOFER, SIEGFRIED (1990), »Tradition, Traditionalismus«, in: *Geschichtliche Grundbegriffe*, Bd. 6, Sp. 607–650. ■ YERUSHALMI, YOSEF HAYIM (1988), *Zachor: Erinnere Dich! Jüdische Geschichte und jüdisches Gedächtnis*, (engl. Orig. 1982), Berlin: Wagenbach. ■ YERUSHALMI, YOSEF HAYIM (1992), *Freuds Moses. Endliches und unendliches Judentum*, (engl. Orig. 1991), Berlin: Wagenbach. ■ YERUSHALMI, YOSEF HAYIM (1993), »Über das Vergessen«, in: Yerushalmi, Yosef Hayim, *Ein Feld in Anatot. Versuche über jüdische Geschichte*, Berlin: Wagenbach, S. 11–20.

1.3 Vom Geschehen zur Form

Enno Rudolph

Die Beschäftigung der Philosophie mit »Kultur« ist jung. Als traditionsstiftenden Vorgang von noch anhaltender Bedeutung datieren wir sie seit der Jahrhundertwende vom 19. zum 20. Jahrhundert – was nicht heisst, dass nicht längst vorher bedeutsame und wegbereitende Kulturphilosophien von herausragendem Rang angezeigt hätten, wie maßgebliche philosophische Autoren sich der Bedeutung dieses Themas zunehmend bewusst wurden (insbesondere sind zu nennen Vico, Herder und Kant). Im Unterschied zur Genese der Kulturphilosophie als nahezu eigenständiger Teildisziplin kann allerdings generell im Blick auf die älteren Klassiker dieses Themas vermerkt werden, dass ihnen noch nicht an einer Reflexion auf die eigene Rolle, die Rolle der Philosophie, in der Kultur gelegen war, wie sie für den Neuansatz der Kulturphilosophie in den ersten Jahrzehnten des 20. Jahrhunderts charakteristisch war. Die Interdependenz von Philosophie als kritische Kulturanalyse einerseits und Kritik an der Philosophie als kulturelles Phänomen andererseits kann als ein Indiz dafür gewertet werden, dass und wie bis in die Zeitgenossenschaft hinein Kulturphilosophie als Kritik an der Philosophie durchgeführt wurde und wird, insofern sie, die Philosophie, der Mitverantwortung sowohl an den Errungenschaften als auch an den Irrtümern der Moderne überführt wird. Autoren wie Michel Foucault und Clifford Geertz stehen repräsentativ für diesen Typ philosophischer Kulturkritik.

Es handelt sich dabei kulturwissenschaftshistorisch und philosophiehistorisch gesehen um eine nach 1945 erfolgte faktische Wiederaufnahme des Anliegens der im Jahre 1910 gegründeten Zeitschrift »Logos. Internationale Zeitschrift für Kulturphilosophie«,[1] das darin bestand, über eine gemeinsame Beschäftigung mit dem Thema Kultur zu

einer interdisziplinären Vernetzung von Philosophie und Wissenschaft in zuvor nie dagewesener Form zu gelangen. Kultur wurde hier nicht nur als wissenschaftlicher Gegenstand, sondern auch als Medium betrachtet, über das sich sowohl binnendisziplinäre, als auch interdisziplinäre Verständigungen in den Geistes- und Sozialwissenschaften, insbesondere aber in den Geschichtswissenschaften vollziehen, und der Philosophie wurde de facto die Rolle übertragen, zu einer präzisen und transparenten Definition dieses kleinsten gemeinschaftlichen Vielfachen zwischen den Disziplinen entscheidend beizutragen. Diesem Interesse diente die parallele Entwicklung, die sich durch eine Tendenz – die ersten Folgen des »Logos« belegen dies – zur allmählichen Ablösung des Begriffs der »Geisteswissenschaften« durch den der »Kulturwissenschaften« auszeichnete. Hier wurde nicht nur ein Titelaustausch vollzogen, sondern hier zeigten sich auch markante Differenzen zum vorangegangenen Projekt der Geisteswissenschaften:

– Die Kulturwissenschaften – jedenfalls im einheitlichen Verständnis der ansonsten höchst unterschiedlichen Repräsentanten des Logosprojekts – orientierten sich wesentlich stärker historisch als es die Geisteswissenschaften zuvor taten. Der Entzauberung wissenschaftlicher Vergegenwärtigung des Vergangenen durch den Historismus wurde Rechnung getragen, und Kulturwissenschaft verstand sich primär als eine genealogische und nur sekundär als eine systematische Kategorie.

– Die Kulturwissenschaften definierten sich nicht mehr als die Sachwalter einer aus der distinkten Abgrenzung gegen die Naturwissenschaften profilierten eigenen Gegenstandswelt, sondern sie konzentrierten sich auf die Entdeckung von methodischen Analogien zwischen den beiden wissenschaftlichen Kulturen.

– Intensiver und eindeutiger als die Geisteswissenschaften zuvor, machten die Kulturwissenschaften das klassische und traditionelle An-

---

1 *Logos. Internationale Zeitschrift für Philosophie der Kultur* (1/1910–22/1933).

liegen des »Humanismus«[2] zu ihrer Sache. Dabei kann die humanistische Orientierung als Kontrapunkt zur Verpflichtung auf die Unumkehrbarkeit der historistischen Zäsur betrachtet werden. Sie schlug sich nieder in der Absicht, die Wissenschaft durchaus in den Dienst der Förderung einer humaneren, und das heisst: einer der Autonomie des Individuums verpflichteten Welt zu stellen. Tatsächlich begann sich damit eine ethische und pädagogische Transformation des sogenannten zweiten Humanismus humboldtscher Prägung auszubilden, die allerdings später durch die fatale ideologische Symbiose aus »Drittem Humanismus« und Nationalsozialismus abrupt an weiterer Entfaltung gehindert wurde.

Schlüsselfigur für den sich derart organisierenden »cultural turn« war im deutschsprachigen Raum Ernst Cassirer, zu dessen herausragenden Verdiensten zählt, den Kulturbegriff einer prägnanten und interdisziplinär tauglichen Definition nahe gebracht und sich gerade dadurch von spezifisch neukantianischen Engführungen frei gehalten zu haben, welch letztere sich in Versuchen niederschlugen, Kultur in orthodoxer Orientierung an Immanuel Kant wie eine Transzendentalie zu behandeln, die den einzelnen Wissenschaften Methode und Theorieform vorgibt. In Cassirers Entwürfen zu einer Theorie der Kulturwissenschaften – die *Philosophie der symbolischen Formen* sind als ein Teil dieser Theorie zu betrachten, die ihrerseits aus einem grösseren Anteil seiner Werke zu rekonstruieren wäre – zeigt sich eine gegenläufige Tendenz. Cassirers Weg ist nicht der des Rückschlusses von der Idee einer bestimmten Kulturform auf die Phänomene, die dieser Form genügen, sondern umgekehrt: von der historischen Diagnose eines Wandels schließt er auf einen Wechsel des Kulturparadigmas. Ein Blick auf Kant verdeutlicht diesen Gegensatz.

1. Von der Form zum Geschehen: Kant

Kant stellte das Geschäft des Philosophen in den Dienst des »Ausgangs des Menschen aus seiner selbstverschuldeten Unmündigkeit«, also der »Aufklärung« im programmatischen Sinne des Wortes, indem er die Philosophie auf die Beantwortung der drei populär gewordenen Grundfragen verpflichtete: Was kann ich wissen? Was soll ich tun? Was darf ich hoffen? Mit der ersten Frage verwies Kant die Philosophie auf die Kompetenz wissenschaftlicher Erkenntnis und nötigte den Philosophen wie den Wissenschaftler zur selbstkritischen Einsicht in die natürlichen Grenzen der Kompetenz menschlicher Rationalität. Hier hat der Ruf Kants als Metaphysikkritiker ebenso wie der als »Alleszermalmer« seinen Ursprung. Mit der zweiten Hauptfrage forderte Kant vom aufgeklärten Zeitgenossen, aus der erfolgreichen Entdeckung der kritischen Kompetenz menschlicher Vernunft die Konsequenz zu ziehen und sich als freies Subjekt zu definieren, das zugleich die Nötigung erkennt, für die Erhaltung seiner Freiheit im Zusammenwirken mit potenziell allen anderen gleichermassen als frei anerkannten Mitbürgern eine politische Garantie zu erwirken. Und schließlich provozierte er mit der dritten Frage den Philosophen ebenso wie den Mitmenschen überhaupt dazu, selbst nach einer Antwort auf die Frage zu suchen, warum denn damit zu rechnen sei, die genuine Errungenschaft der Aufklärung, die intellektuelle und politische Mündigkeit, durch solche Taten auf Dauer stellen zu können, die über den Tod des Einzelnen hinaus für die Zukunft seiner Gattung von unverzichtbarem Wert sind.

Diesem Anliegen ist der späte Kant verstärkt dadurch nachgegangen, dass er zur Legitimation der Erhaltungswürdigkeit der Gattung Mensch einen prägnanten Begriff der Kultur in seine Philosophie aufnahm, und es ist dieser Begriff, der später unter diversen Modifikationen zur maßgeblichen Kategorie in der Programmatik der »Logos«-Initiatoren zu Beginn des 20. Jahrhunderts wurde. Kultur, das ist nach Kant der letzte Zweck der Natur, realisiert durch die Menschengattung.[3] Anders als Herder, der vor Kant den Begriff der Kultur für die Philosophie allererst hoffähig gemacht hatte, und überdies ausdrücklich gegen Herder gerichtet, bestimmt Kant den Begriff der Kultur aus seiner Abgrenzung gegen sein primäres Antonym, den Begriff der Natur, und doch in Abhängigkeit von ihr – und

---

2 Vgl. Faber/Rudolph (2002).
3 Vgl. Kant (1902, Bd. V, § 83).

in dieser zwiefältigen Bedeutungsneuschöpfung des Begriffs liegt die besondere historische Leistung des kantischen Versuchs: Mit der Hervorbringung der Menschengattung erfüllt die Natur ihren letzten Zweck, indem diese, die Menschengattung, begreift, dass ihre Anerkennung und Erhaltung als »Endzweck der Natur« die erste und vornehmste Bedingung zur Entstehung von Kultur bildet. Der Mensch als Endzweck der Natur – dieses Ideal hatte Kant zur moralischen Prämisse des alltäglichen, des rechtlichen und schließlich des politischen Handelns gemacht und in die berühmte Variante seines kategorischen Imperativs übersetzt: »Handle so, dass du die Menschheit, sowohl in deiner Person als in der Person eines jeden anderen, jederzeit zugleich als Zweck, niemals bloss als Mittel brauchst.«[4] Dieser Satz gehört zweifellos zu den Schlüsselparolen der Philosophie Kants, wenn nicht gar der gesamten deutschsprachigen Aufklärung des 18. Jahrhunderts, zumal er zwei Postulate als unverzichtbar miteinander verknüpft: zum einen dasjenige von der Person, der als Repräsentant der Menschheit der Rang eines Selbstzwecks zukommt, und zum anderen die Forderung nach Respekt vor der Würde der Menschheit, die sich nach Kant in der Fähigkeit erweist, einen solchen Satz zum universal gültigen moralischen Gesetz zu erheben. Menschenwürde beruht also auf der autonomen Kompetenz, das Prinzip des Selbstzwecks zum obersten Gesetz *aller* Handlungen zu machen – der alltäglichen, der juristischen und der politischen Handlungen. Mit der Akzeptanz und Anwendung dieses Satzes in allen Tätigkeitsbereichen entsteht die Chance zur Kultur; ohne diese Akzeptanz hat sie keine Chance.

Scharf grenzt Kant diesen Begriff der Kultur ab gegen denjenigen der Zivilisation: »Wir sind zivilisiert bis zum Überlästigen zu allerlei gesellschaftlicher Artigkeit und Anständigkeit«, ruft er polemisch aus, »aber uns für schon moralisiert zu halten, daran fehlt noch sehr viel. Denn die Idee der Moralität gehört noch zur Kultur.«[5] Diese Abgrenzung gibt dem kantischen Kulturbegriff sein unverwechselbares Gepräge, und in dieser Form bewirkte er seine wohl bedeutendste Rezeption in

der Philosophie des 20. Jahrhunderts. Und es ist diese markante Abgrenzung gegen den Naturbegriff wie gegen den der Zivilisation, die aus der fortschreitenden Wiederaufnahme der Beschäftigung mit Kultur, vor allem durch den jüdischen Kulturtheoretiker Ernst Cassirer, ein Programm werden liess, das den Titel »Kritik der Kultur« erhielt und das die *Zielsetzung* verfolgte, Kritik der Kultur zu betreiben, um die Kultur vor einer Reduktion auf Zivilisation und ihre Errungenschaften zu bewahren, stets also jenen normativen Anspruch einzuklagen, der durch das Axiom der Selbstzweckhaftigkeit des Menschen und seiner Würde zum Ausdruck gebracht wurde, und damit die Menschheit vor einem Rückfall in naturwüchsige Barbarei – auch wenn sie in zivilisierter Gestalt auftritt – zu bewahren. Kultur ist nicht Natur, sondern deren Endzweck, den sie erfüllt durch Hervorbringung einer Menschheit, die ihr Handeln in den Dienst der Achtung und Verfolgung dieses *Ziels* stellt.

Die zunehmend aktuelle Frage nach dem exakten Punkt, an dem eine erlaubte Instrumentalisierung des Menschen für soziale Fortschritte, soweit diese tatsächlich im genuinen Interesse der Menschen geschehen, ihre Grenze zu finden hat, wird durch Kants unerbittlichen Verweis auf die Begründung der Würde des Menschen durch seine Bestimmung als letzter Zweck der Natur und damit als Zweck an sich selbst beantwortet. Die Natur, ohne den Menschen, kennt aus dieser normativen Perspektive beurteilt keinen letzten Zweck. Der Mensch, der diese Legitimation der Menschenwürde kennt und sie verkörpert, kann sie in die Tat umsetzen und damit stiftet er Kultur. Er kann diese Legitimation aber auch permanent verfehlen, im Extremfall durch konsequentes und bewusstes Zuwiderhandeln. Kant hat mit einer eigens entwickelten Theorie des Bösen zu zeigen versucht, dass es zur Natur des Menschen gehört, dieser Tendenz der Zuwiderhandlung immer wieder zu verfallen. Sie manifestiert sich in den unterschiedlichsten Formen moralischer, ideologischer oder politischer Unterdrückung, der Willkürpolitik oder gar der Barbarei. Aber im Ansatz zeigt sie ihre Virulenz bereits in der fatalen Verwechslung von Moralisierung und Zivilisierung. Im letzteren Falle erzieht sich der Mensch zwar zu einem durchaus »artigen« Miteinander und verschafft sich geeignete Mittel zur

---

4 Kant (1902, Bd. IV, S. 429).
5 Kant (1902, Bd. VIII, S. 26).

möglichst bequemen Einrichtung in den Alltag. Die reibungslose Organisation des sozialen Miteinanders mag Zivilisation genannt werden – sie verschafft den Menschen das unüberschaubare Arsenal von oftmals als unverzichtbar bewerteten, auch konventionellen Gütern, deren Mangel nicht selten als Indiz für einen unzivilisierten Zustand angesehen wird: Taschentücher, Badezimmer, Schlafsessel, Golfplätze und nicht zuletzt gute Manieren. Die Zivilisation verschafft ihm sogar Fahrzeuge, Krankenhäuser, Computer und schließlich Bomben. Aus dieser Wert- und Leistungsanalyse der Zivilisation ist mit Kant die Konsequenz zu ziehen, dass Wissenschaft und Technik noch nicht *per se* als Kulturstifter fungieren, sondern allenfalls die Mittel zu ihrer Herstellung und Erhaltung bereitstellen können – sofern sie richtig eingesetzt und verwendet werden. Kant ging es darum, im Vollzuge seiner Bedeutungsneuschöpfung des Begriffs Kultur diesen mit einem moralischen Anspruch zu verknüpfen, der ihn unverwechselbar unterscheidet von den genannten Antonymen, nämlich der moralisch neutralen Natur und der pseudomoralischen Zivilisation.

Dieser moralische Anspruch liegt in der autonomen Selbstverpflichtung des Menschen auf die permanent zu praktizierende Erhaltung der Freiheit des Subjekts durch seine Handlungen, sofern er die Bestimmung des Menschen als Zweck an sich als oberste Handlungsmaxime akzeptiert. Der Verlust dieses Motivs würde nach Kant zum Verlust der Kultur führen. Und daraus folgt: Erst durch die vollzogene Stiftung von Kultur gelingt es dem Menschen, die Naturgeschichte in Geschichte zu transformieren.

Auch im Lager der programmatischen Aufklärungs- und Kant-Kritiker des 20. Jahrhunderts hat diese Konturierung des Kulturbegriffs als sittliche Form der Menschheitsgeschichte eine tiefe und, wenngleich wahrscheinlich unbewusst, bemerkenswerte Nachwirkung erfahren. Einer der massgebenden Gründungsväter der »Kritischen Theorie« Frankfurter Schule, Max Horkheimer, warnt in einem einschlägigen Text aus den 50er Jahren mit dem Titel »Philosophie als Kulturkritik«[6] vor einem Misserfolg der Kultur, der sich in einem Rückfall der Geschichte in Naturgeschichte manifestiere: »Die Massen sind heute nicht dümmer als ehedem,

aber weil es ihnen besser geht, kommt alles darauf an, dass sie einsichtiger, menschlicher, geistig aktiver sind. Sonst muss die Gewalt an die ganz wenigen zurückfallen, und die alte schmähliche Lehre vom Kreislauf der Herrschaftsformen, nach der auf Demokratie Tyrannis folgt, tritt in Kraft: Geschichte sinkt in Naturgeschichte zurück.«[7] Auch in dieser prägnant formulierten Warnung lebt die doppelte Abgrenzung der Kultur gegen Zivilisation und Natur programmatisch fort. Kultur, so liesse sich der kleinste gemeinschaftliche Nenner zwischen Kant, den »Logos«-Initiatoren und den Frankfurter Kant-Kritikern definieren, ist *die sowohl freiheitsbedingende als auch freiheitsbedingte Leistung, durch die es der Menschheit gelingt, sich unter Einsatz ihrer zivilisatorischen Errungenschaften vor einem Rückfall der Geschichte in Naturgeschichte auf Dauer zu bewahren.*

Kants Kulturverständnis erweist sich als eine Funktion seiner *Kritik der praktischen Vernunft* und der ihr korrespondierenden Moraltheorie. In dem Maße, in dem es der Menschheit gelingt, sich kraft der gesetzgebenden Kompetenz der Vernunft selbst zu einem Kollektiv einander wechselseitig in ihren Freiheitsanliegen fördernder Individuen zu organisieren, in dem Maße befindet sich die Menschheit auch auf dem Weg zur Formation einer kulturellen Einheit. Von der Form zum Geschehen: Bei Kant führt der Weg von der reinen Form der Moral zum Geschehen der Kultur, die wiederum ihrerseits als die historische Form bezeichnet werden kann, die vernunftbegabte Wesen ihrer Gesellschaft zu vermitteln in der Lage sind.

2. Vom Geschehen zur Form

Das besondere Verdienst des unorthodoxen Kantianers Ernst Cassirer kann darin gesehen werden, den bei Kant auf Grund der transzendentalphilosophischen Methodik nur als irreversibler Vorgang vorstellbaren Prozess von der Form zum Geschehen umgekehrt zu haben. Cassirers Position ist die eines Kulturmorphologen, und mit dieser Position hat er

---

6 Horkheimer (1985).
7 Horkheimer (1985, S. 96 f.).

der gegenwärtigen, insbesondere an Michel Foucault und Clifford Geertz orientierten Diskussion die entscheidende Grundlage und Vorgabe geliefert. Geertz versteht unter Kultur ein von Menschen gesponnenes »Gewebe von Bedeutungen«.[8] Diese Definition ist ohne Cassirers *Theorie der symbolischen Formen* – verstanden als eine historische Theorie der kulturstiftenden Symbolisierungsprozesse – kaum angemessen zu verteidigen und gewinnt vor diesem Hintergrund erst Plausibilität. Am Beispiel des Übergangs von der kulturhistorischen Form des mythischen Denkens und der Vorherrschaft mythischer Weltbilder zur Herausbildung der Religion im monotheistischen Sinne, lässt sich das Gemeinte geeignet illustrieren. Cassirer, der diesem Prozess gesteigerte Aufmerksamkeit hat zukommen lassen, resümiert sein Ergebnis wie folgt: »In der Entwicklung der menschlichen Kultur können wir keinen Punkt angeben, an dem der Mythos endet und die Religion anfängt. Im gesamten Verlauf ihrer Geschichte bleibt die Religion unaufhörlich mit mythischen Momenten verbunden und von ihnen durchdrungen.«[9]

Hier scheint das Geschehen der kulturhistorischen Metamorphose vom mythischen zum religiösen Weltordnungsmuster seine Eigenart darin zu haben, gerade keine distinkt unterscheidbaren Merkmale aufzuweisen, die rechtfertigen würden, Mythos und Religion als strikt geschiedene Symbolwelten, und damit am Ende als exklusive Formparadigmen der Kulturgeschichte gegeneinander abzusondern. »Von Anfang an ist der Mythos potentielle Religion«,[10] heisst es bei Cassirer – eine Formulierung, deren Eindeutigkeit den zuvor geäusserten Verdacht zu bestätigen scheint. Also kein Weg vom Geschehen zur Form? Cassirer vermag andererseits mit zureichender Exaktheit Unterscheidungsmerkmale zwischen Mythos und Religion herauszupräparieren, die am Ende doch eine archäologisch gesicherte Differenz zwischen Mythos und Religion zulassen. Diese Analyse zeigt, dass sich der Prozess vom Geschehen zur Form sich methodisch auf den Forschungstransfer von der Archäologie zur Morphologie abbilden lässt: Der Archäologe entdeckt die Bildwelten der Mythen in den Weltbildern der Religion, legt sie frei und macht so auf die zwischen Mythos und Religion bestehende Spannung empirisch aufmerksam, zumal er in zahlreichen Fällen überhaupt nur von den Dokumenten der religiösen Überlieferung auf die mythischen Vor-Bilder schliessen kann. Der Morphologe hingegen rekonstruiert diesen Vorgang als einen Weg von Bildern, die die Welt sind, die sie zeigen, zu solchen Bildern, die der Welt zeigen, wie sie sein soll, kurz: von der mythentypischen Befangenheit in der Bildwelt zur bildkritischen Distanz der Religion (Bilderverbot). In Cassirers Worten: Der Mythos unterscheidet nicht zwischen Bild und Sache.[11] Die Fähigkeit zur Reflexion auf ihre Differenz hingegen ist nicht nur spezifisch für die unter dem Teminus »Logos« traditionell zusammengefasste Kompetenz, das Bild vom Original ebenso wie die Erscheinung vom Wesen bis zur Opposition beider gegeneinander zu stellen, sondern ebenso sehr für die Religion, deren Gründungstexte häufig genug belegen, dass ihre Symbolsprachen über das Bild auf verborgene Bedeutungen nicht bildhafter und auch nicht bildfähiger Art verweisen, und dies nicht ohne moralische Absicht, wie sowohl die Gleichnistypen im platonischen Werk als auch in der biblischen Literatur belegen.

Der religiöse Mensch soll glauben, weil er nicht sehen kann. Der mythische Mensch ist gewiss, weil er sieht. »Die Religion vollzieht den Schnitt, der dem Mythos als solchem fremd ist: Indem sie sich der sinnlichen Bilder und Zeichen bedient, weiß sie sie zugleich als solche, – als Ausdrucksmittel, die, wenn sie einen bestimmten Sinn offenbaren, notwendig zugleich hinter ihm zurückbleiben, die auf diesen Sinn ›hinweisen‹, ohne ihn jemals vollständig zu erfassen und auszuschöpfen.«[12]

Kultur ist der Name für jenen dynamischen Prozess, der nicht nur im Wandel rekonstruierbarer Symbolwelten besteht – wie etwa denjenigen von der Metaphysik zur Wissenschaft oder vom Mythos zur Religion –, sondern auch im Wandel der Zuordnung von Symbol und Bedeutung. Dieser Wandel ist das vom Archäologen zu rekonstruierende Geschehen, das sich in unterschiedlichen Typen der symbolisierenden Tätigkeit niederschlägt und das

---

8 Geertz (1973, S. 5).
9 Cassirer (1990, S. 139).
10 Ebd.
11 Vgl. Cassirer (1987, S. 285 f.).
12 Cassirer (1987, S. 286).

ist nicht einer eidetisch arbeitenden Historik verdankt. Eher lässt sich die methodische Orientierung der Kulturmorphologie als »problemgeschichtlich« im Sinne der »Annales«-Schule bezeichnen. *Das* »Problem« besteht dabei in der Frage, wie sich Kulturwandel, ohne geschichtsphilosophischen Transzendentalismus zur Anwendung zu bringen, überhaupt beschreiben lässt, eine Frage, wie sie jeweils an das zugängliche – in diesem Falle religionshistorische – Material herangetragen werden muss.

3. Von der Archäologie zur Morphologie

Der Weg vom Geschehen zur Form, methodologisch rekonstruiert als der Weg von der Archäologie zur Morphologie, lässt sich an einem weiteren, eher wissenschaftshistorischen Beispiel erläutern: dem der Kritik Ernst Cassirers an Jacob Burckhardt. Von Burckhardt setzt Cassirer sich ab wie ein im Sinne der «Annales«-Schule problemhistorisch arbeitender Historiker vom Transzendentalisten. Die burckhardtsche Methode zur Begründung der kulturellen Einheit der Renaissance-Epoche ist nach Cassirer deshalb abzulehnen, weil Burckhardt lediglich über die Markierung und Profilierung gemeinsamer Charaktermerkmale prominenter Einzelpersönlichkeiten auf die Einheit eines Renaissance-Anthropologems – den Renaissance-Menschen – schliesse.[13] In der Kritik Cassirers an dieser Methode meldet sich eine Gegenposition, die sich bei ihm allerdings nur schwach, später bei Michel Foucault hingegen wesentlich präziser artikuliert. Es ist die Kritik an der Methode, der Geschichte ein a priori konstruiertes Bild schablonisierend aufzuoktroyieren, so als hätte die Geschichte vor den »Richterstuhl« des Kulturhistorikers zu treten und ihm nicht nur seine Fragen zu beantworten, sondern sich seinen Gesetzen zu beugen. Der paradigmatische Problemhistoriker avant la lettre, der Cassirer war, gestattet sich hingegen nur die Fragen, er vertritt aber kein Gesetz. Er schliesst aus den Antworten auf Deutungsmöglichkeiten, und wählt damit ein Verfahren, das – wissenschaftstheoretisch formuliert – dem Vorgang der Hypothesenbildung entspricht. Kultur könnte der angemessene Name für den Vorgang sein, der sich der Fähigkeit von Gesellschaften und Individuen verdankt, Selbsterfahrungen und umweltliche Erfahrungen in Bedeutungszusammenhänge zu transformieren. Statt also die Renaissance in das Schema einer Idee vom nachmittelalterlichen souveränen Kulturmenschen zu pressen, fordert Ernst Cassirer, dem »archäologisch« zu beobachtenden Richtungswechsel nachzuspüren, der sich allenthalben am Auftauchen neuer Symbolisierungstypen aufzeigt, – Symbolisierungstypen, mit denen der Mensch die Frage nach der Bedeutung seiner Welt stellt und beantwortet: Der mittelalterliche Mensch verwies als letzte Antwort auf Gott, der der Renaissance durchgehend – wenngleich in jeweils unterschiedlicher Symbolik – anhand von Gott auf sich selbst.

Zu analogen Ergebnissen kommt Michel Foucault anhand seiner Studie über die Bedeutung der hermeneutischen Methodik des Paracelsus im 16. Jahrhundert. Es ist Paracelsus, an dessen aufklärerischem Enthusiasmus er illustriert, wie der Naturforscher der Renaissance auf die Entdeckung der Entzifferungsbedürftigkeit der Natur reagiert: auf die Natur als Inbegriff von Zeichen. Mit dieser Entdeckung einer geht nämlich diejenige der Entzifferungskompetenz des Menschen. Mit dieser Selbstentdeckung korrespondiert unmittelbar die von Foucault auch als eine besondere Leistung des 16. Jahrhunderts herausgestrichene Karriere der Metapher vom menschlichen Mikrokosmos. Foucault verweist auf diesen Vorgang, ohne allerdings der Schlüsselbedeutung dieser Metapher für den Wandel des humanistischen Wissenschaftsverständnisses ausdrücklich auf den Grund zu gehen. »Die Welt ist von Zeichen bedeckt, die man entziffern muss, und diese Zeichen, die Ähnlichkeiten und Affinitäten enthüllen, sind selbst nur Formen der Ähnlichkeit.«[14] Diese Einsicht beim »Wort« zu nehmen heißt, die Mikrokosmos-Metapher als Anweisung zur Verknüpfung von Welt- und Selbstentzifferung zu lesen. Der Renaissancehumanist meint damit nicht – wie im Falle des monadischen Mikrokosmos bei Leibniz –, dass sich alles, was Welt heißt, im Mikrokosmos wie in einer einfachen Substanz spiegelt und dadurch überhaupt existiert.

---

13 Vgl. Cassirer (1961, S. 69 ff.).
14 Foucault (1974, S. 63).

Vielmehr erfolgt die einheitliche Selbst- und Welt-
entzifferung in Form einer eigentümlich doppel-
spurigen Hermeneutik, die sich ebenso sehr auf
die gegenwärtige wie auf die vergangene Welt bezieht. Die historische Welt erschliesst sich durch
Deutung von Texten; sie ist angewandte »eruditio«.
Die gegebene Welt – die Natur – erschließt sich
durch »divinatio«. Divinatio und Eruditio repräsentieren zwei Methoden einer einheitlichen »Hermeneutik«, aber diese kommt, wenn auch in analoger Weise, auf zwei verschiedenen Wegen zur
Anwendung, deren einer »vom stummen Zeichen
zu den Dingen selbst verläuft und die Natur sprechen lässt, und deren anderer vom unbeweglichen
Graphismus zum hellen Wort geht und den schla-
fenden Sprachen erneutes Leben gibt.«[15]

Geschichte und Natur werden durch diese beiden
unterschiedlichen Auslegungstypen ebenso wenig
zu einer homogenen Zeichenwelt egalisiert wie die
Vergangenheit (der Texte) und die Gegenwart (der
Interpretation). Im Gegenteil: Die Zeichen lehren
Differenz beachten und verstehen – diejenige untereinander und diejenige zu uns selbst. Die Mikrokosmos-Metapher reflektiert diese Differenz und
dient damit zugleich als Legitimationsformel für
einen Pluralismus von Weltdeutungen. In der Renaissance fände Foucault am Leitfaden der Mikro-
kosmos-Idee eine Präfiguration desjenigen Menschen, der die nach seiner Sichtweise mit dem
19. Jahrhundert einsetzende Entuniversalisierung
der Geschichte bereits thematisiert.

Cassirer, mit dessen Darstellung der Selbsthis-
torisierung des Humanisten diese Beschreibung
des homo eruditus vollends übereinstimmt, schildert die Profilierung des Humanisten als Herme-
neut und als Medium der Geschichte seinerseits mit
einer Sympathie, die sich auf die damit erklärbare
und viel versprechende kulturschöpferische Aufklä-
rungsleistung der Kulturbewegung des Humanismus in der Renaissance bezieht. Eine solche – wenngleich auch nur implizite – positive Einschätzung
scheint Foucault mit seinem Blick auf das 16. Jahrhundert nicht zu verbinden. Doch beide sind sich
einig in der Bedeutung, die diesem Vorgang für die
Bewertung des Verhältnisses zwischen Zeichen und

Bezeichnetem zukommt. Die Sprache wird als Zeichen der Dinge entdeckt – besser: wiederentdeckt –,
die Sprache, so wie die »Rhetorik« und die »Poetik«
im Fächerensemble des akademischen Lehrsystems
der »studia humanitatis« sie verstanden. Denn der
Umkehrschluss gilt ebenfalls – und hier wiederum
ergänzt Foucault Cassirer: Die Dinge sind Zeichen
einer durch »Divination« zu verstehenden Sprache.

Der Archäologe, als der Foucault sich hier ausdrücklich präsentiert, entdeckt bei seiner Arbeit
seinerseits exemplarische Archäologie als die genuine kulturprägende Tätigkeit des Humanisten. Die
Bezeichnung, mit der Foucault das humanistische
Geschäft der Archäologie schreibt – die eruditio –
eignet sich vorzüglich für das belegte Selbstverständnis der humanistischen Arbeit an der Geschichte, zumal sie konstitutiv in die Methodolo-
gien späterer hermeneutischer Theorien eingegangen ist (Schleiermacher). Foucaults Beschreibung
der doppelten Hermeneutik der Renaissance legt
die Absicht der Zeichendeutung frei, die darin liegt,
zwischen Text- und Geschichtsverstehen distinkt
vermitteln zu wollen. Je mehr man geneigt wäre,
den zu deutenden Text an vorgebildetem Wissen
von Geschichte, ihrem Verlauf, ihrem Sinn oder gar
ihrer Logik zu messen, wie an einem Apriori, desto
mehr verfehlt man die Texte. In diesem Falle deuten
wir nicht ihre Zeichen, sondern wiederholen lediglich die von uns vorgeprägten Zeichen anhand der
Texte. Je mehr dagegen die Texte als Subjekte ihrer
authentischen Zeichensprache respektiert werden,
desto mehr relativiert sich der mögliche Zugriff
interpretatorischer Subjektivität. Die Hermeneutik
der Renaissancehumanisten emanzipiert den Text
vom Subjektivismus des Rezipienten. Deshalb auch
richtet er seine Aufmerksamkeit auf das Original,
deshalb übersetzt er. Geschichte wird dadurch wieder unendlich in beide Richtungen; Exklusivitäten
und Selektivitäten der Textüberlieferung werden
nicht akzeptiert, und der Rezipient betrachtet sich
nicht als privilegierte Instanz einer »Aneignung«
von Geschichte. Mit Cassirer und Foucault lässt
sich kulturmorphologisch rekonstruieren, wie der
»humanista« bzw. der homo eruditus an die Stelle
einer theologisch legitimierten Symbolwelt eine
poetisch bzw. eine szientisch legitimierte stellt.
Mit dem Triumph des Rationalismus wird dann
vom 17. Jahrhundert an die poetische durch eine

---

15 Foucault (1974, S. 65).

deskriptiv empiristisch legitimierte Symbolwelt ersetzt. Im 19. Jahrhundert ist, wie Lorraine Daston[16] zeigt, der kulturelle Siegeszug des Naturalismus – exemplarisch demonstrabel an der Sprachwelt eines Charles Darwin – abgeschlossen.

Historisches Wissen hat heute mehr denn je den Charakter eines »Wissen von sich selbst«. Dies ist ein wesentliches Ergebnis der bemerkenswerten Kombination aus Kulturmorphologie und Historismus, die sich in den ersten Jahrzehnten des 20. Jahrhunderts quer durch die Disziplinen von der Philosophie, den historischen Wissenschaften bis hin zur Soziologie als Primärphase des »cultural turn« ermitteln lässt. Das Wissen des Historikers von sich selbst führt zu der bescheidenen Einsicht in die kulturelle Kontingenz seiner Perspektive und damit auch derjenigen Perspektiven, die aus Texten und Kontexten je zu vermitteln sind und nun nicht länger als Formationen des sich im endlichen Geist offenbarenden Weltgeistes Geltung beanspruchen, sondern als die historiographische Tätigkeit, Dingen und Ereignissen über den Weg der sprachlichen Vermittlung symbolische Bedeutung zukommen zu lassen.

Literatur

CAPPAI, GABRIELE (2001), »Kultur aus soziologischer Perspektive«, in: Appelsmeyer, Heide / Billmann-Mahecha, Elfriede (Hg.), Kulturwissenschaft: Felder einer prozessorientierten wissenschaftlichen Praxis, Weilerswist: Velbrück Wissenschaft, S. 54–96. ■ CASSIRER, ERNST (1987[8]), Philosophie der symbolischen Formen, 2. Teil: Das mythische Denken, Darmstadt: Wissenschaftliche Buchgesellschaft. ■ CASSIRER, ERNST (1961[2]), Zur Logik der Kulturwissenschaften. Fünf Studien, Darmstadt: Wissenschaftliche Buchgesellschaft. ■ CASSIRER, ERNST (1990[2]), Versuch über den Menschen. Einführung in eine Philosophie der Kultur, Frankfurt/M.: Fischer. ■ CERUTTI, FURIO / RUDOLPH, ENNO (Hg.) (2001), A Soul for Europe. On the Political and Cultural Identity of the Europeans, 2 Bde., Leuven: Peeters. ■ CONRAD, CHRISTOPH / KESSEL, MARTINA (Hg.) (1998), Kultur & Geschichte. Neue Einblicke in eine alte Beziehung, Stuttgart: Reclam. ■ DASTON, LORRAINE (2000), »Die Kultur der wissenschaftlichen Objektivität«, in: Oexle, Otto Gerhardt (Hg.), Naturwissenschaft, Geisteswissenschaft, Kulturwissenschaft: Einheit – Gegensatz – Komplementarität?, Göttingen: Wallstein, S. 11–39. ■ FABER, RICHARD / RUDOLPH, ENNO (Hg.) (2002), Humanismus in Geschichte und Gegenwart, Tübingen: Mohr Siebeck. ■ FOUCAULT, MICHEL (1974), Die Ordnung der Dinge. Eine Archäologie der Humanwissenschaften, Frankfurt/M.: Suhrkamp. ■ GEERTZ, CLIFFORD (1973), The Interpretation of Cultures, New York: Basic Books. ■ GEERTZ, CLIFFORD (1992), Dichte Beschreibung: Beiträge zum Verstehen kultureller Systeme, Frankfurt/M.: Suhrkamp. ■ HERDER, JOHANN GOTTFRIED (1877), Ideen zur Philosophie der Geschichte der Menschheit, Sämtliche Werke, hg. von Suphan, Bernhard, Berlin: Aufbau-Verlag, Bde. 13–14. ■ HORKHEIMER, MAX (1985), »Philosophie als Kulturkritik (1959)«, in: Gesammelte Schriften, Bd. 7: Vorträge und Aufzeichnungen 1949–1973, hg. von Schmid Noerr, Gunzelin, Frankfurt/M.: Suhrkamp, S. 81–104. ■ KANT, IMMANUEL (1902), »Grundlegung zur Metaphysik der Sitten«, in: Kant's gesammelte Schriften, Bd. IV, hg. von der Königlich-Preußischen Akademie der Wissenschaften, Berlin: de Gruyter, S. 385–464. ■ KANT, IMMANUEL (1902), »Kritik der Urteilskraft«, in: Kant's gesammelte Schriften, Bd. V, hg. von der Königlich-Preußischen Akademie der Wissenschaften, Berlin: de Gruyter, S. 165–486. ■ KANT, IMMANUEL (1902), »Idee zu einer allgemeinen Geschichte in weltbürgerlicher Absicht«, in: Kant's gesammelte Schriften, Bd. VIII, hg. von der Königlich-Preußischen Akademie der Wissenschaften, Berlin: de Gruyter, S. 15–32. ■ KONERSMANN, RALF (Hg.) (1996), Kulturphilosophie, Leipzig: Reclam. ■ KULTUR UND KULTURKRITIK, Internationale Zeitschrift für Philosophie, 2/1994. ■ LICHTBLAU, KLAUS (1996), Kulturkrise und Soziologie um die Jahrhundertwende. Zur Genealogie der Kultursoziologie in Deutschland, Frankfurt/M.: Suhrkamp. ■ LOGOS (1/1910–22/1933), Internationale Zeitschrift für Philosophie der Kultur, Tübingen: Mohr. ■ OEXLE, OTTO GERHARDT (Hg.) (2000), Naturwissenschaft, Geisteswissenschaft, Kulturwissenschaft: Einheit – Gegensatz – Komplementarität?, Göttingen: Wallstein. ■ RUDOLPH, ENNO (2003), Ernst Cassirer im Kontext. Tübingen: Mohr Siebeck. ■ RUDOLPH, ENNO / KÜPPERS, BERND-OLAF (Hg.) (1995), Kulturkritik nach Ernst Cassirer, Hamburg: Meiner. ■ SIMMEL, GEORG (1996), »Der Begriff und die Tragödie der Kultur«, in: Gesamtausgabe, Bd. 14, hg. von Kramme, Rüdiger / Rammstedt, Otthein, Frankfurt/M.: Suhrkamp, S. 385–417. ■ TENBRUCK, FRIEDRICH (1996), Perspektiven der Kultursoziologie. Gesammelte Aufsätze, hg. von Albrecht, Clemens / Dreyer, Wilfried / Homann, Harald, Opladen: Westdeutscher Verlag. ■ WEBER, ALFRED (1997), Kulturgeschichte als Kultursoziologie, Gesamtausgabe Bd. 1, hg. von Demm, Eberhard, Marburg: Metropolis. ■ WEBER, MAX (1988[7]), Gesammelte Aufsätze zur Wissenschaftslehre, hg. von Winckelmann, Johannes, Tübingen: Mohr.

---

16 Daston (2000, S. 26 ff.).

1.4 Raum – Die topologischen Dimensionen der Kultur

Martina Löw

Kürzlich erzählte eine in den USA lebende Kollegin im Rahmen eines Vortrags auf einer wissenschaftlichen Tagung die folgende Begebenheit: Die Nummer ihres Faxgeräts unterscheide sich von der Arnold Schwarzeneggers in nur einer Zahl und so bekomme sie regelmäßig Einladungen zu Benefiz-Veranstaltungen. Zuletzt lud Prinz Charles den Hollywood-Star Schwarzenegger zu einer Feier ein, deren Teilnahmevoraussetzung die Spende für einen guten Zweck ist. Um der seit dem 11. September verbreiteten Angst vor Terroranschlägen bei Flügen zu begegnen, wird Schwarzenegger angeboten, dass er mit dem königlichen Privatjet abgeholt wird. Als Gegenleistung für die angesichts der Kosten des Königshauses sicherlich beachtlichen Spende, wird Schwarzenegger versprochen, dass die Veranstaltung in den privaten Räumen von Prinz Charles stattfindet.

Betrachtet man die kulturelle Lebenspraxis unter dem Gesichtspunkt ihrer Räumlichkeit, so fällt derzeit der Bedeutungsverlust einzelner Räume angesichts von Globalisierungsströmen und Technologietransfers wie auch die zeitgleiche Verräumlichung sozialer Praxis auf. Die Hollywood-Windsor-Begegnung verdeutlicht dies exemplarisch. Während einerseits Menschen (und zwar spezifische Menschen im sozialen Gefüge) für eine Party über den Ozean geflogen werden, nehmen gleichzeitig andererseits diese Menschen die Unannehmlichkeiten des langen Fluges in Kauf, um u. a. die privaten Arrangements eines öffentlichen Repräsentanten zu erleben. Das Prinzip der Einladung basiert darauf, dass die Gäste den für die Repräsentation nach außen konstituierten Raum verlassen dürfen und in das Innere, das Private vordringen können. Dies wiederum ist nur deshalb von Interesse, weil sie in der Erwartung leben, dem Mensch Charles auf die Spur kommen, indem sie ihn als Teil einer privaten, und damit – so die Verknüpfung – authentischen, wahren Raumfiguration erleben.

Moderne Kulturen agieren in vielfältigen räumlichen Figurationen. Dies geschieht über die Synthese unterschiedlicher sozialer Güter und Lebewesen zu Räumen (z. B. städtischer Häuser zum Raum des Marktplatzes oder der Möbel, Wände, Türen zum Raum eines Zimmers). Auch in globalen Dimensionen werden Orte zu einem Raum verbunden (z. B. New York und Europa zum Raum der westlichen Welt). Die topologischen Dimensionen einer oder mehrerer Kulturen zu untersuchen, heißt nicht, wie Alltagsvorstellungen nahe legen,[1] die Anordnung der Gebilde *im Raum* zu betrachten, sondern die Anordnungen *zu Räumen* zu erkunden. Räume sind demnach institutionalisierte Figurationen auf symbolischer und – das ist das Besondere – auf materieller Basis, die das soziale Leben formen und die im kulturellen Prozess hervorgebracht werden.

Um überhaupt Räume in Wahrnehmung, Vorstellung oder Erinnerung verknüpfen zu können, bedarf es einer Platzierungs- und Lokalisierungspraxis. Das heißt, neben der Syntheseleistung ist jedem kulturellen Raum ein Platzierungsmoment immanent. Die zu verknüpfenden sozialen Güter werden (oder wurden) – mit Ausnahme weniger als »Natur« klassifizierter Erscheinungen – aktiv platziert und für die Raumbildung vorbereitet. Auch der Mensch in seiner stets platzierten Körperlichkeit ist in Räume eingebunden. Deshalb ist eine der ersten Fragen bei einem Telefonat über Mobilfunk, wo sich die jeweilige Person gerade befindet. Menschen gewinnen Glaubwürdigkeit und Authentizität durch eine Einbindung in räumliche Arrangements. Das bedeutet, dass sich die topologische Dimension der Kultur sowohl auf die Konstitution von Räumen im Sinne *bewegter (An)Ordnungen* – gleichermaßen grenzziehende Ordnungen und handelnd hergestellte Anordnungsprozesse – als auch auf die *Platzierung* an einmaligen, meist markierten und benennbaren Orten bezieht.

---

1 Vgl. Löw (2001, S. 17 ff.).

Diese einmaligen Orte – Stellen und Plätze auf der Erdoberfläche – verlieren durch die symbolische und materielle Platzierung sozialer Güter und Menschen den schlichten Charakter, markierte Oberfläche zu sein und werden statt dessen in das symbolische System einer Kultur oder Biographie integriert. Sie werden durch die Besetzung neu als identitätsbildende Faktoren hervorgebracht. Raum und Orte verschmelzen zu erstens subjektivierenden, zweitens soziale Güter, Figurationen und Menschen(gruppen) in Verbindung bringenden und somit relationalen sowie drittens machtpolitisch besetzten (An)Ordnungsstrukturen.

Dieser, hier als topologisch bezeichnete, Prozess wird im folgenden auf verschiedene Aspekte kultureller Praxis bezogen und in den wissenschaftlichen Diskurs eingeordnet. Die Konstitution globaler Räume basiert, wie im ersten Abschnitt gezeigt werden wird, auf einer Synthese von Orten, die gerade aufgrund der verschiedenen Lokalisierungen beteiligter Akteure nicht in homogenen Wirklichkeitskonstruktionen und Relevanzstrukturen verarbeitet werden. Dabei zeigt sich auch, dass Individuen in hochmobilen Gesellschaften in ihrer Lokalisierung gleichzeitig auf verschiedene Orte Bezug nehmen, welche zu eigenen (meist ethnisch-, klassen und geschlechtsspezifischen) Räumen zusammengefügt werden.

Aber nicht nur in globalen Bezügen, sondern gerade in den Aushandlungen an einem Ort zeigt sich, wie über Raumkonstruktionen Machtverhältnisse etabliert werden und somit soziale Ungleichheit manifestiert wird. Die über Räume stets etablierten Grenzen schließen einige ein und grenzen andere aus. Somit sind sie stets »Gegenstände« von Auseinandersetzungen zwischen Geschlechtern, Schichten, Subkulturen oder Ethnien, wie in Abschnitt 2 problematisiert werden wird.

Die symbolische Besetzung der Räume und die atmosphärische Qualität von Räumen entwickeln gemeinsam, so soll der dritte Abschnitt zeigen, eine sekundäre Realität, welche – da sie auf subjektiver Wahrnehmung basiert und nicht fixierbar ist – erfolgte Platzierungen verschleiert und gezielt zur Kanalisierung von Handlungen, z.B. in der Werbung, eingesetzt werden kann.

Als Gegenbegriff zum Topos schlagen französische Theoretiker wie Henri Lefèbvre und Michel

Foucault den Begriff der Heterotopie vor. Das elektronische Netz, gern als Raum imaginiert, soll abschließend als gesellschaftliche Heterotopie betrachtet werden. Die topologischen Dimensionen der Kultur, wie sie hier hergeleitet werden, beziehen sich demnach sowohl auf das Globale wie auf das Lokale als auch auf das Imaginäre, wobei stets Überlagerungen und Überschneidungen produziert werden.

1. Das Topologische einer globalen Welt

Die neuere Stadtsoziologie[2] sowie die Stadtgeographie[3] untersuchen die Entstehung neuer Raumformationen als Folge von Globalisierungsprozessen. Fokussiert man in Globalisierungsuntersuchungen auf die räumlichen Dimensionen der Kultur, so zeigt sich bald, dass der globale Strom kultureller Güter (Musikhits, Kleidung, Nahrung etc.) wie auch der Strom finanzieller Transaktionen gleichzeitig lokale Räume verändert und doch lokal spezifisch verarbeitet wird.

Saskia Sassen analysiert das Verhältnis globaler Räume und lokaler Ausformungen am Beispiel der sich wandelnden finanz- und unternehmensbezogenen Dienstleistungen.[4] Sie arbeitet heraus, dass sich einerseits transnationale Räume bilden, wie zum Beispiel die Offshore-Bankenzentren und neue globale Finanzmärkte, die dem staatlichen Einfluss fast gänzlich entzogen sind, andererseits sich diese transnationalen Räume innerhalb nationalstaatlicher Hoheitsgebiete befinden und demzufolge den jeweiligen gesetzlichen Regelungen unterliegen. Dabei stellt sie fest, dass sich der Dualismus von Nationalstaat und Weltwirtschaft zu einem Dreieck verschoben hat, in dem die dritte Position durch »Global Cities« eingenommen wird. Diese erfüllen Steuerungsfunktionen für global angelegte wirtschaftliche Transaktionen. Sie werden zu transnationalen Marktplätzen. Einerseits sind sie eindeutig national verortet: Sie unterliegen nationaler Gesetzgebung und bieten eine Viel-

---

2 Vgl. z.B. Featherstone u.a. (1995); Noller/Ronneberger (1995); Noller (2000).
3 Vgl. z.B. Soja (1991); Thrift (1996).
4 Sassen (1994 und 1996).

zahl von Arbeitsplätzen jenseits der tendenziell mobilen Managerposten, da sich in ihnen finanz- und unternehmensbezogene Dienstleistungen konzentrieren (z. B. die Arbeit von SekretärInnen oder RaumpflegerInnen). Andererseits sind global cities jedoch nicht länger nur »Untereinheiten ihrer jeweiligen Nationalstaaten«,[5] da sie mit anderen global cities so eng verknüpft sind, dass diese Städte untereinander mehr Gemeinsamkeiten aufweisen, als sie zu anderen Regionen ihres jeweiligen Nationalstaates entwickeln.

Die Konstitution von Raum geschieht, so zeigt Sassen, gleichzeitig lokal und global. Global ist der Raum durch elektronische Vernetzung charakterisiert. Dieser Raum des Cyberspace basiert jedoch auf lokal gebundenen Aktivitäten. Die Ortsbindung bringt eine neue »Geographie der Zentralität«[6] hervor, da große Städte zu Schlüsselorten führender Industrien werden. Lokal verschiebt sich die Konstitution des Raums zu einer Zentralisierung innovativer Industrien in wenigen Städten und zu einer Marginalisierung weiter Regionen des Landes. Institutionalisierte räumliche (An)Ordnungen wie die Relationen zwischen geographisch naheliegenden Städten verschieben sich durch globale Einflüsse. Neue Räume entstehen zwischen einzelnen, privilegierten Städten. Auch innerhalb der Städte sind Veränderungen der etablierten Räume beobachtbar. Die einheitliche, konzentrisch strukturierte europäische Stadt wandelt sich.

Für die einen ist dieser Prozess charakterisiert durch einen Zerfall in vielfältige, kaum verbundene Räume. Thomas Krämer-Badoni und Klaus Kuhm diskutieren unter dem Stichwort »Abschied von der europäischen Stadt«, dass die Innenstädte ihre zentrale Position einbüßen und statt dessen verschiedene Mittelpunkte entstehen.[7] Auch Dieter Läpple[8] kommt in einer empirischen Untersuchung über die Stadt Hamburg zu dem Ergebnis, dass die städtischen Verdichtungszentren Verlierer des wirtschaftlichen Strukturwandels seien. Statt dessen existiere eine Vielzahl von Räumen nebeneinander, welche eine Eigendynamik entwickeln, die wiederum die Perspektiven und Entscheidungen zum Beispiel von Betrieben in einem Stadtteil beeinflussen.

Andere betrachten die Entwicklung weniger unter dem Aspekt der Multizentralität, sondern vielmehr als eine Verflüssigung tradierter Anordnungen. Urbaner Raum entstehe als »Fließraum«,[9] ohne Zentrum und Kern, und daher gleichzeitig homogenisiert und lokal differenziert. Stadtzentren würden zu touristischen Konsum- und Erlebniszentren. Sie basierten auf Übergangszonen wie Ladengalerien, Museen, Einkaufszentren etc., die legitimiert und kontrolliert Unterbrechungen in der alltäglichen Routine ermöglichten.[10] Die Anforderungen an Mobilität ließe gleichzeitig, so die Argumentation von Marc Augé, »Nicht-Orte« entstehen, d. h. transitorische Räume ohne Identität und Geschichte, z. B. Schnellstraßen, Flughäfen, Autobahnkreuze, Durchgangslager etc.[11]

Festzuhalten bleibt, dass die Finanzglobalisierung dazu geführt hat, dass sich zentralistische räumliche (An)Ordnungen in Städten verschieben und gleichzeitig Machtressourcen in wenigen global cities bündeln; mit dem Ergebnis, dass lokale Lebens- und Arbeitsbedingungen von globalen Wirtschaftsräumen abhängig sind. Globalisierung hat demzufolge nicht die Bedeutung von Räumen mit der ihnen immanenten Lokalität aufgehoben, sondern sie provoziert räumliche Veränderungen mit kulturell weitreichendem Einfluss. Gleichzeitig basiert die Art und das Ausmaß der Veränderung auf den lokalen und damit kulturspezifischen Bedingungen. Zum Beispiel handeln im Prozess der Herausbildung von global cities lokale Akteure der Nationalstaaten, Gesellschaften und Kulturen in differenter Weise. Frankfurt am Main entwickelt sich als Finanzzentrum anders als London, Paris oder gar Tokio. Auch die Multizentralität des Städtischen wird nur jenen zum Problem, die dem Muster der europäischen Stadt folgend Städte mit Marktplatz und City zu erhalten streben. Deshalb lässt sich festhalten, dass Globalisierung räumliche Strukturen in lokal spezifischer Form verändert, was wiederum darauf verweist, dass Raum kein fixes und starres Gebilde ist, sondern Räume gesellschafts- und kulturspezifisch hervorgebracht werden.

---

5 Sassen (1996, S. 11).
6 Sassen (1997, S. 217).
7 Krämer-Badoni/Kuhm (1998).
8 Läpple (1998); vgl. auch Läpple/Walter (2000).
9 Noller (2000).
10 Schulze (1994); Zukin (1991).
11 Augé (1994).

Diese differenten Veränderungen des lokalen Raums durch globale Einflüsse gelten nicht nur für die Finanzglobalisierung, sondern auch und besonders für die kulturelle Globalisierung. Die weltweite Verbreitung meist amerikanischer Kulturgüter, von McDonalds über Coca Cola bis zu Madonna, beeinflusst die Gewohnheiten in nahezu jeder Kultur der Erde und trifft doch gleichzeitig auf lokal spezifische Verarbeitungsformen.[12] In Frankreich wird einem amerikanischen Fastfood-Restaurant eine andere Bedeutung zugewiesen (z. B. die des Kulturimperialismus) als in China (z. B. die der Modernität), wobei auch innerhalb der Nationalstaaten lokale Milieus in ihren Bedeutungszuweisungen konkurrieren.

Entscheidender ist deshalb, dass Globalisierungsprozesse, wie Mike Featherstone ausführt, einer ortsbezogenen, kulturellen Subjektivierung insgesamt neue Bedeutung zuweisen.[13] Während Medien- und Migrationsströme, so argumentiert er, fast jeden Ort der Welt erreichen sowie gleichzeitig Nationalität als identitätsbildendes Prinzip an Bedeutung verliere, werde das Lokale zu einer spezifischen und individuell wie milieubezogen immer bedeutsamer werdenden kulturellen Formation. Die Einbindung in lokale Räume mit ihren spezifischen Wirklichkeitsstrukturen geschieht unter Bedingungen von Globalisierung nicht einfach, wie man es für traditionelle Gemeinschaften annehmen kann, durch das Vor-Ort-Gegebene, sondern durch die differente Bezugnahme auf das Globale. Die türkische Community in Berlin entwickelt eine nur an diesem Ort existierende Konstruktion türkischer Existenz, in der Herkunftsland und Aufnahmeland in einer Weise verschmelzen, wie es weder für Türken in der Türkei noch für Türken in den USA noch für Türken in einer deutschen Kleinstadt beobachtet werden kann. Arjun Appadurai zeigt, dass in der Erinnerung Heimatländer neu erfunden werden.[14]

Manuel Castells versucht die komplexe Verflechtung von neuen Technologien, globalen Städten und differenten Lebensstilbildungen als »space of flows« begrifflich zu fassen.[15] Gesellschaft wird ihm zufolge durch Ströme strukturiert: »Ströme von Botschaften, Ströme von Vorstellungsbildern, Ströme von Klängen, Ströme von Kapital, Ströme von Informationen, Ströme von Anweisungen, Ströme

von Technologien, Ströme von Waren, Ströme von Arbeit«.[16] Raum entstehe aus einen Fluss von Informations-, Waren- und Geldströmen auf drei Ebenen:

(1) Die »Netzwerke von Wechselwirkungen«,[17] die durch neue Informationstechnologien erzeugt werden. In diesen Netzwerken dominieren die Ströme über die Orte. Orte existieren zwar weiterhin, werden aber von der Logik und Bedeutung der Netzwerke absorbiert.

(2) Der Raum der Ströme basiert in der zweiten Schicht auf Orten. Zum einen gründet er auf global cities, den Schaltstellen globaler Transaktionen, die Castells auch als »Knotenpunkte des Netzwerkes«[18] bezeichnet; zum anderen produziere er periphere Orte, die für die Logik der Ströme kaum Bedeutung haben.

(3) Ferner bilden sich neue Lebensstile heraus, um die der Raum der Ströme angeordnet ist.

Castells zufolge artikuliert sich die Restrukturierung des Raums in verschiedenen Schichten, die durch Handelnde getragen werden müssen. Genau in dieser Handlungsdimension liegt begründet, dass das Globale lokal spezifisch interpretiert und gelebt wird. Die Globalisierung hat weder den Raum noch den Ort überflüssig gemacht, statt dessen entstehen neue Räume und eine Reaktivierung der Bedeutung des Lokalen.

2. Raumkämpfe an einem Ort

In den kulturellen Alltagspraktiken werden über die Konstitution von Räumen soziale Positionen und Machtverhältnisse ausgehandelt. In den Worten von Pierre Bourdieu ist es der Habitus, der das Habitat macht.[19] Bourdieu zufolge bilden sich entsprechend der Verfügung über Kapitalsorten Geschmackspräferenzen aus, die sich in unterschiedli-

---

12 Vgl. Featherstone (1995); Berking (1998).
13 Featherstone (z. B. 1995, S. 97).
14 Appadurai (1998).
15 Castells (1994).
16 Castells (1994, S. 124).
17 Castells (1994, S. 127).
18 Castells (1994, S. 127).
19 Bourdieu (1991, S. 32).

chen Standorten realisieren. Wohnungen, Häuser oder Stadtteile werden entsprechend dem Einkommen, dem kulturellen oder sozialen Kapital gewählt, und diese »Wahl« reproduziert die Klassenstrukturen erneut. Die Klassenverhältnisse werden in den bereits angeeigneten physischen Raum eingeschrieben, ihm selbst wird jedoch von Bourdieu keine prägende Kraft zugeschrieben. Er stellt zwei Räume gegenüber: den metaphorisch gemeinten sozialen Raum und den sozial angeeigneten geographischen Raum. Der Begriff des sozialen Raums ist als eine Abstraktion zu begreifen, die es ermöglicht, soziale Prozesse von Gruppen von Akteuren in Beziehung zu setzen. Diese Positionen, so belegt Bourdieu empirisch, spiegeln sich in den (An)Ordnungen des angeeigneten physischen Raums wider. Die Klassenlage (die Position im »sozialen Raum«) prägt demzufolge die Konstitutionsmöglichkeiten von Räumen.[20] Damit gehört Bourdieu zu den wenigen Autoren, die die Konstitution von Räumen systematisch mit Machtverhältnissen in Beziehung setzen. Allerdings gerät Bourdieu durch seine Trennung in »sozial« versus »angeeignet physisch« in den Argumentationssog, dass das Soziale dem Räumlichen ursächlich strukturierend gegenübersteht. Dabei können vor allem jene Räumen nicht mehr berücksichtigt werden, die nicht langfristig an Orte gebunden sind.

Vordenker einer solchen marxistisch inspirierten raumtheoretischen Position ist Henri Lefèbvre. Dieser betont, daß der Raum stets Ausdruck des jeweiligen Gesellschaftssystems und damit hier und heute Ausdruck kapitalistischer Wirtschaftslogik ist. Der Raum ist Ware geworden. Der Raum als Grund und Boden wird vermessen, erfaßt und verteilt. Auf diese Art und Weise schafft der Kapitalismus eine eigene Art von sozialem Raum, welche den Raum aus dem Hintergrund reiner Territorialität in den Vordergrund strukturierender Anordnungen rückt.[21]

Vergleichbar zur Schicht- und Klassentheorie thematisiert auch die Frauen- und Geschlechterforschung die Bedeutung von Raum für die Konstitution der hierarchischen und dualistischen Gesellschaftsordnung. Kerstin Dörhöfer und Ulla Terlinden zeigen, dass der herrschende Diskurs über Körper und Raum einer binären Logik folgt.[22] Raum und Körper werden gleichermaßen als natürlich-materielle Substanzen gedacht, deren symbolischer Gegensatz Kultur und Zivilisation ist. Die alltagsweltlichen Vorstellungen sind von Assoziationen durchzogen, die Frauen mit Körperlichkeit und Räumlichkeit, Männer dagegen mit Geist und Zeit verknüpfen. Dörhöfer und Terlinden zeigen, wie diese binäre Denkweise zum Beispiel das wissenschaftliche Selbstverständnis von Architektur und Planung prägt. Diese Fächer verstünden sich als ordnende Disziplinen. Sie imaginierten den Raum als natürlich/unkultiviert/unordentlich und machten sich an das Werk, ihn nach den Prinzipien der Zivilisation zu kultivieren und strukturieren. Die Vorstellung, dass Baukunst eine Zähmung der Natur sei, basiere auf der Wirkungsmacht symbolischer, vergeschlechtlichter Zuweisungspraktiken.

Dörhöfer/Terlinden argumentieren, dass die binäre Codierung *Frau/Raum/Körper/Natur* versus *Mann/Zeit/Geist/Kultur* heute keine einfache Analogie mehr ist, sondern »ein differenziertes Geflecht von Zuschreibungen, Definitionen und Identitätsbildungen sowie von Bildern räumlicher Strukturen«.[23] Ganz anders als Klasse oder Ethnizität schreibt sich Geschlecht in den sogenannten westlichen Kulturen nur noch subtil in den Räumen ein. Allein dann, wenn es um den nackten, menschlichen Körper geht wie z.B. in Krankenhauszimmern, öffentlichen Toiletten oder in privaten Schränken lassen sich noch Frauen- von Männerräumen klar unterscheiden. Stattdessen wirkt das Geschlecht als symbolischer Zuweisungsfaktor. An der Trennungslinie von öffentlich und privat, von Konsum und Erwerbsarbeit oder in den Hierarchien des Berufslebens etabliert und reproduziert sich eine geschlechtsspezifische Zuweisung.[24]

An einer Studie des englischen Wissenschaftler Paul Willis lässt sich exemplarisch zeigen, wie in alltäglichen Kämpfen um Räume und mittels Raumkonstitutionen die soziale Stellung und das Geschlecht ausgehandelt wird.[25] Willis führt in den

---

20 Zu den Ebenen der sozialen Ungleichheit vgl. Löw (2001, S. 210 ff.).
21 Lefèbvre (1972); Lefèbvre (1991).
22 Dörhöfer/Terlinden (1998).
23 Dörhöfer/Terlinden (1998, S. 21).
24 Löw (1999); Dörhöfer (2001); Breckner/Sturm (2001).
25 Willis (1982); ausführlicher hierzu Löw (2001, S. 231 ff.).

Jahren 1972 bis 1975 in Großbritannien eine ethnographische Studie über die Statuspassage von Jungen aus der Arbeiterklasse ohne höhere Schulbildung in die Erwerbsarbeit durch. Dabei gelingt es ihm nachzuzeichnen, wie sich Arbeiterjungen durch ihre Kultur – auch und gerade durch ihre Widerstandskultur – effektiv darauf vorbereiten, unqualifizierte Fabriktätigkeiten auszuüben. In der Rebellion gegen das Autoritätssystem der Schule produzieren die Jugendlichen eine soziale Situation, in der sie ohne Abschluss die Schule verlassen und somit wie die Eltern unqualifizierte, schlecht bezahlte Jobs annehmen müssen; das heißt, sie reproduzieren im Widerstand die gesellschaftliche Positionierung.

An vielen Situationsschilderungen, die Willis dokumentiert, wird deutlich, dass dieser Prozess der Anpassung im Widerstand wesentlich über die Konstitution von Räumen geführt wird. Der Schulraum, institutionalisiert als ein durch Schultor und Schulgebäude von der Straße abgegrenzter Raum, wird von den Lads (so der Name der untersuchten Jungengruppe) nicht als verbindlicher Raum akzeptiert. Dies lässt sich am besten am Beispiel des Rauchens verdeutlichen. »Die meisten ›lads‹ rauchen und, was noch wichtiger ist, sie werden beim Rauchen gesehen. Wenn Schüler rauchen, so geschieht dies meist draußen an der Schulpforte. Die ›lads‹ verbringen typischerweise viel Zeit damit, ihre nächste Zigarettenpause zu planen und Stunden zu ›schwänzen‹, um einen ›raschen Zug‹ zu nehmen.«[26] Wenn die Lads zur Schule gehen, wechseln sie ständig zwischen zwei Orten. Morgens rauchen sie auf der Straße vor dem Schulaufgang, so dass der türöffnende Lehrer sie sehen muss. Zwischen den Stunden, aber auch während der Stunden wechseln sie zwischen Schulgebäude und Straße hin und her. Selbst bei Schulausflügen, zum Beispiel beim Besuch eines Museums, nutzen die Jugendlichen jede Gelegenheit, um auf der Straße »eine« zu rauchen.

Der Straßenraum vor der Schule gehört sowohl in den alltäglichen Handlungen als auch in der Erinnerungs-Synthese nach der Schulzeit für die Lads zum Schulraum. Er wird durch die ständige Bewegung zwischen Straße und Schulgebäude im Handeln hergestellt. Die Straße ist für die Lads unmittelbar mit dem Schulgebäude verknüpft. Gemeinsam bilden sie den Raum der Schule. Typisch

hierfür ist ebenfalls, dass die Lads die LehrerInnen während des Unterrichts durch ein Starren auf die Straße provozieren. Auch hier wird über das Fenster die Straße dem Schulraum hinzugefügt. Die Lads konstituieren den Raum der Schule als relationale (An)Ordnung von Schulgebäude und Straße. Integriert in die relationale Anordnung sind ferner die LehrerInnen. In repetitiven Handlungen wiederholen die Lads ihre Konstruktion. Jeden Morgen behaupten sie mehrmals die Straße als Teil des Schulraums neu. Diese Konstruktion ist jedoch wirkungslos, wenn die Bestätigung durch die LehrerInnen fehlt.

Der Raum der Lads ist flüchtig; er ist an ihre körperliche Präsenz gebunden. Institutionalisiert ist der Schulraum als Innenraum mit dem durch Mauern oder Zäune integrierten Schulhof. Diese institutionalisierten (An)Ordnungen sind erstens materiell festgeschrieben (Mauern, Zäune, Bebauungspläne, Eigentumsverhältnisse) und basieren zweitens auf symbolischen Verknüpfungen, zum Beispiel der Eingangspforte mit dem Beginn/Ende eines Raums. Diese Raumkonstruktion wird von den LehrerInnen mehrheitlich akzeptiert. Die Lads sind permanent bemüht, dieser Raumkonstruktion eine eigene entgegenzusetzen. In diesem Sinne handeln sie gegenkulturell. Sie verfügen aber weder über rechtliche noch über planerische oder bauliche Mittel, ihren Raum materiell festzulegen. Daher können sie nur mit dem Einsatz ihres eigenen Körpers die gegenkulturelle Raumkonstruktion materiell und symbolisch markieren oder aber mit kurzzeitigen symbolisch/materiellen Besetzungen arbeiten, die in herumliegenden Zigarettenstummeln oder in Graffitis an den Wänden ihren Ausdruck finden.

Allerdings ist die Machtbalance zwischen Lads und LehrerInnen keineswegs einseitig als »oben-unten-Verhältnis« zu verstehen. Nicht wenige LehrerInnen reagieren auf die Provokationen der Lads hilflos ignorierend. In LehrerInneninterviews reflektieren diese, dass sie nur wenig Sanktionsmöglichkeiten haben und schließlich nicht herumlaufen und ständig Strafen aussprechen können.[27] Ein Leh-

---

26 Willis (1982, S. 35).
27 Willis (1982, S. 103).

rer vergleicht die Lads mit einer Sturmflut. »Es ist wie eine Sturmflut, man kann sie nicht aufhalten, wir versuchen es, wir versuchen sie zurückzudämmen [...] manche lassen die Flut einfach über sich hinweg gehen.«[28] Nur durch ein hohes Maß an Mobilität, das heißt durch den stetigen Wechsel zwischen beiden Orten, gelingt es den Lads, Schulgebäude und Straße zu einem Raum verschmelzen zu lassen. Dieses In-Bewegung-Sein wird von dem zitierten Lehrer kraftvoll wie eine Flut wahrgenommen. Sturmfluten überschreiten Grenzen, reißen die Dämme ein und nehmen das Land in Besitz. Sturmfluten sind beängstigend, aber auch anziehend. Auch die Lads überschreiten die gesetzten Grenzen und integrieren »neues Land« und zwar mittels bewegten Körpereinsatzes. Die Machtpotentiale, die in der Bewegung und in der Grenzverschiebung liegen, werden durch die Kennzeichnung als »Flut« prägnant zum Ausdruck gebracht.

Die Bedeutung der Straßenkultur gerade im Arbeitermilieu ist in der sozial- und kulturwissenschaftlichen Literatur nicht unbekannt. Sie ist zum Beispiel von William Foote Whyte als »street corner society« beschrieben worden.[29] Auch Helmut Becker und Michael May schildern die kulturellen Praktiken von Arbeiterjugendlichen, sich auf öffentlichen Plätzen und an Straßenecken zu treffen.[30] Es werden dort Informationen ausgetauscht, Witze gemacht und Episoden berichtet. Sie bieten Möglichkeiten des Erfahrungsaustausches und der Informationsweitergabe, also Bildungsräume, wie sie die Schule nur am Rande ermöglicht.[31] Wenn Becker/May die Rituale schildern, mit denen sich die »Jugendlichen« zum Beispiel begrüßen – »einen Schlag mit der flachen Hand auf den Rücken oder einen mittelschweren Faustschlag auf den Oberarm« – und diese als »maskuline Elemente von

Kraft und Mut«[32] interpretieren, wird deutlich, dass es sich nicht nur um eine proletarische, sondern auch um eine männliche Kultur handelt. Eine groß angelegte Studie des Deutschen Jugendinstituts München aus dem Jahr 1992 zeigt, dass in jeder Region und jeder Schicht der untersuchten Altersgruppe, nämlich 8- bis 12jährige Jugendliche, die Jungen sich mehr auf der Straße und öffentlichen Plätzen aufhalten als Mädchen.[33] Dieses Ergebnis bestätigt auch Heinz-Hermann Krüger in einer empirischen Untersuchung, in der das Aufwachsen in Ost- und Westdeutschland verglichen wird.[34] Die Studie des Münchner Jugendinstituts zeigt aber auch, dass Kinder und Jugendliche in der Stadt eine schichtspezifische Straßennutzung aufweisen. Demzufolge halten sich Arbeiterkinder und -jugendliche mehr als Kinder anderer Schichten im Straßenraum auf.[35] Der Aufenthalt und die Begegnungen an Straßenecken und in öffentlichen Räumen sind in der proletarischen Kultur stärker ausgeprägt als in der Mittel- oder Oberschicht. Es ist aber auch in der Arbeiterklasse stärker eine Männer- als eine Frauenkultur.

Wenn Jungen aus der Arbeiterklasse den Raum ihrer Schule um den Straßenraum erweitern, dann integrieren sie ein Element ihrer Kultur in die traditionell (klein)bürgerliche Schulkultur. Hans-Günter Rolff wertet eine Vielzahl empirischer Studien zur sozialen Herkunft der LehrerInnenschaft aus.[36] Es zeigt sich, dass die Mehrzahl der LehrerInnen aus kleinbürgerlichen Milieus kommt, bei GymnasiallehrerInnen darüber hinaus fast die Hälfte aus Beamtenfamilien. Die Kultur einer Schule wird durch deren schichtspezifisches Berufsverständnis, Gesellschaftsbild und Sozialisationsvorstellung maßgeblich geprägt.

Allerdings kann Schulkultur nicht einseitig von den LehrerInnen und der Schulleitung geprägt werden, sondern sie entwickelt sich, wie zum Beispiel Werner Helsper u. a. herleiten,[37] in einer spannungsreichen Auseinandersetzung zwischen LehrerInnen, SchülerInnen und Elternschaft. Dieser Prozess des Aushandelns, der auch als Kampf um Machtverhältnisse gelesen werden muss, wird – so zeigt das Beispiel der Lads deutlich – auch um und mittels Raumkonstruktionen geführt. Wenn es den Schülern gelingt, den Schulraum »wie eine Flut« um den Straßenraum zu erweitern, dann gewinnen sie

---

28 Willis (1982, S. 127).
29 Whyte (1996[1943]).
30 Becker/May (1987).
31 Dazu auch Willis (1982, S. 47).
32 Becker/May (1987, S. 41).
33 Deutsches Jugendinstitut (1992); insbesondere Nissen (1992).
34 Krüger (1996).
35 Nissen (1992); Herlyn (1990).
36 Rolff (1997).
37 Helsper u. a. (2001).

nicht nur mehr Raum, sie zwingen die LehrerInnen vor allem dazu, die kulturelle Andersartigkeit ihres Raums wahrzunehmen. Der Straßenraum ist der Raum, der ihnen vertraut ist und in dem sie sich sicher (häufig sicherer als die LehrerInnen) fühlen können. Indem sie das Schulgebäude immer wieder verlassen und auf die Straße zurückkehren, kehren sie wiederholt an den als »vertraut« oder »eigen« erfahrenen Raum zurück. Auf diese Art und Weise erhalten sie sich Handlungsautonomie und Selbstbewusstsein. Sie setzen aber nicht zwei unvereinbare Räume gegeneinander, sondern lassen – gerade durch die ständige Mobilität – beide zu ihrem Raum der Schule verschmelzen. Damit bieten sie den LehrerInnen einen gegenkulturellen Raum an, der symbolisch und materiell zwei Kulturen miteinander verbindet, den diese – zumindest in der Studie von Willis – jedoch ausschlagen.

Die Räume der Lads und der LehrerInnen stehen in einem hierarchischen Verhältnis zueinander. Dies zeigt, dass Räume sich widersprechen und für Menschen unterschiedliche Geltung haben können – und zwar am selben Ort. Über diese Differenz der Raumkonstruktionen werden Machtverhältnisse ausgehandelt, gesellschaftliche Strukturen reproduziert oder verändert, machtrelevante Ressourcen und symbolische Zuweisungen festgelegt. Das Beispiel der Lads zeigt, wie um Raumkonstruktionen gerungen wird (bis hin zur Prügelstrafe als Sanktion für störende Raumkonstruktionen). Es verweist ebenfalls darauf, dass ein in unterschiedlichen Räumen angeeigneter Habitus verschiedene Spacings, das heißt unterschiedliche Formen der Platzierung, hervorbringt. Die als Widerstand gelebte Bildungsverweigerung, die langfristig die Anpassung an die familiär tradierte marginalisierte Position im gesellschaftlichen Gefüge zur Folge hat, weist eine immanent räumliche Komponente auf. Auch der Widerstand gegen institutionalisierte Raumkonstruktionen, so lehrt das Beispiel, kann zur Anpassung führen.

3. Geister des Raumes

1997 überrascht die Zeitschrift »theory and society« mit einem Beitrag von Michael Mayerfeld Bell, in dem er das Argument entwickelt, dass Geister im Sinne der Präsenz von demjenigen, was nicht physisch da ist, ein untrennbarer Aspekt der Phänomenologie des Orts ist. In Erweiterung der Goffmanschen Beobachtung, dass moderne westliche Kulturen das Selbst als etwas Heiliges betrachten und wie einen Shrine behandeln, argumentiert Mayerfeld Bell, dass Menschen Shrine mit der Bedeutung von Originalität belegen. Die Aura eines nun entkörperten Geistes ist dort anwesend. Das Gleiche vollziehe sich mit Orten im allgemeinen. In der Erfahrung eines Ortes nehme man die frühere Anwesenheit von Personen wahr und eben dies mache den Ort zu einem heiligen oder einem profanen Ort: »A crucial aspect of how we experience the person is our sense that the person has an animating spirit, a ghost, within. We also experience objects and places as having ghosts. We do so because we experience objects and places socially; we experience them as we do people. Through ghosts, we re-encounter the aura of social life in the aura of place.«[38]

An bekannten alltagskulturellen Beispielen belegt der Autor seine Argumentation: Wenn man ein neues Büro bezieht, hört man erst einmal in vielen Geschichten, wer früher schon dort gearbeitet hat. Dann beginnt die Tätigkeit der Geistaustreibung. Man putzt, wirft die alten Bleistifte und heruntergefallene Papiere weg, schiebt den Schreibtisch ein wenig zur Seite, positioniert das Regal neu. Andere kommen und geben Ratschläge, wie sie die Dinge anordnen würden. Sie erzählen von den Geistern des Raums. Man selbst versucht dem Raum einen neuen Geist zu geben: Den eigenen.

Aber auch andere soziale Besetzungsvorgänge sind denkbar. Ein enger Freund von Mayerfeld Bell verstirbt plötzlich. Mayerfeld Bell arbeitet an diesem Tag in seinem Büro. Er weiß noch nichts von dem tragischen Tod. Gegen Abend verlässt er für fünf kurze Minuten sein Büro. In dieser Zeit bricht sein Regal zusammen, Berge von Büchern liegen verstreut auf dem Boden, ebenso ein eiserner Ventilator, welcher zuvor auf dem obersten Bücherregal lag. Hätte er nicht den Raum verlassen, wäre er durch die Dinge vermutlich erschlagen wurden. Zur gleichen Zeit wurde kein Erdbeben gemessen, wer-

---

38 Mayerfeld Bell (1997, S. 821).

den keine Bauarbeiten in der Nähe verrichtet – nichts kann den Fall erklären. Vergleichbare Regale stehen in vielen Zimmern. Sie sind nicht umgefallen. Zunächst wird die Angelegenheit als »eines dieser merkwürdigen Geschichten« beiseite geschoben. Später erfährt Mayerfeld Bell von dem ungerechten und unverständlichen Tod des Freundes. Und plötzlich tauchen Fragen wie: »Wollte er mich warnen, nicht zu viel Lebenszeit im Büro zu verbringen?«

Geister sind soziale Konstruktionen, schließt der Autor. Menschen belegen Orte mit ihrem Spirit. Als solche sind sie Teil der Alltagskultur. So sehr sie auch ein Produkt sozialer Phantasie sein mögen, bevölkern diese Geister doch die Orte, hauchen ihnen Leben ein und beeinflussen durch die Wirksamkeit der Konstruktion das Handeln.

Ein ähnliches Phänomen analysiert der Philosoph Gernot Böhme unter dem Begriff der Atmosphäre.[39] Er arbeitet heraus, dass soziale Güter eine szenische Funktion haben, welche dazu dient, Atmosphären zu erzeugen. Dabei bezieht er sich auf Wolfgang Fritz Haugs »Kritik der Warenästhetik«,[40] der zufolge im Spätkapitalismus das Aussehen der sozialen Güter ihren Gebrauchswert dominiere. Durch Design werde Waren ein Schein verliehen, der sie gut verkäuflich mache, welcher häufig geradezu im Gegensatz zu ihrem Gebrauchswert stehe. Böhme folgt Haugs These, dass Design, Werbung und die Arrangements, in denen Waren präsentiert werden, diese mit atmosphärischer Qualität aufladen, welche den Verkauf steigern. Im Unterschied zu Haug vertritt er jedoch die Auffassung, dass der Gebrauchswert der Dinge gerade darin bestehe, dass sie Atmosphären erzeugen.

Böhme definiert Atmosphäre als »die gemeinsame Wirklichkeit des Wahrnehmenden und des Wahrgenommenen«.[41] Damit wendet er sich sowohl gegen ein Verständnis von Atmosphäre als Projektion der eigenen Befindlichkeit auf die sozialen Güter, wie es z. B. Mayerfeld Bell vertritt, als

auch gegen einen vom Menschen losgelösten Atmosphärebegriff. Gegen die Projektionsthese spricht für Böhme, dass Atmosphären gerade dann auffällig werden, wenn sie der eigenen Stimmung widersprechen. Umgekehrt ist jedoch auch nicht plausibel, dass Atmosphären jenseits der sozialen Sinngebung existieren können. Gernot Böhmes Ziel ist es, beide Aspekte theoretisch zu berücksichtigen: Die eigene Produktivität von Atmosphären, die Menschen quasi gegen ihren Willen in Stimmungen versetzen können, und die gezielte Machbarkeit von Atmosphären, die auf der Kenntnis szenischer Funktionen sozialer Güter basiert.

Diese Wahrnehmung ist jedoch nicht, wie Böhme annimmt, generalisierbar, sondern weist kulturellen Spezifika auf: Luc Ciompi[42] wertet verschiedene kulturvergleichende Studien aus und kommt zu dem Schluss, dass zum Beispiel Italiener sich in hohen, kühlen und dunklen Wohn- und Schlafzimmern wohlfühlen, wohingegen Nordländer niedrige, helle, warme Räume bevorzugen, die mit Holz und Teppichen verziert sind. Diese Präferenzen haben ihren Ursprung in den klimatischen Bedingungen der jeweiligen Länder und werden in der Kindheit als vertraute, angenehme Atmosphären kennen gelernt. Auch Pierre Bourdieus Untersuchung über »feine Unterschiede«, der zufolge z. B. über die Hälfte der Befragten der unteren Klassen einen Sonnenuntergang für ein schönes Photo halten, wohingegen nur noch ungefähr ein Achtel der oberen Klassen diese Meinung teilt, verdeutlicht die Kulturspezifik der Wahrnehmung.[43]

Führt man die Überlegungen von Böhme und Mayerfeld Bell zusammen, so lässt sich sagen, dass Atmosphären aus der Wirkung der wahrgenommenen Objekte in ihrem Arrangement (und damit durch Räume), durch die Konstruktion der Orte und dem leiblichen Spüren des wahrnehmenden Subjekts entstehen. Atmosphären sind die in der Wahrnehmung realisierte Außenwirkung sozialer Güter und Menschen in ihrer räumlichen (An)Ordnung an Orten. In diesem kulturspezifisch sich ausprägenden Prozess, so lehren Ciompi und Bourdieu, sind weder die sozialen Güter noch die Orte unbeschriebene Blätter. Durch kulturelle Imaginationen werden Dinge, andere Menschen und Orte mit Bedeutung aufgeladen. In der konsumtiven Aneignung[44] werden die Bedeutungen erzeugt und

---

39 Böhme (1995).
40 Haug (1971).
41 Böhme (1995, S. 34).
42 Ciompi (1988, S. 235 f.).
43 Bourdieu (1982).
44 Vgl. Shields (1991).

zugewiesen, welche in Synthese und Spacing einfließen. Da Wahrnehmung kein unmittelbarer Vorgang ist, sondern selektiv und über den Habitus strukturiert, ist die Realisierung von Atmosphären abhängig von Strukturprinzipien wie Geschlecht, Klasse oder auch Ethnizität.

4. Das elektronische Netz als Heterotopie

Der französische Theoretiker Henri Lefèbvre[45] schlägt vor, in der Raumkonstitution zwischen Isotopien, Heterotopien und U-Topien zu unterscheiden. Isotopien sind ihm zufolge gleiche Orte, z. B. die sich gleichenden Bürogebäude, die innerstädtischen Raum konstituieren. U-Topien sind Nicht-Orte, damit meint Lefèbvre Orte des Bewusstseins, wie sie zum Beispiel Planungsprozessen vorangehen. Heterotopien schließlich sind Orte des Anderen, das gleichzeitig ausgeschlossen und einbezogen wird. Lefèbvre erläutert die Bedeutung von Heterotopien an historischen Beispielen: »Im Vergleich zum ländlichen Raum war der gesamte Stadtraum heterotopisch, bis im 16. Jahrhundert in Europa eine Umkehrung einsetzte und das städtische Gewebe das Land zu überwuchern begann. Während dieser Zeit sind die Vorstädte weiterhin stark von der Heterotopie geprägt. Bevölkerungen unterschiedlicher Herkunft, Fuhrleute, Handelsgehilfen, Halbnomaden, die nur außerhalb der Stadtmauer wohnen durften, als suspekt galten und im Kriegsfall im Stich gelassen wurden – lange schlechte Straßen, vieldeutige Räume.«[46]

Was als Heterotopie angesehen wird, ist abhängig von den Normalitätskonstruktionen und den Phantasien einer Gesellschaft. Die Heterotopie birgt nach Lefèbvre die ausgelagerten Bestandteile der Gesellschaft. Auch Michel Foucault benutzt den Begriff der Heterotopie in einer 1967 vor Architekten gehaltenen Vorlesung »Des Espaces Autres«, um die »Gegenplatzierungen und Widerlager, tatsächlich realisierte Utopien, in denen die wirklichen Plätze innerhalb der Kultur gleichzeitig repräsentiert, bestritten und gewendet sind«,[47] zu verdeutlichen. Foucault wendet sich gegen die Vorstellung, Zeit sei Reichtum, Fruchtbarkeit, Leben und Dialektik, wohingegen der Raum als tot und fixiert, undialektisch sowie unbeweglich erklärt werde.[48] In Ab-

grenzung zu diesem fixierten, unbeweglichen Behälter beschäftigt Foucault sich mit Raum als »Ensemble von Relationen«.[49] Raum entsteht aus der Beziehung zwischen Orten bzw. zwischen den Lagerungen und Platzierungen an Orten. Dabei entstehen Platzierungen, die die besondere Eigenschaft besitzen, normalisierte Platzierungen zu reflektieren bzw. – so Foucault – von ihnen zu sprechen: Heterotopien. Sie stehen mit anderen Platzierungen in Verbindung, und dennoch widersprechen sie ihnen. Im Unterschied zur Utopie, die nicht wirklich existiert, ist die Heterotopie lokalisierbar. Nur in wenigen Fällen existieren Formationen, die gleichzeitig Heterotopie und Utopie sind. Ein Beispiel hierfür ist der Spiegel als Mischform zwischen beiden. »Der Spiegel ist nämlich eine Utopie, sofern er ein Ort ohne Ort ist. Im Spiegel sehe ich mich da, wo ich nicht bin [...] Aber der Spiegel ist auch eine Heterotopie, insofern er wirklich existiert und insofern er mich auf den Platz zurückschickt, den ich wirklich einnehme; vom Spiegel aus entdecke ich mich als abwesend auf dem Platz, wo ich bin, da ich mich dort sehe; von diesem Blick aus, der sich auf mich richtet, und aus der Tiefe dieses virtuellen Raumes hinter dem Glas kehre ich zu mir zurück und beginne meine Augen wieder auf mich zu richten und mich wieder da einzufinden, wo ich bin.«[50]

Das elektronische Netz ist, so kann man nun schlussfolgern, eine moderne Heterotopie. Im Netz surfend scheint es wirklicher Raum zu sein. Man kann sich als Teil einer imaginären Community wahrnehmen, die zum eigenen Raum wird. Gleichzeitig haftet diesen Begegnungen und Bewegungen etwas Unwirkliches an. Eine im Netz geknüpfte Freundschaft braucht sehr bald die Realitätskontrolle in der Alltagsbegegnung. Als anderer/ unwirklicher Ort wirft die Heterotopie das »Spiegelbild« zurück auf die erdenschweren Räume. Sie bietet die Folie, vor der der eigene Raum als vernetzter, vielfältiger Raum wahrnehmbar wird. In der Spiegelung kann diese Wahrnehmung nicht

45 Lefèbvre (1972, S. 138 ff.).
46 Lefèbvre (1972, S. 139).
47 Foucault (1987, S. 338).
48 Vgl. Foucault (1980).
49 Foucault (1987, S. 337).
50 Foucault (1987, S. 338).

deckungsgleich sein. Sie ist verzerrt, unscharf und eben spiegelverkehrt, aber sie ermöglicht einen Zugang zu Alltagsräumen, die nur über die Brechung möglich sind.

Die Heterotopie, schreibt Foucault, »erreicht ihr volles Funktionieren, wenn die Menschen mit ihrer herkömmlichen Zeit brechen«.[51] Das elektronische Netz soll ein Ort sein, an dem Zeit akkumuliert wird. Alles soll gleichzeitig zugänglich und nebeneinander existent sein. Dokumente aller Epochen, Informationen über die Zeitfolgen hinweg, Synchronisierung von Kommunikation, all dies will und soll das Netz leisten. Als vernetzter Raum und synchronisierte Zeit ist das Netz wie die Heterotopie im Foucaultschen Sinne gleichzeitig Illusions- und Kompensationsraum. Es schafft die Illusion, die Schwerkraft zu überwinden, dem Identitätszwang zu entfliehen, dem Körper zu entkommen und die Zeit hinter sich zu lassen. Gleichzeitig kompensiert die Konfrontation mit dem Internet die Verunsicherung über die Veränderungen im sogenannten realen Raum, wie sie zum Beispiel Globalisierungsprozesse mit sich bringen.

Diese Illusions- und Kompensationsfunktion zeigt sich bei Computerspielen besonders deutlich.[52] Die Spiele werden so gestaltet, dass die bespielten Räume möglichst realitätsnah wirken. Dies soll über Detailtreue (Munitionshülsen auf dem Fußboden, Zeitungen auf dem Tisch, Bilder an der Wand) und Naturnähe (wechselnde Wetterbedingungen, Schatten, Spiegelungen) erzeugt werden. Auch die Figuren sind insofern möglichst wirklichkeitsgetreu konzipiert, als bei einem Kopfschuss der Teilnehmer stirbt, bei einem Treffer im Bein der Betreffende zu humpeln beginnt. Beim Laufen oder Springen sind Geräusche zu vernehmen. In vielen Spielen sind auch die Waffen in Formgebung, Durchschlagskraft und Genauigkeit existierenden Waffen nachmodelliert.

Die meisten Spiele arbeiten mit Geschwindigkeit. Es gilt möglichst schnell an ein Ziel zu gelangen oder fixer als der imaginierte Gegner zu schießen. Dazu müssen Räume wie Kisten überschaubar und

fast prinzipiell als Innenräume konzipiert sein. Obwohl Räume damit rudimentär auf umschließende Behälter reduziert werden, kommt ihnen eine klar strukturierende Funktion zu. Wo ein Raum endet, fängt ein neuer an und damit hat der Spieler sich auf eine neue Situation einzustellen. Räume überlappen sich in den Spielen nie. Zeitgewinn wird angestrebt. Räume sind da, um Ordnung zu schaffen und um Wechsel zu organisieren. Im zeitlichen Verlauf werden sie überwunden. Nie ist es das Ziel zu verweilen.

Der rein strukturierende, äußerliche Charakter der Räume wird in einem Punkt unterbrochen: Die Räume sind häufig überdimensional groß oder bedrückend klein. Wie in einem Barockschloss oder in der faschistischen Architektur wirken die überdimensionalen Räume auf die Spielenden verängstigend und bedrohlich. Die Räume nehmen gefangen, beunruhigen und bedrängen. So wird der Feind feindlicher und die Notwendigkeit, dem Raum zu entfliehen, dringlicher. Doch immer wieder landet der Spielende in einem neuen, hohe Gefahr signalisierenden Raum. Oder es wird mit eng umschließenden Räumen als Bedrohung gearbeitet: Schmale Gänge, dunkle Treppenhäuser, Lüftungskanäle, die nur kriechend durchquert werden können. Wie im »wirklichen Leben« so ist auch im Spiel der Raum Träger von Atmosphären.

Entgegen dem innovativen Flair der modernen Technologie und dem viel zitierten Bild vom vernetzten Raum, sind viele der Raumkonstruktionen, denen man im Netz tatsächlich begegnen kann, traditionelle Containerbilder. Anders als in der Alltagswelt, in der sich verschiedene Räume überlappen können und unterschiedliche Perspektiven auch differente Syntheseleistungen nach sich ziehen, lebt im Spiel die antike Vorstellung vom nach außen begrenzten, innen gefüllten Raum fort, welche Einstein als »Container« klassifiziert hat.[53] Jede Abhängigkeit von Handlung, Wahrnehmung und Kognition bleibt unbeachtet.

Die Räume erfüllen, in den Spielen wie im Alltag, erstens die Funktion, Strukturen erst zu bilden. Ohne Räume wären die Spiele nicht spielbar. Ihre zweite Funktion ist, dass Räume in der Wechselwirkung zwischen Wahrnehmenden und Inszenierung Atmosphären entstehen lassen. Um eine Szene bedrohlich und verunsichernd wirken zu lassen,

---

51 Foucault (1987, S. 339).
52 Vgl. ausführlich Funken/Löw (2002).
53 Einstein (1969, S. XIII).

reicht es nicht, Begrenzungen zu setzen, sondern Räume müssen inszeniert werden. Wie im Film durch die Kameraführung ein Raum erhaben groß oder bedrückend klein erscheinen kann, so werden in den Internet-Spielen die Wände graphisch hoch oder tief gestaltet. Ansonsten stehen die Videospiel-Räume als begrenzende Container und atmosphärisch inszenierte Felder in deutlichem Kontrast zu den komplexen alltäglichen Raumfigurationen. Doch gerade weil alltägliche räumliche Strukturen in steter Bewegung sind, immer wieder neu ausgehandelt werden und Rekonfigurationsprozessen unterliegen, wirkt die Übersichtlichkeit eines Behälterraums beruhigend. Der Umgang mit neuster Technik vermittelt dabei den Eindruck von Innovation trotz simplifizierender, starrer Raumbilder. Das repetitive Spiel in einfachen Raumstrukturen wirkt kompensatorisch und bleibt illusionär. Die komplexen räumlichen Anforderungen werden zurückgedrängt zugunsten einfacher Handlungsmuster, die klar durch Sieg oder Niederlage geregelt werden.

Eine andere Dimension der Illusions- und Kompensationsfunktion ist das »Besuchen« realer Orte im Netz. Shaindy Rudoff diskutiert die Pilgerfahrt im Zeitalter digitaler Reproduktion.[54] Unter *www.westernwall.org* findet der Betrachter/die Betrachterin eine Echtzeitübertragung von der sogenannten Klagemauer (Kotel) in Jerusalem. Über die Auswahl der angebotenen Hintergrundmusik kann man selbst eine spezifische Atmosphäre provozieren. Es besteht die Möglichkeit, per e-mail ein Gebet zu verschicken, das ein Jeschiwa-Student in eine Mauerritze steckt. Immer mehr Städte und Orte, auch private Wohnungen oder Schiffe können per Mausklick besucht werden.

Für das Judentum argumentiert Rudoff, dass es kulturell Text und Bild über tatsächliche Orte und Körper stellt. Die stetige Migrations- und Vertreibungsgeschichte ließ den eigenen und den religiösen Ort immer zu etwas virtuellem werden. »Das Geheimnis des Überlebens der Juden war schon immer die Entscheidung, dem Exil mit Worten zu begegnen, den Ort durch den Text zu ersetzen. Man braucht kein Postzionist zu sein, um den geerdeten Zionismus als Anomalie zu sehen oder ein Unbehagen angesichts der Realitäten zu empfinden, die nötig sind, um an einem Land festzuhalten.«[55]

Rudoff sieht in der Kotelcam die Sehnsucht verborgen, zum einem reinen Raum zurückkehren zu wollen, zu einem Raum der Sehnsucht und Imagination statt zu einem Raum von militärischen und kulturellen Konflikten. So wie in den Internetspielen die Sehnsucht nach dem klar umgrenzten Raum fortlebt, wie möglicherweise in den Millionen privater Websites die Idee vom privaten Refugium unter alleiniger Kontrolle des Subjekts weiterbesteht,[56] so werden auch die in Echtzeit präsentierten Bilder der Klagemauer zu einem imaginär gereinigten heiligen Ort verdichtet, welcher beides ermöglicht – Kompensation und Illusion – welcher aber stets Teil sehr irdischer Raumkonstruktionen ist.

5. Die Solidarität der Ostfriesen und Bayern mit New York: Ein zusammenfassender Ausblick

Unter Bedingungen von Globalisierungsströmen und multimedialer, elektronischer Vernetzung macht es schon lange keinen Sinn mehr, sich Raum als umschließenden Behälter, als Untergrund oder Hintergrund des Handelns vorzustellen, wie es kulturelle Überlieferungen in westlichen Gesellschaften nahe legen. Einem solchen territorialen Raum könnte in der modernen Gesellschaft nur noch geringe Bedeutung beigemessen werden. Die vielfältigen Grenzziehungen zwischen Ländern und Menschen, die Anordnungen der Gebäude zueinander, die Konstruktionen, die einer Wohnung zugrunde liegen, sowie die Ensembles der Einrichtung lassen vielfältige, nicht-territoriale Räume entstehen, die Alltag strukturieren.

Räume sind stets neu zu produzierende und reproduzierende (An)Ordnungen, welche nicht nur aus platzierten Gütern und gebauten Materialien bestehen, sondern den Menschen in einem über Wahrnehmung und Kognition verlaufenden Syntheseprozess einbinden. Identitätszuschreibung erfolgt über die Eingliederung in Räume sowie umgekehrt Raum nicht mehr von der Aktivität des Konstituierens und damit von einer Handlungspraxis

---

54 Rudoff (2001).
55 Rudoff (2001, S. 13).
56 Vgl. Mörtenböck (2001, S. 10).

losgelöst werden kann. Auf die Formel gebracht heißt das: Räume sind stets neu zu konstituierende relationale (An)Ordnungen sozialer Güter und Lebewesen.[57] Ihre Konstitution basiert auf zwei, in der Regel aufeinander folgenden Prozessen der Syntheseleistung, also der Verknüpfung wahrgenommener oder vorgestellter sozialer Güter wie auch Lebewesen zu einem Ganzen, das sich als Raum formiert, und einer Platzierungspraxis jener Güter und Lebewesen, genannt Spacing.

Die meisten räumlichen (An)Ordnungen sind institutionalisiert und werden entweder durch Zäune, Mauern etc. abgesteckt, durch symbolische Zeichen markiert oder durch Erfahrungswissen vermittelt. Diese zu Institutionen materialisierten räumlichen Arrangements verfestigen sich zu Anordnungsstrukturen der Gesellschaft. Sie strukturieren das Handeln vor. Gleichzeitig existieren sie auf Dauer nur, weil im Handeln individuell und kollektiv auf sie Bezug genommen wird. Raum bringt Ordnungsformen hervor, die in aktiven Platzierungen rekursiv reproduziert werden.

Die Erkenntnis, dass Raum im Handeln hergestellt wird, eröffnet der kultur- und sozialwissenschaftlichen Forschung neue Wege der methodischen Annäherung. Während bislang Raum – als materielles Substrat imaginiert – in erster Linie nach Kriterien quantitativen Vorkommens vergleichbarer Bebauungen untersucht und nur das Handeln »im Raum« analysiert wurde, rücken nun die Räume selbst in den Blick. Wie bei anderen sozialen Konstruktionen auch interessieren nicht nur die Bedeutungszuweisungen, sondern auch die durch die Institution (hier Raum) hervorgerufenen Strukturierungen und Handlungsanforderungen. Es deuten sich erste Versuche an, die Konstitution von Raum als Erfahrungswissen, z.B. über Biographien zu erfragen, und in Beziehung zur beobachtbaren Umgebung zu setzen. Die materielle Komponente der Raumkonstruktion legt darüber hinaus fotografieanalytische Annäherungen nahe. Lokale (An)Ordnungen werden über 240° Fotografien erhoben und zu den individuellen Syntheseleistungen (selbstproduzierte digitale Fotoausschnitte) einer untersuchten Gruppe ins Verhältnis gesetzt. So wenig es einen Königsweg der Raumanalyse geben kann, so sehr stehen die methodischen Zugriffe vor der Herausforderung, gruppenspezifisch differente Raumkonstruktionen und territorial verankerte Ortsbezüge ins Verhältnis zu setzen.

Die Platzierungen und Syntheseleistungen erfolgen lokal spezifisch. Sie sind mit vielfältigen Bedeutungen aufgeladen. Über sie werden gesellschaftliche Machtverhältnisse ausgehandelt, verfestigt oder verschoben. In einer technologisch vernetzten Welt werden bei der Konstitution von Räumen nicht selten virtuelle Orte einbezogen; in einer global sich orientierenden Welt ist die Produktion von Raum nicht nur eine Bezugnahme auf die stets umgebenden Arrangements, sondern gleichzeitig eine Lokalisierung in einem zum Kulturkreis synthetisierten Raum.

Marc Ries macht darauf aufmerksam, dass über die Medien und hierbei insbesondere über die 1000fache Wiederholung der immer gleichen Bilder vom einstürzenden World Trade Center zwischen den Menschen weltweit und New York ein spezifischer sozialer Wahrnehmungsraum hergestellt wird.[58] War bis zum 11. September eine kritische Distanz zu amerikanischer Kultur durchaus weitverbreitet, so rücken nun – in der individuellen Wahrnehmung vieler Menschen als auch in der vereinenden Konstruktion einer westlichen Kultur – verschiedene Orte zu einem Raum zusammen. Man ist plötzlich in Ostfriesland wie in Bayern Teil eines kulturellen Gesamtraums, der bis nach New York reicht. Ohne jeden Zweifel wird diese Einbindung in den Großraum westlicher Zivilisation vor Ort sehr unterschiedlich gelebt, aber genau das macht die moderne Kultur des Raumes aus: eingebunden in viele Räume lokal spezifische und hierarchisch strukturierte Praktiken zu leben.

Literatur

Appadurai, Arjun (1998), »Globale ethnische Räume. Bemerkungen und Fragen zur Entwicklung einer transnationalen Anthropologie«, in: Beck, Ulrich (Hg.), *Perspektiven der Weltgesellschaft*, Frankfurt/M.: Suhrkamp, S. 11–40. ∎
Augé, Marc (1994), *Orte und Nicht-Orte. Vorüberlegungen zu einer Ethnologie der Einsamkeit*, Frankfurt/M.: Fischer. ∎

---

57 Vgl. Löw (2001).
58 Ries (2002).

BECKER, HELMUT / MAY, MICHAEL (1987), »‹Die lungern eh' nur da ›rum‹ – Raumbezogene Interessenorientierungen von Unterschichtsjugendlichen und ihre Realisierung in öffentlichen Räumen«, in: Specht, Walter (Hg.), *Die gefährliche Straße. Jugendkonflikte und Stadtteilarbeit*, Bielefeld: KT-Verlag, S. 35–46. ■ BERKING, HELMUTH (1998), »‹Global Flows and Lokal Cultures‹. Über die Rekonfiguration sozialer Räume im Globalisierungsprozess«, in: *Berliner Journal für Soziologie*, Heft 3, S. 381–392. ■ BÖHME, GERNOT (1995), *Atmosphäre*, Frankfurt/M.: Suhrkamp. ■ BOURDIEU, PIERRE (1982²), *Die feinen Unterschiede*, Frankfurt/M.: Suhrkamp. ■ BOURDIEU, PIERRE (1991), »Physischer, sozialer und angeeigneter physischer Raum«, in: Wentz, Martin (Hg.), *Stadt-Räume. Die Zukunft des Städtischen*, Frankfurt/M./New York: Campus, S. 25–34. ■ BRECKNER, INGRID / STURM, GABRIELE (2002), »Kleiderwechsel. Sackgassen und Perspektiven in patriarchalen Öffentlichkeiten«, in: Löw, Martina (Hg.), *Differenzierungen des Städtischen*, Opladen: Leske + Budrich (im Druck). ■ CASTELLS, MANUEL (1994), »Space of Flows – Raum der Ströme. Eine Theorie des Raumes in der Informationsgesellschaft«, in: Noller, Peter u.a. (Hg.), *Stadt-Welt*, Frankfurt/M./New York: Campus, S. 120–134. ■ CIOMPI, LUC (1988), *Außenwelt – Innenwelt. Zur Entstehung von Zeit, Raum und psychischen Strukturen*, Göttingen: Sammlung Vandenhoeck. ■ DEUTSCHES JUGENDINSTITUT (Hg.) (1992), *Was tun Kinder am Nachmittag? Ergebnisse einer empirischen Untersuchung zur mittleren Kindheit*, München: Juventa. ■ DÖRHÖFER, KERSTIN / TERLINDEN, ULLA (1998), *Verortungen. Geschlechterverhältnisse und Raumstrukturen*, Basel/Boston/Berlin: Birkhäuser. ■ DÖRHÖFER, KERSTIN (2002), »Symbolische Geschlechterzuordnungen in Architektur und Städtebau«, in: Löw, Martina (Hg.), *Differenzierungen des Städtischen*, Opladen: Leske + Budrich (im Druck). ■ EINSTEIN, ALBERT (1960), »Vorwort«, in: Jammer, Max, *Das Problem des Raumes. Die Entwicklung der Raumtheorien*, Darmstadt: Wiss. Buchgesellschaft, S. XII–XVII. ■ FEATHERSTONE, MIKE u.a. (1995), *Global Modernities*, London/Thousand Oakes/New Delhi: Sage. ■ FOUCAULT, MICHEL (1987), »Andere Räume«, in: *Stadterneuerung. Idee, Prozess, Ergebnis (Ausstellungskatalog)*, Berlin, S. 337–340. ■ FOUCAULT, MICHEL (1980), »The Eye of Power. A Conversation with Jean-Pierre Barou and Michelle Perrot«, in: Gordon, Colin (Hg.), *Power/Knowledge. Michel Foucault: Selected Interviews and Other Writings 1972–1977*, New York: Pantheon Books, S. 146–165. ■ FUNKEN, CHRISTIANE / LÖW, MARTINA (2002), »Egoshooters Container. Raumkonstruktionen im elektronischen Netz«, in: Maresch, Rudolf u.a. (Hg.), *Der Wille zum Raum*, Frankfurt/M.: Suhrkamp, S. 69–91. ■ HAUG, WOLFGANG FRITZ (1971), *Kritik der Warenästhetik*, Frankfurt/M.: Suhrkamp. ■ HELSPER, WERNER u.a. (2001), *Schulkultur und Schulmythos. Gymnasien zwischen elitärer Bildung und höherer Volksschule im Transformationsprozess*, Opladen: Leske + Budrich. ■ HERLYN, ULFERT (1990), *Leben in der Stadt. Lebens- und Familienphasen in städtischen Räumen*, Opladen: Leske + Budrich. ■ KRÄMER-BADONI, THOMAS / KUHM, KLAUS (1998), »Mobilität«, in: Häußermann, Hartmut (Hg.), *Großstadt. Soziologische Stichworte*, Opladen: Leske + Budrich, S. 161–172. ■ KRÜGER, HEINZ-HERMANN (1996), »Wege aus der Kindheit in Ost- und Westdeutschland. Bilanz und Perspektiven«, in: Büchner, Peter u.a., *Vom Teddybär zum ersten Kuß. Wege aus der Kindheit in Ost- und Westdeutschland*, Opladen: Leske + Budrich, S. 225–237. ■ LÄPPLE, DIETER (1998), »Ökonomie«, in: Häußermann, Hartmut, *Großstadt. Soziologische Stichworte*, Opladen: Leske + Budrich, S. 193–207. ■ LÄPPLE, DIETER / WALTER, GERD (2002), *Im Stadtteil arbeiten. Beschäftigungswirkungen wohnungsnaher Betriebe. Gutachten der TU Hamburg-Harburg im Auftrag der Stadtentwicklungsbehörde*, Hamburg: Stadtentwicklungsbehörde. ■ LEFÈBVRE, HENRI (1972), *Die Revolution der Städte*, München: List. ■ LEFÈBVRE, HENRI (1991 [1974]), *The Production of Space*. Oxford/Cambridge: Blackwell. ■ LÖW, MARTINA (1999), »Die Stadt als Objekt der Begierde. Städtebilder in Zeitschriften für junge Frauen«, in: *Der pädagogische Blick*, 7, Nr. 1, S. 15–24. ■ LÖW, MARTINA (2001), *Raumsoziologie*, Frankfurt/M.: Suhrkamp. ■ MAYERFELD BELL, MICHAEL (1997), »The Ghosts of Place«, in: *Theory and Society*, Nr. 26, S. 813–836. ■ MÖRTENBÖCK, PETER (2001), *Die virtuelle Dimension. Architektur, Subjektivität und Cyberspace*, Wien: Böhlau. ■ NISSEN, URSULA (Hg.) (1992), »Raum und Zeit in der Nachmittagsgestaltung von Kindern«, in: *Deutsches Jugendinstitut: Was tun Kinder am Nachmittag? Ergebnisse einer empirischen Studie zur mittleren Kindheit*, München: Juventa, S. 127–170. ■ NOLLER, PETER / RONNEBERGER, KLAUS (1995), *Die neue Dienstleistungsgesellschaft. Berufsmilieus in Frankfurt am Main*, Frankfurt/M./New York: Leske + Budrich. ■ NOLLER, PETER (2000), »Globalisierung, Raum und Gesellschaft: Elemente einer modernen Soziologie des Raumes«, in: *Berliner Zeitschrift für Soziologie*, Heft 1, S. 21–48. ■ RIES, MARC (2001), »Medien als Diskurswerfer«, in: *Falter*, 42/01, S. 16 ff. ■ ROLFF, HANS-GÜNTER (1997 [1967]), *Sozialisation und Auslese durch die Schule*, München: Juventa. ■ RUDOFF, SHAINDY (2001), »Heilige Cybersites. Eine Pilgerfahrt im Zeitalter der digitalen Reproduktion«, in: Dachs, Gisela, *Jüdischer Allmanach*, Frankfurt/M.: Jüdischer Verlag im Suhrkamp Verlag, S. 9–16. ■ SASSEN, SASKIA (1994), *Cities in a World Economy*, Thousand Oakes: Pine Forge Press. ■ SASSEN, SASKIA (1996), *Metropolen des Weltmarkts. Die neue Rolle der Global Cities*, Frankfurt/M./New York: Campus. ■ SASSEN, SASKIA (1997), »Cyber-Segmentierungen. Elektronischer Raum und Macht«, in: Münker, Stefan / Roesler, Alexander (Hg.), *Mythos Internet*, Frankfurt/M.: Suhrkamp, S. 215–235. ■ SCHULZE, GERHARD (1994), »Milieu und Raum«, in: Noller, Peter u.a. (Hg.), *Stadt-Welt*, Frankfurt/M.: Campus, S. 41–53. ■ SHIELDS, ROB (1991), *Places on the Margin. Alternative Geographies of Modernity*, London/New York: Sage. ■ SOJA, EDWARD (1991), »Geschichte: Geographie: Modernität«, in: Wentz, Martin (Hg.), *Stadt-Räume. Die Zukunft des Städtischen*, Frankfurt/M.: Campus, S. 73–91. ■ THRIFT, NIGEL (1996), *Spatial Formations*. London/Thousand Oaks/New Delhi: Sage. ■ WHYTE, WILLIAM FOOTE (1996 [1943]), *Die Street corner society. Die Sozialstruktur eines Italienerviertels*, Berlin/New York: de Gruyter. ■ WILLIS, PAUL (1982²), *Spaß am Widerstand. Gegenkultur in der Arbeiterschule*, Frankfurt/M.: Syndikat. ■ ZUKIN, SHARON (1991), *Landscapes of Power. From Detroit to Disney World*, Berkley/Los Angeles/Oxford: University of California Press.

1.5 Natur – Kultur und ihr Anderes

Gregor Schiemann

Unter den Begriffen, die zur Definition von Kultur herangezogen werden (Natur, Zivilisation, Leben, Geschichte, Sinn, Geist u. a. m.), nimmt der Naturbegriff eine ausgezeichnete Stellung ein. Er benennt die eigentliche Negation von Kultur, bezeichnet aber auch einen Gegenpol, der zu Kultur in unmittelbarem Wechselverhältnis steht. Sein Singular unterstellt in der Vielfalt der Naturbegrifflichkeit eine problematische Einheit, die sich nur auf eine schmale Bedeutungsschicht beziehen kann. Wer von Natur spricht, wird ihr allermeist jedenfalls die Gegenstände zurechnen, die frei von jeglichem menschlichen Einfluss gedacht werden: z.B. das Sonnensystem, geologische Formationen oder das Erdinnere, aber nur bedingt die auf kulturelles Leben eingestellten menschlichen Erbfaktoren, ein vorgeschichtliches Steinwerkzeug oder einen Park und gar nicht eine Kathedrale oder einen Priester.[1] Natur in diesem Sinn ist immer schon ein bloß Erschließbares, ein unhintergehbares theoretisches Konstrukt gewesen. Von dieser Fiktion her definiert sich Kultur selbst als das Andere des Anderen.

Wenig mehr Bestimmtheit, die schon nicht mehr von allen Naturbegriffen geteilt wird, gewinnt das Kontrastpaar, wenn Natur als der vom Menschen nicht geschaffene, d. h. weder hergestellte noch handelnd hervorgebrachte Teil der Wirklichkeit gesetzt wird: z. B. Holz und Steine, aus denen das Baumaterial für ein Gebäude besteht, das Wachsen einer Pflanze oder die Bewegung eines Tieres.[2] Kultur als das vom Menschen Geschaffene weist dann zu Natur die bekannten asymmetrischen Relationen auf: Ohne Kultur kann über Natur nicht gesprochen werden. Sprachlich kann aber eine Natur ohne Kultur, jedoch keine Kultur ohne Natur vorgestellt werden. Kultur geht kontinuierlich und historisch irreversibel aus Natur hervor und bleibt auf Natur angewiesen. Der Mensch ist von Natur ein Kulturwesen. Menschliche Kultur hat im astronomischen Maßstab nur geringe Dauer. Sie wird wieder zu kulturloser Natur werden. Natur gehört zu dem, was bleibt und sich nicht selbst vernichtet. Ganz anders steht es um die Kultur. Wahrscheinlich vermögen ihre technischen, namentlich militärischen Potenzen, sich selbst und alles irdische Leben auf einen Schlag zu zerstören.

Die gewachsenen naturwissenschaftlich-technischen Handlungsmöglichkeiten stellen eine von zwei Hauptursachen für die Bedeutung der Naturthematik in der modernen Kultur dar. Die andere ist mit der ökologischen Krise gegeben, die in der Gefährdung der menschlichen Lebensgrundlagen durch Schadstoffemissionen, durch den Verbrauch der nicht erneuerbaren »Rohstoffe« und durch die Zerstörung der Artenvielfalt besteht. Der Naturbegriff nimmt aber nicht nur einen besonderen Rang im Kontext der Kulturbestimmung ein, er bezieht sich auch seinerseits in kennzeichnender Weise auf Kultur. Der aus der Kontrastierung zu Kultur hervorgehende Naturbegriff hat in der Moderne vermutlich größeres Gewicht als Definitionen, die sich aus anderen, ebenfalls gebräuchlichen Unterscheidungen von Natur und Nichtnatur (Technik, Geschichte, Gesellschaft, Gott, Geist u. a. m.) ergeben.[3] In seinem Bezug zu Kultur wird der Naturbegriff allerdings auf doppelte und gegensätzliche Weise fragwürdig. An den gegenwärtig vieldiskutierten Positionen des Kulturalismus und Naturalismus treten diese Begriffsgrenzen pointiert

---

1 Von einer vergleichbaren Bestimmung geht Passmore (1974) aus.

2 Vgl. etwa diverse Einträge unter dem Lemma »Natur« in gebräuchlichen Lexika: »allgemein der Teil der Welt, dessen Zustandekommen und gesetzmäßige Erscheinungsform unabhängig von den Eingriffen des Menschen ist bzw. gedacht werden kann« (Meyers Enzyklopädisches Lexikon. Bd. 16, Mannheim usw. 1976); »die uns umgebende Welt, soweit sie ohne menschliches Zutun entstanden ist« (Duden-Bedeutungswörterbuch, Mannheim usw. 1970); »Bereiche [...] der Wirklichkeit, die ohne menschliches Zutun entstanden sind bzw. existieren« (Enzyklopädie Philosophie, Hamburg 1999). Entsprechende Bestimmungen auch bei Dewey (1995, S. 451); Schäfer (1991); Maurer (1973) u. a. m.

3 Schäfer (1991) hält die Natur-Kultur-Gegenüberstellung für die in der Gegenwart einzig noch bedeutsame Kontrastierung.

hervor. Ersterer bestreitet die Legitimität des Natur-begriffes als Bezeichnung eines kulturunabhängigen Gegenstandes. Wo der Begriff seinem Charakter als Konstrukt widerspreche oder ihm gar nichts Reales mehr entspreche, argumentieren Vertreter dieser Richtung für seine Beseitigung. Eine vom Menschen in irgendeiner Weise unbeeinflusste Wirklichkeit lasse sich nicht nachweisen. Auf der anderen Seite lässt der Naturalismus die Annahme einer außer-halb der Natur befindlichen Kultur nicht gelten. Angeblich nichtnatürliche Entitäten hält er für nichtexistent oder als natürliche Phänomene für erklärbar. Insofern der Naturbegriff hierbei auf die gesamte Wirklichkeit bezogen wird, verliert er seine kritische Potenz als abgrenzende Kategorie und wird durch andere Ausdrücke ersetzbar. Obwohl beide Extrempositionen zur Aufhebung des Natur-begriffes tendieren, zeigt das Interesse an der zwi-schen ihnen stattfindenden Auseinandersetzung zu-gleich den zentralen Stellenwert, die dem Begriff für das Welt- und Selbstverständnis zweifellos immer noch zukommt.

Jenseits von kulturalistischen und naturalisti-schen Ansätzen liegt der Raum für Bestimmungen, die den Begriffen von Natur und Kultur eigenstän-dige Merkmale zuschreiben. Natur geht etwa als Materialität des Stoffes (eines Hauses, Kunstwer-kes) nicht in den praktischen und symbolischen Funktionen seiner kulturellen Form auf, die sich ihrerseits auf ihn nicht zurückführen lässt. Unab-hängige Eigenschaftszuschreibungen bilden Aus-gangspunkte, um Rahmenbedingungen für den je-weils anderen Begriff vorzugeben. Die folgende Darstellung konzentriert sich auf den Naturbegriff in seinem Verhältnis zu Kultur, die folglich nur reduzierte Charakterisierung erfährt. Herausgear-beitet werden sollen vor allem die Umfänge, Eigen-schaften und Grenzen der auf Kultur bezogenen Naturbegriffe. Das Feld dieser Bedeutungen ist in einer Pluralität von sich teils überschneidenden, teils wechselseitig ergänzenden Naturbegriffen ein-gebettet. Die kennzeichnenden Merkmale dieser Vielfalt sind zum einen der florierende Gebrauch traditioneller Semantiken und zum anderen die Orientierung am Erkenntnisstand von Naturwis-senschaft und Technik.

Weil erst vor diesem Hintergrund die Spezifität der Beziehung von Natur und Kultur sowie ihrer Bestimmungselemente deutlich wird, beginne ich mit einer Vorbemerkung zum Naturdiskurs (1). Im Anschluss daran stelle ich fünf Varianten der Verhältnisbestimmung von Natur und Kultur vor. Bei den ersten beiden handelt es sich um die klas-sischen Entgegensetzungen von Natur zu Technik einerseits und zu Geschichte andererseits. Die Dif-ferenz von Natur und Technik geht auf Aristoteles zurück und hat sich bis heute vor allem Aktualität im lebensweltlichen Erfahrungsbereich bewahrt. Moderne Lebenswelten sind wesentlich künstlich hergestellte Welten, in denen nichtmenschliche Na-tur die Funktion einer kompensierenden Zierde erfüllt (2). Den lebensweltlichen Nahbereich des direkt Wahrnehm- und Veränderbaren transzen-diert die exemplarisch von Jean-Jacques Rousseau formulierte Gegenüberstellung von Natur und Ge-schichte. Natur zu begreifen, setzt bei Rousseau eine elaborierte Kulturkritik voraus, die weder allein noch überhaupt aus alltagspraktischer Erfahrung erwachsen muss. Sein Begriff einer ursprünglichen Natur ist insbesondere für ökologische und ethische Naturdiskurse grundlegend geblieben (3). Über-gangsbereiche von Natur und Kultur sowie Berei-che, in denen sich zwischen beiden nicht mehr sinnvoll unterscheiden lässt, sind in den vergange-nen zwei Jahrhunderten zunehmend zum Gegen-stand wissenschaftlicher Arbeit geworden. Die Viel-falt der gegenwärtigen Forschungen in diesem Zu-sammenhang gestattet keine einheitliche Bestim-mung des Natur-Kultur-Verhältnisses. Es lassen sich jedoch gemeinsame Strukturen bevorzugter Thematisierungsrichtungen ausmachen. Dazu ge-hört das Festhalten an den beiden, nicht dualistisch aufgefassten Begriffen als Bezeichnung von Gegen-standskomponenten. Hieran anknüpfend schlage ich vor, die Begriffe als polare Extreme eines Feldes von Mischungszuständen zu verstehen (4). Ab-schließend folgen die zwei Varianten, in deren Kon-sequenz es liegt, die Legitimität jeweils eines der beiden Begriffe zu bestreiten: Die naturalistische und die kulturalistische Variante. Sie rekurrieren jeweils beide auf einen historischen Prozess und sind als theoretisches Programm formuliert (5 und 6).

Durch alle vorgestellten Varianten zieht sich eine ambivalente Struktur der Naturbegriffe, die entwe-der auf kulturelle Entitäten als ihr Anderes bezogen ist oder immanenten Ausdruck findet. Die Mehrdeutigkeit werte ich als Zeichen einer Begriffstransformation, die den Beginn einer grundlegenden Veränderung der Umweltbeziehungen des Menschen reflektiert und deren Ausgang noch offen ist. Man kann gegenwärtig nicht wissen, welchen weiteren Verlauf die angefangene Entwicklung der Potenzen zur umfassenden Gestaltung der vorgegebenen materiellen Bedingungen nehmen wird. Der erst langsam aufkommende und vielleicht nicht weit reichende Möglichkeitsspielraum bezeichnet aber schon einen technischen und ethischen Problembestand, der über den Horizont der Varianten hinausweist (7).

1. Pluralität der Natur

Von kaum einer wirkungsgeschichtlich bedeutsamen Definition von Natur ist in den letzten Jahrzehnten behauptet worden, ihr komme keine Relevanz für den gegenwärtigen Naturdiskurs zu. So hat sich Jürgen Mittelstraß für eine Aristotelisierung der Natur eingesetzt, Robert Spaemann religiöse Naturvorstellungen zur Sicherung der Basis einer menschenwürdigen Existenz für unverzichtbar gehalten, Klaus Michael Meyer-Abich eine physiozentrische Position mit Bezug auf Platon und Nikolaus von Kues begründet und Lothar Schäfer einen Naturbegriff im Rückgang auf Kants Unterscheidung zwischen empirischer und intelligibler Welt entwickelt – um nur einige Beispiele aus dem deutschsprachigen Raum zu erwähnen.[4]

Die Gleichzeitigkeit des ehemals Ungleichzeitigen ist um so beachtlicher, wenn man bedenkt, dass der ausgeprägte Traditionsbezug des Naturdiskurses im Zeichen einer exponentiellen, durch Innovation gekennzeichneten Entwicklung der naturwissenschaftlich-technischen Erkenntnis steht. Seit dem Beginn der Neuzeit, vor allem aber im letzten Jahrhundert haben grundlegende Momente aller Vorstellungen von Natur einen tiefgehenden Wandel durch die Theorien und Anwendungen der experimentellen Wissenschaften erfahren. Diese Verwissenschaftlichung und Technisierung des Naturverständnisses geht maßgeblich auf die physikalischen, biologischen und medizinischen Disziplinen zurück. Sie haben auf das Verständnis der elementaren Materien und Kräfte, von Raum, Zeit und Kausalität, des Universums, der irdischen Lebens- und Artenentstehung sowie des menschlichen Körpers einen tiefgreifenden Einfluss ausgeübt, dem sich kein Naturbegriff entzogen hat. Begriffstheoretisch betreffen diese Transformationen jedoch vornehmlich nur die Intensionen, d.h. Eigenschaften von Natur (bzw. eines korrespondierenden Wirklichkeitsbereiches), die gegebenenfalls in ihren vollständigen konjunktiven Definitionen auftreten. Sie stellen die Extensionen, d.h. die Klasse der Gegenstände, auf die sich die Naturbegriffe (bzw. ihre Substitute) jeweils beziehen, meist nicht grundsätzlich in Frage.

Diese bemerkenswerte Relation zwischen verhältnismäßig stabilen extensionalen und wandlungsfähigen intensionalen Grundbestimmungen trägt zur Erklärung der unübersichtlichen Gleichzeitigkeit von Traditionsbezug und Innovationsorientierung bei. In aller Regel reichen die vielfältigen Möglichkeiten, den Umfang von Natur begrifflich festzulegen, weit in die Vergangenheit zurück, während die davon unabhängigen, nicht auf einen Begriffsumfang restringierten Intensionen eher jüngeren Datums sind. Zur Verdeutlichung können zwei Gruppen von Naturbegriffen – die christlichen und die cartesischen – dienen, die sich im Hinblick auf die Kulturbestimmung anbieten, da sie sich mit dem Anspruch verbinden, dieser voranzugehen. Als ein gemeinsames Kennzeichen der christlichen Naturbegriffe kann man ihre Auffassung der Natur als göttliche Schöpfung begreifen. Unter dem Eindruck naturwissenschaftlicher Theorien hat diese Gruppe zwar ihre ursprünglichen Begriffsumfänge korrigieren müssen. Grob gesprochen erstreckt sich der Bereich des Natürlichen in heutigen Bedeutungen weiter in die kosmische Vergangenheit und in den kosmischen Raum hinein als bei den vorneuzeitlichen christlichen Naturvorstellungen. Doch die positive Rezeption der wissenschaftlichen Erkenntnisse hat die Prämisse der Extension, die Unterscheidung von Natur und Schöpfer, nicht außer Geltung gesetzt. Das experimentelle Wissen erreicht weder Anfang noch Ende der von der christlichen

---

4 Mittelstraß (1982); Spaemann (1980); Meyer-Abich (1997); Schäfer (1993).

Religion angenommenen Welt. Auch die mit Extensionen verbundenen Naturmerkmale von christlichen Begriffen (z. B. Bewahrungsauftrag des Menschen als Stellvertreter Gottes auf Erden) haben in Zeiten der zunehmenden Verwissenschaftlichung und Technisierung Bestand behalten.[5]

Der auf René Descartes zurückgehende und insbesondere für das Verständnis mentaler Phänomene aktuelle Naturbegriff definiert sich durch seine Entgegensetzung zum »Geist«, der ursprünglich eine autonome, also auch ahistorische Instanz der Erkenntnis und des Handelns meinte.[6] Heutige Begriffe des Geistes bzw. des Mentalen bezeichnen die nur aus der Perspektive der ersten Person singular privilegiert zugängliche Welt des Erlebens und der Reflexion. Demgegenüber umfasst die cartesische Natur die Welt, auf die man sich aus der Perspektive der dritten Person bezieht, und folglich ungleich mehr als die nicht geschaffene Wirklichkeit. Cartesische Natur ist das ganze Sein bis auf Gott und die nur selbst erfahrbare Subjektivität. Auch bei der Differenz der Perspektiven der ersten und der dritten Person handelt es sich um eine Grenzziehung, die naturwissenschaftliche Erkenntnis nicht aufhebt. Deren experimentelle, durch Wiederholbarkeit und Quantifizierung gekennzeichnete Verfahren kommen nur zu Außenansichten ihrer Objekte und bleiben auf eine Introspektion, die gar keiner wissenschaftlichen Methode folgen muss, unanwendbar.

Für die den gegenwärtigen Naturdiskurs kennzeichnende Bedeutungsvielfalt findet man in der Geschichte des Naturbegriffes am ehesten Vergleiche in den Perioden seines grundlegenden Wandels wie etwa zu Beginn der Neuzeit.[7] Historisch ist der Naturbegriff indes nie eindeutig gewesen. Bereits an seinem Ursprung steht ein charakteristischer Doppelsinn, der sich bis heute durchgehalten hat. Der griechische Ausdruck »physis«, von dem das lateinische »natura« und das deutsche Wort »Natur« abstammen, meinte zum einen die Beschaffenheit oder das Wesen, zum anderen den organischen Prozess des Werdens und Aufgehens.[8] Beide Bedeutungen gingen in die Vorstellung ein, das Wesen eines Organismus komme aus dem Wachsen her, das das Wesen der Welt sei. Mit der heute wirksamen Aufhebung der Bedeutungsverbindung ist die ehemalige Auszeichnung des Organischen gegenüber dem Unorganischen gefallen und der Doppelsinn geblieben: Wesen einer Sache zum einen und Merkmal eines Gegenstandes oder gesonderter Gegenstandsbereich zum anderen.

2. Natur und Technik: Das Beispiel des aristotelischen Naturbegriffes

Auch die Vorstellung, Natur sei das vom Menschen nicht Geschaffene, wurzelt in der Antike und erhält nur ihre für die Moderne spezifische Kontur nach dem Beginn der Neuzeit. Ihren ersten und zugleich wirkungsgeschichtlich überragenden Ausdruck findet sie in der aristotelischen Entgegensetzung von physis und techne. Die Nichtnatürlichkeit des vom Menschen Geschaffenen beschränkt Aristoteles noch ganz auf die künstlerischen bzw. technischen Fertigkeiten und ihre (nicht unbedingt gegenständlichen) Produkte. Die unter seinen Begriff »techne« subsumierten Tätigkeiten umfassen allerdings ein ungleich weiteres Spektrum als heute gebräuchliche Technikbegriffe, nämlich jede auf die Realisierung von feststehenden Zielen gerichtete Tätigkeit.[9] Unter anderem rechnet er zur techne die Handwerke, die Medizin, die Staats-, Kriegs- und Haushaltsführung, die Rhetorik, die Dichtung, sowie die bildenden und darstellenden Künste.[10] Die von techne geschiedene Lebenspraxis ist wie der Mensch als beseeltes Lebewesen in einen übergreifenden Naturzusammenhang integriert. Dem Menschen kommt damit eine Doppelbestimmung zu: Er ist das Nichtnatürliche hervorbringende Naturwesen.

---

5 Zwei einführende Titel aus der beachtlich anwachsenden Literatur zum Verhältnis von Naturwissenschaft und christlicher Religion: Audretsch/Mainzer (1990); Drees (1996).

6 Zu Descartes' Naturbegriff vgl. Schiemann (1996).

7 Unter den Periodisierungen der Naturvorstellungen lässt sich eine Tendenz zur Drei- bis Vierteilung in griechische Antike, teilweise Mittelalter, Neuzeit und Moderne feststellen: vgl. Collingwood (1945); Glacken (1976); Moscovici (1990); Gloy (1995 f.); Schiemann (1996). Zur Bedeutungsvielfalt im Übergang zur Neuzeit vgl. Keßler (1994).

8 Patzer (1945).

9 Aristoteles, Nikomachische Ethik I 1, 1094a3 ff., und VI 4, 1140a1 ff. Eine Übersicht über heutige Technikbegriffe bietet Rapp (1978).

10 Bonitz (1955) 758b25 ff.

Zur physis gehört »ein jedes [... , das] in sich selbst einen Anfang von Veränderung und Bestand, teils bezogen auf Raum, teils auf Wachstum und Schwinden, teils auf Eigenschaftsveränderung« hat.[11] Das Charakteristikum dieses Selbstbewegungskriteriums ist sein Bezug auf wahrnehmbare Prozesse und Zustände. Nicht auf geometrische Punkte, sondern auf ausgedehnte Körper referieren die räumlichen Bestimmungen, nicht in unendlich-kosmischen, sondern in endlich-irdischen Zeitintervallen vollziehen sich die Veränderungen des Wachsens und Schwindens, nicht einen abstrakten, sondern einen konkret-sinnlichen Wandel wie den von Farbe, Wärme oder Härte meinen die Eigenschaftsveränderungen. Der unbestimmte Artikel in der Naturdefinition sorgt für den Gegenstandsbezug: Was auch nur »einen Anfang« in sich hat, fällt in den Bereich der physis. Nur das immanente Bewegungsprinzip ist in absolutem Sinn von menschlicher Verfügung frei. Auf den natürlich bewegten oder an einem natürlichen Ort befindlichen Gegenstand können außerdem noch weitere Ursachen einwirken. Pflanzen und Tiere verlieren bei Aristoteles nicht ihre Naturzugehörigkeit, wenn sie auf die Pflege des Menschen angewiesen sind. Auch eine Schnittblume, die in einer Vase weiter wächst, würde er selbstverständlich als physis ansehen. Zur physis zählt ferner alle unbeseelte Materie, da sich deren Bewegungstendenzen auch dem

Selbstbewegungsprinzip unterordnen. Technisch ist einzig die vom Menschen hergestellte Form.

Aristoteles' Naturbegriff stellt immer noch eine Leitvorstellung dar. Seine alltagspraktische Brauchbarkeit bewährt sich vor allem in der unprofessionellen, selbstverständlich vollzogenen Lebenspraxis.[12] Von den künstlich hergestellten Umwelten, in denen sich diese Praxis in der Moderne gewöhnlich vollzieht, setzen sich die aristotelisch verstandenen Naturgegenstände – die ungeformte Materie, die Pflanzen, Tiere und Menschen – allermeist deutlich ab. Das Selbstbewegungskriterium scheitert erst, wo menschliche Herstellungen als solche nicht mehr erkennbar sind oder künstliche Formgebung aristotelische Natürlichkeit sogar vortäuscht. Hierunter fallen auch technische Vorgänge, die innerlich bewegt aussehen, aber auf äußere Ursachen zurückgehen. Wo seine Klassifikationspotenz versagt, weil sie nicht anwendbar ist oder zu falschen Resultaten führt, bewährt sich der aristotelische Begriff dennoch solange, wie die Gliederungslücke auffällig oder gar als Mangel präsent bleibt. Lebensweltlich ist man etwa immer noch irritiert, wenn man erkennen will, aber nicht mehr kann, ob es sich bei einem Gegenstand um eine Kunst- oder Naturblume handelt oder ob man ein Telephongespräch mit einem Menschen oder einem Computer führt.

3. Natur und Geschichte: Das Beispiel des rousseauschen Naturbegriffes

Im Verhältnis zu den mit dem Beginn der Neuzeit aufgekommenen Unterscheidungen von Natur und Kultur setzt Aristoteles nur einen kleinen Ausschnitt von Gegenständen der Natur entgegen. Die neuen Begriffsumfänge ordnen nicht mehr nur Herstellungen, sondern auch Handlungen und ihre Folgen dem Nichtnatürlichen zu. Zum Inbegriff der Natur werden vorstaatliche (T. Hobbes, J. Locke) oder vorgeschichtliche (J.-J. Rousseau) Urzustände, die räumlich und zeitlich an nicht mehr erreichbaren Rändern des Kulturellen liegen und dessen bloß noch fiktives Gegenbild bilden.[13] In der begrifflichen Entfernung der Natur aus dem Lebensumkreis des Menschen reflektiert sich ein weltanschaulich und gesellschaftlich motiviertes Abgrenzungsbedürfnis des aufsteigenden Bürger-

---

11 Aristoteles, Physik II 1, 192b13 ff., zit. nach Schiemann (1996).

12 Die Lebensweltlichkeit und Aktualität der aristotelischen Technik- und Naturbegrifflichkeit haben Mittelstraß (z. B. 1982) und neuerdings auch Habermas (2001, S. 80 ff.) hervorgehoben.

13 Diese Richtung erfasst freilich nur einen eng begrenzten, auf den Kontrast von Natur und Kultur fokussierten Teil des neuzeitlichen Naturdiskurses. Kulturbestimmungen, die im Kontext anderer Entgegensetzungen von Natur und Nichtnatur stehen, bleiben aus Gründen der Umfangsbegrenzung unberücksichtigt. Wo Natur nicht in Abgrenzung zu Kultur definiert wird, orientiert sich ihr Begriff weniger an vorstaatlichen oder vorgeschichtlichen Zuständen als an gegenwärtigen, meist materiellen Bedingungen des menschlichen Lebensraumes. Beispiele hierfür sind Leibniz' Entgegensetzung von Natur und Gnade, Kants Unterscheidung von Phänomenon und Noumenon, Schellings Differenz von Natura naturata und Natura naturans sowie Hegels Dialektik von Natur und Geist. Zu diesen bedeutenden neuzeitlichen Bestimmungen vgl. Böhme (1989).

tums.[14] Darüber hinaus reagiert diese neuzeitliche Semantik aber auch auf die mit dem 18. Jahrhundert hervortretende Zunahme der Ausbreitung der Zivilisation und ihrer Eingriffe in die Natur. Schon mit dem 16. und 17. Jahrhundert führt in der europäischen Landwirtschaft eine vorindustrielle »Modernisierung« zur Reduktion des Brachlandes, zum Auslaufen der Gemeindeflächen, zur Parzellierung des Landes und zur anwachsenden Bedeutung des Viehbestandes. Zwischen 1700 und 1770 steigt der Ernteertrag in Frankreich um 60 Prozent, in England verdoppelt er sich zwischen 1750 und 1850.[15] Mit der Wende zum 19. Jahrhundert kommt es dann zu einem Umbruch in der Entwicklung der Produktivkräfte, den UmwelthistorikerInnen mit der Erfindung des Feuers oder der Landwirtschaft vergleichen. Auf großer Stufenleiter entfaltet sich die fabrik- und maschinenmäßige Herstellung von Gütern und ihr länderübergreifender Handel, nimmt der Verbrauch von Holz, Kohle und später von Öl und Gas zu[16] und werden bisher noch ungenutzte Naturbereiche in Ressourcen, Baugrund oder Kulturlandschaften umgewandelt.

Die neuzeitlichen Natur-Kultur-Kontrastierungen entstehen, noch bevor sich die ganze Tragweite des Transformationsprozesses abzeichnet.[17] Da sie sich in begrifflich ausgebildeter Gestalt exemplarisch an Jean-Jacques Rousseaus Entgegensetzung von Natur und Geschichte diskutieren lassen, soll auf dessen Naturverständnis ausführlicher eingegangen werden.[18] Über die auf Rousseau, dem Begründer der modernen Kulturkritik, zurückgehenden Richtungen der Romantik sowie über die von ihm ebenfalls stark beeinflusste kantianische und spätere idealistische Philosophie hat dieser Begriff eine tiefgreifende Wirkung bis in die Gegenwart. Er geht aus einer radikal-aufklärerischen Kritik hervor, die sich gegen einen fehlgeleiteten wissenschaftlich-technischen Fortschritt und die damit verbundenen Lebensformen richtet. Ihnen hält Rousseau die Konstruktion eines ursprünglichen Naturzustandes als Kontrastbild entgegen, indem er von der gegenwärtigen Welt gedanklich alles abzieht, was auf menschlichen Einfluss zurückgeht.[19]

Die Extension des Naturbegriffes findet damit bereits sein modernes semantisches Minimum, die vom Menschen unberührte Gegenstandswelt. Sie wird von Rousseau in die zwei zeitlich und räumlich zunächst entgegengesetzten Teile der äußeren und inneren Natur differenziert. Eine vom menschlichen Einfluss gänzlich freie äußere Natur existiert für ihn in der Umgebung des Menschen bereits nicht mehr. »Der Mensch zwingt ein Land, die Erzeugnisse eines anderen hervorzubringen, einen Baum, die Früchte eines anderen zu tragen. Er vermengt und vertauscht das Wetter, die Elemente und die Jahreszeiten. Er verstümmelt seinen Hund, sein Pferd, seine Sklaven. Alles dreht er um, alles entstellt er. Er liebt die Missgeburt, die Ungeheuer. Nichts will er haben, wie es die Natur gemacht hat, selbst den Menschen nicht.«[20] Im Gegensatz zur äußeren liegt die unberührte innere Natur, die Rousseau durch Freiheit, Perfektibilität, Selbstliebe und Mitleidsvermögen kennzeichnet,[21] noch in der Reichweite des einzelnen Individuums. Die nach dem Urzustand einsetzende Kultivierung hat nicht zur Zerstörung dieses natürlichen Kerns, sondern zu unterschiedlichen Graden der »Entfremdung« des Menschen von ihm geführt. Während das traditionelle Landleben in seiner instinktiven Einfalt naturverbunden geblieben ist,[22] stehen die Menschen der städtischen Kulturen, die Rousseau in größtem Abstand zu Natur sieht, ihrer inneren Natur fremd gegenüber. Sie können nur im Zuge einer persönlich vollzogenen Kulturkritik das in ihnen ruhende Naturerleben wieder freilegen.

Zur Förderung der immer noch möglichen Aufhebung der Naturentfremdung bedarf es pädagogischer Maßnahmen und politischer Reformen.

---

14 Horigan (1988, S. 4 ff.).

15 Simmons (1989, S. 112 f.).

16 Simmons (1989, S. 196 f.)

17 Luhmann (1986, S. 14) glaubt immerhin »erste Möglichkeiten eines Umweltbewusstseins« in der im 18. Jahrhundert aufkommenden Entgegensetzung von Natur und Geschichte zu erkennen.

18 Auch Moscovici (1990, S. 21 ff.) führt die Entgegensetzung von Natur und Geschichte auf Rousseau zurück.

19 Rousseau (1978, S. 77 ff.).

20 Rousseau (1971, S. 9). Diese erstaunlich aktuellen und für Rousseau typisch polemischen Worte aus dem ersten Absatz des »Emile« veröffentlichte er 1762.

21 Rousseau (1978, S. 99 ff.). Die Perfektibilität bezeichnet das nicht teleologisch verfasste Vermögen des Menschen zur Vervollkommnung seiner Lebensverhältnisse, vgl. Rousseau (1978, S. 103 f.).

22 Rousseau dachte vor allem an die Schweizer Bergbauern.

Rousseaus Erziehungsprogramm schützt die innere Natur der Heranwachsenden vor schädlichem gesellschaftlichen Einfluss und stützt sich auf den gezielten Einsatz der noch wirksamen Kräfte der äußeren Natur.[23] Bei Rousseau heißt auch schon ein Bereich Natur, wenn die Beseitigung menschlicher Eingriffe nachträglich geschieht, nur punktuell vorgenommen oder sogar nur vorgetäuscht wird. Für letzteres ist Julies Garten in der »Neuen Héloïse« vorbildlich. In ihm sieht man »nirgendwo [...] Fußtritte von Menschen« und erhält den Eindruck, »die Natur [habe] alles getan«; aber sie hat das nur »unter [...] Anleitung« Julies zustande gebracht, so dass sich in ihm nichts befindet, das sie »nicht angeordnet hätte«.[24] Die neu geschaffene Natur wird Teil der hergestellten Wirklichkeit und als solche überhaupt erst von Kultur erkennbar unterschieden. Kultur kann ihres Abstandes zur ehemaligen Natur nur in Vergegenwärtigung von anschaulichen Konstruktionen und Inszenierungen eingedenken, die – von Ideologie nicht frei – auf den aristotelischen Begriff zurückgreifen und sich in der Gestaltung von Landschaften, Parks und Gärten realisieren.

Rousseau steht dem Kultivierungsprozess bekanntermaßen äußerst ambivalent gegenüber. Einerseits bewertet er jeden Schritt, der über die erste, noch glückliche Stufe nach dem Naturzustand hinausgeht, negativ. Die menschliche Geschichte ist ein tragisches Verfallsgeschehen. Ein Verhängnis zwingt einem von Natur vereinzelten Wesen gnadenlos die Soziabilität auf. Andererseits ist Rousseau nicht nur von der Unumkehrbarkeit des Gesamtprozesses überzeugt, sondern darüber hinaus am emanzipatorischen Ziel eines gesellschaftlichen Zusammenschlusses orientiert. In diesem verwirklichen sich die menschlichen Naturbestimmungen, namentlich die Freiheit, auf höherer Stufe. Mit der in freiem Beschluss geschaffenen Republik verlässt der Mensch erst endgültig den ursprünglichen Naturzustand[25] und bleibt zugleich an ihm als unvergänglichem Ideal orientiert. Für Rousseau stehen die modernen Gesellschaften zwischen republikanischem End- und ursprünglichem Naturzustand. Letzterem viel ferner, als sie selbst wähnen, fallen sie in ihren Macht- und Herrschaftsexzessen um so unvermittelter wieder auf Natur zurück, die dadurch in ihr Gegenteil verkehrt wird. Die »Dialektik der Aufklärung« präludierend, erkennt Rousseau die Naturhaftigkeit der Kultur gerade in ihrer menschenverachtenden, sich selbst nur potenzierenden Gewalt. Die in seelischem und körperlichem Verfall, Unterdrückung und Kriegen durchbrechende Natur hat keine Ähnlichkeit mit der ursprünglichen.[26]

Mithin lassen sich bei Rousseau verschiedene Bedeutungen von Natur unterscheiden, deren Zusammenfassung in einem Begriff nicht unproblematisch ist. Während er den ursprünglichen Naturzustand als Negation der menschlichen Geschichte strikt statisch denkt, resultieren die nachträglichen Herstellungen von Natur und die Naturhaftigkeit der modernen Gesellschaft aus dem historischen Prozess. Dass der von Widersprüchen nicht freien Begrifflichkeit gleichwohl eine kaum zu überschätzende Aktualität zukommt, verdankt sich hauptsächlich der Ausrichtung seiner Kulturkritik an der von menschlichem Einfluss freien Natur. Diese Orientierung eignet sich in einer Weise, die Rousseau kaum vorhersehen konnte, zur Beurteilung der Randbedingungen des Umweltproblems, einer der beiden Ursachen für die moderne Relevanz der Naturthematik. Das Ausmaß der weltweiten Nutzung, Belastung und Veränderung von materiellen Lebensbedingungen lässt sich am Rückgang von rousseauscher ursprünglicher Natur gleichsam messen. Zur vorzivilisatorischen Wirklichkeit gehören etwa grundlegende Strukturen der Atmosphäre, die gegenwärtig mit kaum absehbaren Folgen zerstört werden, die einer Dezimierung erdgeschichtlicher Größenordnung ausgesetzte Artenvielfalt oder die nicht erneuerbaren »Ressourcen«, welche bei fortgesetzter Relation von Neuerschließung und Verbrauch spätestens in wenigen Jahrhunderten erschöpft sein werden. Weder bewertet Rousseaus Grenzziehung diese gefährdeten Naturen, noch

---

23 Rousseau (1971).

24 Rousseau (1978, S. 499 und 493).

25 Rousseau (1977, 1. Buch, 8. Kap.).

26 Rousseau (1978, S. 219 ff.). Seiner Kulturkritik widersprechend, legitimiert Rousseau allerdings auch Unterdrückungsverhältnisse als mit dem ursprünglichen Naturzustand vereinbare. So reduziert er die gesellschaftliche Ungleichheit zwischen den Geschlechtern auf eine unhintergehbare Naturdifferenz und leitet die untergeordnete Stellung der Frau aus ihrer angeblich größeren Naturnähe her.

gibt sie eine Handlungsorientierung vor. Sie verhält sich gegenüber den divergierenden Haltungen, mit denen man Natur schützen, ausbeuten oder auch technisch ersetzen kann, indifferent.

Natur als der von menschlichem Einfluss noch oder wieder freie Wirklichkeitsteil hat auch weltbild- und wertübergreifend in naturethische und ökologische Diskurse Eingang gefunden.[27] In ihrer Offenheit gegenüber kultureller Gestaltung eignet sich diese Bedeutung für eine Abstufung unterschiedlicher Grade der Natürlichkeit (vgl. die Beispiele am Ende des nächsten Abschnittes). Obwohl sich wichtige Elemente von Rousseaus Begrifflichkeit in heutigen Umweltdiskursen unschwer nachweisen lassen, fällt sein Name dort nur selten. Dies geht auf eine einseitige Rezeption zurück, die bis in die Gegenwart dafür gesorgt hat, dass man Rousseau kaum erwähnen kann, ohne dem Vorurteil entgegentreten zu müssen, dieser Autor stehe für die wahnwitzige Idee einer Weltverbesserung durch Rückkehr zum Naturzustand.

Trotz ihrer Historisierung bleibt Rousseaus Naturbegrifflichkeit der Geschichtslosigkeit des ursprünglichen Naturzustandes verpflichtet. Alle Veränderung an Natur geschieht durch den Menschen; sich selbst überlassen, würde sie sich ewig gleich bleiben. Auch diese Statik und Konstanz rührt vom aristotelischen Begriff her. Rousseau befindet sich unmittelbar *vor* einem epochalen Wandel des Wissenschaftsbegriffes, in dem nach M. Foucault die Forschungsgegenstände ihren Charakter als unabhängige Repräsentationen verlieren und sich beginnen, durch innere Prinzipien zu organisieren.[28] W. Lepenies fasst diese Umwälzung unter dem Stichwort »Verzeitlichung« und meint damit den Durchbruch des Entwicklungsgedankens und die Prozessualisierung von Zeitvorstellungen.[29] Obwohl der moderne Naturdiskurs im Zeichen dieser Temporalisierung steht, hat Rousseaus Naturzustand auch in seiner zeitlichen Charakterisierung keineswegs alle Geltung verloren. In vielen Bedeutungen bezeichnet Natur heute Wirklichkeiten, die im Gegensatz zur sich fortwährend beschleunigenden Kulturentwicklung und ihrer vielfältigen Erscheinungsformen nur langsamer und universeller Veränderung folgen. Was Rousseau als fiktiven Gegensatz versinnbildlichte, durchzieht gegenwärtig als faktische Differenz von natür-

lichen und kulturellen Entwicklungsgeschwindigkeiten und Varianzbreiten den wissenschaftlichen Diskurs.

4. Natur im wissenschaftlichen Diskurs

Im Anschluss an Rousseau lässt sich der Kulturbegriff durch die explizite Aufnahme des historischen Momentes präzisieren. Er gewinnt damit eine für wissenschaftliche Analysen schon hinreichende Deutlichkeit als »Sammelbegriff für alle diejenigen Erscheinungen der [... G]eschichte [...], mit denen Menschen natürliche Gegebenheiten einschließlich ihrer eigenen Natur im Sinne aktiver Daseinsgestaltung weiterentwickeln und überschreiten«.[30] Natur, die dieser Begriff voraussetzt, bleibt ohne expliziten Kulturbezug analysierbar und bestimmt nur die äußeren Grenzen von Kultur. Der Spezifität des wissenschaftlichen Verfahrens ist es geschuldet, dass der Großteil der wohl definierten wissenschaftlichen Gegenstandsbereiche und Methoden gegenüber gegenwärtigen Zuordnungen zu Natur oder Kultur neutral ist. Die Thematisierung von kulturellen Faktoren der Forschung spielt in den Naturwissenschaften so gut wie keine Rolle, während umgekehrt die naturalen Voraussetzungen der menschlichen Zivilisation in den Kulturwissenschaften meist nur als Randbedingungen einhergehen. Zur Analyse der Beziehungen von Natur und Kultur kommt es aber auch in Disziplinen nur selten, die sich ausschließlich mit Phänomenen befassen, für die diese Beziehungen konstitutiv sind – wie die Ingenieurwissenschaften, die nach kulturellen Vorgaben auf Natur als Ausgangsmaterial einwirken, oder die Medizin, die mit dem menschlichen Körper das Paradigma eines kulturgeprägten Naturgegenstandes vor sich hat.

---

27 Siehe etwa Krebs (1999, S. 340 f.) und Eser/Potthast (1999, S. 14 f.).

28 Mit der Wende zum 19. Jahrhunderts dringt eine »tiefe Historizität [...] in das Herz der Dinge ein, isoliert sie und definiert sie in ihrer eigenen Kohärenz, erlegt ihnen Ordnungsformen auf, die durch die Kontinuität der Zeit impliziert sind« (Foucault, 1978, S. 26).

29 Lepenies (1976).

30 Holzhey (1999, S. 33).

Erst im Rückblick auf die Wissenschaftsentwicklung der letzten zwei Jahrhunderte tritt hervor, dass das Natur-Kultur-Verhältnis nicht nur implizit zunehmend zum Gegenstand eines teils eher kulturwissenschaftlichen, teils eher naturwissenschaftlichen Interesses geworden ist. Schon Rousseaus Kulturkritik steht im Kontext einer frühen Begründung der Humanwissenschaften, die ihren Gegenstand von Natur abzuheben versuchen.[31] Wenig später gelingt Kant eine in gewisser Weise umgekehrt gerichtete Begründung der Naturwissenschaften durch Absetzung der kausalen Naturforschung von der vernunftgeleiteten Kulturgestaltung (vgl. Abschnitt 6). In den geologischen und biologischen Wissenschaften setzt im Zuge der Verzeitlichung eine Historisierungsbewegung ein, die mit Darwins Evolutionstheorie, nach der die Kultur aus der Naturentwicklung hervorgeht, anhaltende Dominanz gewinnt. Seit Anfang des vergangenen Jahrhunderts finden in den physikalisch-chemischen Wissenschaften ebenfalls vermehrt Aspekte Eingang, die vordem ausschließlich für Kennzeichen des Kulturellen gehalten wurden: Wahrscheinlichkeit bei qantenmechanischen Ereignissen, Kontingenz bei Randbedingungen astronomischer Vorgänge, Spontaneität bei chemischen Reaktionen, die Ent-

stehung von Neuem bei chaotischen Systemen usw.[32] Hieran anschließend haben auch die kulturellen Bestandteile der naturwissenschaftlichen Erkenntnis größere Aufmerksamkeit in der Wissenschaftstheorie gefunden.[33] Eine dazu partiell gegenläufige Bewegung bildet der gesamte Komplex der Intelligenz- und Verhaltensforschung, der materielle Bedingungen kultureller Phänomene zum Gegenstand hat und zu dem die Hirnforschung, Forschungen im Bereich der künstlichen Intelligenz und die biologische Verhaltensforschung gehören. In besonderer Weise sind schließlich auch die ökologischen Fächer mit dem Natur-Kultur-Verhältnis konfrontiert.[34]

Im Umfeld dieser, hier keineswegs vollständig aufgezählten Grenzregionen findet typischerweise auch die Kontroverse zwischen naturalistischen und kulturalistischen Positionen statt, die die Legitimität jeweils eines der beiden Begriffe ablehnen. Doch monistische Auffassungen beherrschen keinesfalls die fachwissenschaftlichen Thematisierungen des Natur-Kultur-Verhältnisses. Stattdessen bestimmt die Differenz sogar noch – oder vielmehr: gerade – die Arbeit an ihren eigenen Grenzen. Man erkennt diese Ausgangskonstellation bereits an Titeln von Veröffentlichungen, die ihre bereichsübergreifenden Fragestellungen auf die Natur-Kultur-Unterscheidung beziehen: »Wie das Neue in die Welt kommt: Phasenübergänge in Natur und Kultur«,[35] »Selbstrepräsentation in Natur und Kultur«,[36] »Natur – Kultur: Perspektiven ökologischer und politischer Bildung«,[37] »Zwischen Kultur und Natur: neue Konturen medizinischen Denkens«,[38] »Komplexität und Selbstorganisation: ›Chaos‹ in den Natur- und Kulturwissenschaften«[39] und »Selbstorganisation. Die Entstehung von Ordnung in Natur und Gesellschaft«.[40]

Die Titelfähigkeit der Kontrastbegriffe bezeugt ihre noch wenig erschütterte Stellung im Selbstverständnis der Wissenschaften bzw. in deren öffentlicher Selbstdarstellung. Überdies bringen die konjunktiven Formulierungen zum Ausdruck, dass die Begriffe nicht Gegensätzliches und Unvereinbares, sondern durch gemeinsame Eigenschaften Verbundenes bezeichnen. Ein ähnlicher Befund lässt sich auch wissenschaftshistorischen und -theoretischen Studien über Forschungen im Grenzbereich von Natur und Kultur entnehmen.[41] Dass die Anerken-

---

31 Horigan (1988, S. 7 und 70 f.).
32 Zur ersten Übersicht vgl. Stöckler (1998).
33 Z.B in den bahnbrechenden Arbeiten von T. S. Kuhn.
34 Milton (1996).
35 Wien 2000.
36 Frankfurt/M. 2000.
37 Schwalbach/Ts. 1997.
38 Berlin 1997.
39 München 1997.
40 München 1986.
41 Für die auf das 18. Jahrhundert zurückgehende Völkerkunde und Anthropologie argumentiert Horigan (1988, S. 102 ff.) für eine gleichgewichtige Berücksichtigung natürlicher und kultureller Faktoren. In ähnlicher Weise lässt die Aufarbeitung der gut 150jährigen sozialwissenschaftlichen Thematisierung des Verhältnisses von Natur und Gesellschaft Görg (1998, S. 12) zu dem Schluss kommen, dass sich »Naturalismus versus Soziozentrismus wenn nicht überwinden so doch in ihrem starren Gegensatz auflösen« lassen. Mit Blick auf die historischen und aktuellen Wahrnehmungsformen von Natur glaubt Sieferle (1999, S. 17 f.), dass die Positionen des Naturalismus und Kulturalismus gleichrangig sind und zwischen ihnen »nicht abschließend entschieden« werden könne. Einerseits könnten »unterschiedliche Kulturen [...] nicht

nung der Differenz von Natur und Kultur mit der Ablehnung ihrer Entgegensetzung einhergeht, werte ich als Hinweis auf eine polare Struktur der mit den beiden Begriffen bezeichneten Verhältnisse von Gegenständen und Eigenschaften: Natur und Kultur benennen idealtypisch die gegenüberliegenden Extreme des nicht und des ausschließlich durch den Menschen Verursachten bzw. Anthropogenen. Zwischen ihnen liegt ein Feld von Zuständen, die in unterschiedlichen Anteilen und Eindeutigkeiten aus ihnen zusammengesetzt gedacht werden können. Für eine deutlich erkennbare Differenzierbarkeit von Natur- und Kulturbestandteilen eines Vorganges ist der Spracherwerb typisch: In allen Kulturen gibt ein biologisches Entwicklungsstadium die Rahmenbedingungen für das erste Sprachenlernen vor. Welche Sprache oder Sprachen die Kinder aber lernen, hängt ausschließlich von der Umgebung ab, in der sie jeweils leben. Andere Vorgänge im Übergangsfeld haben eine teilweise unreduzierbare eigene Qualität, wie sich an der Leiblichkeit, sofern man sie denn als Natur-Kultur-Hybrid begreifen darf, zeigen lässt. Beispielsweise bilden im Ausdruck von eigenem Schmerzerleben interkulturell nur schwach variante Reaktionen auf körperliche Verletzungen eine unaufhebbare Einheit mit soziokulturell ausdifferenzierten Bedeutungssystemen der Kommunikation.

Übergangsphänomene zwischen Natur und Kultur lassen sich gegebenenfalls nach divergierenden Anteilen der idealtypischen Extreme gliedern. Man kann sich das am Beispiel des Vergleiches von Umwelten veranschaulichen: Die Natürlichkeit fällt in einer Großstadt geringer aus als in ihren dörflichen Randlagen, die stärker kulturell geprägt sind als die forstwirtschaftlich wertvolle Naturlandschaft eines abgelegenen Buchenwaldes, in den mehr menschliche Tätigkeit investiert wird als in den Schutz eines seit Jahrzehnten ausgewiesenen Naturreservates usw. Gegenstandsbereiche, bei deren Analyse das Zusammenwirken von natürlichen und kulturellen Faktoren systematisch nicht unberücksichtigt bleiben darf, bilden jedoch, um es noch einmal zu betonen, nur einen verhältnismäßig kleinen Teil im gesamten wissenschaftlichen Objektfeld. Aus wissenschaftlicher Perspektive kommt der polaren Übergangszone nur eine beschränkte Reichweite zwischen den zwei nebeneinander bestehenden Großreichen von Natur und Kultur zu. So gut sich Natur und Kultur normalerweise auseinanderhalten lassen, so problematisch wird ihre, erst dann wichtige Differenz im zwischen ihnen liegenden Grenzgebiet.

5. Kultur als Natur: Der Naturalismus

Die zweite Ursache für die Bedeutung der Naturthematik in der Moderne, die wachsenden naturwissenschaftlich-technischen Handlungsmöglichkeiten, geht auf die neuzeitliche Revolutionierung der Naturerkenntnis zurück, die die aristotelische Entgegensetzung von Natur und Technik aufhebt. Waren die aristotelischen Handwerke in dem Sinn gegen die Natur gerichtet, dass sie anderen Vorgaben folgten und mehr als die Natur für den Menschen zu leisten vermochten, so geht die Naturwissenschaft seit der Neuzeit umgekehrt davon aus, dass technische Konstruktionen ausschließlich Naturgesetzen unterworfen und zu ihrem Studium bevorzugt geeignet sind.[42] Für den Anfang dieser Entwicklung ist das Werk Galileo Galileis paradigmatisch. Für seine Naturstudien kannte Galilei keine besseren Gegenstände als die Kriegswerkzeuge im Arsenal von Venedig: Um sich Kenntnisse von Naturerscheinungen anzueignen, müsse man sich »um Schiffe, Armbrust und Kanonen kümmern«.[43]

---

ohne weiteres universalisiert« werden, andererseits seien »bestimmte abstraktere Grundmuster erkennbar [...], die transkulturell wirksam« seien. Im umwelttheoretischen und ökologischen Diskurs sieht auch Soper (1995, S. 25 ff. und S. 125 ff.) Anknüpfungspunkte für die Überzeugung, dass Natur und Kultur nicht wechselseitig gegeneinander ausgespielt werden sollten. Die biologischen Thematisierungen von Kultur zeigen nach Sterelny und Griffiths (1999, S. 326) die Unangemessenheit einer Natur-Kultur-Dichotomie. Für die Wissenschaft zeichnet sich nach Latour (1994) insgesamt eine Ersetzung der dualistischen Terminologien durch Begriffshybride ab.

42 Aristoteles kennt zwar nicht identische Gesetze, aber doch auch identische Prinzipien von Natur und Technik (Lehre der vier Ursachen, Verhältnis von Stoff und Form usw.), die es erlauben, von den Strukturen technischer Prozesse auf die der natürlichen jedenfalls analogisch zu schließen. Doch die Natur legt bei ihm nicht die Reichweite der technischen Möglichkeiten fest.

43 Galilei (1982, S. 195).

Die neuzeitliche Naturalisierung der handwerklichen Technik lässt sich als ein erster Schritt zur Naturalisierung der Kultur interpretieren. An den vormals nichtnatürlichen Apparaten und Vorrichtungen enthüllen sich der Wissenschaft die gesuchten Naturgesetze, Handwerk verliert seinen Rang als Inbegriff einer Kulturleistung und fällt der Natur anheim. In der Konsequenz dieser Transformation des Technikbegriffes liegt seine Ablösung vom Begriff der Kunst. Hermann von Helmholtz, Physiker und erster Präsident der physikalisch-technischen Reichsanstalt, stellt im 19. Jahrhundert die »künstlerische« Induktion der für Naturwissenschaft und Technik kennzeichnenden »logischen« Induktion gegenüber. »Künstlerisch« nennt Helmholtz die eine »Art der Induction«, weil sie »im höchsten Grade bei den ausgezeichneteren Kunstwerken« hervortrete.[44] Sie spiele nicht nur »eine Hauptrolle den psychologischen Vorgängen gegenüber«, womit ihre konstitutive Bedeutung für die »Geisteswissenschaften« begründet sei, sondern auf ihr beruhe »die ganze Ausbildung unserer Sinneswahrnehmungen«.[45]

Gehört alle Technik zu Natur, kann die moderne Technisierung der Lebensverhältnisse als Fortsetzung der neuzeitlichen Kulturnaturalisierung verstanden werden. In zunehmendem Maße sind seit dem letzten Jahrhundert nicht nur die Produktions- und Reproduktionsverhältnisse, sondern auch die symbolischen Prozesse der gesellschaftlichen Kommunikation in die Abhängigkeit von wissenschaftlicher Technik geraten. Technik heißt in diesem Zusammenhang zweierlei. Zum einen bezeichnet der Begriff materielle Mittelsysteme, wie automatisierte Produktionsverfahren, Verkehrs- und Kommunikationsnetze oder medizinische Techniken. Wissenschafts- und TechniktheoretikerInnen prognostizieren für die Erzeugung solcher Systeme einen einschneidenden Innovationsschub durch die sich beschleunigende Entwicklung von Robotik, Nanotechnologie und Informatik.[46] Mit anwachsendem Komplexitätsgrad der zu kontrollierenden Systeme, d. h. mit vermehrten möglichen Interaktionen innerhalb der Systeme und zwischen ihnen, könnten allerdings Grenzen der Beherrschbarkeit den Möglichkeitsspielraum der technischen Weltgestaltung einschränken.[47]

Technik meint zum anderen aber auch habituelle Verfahrensweisen, Medien oder Infrastrukturen, die sich von Zielsetzungen losgelöst haben und in Strukturen der Wahrnehmung und des Handelns eingehen, ohne noch auf ihre Herkunft zu verweisen. In diesem Sinn ist Technik – mit Foucault zu sprechen – ein »materielles Dispositiv«, das seine eigenen Traditionen ausbildet und als vorgefundene Konstellation Trägheit und Widerständigkeit entwickelt.[48] Die zweite Bedeutung des Technikbegriffes nimmt die verinnerlichten und wirklichkeitskonstituierenden Wirkungen der ersten auf. Der gewohnheitsmäßige Gebrauch von Fotoapparaten ändert die Wahrnehmungsweisen, die allgemeine Verwendung von akustischen Übertragungstechniken die Hörweisen usw.

Von der fortschreitenden Technisierung der Lebensverhältnisse als einem faktischen Naturalisierungsprozess möchte ich das theoretische Programm einer naturalistischen Erklärung der Kultur abheben. Es findet vor allem Anknüpfungspunkte, wo Phänomene zu Erkenntnisgegenständen der Naturwissenschaften werden, die ehemals außerhalb des Geltungsbereiches der experimentellen Methode lagen. Modelle der Selbstorganisation und Chaosforschung suchen beispielsweise soziologische und ökonomische Prozesse zu erklären,[49] die Hirnforschung beansprucht, Strukturen des Denkens und Empfindens auf neurophysiologische Prozesse zurückzuführen,[50] die Forschungen zur künstlichen Intelligenz beabsichtigen, Leistungen, die den Resultaten mentaler Operationen äquivalent sind, mit Computern zu erzeugen,[51] und die biologische Verhaltensforschung glaubt, in evolutionären Mecha-

---

44 Helmholtz (1862, S. 171).

45 Helmholtz (1862, S. 166 und 171.

46 Diese Voraussage trägt sehr pointiert Kurzweil (1999) vor.

47 Die physikalischen Theorien komplexer Systeme, die Chaostheorie und die nichtlineare Dynamik, nehmen für ihre Gegenstände, zu denen natürliche und technische Prozesse gehören, Instabilitäten an, die sich der Vorausberechnung entziehen, wie beispielsweise die Abhängigkeit der Dynamik gegenüber kleinsten Variationen in den Anfangsbedingungen (»Schmetterlingseffekt«).

48 Vgl. »Technisierung und Gesellschaft« unter »http://www.ifs. tu-darmstadt.de/gradkoll«.

49 Dress u. a. (1986) und Gleick (1988).

50 Einführend: Pauen/Roth (2001).

51 Zur Programmatik der KI: Haugeland (1987).

nismen Grundlagen für menschliches Verhalten zu finden.[52] Von diesen naturwissenschaftlichen Ansätzen, die zu kulturwissenschaftlichen Erklärungen durchaus nicht in Konkurrenz stehen müssen, unterscheidet sich das naturalistische Programm durch seinen Ausschließlichkeitsanspruch, der gegenwärtig weniger NaturwissenschaftlerInnen als Wissenschafts- und ErkenntnistheoretikerInnen beschäftigt. Das Spektrum der naturalistischen Ansätze hat sich mittlerweile in eine Vielfalt von Geltungsansprüchen aufgefächert, die von eliminativen Auffassungen, die den Begriff des Kulturellen restlos durch naturgesetzlich verfasste Aussagen ersetzen wollen, bis zum nichtreduktiven Physikalismus, der kulturelle Eigenschaften in eigenständige Phänomenklassen des Natürlichen transformieren will, reichen.[53] Kann man etwa davon ausgehen, »dass es der Physiologie eines Tages gelingt, einen Weg nachzuzeichnen, der von der Verteilung der elektrischen Ladung in meinem Gehirn zu gewissen Nahtstellen von Nerven und Muskeln in meiner Kehle führt, womit wir in der Lage wären, Äußerungen auf der Basis von Gehirnzuständen vorauszusagen«?[54] Oder soll man stattdessen annehmen, dass die Verwendung des Begriffes des Bewusstseins zwar zukünftig durch neurophysiologische Daten erklärbar, nicht aber durch das Reden über sie ersetzbar sein wird?

Das naturalistische Programm scheint noch ganz am Anfang zu stehen. Umfassende Erklärungsansätze (z. B. der künstlichen Intelligenz oder Soziobiologie) sind umstritten geblieben. Durch kausale Erklärungen bereits erfasste Merkmale des Kulturellen beschränken sich vornehmlich auf einzelne, meist pathologische Aspekte des psychischen Erlebens und des Verhaltens (z. B. physiologische Grundlagen von Psychosen und Verhaltensstörungen). Dem Naturalismus gelingt es nur erst unzureichend, die kulturelle Vielfalt aus der Einheit der Natur abzuleiten. Der relativ geringe Entwicklungsstand des naturalistischen Programms darf allerdings nicht darüber hinwegtäuschen, dass es zukünftig die größte Herausforderung für die kulturwissenschaftlichen Disziplinen darstellen könnte. Steht der Großteil der naturwissenschaftlichen Forschungsgegenstände auch noch abseits von naturalistischen Programmen, widerspricht es doch schon dem Selbstverständnis der Naturwissenschaften, dass sich ein irdischer Wirklichkeitsbereich einer ausschließlich experimentellen Erfassung prinzipiell entziehen würde.

6. Natur als Kultur: Der Kulturalismus

Der historische Prozess der Kulturnaturalisierung kann unter entgegengesetztem Vorzeichen auch alternativ als Prozess der Kulturalisierung der Natur beschrieben werden. Die Umkehr der Blickrichtung kommt zustande, wenn man die Technik nicht als Teil der Natur, sondern – etwa im Sinn von Aristoteles oder Rousseau – als Teil der Kultur begreift. Ohne die eigengesetzliche Verfassung der Technik zu bestreiten, geht diese Perspektive vom entwerfenden Ursprung der Technik aus, dem Natur bloß ein mögliches Material der Gestaltung bietet. Kultur überformt, verdrängt oder ersetzt Natur und weitet die Verfügungsgewalt des Menschen aus. Ontologisch begründete kulturalistische Positionen behaupten, dass dieser Prozess unwiederbringlich zur Beseitigung aller unabhängig vom Menschen bestehenden Wirklichkeit geführt habe. Sie radikalisieren Rousseaus Auffassung von der Naturentfernung und -entfremdung, indem sie die Möglichkeit noch bestehender Wirkungen eines vermeintlich ursprünglichen Naturzustandes bestreiten. Titel wie »Der Tod der Natur« (C. Merchant)[55] oder »Das Ende der Natur« (McKibben[56] und G. Ropohl[57]) greifen Rousseaus Diktum auf, dass der »Mensch [...] die Natur verlassen hat und [...] zu ihr nicht zurückkehren« kann.[58]

Vom ontologischen Kulturalismus möchte ich den epistemischen unterscheiden. Er hält die Erkenntnis nicht erst als Resultat eines geschichtlichen Prozesses, sondern immer schon für irreduzibel kulturell verfasst. Historisch kann man Kants trans-

---

52 Eine Übersicht geben Sterelny/Griffiths (1999).

53 Z. B. eliminativer Materialismus von Curchland und Rorty auf der einen und anomaler Monismus von Davidson auf der anderen Seite.

54 Rorty (1993, S. 50).

55 München 1987.

56 München 1989.

57 In: Schäfer/Ströker (1996, S. 143 ff.).

58 Spaemann (1973, S. 964) über Rousseau.

zendentale Bestimmung der Naturerkenntnis als einen Anfang dieser Spielart des Kulturalismus ansehen. Gegenstand der Naturwissenschaften ist nach Kant eine nach Kategorien des Verstandes synthetisierte Welt, die nicht in die auf Freiheit gegründeten normativen Grundlagen der Kultur hineinreicht. In der Nachfolge von Kant wird die Trennung von naturerklärender Verstandeswissenschaft und weltgestaltender Vernunftkultur aufgehoben und die beide Bereiche ursprünglich bestimmende absolute Allgemeingültigkeit durch kulturell wandelbare Geltungsbedingungen ersetzt. Der Kulturbegriff erfährt so eine Relativierung, die ihm die für seine heutigen Verwendungen typische Historizität und Vielgestaltigkeit verleiht. Jenseits seines kulturalistischen Gebrauches hebt er sich damit von den vergleichsweise trägen und uniformen Veränderungszyklen der Natur ab. Der epistemische Kulturalismus bestreitet aber gerade die Behauptung außerkultureller Eigenschaften. Eingelassen in raumzeitlich begrenzte Kontexte habe jede Erkenntnis einen irreduzibel perspektivischen, historischen und folglich geltungsrelativen Status.[59] Im Fortgang der objektiven Naturerkenntnis spiegele sich nur der Wandel kultureller Selbstverständnisse. Unter diesen Begriff des epistemischen Kulturalismus fallen so verschiedene Positionen wie die des Poststrukturalismus (M. Foucault), der Dekonstruktion (J. Derrida, J. Butler), der Subjektivitätstheorie (K.-H. Bohrer), des methodischen Kulturalismus (P. Janich) oder des sozialen Konstruktivismus (»Edinburgh School« der Wissenschaftssoziologie).

Ontologischer und epistemischer Kulturalismus konvergieren in der Neigung, jede Behauptung eines realistischen Gehaltes der modernen Naturerkenntnis und jede normative Berufung auf Natur abzulehnen. Ihnen kommt die zum Naturalismus komplementäre Schwäche zu, interkulturell nur schwach variierende Eigenschaften nicht befriedigend aus kultureller Vielheit zu erklären.

---

59 Der Naturalismus braucht sich von diesem weiten Begriff des epistemischen Kulturalismus nicht in der grundsätzlichen Erkenntnischarakterisierung zu unterscheiden. Wichtiger ist die Differenz ihrer Begründung, die naturalistisch hauptsächlich statt auf externe auf interne Faktoren der Wissenschaftsentwicklung rekurriert.

7. Schlussbemerkung: Ambivalenz eines Naturbegriffes

Obwohl sich der Naturbegriff in seiner Abgrenzung von Kultur auf vielfältige Weise präzisieren lässt, bleibt er ebenso kennzeichnenden wie irreduziblen Mehrdeutigkeiten verhaftet. So entgehen alle vorgestellten Varianten nicht der Ambivalenz, dass die begrifflich voneinander geschiedenen Dinge und Eigenschaften auf das ihnen jeweils Entgegengesetzte referieren. Deutlich wird diese Struktur vor allem an den Charakterisierungen der Naturbeziehung des Menschen. Setzt man (wie Aristoteles) allein die techne der Natur entgegen, dann bringt der Mensch als Naturwesen das Nichtnatürliche hervor; versteht man (wie Rousseau) die menschliche Geschichte als Negation von Natur, dann findet der Mensch als Kulturwesen in sich Natur vor. Schneidet man (kulturalistisch) den Menschen von einer vermeintlich unabhängig existierenden Natur ab, dann wird Natur zum Konstrukt des Anderen der Kultur. Vollständig in seiner Kultur eingeschlossen, vermag der Mensch dennoch ein absolut Anderes zu denken. Rechnet man den Menschen und alle seine Erzeugnisse (naturalistisch) hingegen restlos zur Natur, wird das Nachdenken über sie ebenfalls zur Paradoxie, da Natur als das Ganze des Seienden nicht Objekt sein kann. Lässt man schließlich (wie in manchen wissenschaftlichen Disziplinen) die Natürlichkeit mit abnehmenden anthropogenen Anteilen zunehmen, dann kann man zwar unterschiedliche Grade menschlich verursachter Wirklichkeitsveränderung voneinander abheben, löst dadurch aber eindeutige Grenzziehungen zwischen den Kontrastbegriffen auf.

Eine ambivalente Struktur folgt auch aus der Unterbestimmtheit von Natur als dem Anderen der Kultur. Gegenüber den damit nicht erfassten wertenden und normativen Eigenschaftszuschreibungen eignet diesem Naturbegriff eine immune bzw. polyvalente Semantik. Welche Gegenstände man auch zur Natur nimmt, man kann sie allermeist negativ und/oder positiv konnotieren. Natur als das Nichttechnische, Unhistorische, Nichtanthropogene usw. kann das Schmerzverursachende, Gewalttätige, zu Beherrschende, zu Überwindende, aber auch die Ursache des Wohlgefühls, die vorbildliche Ordnung, der ethische und ästhetische Maßstab usw. sein.

Unter den verschiedenen Kontrastierungen von Natur und Kultur kommen ferner einander widersprechende Verhältnisbestimmungen von Natur und den naturwissenschaftlichen Gegenständen vor. So bildet die Natur als wilde, unberührte Welt den Gegenbegriff zu den labormäßigen Objekten experimenteller Forschung und technischer Herstellung. Alternativ können aber diese Objekte auch als Natur begriffen werden. Natur wird sogar gemeinhin mit den Gegenständen der naturwissenschaftlichen Arbeit gleichgesetzt. Mit dieser Bestimmung verbinden sich wiederum Mehrdeutigkeiten, die aus den Eigenarten der Theoriebildung sowie der Methodik und Anwendung des experimentellen Verfahrens resultieren. Eine üblicherweise anerkannte Hypothetizität von naturwissenschaftlichen Theorien impliziert die Möglichkeit alternativer, d. h. logisch unvereinbarer Darstellungen eines identischen Gegenstandsgebietes (Duhem-Quine-These). Aus der Spezifität der naturwissenschaftlichen Methodik erwächst eine begrenzte Reichweite ihrer Ergebnisse, die sich dennoch auf Gegenstände erstrecken, die auch aus anderen lebensweltlichen, ästhetischen, religiösen usw. Erfahrungsperspektiven thematisierbar sind.

Natur kann außerdem oder stattdessen auch als ein Gegenstand der Anwendung des naturwissenschaftlich-technischen Wissens betrachtet werden. In dieser wesentlich gesellschaftlich vermittelten Dimension lassen sich Uneindeutigkeiten im Hinblick auf die gestiegene Verfügungsmacht des Menschen über die Natur diskutieren. Ehemals Unverfügbares ist soweit in Handlungsbereiche eingerückt, dass eine Ablösung der Kultur von der vorgegebenen naturalen Basis denkbar geworden ist. Die Ersetzung von organischen Lebensmitteln durch synthetisch erzeugte Stoffe nimmt stetig zu, der steuernde Eingriff in die genetischen Grundlagen des Lebens ist angelaufen. Das Ausmaß der Eingriffsmöglichkeiten in das vom Menschen bisher nicht Geschaffene beginnt eine historisch neue, für viele Menschen auch beängstigende Qualität anzunehmen. Gegen die gleichwohl verbreitete Vorstellung einer zukünftig grenzenlosen Vermehrung des technisch Machbaren steht der Einwand, die Reichweiten wissenschaftlich-technischer Verfahrensweisen könnten sich nicht erst in größeren Zeiträumen als beschränkt erweisen. Zu denken ist hierbei in

erster Linie an die sich zuspitzende ökologische Krise. Ihre wesentlichen Ursachen – Schadstoffemissionen, »Rohstoff«-Verbrauch und Zerstörung der Artenvielfalt – haben sich in einem Maß verschärft, dass die irreversible Zerstörung der noch unerlässlichen naturalen Basis menschlichen Lebens Realität gewinnt. Die Entwicklung von Gegenmaßnahmen stellt für die Ingenieur- und Naturwissenschaften sowie für die Gesellschaften die entscheidende Aufgabe im lokalen und globalen Umgang mit der Natur als der nicht hergestellten Wirklichkeit dar. Ohne eine durchgreifende Veränderung im Verhältnis des Menschen zu dieser Natur scheint eine Bewältigung des Umweltproblems ausgeschlossen. Nachdem sich die menschliche Zivilisation jahrhundertelang bedenkenlos auf Kosten ihrer Umwelt entwickelt hat, beginnen sich die natürlichen Systeme auf die veränderte Situation im lokalen und globalen Maßstab – ihrerseits gleichsam rücksichtslos gegen den Menschen – einzustellen. Natur bringt sich dadurch faktisch als eine der Kultur vorgängige Rahmenbedingung zur Geltung. Zukünftige Kulturentwicklung könnte im Gegenzug die hervortretende naturale Abhängigkeit durch forcierten Ausbau ihrer technischen Mittelsysteme zu lockern versuchen. Wo sich Kultur aber von Natur distanziert, treten ihre eigenen Beschränkungen hervor. Mögliche Grenzen der Beherrschbarkeit habe ich bereits im Zusammenhang der zu erwartenden Komplexität materieller Mittelsysteme erwähnt. Expansionshemmend könnten auch die Aufrechterhaltung und Verschärfung ethischer Vorgaben für die wissenschaftliche Forschung und ihre Anwendungen wirken. Seit dem Beginn der Naturforschung in der Neuzeit hat die traditionsgestützte Einhaltung moralischer Normen dafür gesorgt, dass längst nicht alle Möglichkeiten zur experimentellen Untersuchung und Beeinflussung des Lebens zum Einsatz gelangt sind. Für die heutige, sich von nicht rational ausgewiesenen Handlungsvorgaben distanzierende Moderne bleibt unklar und vielleicht auch unbeantwortbar, ob sich die gesellschaftlichen Handlungsoptionen, die ethischen Festlegungen im Umgang mit Natur vorausliegen, erweitert oder verengt haben. Sie haben sich im Hinblick auf die Reichweite des technisch Verfügbaren zweifellos erweitert, in ihrer Fixierung auf wissenschaftliche Rationalitätsmaßstäbe aber eher verengt.

Mit der Naturbeziehung des Menschen ist schließlich die von ihm in Gang gesetzte Technik von Ambivalenz gekennzeichnet. Technik steht zwischen den zwei nicht hergestellten Wirklichkeiten Natur und Kultur. Kulturelle Vorgaben prägen die Konstruktionen der Technik als materielle Mittelsysteme, für die die gleichen Prinzipien und kausalen Gesetze gelten wie für Natur. Technik löst sich aber auch schon von den ihr vorausgehenden Zwecksetzungen, verliert ihre Mittelfunktion, beginnt als »materielles Dispositiv« eine nur noch bedingt steuerbare Eigendynamik zu entfalten, die auf Kultur zurückwirkt, in sie eingeht oder sich ihr widerständig bemerkbar macht. Diese Verselbständigung könnte man als erste, noch kaum erkennbare Vorstufe einer eigenständigen Technikentwicklung deuten, zu deren noch entfernten weiteren Phasen auch Phänomene einer sich selbst organisierenden und reproduzierenden Technik gehören würden. Eine autonome technische Welt, in der Menschen nicht mehr vorkommen müssten, hätte sich den polaren Bestimmungsmöglichkeiten im Spannungsfeld von Natur und Kultur gänzlich entzogen, würde Natur wie Kultur sein und sich gegen einen wohlmöglich noch bestehenden Rest von nicht hergestellter Welt abgrenzen.

Dass sich über solche Szenarien nur am Rande wissenschaftlicher Rationalität spekulieren lässt, drückt ihren beachtlichen Abstand zur Gegenwart aus. Noch glauben Menschen mit guten Gründen, Texte aus den vergangenen zwei Jahrtausenden, in denen Natur oder die Gegenstände verwandter Ausdrücke thematisch sind, ohne spezielle Vorkenntnisse zu verstehen, und integrieren die so gewonnene Orientierung in ihr Welt- und Selbstverständnis. Das beachtliche Ausmaß, mit dem traditionelle Naturvorstellungen rezipiert werden, könnte aber zugleich vom Suchen nach einer neuen, noch nicht verfügbaren Begrifflichkeit zeugen. Das Verhältnis des Menschen zu seiner Umwelt scheint bereits in einer Weise geändert, dass die alten Begriffe viel von ihrer Eindeutigkeit verloren haben. In dieser Situation wäre es allerdings wahrscheinlich unklug, vorschnell auf die herkömmlichen Vorstellungen zu verzichten. Denn je »akuter und sicherer

das Gefühl des revolutionären Bruches ist, desto nötiger ist es, sich darüber unter Bedingungen Rechenschaft abzulegen, die gerade im Begriff sind, ganz allmählich [...] ersetzt zu werden. Erst wenn die Entwicklung einer neuen Bewegung abgeschlossen [...] ist, kann sie in ihrer eigenen Perspektive wahrgenommen werden«.[60]

Literatur

AUDRETSCH, JÜRGEN / MAINZER, KLAUS (Hg.) (1990), *Vom Anfang der Welt. Wissenschaft, Philosophie, Religion, Mythos*, München: C. H.Beck. ■ BÖHME, GERNOT (Hg.) (1989), *Klassiker der Naturphilosophie. Von den Vorsokratikern bis zur Kopenhagener Schule*, München: C. H.Beck. ■ BONITZ, HERMANN (Hg.) (1955), *Index Aristotelicus*, Berlin: Akademie-Verlag. ■ COLLINGWOOD, ROBIN GEORGE (1945), *The Idea of Nature*, Oxford: Clarendon Press. ■ DEWEY, JOHN (1995), *Erfahrung und Natur*, Frankfurt/M.: Suhrkamp. ■ DREES, WILLEM B. (1996), *Religion, Science, and Naturalism*, Cambridge: Cambridge University Press. ■ DRESS, ANDREAS / HENDRICHS, HUBERT / KÜPPERS, GÜNTER (Hg.) (1986), *Selbstorganisation. Die Entstehung von Ordnung in Natur und Gesellschaft*, München: Piper. ■ ESER, UTA / POTTHAST, THOMAS (1999), *Naturschutzethik. Eine Einführung für die Praxis*, Baden-Baden: Nomos-Verlag. ■ FOUCAULT, MICHEL (1978), *Die Ordnung der Dinge. Eine Archäologie der Humanwissenschaften*, Frankfurt/M.: Suhrkamp. ■ GALILEI, GALILEO (1982), *Dialog über die beiden hauptsächlichsten Weltsysteme, das ptolemäische und das kopernikanische*, übers. und erl. v. Strauss, Emil, hg. v. Sexl, Roman / von Meyenn, Karl, Darmstadt: Wissenschaftliche Buchgesellschaft. ■ GLACKEN, CLARENCE J. (1976), *Traces on the Rohdian Shore. Nature and Culture in Western Thought from Ancient Time to the Eighteenth Century*, Berkeley: University of California Press. ■ GLEICK, JAMES (1988), *Chaos – die Ordnung des Universums*, München: Droemer Knaur. ■ GLOY, KAREN (1995f.), *Das Verständnis der Natur*, 2 Bände, München: C. H.Beck. ■ GÖRG, CHRISTOPH (1998), *Gesellschaftliche Naturverhältnisse*, Münster: Westfälisches Dampfboot. ■ HABERMAS, JÜRGEN (2001), *Die Zukunft der menschlichen Natur. Auf dem Weg zu einer liberalen Eugenik*, Frankfurt/M.: Suhrkamp. ■ HAUGELAND, JOHN (1987), *Künstliche Intelligenz – Programmierte Vernunft*, Hamburg: McGraw-Hill. ■ VON HELMHOLTZ, HERMANN (1903 [1862]), »Über das Verhältnis der Naturwissenschaften zur Gesamtheit der Wissenschaften«, in: von Helmholtz, Hermann, *Vorträge und Reden*, Bd. 1, Braunschweig: Vieweg, S. 157–185. ■ HOLZHEY, HELMUT (1999), »Natur- und Geisteswissenschaften – zwei Kulturen«, in: Anderegg, Johannes / Kunz, Edith Anna (Hg.), *Kulturwissenschaften: Positionen und Perspektiven*, Bielefeld: Aisthesis-Verlag, S. 31–50. ■ HORIGAN, STEPHEN (1988), *Nature and Culture in Western Discourses*, London: Routledge. ■ KESSLER, EDWIN (1994), »Naturverständnisse im 15. und 16. Jahrhundert«, in: Schäfer, Lothar / Ströker, Elisabeth (Hg.), *Naturauffassungen in Philosophie, Wissenschaft und*

---

60 Dewey (1995, S. 448).

Technik, Bd. 2, Freiburg/München: Karl Alber, S. 13–57. ■ KREBS, ANGELIKA (1999), »Naturethik im Überblick«, in: Krebs, Angelika (Hg.), *Naturethik*, Frankfurt/M.: Suhrkamp, S. 337–379. ■ KURZWEIL, RAY (1999), *Homo sapiens. Leben im 21. Jahrhundert. Was bleibt vom Menschen?* Köln: Kiepenheuer & Witsch. ■ LATOUR, BRUNO (1994), *Wir sind nie modern gewesen*, Berlin: Akademie-Verlag. ■ LEPENIES, WOLF (1976), *Das Ende der Naturgeschichte*, Frankfurt/M.: Suhrkamp. ■ LUHMANN, NIKLAS (1986), *Ökologische Kommunikation*, Opladen: Westdeutscher Verlag. ■ MAURER, REINHART (1973), Artikel »Kultur«, in: Krings, Herman u.a. (Hg.), *Lexikon der philosophischen Grundbegriffe*, München: Kösel, S. 823–832. ■ MEYER-ABICH, KLAUS MICHAEL (1997), *Praktische Naturphilosophie. Erinnerung an einen vergessenen Traum*, München: C. H.Beck. ■ MILTON, KAY (1996), *Environmentalism and Cultural Theory*, London: Routledge. ■ MITTELSTRASS, JÜRGEN (1982), »Technik und Vernunft«, in: Mittelstraß, Jürgen, *Wissenschaft und Lebensform*, Frankfurt/M.: Suhrkamp, S. 37–64. ■ MOSCOVICI, SERGE (1990), *Versuch über die menschliche Geschichte der Natur*, Frankfurt/M.: Suhrkamp. ■ PASSMORE, JOHN (1974), *Man's Responsibility for Nature*, London: Duckworth. ■ PATZER, HARALD (1945), *Physis. Grundlegung zu einer Geschichte des Wortes*, Marburg: Universität, Habilitationsschrift. ■ PAUEN, MICHAEL / ROTH, GERHARD (Hg.) (2001), *Neurowissenschaft und Philosophie. Eine Einführung*, München: Fink. ■ RAPP, FRIEDRICH (1978), *Analytische Technikphilosophie*, Freiburg/München: Alber. ■ RORTY, RICHARD (1993), »Physikalismus ohne Reduktionismus«, in: Rorty, Richard, *Eine Kultur ohne Zentrum*, Stuttgart: Reclam, S. 48–71. ■ ROUSSEAU, JEAN-JAQUES (1971), *Emil oder Über die Erziehung*, übers. v. Schmidts, Ludwig, Paderborn: Schoeningh. ■ ROUSSEAU, JEAN-JAQUES (1977), *Gesellschaftsvertrag oder Grundsätze des Staatsrechts*, übers. Brockard, Hans,. Stuttgart: Reclam. ■ ROUSSEAU, JEAN-JAQUES (1984), *Diskurs über die Ungleichheit*, übers. v. Meier, Heinrich, Paderborn: Schoeningh. ■ ROUSSEAU, JEAN-JAQUES (1988), *Julie oder Die neue Héloïse. Briefe zweier Liebenden aus einer kleinen Stadt am Fuße der Alpen*, übers. v. Gellius, Johann Gottfried, München: Deutscher Taschenbuch-Verlag. ■ SCHÄFER, LOTHAR (1991), »Natur«, in: Martens, Ekkehard / Schnädelbach, Herbert (Hg.), *Philosophie. Ein Grundkurs*, Reinbek: Rowohlt, S. 467–507. ■ SCHÄFER, LOTHAR (1993), *Das Bacon-Projekt*, Frankfurt/M.: Suhrkamp. ■ SCHÄFER, LOTHAR / STRÖKER, ELISABETH (Hg.) (1993 ff.), *Naturauffassungen in Philosophie, Wissenschaft und Technik*, 4 Bände, Freiburg/München: Alber. ■ SCHIEMANN, GREGOR (Hg.) (1996), *Was ist Natur?* München: Deutscher Taschenbuch-Verlag. ■ SIEFERLE, ROLF PETER (1999), »Naturerfahrung und Naturkonstruktion. Einleitung«, in: Sieferle, Rolf Peter / Breuninger, Helga (Hg.) (1999), *Naturbilder: Wahrnehmung von Natur und Umwelt in der Geschichte*, Frankfurt/M./New York: Campus, S. 9–18. ■ SIMMONS, IAN GORDON (1989), *Changing the Face of the Earth*, Oxford: Blackwell. ■ SOPER, KATE (1995), *What Is Nature?* Oxford/Cambridge: Blackwell. ■ SPAEMANN, ROBERT (1973), »Natur«, in: Krings, Hermann u.a. (Hg.), *Lexikon der philosophischen Grundbegriffe*, München, S. 956–969. ■ SPAEMANN, ROBERT (1980), »Technische Eingriffe in die Natur als Problem der politischen Ethik«, in: Birnbacher, Dieter (Hg.), *Ökologie und Ethik*, Stuttgart: Reclam, S. 180–206. ■ STERELNY, KIM / GRIFFITHS, PAUL E. (1999), *Sex and Death. An Introduction to the Philosophy of Biology*, Chicago/London: University of Chicago Press. ■ STÖCKLER, MANFRED (1998), »Wandlungen im Verhältnis von Natur und Geisteswissenschaften«, in: Preuss, Volker (Hg.), *Zwei Welten in der Krise. Neue Perspektiven im Dialog zwischen Natur und Geisteswissenschaften*, Bremen: Wolfgang-Ritter-Stiftung.

1.6 Formen von Differenz – Ordnung und System

Dirk Rustemeyer

1. Das Problem der Einheit

Die Kongruenz von Wissen und Sein gehört zu den Topoi, die den Ursprung der abendländischen Philosophie markieren. Wissen und Sein fügen sich demnach zu einer Ordnung von Unterscheidungen, die Wirklichkeit, Notwendigkeit und Ewigkeit in eins setzt, diese gegenüber Möglichkeit und Werden auszeichnet und kein Anderes ihrer selbst kennt.[1] Solcherart Wirkliches erschließt sich einem Denken, das die Ordnung – des Kosmos und des Logos – in der Bewegung seiner eigenen Vollzüge als notwendig erfasst. In Natur und Polis, Heer und Musik, der Bewegung der Sterne, in Leib und Seele realisiert sich ein geordnetes Verhältnis zwischen Teilen und Ganzem, in dem Wirkliches sich als Ordnung von Seiendem verkörpert.[2] Diese Vorstellung von Ordnung kombiniert empirische mit normativen Konnotationen: Die Ordnung ist die gute Ordnung. Das Andere der Wirklichkeit wäre das Chaos, das nur als Negation von Ordnung denkbar ist. Wissen repräsentiert die Form des Denkens von Ordnung. Es bildet eine relationale Struktur, die den doppelten Bezug auf ein im Wissen Gewusstes einerseits und auf die Instanz des Wissens andererseits eröffnet. Die Selbstreferenz des Wissens sichert das Wissen über das Gewusste und etabliert die Einheit der Unterscheidung von Wissen und Nichtwissen als Form des Wissens. Wissen wird zur Reflexivität der Ordnung des Erkannten, der es als integrales Moment zugehört. Zwar ist alles Wissen nur als Differenz möglich, aber die Differenzen werden reflexiv zu einer Identität zusammengeschlossen. Diesen Selbstbezug ermöglicht eine Instanz des Wissens, die als Tätigkeit Selbstreferenz und Fremdreferenz des Wissens verknüpft. Solche Arbeit der Relationierung fällt aber nicht ohne weiteres mit dem inhaltlichen Wissen zusammen, das sie als Tätigkeit erzeugt. Sie ermöglicht Wissen von etwas und zugleich in der Reflexion hierauf ein Wissen von sich, das, als Form aller möglichen Inhalte, selbst als höherstufiges Wissen gelten kann. Als Form markiert sie ein Anderes ihrer eigenen Unterscheidung, das folglich nicht als – unterscheidungsgestütztes und formgebundenes – einfaches Wissen darstellbar ist. Dieses Andere, das die als Form reflektierte Form anzeigt, eignet sich dazu, als das eigentlich Seiende oder Absolute zur negativen Einheitsform aller Bestimmungen aufgewertet zu werden, der gegenüber alles Bestimmte und Gewusste defizitär bleibt. Die Geschichte der Metaphysik variiert diese Theorieform einer reflexiven Differenz, die als Form ihre Inhalte zu einer nichts exkludierenden Ordnung fügt. Nous, Gott, Absolutes oder Geist bezeichnen den theoriestrategischen Ort der Reflexion auf die Einheit aller Unterscheidungen.

Die Bewegung der Reflexion ist demnach die dynamische Einheit der Differenz von Wissen und Gewusstem. Sie setzt Wahrnehmungen, intelligible Beziehungen und symbolische Ordnungen, vor allem und zunächst sprachliche Begriffe, in Verhältnisse wechselseitiger Bestimmung. Solche Operationen semantisierender Bestimmung konstituieren Sein als Sinn. Die Konstellation der Begriffe und ihre relationale Ordnung koinzidiert mit Denken, Wissen und Wirklichkeit. Im Konzept des »Logos« ziehen sich diese Konnotationen von Reflexion, Rede, Begriff und Bewegung zusammen. Reflexion und Reflektiertes, Wissen und Sein verschmelzen. Ohne die unterstellte Einheit dieser Differenz von Wissen und Gewusstem wären Wissen und Nichtwissen beobachterrelative Kategorien, die nicht auf Gewissheit oder Evidenz, also auf Nichtkontingenz, hin beobachtet werden könnten. Wissen jedoch ist eine Formel für Nichtkontingenz. Nur vor dem Hintergrund von Wissen vermag Nichtwissen Aufmerksamkeit zu gewinnen und besonders qualifiziert zu werden – sei es als Meinung, Können,

---

1 Vgl. Aristoteles: Metaphysik. Buch VI, IX.
2 Vgl. Artikel »Ordnung« in: Ritter/Gründer (1984, Sp. 1249–1310).

implizites Wissen, Mehrdeutigkeit, Skepsis oder Unsicherheit. Zwar ist Wissen eine Differenzformel, die auf Nichtwissen verweist, gegen das sich Wissen profiliert, aber diese Differenz ist asymmetrisch: Nur als spezifisch – z. B. als Ungewisses – Gewusstes ist Nichtwissen die andere Seite des Wissens. Die Selbstreferenz des Wissens ist dabei mehr als eine bloße Repräsentation des Wissens in sich selbst, insofern sie eine Aktivität der Beziehung erfordert, die die Einheit der Differenz von Wissen und Gewusstem sowohl konstituiert als auch reflektiert. Die Form der Differenz des Wissens ist deshalb keine kontingente Zuschreibung, sondern produktive Form der Unterscheidung selbst: Form der Formen, die alle Kontingenzen aus sich ausschließt, weil sie alle bestimmten Kontingenzen einschließt. Darum gilt das Denken, später das Bewusstsein oder der Geist, als der klassische Ort, an dem das sich als Wissen wissende Wissen im Modus der »Reflexion« entsteht. Über die Immanenz seiner Selbstinspektion gewinnt solches Wissen eine Ordnung der Bestimmungen, die zugleich die Ordnung des Seienden ist. Bewusstsein und begrifflich geführtes Denken fungieren als Modell für Reflexivität, weil sie als sich zeitlich erstreckende Prozesse eine simultane Differenz von Wahrnehmung und Denken einerseits, Wahrgenommenem und Gedachtem andererseits zu beschreiben erlauben. Die basale Unterscheidung von etwas und anderem kristallisiert sich auf dem Fundament einer Selbstbezüglichkeit der Wahrnehmungs- und Denktätigkeit aus, bevor sie als Ordnung der Unterscheidungen auf der Seite der vom »Selbst« unterschiedenen Objekte – als Welt – weiter entfaltet wird. Die Instanz des Wissens gehört sowohl zur Welt als auch nicht zur Welt. Bezieht sie ihre eigene Unterscheidung, mit der sie »sich« konstituiert, in die Ordnung des Seienden ein, ontologisiert sich der wissenskonstitutive Ort der Differenz zu einer Ordnung, an der Bewusstsein und Denken partizipieren. Das von allem positiven Weltwissen als dessen Ermöglichungsgrund Unterschiedene – die Form der Unterscheidung – schließt sich in das von ihm Ausgeschlossene zugleich ein: Das Wissen von der Welt ist in der Welt. Unterscheidet sich die Instanz des Wissens als eine jedes andere Etwas konstituierende Tätigkeit hingegen von ihren Inhalten, fällt die Ordnung der Welt als Ordnung des Wissens in

sie selbst. Auch in diesem Fall koinzidieren Wissen und Gewusstes in der Form einer selbstreferentiellen Einheit. Antike und christliche Varianten der Metaphysik sowie neuzeitliche Varianten einer Theorie des Bewusstseins verfolgen diese theoriestrategische Option unter der gemeinsamen Voraussetzung einer Reflexivität, Einheit und Nichtkontingenz der Ordnung von Wissen und Gewusstem. Als nichtkontingentes Wissen und Form der Reflexion hat diese Einheit von Wissen und Gewusstem keine kontingenten Inhalte, sondern richtet sich auf allgemeine Strukturen, über die sich die Differenz von Wahrem und Falschem, Sein und Nichtsein entfaltet. Solche Strukturen des Wissens sind zugleich intelligibel und empirisch. Dafür steht der Begriff des Wirklichen, der, als in sich reflektierte Zeit, sogar mit dem Begriff der Geschichte koinzidieren und so seine temporale Zerstreuung in die Gleichzeitigkeit eines rekursiven Wissens überführen kann.[3] Die Einheit des Wissens repräsentiert die Einheit der Welt, zu der das Denken wie das Gedachte integral gehören. Wirkliches, als Korrelat wahren Wissens, wird an der Selbstreferenz des Wissens kontrolliert, um es von den Resten der Doxa zu trennen, deren Kontingenz die Einheit von Wissen, Wirklichkeit und Notwendigkeit unterwandert. Die Fremdreferenz des Wissens bleibt als gewusste von seiner Selbstreferenz abhängig. Auch wenn die Ordnung des Kosmos sich zur Ordnung der Methode wissenschaftlicher Untersuchung der Wirklichkeit transformiert, bleibt die Form des Verfahrens des Wissenserwerbs Garant der Einheit der Ordnung des Seienden gegenüber einer sich vervielfältigenden und in differenten symbolischen Ordnungen beschriebenen Wirklichkeit.

Solches Wissen hat paradigmatisch die Form des Systems. In dessen Form fallen Wirklichkeit – Sein – und Sinn – Bestimmtsein – in eins. Wissen unterscheidet sich von Nichtwissen wesentlich durch seinen »systematischen« Anspruch, demzufolge es in seinen Voraussetzungen reflektiert ist und seine Elemente zu einem lückenlosen Zusammenhang verbindet, der sogar eine deduktive Ordnung mit einem obersten Wert darstellen kann. Diese Ord-

---

3 Vgl. Hegel (1980).

nung ist homogen und ermöglicht geordnete Übergänge von jedem Element zu allen anderen. Das Gegenmodell ist der strukturlose Haufen, das Aggregat unverbundener Einzelner. Der Ausdruck »System« beschreibt Einheit in Vielheit. Diese Einheit entspricht der verbindenden Kraft des Denkens, das Mannigfaltiges aufeinander bezieht und so Einheit in Vielheit stiftet. Wirkliches Wissen besitzt daher zum einen die Form des Systems im Sinne einer Ordnung des Gedachten und Gesagten, und es zielt zum anderen in seiner materialen Referenz auf die Ordnung des Seienden als des Gewussten: Das System des Wissens repräsentiert das System der Dinge. Insofern ist die Vorstellung des Systems ontologisch. Das Gefüge sprachlicher Bestimmungen gehorcht demnach einer strengen Ordnung der Ableitungs- und Ausschlussbeziehungen, die dafür sorgt, dass Sinn und Sein verschmelzen.[4] Auch der Begriff des Systems hat daher in der abendländischen Tradition eine lange Geschichte, wobei seine Bedeutung beträchtlich streut. Schon in der Antike bezieht der Begriff sich – ähnlich wie »Ordnung« – auf Musik, Politik, Kosmos, Logik und Wissen. Später treten astronomische und methodologische Verwendungsweisen hinzu, und Hobbes akzentuiert seine neuzeitliche politische Konnotation. Im 18. und frühen 19. Jahrhundert dient der Begriff dazu, die Isomorphie von Denken und Welt bzw. die Strukturgleichheit von Wissenschaft, Vernunft und Welt zu beschreiben. Heute verbindet sich mit dem Terminus des Systems oft eine biologische, kybernetische oder informationstheoretische Verwendungsweise.[5]

Im Blick auf eine Theorie des Wissens, die ihre eigene Verwurzelung in und ihre Distanzierung von einer Philosophie des Systems reflektiert, stellt sich die Frage nach der bleibenden Faszinationskraft des Systemdenkens. Diese Faszination bleibt spürbar, obwohl klassische Varianten der Systemphilosophie aus systematischen Gründen nicht mehr überzeugen. Es zeigt sich, dass auch Ordnungsmodelle, die sich kritisch gegen den Systembegriff wenden, im-

plizit von ihm zehren. Die begrifflichen Formen von Ordnung und System partizipieren an einem selbstreferentiellen Begriff des Wissens. Noch dessen Kritik nutzt die Form einer geordneten Differenzbildung. Zu paradigmatischer Ausformulierung gelangt die Systemphilosophie im Deutschen Idealismus. Am Beispiel von Kant und Hegel treten zwei Varianten des Systembegriffs vor Augen, an denen sich seine unterschiedlichen theorielogischen Möglichkeiten exemplarisch beobachten lassen (2.). Vor diesem Hintergrund konturieren sich Gegenargumente und alternative Konzepte, wie Wissen zu denken ist (3.). Diese Argumente zielen auf eine Vorstellung von Ordnung, die Unwahrscheinlichkeitsmuster ohne den systemischen Anspruch auf Geschlossenheit und Einheit beschreiben. Die theoretische und methodologische Reichweite solcher Konzepte lässt sich anhand einer semiotisch und einer soziologisch akzentuierten Variante illustrieren (4.). Solche Modelle von Ordnung bewahren vom Systemdenken die Intention auf einen Zusammenhang des Vielen. Ein solcher Zusammenhang des Vielen würde aber nicht im Einen, sondern in Feldern methodisch operationalisierbarer Differenzen kulminieren. Diese Felder von Differenzen sind weder nur als Geist noch als Sein, weder nur idealistisch noch materialistisch darzustellen, da sie sich variablen Unterscheidungen verdanken, deren Ursprung nicht nur theoretisch, sondern auch praktisch ist. Folglich legt eine solche Vorstellung von Einheit den Anspruch auf Singularität ab: Es gibt Ordnungen im Plural, und jede Ordnung bildet sich über einem geordneten Muster von Differenzen (5.).

2. Bewusstsein und Geist

Klassische Varianten des Systemdenkens, wie sie sich im Deutschen Idealismus darstellen, zeigen bei allen Unterschieden eine Gemeinsamkeit darin, dass sie ihren Ausgangspunkt von einer Theorie des Bewusstseins nehmen. Damit verleihen sie dem Systembegriff, wie er aus Antike und Mittelalter überliefert ist, einen neuen Akzent. So unterscheidet Kant in der Kritik der reinen Vernunft zwei Arten der Unwissenheit: Unwissenheit in Bezug auf Sachen und in Bezug auf Erkenntnis. Ziel seiner Phi-

---

4 Diese Auffassung eint metaphysische und manche dezidiert metaphysikkritischen Positionen wie etwa den Logischen Positivismus.

5 Vgl. als Überblick den Artikel »System« in: Ritter/Gründer (1998, Sp. 824–856).

losophie ist es, zur Erkenntnis der Unwissenheit der Erkenntnis vorzudringen und darin eine kritische Form von Wissen zu begründen.[6] Die dazu in Anschlag gebrachte Methode besteht in der reflexiven Bestimmung der Formen und Grenzen der Erkenntnis überhaupt, wie sie sich einer Inspektion der Leistungen des Bewusstseins enthüllen. In dieser Reflexionstechnik knüpft Kant an die cartesianische Unterscheidung von res extensa und res cogitans an, wie sie die neuzeitliche Theorie des Wissens maßgeblich prägt. Er behandelt diese Unterscheidung aber auf neue Weise, indem er die Einheit der Differenz nicht mehr in einem unbeobachtbaren, nur logisch erschließbaren Gott ansetzt, sondern sie in die Immanenz des reflektierenden Bewusstseins verlagert, das sein Anderes als gedachtes Anderes von sich unterscheidet. Die Architektonik der reinen Vernunft ist eine »Kunst der Systeme«, durch die »gemeine Erkenntnis« sich zur »Wissenschaft« läutert. Unter »System« versteht Kant »die Einheit der mannigfaltigen Erkenntnisse unter einer Idee. Diese ist der Vernunftbegriff eines Ganzen, so fern durch denselben der Umfang des Mannigfaltigen so wohl, als die Stelle der Teile untereinander, a priori bestimmt wird«.[7] Auch wenn die Form der Vernunft ahistorisch gedacht wird, um sie von den Kontingenzen der Erfahrung frei zu halten, glaubt Kant beobachten zu können, dass das Wissen über die Sachen, wie es sich in der Zeit darstellt, wiederum eine nichtzufällige Struktur zu besitzen scheint – mit anderen Worten: sich so verhält, als würde sie sich immer mehr zum System des Wissens schließen.[8] Gleichwohl erblickt Kant in dieser Einheit allen Wissens lediglich eine regulative Idee, die im Modus des Als-ob die Erkenntnisgewinnung endlicher Sinnenwesen leitet und ihr moralisches Urteil orientiert. Kant verleiht damit der antiken Debatte um den Status der Ideen eine neue Signatur. Einerseits steckt, in aristotelischer Tradition, der Logos in den Weisen des Sprechens und Urteilens, mit denen der Verstand sich kategorial auf Dinge bezieht; andererseits sind diese Rede- und Urteilsformen über Empirisches auf Nichtempirisches, nämlich auf Ideen, bezogen, die, so die Reminiszenz an Platon, für alles Empirische normative Qualität besitzen, weil sie alles Empirische und Endliche transzendieren, indem sie auf eine virtuelle Totalität verweisen, die eben als virtuelle real ist. Die Idee

»ist« damit weder immanent noch transzendent – sie ist eine Struktur, die das Denken aus seinen eigenen Widersprüchen heraus erzeugt, um mit ihrer Hilfe theoretisch und praktisch ein »System« des Wissens im Modus des Als-ob erzeugen zu können. Kants Dialektik präsentiert sich im Unterschied zur antiken Dialektik Platons als eine Logik des Scheins und seines Zustandekommens, nicht der Wahrheit. Die Idee der Vernunft weist über Antinomien des urteilenden Denkens hinaus, ohne eine substanzielle Synthese erreichen zu können. Das System der Vernunft bleibt ein System der Reflexion, ohne jemals ontologische Gewissheit darüber zu erlangen, das System des Seienden zu repräsentieren.

Kants Bemühung, das System der Vernunft a priori zu bestimmen und vor aller Infizierung mit Zeit, Erfahrung, Sprache und Geschichte zu bewahren, darf als gescheitert gelten. Zeit, Erfahrung, Sprache und Geschichte sind allmählich in das Zentrum der Vernunft eingewandert. Die Differenz zwischen Vernunft und Geschichte ist in der Folge auf zwei Wegen und mit zwei Thesen problematisiert worden: zum einen als Vernünftigkeit der Geschichte selbst, zum anderen als Geschichtlichkeit der Vernunft. Die zweite Variante liefert auch entscheidende Argumente gegen ein Denken des »Systems«. Diese Argumente gewinnen ihre Überzeugungskraft vor allem vor dem Hintergrund der These einer Vernunft-Geschichte, für die paradigmatisch Hegel stehen kann.

Hegel bestimmt das »System« lakonisch als die »wahre Gestalt der Wahrheit«.[9] Seine Explikation ist Aufgabe der Philosophie, die sich in diesem Geschäft von der bloßen Liebe zur Weisheit zur wirklichen Wissenschaft durcharbeitet. Kants ahistorische Vorstellung von Vernunft wird von Hegel verabschiedet; er begreift Vernunft geschichtlich. Die Vernunft selbst ist zeitlich; sie verwirklicht sich in Natur und Geschichte und schaut sich im System des absoluten Wissens, wie der Philosoph es reflektierend entfaltet, in ihrer logisch-historischen

---

6 Kant (1956, A 758).
7 Kant (1956, A 832).
8 Kant (1956, A 835).
9 Hegel (1980, S. 14).

Dynamik selbst an. Dieses System ist ein logisch und zeitlich zirkuläres Ganzes, das nach Ablauf des Prozesses seines Werdens seine Notwendigkeit in der Simultaneität seiner geschichtlichen und sachlichen Momente begreift, so dass Form und Inhalt des Wissens koinzidieren. Erst am Ende seiner Entwicklung löst es sich aus der Logik von Widersprüchen, über die es sich logisch und historisch entfaltet, um in der reinen Gleichzeitigkeit seiner Momente zur souveränen Synthese totaler Vermittlung zu gelangen. Form und Inhalt des Systems des Wissens ist die Bewegung des Begriffs. Motor dieser Bewegung ist die »ungeheure Macht des Negativen«.[10] Diese Macht realisiert sich durch den Geist als eine Aktivität des Beziehens, die alle Bestimmungen des Seins unterscheidet und verknüpft. Das Beziehen, die Kraft der Reflexion, hat eine strenge Form: Sie lässt keinen Widerspruch, den sie doch in jedem Urteil entdeckt, als letzten stehen. Während Kant die Antinomien der reinen Vernunft als System von Widersprüchen beschreibt, in die das Denken sich notwendig verstrickt, glaubt Hegel an die Aufhebung der Widersprüche im wahren Wissen um die Totalität logisch-historischer Vermittlung.[11] Dialektik verwandelt sich von der Logik des notwendigen Scheins zur Logik des Werdens der Wahrheit. Die Idee ist weder eine Leistung der subjektiven Vernunft noch eine ewige Struktur des wahren Seins; vielmehr realisiert sie sich im historischen Prozess der Vermittlung aller logischen und sachlichen Bestimmungen. Die Kategorie als Bestimmungsform von etwas stellt sich folglich nicht als Aussageweise (Aristoteles) oder Urteilsform (Kant) dar, sondern sie bildet die reale Vermittlung des Seienden, des Zusammenhangs von allem mit allem, wie sie sich in der »Bewegung des Begriffs« entfaltet, in der Sache und Denken zusammenfallen. Hegels System beschreibt kein System des Wissens, das ein Beobachter in Bezug auf einen Gegenstand anfertigt, sondern es stilisiert sich als das lebendige Selbstbewusstsein von Geist und Natur, in dem der Unterschied von Form und Inhalt, Subjekt und Objekt untergeht. Antike und christliche Metaphysiken der Einheit des Unterschiedenen

im Kosmos oder in Gott werden ebenso wie neuzeitliche Alternativkonzepte einer Gründung der Welt auf Bewusstsein in der Metaphysik des sich als Geschichte realisierenden absoluten Wissens in dem Modell einer temporalisierten Reflexivität aufgehoben. Während Kant seine Theorie aus der Perspektive eines monologischen Bewusstseins entwirft, transformiert Hegel dieses Bewusstsein zu einem »Geist«, der zugleich endlich und unendlich, materiell und ideell ist. Alles Bestimmen von etwas als etwas, das dieser Geist vornimmt, ist Negation, aber eine Negation, die streng in der logischen Form zirkulär-binärer Beziehungen steht. A negiert B wie B A negiert, und die doppelte Negation von A und B führt zur Einheit einer Differenz-Identität von AB. Diese Negation ist sowohl (in ihrer Form) logisch als auch (in ihrer Operation) zeitlich. Sie ist darüber hinaus ontologisch gehaltvoll, weil jeder Negationsschritt als Bereicherung der Form gedacht wird: AB ist reicher als A und B, weil alle Relata die Bestimmungen als Bedeutungsspur behalten, über die sie gewonnen werden. Der Prozess der Reflexion bewahrt seine eigene Vergangenheit als aktuale Spur jeder Gegenwart, die in der schließlichen Simultaneität des integralen absoluten Wissens aufgehoben ist. Die Form dieser Negation bleibt immer geschlossen und kann nur als ganze wiederum nach dem gleichen Schema negiert werden. Hegels geschlossenes zirkuläres System basiert insofern auf einer spezifischen, logisch und zeitlich rekursiven Form der Differenzbildung. In seiner Konzeption ist dieses System die vielleicht konsequenteste Form, die ein Systemdenken annehmen kann. Es ist zeitlich, sachlich, historisch und logisch umfassend, selbstreferentiell und dem Anspruch nach selbsttransparent.

3. Erfahrung und Kontingenz

Nicht nur in politischer Hinsicht rief die These des Hegelschen Systems, dass Vernunft und Geschichte zusammenfallen, Widerspruch hervor. Auch wissenschaftstheoretisch überzeugte die Technik, ein absolutes System des Wissens auf einer zirkulären Struktur von Differenzen aufzubauen, nicht lange. Seitdem ist der Begriff des Systems in Verruf geraten. Die paradigmatischen Modelle von Systemden-

---

10 Hegel (1980, S. 36).
11 Vgl. Hegel (1981, S. 39).

ken, wie Kant und Hegel sie entwerfen, haben mit antiken Vorstellungen von Ordnung und Dialektik die Annahme gemeinsam, dass die Bewegung des Denkens sich als Bewegung von Gegensätzen und Urteilsformen entfaltet. Denken und Urteilen finden demnach ihren Halt an der Struktur sprachlicher Begriffe. Etwas ist etwas, weil es etwas bestimmtes Anderes nicht ist. Der Raum möglicher Bestimmungen ist im Prinzip endlich. Er gliedert sich auf horizontaler Ebene in gleichartige Dinge bzw. Begriffe und auf vertikaler Ebene in Grade der Allgemeinheit – von Individuen, Arten und Gattungen, Einzelnem, Besonderem und Allgemeinem. Solcherart Bestimmtes geht in Urteile und Schlüsse ein, die Subjekt und Prädikat als differente Relata zu einer Einheit verknüpfen. Philosophische Reflexion legt diese Differenzordnung frei und gelangt auf diese Weise zu einem System des Wissens und der Formen des Denkens, die dem Sinnlichen eine intelligible Form verleihen. Kants Strategie, diese Ordnungen auf Leistungen des subjektiven Bewusstseins zu gründen oder Hegels Vorschlag, sie in einem übergreifenden Subjekt-Objekt anzusiedeln, akzentuieren dieses theorietechnische Muster auf komplementäre Weise. Schließlich fügt sich diesem Paradigma ein neuzeitliches Wissenschaftsverständnis ein, das empirisch-experimentell gewonnene Erfahrungen in der symbolischen Ordnung von Begriffen oder Formeln kondensiert und in einheitlichen Theorien deduktiven Zuschnitts ausdrückt.

Kritik am Systemdenken greift diese theorietechnischen Voraussetzungen an. Sie löst die Behandlung der Figur von Differenz aus der Form einer binären, auf dem Prinzip des Widerspruchs und des Urteils basierenden Beziehung. Dazu nimmt die Kritik drei grundlegende Operationen vor. Sie bezweifelt – erstens – die Autonomie des Bewusstseins in Bezug auf die Kontrolle des Differenzgeschehens. Sie räumt deshalb – zweitens – der Eigenlogik der symbolischen Formen, in der Differenz sich darstellt, größere Bedeutung ein. Und sie relativiert – drittens – die Differenz zwischen Denken und Praxis bei der Genese von Unterscheidungen. Wenn der Umgang mit Differenz seinen Ort nicht mehr im reinen Denken hat, wenn jede Bestimmung sich mit symbolischen Ordnungen und praktischen Vollzügen amalgamiert und wenn die »Idee«, auf

die Erkenntnis sich richtet, sich von einem Allgemeinen oder Ideellen zu einem Typischen wandelt, dann erscheint das System des Wissens oder der Vernunft als Ordnung von Abweichungen, als Ordnung mit offenen Grenzen und als Ordnung zeitlicher Verschiebungen ohne Anspruch auf Totalität. Wahrnehmung, Sprache und Macht rücken nun ins Zentrum der Aufmerksamkeit. Zeit und Möglichkeit werden gegenüber Wirklichkeit, Notwendigkeit und Zeitlosigkeit rehabilitiert.

Die Vorstellung eines sich selbst transparenten Bewusstseins als der Quelle sinnhafter Bestimmungen und als Ursprung des Systems des Wissens kann – erstens – von einem phänomenologischen Denken untergraben werden, das die Rolle der Wahrnehmung als einer sinngenerativen Tätigkeit gegen ein reines Denken ausspielt. Dieses Wahrnehmungsbewusstsein kommt für seine Einheit nicht auf, es entgleitet sich selbst als zeitliches Geschehen, es profitiert immer schon von sozialen und symbolischen Voraussetzungen, für die es nicht einzustehen vermag, und es muss seine Verwurzelung in einer Leiblichkeit eingestehen, die es praktisch in einer Welt situiert, bevor seine Reflexionen greifen.[12] Der Differenzordnung intelligibler Begriffe und Intentionalitäten treten Ordnungen von Gestalt-Grund-Beziehungen und von Erfahrungsartikulationen gegenüber, die sich einem Modell von Repräsentation entziehen. Leibliche Erfahrungen lassen sich symbolisch – z.B. sprachlich, gestisch, bildnerisch oder musikalisch – artikulieren, ohne dass sie in den Ordnungen der Symbole einfach abgebildet würden oder sich dem Muster von Begriff, Urteil und Schluss fügten. Der scheinbare Abgrund zwischen Erfahrung und symbolischem Ausdruck wandelt sich zu einem Feld mit vielfältigen Kreuzungen. Schon Wahrnehmung ist eine aktive Bestimmungsleistung, die auf Strukturen der Erfahrung antwortet und diese verformend weiterbildet. Bedeutungsidentitäten entstehen durch empirische Operationen der Wiederholung, wobei sie Veränderungen ausgesetzt sind, und sie gestalten sich je nach Perspektive unterschiedlich. Das klassische Modell von Wissen, Dialektik und System transformiert sich zu einem Modell offener Diffe-

---

12 Vgl. vor allem Merleau-Ponty (1966).

renzfelder, die ihre zeitliche Dynamik aus leiblichen Erfahrungsvollzügen schöpfen. Dialektik wird zu einem responsiven, auf binäre Formen irreduziblen Abweichungsgeschehen, in dem Aktivität und Passivität, Ich und Anderer, Leib und Bewusstsein, Intentionalität und symbolische Ordnungen sich verschränken.[13]

Der Vorstellung eines im reinen Bewusstsein gründenden Systems des Wissens widerstreitet – zweitens – die Einsicht in die Vorgängigkeit symbolischer Ordnungen bei der Entstehung sinnhafter Bestimmungen und Intentionalitäten. Bewusstsein und Bestimmung haften an symbolischen Ordnungen und sozialen Praktiken, die Intentionalität binden und ihr eine semantische wie syntaktische Form verleihen. Routinen des Handelns, des leiblichen Ausdrucks und des Wahrnehmens, der Zeitlichkeit und des Sprechens, der Grammatik des Sehens oder der Differenz von Geräusch und Musik im Hören imprägnieren ein vermeintlich reines, selbsttransparentes Bewusstsein mit Ordnungen und Bedingungen seiner Tätigkeit, für die es selbst nicht aufkommt. Von Peirce über Cassirer und Wittgenstein bis Goodman ist deshalb auf die Verquickung von symbolischen Ordnungen und Welt hingewiesen worden.[14] Wenn symbolische Ordnungen im Plural existieren und Wissenschaft den Logos nicht für sich reserviert, hat dies Folgen für den Begriff der Welt. Sprache bleibt nicht länger die privilegierte symbolische Ordnung, in der sich ein Kontakt zwischen Denken und Sein realisiert, der ein System wahren Wissens begründet. Metapher und Erzählung, Malerei und Musik, Religion und Mythos sind Möglichkeiten, Sinnordnungen zugleich zu deformieren und weiterzuentwickeln, um, wie eine Tradition von Gadamer über Ricœur bis Taylor es nahe legt, mit der Veränderung unserer kulturellen Vokabulare auch unser Welt- und Selbstverständnis zu verändern.[15] Sinnübernahme und Sinnproduktion, Verstehen und Verständigung, Erfahrung und Ausdruck, Hermeneutik und Künste greifen ineinander. Ordnungen des Wissens gehen laterale Verbindungen zu Ordnungen des künstlerischen Ausdrucks ein, ohne ihnen gegenüber das letzte Wort zu behalten. Fiktives und Imaginäres, Metaphern und Erzählungen bevölkern einen Raum des sinnhaft als etwas Bestimmbaren, der nicht auf ein Reich des Ewigen, Notwendigen oder Wahren eingeschränkt ist. Ordnungen des Sinns unterhalten zu Ordnungen des Seins ein osmotisches Verhältnis. Wirkliches präsentiert sich als eine Variante des Möglichen. Das Wissen um die Kontingenz von Ordnungen – des Wissens, des Handelns, des Wahrnehmens, der Kommunikation – provoziert die Frage nach der Legitimation ihres Bestehens. Wenn die Kongruenz von Wissen und Sein preisgegeben wird, treten dem Gestus des Erkennens der einen Ordnung im System wahren Wissens Gesten der Erzeugung alternativer Sinnordnungen zur Seite, deren Existenz gegenüber jedem monologischen Geltungsanspruch subversive Kraft entfaltet. Innerhalb der Philosophie konkurrieren deshalb aphoristische und fragmentarische Darstellungsformen mit einem »systemischen«, linear-logisch aufgebauten Argumentationsstil.

Die Vorstellung eines selbsttransparenten Bewusstseins, das sich als logischer Souverän seiner Erkenntnisleistungen wie seiner moralischen Urteilsbildung wähnt, widerstreitet – drittens – der Einsicht in seine Verflochtenheit mit triebhaft-emotionalen Strukturen. Vor allem Nietzsche und Freud haben diese Bastion des Selbstverständnisses einer rationalen Subjektivität erschüttert.[16] Die Ordnungen des Sinns, die dem Bewusstsein zugänglich sind, gründen demnach auf einer arationalen Tiefenstruktur, die auf der Ebene symbolisch kondensierter Wissenssysteme verleugnet und sublimiert, aber nicht außer Kraft gesetzt werden kann. Rationalität ist ein Effekt von Bedeutungsverschiebungen und Ressentiments, von gewaltsam kanalisierten libidinösen Impulsen und Potentialen eines vitalen Machtbegehrens, die sich in Traum und Kunst Ausdrucksmöglichkeiten suchen. In dem Übergang von Nervenreizen über das gesehene Bild bis zum Begriff entdeckt Nietzsche eine Transformation, in der kein Identisches in einer Repräsentationskette erhalten bleibt, sondern jeweils neue eigenlogische Ordnungen entstehen, die sich nie zu einem System

---

13 Vgl. Merleau-Ponty (1986); Waldenfels (1987, 1994, 1997).

14 Vgl. Peirce (1976); Cassirer (1994, 1987, 1994); Wittgenstein (1977); Goodman (1995).

15 Vgl. Gadamer (1975); Ricœur (1986); Ricœur (1988, 1989, 1991); Taylor (1994).

16 Vgl. Nietzsche (1988 a, S. 873–890); Nietzsche (1988 b, S. 245–412); Freud (1972).

schließen. Subjektive Sinnbildungen und kollektive Sinnmuster, Bewusstes und Unbewusstes, symbolisch überformte Triebimpulse und kognitive Repräsentationen bilden ein Gewebe von Bedeutungen, das die Unterscheidung von Intelligiblem und Empirischem, Form und Inhalt, Subjekt und Objekt unterläuft, ohne sich der begrifflichen Logik einer Dialektik des Geistes zu ergeben. »Kultur« bietet sich als Topos zur Beschreibung und analytischen Differenzierung solcher Sinngeflechte an, über den sich philosophische Reflexionen mit Forschungsstrategien empirischer und hermeneutischer Einzelwissenschaften wie Soziologie, Ethnologie, Psychologie oder Geschichte verschränken können.[17]

Alle drei gegen den Begriff des Systems mobilisierten Argumentationslinien akzentuieren die Offenheit der Sinnbildung gegenüber der Geschlossenheit eines Systems, die Beteiligung anderer als nur bewusstseinsimmanenter Strukturen bei der Gewinnung von Bestimmungen, die auf Binarität und Widerspruch nicht einzuengende Form von Differenz, die Verschwisterung von Identität, Wiederholung und Abweichung zulasten eines Reiches des Intelligiblen sowie die Verquickung von Denken und Handeln, Theorie und Praxis. Gegenüber dem Modell von Begriff, Urteil und Deduktion wird die Rolle von Schemata und Medien der Sinnbildung aufgewertet. Der Vorstellung von der einen Ordnung des Seienden tritt die Vorstellung von Kontingenz und Zeitlichkeit in der Ordnung der Bestimmungen gegenüber, mit denen wir Wissen organisieren.[18]

Statt von der einen, hierarchischen und alternativlosen Ordnung des Seienden ist von der Pluralität konkurrierender Ordnungen und Sinnbildungsprozesse auszugehen. Solche Ordnungsbildungen verweisen auf eine konstituierende Instanz, die weder in der Bewegung des Logos abgesichert ist noch außerweltlich in Gott gesucht werden kann oder für die eine autonome Subjektivität aufzukommen vermag. Ordnungen entstehen im Schatten einer Anonymität des Sinns, und sie sind nur Ordnungen für jemanden aus einer bestimmten Perspektive, mit einer bestimmten Geschichte und zu einer bestimmten Zeit in Relation zu möglichen anderen Ordnungen. Solche Ordnungen sinnhafter Bestimmung profilieren sich nicht zuletzt durch den Bezug auf ihr Anderes, das sie als bestimmte Ordnungen

zwar ausschließen, als Grenze sinnhafter Bestimmungen jedoch in der Form alternativer Verweisungen zugleich einschließen. Dieses Andere ist mehr und anderes als das bloße Andere der Ordnung. Es erweist sich vielmehr als andere Ordnung, die, als bestimmte andere, Horizont jeweils bestimmter Ordnungen ist. Die Wirklichkeit von Ordnung deutet auf die Möglichkeit anderer Ordnungen. Das Andere einer Ordnung konturiert jede Bestimmtheit im Lichte von Kontingenzen, ohne sich in der Form einer dialektischen Negation mit der bestimmten Ordnung zur Synthese zusammenzuschließen, in der Differenzen logisch und zeitlich zur Identität vermittelt werden. Mit der Aufwertung des Möglichen gegenüber dem Wirklichen erhält vielmehr die Zeit einen neuen Akzent, indem die Veränderlichkeit der Ordnung Aufmerksamkeit auf sich zieht. Ein Denken der Kontingenz stimuliert nicht zuletzt Reflexionen auf die handlungs- und entscheidungsförmige Handhabung je gegenwärtig anderer Möglichkeiten des Wirklichen. Das Wissen um die Einheit der Differenz von Wirklichkeit und Möglichkeit fordert Legitimationen des je Bestimmten im Lichte seiner Alternativen, die ihrerseits auf kontingenten Voraussetzungen beruhen. Wirkliches erscheint als Variante des Möglichen in der Zeit. Es erschließt sich keinem theoretischen Blick auf die Ewigkeit ordnungsbildender Bestimmungen, sondern enthüllt sich als Resultat einer Praxis, in der leibliche Erfahrung und symbolischer Ausdruck, Wahrnehmung und Handeln, das praktische Verhältnis zu Dingen, Anderen und Selbst sich verflechten. Serien wiederholender oder abweichender Bezeichnungen von etwas als etwas innerhalb praktischer Verständigungskontexte und kultureller Codes semiotischer Ordnungen verweisen auf ihrerseits zeitliche Wahrnehmungen, in denen Vergangenes und Zukünftiges ineinander oszillieren. Die aristotelische Konstruktion, dass Zeit, als Maß der Bewegung, eine um ein Jetzt oszillierende Differenz von Vergangenem und Zukünftigem darstellt, die nur in einem wahrnehmenden Bewusstsein als je aktuale Differenz zutage tritt,[19]

---

17 Vgl. zum Programm der Kulturtheorie Reckwitz (2000).
18 Vgl. zum Verhältnis von Sinn und Zeit Rustemeyer (2003).
19 Vgl. Aristoteles: Physik. Buch IV, 223 a.

wird vor allem phänomenologisch und systemtheoretisch radikalisiert und als rekursiver Prozess der Sinnbildung beschrieben. Wirklichkeit, als Bestimmtheit, ist Ordnung, deren Grenze aber unscharf ist und sich als Ergebnis operativer Bestimmungen gegen jeweilige Alternativen als Muster von Unwahrscheinlichkeit durchsetzt. Wiederholte Bestimmungen von etwas als etwas in Differenz zu anderem erzeugen ein Referential von Identität nur in der Form einer rekursiven, als Operation zeitlichen und an etwas Markiertem vorkommenden Verweisung, in der das Wiederholte als Wiederholtes sich in der Wiederholung zugleich konfirmiert und verändert.[20] Zeit, als Sinn, kondensiert im symbolischen Raum einer Kultur zu semantischen Schichten und Feldern, deren Konsistenz ein unendliches Werden differentieller Sinnbildungen reflektiert, ohne notwendig zu geschlossenen Traditionen zu gerinnen, die hermeneutisch zur Transparenz zu bringen wären. Bestimmungsprozesse fixieren in der symbolischen Ordnung des Wissens kein identisches Sein, sondern etablieren ursprungs- und telosfreie Tableaus von Verweisungen.[21] Eine Ontologie der Referenz weicht einem Modell semiotisch-pragmatischer Resonanzen, in denen sich Bedeutung in dynamischen und zugleich fragmentarischen Verweisungsfeldern ohne Zentrum konstituiert. Jede Bestimmung von Sein und Zeit wiederum bleibt auf einen Beobachter angewiesen, der selbst nichts anderes »ist« als eine zeitlich konstituierte Struktur von Möglichkeiten.[22] Zeit wird zum Grund aller Bestimmungen, in denen sinnhafte Ordnung entsteht.[23] Sie ermöglicht Kontingenzerfahrungen, die nicht länger an Seiendem erscheinen, sondern Seiendes – Bestimmtes – als Differenzen konstituieren, die jeweils Spektren temporalisierter – vergangener, gegenwärtiger und zukünftiger – Möglichkeiten eröffnen. Noch dieses Möglichsein bestimmt sich in seiner Spezifität zeitlich. Seiendes, als Bestimmtes, ist formierte Kontingenz: eine Grenze von Bestimmtem und – relativ – Unbestimmtem. Es profiliert sich im Raum simultaner anderer Möglichkeiten, es ist symbolisch codiert und erst dadurch in bestimmenden Operationen als Identisches von jemandem wiederholbar. Der Status des »Subjekts« verschiebt sich korrelativ dazu. Statt Seiendem als Instanz der Bestimmung gegenüber zu stehen, verwandelt es sich zur operativen Einheit einer simultanen Reflexion von zeitlich, räumlich, sozial und symbolisch codierten Differenzen.[24] Zeitliche, an Wahrnehmung und Kommunikation gebundene Operationen rekursiver Bestimmungen von etwas als etwas markieren dieses im Raum alternativer Möglichkeiten, der sich selbst zeitlich organisiert und in seiner jeweiligen Bestimmtheit als Kultur konstituiert. Operationen der zeitlichen und räumlichen Bestimmung verweisen auf eine Instanz der Bestimmung, die sich durch Wahrnehmungs- und Kommunikationsprozesse sozial verortet. Von leiblich situierten Interaktionen über Organisationen bis hin zu funktionalen Kommunikationszusammenhängen differenziert sich die Sozialität von Sinn so aus, dass sie konkrete Wahrnehmungsprozesse überschreitet und Bestimmungen ermöglicht, die kein Bewusstsein ganz einholt. Soziale Positionen der Bestimmung sind ihrerseits zeitlich und räumlich markiert, indem sie je bestimmte Möglichkeiten realisieren. Jede Bestimmung verweist schließlich auf symbolische Ordnungen, in denen Bestimmtes bezeichnet, Wahrnehmung semantisiert und Kommunikation über zeitliche, räumliche und soziale Kontexte hinweg anschlussfähig wird. Symbolische Ordnungen sind mit ihrer je spezifischen Organisation der Differenz von Zeichen und Bezeichnetem dabei von technischen Medien zu unterscheiden, die spezielle Reproduktionsformen für Sinn gesellschaftlich zur Verfügung stellen.[25]

20 Hier konvergieren phänomenologische und semiologische Analysen einer Theorie der Struktur von Sinnbildung. Vgl. etwa Waldenfels (1998, S. 36 f.); Derrida (1976, S. 422 ff.).

21 Vgl. auch Deleuze/Guattari (2000).

22 Vgl. zur Möglichkeitsstruktur des »Daseins« und zur Kritik an der Kantischen Zeittheorie Heidegger (1973); Heidegger (1979, S. 143 ff.).

23 So auch in einer Hermeneutik, die Heideggers Seinskategorie durch die Kategorie der Sprache ersetzt. Vgl. Gadamer (1975, S. 281).

24 Vgl. zu diesen Dimensionen der Sinnbildung Rustemeyer (2001).

25 Vgl. Rustemeyer (2003).

4. Zeichen und Sozialität

Unter der Voraussetzung einer Bestimmung von Sein als Sinn lassen sich Fragen der Ontologie kulturtheoretisch reformulieren, sofern Kultur als Raum der zu einer Zeit jeweils simultanen Möglichkeiten des Bestimmens von etwas als etwas verstanden wird. Dieser Raum simultaner Möglichkeiten beschreibt jedoch keine Totalität und kein geschlossenes Feld, sondern eine perspektivisch und geschichtlich variable Ordnung, die sich für unterschiedliche Akteure anders profiliert. Im Lichte der Kritik am Konzept des Wissens als eines Systems und der Aufwertung von Kontingenz und Temporalität konturieren sich dabei zwei Strategien eines Denkens der Ordnung jenseits des »Systems«, die sich – mit heuristischer Zuspitzung – als semiotische und soziologische Variante typisieren lassen.

Ein semiologisch akzentuiertes Denken der Ordnung »jenseits des Systems« knüpft an der symbolischen Vermitteltheit aller Bestimmungen des Denkens und der Wahrnehmung an, wobei die Sprache die zentrale symbolische Ordnung darstellt. Die Ordnung der Zeichen liegt dem reflektierenden Denken voraus und stellt zugleich seine Bezogenheit auf »Welt« her. Welt ist die andere Seite der Zeichen, die Hohlform einer semiotischen Struktur. Zeichen repräsentieren aber nicht Seiendes in einem homologen System des Wissens. Zeichen sind aufeinander in Ordnungen der Differenz bezogen. Ein Zeichen setzt andere Zeichen voraus, verweist auf diese und ist mit ihnen in geordneter Weise kombinierbar. Bedeutung entsteht durch Abweichungen, die aber stets einen Hintergrund des Vertrauten erfordern. Die logische Figur des Widerspruchs ist eine mögliche, aber nicht die paradigmatische Form semiotischer Differenz, da Abweichungen ein vielfältig-laterales Feld, weniger eine binäre Beziehung bilden. Logische Negationen begrifflicher Bestimmungen bleiben in semantischen Feldern situiert, deren Verweisungshorizonte eindeutige binäre Formierungen überschreiten. Bewusstseinsleistungen gleiten auf einem symbolisch präformierten Sinn, den sie niemals allein aus sich heraus konstituieren. Leistungen der Wahrnehmung von etwas als etwas entspringen keinem reinen, präsemiotischen Bewusstsein, sondern sind genealogisch mit semiotischen Strukturen verwoben, die Identisches fixieren, Zeiterfahrung grundieren und die Unterscheidung von Selbst und Anderem, von Wirklichem und Möglichem mitfundieren. Je nachdem, welcher Begriff des Wissens sich mit dieser semio-

tischen Argumentation verbindet, ergeben sich unterschiedliche theorietechnische Konsequenzen.

(1) Unter der Annahme, dass Zeichen, Welt und Denken in einem nichtkontingenten Zusammenhang stehen, kann eine solche systemkritisch konzipierte Theorie ontologische Ansprüche entfalten, die das Modell der Systemphilosophie unter veränderten Vorzeichen weiterführen. Adornos negative, gegen das Hegelsche »System« in Anschlag gebrachte Dialektik liefert hierfür ein Beispiel.[26] Adorno teilt Hegels Annahme einer Synthesis begrifflicher Widersprüche zu versöhnter Totalität nicht. Aber er geht davon aus, dass in der subtilen Figuration der Begriffe, die zwischen Sache und Denken vermitteln, ein indirekter Aufschluss über die Sache zu gewinnen ist, die weder das begrifflich verfasste Denken noch die Begriffe je ganz erreichen. Wenn nämlich die Begriffe, die die Welt zugleich zugänglich machen und durch ihre eigene Struktur verstellen, in spannungsvolle Beziehungen gesetzt werden, entstehen Risse im Raum des Sinns, die ein Mehr an Bedeutung hervorleuchten lassen, als sich je in einem Begriff oder einem Denken positiv bezeichnen ließe. Der Überschuss des Sinns über das Sein, der sich der symbolischen Bestimmung des Seins verdankt, entlarvt den Anspruch des Seienden auf Wirklichkeit als falsch. Fragmentarische Konstellationen der Begriffe erzeugen Widersprüche, die als Differenzen auf das Unversöhnte in Sache und Denken hinweisen. In der Widersprüchlichkeit der Begriffe und dem sich in begrifflichen Widersprüchen entfaltenden Denken tritt die Widersprüchlichkeit der Sache hervor. Auf diese Weise bleibt das Denken der Differenz ein Denken negativer Identität – es ist die Kehrseite des »Systems«.

Werden hingegen die Zeichen von dem Anspruch befreit, wenigstens indirekt eine Ordnung des Seienden zu repräsentieren, autonomisiert sich ihre Ordnung gegenüber Sein und Denken. Derridas Verfahren der »Dekonstruktion« radikalisiert diesen Gedanken und wendet Adornos hegelkritische Aufwertung einer nicht geschlossenen Figuration begrifflicher Ordnungen noch gegen die dialektische Negation der Hegelschen Dialektik im

---

26 Vgl. Adorno (1975).

Namen einer Dialektik ohne Synthese.[27] Die Dekonstruktion interveniert in den Raum der Zeichen, um unendliche Verschiebungen im Sinn zu erzeugen, die jede Prätention auf Identität unterminieren. Noch im Modus der Negation von Identität, wie Adorno sie praktiziert, würde demnach durch die geschlossene Figur des – wenngleich unversöhnten, aber dennoch bestimmten – Widerspruchs das Fluten von Sinndifferenzen unzulässig eingeengt. Die Materialität der Zeichen ist in den Augen Derridas gegenüber einem intentionalen Bewusstsein wie gegenüber einem Sein primär. Referenz wandelt sich zu Kohärenz zwischen Begriffs-Zeichen. Solche Kohärenzen entstehen auf Konsistenzebenen, die zeitliche Horizonte der Sinnverschiebung und räumliche Horizonte der Koexistenz markieren.[28] Bedeutung oszilliert im Spiel der Zeichen, sprüht aus den Widersprüchen und Verschiebungen der Begriffe hervor und sabotiert jede Hoffnung auf reine Erkenntnis einer Struktur der Sache selbst oder eines reinen Denkens. Die Ideen von Wissen, System und Totalität zerspringen im anarchischen Schillern anonymer Zeichenfigurationen. Derrida denkt dieses Spiel der Differenzen wiederum als einen ursprungs- und telosfreien Vorgang, der weder anwesend noch abwesend, weder aktiv noch passiv, sondern pulsierende Quelle aller kontingenten Sinnbildung ist. Der dekonstruktiv in den Raum der Texte eingreifende Philosoph heizt diese Differenzdynamik zwar gezielt an, ist jedoch selbst Effekt, nicht Initiator und Herr dieses Sinngeschehens. Der Abschied von der Metaphysik des Systems führt in eine Immanenz der Zeichenräume, in denen der Sinn sich vervielfältigt und die Ideen von Wahrheit und Wissen als eines geordneten Ganzen sich auflösen. Allerdings blendet dieses Denken von Ordnung die nicht zeichenhaften Bedingungen der Zeichenzirkulation ebenso ab, wie sie die ursprungslose Dynamik der Sinnbildung zu einer Art neuem Absoluten steigert, das Zeit, Raum, Subjekt und Objekt zugrunde liegt und sich doch jeder Bestimmung entzieht. Im Zuge einer semiotischen Kritik des Projektes der Metaphysik gerät die Dynamik des symbolischen Aspektes jedweder sinnhaften Bestimmung von etwas als etwas zur Umschrift eines Denkens der Ordnung des Seins zu demjenigen einer Unordnung der Schrift.

Einer Arbeit an der Verschiebung der Bedeutung fühlt sich auch eine Philosophie des Sprechens verbunden, die die Kategorie des Geistes kulturtheoretisch weiterführt. Ihr Anliegen ist weder die Dechiffrierung des Anderen des Seins in den Differenzen des begrifflich gebannten Sinns noch das Entgleisen des Sinns im Kollaps der Referenzen, sondern die Refiguration von Bedeutungen für soziale Akteure. Da Sprechen und Handeln in einer sinnimprägnierten Praxis von Erleben, Verständigung und Ausdruck unlöslich zusammenhängen, modifiziert sich die Welt mit der kontrollierten Modifikation ihrer sinnhaften Bestimmung. Taylor und Rorty setzen dabei weniger auf eine Hermeneutik des Sinns als auf eine Veränderung der Vokabulare, mit denen historische Akteure ein Selbst- und Weltverständnis erzeugen.[29] Das Erzählen neuer Geschichten, wie es Philosophie und Literatur praktizieren, orientiert sich nicht in erster Linie an Standards wissenschaftlicher Wahrheit, sondern an plausiblen Ausdrucksweisen von Erfahrungen und Bedürfnissen. Die Analyse der nicht sprachlichen Voraussetzungen solcher Erzählungen tritt gegenüber der kulturstiftenden Kraft der Rede aber in den Hintergrund. Dabei wird der Horizont der Tradition nicht etwa gesprengt, sondern gezielt refiguriert, um als Resonanzraum für Bestimmungsleistungen jeweiliger Gegenwarten zu dienen. Im Medium von Erzählungen der Geschichte der Gegenwart und der anderen Möglichkeiten des vermeintlich Wirklichen bildet sich ein Bewusstsein für Kontingenz, das die Arbeit des Bestimmens von etwas als etwas als Aufgabe einer unabschließbaren, an Verständigungsprozesse geknüpften Ordnungsbildung begreift, die Fragen des Seins mit Fragen des Guten notwendig verschränkt.

(2) Demgegenüber konzentrieren sich eher soziologisch akzentuierte Vorstellungen nichtsystemischer Ordnungsbildung auf den Zusammenhang von symbolischen und nichtsymbolischen Ordnungen. Nichtsymbolische Ordnungen gründen in sozialen Praktiken und kristallisieren in Routinen, Institutionen oder regelhaften Erwartungen und Dispositionen. Wahrnehmungs- und Ausdrucks-

---

27 Vgl. Derrida (1983, 1985).
28 Vgl. dazu die Parallele bei Deleuze/Guattari (2000).
29 Vgl. Taylor (1994); Rorty (1989).

prozesse, wie sie einem lebendigen Bewusstsein anhaften, sind stets durch Zeichen-Ordnungen imprägniert. Die nichtbeliebige Struktur von Wahrnehmung und Ausdruck verweist auf eine Typik, die Leib und Bewusstsein mit sozialen Institutionen und kulturellen Codes zusammenschließt. Solche Ordnungen, die sich mit Foucault als »Diskurse« oder mit Bourdieu als »Felder« beschreiben lassen, sind lokalisierbar, datierbar und statistisch beschreibbar.[30] Sie kristallisieren in Aussagen, Ereignissen und Praktiken. Darin unterscheiden sie sich auch methodologisch von der virtuosen Reflexionskunst negativer Dialektik, dem Entfachen eines anonymen Sinngeschehens oder der Schöpfung kraftvoller neuer Metaphern und Erzählungen. Weil diese Ordnungen Ungleichheiten – im Zugang zu Ressourcen, Ausdrucksmöglichkeiten oder symbolischen Universen wie der Wissenschaft – organisieren, bilden sie Muster des Ein- und Ausschlusses, die als Strukturen von Macht beschrieben werden können. Kants Transzendentalien ziehen sich in die historisch-gesellschaftlichen Regulative einer Praxis zurück, deren Regeln weder universell noch beliebig, sondern historisch-sozial kontingent sind. Wissenschaft erscheint als eine Macht-Ordnung neben anderen, deren Sehnsucht nach dem abschließenden System durch die Arbeit historischer Serialisierung und genealogischer Analysen gebrochen wird. Subjekte und Objekte des Wissens entstehen nur innerhalb historisch datierbarer Felder möglicher Bestimmung. Die Räume der Zeichen, der Wahrnehmung, des Ausdrucks und der Macht gehen ineinander über. Ordnungen des Wissens lassen an der Kehrseite ihrer Idealität die Spuren der disziplinierten Körper, der unterdrückten Bedürfnisse, der sozialen Ausgrenzung und des Ausschlusses alternativer Optionen erkennen. Aber auch diese Theorie einer Pluralität von Ordnungen bleibt eine symbolische Ordnung im Feld der Wissenschaft, die das Andere ihrer selbst nur mit den begrifflichen Mitteln bestimmen kann, über die sie als historisch kontingente Ordnung verfügt. Sie denkt ein Ganzes, das den Anspruch ablegt, »System« zu sein, das aber zugleich einen Raum der Partikularitäten, Differenzen und Serien organisiert, der – auf vorsichtige und kontingenzbewusste Weise – eine nichtbeliebige Ordnung darstellt.

5. Dimensionen der Sinnbildung

Die Kritik am Systembegriff verweist auf ein Denken in pluralen Ordnungen, aber auch dieses Denken arbeitet mit begrifflichen und theoretischen Formen, die Disparates aufeinander beziehen und insofern Einheit stiften. Diese Formen profilieren sich durch die Kritik am Systemkonzept selbst. Strittig ist jedoch der Anspruch, der sich mit unvermeidlichen Vorgriffen auf Einheit verbindet. Erfahrungen, die sich aus der Kritik am Systemdenken gewinnen lassen, deuten darauf hin, dass sich jede Form von Bestimmung Begriffskonstellationen und methodischen Operationen verdankt, die zwar kontingent, aber nicht beliebig, die an historisch-soziale Voraussetzungen gebunden und begründungsbedürftig, aber weder zufällig noch universell sind.

Die Systemtheorie Luhmanns liefert das eleganteste und ironischste Beispiel eines posthegelianischen Umgangs mit Differenz. Luhmann entfaltet eine artifizielle Begriffsarchitektur, deren innere Konsistenz den Systemgedanken bewahrt und ihn zugleich in einer Logik des Unwahrscheinlichen bricht.[31] Luhmann baut den Begriff des Sinns zu einer Kategorie aus, deren Formbildungen Bestimmtheiten erzeugen, die kein Sein repräsentieren, sondern voraussetzungsvolle Ordnungen operativer Anschlüsse von Bestimmungen darstellen. Bewusstsein und Kommunikation sind an diesen operativen Prozessen der Unterscheidung und Bezeichnung beteiligt, aber aufeinander irreduzibel und füreinander intransparent. Ordnungen des Sinns sind zeitliche Ordnungen, weil jede Bestimmung an andere Bestimmungen anknüpft – sei es als Bewusstsein, sei es als Kommunikation. Kontingenz zeigt sich im Gefüge einer Ordnung koevolutiver Ordnungen des Unwahrscheinlichen. Diese Ordnung des Unwahrscheinlichen findet ihren symbolischen Ausdruck im begrifflichen System der Systemtheorie, deren kategoriale Ausrüstung jedwede Form von Sinn unter Vergleichsgesichtspunkten beschreibt. Indem Luhmann von der Schließung sozialer, kommunikationsbasierter Sys-

---

30 Vgl. Foucault (1977, 1981, 1983); Bourdieu (1974, 1984, 1987).
31 Vgl. Luhmann (1984, 1997).

teme ausgeht, die ihre binären Unterscheidungen, mit deren Hilfe sie ihre Anschlussoperationen steuern und sich selbst reproduzieren, zu einer Reflexivität ausarbeiten, die sie zu einer internen Unterscheidung ihrer selbst gegenüber ihrer Umwelt instand setzen, reformuliert er die Idee einer Selbstbezüglichkeit des Sinns, wie sie auch die klassische Philosophie eines Systemdenkens charakterisiert. Die Überwindung einer Metaphysik des Systems nimmt die ironische Form eines Systems an, das auf dem Gedanken seiner eigenen Kontingenz basiert und die Form der Metaphysik kopiert, um sie in ihrer Wiederholung zu verwandeln. Methodisch setzt die Figur sich wechselseitig beobachtender, aber füreinander intransparenter Beobachter, die das dialektische Schema der Differenz ablöst, einen Horizont gemeinsamen Sinns voraus, dessen Genealogie die Systemtheorie nicht sehen kann und den sie aus theorietechnischen Gründen in analoger Weise binär reduziert wie die Dialektik, von der sie sich distanziert. Der Zusammenhang von Bewusstsein und Kommunikation, die Entstehung von Sinn in nicht nur binären Formen, sondern in lateralen Feldern multipler Verweisungen, wie sie phänomenologische, hermeneutische oder semiologische Analysen zutage fördern, werden abgeblendet, um von einer Einheit der Systeme sprechen zu können. Eine solche Theorie des Sinns zahlt für ihren universellen Anspruch mit einem binär verengten Konzept der Form und einer relativen Unempfindlichkeit für die Verflechtung von leiblicher Erfahrung, symbolischem Ausdruck, materiellen Voraussetzungen von Erfahrung und Ausdruck sowie für die Mehrdimensionalität sinnhafter Bestimmungen in offenen, nicht ohne weiteres reflexiv geschlossenen Feldern.

Kultur- und gesellschaftstheoretisch bieten die Varianten einer soziologisch akzentuierten Theorie des Sinns empirisch ausbaufähige Möglichkeiten, Ordnungen jenseits des Systems zu beschreiben. Das Modell des Systems verwandelt sich dann zu dem Modell einer methodischen Matrix von Bestimmungen, die ihrerseits nur als Formen von Differenz, als Praktiken des Ein- und Ausschließens zu denken sind. Hermeneutische, phänomenologi-

sche, semiologische, statistische oder historische Methoden lassen sich im Rahmen einer solchen Matrix kombinieren, um Felder von nichtkontingenten Bestimmungen zu beschreiben. Eine seinskonstitutive Qualität sprachlicher Begriffe, ein anonymes Walten des Sinns im Flottieren der Zeichen oder ein weltveränderndes Erzählen können so auf soziale Unterschiede, zeitliche Differenzen und simultane Ordnungen des Möglichen und Wahrscheinlichen bezogen werden.[32] Diese Ordnungen bleiben als Ordnungen des Wissens abhängig von ihrer methodisch kontrollierten, perspektivisch gebrochenen und zeitlich indexierten Konstruktion. Sie ermöglichen Vergleiche, aber sie unterstellen keine einzige, teleologische oder selbsttransparente Ordnung, wie sie mit dem Begriff des Systems anvisiert wird. Soziale Voraussetzungen der Sinnbildung realisieren sich in Kommunikation, symbolische Ordnungen strukturieren Wahrnehmungs- und Reflexionsweisen, zeitliche, symbolische und soziale Strukturen der Wahrnehmung unterlaufen eine Identität des Bewusstseins, und Ordnungen der Koexistenz von Bedeutung etablieren einen Raum der Kultur, in dem jede Kommunikation, Wahrnehmung oder Reflexion eine bestimmungskonstitutive Differenz markiert. Die Kommunikation von Ego und Alter in Interaktionen, Organisationen und Gesellschaft, Bewusstes und Unbewusstes der symbolisch vermittelten Reflexion, Bestimmtes und Unbestimmtes in gestalthafter Wahrnehmung, Mögliches und Wirkliches einer Kultur für bestimmte soziale Akteure sind stets gleichzeitig an der Entstehung von Sinnordnungen beteiligt, weil Bedeutung nur im Zusammenhang dieser Differenzen in Gestalt von Praktiken zustande kommt. Zwar bleibt Kultur – als theoretisch konstruierter Raum simultaner Bestimmungsmöglichkeiten – auf Bewusstsein angewiesen; aber das Bewusstsein ist sowenig einziger Konstituent von symbolischen Ordnungen einer Kultur wie die Kultur ein gegenüber dem Bewusstsein autonomer Code symbolischer Differenzen wäre. Erst in sozialen Praktiken verschränken sich Erfahrung und Ausdruck, Wahrnehmung und kulturelle Symbolordnungen, leibliche und signifikative Strukturen. Auch Wissensordnungen unterliegen diesen Bedingungen der Sinnbildung, auch sie sind dynamisch, plural und widersprüchlich, amalgamiert mit Inte-

32 Vgl. Rustemeyer (2001).

ressen und eingewoben in Ordnungen der Macht und Ungleichheit. Wissenschaften und Philosophie vermögen, ähnlich wie auch die Künste, auf die Vielfalt, Koexistenz und die Ausschlussbeziehungen solcher Ordnungen im Plural aufmerksam zu machen. Ihre Arbeit ist insofern stets lateral und fragmentarisch. Sie ist systematisch in dem Sinne, dass sie auf die simultanen Voraussetzungen der Sinnbildung reflektieren kann und in geordneten Konstellationen symbolischer Formen vonstatten geht. Ordnungen jenseits des Systems sind mit anderen Worten keine Ordnungen des Seins, sondern Ordnungen einer Praxis der Sinnbildung, die zugleich rekonstruktiv und konstruktiv, erkennend und erzeugend sind. Die elementare Zeitlichkeit jeder Sinnbildung führt ein konstitutives Moment der Abweichung noch in die Reproduktion kulturell sedimentierter Sinnmuster ein. Insofern geht Reproduktion mit Verschiebung und Transformation einher. Zugleich setzt jede explizite Negation von Bestimmtem durch Abweichung, jede reflexive Erzeugung von Kontingenz im Raum des kulturell Möglichen einen Horizont des Vertrauten und hinreichend Konfirmierten voraus.

Ordnungen des Sinns verdanken sich operativen Bestimmungen, die in Bewusstseins- und Kommunikationsprozessen, in Erfahrung und Ausdruck leiblicher Akteure und in kulturellen Semantiken wie in sozialen Erwartungen, Routinen, Typiken und Institutionen fortlaufend als differentielle Bestimmungen von etwas als etwas erzeugt werden. Ihr prozessualer Charakter einer temporalen Serialität von Ereignissen schließt sich nicht unabhängig von ihrer reflexiven Bestimmung zu einer Einheit. Ihre Einheit ist vielmehr perspektivisch konstituiert und bleibt zeitlich, sozial, räumlich und symbolisch kontingent. An die Stelle der klassischen theoriestrategischen Figur einer Selbstreflexivität von Ordnung oder System tritt die Arbeit der Rekonstruktion dieser mehrfachen Kontingenz aus der Perspektive von Beobachtern, die selbst innerhalb kultureller Räume simultaner Bestimmungsmöglichkeiten operieren, die sie zugleich in selektiver Weise objektivieren. Auch ihr Blick erfolgt von einer sozialen Position aus, benutzt symbolische Ordnungen der Unterscheidungsbildung, verdankt sich zeitlich strukturierten Erfahrungen und Erwartungen und akzentuiert sinnhafte Bestimmungen in

einem kulturellen Raum jeweils anderer Möglichkeiten. Grenzen von Ordnung profilieren sich so als Grenzen des Sinns innerhalb von Sinn. Sinn kennt kein Außen; er existiert als prozessuale Struktur von Verweisungen, nicht als ein Bestand an Elementen. Diese formale Struktur der Immanenz teilt Sinn noch mit älteren Kategorien des Kosmos, des Bewusstseins oder des Geistes. Sinngrenzen – als Profile von Bestimmtheiten – lassen sich aber nicht zugunsten von Einheitskonzepten einebnen, die im Namen von Kosmos, Vernunft, Bewusstsein, Geist oder Leben die reflexiv geschlossene Einheit von Differenzen hervorheben. Sinn generiert sich als Relationalität von Bestimmungen, nicht als die Einheit der Unterscheidungen innerhalb des Sinns, als transzendentale Voraussetzung von etwas als etwas oder als dynamisch-anonymes Spiel von Semiosen. Unabhängig von je selektiven Bestimmungen, die sowohl bestehende Möglichkeiten fortsetzen als auch konstellativ durch Abweichungen transformieren, ist Sinn nicht zu denken. Kategorial entzieht er sich damit einer Unterscheidung zwischen Bewusstsein und Struktur, Subjekt und Objekt, Kompetenz und Performanz.

Die Dynamik von Sinnbildungen ist damit selbst ein Prozess permanenter Grenzüberschreitung und Ordnungsbildung, ohne sich in hermeneutischen Prozessen vollständig transparent machen oder aneignen zu lassen. Jede Bestimmung ist Differenz, die aber nicht binär oder zirkulär geschlossen ist, sondern vorhandene Bestimmungen modifizierend übernimmt und in neue Konstellationen rückt. Sinnbildungen entspringen sowohl aus leiblich fundierten Wahrnehmungsleistungen als auch aus Erfahrungsmustern, Erwartungsstrukturen und vielfältigen symbolischen wie sozialen Ordnungen, die jedem Einzelbewusstsein im Rücken liegen. Kultur, als theoretisch konstruierter Raum simultaner semiotisierter Möglichkeiten sinnhafter Bestimmung, figuriert zu sozialen Mustern des relativ Unwahrscheinlichen, weil in sozialer, symbolischer, zeitlicher und räumlicher Hinsicht jeweils relativ Unverfügbares die kulturellen Optionen praktisch limitiert. Dieses Unverfügbare löst sich weder durch Reflexion noch durch Kommunikation in die gleiche praktische Möglichkeit aller kulturellen Sinnmöglichkeiten auf. Situativ verankerte Wahrnehmungen realisieren Strukturen von Bedeutung, die an leiblichen Dispositionen des In-der-Welt-seins haften, welche ihrerseits sozial strukturiert, erfahrungsgebunden, kommunikativ überformt und institutionell geronnen sind. Reproduktion und Produktion von Sinn sind nur gleichzeitig möglich. Subjektive Wahrnehmungs- und Ausdruckstätigkeiten wie objektive Voraussetzungen je subjektiver Bestimmungsleistungen verflechten sich in einer Praxis der sozial kontextualisierten, situativ motivierten, zeitlich strukturierten und symbolisch vorerschlossenen Transformation von Erfahrung zu Ausdruck. Grenzen des Sinns erweisen sich damit als osmotische Strukturen, die Eingeschlossenes und Ausgeschlossenes ins je bestimmte Verhältnis setzen. Jede Grenze einer Ordnung stellt sich als zeitliche Figuration von Übergängen dar, in der aktive Bestimmungsleistungen mit der Responsivität gegenüber dem jeweils anderen der Ordnung einher gehen. Dieses Andere entzieht sich einer Form binärer Unterscheidung und rekursiver Schließung, wie sie die antike Dialektik über die spekulative Hegels bis hin zur negativen Adornos oder zum Formkalkül der Systemtheorie am Beispiel sprachlicher Bestimmungen erprobt. Aktivität und Passivität von Sinnbildungen interferieren in Bewusstseins- und Kommunikationsprozessen zu sukzessiven Operationen der Wiederholung, Konfirmierung und Abweichung in der Bestimmung von etwas als etwas. Endgültige Topographien sinnhafter Ordnung bleiben deshalb illusionär. Ordnungen repräsentieren Profile kultureller Sinnbildungen, die sich zu konkurrierenden oder interferierenden Bestimmungsprozessen ausdifferenzieren. Kulturphilosophische und -wissenschaftliche Objektivationen spontaner Sinnbildungen und impliziter kultureller Muster brechen mit der Doxa lebensweltlicher Vollzüge ebenso wie mit der Eigenlogik sozialer oder symbolischer Sinnsysteme, die sich gegenüber einem lateralen Wuchern des Sinns durch binäre Schematismen abdichten und zu gesellschaftlichen Funktionssystemen auskristallisieren, in denen Unterscheidungen von recht und unrecht, wahr und falsch, gesund und krank, vernünftig und unvernünftig kommunikative An-

schlüsse nahe legen und Praktiken organisieren. Dabei ersetzen sie jedoch nicht den objektivierten Sinn durch ein Wissen, das die Wahrheit des Gewussten wäre. Vielmehr artikulieren sie eigene Ordnungsmuster begrifflicher Bestimmung, die nur unter kontingenten Voraussetzungen als Wissen Anerkennung finden. In diesen Mustern werden Ordnungen als Ordnungen explizit thematisch. Sie entfalten damit kulturelle Räume als artifizielle Ordnungen simultaner Möglichkeiten, die einerseits den Blick für die Kontingenz alles jeweils Bestimmten, einschließlich ihrer selbst, öffnen und andererseits auf unverfügbare Voraussetzungen kontingenter Sinnbildungen aufmerksam machen. Reflexivität stiftet auch hier Einheit, wenngleich nicht in der Form der Metaphysik. Ihre Darstellungen repräsentieren keine Struktur der Wirklichkeit, des Seins, der Vernunft oder der Geschichte, sondern sie bieten eine Beschreibung der Kontingenz von Bestimmungen. In dieser Leistung einer Erzeugung bestimmter Kontingenzen und der Semiotisierung von Differenzerfahrungen nähern sich Kulturtheorie und Künste einander an.[33] Ordnungen und kulturelle Räume des Sinns erweisen sich als perspektivische Entwürfe relationaler Bestimmungen, die auf Leistungen eines Bewusstseins ebenso angewiesen sind wie auf responsive Erfahrungen und deren Ausdruck im Medium symbolischer Ordnungen und kommunikativer Prozesse, die jedes Einzelbewusstsein überschreiten. Phänomenologische Deskriptionen von Wahrnehmungsvollzügen, hermeneutische Rekonstruktionen sinnhafter Kontinuitäten, soziologische Rekonstruktionen typischer Verhaltensweisen und einer Logik institutionalisierter Kommunikation oder historische Vergleiche von Ereignissen und Strukturen stellen deshalb keine Alternativen zu einer sinntheoretisch fundierten Kulturwissenschaft dar, sondern können als simultane Optionen methodisch geleiteter Beschreibungen kontingenter Ordnungen von Sein als Sinn gelten. Reflexivität und Einheit lassen sich nicht als Konstitute des Bewusstseins, des Geistes, der Kultur oder der Kommunikation unabhängig von intentionalen Wahrnehmungsleistungen beschreiben, ohne doch in ihnen aufzugehen. Eine Theorie der Ordnung, die Sein als Sinn auffasst, entfaltet sich selbst als operativer Prozess sinnhafter Bestimmungen ohne Prätention auf To-

---

33 Vgl. zum Verhältnis von Kultur, Künsten und Kontingenz aus systemtheoretischer Perspektive Baecker (2001).

talität. Sie relationiert in reflexiver Weise den kulturellen Raum aus der zeitlichen Perspektive ihrer Gegenwart und in Bezug auf konkurrierende Sinnbildungen sozialer Akteure mit Hilfe symbolischer Ordnungen unter kontingenten Fragestellungen.

Literatur

ADORNO, THEODOR W. (1975), *Negative Dialektik*, Frankfurt/M.: Suhrkamp. ▪ ARISTOTELES (1989³, 1991⁴), *Metaphysik*, 2 Bde., Hamburg: Meiner. ▪ ARISTOTELES (1987, 1988), *Physik*, 2 Bde., Hamburg: Meiner. ▪ Artikel »Ordnung« in: Ritter, Joachim / Gründer, Karlfried (1984) (Hg.), *Historisches Wörterbuch der Philosophie*, Bd. 6, Basel/Stuttgart: Schwabe & Co., Sp. 1249–1310. ▪ Artikel »System« in: Ritter, Joachim / Gründer, Karlfried (1998), *Historisches Wörterbuch der Philosophie*, Bd. 10, Basel/Stuttgart: Schwabe, Sp. 824–856. ▪ BAECKER, DIRK (2001²), *Wozu Kultur?*, Berlin: Kadmos. ▪ BOURDIEU, PIERRE (1974), *Zur Soziologie der symbolischen Formen*, Frankfurt/M.: Suhrkamp. ▪ BOURDIEU, PIERRE (1984), *Die feinen Unterschiede*, Frankfurt/M.: Suhrkamp. ▪ BOURDIEU, PIERRE (1987), *Sozialer Sinn*, Frankfurt/M.: Suhrkamp. ▪ CASSIRER, ERNST (1994¹⁰, 1987⁸, 1994¹⁰), *Philosophie der symbolischen Formen*, 3 Bde., Darmstadt: Wiss. Buchgesellschaft. ▪ DELEUZE, GILLES /GUATTARI, FÉLIX (2000), *Was ist Philosophie?*, Frankfurt/M.: Suhrkamp. ▪ DERRIDA, JACQUES (1976), *Die Schrift und die Differenz*, Frankfurt/M.: Suhrkamp. ▪ DERRIDA, JACQUES (1983), *Grammatologie*, Frankfurt/M.: Suhrkamp. ▪ DERRIDA, JACQUES (1985), *Die Schrift und die Differenz*, Frankfurt/M.: Suhrkamp. ▪ FOUCAULT, MICHEL (1977), *Die Ordnung des Diskurses*, Frankfurt/M./Berlin/Wien: Ullstein. ▪ FOUCAULT, MICHEL (1981), *Archäologie des Wissens*, Frankfurt/M.: Suhrkamp. ▪ FOUCAULT, MICHEL (1983), *Sexualität und Wahrheit*, Frankfurt/M.: Suhrkamp. ▪ FREUD, SIEGMUND (1972), *Abriss der Psychoanalyse*, Frankfurt/M.: Fischer. ▪ GADAMER, HANS-GEORG (1975⁴), *Wahrheit und Methode*, Tübingen: Mohr. ▪ GOODMAN, NELSON (1995), *Sprachen der Kunst*, Frankfurt/M.: Suhrkamp. ▪ HEGEL, GEORG WILHELM FRIEDRICH (1980), *Phänomenologie des Geistes. Werke Bd. 3*, Frankfurt/M.: Suhrkamp. ▪ HEGEL, GEORG WILHELM FRIEDRICH (1981), *Wissenschaft der Logik I. Werke Bd. 5*, Frankfurt/M.: Suhrkamp. ▪ HEIDEGGER, MARTIN (1973), *Kant und das Problem der Metaphysik*, Frankfurt/M.: Klostermann. ▪ HEIDEGGER, MARTIN (1979¹⁵), *Sein und Zeit*, Tübingen: Niemeyer. ▪ KANT, IMMANUEL (1956), *Kritik der reinen Vernunft*, Darmstadt: Wiss. Buchgesellschaft. ▪ LUHMANN, NIKLAS (1984), *Soziale Systeme*, Frankfurt/M.: Suhrkamp. ▪ LUHMANN, NIKLAS (1997), *Die Gesellschaft der Gesellschaft*, 2 Bde., Frankfurt/M.: Suhrkamp. ▪ MERLEAU-PONTY, MAURICE (1966), *Phänomenologie der Wahrnehmung*, Berlin: de Gruyter. ▪ MERLEAU-PONTY, MAURICE (1986), *Das Sichtbare und das Unsichtbare*, München: Fink. ▪ NIETZSCHE, FRIEDRICH (1988 a), »Über Wahrheit und Lüge im außermoralischen Sinn«, in: *Kritische Studienausgabe*, Bd. 1, München: Deutscher Taschenbuch Verlag, S. 873–890. ▪ NIETZSCHE, FRIEDRICH (1988 b), »Genealogie der Moral«, in: *Kritische Studienausgabe*, Bd. 5, München: Deutscher Taschenbuch Verlag, S. 245–412. ▪ PEIRCE, CHARLES SANDERS (1976²), *Schriften zum Pragmatismus und Pragmatizismus*, Frankfurt/M.: Suhrkamp. ▪ RECKWITZ, ANDREAS (2000), *Die Transformation der Kulturtheorien. Zur Entwicklung eines Theorieprogramms*, Weilerswist: Velbrück Wiss. ▪ RICŒUR, PAUL (1986), *Die lebendige Metapher*, München: Fink. ▪ RICŒUR, PAUL (1988, 1989, 1991), *Zeit und Erzählung*, 3 Bde., München: Fink. ▪ RORTY, RICHARD (1989), *Kontingenz, Ironie und Solidarität*, Frankfurt/M.: Suhrkamp. ▪ RUSTEMEYER, DIRK (2001), *Sinnformen. Konstellationen von Sinn, Subjekt, Zeit und Moral*, Hamburg: Meiner. ▪ RUSTEMEYER, DIRK (2003), »Medialität des Sinns«, in: Rustemeyer, Dirk (Hg.), *Bildlichkeit. Aspekte einer Theorie der Darstellung*, Würzburg (im Erscheinen). ▪ RUSTEMEYER, DIRK (2003), »Zeichen und Zeit«, in: Rüsen, Jörn (Hg.), *Zeitsinn – Studien zur historischen Anthropologie temporaler Ordnungen*, (im Erscheinen). ▪ TAYLOR, CHARLES (1994), *Quellen des Selbst*, Frankfurt/M.: Suhrkamp. ▪ WALDENFELS, BERNHARD (1987), *Ordnung im Zwielicht*, Frankfurt/M.: Suhrkamp. ▪ WALDENFELS, BERNHARD (1994), *Antwortregister*, Frankfurt/M.: Suhrkamp. ▪ WALDENFELS, BERNHARD (1997), *Topographie des Fremden*, Frankfurt/M.: Suhrkamp. ▪ WALDENFELS, BERNHARD (1998), *Grenzen der Normalisierung*, Frankfurt/M.: Suhrkamp. ▪ WITTGENSTEIN, LUDWIG (1977), *Philosophische Untersuchungen*, Frankfurt/M.: Suhrkamp.

2 Sprache

2.1 Poetik und Symbolik – Erfahrung, die zur Sprache kommt[1]

Paul Ricœur

Religiöse Erfahrung, so lautet meine These, kann nicht auf religiöse Sprache reduziert werden. Ob wir die Betonung auf ein Gefühl absoluter Abhängigkeit legen, auf grenzenlose Zuversicht, auf Hoffnung ohne Sicherheit, auf unser Bewusstsein der Zugehörigkeit zu einer lebendigen Tradition oder auf eine totale ethische und politische Verpflichtung, all diese »Momente« der religiösen Erfahrung finden gleichwohl eine unabdingbare Vermittlung in der Sprache; und dies nicht nur, um eine derartige Erfahrung zu äußern, sondern auch, um sie auf der Ebene zu artikulieren, auf der sie entsteht und sich entfaltet. Eine Erfahrung, der keine Worte gegeben werden, bleibt eine blinde, konfuse und nicht mitteilbare Erfahrung. Wir können deshalb sagen, dass zwar nicht alle Momente religiöser Erfahrung sprachlich sind, es jedoch keine religiöse Erfahrung ohne Sprache gibt.

Damit die betreffende Sprache ihre Funktion der Artikulation, des Äußerns und Mitteilens erfüllen kann, muss sie nichtspekulativ konstituiert sein oder eine begriffliche Ebene erreicht haben. Die in der Bibel veranschaulichten literarischen Gattungen beispielsweise belegen diesen Umstand, denn wir begegnen dort so unterschiedlichen Formen des Diskurses wie Erzählung, Gesetz, Prophetie, Spruchweisheit, Hymne, Brief und Gleichnis. Frühe religiöse Sprache konstituiert sich auf der Ebene dieser vorbegrifflichen literarischen Genres. Sobald sie natürlich divergierenden Interpretationen ausgeliefert wurde, also äußerer Kritik und inneren Spaltungen innerhalb der gläubigen Gemeinde, war eine derartige Sprache gezwungen, vermittels jener Doxologien und Glaubensbekenntnisse präziser zu werden, in denen wir bereits eine Begrifflichkeit am Werk sehen. Sobald sie dann mit einer philosophischen Sprache konfrontiert war, musste das *Credo* der christlichen Kirche bislang unerkannte oder ungenutzte Hilfsquellen, gleichermaßen in Form von Entlehnungen von außerhalb wie innerer Entfaltung erschließen, um sich mit der Philosophie auf eine Stufe zu stellen. Auf diese Weise erreichte diese religiöse Sprache einen theologischen Status im eigentlichen Sinne. Ich will in diesem Beitrag eben diesen Charakteristika der vorbegrifflichen Stufe dieses religiösen Diskurses nachgehen. Wir können diese Stufe die symbolische nennen, und zwar aus Gründen, auf die ich gleich näher eingehen werde; aber ich will bereits hier festhalten, dass ich diesen Terminus in einem weiteren Sinne gebrauche als die Logiker und Semiotiker dies tun, die von symbolischer Logik oder mathematischen und chemischen Symbolen sprechen. Nebenbei bemerkt war es Cassirer in seiner *Philosophie der symbolischen Formen*, der den Begriff »symbolisch« in diesem Sinne am extensivsten gebraucht hat, insofern er damit jene Strukturen der menschlichen Erfahrung kultureller Art meinte, die geeignet sind, die Mitglieder einer Gemeinschaft aneinander zu binden (religio!), die darin die Regeln für ihr Verhalten anerkennen. Auch ich verstehe den Begriff Symbol in einem umfassenderen Sinne als jene Autoren, die die Idee des Symbols mit etwas Verborgenem verbinden, das nur denen zugänglich ist, die in eine esoterische Lehre eingeweiht sind. In meiner Analyse werde ich versuchen, zwischen diesen beiden Extremen die Mitte zu halten.

Um diesen Zwischenbereich näher zu erkunden, werde ich mich auf eine deskriptive Disziplin stützen, die Poetik; sie erfasst religiöse Sprache unter

---

1 Zuerst veröffentlicht in: Duerr, Hans-Peter (Hg.) (1984), *Die Mitte der Welt. Aufsätze zu Mircea Eliade*, Frankfurt/M.: Suhrkamp, S. 11–34. Nachträglich vom Verfasser autorisiert (B. L.).

dem Aspekt ihrer Ähnlichkeiten mit anderen, nicht spezifisch religiösen Modi des Diskurses. Wie die griechische Wurzel dieses Wortes – *poiesis* – nahe legt, bezieht sich die Poetik auf den produktiven Charakter bestimmter Modi des Diskurses, ohne die Unterschiede zwischen Prosa und Dichtung mit ihren Versen, Reimen und Rhythmen zu berücksichtigen. Es geht mir hier also um den produktiven Aspekt der Symbolik, um ihre erfinderische und schöpferische Kraft.

Wir müssen von Anfang an erkennen, dass diese Produktivität zweifacher Art ist. Es ist sowohl ein Hervorbringen von Bedeutung im Sinne einer Ausweitung von Sprache innerhalb ihres eigenen Rahmens als auch eine Entdeckung hinsichtlich neuer Merkmale der Wirklichkeit oder »unerhörter« Aspekte der Welt. Um den ersten Aspekt zu bezeichnen, werde ich von semantischer Innovation sprechen, wobei das Adjektiv »semantisch« denselben Bedeutungsumfang hat wie das Substantiv »Bedeutung«. Was den zweiten Aspekt betrifft, so werde ich ihn als eine heuristische Funktion bezeichnen; hier deckt das Adjektiv »heuristisch« denselben Bereich ab wie die Substantive »Erfindung« und »Entdeckung«, welche, wie ich zu zeigen versuche, innerhalb der symbolischen Ordnung unterscheidbar werden. Wir können also sagen, dass es im Bereich der Symbole die Aufgabe der Poetik ist zu beschreiben, auf welche Weise Symbole im Erzeugen von Bedeutung zugleich unsere Erfahrung erweitern; d.h., sie muss die dreifache Vermittlung von Referenz, Dialog und Reflexion beschreiben.

1. Kulturimmanente Symbolik

Zunächst werde ich die Funktionsweise von Symbolik auf einer vorliterarischen Ebene erörtern, also bevor sie zur Abfassung von fixierten Texten führt, wobei Texte genau im Sinn von schriftlichen Werken zu verstehen sind. Die von der Ethnologie beschriebenen schriftlosen Gesellschaften kennen nur diese Funktion der Symbolik. Ohne besonderen Status und eigene Existenz, enthüllt die Symbolik mündlicher Überlieferung eine Dimension von

Kultur als solcher, womit ich meine, dass sie symbolisch vermittelt ist. Wenn menschliche Erfahrung in expliziten Symbolen, in Bildern, Erzählungen und Mythen geschildert, wiedererzählt und mythisiert werden kann, so darum, weil sie immer aufgrund einer immanenten oder konstitutiven Symbolik einer inneren Ordnung folgt, einer Symbolik, der die Schriftform den besonderen Status einer transzendenten oder stellvertretenden Symbolik verleiht. Wir wollen uns deshalb zunächst auf diese gemeinsame Grenzlinie zwischen Poetik und Ethnologie begeben, denn wir können unseren Ausgangspunkt gar nicht tief genug wählen, um diese immanente, implizite, konstitutive Symbolik einzukreisen.

Zunächst ist der öffentliche Charakter sinnvoller Handlungsäußerungen zu betonen. In den Worten von Clifford Geertz: »Kultur ist deshalb öffentlich, weil Bedeutung etwas Öffentliches ist.« [2] Auch Claude Lévi-Strauss hätte seinen wohlbekannten Plan nicht ohne seine – an Marcel Mauss anschließende – Behauptung durchführen können, dass nicht die Gesellschaft Symbolik hervorbringt, sondern die Symbolik die Gesellschaft. Ich sehe in diesen Äußerungen Belege für den institutionellen Charakter jener symbolischen Vermittlungen, welche die Bedeutung von Handlungen gewährleisten. Institutionen bilden Gesamtheiten, die sich nicht auf ihre Bestandteile – etwa Familie, Altersgruppe, soziale Klasse, Gesellschaften, Staaten oder Zivilisationen – zurückführen lassen, die jeweils den beteiligten Individuen bestimmte Rollen zuweisen. Somit besteht die erste Funktion der einer Gemeinschaft immanenten Symbolik in einer solchen Zuweisung von Rollen.

Als zweites möchte ich den *strukturellen* Charakter symbolischer Komplexe hervorheben. Bevor Symbole auf der Ebene der Literatur einen Text bilden, stellen sie eine bedeutungsvolle »Textur« dar. Einen Ritus verstehen bedeutet demnach, in der Lage zu sein, ihn in den Zusammenhang eines größeren, umfassenden Rituals zu stellen, und dieses Ritual zu verstehen bedeutet wiederum, es vor dem Hintergrund einer bestimmten Form von Kult und stufenweise innerhalb des Ensembles von Glaubensvorstellungen und Konventionen wahrzunehmen, die den Rahmen einer Kultur bilden, um schließlich seine soziale Rolle und seinen Ein-

---

2 Geertz (1987, S. 18).

fluss auf andere soziale Strukturen zu erkennen. An dieser Stelle findet die Übertragung aus der strukturalen Linguistik in die Ethnologie ihre Rechtfertigung.

Zum dritten sind die Begriffe einer Regel oder Norm an den Begriff einer Institution geknüpft. In diesem Sinne können wir von symbolischer Regulierung sprechen und – im Anschluss an Peter Winch in seiner *Idee der Sozialwissenschaft und ihr Verhältnis zur Philosophie*[3] – menschliches Handeln als »von Regeln beherrschtes Verhalten« benennen. Wiederum in Anlehnung an Geertz können wir außerdem die Ähnlichkeiten und Unterschiede zwischen genetischen und kulturellen Kodes hervorheben. Beide lassen sich als »Programme« auffassen, die eine Handlung verschlüsseln. Aber im Gegensatz zu genetischen Kodes werden kulturelle Kodes für jene Bereiche entwickelt, wo genetische Kodes nicht mehr greifen. Das ist auch der Grund, warum sie diese auch untergraben können, indem sie die regulativen Zwänge ererbter Kodes durch ihre Intentionalität und Zweckbestimmtheit ersetzen.

Viertens verweist uns die Idee einer Regel auf die Idee des Tauschs. In seinen frühen Schriften hat Lévi-Strauss gezeigt, wie der Austausch von Gütern, Zeichen und Frauen innerhalb einer bestimmten Kultur homogene Systeme bildet. Meiner Meinung nach erweckt die Einführung dieses Kriteriums eines Tauschs eine der ältesten Bedeutungen des Wortes »Symbol« wieder zum Leben, nach der zu einem Symbol zwei Teile gehören, wobei jeweils ein Teil Hüter eines Teils des ganzen Symbols ist. Dass ein Symbol diese beiden Teile zusammenbringt, verleiht ihm seinen Wert als Zeichen, das etwas mit etwas anderem zusammenbindet. So erklärt sich, warum frühe christliche Glaubensbekenntnisse gelegentlich »Symbole« genannt wurden – etwa das Symbol von Nikäa –, weil die Mitglieder der bekennenden Gemeinschaft durch diese Symbole ihre gemeinsame Teilhabe an dieser Gemeinschaft bestätigten.

Schließlich können wir sagen, dass Symbolsysteme einen Kontext liefern, mit dem sich individuelle Handlungen beschreiben lassen. Eine konkrete Verhaltensform kann dergestalt betrachtet werden, dass sie dies oder jenes »vor dem Hintergrund« oder »als eine Funktion« einer symbolischen Regel bedeutet. Das Verständnis einer Geste, z. B. einer erhobenen

Hand, hängt von den jeweiligen Umständen ab und kann je nachdem einen Gruß, eine Drohung, einen Hinweis, einen Einspruch oder ein Votum bedeuten. In diesem Sinne ist ein Symbol selbst eine Interpretationsregel. Bevor Symbole selbst zu Objekten von Interpretationen werden, sind sie mit anderen Worten auch – in der Terminologie von Charles S. Peirce – kulturimmanente »Interpretanten«. Aufgrund dieser immanenten interpretierenden Operatoren »steht« ein bestimmtes Handeln »für« oder »gilt als« etwas. Kurz, es muss als »etwas« interpretiert werden.

Das bisher Gesagte lässt sich kurz so zusammenfassen. Die einer Gemeinschaft und deren Kultur immanenten Symbole verleihen dem Handeln eine fundamentale »Lesbarkeit«, sie machen aus ihm einen Quasi-Text. Diese in einer Kultur wirksamen Interpretanten werden nur im Text des Ethnologen oder Soziologen ihrerseits zu Objekten der Interpretation. Es ist der Austausch zwischen dem Quasi-Text der Kultur und dem wissenschaftlichen Text, der es den Sozialwissenschaften ermöglicht, eine Unterhaltung mit Fremden aufrechtzuerhalten, wodurch ihre Interpretanten in einen Dialog mit unseren treten. Es ist das Interesse an dieser Unterhaltung, das die Ethnologie an den Ursprung der Poetik bringt.

2. Explizite Symbolik und Mythos

In der bisherigen Analyse habe ich mich an *ein* Ende des symbolischen Spektrums begeben und den kulturellen Aspekt von Symbolen hervorgehoben. Jetzt wende ich mich dem anderen Ende zu, der analogen Struktur von Symbolen unter dem Gesichtspunkt ihrer semantischen Dimension. Diese Struktur wird erst sichtbar, wenn die Symbolik vor dem Hintergrund anderer sozialer Strukturen betrachtet wird. Sie wird dann zu einer eigenen Schicht innerhalb der kulturellen Sphäre. Zu diesem Einschnitt kommt es zweifellos mit der Literatur, der Schrift. Doch bereits in der mündlichen Phase können wir beobachten, wie sich die Symbolik in autonomen und vollständig erkennbaren Verbal-

---

3 Winch (1974).

handlungen niederschlägt. Somit lassen sich die Symbole, denen ich mich nun zuwende, in zweierlei Hinsicht aufschlüsseln. Ihre analoge semantische Dimension ist deutlich erkennbar; sie verkörpert sich in einem genau bestimmten Sprachgebrauch, der von der Schrift mühelos fixiert werden kann, selbst wenn dieser Gebrauch in der gesprochenen Sprache bereits bestand, bevor irgendein Schriftkundiger ihn auf einem dauerhaften Träger niederschrieb und ihm eine Existenz in Textform verlieh. Es ist diese ausgeprägte und explizite Symbolik, die wir als eigentliche Symbolik bezeichnen.

Wir wollen fürs erste die analoge Struktur dieser Symbolik so verstehen, dass damit die Struktur von Ausdrücken mit einer Doppelbedeutung gemeint ist, wobei die erste Bedeutung auf eine zweite verweist, welche das alleinige Ziel des Verstehens ist, obwohl es nicht unmittelbar erreicht werden kann. Damit will ich sagen, dass die zweite Bedeutung nur über die erste zugänglich ist. Ich werde später an Hand der Metapher das eigentliche semantische Moment sprachlicher Innovation kenntlich machen. Hier geht es mir hingegen um die Gesamtwirkungsweise eines Symbols, insbesondere um seinen Geltungsbereich, der über den einer Metapher hinausgeht, da es mit Mythen – im Sinne von Erzählungen über den Ursprung – verknüpft ist.

Vor einigen Jahren habe ich einen Bereich symbolischer Ausdrücke erforscht, der in meinem Buch *La symbolique du mal*[4] besonders deutlich wird. Damals habe ich zwei Hauptmerkmale dieser Symbolik festgehalten, die ich jetzt innerhalb eines größeren Rahmens neu formulieren möchte.

Das erste Merkmal dieser Symbolik ist zweifellos ihre Struktur. Tatsächlich können wir bei den Ursymbolen des offenkundigen Bösen mehrere Schichten unterscheiden. Auf der untersten Ebene begegnen wir der Symbolik des Reinen und des Unreinen, die mit Reinigungsritualen verknüpft ist, bei denen Waschung und Reinigung niemals mit dem Entfernen eines realen Schmutzflecks verwechselt wird. Befleckung ist wie ein Fleck, der in Wirklichkeit nicht existiert. Es ist die Symbolik des Reinigungsrituals, die den symbolischen Inhalt der Darstellung von Ansteckung enthüllt, lange bevor religiöse oder staatliche Gesetze die Grenzen des Reinen und des Unreinen abgesteckt haben und lange bevor literarische Texte im Griechischen wie im Hebräischen dem mit dieser Erfahrung verbundenen düsteren Gefühl mitteilbare Worte verleihen. In dieser Hinsicht ist Platos Wortspiel im Kratylos lehrreich: Apollo ist der Gott, »der wegwäscht« (*Apoloúon*), und er ist der Gott, der die »einfache« oder »lautere« (*haploús*) Wahrheit sagt. Wenn Lauterkeit eine symbolische Form der Reinigung sein kann, so ist dementsprechend alles Böse ein symbolisches Mal.

Auf einer komplexeren Ebene wird das Böse als ein Vergehen »vor Gott«, als Sünde gekennzeichnet. Es ist die Leugnung des »Bundes«, dessen symbolische Mittel unermesslich sind. Das ist der Grund, warum diese Leugnung in einer Vielzahl von Bildern Ausdruck findet, wie etwa das eigene Ziel verfehlen, krumme Wege verfolgen, sich empören, Ehebruch begehen, zu Wind oder zu heißem Lufthauch werden, zur Nichtigkeit des Nichts herabsinken etc.. Alle diese Symbole haben ihr Gegenstück in der Symbolik der Vergebung, die als Wiederkehr, als Wiedergutmachung aufgefasst wird. »Bringe uns, HERR, zu dir zurück, dass wir wieder heimkommen.«[5]

Schließlich ist, auf einem wiederum komplexeren Niveau, das Böse als die Verinnerlichung des Vergehens gekennzeichnet. Es wird zur Schuld innerhalb eines Kontextes der Strafe. Wiederum treten neue Symbole auf: die Last der Sünde, Gewissensbisse, der Urteilsspruch durch den Richter, verhängnisvolle Blindheit, Maßlosigkeit.

Das zweite Merkmal expliziter Symbolik ist nicht weniger wichtig für unsere spätere Analyse, und ich werde darauf zurückkommen, wenn ich die Beziehung zwischen Symbol und Erzählung erörtere. Wir können jedoch an dieser Stelle bereits festhalten, dass die primäre Ebene der Symbolik uns nur durch eine Symbolik der zweiten Stufe zugänglich ist, die im wesentlichen erzählender Natur ist; ich spreche von Mythen über den Anfang und das Ende aller Zeiten. Den Begriff des Mythos gebrauche ich im selben Sinne wie Eliade: Es ist eine Erzählung über die Ursprungsgeschehnisse, die sich *in illo tempore* ereignet haben, und darum habe ich sie oben als Erzählung über die Ursprünge bezeichnet.

---

4 Ricœur (1971).
5 Jer 5,2 I.

Nun trifft es zu, dass ein so verstandener Mythos nur für uns Moderne ein Mythos ist, die wir die Vorstellung einer historischen Zeit entwickelt haben, die auf einer anderen Ebene liegt als die Zeit des Ursprungs, so wie für uns der Schauplatz der Ursprungsereignisse nicht mehr dem physikalischen und geographischen Raum entspricht, wie er empirisch erfasst ist. Doch gerade der Verlust dieser erklärenden oder ätiologischen Funktion der Mythen fördert deren symbolische Funktion zutage, die in ihrer klarsten Form erst dem postkritischen Bewusstsein zugänglich wird. Den Mythos als Mythos verstehen heißt verstehen, was er dank seiner Erzählstruktur zur Offenbarungsfunktion der Ursymbole hinzufügt. Deshalb besteht eine der ersten Funktionen der Mythen über Chaos, Sündenfall, göttliche Blindheit und Ungehorsam wie auch über deren Gegenstücke, also Mythen der Ordnung, Erhöhung, Erleuchtung und Versöhnung, darin, der Menschheit die Einheit eines konkreten Universalen zu vermitteln. Die Erzählung führt zudem Bewegung, Dynamik und Geschichten vor Augen, wenn wir z.B. in der Bibel von der Genesis zur Offenbarung Johannis fortschreiten. Unsere einzelnen Geschichten werden von einer fundamentalen Geschichte durchzogen. Noch grundlegender ist der Umstand, dass der Mythos dem Rätsel der Existenz eine erzählende Deutung verleiht; damit meine ich die Kluft zwischen der ursprünglichen Sündenlosigkeit der Geschöpfe Gottes und der geschichtlichen Verworfenheit, die von den Weisen beklagt wird. Der Mythos erzählt das Vergehen, das menschliche Weisheit erforschen will, als ein Geschehnis am Anfang der Zeit.

Nun sind die im Mythos vermittelten Symbole ebenso wenig in eine unmittelbare und schriftliche Sprache übertragbar wie die Ursymbole. Das unterscheidet den Mythos von der Allegorie, denn es ist prinzipiell möglich, eine Allegorie durch einen direkten Diskurs zu ersetzen, der für sich sinnvoll wäre; sobald dieser unmittelbare Text erstellt ist, wird die Allegorie überflüssig. Es verhält sich damit, wenn man so will, wie mit Wittgensteins Leiter, derer man sich entledigt, nachdem man sie hochgeklettert ist. Demgegenüber lässt der Mythos durch seine dreifache Funktion des konkreten Univeralen, der zeitlichen Orientierung und der existentiellen wie ontologischen Erforschung Wesenszüge der con-ditio humana sichtbar werden, die keine Übersetzung jemals erreichen oder ersetzen kann. Wie Schelling gesagt hat, bedeutet der Mythos das, was er aussagt. Er ist »tautegorisch«, nicht allegorisch.

Wenn wir die allegorische Interpretation zurückweisen, so heißt das nicht, dass wir damit zugleich jede andere Interpretationsform zurückweisen, sei es jene, derzufolge der Mythos neue narrative Entwicklungen ins Leben ruft, die ihrerseits den Wert von Interpretationen haben, wie Frank Kermode in *The Genesis of Secrecy* vorschlägt,[6] oder dass manche Mythen zur Konfrontation mit Mythen aus einem anderen Mythenkreis führen, wie z.B. zwischen dem biblischen Mythos des Ungehorsams und den orphisch-platonischen Schilderungen des Sündenfalls; oder dass die Mühe der Interpretation eine quasi-begriffliche Ebene des Diskurses entstehen lässt, wie in der Lehre des Hl. Augustinus von der Erbsünde; oder schließlich auch jene Interpretation, die in der Erforschung des durch den Mythos erschlossenen Erfahrungsbereichs besteht und diesem dadurch eine existentielle Bestätigung ähnlich der Kantschen transzendentalen Ableitung der Erkenntniskategorien liefert. Eines dürfen wir jedoch von Interpretationen keinesfalls erwarten: dass sie jene Fülle an Erfahrung wiederherstellen, die der Mythos nur als Rätsel benennen kann. Man kann sagen, dass der Mythos Zeugnis ablegt von einer engen Übereinstimmung zwischen der Menschheit und dem Sein insgesamt, zwischen dem Natürlichen und dem Übernatürlichen oder, kurz, von einem Sein vor jeder Spaltung. Aber gerade weil diese Ungeteiltheit der Intuition nicht vorgegeben ist, kann sie bezeichnet und erzählt werden. Vielleicht ist der Mythos selbst in mehrfache Zyklen oder unterschiedliche narrative Verdichtungen aufgeteilt, von denen aus demselben Grund keine der vollständigen Intention des Mythos entspricht.

3. Metapher als Moment semantischer Innovation

Bislang hat der von mir gewählte Ansatz im Hinblick auf Symbole noch keine Möglichkeit geboten,

---

6 Kermode (1979).

jene beiden Funktionen der Poetik zu erklären, die ich als ihre semantische Innovation und ihre heuristische Funktion bezeichnet habe. Ich möchte nun etwas systematischer auf die Funktion der semantischen Innovation eingehen und die Frage nach deren heuristischer Funktion bis zum Schluss zurückstellen.

Metaphern sind jene vereinbarten Diskursstrategien, die uns ermöglichen, das Prinzip der semantischen Innovation zu beschreiben und dessen fruchtbare Dynamik explizit zu machen. Nicht dass ein Symbol sich auf eine Metapher reduzieren ließe; es ist vielmehr eine Metapher, die dessen semantischen Kern bildet.

Die Theorie der Metapher ist für eine Erforschung der Symbolik so lange nutzlos geblieben, als eine Metapher in der Tradition klassischer Rhetorik als einfache Extension der Bedeutung einzelner Worte begriffen wurde, als Verfahren, einer Sache den Namen einer anderen zu geben, wie Aristoteles es in seiner *Poetik* ausgedrückt hat, und zwar auf der Grundlage einer beobachteten Ähnlichkeit zwischen den beiden Dingen. So verstanden diente die Metapher keinem anderen Zweck als dem, die Leere eines fehlenden Namens zu füllen, oder die Sprache auszuschmücken, um sie überzeugender zu machen. Aus diesem rein dekorativen Verständnis, das der Metapher einzig einen emotionalen und keinen informativen Wert beimisst, entwickelt sich die Theorie der Metapher aus einer Pragmatik der Sprache, die keinen semantischen Einfluss hat. Der innovative Charakter der Metapher, ihr Vermögen, Bedeutung zu schaffen, tritt erst zutage, wenn sie in den Rahmen der Attribution oder besser: der Prädikation statt in den der Denomination gestellt wird. »Die Natur ist ein Tempel, wo lebende Säulen [...]«. Der ganze Satz stellt die Metapher dar. Sie besteht aus der seltsamen Aussage, durch welche Begriffe, die an sich miteinander unvereinbar sind, solange wir unseren gewohnten Kategorien folgen, miteinander in Verbindung gebracht werden und eine bislang ungekannte Bedeutung erzeugen.

Wie vollzieht sich dieser Vorgang? Mindestens drei Bedingungen müssen erfüllt sein.

Erstens muss das Ungewöhnliche an der Aussage – das Ungeheuerliche – trotz der Entstehung einer neuartigen Bedeutung immer noch bemerkt werden

können. In dieser Hinsicht bildet die Absurdität die extreme Form einer semantischen Ungeheuerlichkeit, wenn jemand etwa von einem »finsteren Licht« oder einem »lebendigen Tod« spricht. Diese erste Bedingung gilt für den Fall toter Metaphern wie »Stuhlbein« oder »Bergsattel« nicht mehr, wo der Konflikt zwischen wörtlichen und übertragenen Bedeutungen heute nicht mehr wahrgenommen wird.

Zum zweiten muss das eigentlich schöpferische Moment der Metapher im Auftreten eines neuen Geltungsbereiches auf den Trümmern der ungeheuerlichen Aussage bestehen. Begriffe, die im logischen Raum weit voneinander entfernt liegen, erscheinen mit einem Mal als »eng verwandt«. Hier kommt die Ähnlichkeit zu ihrem Recht, wenngleich es weniger eine Frage ist, ob diese als solche bereits wahrgenommen wurde, bevor man ihr Worte verlieh, oder ob sie erst durch die Annäherung selbst zustande kam. So gesehen wäre es besser, von prädikativer Angleichung als von einer Ähnlichkeit zwischen dem Gegebenen zu sprechen, um so die Wirkung der seltsamen Aussage deutlich zu machen.

Drittens ist es schließlich der neue Geltungsbereich, der auf der Ebene des Satzes als Ganzes erzeugt wird, welcher Bedeutungserweiterung auf der Ebene isolierter Wörter ermöglicht, jene Extension, die für die klassische Rhetorik das Kriterium der Metapher darstellte.

Eine wörtliche Ungeheuerlichkeit, ein neuer prädikativer Geltungsbereich und eine Wortverdrehung – das sind die Kennzeichen einer lebendigen Metapher.

Es liegt auf der Hand, dass das zweite Merkmal das Moment semantischer Innovation darstellt. Wir können durchaus dieses Merkmal der Phantasie zuordnen, wenn wir das philosophische Problem der Einbildungskraft von dem des Bildes trennen, im Sinne eines Überrests der Wahrnehmung oder eines abgeschwächten Sinneseindrucks, und wenn wir mit Kant zwischen produktiver und lediglich reproduktiver Einbildungskraft unterscheiden. Die Funktion produktiver Einbildungskraft, um die es hier geht, besteht nicht darin, von etwas Abwesendem einen gegenwärtigen Eindruck zu vermitteln, sondern vielmehr, neue bildliche Zusammenfügungen vorzunehmen. In dieser Hinsicht nämlich besteht der Kern produktiver Phantasie in dem, was Kant »das Schema der Einbildungskraft« nannte, das er als Regel definierte, einem Begriff Anschauung zu verleihen. Es ist damit die Matrix kategorialer Synthesen auf der Ebene des Verstehens.

Diese Verbindung von Metapher und Schematismus ist der Schlüssel zur semantischen Innovation einer lebendigen Metapher. Die Phantasie kommt zu ihrer spezifischen Vermittlungsform, wenn eine neue Bedeutung aus den Trümmern einer buchstäblichen Aussage entsteht. Sie besteht im wesentlichen darin, die Ähnlichkeit, die der neuen semantischen Geltung zugrunde liegt, rasch zu erfassen.

»Denn gut zu übertragen«, sagt Aristoteles, »bedeutet das Verwandte erkennen zu können«. Wenn also Ähnlichkeit das Ergebnis prädikativer Angleichung ist, so ist Phantasie das Vermögen, diese neue semantische Geltung zu schematisieren. Sich etwas vorzustellen, ist eine Form dessen, was Wittgenstein »sehen als« nannte, etwa das Alter als den Lebensabend.

Wenn die Metapher den Punkt erreicht, an dem die Wirkung der Sprache von Alltagserfahrungen vollkommen losgelöst erscheint, wie das Gegenteil von Symbolik in der Kultur einer bestimmten Gemeinschaft, verdient das Symbol die Bezeichnung »Fiktion«. Hier beruht es auf dem Bruch mit der Ordnung der Realität, den die Phantasie im Sinne ihrer aufhebenden Funktion erzeugt. Die Bedeutungen, die der Prozess semantischer Innovation hervorbringt, sind vorgetäuscht und simuliert. Ich werde noch darauf hinweisen, wie sie gleichwohl die Wirklichkeit ausdrücken können.

4. Symbol und Metapher

Nach diesem Ausflug in die Theorie der Metapher will ich nun zum Problem von Symbol und Symbolik zurückkehren. Eine Metapher stellt, wie erwähnt, den eigentlichen semantischen Aspekt eines Symbols dar, sofern wir unter Symbol einen Ausdruck mit doppelter Bedeutung verstehen. Es war daher einleuchtend, dass wir die Eignung eines Symbols, Bedeutung zu erzeugen, vom Funktionieren lebendiger Metaphern abhängig machten. Die genaue Analyse der Symbolik beruht allerdings auf einer Menge anderer neuerer Forschungszweige, von der Psychoanalyse über die Literaturkritik bis hin zur Religionsphänomenologie, wohingegen die

Theorie der Metapher innerhalb der Grenzen einer einzigen, jahrhundertealten Disziplin, der Rhetorik, entstand. Wir müssen daher auch die Frage stellen, worin das nicht-semantische Moment eines Symbols besteht, und wie beide Momente, das semantische wie das nicht-semantische, innerhalb der Einheit des Symbols zum Ausdruck kommen.

Die Dunkelheit eines Symbols zeugt von seinem Widerstand gegenüber jeglichem Versuch, das Symbol auf eine Diskursstrategie zu reduzieren, insbesondere auf jene, die so gut beherrscht wird wie die poetische Dichtung. Ein Symbol ist immer mehr als eine literarische Metapher. Ein Symbol ist eine gebundene Metapher, da sie in einem vorlinguistischen Boden verwurzelt ist, dessen Klärung von nicht-rhetorischen Disziplinen abhängig ist. In der Unterschiedlichkeit dieser Disziplinen kommt meines Erachtens zum Ausdruck, wie unterschiedlich die Formen vorsprachlicher Verwurzelung der Symbolik sind.

Am einen Skalenende dieser Disziplin findet sich die Psychoanalyse. Ihr zufolge ist der Traum das Urmodell oder das erste Ana logon einer unbegrenzten Serie substituierter oder entstellter Repräsentanzen, die allmählich den gesamten Bereich des *Phantasierens* (dt. im Orig.) abdeckt; mit diesem Terminus bezeichnet Freud nicht allein die mehr oder weniger pathologischen Phantasien, sondern auch Tagträume, Märchen, Sprichwörter, literarische Werke und mythische Vorstellungen. Wenn Freud dieses Paradigma wählt, so ist dies für unsere Überlegungen insofern sehr aufschlussreich, als es die Welt der »Symbole« unmittelbar an der Grenze von Trieb und Sprache und, in einem weitergefassten Sinn, von Instinkt und Kultur ansiedelt. Hinsichtlich der Psychoanalyse ist darüber hinaus das Erzeugen dieser Repräsentanzen an eine Erscheinung gekoppelt, für die sich ein sprachliches Äquivalent finden lässt, das aber kein Teil der Sprache ist; ich meine »Verdrängung«. Urverdrängung beeinflusst den allerersten Zeugen unserer Triebe; Nachverdrängung, also Verdrängung im eigentlichen Wortsinne, das, was für die abgeleiteten Folgen der Urverdrängung und ihr unbestimmtes Abgleiten in Ersatzzeichen verantwortlich ist. Die Annahme dieses psychoanalytischen Zeichens der Grenze von Trieb und Sprache erklärt den Umstand, warum die Psychoanalyse eine Mischsprache entwickelt, die vom Triebkonflikt in energetischen wie linguistischen Termini äquivalent spricht. Ausdrücke wie Verdrängung, Zensur, Verschiebung und Verdichtung belegen dies, insofern sie aus einem Traum eine *Einstellung* (dt. im Orig.) machen, also gleichzeitig eine Verdrehung von Kräften und eine Bedeutungsverschiebung. Jedem einzelnen Terminus können wir eine ökonomische Erklärung im Sinne blockierter Energien, die auf anderem Weg zur Entladung kommen, zuordnen und ebenso eine linguistische Interpretation, in der wir Metapher und Metonomie wiedererkennen. Wenn sich aber das Kräftespiel, auf das die ökonomische Interpretation die Psychoanalyse reduzieren möchte, nur im Spiel der Repräsentanzen erreichen lässt, die den Traum zu einem überladenen, unterbrochenen oder verdeckten Text machen, von dem Freud als einem Palimpsest oder einer Hieroglyphe sprach, dann erschöpft sich der Ersatz der Bezeichnungen, womit die linguistische Interpretation dieses Kräftespiel vergleichen will, nicht in dem, was Freud sehr passend »Traumarbeit« nannte. Ganz ähnlich will der Psychoanalytiker die Metapher nicht auf die rhetorische Metapher reduziert wissen. Die »Last«, mit der die Bezeichnung vom Bezeichneten unterschieden wird, ist mehr als die Feststellung einer bestimmten Korrespondenzbeziehung. Hier zeigt sich die zwangsläufige Spaltung, die Freud an anderer Stelle als »Zensur« bezeichnete. Zensur wird am Text ausgeübt, aber sie ist und markiert zugleich Ausübung von Gewalt auf der Ebene der Erzeugung des Texts. Daraus ergibt sich, dass die Psychoanalyse jenen unklaren epistemologischen Status annehmen muss, den derartige hybride Begriffe ihr auferlegen; dies zumindest in dem Maße, in dem diese tiefliegenden Konflikte jeglicher Reduktion auf sprachliche Prozesse widerstehen, wenngleich sie sich an anderer Stelle, außerhalb des Traumtextes, vielleicht »lesen« lassen.

Dieser kurze Hinweis auf Verdrängung, auf tief verwurzelte Konflikte, lässt uns einen der Gründe dafür verstehen, warum Symbole nicht vollständig in Metaphern übergehen. Zur Metapher kommt es im bereits gereinigten Reich des *Logos*, während das Symbol an der Gabelung von Gewalt und Bedeutung, von Trieb und Diskurs entsteht, kurz: an der Grenze zwischen *Bios* und *Logos*.

Am anderen Ende des Spektrums symbolischen Ausdrucks findet sich das Heilige. Es stellt ebenfalls eine Mischform dar, die der von der Psychoanalyse erforschten Struktur vergleichbar ist, wenngleich die hier in Frage kommende Disziplin die Religionsphänomenologie ist. In seinem berühmten Werk *Das Heilige* hat Rudolf Otto den Aspekt von Macht und Wirkung, den das Heilige manifestiert, betont.[7] Was auch immer man gegen diese Darstellung des Heiligen ins Feld führen kann, sie lässt uns vorsichtig werden gegenüber Versuchen, die Mythologie auf eine lediglich sprachliche Sicht zu reduzieren. Wir überschreiten hier die Schwelle einer Erfahrung, die sich nicht gänzlich innerhalb der Kategorien des *Logos* oder der Verkündung beschreiben lässt; sie lässt sich auch nicht im Sinne einer Übermittlung der Interpretation einer bestimmten Mitteilung betrachten. Das »numinose« Element dieser Erfahrung nimmt nicht völlige sprachliche Form an, wenn es der Sprache auch Kraft verleiht. Es ist durchaus zutreffend, wie Georges Dumézil in seiner Einführung zur französischen Ausgabe von Eliades *Patterns in Comparative Religion*[8] feststellt, dass der Begriff »Hierophanie«, wodurch Eliade den des »Numinosen« ersetzt, voraussetzt, dass die Manifestationen des Heiligen in der Tat eine Form oder Struktur haben. Gleichwohl kommt selbst dann dem Diskurs kein besonderes Privileg zu. Statt dessen sind es Eliade zufolge kosmische Gegebenheiten wie Himmel, Wasser, Berge und Vegetation, die die Ausdrucksformen des Heiligen sind. Modulierungen von Raum und Zeit, wie wir sie in der Gestaltung eines Tempels erkennen, die Form eines Hauses mit seiner Schwelle und seinem Dach, die Gesten eines Rituals usw., all dies stellt die Verkörperung des Heiligen in den gestalteten Werten des Kosmos dar. In dieser Verkörperung liegt der Unterschied zwischen einem religiösen Symbol und einer literarischen Metapher. Eine Metapher ist eine freie Erfindung des Diskurses, ein Symbol dagegen ist an den Kosmos gebunden. Innerhalb des heiligen Universums beruht sogar die Fähigkeit zur Sprache auf der Fähigkeit des Kosmos, Bedeutung zu verleihen. Die Logik von Korrespondenzen, die die vergleichende Religions-

---

7 Otto (1991).
8 Eliade (1996).

geschichte zutage fördert, bringt diese vermischte Eigenart der Symbolik des Heiligen zum Ausdruck. Sie ist sprachlich und kosmisch zugleich. So beziehen sich die Fruchtbarkeit des Bodens, der Überfluss der Vegetation, das Gedeihen der Herden und die weibliche Fruchtbarkeit alle aufeinander; das gilt gleichermaßen für die Bahnen der Gestirne, das jährliche Wiedererwachen der Vegetation, den Wechsel von Liebe und Tod; die Hierogamie von Himmel und Erde, die sexuelle Vereinigung; die Aussaat des Getreides und das Begräbnis der Toten; den Kosmos, den Tempel, das Haus und den Bau des menschlichen Körpers usw.

Man kann sagen; dass die Logik von Korrespondenzen sich immer in sprachlicher Vermittlung ausdrückt und artikuliert und dass die Symbolik des Heiligen unbestimmt und gänzlich dunkel bliebe, hätte man niemals den Mythos von der Entstehung der Welt erzählt, hätten keine Worte der Liturgie die Rituale festgelegt, in denen diese Geburt der Welt sich erneut ereignet, lehrte uns kein Tabu, Raum und Zeit zu ordnen, den Grundriss des Tempels zu zeichnen, die Schwelle unseres Hauses zu legen und auszurechnen, wann inmitten unserer Tage und Werke Feste zu feiern seien. Es gilt jedoch festzuhalten, dass diese Artikulation in der und durch die Sprache die Verknüpfung der Symbolik mit den Gegebenheiten des Kosmos nicht lockert, sondern im Gegenteil voraussetzt. Das heilige Wesen der Natur eröffnet sich, wenn es symbolische Sprachform findet. Aber seine Manifestation ermöglicht diese Sprachform, nicht umgekehrt.

Zwischen den beiden Extremen Psychoanalyse und Religionsphänomenologie leistet schließlich auch die Literaturkritik zur Beziehung zwischen Symbol und Metapher einen Beitrag. Sie tut dies in Kenntnis der beiden verwandten Disziplinen, mit denen wir uns auseinandergesetzt haben. Mit gebotener Vorsicht lässt sich behaupten, dass poetische Tätigkeit – was die Deutschen *dichten* oder *Dichtung* (dt. im Orig.) nennen – ebenfalls den Wechsel in die Erfahrungssprache darstellt, die nicht gänzlich im Sprachspiel der Metapher aufgeht, wenn sie sich auch nicht unabhängig von diesem Sprachspiel äußert. Was wir Gefühl nennen, lässt sich nicht auf Emotion oder Leidenschaft reduzieren; es ist vielmehr ein angeborenes Verhältnis zur Welt, das Sprache »bindet« und sie gewissermaßen der Be-

gleichung einer Schuld ähnlich werden lässt, die im Blick auf das, was gesagt werden muss, eingegangen worden ist. Wäre dies nicht der Fall, wie sollte man eine Erklärung finden für die Qualen und Leiden jener Dichter, denen es nicht vollkommen gelingen will, »wiederzugeben«, wie die Dinge wirklich sind, und die sich immer in Schuld gegenüber diesen Qualen finden, wenngleich sie sich auf etwas beziehen, was man mit Fug und Recht ihre eigene Schöpfung nennen kann? Schuld und Begleichung dieser Art werfen ein Licht auf die Wirkung einer Metapher und zeigen, dass literarische Metaphern den Status von Symbolen haben können.

Bislang habe ich von der Metapher als einer spontanen und vorübergehenden Sprachschöpfung gesprochen. Ohne jeden Status innerhalb der Normalsprache ist eine lebendige Metapher im strikten Wortsinn ein Diskursereignis. Erst wenn die Sprachgemeinschaft die Metapher aufgenommen und akzeptiert hat, wird sie tendenziell in den Erweiterungsbereich der Polysemie absorbiert. Dann aber wird sie als Metapher trivial und verliert schließlich ihre Lebendigkeit. Die Normalsprache ist sozusagen ein Friedhof voller toter Metaphern. Lebendige Metaphern gibt es nur im Augenblick ihrer semantischen Innovation, weshalb sie übrigens im Moment der erneuten Innovation, wenn man sie hört oder liest, ebenfalls existieren. Symbole dagegen scheinen eine erstaunliche Langlebigkeit zu besitzen, weil sie in den dauerhaften Gegebenheiten des Lebens, des Gefühls und des Universums tief verwurzelt sind. Symbole, so hat es Eliade formuliert, sterben nicht, sie werden umgewandelt.

5. Symbol und Erzählung

Lässt sich die Poetik in unserer Beschreibung von Symbolik wiederfinden? Die Antwort ist »nein«, wenn wir die große Vielfalt von Diskursmodi in Betracht ziehen, worin wir ein Erzeugen von Bedeutung erkennen, ohne dass dieses Erzeugen jener Art von semantischer Innovation gleichkommt, die für den metaphorischen Prozess charakteristisch ist. Die Antwort lautet aber »ja«, falls diese anderen Diskursmodi gleichwohl eine Dynamik aufweisen, die derjenigen der Metapher entspricht, wodurch es uns möglich wäre, den Begriff der symbolischen

Funktion über den metaphorischen Symboltyp auszuweiten.

Dies trifft im höchsten Maße für Erzählungen
jeglicher Art zu, vom Märchen bis zum klassischen
und modernen Drama, Roman, Biographie, historische Darstellung usw. Diese Ausweitung des symbolischen Bereichs sollte nicht überraschen, denn
mein anfangs zitiertes Beispiel der Symbolik des
Bösen enthielt bereits eine symbolische Ebene mit
einer typisch narrativen Form: die Ebene des Mythos. Wenngleich der Mythos lediglich eine besondere narrative Kategorie, wie die Erzählung von den
Ursprüngen, darstellt, so bleibt doch unbestritten,
dass es gerade die mythische Erzählung ist, die die
symbolische Funktion ausübt, insofern sie einen
Bereich fundamentaler Erfahrung meint; etwa den
des Widerspruchs zwischen der guten Kreatur und
der traurigen Existenz der historischen Menschheit,
wie wir ihn aus der Geschichte eines Sündenfalls *in
illo tempore* kennen. Der Mythos ist in der Tat nur
ein Beispiel unter vielen auch noch so grundlegenden Formen der Erzählung.

Welche narrativen Aspekte lassen ein Erzeugen
von Bedeutung, das der semantischen Innovation in
der Metapher vergleichbar wäre, unerkannt?

Man sollte sich daran erinnern, dass Aristoteles,
um die Art von schriftlicher Zusammenfügung, wodurch ein Text in der Tat narrativ wird, zu bezeichnen, den Terminus »Mythos« wählte, den wir mit
»Fabel« oder »Hergang« übersetzen können. Die
Bedeutungen beider Termini sind gleichermaßen
wichtig. Einerseits sind Epos, Tragödie und Komödie, also die drei Gattungen der Dichtkunst oder
Poiesis, die Aristoteles in seiner *Poetik* untersuchte,
Fiktionen, die keine wirklichen Handlungen abbilden, sondern lediglich »nachgeahmte«. Mit anderen
Worten, sie werden erzählt, *wie* sie sich ereigneten.
Andererseits verdient das dichterische Werk, das
diese *Poiesis* hervorbringt, die Bezeichnung »Hergang«, insofern die wiedergegebene Geschichte
nach Regeln dergestalt zusammengefügt ist, dass sie
eine Handlung darstellt, die »vollständig« und »von
einer bestimmten Länge« ist. Aristoteles' grundlegende Definition von »Mythos« macht diese zweite
Bedeutung besonders deutlich: »Ich verstehe hier
unter Mythos die Zusammensetzung der Handlungen.« Mit dieser Definition meint er mehr als einen
Aufbau im statischen Sinne des Wortes, denn er

bezieht sich auf die Strukturierung, einen Vorgang
somit, der uns das Recht gibt, eher von einem »Hergang«, einem »Handlungsablauf« zu sprechen als
von einer »Handlung« im eng gefassten Sinne einer
beschreibenden Zusammenfassung des Handlungs-
fadens. Erst durch diese Handlungsstrukturierung
erhält eine erzählte Geschichte jene zeitliche Einheit,
die in Anfang, Mitte und Ende besteht. Das bedeutet
umgekehrt, dass keine Handlung aus sich selbst
heraus ein Anfang ist. Sie stellt nur dann einen
Anfang dar, wenn sie Teil einer nachfolgenden Geschichte ist. Ebenso wenig ist irgendeine Handlung
die Mitte einer Geschichte, es sei denn, sie führt zu
einem Umschlag des Glücks, einer Knüpfung und
Lösung, einem erstaunlichen Umschlag der Handlung als Folge klärender Entdeckung und einer Fortführung »mitleiderregender« oder »furchtbarer«
Ereignisse. Eine Handlung bildet schließlich aus
sich selbst heraus kein Ende, außer, sie führt in einer
Geschichte den Handlungsablauf zu Ende, indem sie
das Schicksal des Helden durch ein letztes Ereignis
beschließt, das die Gesamthandlung der Geschichte
klärt und eine Katharsis von Mitleid und Furcht im
Zuschauer oder Zuhörer bewirkt.

Kurz gesagt, durch diese aktive Handlungsstrukturierung ergibt sich die Parallele zwischen
Erzählung und semantischer Innovation, die der
metaphorischen Symbolik eignet, und allein deswegen dürfen wir im weitgefassten Sinne von narrativer Symbolik sprechen.

Wir dürfen sogar sagen, dass eine Art semantischer Innovation die Handlungsstrukturierung
konstituiert, sofern wir seine Dynamik in Betracht
ziehen. Diese semantische Innovation besteht nicht
in der plötzlichen Annäherung bislang getrennter
semantischer Felder. Wie beim Zusammenfügen
heterogener Vorfälle in eine einzige Geschichte
formt sie vielmehr diese verstreuten Ereignisse in
eine Geschichte um, während sie umgekehrt die
Geschichte aus diesen Ereignissen ableitet. Als Ver-
mittler von Ereignis und Geschichte stellt der
Handlungsablauf das narrative Gegenstück jener
neuen Aussagegeltung dar, die, wie gesagt, die
semantische Innovation, die der Metapher innewohnt, erklärt. Der Handlungsablauf besteht ebenfalls im »Zusammenhalten« jener Einzelheiten
menschlichen Handelns, die in der Alltagserfahrung
heterogen und widersprüchlich bleiben.

Diese Synthese des Heterogenen, die sichtbar wird im Zusammenfügen von Ereignissen in einer Handlung, die »vollständig« und »von einer bestimmten Länge« ist, findet sich ebenfalls in anderen Aspekten des Narrativen. Auf zwei will ich mich im Folgenden begrenzen.

Zunächst vereint unter zeitlichem Gesichtspunkt der Handlungsablauf einen einfachen episodischen und einen konfigurativen Aspekt. Betrachten wir den ersten Aspekt, so folgt die Erzählung den Bedingungen der einfachen, unabgeschlossenen Folge. Der zweite Aspekt verleiht der Erzählung hingegen eine Form, die der einfachen Folge entbehrt und in die Erzählung ein Prinzip der Abschließung einführt, das es uns ermöglicht, das erzählerische Ganze auf der Grundlage des Endes zu begreifen, indem wir der inneren Teleologie seines Gefüges folgen. Die Handlungsstrukturierung ist zudem eine Synthese des Heterogenen, insofern sie äußere Umstände, Absichten, Mittel und Wege, Wechselwirkungen sowie unbeabsichtigte oder sogar verkehrte Ergebnisse vereint. Aus alledem macht sie ein Ganzes, das wir trotz seiner Zufälligkeiten und Lücken als einen kohärenten Prozess verstehen. Von diesem Verständnis müssen wir das behaupten, was bereits im metaphorischen Prozess als »sehen als« zur Sprache kam. Damit erhält die erzählte Geschichte fraglos eine Verständlichkeit, die sich mit jener neuen Kategorisierung vergleichen lässt, die die prädikative Gleichsetzung in der lebendigen Metapher hervorruft. Diese Verständlichkeit steht eher mit dem Schematismus und daher mit der produktiven Phantasie in Verbindung als mit logischer oder legislativer Rationalität. Wir könnten in diesem Sinne sogar von einem narrativen Schematismus oder einer Typologie der Handlungsstrukturierung sprechen. Diese Typologie lässt sich allerdings nicht in der Art eines bestimmten axiomatischen Kombinationssystems *a priori* aufstellen. Sie entsteht vielmehr aus unserer Vertrautheit mit der Vielfalt von Handlungsabläufen, die im Laufe der Jahrhunderte erfunden worden sind.

Diese Vertrautheit zeigt selbst ihre eigenen »historischen« Züge in dem Maße, in dem sie immer innerhalb einer Tradition aufkommt, die die Paradigmen des Handlungsablaufs, die sich der sklavischen Imitation oder schematischen Konfrontation anbieten, vermittels jeder Schattierung geregelter Umformung weitergibt. Innerhalb dieser Beziehung von Traditionalität, sei sie nun kontinuierlich oder unterbrochen, erscheint Innovation als das dialektische Gegenstück zur Sedimentierung. Sedimentierung und Innovation bilden somit gemeinsam die der narrativen Tradition eigentümliche »Historizität« und zeugen von dem Umstand, dass das narrative Verständnis in die Sphäre der produktiven Phantasie gehört.

Ein zusätzlicher Beleg dafür, dass literarische Erzählungen aus einer großen symbolischen Funktion entstehen – abgesehen von der lyrischen Dichtung, in der Innovation qua Metapher vorherrscht –, findet sich in den unterschiedlichen Kombinationen von Erzählung und Metapher. Einen Fall habe ich bereits in Betracht gezogen, nämlich den des Mythos, worin die Erzählung selbst die symbolische Funktion ausübt und wie eine Metapher wirkt. In diesem Fall ersetzt und vermittelt die Erzählung die metaphorische Kraft der Ursymbole. Es gibt auch den anderen, umgekehrten Fall. Ich denke an Parabeln, etwa jene im Neuen Testament, worin gerade die Metapher die Symbolkraft, die der zugrunde liegenden Erzählung innewohnt, vermittelt. Eine Parabel ist somit eine kurze Erzählung, deren narrative Struktur der Struktur von Volksmärchen verwandt ist, die aber aufgrund der Anziehungskraft von Ausdrücken wie »das Reich Gottes« metaphorisch in einen Erfahrungsbereich verlagert ist, der sich vom erzählten Erfahrungsbereich unterscheidet. Das Reich Gottes, so heißt es in Christi Parabeln, ist wie; wie ein König, der; oder eine Frau, die; ein Hausherr, der […]. Hier finden sich also eine narrative Struktur und ein metaphorischer Prozess in einem einfachen literarischen Genre vereinigt, wobei diese Verbindung durch den Grenzausdruck gesichert ist, der das Narrative gegenüber jedem anderen polarisiert. Mythos und Parabel sind daher einander im Hinblick auf das Verhältnis von Erzählung und beiden eigener Metapher entgegengesetzt, wobei im ersten Fall die Erzählung die Metapher, im zweiten Fall die Metapher die Erzählung vermittelt.

6. Das heuristische Moment: Symbol und Modell

Ich habe bereits darauf hingewiesen, dass das Symbol von Fiktion nicht mehr zu unterscheiden ist, wenn die Phantasie ein Symbol an den Punkt führt, wo die Wirklichkeit aufgehoben ist. Es mag daher der Eindruck entstehen, dass, entgegen dem vorher Gesagten, das Symbol seine heuristische Bedeutung verliert, wenn die im Symbol wirkende semantische Innovation von der kulturellen Grundlage, der sie entstammt, losgelöst wird und den eigentlichen literarischen Status erreicht. Nach meiner Meinung trügt dieser Eindruck. Wenn die Metapher weiterhin unser Führer bei der Erkundung der Symbolfunktion sein soll, so müssen wir davon ausgehen, dass in der metaphorischen Äußerung Sinn und Referenz immer vereint sind, wenngleich dies auch komplexer und indirekter geschieht als im Fall von beschreibenden Feststellungen im normalen oder wissenschaftlichen Diskurs.

Mehrere Autoren haben die Verwandtschaft von Metapher und Modell festgestellt. Sie spielt z. B. im Werk der Philosophen Max Black und Mary Hesse eine entscheidende Rolle. Unter theologischem Gesichtspunkt hat der englische Theologe Ian Ramsey den Versuch gemacht, die Funktion religiöser Sprache zu klären, indem er Blacks Theorie in angemessener Weise revidierte. In der Wissenschaftssprache gilt ein Modell hauptsächlich als ein heuristisches Verfahren, das darauf abzielt, eine unangemessene Erklärung zu verwerfen und den Weg zu einer angemesseneren zu ebnen. Um Mary Hesses Bezeichnung zu verwenden, ist das Modell ein Instrument, um Dinge neu zu beschreiben. Mit dieser Einsicht geht sie weiter als Max Black, der der Ansicht ist, dass die Konstruktion eines Modells darin besteht, eine imaginäre Entität zu schaffen, die der Beschreibung eher zugänglich ist, um somit einen Realitätsbereich festzuhalten, dessen Eigenschaften denjenigen des Modells entsprechen oder ihnen isomorph sind. Einen bestimmten Realitätsbereich in Form eines imaginären theoretischen Modells zu beschreiben bedeutet mit anderen Worten, Dinge anders zu sehen, indem wir unsere Sprache im Blick auf den Forschungsgegenstand ändern.

Die Anwendung dieses Modellbegriffs auf die Metapher beruht auf der Parallele zwischen der Neubeschreibung, die aus dem Übergang von Fiktion in Realität in den Wissenschaften entsteht, und des Vermögens, die Realität neu zu konfigurieren, wie es die poetische Sprache bewirkt. Wie ein Modell ist auch die Metapher eine heuristische Funktion. Mit ihrer Hilfe nehmen wir neuartige Beziehungen zwischen Dingen wahr, und zwar aufgrund jenes Isomorphismus, der definitorisch zwischen dem Modell und seinem Anwendungsbereich gilt. In beiden Fällen sprechen wir mit Black von der »analogen Übertragung eines Vokabulars«.

Man könnte einwenden, dass diese Parallelität von Neubeschreibung in einem Modell und der Neukonfiguration durch die Metapher den Unterschied zwischen wissenschaftlicher und poetischer Sprache unterschlägt. Poetische Sprache, so könnte man sagen, bezieht sich auf sich selbst und nicht auf Dinge. In einem Gedicht, um Roland Barthes' bekannten Satz anzuführen, feiert die Sprache sich selbst. Wir sollten daher die Metapher als Neubeschreibung bezeichnen, insofern poetische Sprache nicht in erster Linie beschreibende Sprache ist. Dieser Einwand beruht allerdings auf einer unvollständigen Analyse der referentiellen Funktion poetischer Sprache. Es trifft durchaus zu, dass poetische Sprache die Ausschaltung direkter Referenz der Normalsprache impliziert. Diese Ausschaltung ist, wie bereits gesagt, eine der Konsequenzen des Umstandes, dass die produktive Phantasie zur Genese metaphorischer Bedeutung gehört. Diese Ausschaltung ist allerdings, wie mir scheint, genau die umgekehrte Seite oder die negative Bedingung einer weniger offenkundigen referentiellen Funktion des Diskurses, einer Funktion, die frei ist von der Ausschaltung des normalen Beschreibungswertes unserer Äußerung. Damit bereichert die poetische Sprache die Sprache mit Aspekten, Eigenschaften und Werten der Wirklichkeit, die sich ansonsten der direkt deskriptiven Sprache entzögen und nur zum Ausdruck kämen aufgrund des komplexen Zusammenspiels, das zwischen einer metaphorischen Feststellung und dem geregelten Überschreiten der gewöhnlichen Wortbedeutungen in unserer Sprache stattfindet. In meinem Buch *La métaphore vive*[9] bin ich so weit gegangen, nicht nur von einem metaphorischen Sinn, sondern auch von einer metaphorischen Referenz zu sprechen, um jenes Vermögen einer metaphorischen Äußerung zu bezeichnen, eine Realität neu zu konfigurieren, die der direkten Beschreibung unerreichbar ist. Ich habe

---

9 Ricœur (1975).

sogar den Vorschlag gemacht, jenes »sehen als«, das dies Vermögen einer lebendigen Metapher umfasst, solle als erkennendes Moment des »sein als« auf radikalster ontologischer Stufe gelten. »Das Reich Gottes ist wie ein [...]«. Es ist der eigentliche Kern der Wirklichkeit, den man analog erreicht aufgrund dessen, was ich die Referenzspaltung, die der poetischen Sprache eignet, nenne. Wie die wörtliche Bedeutung den Weg zu einer metaphorischen Bedeutung erschließt, den ich die neue Aussagegeltung genannt habe, insofern sich die wörtliche Bedeutung infolge der Inkongruität der metaphorischen Aussage zerstört, so bricht ebenso die wörtliche Referenz aufgrund ihrer Unangemessenheit zusammen; sie macht eine metaphorische Referenz frei, aufgrund derer die poetische Sprache nicht ausdrückt, wie die Dinge sind, sondern wem sie gleichen, wem sie ähnlich sind.

Die Metapher erschöpft indessen die heuristischen Ressourcen der Symbolik nicht völlig. Gerade wie eine Erzählung im Blick auf den Handlungsablauf darin besteht, Bedeutung zu erzeugen, die der für die Metapher charakteristischen semantischen Innovation vergleichbar ist, so lässt sich auch die mimetische Kraft der Erzählung mit der Kraft der Neubeschreibung von Modellen und Metaphern vergleichen. Die mimetische Funktion der Erzählung stellt in der Tat eine weitere Anwendung der metaphorischen Referenz auf den Bereich menschlicher Handlung dar. Diese neue Parallelität hebt unser Verständnis der Mimesis tragischer oder epischer Dichtung als einer Imitations-Imitation auf. Es ist vielmehr eine Frage der kreativen Nachahmung, die das, was sie repräsentiert, erfindet und entdeckt. Mimesis bedeutet gleichermaßen, dass die imitierte Handlung nachgeahmt, also nur vorgetäuscht wird, und dass die Fiktion uns lehrt, den Bereich tatsächlicher Handlung so zu sehen, wie er in poetischer Fiktion dargestellt wird. In dem Maße, wie die Handlung vorgetäuscht ist, hat sie die Kraft, Handlung neu zu konfigurieren.

Auf diese Weise, so hoffe ich, können wir daran gehen, die umfassende Einheit der Symbolik, einschließlich Metapher und Erzählung, wiederentstehen zu sehen. Diese umfassende Einheit ist in heuristischer Hinsicht ebenso stark wie hinsichtlich der semantischen Innovation. Vermöge von Metapher und Erzählung erzeugt die Symbolfunktion der Sprache weiterhin Bedeutung und erneuert unser Seinsgefühl.

Übersetzt von Christoph Groffy

Literatur

ELIADE, MIRCEA (1996 [1958]), *Patterns in Comparative Religion*, Lincoln: University of Nebraska Press. ▪ GEERTZ, CLIFFORD (1987), *Dichte Beschreibung. Beiträge zum Verstehen kultureller Systeme*, Frankfurt/M.: Suhrkamp. ▪ KERMODE, FRANK (1979 [1996⁹]), *The Genesis of Secrecy: On the Interpretation of Narrative*, Cambridge/Mass: Harvard University Press. ▪ OTTO, RUDOLPH (1991 [1917]), *Das Heilige: Über das Irrationale in der Idee des Göttlichen und sein Verhältnis zum Rationalen*, Beck: München. ▪ RICŒUR, PAUL (1971), *Symbolik des Bösen. La symbolique du mal*, Freiburg: Alber. ▪ RICŒUR, PAUL (1975), *La métaphore vive*, Paris: Ed. du Seuil (engl.: *The rule of metaphor: multi-disciplinary studies of the creation of meaning in language*, London: Routledge&Kegan Paul, 1986). ▪ WINCH, PETER (1974), *Die Idee der Sozialwissenschaft und ihr Verhältnis zur Philosophie*, Frankfurt/M.: Suhrkamp.

2.2 Kultur als Zeichensystem

John Michael Krois

1. Vorbemerkung

Die These, dass Kultur ein Zeichensystem ist, bildet den theoretischen Hintergrund für viele methodologische Ansätze in den Kulturwissenschaften heute, u. a. in der Anthropologie, Soziologie, Literaturwissenschaft, Medienwissenschaften und Philosophie.[1] Umberto Eco hat einmal in seiner Geschichte des Zeichenbegriffs die These, um die es hier geht, anhand einer kurzen Erzählung deutlich gemacht: Ein Mann Namens Sigma ist in Paris zu Besuch und hat Bauchschmerzen. Er ruft beim Arzt an, fährt zu ihm hin, schildert ihm seine Symptome, bekommt ein Rezept. Eco verwendet diese Geschichte, um zu zeigen, wie alles, was Herr Sigma erlebt: die Wahrnehmung von Bauchschmerzen, das Verfahren des Telefonierens (in Frankreich anders als in Italien), der Umgang mit Geld, die sprachliche Schilderung der Schmerzen und Zeigen mit dem Finger, wo es weh tut, das ärztliche Wissen von Krankheiten (Symptome), das ganze Ensemble der Persönlichkeitsunterschiede zwischen Herrn Sigma und dem Arzt, verschiedenartige Zeichenprozesse darstellen.[2] Diese breite Verwendung des Wortes »Zeichen« weicht vom alltäglichen Gebrauch insofern ab, als dass sie Zeichenprozesse nicht auf künstlich geschaffene Zeichensysteme beschränkt. Diese breitere Auffassung des Terminus »Zeichen« als Äquivalent für jeden Träger eines Sinnes ist charakteristisch für die heutige Zeichentheorie.

Die Theorie der Zeichen oder »Semiotik« (von griechisch semeion, Zeichen) untersucht Zeichen-

prozesse allgemein, nicht nur in der Kultur.[3] Zoosemiotik und Biosemiotik beschäftigen sich etwa mit dem Einfluss von Zeichenprozessen auf Gehirnevolution, mit Tierverhalten und mit Informationsaustausch in der Natur. Der Terminus »Kultursemiotik« ist daher keinesfalls redundant. Kultursemiotik hat zum Gegenstand das Gebiet der von Menschen bewusst oder unbewusst hervorgebrachten signifikanten Formen und Systeme. In der vorliegenden Darstellung wird von »Kultur als Zeichensystem« in diesem Sinne die Rede sein, als Ergebnis und als Prozess.

Der Terminus »Semiotik« findet sich schon in der Antike, als Bezeichnung desjenigen Teils der Heilkunst, die heute als die »Lehre von Symptomen« bezeichnet wird. Diese Bezeichnung wurde auch in der Medizin bis ins 19. Jahrhundert beibehalten.[4] Seit dem 19. Jahrhundert haben Wissenschaftler in zahlreichen Disziplinen zeichentheoretische Ansätze entwickelt. Viele, etwa die Filmsemiotik, sind so sehr ausgearbeitet, dass die Literatur zu dem Themengebiet nur noch von Spezialisten übersehen werden kann. Hier kann es daher nur darum gehen, einen Überblick zu geben über prominente Versuche, die allgemeine Theorie der Zeichen als Kulturtheorie zu konzipieren. Es lassen sich vier Hauptrichtungen in der semiotischen Theorie unterscheiden: eine logische, eine linguistische, eine anthropologische und eine historische.

In einem Punkt stimmen heutige Zeichentheoretiker jeder Richtung überein (auch wenn sie ihn verschieden betonen): dass Zeichen ein Primärphänomen sind. Traditionell galten Zeichen als etwas Sekundäres, als »Hilfsmittel«, um schon gegebene Erkenntnisse oder Gedanken mitteilbar zu machen. Im Mittelalter entwickelten Scholastische Philosophen z. B. die Lehre von der »Supposition«, die zwischen verschiedenen Arten der Repräsentation als das »Stehen für etwas Anderes« unterschied,[5] aber man nahm gleichzeitig an, dass es eine unmittelbare »intuitive Erkenntnis« (notitia intuitiva) von konkreten Individuen gibt, und dass diese Er-

---

1 Für einen Überblick siehe Posner (1991).

2 Eco (1977, S. 9–15). Zu Ecos Zeichenauffassung vgl. darin bes. Kap. 5: Umrisse einer zusammenfassenden Zeichentheorie (S. 166–189).

3 Für eine umfassende Einführung in die Semiotik siehe Sebeok (1979).

4 Siehe dazu Roland Barthes, »Semiologie und Medizin«, in: Barthes (1988, S. 210–220).

5 Ockham, *Summa Logicae*, Teil I, S. 63–77.

kenntnis keine Zeichen nötig hat. In der neueren Philosophie haben John Locke (1632–1704) und Johann Heinrich Lambert (1728–1777) beide unter dem Namen »Semiotik« sich eine Wissenschaft vorgestellt, die Zeichen als »Hilfsmittel« der Erkenntnis überschauen helfen sollten.[6] Nach dieser Auffassung wurden Zeichen eingesetzt, um schon Bekanntes mitzuteilen und der Semiotik sollte die Aufgabe zukommen, diesen Prozess zu begünstigen, indem sie die geeignetesten Zeichen herausfindet. Erst der Philosoph Charles Sanders Peirce (1839–1918) verwarf diese traditionelle Ansicht mit einer Reihe von Argumenten, die er gegen Descartes und die moderne Philosophie insgesamt richtete. Er entwickelte die These, dass Zeichen primäre und nicht nachträgliche Elemente der Welt sind. So unterschiedlich die im Folgenden besprochenen Vertreter der Zeichentheorie sind, stimmen alle mit Peirce in diesem Punkt überein.

1.1. Die logische Konzeption von Zeichen

Die moderne Semiotik nahm ihre entscheidende Wende im Jahr 1868, als der Philosoph und Naturwissenschaftler Charles Sanders Peirce zwei Texte publizierte,[7] in denen er Zeichen nicht mehr bloß als »Hilfsmittel« für die Kommunikation von vorhandenen Gedanken begriff, sondern als Element und Voraussetzung von allem Denken, Wahrnehmen und Erleben. In Peirces Formulierung: »Die Idee der *Manifestation* ist die Idee eines Zeichens.«[8] Demnach ist der Zeichenprozess weder nach dem Modell von Stellvertretern für gegebene Objekte zu verstehen noch im Sinne eines Instruments oder »Zeugs«, sondern als Element der Erscheinungen selbst. Der Zeichenbegriff wird nicht bloß auf produzierte Sinnträger beschränkt – Laute, Gesten, Bilder, Schriften, Zahlenziffern – sondern, phänomenologisch gesprochen: Die Welt ist immer schon zeichenhaft. Dies ist kein bloßer »Perspektivismus«, wonach es immer eine Pluralität von möglichen (statischen) Ansichten für die Wahrnehmung gibt, sondern eine neue Konzeption der Phänomene, die ihre grundsätzliche Prozessualität herausstellt. Peirce sprach daher von »semiosis« anstatt von statischen »Zeichen«. Für diese Theorie besteht die Welt nicht aus Gegenständen, die darauf warten, als Ko-

pie im Geist abgebildet zu werden, sondern aus veränderlichen Erscheinungen, die als »Representamen« (Zeichen) dienen, ein Objekt (auch Phantasiegebilde) irgendwie repräsentieren und stets zu neuen Zeichen führen, denen Peirce den Namen »Interpretanten« gibt.

In dieser Konzeption wurde die Zeitlichkeit in der semiotischen Philosophie zentral. Diese kontinuierliche Produktion von neuen »Interpretationen« der Welt und ihre praktischen Auswirkungen sind »Kultur als Zeichensystem«, wobei dieses System immer in ständiger Veränderung begriffen und daher gleichzeitig auch immer als ein Zeichenprozess zu verstehen ist.

Peirces philosophische Argumente für diese Theorie entwickelte er als Kritik an der »modernen« Philosophie und besonders an Descartes' Subjektivismus.[9] Er verwarf den Gedanken der Intuition (unmittelbare Erkenntnis) zugunsten der Lehre, dass wir nur in Zeichen denken. Dabei nahm er die spätere Kritik an der »Präsenz« eines Gegenstands oder eines Egos vorweg, wie sie von Jacques Derrida in seinen (unten besprochenen) Ausführungen über Zeichen, bzw. Schrift, formuliert wurde.[10] Diese Peirceschen Texte (»Fragen hinsichtlich gewisser Vermögen, die man für den Menschen in Anspruch nimmt« und »Einige Konsequenzen aus vier Unvermögen«) scheinen vom Titel her anthropologische Untersuchungen zu sein und sie enden auch mit Peirces lapidarer Feststellung, dass der Mensch ein Zeichen ist.[11] Peirce argumentiert, dass »das Zeichen, das der Mensch gebraucht, der Mensch selbst ist«,[12] weil es keine unmittelbare

---

6 Locke (1690, Buch IV, Kap. 21, § 4); Lambert (1764, Bd. 2, § 12).

7 Peirce (1868 a, 1868 b).

8 Peirce (1931, Bd. 1, S. 173–176, §§ 343–349, hier: S. 176 f., § 346): »the idea of *manifestation* is the idea of a sign«. Das Zitat stammt aus den »Lowell Lectures of 1903«.

9 Siehe Peirce, »Einige Konsequenzen aus vier Unvermögen« von 1868, in Peirce (1991, S. 40–80). Darin stellt Peirce das Programm einer Philosophie des Zeichens dem von Descartes entwickelten Programm der Philosophie entgegen.

10 Derrida (1976, S. 84–87) weist in dieser Beziehung auf Peirce hin.

11 Peirce, »Einige Konsequenzen aus vier Unvermögen«, in: Peirce (1991, S. 79).

12 Peirce »Einige Konsequenzen aus vier Unvermögen«, in: Peirce (1991, S. 79).

menschliche Selbstbeziehung gibt. Statt Introspektion steht dem Menschen nur der gleiche Prozess der Zeicheninterpretation zur Verfügung, den er bei der Wahrnehmung der Welt und im Denken in Anspruch nimmt. Aber für Peirce war Semiotik (die er »semeiotic« schrieb) trotzdem nicht eine anthropologische Wissenschaft, sondern eine Verallgemeinerung der Logik, bzw. er begriff die Logik als Semiotik. Die Semiotik verallgemeinerte die drei traditionellen Disziplinen der Grammatik, Logik (Lehre von Schlussarten) und Rhetorik. Die Grammatik der Zeichen unterschied verschiedene Zeichenarten und entwickelte Zeichentaxonomien. Die bekannteste Unterscheidung Peirces ist seine Unterteilung der drei Arten des Objektbezugs von Zeichen: Ikon, Index und Symbol. Ikonen sind gestalthafte Sinnträger, Indices sind Hinweise mittels physikalischer Verbindungen und Symbole sind regelhafte konventionelle Zeichen, wie z. B. Sprache. Besonders wichtig für die Logik der Zeichen war Peirces Einführung einer dritten Schlussart. Zusätzlich zur Deduktion (Schlussfolgerungen, die notwendig sind) und Induktion (Schlussfolgerungen, die wahrscheinlich sind) führte Peirce die »Abduktion« ein, die Bildung von plausiblen Hypothesen. Diese Schlussart erfolgt quasi-automatisch in der Wahrnehmung und bewusst beim Versuch, eine überraschende Begebenheit durch die Annahme einer erklärenden Hypothese, die Plausibilität besitzt, verständlich zu machen. Bei der Abduktion wird bei einer überraschenden Tatsache (q) durch die Annahme einer hypothetischen Beziehung (p → q) eine Erklärung erschlossen: (p). Diese Schlussart ist mit der Lehre von der *inventio* in der klassischen Rhetorik vergleichbar, die die Erfindung von dem beschreibt, was überzeugen kann. Für Peirce handelt es sich dabei um eine Art des logischen Schließens, die schon in der Wahrnehmung wirksam und ebenfalls ein Prozess der Zeicheninterpretation ist. Die Semiotik sollte auch die Rhetorik der Zeichen untersuchen, die wesentlichen Bedingungen, unter

denen ein Zeichen physische Wirkungen hervorbringen kann.[13] Peirce bemerkte einmal: »Das Urteil des Gerichts ist nichts anderes als ein Symbol, und es besitzt keine andere Art von Wirkung als jene, welche zu einem gewissen Grade zu jedem genuinen Symbol gehört.«[14] Von einem Inhalt überzeugt zu sein, hieß für Peirce, bereit zu sein, danach zu handeln. Die Semiotik sollte sich mit Zeichenprozessen im Allgemeinen befassen und wie die Logik eine integrierende Funktion haben. Keine bestimmte Art der Zeichen, wie etwa Sprache, wurde von Peirce anderen gegenüber prinzipiell ausgezeichnet.

1.2. Die linguistische Konzeption von Zeichen

Die zweite einflussreiche Konzeption der Semiotik – die »Semiologie« des Linguisten Ferdinand de Saussure (1857–1913), nahm die Sprache zum Vorbild für Zeichensysteme. In seiner posthum erschienenen Vorlesung über die allgemeine Sprachwissenschaft schlug Saussure vor, die »Semiologie« nach dem Vorbild der Linguistik als Organon für das Studium der Kultur zu entwickeln. Sprachliche Zeichen sind nach Saussure durch zwei Eigenschaften ausgezeichnet: Sie sind (1) beliebig – die Beziehung zwischen sprachlichen Zeichen und Bezeichnetem ist konventionell – und (2) linear – das Bezeichnende, als etwas Hörbares, verläuft in der Zeit und kann nicht auf ein Mal ausgesagt werden. Diese zweite Unterscheidung bezieht sich auf die Differenz zwischen dem Sichtbaren und dem Akustischen und ist deshalb weniger zentral für Saussures Sprachverständnis als das erste Prinzip. Saussure kennt eine synchronische (zeitgleiche) und diachronische (in der Zeit sich verändernde) Betrachtungsweise in der Sprachwissenschaft. Die Erstere befasst sich mit Verhältnissen zwischen zeitgleichen Gliedern eines Systems (Grammatik) und Saussure interessiert sich besonders für diese synchronen Gegebenheiten. Saussure gilt als Gründer des »Strukturalismus«, der solche synchronen Verhältnisse systematisch begreifen will, im Unterschied zur Sprachgeschichte.

Saussures Auffassung von Semiologie hat Sprache als Symbolismus zum Vorbild: »Man kann also sagen, dass völlig beliebige Zeichen besser als andere das Ideal des semeologischen Verfahrens verwirklichen; deshalb ist auch die Sprache, das reichhal-

---

13 Peirce, »Einige verstreute oder gestohlene Ideen über das wissenschaftliche Schreiben«, in: Peirce (2000, Bd. 2, S. 238–245, hier: S. 239). Trotz des Titels enthält dieser Text einen guten Überblick über alle drei Teile von Peirces Semiotik.

14 Peirce (1983, S. 66 f.).

tigste und verbreitetste Ausdruckssystem, zugleich das charakteristischste von allen; in diesem Sinne kann die Sprachwissenschaft Musterbeispiel und Hauptvertreter der ganzen Semeologie werden, obwohl die Sprache nur ein System unter anderen ist.«[15]

Ein weiteres Charakteristikum der Sprache, neben ihrer Konventionalität, war in der weiteren Entwicklung der strukturalistischen Semiotik von größter Bedeutung: ihre binäre Struktur. »In der Sprache gibt es nur Verschiedenheiten«,[16] heißt es bei Saussure, denn weder Bezeichnendes noch Bezeichnetes – weder Laute noch Vorstellungen – sind an sich gegeben, sondern existieren nur im System der lautlichen oder begrifflichen Verschiedenheiten.[17] Sprache besteht aus einer Reihe von Verschiedenheiten des Lautlichen, die verbunden sind mit einer Reihe von Verschiedenheiten der Vorstellungen, die wiederum zu bedeutungstragenden Einheiten zusammengesetzt werden können. Diese sogenannte »doppelte Artikulation« unterscheidet die Sprache von bildlichen Zeichen, die stattdessen durch eine Unteilbarkeit, bzw. »Dichte« ausgezeichnet sind.

Saussure stellt in diesem Zusammenhang in Frage, ob überhaupt Ausdrucksformen, die auf natürlichen Zeichen beruhen (er erwähnt Pantomime), mit Recht zur Wissenschaft der Semiologie gehören. Damit brachte er eine Sprachzentriertheit zum Ausdruck, die bei späteren Anhängern der »strukturalistischen« Semiologie wie Claude Lévi-Strauss stark ausgeprägt war.

1.3. Die anthropologische Konzeption der Zeichen

Der Topos »Kultur als Zeichensystem« entstand nicht in einer linearen Entwicklung. Gerade die dritte, anthropologische, Konzeption hatte keine einheitliche Entstehungsgeschichte. So hat z. B. der amerikanische Kulturanthropologe Leslie White in den 1930er und 1940er Jahren Kultur als Prozess des Symbolgebrauchs verstanden,[18] unabhängig von der europäischen oder amerikanischen Zeichentheorie. Eine zentrale Rolle in dieser Richtung spielen aber die Arbeiten des Philosophen Ernst Cassirer (1874–1945) aus den 1920er Jahren. Seine »Philosophie der symbolischen Formen« stellt Kultur als

Prozess der Herausbildung von symbolischen Wahrnehmungs-, Denk- und Lebensformen dar. Cassirers Theorie war insofern anthropologisch, da sie mit dem Leib als Sinnträger ansetzte. Zeichenproduktion beginnt nicht mit Sprechen, sondern mit der Wahrnehmung von Ausdruck. Das erste Medium von Zeichen ist der Leib als Sitz von Gebärden, Lauten und rituellen Handlungen. Das von Ethnologen untersuchte »mythische Denken«, das sich in Gebärden, Riten und Bildformen ausdrückte, spielt in der anthropologischen Konzeption Cassirers eine grundlegende Rolle.

Cassirer erhielt für seine These, dass Körpergestik und Ritual die ersten symbolischen Formen darstellen, wesentliche Impulse aus Aby Warburgs Kulturwissenschaftlicher Bibliothek in Hamburg und aus dem Austausch mit Warburg selbst. Cassirer und Warburg deuteten das Phänomen des leiblichen Ausdrucks als Zugang zur basalen Stufe der Symbolfunktion. So schreibt Cassirer: »Das Verhältnis von Leib und Seele stellt das erste Vorbild und Musterbild für eine rein symbolische Relation dar, die sich weder in eine Dingbeziehung noch in eine Kausalbeziehung umdenken lässt.«[19] Dies soll heißen, dass selbst »unmittelbare« Gefühle immer schon symbolisch prägnant sind: »Die grundlegenden Qualitäten des Tastsinnes – Qualitäten wie ›hart‹, ›weich‹, ›rauh‹ und ›glatt‹ entstehen erst kraft der Bewegung, so dass sie, wenn wir die Tastempfindung auf einen einzelnen Augenblick beschränkt sein lassen, innerhalb dieses Augenblickes als Data gar nicht aufgefunden werden können.«[20] Das Fühlen gewinnt seinen Inhalt durch einen semiotischen Prozess. Seine »symbolische Prägnanz« ist kein Verweisen, sondern ein Prozess der Gestaltenformation.[21] Das Fühlen des eigenen Leibes ist ein physiologischer und symbolischer Prozess zugleich. Neben dieser symbolischen »Ausdrucksfunktion«, die Gefühlsprozessen eine symbolische Form verleiht, un-

---

15 Saussure (1916, S. 80).
16 Saussure (1916, S. 143).
17 Saussure (1916, S. 143).
18 Siehe White (1940).
19 Cassirer (1964, Bd. 3, S. 117).
20 Cassirer (1964, Bd. 3, S. 207).
21 Siehe Cassirer (1964, Bd. 3, Teil. 2, Kap. 5: »Symbolische Prägnanz«).

terscheidet Cassirer zwischen einer Darstellungs-
und einer reinen Bedeutungsfunktion, d. h. der
Symbolisierung von anschaulichen und nicht-an-
schaulichen (abstrakten) Sachverhalten.[22]

dem Grüßen, nach. Ikonologie ist letzten Endes eine
Kulturtheorie und nicht auf die Deutung von
Kunstwerken beschränkt, wie unten noch gezeigt
werden wird.

1.4. Die historische Konzeption von Zeichen

Neben den logischen, sprachlichen und anthropologischen Auffassungen von Zeichen kann eine
vierte, die »historische« Konzeption von Zeichen
genannt werden: die Ikonologie. Dieses Konzept
wurde von dem Kunsthistoriker Erwin Panofsky
(1892–1968) verbreitet, nicht aber von ihm allein
erfunden (hier ist vor allem Aby Warburg zu nennen). Ikonologie interpretiert visuelle Kulturpro-
dukte als Träger von symbolischer Bedeutung. Panofsky illustrierte die Ikonologie mit der Beschreibung einer Szene: Ein Mann trifft einen Bekannten
auf der Straße, der ihn grüßt, indem er den Hut
kurz abnimmt.[23] Panofsky unterscheidet in dieser
Szene drei Sinnschichten: 1. die formale Erscheinung einer natürlichen Gegenständlichkeit (vor-
ikonographische Beschreibung), 2. die darin vorkommende konventionelle Bedeutung (ikonographische Analyse) und 3. die symbolische Bedeutung
(ikonologische Interpretation). Diesen entspricht
das hier Gesehene: die Einzelkonvention des Hut-
abnehmens und die Begrüßungszeremonien. Nach
Panofsky liefert die vitale Daseinserfahrung die Basis der vor-ikonographischen Beschreibung. Die
historische Erforschung von Texten liefert das Material für eine ikonographische Analyse. Die ikonologische Interpretation ist ikonographisch in einem
tieferen Sinn. Hier geht es um die Ausarbeitung von
Bedeutungen, die in komplexen kulturellen Zusammenhängen wurzeln. Dafür ist allgemeine Gelehrsamkeit nötig. Die Ikonologie ist auf Kulturgeschichte gerichtet. Tiefenschichten der Kulturgeschichte leben in sichtbaren Phänomenen, etwa

1.5. Der Zusammenhang der Konzeptionen

Es gibt gute Gründe, diese Forschungsrichtungen
theoretisch zu unterscheiden, aber eine Trennung
der Ansätze lässt sich in der Praxis schwer aufrechterhalten. Da Zeichenprozesse konkret sind, kann
auch eine formale Zeichentaxonomie nicht leer
(im logischen Sinne ›uninterpretiert‹) bleiben. So
finden sich bei Peirce viele Ausführungen zu kulturellen Phänomenen. Umgekehrt muss die von Panofsky als »vitale Daseinserfahrung« bezeichnete
Basis für die prä-ikonologische Beschreibung aus
der Sicht der logischen Semiotik von Peirce als
selbst schon ein Feld der semiotischen Interpretation angesehen werden. Andererseits hat ein anthropologisch orientierter Denker wie Cassirer sowohl
die Geltung als auch die Geschichte von symbolischen Formen behandelt. Auch der »linguistische«
Ansatz in der Semiotik wurde gerade in der Anthropologie mit Erfolg von Claude Lévi-Strauss angewendet. Lévi-Strauss gelang es nachzuweisen, dass
Verwandtschaftssysteme – wie Geschwister- und
Heiratsbeziehungen – eine Struktur aufweisen, die
mit einer Sprache vergleichbar sind. Obwohl Verwandtschaft und Sprache verschiedenen Dimensionen angehören, sind sie von der gleichen binären
Art.[24] In diesem Sinne untersuchte Lévi-Strauss
auch bildhafte Aspekte der Kultur, wie Ritualmas-
ken, in dem Bestreben, sie als »von der gleichen Art«
wie Sprache darzustellen und ihren Sinn auf binäre
Unterscheidungen zurückzuführen.

2. Probleme mit dem Strukturalismus

Die sogenannte strukturalistische Zeichentheorie ist
in den letzten Jahren viel kritisiert worden. In Anknüpfung an den Hinweis, dass es eine Grundfunktion der Sprache ist, Unterscheidungen zu machen,
lehnte der Anthropologe Claude Lévi-Strauss Ritus
als symbolische Form ab, weil Riten durch mono-
tone Wiederholungen rationale Unterscheidungen

---

22 In Cassirer (1964, Bd. 3) werden diese drei Symbolfunk-
   tionen systematisch aus der symbolischen Prägnanz entwickelt.
23 Panofsky (1939, S. 207–214).
24 Lévi-Strauss (1967, Bd. 1, S. 43–67; Kap. 2 : »Die Strukturanalyse in der Sprachwissenschaft und in der Anthropologie«).

verhindern und verwischen.[25] Die affektiven Inhalte, etwa die in Mythen zum Ausdruck gebrachten Ängste und Hoffnungen, erhielten in dieser Systematik daher keinen Platz. Dieser Mangel hat Roland Barthes, einer der bekanntesten Vertreter des Strukturalismus, in seinem Spätwerk veranlasst, nach anderen Ansätzen zu suchen. Barthes untersuchte visuelle kulturelle Formen wie Kleidermode zunächst durch die Analyse ihrer sprachlichen Beschreibungen (Unterschriften unter Modephotographien). So versuchte er sie mittels binärer Oppositionen nach strukturalistischer Methode zu verstehen, aber er meldete auch Vorbehalte gegenüber der angeblichen universalen Bedeutung binärer Kodierung an.[26] In seinem Spätwerk versuchte er die Ausdrucksqualitäten sinnlicher Erscheinungen zu erfassen. So untersuchte er die Bedeutung des »Stimmmaterials«, die er das »Korn« (grain) der Stimme nannte – die physiognomische Qualität der Stimme beim Gesang. Andere Formen der Bildlichkeit, besonders Fotographie, hat er später ohne Rücksichtnahme auf binäre Kodierung analysiert. Selbst Literatur betrachtete Barthes später in Bezug auf ihre Fähigkeit, das Einmalige zu zeigen. So war für ihn die Sinnlichkeit, das Ästhetische im buchstäblichen Sinne, eine irreduzible semiotische Dimension der Kultur, keine Gegebenheit. So definierte er später Literatur als ein »Lockmittel«, das es möglich macht, außerhalb der Macht stehende Sprache zu hören.[27] Barthes' Unzufriedenheit mit dem Vorbild des binären Modells des Zeichens ist typisch für eine allgemeinere Entwicklung in der Konzeption von Kultur als Zeichensystem.

3. Die ikonische Wende

Eine der prominentesten Entwicklungen der letzten Jahre ist die sich ausbreitende Beschäftigung mit den Verhältnissen und Verschiedenheiten zwischen »Bild und Text« bzw. mit den visuellen Erscheinungsformen von Kultur (visual culture). Diese Entwicklung wird inzwischen als »iconic turn« in der Kulturwissenschaft bezeichnet.

Eine Illustration dieser Integration von sprachtheoretischer und bildtheoretischer Perspektive findet sich in der Kultursemiotik des Juriji Lotman. Lotman (1922–1993) war Begründer der Tartu

(Estland) Schule der Kultursemiotik. Er bezeichnete Kultur als die »Semiosphäre«, in Analogie zur Biosphäre. Diese räumliche Metaphorik hatte systematische Bedeutung für Lotman. Er stellt fest, dass in jeder Kultur zunächst in Begriffen des Ein- und Ausschließens definiert wird, eine Tatsache, die ihn zur Annahme von Universalien der menschlichen Kultur veranlasste wie: das Eigene/das Fremde, die Lebenden/die Toten, sicher/gefährlich.[28] Die Metaphorik des räumlichen Ausschließens ist für Lotman nicht zufällig, aber nicht wegen der binären Logik in einer sprachlichen Einteilung der Welt, sondern weil kulturelle Einteilungen zunächst visuell sind. Lotman nennt diese visuellen Einteilungen »sichtbare ikonische Texte«, die erst später verbalisiert werden. Diese Unterschiede werden errichtet auf der Basis eines »ikonischen Kontinuums«.[29] Raum ist das sichtbare Kontinuum, das die Voraussetzung für Unterteilungen bildet, die ebenfalls bildlich-sichtbar erfolgen.

Lotmans Formulierung »sichtbare ikonische Texte« ist typisch für die heutige Kulturtheorie, in der sprachliche Bezeichnungen wie »Text« oder »Diskurs« nicht mehr rein sprachlich verwendet werden. Der ursprüngliche Gebrauch des Wortes »Text« für eine schriftliche Aufzeichnung mit einem linearen Symbolismus (Sprache) wird heute auch für Konstellationen von Symbolismen jeder Art verwendet. So wurde auch der Sinn von »Diskurs« auf herrschende soziale Prozesse erweitert und »Schrift« für die Erfassung von Zeichen jeder Art verwendet. Diese Redeformen sind aber nicht nur Metaphorik, sondern eine Illustration für die sich allgemein durchsetzende Erkenntnis, dass Kultur ein Zeichensystem ist.

---

25 Lévi-Strauss (1976, S. 793). Dort nennt er Ritus eine »eigenwillige Entartung des Denkens«.

26 Barthes (1979, S. 67–69; Kap. III.3.5.: »Der Binarismus«).

27 Barthes (1980, S. 23).

28 Siehe Lotman (2001, bes. Kap. 8 und 9).

29 Lotman (2001, S. 203): »The importance of spatial models created by culture lies in the fact that, unlike other basic forms of semiotic modelling, spatial models are constructed not on a verbal, discrete basis but on an iconic continuum. Their foundation are visually visible iconic texts and verbalization of them is secondary. This image of the universe can better be danced than told, better drawn, sculpted or built than logically explicated.«

4. Die Objektivitätskrise

Die Rede von »Kultur als Text«[30] hat sich in den letzten Jahrzehnten in den Kulturwissenschaften immer mehr ausgebreitet, aber Einsicht in die Zeichenhaftigkeit der Kultur hat auch zu einer Objektivitätskrise in diesen Wissenschaften geführt. So wird in der Ethnologie argumentiert, dass Objektivität in der Kulturwissenschaft gefährdet ist, wenn unseren Beschreibungen und Verbalisierungen vorsprachliche Symbolisierungen vorausgehen. Der Ethnologe Clifford Geertz machte darauf aufmerksam, dass selbst der »objektiv beschreibende« Ethnologe, der das Leben eines Stammes vor sich hat, hauptsächlich Symbole interpretieren muss. Lebensformen sind »symbolische Formen«.[31] Geertz' Hinweis auf die Tätigkeit der Ethnologen als Schriftsteller war einer der Gründe, die zu einem methodologischen Umdenken unter Ethnologen über die Objektivität ethnographischer Repräsentation führte.[32] Ethnologen haben diese Feststellung zum Anlass genommen, kulturkritisch zu betrachten, dass Anthropologen »die Anderen« eigentlich nur als »*die anthropologische Repräsentation der Anderen*« sehen, und eine »dekonstruktivistisch-semiotische Wende« gefordert, die in neue Umgangsformen mit Menschen in anderen Kulturen münden soll.[33]

Die von Jacques Derrida und anderen Theoretikern seit den 1970er Jahren in der Philosophie und Literaturwissenschaft praktizierte Analyse oder »Dekonstruktion« von (vermeintlich) festen Grundbegriffen hat zu einer allgemeinen Aufgabe von traditionellen Objektivitätskriterien geführt. Derridas Terminus »différance« soll auf die Grundlosigkeit solcher festen Begriffen hinweisen. »Différance« soll den Gedanken der Verschiedenheit (»différence«) und den des Aufschiebens (différer) ver-

binden. Das Wort »différance« ist nur schriftlich erkennbar, da es mündlich nicht von »différence« (Verschiedenheit) unterscheidbar ist. Es soll darauf hinweisen, dass Zeichen nicht als »anwesend« gedacht werden können, sondern, wie Derrida sagt, »eine aufgeschobene Gegenwart« haben.[34] Zeichen gibt es nur in der Beziehung von Zeichen und Bezeichnetem, wir kommen daher nie bei einer Anwesenheit an. Schrift macht diese Differenz deutlich, während mündliche Rede den Anschein erweckt, als sei Sinn etwas Präsentes im Geist. In Derridas Denkart gewinnt die Differenz Vorrang vor Identität: es gibt keine »Präsenz« eines Bezeichneten. Die binären Unterscheidungen, die eine zentrale Stellung im Strukturalismus einnehmen, verdanken ihre Geltung daher dem Spiel der Zeichen. Übertragen auf die Ethnologie ist somit »der Andere« dann wirklich nur »die anthropologische Repräsentation der Anderen«. Die Gegenüberstellung von Eigen und Fremd ist keine objektive Gegebenheit.

Solche objektivitätskritischen Diskussionen fanden in den 1980er Jahren in diversen Kulturwissenschaften statt. So regte J. Brian Harley (1932–1991) eine Auseinandersetzung in der Kartographie an, indem er die Ansicht verwarf, dass Landkarten Abbilder sind und sie stattdessen als Zeichen begriff, deren Kodierungen (Farbe, Projektion, Maßstab) sich mit anderen Symbolismen verbinden, um bestimmte Machtverhältnisse zu veranschaulichen. Projektionen können die relative Größe von Gebieten verändert darstellen (und damit etwas »wichtiger« machen), während Auslassungen in Karten ein Mittel der Auslöschung von Erinnerungen sein kann und die Anwendung von Symbolen, Farben und Beschriftungen auch dazu dienen kann, Machtverhältnisse zu etablieren, statt die Welt einfach abzubilden.[35] (Man denke an die Umbenennung der eroberten irischen Stadt Doire Cholm Cille in Londonderry im Jahre 1613 durch James I.). Harley betrachtete Karten als Bilder, die er mit Panofskys Ikonologie untersuchte, mit gelegentlichen Verweisen auf die Theorien von Derrida und Foucault, aber seine Vorgehensweise war eher typisch für die britische[36] soziologische Schule der Cultural Studies.

Auch in den Cultural Studies wird Kultur als ein Zeichensystem aufgefasst.[37] Die Objektivitätskrise, die in der französischen Philosophie stark aus-

---

30   Siehe z.B. Bachmann-Medick (1996) und die Diskussion von Geertz in Berg/Fuchs (1993, S. 43–63).
31   Geertz (1994, S. 293).
32   Siehe Geertz (1993); vgl. dazu Berg/Fuchs (1993).
33   Siehe vor allem Rabinow, (1993, S. 170).
34   Derrida (1988, S. 35).
35   Siehe die Zusammenfassung in Harley (1992).
36   Harley lehrte viele Jahre an der University of Exeter.
37   Siehe z.B. Hall (1999).

geprägt ist, wird in den Cultural Studies durch deren soziologische Ausrichtung gemindert. Die Alternative zwischen der alten Abbildtheorie und der neuen Ansicht, dass Zeichen sich nur auf Zeichen beziehen, hält man nicht für eine ausschließende Alternative. Das zeigt z. B. Harleys Behauptung, dass Landkarten die Welt zwar nicht abbilden, aber dass eine gut gemachte Landkarte einem Reisenden auf dem Weg zu seinem Ziel praktisch weiterhelfen kann.[38] Diese Verkörperung des Zeichenprozesses in einer Welt von sozial handelnden Menschen war der Ausgangspunkt für die Cultural Studies und nicht eine transzendentale Kritik von Zeichenbeziehungen wie bei Derrida.

5. Zeichentheorie und Sozialwissenschaft

Der Name »Cultural Studies« kam aus dem »Centre for Contemporary Cultural Studies« in Birmingham.[39] Die dort initiierte Forschungsrichtung verband semiotische Theorie mit empirischen soziologischen Problemstellungen. So wurde das Studium der Literatur zusammen mit dem von anderen Medien wie Film und Popmusik von einem soziologischen Standpunkt aus betrachtet. Die Cultural Studies entstanden aus einer kulturkritischen Haltung, für die die Zeichentheorie eine Theorie der Macht darstellt. Einer der Hauptvertreter dieser Richtung, Stuart Hall, untersucht mit semiotischen Analysen soziologische Konflikte auf verschiedenen Bedeutungsebenen.[40] Es ist kennzeichnend für die Cultural Studies, dass sie kulturelle Differenzen als Aspekte von sozialen und politischen Machtkämpfen begreifen. Stuart Hall warf Derridas Auffassung von Differenz als endlosem Spiel darum vor, dass sie unpolitisch ist.[41] Die Festgefahrenheit von Rassismus liegt z. B. daran, dass er nicht nur ein semiotischer Prozess ist, wie überhaupt alle Auffassungen kultureller Identität, sondern auch ein ökonomischer und soziologischer. Für die Cultural Studies sind symbolische Prozesse von fundamentaler politischer Bedeutung, weil sie mit soziologischen Kräften in Wechselwirkung stehen.

Das Grundphänomen kultureller Unterschiede, d. h., dass Menschen über Dinge und voneinander unterschiedliche Ansichten haben, die sie unter Umständen mit Gewalt zu verteidigen bereit sind,

ist für die zeichentheoretische Auffassung von Kultur selbstverständlich, da sie »Weltanschauung« für ein unumgängliches Resultat der semiotischen Basis der Kultur erkennt.

Diese Kombination von Zeichentheorie mit der Thematisierung von politischen Differenzen hat die traditionellen Geisteswissenschaften (Humanities), wie etwa Literaturwissenschaft und Kunstgeschichte, in der englischsprachigen Welt stark verändert, sodass ihre traditionelle historische und ästhetische Orientierung von einer eher soziologischen und interpretatorischen weitgehend ersetzt worden ist. Skeptische Konsequenzen aus der zeichentheoretischen Auffassung von Kultur wurden nicht gezogen, stattdessen fand eine allgemeine Politisierung statt, etwa in den Debatten über die Rolle des literarischen Kanon oder anderer kultureller Muster im Zusammenhang mit der Bildung nationaler Identitäten.[42]

6. Zeichentheorie und Kulturwissenschaft.

In den 1990er Jahren wurde der Terminus »Cultural Studies«, ähnlich wie auch der Begriff »Kulturwissenschaft«, zum Namen für eine neue allgemeine theoretische und empirische Beschäftigung mit Kultur.[43] Diese Entwicklung führte auch zur Suche nach historischen Vorgängern für das Theorem »Kultur als Zeichenprozess« und zur Wiederentdeckung von Denkern, die zur Erforschung von Kulturtechniken (Medien wie Bilder, Schriften und Zahlen) beitrugen. Hier ist die Wiederentdeckung, vor allem in der englisch-sprachigen Welt, des wohl ersten Kulturphilosophen Giambattista Vico (1688–1744) zu erwähnen.[44] Für Vico begann

---

38 Siehe Harley (1990, S. 4).
39 Diese Institution existiert heute als Department of Cultural Studies an der University of Birmingham.
40 Einen Überblick bieten die Texte in Hall (1997); vgl. auch Hall (1999).
41 Siehe bes. »Umkämpfte Identitäten – neue Politiken der Repräsentation« in: Hall (2000, S. 74–77).
42 Siehe die Darstellung in Guillory (1993).
43 Siehe die umfassende Einleitung in Böhme/Matussek/Müller (2000).
44 Zur Aktualität von Vico als Semiotiker siehe bes. Trabant (1994).

die Kultur in einer besonderen Art der zeichenhaften Wahrnehmung der Welt, eine unbewusste Schaffung von Phantasiegebilden, wie etwa der »Stimme« von Göttern im Donnergrollen. Während heutige Menschen noch Gesichter im Spiel der Wolken sehen können, haben sie eine kritische Distanz zu diesen Gebilden, wogegen die frühen Menschen, laut Vico, in Naturerscheinungen mythologische Gestalten erlebten. Vico verstand solche Phantasiegestalten als die ersten kulturellen Zeichen.

Vicos anthropologische Zeichentheorie setzte beim sichtbaren Zeichen der Gestik an, was ihn zu der Behauptung veranlasste, dass »alle Völker zuerst schreibend sprachen (*parlare scrivendo*), da sie zunächst stumm waren«.[45]

Gebärden werden wiederholt. Wenn Ausdrucksbewegungen imitiert oder weitergegeben werden, werden sie zu kulturellen Formen. Diese Feststellung war die Basis für Warburgs Lehre von den »Pathosformeln«.[46] Warburg erkannte, dass der Ausdruck von Pathos in bestimmten sichtbaren »Formeln« tradiert wird und weiterwirken kann, wie Gedanken durch eine Texttradition. Nicht der semantische Bezug, etwa die bildhafte Darstellung von spezifischen Ereignissen wie der Tod des Orpheus oder des Pentheus ist zentral, sondern die bildhafte Darstellungsart ihres Todes (wie sie sich mit gehobener Hand schützen), die zu einer kopierbaren Formel wird. Für Warburg sind Bilder daher symbolische Formen.

Die Einbeziehung des Körpers in die Zeichentheorie ist typisch für den anthropologischen Ansatz in der Semiotik. Eine prominente Vertreterin dieser Forschungsrichtung, die Anthropologin Mary Douglas, ging von der Feststellung aus: »The body is capable of furnishing a system of natural symbols.«[47] Das heißt, der Körper als solcher ist ein Ausdrucksmittel, ein Sinnträger auf der Basis seiner natürlichen Beschaffenheit. Der Leib ist individuell,

kommt aber nur in Gemeinschaft vor. So kann schon die Unterlassung von Körperfunktionen eine Symbolfunktion haben, wie etwa das Nicht-Essen bei gewissen Gelegenheiten. Die Kontrolle des Leibes ist zugleich die rudimentärste Form der sozialen Kontrolle. Die Unterdrückung einer Körperfunktion gewinnt soziale Bedeutung, sobald sie imitiert oder wiederholt wird. Die Beziehung zwischen individueller »Körperkontrolle« und intersubjektiver »sozialer Kontrolle« wird in der Ritualisierung des Verhaltens hergestellt. Somit ist Körpersymbolik der Übergang zum Prozess der allgemeinen Sozialisierung.

Der Soziologe Norbert Elias sieht im Bremsen bzw. in der Kontrolle von Körperfunktionen und in der Einhaltung von Distanz zum Anderen einen wesentlichen Teil des »Zivilisationsprozesses«. Für Elias, der Kultur ebenfalls als Zeichenprozess versteht, ist die Kontrolle körperlicher Funktionen die Grundlage der Kultur.[48] Elias legt großes Gewicht auf die am Hofe entstandenen zeremoniellen Lebensformen, die Körperfunktionen regeln (Schlaf, Sexualität oder Angriffslust), dabei besonders auf Tischsitten, weil Mahlzeiten eine Gemeinschaft regelmäßig zusammenbrachten und so zu einem Hauptvehikel der Normenbildung wurden.

Die ausführlichste Ausarbeitung sozialen Handelns als Zeichenprozess hat der Soziologe Pierre Bourdieu (1930–2002) vorgelegt. Bourdieu versteht die Soziologie als Theorie symbolischer Formen. So stellt er fest: »Es ist bemerkenswert, dass alle Züge, die Soziologen dem sozialen Stand zuschreiben, zur symbolischen Ordnung gehören.«[49] Die Ehrenvorzüge (bestimmte Trachten, Verzehr bestimmter Speisen), die Regeln, die gesellschaftliche Beziehungen organisieren sollen (wer wen heiraten darf, usw.), sind alle symbolische Formen. Diese Praktiken können nicht erfasst werden, ohne den Sinngehalt dieser Lebensformen in Betracht zu ziehen. Demnach ist Machtbesitz immer eine Frage der »symbolischen Ordnung«: wer »das Sagen« hat, was »im Buche steht«, wer befehlen oder reden darf. Solche Prioritäten werden durch die symbolischen Formen, in denen sie ausgedrückt werden, aufrechterhalten: in Bildern, Narrativen, Archiven, im kulturellen Gedächtnis insgesamt. Auch die Theorie kultureller Erinnerungsformen, wie die Erforschung von Mündlichkeit und Schrift-

---

45 Siehe die Diskussion dieser These Vicos (*Szienza nuova*, § 429) in Trabant (1994, S. 128–147).
46 Vgl. hierzu Krois (2002).
47 Douglas (1973, S. 12).
48 Elias (1976).
49 Bourdieu (1974, S. 59).

lichkeit, fußt auf dem Theorem von Kultur als Zeichensystem.[50]

7. Interpretationstheorie: Zeichentheorie vs. Hermeneutik

Das kulturelle Gedächtnis ist vom Problem des historischen Verstehens nicht zu trennen, und gerade hier hat die zeichentheoretische Auffassung von Kultur zu einer neuen Auffassung des Interpretationsbegriffs geführt. Seit langem war es üblich, die Geisteswissenschaften von den Naturwissenschaften zu unterscheiden, indem man ihnen sich wechselseitig ausschließende Aufgaben zuwies: den Geisteswissenschaften das Verstehen, den Naturwissenschaften das Erklären. Das historische Verstehen hatte mit der Wiedergewinnung von Sinn aus Texten der Vergangenheit zu tun. Naturwissenschaftliches Erklären sollte Erscheinungen unter kausalen Gesetzen subsumieren. Dilthey definierte Verstehen wie folgt: »Wir nennen den Vorgang, in welchem wir aus Zeichen, die von außen sinnlich gegeben sind, ein großes Inneres erkennen: Verstehen.«[51] Das Ziel der Hermeneutik, wie es Dilthey formulierte, war es, die vielen möglichen Bedeutungen eines Textes oder Werkes zu reduzieren, bis man die Eine fand, die historisch möglich war, als der Text entstand.[52] Diese Suche nach der einen allgemeingültigen Interpretation eines Textes steht in der heutigen Zeichentheorie nicht mehr im Mittelpunkt, sondern die Erschließung der Vielfalt möglichen Sinnes. Deshalb spielt der Begriff der Tradition nicht mehr die zentrale Rolle in der Zeichentheorie, wie er dies in der Hermeneutik tat.

Die Hermeneutik deutete Sinnverstehen nach dem Modell von Verfasser und Leser. Ein Autor (Verfasser) wendet sich an uns, die Leser. Diese Hermeneutik entstand aus der Theologie und wurde auf die Dichtung der abendländischen Tradition angewendet. Das Bedürfnis, »die Schrift« auszulegen und die große abendländische Tradition zu bewahren, setzte ein Einheitsdenken voraus, dem die Semiotik nicht entgegen kommt. Nach Saussure dient geschriebene Sprache nur dem Zweck, das Gesprochene festzuhalten.[53] Diese angenommene Priorität der gesprochenen Sprache nennt Derrida ›Phonozentrismus‹.[54] Das Vernehmen der Stimme

des Geistes war das eigentliche Modell des Verstehens. Durch die Voraussetzung von intuitiver Einsicht sollte das Verstehen von Sinn über lange Zeitabschnitte und räumliche Entfernungen hinweg im Prinzip immer möglich sein, weil ein Geist direkt zum anderen sprechen kann.[55] Für Dilthey setzte die Möglichkeit des Verstehens letztlich die Annahme einer »allgemeinen Menschennatur« voraus.[56] Wenn kulturelle Werke von Menschen geschaffen werden, sollte ihr Sinn daher auch anderen Menschen zugänglich sein. Dennoch zeigen die Erfahrungen empirischer Wissenschaftler, dass diese Hoffnung nicht berechtigt ist.

Die Ansicht, dass alle Menschen gleich sind, stellt ein interkulturelles Verstehen in Aussicht, das nicht gegeben ist und im Bereich der Erforschung vergangener Kulturen kaum helfen kann. Denn diese Annahme ignoriert die Zeichenmedien, die den »geistigen« Sinn tragen. Semiotische Analysen von Literatur (etwa bei Roland Barthes) betonen den aktiven Beitrag des Lesers, der den Text anhand verschiedener Codes lesen kann.[57] Aber gerade in der Geschichtsforschung zeigten sich die Mängel der alten hermeneutischen Voraussetzungen.

Historische Erzählungen, die um große lineare Entwicklungen und einige wenige »Grosse Gestalten« organisiert sind, werden heute mit einer Geschichtsbetrachtung konfrontiert, die viele Narrationsformen zulässt.[58] So wird z. B. Repräsentatives im Kleinen und im Detail gesucht. Je näher wir Bekanntes betrachten, desto fremder kann es uns erscheinen, so dass selbst die »eigene Tradition« sich dem Historiker als etwas durchaus Fremdes

---

50 Einen Überblick über diese Problematik bietet Assmann (2000).

51 Dilthey (1924, S. 318 f.).

52 Dilthey (1924, S. 334).

53 Saussure (1916, Kap. VI, § 2, S. 28).

54 Derrida (1976).

55 Zur Kritik dieser Ansicht siehe bes. »Die Symbolische Existenz des Geistes« in Schwemmer (1997, S. 41–71).

56 Dilthey (1924, S. 329).

57 Barthes unterscheidet fünf Codes in literarischen Texten, die er die Stimmen der Empirie, der Person, der Wissenschaft, der Wahrheit und die Symbolstimme nennt. Siehe Barthes (1987, S. 26, 256–258).

58 Siehe Iggers (1993, bes. Teil 2: Von der Historischen Sozialwissenschaft zur ›linguistischen Wende‹).

zeigen kann. In der heutigen Geschichtswissenschaft ist Perspektivenreichtum an die Stelle der großen linearen Erzählung getreten, da man nicht mehr von der Gemeinsamkeit zwischen der Welt des Historikers und der Vergangenheit ausgeht, d. h., nicht mehr von der Idee der Tradition. Carlo Ginzburg stellt fest, da keine direkte historische Erkenntnis möglich ist, dass der Historiker auf die Deutung von Spuren oder Indizien angewiesen ist, und nennt diese Art Geschichtsdeutung »Semiotik«.[59]

Die Notwendigkeit zur Hypothesenbildung beginnt schon bei der Feststellung eines historischen Artefakts. Um gelesen zu werden, muss eine Schrift als Schrift erkannt werden und ihre Kodierung bekannt sein. Das Verstehen, als »rein geistiger« Vorgang, sieht vom Medium und seiner Kodierung ab. Eine Schrift wie »Linear B«, auf Scherben überliefert, wurde zunächst für dekorative Ornamentierung gehalten, obwohl sie eine bekannte Sprache (Griechisch) verschriftlichte, bevor es das griechische Alphabet gab. Die Entzifferung von Schriften hängt von der Kenntnis des Mediums und der Kodierung ab. Zeicheninterpretation ist daher die Voraussetzung für das Verstehen. Die traditionelle Lehre vom Verstehen setzte die zwischen dem Verfasser und Leser liegenden Zeichen und ihre Funktion als »Sinnträger« voraus. Für sie verband sich Sinnverstehen mit dem Bild der Tradition als einer Überlieferung aus der Vergangenheit. Umgekehrt betrachtet die Lehre von Kultur als Zeichenprozess Sinnverstehen als eine Entdeckung von Neuem. Daher mussten das Medium als Medium erkannt und Hypothesen über seine Kodierung gebildet werden. Im Fall von Linear B mussten die Scherben als nicht bloß dekorativ verziert, sondern als beschriftet erkannt werden. Vor allem musste man darauf kommen, dass diese Schrift die griechische Sprache kodiert hat. Dieser Jahrzehnte lange Arbeitsprozess erforderte Hypothesenbildung, Voraussagen und anschließend hermeneutische Interpretationen – Vergleiche mit anderen Texten und Überlieferungen, um die Hypothesen zu überprüfen.

Das Verstehen vergangener Ereignisse, so Peirce, kommt dadurch zustande, dass etwas in der Zukunft einen neuen Sinn erhalten kann. Historische Behauptungen laufen auf Zukunftsaussagen hinaus: Sie bedeuten, dass gewisse Dinge sich in der Zukunft bestätigen werden. Die jeweilige Behauptung über die Vergangenheit soll in Zukunft Bestätigung finden können.[60] So können historische Ereignisse immer wieder einen neuen Sinn aufweisen und große Gestalten sich als Phantasiegeschöpfe entpuppen.

Diltheys radikale Unterscheidung zwischen naturwissenschaftlichem Erklären und geisteswissenschaftlichem Verstehen lässt sich in der semiotischen Auffassung von Interpretation daher nicht mehr aufrechthalten. Kulturwissenschaftler beschäftigen sich auch gelegentlich mit »rein natürlichen« Überresten von Kulturen, wie z. B. Archäologen mit Knochenteilen. Zur Datierung solcher Gegenstände werden vorzugsweise chemische Untersuchungen mit der Radiokarbon- (C14-)Methode angestellt. Sie ermittelt das Alter von Knochen mit Hilfe von Geräten und komplexen bio-chemischen Theorien. Ähnlich werden heute Ultraschall, Infrarot und andere Untersuchungstechniken aus dem medizinischen Bereich von Kunstwissenschaftlern bei der Untersuchung von alten Gemälden, Fresken und Sarkophagen eingesetzt, um historische Erkenntnisse zu erzielen, die der Gelehrsamkeit unzugänglich sind. Die Akkumulation der von Menschen ausgelösten Veränderungen sind auch Zeichen. Die toxischen Werte in Luft und Wasser geben Zeugnis von menschlichen Tätigkeiten genauso wie Schriftrollen. Das Lesen von Messwerten durch Instrumente ist Zeicheninterpretation, die Gesetzmäßigkeit von Naturerscheinungen voraussetzt, nicht aber die Identität einer allgemeinen geistigen Menschennatur. Die Unterscheidung von Geisteswissenschaft und Naturwissenschaft lässt sich aus der Sicht der Semiotik nicht durch die Unterscheidung von Erklären und Verstehen begreifen, denn beide sind Zeicheninterpretation.

Heute ersetzen die Termini »Kultur« bzw. »Kulturwissenschaft« die älteren Begriffe »Geist« und »Geisteswissenschaft«, wie im Englischen die Termini »Cultural Studies« und »Cultural Theory« den älteren Begriff »Humanities« (Menschheitsstudien) ablösen. Anstatt einen einheitlichen homoge-

---

59 Ginzburg (1995, S. 37).

60 Peirce (1966, Bd. 7, S. 89–164: »The Logic of Drawing History from Ancient Documents«, §§ 162–255).

nen Gegenstand vorauszusetzen (die Menschheit im Allgemeinen), setzt die Rede von Kultur als ›Zeichensystem‹ voraus, dass es »Kultur« nur in der Mehrzahl gibt. Dieses Theorem löst keine kulturellen Konflikte, aber es schafft die Basis zu ihrer Lösung, denn es macht auf sie aufmerksam, wo frühere Interpretationen sie nicht wahrnehmen konnten. Die These, dass Kultur als ein Zeichensystem zu verstehen ist, stellt ihre Veränderbarkeit heraus. Dieses Theorem bildet heute daher nicht nur den Leitgedanken vieler empirischer Kulturwissenschaften, sondern eröffnet auch kulturphilosophische Perspektiven.

Literatur

ASSMANN, JAN (2000), *Das kulturelle Gedächtnis. Schrift, Erinnerung und politische Identität in frühen Hochkulturen*, München: C. H.Beck. ▪ BACHMANN-MEDICK, DORIS (Hg.) (1996), *Kultur als Text. Die anthropologische Wende in der Literaturwissenschaft*, Frankfurt/M.: Fischer. ▪ BARTHES, ROLAND (1979), *Elemente der Semiologie*, Frankfurt/M.: Syndikat. ▪ BARTHES, ROLAND (1980), *Leçon/Lektion. Antrittsvorlesung im Collège de France, gehalten am 7. Januar 1977*, Frankfurt/M.: Suhrkamp. ▪ BARTHES, ROLAND (1987), *S/Z*, Frankfurt/M.: Suhrkamp. ▪ BARTHES, ROLAND (1988), *Das semiologische Abenteuer*, Frankfurt/M.: Suhrkamp. ▪ BERG, EBERHARD / FUCHS, MARTIN (Hg.) (1993), *Kultur, soziale Praxis, Text. Die Krise der ethnographischen Repräsentation*, Frankfurt/M.: Suhrkamp. ▪ BÖHME, HARTMUT / MATUSSEK, PETER / MÜLLER, LOTHAR (2000), *Orientierung Kulturwissenschaft. Was sie kann, was sie will*, Reinbek bei Hamburg: Rowohlt. ▪ BOURDIEU, PIERRE (1974), *Zur Soziologie der symbolischen Formen*, Frankfurt/M.: Suhrkamp. ▪ BROMLEY, ROGER / GÖTTLICH, UDO / WINTER, CARSTEN (Hg.) (1999), *Cultural Studies. Grundlagentexte zur Einführung*, Lüneburg: zu Klampen. ▪ CASSIRER, ERNST (1964 [1923, 1925, 1929]), *Philosophie der symbolischen Formen, Bd. 1: Die Sprache, Bd. 2: Das mythische Denken, Bd. 3: Die Phänomenologie der Erkenntnis*, Darmstadt: Wissenschaftliche Buchgesellschaft. ▪ DERRIDA, JACQUES (1974 [1967]), *Grammatologie*, Frankfurt/M.: Suhrkamp. ▪ DERRIDA, JACQUES (1988), »Die différance«, in: *Rangänge der Philosophie*, Wien: Passagen, S. 29–52. ▪ DILTHEY, WILHELM (1924), »Die Entstehung der Hermeneutik. Zusätze aus den Handschriften« (1900), in: *Gesammelte Schriften*, Bd. 5, Leipzig/Berlin: Teubner, S. 317–331, 332–338. ▪ DOUGLAS, MARY (1973), *Natural Symbols. Explorations in Cosmology*, New York: Vintage Books. ▪ ECO, UMBERTO (1977), *Zeichen. Einführung in einen Begriff und seine Geschichte*, Frankfurt/M.: Suhrkamp. ▪ ELIAS, NORBERT (1976), *Über den Prozess der Zivilisation. Soziologische und psychogenetische Untersuchungen*, 2 Bde., Frankfurt/M.: Suhrkamp. ▪ GEERTZ, CLIFFORD (1993), *Die künstlichen Wilden. Der Anthropologe als Schriftsteller*, Frank-

furt/M.: Fischer. ▪ GEERTZ, CLIFFORD (1994), *Dichte Beschreibung. Beiträge zum Verstehen kultureller Systeme*, Frankfurt/M.: Suhrkamp. ▪ GINZBURG, CARLO (1995), *Spurensicherung. Die Wissenschaft auf der Suche nach sich selbst*, Berlin: Wagenbach. ▪ GUILLORY, JOHN (1993), *Cultural Capital. The Problem of Literary Canon Formation*, Chicago/London: University of Chicago. ▪ HALL, STUART (Hg.) (1997), *Representation. Cultural representations and signifying practices*. London: Sage. ▪ HALL, STUART (1999), »Kodieren/Dekodieren«, in: Bromley, Roger / Göttlich, Udo / Winter, Carsten (Hg.), *Cultural Studies. Grundlagentexte zur Einführung*, Lüneburg: zu Klampen, S. 92–110. ▪ HALL, STUART (2000), *Ausgewählte Schriften, Bd. 2: Rassismus und kulturelle Identität*, Hamburg: Argument. ▪ HARLEY, JOHN BRIAN (1990), »Texts and Contexts in the interpretations of early maps,« in: Buisseret, David (Hg.), *From sea charts to satellite images. Interpreting North American history through maps*, Chicago: University of Chicago Press, S. 3–15. ▪ HARLEY, JOHN BRIAN / ZANDVLIET, KEES (1992), »Art, Science, and Power in sixteenth-century dutch cartography,« in: *Cartographica*, 29, Nr. 2, S. 10–19. ▪ IGGERS, GEORG G. (1993), *Geschichtswissenschaft im 20. Jahrhundert*, Göttingen: Vandenhoeck & Ruprecht. ▪ KROIS, JOHN MICHAEL (2002), »Die Universalität von Pathosformeln. Der Leib als Symbolmedium«, in: Belting, Hans / Kamper, Dietmar / Schulz, Martin (Hg.), *Quel Corps?*, München: Fink, S. 295–307. ▪ LAMBERT, JOHANN HEINRICH (1990 [1764]), *Neues Organon. Gedanken über die Erforschung und Bezeichnung des Wahren und dessen Unterscheidung von Irrtum und Schein*, 3 Bde., Berlin: Akademie. ▪ LÉVI-STRAUSS, CLAUDE (1967), *Strukturelle Anthropologie*, 2 Bde., Frankfurt/M.: Suhrkamp. ▪ LÉVI-STRAUSS, CLAUDE (1976), *Der nackte Mensch (= Mythologica, Bd. 4)*, Frankfurt/M.: Suhrkamp. ▪ LOTMAN YURI M. (2001), *Universe of the Mind. A Semiotic Theory of Culture*, übersetzt von Shukman, Ann, eingeleitet von Eco, Umberto, London/New York: I. B.Tauris Publishers. ▪ LOCKE, JOHN (1979 [1690]), *An Essay concerning human understanding*, hg. von Nidditch, Peter H., Oxford: Clarendon Press. ▪ PANOFSKY, ERWIN (1975 [1939]), »Ikonographie und Ikonologie«, in: *Ikonographie und Ikonologie. Theorien – Entwicklung – Probleme*, hg. von Kaemmerling, Ekkehard, Köln: DuMont, S. 207–225. ▪ PEIRCE, CHARLES S. (1931–1966), *Collected Papers*, Bde. 1–6, hg. von Hartshorne, Charles / Weiss, Paul; Bde. 7–8, hg. von Burks, Arthur W., Cambridge: Harvard University Press. ▪ PEIRCE, CHARLES S. (1983), *Phänomen und Logik der Zeichen*, Frankfurt/M.: Suhrkamp. ▪ PEIRCE, CHARLES S. (1991), *Schriften zum Pragmatismus und Pragmatizismus*, hg. von Apel, Karl-Otto, Frankfurt/M.: Suhrkamp. ▪ PEIRCE, CHARLES S. (2000), *Semiotische Schriften*, 3 Bde., Darmstadt: Wissenschaftliche Buchgesellschaft. ▪ POSNER, ROLAND (1991), »Kultur als Zeichensystem. Zur semiotischen Explikation kulturwissenschaftlicher Grundbegriffe«, in: Assmann, Aleida / Harth, Dietrich (Hg.), *Kultur als Lebenswelt und Monument*, Frankfurt/M.: Fischer, S. 37–74. ▪ RABINOW, PAUL (1993), »Repräsentationen sind soziale Tatsachen. Moderne und Postmoderne in der Anthropologie«, in: Berg, Eberhard / Fuchs, Martin (Hg.), *Kultur, soziale Praxis, Text. Die Krise der ethnographischen Repräsentation*, Frankfurt/M.: Suhrkamp, S. 158–199. ▪ SAUS-

SURE, FERDINAND DE (1967 [1916]), *Grundlagen der allgemeinen Sprachwissenschaft*, Berlin: de Gruyter. ■ SCHWEMMER, OSWALD (1997), *Die kulturelle Existenz des Menschen*, Berlin: Akademie Verlag. ■ SEBEOK, THOMAS A. (1979), *Theorie und Geschichte der Semiotik*, Reinbek: Rowohlt. ■ TRABANT, JÜRGEN (1994), *Neue Wissenschaft von alten Zeichen. Vicos Sematologie*, Franfurt/M.: Suhrkamp. ■ WHITE, LESLIE A., (1969 [1940]), »The Symbol: The Origin and Basis of Human Behavior«, in: White, Leslie A., *The Science of Culture*, New York: Farrar, Straus and Giroux, S. 22–39.

2.3 Medien – Kommunikation – Kultur. Grundlagen einer pragmatischen Kulturwissenschaft

Mike Sandbothe

Bei den drei im Titel genannten Begriffen Medien, Kommunikation und Kultur handelt es sich um grundlegende Konzepte, die heute weite Teile der geistes- und sozialwissenschaftlichen Forschung prägen und zum Teil neu strukturieren. Mit Blick auf die Geisteswissenschaften haben Wolfgang Frühwald, Hans Robert Jauß, Reinhard Koselleck, Jürgen Mittelstraß und Burkhart Steinwachs bereits 1991 eine kulturwissenschaftliche Wende in Forschung und Lehre prognostiziert,[1] und angesichts der zunehmenden Medialisierung und Globalisierung moderner Gesellschaften kann man mit Blick auf die Sozialwissenschaften beobachten, dass die empirisch verfahrende Publizistik- und Kommunikationswissenschaft zunehmend den Anspruch einer neuen sozialwissenschaftlichen Leitdisziplin erhebt.[2] Zugespitzt formuliert bedeutet das: Die Geisteswissenschaften reorganisieren sich derzeit am Leitfaden des Paradigmas der Kultur, und die Sozialwissenschaften reorganisieren sich derzeit am Leitfaden des Paradigmas der Kommunikation.

Die Medienwissenschaft steht im Brennpunkt dieser beiden wissenschaftlichen Mega-Trends, die sich keinesfalls auf Deutschland beschränken, sondern auch in anderen europäischen Ländern und in den USA auf dem Vormarsch sind. Die theoretisch anspruchsvollen, ästhetisch und aisthetisch ausgewiesenen und historisch fundierten Methoden und Perspektiven der zeitgenössischen Medienwissenschaft entstammen vor allem den philologischen, philosophischen, kunst-, theater- und musikwissenschaftlichen Disziplinen; ihr zentrales Thema – die Medien – verweist auf ein in permanentem Wandel begriffenes Apriori von Kommunikation, mit dessen Hilfe sich unser kulturelles Selbstverständnis nicht nur rekonstruieren, sondern *in the long run* auch kreativ gestalten lässt.

Die folgenden Ausführungen gliedern sich in drei Teile. Der erste Teil befasst sich mit der für die wissenschaftstheoretische Grundlegung der Medienwissenschaft zentralen Frage, ob und wie der Medienbegriff zu definieren ist. Im zweiten Teil wird der Zusammenhang skizziert, der zwischen der modernen Mediengeschichte, die vom Buchdruck über die elektronischen Medien bis zum Internet reicht, und der Entwicklung wissenschaftlicher Kommunikationstheorien besteht. Vor diesem Hintergrund geht es im dritten Teil abschließend um die Frage, wie sich die medienhistorische Rekonstruktion der modernen Kommunikationstheorien in den umfassenden Horizont einer pragmatischen Kulturwissenschaft einbetten lässt.

1. Gebrauchstheoretische Überlegungen zur Definition des Medienbegriffs

In der wissenschaftstheoretischen Grundlagendebatte, die gegenwärtig über die begrifflichen Fundamente der Medienwissenschaft geführt wird, vertreten Autorinnen und Autoren wie Sybille Krämer, Martin Seel oder Matthias Vogel die Ansicht, dass die analytische Bewährungsprobe der medienwissenschaftlichen Grundlagenforschung in der Entwicklung einer begrifflich strengen Definition des Medienbegriffs bestehe.[3] Demgegenüber habe ich in meinem Buch *Pragmatische Medienphilosophie* hervorgehoben, dass es aus der Perspektive einer gebrauchstheoretischen Bedeutungstheorie wenig sinnvoll erscheint, ein Merkmal zu suchen bzw. definitorisch festzulegen, das allen (bzw. den mit seiner Hilfe dann als medienwissenschaftlich legitim auszuzeichnenden) Verwendungsweisen des Wortes Medium gemeinsam wäre. Statt dessen plädiere ich mit dem späten Wittgenstein für eine Analyse der »Familienähnlichkeiten«,[4] die zwischen

---

1 Frühwald u.a. (1991). Zum aktuellen Stand der Diskussion vgl. auch Böhme u.a. (2000).

2 Schmidt/Zurstiege (2000).

3 Vgl. hierzu die Beiträge von Krämer, Seel und Vogel in: Münker u.a. (2003), sowie Vogel (2001).

4 Wittgenstein (1988, S. 278 [§ 67]).

den im alltäglichen Sprachgebrauch und in den Wissenschaften etablierten unterschiedlichen Verwendungsweisen des Wortes bestehen.[5]

Aus gebrauchstheoretischer Sicht sind aus diesem Gesamtspektrum von Verwendungsweisen drei für die medienwissenschaftliche Forschung und Lehre besonders wichtige Anwendungsbereiche des Medienbegriffs hervorzuheben. Wir verwenden das Wort Medium erstens mit Blick auf sinnliche Wahrnehmungsmedien wie Raum und Zeit; wir beziehen es zweitens auf semiotische Kommunikationsmedien wie Bild, Sprache, Schrift oder Musik; und wir gebrauchen es drittens zur Bezeichnung von technischen Verbreitungs-, Verarbeitungs- und/oder Speichermedien wie Buchdruck, Radio, Film, Fernsehen, Computer oder Internet.[6]

Bei den genannten Beispielen handelt es sich jeweils um offene Reihen ohne Anspruch auf Vollständigkeit. So kommen neben den Anschauungsformen von Raum und Zeit im Bereich der Wahrnehmungsmedien insbesondere die Sinnesorgane mit ins Spiel. Entsprechend sind zu den Verbreitungs-, Verarbeitungs- und/oder Speichermedien die Artikulationsorgane, das Gehirn, aber auch der Körper, das Licht und der Schall sowie Stein, Papyrus, Maske, Fotografie, Funk, Telefon oder Video zu rechnen. Und die Kommunikationsmedien umfassen neben den exemplarisch genannten auch die Zeichensysteme der Geräusche, der Gerüche, der Geschmäcke, der Berührungen sowie Gestik, Mimik, Tanz oder Theater bzw. das mathematische System der Zahlen.

Während Mediendefinitionen im klassischen Stil im Regelfall eine der drei Mediensorten als Definiensbereich auszeichnen, von dem her die anderen Bereiche medientheoretisch bestimmt oder exkludiert werden, legt eine gebrauchstheoretisch ausgerichtete Untersuchung den Schwerpunkt auf die dynamischen Interferenzen, die zwischen Wahrnehmungs-, Kommunikations- und Verbreitungsmedien bestehen. Deren Berücksichtigung charakterisiert eine dezidiert transdisziplinäre Konzeption medienwissenschaftlicher Forschung. In ihrem Zentrum steht die intermedialitätstheoretische Frage, wie Veränderungen im Bereich der Verbreitungs-, Verarbeitungs- und/oder Speichermedien zu Transformationen von Nutzungsgewohnheiten im Bereich der Kommunikationsmedien führen und wie diese wiederum zu einer Reorganisation unserer Wahrnehmungsmedien und damit verbunden der aisthetischen und epistemologischen Grundlagen unseres kulturellen Selbst- und Weltverständnisses beitragen können.[7]

Zusätzlich und querlaufend zur Binnendifferenzierung des Medienbegriffs in Wahrnehmungs-, Kommunikations- und Verbreitungsmedien ist es aus gebrauchstheoretischer Sicht hilfreich, zwischen pragmatischen und theoretischen Verwendungsweisen des Medienbegriffs zu unterscheiden. Diese Differenz ist dem Wort Medium bereits etymologisch eingeschrieben.[8] Während das lateinische »medius« noch primär das in einem räumlichen Sinn »in der Mitte Befindliche«, »Dazwischenliegende« bezeichnet, entwickelt das seit dem 17. Jahrhundert in der deutschen Sprache nachweisbare Fremdwort im 18. Jahrhundert zwei unterschiedliche Bedeutungsfelder. Innerhalb des ersten, eher pragmatisch auszubuchstabierenden Bedeutungsfelds fungiert »Medium« als Wort zur Bezeichnung für »das, was zur Erreichung eines Zweckes dient«, d. h. »Medium« wird hier (ausgehend von naturwissenschaftlichen Verwendungsweisen) im Sinn von »Mittel«, »Hilfsmittel« und »Werkzeug« gebraucht. Innerhalb des zweiten, eher theoretisch auszubuchstabierenden Bedeutungsfelds, das sich aus dem ersten ableitet und dann verselbständigt, bezeichnet »Medium« »das zwischen zwei Dingen Vermittelnde«, d. h. »Medium« wird im Sinn von »Mitte«, »Mittler«, »Mittelglied«, und »vermittelndes Element« verwendet (Wahrnehmungstheorie,

---

5 Für einen ähnlichen Ansatz siehe Margreiter (2003, insbes. S. 151 ff.).

6 Ich danke Erik Porath für den Hinweis, dass die von mir in früheren Publikationen verwendete Rede von »technischen Verbreitungsmedien« missverständlich, weil funktional zu eng bestimmt ist. Der Vorschlag, statt dessen den komplexeren Terminus »Verbreitungs-, Verarbeitungs- und Speichermedien« zu verwenden, geht auf ihn zurück. Wenn im folgenden gleichwohl an einzelnen Stellen von »Verbreitungsmedien« die Rede ist, ist das als abkürzende Redeweise zu verstehen.

7 Zur systematischen Durchführung dieses intermedialitätstheoretischen Forschungsprogramms vgl. Sandbothe/Nagl (2003).

8 Hoffmann (2002, insbes. S. 24–28).

Spiritismus, Mesmerismus).[9] Diese Doppeldeutigkeit spiegelt sich bis in die sich erst im Laufe des 20. Jahrhunderts etablierende Bedeutung von »Medien« und »Massenmedien« als (pragmatisch verstandene) »Kommunikationsmittel« bzw. als (theoretisch verstandene) »Informationsvermittler, Information vermittelnde Einrichtungen«.[10]

Gebrauchstheoretisch ergibt sich aus dieser doppelten Begriffsgeschichte der Vorschlag, die medienwissenschaftlichen Verwendungsweisen des Wortes Medium nicht auf den semantischen Vermittlungsaspekt zu reduzieren, sondern darüber hinaus den Werkzeugcharakter von Medien ernst zu nehmen. Das ist in der einschlägigen Forschung keinesfalls selbstverständlich. Tendieren doch nach wie vor viele Fachwissenschaftlerinnen und Fachwissenschaftler dazu, Medien allein durch ihre semantische Vermittlungsfunktion zu bestimmen. Diese wird dann entweder mit Blick auf die bedeutungsvermittelnden Kommunikatoren, den durch Bedeutung vermittelten Gegenstand oder den als Bedeutung vermittelten Gehalt spezifiziert.

Die einseitige Fokussierung auf semantische Probleme führt dazu, dass die Frage in den Hintergrund tritt, welchem Zweck die Bedeutungsvermittlung dient. Um dieses Defizit zu beheben, wird Bedeutungsvermittlung im Rahmen des gebrauchstheoretischen Medienbegriffs als eine Funktion von Handlungskoordination aufgefasst. Das heißt: Medien werden der Gattung der Werkzeuge zugeordnet und als Instrumente zur Veränderung von Wirklichkeit aufgefasst. Die spezifische Differenz zu anderen Arten von Werkzeugen ergibt sich dabei durch den Sachverhalt, dass Medien im Unterschied zu anderen Werkzeugen nicht nur dazu dienen, Wirklichkeit zu verändern. Ihre Aufgabe besteht darüber hinaus darin, wirklichkeitsveränderndes Handeln intersubjektiv zu koordinieren. Eine gebrauchstheoretische Mediendefinition würde daher lauten: Medien sind Werkzeuge, die der Koordination zwischenmenschlichen Handelns dienen. Sie helfen uns dabei, die Vokabulare zu optimieren oder neu zu erfinden, die wir zu Zwecken der privaten und öffentlichen Selbstbeschreibung verwenden.

Eine ausführliche theoretische Begründung dieser Definition ließe sich sicherlich nachliefern. Im vorliegenden Kontext erscheint mir jedoch die naheliegende Intuition ausreichend, dass der ge-

brauchstheoretische Medienbegriff, würde er sich inner- und außerakademisch weiter durchsetzen, zur Optimierung der demokratischen Kultur sich globalisierender Mediengesellschaften einen wichtigen Beitrag leisten könnte. Ich werde darauf im dritten Teil meiner Ausführungen zurückkommen. Zuvor aber möchte ich auf den historischen Zusammenhang eingehen, der zwischen Medien und Kommunikation besteht.

2. Mediengeschichte und Kommunikationstheorien

Michael Giesecke hat in seinen Arbeiten zur Geschichte des Buchdrucks in der frühen Neuzeit zu zeigen versucht, dass der moderne Kommunikationsbegriff implizit am Leitfaden der für den Buchdruck charakteristischen Struktur von Interaktion konzipiert worden ist.[11] Der Zusammenhang, den er zwischen dem technischen Verbreitungsmedium des Buchdrucks und der am Leitfaden des semiotischen Kommunikationsmediums der Sprache begriffenen Struktur von Kommunikation sieht, wird von Giesecke am Beispiel des Konzepts der *langue* verdeutlicht. Dieses ist von Ferdinand de Saussure zu Beginn des 20. Jahrhunderts entwickelt worden.[12]

Bereits Saussures Fokussierung auf Sprache als ausgezeichnetes Medium der Kommunikation ist Giesecke zufolge ein Effekt der neuzeitlichen Prämierung des Buchdrucks als vorherrschendes Verbreitungsmedium. Der Buchdruck transportiert zunächst in erster Linie Sprache; vereinzelt zwar auch Zeichnungen und später fotographische Bilder, aber keine Klänge, Gerüche, Gesten, Bewegungen oder Berührungen. Darüber hinaus wird die als Schrift visualisierte Sprache erst durch den Buchdruck als quasi-materieller Forschungsgegenstand konstituiert. Die mediale Interferenz von gesprochener

---

9 Hoffmann beschreibt diesen Übergang als eine »Prototypenverschiebung« (Hoffmann, 2002, S. 28). Vgl. hierzu auch Campe (1813), auf den sich Hoffmann stützt.

10 Vgl. hierzu die Artikel ›Massenmedien‹ und ›Medium‹ in: Carstensen/Busse (1994).

11 Giesecke (1991); Giesecke (1992).

12 Saussure (1967).

und als Schrift gedruckter Kommunikation macht Giesecke zufolge überhaupt erst den modernen Gedanken möglich, dass der Vielzahl der unterschiedlichen und flüchtigen Sprechakte, die Menschen in konkreten Situationen zum Zweck der intersubjektiven Koordination von Handlungen vollziehen, ein einheitliches System namens Sprache zugrunde liegen könnte. Eben dieses System aber habe Saussure im Blick gehabt, als er das abstrakte Konzept der *langue* von den konkreten Sprachverwendungen der *parole* unterschied und damit die neue wissenschaftliche Disziplin der Linguistik begründete.

Die von mir oben (mit Blick auf den Medienbegriff) bereits erwähnte Auffassung von der Definition als Festlegung der Bedeutung eines Wortes, die alle kontingenten Verwendungsweisen an ein sich durchhaltendes Merkmal zurückbinden soll, lässt sich Giesecke zufolge als theoretische Extrapolation typographischer Praktiken auf den am Leitfaden der Sprache verstandenen Kommunikationsbegriff interpretieren. In diesem Sinn stellt Giesecke heraus, dass sich »die ›standardsprachlichen‹ Bedeutungen in unseren Wörterbüchern [...] auf ein, allerdings sehr großes und mit imperialistischem Anspruch auftretendes massenmediales Kommunikationssystem zurückführen [lassen]«.[13]

Tatsächlich ist die Einführung der nationalen Standardsprachen in engem Zusammenhang mit der Bestrebung zu sehen, die durch Industrialisierung und Buchdruck geschaffenen überregionalen Distributionsmöglichkeiten durch Vereinheitlichung der regionalen Sprachverhältnisse realisierbar zu machen. Die ersten deutschen Wörterbücher und Grammatiken wurden im 16. Jahrhundert als Gebrauchsanleitungen verfasst, die Skribenten, welche für das Typographeum schrieben, zu beachten hatten, um gedruckt zu werden. Die Verfasser dieser Druckvorschriften ließen sich dabei von der arbeits-

ökonomischen Annahme leiten, dass es eine endliche Zahl von Stammwörtern gebe, die sich durch morphologische Ableitungsregeln vermehren und durch grammatikalische Regelsysteme zu sinnvollen Sätzen verbinden lassen.

Bereits die diesen Annahmen zugrundeliegenden Vorstellungen von durch Spatien getrennten Einzelwörtern und von durch Punkten getrennten Einzelsätzen konnten sich jedoch, wie Giesecke überzeugend herausarbeitet, erst unter Buchdruckbedingungen breitenwirksam durchsetzen.[14] Im Laufe der Zeit sind diese typographischen Gewohnheiten derart prägend für unser Bild von Sprache und Kommunikation geworden, dass Wissenschaftler wie Saussure, Bühler oder Chomsky sie zu Grundlagen und Axiomen einer allgemeinen Kommunikationstheorie stilisierten. Diese wurden dann vermeintlich medienneutral als Bedingungen der Möglichkeit von Verständigung überhaupt begriffen.[15]

Im 19. Jahrhundert war es die Ausbreitung der Fotografie und im 20. Jahrhundert zunächst das Kino und dann vor allem die Etablierung der elektronischen Massenmedien Radio und Fernsehen, die zur Veränderung der wissenschaftlichen Kommunikationsparadigmen einen wichtigen Beitrag leisteten. Gerold Ungeheuer hat auf diese Zusammenhänge in einem Aufsatz hingewiesen, der 1987 unter dem Titel »Vor-Urteile über Sprechen, Mitteilen und Verstehen« erschienen ist. Darin arbeitet er heraus, »dass sich in den letzten Jahrzehnten unter nur zu bekanntem Einfluss ein ›Transportmodell‹ der Kommunikation breit gemacht hat, das mit ›Sender‹, ›Empfänger‹, ›Kodierung‹ und ›Dekodierung‹ terminiert ist«.[16] Was Ungeheuer im Blick hat, ist das von Shannon und Weaver in den vierziger Jahren entwickelte informationstechnische Modell der Kommunikation. Innerhalb der modernen Publizistik- und Kommunikationswissenschaft hat es noch bis vor kurzem als kanonisch gegolten.[17]

Erst durch die systemtheoretische Rekonfiguration des Kommunikationsbegriffs, die sich mit dem Namen Niklas Luhmann verbindet, sind die theoretischen Mängel des Sender-Empfänger-Modells mehr oder weniger flächendeckend ins Bewusstsein gerückt worden. In seinem frühen Hauptwerk *Soziale Systeme* schreibt Luhmann mit Blick auf Shannon und Weaver: »Die Übertragungsmetapher ist unbrauchbar, weil sie zuviel Ontologie impliziert.

---

13 Giesecke (1992 S. 31).

14 Giesecke (1992, S. 50 f.).

15 Vgl. hierzu auch die sprach- und schriftphilosophischen Untersuchungen von Stetter (1997), die allerdings mit einem Schriftbegriff arbeiten, der die technischen Differenzen von Skripto- und Typographie nicht ausreichend berücksichtigt.

16 Ungeheuer (1982, S. 295).

17 Zur kommunikationswissenschaftlichen Rezeptionsgeschichte des Shannon-Weaver-Modells vgl. Merten (1999, S. 74 ff.), sowie Krallmann/Ziemann (2001, S. 31 ff.).

Sie suggeriert, dass der Absender etwas übergibt, was der Empfänger erhält.«[18] Und Luhmann fährt fort: »Die Übertragungsmetapher legt das Wesentliche der Kommunikation in den Akt der Übertragung, in die Mitteilung. Sie lenkt die Aufmerksamkeit [...] auf den Mitteilenden.«[19]

Dieser subjektzentrierten Sichtweise stellt die Systemtheorie eine alternative Perspektive gegenüber. Im Zentrum von Kommunikation steht ihr zufolge die Erzeugung von Sinn. Letztere wird von Luhmann durch ein Drei-Selektionen-Modell beschrieben. Dieses tritt an die Stelle des Zwei-Personen-Modells, das den kleinsten gemeinsamen Nenner von Buchdruckparadigma – Setzer und Leser als Sprecher und Hörer – und Rundfunkparadigma – Sender und Empfänger als Kommunikator und Rezipient – ausmacht. Die miteinander kommunizierenden Personen werden systemtheoretisch durch Information, Verstehen und Mitteilung ersetzt. Dabei handelt es sich um die drei grundlegenden Selektionsprozesse, mit deren Hilfe sich ein Kommunikationssystem als Kommunikationssystem konstituiert.

Im Unterschied zu Shannon und Weaver hat Luhmann jedoch nicht immer ausreichend deutlich gemacht, wie stark seine Theorie durch ein bestimmtes technisches Leitmedium geprägt ist. Der Computer ist ein Medium, das Information prozessiert, ohne dass Sender und Empfänger als Subjekte dabei in technischer Hinsicht eine zentrale Rolle spielen. Diese werden vielmehr in der apparativen Logik des Computers durch Prozessoren ersetzt. Die am Leitfaden des digitalen Prozessierens von Information begriffene Kommunikation wird daher selbstreferentiell. Kommunikation kommuniziert Kommunikation. Das ist der Grundgedanke von Luhmanns autopoietischer Kommunikationstheorie, deren technisches Leitmedium nicht der Buchdruck, das Kino, das Radio oder das Fernsehen ist, sondern die digitale Datenmaschine.

Erst die Ausbreitung des Internets hat dazu geführt, dass die medientheoretischen Voraussetzungen und – damit eng verbunden – die konzeptionellen Grenzen der Systemtheorie stärker ins Bewusstsein der wissenschaftlichen Öffentlichkeit getreten sind. So hebt Manfred Faßler in seinem Buch *Netzwerke* mit Blick auf das Internet hervor, dass »die Gesprächslage über Medien von der Fi-

xierung auf das *politisch-publizistische System* der Meinungsbildung und Informationsverarbeitung hin zur *sozial-konstitutiven Rolle* der elektronischen, programmierten Netzwerke verlegt [wird]«.[20] Und Volker Grassmuck geht noch einen Schritt weiter, wenn er schreibt: »Es macht Sinn, jetzt das Soziale von den Netzen her zu denken.«[21]

Soweit meine kurze Skizze der Zusammenhänge, die sich vom Buchdruck bis zum Internet zwischen der Mediengeschichte und der Etablierung bestimmter wissenschaftlicher Kommunikationstheorien rekonstruieren lassen. Am Ende dieser Rekonstruktion stellt sich zum einen die von Faßler und Grassmuck mehr oder weniger offen gelassene Frage, wie eine soziale Kommunikationstheorie konkret aussehen könnte, die sich am Leitfaden der digitalen Netzwerke orientiert. Darüber hinaus und zum anderen eröffnet die kritische Reflexion auf die Zusammenhänge, die zwischen wissenschaftlichen Theorien und mediengeschichtlichen Veränderungen bestehen, einen über die erstgenannte Frage noch hinausgehenden Problemhorizont. Dieser ergibt sich aus der medienhistorischen Relativierung des Gesamtprojekts einer allgemeinen Kommunikationstheorie, die sich umwillen begrifflicher Vereinheitlichung implizit oder explizit an einem bestimmten technischen Leitmedium ausrichtet. Der Frage nach einer Sozialtheorie des Internet bin ich an anderer Stelle ausführlich nachgegangen.[22] Im folgenden geht es um das Problem, wie Kulturwissenschaftlerinnen und Kulturwissenschaftler ohne die Standardisierungsleistungen einer allgemeinen Kommunikationstheorie auskommen können.

3. Grundlagen einer pragmatischen Kulturwissenschaft

Die Begriffe Kultur und Kommunikation sind in der aktuellen Debatte um das professionelle Selbstverständnis der kulturwissenschaftlichen Disziplinen

---

18 Luhmann (1984, S. 193).
19 Luhmann (1984, S. 194).
20 Faßler (2001, S. 160 f.).
21 Grassmuck, zitiert nach Faßler (2001, S. 239).
22 Sandbothe (2001, Kapitel IV bis VI).

eng miteinander verzahnt. Kultur wird als ein ausgezeichneter Raum symbolischer Ordnungen begriffen, der sich in und durch Kommunikation konstituiert. Die mediengeschichtliche Problematisierung des Projekts einer allgemeinen Kommunikationstheorie wirkt sich auf die Kulturwissenschaften und ihr Selbstbild aus. Im Unterschied zu den angelsächsischen Ländern, wo die *Cultural Studies* bereits in der zweiten Hälfte des 20. Jahrhunderts als eigene Studiengänge und/oder Fächer eingerichtet worden sind, gewinnt die kulturwissenschaftliche Reorganisation der Geisteswissenschaften an deutschen Hochschulen erst neuerdings an institutioneller Konkretion. In dieser Verspätung liegt zugleich eine besondere Herausforderung. Statt die angelsächsischen Konzepte einfach zu kopieren, die in den englischen und amerikanischen Universitäten zu einer Zeit entwickelt worden sind, als das Projekt einer allgemeinen Kommunikationstheorie noch hoch im Kurs stand, besteht jetzt die Möglichkeit, die akademische Institutionalisierung der Kulturwissenschaften mit einer zeitgemäßen Transformation des Kulturbegriffs zu verbinden. Zu diesem Zweck ist es hilfreich, einen Blick auf das bisher vorherrschende Verständnis von »Kultur« zu werfen.

Um zu bestimmen, welcher Kulturbegriff in den modernen Kulturtheorien verwendet wird, hat Andreas Reckwitz vier wirkungsmächtige Traditionen unterschieden: den normativen, den totalitätsorientierten, den differenzierungstheoretischen und den bedeutungs- und wissensorientierten Kulturbegriff.[23] Gemeinsam ist allen vier Traditionen die »Tendenz zu einem traditionalistischen Homogenitätsbegriff der Kultur«.[24] Darauf hat auch Wolfgang Welsch hingewiesen. Seiner Analyse zufolge lassen sich nicht nur die ethnische Fundierung und der interkulturelle Separatismus, die für normative und universalistische Kulturtheorien kennzeichnend

sind, sondern auch der Multikulturalismus, der sich mit differenztheoretischen Ansätzen verbindet, als Effekte des Homogenitätsaxioms deuten. Denn auch und gerade die Vertreter multikulturalistischer Konzepte gehen von primär homogenen und sich erst sekundär hybridisierenden Einzelkulturen aus.[25]

Das kulturelle Homogenitätsaxiom, das Reckwitz und Welsch aus einer ideengeschichtlichen Perspektive problematisieren, wird von Giesecke in seinem transmedialen Publikationsprojekt *Von den Mythen der Buchkultur zu den Visionen der Informationsgesellschaft* auf die Art und Weise zurückgeführt, wie die modernen Industriegesellschaften den »Buchdruck als Wunschmaschine«[26] vermarktet haben. Diese Gesellschaften prämieren ein Kulturkonzept, das in dreifacher Hinsicht auf Homogenität basiert. Erstens wird Kultur als homogenes System einheitlicher Regeln begriffen. Zweitens werden diese Regeln in Bildungsinstitutionen als soziale Homogenisierungsinstrumente eingesetzt, die zur »Gleichschaltung der unterschiedlichen individuellen Formen der Informationsverarbeitung«[27] dienen. Und drittens erscheint Kultur dabei als ein Regelsystem, das nicht nur in sich selbst homogen ist, sondern sich darüber hinaus auf einen homogenen Gegenstandsbereich bezieht: nämlich auf die symbolische Ordnung von Normen, Werten, Bedeutungen, Überzeugungen, Handlungsroutinen, Praktiken usw.

Dieses grundlegende Kulturverständnis, das sich zusammen mit der typographisch geprägten Industriegesellschaft ausgebreitet hat, ist auch von denjenigen Kommunikationstheorien nicht in Frage gestellt worden, die sich implizit oder explizit an elektronischen oder digitalen Leitmedien orientieren. Das kommt allein schon in dem Sachverhalt zum Ausdruck, dass die implizite oder explizite Orientierung an einem *Leit*medium beibehalten worden ist. Das gilt nicht nur – wie bereits gezeigt – für Shannon und Weaver oder Luhmann, sondern auch für die geschichtsphilosophischen Konstruktionen eines medialen Epochenwechsels, die sich bei McLuhan,[28] Meyrowitz,[29] Postman[30] oder Bolz[31] finden.

Das leitmedienorientierte Entweder-Oder-Denken schreibt eine kulturtheoretische Standardisierungsvorstellung fort, derzufolge (als homogene

23 Reckwitz (2000, insbes. S. 64–90).
24 Reckwitz (2000, S. 543).
25 Welsch (1999, insbes. S. 122–126).
26 Giesecke (2002, S. 206). Vgl. hierzu auch Gieseckes Liste der »elf Mythen der Buchkultur« (ebd., S. 223 ff.).
27 Giesecke (2002, S. 238).
28 McLuhan (1968).
29 Meyrowitz (1990).
30 Postman (1988).
31 Bolz (1993).

Komplexe konzipierte) Kulturen das Produkt von einheitlichen Kommunikationsgewohnheiten sind, die durch bestimmte Leitmedien ermöglicht oder sogar determiniert werden. Die reduktionistische Zuspitzung dieser Sichtweise hat zu Medientheorien geführt, die den Bereich des Kulturellen nicht mehr in Abgrenzung vom Technischen, sondern wie Kittler und viele seiner SchülerInnen als dieses selbst definieren. Die als technisch prozessierende und technisch zu beschreibende Hardware bestimmte Kultur wird auf diesem Weg nur auf eine materiell anders bestimmte Form von Homogenität festgelegt.[32]

Demgegenüber hat Giesecke die Entwicklung eines neuartigen Kulturkonzepts vorgeschlagen, das Kultur als »inhomogenes Netzwerk artverschiedener Elemente«[33] versteht. Die als Kultur zu bestimmende Vernetzung von sozialen, technischen und natürlichen Gegenständen wird von ihm im Rahmen seines »Projekts einer ökologischen Theorie und Geschichte kultureller Kommunikation«[34] untersucht. Dabei verweist das Epitheton »ökologisch« auf Gieseckes Versuch, den Kommunikationsbegriff von der impliziten oder expliziten Prämierung bestimmter Einzelmedien zu emanzipieren und eine Kommunikationstheorie zu begründen, die Kommunikation als multidimensionales, sowohl medienspezifisches als auch medienübergreifendes Phänomen beschreibbar macht. Zu diesem Zweck greift Giesecke auf eine informationstheoretische Metatheorie zurück, die Kommunikation als Parallelverarbeitung von Information beschreibt.

Im Unterschied zu Shannon/Weaver, Luhmann oder Kittler jedoch nutzt Giesecke die informationstheoretische Terminologie nicht, um der Kulturwissenschaft das Image einer mehr oder weniger »harten« Disziplin zu verschaffen. Statt dessen wird die technische Terminologie von ihm derart erweitert und flexibilisiert, dass sie im Rahmen eines heterogenen »Konzeptnetzwerk[s]«[35] die multiperspektivische Rekonstruktion ihrer eigenen Grundlagen leistet. Dazu gehört auch, dass die solchermaßen projektierte »kulturelle Informatik«[36] an die Perspektive des historisch situierten Menschen und seiner kontingenten Interessenlagen zurückgebunden wird. An die Stelle der systemtheoretischen Beobachterposition, welche den Menschen (ohne Rekurs auf göttliche Instanzen) zu transzen-

dieren versucht, tritt bei Giesecke eine kulturtherapeutische Beraterperspektive. Sie versucht den Anthropozentrismus weder zu begründen noch zu transzendieren, sondern mit ihm experimentell und pragmatisch zu arbeiten.[37]

Als Komplement zu Gieseckes kulturwissenschaftlicher Flexibilisierung der Informationstheorie bietet sich eine nicht nur in ihrem Ausgangspunkt, sondern auch in ihrer Durchführung stärker pragmatisch ausgerichtete *corporate identity* der zeitgenössischen Kulturwissenschaften an. Das freilich würde voraussetzen, dass die Fundierungsverhältnisse zwischen Medien, Kommunikation und Kultur nicht nur deskriptiv und informationstheoretisch, sondern auch politisch und pragmatisch ausbuchstabiert werden. Angesichts einer Diskurslage, in der viele Kulturwissenschaftlerinnen und Kulturwissenschaftler sich angewöhnt haben, vor Moral eher zu warnen als sich an ihr zu orientieren,[38] kann ein Rückblick auf die Begriffsgeschichte des Ausdrucks Geisteswissenschaft hilfreich sein.

In seinem Beitrag zur eingangs zitierten Denkschrift hat Jürgen Mittelstraß darauf hingewiesen, dass der »Ausdruck Geisteswissenschaft [...] seine institutionelle und universitäre Bedeutung [...] über ein terminologisches Missverständnis«[39] gewonnen hat. In der 1849 erschienenen deutschen Übersetzung von John Stuart Mills *System of Logic* (1843) ist der wissenschaftssystematische Ausdruck *moral science* nicht gerade treffend mit dem Wort Geisteswissenschaft wiedergegeben worden. Auf diesem Weg sind die moralischen Wissenschaften, zu denen bei Mill nicht nur Ethik, Politik, Ökonomik, die Künste

---

32 Kittler (1993); Kittler (2002). Die damit verbundene Exklusion des Sozialen bleibt für Kittler verbindlich, obwohl er selbst zu bedenken gibt, dass sie »womöglich aus idiosynkratischer Aversion« (Kittler, 2000, S. 17) vollzieht. Immerhin unterscheidet er sich durch dieses Bewusstsein von den meisten seiner SchülerInnen.

33 Giesecke (2002, S. 372).

34 Giesecke (2002, S. 10).

35 Giesecke (2002, S. 20).

36 Giesecke (2002, S. 17).

37 Vgl. hierzu Giesecke (2002, S. 32): »Der natürliche Ausgangspunkt für den Menschen ist dieser selbst. [...]. In diesem Sinn ist Anthropozentrismus in den Kulturwissenschaften unvermeidbar.«

38 Steiner (1997).

39 Frühwald u. a. (1991, S. 26).

und Techniken, Jurisprudenz und Teile der Theologie gehörten, sondern auch Psychologie, Ethologie und Soziologie, im Fortgang der modernen Wissenschaftsgeschichte »unter eine fremde, nämlich eine ›idealistische‹ Systematik«[40] geraten. Dieser Sachverhalt hat dazu beigetragen, dass die heute als sozialwissenschaftlich einzuordnenden Disziplinen sich von den Geisteswissenschaften abgespalten und stärker an positivistischen Wissenschaftsidealen zu orientieren begonnen haben.

Die sich gegenwärtig vollziehende »Renaissance des Pragmatismus«[41] lässt den Hinweis von Mittelstraß in neuem Licht erscheinen. Die Rückbesinnung auf das soziopolitisch und handlungsorientiert ausgerichtete Wissenschaftsverständnis der von Mill anvisierten *moral sciences* könnte in der aktuellen Diskussion eine fächerkulturübergreifende Horizontfunktion erfüllen. Damit ließe sich das Anliegen verbinden, Gieseckes kommunikationstheoretische Strategie einer natur- und techniksensiblen Transformation des kulturalistisch gewendeten Geistes der Geisteswissenschaften um eine zusätzliche Dimension zu erweitern. Die wissenschaftstheoretisch reflektierte Orientierung am gemeinsamen Ziel einer ökologischen Optimierung und mediengestützten Globalisierung demokratischer Kommunikationsverhältnisse würde dabei als ein wichtiges Verbindungsglied fungieren; und zwar nicht nur zwischen den verschiedenen kulturwissenschaftlichen Disziplinen, sondern auch zwischen Kultur- und Sozialwissenschaften und darüber hinaus zwischen den human-, technik- und naturwissenschaftlichen Fächerkulturen insgesamt.[42]

In diesem Rahmen käme den Kulturwissenschaften eine besondere wissenschaftspolitische Verantwortung zu. Sie bestünde darin, die Art und Weise, wie sich mithilfe von Medien Kommunikationsverhältnisse gestalten lassen, nicht nur deskriptiv, abstrakt und scheinbar neutral zu untersuchen, sondern zugleich auch darauf hin zu befragen, wie die verschiedenen Medien genutzt werden können, um ganz bestimmte, nämlich demokratisch geprägte

Kommunikationsverhältnisse sowohl ökologisch zu optimieren als auch für weltweit vernetzte Formen der Mensch-Mensch-, Mensch-Maschine- und Mensch-Natur-Interaktion zu sensibilisieren. Würde sich die zeitgenössische Kulturwissenschaft dieser Verantwortung in Zukunft noch stärker und gezielter stellen, wäre damit zugleich eine Art wissenschaftskulturelles Auffangnetz geschaffen. Denn angesichts des komplexen Ausdifferenzierungsgrades, der für die modernen Universitätsbürokratien charakteristisch ist, darf es als unwahrscheinlich gelten, dass sich ein transdisziplinär konzipiertes Vokabular (wie das von Giesecke vorgeschlagene) in absehbarer Zeit wissenschaftskulturenübergreifend etablieren lässt.

Literatur

BÖHME, HARTMUT / MATUSSEK, PETER / MÜLLER, LOTHAR (2000), *Orientierung Kulturwissenschaft. Was sie kann, was sie will*, Reinbek: Rowohlt. ▪ BOLZ, NORBERT (1993), *Am Ende der Gutenberg-Galaxis. Die neuen Kommunikationsverhältnisse*, München: Fink. ▪ CAMPE, JOACHIM H. (1813), *Wörterbuch zur Erklärung und Verdeutschung der unserer Sprache aufgedrungenen fremden Ausdrücke*, Braunschweig: Schulbuchhandlung. ▪ CARSTENSEN, BRODER / BUSSE, ULRICH (1994), »Massenmedien« und »Medium«, in: *Anglizismen-Wörterbuch. Der Einfluss des Englischen auf den deutschen Wortschatz nach 1945*, Berlin: de Gruyter, S. 884 f. und S. 892 f. ▪ FASSLER, MANFRED (2001), *Netzwerke*, München: Fink. ▪ FRÜHWALD, WOLFGANG / JAUSS, HANS ROBERT / KOSELLECK, REINHART / MITTELSTRASS, JÜRGEN / STEINWACHS, BURKHART (1991), *Geisteswissenschaften heute. Eine Denkschrift*, Frankfurt/M.: Suhrkamp. ▪ GIESECKE, MICHAEL (1991), *Der Buchdruck in der frühen Neuzeit. Eine historische Fallstudie über die Durchsetzung neuer Informations- und Kommunikationstechnologien*, Frankfurt/M.: Suhrkamp. ▪ GIESECKE, MICHAEL (1992), *Sinnenwandel-Sprachwandel-Kulturwandel. Studien zur Vorgeschichte der Informationsgesellschaft*, Frankfurt/M.: Suhrkamp. ▪ GIESECKE, MICHAEL (2002), *Von den Mythen der Buchkultur zu den Visionen der Informationsgesellschaft. Trendforschungen zur kulturellen Medienökologie* (Mit einer CD-ROM mit dem Volltext des Buches sowie weiteren Aufsätzen und Materialien), Frankfurt/M.: Suhrkamp. ▪ HOFFMANN, STEFAN (2002), *Geschichte des Medienbegriffs*, Hamburg: Meiner. ▪ KITTLER, FRIEDRICH (1993), *Draculas Vermächtnis. Technische Schriften*, Leipzig: Reclam. ▪ KITTLER, FRIEDRICH (2000), *Eine Kulturgeschichte der Kulturwissenschaft*, München: Fink. ▪ KITTLER, FRIEDRICH (2002), *Optische Medien. Berliner Vorlesung 1999*, Berlin: Merve. ▪ KRALLMANN, DIETER / ZIEMANN, ANDREAS (2001), *Grundkurs Kommunikationswissenschaft*, Paderborn: Fink. ▪ LUHMANN, NIKLAS (1984), *Soziale Systeme*, Frankfurt/M.: Suhrkamp. ▪ MARGREITER, REINHARD (2003), »Me-

---

40 Frühwald u. a. (1991, S. 27).
41 Sandbothe (2000).
42 Vgl. hierzu auch Nowotny (1999) und Weingart (2001).

dien/Philosophie: Ein Kippbild«, in Münker, Stefan / Roesler, Alexander / Sandbothe, Mike (Hg.), *Medienphilosophie. Beiträge zur Klärung eines Begriffs*, Frankfurt/M.: Fischer, S. 150–171. ▪ MᴄLᴜʜᴀɴ, Mᴀʀsʜᴀʟʟ (1968), *Die magischen Kanäle. Understanding Media*, Düsseldorf/Wien: Econ (im Original zuerst: *Understanding Media. The Extensions of Man*, London/New York: McGraw-Hill 1964). ▪ Mᴇʀᴛᴇɴ, Kʟᴀᴜs (1999), *Einführung in die Kommunikationswissenschaft*, Bd 1: *Grundlagen der Kommunikationswissenschaft*, Münster: Lit-Verlag. ▪ Mᴇʏʀᴏᴡɪᴛᴢ, Jᴏsᴜʜᴀ (1990): *Die Fernseh-Gesellschaft*, 2 Bde, Weinheim/Basel: Beltz (im Original zuerst: *No Sense of Place. The Impact of Electronic Media on Social Behaviour*, Oxford/New York: Oxford University Press 1985). ▪ Mᴜ̈ɴᴋᴇʀ, Sᴛᴇꜰᴀɴ / Rᴏᴇsʟᴇʀ, Aʟᴇxᴀɴᴅᴇʀ / Sᴀɴᴅʙᴏᴛʜᴇ, Mɪᴋᴇ (Hg.) (2003), *Medienphilosophie. Beiträge zur Klärung eines Begriffs*, Frankfurt/M.: Fischer. ▪ Nᴏᴡᴏᴛɴʏ, Hᴇʟɢᴀ (1999), *Es ist so. Es könnte auch anders sein. Über das veränderte Verhältnis von Wissenschaft und Gesellschaft*, Frankfurt/M.: Suhrkamp. ▪ Pᴏsᴛᴍᴀɴ, Nᴇɪʟ (1985), *Wir amüsieren uns zu Tode. Urteilsbildung im Zeitalter der Unterhaltungsindustrie*, Frankfurt/M.: Fischer (im Original zuerst: *Amusing Ourselves to Death. Public Discourse in the Age of Show Business*, New York: Viking-Pènguin). ▪ Rᴇᴄᴋᴡɪᴛᴢ, Aɴᴅʀᴇᴀs (2000), *Die Transformation der Kulturtheorien. Zur Entwicklung eines Theorieprogramms*, Weilerswist: Velbrück Wissenschaft. ▪ Sᴀɴᴅʙᴏᴛʜᴇ, Mɪᴋᴇ (2000) (Hg.), *Die Renaissance des Pragmatismus. Aktuelle Verflechtungen zwischen analytischer und kontinentaler Philosophie*, Weilerswist: Velbrück Wissenschaft. ▪ Sᴀɴᴅʙᴏᴛʜᴇ, Mɪᴋᴇ (2001), *Pragmatische Medienphilosophie. Grundlegung einer neuen Disziplin im Zeitalter des Internet*, Weilerswist: Velbrück Wissenschaft. ▪ Sᴀɴᴅʙᴏᴛʜᴇ, Mɪᴋᴇ / Nᴀɢʟ, Lᴜᴅᴡɪɢ (Hg.) (2003), *Systematische Medienphilosophie*, Berlin: Akademie-Verlag. ▪ Sᴀᴜssᴜʀᴇ, Fᴇʀᴅɪɴᴀɴᴅ ᴅᴇ (1967), *Grundfragen der Allgemeinen Sprachwissenschaft*, Berlin: de Gruyter (im Original zuerst: *Cours de linguistique générale*, Paris: Payot 1916). ▪ Sᴄʜᴍɪᴅᴛ, Sɪᴇɢꜰʀɪᴇᴅ J. / Zᴜʀsᴛɪᴇɢᴇ, Gᴜɪᴅᴏ (2000), *Orientierung Kommunikationswissenschaft. Was sie kann, was sie will*, Reinbek: Rowohlt. ▪ Sᴛᴇɪɴᴇʀ, Uᴡᴇ C. (1997), »›Können die Kulturwissenschaften eine neue moralische Funktion beanspruchen?‹ Eine Bestandsaufnahme«, in: *Deutsche Vierteljahrsschrift für Literaturwissenschaft*, 1, S. 5–38. ▪ Sᴛᴇᴛᴛᴇʀ, Cʜʀɪsᴛɪᴀɴ (1997), *Schrift und Sprache*, Frankfurt/M.: Suhrkamp. ▪ Uɴɢᴇʜᴇᴜᴇʀ, Gᴇʀᴏʟᴅ (1982), »Vor-Urteile über Sprechen, Mitteilen, Verstehen«, in: Ungeheuer, Gerold, *Kommunikationstheoretische Schriften I: Sprechen, Mitteilen, Verstehen*, Aachen: Rader, S. 290–338. ▪ Vᴏɢᴇʟ, Mᴀᴛᴛʜɪᴀs (2001), *Medien der Vernunft. Eine Theorie des Geistes und der Rationalität auf Grundlage einer Theorie der Medien*, Frankfurt/M.: Suhrkamp. ▪ Wᴇɪɴɢᴀʀᴛ, Pᴇᴛᴇʀ (2001), *Die Stunde der Wahrheit? Zum Verhältnis der Wissenschaft zu Politik, Wirtschaft und Medien in der Wissensgesellschaft*, Weilerswist: Velbrück Wissenschaft. ▪ Wᴇʟsᴄʜ, Wᴏʟꜰɢᴀɴɢ (1999), »Auf dem Weg zu transkulturellen Gesellschaften«, in: Seubold, Günter (Hg.), *Die Zukunft des Menschen. Philosophische Ausblicke*, Bonn: Bouvier, S. 119–144. ▪ Wɪᴛᴛɢᴇɴsᴛᴇɪɴ, Lᴜᴅᴡɪɢ (1988), *Philosophische Untersuchungen*, in: Wittgenstein, Ludwig, *Werkausgabe*, Bd. 1, Frankfurt/M.: Suhrkamp.

2.4 Öffentliche Kultur – Kommunikation, Deutung und Bedeutung

Wolfgang Kaschuba

Nicht wenige Debatten, insbesondere medientheoretisch inspirierte, würden das Thema »Öffentliche Kultur« heute wohl relativ umstandslos zur Schimäre erklären. Zu einem Mythos mit langem, schlangengleichem Ende, das zwar unausrottbar noch in Gegenwarten hineinrage, jedoch mit deren kultureller Wirklichkeit und deren tatsächlichen gesellschaftlichen Machtverhältnissen nichts mehr zu tun habe. Früher vielleicht (auch um Jürgen Habermas' Verdienste um einen kritischen Öffentlichkeitsbegriff nicht ganz zu desavouieren) möge es noch Ansätze öffentlicher Kommunikationsprozesse und gesellschaftlicher Kommunikationsformationen gegeben haben, die inzwischen jedoch längst in medialen Systemen der sozialen »Nicht-Kommunikation« oder der politischen »Bildröhren-Agora« aufgelöst seien. Kommunikation, Öffentlichkeit und Bedeutung seien heute daher schlicht vorgespiegelte Funktionen einer mediatisierten Welt, in der auch die Ereignisse und die Menschen selbst nurmehr medial vermittelt und inszeniert »geschähen«.

Zu meiner Erleichterung und Entlastung jedoch bin ich nun kein Medientheoretiker, sondern Ethnologe, darf mich folglich zum Thema entsprechend naiv, also empathisch verhalten und versuche einige Gedanken zum historischen wie gegenwärtigen Prozess gesellschaftlicher Erfahrungsweisen und Austauschverhältnisse ein Stück weit zu verfolgen. Und dies eher fragend: Wie organisiert sich dieser Vorgang kulturell? Wie haben wir uns entsprechende historische Konstitutionsprozesse von Verständigung, Deutung und Bedeutung vorzustellen? Lassen sie sich kategorial fassen – in unterschiedlichen Epochen und »Zivilisationen«? Und was sagen sie aus über Verstehensfähigkeiten in der Geschichte wie über Verstehensmöglichkeiten in einer sich künftig globalisiert gebärdenden Gesellschaft? Am Ende, so hoffe ich, werden die Fragezeichen nicht weniger, sondern eher mehr geworden sein. Denn das wäre intendiert: gelungene Kommunikation auf der Suche nach öffentlichen Bedeutungen.

1. Verständigung und Differenz

Kommunikation als ein Austauschprozess von Informationen und Meinungen, der sich zu einem öffentlichen Diskurs über Deutung und Bedeutung, über gesellschaftlichen Konsens und Dissens formieren kann, bleibt stets gebunden an die Vorstellung hinreichender sprachlicher und textlicher Verständigungsmittel. Darüber besteht traditionell und weithin Konsens in der philologischen Forschung. Und diese Medien sind gewiss auch zentral für das Zustandekommen kommunikativer Situationen, doch scheinen sie in einem sozialen und kulturellen Sinne nicht hinreichend, um diese Prozesse tatsächlich »total« zu gestalten und zu beschreiben. Kommunikation vollzieht sich als kulturelle Handlung offenbar komplexer und komplizierter. Es sind nicht Sprache und Text allein, es ist vielmehr eine kommunikative kulturelle *Praxis*, die auch die Körper, Dinge, Gesten, Symbole oder Lebensstile als kommunikative Medien einschließt und die auch stets konkrete Kontexte benennt: Orte und Zeiten der Verständigung als Voraussetzung für »Verstehen«, gleichsam als eine kulturgeschichtliche Topographie sozialer Deutungs- und Bedeutungsmöglichkeiten. Dieses Prozesshafte und Strittige macht für die Ethnologie auch die entscheidende Qualität jener »kollektiven Texte« aus, aus denen sich Kultur zusammensetzt.

So wäre Kommunikation immer »gelebte Kultur«, verkörperte sie stets mehr Erfahrung und Prozess denn Struktur und System. Dies ist jedenfalls eine dem Ethnologen näher liegende Vorstellung, weil sie »Verstehen« als zentrales Erkenntnisinteresse von Kommunikation in ihre Perspektive einschließt. Erst diese Auffassung erweitert auch die »Lesbarkeit« von Kultur als Text(en) über ihre sprachliche Struktur und Semantik hinaus in den Raum des Symbolischen, in dem sich dann weitgespannte interkulturelle wie historische Horizonte erschließen. Und erst in dieser symbolischen Dimension entfaltet sich auch die wirkliche gesellschaftliche wie wissenschaftliche Deutungsarbeit, wenn auf der Suche nach »Bedeutung« und »Verstehen« die jeweiligen Wahrnehmungs-, Denk- und Handlungsweisen ausgetauscht und festgelegt werden. Hier konstituiert sich »Kommunikation« tatsächlich als kultureller Prozess wie als gesellschaftliche Konfiguration – jedenfalls dann, wenn man zu ihrer Erklärung nicht reine Informationstransportmodelle oder Systemtheorien bemühen will. Verstehen und Verständigung setzen dabei stets eine soziale und kulturelle Verschränkung von Erfahrungs- und Wahrnehmungsperspektiven der Beteiligten voraus, also gemeinsame Bezugspunkte in »Lebenswelten« und »Weltanschauungen«, die vorhanden sein müssen, sonst »entstehen« Kommunikation und Interaktion gar nicht erst. »Kultur ist deshalb öffentlich, weil Bedeutung etwas Öffentliches ist«.[1] Dies meint natürlich auch eine spezifische Auffassung von Wirklichkeit, die dann ebenfalls als »Praxis« erscheint, konstituiert und identifiziert durch Kultur und Sprache.

Nun ist das hier fast ontologisch vorausgesetzte Motiv des Verstehen-Wollens jedoch wesentlich auch durch Grenzen definiert und konstituiert. Denn Verstehen lässt sich nur durch sein Gegenteil, durch Nicht-Verstehen, bewusst machen, also durch die Erfahrung von Kontingenz und Differenz. Nicht-Verstehen meint so im engeren kommunikativen Sinn entweder ein Defizit an kulturellen Fähigkeiten oder eine bewusste kulturelle Praxis der Ablehnung, ja, der Ignoranz anderer abweichender Auffassungen, die offenbar nötig erscheint, um die Gültigkeit der eigenen Deutungen und Bedeutungen zu behaupten. So erfährt Kommunikation ihre öffentliche Deutung erst durch gezielt eingesetzte Wechselwirkungen von Konsens und Dissens, von Integration und Differenz, von Wort und Geste, weil der Prozess der Deutung wie die Macht des Deutens uns erst dadurch überhaupt bewusst werden. Was unbestritten und unwidersprochen bleibt, bleibt letztlich etwas Selbstverständlich-Unbewusstes. Erst Grenzen und Grenzüberschreitungen schaffen Bedeutung und Bewusstheit – so wie wir die Kultur insgesamt stets als ein Wechselspiel von Wahrnehmungen erleben, die »Eigenes« nur durch »Anderes« fassbar und denkbar werden lassen.

In dieser Suche nach öffentlicher Bedeutung reflektiert sich zugleich aber auch das Spannungsver-

hältnis von Universellem und Speziellem in (je)der Kultur. Es ist ein Kampf um Anerkennung und Bedeutung, der kulturelle Praxen und Werte stets ins Generelle streben lässt, der sie aber zugleich umgekehrt dazu zwingt, sich vor einer universalisierten Entwertung und Entkräftigung zu schützen. Man könnte auch sagen: Das Lokale enthält einerseits stets eine Ambition nach globaler Gültigkeit, die es andererseits jedoch scheuen muss, weil es sonst seine spezifische identitätsstiftende Kraft verliert. Wenn es alle sind, ist es niemand mehr … . Dieses Dilemma spiegelt sich bereits in jenem Exempel wider, das von alten Volkskundlern gerne in didaktischer Absicht zitiert wurde, um daran die spezifischen Konstitutionsbedingungen zu verdeutlichen, die lokale Kultur und Öffentlichkeit früher prägten, also das, was sie »Sitte und Brauch« nannten. Denn in diesem Lehrbeispiel fragt die von auswärts eingeheiratete Schwiegertochter, nachdem ihre Schwiegermutter verstorben ist und als es um die Beerdigung gehen soll, ihre neu angeheiratete Familie: »Heult man bei euch eigentlich vor oder nach der Leich?« Sie fragt damit nach der lokalen Spezifik des universellen »Trauer«-Musters, keineswegs nüchtern, pietätlos, wie es uns scheinen mag, sondern im gedachten historischen Kontext geradezu pietätvoll, weil sie weiß, dass Gefühle nicht nur »natürlich« sind, sondern stets »kulturell« gesteuert werden, dass sie also ihren Ort und ihre Zeit durch die rituelle Ordnung erfahren und dass diese Ordnung aber auch gewahrt werden muss: Trauer heißt Tränen zu rechten Zeit! Da geht es also um Deutung und Geltung. Und jenseits der in Stoff und Ton vielleicht ein wenig altfränkisch wirkenden Episode ist dieses Beispiel kultursystematisch gedacht auch nicht naiver als derzeit etwa die postmodernen Erkundigungen von McDonalds bei Ethno-Experten danach, welche Symboliken bei der Einführung des Big Mac in Indien beachtet werden müssten, um auf dem dortigen Markt nicht an »kulturellen« Missverständnissen zu scheitern. Auch da ahnte man zumindest mögliche Spannungen zwischen globalen wirtschaftlichen Marktstrategien und lokalen kulturellen Ordnungen.

Nicht umsonst versteht die neuere interpretativ und praxeologisch orientierte Ethnologie daher jede

---

1 Geertz (1987, S. 18).

Kommunikation als komplexe Praxis, in der symbolische Potentiale im Sinne von Bedeutungsaufladungen und Deutungsunterschieden, von Ritualisierungs- und Hierarchisierungsmöglichkeiten eine wesentliche Rolle spielen. Denn sie erfährt in ihren eigenen Forschungsfeldern heute ja tagtäglich, wie sehr die Konstitution von Identität auch durch Differenzkonstruktionen erzielt wird, durch ethnozentrische Beschreibungen etwa von »eigen« und »fremd«. Bekanntlich hat diese Erfahrung letztlich auch zu jener selbstreflexiven Auffassung der eigenen Forschungsarbeit in der Ethnologie wie der Kulturanthropologie geführt: wissenschaftliche Erkenntnisproduktion als soziale Praxis, als aktive »Verwicklung« ins Feld. Und dieses Verständnis teilen in ähnlicher Weise, wenn auch von einem anderen Ausgangspunkt aus, auch die Cultural Studies, die Kommunikation als einen ebenso bedeutungsvollen wie bedeutungsvielfältigen Diskurs verstehen, in dem stets auch solche sozialen Codes und sozialen Aneignungsprozesse eine Rolle spielen, die *nicht* der Gebrauchsanweisung der Produzenten entsprechen.[2] So wird die Kommunikationsfrage als Verstehensproblematik durch die zwischen- wie die innergesellschaftliche Perspektive in ein neues Licht gerückt. Jede Öffentlichkeit erscheint dabei als eine Arena sozialer Praxen, die auf »gesellschaftsinterne wie gesellschaftsexterne Differenzen« verweisen[3] und die *in* ihren Kommunikationsinhalten und *durch* ihre Kommunikationsstile jeweils Bedeutungen neu produzieren wie reproduzieren. Als eine Arena freilich, deren gesellschaftliche Konstitution und kulturelle Konstruktion sich nur aus ihrem jeweiligen historischen Entstehungsprozess erklären lässt.

2. Öffentlichkeit, bürgerlich

Schrift und Sprache, Text und Medium, Kommunikation und öffentliche Deutung: All diese Stichworte sind zunächst einem historischen, einem europäischen Typus von »Öffentlichkeit« zugeordnet. Und diese Vorstellung wiederum entspricht jenem zivilisationsgeschichtlichen Konzept der Moderne,

in dem komplexe kulturelle Wandlungsprozesse die Entstehung solcher Öffentlichkeitsstrukturen einleiten und begleiten wie etwa die Alphabetisierung als eine Voraussetzung und Form des systematischen gesellschaftlichen Sprach- und Wissenserwerbs, die Ausbreitung von Medien und Technik in den Alltagswelten, die Verrechtlichung und Politisierung gesellschaftlicher Ordnungsdebatten, das Auftreten organisierender und inszenierender Akteure, die sich als Wissenschaftler, Politiker oder Intellektuelle in kommunizierende Rollen begeben, und schließlich die Urbanisierung und Industrialisierung, die in den städtischen Lebenswelten des 19. Jahrhunderts den Erfahrungs- und Wissensaustausch nun durch Lesefähigkeit und Textproduktion zur maßgeblichen Kulturtechnik werden lassen. Diese Öffentlichkeit erscheint dann als zentraler Verhandlungsort einer Gesellschaft, die dadurch erst »Gesellschaft« im eigentlichen Sinne wird, weil sie zum einen nunmehr einen konkreten historischen und politischen Raum bezeichnet, zum zweiten legitimierende Interessen und politische Herrschaftsansprüche formiert und zum dritten ein zusammenhängendes und spezifisches Sprach- und Zeichensystem entwickelt.

Es ist das Modell einer Öffentlichkeit, wie es Jürgen Habermas dem sich formierenden bürgerlichen Publikum des mittleren 18. Jahrhunderts zuschrieb, als sich, ausgehend von Italien, England und Frankreich, ein grundlegender Wandel der Geselligkeitsformen in Mittel- und Westeuropa vollzog. Indem das Attribut »öffentlich« im Rückgriff auf jene Bedeutungtradition des »publicus« der römischen Antike in zeitgenössische Vorstellungen einer »public sphere« und eines »espace public« übernommen wurde, um eine neue Qualität politisch-sozialen Lebens auszudrücken, und indem in den Geselligkeitsformen des »öffentlichen« Konzerts, Theaters, Literatur- und Zeitschriftenwesens auch neue Kommunikationsräume und Interaktionsorte des »gebildeten bürgerlichen Publikums« entworfen wurden, entstand auch das Konzept von »Öffentlichkeit« als dem Aushandlungsort ästhetischer, ethischer und moralischer Vorstellungen. Diese Öffentlichkeit schien einerseits fähig zur Anwendung von »Vernunft« als dem Steuerungsprinzip individuellen wie gesellschaftlichen Handelns und andererseits kompetent zur Kontrol-

---

2 Vgl. Hall u. a. (1980).
3 Berg/Fuchs (1997, S. 63).

le staatlicher Formen gesellschaftlicher Verwaltung. Das Publikum sah sich nicht länger nurmehr als Adressat obrigkeitlicher Rechtsansprüche, sondern zunehmend als aktiver Mitgestalter von »bürgerlicher« Gesellschaft,[4] als Akteur einer »Öffentlichkeit« gegen die zuvor erzwungene »Privatheit« bürgerlichen Lebens.

Habermas nimmt dabei in sein Modell ideengeschichtliche Vorläufer von John Lockes »Law of Opinion« über Kants Gedanken zu »Vernunft« und »öffentlichem Willen« bis zu Hegels Konzept der »öffentlichen Meinung« auf und beschreibt die Entstehung der »bürgerlichen Öffentlichkeit« dann auch als sozialen und kulturellen Prozess. Ausgehend von literarischen Zirkeln und Diskussionen im Kontext der Aufklärung entstehen Inseln einer korrespondierenden und kommunizierenden literarischen Öffentlichkeit, die sich im Nachdenken über Individuum, Gesellschaft und Welt auch zunehmend als politische Öffentlichkeit verstehen. Im Bild des »räsonnierenden Publikums« ist dieser Prozess eingefangen, in dessen Verlauf »Öffentlichkeit« insbesondere auch als ein Anspruch auf Kompetenz und Selbstregulationsfähigkeit der Gesellschaft der Bürger aufgefasst wird. Es ist eine Unabhängigkeitserklärung gegen Staat, Bürokratie und das Repräsentationssystem des aufgeklärten Absolutismus, und sie hat dabei im Kern ihres Selbstverständnisses ein Menschenbild vor Augen, das zum Prinzip bürgerlicher Vergesellschaftung werden soll: mündig, rational und verantwortlich in seinem Denken und Handeln – ein bürgerliches Identitätskonzept.[5] Und diese neue Identität konstituiert sich auch in spezifischen Orten, Institutionen und Normen: im Literaturzirkel, Kränzchen und Verein, in Salon, Club und Kaffeehaus, bei Festen und Feiern, in Museum, Theater und Konzert. Es ist – mit Kant und Schiller gesprochen – Öffentlichkeit in »gesellschaftskritischer Absicht«, also die systematische Entwicklung eines kritischen Wissens- und Werkpotentials, das sich zunächst gegen Staat und Herrschaft zu entfalten vermag und das dann auch Gesellschaft in selbstkritischer Weise reflektieren soll. Vor allem aber bedeutet dies die Ausbildung der kulturellen Fähigkeiten und Praxen eines »Bürgers«, der einerseits ein lokales Beziehungsnetzwerk gesellschaftlicher wie politischer Kontakte zu verknüpfen in der Lage ist, an-

dererseits und gerade auch dank der medialen Unterstützung durch Zeitschriften, Literatur- und Reiseberichte, Briefwechsel und eigene Reisen eine neue Auffassung von der Gesellschaft und Welt »da draußen« zu entwickeln vermag.[6]

Das historische Ziel dieser kulturellen wie politisch-sozialen Formierung eines bürgerlichen »Publikums« ist vielschichtig: Zum einen geht es um die Abwehr und Zurückdrängung spätabsolutistischer Herrschaftsansprüche und um die Formulierung eigener Ambitionen auf eine bürgerlich gedachte Gesellschaft; Kontingenz und Neuanfang werden hier zu einer charakteristischen Denk- und Argumentationsfigur bürgerlicher Vorstellungswelten. Zum zweiten wird die »Institutionalisierung von Themen politischer Kommunikation«[7] betrieben, die eine bürgerliche Gegenkompetenz zum spätabsolutistischen Macht- und Wissensmonopol errichten soll. Zum dritten geht es um die Einrichtung von materiellen Orten und kulturellen Formen, in denen eine kommunikative Selbstorganisation der Gesellschaft stattfinden kann. Diese Selbstorganisation wiederum schafft sich – viertens – in diskursiven Praxisformen und medialen Einrichtungen auch ihre symbolischen Formen und Muster. Und zum fünften geht es natürlich auch bereits um das Wechselspiel von sozialer Integration und sozialer Abgrenzung, die den Interessensbekundungen und Interessensformulierungen erst ihren spezifischen bürgerlichen Zuschnitt zu verleihen vermag. Erst »unter sich« sind die Bürger letztlich auch »bei sich«.

Die Entstehung dieses Typus »bürgerlicher Öffentlichkeit« wird wesentlich dem west- und mitteleuropäischen Raum des späten 18. Jahrhunderts zugeschrieben. Und er ist bereits in seinen Formen und Strukturen in hohem Maße medial organisiert: Orte, Bühnen, Sitzordnungen, Inszenierungen, Zeitungen, Anlässe gliedern und ordnen diese Öffentlichkeit bereits als sozialen Raum. Von besonderer Bedeutung ist damals natürlich die Rolle von Kunst, Literatur und politischem Essay als medialen Deutungs- und Bedeutungsvermittlern, die »Lesarten«

---

4 Hölscher (1978, S. 431 ff.).
5 Vgl. Garber (1992).
6 Habermas (1961).
7 Luhmann (1975, S. 22).

vorgeben und »Botschaften« rasch verbreiten können. Dass damit auch bereits jene Spannung beginnt, die die Medien stets zugleich als ein »System
der Nicht-Kommunikation«[8] wie als Ermöglichung
von »Partizipation« (Jürgen Habermas) erscheinen
lässt, mag hier nur dann keine überflüssige Feststellung sein, wenn sie beides entwicklungsgeschichtlich und in einem dialektischen Verhältnis
zu sehen vermag.

Freilich entwirft Habermas hier ein Modell »bürgerlicher Öffentlichkeit«, das Vergesellschaftungsprozesse nicht sozialgeschichtlich, sondern eher
idealtypisch zu fassen versucht.[9] Denn historisch
ist seine Öffentlichkeit so kaum auffindbar, weil
sie selbst bereits als ideologisches Konzept eines
Bürgertums hervortritt, das sich in diesem Selbstbild und Selbstverständnis »öffentlicher Kultur« inszeniert. Seine ideelle Plausibilität lebt wesentlich
auch von dem scharfen Kontrast zu den restriktiv-
repräsentativen Öffentlichkeitsformen feudaler
Provenienz. Und seine praktische Entwicklung setzt
eine vergleichsweise hohe gesellschaftliche Kontinuität mit lediglich gebremster Wandlungsdynamik voraus: stabile Soziallagen und Gruppen,
ausbalancierte politische Machtverhältnisse und
Statuspositionen, entwickelte institutionelle Strukturen und mediale Formen. All dies vermag das
Bürgertum in der Aufklärung (noch) nicht zu verkörpern, dann, im 19. Jahrhundert, wohl (schon)
nicht mehr. So bleibt diese Öffentlichkeit über weite
Strecken eine politische Botschaft des Bürgertums,
die Teil seiner symbolischen Praxis wird und dies
lange bleiben soll: Öffentlichkeit als Diskursraum
der Gebildeten, die – zumal in Deutschland – nur
deshalb noch nicht zugleich als die Mächtigen erscheinen, weil ihre politische Macht noch neu oder
unvollständig ist.

8 Baudrillard (1998).
9 Einen Versuch, die von Habermas entwickelte idealtypische
    Konzeption der politischen Öffentlichkeit sozialhistorisch zu
    fundieren und zugleich auf ihre empirische Plausibilität hin
    kritisch zu prüfen, bieten die Beiträge in Calhoun (1992).
    Eine Selbstüberprüfung seines Konzepts im Lichte neuerer
    Forschungsergebnisse und Theoriediskussionen nimmt Ha-
    bermas im Vorwort zur Neuauflage seines Buchs »Struktur-
    wandel der Öffentlichkeit« vor (Habermas 1990, S. 11–50).
10 Vgl. Kaschuba (1988, S. 16 f.).

Dabei ist diese Öffentlichkeit damals keineswegs
»offen«, sondern durchaus gebunden an Bildungs-
voraussetzungen, soziale Beziehungen und Ver-
mögensverhältnisse, die mit einem gewissen Recht
doch »exklusiv« zu nennen sind. Die soziale Formation »Bürgertum« identifiziert sich über das Leitbild
und die kulturelle Praxis einer »Bürgerlichkeit«, die
das kulturelle Selbstverständnis einer künftigen Elite
umschreiben soll. Dabei besitzt das Attribut »bürgerlich« offenkundig sehr unterschiedliche Aussagekraft und Reichweite. Es beschreibt im Bereich
der Literatur ein anderes Publikum als in jenem der
Geselligkeit, meint im Politischen andere Gruppierungen als im Blick auf soziale Heiratskreise. Der
Versuch' ›dem‹ Bürger jeweils ›seinen‹ sozialen Status und ›seine‹ Kultur zuzuordnen, funktioniert in
der historischen Realität deshalb so schwer, weil sich
bürgerliche Kultur über weite Strecken eben nicht
sozial formativ entwickelt, nicht ausschließlich gebunden an eine bestimmte Trägergruppe. Vielmehr
ist sie stets auf allgemeine gesellschaftliche Situationen, Kontexte und Interaktionsfiguren bezogen, in
deren Mittelpunkt zwar häufig ›die Bürgerlichen‹
stehen, meist jedoch weder als ausschließlich Betei-
ligte noch als einheitlich auftretende soziale Gruppe.
Umgekehrt wird im bürgerlichen Selbstverständnis
gerade das Prinzip der Verbreitung und Vergesellschaftung der eigenen kulturellen Werte und Verhaltensmuster zur zentralen Funktionsbestimmung
von Kultur. Als Lebenskultur, als Verhaltenskultur
erhebt sie Anspruch auf gesellschaftliche Allgemeingültigkeit, will sie Leithorizont sein auch für die
übrigen gesellschaftlichen Gruppen. Insofern baut
sie nicht nur auf ihre innere Kontinuität und Geschlossenheit, sondern sie ›lebt‹ vielleicht mehr
noch durch den Dialog mit anderen gesellschaftlichen Teilkulturen und durch die damit verbundenen ständigen Austausch- und Wandlungsimpul-
se.[10] Aber sie soll und will stets »Leitkultur« sein,
im Sinne kultureller wie politischer Hegemonial-
ansprüche. Das zeigten wiederum gerade das deutsche 19. und 20. Jahrhundert.

3. Kritik und Reflexivität

An Jürgen Habermas' Studie und an seinem Modell
bürgerlicher Öffentlichkeit ist nun immer wieder

und nicht erst seit der diskurstheoretischen Wende nachdrücklich Kritik festgemacht worden. So wurden seine Befunde etwa mit Bezugnahme auf Walter Benjamins Einlassungen zur »Ästhetisierung der Politik« als historisches Kunst-Werk abgelehnt, das nicht den Geschichtsprozess, sondern nur Verfertigungen aus der Werkstatt bürgerlicher Ideologieproduktion widerspiegele. Mit Verweis auf ihre späteren »kulturindustriellen« (Th. W. Adorno) und »bewusstseinsindustriellen« (H.M. Enzensberger) Verwicklungen wurde die Öffentlichkeitsfigur strikt der kulturellen Genetik des Kapitalismus zugeordnet: stets manipulierend, nicht emanzipierend. Mit dem Argument der Ignoranz anderer historischer Öffentlichkeitskonfigurationen wie der plebejischen oder der proletarischen, wurde sie als sozial zu eng betrachtet (O. Negt und A. Kluge), mit Hinweis auf den Zerfall dieser Öffentlichkeit und ihre Substituierung durch Familie und familiale Beziehungen, die Räume und Funktionen öffentlicher Diskurse überwuchern, sogar als nicht mehr gültig beschrieben (R. Sennett). Und schließlich ist natürlich auch danach zu fragen, inwieweit dieses Modell universelle Gültigkeit beanspruchen kann oder ob in ihm nicht vielmehr »Eurozentrik« und »Ethnozentrik« dominieren, die letztlich eben nur (west)europäische Zivilisationsgeschichte und -ideologie widerspiegeln. Über all dies wird in historischer Perspektive weiter diskutiert und gewiss auch weiter gestritten.

Denn Jürgen Habermas' Modell bleibt trotz all dieser Einwände ein zentraler Fluchtpunkt der Diskussion, an dem Geschichts- wie Gegenwartsperspektiven politischer Kultur immer wieder neu zu vermessen sind. Gesellschaft in einer staatlich organisierten Form gedacht, in der Vernunft – als Vorstellung rationaler Entscheidungsprozesse und ethischer Verantwortung – eine wesentliche Steuerungsdynamik gesellschaftlicher Erfahrung und Kommunikation bildet: So ließe sich wohl die bürgerliche Öffentlichkeitsidee in ihrem Kern skizzieren. Und auch wenn wir wissen, dass damit ein idealtypisches Modell beschrieben ist, historisch nicht nachweisbar, gesellschaftlich-politisch nicht einlösbar (jedenfalls nicht in ihrer Reinform), so ist damit doch ein fester Anspruch an demokratische Verständigungsprozesse formuliert, der soziale und kulturelle Anforderungen an Informations- wie Wis-

senssysteme, an Diskussions- wie Entscheidungsmodi benennt und der auf politische Prinzipien wie Transparenz, Zugänglichkeit, Austausch, Anerkennung, Pluralität, Verhandlung beharrt. So verstanden wäre und bliebe Öffentlichkeit eine *politische* Dimension gesellschaftlicher Kommunikationsverhältnisse eben *nicht* nur im unmittelbaren Politikfeld, sondern im weiteren Bereich gesellschaftlicher Wissensbestände und Informationsvorgänge, kultureller Orientierungsprozesse und Identitätsfiguren.

Ob die Zuschreibungen und Regeln dieser Öffentlichkeit bzw. ihres Modells wiederum noch gegenwärtige und zukünftige Gesellschaftsverhältnisse zu erfassen vermögen, ist eine andere Frage. Vor allem in vier Punkten wird dieses Öffentlichkeitsmodell dabei zu überprüfen sein: Zum einen verweist es auf seine historische Konstitution als ein *lokales* Kommunikationsprinzip, durch welches sich die Stadtbürger auch ihre eigene lokale Interaktionsfigur und Identität verschaffen bzw. zuschreiben. Habermas' Begriff des »Räsonnement« als konkreter Austauschkonfiguration der Bürger im Salon, Museum, Kaffeehaus oder Rathaus markiert diesen historischen Ort. Zum zweiten manifestiert sich diese Interaktionsfigur jedoch und zugleich auf der Basis eines *überlokalen* Netzwerks von Verbindungen persönlicher, politischer wie medialer Art. Ohne die regional oder national interessierten frühen Interessenorganisationen wie Zirkel, Gilden oder Vereine, ohne die sozialen Bewegungsformen etwa des Vormärz oder der Revolution von 1848, ohne die nationale »Infrastruktur« von Vereins- und Versammlungsorten und vor allem ohne den nationalen wie internationalen Medienkontext der Zeitungen und Zeitschriften ist diese Entwicklung bürgerlicher Öffentlichkeit nicht erklärbar. Der Aufbau lokaler Identität speist sich also aus überlokal organisierter Identitätsarbeit. Zum dritten wird diese Öffentlichkeit organisiert von sozialen Akteuren, die sich in einer Doppelrolle begreifen: Sie sind *Akteure* und *Publikum* zugleich. Die historische Rede von den »Gebildeten« und von »bürgerlicher Gesellschaft« spiegelt genau diese entstehende Vorstellung einer sich selbst über Kultur und Politik definierenden künftigen Elite wider. Zum vierten schließlich zielt der Öffentlichkeitsbegriff von Habermas auf die gesellschaftlich politischen Zielvorstellungen von Kritikfähigkeit und *Reflexivi-*

tät. Er setzt also ein Bewusstsein von »Gesellschaft« stets voraus, die einerseits zunächst nur als kulturelle Praxis existiert, als »Bürgerlichkeit« von Kommunikationsverhältnissen und sozialen Beziehungen, die andererseits aber gerade dadurch kritisch und reflexiv zu werden vermag, wenn sie aus einer Distanz zur politischen Macht wie aus einer Distanz zur eigenen Interessenposition heraus kommuniziert und agiert. Ich kritisiere, also bin ich … .

Mit diesen vier Qualitäten ist zugleich auch ein neues Gewicht beschrieben, das »Kultur« damals im historischen Raum erhält. Bürgerliche Bildung und bürgerlicher Lebensstil erscheinen nunmehr als notwendige Voraussetzungen für den Erwerb politisch-sozialer Kompetenz, also für die Fähigkeit vernünftigen und verantwortlichen Kommunizierens, Räsonierens, Interpretierens und Handelns. Björn Garber hat vor einiger Zeit nachdrücklich darauf aufmerksam gemacht, wie diese neue *kulturelle* Perspektive in der zweiten Hälfte des 19. Jahrhunderts eröffnet wird, indem sich etwa eine »Culturgeschichte« als ein Schritt zur Säkularisierung und Anthropologisierung der Menschheitsgeschichte entwickelt, indem sich aber vor allem eine Humanisierung und Politisierung gesellschaftlicher Perspektiven eröffnet, weil gesellschaftliche Praxis nun insgesamt als »Kultur« aufgefasst wird. Die Kultur erscheint nunmehr als »die Voraussetzung für die ›Theorie‹ der ›Aufklärung‹«.[11] Kultur »wandert« damit aus der Sphäre staatlich-kirchlicher Repräsentationsfiguren aus in die Sphäre von Kommunikation und Markt, sie wird selbst »öffentlich« und »Öffentlichkeit« im Sinne gesellschaftlicher Praxis. Die Frühgeschichte des sozialen Protests und der modernen sozialen Bewegungen spiegelt diese neu gewonnene repräsentative Dimension ganz eindrücklich wider, wenn in vor- und frühindustriellen Policey- und Brotkrawallen, in Markt- und Lohnkämpfen soziale Bedingungen, Verpflichtungen und Beziehungen in ihrer ethischen Semantik und symbolischen Bedeutung immer wieder neu »ausgehandelt« werden. Und im Zuge dieser Entwicklung erhält dann auch die frühe Ethnologie in ihren volks- wie völkerkundlichen Horizonten eine besondere Rolle, indem sie die Menschen- und Kulturbilder »aufklärend« in Beziehung zueinander zu setzen versucht, also eine »Weltkarte« der Völker und Mentalitäten entwirft, die sie in die Gesellschaften hinein vermitteln will: über Reiseberichte, Museen, Ausstellungen, Märchen- und Sagensammlungen.

Wenn Habermas inzwischen Öffentlichkeit als »den im kommunikativen Handeln erzeugten sozialen Raum« verstanden wissen will,[12] dann trägt er damit bereits dieser veränderten Perspektive Rechnung. Denn sein »Modell« wird damit offener, einerseits zur Seite kultureller Habituskonzepte hin, wie sie prominent insbesondere von Pierre Bourdieu entwickelt wurden,[13] andererseits hin zum anglo-amerikanischen Konzept der »public culture«.[14] In diesem Sinne lässt sich sein Modell als ein Monitum begreifen, das aktuelle gesellschaftliche Aggregatzustände auf ihre kulturelle und politische Verfassung wie Utopiefähigkeit hin befragbar machen kann. Und dies kann sie nun ganz im Sinne von frühen Überlegungen eines Theodor W. Adorno, der auf jenes utopische Potential verwies, wenn er schrieb: »Öffentlichkeit ist nichts fest Umrissenes, sondern polemischen Wesens: was einmal nicht öffentlich war, soll es werden.« Sie sei »ein Herzustellendes«, nichts »bereits Gegebenes«.[15]

4. Global versus lokal?

Gewiss sind wir uns heute im klaren darüber, dass wir längst das Ende »lokaler« Konfigurationen von Öffentlichkeit und Kultur erlebt haben – jedenfalls ihrer herkömmlichen Modelle und im herkömmlichen Verständnis. Und auch die Auffassungen davon, was kulturell jeweils einer privaten und einer öffentlichen Sphäre zugeordnet sei, haben sich im Verlaufe der Moderne und dann unter postmodernen Konditionen radikal gewandelt.[16] Adornos bereits geflügelter Satz, wonach das Private öffentlich und das Öffentliche privat werde und sich somit die sinnstiftende Absicht in ihr Gegenteil verkehre, zielt dabei insbesondere auch auf eine Entwicklung ab, die mit der Geschichte der Medien eng verbunden

---

11 Garber (1992, S. 414).
12 Habermas (1997, S. 436).
13 Bourdieu (1982).
14 Walzer (1993).
15 Adorno (1970, S. 533).
16 S. dazu die vielfältigen und sensiblen Analysen bei Aries/ Duby (1989 ff.).

ist. So wie die »neuen Medien« des 18. Jahrhunderts mit ihren kulturellen Fähigkeiten und Einrichtungen vom Lesen bis zur Zeitschrift die historische »bürgerliche« Öffentlichkeit substantiell mitkonstituierten, so scheinen die »neuen Medien« zu Beginn des 21. Jahrhunderts diese historische Konfiguration umgekehrt zu beenden. Nicht etwa, weil sie das, was wir unter Wirklichkeit und Öffentlichkeit verstehen, systematisch »mediatisieren« (Baudrillard); Kommunikation war immer schon auf mediale Vermittlung angewiesen, lediglich die Intensität hat sich bis heute verändert. Vielmehr geht es um das Ende jenes Prinzips: »eine Gesellschaft, eine politische Kultur, eine politische Öffentlichkeit«, das eine feste horizontale und vertikale Ordnung sozialer und kommunikativer »Welten« vorgab.[17] Der Prozess der Globalisierung beschreibt hier vor allem die Ausweitung und die Beschleunigung von Informations- und Kommunikationsnetzen und die damit verbundenen Auswirkungen auf das soziale und kulturelle Leben. Und diese Auswirkungen werden ja zum Teil als dramatische beschrieben: als die weltweit gleichen Muster und Typen einer »amerikanisierten« Unterhaltungskultur; als die neuen globalen Bildarchive in Fernsehen und Internet, die zu einem universellen Puzzle auch in unseren lebensweltlichen Imaginationsfähigkeiten zu führen scheinen; als jenes dröge Infotainment, mit dem das Ende jeden politischen Diskurses eingeläutet scheint – jedenfalls im Blick auf dessen einst reflexiv und handlungsorientiert gedachte Perspektiven.

Auch die Akteure haben sich verändert. Der »Bürger« als Subjekt der historischen Konfiguration »Öffentlichkeit«, wie ihn Habermas konzipierte, war als Akteur wie als Publikum durch seinen »Ort« definiert. Einen gesellschaftlichen Ort, der – der antiken Polis-Idee verpflichtet – lokale Identität, Zugehörigkeit, Zuständigkeit und ethische Verpflichtung bedeutete, der also Bindungen und Loyalitäten vorgab, die sich vom Lokalen zum Nationalen weiten konnten. Diese Selbstbeschreibung bürgerlicher Identität gilt so schon lange nicht mehr, wenn wir den Wandel sozialer und lokaler Identitätskonzepte in den letzten Jahrzehnten richtig beobachtet haben. Die Rede von der sozialen Pluralisierung, Desintegrierung, Fragmentierung und Dezentrierung des Individuums[18] klingt zwar nicht schön, ist aber nicht nur eine Kopfgeburt der

Gesellschaftskritiker, sondern beschreibt ja in der Tat nachhaltige Veränderungen in unseren sozialen und kulturellen Lebensbedingungen wie Lebensauffassungen. Und diese Auffassungen und Lebensentwürfe sind insofern selbst ein Stück weit »globalisiert«, als sie ihren imaginativen Stoff wie ihre sozialen und politischen Zielvorstellungen in der Tat selbst bereits einer Weltkulturlandschaft entlehnen, indem sie in sozialer wie kultureller wie geographischer Hinsicht Grenzen recht beliebig überschreiten und Erwartungen recht anspruchsvoll formulieren.[19] Wir erleben uns selbst verunsichert durch diese Identitäts- und Sinnsuche, verweisen nostalgisch auch gerne zurück auf frühere Gesellschaften, die uns in ihren Sinnhorizonten geschlossener und versichernder erscheinen. Aber wir sollten uns gar nicht zu sicher sein, dass diese Vermutungen zutreffen und nicht nur jener alten zivilisationskritischen und kulturpessimistischen Attitüde folgen, die uns das »bürgerliche Zeitalter« von Anfang an in die Wiege gelegt hat.

Und schließlich hat sich auch unser Verständnis von »Kultur« weiter verändert. Nach der Öffnung hin zu einer »Kultur des Lebens«, die nicht mehr nur das Hohe und Hehre meinte, sondern auch die sozialen Umstände und Logiken des alltäglichen Lebens einschloss, dessen symbolische Formen und soziale Ordnungen, erfolgte seit den 1970er Jahren ein zweiter Emanzipationsschritt, der Kultur als zentrales Identitäts- und Repräsentationskonzept des Individuums wie von Gruppen und Gesellschaften akzeptierte. Ethnische und nationale Zugehörigkeit, religiöse und ethische Orientierung, geschlechtliche wie regionale Ortsbestimmungen erhielten vor dem zeitgeschichtlichen Hintergrund postkolonialer wie sozialer Bewegungen neue Legitimität; sie wurden als »Kulturen« mit eigenständigem Existenzrecht und als eine weltweite Vielfalt von Praxissystemen anerkannt. Daraus entwickelten sich wichtige kulturelle Emanzipationspotentiale im Sinne der Anerkennung »multikultureller« Grund- und Selbstbestimmungsrechte für Individuen wie für Gruppen – kulturelle »Menschenrech-

---

17 Vgl. Bohman (1997, S. 927 ff.).
18 Beck (1996).
19 Hannerz (1992).

te«. Aber es entstanden und entstehen daraus zugleich eben auch Repräsentations- und Legitimationsstrategien, die zur »Fundamentalisierung« kultureller Wertesysteme und Praxen neigen: zur Aufkündigung jeder Verhandlungsbereitschaft über andere Vorstellungen von Sprache, Volk, Nation, Religion oder »Welt«.[20] Kultur als etwas homogen Gedachtes, als Abgrenzbares, als Gemeinschaft, als Ausschlussmechanismus, Kultur also als hermetisches Vergemeinschaftungsmodell von Gesellschaft missbraucht: Diese repressive Auffassung von Kultur führt in die Irre, zu jener oberflächlichen Vorstellung eines »Kampfes der Kulturen«.[21] Sie muss gebrochen und der Blick stattdessen wieder geöffnet werden für Diskurse und Praxen, die das Prinzip der »Aushandlung« und der »Mehrstimmigkeit« ins Zentrum rücken. Dies setzt wiederum ein Funktionieren von »Öffentlichkeiten« als kulturellen wie politischen Praxismodellen voraus, wenn auch nicht mehr im Habermas'schen Habitus des »gebildeten Publikums«. Öffentlichkeit muss hier vielmehr den Drahtseilakt bewältigen, eine universelle »zivile« Struktur einerseits und eine spezielle »lokale« Praxis andererseits im Gleichgewicht zu halten, ohne in Info-Globalismus oder Werte-Lokalismus abzustürzen.

So steht die Frage nach künftigen Vorstellungen einer »Kultur der Öffentlichkeit« in unseren Gesellschaften heute noch unter zwei zentralen Bedenken und Vorbehalten: Zum einen scheinen Kommerzialisierung und Medialisierung die kritische Fähigkeit unserer Gesellschaften zu Reflexion und Selbstreflexion zu ersticken, zum anderen befürchten wir eine Universalisierung und Globalisierung der Kommunikationsinhalte wie der Kommunikationsstile, also einen negativen Kosmopolitismus in der Kultur. Und sicherlich ist zunächst auch richtig, dass in den letzten Jahrzehnten eine dramatische Kommerzialisierung von Kultur und Publikum erfolgt ist und damit auch der öffentlichen Kommunikation, die dadurch ihre Schärfe, ihren kritischen Gehalt und ihre Fähigkeit zur Selbstdistanz zu verlieren scheint. Wenn das Publikum selbst zum Veranstal-

tungsprodukt wird, wenn Infotainment nur passive Rollen anbietet, wenn die Medienkultur nur noch spaßgesellschaftliche Züge trägt, denn scheint endgültig die Zeit einer Einwegkommunikation angebrochen, die nurmehr ihrer Form nach »öffentlich« ist. Zugleich jedoch und gegen diesen nicht neuen kulturpessimistischen Deutungsgestus bleibt das Faktum bestehen, dass die Kommerzialisierung von Kultur und Publikum bis heute eben auch eine Ausweitung von verfügbaren Wissensressourcen und eine Verbreitung von Sinnpotentialen bedeutet, die in dieser Breite neu in der Geschichte sind. Wenn es gelingt, diese neue Qualität und Quantität zugänglich und diskursiv zu gestalten und zu halten, dann wird jene Erkenntnis noch wichtiger, wonach es bislang noch keinem politischen wie medialen Regime gelungen ist, die Aufnahme und Deutung von medial vermittelten Informations- und Wissensstoffen auch medial »total« zu kontrollieren und zu lenken – nicht einmal dem Nationalsozialismus.

Die Mahnung sollte nicht überhört werden: »Weil die Massenproduktionen absolut um ein Vielfaches wachsen, gerät das Wachstum kultureller Kreativität aus dem Blick.«[22] Für diese unkontrollierbare Kreativität, die sich aus dem Umgang mit und der Aneignung von medialen Bildern und Formen ergibt, sind gewiss auch nach wie vor jene kulturellen »Anreger« von großer Bedeutung, die wir bereits aus der historischen Konstitutionsphase der »bürgerlichen Öffentlichkeit« kennen. Konzepte und Botschaften von Kunst, Literatur und medialer Kommunikation haben immer und in hohem Maße neben der Schaffung von kulturellen Konventionen und Werten auch Grenzüberschreitungen und Mauerdurchbrüche bedeutet, indem sie provozierten, in Frage stellten, neue Perspektiven und Horizontlinien zu entdecken versuchten. Dies gilt auch und gerade für Zeiten einer »Multimediakultur«, die längst in alltägliche und individuelle Praxen hineinwirkt und dort eben in der Tat auch »kreativ« aufgenommen und weiterentwickelt wird. Wer sich etwa Interneträume und -galerien anschaut, wird eben nicht nur legionenhafte Dokumente seichter Unterhaltungsbedürfnisse vorfinden, sondern auch originelle und durchaus kritische Kommentierungen und Umarbeitungen selbst dümmlichster Kommerz- und Konsumangebote.

---

20 Taylor (1993).
21 Huntington (1996).
22 Münch (1998, S. 63).

Auch die zweite Befürchtung braucht nicht ganz ohne hoffnungsvolle Hinweise und Antworten stehen zu bleiben. Zwar ist die Tendenz zur Universalisierung der Medienangebote und Öffentlichkeitsstrukturen unübersehbar, die sich in vielen Hinsichten auch einfach als kulturelle »Uniformierung« beschreiben lässt: dieselben Formate, dieselbe Ästhetik, derselbe Sprech- und Bildrhythmus, dieselben Inhalte. Und natürlich verstärkt die Medien-Moderne auch die Tendenz zu partikularen Öffentlichkeitspraxen und Öffentlichkeitsformen. Der Diskurs führt nicht mehr in eine vermeintliche Mitte, in der Politik und Handlung vorgesehen, in der staatliches Handeln also etwa kritisch »öffentlich« zu kommentieren wäre, sondern die Publika werden zahllos und begeben sich mit den Politikern an die Ränder der elektronisch organisierten öffentlichen Bühnen. Wo Talkshow dominiert, vermag natürlich auch Kritik viel weniger gebündelt aufzutreten und ins Zentrum vorzustoßen. Dies ist gewiss auch ein Grund dafür, dass sich zu den großen »Ratschlägen« der Globalisierungspolitiker, die als Event organisiert werden, dann auch die Globalisierungsgegner in Massen einfinden. Denn hier bietet sich eine der wenigen Gelegenheiten, an einem zentralen »Ort« Gegenpositionen und Gegenpolitik symbolisch zu inszenieren – gegebenenfalls auch in der Dynamik einer Gewaltspirale beider Seiten wie jüngst in Genua.

Dennoch versucht das Wort von der »Glokalisierung« auch hier Gegentrends zu erkennen. Zum einen wird damit darauf verwiesen, dass es immer noch und wesentlich *lokale* und *regionale* Bedeutungs- und Praxisgewebe im Kulturellen sind, die »Verstehen« ermöglichen und ohne deren Einbeziehung »globale« Informationen, Bilder und Sehweisen unübersetzbar blieben. Der lebensweltliche Bezug bleibt also durchaus auch als ein äußeres, also »öffentliches« Netz von sozialen und kulturellen Beziehungen und Bedeutungen erhalten, wird keineswegs einfach von »globalen« Formen und Modi verdrängt. Auf der anderen Seite ist mit diesem Stichwort eine Gegenhaltung und Gegenbewegung angesprochen, die als Reaktion auf die vermeintlich globale Entgrenzung und Enteignung des »Eigenen« bewusste Gegenstrategien der Rückbesinnung auf Lokales und Regionales entwirft. Dieses »Eigene« wird stets kulturell und meist auch räumlich gedacht und bietet so einen kognitiven wie emotionalen Gegenhorizont. Damit wird deutlich, dass auch die Globalisierung und der von ihr und über sie geführte Diskurs *selbst* wiederum Regionalisierungs- und Lokalisierungsimpulse produzieren, dass sie also stets zugleich Motor der eigenen Entwicklung wie von Gegenentwicklungen sind. Dies kennen wir bereits aus der Kulturgeschichte des 19. und 20. Jahrhunderts, wo viele kulturelle Phänomene, die wir heute kurzerhand als »Traditionen« beschreiben, gerade deshalb oft bewahrt und revitalisiert wurden, weil sie zu verschwinden schienen oder verboten werden sollten. Durch »die Moderne« wurden sie zum Teil der Moderne.

Wenn heute also bereits über »globale Öffentlichkeit« geredet wird und wenn damit nicht nur ganz vordergründig und kurzatmig eine globale Medieninfrastruktur eher technischen Zuschnitts gemeint sein soll, dann ist diesen Pfaden und Entwicklungen weiter nachzugehen: der Vorstellung pluraler Öffentlichkeiten, die sich der Medien bedienen, um sich zu entfalten und sich auch wieder neu zu zentrieren; der Idee von »Zivilgesellschaft«, die sich dem Austausch von Menschen- und Gesellschaftsbildern verschreibt; dem Prinzip der »reflexiven« und »selbstreflexiven« Öffentlichkeitspraxis, die sich selbstkritisch zu hinterfragen und daraus politisch zu positionieren in der Lage ist; dem Konzept »multikultureller« und »interkultureller« Öffentlichkeitsfiguren, die sich eben nicht nur in eurozentrischer Enge vorstellen lassen, sondern vielmehr in einer Breite und Vielfalt der Ansätze, wie sie sich historisch etwa auch in islamischen Religionen, in indischen Rechtsvorstellungen oder in konfuzianischer Philosophie finden lassen; schließlich einem Kulturverständnis, das den Individuen plurale Identitätsvorstellungen und -praxen erlaubt, jenseits ethnischer wie ethischer Fundamentalismen. Jedenfalls wird die Vorstellung von »Öffentlichkeit« sich nicht auf einen mechanischen Fluss von globalen Informationsmengen in medialen Kommunikationsnetzen beschränken dürfen. Sie wird vielmehr auf einer öffentlichen Kultur des Ortes, des Raumes und des Erfahrungs- und Interessenaustausches beharren müssen, wenn »Gesellschaft« künftig nicht nur amorphe Menschen- und Datenaggregation bedeuten soll.

Literatur

ADORNO, THEODOR W. (1970), *Gesammelte Schriften Bd. 8*, Frankfurt/M.: Suhrkamp. ▪ ARIES, PHILIPPE / DUBY, GEORGE (1989ff.) (Hg.), *Geschichte des privaten Lebens*, 5 Bände, Frankfurt/M.: Fischer. ▪ BAUDRILLARD, JEAN (1998), *Kool Killer oder der Aufstand der Zeichen*, Berlin: Merve Verlag. ▪ BECK, ULRICH u.a. (1996), *Reflexive Modernisierung*. Frankfurt/M.: Suhrkamp. ▪ BENJAMIN, WALTER (1973⁶), *Das Kunstwerk im Zeitalter seiner technischen Reproduzierbarkeit*, Frankfurt/M.: Suhrkamp. ▪ BERG, EBERHARD / FUCHS, MARTIN (1997) (Hg.), *Kultur, soziale Praxis, Text. Die Krise der ethnographischen Repräsentation*, Frankfurt/M.: Suhrkamp. ▪ BOHMAN, JAMES (1997), »Pluralismus, Kulturspezifität und kosmopolitische Öffentlichkeit im Zeitalter der Globalisierung«, in: *Deutsche Zeitschrift für Philosophie*, 45, S.927–941. ▪ BOURDIEU, PIERRE (1982), *Die feinen Unterschiede*, Frankfurt/M.: Suhrkamp. ▪ CALHOUN, CRAIG (1992) (Hg.), *Habermas and the Public Sphere*, Cambridge/Mass.:MIT Press. ▪ CHATTERJEE, PARTHA (1990), »A Response to Taylor's ›Modes of Civil Society‹«, in: *Public Culture*, 3, S.119–134. ▪ ENZENSBERGER, HANS MAGNUS (1970), »Baukasten zu einer Medientheorie«, in: *Kursbuch*, 20, S.159–186. ▪ GARBER, JÖRN (1992), *Spätabsolutismus und bürgerliche Gesellschaft*, Frankfurt/M.: Keip. ▪ GEERTZ, CLIFFORD (1987*), Dichte Beschreibung. Beiträge zum Verstehen kultureller Systeme*, Frankfurt/M.: Suhrkamp. ▪ HABERMAS, JÜRGEN (1990 [1961]), *Strukturwandel der Öffentlichkeit*, Frankfurt/M.: Luchterhand. ▪ HABERMAS, JÜRGEN (1997 [1991]), *Faktizität und Geltung*, Frankfurt/M.: Suhrkamp. ▪ HALL, STUART u.a. (1980) (Hg.), *Culture, Media, Language*, London: Routledge. ▪ HANNERZ, ULF (1992), *Cultural Complexity: studies in the social organization of meaning*, New York: Columbia Press. ▪ HOHENDAHL, PETER UWE (2000) (Hg.), *Öffentlichkeit. Geschichte eines kritischen Begriffs*, Stuttgart/Weimar: Metzler. ▪ HÖLSCHER, LUCIAN (1978), »Öffentlichkeit«, in: Otto Brunner u.a. (Hg.): *Geschichtliche Grundbegriffe Bd. 4*, Stuttgart: Klett-Cotta, S. 413–467. ▪ HUNTINGTON, SAMUEL P. (1996), *Der Kampf der Kulturen: Die Neugestaltung der Weltpolitik im 21. Jahrhundert*, München u.a.: Europaverlag. ▪ KASCHUBA, WOLFGANG (1988), »Deutsche Bürgerlichkeit nach 1800. Kultur als symbolische Praxis«, in : Jürgen Kocka (Hg.), *Bürgertum im 19. Jahrhundert*, München: Deutscher Taschenbuchverlag, S. 9–44. ▪ KOSELLECK, REINHART (1985), *Vergangene Zukunft. Zur Semantik geschichtlicher Zeiten*, Frankfurt/M.: Suhrkamp. ▪ LUHMANN, NIKLAS (1975), *Politische Planung: Aufsätze zur Soziologie von Politik und Verwaltung*, Opladen: Westdeutscher Verlag. ▪ MARESCH, RUDOLF (1996), »Mediatisierung. Dispositiv der Öffentlichkeiten 1800/2000«, in: Maresch, Rudolf (Hg.), *Medien und Öffentlichkeit*, München: Boer. ▪ MÜNCH, RICHARD (1998), »Kulturkritik und Medien – Kulturkommunikation«, in: Ulrich Saxer (Hg.), *Medien-Kommunikation* (= Sonderheft 2 von PUBLIZISTIK), S. 55–66. ▪ NEGT, OSKAR / KLUGE, ALEXANDER (1972), *Öffentlichkeit und Erfahrung*, Frankfurt/M.: Suhrkamp. ▪ SENNETT, RICHARD (1983), *Verfall und Ende des öffentlichen Lebens*, Frankfurt/M.: Fischer. ▪ TAYLOR, CHARLES (1993), *Multikulturalismus und die Politik der Anerkennung*, Frankfurt/M.: Fischer. ▪ WALZER, MICHAEL (1993), *Zivile Gesellschaft und amerikanische Demokratie*, Frankfurt/M.: Fischer.

3 Handlung

3.1 Kultur als Praxis

Karl H. Hörning

Immer deutlicher äußerte sich im letzten Jahrzehnt das Unbehagen an einer einseitigen Fassung des Begriffs »Kultur« als ein kollektives Sinnsystem, als ein symbolischer Code oder als ein lesbarer Text. Immer häufiger findet sich die Forderung, Kultur in ihrem praktischen Einsatz, das kulturelle Geschehen in seinem lebenspraktischen Zusammenhang, statt als tragendes Zeichensystem zu analysieren.[1] Aus dieser Sicht suchen wir das Kulturelle des Lebens nicht so sehr in abgehobenen Bedeutungs- und Sinnstrukturen, sondern vielmehr in der Pragmatik der Kultur, d. h. in den sozialen Praktiken, die mit einer gewissen Beständigkeit und Kompetenz ausgeführt werden und in denen kulturelle Vorannahmen und Wissensbestände eine große Rolle spielen. Dann treten Fragen nach der praktischen Hereinnahme, der Wirkkraft und der Reproduktion von Kultur in den Vordergrund. Aber auch die »Verunreinigungen« von Kultur durch deren Vermischung mit der Kontingenz menschlicher Lebenspraxis kommen in den Blick. Überhaupt ist das »Praxisparadigma« der Meinung, dass sich Kultur nur in ihren Verarbeitungsformen wirklich »dingfest«, d. h. sichtbar, aufzeigbar, nachweisbar, nachvollziehbar machen lässt. Interessant sind aus dieser Sicht weniger die Fragen nach der Autonomie und Qualität der symbolischen Sinn- und Zeichenmuster, sondern die nach deren Einsatz- und Rückwirkungsformen im Zuge ihrer lebenspraktischen »Vereinnahmung«.

1. Über die »kulturelle Wende« hinaus

Sinn- und Bedeutungssysteme existieren nicht unabhängig von einem Geflecht von Praktiken, die sie in Gang halten, reproduzieren und sie dabei auch transformieren. Ihre Relevanz, ihre Rolle als »Überbringer« von Bedeutung gewinnen Symbole erst durch ihre Verwicklung in entsprechende Diskurse und Handlungsabläufe. Aber nur unter recht eingeschränkten Bedingungen können wir davon ausgehen, dass diese Bedeutungen bei ihrem sozialen Einsatz in gleichgerichteter Weise wirken, als dieselbe Bedeutung »überleben«. Eine Praxisperspektive geht davon keinesfalls generell aus. Aber eine kluge Praxisperspektive geht auch nicht prinzipiell von der Vorherrschaft der Praxis aus, weiß sie doch viel zu gut von der möglichen durchschlagenden Wirkung symbolischer Systeme, die weit über bestimmte Praxiskonstellationen bzw. Gesellschaften hinausgreifen und kulturelle Macht ausüben können.

Eine *Pragmatik der Kultur* hat vor allem mit drei Fragen zu tun:

1) Zu was führt Kultur in der Praxis, wie gelangt sie dahin, wie arbeitet sie sich dort ein, wie wirkt sie sich aus, wie wird sie dabei selbst in die »Mangel genommen«?

2) Zu was führt Praxis in der Kultur, welche (Rück)Wirkungen hat eine praktizierte Kultur bzw. eine kulturdurchdrungene Praxis auf die Sinn- und Bedeutungsqualität der Symbol- und Zeichenschemata? Welchem ständigen Veränderungsprozess werden die symbolischen Codierungen durch den »Strom« an praktischen Rückgriffen auf sie unterworfen?

3) Wer oder was vermittelt relativ dauerhaft zwischen kultureller Symbolik und Repräsentation und einer Ordnung der Praxis, die in ausdifferenzierten

---

1 So etwa Bonnell und Hunt (1999, S. 26) in der Einleitung zu dem von ihnen herausgegebenen Sammelband. Dort plädieren sie, über den »cultural turn« hinauszugehen, da dieser allzu oft mit dem auf das Sinnverstehen gerichteten »interpretive turn« oder gar mit dem »linguistic turn« gleichgesetzt wird. Siehe hierzu auch Reckwitz (2000 a, S. 15–47).

Gesellschaften nur schwer »einzufangen« ist? Welche relative Autonomie »räumen« sich beide wechselseitig »ein«?

Dies sind schwierige Fragen, die im folgenden keineswegs alle beantwortet werden können. Aber wenn wir uns diese Fragen stellen, dann suchen wir das Kulturelle des Lebens nicht in einer spezifisch abgehobenen und gereinigten »Logik« von Symbolen, Codes oder Texten, sondern in einer kulturell grundierten Praxis, die voller Routinen, aber auch kontingenter Problemlagen ist, die den expliziten oder impliziten Rückgriff auf kulturelle Repertoires provozieren. Dabei müssen wir aber auch immer wieder fragen, wie die kulturellen Schemata trotz ihrer »Verunreinigung« und ihres »Verschleißes« im praktischen Einsatz dennoch immer wieder stabilisiert und restrukturiert werden, wie sich dennoch kulturelle Konstanz und Resistenz erhält.[2]

Auch wenn wir »Kultur als Praxis« gegen eine vereinseitigende Auffassung von Kultur als System von Symbolen und Bedeutungen setzen, so haben wir doch genug aus der Geschichte der Soziologie gelernt, in deren Verlauf Kultur allzu oft durch das Soziale oder die Gesellschaft vereinnahmt wurde und »verschwand« bzw. als ästhetischer Dekor oder als Hochkultur an den Rand der Gesellschaftsanalysen geschoben wurde. So gilt es auf jeden Fall, das Verhältnis von Sinnschemata und Praxis offen zu halten, um nicht das Kulturelle durch das Soziale zu »ersetzen«.

Gleichermaßen gilt es aber auch den weit verbreiteten *kulturalistischen Fehlschluss* zu vermeiden, der Kulturanalysen praxisblind macht. Dann erscheint die Welt nicht nur geprägt von kulturellen Modellen, die die Welt definieren und interpretieren, sondern sie begründen, wenn nicht sogar generieren. In solchen Kulturtheorien konstruiert Kultur nicht nur das menschliche Selbst, das handelt, sondern auch die Bedingungen, unter denen das Selbst und die Welt verstanden werden.[3] Dann lebt der Mensch in einem von ihm geschaffenen kulturellen Universum, und alle Wirklichkeit ist ein System von Bedeutungen und Bezeichnungen, und seine Wahrnehmung von Wirklichkeit und sein Wirken in ihr bezieht sich allein auf das kulturelle System, dem er angehört. Gerade in seiner semiotischen Fassung übersieht der Kulturalismus die pragmatische Dimension des Umgangs, des Gebrauchs, des ständigen Wieder- und Neu-Hervorbringens. In bestimmten, recht eingeschränkten Fällen mag es ja eine völlige Übereinstimmung des Selbst des Akteurs mit der kollektiven Deutung, auf die er zugreift, geben, aber nicht nur sprechen wir heute von multiplen Identitäten, sondern auch von kulturellen Uneindeutigkeiten und hybriden Kulturmischungen. Zwar kommen auch heute viele Kulturen nicht ohne ein bestimmtes partikulares Wertsystem und eine bestimmte partikulare Weltdeutung aus, diese sind aber weniger als kulturelle »Imprints« zu sehen, die Realitäten konstruieren, sondern eher als Ressourcen zur Lebens- und Problembewältigung, die keinesfalls allgegenwärtige Relevanzen besitzen. Oft sind derartige kulturelle Modelle in sich eminent widersprüchlich und/oder lassen sich nur schwer mit den alltagspraktischen Erfahrungen in Übereinstimmung bringen. Dann überwiegen Erfahrungen der Konfusion und der Ambivalenz oder gar der ironischen Distanz.

Vor diesem Hintergrund ist die massive Kritik zu verstehen, der die bis in die späten 1980er Jahre weithin vorherrschende Form der Kulturanalyse, die Kulturanthropologie von Clifford Geertz, inzwischen ausgesetzt ist. Ihr zentrales Interesse ist auf Fragen der Bedeutung und ihrer Symbolisierung gerichtet. Symbole sind für Geertz Vehikel, Modelle, öffentliche Texte, die die kollektiven Bedeutungs- und Sinnmuster einer Kultur fixieren und aufbewahren. Geertz greift dabei auf Ricœurs hermeneutische Metapher vom »Handeln als Text« zurück und versteht analog Kultur als »Montage«, als Gewebe von Texten.[4] Doch dabei sieht er keine

---

2 Vgl. hierzu ganz ausgezeichnet Sewell (1999, S. 48–52) in seiner Betonung des wechselseitigen Verhältnisses von Kultur und Praxis.

3 Hierzu klassisch ein Zitat aus Geertz' Beitrag (1973, S. 52), der nicht in die deutsche Fassung der »Dichten Beschreibung« (1983 a) übernommen wurde: »Becoming human is becoming individual, and we become individual under the guidance of cultural patterns, historically created systems of meaning in terms of which we give form, order, point, and direction to our lives.«

4 Vgl. Geertz (1983 a, insbes. S. 253). Schon früh kritisierte Schneider (1987) die Textmetaphorik bei Geertz. Dennoch hat sich die Vorstellung von »Kultur als Text« in den Kulturwissenschaften inzwischen weit verbreitet. Vgl. hierzu die Kritik von Hörning (1999) an derartigen Tendenzen in den »Cultural Studies.«

unterschiedlichen, widersprüchlichen, unentschiedenen »Lesarten« dieser Texte vor. Ihn interessiert an »Kultur« das Gewebe, nicht das Weben, der Text, nicht der Prozess des Aufschreibens und Lesens, die Struktur, nicht die Geschichte. Um zu verstehen, warum Menschen das tun, was sie tun, reicht es aber nicht aus, die vorherrschenden kulturellen Konstrukte einer Gesellschaft zu erkennen, sondern genauso wichtig ist es, die Wege und Weisen zu analysieren, wie diese Konstrukte in die sozialen Handlungspraktiken der Menschen Eingang finden, vor allem wegen des polyphonen Charakters kultureller Realitäten.

Geertz' Kulturanalyse ist zu statisch; sie »naturalisiert« Kultur. Heute fragen wir nach den Prozessen des Hervorbringens, des Gebrauchens, während eine »Symbolistische Anthropologie« an den kompakten Bedeutungsstrukturen, nicht an den Verwicklungen, den Widersprüchen, Mystifikationen, den Vermittlungen, Reinterpretationen und Unbestimmtheiten interessiert ist. Eine so gefasste Kulturanalyse kann schlecht mit Kontingenzen umgehen, verschiebt diese allzu leicht ins Residuale. Doch Kontingenzen entstehen ständig innerhalb der Kontexte des kulturellen und sozialen Alltagslebens. Eine zu enge und starre Kulturanalyse kann die Widersprüche und Zweideutigkeiten von Kultur nicht genügend berücksichtigen. Dann werden die kulturellen Idiome (so lokal sie auch gefasst sein mögen)[5] zu sehr von Erfahrung und Praxis abstrahiert, wo es doch um das widersprüchliche Verhältnis von kulturellen Schemata und sozialer Praxis geht. Den damit zusammenhängenden Macht- und Konfliktverhältnissen schenkt Geertz zu wenig Aufmerksamkeit. Kulturelle Phänomene sind aber nicht nur sinngeladene Konstrukte in symbolischer Form. Symbolische Formen sind eingebettet in »historisch spezifische und sozial strukturierte Kontexte und Prozesse, innerhalb und mittels derer diese symbolischen Formen hervorgebracht, übermittelt und rezipiert werden«.[6]

Zu sehr ist Geertz um ein integriertes, einheitliches, kohärentes Bild der jeweils untersuchten Kultur bemüht – »Kultur« wird zu einem Substanzbegriff. Doch Symbole evozieren »multivocality, complexity of associations, ambiguity (and) open-endedness«.[7] Geertz sieht zwar, dass erst »durch den Fluss des Handelns, durch ihren Einsatz im sozialen Leben [...] kulturelle Formen ihren Ausdruck«[8] finden, doch seine kulturellen »Texte« legen die Bedeutungen zu fest, machen sie zu »real«; dann wird der bedeutungshervorbringenden und -erschließenden, aber auch -unterlaufenden und -irritierenden Qualität der sozialen Praxis des Handelns zu wenig Platz eingeräumt. Deshalb entfalte ich im folgenden einen praxistheoretisch informierten Kulturansatz.

2. Pragmatik der Kultur

Wenn wir Kultur als praktische Aktivität sehen, mit all den Machtauseinandersetzungen, Widersprüchen, Sinnfragmentierungen und Bedeutungsverschiebungen, dann bringen wir zwar Kultur kräftig in Bewegung: Je praktischer Kultur wird, desto weniger »versöhnlich« ist sie, desto weniger integrativ wirkt sie als »Kitt«. Aber wir handeln uns mit der Betonung der Pragmatik von Kultur ein neues Problem ein: Was ist das »Praktische«? *Was sind soziale Praktiken?*

Erst einmal begründen soziale Praktiken eine bestimmte Handlungsnormalität im Alltag. Unter »sozialer Praxis« wird üblicherweise das Ingangsetzen und Ausführen von Handlungsweisen verstanden, die in relativ routinisierten Formen verlaufen. Nicht jede Hantierung, nicht jedes Tun ist schon Praxis. Durch häufiges und regelmäßiges Miteinandertun bilden sich gemeinsame Handlungsgepflogenheiten heraus, die sich zu kollektiven Handlungsmustern und Handlungsstilen verdichten und so bestimmte Handlungszüge sozial erwartbar werden lassen. Im letzten Jahrzehnt trat dabei immer stärker die von Unbestimmtheiten und Ambivalenzen geprägte Situativität sozialer Praxis in den Vordergrund, gerichtet gegen alle Praxistheorien, die explizit oder implizit soziale Praxis zu einer von den vorherrschenden gesellschaftlichen bzw. politisch-ökonomischen Strukturvorgaben mehr

---

5 Vgl. hierzu insbes. Geertz (1983 b).
6 Thompson (1990, S. 135).
7 Turner (1975, S. 155).
8 Geertz (1983 a, S. 25).

oder weniger eindeutig bestimmten Verhaltensform einschränken.

Was hier und im folgenden »Theorie sozialer Praktiken« oder knapp »Praxistheorie« genannt wird, ist nicht so sehr eine Theorie, sondern eher ein Bündel von Ansätzen, die eine soziale Praxisperspektive einnehmen und diese theoretisch auszuarbeiten suchen. In der Soziologie bildete sich dieser theoretische Praxisbezug vor allem unter dem Einfluss von Bourdieu[9] und Giddens[10] heraus, die vom späten Wittgenstein[11] und der Ethnomethodologie[12] beeinflusst wurden; auch Einflüsse des Pragmatismus und des frühen Heideggers sind wirksam. Der Begriff der Praxis hat in den letzten 150 Jahren viele Denker und Forscher fasziniert, viele Polemiken hervorgerufen und insbesondere im Historischen Materialismus praxisphilosophischer Autoren, etwa der sog. »Budapester Schule«, seine objektivistische Verkürzung erfahren.[13] Immer wieder wurde dabei »Praxis« sehr eng an vorherrschende Gesellschaftsstrukturen, Klassenverhältnisse oder Normstrukturen gebunden, so dass die Praxis kein eigenständiges »Leben« entwickeln konnte.

9 Vgl. insbes. Bourdieu (1976, S. 139–202).
10 Vgl. insbes. Giddens (1988, S. 51–90).
11 Vgl. zu einer Formulierung einer Praxistheorie in Wittgensteinscher Tradition: Schatzki (1996).
12 Vgl. hierzu Garfinkel (1967).
13 Vgl. hierzu beispielsweise das 1. Kapitel von Bernstein (1971); dieses Kapitel zum Begriff der Praxis im Marxismus ist in der deutschen Übersetzung (Bernstein 1975) nicht enthalten.
14 Zur »Praxiswende« vgl. einen ersten Konferenzband gleichen Titels: Schatzki/Knorr Cetina/Savigny (2001).
15 Vgl. vor allem Hannah Arendts (1981, S. 314, 288) heftige Kritik an der modernen »Praxisvergessenheit«, die praktisches Handeln allzu selbstverständlich mit Herstellen gleichsetzt und so dem »herstellenden Fabrizieren den Primat unter den menschlichen Tätigkeiten zuweist«. Im Gegensatz zum Herstellen, dessen Zweck *außerhalb* des Tuns, eben im Hergestellten liegt, ist Praxis für sie ein Tun, dessen Zweck im *Vollzug* des Tuns selbst verwirklicht wird, eine nach Aristoteles »tätig verwirklichte Wirklichkeit«.
16 Vgl. hierzu etwa ausführlich Reckwitz (2000 a, S. 91–128).
17 Webers Soziologie behandelt »das Einzelindividuum und sein Handeln als unterste Einheit«, aber auch nach »oben zu« ist für ihn der Einzelne »die Grenze und der einzige Träger sinnhaften Sichverhaltens« (Weber, 1968, S. 439).

An der heutigen praxistheoretischen Diskussion in der Soziologie interessiert vor allem die These, dass das meiste, was Menschen tun, Teil bestimmter sozialer Praktiken ist und nicht jeweils intentionalem Handeln entspringt. Soziales Leben ist dann ein Geflecht eng miteinander verbundener Handlungspraktiken, in deren Vollzug die Handelnden nicht nur Routinen einüben und Gebrauchswissen erlangen, sondern auch Einblick in und Verständnis für die Mithandelnden und die Sachwelt gewinnen, und sich so allmählich und weithin unthematisch gemeinsame Handlungskriterien und Beurteilungsmaßstäbe herausbilden. Bourdieu und Giddens sind beide der Meinung, dass derartige soziale Praktiken ontologisch grundlegender sind als die je einzeln ansetzenden Handlungen der Individuen.

Damit distanzieren sich Praxistheorien von der recht üblichen Gleichsetzung mit *Handlungstheorien*. »Soziale Praxis« ist nicht einfach ein anderer Ausdruck für »soziales Handeln«. Die »Praxiswende«[14] versucht gerade der Engführung des menschlichen Handelns allein auf das tätige Herstellen, Bewirken, Hervorbringen von Sachverhalten zu entkommen.[15] Sie setzt dagegen einen weiteren Begriff der Lebenspraxis, der sich nicht im Zweck-Mittel-Modell erschöpft. Denn das Standardverständnis »sozialen Handelns« bezieht sich seit Max Weber auf intentionales und zielgerichtetes Handeln.[16] Gegenüber »bloßem« Verhalten ist für ihn »Handeln« motiviertes, gezieltes, intendiertes, beabsichtigtes, kontrolliertes, bewusstes und bewertetes Verhalten. Das zentrale Merkmal der Intentionalität umfasst dabei nicht nur die Absicht des Einzelnen, Ziele und Zwecke möglichst rational zu realisieren (homo oeconomicus), sondern auch die Absicht des Einzelnen, sich im Handeln an vorherrschenden Werten und Normen zu orientieren und sein Handeln danach auszurichten (homo sociologicus).

Handeln ist diesem Verständnis nach ein intentionales Verhalten von einer oder mehreren *einzelnen* Personen, nur diese können »verständliche Träger von sinnhaft orientiertem Handeln sein« (Weber). Wesentlich ist dabei, dass das handelnde Individuum als eine gegenüber seinen Sinnsetzungen selbständige und vorgängige Instanz gedacht wird, als Urheber, Autor dieser Setzungen.[17] Auch wenn das soziale Handeln noch so sehr in soziale Kontexte eingebettet ist und sich kulturellen Traditionen oder dominanten Normen und Werten fügt, so bleibt doch die Autorenschaft immer beim einzelnen Handelnden. Dieses »Rätsel der Intentionalität« machte der Soziologie von Anfang an schwer zu schaffen. Was sind die Voraussetzungen von zweck- und wertorientiertem Handeln? Wie kommen Handelnde dazu, bestimmte Ziele anzustreben und andere nicht? Wie kommen Handelnde dazu, ihre Handlungsziele so und nicht anders zu definieren?

Die vorherrschenden Handlungserklärungen »lösen« das Problem *erstens* über die »Präferenzen« der Handelnden, die die Entscheidungen der Akteure anleiten und die darüber Aufschluss geben sollen, welche Handlungsalternativen im Wahlakt am ehesten den Motiven, Erwartungen und Zielsetzungen der Akteure entsprechen und deshalb ausgewählt werden. Ein solches »Hamlet-Modell« setzt voraus, dass unsere Handlungen weithin bewusst und sorgfältig abwägenden Entscheidungen entspringen; nach den historischen, sozialen oder kulturellen Quellen derart verfestigter Präferenzen fragt es nicht. Aber Präferenzen sind kein außergesellschaftliches Phänomen, wie vor allem Bourdieu betont.[18] Für ihn sind die Ziele und Präferenzen der individuellen Akteure Ausfluss einer bestimmten sozialen und kulturellen »Ausstattung« (Habitus), in deren Dienst sich die Akteure mit ihren eingesetzten Strategien stellen. Auch das Individuum selbst ist kein außergesellschaftliches Phänomen, eher historisch kontingent, Resultat diverser Enttraditionalisierungs- und Individualisierungsprozesse, die es zwar von der engen Vereinnahmung durch Familie, Verwandtschaft, Militär, Bürokratie »befreiten«, es aber abhängig von institutionellen Absicherungen und ideologischen Stilisierungen machten. Kulturtheoretische und institutionalistische Strömungen innerhalb der Soziologie haben immer wieder gegen die theoretische Überhöhung des Individuums und dessen unhinterfragte Einräumung eines Sonderstatus im Erklärungshaushalt argumentiert.

Die zentralen Begriffe zur »Lösung« des Problems waren seit Max Weber *zweitens* Werte, Normen, Regeln, Deutungsmuster, »Weltanschauungen«. Als kollektive Sinnmuster leiten sie das Handeln an, auf sie richten sich die Akteure aus, sie fungieren als »Weichensteller« (Weber), die das Handeln in eine bestimmte Richtung lenken. Vor allem prominent wurde das wertorientierte Handlungsmodell durch Talcott Parsons, für den verinnerlichte Wertkomplexe im Akteur als normative Verpflichtungen wirken, die ihn kraft »Selbstzwangs« dazu bringen, bestimmte Ziele zu verfolgen und andere nicht, bestimmte Ziele als sozial geboten oder nicht auszusondern.[19] Doch immer wieder trat und tritt die Schwierigkeit auf, solche kollektiven Wertmuster in den »Köpfen« der einzelnen Akteure wiederzufinden bzw. überhaupt die Verbindung zwischen Werten und Handlungen aufzuzeigen. Entwickeln die kollektiven Wert- und Normkomplexe wirklich die verpflichtende Wirkung im einzelnen Handelnden? Die kognitiven, sozialen und kulturellen Voraussetzungen dafür bleiben meist unklar.

Beide Modelle der Handlungserklärung, das zweck- und das normorientierte Modell, sind ungenügend. Weder Handeln als rationale Entscheidung noch Handeln als Resultat normativer Verpflichtungen decken im mindesten das Spektrum ab, das menschliche Handlungspraxis ausmacht. Beide greifen nur in bestimmten Handlungsfällen: Nicht alles Handeln ist rational kalkuliert, eigensüchtig, nutzenorientiert, wie uns ein sozial und kulturell unterkomplexes Zweck-Handlungsmodell anbietet. Nicht alles Handeln ist normativ so überformt und regelgeleitet, wie es normativistische Handlungsmodelle unterstellen. Ob überhaupt und wie die Normen und Regeln in das Bewusstsein der individuellen Akteure gelangen und dort ihr handlungsanleitendes Potential entfalten, bleibt immer wieder offen.

Praxistheorien gehen über derartige Handlungsmodelle weit hinaus. Dabei gehen sie das Problem in drei Schritten an:[20]

Zum *einen* bewegen sie sich erst einmal weg von dem, was im Bewusstsein der Akteure vorgeht, hin zu den Praktiken, verstanden als soziale Routinen und Gepflogenheiten, nicht als ständig neu und

---

18 Bourdieus Kritik findet sich in seinem zweiten theoretischen Hauptwerk »Sozialer Sinn. Kritik der theoretischen Vernunft« (1987, insbes. S. 87–96).

19 So setzt auch Parsons (1968, insbes. S. 76 f.) das Zweck-Mittel-Modell nicht außer Kraft.

20 Vgl. zum folgenden ausführlich Hörning (2001, S. 160–184).

bewusst eingesetzte Handlungsakte. Solche Praktiken sind eingespielte Handlungsprozeduren, die immer schon in einer mehr oder weniger vertrauten
Welt ablaufen. Erst in der Störung des Handlungsablaufs, wenn die Routinen nicht mehr greifen,
kommt es zu einer problemlösenden Haltung und
einem reflektierenden Bestimmen der Situation. Soziales Handeln ist übersubjektiv eingebettet in die
Routinen sozialer Interaktionszusammenhänge (Erziehungspraktiken, Praktiken der privaten Lebensführung, Zeitpraktiken, Kommunikationspraktiken,
Praktiken der Verhandlung, Arbeitspraktiken, Praktiken der politischen Debatte). Soziale Praktiken
koordinieren dieses Zusammenhandeln.[21]

In diesen Praktiken findet zum *zweiten* ein kollektives Bedeutungs- und Handlungswissen seinen
oft impliziten Ausdruck, wobei dieses Bedeutungs-
und Handlungswissen nicht mit der verbalisierten
Einsicht der Akteure in ihre soziale Welt gleichzusetzen ist. Solche kollektiven Wissensbestände
werden von den Praxistheorien als notwendige Voraussetzung gleichartiger Handlungsformen gesehen: Wenn bestimmte Praxiszüge zu unterschiedlichen Zeitpunkten und an unterschiedlichen Orten
relativ gleichförmig von Akteuren wiederholt, d. h.
wieder erzeugt werden, dann müssen dem bestimmte übersubjektive Wissens- und Bedeutungsbestände zu Grunde liegen. Indem Praktiken sozial
eingespielt sind, vermitteln sie den Teilnehmern
zudem Einblick und Einsicht in die ablaufenden
Handlungszusammenhänge und geben ihnen auch
bestimmte   interpretierende   und   bewertende
Maßstäbe an die Hand.

Zum *dritten* betonen Praxistheorien besonders
die Geschicklichkeit, die Kompetenz der Akteure
im Praxiszusammenhang. Erst durch diese finden
die kollektiven Wissens- und Bedeutungsbestände
überhaupt ihre Umsetzung bzw. ihren Ausdruck in
der Praxis, die sie in ihre Routinen und ihre sozialen
Erwartbarkeiten einspielt. Vieles von dem vollzieht
sich »wie von selbst«, und doch bedarf es bestimmter Fähigkeiten und Fertigkeiten, damit sich etwas
wiederholt. Diese Wiederholung ist aber nicht die
genaue Wiederherstellung des Vergangenen (man
kann nicht zweimal in den selben Fluss steigen),
sondern die *Wieder-Erzeugung* eines Zustands in
einer anderen Situation, zu einer anderen Zeit (jetzt
und nicht vorhin, heute und nicht gestern), an
einem anderen Ort (hier und nicht dort). Die Geschicklichkeit ist damit eher eine Kompetenz, sich
einer unbestimmten Zahl von Situationen in der
Zukunft zu öffnen. Wobei man sich später im einzelnen nicht mehr daran erinnert, wie man genau zu
dieser Fertigkeit gelangt ist. Routinisierung bringt
zwar Gleichartigkeit hervor, aber in der zeitlichen
Abfolge, in dem Vorher und Nachher, handelt es
sich dabei eher um die »Wiederkehr eines Unglei-
chen als eines Gleichen«.[22]

Während individualistische Theorien das Handeln aus den Eigenschaften (Ziele, Absichten, Stre-
bungen und andere mentale Charakteristika) der
Individuen herleiten, die sie ausführen, und gemeinsame Praktiken lediglich als kollektive Auf-
summierung von Einzelhandlungen betrachten,[23]
sehen Praxistheoretiker die einzelne Handlung als
Teil von kollektiven Handlungsgefügen, von gemeinsamen, sozialen Praxiszusammenhängen. Solche übersubjektiven Handlungskomplexe existieren
aber nur dann, wenn die sie konstituierenden
Handlungsweisen und Gepflogenheiten über räumliche und zeitliche Grenzen hinweg kontinuierlich
ausgeführt und in Gang gehalten werden. Damit
dies geschieht, müssen die Akteure mit einer bestimmten sozial instituierten Disposition (Bourdieus »Habitus«) bzw. einer bestimmten praktischen Fähigkeit des Handelnden (Giddens' »praktisches Bewusstsein«) ausgestattet sein, um so auf
die Handlungszüge anderer angemessen zu antworten, sich in das Geflecht einzuklinken und das passende Handeln auszuführen. Sowohl der »Habitus«
wie das »praktische Bewusstsein« sind als eine Art
Antwortdispositiv gefasst, eine Art »implizites Wissen«[24] von der Relevanz, Bedeutung und Geeignetheit bestimmter Handlungsweisen, das sich im Ak-

---

21 Nach George Herbert Meads Auffassung vom »social act« ist
   alles Handeln unvermeidlich sozial, da schon die Handlungsfähigkeit selbst sozial konstituiert ist und unser Zusammenhandeln keineswegs nur auf individuell zurechenbare, sondern auf irreduzibel soziale Güter zielt (Mead, 1968, S. 45).
22 Waldenfels (2001, S. 16).
23 So sieht Turner aus einer radikal-individualistischen Sicht
   gemeinsame Praktiken lediglich als »Bündel individueller
   Gewohnheiten«. Vgl. Turner (1994) und die Kritik bei Reckwitz (2000 b).
24 Vgl. Polanyis (1985, S. 14) einflussreiche These, »dass wir
   mehr wissen, als wir zu sagen wissen«.

teur durch soziale Einübung und Erfahrung im fortlaufenden Handlungsvollzug eingelebt hat.

Soziale Praktiken bilden damit gewissermaßen das Medium sozialer Bedeutsamkeit und Geeignetheit. Die Rolle einer Sache, eines Ereignisses oder einer Handlungsweise wird von den sozialen Praktiken her bestimmt, in deren Vollzug sich praktisches Handlungswissen und Kompetenzen ausbilden, um diesen Bedeutsamkeiten gerecht zu werden, d. h. etwas als normal, passend oder unangemessen für ein praktisches Vorhaben zu betrachten. Die »Bedeutung« einer Sache oder einer Tätigkeit ist also nicht etwas, was diesen vorab zugeschrieben worden ist, sondern erschließt sich erst aus den Umgangspraktiken und deren »innerer Geregeltheit« und wird erst in der in Wort und Sprache gefassten Auslegung zu einer reflektierten Erwartung an zukünftiges Handeln. Doch das meist unthematisch und unreflektiert wirkende praktische Wissen (Urteilsvermögen, Einsicht, Verständnis) lässt sich schwer im Detail in Worte fassen, niederschreiben, formulieren, programmieren.

Soziale Alltagspraktiken sind ein Komplex von vielfältigen Handlungssträngen und Prozeduren, eine Mischung von Handlungsmustern und Handlungsmodalitäten, wozu auch regelmäßiges »Unterlassungshandeln«, d. h. nicht-handeln, verschleppen, stören, »bremsen« gehören. Im einzelnen drücken sich solche kollektiven Handlungsmuster in bestimmten Gebrauchsweisen, Gepflogenheiten, Macharten und Umgangsstilen aus. Soziale Praktiken stützen sich auf Vorhandenes, auf *Repertoires*, denn wir beginnen nie von Grund auf. Praktiken sind fraglose Anwendungen von bereits bestehenden Möglichkeiten, sind wiederholte Aneignungen, sind immer wieder Realisierungen von bereits Vorhandenem. Aber zur gleichen Zeit müssen Praktiken auch produktiv gedacht werden, gesehen als eingespieltes In-Gang-Setzen von Verändertem, als neuartige Fortsetzung von Eingelebtem, als andersartige Hervorbringung von Vertrautem. Praktiken sind immer beides: Wiederholung *und* Neuerschließung. Wenn eine Handlungsreihe überraschend erfolgreich ist oder ein unvorhergesehener Fehlschlag eintritt, dann ist Nachdenken erforderlich und kreatives Handeln ist gefragt. Praktisches Leben ist eine kontinuierliche Mischung von Routine und Reflexion; alles Handeln ist dann reproduzierend

und transformierend. So eröffnen neues Wissen und neue Techniken ständig neue Weisen der Verwicklung mit der Welt. Dann wird das eingeschliffene praktische Wissen teilweise unangemessen und sieht sich konfrontiert mit den Kontingenzen neuer Problemstellungen und Antwortvorgaben. Andererseits nehmen Praxistheorien menschliches Routinehandeln ernst, ganz im Gegensatz zu den gängigen Handlungstheorien (wie die M. Webers und vieler anderer), in denen Routinehandeln als »unreflektiertes Alltagshandeln« eine Residualkategorie darstellt.

In Praxistheorien gewinnt die Person erst in den Spielräumen sozialer Praxis ein Verständnis von der Welt; dort macht sie Erfahrungen, erlangt ein praktisches Wissen, entwickelt Bearbeitungsfähigkeiten, stimmt sich (oft stillschweigend) mit anderen ab und erfährt so den latenten »Gemein-Sinn« gemeinsamen Handelns und Sprechens.[25] Nach solchen Theorien können wir nur insoweit über die Wirklichkeit der Welt wissen, sprechen und sie deuten, wie wir uns an ihr beteiligen, uns für sie interessieren, uns über sie aufregen, insofern wir in ihre Verhältnisse eingebunden, mit ihr verwickelt sind. Viele unserer Motive sind danach Ergebnisse unserer Handlungsweisen und nicht umgekehrt. Wir sprechen über Motive, weil wir handeln, wir handeln nicht, weil wir Motive haben. Es ist dann eher die ständig erschließende und formende Aktivität, die es zu erklären gilt.

3. Kultur als doppelseitiges Repertoire

Soziale Praktiken beeinflussen erheblich unsere Vorstellung von Wirklichkeit. Praxistheorien interessieren sich für das Hervorbringen von Denken und Wissen *im* Handeln und weniger für das kognitive Vorwissen um die Welt und ihre Dinge. Die Betonung des Kognitiven, der Versuch, alles menschliche Handeln durch die Art und Weise zu erklären, was wir glauben, und wie wir uns die Dinge bewusst vorstellen, kann für sie nicht die implizite Vertrautheit und Kennerschaft berücksichtigen, die unserem täglichen Handeln den

---

25 Vgl. hierzu Schatzki (1996, S. 88–132).

Stempel aufdrücken. Soziale Praktiken weisen als soziales Phänomen weit über den einzelnen Handelnden sowie die Situation hinaus, in der diese Praktiken jeweils zum Einsatz kommen. Den regelmäßigen Handlungspraktiken unterliegen indirekt kulturelle Bedeutungs-Schemata, die in routinisierten Interpretationen und Sinnzuschreibungen der Akteure ihren Eingang ins Handlungsgeschehen finden und dort als implizite Unterscheidungsraster wirken, die bestimmte Gebrauchsformen nahe legen und andere als unpassend ausschließen.

Wenn wir aus dieser Sicht von »Kultur« sprechen, dann tun wir dies im Sinne eines *doppelseitigen Repertoires*: Zum einen besteht Kultur aus Repertoires an kulturellen Wissens- und Bedeutungsbeständen, die in vielfältigen Formen (Symbole, Rituale, Modelle, Codes, Texte, Artefakte, Deutungsmuster, Regelwerke, Technologien) »aufgezeichnet«, gespeichert und innerhalb und zwischen den gesellschaftlichen Gruppen und Generationen selektiv übertragen werden.[26] Derartige Repertoires sind in ausdifferenzierten und pluralisierten Gesellschaften keineswegs immer als geordnete Ensembles von kulturellen Beständen zu denken.[27]

Zum anderen besteht Kultur aus Repertoires an praktischem Wissen und interpretativem Können, die erst die kulturellen Wissens- und Bedeutungsbestände in der Praxis zur Wirkung bringen. Solche Repertoires an kulturellen Kompetenzen konkretisieren sich in bestimmten sozial eingeübten und eingelebten Fähigkeiten und Fertigkeiten, in einer erwartbaren und verständlichen Weise mit Menschen, Dingen und Ereignissen umzugehen. Im Gegensatz zu den vielfältigen Formen »aufgezeichneter« kultureller Wissensbestände handelt es sich beim kulturellen Können um ein »Wissen-wie«, das sich in ausgesuchten Geschicklichkeiten und Gepflogenheiten ausformt und kultiviert.

Es ist dieser *Doppelcharakter von Kultur*, der hier interessiert: als ermöglichendes und einschränkendes Repertoire an kulturellen Deutungs-, Regel- und Wissensbeständen wie auch als kulturelles Wissen und interpretatives Können, die in den Handlungspraktiken des Alltags ihre wechselseitige Wirkung entfalten. Erst mittels dieser Ressourcenausstattung können Menschen auf Kultur zugreifen, wie auch Kultur auf die Menschen »zugreift«. Viele Aspekte dieses Prozesses sind uns so selbstverständlich, verlaufen so unthematisch, dass sie uns keinerlei Aufmerksamkeit abfordern. Andere Praxisprobleme verlangen nach konzentrierter Interpretation, wobei sie oft auf Wissens- und Bedeutungsschemata treffen, die wegen ihrer Widersprüchlichkeiten eher verunsichern als helfen. Es sind praktische Kontexte und Problemlagen, in denen bestimmte Elemente des kulturellen Wissens- und Bedeutungsrepertoires ihren Sinn machen. Aber erst die eingeübten Kompetenzen und Geschicklichkeiten (gewissermaßen als verinnerlichte Wissensspeicher) lassen die Interpretationsangebote zur Wirkung kommen.

Solche Repertoires an kulturellem Wissen und interpretativem Können unterscheiden sich oft deutlich zwischen Alterskohorten, ethnischen Gruppen und Lebensstilen. Dabei bilden sich spezifische *Praxisstile* mit differierenden Repertoires an kulturellem Wissen und eingeübten Kompetenzen heraus. Derartige Praxisstile sind durch typische Umgangsweisen und Problembearbeitungsformen gekennzeichnet: Die einen greifen rasch nach vorhandenen Interpretationsangeboten und wählen relevante Teile oder »Musterbeispiele« aus. Andere entwickeln beim Problemlösen eine eher experimentelle Haltung von Versuch und Irrtum, wodurch sich das Verhältnis zwischen Wissensrepertoires und Handlungsroutinen ständig verändern kann. Das kulturelle Wissensrepertoire besteht nicht nur aus bestimmten Regeln und Deutungsmustern, sondern hält auch vielfältige Fallbeispiele und praktische Argumentationslinien bereit, auf die die Praktiker in konkreten Problemsituationen zurückkommen. Darin besteht die kulturelle Rahmung von Praxiskontexten, die aber keineswegs alles fixiert, sondern entsprechend den Praxisaufgaben und den Geschicklichkeiten der Praktiker von diesen immer wieder verschoben, wenn nicht ausgetauscht werden kann.

---

26 »Wissen« als kulturelle Form wird hierbei nicht kognitivistisch verengt verstanden, sondern in den kulturell verbreiteten Formen seiner »Aufzeichnung«. Vgl. zum Begriff der »recorded culture«: Crane (1994, S. 2 f.).

27 Zum Vorschlag, »Kultur« als eine Art »Werkzeugkasten« zu verstehen, auf den man zu unterschiedlichen Zeiten unterschiedlich zugreift, vgl. Swidler (1986).

Mit dieser doppelseitigen Fassung von Kultur werden die beiden – bisher weithin unverträglich gehaltenen – Elemente: »Kultursystem« und »soziale Praxis« in eine komplexe Beziehung gesetzt. Aber wir müssen noch einen Schritt weitergehen. Wenn wir Kultur nicht auf die offizielle Sphäre von Wissen und Bedeutung reduzieren, dann müssen wir uns viel mehr um die vielfältigen, gewissermaßen »informellen«, kulturellen Formen und Lebensweisen mit ihren oft impliziten und nicht-semantischen Wissensbeständen und Umgangskompetenzen kümmern. Die praxisorientierte Sicht von Kultur legt den Startpunkt der Analyse auf die Ausführung, den Vollzug, die Performanz. Dabei geht sie eher von den stillen, in die Handlungspraktiken eingelassenen Momenten, den weniger offensichtlichen Ebenen der Praxis aus und sucht nach den »Normen des Impliziten« (Garfinkel), dem latenten Sinn der Praxis. Praxistheorien misstrauen der (vorgeblichen) Erklärungskraft offizieller Normen und Deutungsmuster für die soziale Handlungspraxis. Sie kritisieren solche Erklärungen, weil diese für sie nicht nachweisen können, dass die sozialen Handlungsabläufe tatsächlich von diesen Normen und Deutungsschemata angeleitet werden. »Normen« und »Schemata« können nur dann als Erklärungen eingesetzt werden, wenn sie dem, was Menschen tatsächlich regelmäßig tun, Rechnung tragen. Dazu müssen wir aber die internen Maßstäbe der »Richtigkeit«, die impliziten Handlungsregeln kennen, die den Praktiken innewohnen und für ihren »geregelten« Fortgang sorgen. Vor allem in der Moderne sind die allgemeingültigen normativen Grundlagen der Gesellschaften immer mehr durch die Vielfalt fortlaufender *Praxisstile* entwertet worden. Doch wie lässt sich die »innere Geregeltheit«, der latente Sinn der Praxis erschließen? Wie lassen sich die zugrundeliegenden Wissensstrukturen explizieren, wie werden sie überhaupt thematisch?

Der Pragmatismus (mit Dewey und Mead) sucht die Antwort in der Störung, im Zusammenbruch selbstverständlicher Gegebenheiten, in der Unterbrechung des »Normallaufs«. Er sieht die Irritation im Handlungsfluss als reflexionsförderndes Element.[28] Wenn Handlungsroutinen am Widerstand der sozialen und materiellen Welt scheitern, wenn unerwartete Situationen, Paradoxien eintreten, wenn die Gruppe »verrückt spielt«, wenn das Com-

puterprogramm »alles auf den Kopf stellt«, wenn etwas Außerordentliches einbricht, wenn ein etabliertes Feld umstrukturiert werden muss, wenn neue Erfahrungsmuster gefordert sind, kann aus solchen Krisen eine gesteigerte praktische Intelligenz, ein kreatives Potential erwachsen. »Unsere Wahrnehmung der Situation ist vorgeformt in unseren Handlungsfähigkeiten und unseren aktuellen Handlungsdispositionen; welche Handlung realisiert wird, entscheidet sich dann durch eine reflexive Beziehung auf die in der Situation erlebte Herausforderung.«[29]

Situationsadäquates Handeln wird dann nicht auf neue Regeln und Codes zurückgeführt, die von Handelnden »richtig« »angewandt« werden, sondern auf deren »Distanzerfahrung« (Mead) und die darauf aufbauende Reflexion und Explikation der etablierten Praxis. Hierzu stehen meist keine homogenen kulturellen Interpretations- und Auslegungssysteme oder -gemeinschaften mit trennscharfen Codes zur Verfügung, die »sauber« ein falsches von einem richtigen Handeln zu unterscheiden erlauben. Eher lässt sich von einem stimmigen, passenden, einem angemessenen oder einem unangemessenen oder misslungenen Handeln sprechen, einem Handeln, das in einen Kontext passt, einem Handeln, das einen relevanten oder völlig irrelevanten Beitrag zu dem liefert, worum es in der Praktik geht. Aber was sind die Kriterien, die Maßstäbe, die »Regeln« solcher (Un-)Angemessenheit?

4. Praktisches Wissen und kulturelle Rahmung

Oft, wenn nicht meistens, ist es im Alltag der Fall, dass die konkreten Handlungspraktiken nicht allzu viel mit den offiziellen Codes, Deutungsmustern und expliziten Handlungsnormen zu tun haben. Dann lässt sich schlecht auf Wissens- und Bedeutungsbestände zurückgreifen, um die Angemessenheit, Übereinstimmung oder Inkorrektheit der Handlungsausführung zu beurteilen. Und doch

---

28 In Deweys Primat der Handlung *vor* der Erkenntnis sind vor allem die Gegenstände des Gebrauchs und Behandelns »gehabte Dinge«, bevor sie erkannte Dinge sind. Vgl. Dewey (1995, S. 424).

29 Joas (1992, S. 236).

sind soziale Praktiken mehr als bloße Verhaltensregelmäßigkeiten, die sich auch ohne Bezug auf Regeln und Normen beschreiben lassen. Soziale Praktiken sind zwischen diesen beiden Polen lokalisiert: Weder ist ihr Handlungsfluss bloßer Ausdruck direkter Regelbefolgung – ein solcher Rückgriff auf explizite Normen und Handlungsanweisungen scheidet in ausdifferenzierten und pluralistischen Gesellschaften als Erklärung meist aus. Noch sind die sozialen Praktiken lediglich Ausdruck regelmäßig ablaufender Verhaltensweisen, die sich einfach so (ohne latenten »Sinn«) herausbilden. Praxistheorien geben den Bezug auf Normen nicht auf, aber sie sehen das Normative nicht ausreichend in der Form von expliziten oder zugeschriebenen Regeln und Deutungsschemata aufgehoben. Vielmehr gehen sie mit dem späten Wittgenstein davon aus, dass sich in den sozialen Praktiken implizite Normen herausbilden, die überhaupt erst die expliziten Regeln zur Wirksamkeit gelangen lassen.

Erst in den konkreten Praxiszusammenhängen entscheidet sich, ob eine allgemeine Regel »richtig« eingesetzt wird (für Wittgenstein, wie ein Wort ausgesprochen wird, wie ein Klavier gestimmt wird).[30] Dazu reichen Gebrauchsanweisungen nicht aus. Vielmehr sind es erst die »Praxisnormen« – ein Geflecht von praktischem Wissen und Beurteilungsmaßstäben –, die eine generelle Regel situationsangemessen oder nicht zur Wirkung kommen lassen. Eine Regel übt nur dann normative Kraft auf das konkrete Handeln aus, kann nur dann ihr Unterscheidungswerk verrichten, wenn der Handelnde über Fähigkeiten und Kriterien verfügt, die den jeweiligen Anwendungskontexten Rechnung tragen. Diese bestimmen den angemessenen, passenden oder fehlerhaften, stümperhaften Einsatz der Regelvorgaben.

Explizite Regeln sind somit nicht die alleinigen Formen des Normativen. Doch es wäre falsch, in den »Praxisnormen« lediglich »Anwendungsregeln« zu sehen. Vielmehr betont gerade der Pragmatismus, dass die sich im Praxisverlauf herausbildenden impliziten Normen den expliziten Formulierungen von Regeln und Handlungsschemata vorausgehen. Dann muss die Frage beantwortet werden, wie diese impliziten Normen zu expliziten Regeln transformiert und repräsentiert werden. In dieser pragmatistischen Fassung geht dann aber allzu schnell das normativ Vorgegebene, das institutionell Vorhandene, das kulturelle Repertoire an Wissensbeständen und Regelwerken verloren, die auch in den Praktiken wirksam werden. Wir sollten *beide* Formen des Normativen – die expliziten Regeln und die impliziten Praxisnormen – zur wechselseitigen Ergänzung einbeziehen, sonst gerät uns bei allem Interesse am »Impliziten« die Macht des kulturellen Regelwerks aus dem Blick.

Eine Soziologie der Praxis kann hier weiterhelfen, die im *praktischen Wissen* des Akteurs das verbindende Glied zwischen Normativismus und Pragmatismus sieht. Praktisches Wissen bezieht sich vor allem auf das »Gewusst-wie«, die praktische Fähigkeit, im Gegensatz zum »Gewusst-dass«, die ausdrückliche Formulierung, der begründete »theoretische« Ausdruck einer solchen Fähigkeit.[31] Das »Gewusst-wie« bezeichnet einen Wissenstypus, der in der Praxis nicht nur die Dinge gekonnt einzusetzen und damit Probleme zu lösen, sondern auch zu unterscheiden weiß, ob die Lösung gelungen ist oder nicht, ob die Handlung passt oder nicht. Aber wie kann das praktische Wissen die korrekte von der inkorrekten Handhabe unterscheiden, ohne sich auf Regeln, Interpretationen oder Rechtfertigungen zu stützen? Nur von Fall zu Fall wird im Praxisverlauf das implizite »Wissen wie« durch ein »Sagen, dass« etwas richtig oder falsch ist, artikuliert. Aus praxistheoretischer Sicht bilden sich in den fortlaufenden sozialen Praktiken nicht nur Fä-

---

30 Der Sprachphilosoph Wittgenstein wurde in seinem Spätwerk nicht müde zu betonen, dass Regeln von der Praxis her verstanden werden müssen: Die Regel liegt wesentlich in ihrer Praktik; in der bloßen Kenntnis einer Regel liegt gar nichts, was ein gemeinsames Verständnis von ihr sicherstellen könnte, und daher auch nichts, was deren einheitliche Anwendung garantierte. Für Wittgenstein gibt es ein Verständnis der Regel, das sich immer wieder in dem, was wir »der Regel folgen« und »ihr zuwiderhandeln« nennen, äußert. Dieses Verständnis ist vor allem eine Art Geschicklichkeit, die aus fortlaufender Teilnahme an etablierten Praktiken hervorgeht. Für Wittgenstein ist es der Praxischarakter des Regelfolgens, der für den Einzelnen Korrektheitsstandards setzt. Vgl. Wittgenstein (1984, S. 344 f., 199–202).

31 Vgl. zur Unterscheidung von »knowing how to do so-andso« bzw. »knowing how to go on« und »knowing that soand-so is the case«: Ryle (1969, S. 26–77), die zurückgeht auf: Dewey (1922, S. 177 f.).

higkeiten und Fertigkeiten zur Aufgabenlösung und Situationseinschätzung heraus, sondern es entfalten sich auch unauffällig im Zusammenhandeln mit anderen Handelnden gemeinsame *Kriterien und Maßstäbe*, die dem Handeln Richtung und Anschluss vermitteln.

Soziale Praktiken formen sich in gemeinsamen, aufeinander bezogenen Handlungsweisen heraus und geben dem Träger dieser Handlungsweisen im weiteren Verlauf ein oft nicht weiter hinterfragtes Wissen an die Hand, wie im entsprechenden Kontext »normal« und »vernünftig« zu handeln ist und wie eventuell weitere Kenntnisse und Ressourcen zu aktivieren und zu kombinieren sind. Damit ist dieses praktische Wissen intersubjektiv geformt, kollektiv erworben und eingespielt und entwickelt in diesem Sinne auch intersubjektiv normative Kraft in der Strukturierung von sozialen Praktiken. Die Formung und der Einsatz dieses praktischen Wissens unterscheidet soziale Praktiken deshalb sowohl von bloß repetitiven Verhaltensgewohnheiten als auch von einer zwar kompetenten, aber dennoch bloßen Regelanwendung. In den sozialen Praktiken bildet sich so ein praktisches Wissen heraus, das zwar indirekt auf übergreifende kulturelle Wissens- und Interpretationsschemata verweist, als solches jedoch nur in den Praktiken existiert und dort seinen spezifischen Ausdruck findet.

Praktisches Wissen ist keine feststehende, institutionell geformte Wissensform. Im Fortgang der sozialen Praxis und im Bewältigen komplexer und offener Situationen entwickelt und verändert es sich, so dass neben dem Routinecharakter vor allem auch der innovative und kreative Charakter sozialer Praktiken hervortreten kann. Die heutigen Erfahrungen sind nicht notwendigerweise die morgigen Erfahrungen; das praktische Wissen hat ja gerade mit dem Zeitgebundenen zu tun, schenkt den Kontextbedingungen seine Aufmerksamkeit, kann sich auch im »Offenen« zurechtfinden und trägt so zu Veränderungen der Gebrauchsweisen und Praktiken bei. Und doch baut praktisches Wissen auf bestimmten kulturellen Vorgaben auf, bestimmte Prämissen gelten als ausgemacht, bestimmte Standards sind kulturspezifisch eher plausibel und tragfähig als andere. Solche *Rahmungen* sind im allgemeinen nicht ausdrücklich gewusst, können aber transparent und aufgeklärt werden. Dann können wir das praktische Wissen auch unter Umständen mit Attributen wie »rational« oder »vernünftig« versehen.

Praktisches Wissen bildet sich aus im Duktus des Handelns und findet auch dort seinen Einsatz. Doch das Problem besteht in der *Verbindung von Kompetenz und Performanz*, der Verknüpfung von Fähigkeiten und Fertigkeiten, die sich im Fortgang der Praktiken herausgebildet und eingeschliffen haben und der tatsächlichen Ausführung von Handlungsweisen, in die dieses Wissen einfließt. Eine Soziologie der Praxis muss nicht nur die relevanten Formen praktischen Wissens herausarbeiten, sondern auch zeigen, wie dieses seine implizite normative Kraft in den jeweiligen Handlungszügen und Handlungskontexten entfalten und dort ein stimmiges und relevantes Ergebnis erzielen kann oder nicht, so dass wir konstatieren können, die Handlung ist Teil einer sinnhaften sozialen Praxis oder eines Lebensstils, ohne dass wir auf eindeutige Anwendungsregeln oder enge Interpretationsgemeinschaften zurückgreifen können.[32] Doch hierzu können wir trotz aller Abwehr gegen einen einseitigen »Regelnormativismus«, der das praktische Wissen allzu leicht zu einem bloßen Anwendungswissen abwertet, nicht von der Macht der kulturellen Regel- und Bedeutungsstrukturen absehen. Denn ansonsten idealisieren wir allzu leicht die praktische Erfahrung, die praktische Einsicht, eine »praktische Vernunft«.

---

32 Eine derartige »Soziologie der Praxis« hat viel von Bourdieus Ansatz gelernt, folgt ihm aber nicht in seiner zentralen Annahme, dass der Einzelne in seinem Handeln von einem – einmal in Kindheit und Jugend in ihm geformten – »Habitus« so sozial und kulturell prädisponiert ist, dass er lediglich innerhalb bestimmter vorstrukturierter Spielräume (»generativer Schemata«, Bourdieu, 1976, S. 296–298) bestimmte Handlungsstrategien mobilisiert. Für Bourdieu ist der Habitus »jener Praxissinn, der einem sagt, was in einer bestimmten Situation zu tun ist« (Bourdieu, 1998, S. 42). Bourdieu hat ein zu starres und individualistisches Bild praktischen Handelns. Trotz der grundlegenden Bedeutung der frühen sozialen und kulturellen Prägung des Menschen verwickelt dieser sich in dynamischen und ausdifferenzierten Gesellschaften fortlaufend in vielfältige Praxisbezüge, die sein Repertoire an kulturellen Wissensbeständen, Hintergrundfertigkeiten und Gepflogenheiten immer wieder ergänzen und verschieben. Für eine frühe und scharfe Kritik an Bourdieu vgl. de Certeau (1988, S. 112–129).

Praktisches Wissen zeigt sich nicht nur im Tun, sondern auch im darauf bezogenen Sprechen – im Gewahrwerden, im Vermuten, im Erklären, im Schlussfolgern, im Rechtfertigen, im Kritisieren. Die dabei benutzte Sprache unterscheidet sich deutlich von der der »Experten«, im Vergleich zu diesen ist die Alltagssprache unscharf, »unordentlich«, nicht vertextet, oft fragmentarisch, aber benutzt Worte und Sätze, die in besonderen Praxissituationen genau »den Punkt treffen«. Sie greift gern auf Beispiele zurück, auf Analogien, auf Erfahrungen aus vergleichbaren Situationen, mit ähnlichen Problemen.[33] Immer wieder versucht sie, die alternativen Explikationen, d.h. Interpretationen und Erklärungen, mit der speziellen Situation abzugleichen, sie plausibel und stimmig zu machen oder in ihrer Besonderheit herauszuheben. So wird im Reden über und Abgleichen von Mustern und Beispielen auch stets das Allgemeine, das »Regelhafte« aufgeführt. Im Prozess dieser Art von Auf-Klärung sozialer Praxis bilden sich Interpretationen und Erkenntnisse heraus, die den problematisierten Kontext weit überschreiten, bisher verdeckte Spielräume ausleuchten und dabei auch die dominanten Deutungsmuster in Frage stellen können.

Kultur aus praxistheoretischer Sicht ist somit weniger ein abgrenzbares Ensemble kollektiver Sinn- und Deutungsschemata, als ein vielfältig gespreiztes Geflecht an Wissensbeständen und Wissenskompetenzen. Das eigentlich »Kulturelle« derartigen Wissens liegt nicht so sehr in seinen Symbolisierungs- und Aufzeichnungsformen, sondern vor allem in seinem Wirken als Hintergrundwissen, das sich dem praktischen Leben so »raffiniert« unterlegt, dass es nur selten thematisch in den Vordergrund rückt. Wie sich viel von uns und unserer Welt in unseren Praktiken »auslebt«, drückt sich auch vieles von unserem kulturellen Verständnis der Welt implizit in unserem Alltagshandeln aus. Praktiker bewegen sich deshalb keinesfalls in kulturfreien Räumen, auch wenn ihr routinisiertes Alltagshandeln dies selten »verrät«. So ruht ihr praktisches Wissen und Können auf Wertungen und Unterscheidungen, die allgemeineren kulturellen und historischen Rahmungen entstammen, ohne

dass diese Wertungen zum Gegenstand von *Bewertungen* werden müssen. Eher sind sie Teil eines »Vorwissens«, das allein dadurch Bedeutung erhält, dass es im praktischen Handeln seinen Ausdruck findet. Ein derartiges kulturelles Wissen enthält oft nicht nur wertende, sondern auch motivationale Elemente, in dem es nicht nur (indirekt) vermittelt, *wie* »vernünftig« zu handeln ist, sondern auch *warum* man auf eine bestimmte Art und Weise handeln soll, d.h. welche Wünsche und Interessen man haben *kann*.

Durch die Verknüpfung von Praxistheorien mit Kulturtheorien gelingt es, Praxis und praktisches Handeln in ein kulturelles Geflecht einzubinden, das recht stabile kulturelle Vorannahmen bewahrt, aber auch – in Zeiten rascher Enttraditionalisierung und kultureller Pluralisierung – deutlich veränderte Lebensweisen und Praxisstile fördert. Verknüpfen sich Praktiken in sichtlich veränderten kulturellen Rahmungen, dann eröffnen sich auch neue Wege, Dinge anders zu tun und einzuordnen als bisher und veränderte Kompetenzen und Gepflogenheiten im Handlungsablauf aufzubauen. Damit erweist sich die »Landschaft« kultureller Wissensbestände als erheblich disparater und vielgliedrigerer als es die konventionellen Kultur- und Wissenssoziologien wahrhaben mögen. Arbeiten wir so den *performativen* Charakter kulturellen Wissens heraus, dann stellen sich auch die Fragen nach Zugang, Speicherung, Beglaubigung und Reproduktion von Wissen ganz anders. Wer aus dieser Sicht Wissen besitzt, verfügt über ein Eigentum, nicht an Dingen, sondern an kulturellen Kompetenzen, mehr oder weniger gut mit seinen Mitmenschen, mit den Unwägbarkeiten und Unbestimmtheiten des Lebens und mit sich selbst zu Rande zu kommen.

Literatur

ARENDT, HANNAH (1981²), *Vita activa oder Vom tätigen Leben*, München: Piper. ■ BERNSTEIN, RICHARD J. (1971), *Praxis and Action. Contemporary Philosophy of Human Activity*, Philadelphia, PA: University of Pennsylvania Press. ■ BERNSTEIN, RICHARD J. (1975), *Praxis und Handeln*, Frankfurt/M.: Suhrkamp. ■ BONNELL, VICTORIA E. / HUNT, LYNN (Hg.) (1999), *Beyond the Cultural Turn: New Directions in the Study of Society and Culture*, Berkeley, CA: University of California Press. ■ BOURDIEU, PIERRE (1976), *Entwurf einer*

---

33 Vgl. hierzu z.B. Buck (1996, S. 61–81).

Theorie der Praxis auf der ethnologischen Grundlage der kabylischen Gesellschaft, Frankfurt/M.: Suhrkamp. ■ BOURDIEU, PIERRE (1987), *Sozialer Sinn. Kritik der theoretischen Vernunft*, Frankfurt/M.: Suhrkamp. ■ BOURDIEU, PIERRE (1998), *Praktische Vernunft. Zur Theorie des Handelns*, Frankfurt/M.: Suhrkamp. ■ BUCK, GÜNTHER (1996²), »Über die Identifizierung von Beispielen – Bemerkungen zur ›Theorie der Praxis‹«, in: Marquard, Odo / Stierle, Karlheinz (Hg.), *Identität*, München: Fink, S. 61–81. ■ CERTEAU, MICHEL DE (1988), *Kunst des Handelns*, Berlin: Merve. ■ CRANE, DIANA (1994), »Introduction: The Challenge of the Sociology of Culture to Sociology as a Discipline«, in: Crane, Diana (Hg.), *The Sociology of Culture. Emerging Theoretical Perspectives*, Oxford/Cambridge, MA: Blackwell, S. 1–19. ■ DEWEY, JOHN (1922), *Human Nature and Conduct. An Introduction to Social Psychology*, New York: Henry Holt. ■ DEWEY, JOHN (1995), *Erfahrung und Natur*, Frankfurt/M.: Suhrkamp. ■ GARFINKEL, HAROLD (1967), *Studies in Ethnomethodology*, Cambridge/New York: Cambridge University Press. ■ GEERTZ, CLIFFORD (1973), »The Impact of the Concept of Culture on the Concept of Man«, in: Geertz, Clifford, *The Interpretation of Cultures. Selected Essays*, New York: Basic Books, S. 33–54. ■ GEERTZ, CLIFFORD (1983 a), *Dichte Beschreibung. Beiträge zum Verstehen kultureller Systeme*, Frankfurt/M.: Suhrkamp. ■ GEERTZ, CLIFFORD (1983 b), *Local Knowledge. Further Essays in Interpretive Anthropology*, New York: Harper Collins. ■ GIDDENS, ANTHONY (1988), *Die Konstitution der Gesellschaft. Grundzüge einer Theorie der Strukturierung*, Frankfurt/M./New York: Campus. ■ HÖRNING, KARL H. (1999), »Kulturelle Kollisionen. Die Soziologie vor neuen Aufgaben« in: Hörning, Karl H. / Winter, Rainer (Hg.), *Widerspenstige Kulturen. Cultural Studies als Herausforderung*, Frankfurt/M.: Suhrkamp, S. 84–115. ■ HÖRNING, KARL H. (2001), *Experten des Alltags. Die Wiederentdeckung des praktischen Wissens*, Weilerswist: Velbrück. ■ JOAS, HANS (1992), *Die Kreativität des Handelns*, Frankfurt/M.: Suhrkamp. ■ MEAD, GEORGE HERBERT (1968), *Geist, Identität und Gesellschaft aus der Sicht des Sozialbehaviorismus*, Frankfurt/M.: Suhrkamp. ■ PARSONS, TALCOTT (1968²), *The Structure of Social Action*, New York: The Free Press. ■ POLANYI, MICHAEL (1985), *Implizites Wissen*, Frankfurt/M.: Suhrkamp. ■ RECKWITZ, ANDREAS (2000 a), *Die Transformation der Kulturtheorien. Zur Entwicklung eines Theorieprogramms*, Weilerswist: Velbrück. ■ RECKWITZ, ANDREAS (2000 b), »Der Status des ›Mentalen‹ in kulturtheoretischen Handlungserklärungen. Zum Problem der Relation von Verhalten und Wissen nach Stephen Turner und Theodore Schatzki«, in: *Zeitschrift für Soziologie*, 29, S. 167–185. ■ RYLE, GILBERT (1969), *Der Begriff des Geistes*, Stuttgart: Reclam. ■ SCHATZKI, THEODORE R. (1996), *Social Practices. A Wittgensteinian Approach to Human Activity and the Social*, Cambridge/New York: Cambridge University Press. ■ SCHATZKI, THEODORE R. / KNORR CETINA, KARIN / VON SAVIGNY, EIKE (Hg.) (2001), *The Practice Turn in Contemporary Theory*, London/New York: Routledge. ■ SCHNEIDER, MARK A. (1987), »Culture-as-Text in the Work of Clifford Geertz«, in: *Theory and Society*, 16, S. 809–839. ■ SEWELL, WILLIAM H. JR. (1999), »The Concept(s) of Culture«, in: Bonnell, Victoria E. / Hunt, Lynn (Hg.), *Beyond the Cultural Turn. New Directions in the Study of Society and Culture*, Berkeley, CA: University of California Press, S. 35–61. ■ SWIDLER, ANN (1986), »Culture in Action: Symbols and Strategies«, in: *American Sociological Review*, 51, S. 273–286. ■ THOMPSON, JOHN B. (1990), *Ideology and Modern Culture. Critical Social Theory in the Era of Mass Communication*, Stanford, CA: Stanford University Press. ■ TURNER, STEPHEN P. (1994), *The Social Theory of Practices. Tradition, Tacit Knowledge and Presuppositions*, Chicago/London: University of Chicago Press. ■ TURNER, VICTOR (1975), »Symbolic Studies«, in: *Annual Review of Anthropology*, 4, S. 145–161. ■ WALDENFELS, BERNHARD (2001), »Die verändernde Kraft der Wiederholung«, in: *Zeitschrift für Ästhetik und Allgemeine Kunstwissenschaft*, 46, S. 5–17. ■ WEBER, MAX (1968³), »Über einige Kategorien der verstehenden Soziologie«, in: Weber, Max, *Gesammelte Aufsätze zur Wissenschaftslehre*, Tübingen: Mohr, S. 427–474. ■ WITTGENSTEIN, LUDWIG (1984), »Philosophische Untersuchungen«, in: Wittgenstein, Ludwig, *Werkausgabe*, Band 1, Frankfurt/M.: Suhrkamp, S. 225–580.

3.2 Menschen – Zur Struktur anthropologischer Reflexionen als einer unverzichtbaren kulturwissenschaftlichen Dimension

Norbert Ricken

> *»Niemand weiß, was ein Mensch ist.«*
> *(Blaise Pascal)*

›Mensch‹ und ›Kultur‹ verweisen aufeinander und lassen sich kaum unabhängig voneinander thematisieren. Dabei scheint eine erste Lesart dieser Relation zunächst unproblematisch: Wie Menschen sich verstehen und als was und wer sie sich selbst kennzeichnen, hängt immer davon ab, in welche kulturellen Lebensformen sie verwoben sind, so dass Raum, (historische) Zeit und (soziale) Gesellschaft sie allererst konstituieren und formieren. Dass also, wer nach dem Menschen fragt, nach seiner jeweiligen Kultur fragen muss, ist insofern weithin unumstritten und interdisziplinär längst geteilter Grundsatz auch anthropologischer Arbeiten, lassen sich doch der ›Mensch an sich‹ und sein Wesen schlechterdings nicht ausmachen und bestimmen. Vielmehr gilt umgekehrt: Dass es ›den Menschen‹ schlechthin nicht gibt und geben kann, hat zum Aufstieg des Begriffs der Kultur und seiner Pluralisierung in eine nahezu unendliche Vielfalt geführt.[1] Dass aber – in einer zweiten Lesart – kulturelle Lebensformen, in denen Menschen existieren, ebenfalls nicht beschrieben werden können, ohne darin auf jeweilige Formen wie Strukturen menschlicher Selbstbeschreibungen zurückzugreifen, dass also auch, wer nach Kultur fragt, nach den Menschen und ihren jeweiligen Selbstauslegungen fragen muss, stößt gegenwärtig nicht nur auf ungeteilte Zustimmung und gilt in manchen kulturwissenschaftlichen Zugriffen als problematische Reduktion kulturell-historisch heterogener Phänomene auf vermeintlich homogene und stabile anthropologische Universalien und damit als Ausdruck eines längst überholten Anthropologismus und metaphysischen Humanismus.[2]

Im Folgenden geht es daher darum, den Zusammenhang beider Verweisungen – »ohne Kultur keine Menschen« wie auch »ohne Menschen keine Kultur«[3] – so zu erläutern, dass Menschen weder nur als ›soziale Träger der Kultur‹ und insofern diese Bestimmende (und damit als deren unterstelltes ›subiectum‹ (Zugrundeliegendes) als einem ›fundamentum inconcussum‹) noch als bloß durch Kultur ›Getragene‹ und durch sie Bestimmte (und damit als deren ›subiectum‹ (Unterworfenes) als einem ›productum‹) identifiziert werden können. Der damit formulierte und als Ineinander von Handlung und Struktur situierte Zirkel lässt sich zu keiner der beiden Seiten auflösen, so dass weder Kulturtheorie und -wissenschaft durch Anthropologie noch – umgekehrt – Anthropologie durch Kulturtheorie fundiert werden kann. Aufgabe einer methodologischen Reflexion über ›Menschen‹ im Rahmen einer kulturwissenschaftlichen Selbstvergewisserung ist es vielmehr, die *Struktur* anthropologischer Reflexionen zu erarbeiten und sie als eine ebenso faktisch implizite wie programmatisch unvermeidbare Reflexionsbewegung aller kulturwissenschaftlichen Arbeiten zu verdeutlichen. Dabei wird in einem (unvermeidlich auch) historisch angelegten Durchgang eine systematisch erläuterbare Differenzstruktur als Matrix erarbeitet und in ihren Folgerungen für kulturwissenschaftliche Reflexion diskutiert. Mit ›Menschen‹ wäre dann eine – im Folgenden näher zu entfaltende – die gesamte kulturwissenschaftliche Forschung und Reflexion begleitende Dimension benannt, die auch die ausdrücklich nicht anthropologisch akzentuierten kulturwissenschaftlichen Perspektiven (mit)strukturiert. Sollen aber nicht prekäre und geradezu nichtssagende Rückführungen der Kultur auf ›den Menschen‹ wie umgekehrt der Menschen auf ›die Kultur‹ vorgenommen werden, gilt es, ›menschliche Selbstauslegungen‹ als »Frage ›des Menschen‹«[4] nach sich selbst *kategorial* aufzunehmen. Damit

---

1 Vgl. Geertz (1992, S. 58).
2 Vgl. exemplarisch Derrida (1988).
3 Geertz (1992, S. 76).
4 Derrida (1988, S. 123).

beschränken sich die folgenden Überlegungen auf einen eher methodologischen Beitrag zur Anthropologie und lassen weitreichende empirisch-historische Befunde außer Acht.

1. Zirkularität und Differenz – methodologische Justierungen

Bereits am *Begriff* ›Mensch‹ und seinem Gebrauch lässt sich die eigentümlich selbstreferentielle Struktur menschlicher Selbstbeschreibungen verdeutlichen: Schon sprachlich eine Besonderung, fungiert es – von Anfang an und ebenso sprach- wie kulturübergreifend – als Selbstzuschreibung, mit der Menschen sich selbst zu kennzeichnen suchen. Dabei reflektieren Menschen über sich und bestimmen sich selbst, indem sie sich von anderen – die eben nicht als ›Menschen‹, sondern u. a. als ›Tiere‹, ›Barbaren‹, bloß ›Fremde‹ oder gar ›Götter‹ bezeichnet werden – abgrenzen und in dieser Selbstzurechnung des ›Menschseins‹ als Gemeinschaft sich Anerkennender eingrenzen; diese als Identität praktizierte Differenz wird oft als Aufwertung des Eigenen und Abwertung des Fremden zumeist auch hierarchisch gehandhabt und als jeweilig partikulare Selbstauslegung zu favorisieren und untereinander verbindlich zu machen gesucht. Insbesondere dieser letzten, ›anthropolitischen‹ Dimension entspricht dabei auch der ebenso triviale wie immer wieder übersehene Befund, dass es ›den Menschen‹ schon empirisch so gar nicht gibt. Vielmehr ist ›Mensch‹ als sprachliches Abstraktum eine praktisch bedeutsame Zurechnung und markiert so einen repräsentationstheoretisch kaum einholbaren Frage- und Streitkomplex.

Damit ist eine erste *methodologische Weichenstellung* unternommen: Wenn denn – das ist weitgehend Konsens in der sozial- und kulturwissenschaftlichen Forschung – ein allgemeines ›Wesen‹ des Menschen raum- und zeitübergreifend sich nicht bestimmen lässt, sondern nur dessen kulturell und historisch unermessliche Vielfältigkeit und Unterschiedlichkeit rekonstruiert werden kann, so zerfällt dennoch das, was mit ›Menschen‹ gewöhnlich bezeichnet wird, nicht in eine bloß heterogene, untereinander gänzlich zusammenhangslose oder gar sich wechselseitig ausschließende phänomenale Pluralität. Der damit insinuierte (und auch beobachtbare) Zusammen-

hang ›des Menschen mit dem Menschen‹ lässt sich aber weder positiv noch gar substantial bestimmen; vielmehr ist die (prinzipiell) unterstellte »fundamentale Einheit des Menschengeschlechts«[5] ihrerseits ein pragmatisches Moment menschlicher Selbstauslegungen überhaupt und damit Ausdruck des Zurechnungscharakters des Menschlichen: Wir kennen und erkennen nicht vorab und abstrakt den Menschen und das Menschliche, um Lebewesen dann als Menschen bzw. Nichtmenschen anzuerkennen, so dass Erkenntnis Anerkenntnis fundierte, sondern anerkennen und aberkennen andere uns erkennend als Menschen. Methodologisch gewendet: Zwar setzt jede Anthropologie – wenn auch oft nur implizit – den Menschen schon als Menschen,[6] um ihn sich dann kulturell und historisch verwandelt und variiert zurückgeben zu lassen, doch gründet die praktische Identifizierung und Anerkennung anderer als ›Mensch‹ oder ›Nichtmensch‹ gerade nicht in einer vorgängigen, in sich sicheren und positiven Anthropologie, sondern (nahezu umgekehrt) in seiner, in spezifischen kulturell-historischen Praxen immer selbstreferentiell gehandhabten ›Unergründlichkeit‹[7] — mit der auch prekären Folge, dass praktische Aberkennungen der Menschlichkeit und Menschenverfolgung wie Menschenvernichtung gerade nicht ein ›metaphysischer Verstoß gegen das Humanum‹ sind, sondern eine sozial brutale, historische Praxis der Selbstkonstitution durch Anderenvernichtung.

Dieser ›anthropologische Zirkel‹ – sich auf sich erkennend zu beziehen, indem auf andere an- und aberkennend Bezug genommen wird, wie auf andere an- und aberkennend sich zu beziehen, indem auf sich selbst Bezug genommen wird, so dass Erkenntnis und Anerkenntnis wie Selbst- und Anderenbezug ineinander unauflöslich verschlungen sind – führt in erhebliche Schwierigkeiten: Menschen können sich nicht so weit vor sich bringen, dass sie ihrer selbst gewissermaßen ›von außen‹ ansichtig würden, so dass sie – ob sie wollen oder nicht – immer anthropozentrisch denken müssen; zugleich aber können sie sich nicht unmittelbar und schlicht auf sich selbst beziehen und sich ›von innen‹ bestim-

---

5 Geertz (1992, S. 60).
6 Vgl. Heidegger (1991, S. 204–246, bes. 230).
7 Plessner (1980).

men, so dass sie sich immer auch im Anderen ihrer selbst aufsuchen und von dort zu bestimmen suchen müssen. Anthropomorphismus wie auch dessen Umkehrung zur ›anthropomorphia inversa‹[8] sind unweigerlich die Folge und können insofern nicht als prinzipiell aufhebbare Fehlformen des Denkens diskreditiert werden. Vielmehr bestimmen Menschen immer das, was sie an sich selbst als kennzeichnend auszumachen scheinen, in Bezug zu dem, was sie nicht zu sein meinen (und umgekehrt) – im Vergleich, ein Vergleich jedoch, der die sie selbst konstituierende Differenz gerade nicht von außen an- und auszusprechen vermag, sondern seinerseits nur von Menschen menschlich angestellt werden kann und insofern ein wie auch immer geartetes Selbstverständnis bereits voraussetzt. Nicht zufällig ist daher die Geschichte menschlicher Selbstauslegungen auch eine Geschichte der Vergleichungen, in der ›Gott‹, ›Tier‹ wie auch ›Maschine‹[9] als dauernde Bezugs- wie Streitpunkte menschlicher Selbstvergewisserungen fungieren, ohne dass jedoch mit und in ihnen ein archimedischer Punkt je erreichbar würde;[10] vielmehr vermag sie die unvermeidbare Aporetik der ›Frage des Menschen‹, weder (auf)lösbar noch verabschiedbar und insofern nur als ›offene Frage‹[11] tradierbar zu sein, eindrücklich zu illustrieren. Konsequent sind daher im anthropologischen Diskurs des 20. Jahrhunderts sowohl die Gewissheit darüber, *was* der Mensch ist, als auch das verlässliche Wissen darum, *wer* ein Mensch ist, weitgehend zerrieben und als unbezweifelbare Grundlagen allemal verschwunden, ohne dass aber Anthropologie als überhaupt unsinnig abgewiesen werden könnte. Zugleich rückt damit die Frage, *wie* (und *wann*) ein Mensch ist, in den Kreis menschlicher Selbstaufmerksamkeit.

In der Differenz der vielfältigen und in ihrer Heterogenität unermesslichen menschlichen Le-

bensformen und Selbstauslegungen lässt sich daher eine Spirale anfangloser Selbstfraglichkeit und dauernder Selbstvergewisserung rekonstruieren, die in keiner wie auch immer gearteten Vorstellung des Menschlichen – und sei es bloß additiv oder subtraktiv als ›consensus gentium‹[12] – stillzustellen ist, so dass Menschen über jede ihrer Selbstverständigungen immer wieder hinausgehen können und schließlich auch hinausgehen müssen und insofern in keiner endgültig heimisch sein können. Die ›Frage des Menschen‹[13] ist insofern eine ebenso offene und unbeantwortbare wie darin zugleich nicht aufgebbare und verzichtbare Selbstbefragung, führt sie doch ein in die Problematik menschlichen ›Existierens‹ und markiert deren selbstreferentielle Struktur: Weder durch Natur noch Kultur als Menschen in ihrer Lebensform festgelegt, müssen sie Lebensform und ihr jeweilig historisches ›Wesen‹ selbst praktisch konstituieren. Insofern leben Menschen immer ›anthropologisch‹, sich selbst auslegend: In der Bestimmung ihrer Lebensform bestimmen sie – sei es explizit oder nur implizit – immer auch sich selbst, so dass Welt- und Selbstgestaltung unauflöslich ineinander verwickelt sind. So wie explizite (jeweilig partikulare) Anthropologien daher immer auf sie konstituierende kulturelle Lebensformen (und deren historische Genese) verweisen, können diese ihrerseits nicht ohne Rückbezug auf ihre implizite anthropologische Struktur aufgenommen und erläutert werden. Zwar sind anthropologische Reflexionen als menschliche Selbstbeschreibungen immer auch (ausdrücklicher) Gegenstand jeweilig kultureller Diskurse; sie sind aber in diese auch immer als Form und Struktur eingelassen,[14] so dass auch im Umgang mit den Dingen »es der Mensch nun gleichsam ständig mit sich selbst zu tun«[15] hat.

Anthropologie lässt sich daher nur als historisch-systematische ›Wissenschaft der Differenzen‹[16] in pragmatischer Absicht betreiben, kann sie doch weder positiv zur ›Erkenntnis des Menschlichen‹[17] durchstoßen, noch sich negativ mit der (oft wortreichen) Erläuterung seiner Unergründbarkeit begnügen. Vielmehr geht es ihr in der kritisch-reflexiven Aufklärung der vielfältigen (sie allererst konstituierenden) Differenzen um die Rekonstruktion der die jeweiligen historisch-kulturellen Praktiken figurierenden Horizonte und Interpretamente, um

---

8 Vgl. von Foerster (1990, S. 438).
9 Vgl. Meyer-Drawe (1996).
10 Vgl. Ballauff (2000, S. 21–35).
11 Plessner (1980).
12 Vgl. Geertz (1992, S. 63).
13 Derrida (1988).
14 Vgl. Dilthey (1958, VII, S. 269).
15 Cassirer (1996, S. 50).
16 Kamper (1973).
17 Vgl. Plessner (1981, V, S. 189).

diese in der jeweiligen ›Arbeit am Begriff‹ zu verändern und jene lebensweltlich bedeutsam so zu verschieben. Methodologisch zielt anthropologische Reflexion darauf, sich ihres eigenen – wie überhaupt jedes sozial- und kulturwissenschaftlichen[18] – Zugriffs zu vergewissern und diesen als von tradierten Selbstbeschreibungen und menschlichen Vorverständnissen implizit strukturiert so zu analysieren, dass die Differenz von Beobachter und Beobachtetem als ein Verhältnis wechselseitiger Konstitution verstanden und als unvermeidbare Struktur der Konstruktion sozial- und kulturwissenschaftlicher Erkenntnisse berücksichtigt werden kann.[19] Aber auch ihr Gegenstand – menschliche Selbstauslegungen, seien sie explizit oder implizit – kommt nur angemessen in den Blick, wenn dieser selbst als Differenz, als ›selbstreferentiell‹ strukturiert wie ›reflexiv‹ praktiziert aufgenommen und verstanden wird.[20] ›Reflexive Anthropologie‹ trägt daher doppelt, zugleich gegenstandstheoretisch wie methodologisch der Einsicht Rechnung, dass ›der Mensch‹ niemals bloß Objekt des Fragens, sondern seinerseits immer auch Subjekt desselben Fragens ist, so dass die Anthropologie immer vor dem Problem steht, ein ›Objekt‹ zu verstehen, das sich selbst versteht, und sich in dieses Selbstverstehen als Moment eingelassen sieht.[21]

Können aber in diesem skizzierten ›anthropologischen Zirkel‹ weder Anfang noch Ende menschlicher Selbstbefragungen ausgemacht werden, so lässt sich ›anthropologisch‹ nur anknüpfen an bisherige, jeweilig kulturell wie geschichtlich formulierte und überlieferte Selbstauslegungen.[22] Sie sind ein nicht hintergehbarer, wenn auch jeweilig nur partikularer ›hermeneutischer Horizont‹ aller menschlichen Selbstverständigungen, in denen die ›Frage des Menschen‹ (Derrida) praktiziert wird und nur als offene, nicht schließbare wach gehalten werden kann.

2. Antworten und Horizonte – historische Stationen

Die ›Frage des Menschen‹ als Frage der Menschen nach sich selbst ist so alt wie diese selbst und hat in der *Menschengeschichte* zu unzähligen, kulturell wie historisch erheblich differierenden menschlichen Selbstauslegungen als Antworten geführt; in ihnen versuchen Menschen, sich vor sich selbst zu bringen und ihrer selbst ansichtig zu werden, indem sie sich ihres Ursprungs und Ziels, ihrer Beschaffenheit und Bestimmung wie ihrer Stellung im Ganzen – zumeist mythologisch – vergewissern. Auch wenn sich im Kulturvergleich keine Kultur ohne eine solche von Menschen wie auch immer inhaltlich formulierte Charakterisierung und (Selbst)Vergegenständlichung ihrer selbst auffinden lässt, ist die dabei für das westlich-abendländische Denken – auf das ich mich hier beschränken muss – maßgeblich wie typisch gewordene Kennzeichnung des Menschen als eines Wesens *besonderer Art* alles andere als selbstverständlich.[23] Sie geht insbesondere auf zwei frühe, historisch bedeutsam gewordene und schon in sich selbst keinesfalls homogene Traditionen menschlicher Selbstverständigung zurück, auf die sich auch gegenwärtige Muster menschlicher Selbstdeutung ab- wie anlehnend (immer) noch beziehen: die biblisch-hebräische Schöpfungsgeschichte wie die griechisch-antike Philosophie und Ontologie. In ihnen thematisieren die Menschen sich als ein zwar eingeordneter und insofern ihr zugehöriger, aber auch besonderer und insofern aus ihr hervorgehobener Teil einer alles andere mitumfassenden Ordnung und Schöpfung göttlicher Herkunft. Die darin durchgängig beanspruchte Sonderstellung der Menschen schlägt sich sowohl begrifflich als auch systematisch in einer Ab- und Ausgrenzung des Menschen aus Natur und Kosmos nieder, die im westlichen Denken bis heute nicht hintergehbar scheint.

2.1. So reichen die Ursprünge der *jüdisch-biblischen* ›Genesis‹-Erzählung bis ins 9. Jahrhundert v. Chr. zurück; als konstitutiver Bestandteil des hebräischen und später auch *christlichen Denkens* hat sie bis heute als kanonisierte Eröffnung der für heilig erklärten Schriften kaum zu überschätzende Bedeutsamkeit. In ihr bestimmen sich die Menschen

---

18 Vgl. Honneth/Joas (1980).
19 Vgl. Lindemann (1999).
20 Vgl. Lorenz (1990, S. 6).
21 Vgl. Kamper (1973).
22 Vgl. Lorenz (1990, S. 58).
23 Vgl. Hügli (1980, S. 1061).

ausschließlich in ihrem Verhältnis zu Gott, als dessen Geschöpfe sie sich verstehen, und werden dadurch vornehmlich in ihrer Kreatürlichkeit, Welthaftigkeit und Vergänglichkeit gesehen und als ›Zwischenwesen‹ – weder Gott noch bloß Tier – charakterisiert (vgl. Genesis 1–11): Als Geschöpfe unter anderen Mitgeschöpfen sind sie vergänglicher Teil der Schöpfungsordnung und in sie – wenn auch allen voran – eingeordnet; als Besonderung qua auszeichnender Gottebenbildlichkeit sind sie dieser aber zugleich übergeordnet wie auch – im Ungehorsam des Sündenfalls – gegenübergestellt, so dass sie sich in eine unauflösbare Spannung gleichzeitiger Gottesnähe und Gottesferne gestellt sehen. Während aber im jüdischen Denken diese konstitutive Differenz in der Figur des ›Exodus‹ geschichtlich ausgelegt wird, wird sie im christlichen Denken hierarchisch aufgenommen und heilsgeschichtlich vervorläufigt.[24]

2.2. Auch in der nahezu gleich alten *griechisch-antiken Tradition* verstehen sich die Menschen zunächst als Differenz, indem sie sich gegen Götter und Tiere doppelt abgrenzen und als ›Zwischen‹ situieren. Erst eine ontologische Reflexion dieser Zwischenstellung[25] führt jedoch zu einer bedeutsamen Verschiebung, so dass griechisch-antik die Menschen eher als ›Doppelwesen‹ ausgelegt werden, die sowohl göttlich als auch animalisch sind. Die von hier ihren Ausgang nehmenden dualistisch strukturierten Selbstbeschreibungen und Interpretamente sind dabei abendländisch überaus bedeutsam und prägen die bis heute abendländisch dominante Selbstkennzeichnung der Menschen als eines sprachfähigen wie ›vernünftigen Lebewesen‹ (gr. ›ζῷον λόγον ἔχον‹, lat. ›animal rationale‹), so dass – insbesondere bei Platon – die anfänglich benannte Differenz in eine Hierarchie zweier unterschiedlicher Seinsbereiche umschlägt, in der der eine Pol zur Schwundform des Menschlichen veruneigentlicht wird (sterblicher Leib), der andere hingegen die (allererst noch zu erreichende) Vollform des Lebens markiert (unsterblicher Geist). Davon zwar unterschieden, doch zunehmend darauf zurückgeführt lässt sich eine zweite, systematisch oft weniger beachtete Definition des Menschen rekonstruieren, die den Menschen – insbesondere im Anschluss an Aristoteles – als ›gemeinschaftsbildendes Lebewesen‹ (gr. ›ζῷον πολιτικόν‹; lat. ›animal sociale‹) bestimmt.[26]

2.3. *Neuzeitlich* verschiebt sich nun die Figur menschlicher Selbstauslegungen erheblich, indem bisherige Markierungen zwar durchaus beibehalten, aber bedeutsam umakzentuiert werden. Mitermöglicht durch eine die beiden bisherigen Traditionsstränge neu vermittelnde Selbstbeschreibung in der Renaissance, in der – exemplarisch bei Nicolaus von Cues und Pico della Mirandola – der Mensch als zwar in Gottes Ordnung eingeordnetes Geschöpf, doch – weil in ihr unbestimmt geblieben und insofern zur Selbstbestimmung gezwungen – auf sich selbst gestelltes Wesen gekennzeichnet wird, gerät der Mensch zunehmend als ›Subjekt‹ seiner selbst, als Gestalter und Schöpfer des eigenen Lebens und insofern ›secundus deus‹ (Cusanus) in den Blick.[27]

Diese neue, die alte Ordnung in ihrer Spannung von Zugehörigkeit und Besonderung qua Nichtzugehörigkeit umakzentuierende menschliche Selbstbeschreibung wird neuzeitlich immer stärker profiliert und als die typische Figur der Selbstcharakterisierung etabliert, die – manifest schließlich im 18. Jahrhundert – die traditionelle religiös-metaphysische Schöpfungserzählung der Genesis des Menschen (und die mit ihr verbundenen theologischen Selbstkennzeichnungen der ›Erbsündigkeit‹) sukzessive außer Kraft setzt. Als Kritik der alten ›Anthropotheologie‹ (Löwith) und Projekt neuer Anthropologie zugleich zielt sie dabei auf die als freiheitsermöglichend erwartete Rückführung des Menschen auf sich selbst: Nicht hinreichend bestimmt von (als schlecht bzw. unzureichend gedachter) Natur und auf sie (und ihren Schöpfer) zurückverweisenden fremden Ordnungen und Bestimmungen ist der Mensch nun seinerseits zugrundeliegendes ›subiectum‹: auf nichts anderes reduzierbares und insofern theoretisch wie praktisch gedachtes ›fundamentum inconcussum‹ (Descartes). Zugleich wird insbesondere durch Descartes' streng dualistisch gedachte Unterscheidung von

---

24 Vgl. ausführlicher Ricken (2000).
25 Vgl. Dux (2000, S. 400–424).
26 Vgl. ausführlicher Lorenz (1990).
27 Vgl. auch historisch van Dülmen (2000).

›denkender Substanz‹ (res cogitans) und ›ausgedehnter Substanz‹ (res extensa) die bis dahin überwiegend ontologisch formulierte Tradition der ›menschlichen Doppelnatur‹ erkenntnistheoretisch fortgesetzt und – vor allem über Kant – als noch bis heute weiterwirkende ›klassische Fassung‹ neuzeitlicher Anthropologie durchgesetzt: »Der Mensch im System der Natur (homo phaenomenon, animal rationale) ist ein Wesen von geringer Bedeutung und hat mit den übrigen Tieren, als Erzeugnissen des Bodens, einen gemeinen Wert. [...] Allein der Mensch als Person betrachtet, d.i. als Subjekt einer moralisch-praktischen Vernunft, ist über allen Preis erhaben; denn als ein solcher (homo noumenon) ist er nicht bloß als Mittel zu anderer ihren, ja selbst seinen eigenen Zwecken, sondern als Zweck an sich selbst zu schätzen, d.i. er besitzt eine Würde (einen absolut inneren Wert), wodurch er allen anderen vernünftigen Wesen Achtung für ihn abnötigt, sich mit jedem anderen dieser Art messen und auf den Fuß der Gleichheit schätzen kann.«[28] So macht Vernunft allein zunehmend das Wesen des Menschen aus; sie gilt ihm als ›Besonderung‹ überhaupt und wird im Konzept der ›Autonomie‹ als Grund seiner Würde wie als Grundlage seiner Lebensführung schließlich mit Mündigkeit, generalisierbarer Selbstbestimmung und allgemeiner Individualität identifiziert wie auch verwirrt.[29] Kulturalität qua Vernunft wird damit zu *der* Signatur der neuzeitlichen Anthropologie überhaupt.

Zweierlei Momente seien in dieser neuzeitlich-modernen Selbstbeschreibung der Menschen als ›Subjekten ihrer selbst‹ besonders hervorgehoben:[30]

(a) Diese Selbstauslegung impliziert, dass der Mensch nicht von Anfang an bereits Mensch ist, sondern zu diesem – auch und gerade durch sich selbst – allererst wird: (Zunächst allein ontogenetische) Entwicklung ist gerade nicht mehr Ausfaltung vorheriger Einfaltungen und sukzessive Einlösung ursprünglicher Bestimmungen, die nur allzu oft substanziale Lesarten nahe legt, so dass Ursprung und Ziel logisch zusammenfallen und in der Entwicklung als einer ›restitutio‹ des ›alten Menschen‹ prinzipiell ›nichts Neues‹ entstehen kann (Genesis), sondern meint nun – als eine Art »zweite Genesis des Menschen«[31] – ›allmähliche Ausbildung (Epigenesis)‹ (Blumenbach) als einer radikal gedachten Neuschaf-

fung in der Zeit.[32] Es ist diese Idee einer epigenetisch gedachten Entwicklung als einer produktiven Selbsthervorbringung und der damit verbundenen Möglichkeit eines wirklich Neuen, die die neuzeitliche Selbstverständigung der Menschen so radikal von den alten Ordnungsfiguren unterscheidet und bis heute nachhaltig verändert:[33] statt »gleich anderen Tieren an eine einzige gebunden zu sein« entdeckt der Mensch in sich »das Vermögen, sich selbst eine Lebensreise [lt. Anm. auch ›Lebensweise‹] auszuwählen«.[34] Damit aber lässt sich auch das (zumeist pädagogische) Programm der Konstitution des ›neuen Menschen‹ auf einen argumentativ veränderten Boden stellen und als zukünftig einzulösendes Projekt produktiv entfalten.[35] Der Mensch ist daher nicht nur als ›Werk der Natur‹ und ›Werk der Geschichte‹ immer auch ›Werk seiner selbst‹ (Pestalozzi), sondern – mit ungeahnten Folgen bis heute – ›bieg‹- wie ›bildsam‹: »Dass wir eigentlich Menschen noch nicht sind, sondern täglich werden«,[36] lautet schließlich Herders bildungsprinzipieller Grundsatz, der den Menschen als nicht teleologisch denkbare ›Vervollkommnung‹ bestimmt und damit zum werdenden »Gott auf Erden«[37] erhebt: »Du selbst bist [...] dein Schöpfer selbst und dein Geschöpf.«[38] Nicht festgelegt und insofern ›unbestimmt‹ zu sein heißt aber nicht nur, bestimmte als menschlich beobachtete bzw. zugeschriebene Fähigkeiten als Bedingungen praktischer Lebensgestaltung und Selbstbestimmung zu besitzen, sondern auch aufklärerisch – insbesondere im Anschluss an Rousseaus Konzept der ›perfectibilité‹[39] – vor allem, Fähigkeiten allererst entwickeln zu können.

(b) Dabei steht diese Selbstkennzeichnung immer in einem auf die Gattung bezogenen Rahmen einer

---

28 Kant (1956, IV, S. 568 f.).
29 Vgl. Meyer-Drawe (1998).
30 Vgl. auch den Beitrag 5.2 in diesem Band.
31 Vgl. Herder (1887, XIII, S. 348).
32 Vgl. Liebsch (1992) wie Müller-Sievers (1993).
33 Vgl. Riedel (1994).
34 Kant (1956, VI, S. 88).
35 Vgl. historisch van Dülmen (1998).
36 Herder (1887, XIII, S. 350–351).
37 Herder (1909, XIV, S. 210).
38 Herder (1889, XXIX, S. 139).
39 Vgl. Rousseau (1995, S. 106–109).

›allgemeinen Menschheit‹, kann doch das Individuum »in Ansehung der Kürze des Lebens«[40] den ›Zweck seines Daseins‹ nicht erreichen, sondern »nur die Gattung: so, dass sich das menschliche Geschlecht nur durch Fortschreiten, in einer Reihe unabsehlich vieler Generationen, zu seiner Bestimmung empor arbeiten kann«.[41] Sie muss daher sowohl (erkenntnis)theoretisch als auch praktisch immer auch als eine paradoxe ›Operation gleichzeitiger Individualisierung und Totalisierung‹[42] gelesen werden, denn als ›Vernunftwesen‹ tritt das Individuum gerade nicht als individueller Mensch, sondern ›als Mensch an sich‹ und damit als Vertreter ›aller Menschen‹[43] – als »Menschheit in einer Person«[44] – auf. Solchermaßen eingespannt in die Matrix von ›Allgemeinem‹ und ›Besonderem‹ wird das Individuum darin gegen sich selbst gekehrt und so der ›Ordnung der Vernunft‹ unterworfen.[45] Subjektsein meint daher eine spezifische ›vernünftige Besonderung‹, die »jederzeit zugleich als Prinzip einer allgemeinen Gesetzgebung gelten könne«:[46] selbst zu sein wie alle. Gerade diese Problemfassung der Verallgemeinerbarkeit aber verhindert auch neuzeitlich, die immer wieder erarbeitete Selbstdefinition als eines ›animal rationale‹ mit der anderen, ebenfalls bereits antik bedeutsam gewordenen Kennzeichnung des Menschen als eines ›animal sociale‹ systematisch verbinden zu können; vielmehr wird diese immer wieder in jener des Vernunftwesens fundiert und so um ihren Eigensinn gebracht.

2.4. Dabei führt die in dieser, auch zeitgenössisch bereits umstrittenen Selbstauslegung des Menschen als einem (erkenntnis)theoretischen wie praktischen ›Subjekt‹ vorgenommene Zentrierung des

---

40 Kant (1956, VI, S. 100).
41 Kant (1956, VI, S. 676).
42 Vgl. Foucault (1994, S. 250).
43 Vgl. Lorenz (1990, S. 42).
44 Kant (1956, IV, S. 569).
45 Vgl. Lorenz (1990, S. 42–49) wie auch Ricken (1999, S. 61–104).
46 Kant (1956, IV, S. 140).
47 Foucault (1971, S. 460).
48 Nietzsche (1988, XII, S. 127).
49 Dilthey (1914, IV, S. 529).
50 Vgl. Dressel (1996); Wulff (1997).

Menschen zu einem sich selbst und allem anderen ›Zugrundeliegenden‹ und dessen Besonderung gegenüber allen anderen Lebewesen (logisch) konsequent zu einer modern zunehmenden Dezentrierung des Subjekts, die schließlich spätmodern mit der Proklamation des »Verschwinden[s] des Menschen«[47] ihre provokative und bisweilen heute immer noch heftig umstrittene ›Schlussformulierung‹ erhalten hat: »Seit Copernikus«, so hatte Nietzsche bereits 1886 diese Bewegung als »Selbstzersetzung« und »Wendung gegen sich« gekennzeichnet, »rollt der Mensch aus dem Centrum ins x.«[48]

Viererlei – hier bloß exemplarisch konzipierte – Stationen dieser überwiegend theoretisch dimensionierten Dezentrierung des Subjekts seien genannt, um den modernen Wandel menschlicher Selbstverständigungsfiguren und den darin vollzogenen Abbau eines einheitlich-substantialen Verständnis des ›Humanum‹ zu illustrieren:

(a) Im ›historical turn‹ des 19. Jahrhunderts zerschmilzt ›der Mensch‹ gerade aufgrund der aufklärerisch akzentuierten Unbestimmtheit und seinem darin begründeten ›Bestimmtseyn zur Selbstbestimmung‹ (Fichte) zu einem geschichtlichen und insofern immer partikularen Wesen, das sich – bedingt durch jeweilige Zeiten, Räume und Kulturen – nur eine je spezifische und insofern von anderen erheblich differierende Lebensgestalt zu geben vermag, die sich zunehmend weniger als Besonderes eines hintergründig Allgemeinen verstehen lässt. Entlang Diltheys Diktum – »Was der Mensch ist, sagt nur die Geschichte«[49] – rückt dabei nicht nur dessen faktische, historisch divergente und plurale Gestalt, sondern auch dessen konkrete menschliche Praxis als Frage nach dem ›Wer‹ und ›Wie‹ des Menschen in den Vordergrund, so dass Menschen sich selbst als ›geschichtlich‹ bedingt wie zugleich Geschichte gestaltend auszulegen lernen. Diese Einsicht in die Historizität hat gegenwärtig schließlich mit zur Etablierung einer ›historischen Anthropologie‹ geführt.[50]

(b) An sie lässt sich eine weitere, als ›naturalistic turn‹ bezeichenbare Zuwendung zur ›Naturgeschichte‹ der Menschen anknüpfen, die – im Gedanken der ›Epigenesis‹ bereits aufklärerisch begonnen – zu einem gegenwärtig nahezu kulturüber greifend selbstverständlich gewordenen ›evolutionären Selbstverständnis‹ geführt hat. Insbesondere Darwins These der natürlichen ›Abstammung des Menschen‹, dass alles – auch »jedes geistige Vermögen und jede Fähigkeit« überhaupt – »nur allmählich und stufenweise erlangt werden kann«,[51] kann als bis heute anhaltende Revolution im Selbstverständnis der Menschen gelten; in ihrer Konsequenz führt sie zur paradoxen Wiedereinordnung des Menschen in die ihn umgreifende und prozessual allererst ermöglichende ›Ordnung der Natur‹, deren vermeintlicher ›Herr‹ er als ›homo faber‹ (Bergson) durch sie doch geworden war. Biologische Anthropologie wie Paläoanthropologie haben von hier sich entwickeln können und als inzwischen unabdingbare Momente menschlicher Selbstvergewisserung zu maßgeblich veränderten Selbsteinschätzungen und Einordnungen geführt.[52]

(c) In einer Art ›*structuralistic turn*‹ ist vonseiten kulturanthropologischer und ethnologischer Forschungen im Anschluss an Linguistik (Saussure), Semiotik (Barthes) und auch Psychoanalyse (Freud und Lacan) versucht worden, den im ›linguistic turn‹ bereits sprachtheoretisch eingeschlagenen Weg einer Dezentrierung des Subjekts durch Interpretation der Sprache als einem dem jeweiligen Sprechakt (parole) vorgängigen, strukturierten Zeichensystem (langue) auch handlungs- und kulturtheoretisch bedeutsam zu machen. Dabei geht es insbesondere Lévi-Strauss in seiner ›Strukturalen Anthropologie‹ darum, auch soziale Phänomene als Zeichensysteme zu verstehen und durch die distanzierte Analyse ihrer Invarianten deren jeweilig unbewusste ›Grammatik‹ zu erarbeiten, um ›hinter‹ dem Rücken der handelnden und leidenden Menschen auf »allgemein funktionierende Tatsachen« und Strukturen zu stoßen, die »möglicherweise ›universeller‹ und ›wirklicher‹ sind«,[53] als Intentionalität und jeweilige Sinndeutungen der Menschen es als bloß »sekundären Rationalisierungen«[54] sein können.

(d) Schließlich lassen sich die Arbeiten Foucaults als konsequenter, an den Strukturalismus kritisch anschließender Versuch lesen, die neuzeitlich überblähte ›ideologische Existenz des Menschen‹ (Konersmann) zu destruieren und die aufklärerisch

beanspruchte und längst politisch funktionalisierte ›Autonomie des Subjekts‹ als Illusion und gefährliches Selbstmissverständnis zu dechiffrieren.[55] Insbesondere in seinen archäologisch und genealogisch orientierten Arbeiten kritisiert Foucault scharf die aufklärerische These des ›konstitutiven‹ und ›souveränen Subjekts‹, das in seiner – durch und seit Kant – erkenntnistheoretisch wie praktisch beanspruchten Vorrang- und Vormachtstellung sich als ›autonom‹ auslegt; der Selbsttitel ›Subjekt‹ – so Foucault – markiere gerade keine universelle anthropologische Kennzeichnung, sondern eine höchst zeit- und machtgebundene und insofern alles andere als selbstverständliche ›Selbsterfindung‹, die dessen konkrete Einbindung und strategische Nutzung in Wissensdiskursen und Machtdispositiven erfolgreich zu verschleiern vermag. Doch zielt seine auch zum populären Slogan verkommene Proklamation des »Ende des Menschen«[56] gerade nicht auf eine restlose Verabschiedung ›anthropologischer Reflexionen‹ zugunsten systemischer oder strukturalistischer Denkfiguren, sondern sucht in der Thematisierung der in jeweilige Wissensformationen und Machtdispositive eingebundenen ›Selbstverhältnisse‹, zu »neuen Formen der Subjektivität«[57] zu gelangen.

In diesen (u. a.) unterschiedlichen Reflexionsbewegungen dezentriert und aus einer beanspruchten Zentralstellung in Welt und Kosmos vertrieben, erkennen sich die Menschen spätmodern zunehmend als nicht notwendig und insofern zufällig; während aber evolutionäre Zufälligkeit genügt, »wenn es um den Kieselstein geht«, gilt sie »aber für uns selbst« nur allzu oft als unannehmbar: »Wir möchten, dass wir notwendig sind, dass unsere Existenz unvermeidbar und seit allen Zeiten beschlossen ist.«[58] Das Zerbrechen des auf einer »anthropozentrischen Illusion«[59] aufsitzenden Selbst-

---

51 Darwin (1980, S. 537).
52 Vgl. ausführlicher Schiefenhövel u. a. (1992); Dux (2000).
53 Lévi-Strauss (1992, S. 39).
54 Lévi-Strauss (1967, S. 34).
55 Vgl. Meyer-Drawe (1990).
56 Foucault (1971, S. 460).
57 Foucault (1994, S. 250).
58 Monod (1971, S. 53f.).
59 Monod (1971, S. 51).

erhöhungs- und Besonderungsglaubens markiert aber wohl auch gegenwärtig die entscheidende anthropologische Herausforderung, in der die Kontingenz – zunehmend die Erfahrung von Andersmöglichkeit, Zufälligkeit und radikalisierter Endlichkeit bezeichnend – zum Inbegriff der menschlichen Seinsweise wird und so einen nicht-hintergehbaren Bruch mit der Vorstellung dokumentiert, »der Sinn des Lebens endlicher, sterblicher, zufällig existierender menschlicher Wesen leite sich von irgend etwas anderem ab als endlichen, sterblichen, zufällig existierenden Menschen«.[60] Erst dies aber eröffnet die produktive Möglichkeit, diesseits metaphysisch gesetzter Notwendigkeiten und Halterungen (und daraus resultierender Mängel- und Defizienzbefunde) eine die eigene Zufälligkeit wie Endlichkeit anerkennende menschliche Selbstbeschreibungsfigur allererst zu entwickeln. Paradox genug: Zeitgleich zu diesen verschiedentlich theoretisch unternommenen Dezentrierungen des Menschen hat dieser zunehmend sich als praktisches ›Zentrum der Welt‹ etabliert, indem er – trotz oder vielleicht gerade wegen dieser Dezentrierung – sie auf sich zentriert und sich unterworfen hat.

3. Vom ›Mängelwesen‹ zum Wesensmangel – gegenwärtige Akzentuierungen

Vor diesem historischen Hintergrund des Diskurses zur ›Frage des Menschen‹ zeichnet sich *gegenwärtig* ein durchaus widersprüchliches und auch jeweilig in sich selbst spannungsreiches menschliches Selbstverständnis ab. Dessen Topographie lässt sich – allerdings erheblich vereinfacht – mit vier Akzentsetzungen beschreiben, die auch die jeweilige Wahrnehmung der gesellschaftlich-aktuellen Situation höchst unterschiedlich bedingen, ob und inwiefern die Humangenetik und Gentechnologie zu einer

neuen ›Existenzweise‹ der Menschen (ver)führen und der bis dahin ›uns vertraute‹ Mensch nicht nur immer fraglicher wird, sondern gänzlich auf dem Spiel steht – oder nicht. Mindestens aber belegen die andauernden Diskurse zur möglich erscheinenden ›Autogenesis‹ des Menschen die irritierende Beobachtung, dass – trotz und vielleicht gerade wegen anthropologischer Unergründbarkeit wie Nichtpositivierbarkeit und damit verbundener immer auch mühsamer Dauerreflexivität – nicht nur das, *was, wer, wie* und *wann* ein Mensch ist, auch praktisch unklar geworden ist,[61] sondern nähren auch den erheblichen Verdacht, dass zunehmend wenig oder nichts von dem uns vertrauten und anvertrauten ›Mensch‹ erwartet wird, so dass dessen faktische Aufhebung und Überwindung zugunsten eines ›deus qua machina‹ (Kamper) mit allen (gen-)technologischen Mitteln zu betreiben geraten scheint.[62] Die programmatisch formulierte Selbstauslegung des Menschen als eines ›Zuchtwesens‹[63] verdankt sich dabei nicht nur der Erinnerung vielfältig grausamer ›Menschenvernichtungserfahrungen‹, sondern zielt ihrerseits auch auf die Aufhebung seiner ›Selbstentzogenheit‹: Der Wunsch, nicht sein zu wollen, was man nicht selbst gewollt hat, führt – bei ausreichendem Verfügungswissen – unweigerlich zur Praxis, nur das sein zu wollen, was man gewollt hat, und nährt das Selbstmissverständnis, dieses auch zu können.

3.1. So lassen sich gegenwärtig in einem (noch) überwiegenden Teil der sozial- und kulturwissenschaftlichen Forschungen als ›klassisch‹ bezeichenbare Anthropologien rekonstruieren, die – oft in fundierender Absicht[64] – eher implizit als explizit entweder subjekttheoretisch im Engeren[65] oder ausdrücklich weiter gefasst ›anthropologisch‹ argumentieren. Ihr Paradigma ist dabei zumeist die Anthropologie Gehlens, deren Grundtheoreme aufgrund ihrer Eingängigkeit und kulturellen Vertrautheit oft nur trivialisierend rezipiert werden. So gelten trotz wiederholter empirischer wie methodologischer Einsprüche[66] seine – in einer Art kausaler Ableitung miteinander verknüpften – Markierungen des Menschen als eines natural bedingten ›Mängelwesens‹ (Gehlen) und kompensatorisch auf Kultur angewiesenen ›Fähigkeitswesens‹ als Ecksteine einer durchaus schmeichelhaften ›anthro-

60 Rorty (1989, S. 86).
61 Vgl. Meyer-Drawe (1996).
62 Vgl. Kamper (1997).
63 Vgl. Sloterdijk (1999).
64 Vgl. Lindemann (1999, S. 166).
65 Vgl. hier ebenfalls den Beitrag 5.2 in diesem Band.
66 Vgl. Schiefenhövel u. a. (1992, II wie VI).

pologischen Sonderstellung‹, die durch prinzipielle ›Weltoffenheit‹, ›Plastizität‹ und einen ›konstitutionellen Antriebsüberschuss‹ gekennzeichnet ist. Dabei wird Gehlens These, dass »der Mensch von Natur ein Kulturwesen« sei,[67] nicht nur immer wieder um ihr logisch notwendiges – und in der Tat hochproblematisches – institutionentheoretisches Komplement verkürzt,[68] sondern oft auch als objektivierbares menschliches Selbstverständnis gehandhabt, das vermeintlich empirisch begründet aus ›anthropologischen Selbstzweifeln‹ und reflexiven Selbstverwicklungen Ausstieg ermöglicht und bisweilen unbekümmert die aufklärerisch-idealistisch intonierte Figur der ›anthropologischen Selbstüberhebung‹ fortschreibt. Nur von dieser her ist aber erklärbar, dass Hinweise auf naturale, materiell-leibliche wie auch soziale Eingebundenheit der Menschen als geradezu schadenfrohe Einsprüche gegen Freiheit und Selbstbestimmungsmöglichkeit ausgelegt werden, die – ebenso schablonenhaft – mit Hinweisen auf deren allein schon praktische Notwendigkeit gekontert werden, um dann unbeeindruckt in alte anthropologische Fahrwasser zurückzukehren.

3.2. Im Gegenschlag zu solch anthropologisch bzw. subjekttheoretisch vorgetragenen Fundierungsargumentationen haben sich aufklärungskritisch vielfache Strategien der Einklammerung oder gar ausdrücklichen Ausklammerung anthropologischer Überlegungen etabliert, denen diese auch denkerisch zumeist als überholt und antiquiert-moralisierend gelten. Ein durchgängiger, allerdings auch unterschiedlich genutzter Ausgangspunkt ist dabei die – in weiten Teilen des anthropologischen Diskurses geteilte – Beobachtung, dass das, was Menschen ausmacht, nicht allgemein und zeitenthoben formuliert werden kann, so dass unsicher geworden ist, wer überhaupt als Mensch und Nichtmensch, welche Praktiken als menschlich oder nicht Geltung beanspruchen können. So halten sich historisch-kulturelle Relativierungen, die – im Sinne einer ›Historischen Anthropologie‹[69] – die irreduzible Pluralität und Heterogenität menschlicher Erscheinungsformen und Lebensweisen anerkennen und gerade nicht subtil auf vermeintliche Invarianten zurückzuführen suchen,[70] ebenso wie kategorial orientierte Neuansätze, die diesseits einschränken-

der und ›menschelnder‹ ›Anthropologismen‹ (Derrida) bereits grundbegrifflich anders anzusetzen versuchen und sich bisweilen als ›antihumanistisch‹ etikettieren,[71] in Distanz zu bisher eingewöhnten Reflexionsfiguren. Doch entkommen auch solche Ansätze in der Plausibilisierung ihres kategorialen Zugriffs dem anfänglich bereits skizzierten ›anthropologischen Zirkel‹[72] nicht, unterstellen sie doch ihrerseits mindestens methodologisch ein – dann allerdings seinerseits oft reduziertes bzw. einseitiges und durchaus traditionales – menschliches Selbstverständnis.[73]

3.3. In eine dritte, sich von den beiden bisherigen Akzentsetzungen zugleich deutlich unterscheidende Richtung weisen zunehmend sich etablierende und ausdrücklich anthropologisch argumentierende Konzepte einer reflexiv-historisch ausgearbeiteten ›anthropologischen Differenz‹.[74] Sie zielen dabei sowohl auf die methodologische Reflexion des ›anthropologischen Zirkels‹ als einem nichtvermeidbaren Moment sozial- und kulturwissenschaftlicher Zugriffe, als auch auf die systematische Erarbeitung eines auch inhaltlich bestimmten Begriffs vom Menschen als einer Differenz, der der Unmöglichkeit eines definiten Begriffs vom Menschen Rechnung trägt: »Er ist sich selbst und den anderen eine offene Frage, die keine geschlossene, definitive Antwort finden kann.«[75] Dabei rekurrieren diese Ansätze einer differentiell-reflexiven Anthropologie nahezu durchgängig auf die phänomenologisch-anthropologischen Arbeiten Plessners, dessen Konzeption der ›exzentrischen Positionalität‹ als kaum übergehbarer Ausgangspunkt neuerer Anthropologien gelten muss. Ausdrücklich gegen die philosophische Tradition des ›Doppelwesens‹ gerichtet[76] ist mit ihr eine sowohl methodologisch als auch inhalt-

---

67 Gehlen (1997, S. 80).

68 Vgl. insgesamt Lorenz (1990) wie Dux (2000).

69 Vgl. Dressel (1996).

70 Vgl. Wulff (1997, S. 13).

71 Vgl. explizit Luhmann (1997, S. 23–35).

72 Vgl. Kap. 1 dieses Beitrags.

73 Vgl. Luhmann (1984, S. 148–190) wie dazu Lindemann (1999).

74 Kamper (1973).

75 Kamper (1997, S. 86).

76 Vgl. Plessner (1981, IV, S. 78–114).

lich bedeutsame Neujustierung verknüpft, die insgesamt als Verabschiedung ›quasi-archimedischer Argumentationsmuster‹ und eines damit verbundenen ›Identitätsdenkens‹ zugunsten eines neu zu entwerfenden ›Differenzdenkens‹ beschrieben werden kann. Während die den Tieren zugeschriebene Positionalität als bereits selbstreferentiell gehandhabte Relation (von Zentrum und Umwelt) konzipiert ist, so dass deren ›Sein‹ ausschließlicher Bezugspunkt ihrer jeweiligen (nach außen gerichteten) Existenz ist, markiert ›exzentrische Positionalität‹ jene eigentümlich paradoxe, weder zur einen noch zur anderen Seite auflösbare menschliche Verfasstheit, die nur als doppelte Relation beschreibbar ist: sich zu sich selbst als einer auf andere bezogenen Relation (Positionalität) verhalten zu können, darin sich selbst als ein ›Selbst‹ zu erfassen und insofern zugleich innerhalb wie außerhalb seiner selbst zu stehen.[77] Damit aber wird die Relation von Zentrum und Umwelt nicht nur selbstveränderlich handhabbar, so dass Selbstdistanz wie Wesenslosigkeit zwingend folgen, weil er sich selbst sowohl »zu dem, was er schon ist, erst machen«[78] muss, als auch nie »sich nur zu dem [macht], was er ist«.[79] Vielmehr kann der Mensch sich auch gar nicht zu dem machen, was er zu sein sich vornimmt, und ganz als er selbst existieren, weil »der Mensch [...] nie ganz das [ist], was er ›ist‹«:[80] nicht nur, weil er sich zu sich selbst verhalten muss und sich insofern immer auch anders verhalten kann und auf kein letztes ›Selbst‹ als Fixum hinter allen sozialen Rollen zurückgeführt werden kann; auch nicht nur, weil Selbstabstand gerade keine vermeintlich nachträgliche »Zerklüftung und Zerspaltung meines im Grunde ungeteil-

ten Selbst«[81] darstellt; sondern vor allem, weil ein jeder »sich nur im Umweg über andere und anders als ein Jemand hat«[82] und sich insofern immer auch entzogen und fremd ist. Erst diese »Verborgenheit des Menschen für sich selbst wie für seine Mitmenschen«,[83] die Plessner eindrücklich gegen eine anthropologisch veranschlagte ›Selbstentfremdung‹ als einer fatalen »Romantik von Entfremdung und Heimkehr«[84] abgrenzt, gibt das Recht, vom »homo absconditus«[85] zu sprechen.

Was aber auf den ersten Blick als substantiale Kenn- und Auszeichnung des Menschen gelesen werden kann und den ohnehin unzähligen Selbstdefinitionen der Menschen nur eine weitere – die des ›homo excentricus‹ – hinzufügt, verschiebt sich in der Wiederaufnahme der alten Selbstfrage nach der ›conditio humana‹ zu einer Erkundung der Bedingungen der Menschen, so dass mit ›exzentrischer Positionalität‹ nicht deren Wesen bestimmt, sondern die Form ihres jeweiligen ›Sich-Verhaltens‹ focussiert wird. Hannah Arendt hat diese konditionale Logik präzise formuliert: »Menschen sind bedingte Wesen, weil ein jegliches, womit sie in Berührung kommen, sich unmittelbar in eine Bedingung ihrer Existenz verwandelt.«[86] Indem sie aber zwischen ›Natur‹ und ›Bedingtheit‹, zwischen Bedingungen als »Mitgift ihrer irdischen Existenz« und »selbstgeschaffenen Bedingungen«[87] unterscheidet, wird deutlich, dass die jeweiligen Bedingungen gerade nicht festliegen, sondern in deren ›Sich-Verhalten‹ selbst eingebettet, insofern gestaltbar und veränderbar sind, ohne dass ein Ausstieg aus dieser ›konditionalen Logik‹ möglich wäre: ›Natalität‹, ›Mortalität‹ und ›Pluralität‹ wie auch ›Weltlichkeit‹ und ›Lebendigkeit‹ markieren konstitutive, weder bloß fremdgesetzte, noch durch sich selbst gesetzte Strukturen[88] menschlichen Existierens. Als ›was‹ und ›wer‹ sich Menschen selbstverstehen, ist immer darin angelegt, ›wie‹ sie sich als ›situiert‹ praktizieren.

Mit dem Begriff der ›anthropologischen Differenz‹ hat nun Kamper[89] die anthropologische Ambivalenz – in keinem ›definiten‹ Begriff des Menschen sich erkennen und dennoch auf Selbstauslegung nicht verzichten zu können – reformuliert und in sowohl methodologischer als auch inhaltlicher Hinsicht präzisiert. Aber erst die doppelte Justierung der ›anthropologischen Differenz‹ ver-

---

77 Plessner (1981, IV, S. 360–425).
78 Plessner (1981, IV, S. 383).
79 Plessner (1981, IV, S. 384).
80 Plessner (1983, VIII, S. 200).
81 Plessner (1983, VIII, S. 190).
82 Plessner (1983, VIII, S. 195).
83 Plessner (1983, VIII, S. 359).
84 Plessner (1983, VIII, S. 366).
85 Plessner (1983, VIII, S. 353–366).
86 Arendt (1967, S. 16).
87 Arendt (1967, S. 16).
88 Arendt (1967, S. 18).
89 Vgl. Kamper (1973).

hindert, Exzentrizität – wie bisweilen praktiziert[90] – allein mit Reflexivität zu identifizieren, darin einseitig als Kompensation naturaler Mängel auszulegen und so eingewöhnte Selbstdeutungen einer ›Doppelnatur‹ fortzuschreiben. Denn weder lässt sich der Mensch als Animalität und dazu kommende Reflexivität (Tier plus x), noch als über Animalität hinausgehende und insofern konträr-besondernde Reflexivität (x statt Tier) beschreiben. Vielmehr zielt die Figur einer ›exzentrischen Positionalität‹ auf eine Selbstauslegung »ohne Vergleichung und eigentliche Gegeneinandermeßung [als] seine [eigene] Art«:[91] weder bloß Additum noch Oppositum zu einer auch menschlich wie tierisch beobachtbaren Positionalität, sondern Ineinanderfaltung zweier Relationen zu einer ›Eigenart‹, so dass – mit Herder formuliert – »mit dem Menschen [...] sich die Scene ganz«[92] und ums Ganze ändert. Exzentrisch bezogen zu sein meint dann, mich auf meine Bezogenheit als solche beziehen zu können und in dieser ›Gegenlage‹ ebenso mich als ein ›Ich‹ wie andere als ein ebenfalls auf sich und andere bezogenes wie angewiesenes Verhältnis wahrnehmen zu können, ohne aber meine Bezogenheit (und darin situierte Perspektivität) dadurch aufheben und in (ent-subjektivierte) Objektivität oder zentrisch überblähte Subjektivität verwandeln zu können. Konsequent lässt sich daher das Konzept der ›anthropologischen Differenz‹ nur als doppelte Relationalität erläutern: als einander bedingende wie durchkreuzende Verhältnisse zu Natur, zu anderen als Anderen und zu mir selbst. Insbesondere in der dialogischen Erfahrung lässt sich deren jeweiliges Ineinander verdeutlichen, so dass das Selbst eine weder vorgängige noch nachgängige Entität außerhalb dialogischer Rede- und Handlungszusammenhänge ist, sondern auf Andere als ebenfalls auf sich selbst (und Andere) bezogene Selbste bezogen ist und sich im »Sich-im-Anderen-Erkennen«[93] allererst ›bildet‹. Relationalität als Zusammenhang zweier Differenzen wird damit zur methodologischen Grundstruktur eines solchen Differenzdenkens.[94]

3.4. Diese hier rekonstruierte konzeptionelle Umstellung der Reflexion auf ›anthropologische Differenz‹ als einer mehrfach dimensionierten und ihrerseits irreduziblen Relation hat dabei zu einer systematischen Neuverknüpfung zweier alter, bisweilen bloß nebeneinander gestellter Kennzeichnungen des Menschen – als eines ›animal rationale‹ bzw. ›animal rationabile‹ und eines ›animal sociale‹ – geführt,[95] indem (allzu oft bloß) ›reflexiv‹ gedachte Selbstbezüglichkeit (Subjektivität) und sozial dimensionierte Anderenbezüglichkeit (Alterität) als ein Ineinander zweier sich gegenseitig konstituierender Differenzen rekonstruierbar werden. Während aber substanzlogisch das ›Erscheinen des Anderen‹ kein theoretisches Problem darstellte, sind doch ›Ich‹ und ›Du‹ von einem entweder impersonal (griechisch) oder personal (christlich) gedachten ›Dritten‹ umfasst und in ihm aufgehoben, ist dies bereits früh als ein konsistent subjektlogisch nicht lösbares Problem bewusst geworden. Alle Versuche, seit Hegels folgenreicher Transformation des Problems des Selbstbewusstseins in eines der Anerkennung, das ›Mitsein‹ als gleichursprünglich mit dem je eigenen ›Selbstsein‹ aufzuweisen, haben zu verschiedentlich problemverkürzenden Konzepten geführt: Weder die bloße Setzung des anderen durch das sich selbst setzende ›Ich‹ (Fichte) und dessen dialektische Aufhebung in einem ›Dritten‹ (Hegel), noch die in Analogie zur Selbstauslegung phänomenologisch unternommene Konstruktion des anderen als eines ›alter ego‹ (Husserl) und die daran anschließende Konzeption einer ›transzendentalen Intersubjektivität‹ erwiesen sich als ein angemessener Zugriff und haben in ihrer methodologisch wie inhaltlich unternommenen ›Vorordnung des Selbst‹ jeweilige Gegenpositionen einer ›Anderenvorordnung‹ und ›Selbstabwertung‹ provoziert.[96] Während bereits Feuerbachs frühe Intonierung solcher ›Interexistentialität‹ als Explikation des ›Geheimniß der Nothwendigkeit des Du für das Ich‹ (Feuerbach) wie auch Bubers dialogische Relationierung des ›Ich‹ in die beiden Grundworte ›Ich-Du‹ und ›Ich-Es‹ Intersubjektivität eher sym-

---

90 Vgl. kritisch Lorenz (1990, S. 109).
91 Herder (1891, V, S. 94); vgl. Ricken (2000, S. 436 f. wie 447 f.).
92 Herder (1891, V, S. 25).
93 Lorenz (1990, S. 106).
94 Vgl. den Beitrag 4.3 in diesem Band, wie auch Ricken (1999).
95 Vgl. Lorenz (1990).
96 Vgl. insgesamt Theunissen (1977).

metrisch ausformulieren, lassen sich die philosophischen Meditationen Lévinas' zur ›Alterität‹ als
radikale Zuspitzung lesen: Nicht nur entzieht sich
der Andere in seiner radikal verstandenen Andersheit jedem Versuch einer verstehenden Aneignung
(und Reduktion auf das Selbst) und markiert daher
eine irreduzible, nur ethisch aufnehmbare Differenz
zwischen ›Phänomenalität‹ und ›abwesender Spur‹
(des ›Antlitzes‹); vielmehr ist das Ich dem Anderen
nachgeordnet, ihm unterworfen wie verpflichtet
und dadurch allererst als ›Ich‹ ermöglicht.[97] Dieser
Theoriefiguration aber, in der sich Subjektivität
(bzw. Identität) und Alterität in ihrer jeweilig ausschließlich beanspruchten fundierenden Funktion
oppositional gegenüber stehen und einander blo-
ckieren, weil weder Selbstbezogenheit auf Anderenbezogenheit, noch umgekehrt Anderenbezogenheit
auf Selbstbezogenheit bruchlos zurückgeführt werden können, lässt sich durch die ›Komplettierung‹
der überwiegend dyadisch gedachten ›Intersubjektivität‹ durch die Einführung der Figur ›des/der
Dritten‹ entkommen.[98] So erlaubt die Berücksichtigung ›des/der Dritten‹ und deren Erhebung zu »ka-
tegorialem Rang«[99] die präzisierende Neujustierung
bisheriger Sozialanthropologie als eines dreidimensionalen Geschehens, denn ›der/die Dritte‹ bezeichnet gerade nicht einen weiteren Anderen, der neben
den Anderen als Repräsentation der ›Vielen‹ tritt,
sondern markiert neben der (von allen jeweilig ein-
zunehmenden) ›Selbstposition‹ des ›Ich‹ und der
›Alteritätsposition‹ des ›Du‹ die weitere Position
einer ›fremden Zugehörigkeit‹ (›Alienitätspositi-
on‹),[100] die nicht mit der ›Objektposition‹ der Dinge
(›Es‹) zusammenfällt und die Thematisierung von
und in ›Abwesenheit‹ erlaubt (›Er‹ oder ›Sie‹). Während das ›Auftreten des Anderen‹ Dezentrierung des
Selbst und dessen ›Veranderung‹ als Bezogenheit
wie Entzogenheit meint, indem ich mich – durchaus wechselseitig – als Bewusstsein eines Anderen

weiß, das ich nicht wissen kann, bedeutet das ›Erscheinen des/der Dritten‹ »das bewusste Erfassen
des Füreinander zweier Wesen«[101] – ohne mich:
Ich bin nicht mehr nur Beobachter eines anderen
Blicks (auf mich), den ich selbst nicht einzunehmen
vermag, sondern immer auch ›lachender‹, bisweilen
›ausgeschlossener‹ Dritter. Im ›Dritten‹ wird daher
nicht nur die paradoxe Vorstellung einer ›Welt auch
ohne mich‹ greifbar; mit ihm konstituiert sich auch
das ›Feld der Macht‹, indem es aus unbedingter
Anderenbezogenheit partiell austreten und diese –
exemplarisch im ›Dreiecksverhältnis‹ – partikular
wählen lässt, ›Freund-Feindverhältnisse‹ (Schmitt)
schafft und Strategien der Produktion von ›Sünden-
böcken‹ (Girard) nahe legt, um der ›Ausstoßung
des/der Dritten‹, der ja auch ich selbst sein könnte,
zuvor zu kommen. Dabei lässt sich diese intersubjektive Dynamik weder durch verallgemeinernde
Gerechtigkeits- noch harmonisierende Anerken-
nungstheorien stillstellen, sondern erzwingt die Berücksichtigung und (positive) Anerkennung der
menschlichen ›konstitutiven Unvollständigkeit‹.[102]

4. ›Menschen‹ – vorläufige Befunde

Entlang der Frage, als was, wer und wie Menschen
in den Blick kommen, wenn kulturwissenschaftlich
gearbeitet wird, lässt sich eine erste *Bilanz* ziehen:

4.1. In der Reflexion auf ›den Menschen‹ lassen sich
Natur und Kultur weder bloß auseinander ableiten
noch schlicht einander entgegensetzen: Zwar gilt,
dass der Mensch nicht schon genetisch auf ein
differenziertes Verhaltenssystem fixiert ist und
sich insofern reflexiv zu bestimmen lernen muss,
doch lässt sich diese spezifische Eigenart weder bloß
naturalistisch – ›der Mensch ist von Natur aus ein
Kulturwesen‹ (Gehlen) – noch oppositional und
insofern kulturalistisch – ›der Mensch ist von Anfang an ein Geistwesen‹ (Scheler) – erklären. Vielmehr geht es darum, den evolutionären Hervorgang
der Menschen aus Natur in Kultur genetisch-his-
torisch so zu erläutern,[103] dass sowohl biologische
Bedingungen – aufrechter Gang und freier Hand-
gebrauch, Komplexität und Kapazität des Gehirns
wie Sprechwerkzeuge und Gemeinschaftsleben[104] –
als auch deren jeweilige soziokulturelle Gestaltung

---

97 Vgl. Lévinas (1992).
98 Vgl. exemplarisch Fischer (2000).
99 Fischer (2000, S. 104).
100 Vgl. Turk (1990, S. 10 f.).
101 Fischer (2000, S. 127).
102 Vgl. Todorov (1997).
103 Vgl. Dux (2000).
104 Vgl. dazu auch Hügli (1980, S. 1064 f.).

miteinander verzahnt werden: ›Geistigkeit‹ – als Inbegriff der soziokulturellen Daseinsform der Menschen als einer symbolisch-medialen, über Denken und Sprechen vermittelten und insofern sinnhaft bestimmten Organisationsform[105] – ist dann sowohl Ergebnis einer in der Naturgeschichte heraufgeführten ›anthropologischen Disposition‹ als auch Ausdruck einer radikal neuen ›Organisationsform‹.[106] Dabei kann dieser Hervorgang nur prozesslogisch und gerade nicht substanzlogisch erläutert werden, so dass jeweilige Bedingungen und deren (erste) Gestaltung zu veränderten Bedingungen anderer Gestaltungen werden und einen sich zunehmend beschleunigenden konstruktiven Prozess der Selbsthervorbringung in Gang setzen.[107] Auch behauptete biologische ›Unbestimmtheit‹ und dadurch eröffnete ›Selbstbestimmung‹ müssen ihrerseits als Momente einer evolutionären Praxis gelten, in der schließlich die Evolution selbst in die gestaltenden Hände der Menschen geraten ist, ohne dass er ihr dadurch enthoben wäre. Mit einer solchen prozessual-praxeologischen Perspektive sind aber sowohl biologistische oder mentalistische Ursprungs- und Identitätslogiken, als auch radikal-konstruktivistische Konzepte einer ›Autogenesis‹ unvereinbar, suchen sie doch – bei aller Gegensätzlichkeit – ein ›fundamentum‹ der ›conditio humana‹ zu isolieren und diese von dort zu deduzieren. Praxeologie meint aber, sich unter jeweilig gegebenen Bedingungen handelnd allererst selbst hervorzubringen, so dass Praxis sich zwar weder als bloße Wahl zwischen gegebenen Alternativen, noch als freie Willkür verstehen lässt, doch auch als linear gedachte ›Selbstbestimmung aus Unbestimmtheit‹ nur unzureichend rekonstruiert wird. Vielmehr geht es in Praxis um den konditionalen Zusammenhang von ›Entgrenzungen‹ und neuerlichen ›Begrenzungen‹, die eher als eine Gestaltung eines ›Risses in der Ordnung‹ (Foucault) verstanden werden können. Dieser Bedingungszusammenhang lässt sich nicht einseitig auflösen, so dass historisch-gesellschaftliche Praxen der Veränderung ihrerseits Bedingungen veränderter Praxen sind und Möglichkeiten zu jeweilig neuen Möglichkeitsbedingungen und Möglichkeitsmöglichkeiten werden. Konditionallogisch ist es daher nicht gänzlich absurd (wie es subjektlogisch oder relativistisch als vermeintlich substanzlogisch erscheinen könnte), ru-

dimentäre existentielle Lebensbedingungen – u. a. Geburt und Tod, Gesundheit, Unterkunft und ausreichende Ernährung, Sexualität, Bindung und Verbundenheit wie auch geistiges Leben, eine Vorstellung vom Guten und die Möglichkeit des eigenen Lebens[108] – als »konstitutive Bedingungen des Menschen«[109] universalistisch zu formulieren und menschenpolitisch einzufordern. Doch bereits in deren erläuternder Ausfaltung zeigt sich die Zirkularität anthropologischer Reflexionen, so dass die Möglichkeit ›quasi-archimedischer‹ Argumentationen blockiert wird und wie auch immer rekonstruierte feste Ausgangspunkte allemal unerreichbar sind bzw. eingebunden bleiben in partikulare Praktiken. Kultur ist daher nicht die linear gedachte kompensatorische Etablierung menschlicher Daseinsformen als ›sozialen Konstrukten‹, sondern die nur zirkulär skizzierbare Handhabung und Relationierung von Bedingtheit und Gestaltungsmöglichkeit als jeweilig neuen Bedingungen veränderter Gestaltungsmöglichkeiten, so dass Materialität (der Welt) und Konstruktivität (des ›Geistes‹) in einer Art ›Konditionallogik‹ aufeinanderbezogen werden müssen; denn dass die Welt auf den Menschen ›konvergiert‹, ist auch Folge davon, dass der Mensch die Kategorien zur geistigen Aneignung und Gestaltung derselben erst im Umgang mit ihr entwickelt.[110] Erst von hier ließe sich verständlich machen, wie Entwicklung, Plastizität und Lernen als epigenetische Momente menschlicher Daseinsformen sich nur differenztheoretisch als ein konditionaler (und insofern spiralförmiger) Zusammenhang von (gegebenen) Bedingungen, (aufgegebenen) Handlungen und jeweilig implizierten Selbstbeschreibungen erläutern lassen,[111] so dass diese gerade nicht linear als ›Offenheit‹ schlechthin und als Ausgangspunkt neueinsetzender Handlungsketten (der Kulturgeneration) rekonstruiert werden können.

---

105 Vgl. Dux (2000, S. 20 wie S. 70).
106 Dux (2000, S. 73).
107 Dux (2000).
108 Vgl. Nussbaum (1999, S. 49–59, bes. S. 57 f.).
109 Nussbaum (1999, S. 49).
110 Vgl. Dux (2000).
111 Vgl. exemplarisch Buck (1989).

4.2. Ist aber Kultur nie bloß ›Konstruktion einer menschlichen Welt‹, sondern immer auch die ausdrückliche Befassung mit diesen Konstruktionen und den in ihnen implizierten menschlichen Praktiken,[112] so werden in ihr die jeweiligen Verfahren der Konstruktion selbst thematisch und müssen an diese als Wissen um Konstruktivität jeweils zurückgebunden werden. Kultur ist daher begleitet von einem wachsenden (und immer wieder stillgestellten) Bewusstsein der Relativität, Andersmöglichkeit und Pluralität jeder Kultur – in sich selbst wie im Verhältnis zu anderen; schärfer noch: Kultur ist von Anfang an das paradoxe Bewusstsein der Andersmöglichkeit menschlicher Daseinsformen, so dass weder bloß beobachtende Distanz noch distanzlose Teilnahme und Identifikation gelingen können. Auch noch die Disqualifizierung anderer als ›Barbaren‹ zeugt von dem Bewusstsein, dass man bereits weiß, dass die Menschen zu anderen Zeiten und in anderen Regionen anders leben und anderes für selbstverständlich halten, und dass dieses Wissen die eigene Lebensgestalt tangiert. Daher kann Kultur als Inbegriff der Kontingenz aller Lebensformen gerade nicht auf Authentizität, Identität und Verbindlichkeit festgelegt werden, sondern muss relational immer auch als Partikularität, Relativität wie Zweifel und ›Widerstreit‹ (Lyotard) festgehalten werden.

In einer anthropologischen Perspektivierung dieser in Kultur implizierten Kontingenzproblematik muss aber neben Zufälligkeit und Andersmöglichkeit ein zweiter Bedeutungsstrang von Kontingenz als Bedingtheits- und Endlichkeitsbewusstsein reklamiert werden, soll Konstruktivität und mit ihr verbundene Andersmöglichkeit nicht bloß abstrakt zur Geltung gebracht werden.[113] Denn ist Kultur ihrerseits sowohl Ausdruck und Folge als auch Bedingung sozial-vermittelter reflexiver Distanz und damit immer auch Bewusstsein einer auch einnehmbaren ›Gegenlage‹ (zu sich und anderen und Natur), so ist sie immer auch Bewusstsein der (eigenen) Nicht-

möglichkeit; Zeit als Befristungs- und Endlichkeitsbewusstsein ist ihr konstitutiver Index: Insbesondere in der zeitlich dimensionierten Sorge um sich und die anderen wird ›Kultur‹ konstituiert und als ›Vergegenwärtigung nichtgegenwärtiger Ereignisfolgen‹ (Bischof) im Horizont von Anders- und Nichtmöglichkeit praktiziert. Wohl nicht zufällig gelten insbesondere die Wahrnehmung des Sterbens anderer wie eigenes Todesbewusstsein und beider rituelle Bearbeitung als nahezu universelles Kennzeichen menschlicher Kultur. Soll dieser beobachtbare Zusammenhang von Todesbewusstsein und Kulturgeneration aber weder universalistisch-ontologisch (und damit im Rahmen einer anthropologisch substantial argumentierenden Thanatologie) überdehnt, noch bloß relativistisch-kulturalistisch (im Kontext additiver Kulturbeschreibungen, dass Tod in allen Kulturen irgendwie vorkommt) unterbewertet werden,[114] so gilt es vielmehr, »die innere Widersprüchlichkeit der Erfahrung des Todes [als] ein Grundelement in der Gestaltung [...] aller menschlichen Kulturen«[115] auszulegen und deren Struktur als »Leitfaden«[116] kulturwissenschaftlicher Studien zu nutzen. Insofern führt eine Explikation der Todeserfahrung gerade nicht zu einer bloß oppositionalen Kontrastierung von Sterblichkeitsbewusstsein und Unsterblichkeitsglauben, weil »ohne Fantasmen der Unsterblichkeit oder doch zumindest einer gewissen Fortdauer über den allzuengen Horizont unseres Erdendaseins hinaus [...] der Mensch nicht leben« kann,[117] sondern zu einem nur als ›Antinomie‹ (Borkenau) erläuterbaren ineinander verschränkten Lebens- und Todesbewusstsein. Denn »so gewiss wir aus Erfahrung wissen, dass alle anderen sterben müssen«,[118] so prekär ist – trotz aller Logik einer widerspruchsfreien Verallgemeinerung: ›Alle Menschen sind sterblich. Ich bin ein Mensch und daher auch sterblich!‹ – die Selbstanwendung dieses Wissens: Zwar kann sich das Ich gerade nicht selbst wegdenken, ohne sich darin nicht wiederum selbst zu setzen (so dass ich immer die Mitte meiner Welt bleibe), doch ist die nicht nur intuitive, sondern auch reflexive Ahnung einer Welt auch ›ohne mich‹ nicht nur nicht unvorstellbar, sondern in der konkreten Erfahrung, bloßer Teil der Welten anderer zu sein, bereits gegenwärtig. Kulturell resultiert daraus die Unmöglichkeit, Leben und Tod in zwei voneinander unabhängige Dimensionen zu schei-

---

112 Vgl. Dux (2000, S. 73 f.).
113 Vgl. Ricken (1999).
114 Vgl. Macho (2000, S. 91–99).
115 Borkenau (1984, S. 83).
116 Borkenau (1984, S. 83).
117 Assmann (2000, S. 14).
118 Borkenau (1984, S. 84).

den; vielmehr gehören beide, miteinander aber unvereinbare Erfahrungen antinomisch zusammen. Die auf dem Hintergrund der ›Todesantinomie‹ erarbeitete Beschreibung des Todes als eine insbesondere am Leichnam des Anderen erfahrbare »anwesende Abwesenheit«[119] – er ist weder noch der, der er einst war und insofern kontinuierlich anwesend, noch gar nicht mehr der, der er war und insofern schon gänzlich abwesend[120] – aber unterminiert auch das Verständnis des Lebens zu einer Erfahrung der ›abwesenden Anwesenheit‹: nicht nur, dass jedes Leben allein quantitativ unermesslich ist, so lange es noch nicht beendet ist, so dass immer ein zwar schrumpfender, aber letzter Rest unweigerlich übrig bleiben muss; Leben entzieht sich vielmehr strukturell jeder abschließenden Deutung, ist es doch – als nur reflexiv führbares Leben – immer wieder neu jeweilig zur aneignenden Auslegung aufgegeben, so dass – im Horizont der Zeit – auch das je ›gelebte Leben‹ nur vorläufig Geltung beanspruchen kann und daher jeweils immer auch entzogen ist.

Kultur aber lässt sich dann nicht bloß als ›Gegenstellung des Lebens‹ und praktizierte Abwehr des Todes rekonstruieren, sondern muss vielmehr als differenzierte Handhabung der Ineinanderfaltung von Leben und Tod gelesen werden, ohne dass die weder verzichtbare noch delegierbare Interpretation des Todes zu einer Beantwortung der Todesfrage – im Sinne einer ›Sinnbildung über Sinnlosigkeit‹ – gelangen kann. Jeder Versuch aber, ›Überlebensformen‹ (gr. ›ζωή‹) und ›Lebensformen‹ (gr. ›βίος‹) voneinander zu trennen und hierarchisch zu sortieren,[121] verführt nicht nur in theoretische Aporien, weil »es niemals möglich ist, etwas wie ein bloßes Leben zu isolieren«,[122] sondern markiert eine nur machttheoretisch interpretierbare Reduktion des Horizonts des ›Lebens‹ auf ›Überlebensfragen‹, so dass »inzwischen das bloße Leben, das [immer] der geheime Grund der Souveränität war, überall die vorherrschende Lebensform geworden ist«.[123] Die verstörende Reklamation des Todes ›im Namen des Lebens‹ (Foucault) könnte daher eine Perspektive bieten, nicht ›dermaßen regiert zu werden‹ (Foucault).

4.3. Menschliche Existenz lässt sich nur als »vielfältig wechselnde Situiertheit der Menschen«[124] beschreiben: nicht nur – wie in der Architektur dieses

Handbuchs praktiziert – zwischen Handlung und Struktur situiert und insofern als ›subiectum‹ sowohl Unterworfene als auch Zugrundeliegende;[125] auch nicht nur mit anderen und zwischen anderem situiert und insofern – bezogen wie eigenständig zugleich – in ›Figurationen‹ (Elias) gesetzt und von unaufhebbarer ›ungeselliger Geselligkeit‹ (Kant); sondern ihrerseits zeitlich befristet und als praktischer Vorübergang zwischen Geburt und Tod auch zu sich selbst in ein spannungsvolles Verhältnis von Distanz und Nähe gesetzt und insofern ›ohne Identität‹ (Meyer-Drawe) auf sich selbst bezogen. Erst in dieser Perspektive aber ließe sich der Zusammenhang der beiden (in der westlichen Tradition) schlechthin traditionellen Selbstkennzeichnungen der Menschen – ›animal rationale‹ und ›animal sociale‹ zugleich – zur Geltung bringen und als ›funktionale, gerade nicht substantielle Definition des Menschen‹[126] als eines »animal symbolicum«[127] vor hierarchisch sortierenden Hypostasierungen eines ›Doppelwesens‹ schützen. Symbolisches Handeln aber verknüpft reflexive Distanzfähigkeit und soziale Beziehungsfähigkeit, ohne dass damit deren relationaler Charakter aufgelöst werden könnte, und lässt die Menschen als ›antwortende Subjekte‹[128] verstehen, so dass Selbstbezüglichkeit und genuine Fremdbezüglichkeit nicht bloß widersprüchlich oder gar aporetisch verknüpft werden können; vielmehr markiert ihr Ineinander eine ›bedingte Existenz‹: unter Bedingungen der Anderen wie als Bedingung Anderer das eigene Leben führen zu müssen.

Solchermaßen anvisierte doppelte Relationalität – pointiert als ein ›Verhältnis, das sich zu sich selbst verhält‹ (Kierkegaard) formulierbar – lässt sich jedoch nur dreidimensional erläutern: Nicht nur ist das, was gegeben ist, jeweilig immer aufgegeben, so

---

119 Macho (2000, S. 100).
120 Vgl. Macho (2000, S. 99–105).
121 Vgl. Arendt (1967).
122 Agamben (1994, S. 255).
123 Agamben (1994, S. 253).
124 Plessner (1983, VIII, S. 185).
125 Vgl. Meyer-Drawe (1990).
126 Vgl. Cassirer (1996, S. 110).
127 Cassirer (1996, S. 51).
128 Meyer-Drawe (1990) wie Waldenfels (1994); vgl. auch Cassirer (1996, S. 52–71).

dass jede vermeintliche Objektivität auf eine sie konstituierende Subjektivität bezogen bleibt (mit Irving literarisch eingängig formuliert: ›The World according to Garp‹) und diese sich auch als (bejahende oder negierende) Zuwendung zum eigenen Leben unweigerlich zum Ausdruck bringt. Kann aber auch Subjektivität ihrerseits nicht als ungewordene, unbedingte, sondern nur als ihrerseits bedingte, befristet endliche wie sozial situierte und auf andere angewiesene zur Geltung gebracht werden, so ist diese selbst – in ihrer Gewordenheit wie Angewiesenheit auf Andere (und Dritte) wie anderes – sich immer auch fremd, in sich gebrochen und entzogen. Dieses Moment der Entzogenheit aber verwirrt als ›Unbestimmtheitsrelation des Selbst‹[129] die geläufige ›Antithetik‹ von Subjektivität und Objektivität und ließe sich in erfahrungs-, anerkennungs- wie machttheoretischer Hinsicht erläutern: Nicht nur lässt sich im Umgang mit dem, was ich nicht bin, das ›Ich‹ gerade nicht herausrechnen (Subjektivität), weil es seiner selbst in seiner Gewordenheit auch durch die ›Dinge‹ nicht ansichtig zu werden vermag, so dass die unverzichtbare Abstraktion einer gewissermaßen ›intuitiven Objektivität‹ – als einem nur sozial vermittelten Gegenhalt gegen Phantasterei – gerade nicht bloß vermeintliche ›Sachlichkeit‹, sondern immer auch paradoxe Ahnung einer ›Wirklichkeit auch ohne mich‹ ist. Aber auch im Bezug des ›Ich‹ auf sich selbst sind die Blicke der Anderen für mich sowohl konstitutiv als auch strukturell unzugänglich, so dass das ›Ich‹ sich immer auf Andere verwiesen sieht, deren Position als Andere es gerade nicht einzunehmen vermag (Alterität). Vielmehr verführt diese ›Unausdeutbarkeit des Selbst‹ (Gamm) immer wieder auch in ›Kämpfe des Anerkennens‹, die auch die paradoxe Illusion nähren, in der Aneignung und Bemächtigung des Anderen als einem verfügbaren Anderen der Selbstentzogenheit und Nichtzugehörigkeit (Alienität) Herr werden zu können.

Erst die aus der Unmöglichkeit gleichzeitiger ›Aufklärung‹ aller Pole einer doppelten Relation resultierende Entzogenheit und Fremdheit des Menschen für sich selbst vermag die ›Dramatik‹

sozialer Existenz verständlich(er) zu machen. Anschaulicher wird sie in den vielfältigen Bedürfnissen der Spiegelung, des (konkurrierenden) Vergleichs und der darin implizierten Versuchung einer bloß ›komparativen Existenz‹, sich in der praktizierten Abwertung anderer selbst aufwerten zu können, die – allesamt – den unvermeidbaren Selbstentzug umso eindrücklicher manifestieren und vertiefen und gänzliche ›Selbstbejahung‹ schlicht ad absurdum führen. Diese Problematik aber nicht länger als einen wie auch immer substituierbaren und insofern erfüllbaren Mangel auszulegen, der der Kompensation bedürfte, sondern als konstitutive Entzogenheit leben zu lernen, verweist wohl auf ein auch aufklärerisch unabgegoltenes ›religiöses Problem‹, ohne dass damit aber traditionell-institutionelle ›religiöse Bearbeitungen‹ – allzu oft bloß Versuche einer haltgebenden Positivierung dieser Entzogenheit in einer ›Manifestation der Transzendenz‹ und damit derer ›Erledigung‹ – ›reanimiert‹ werden könnten. Ihr wohl radikalster Ausdruck ist der Tod, der sich jeder Sinnbildung (und Aneignung) entzieht und doch nicht als bloß bedeutungslos vom Leben isoliert und zum Verschwinden gebracht werden kann. Mit ihm ist aber weniger ein explizit ›religiöser Gegenstandsbereich‹ markiert, der Religion zur bloß paradoxen (und insofern ohnmächtigen bzw. als allmächtig gedachten) ›Kontingenzbewältigungspraxis‹ (Lübbe) degradiert, sondern ein strukturelles, insofern nicht nur mit ›Tod‹ identifiziertes Problem ›menschlichen Existierens‹ überhaupt benannt, das gegenwärtig auch als Ungewissheits- und Unsicherheitsproblematik neu diskutiert und kanalisiert wird.[130]

4.4. Im Durchgang der hier entwickelten Argumentation zeigt sich der anfänglich zunächst methodologisch behauptete ›anthropologische Zirkel‹ als nicht tautologische oder hermetische Zirkularität. Vielmehr lässt sich der irreduzible Zusammenhang von ›Was‹-, ›Wer‹- und ›Wie‹-Fragen auch analytisch nutzen, um die Analyse ›menschlichen Existierens‹ – als doppelte ›anthropologische Differenz‹ – auch strukturell zu berücksichtigen: Menschen leben nicht nur anthropologisch, so dass in kulturellen Praktiken immer auch Prozesse der Selbstverständigung, des Streits als Auseinandersetzung wie Neuinbezugsetzung, agiert werden. Sie gehen

---

129 Vgl. Gamm (2000).
130 Vgl. Hahn (1998).

darin auch immer mit ihrer Konditionalität um, so dass Subjektivität, Alterität und Alienität einander durchdringen und durchkreuzen. Aufgabe einer auch anthropologisch justierten Kulturwissenschaft ist daher nicht nur die Reklamation einer grundsätzlichen ›Zweidimensionalität‹ gegen verobjektivierende ›Eindimensionalität‹ (Marcuse) – mit Habermas formuliert: »Das Sein des Menschen ist nicht abzutrennen von dem Sinn, zu dem er sich versteht«[131] –, sondern derer ›Dreidimensionalität‹, die sowohl Selbst-, Sozial- und Naturdimension als auch Zeitdimension strukturiert: Menschen sind als ›Vorübergang‹ nicht nur sich gegeben und aufgegeben,[132] sondern darin immer auch sich entzogen, so dass kein Aspekt ohne die beiden anderen plausibel expliziert werden kann.

Lässt sich aber Anthropologie nur historisch-reflexiv betreiben, indem die jeweilige Historizität (und Kulturalität) des Gegenstands wie des methodischen Zugriffs als unauflösbares Doppel reflektiert wird,[133] so sind auch kulturwissenschaftliche Arbeiten und ›menschenwissenschaftliche Zugriffe‹ (Elias) auf sie begleitende ›systematisch-anthropologische‹ Reflexionen angewiesen. Ihre Funktion besteht daher in der Focussierung und Thematisierung des ›anthropologischen Zirkels‹ als einer nicht vermeidbaren methodologisch impliziten Struktur: Auch in der rekonstruktiven Analyse ›menschlicher‹ Praktiken wird das, was und wer als ›Mensch‹ verstanden wird, als methodologische Implikation immer bereits vorausgesetzt, so dass deren Explikation den Blick auf die Interpretation und Reflexion sozialer Praktiken als eines ›Wie‹ der Menschen lenkt, ohne damit in der Eröffnung dieses Rückfragezirkels zu einem ›Anhalt‹ kommen zu können. Vielmehr legt diese Bewegung allererst den (nicht fundierenden) ›Grund‹ solcher Selbstbefragung frei, indem – sowohl gegenstandstheoretisch als auch methodologisch – ›naturale Verfassung‹, ›kulturale Gestaltung‹ und ›anthropologische Selbstverständigung‹ als ein zusammenhängender Fragekomplex aufgenommen werden und an die jeweilige ›Unausdeutbarkeit‹ und Selbstentzogenheit angeschlossen werden: Menschen leben ›anthropologisch‹, weil sie in der (auch reflexiven) Gestaltung der Differenz zu anderem sich auch in Differenz zu sich selbst stellen müssen und insofern auf Selbstdeutung qua Sinnbildung angewiesen sind, ohne damit jedoch in eine

›echte Gegenlage‹[134] – zu sich und anderen wie anderem – eintreten zu können. Weder ontogenetische Entwicklung noch soziale Praktiken noch kulturell-phylogenetische Evolution lassen sich daher ohne Bezug auf ein ›Sich‹ rekonstruieren, so dass diese Selbstreferentialität nie bloß nachträgliche Folge, sondern immer auch konstitutive Bedingung der Entwicklung ist. Nur substanzlogisch – als Ausfaltung einer im Ursprung bereits enthaltenen Einfaltung[135] – aber kann ein solch wechselseitiger Verweisungszusammenhang als ›zirkulär‹ gelesen werden und dann entweder als bloß ›anthropomorphes‹ bzw. anthropozentrisches Denken oder dessen Umkehrung in einer ›anthropomorphia inversa‹ (Foerster) diskreditiert werden. Praxeologisch aber erweist dieser sich als praktisch-reflexive Justierung und Handhabung einer dreidimensionalen Figuration: sich zugleich gegeben, aufgegeben und entzogen zu sein.

Theoriestrategisch folgert daraus zweierlei: Weder lässt sich »Anthropologie als Grundwissenschaft«[136] etablieren, weil der Zusammenhang von Selbstverständnissen, Denkweisen und Praktiken nicht linear auflösbar ist, so dass kein ›erstes‹ sich ausmachen lässt, noch aber ist auch ein Aufwachen aus dem ›anthropologischen Schlaf‹,[137] in dem sich der Mensch als unbedingtes ›fundamentum‹ nur erträumt, als ›Ausstieg‹ in ein kategoriales ›Jenseits‹ – der Sprache, der Struktur oder des Systems – möglich. So erinnert anthropologisches Denken nicht nur an die Unumgänglichkeit des ›anthropologischen Zirkels‹, der es weder erlaubt, ›den Menschen‹ als fundierenden kulturwissenschaftlichen Grundbegriff anzusetzen, noch auf ihn gänzlich zu verzichten. Diesseits dieser schiefen Alternativen etabliert es vielmehr ein relationales Denken, das sich seiner eigenen Bedingtheit und Partikularität bewusst bleibt, ohne diese wiederum von einer abtrennbaren und isolierbaren Grundlage aus positivieren zu können. Lässt sich aber Anthropologie

---

131 Habermas (1973, S. 90).
132 Vgl. Habermas (1973, S. 105).
133 Vgl. Wulf (1997).
134 Vgl. Plessner (1981, IV, S. 382).
135 Vgl. Dux (2000, S. 122 f.).
136 Vgl. Dux (2000, S. 50).
137 Vgl. Foucault (1971, S. 410 ff.).

weder fundamental noch gar nicht betreiben, so ist sie nur ›pragmatisch‹ möglich[138] und damit bleibend auf die jeweiligen lebens- und alltagsweltlichen Praktiken und Vorstellungen der Menschen ›über sich‹ bezogen. An sie anzuknüpfen, in sie – analytisch diskursiv – einzugreifen und durch sie hindurchzustoßen ist die Funktion eines anthropologisch dimensionierten Denkens, das seines eigenen ›metaphorischen Charakters‹ weder grundbegrifflich noch denklogisch zu entkommen vermag; vielmehr ist dieser paradigmatischer Ausdruck eines situierten Denkens (Meyer-Drawe) und unvermeidbares »Korrelat der Anthropologie eines Wesens, dem Wesentliches mangelt«:[139] auf der Bildlosigkeit als einem Moment der in vermeintlich unbezweifelbaren Vorbildern und Abbildern figurierten Bildangewiesenheit der Menschen zu insistieren und (auch) durch ›Bilderkritik‹ die Möglichkeit zu wagen, nicht bloß zum Abbild der eigenen Bilder zu verkommen.[140]

Neben und in der Ausarbeitung einer ›historisch-reflexiven Anthropologie‹ als Resultat einer sowohl inhaltlich als auch methodologisch reflektierten ›anthropologischen Differenz‹ gilt es daher, Anthropologie als ›kritische Anthropologie‹ zu reklamieren: in der Zusammenschau der vielfältigen kulturwissenschaftlichen Studien die differentiell verfasste ›Frage der Menschen‹ nach sich selbst strukturell zu etablieren, sie gegen ›Schließung‹ und hierarchische Zurichtung offenzuhalten und insofern immer wieder in die Differenz, die Menschen sich und anderen sind, denkerisch selbst einzuführen. Es ist vielleicht dieser als ›stillbar‹ (und insofern aufhebbar) suggerierte ›Mangel an Sein‹, der uns im Namen eines um den Tod strukturell bereinigten Lebens so regierbar macht. Diesen aber nicht länger als Mangel und Unvollständigkeit auszulegen und ›uns‹ hierarchisch zwischen Schwundformen eines ›noch nicht‹ und anzustrebenden Vollformen eines ›aber dann‹ zuzurichten, hieße, in doppelter Weise das Geschäft der Kritik wiederaufzunehmen: Vielleicht böte Kontingenz als Andersmöglichkeits- wie Endlichkeitsmarkierung ein

›Feld‹, auf dem Kritik als Widerstand sich auch inhaltlich formierte; dann aber wäre es nicht mehr absurd, im Namen des ›Todes‹ das Leben zu stärken. Nicht etwas und nicht nichts zu sein impliziert, sich sowohl einem substanzlogischem Aufriss (von Sein und Nichts) als auch seinem subjektlogischen Pendant eines Identitätsdenkens zu entziehen und eine veränderte Form relationalen Differenzdenkens zu erarbeiten. Anthropologie wäre dann das ›kritische Gedächtnis‹ der Kulturwissenschaften als einer ›Menschenwissenschaft‹ (Elias): ebenso strukturelles ›Eingedenken‹ menschlicher Endlichkeit als auch dauernde Mahnung ihres eigenen ›worumwillen‹. Ihre Insistenz auf Differenz ließe die Frage, wie wir denn leben wollen, wieder stellen lernen und gegen die faktische Dominanz gegenwärtig überwiegend ökonomischer Antworten, die Leben unter dem Primat des Überlebens entwerfen, richten.

Literatur

AGAMBEN, GIORGIO (1994), »Lebens-Form«, in: Vogl, Joseph (Hg.), *Gemeinschaften. Positionen zu einer Philosophie des Politischen*, Frankfurt/M.: Suhrkamp, S. 251–257. ■ ARENDT, HANNAH (1967), *Vita activa – oder: Vom tätigen Leben*, München: Piper. ■ ASSMANN, JAN (2000), *Der Tod als Thema der Kulturtheorie. Todesbilder und Totenriten im Alten Ägypten*, Frankfurt/M.: Suhrkamp. ■ BALLAUFF, THEODOR (2000), *Pädagogik als Bildungslehre*, Baltmannsweiler: Schneider-Verlag Hohengehren. ■ BLUMENBERG, HANS (1981), »Anthropologische Annäherung an die Aktualität der Rhetorik«, in: Blumenberg, Hans, *Wirklichkeiten, in denen wir leben*, Stuttgart: Reclam, S. 104–136. ■ BÖHME, GERNOT (1985), *Anthropologie in pragmatischer Hinsicht. Darmstädter Vorlesungen*, Frankfurt/M.: Suhrkamp. ■ BORKENAU, FRANZ (1984), »Todesantinomie und Kulturgenerationen«, in: Borkenau, Franz, *Ende und Anfang. Von den Generationen der Hochkulturen und von der Entstehung des Abendlandes*, hg. von Löwenthal, Richard, Stuttgart: Klett-Cotta, S. 83–119. ■ BUCK, GÜNTHER (1989), *Lernen und Erfahrung – Epagogik. Zum Begriff der dialektischen Induktion*, hg. von Vollrath, Ernst, Darmstadt: Wissenschaftliche Buchgesellschaft. ■ CASSIRER, ERNST (1996 [1944]), *Versuch über den Menschen. Einführung in eine Philosophie der Kultur*, Hamburg: Meiner. ■ DARWIN, CHARLES (1980 [1859]), *Die Entstehung der Arten durch natürliche Zuchtwahl*, Leipzig: Reclam. ■ DERRIDA, JACQUES (1988), »Fines hominis« [1968], in: Derrida, Jacques, *Randgänge der Philosophie*, Wien: Passagen, S. 119–141. ■ DILTHEY, WILHELM (1914 ff.), *Gesammelte Schriften*, hg. von Groethuysen, Bernhard / Misch, Georg u. a., Stuttgart/Göttingen: Teubner/ Vandenhoeck & Ruprecht. ■ DRESSEL, GERT (1996), *Historische Anthropologie*, Wien/Köln/Weimar: Böhlau. ■ DÜL-

---

138 Vgl. Böhme (1983, S. 7–14).
139 Blumenberg (1981, S. 124).
140 Vgl. Flusser (1994).

MEN, RICHARD VAN (Hg.) (1998), *Erfindung des Menschen. Schöpfungsträume und Körperbilder 1500–2000*, Wien/Köln/Weimar: Böhlau. ▪ DÜLMEN, RICHARD VAN (Hg.) (2001), *Entdeckung des Ich. Die Geschichte der Individualisierung vom Mittelalter bis zur Gegenwart*, Köln/Wien/Weimar: Böhlau. ▪ DUX, GÜNTER (2000), *Historisch-genetische Theorie der Kultur. Instabile Welten – Zur prozessualen Logik im kulturellen Wandel*, Weilerswist: Velbrück. ▪ FISCHER, JOACHIM (2000), »Der Dritte. Zur Anthropologie der Intersubjektivität«, in: Essbach, Wolfgang (Hg.), *wir / ihr / sie. Identität und Alterität in Theorie und Methode*, Würzburg: Ergon, S. 103–136. ▪ FLUSSER, VILÉM (1994), »Abbild – Vorbild«, in: Nibbrig, Chritiaan L. Hart (Hg.), *Was heißt ›Darstellen‹?*, Frankfurt/M.: Suhrkamp, S. 34–48. ▪ FOERSTER, HEINZ VON (1990), »Wahrnehmen wahrnehmen«, in: Barck, Karlheinz u. a. (Hg.), *Aisthesis – Wahrnehmung heute oder Perspektiven einer anderen Ästhetik*, Leipzig: Reclam, S. 434–443. ▪ FOUCAULT, MICHEL (1971 [1966]), *Die Ordnung der Dinge. Eine Archäologie der Humanwissenschaften*, Frankfurt/M.: Suhrkamp. ▪ FOUCAULT, MICHEL (1994[2]), »Das Subjekt und die Macht« [1982], in: Dreyfus, Hubert L. / Rabinow, Paul (Hg.), *Michel Foucault. Jenseits von Strukturalismus und Hermeneutik*, Weinheim: Beltz, S. 243–261. ▪ GAMM, GERHARD (2000), »Die Unausdeutbarkeit des Selbst«, in: Gamm, Gerhard, *Nicht nichts. Studien zu einer Semantik des Unbestimmten*, Frankfurt/M.: Suhrkamp, S. 207–227. ▪ GEERTZ, CLIFFORD (1992), »Kulturbegriff und Menschenbild« [1973], in: Habermas, Rebekka / Minkmar, Nils (Hg.), *Das Schwein des Häuptlings. Sechs Aufsätze zur Historischen Anthropologie*, Berlin: Wagenbach, S. 56–82. ▪ GEHLEN, ARNOLD (1997[13] [1940]), *Der Mensch. Seine Natur und seine Stellung in der Welt*, Wiesbaden: Quelle & Meyer. ▪ HABERMAS, JÜRGEN (1973), »Philosophische Anthropologie« [1958], in: Habermas, Jürgen, *Kultur und Kritik. Verstreute Aufsätze*, Frankfurt/M.: Suhrkamp, S. 89–111. ▪ HAHN, ALOIS (1998), »Risiko und Gefahr«, in: von Graevenitz, Gerhart / Marquard, Odo / Christen, Matthias (Hg.), *Kontingenz. Poetik und Hermeneutik Bd. XVII*, München: Fink, S. 49–54. ▪ HEIDEGGER, MARTIN (1991), »Kant und das Problem der Metaphysik« [1929], in: Heidegger, Martin, *Gesamtausgabe, Abt. 1: Veröffentlichte Schriften 1910–1976, Bd. 3*, Frankfurt/M.: Klostermann. ▪ HERDER, JOHANN GOTTFRIED (1877–1913), *Sämmtliche Werke*, hg. von Suphan, Bernhard, Berlin: Weidmannsche Buchhandlung. ▪ HONNETH, AXEL / JOAS, HANS (1980), *Soziales Handeln und menschliche Natur. Anthropologische Grundlagen der Sozialwissenschaften*, Frankfurt/M./New York: Campus. ▪ HÜGLI, ANTON U. A. (1980), »Art. Mensch«, in: *Historisches Wörterbuch der Philosophie, Bd. 5*, Basel/Darmstadt: Wissenschaftliche Buchgesellschaft, Sp. 1059–1105. ▪ KAMPER, DIETMAR (1973), *Geschichte und menschliche Natur. Die Tragweite gegenwärtiger Anthropologiekritik*, München: Hanser. ▪ KAMPER, DIETMAR (1997), »Art. Mensch«, in: Wulf, Christoph (Hg.), *Vom Menschen. Handbuch Historische Anthropologie*, Weinheim/Basel: Beltz, S. 85–91. ▪ KANT, IMMANUEL (1956ff.), *Werke*, hg. von Weischedel, Wilhelm, Wiesbaden: Insel. ▪ LÉVINAS, EMMANUEL (1992 [1974/78]), *Jenseits des Seins oder anders als Sein geschieht*, Freiburg/München: Alber. ▪ LÉVI-STRAUSS, CLAUDE (1992 [1967]), *Strukturale Anthropologie*, 2 Bde., Frankfurt/M.: Suhrkamp. ▪ LIEBSCH, BURKHARD (1992), *Spuren einer anderen Natur. Piaget, Merleau-Ponty und die ontogenetischen Prozesse*, München: Fink. ▪ LINDEMANN, GESA (1999), »Doppelte Kontingenz und reflexive Anthropologie«, in: *Zeitschrift für Soziologie, 28*, S. 165–181. ▪ LORENZ, KUNO (1990), *Einführung in die philosophische Anthropologie*, Darmstadt: Wissenschaftliche Buchgesellschaft. ▪ LUHMANN, NIKLAS (1984), *Soziale Systeme. Grundriss einer allgemeinen Theorie*, Frankfurt/M.: Suhrkamp. ▪ LUHMANN, NIKLAS (1997), *Die Gesellschaft der Gesellschaft*, Frankfurt/M.: Suhrkamp. ▪ MACHO, THOMAS (2000), »Tod und Trauer im kulturwissenschaftlichen Vergleich«, in: Assmann, Jan, *Der Tod als Thema der Kulturtheorie. Todesbilder und Totenriten im Alten Ägypten*, Frankfurt/M.: Suhrkamp, S. 89–120. ▪ MEYER-DRAWE, KÄTE (1990), *Illusionen von Autonomie. Diesseits von Ohnmacht und Allmacht des Ich*, München: Kirchheim. ▪ MEYER-DRAWE, KÄTE (1996), *Menschen im Spiegel ihrer Maschinen*, München: Fink. ▪ MEYER-DRAWE, KÄTE (1998), »Streitfall ›Autonomie‹. Aktualität, Geschichte und Systematik einer modernen Selbstbeschreibung von Menschen«, in: *Jahrbuch für Bildungs- und Erziehungsphilosophie, 1: Frage nach dem Menschen in der umstrittenen Moderne*, S. 31–49. ▪ MONOD, JACQUES (1971), *Zufall und Notwendigkeit*, München: Piper. ▪ MÜLLER-SIEVERS, HELMUT (1993), *Epigenesis. Naturphilosophie im Sprachdenken Wilhelm von Humboldts*, Paderborn u. a.: Schöningh. ▪ NIETZSCHE, FRIEDRICH (1988), *Kritische Studienausgabe*, hg. von Colli, Giorgio / Montinari, Mazzino, Bd. XII: Nachlass 1885–1887, Berlin: de Gruyter. ▪ NUSSBAUM, MARTHA C. (1999), *Gerechtigkeit oder Das gute Leben*, Frankfurt/M.: Suhrkamp. ▪ PLESSNER, HELMUTH (1980ff.), *Gesammelte Schriften*, hg. von Dux, Günter u. a., Frankfurt/M.: Suhrkamp. ▪ RICKEN, NORBERT (1999), *Subjektivität und Kontingenz. Markierungen im pädagogischen Diskurs*, Würzburg: Königshausen & Neumann. ▪ RICKEN, NORBERT (2000), »In den Kulissen der Macht. Anthropologien als figurierende Kontexte pädagogischer Praktiken«, in: *Vierteljahrsschrift für wissenschaftliche Pädagogik, 76*, S. 425–454. ▪ RIEDEL, WOLFGANG (1994/1995), »Anthropologie und Literatur in der deutschen Spätaufklärung. Skizze einer Forschungslandschaft«, in: *Internationales Archiv für Sozialgeschichte der deutschen Literatur (IASL), 6. Sonderheft, 6/7*, S. 93–157. ▪ RORTY, RICHARD (1989), *Kontingenz, Ironie und Solidarität*, Frankfurt/M.: Suhrkamp. ▪ ROUSSEAU, JEAN JACQUES (1995 [1755]), »Discours sur l'origine de l'inégalité parmi les hommes« (dt.: (Zweiter) Diskurs über den Ursprung der Ungleichheit unter den Menschen), in: Rousseau, Jean Jacques, *Schriften zur Kulturkritik*, hg. von Weigand, Kurt, Hamburg: Meiner. ▪ SCHIEFENHÖVEL, WULF / VOLLMER, GERHARD / VOGEL, CHRISTIAN (Hg.) (1992), *Funkkolleg: Der Mensch. Anthropologie heute*, Tübingen: Deutsches Institut für Fernstudien. ▪ SLOTERDIJK, PETER (1999), *Regeln für den Menschenpark. Ein Antwortschreiben zu Heideggers Brief über den Humanismus*, Frankfurt/M.: Suhrkamp. ▪ THEUNISSEN, MICHAEL (1977 [1965]), *Der Andere. Studien zur Sozialontologie der Gegenwart*, Berlin: de Gruyter. ▪ TODOROV, TZVETAN (1998 [1995]), *Abenteuer des Zusammenlebens. Versuch einer allgemeinen Anthropologie*, Frankfurt/M.: Fischer. ▪ TURK,

Horst (1990), »Alterität und Alienität als Schlüsselbegriffe einer Kultursemantik«, in: *Jahrbuch für Internationale Germanistik*, 22, Heft 1, S. 8–31. ▪ Waldenfels, Bernhard (1994), *Antwortregister*, Frankfurt/M.: Suhrkamp. ▪ Wulf, Christoph (Hg.) (1997), *Vom Menschen. Handbuch Historische Anthropologie*, Weinheim/Basel: Beltz.

3.3 Strukturen – Die Ausdifferenzierung und Institutionalisierung von Handlungsräumen

Richard Münch

1. Einleitung

Es gehört zum klassischen Repertoire der Soziologie, sich die Moderne als Ergebnis und fortlaufende Komplettierung eines Differenzierungsprozesses vorzustellen.[1] In der Sprache der Systemtheorie von Niklas Luhmann geht es dabei um die fortschreitende Überlagerung der älteren Formen von Differenzierung, der segmentären Differenzierung in Familien, Sippen und Stämme und der stratifikatorischen Differenzierung in Stände (Klassen und Schichten) durch die moderne Form der funktionalen Differenzierung in letztendlich autopoietisch operierende, d. h. sich fortlaufend selbst aus ihren eigenen Elementen – spezifischen Kommunikationen – reproduzierende Systeme.[2] In der Sprache der Handlungs- und Systemtheorie verknüpfenden Gesellschaftstheorie von Jürgen Habermas handelt es sich um die Entkopplung von Funktionssystemen aus der Lebenswelt.[3] Für Luhmann ist dies ein evolutionärer Prozess, in dem durch Systembildung einerseits Weltkomplexität reduziert, andererseits aber auch Komplexität gesteigert wird. Die Funktionssysteme erlauben es, die Welt nach einfachen Unterscheidungen eines binären Codes (Ja/Nein) zu bearbeiten, andererseits steigern sie selbst im Evolutionsprozess ihre eigene Komplexität, können dadurch mehr Umweltkomplexität bewältigen, tragen aber auf diese Weise zum ständigen gegenseitigen Aufschaukeln von System- und Umweltkomplexität bei. Dieser evolutionäre Prozess treibt sich nach den Prinzipien von Variation, Selektion und Restabilisierung selbst voran und kann keiner Steuerung von außen unterworfen werden. Es ist deshalb müßig, ihn nach irgendwelchen von außen herangetragenen Maßstäben von Vernunft und Moral beurteilen zu wollen.[4]

Genau an diesen Maßstäben – zumindest in ihrer prozeduralisierten Form – will Habermas festhalten. Da es sich in seinen Augen nicht um einen evolutionären Prozess handelt, sondern um einen Prozess der Rationalisierung der Lebenswelt, bleibt die Entfaltung der Vernunft Kern des ganzen Vorgangs. Da Habermas an einem umfassenden, theoretische Fragen des Kausalwissens und praktische Fragen der Moral und Ethik einschließenden Vernunftbegriff festhält, erscheint ihm die funktionale Differenzierung der Gesellschaft in Funktionssysteme als eine »Halbierung« der Vernunft und zudem als eine Bedrohung, sogar als eine »Kolonialisierung« der kommunikativen Verständigung über richtiges Handeln und gutes Leben. Es kommt deshalb darauf an, die ausdifferenzierten Systeme durch diskursive Verfahren der Verständigung an die Leine zu nehmen und mit Konzepten des moralisch richtigen Handelns und des guten Lebens verträglich zu machen.[5]

Während Luhmanns Ansatz bewusst den Kontakt zur historischen Realität vermeidet, leidet Habermas' Ansatz darunter, dass er sich zunächst auf das Begriffsspiel der Systemtheorie einlässt, um dann einen nach diesem Begriffsspiel nicht steuerbaren Prozess doch wieder einer Steuerung durch die Vernunft unterwerfen zu wollen. Aus systemtheoretischer Sicht ist dies ein hoffnungsloses Unterfangen. Aus diskurstheoretischer Sicht kommt dagegen Luhmanns Position einer Preisgabe des Anspruchs gleich, Gesellschaft nach Maßstäben des Richtigen und Guten zu gestalten.

Einen anderen Zugang zu unserem Untersuchungsgegenstand bietet eine Handlungstheorie, die den betrachteten Vorgang im Anschluss an Max Weber als Ausdifferenzierung von Handlungsräumen mit je eigenen institutionellen Ordnungen begreift. Wirtschaft, Politik, Recht oder Wissenschaft sind in dieser Sicht keine autopoietisch operierenden Funktionssysteme, sondern Handlungsräume, die durch spezifische Institutionen mit je

---

1 Schimank (1996).
2 Luhmann (1997, S. 634–776).
3 Habermas (1981, S. 229–93).
4 Luhmann (1997, S. 134–44, 456–505, 743–76).
5 Habermas (1981, S. 447–593).

eigenen Leitideen und Rationalitätsstandards für das Handeln der Akteure geordnet werden.[6] Die erste Frage, die sich in dieser Sichtweise stellt, ist die Frage nach dem »Woher« der Ausdifferenzierung. Aus welcher Umklammerung lösen sich Wirtschaft, Politik, Recht oder Wissenschaft in ihrem Ausdifferenzierungsprozess? Die Antwort auf diese Frage lautet: aus der Umklammerung durch Gemeinschaftsbande und aus der mit diesen Gemeinschaftsbanden verbundenen Solidarität und Brüderlichkeitsethik.[7] Die Befreiung der entsprechenden Handlungsräume aus der Regulierung durch die normativen Vorgaben der Religion und ihrer kirchlichen Verwaltung im Okzident ist als eine spezifische Variante dieses allgemeinen Vorgangs zu verstehen. Diese Herauslösung der Handlungsräume von Ökonomie, Politik, Recht oder Wissenschaft aus der Umklammerung durch Gemeinschaft und Religion bedeutet, dass für sie die Anforderungen gemeinschaftlicher Solidarität und religiöser Ethik nicht mehr gelten. Mit Karl Polanyi gesprochen, handelt es sich dabei um einen Prozess der normativen Entbettung, der zu einem instabilen Zustand führt, solange nicht eine Wiedereinbettung in ein neues Normengefüge gelungen ist.[8] Bevor die Frage der Wiedereinbettung beantwortet werden kann, bedarf es jedoch zuerst einer Klärung der Frage, welche Umstände die Entbettung hervorgebracht haben. Bei der Beantwortung dieser Frage kann das Raumkonzept fruchtbar gemacht werden. Das soll im folgenden am Beispiel der Ausdifferenzierung und Institutionalisierung des wirtschaftlichen Handlungsraumes und der dazu korrespondierenden Ausdifferenzierung und Institutionalisierung von Solidarität, Recht und Gerechtigkeit dargelegt werden.

2. Die Ausdifferenzierung und Institutionalisierung des wirtschaftlichen Handlungsraumes in der Moderne

Nehmen wir als Beispiel die Entbettung des wirtschaftlichen Handelns, die auch bei Polanyi Gegenstand der Untersuchung ist. Der entscheidende Vorgang, der die Entbettung mit sich bringt, ist die räumliche Ausdehnung des Aktionskreises wirtschaftlicher Transaktionen. Es werden dabei die Grenzen solidarischer Gemeinschaftsbande und der mit ihnen verbundenen Brüderlichkeitsethik verlassen, und zwar nicht nur sporadisch in der Begegnung mit einzelnen Fremden, sondern massenhaft in der Entwicklung von Handel und Industrie.[9] Fernhandel und industrielle Massenproduktion mit wachsender Ausdehnung von Absatzmärkten sind die Triebkräfte der Entbettung wirtschaftlicher Transaktionen. Die Voraussetzung für diesen Prozess bilden technische Innovationen, die den Transport von Waren und die Kommunikation über große Räume hinweg sowie die industrielle Massenfertigung erleichtern. Auf diese Weise wird die Abwicklung von wirtschaftlichen Transaktionen jenseits von Gemeinschaftsgrenzen zur Normalität.[10]

Zunächst ist diese Expansion wirtschaftlicher Aktivitäten in den Worten Max Webers von der Trennung zwischen Binnen- und Außenmoral geprägt. Die Moral, die mich innerhalb der Gemeinschaft zum Teilen mit dem Bruder und Genossen sowie zu Treue und Aufrichtigkeit anhält, gilt nicht für die Beziehungen zum Fremden. Nach außen ist das erlaubt, was nach innen verboten ist: Vorteilnahme, Feilschen um günstige Preise, Wucher bei Darlehen, Übervorteilung des Anderen.[11] Deshalb herrscht hier kein Vertrauen, sondern grundsätzliches Misstrauen. Jeder muss sich auf die potentiell mögliche Übervorteilung durch den Anderen einstellen. Auf dieser Basis des Misstrauens konnte sich der Wirtschaftsverkehr nur in begrenztem Maße entfalten.[12] Er war nur eingeschränkt berechenbar, blieb instabil und war immer wieder von Rückschlägen geprägt. Mangels verbindlicher Regeln waren die Bedingungen für Zahlungen und entsprechende Eigentumsübertragungen nicht eindeutig bestimmt. Ob Zahlungen zu gesichertem Eigentum an der bezahlten Sache führten, war nicht sicher. Die Unterscheidung zwischen Eigentum und Nicht-

---

6 Weber (1972, S. 536–73); Münch (2001 a, S. 56–65, 93–99).
7 Weber (1976, S. 348–67).
8 Polanyi (1977).
9 Weber (1923, S. 174–77).
10 Weber (1923, S. 177–80).
11 Weber (1976, S. 369–70; 1923, S. 234, 269, 303–04, 307, 312).
12 Weber (1972, S. 523–24).

Eigentum, Zahlen und Nichtzahlen konnte nicht scharf gezogen werden, weil es dafür keine verbindlich geltenden Regeln gab.[13] In der Sprache der Systemtheorie heißt das, dass das Systemprogramm, nämlich das Eigentumsrecht, nicht weit genug ausgebildet war, um die sichere Anwendung des binären Codes von Zahlen versus Nichtzahlen zu erlauben. Infolgedessen herrschten anomische Verhältnisse des unsicheren Besitzes. Hier wird erkennbar, dass die Systemtheorie zur Autopoiesis eines Systems wirtschaftlicher Kommunikationen (Zahlungen) reifiziert, was sich bei näherer Betrachtung als sicherer Ablauf von wirtschaftlichen Transaktionen mit entsprechenden Eigentumsübertragungen aufgrund der rechtlich eindeutigen Regelung der Prozedur erweist.[14] Erst die rechtlich eindeutige Formung der wirtschaftlichen Transaktionen macht den legitimen vom illegitimen Eigentumserwerb unterscheidbar und eine klare Entscheidung über Zahlen oder Nichtzahlen möglich. In den Worten Max Webers wird die Differenzierung zwischen Binnen- und Außenmoral durch die Umstellung auf formales Recht abgelöst, das innen wie außen gleiche Maßstäbe der Gerechtigkeit ansetzt und die Beziehungen durchgehend ein und denselben Regeln unterwirft. Brüderlichkeit nach innen und Unbrüderlichkeit nach außen werden durch für alle gleich geltende formale Rechtlichkeit verdrängt. Dazu gehören vor allem Leistungsgerechtigkeit, individuelle Selbstverantwortung und Fairness.[15] Die Institutionalisierung einer Ordnung des wirtschaftlichen Handelns für den gesamten Raum der wirtschaftlichen Transaktionen ist die Voraussetzung dafür, um überhaupt eine Grenze zwischen wirtschaftlichen und nichtwirtschaftlichen Kommunikationen ziehen zu können. Es ist hier demgemäss keine geheimnisvolle Autopoiesis am Werk, sondern die Herausbildung einer institutionellen Ordnung mit all ihren Voraussetzungen der Einrichtung durch Gesetzgebung und Implementation durch Rechtsprechung und Verwaltung. Die Sprache der Systemtheorie reifiziert insofern etwas zum System, was als institutionelle Ordnung eines Handlungsraumes realitätsnäher begriffen werden kann.

Wie kommt es aber zur Herausbildung einer institutionellen Ordnung für den Raum wirtschaftlicher Transaktionen jenseits der Grenzen partikularer Gemeinschaften? Einen Ansatz zur Beantwortung

dieser Frage bietet Emile Durkheim mit seiner Studie zur Arbeitsteilung. Nach seiner Analyse führt das Schrumpfen der Distanz zwischen den segmentär differenzierten Gemeinschaften (Familien, Sippen, Dörfer, Städte, Nationen) durch Populationswachstum und/oder technische Verbesserungen von Transport und Kommunikation, d.h. die Zunahme der materiellen Dichte, zu stärkeren Interdependenzen und damit größerer dynamischer Dichte. Es teilen sich jetzt mehr Menschen ein und denselben einheitlichen Raum, so dass sich zwischen ihnen die Konkurrenz verschärft. Auf diese Konkurrenz können sie auf drei unterschiedliche Weisen reagieren: Ausweichen auf andere Räume, Selbstaufgabe oder Spezialisierung. Je weniger Ausweichmöglichkeiten es gibt und je mehr Menschen sich nicht aufgeben wollen, um so mehr Menschen wählen den Weg der Spezialisierung. Dieser Weg führt zu einer wachsenden Arbeitsteilung über bisher bestehende segmentäre Gemeinschaftsgrenzen hinweg. Sie sprengt die kollektive Solidarität der Segmente und bereitet den Weg für neue Solidaritätsbande jenseits der Grenzen der Segmente.[16] Die Pionierrolle in diesem Prozess übernehmen Unternehmer, die neue Absatzmärkte und Kooperationspartner außerhalb des heimischen Marktes suchen. Als Schrittmacher ziehen sie andere nach und flechten so an einem Netzwerk grenzüberschreitender Austauschbeziehungen. Auf diese Weise wird der Einzelne aus der engen Bindung an seine Herkunftsgruppe befreit. Mit Georg Simmel gesprochen, nimmt die Größe und die Zahl der Kreise zu, in denen der Einzelne verkehrt. Er gewinnt an Individualität und ist zugleich gezwungen, im Schnittpunkt der verschiedenen sozialen Kreise deren Verflechtung untereinander zu gewährleisten und die unterschiedlichen Erwartungen an ihn auszubalancieren.[17]

Der neue Wirtschaftsraum wird von den Pionieren der grenzüberschreitenden Kooperation mit einer Infrastruktur von sozialen Beziehungen zwischen autonomen Individuen überzogen, aus der sich die neue institutionelle Ordnung entwickeln kann, wenn ihr von einem vorausgehenden, beglei-

---

13 Weber (1923, S. 292–93; 1976, S. 181–87, 195–98).
14 Luhmann (1988, S. 43–90).
15 Weber (1923, S. 303–04).
16 Durkheim (1977, S. 296–323).
17 Simmel (1908 [1992], S. 456–511, 791–863).

tenden oder nachfolgenden korrespondierenden politischen und rechtlichen Wachstum der Weg geebnet wird. In Europa hat die Herausbildung der Nationalstaaten vom 16. bis zum 19. Jahrhundert die politischen Rahmenbedingungen für expandierende Märkte geschaffen. Dadurch war es möglich, größere Räume einer einheitlichen rechtlichen Ordnung zu unterwerfen und den Partikularismus des regional differenzierten Rechts zu überwinden. Einen wesentlichen Anteil an dieser Entwicklung hatte der Berufsstand der Juristen. In Großbritannien waren es Anwälte und Richter, die nach und nach durch die Rechtsprechung ein einheitliches Wirtschaftsrecht geschaffen haben. In Deutschland und Frankreich haben die universitätsgeschulten Rechtsgelehrten mittels Kodifikationen ein einheitliches Recht für das gesamte Staatsgebiet geschaffen, etwa das Allgemeine Preußische Landrecht (1794) oder Napoleons Code civile (1804) oder später das Bürgerliche Gesetzbuch in Deutschland (1900).[18] Es ist kein Zufall, dass die industrielle Revolution im letzten Drittel des 18. Jahrhunderts in England einsetzte, wo die nationale Einheit mit einem einheitlichen Wirtschaftsraum und einem einheitlichen Recht am weitesten fortgeschritten war. Frankreich war zwar vom Absolutismus territorial geeint worden, der Zentralismus blieb jedoch aufgesetzt. Es fehlte dem Land im Vergleich zu England die Aufhebung der regionalen und ständischen Spaltung der Gesellschaft. Deutschland blieb bis zu Bismarcks politisch durchgesetzter Einigung im deutsch-französischen Krieg von 1870/71 in Kleinstaaten zersplittert. Friedrich Lists deutscher Zollverein (1834) hat immerhin den Boden für einen einheitlichen Wirtschaftsraum bereitet. So war es naheliegend, dass Frankreich und Deutschland erst 50 bis 100 Jahre später als England eine ähnlich umfassende Industrialisierung auf den Weg brachten.

Wie wir soweit gesehen haben, ist die Ausdifferenzierung und Institutionalisierung eines spezifischen Handlungsraumes für wirtschaftliche Transaktionen als Herausbildung einer spezifischen institutionellen Ordnung für einen *erweiterten* Raum zu begreifen, der über bisherige Gemein-

schaftsgrenzen hinausgeht, die segmentäre Differenzierung in partikulare Gemeinschaften aufhebt und ein Netzwerk von autonomen Individuen entstehen lässt. Ein entscheidender Durchbruch dieser Art hat in Europa durch die untereinander verknüpften Entwicklungen großer Wirtschaftsräume auf staatlich geeinten Territorien mit einem einheitlichen Recht im Zeitraum vom 16. bis 19. Jahrhundert stattgefunden. An dieser Entwicklung hat der Nationalismus in seiner Rolle der Herstellung großräumiger solidarischer Einheiten bei gleichzeitiger Überwindung der Differenzierung in kleinere Segmente, d. h. des regionalen Partikularismus, einen entscheidenden Anteil gehabt.[19] Weil er die Einteilung der Welt in Segmente jedoch nur durch die Herausbildung größerer Segmente auf höherer Entwicklungsebene fortsetzte, musste er in dieser Rolle genau dort an seine Grenzen stoßen, wo die Zunahme der dynamischen Dichte durch Bevölkerungswachstum und schnellere Transport- und Kommunikationsmittel in Europa die Konkurrenz um knappe Güter verschärfte und die territorialen Grenzen der Nationalstaaten für die Entfaltung der Wirtschaft zu eng wurden. Der dadurch entstehende Druck wurde durch große Auswanderungswellen, Kolonialismus und das Streben der Nationalstaaten nach territorialer Expansion ausgeglichen. Die insbesondere in Deutschland zur Vorherrschaft gelangte Strategie der territorialen Expansion hat zu zwei Weltkriegen geführt.

3. Die Ausdifferenzierung und Institutionalisierung transnationaler Wirtschaftsräume in der globalisierten Moderne

Mit dem Zweiten Weltkrieg ist der Nationalismus als Instrument der Bewältigung von Konkurrenz um knappe Güter endgültig gescheitert, so dass die Bahn für eine Lösung geebnet wurde, die den Wirtschaftraum weit mehr als bisher von der segmentären Differenzierung in »Volkswirtschaften« befreit: die Herausbildung transnationaler Wirtschaftsräume bis hin zur liberalisierten Weltwirtschaft. Schon am Ende des 19. Jahrhunderts hatte die weltwirtschaftliche Verflechtung als Lösung des Problems der Konkurrenz um knappe Güter ein

---

18 Weber (1976, S. 456–59).
19 Gellner (1991); Hobsbawm (1991).

Niveau erreicht, das die Strategie der nationalen Expansion hätte überflüssig machen können. Der Erste Weltkrieg und die ihm folgende Weltwirtschaftskrise nach dem New Yorker Börsenkrach im Oktober 1929 haben diese Entwicklung jedoch vorerst zum Erliegen gebracht. Erst nach dem Zweiten Weltkrieg – mit voller Fahrt seit den 1970er Jahren – hat sich die transnationale Wirtschaftsverflechtung durchgesetzt, und zwar in Gestalt regionaler, über nationalstaatliche Grenzen hinausgehender Wirtschaftsräume (EG, EFTA, NAFTA) und in Gestalt einer zunehmenden Liberalisierung des Welthandels im Rahmen der verschiedenen Runden der GATT-Verhandlungen, die schließlich zur Institutionalisierung der Welthandelsorganisation (WTO) geführt haben.[20] Diese Entwicklung bedeutete nicht weniger als einen neuen Schub der Ausdifferenzierung eines bisherige Gemeinschaftsgrenzen sprengenden Raumes für wirtschaftliche Transaktionen. Es ist kein Zufall, dass Deutschland in diesem Prozess die Rolle einer treibenden Kraft spielte. Geheilt von den Exzessen des Nationalismus und gesegnet mit einer stark wachsenden Produktivität der industriellen Produktion konnte nur die Sicherung von ausländischen Absatzmärkten das Ansteigen des Lebensstandards in einem Land sichern, in dem sich die Regierungen in besonderem Maße der Steigerung des Bruttoinlandsproduktes verdingen mussten. Der Konkurrenzkampf um knappe Güter im Angesicht eines ständig wachsenden Aspirationsniveaus ist in Deutschland besonders ausgeprägt worden und hat deshalb die deutsche Industrie und die deutsche Politik zu Pionieren der Herausbildung transnationaler Wirtschaftsräume gemacht. Die damit einhergehende Überwindung der segmentären Differenzierung in Nationalstaaten erweist sich gerade in Deutschland aber auch als besonders konfliktreich.[21]

Die Trennung zwischen Binnen- und Außenmoral wird auf einer neuen Entwicklungsstufe erneut aufgehoben. Der Ausbau des Nationalstaates zum Wohlfahrtsstaat hat dafür gesorgt, dass die Steigerung des Wohlstandes durch den Export breiten Bevölkerungsschichten zugute gekommen ist. Die Keynesianische Wirtschaftssteuerung war ein maßgebliches Instrument, mit dem Wachstum und Vollbeschäftigung innerhalb nationaler Grenzen gesichert wurden. Die zunehmende transnationale

Verflechtung der Wirtschaft hat die Instrumente des Keynesianismus jedoch stumpf und die solidarische Teilung des Wohlstands im nationalen Verbund zu einem Hindernis des industriellen Strukturwandels werden lassen. Um so schärfer artikuliert sich der Konflikt zwischen den unternehmerischen Pionieren der wirtschaftlichen Transnationalisierung und den gewerkschaftlichen Repräsentanten des alten nationalen Wohlstandsverbundes. Die umstrittene Frage lautet jetzt, ob die Ausdifferenzierung eines transnationalen Wirtschaftsraumes mit der alten segmentären Differenzierung von nationaler Solidarität überhaupt vereinbar ist. Die einen verneinen diese Frage und meinen deshalb, dass die Stabilisierung des transnationalen Wirtschaftsraumes auf eine ähnliche politische, rechtliche und solidarische Basis gestellt werden muss, wie dies innerhalb der europäischen Wohlfahrtsstaaten gelungen ist.[22] Die anderen halten diese Lösung mangels transnationaler Solidarität nicht für möglich und suchen deshalb nach Möglichkeiten, den nationalen Wohlstandsverbund auch angesichts transnationaler Wirtschaftsverflechtungen zu retten.[23] Die Vertreter des Neoliberalismus sehen dagegen die Zeit gekommen, die Behinderungen des wirtschaftlichen Wachstums durch zu starke nationale Regulierung zu beenden, ohne dass auf supranationaler Ebene eine vergleichbar starke Regulierung eingerichtet werden muss, weil sie der Auffassung sind, dass eine wachsende Wirtschaft auch den Schwächeren ein größeres Stück des größer werdenden Kuchens bietet.[24] Alle drei Positionen realisieren allerdings nicht richtig, dass mit der Herausbildung eines globalen Wirtschaftsraumes die funktionale Ausdifferenzierung der Wirtschaft an ihr Ziel gelangt ist und damit der Verteilung des Wohlstands nach Prinzipien der segmentären Differenzierung engere Grenzen als zuvor gesetzt sind. Die Strategie der »sozialen« Globalisierung wünscht sich die Übertragung der Solidarität nationaler Kollektive auf die Weltgemeinschaft, die Strategie der Erhaltung des na-

---

20 Held/McGrew/Goldblatt/Perraton (1999, S. 149–88).
21 Zukunftskommission der Friedrich Ebert Stiftung (1998).
22 Habermas (1998).
23 Scharpf (1999); Streeck (1998).
24 von Weizsäcker (1999).

tionalen Wohlstandsverbundes will zwar die Wachstumsdynamik der globalen Wirtschaft, verkennt aber, dass transnationale Wirtschaftsräume auf die Schwächung der segmentären Differenzierung in nationale Wohlstandsverbünde hinwirken. Die Strategie des Neoliberalismus ignoriert die Instabilität eines transnationalen Wirtschaftsraumes ohne eine mitwachsende Basis von Solidarität, Recht und Politik. Entscheidend ist jedoch, dass der nationale Wohlfahrtsstaat kein Modell für diese Basis des transnationalen Wirtschaftsraumes sein kann, weil er noch auf dem Primat segmentärer Differenzierung aufbaut, das in der Epoche der Weltwirtschaft sein Ende gefunden hat.

4. Die Ausdifferenzierung und Institutionalisierung der Solidarität: von der mechanischen zur organischen Solidarität

Das Scheitern der wohlfahrtsstaatlichen Strategien der »Zähmung« des »globalen Kapitalismus« muss jedoch nicht heißen, dass wir es hier mit einem nun vollständig ausdifferenzierten Funktionssystem zu tun haben, das sich ohnehin von jeder externen Steuerbarkeit befreit hat und allein nach seinem eigenen Code von Zahlen/Nichtzahlen und den auf dem freien Weltmarkt erzielten Preisen als Programm funktioniert. In dieser Lesart wäre die Luhmannsche Systemtheorie nichts anderes als eine evolutionstheoretisch verbrämte Legitimation des Neoliberalismus. Weil auch in Luhmanns Sicht die Politik segmentär nach Staaten differenziert bleibt, kann es nur noch darum gehen, die politischen Konsequenzen der freien Weltwirtschaft staatlich-politisch zu bewältigen, d. h. z. B. Konflikte um Arbeitslosigkeit mit Besänftigungsstrategien so zu mildern, dass politische Entscheidungsfähigkeit erhalten bleibt und die Politik nicht in den Strudel von Protest und Gegenprotest gerät.[25] In dieser Sicht wird verkannt, dass es sich auch bei der Ausdifferenzierung transnationaler Wirtschaftsräume

um die Herausbildung einer institutionellen Ordnung handelt, die jedoch an die neuen strukturellen Bedingungen angepasst sein muss. Es verändern sich erneut die Strukturen der Solidarität. In den Begriffen von Emile Durkheim wird die mechanische Solidarität der voneinander als Segmente der Weltgesellschaft differenzierten Wohlfahrtsstaaten von der grenzüberschreitenden organischen Solidarität der aus der nationalen kollektiven Solidarität entlassenen einzelnen, arbeitsteilig spezialisierten Individuen verdrängt.[26] Das ist ein konfliktreicher Prozess, der von nationalistischen Gegenbewegungen des Rechtsextremismus begleitet wird; es ist jedoch ein Prozess, der durch die Zunahme der dynamischen Dichte der Weltgesellschaft unaufhaltsam vorangetrieben wird.

Wie wir aus der Auseinandersetzung über Durkheims Studie zur Arbeitsteilung wissen, ist jedoch die Frage, worin organische Solidarität besteht und wodurch sie zustande kommt, ziemlich umstritten.[27] Es handelt sich zunächst einmal um Bindungen zwischen autonomen Individuen, die gerade durch ihre Spezialisierung im Prozess der Arbeitsteilung von ihrem Herkunftskollektiv – sei es die Arbeiterschaft, sei es die ganze Nation – unabhängig werden, an Autonomie gewinnen und größere Spielräume für die Entfaltung ihrer Individualität erhalten. Ihre Unabhängigkeit vom Herkunftskollektiv macht sie offen für das Eingehen neuer grenzüberschreitender Bindungen. Da die Reichweite und die Zahl ihrer Beziehungen wachsen, nehmen ihre Alternativen zu, so dass sie über größere Unabhängigkeit verfügen. Ihre Unabhängigkeit setzt aber gerade die Pflege der größeren Zahl von Beziehungen mit größerer Reichweite voraus. Die aktiven, nach Unabhängigkeit strebenden Individuen werden demgemäss als Pioniere der Bildung eines grenzüberschreitenden Netzwerks sozialer Beziehungen tätig sein und auf die weniger aktiven einen Druck ausüben, den gleichen Weg zu gehen, weil die Bindung an die Herkunftsgruppe immer weniger Sicherheit bietet und zudem ihre Loyalitätsansprüche immer weniger gerechtfertigt erscheinen. In einem sich selbst verstärkenden Prozess wird so durch Pioniere ein grenzüberschreitendes Netzwerk von autonomen Individuen geknüpft, während gleichzeitig die alten Kollektivsolidaritäten schwach und brüchig werden.

---

25 Luhmann (2000, S. 220–27, 423–31).
26 Durkheim (1977, S. 152–269).
27 Parsons (1967).

War der klassische Industriearbeiter in seiner Klasse und ihrer Repräsentation durch Gewerkschaften und Arbeiterparteien aufgehoben, wird der immer besser ausgebildete Arbeitnehmer zu einem »Arbeitskraftunternehmer«, der sich nicht mehr in eine Kollektivsolidarität der Arbeiterklasse einzwängen lässt, sondern mit seinen ihn von allen anderen unterscheidenden, je spezifischen fachlichen und außerfachlichen Qualifikationen als autonomes Individuum um so bessere Inklusionschancen hat, je offener und differenzierter das Netzwerk der Arbeitsteilung gestaltet ist. Seine Inklusion stellt sich um so besser dar, je weiter das Netzwerk räumlich reicht und über je mehr alternative Stellen des Zugangs es verfügt. Die Exklusion als mangelnder Zugang zu Märkten, Wohlstand und Ansehen trifft nicht mehr eine Klasse, sondern einzelne marginalisierte Individuen, die ihr Schicksal auch nicht mehr durch eine Sammelbewegung der Ausgeschlossenen bewältigen können, sondern nur noch durch ebenso individualisierte Formen der Abarbeitung von Frustrationen durch Maßnahmen der Umschulung, der Weiterbildung, des Anschlusses an Selbsthilfegruppen oder des Abdriftens in die verschiedenen Varianten des Rückzugs aus dem sozialen Leben.

Was hält nun diese individualisierte transnationale Netzwerkgesellschaft zusammen? Folgen wir Durkheim, dann ist es zunächst einmal das schwache Band der gegenseitigen Abhängigkeit, das allerdings auch nicht unterschätzt werden sollte. Es kann als Infrastruktur dienen, aus der sich weitere Bindungen entwickeln, als nächstes nämlich arbeitsteilige Kooperation, aus der auch Gefühle der Verbundenheit entstehen. Durkheim war bekanntlich auch damit noch nicht zufrieden, weil ihm diese individualisierte Verbundenheit noch zu nahe am utilitaristischen Mutualismus des freien Marktes war, so wie er ihn von Spencer vertreten sah. Deshalb meinte er, die Arbeitsteilung könnte sich nur im Schoße einer schon vorhandenen Gesellschaft entwickeln, die nämlich über ein ausreichendes Maß eines gemeinsamen Rechts und eines entsprechenden kollektiven Rechtsbewusstseins mit gemeinsam geteilten Maßstäben der Gerechtigkeit verfügt. Es geht dabei um die sogenannten nichtkontraktuellen kollektiven Grundlagen des individuellen Tauschvertrages. Während die Handlungsspielräume der Individuen durch die Vielzahl möglicher Vertragsbeziehungen erweitert werden, sorgen das kollektiv geteilte Vertragsrecht und das korrespondierende kollektive Rechtsbewusstsein als nichtkontraktuelle Grundlagen des Vertrages für genügend kollektive Bindungsmasse, um die arbeitsteilige Gesellschaft zusammenzuhalten. Diese kollektive Bindungsmasse muss allerdings durch dafür verantwortliche Träger am Leben erhalten werden. Diese Aufgabe wollte Durkheim den Berufsgruppen übertragen. Die Familie war ihm zu partikularistisch und zu weit weg von der Gesellschaft als Ganzes, der Staat war ihm zu weit weg vom Individuum; dagegen können die Berufsgruppen nach seiner Meinung als intermediäre Instanzen zwischen den individualisierten Individuen und dem Staat als Zentrum der repräsentativen kollektiven Deliberation vermitteln und so für die Inklusion der Individuen in die Gesellschaft und den Zusammenhalt der Gesellschaft insgesamt sorgen.[28] Ersetzen wir den Terminus »Berufsgruppe« durch den Terminus »Verbände«, dann hat Durkheim genau jenes Modell der Zusammenarbeit von Staat und Verbänden vorgezeichnet, das später als Neokorporatismus als Alternative einer wohlintegrierten Gesellschaft dem Modell des amerikanischen Pluralismus gegenübergestellt wurde. In egalitärer Variante sind die skandinavischen Wohlfahrtsstaaten ein Beispiel dafür, in konservativ-meritokratischer Variante die Wohlfahrtsstaaten Deutschlands, Österreichs und der Niederlande. Diese Modelle sind allerdings stark an die Vitalität des nationalen Wohlfahrtsverbundes gebunden und deshalb nur schlecht auf die Gestaltung transnationaler Räume übertragbar.

Es scheint so, dass Durkheim noch zu sehr in Kategorien segmentärer Solidarität gedacht hat, als er nach dem Bindemittel der organischen Solidarität suchte. Allerdings hat er selbst schon in Umrissen eine europäische Gesellschaft mit entsprechender europäischer Arbeitsteilung und organischer Solidarität im Begriff der Herausbildung gesehen. Dementsprechend erkannte er, dass die kollektiven Differenzen zwischen den Nationen abnehmen, während gleichzeitig die Differenzen zwischen den Individuen zunehmen. Hier liegt demgemäss auch ein Schlüssel für die Integration des europäischen Wirtschaftsraums. Sie erfolgt weniger durch die Kooperation der Natio-

---

28 Durkheim (1977, S. 42–63, 240–69).

nen als Kollektive und mehr durch die Individuen als Knotenpunkte eines in sich stark differenzierten und verzweigten transnationalen Netzwerkes. Die Pioniere der transnationalen Integration werden zu Trägern der neuen transnationalen Moral, die diesseits und jenseits der segmentären Grenzen des Nationalstaates gilt und die alte Trennung zwischen Binnen- und Außenmoral aufhebt. Binnenmoral verlangt absolute Loyalität zur eigenen Gruppe, Teilen des Wohlstands in der Gruppe, Aufopferung für die Gruppe. Außenmoral bedeutet Distanz zum Fremden, Illoyalität zur fremden Gruppe, kein Teilen des Wohlstands mit der fremden Gruppe, keine Aufopferung für den Fremden, sondern vorbehaltslose Vorteilsnahme. Beide Seiten konvergieren in der partikularistischen Bevorzugung des Eigenen gegenüber dem Fremden. Die neue transnationale Moral hält zu beiden Extremen gleichermaßen Abstand. Sie setzt an die Stelle des Gegensatzes zwischen bedingungsloser Hingabe an die eigene Gruppe und vollkommener Abwehr des Fremden das autonome Individuum, das zwischen dem Eigenen und dem Fremden keinen Unterschied mehr macht und zu beiden Seiten gleichermaßen Beziehungen auf der Basis freier Vereinbarungen zum gegenseitigen Nutzen und unter gegenseitiger Respektierung des Anderen unterhält.

5. Die Ausdifferenzierung und Institutionalisierung der Gerechtigkeit: moralischer Universalismus und ethischer Individualismus

Wir beobachten hier einen neuen Entwicklungsschub in die Richtung des moralischen Universalismus und des ethischen Individualismus, die den moralischen Partikularismus der Bevorzugung der eigenen Gruppe und die Ethik des Gehorsams gegenüber der Autorität verdrängen. Unter dem moralischen Universalismus ist das Prinzip der Rechtfertigung von grundlegenden Normen der zwischenmenschlichen Beziehungen durch die allseitige Zustimmung in einem offenen und egalitären Diskurs, unter der Ethik des Individualismus ist

die grundsätzliche Prämierung einer Lebensführung in Selbstverantwortung und gegenseitiger Respektierung zu verstehen. In Rechtsform ist die Verknüpfung des moralischen Universalismus mit der Ethik des Individualismus in den Menschen- und Bürgerrechten konkretisiert, die seit der Menschenrechtserklärung der Vereinten Nationen von 1948 sukzessive eine immer breitere Durchsetzung in der Welt erfahren haben.[29] Eine Elite von moralischen Pionieren setzt die neuen Maßstäbe, die durch transnationale Akteure über die bisherigen nationalen Grenzen hinaus und in die nationalen Gesellschaften hinein verbreitet werden. Dazu zählen transnationale soziale Bewegungen, die sich für die weltweite Anerkennung der Menschenrechte einsetzen, aber auch Wissenschaftler, die den globalen wissenschaftlichen Diskurs vorantreiben, Experten, die bei der Entwicklung internationaler Standards für den Welthandel sowie den Schutz von Umwelt und Gesundheit zusammenarbeiten, und nicht zuletzt die Manager multinationaler Konzerne, die ein weltweites Netzwerk des Handels und der Arbeitsteilung ausbauen. Die moralischen Pioniere werden zu Trägern des moralischen Universalismus, weil sie die dafür erforderlichen Bedingungen der Sozialisation in vorbildhafter Weise erfüllen: die größte Reichweite und die größte Zahl der sozialen Kreise, in denen sie sich bewegen.[30] Dadurch gewinnen sie das größte Maß an Individualität, gleichzeitig lernen sie mehr als andere, ihre Entscheidungen im Lichte ihrer Konsequenzen für die entferntesten und die größte Zahl möglicher Betroffener zu rechtfertigen. Die Reichweite des zumindest imaginären Diskurses zur Rechtfertigung der eigenen Entscheidungen tendiert zur Universalität. Das heißt, dass sie am weitgehendsten an die Situation herangeführt werden, in der sie nur das als Richtschnur ihres Handelns wählen können, was die Zustimmung eines jeden potentiellen Teilnehmers an einem prinzipiell für jeden und jedes Argument gleichermaßen offenstehenden Diskurses finden würde. Unter diesen Bedingungen ist es nicht möglich, dem einen Vorteile einzuräumen, die dem anderen verweigert werden, und zwar ohne jegliche Gruppenbegrenzung. Jeder und jede hat weltweit gesehen das Recht, in derselben Weise einen Anteil am weltweit produzierten Wohlstand zu erlangen.

---

29 Habermas (1992, S. 15–60); Risse/Ropp/Sikkink (1999).
30 Simmel (1908 [1992]), S. 456–511, 791–863).

Es wird immer schwerer, die kollektive Zuteilung von Wohlstand zu rechtfertigen, weil sie nicht den individuellen Beitrag zum Ganzen zum Bewertungsmaßstab macht, sondern die bloße Mitgliedschaft in einer von Reichtum gesegneten Gruppe. Zu rechtfertigen ist unter solchen Bedingungen zunächst einmal nur die Verteilung des Anteils am Wohlstand proportional zur eingebrachten individuellen Leistung für das weltweite Ganze, wie immer diese Proportionalität auch gemessen werden mag. Untrennbar damit verbunden ist das Prinzip, dass aber auch jedem Einzelnen die Tür zur Bereitstellung seiner Leistungen offenstehen muss, weil es ein Widerspruch in sich wäre, Anteile am Wohlstand nach Leistungen für das Ganze zu verteilen, aber nicht jedem und jeder den gleichen Zugang zur Bereitstellung von Leistungen zu gewähren. Auch die Förderung von denjenigen, die unverschuldet daran gehindert sind, Leistungen zu erbringen, ist geboten, weil es wieder ein Widerspruch in sich selbst wäre, nach Leistung zu entlohnen und die unverschuldet weniger Leistungsfähigen genauso zu behandeln wie die von vornherein Leistungsfähigeren. Es wäre in diesem Fall nicht wirklich ihre individuelle Leistung, die der Bewertung zugrunde läge, sondern ein mehr von äußeren, sie benachteiligenden Umständen bestimmtes Ergebnis.

Was ist aber mit den nach aller Förderung übrigbleibenden Leistungsunterschieden? Wie groß soll die Einkommens- bzw. Lohnspreizung sein, um die Leistungsunterschiede adäquat zum Ausdruck zu bringen? Wie hoch soll der Anteil der Leistungsschwächsten sein? Auf diese Fragen wird man kaum noch allgemein gültige Antworten geben können. Es wird darauf ankommen, wie Leistungsschwäche erklärt wird, welche Konsequenzen aus der Entlohnung nach dem Leistungsprinzip, aus mehr oder weniger Einkommens- bzw. Lohnspreizung sowie aus einem mehr oder weniger hohen Sockel für das Ganze erwartet werden und welches Menschenbild man vor Augen hat. Wird jeder bzw. jede für prinzipiell gleich leistungsfähig gehalten, wenn ihm bzw. ihr die gleichen Chancen wie allen geboten werden, dann ist eine reine Verteilung nach Leistung gerechtfertigt. Der Sockel muss nicht mehr als das Existenzminimum gewährleisten und die Gesellschaft vor der Gefahr des Abgleitens in Rebellion oder Kriminalität bewahren. Gilt der Mensch als nur

leistungswillig, wenn genug Anreize gesetzt werden, dann wird man für eine größere Einkommens- bzw. Lohnspreizung eintreten. Wer jedoch von einer grundsätzlich gegebenen Ungleichheit ausgeht, der wird den weniger Leistungsfähigen einen höheren Sockel des kollektiv geteilten Wohlstands zusprechen und dies um so mehr, je mehr sich damit die Einschätzung paart, dass der Mensch um so mehr leisten wird, je mehr er sich von einer weitgehend leistungsunabhängigen Anerkennung durch die Gesellschaft getragen sieht. Es ist unschwer zu erkennen, dass die erste Argumentation zu einer Präferenz für ein »liberales« Gesellschaftsmodell führt, wie es am prägnantesten in den Vereinigten Staaten verwirklicht ist, die zweite Argumentation dagegen zu einer Präferenz für das kontinentaleuropäische »soziale« Gesellschaftsmodell. Das Prinzip des liberalen Modells ist die *individuelle* Teilhabe am Wohlstand unter der Bedingung von Leistungsgerechtigkeit, Chancengleichheit und Fairness auf der Basis eines minimalen Sockels des gemeinsam geteilten Wohlstands. Das Prinzip des sozialen Modells ist die *kollektive* Teilhabe an einem großen Sockel des gemeinsamen Wohlstands, über den hinaus nur noch ein kleinerer Teil des Wohlstands individuell unter den Bedingungen von Leistungsgerechtigkeit, Chancengleichheit und Fairness verteilt wird.[31]

Eine spannende Frage ist nun, ob ein Zusammenhang zwischen der Ausdifferenzierung des europäischen und darüber hinausgehenden globalen Wirtschaftsraumes mit der entsprechenden Umstellung von segmentärer auf funktionale Differenzierung und von mechanischer auf organische Solidarität und der Durchsetzung eines der beiden Gesellschaftsmodelle besteht. Die Frage ist, ob die Ablösung der segmentären Differenzierung in Volkswirtschaften und korrespondierende Nationalstaaten durch die internationale Arbeitsteilung dem liberalen Gesellschaftsmodell in die Hände spielt, weil es die Inklusion und die damit verbundene Teilhabe am Wohlstand mehr individualisiert und deshalb weniger auf das Fortbestehen kollektiver Solidarität angewiesen ist als das soziale Modell. Oder ist die Durchsetzung des einen oder anderen Modells eine Sache der jeweils vorherrschenden

---

31 Zukunftskommission der Friedrich Ebert Stiftung (1998).

kulturellen Tradition, die in den Vereinigten Staaten die entsprechende Legitimation für das liberale Modell, in Kontinentaleuropa die Legitimation für das soziale Modell liefert?

Gewiss wird sich die institutionelle Ordnung des transnationalen Wirtschaftsraums nicht ohne weithin anerkannte Legitimitätsgründe stabilisieren lassen. Solange die Europäer an die Legitimität des sozialen Modells glauben, werden sie auch dessen Konkretisierung in der rechtlichen Regulierung wirtschaftlicher Transaktionen unterstützen. Die Frage ist jedoch, ob dies auf Dauer gelingen kann, wenn dem kulturellen Überbau die korrespondierenden strukturellen Grundlagen der segmentären Differenzierung in Volkswirtschaften und Nationalstaaten wegbrechen. Es entsteht dann zunächst einmal eine Spannung zwischen dem kollektivistischen Denken des Überbaus und der Individualisierung der Sozialstruktur und der tatsächlichen Lebensverhältnisse. Hier spielen wieder die transnational agierenden moralischen Pioniere eine entscheidende Rolle. Sie sorgen für eine Öffnung nach außen und verschärfen dadurch die Konkurrenz um knappe Güter nach innen. Menschenrechte, Bürgerrechte und Wohlstand müssen jetzt mit mehr Menschen als zuvor geteilt werden. Damit gewinnt das Problem des »moral hazards« eine neue Schärfe. Weil jeder selbst härterer Konkurrenz ausgesetzt ist, weil die moralischen Pioniere den Fremden dem Vertrauten gleichstellen, wächst die Befürchtung, dass leistungsunabhängige Unterstützung vielfach ausgenutzt wird. Es fehlt die notwendige kollektive Solidarität, die einen großen Sockel des gemeinsam geteilten Wohlstands tragen würde. Die Ausdifferenzierung eines transnationalen Wirtschaftsraums ebnet eben die Differenz zwischen Binnen- und Außenmoral ein und bringt außen wie innen ein und dieselben ethischen Maßstäbe zur Geltung, die zwangsläufig der individuellen Inklusion durch Leistungsgerechtigkeit, Chancengleichheit und Fairness im Vergleich zur Ethik des Wohlfahrtsstaates einen größeren Spielraum geben und die kollektive Inklusion im Sinne der gleichen Teilhabe am gemeinsam erwirtschafteten Wohlstand im gleichen Umfang ein Stück weit zurückdrängen.

Zwischen der kollektiven und der individuellen Inklusion verschieben sich die Gewichte zugunsten der individuellen. Das muss nicht heißen, dass sich in Europa von heute auf morgen amerikanische Verhältnisse durchsetzen, es bedeutet aber, dass das Spannungsverhältnis zwischen der segmentären Wohlfahrtsethik und der Öffnung nach außen Legitimationskonflikte und nationalistische Gegenbewegungen erzeugt, die den strukturell erzwungenen Weg in die Richtung des liberalen Modells begleiten. Die europäischen Wohlfahrtsstaaten haben aber die Möglichkeit, das liberale Modell so zu interpretieren, dass sie der neuen Realität aus ihrer Tradition heraus neue, in den Vereinigten Staaten nicht vorhandene, jedoch strukturadäquate Bindemittel beimischen. Da es sich um eine von moralischen Pionieren vorangetriebene Entwicklung handelt, kann es nicht ausbleiben, dass viel Zeit vergehen wird, bis durch die Austragung der neuen Legitimationskonflikte neue gangbare Symbiosen zwischen strukturellen Bedingungen, rechtlichen Regulierungen und kulturellen Legitimationsideen gefunden werden und so der ausdifferenzierte globale Wirtschaftsraum weniger von Anomie geprägt wird und über eine neue strukturadäquate institutionelle Ordnung verfügt.[32]

6. Die Interdependenz der Ausdifferenzierung von Wirtschaft, Solidarität, Recht und Gerechtigkeit

Zwischen der Ausdifferenzierung eines transnationalen Wirtschaftsraumes und dem Entstehen einer korrespondierenden, als legitim anerkannten und rechtlich bestimmten institutionellen Ordnung besteht ein unmittelbarer Zusammenhang der fortschreitenden gegenseitigen Verstärkung. Der erste Schritt auf der ökonomischen Seite ermöglicht Schritte auf der rechtlichen Seite, die weitere Schritte auf der ökonomischen Seite erlauben usw. Die ökonomische Seite wird sich ohne die rechtliche Seite nicht entwickeln, weil dann nicht das für Eigentumsübertragungen und Entscheidungen über Zahlen/Nichtzahlen notwendige Vertrauen entstehen würde. Ein entfalteter Wirtschaftsraum jenseits der Grenzen mechanischer Solidarität kann demgemäss nur ein rechtlich konstituierter

---

32 Münch (2001 b, S. 120–50).

sein, anderenfalls würde er nicht existieren. Einen Kreislauf von Zahlungen kann es nur in unmittelbarer Symbiose mit den damit korrespondierenden vertraglichen Vereinbarungen geben. Wegen dieser

lung der Gerechtigkeit von Teilhabe am Ganzen gemäß Mitgliedschaft in einem Kollektiv auf Teilhabe gemäß individueller Leistung unter Bedingungen von Chancengleichheit und Fairness (Abb. 1).

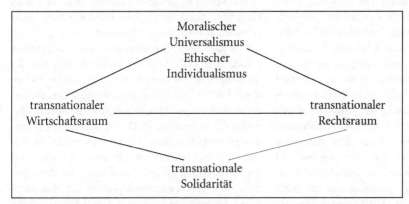

Abbildung 1:
Die Homologie von
Moral, Recht, Wirtschaft
und Solidarität

Symbiose kann sich ein Wirtschaftsraum über die Grenzen von (nationalen) Gemeinschaften hinaus nur ausdifferenzieren, wenn das Recht und die Ideen der Gerechtigkeit als Legitimationsgrundlage strukturadäquat mitwachsen. Wirtschaft und Recht verhalten sich in dieser Perspektive nicht wie zwei autopoietisch operierende Systeme, die füreinander lediglich Impulse setzen, sie sind vielmehr zwei Seiten ein und derselben Medaille, die untrennbar miteinander verknüpft und von einer spezifischen Strukturänderung geprägt sind, in unserem Fall von der Herauslösung des Handlungsraums aus der Umklammerung durch Gemeinschaft, Gemeinschaftsbesitz und Brüderlichkeitsethik. In beiden Fällen müssen Entscheidungen ohne die Sicherheit verbürgenden und Vertrauen einflößenden Gemeinschaftsbande getroffen werden, ökonomische Entscheidungen der Eigentumsübertragung und Zahlung und rechtliche Entscheidungen der vertraglichen Vereinbarung. Beide Seiten stehen unter denselben Bedingungen und benötigen deshalb strukturgleiche Lösungen. In diesem Sinne verhalten sie sich homolog zueinander. Das beide Seiten miteinander verbindende materielle Substrat ist die Umstellung von mechanischer auf organische Solidarität, von segmentärer auf funktionale Differenzierung und von kollektiver auf individuelle Inklusion. Als kultureller Überbau für beide Seiten dient die Herausbildung des moralischen Universalismus und des ethischen Individualismus mit der Umstel-

Unter dem Begriff der Ausdifferenzierung wird in der Regel die Freisetzung wirtschaftlicher Transaktionen von normativer Regulierung verstanden. Max Weber leistet einer solchen Deutung selbst Vorschub.[33] Das ist nur richtig, wenn man die Maßstäbe der Brüderlichkeitsethik geschlossener Gemeinschaften anlegt. Dabei ist zu bedenken, dass die Brüderlichkeitsethik partikularistischen Charakters ist und die Trennung zwischen Binnen- und Außenmoral impliziert. Natürlich ist es unbrüderlich und damit im Sinne der Brüderlichkeitsethik verwerflich, wenn Arbeitnehmer bei sinkender Ertragslage entlassen werden. Der Markt zwingt den Unternehmer dazu, wenn er das Unternehmen am Markt halten will. Unter welchen Bedingungen, mit welchen Kündigungsfristen und gegebenenfalls Ausgleichszahlungen das möglich ist, schreibt allerdings das Arbeitsrecht vor, in das wiederum ethische Vorstellungen über die Ausbalancierung von Selbstverantwortung und sozialer Sicherheit eingegangen sind. Selbst das Hire-and-fire-System der Vereinigten Staaten ist insofern ethisch imprägniert, als in das Arbeitsrecht die dominante Ethik des Individualismus eingeflossen ist. Da in das Arbeitsrecht der europäischen Wohlfahrtsstaaten Elemente einer Ethik des Kollektivismus im Sinne von gleicher Teilhabe am Wohlstand eingegangen sind,

---

33 Weber (1972, S. 544–46; 1976, S. 353–55).

unterliegt die Entlassung von Arbeitnehmern restriktiveren Bedingungen.

Wie wir gesehen haben, ist die Ausdifferenzierung eines über Gemeinschaftsgrenzen hinausgehenden Wirtschaftsraumes nur möglich, wenn Solidarität, Ethik und Recht mitwachsen (»koevoluieren«) und den Charakter von organischer Solidarität, individueller Inklusion, Leistungsgerechtigkeit, Chancengleichheit und Fairness annehmen. Das heißt, dass sich die ausdifferenzierte Wirtschaft von der »Gemeinwirtschaft« nicht einfach durch ihre Normfreiheit unterscheidet, sondern durch die in sie eingelassene Ethik des Individualismus. Dass Leistungen nach ihrem auf dem Markt im Wettbewerb erzielten Preis entgolten werden und nicht nach den Bedürfnissen der Leistungsanbieter, ergibt sich nicht aus einer »Autopoiesis« der Wirtschaft, sondern aus dem Zusammenwirken des Marktes mit der ausdrücklichen Legitimation seiner Ergebnisse durch die Ethik des Individualismus. Dort, wo uns die Ergebnisse des Marktes im Widerspruch mit *allgemein* begründbaren ethischen Grundsätzen zu stehen scheinen, werden sie ja auch durch Regulierungen des Wettbewerbs-, Verbraucher-, Arbeits- oder Sozialrechts korrigiert. Damit soll nicht behauptet werden, dass die rechtliche Ordnung der Wirtschaft die Spannung zwischen Ethik und Wirtschaft grundsätzlich und ein für allemal aufhebt. Das gilt auch für das Verhältnis zwischen der modernen Ethik des Individualismus und dem Konkurrenzkampf auf dem Markt. Die Ethik des Individualismus verlangt z. B. im Rahmen des moralischen Universalismus, dass für alle gleiche Chancen der Selbstverwirklichung bestehen sollen. Die Marktkonkurrenz erzeugt jedoch Ungleichheiten, die bei fortgesetzter Konkurrenz immer größer werden. Das heißt, dass jede Runde der Marktkonkurrenz für jede weitere Runde Chancenungleichheiten hervorbringt, die das ethische Postulat der Chancengleichheit verletzen. Dementsprechend wird das Spannungsverhältnis zwischen Ethik und Ökonomie trotz erster Auflösung in der rechtlich konstruierten Wirtschaftsordnung fortlaufend erneuert und verlangt immer wieder neue Maßnahmen der Annäherung der wirtschaftlichen Realität an die ethischen Postulate.

Durch die Ausdifferenzierung des wirtschaftlichen Handlungsraumes über die Gemeinschafts-grenzen hinaus treten Ethik und Wirtschaft in einen Gegensatz, der sich in der Differenzierung zwischen Binnen- und Außenmoral äußert. Innerhalb der Gemeinschaftsgrenzen ist Wirtschaften an die Brüderlichkeitsethik gebunden, außerhalb nicht. Dieser Gegensatz wird durch die Herausbildung einer rechtlich konstruierten Wirtschaftsordnung, die innen und außen gleichermaßen gilt, aufgehoben. Gleichzeitig wird die Brüderlichkeitsethik von der Verknüpfung des moralischen Universalismus mit der Ethik des Individualismus abgelöst. Das moderne Wirtschaftsrecht (auch Arbeits- und Sozialrecht) bildet die institutionelle Ordnung des ausdifferenzierten wirtschaftlichen Handlungsraumes. Es vermittelt zwischen dem moralischen Universalismus und dem ethischen Individualismus auf der einen Seite und den Gesetzmäßigkeiten der ökonomischen Nutzenmaximierung auf dem Markt auf der anderen Seite. Das Wirtschaftsrecht bildet eine Zone der Überschneidung von Ethik und Ökonomie, weil wir es hier mit rechtlich geordnetem ökonomischem Handeln zu tun haben, das sowohl an ethischen Maßstäben als auch an ökonomischen Gesetzmäßigkeiten orientiert ist. Außerhalb dieser Überschneidungszone ist die Ethik von der Rücksichtnahme auf ökonomische Gesetzmäßigkeiten und das ökonomische Handeln von der Unterordnung unter ethische Maßstäbe frei. So ist es in ethischen Diskursen stets möglich, weitergehende ethische Anforderungen zu stellen, als sie im Wirtschaftsrecht verwirklicht sind. Ebenso kann aber auch im wirtschaftlichen Handeln nach Maßstäben der ökonomischen Rationalität Druck in die Richtung einer Änderung des Wirtschaftsrechts ausgeübt werden, um es z. B. von einer zu starken Fesselung durch ethischen Kollektivismus zu befreien. Diese Änderung muss wiederum mit Hilfe von ethischen Maßstäben, z. B. mit Maßstäben des ethischen Individualismus ethisch gerechtfertigt werden, wenn dafür ethische Legitimität erreicht werden soll. Wie wir schon gesehen haben, übt die eigendynamische globale Expansion des Wirtschaftsraumes über alle Gemeinschaftsgrenzen hinaus von der wirtschaftlichen Seite her einen Anpassungsdruck auf die ethische Seite in die Richtung der Umstellung vom Kollektivismus auf den Individualismus aus, weil sich die Solidaritätsstrukturen ändern. Die Umstellung des Wirtschaftsrechts übernimmt dann die Führungsrolle bei der schrittweisen Anpassung der Ethik an die neuen wirtschaftlichen *und* solidarischen Verhältnisse. Aber auch die Globalisierung des Raumes ethischer Diskurse wirkt verändernd auf das Wirtschaftsrecht, indem sie den Abbau von Diskriminierung durch Grenzschließung erzwingt. In diesem Sinne arbeiten sich die Globalisierung ethischer Diskurse und die Globalisierung der Wirtschaft gegenseitig in die Hände. Beide Seiten entfalten sich außerhalb ihrer Überschneidungszone im Wirtschaftsrecht eigendynamisch und erzwingen fortlaufend eine entsprechende Erneuerung der Verknüpfungsleistungen des Wirtschaftsrechts. Diese dynamische Verknüpfung von Ethik und Wirtschaft ist das spezifische Merkmal der Ausdifferenzierung des Raumes wirtschaftlicher Transaktionen über die Grenzen von Gemeinschaften hinaus. Sie ist von der Deckungsgleichheit von Ethik und Wirtschaft innerhalb von Gemeinschaftsgrenzen zu unterscheiden. Wir können dieses Spezifikum der Moderne und erst recht der globalisierten Moderne als dynamische Interpenetration von Ethik und Wirtschaft im Wirtschaftsrecht bezeichnen.[34]

Auch den Umbau der vom Wohlfahrtsstaat getroffenen Regulierungen der Wirtschaft durch die Entwicklung des europäischen Binnenmarktes und die Liberalisierung des Weltmarktes verstehen wir falsch, wenn wir ihn als endgültigen Triumph des Kapitalismus über Moral und Ethik und als vollständige Freisetzung eines autopoietischen Systems von normativer Regulierung begreifen. Wir haben es hier mit nichts anderem als einer neuen Stufe der homologen Entwicklung von Wirtschaft, Solidarität, Recht und Ethik in einem transnationalen Raum zu tun. Der Wohlfahrtsstaat hat noch einmal Reste einer segmentären Brüderlichkeitsethik bewahrt und muss jetzt jenseits aller segmentären Differenzierung der vollständigeren Durchsetzung einer Ethik des Individualismus die Bahn frei machen. Dieser enge Nexus zwischen der Ausdifferenzierung der Wirtschaft und der Ausdifferenzierung von Solidarität, Ethik und Recht wird in der Tradition der funktionalistischen Differenzierungstheorie in seiner Eigenart und Tragweite nicht richtig erfasst. Darüber kann auch das Konzept der strukturellen Kopplung nicht hinwegtäuschen.[35]

Das von Luhmann am konsequentesten vertretene Argument, dass wirtschaftliche Operationen ethisch nicht steuerbar seien, sondern sich nur selbst steuern können,[36] erweist sich nach unseren bisherigen Darlegungen als irreführend, weil eine funktionierende ausdifferenzierte Wirtschaft grundsätzlich schon ethisch imprägniert ist. Was sich hier gegen Steuerungen sperrt, ist nicht die Autopoiesis der Wirtschaft, sondern die Ethik des Individualismus, die zu weitgehende Eingriffe in das Marktgeschehen als illegitim erscheinen lässt und demgemäss ethisch motivierte und legitimierte Widerstände gegen zu weitgehende Eingriffe in die Autonomie des Individuums erzeugt. Die Wirtschaft verfügt selbst über keine Abwehrkräfte gegen ethisch motivierte Eingriffe in das Marktgeschehen, sonst hätte das realsozialistische Experiment keine 70 Jahre überdauern können. Gescheitert ist dieses Experiment auch keineswegs an der Autopoiesis der Wirtschaft, sondern letztlich an der Auszehrung des mit dem Experiment verknüpften ethischen Potentials. Was uns von einer weiter gehenden ethischen Steuerung der Wirtschaft abhält, ist nicht deren Autopoiesis, sondern es sind unsere ethischen Prinzipien, die dem Individualismus einen mit der Transnationalisierung des Wirtschaftsraumes zunehmenden Vorrang vor dem Kollektivismus geben. Die Grenzen der ethischen Steuerung der Wirtschaft werden demgemäss nicht von der Wirtschaft, sondern von der Ethik selbst gesetzt! Welche Unterschiede es dabei in der Realität gibt, zeigt etwa die Kluft, die zwischen dem jeweils ethisch legitimierten Steuerabzug aus dem Marktgeschehen in Schweden auf der einen Seite und den Vereinigten Staaten auf der anderen Seite besteht. Man wird wohl nicht argumentieren können, dass die amerikanische Wirtschaft »autopoietischer« operiert als die schwedische, wohl aber, dass die Solidaritätsstruktur und die ihr korrespondierende Ethik in den Vereinigten Staaten eher zum Individualismus neigen, in Schweden dagegen eher zum Kollektivismus. Das hat gewiss etwas mit der Größe und Offenheit des Landes für Zuwanderung zu tun. Größe

---

34 Münch (1998, S. 68–117; 1996; 2001a, S. 93–99; vgl. Schwinn 1996, 1997).

35 Luhmann (1997, S. 776–88).

36 Luhmann (1988, S. 324–49).

und Offenheit drängen zur Pluralisierung und Extension der sozialen Kreise und damit zum Individualismus.

Der Diskurs über die Ausdifferenzierung von Handlungsräumen, z. B. des Raumes für wirtschaftliche Transaktionen, ist von Luhmanns Systemtheorie in eine Richtung gelenkt worden, die den Blick auf den ethischen Umbruch vom Kollektivismus zum Individualismus verstellt hat. Dieser Umbruch erhält im Zeichen der Europäisierung und der Globalisierung einen neuen Schub. In diesem Lichte ist sowohl die Verteufelung der Globalisierung als endgültiger Triumph des Kapitalismus, als auch der Wunsch nach Übertragung der kollektivistischen Wohlfahrtsethik der Wohlfahrtsstaaten auf die Europäische Union oder gar die Weltgesellschaft, als auch das Setzen auf die Erneuerung der kollektivistischen Wohlfahrtsethik in den Wohlfahrtsstaaten selbst als integrierender Gegenpol gegen die zersetzenden Wirkungen der Globalisierung, als auch schließlich der evolutionäre Fatalismus der Systemtheorie, der jedes Eingreifen in die Welt als sinnlos erklärt, eine unzureichende Sicht der sich real vollziehenden Entwicklung. Die Welt des ausdifferenzierten globalen Wirtschaftsraumes ist ethisch gestaltbar, aber nur strukturadäquat nach den Prinzipien des ethischen Individualismus.

7. Was heißt »Ausdifferenzierung«, was heißt »Institutionalisierung« von Handlungsräumen? Zusammenfassung der Ergebnisse

Wir können unsere Argumentation in neun Thesen zusammenfassen:

(1) Ausdifferenzierung des wirtschaftlichen Handlungsraums heißt: Freisetzung des wirtschaftlichen Handelns von der Gemeinschaftsethik im Verkehr zwischen Fremden: Trennung von Binnen- und Außenmoral.

(2) Institutionalisierung des wirtschaftlichen Handlungsraums heißt: Aufhebung der Differenzierung zwischen Binnen- und Außenmoral durch das innen und außen gleich geltende Wirtschaftsrecht.

(3) Der Übergang von der Ausdifferenzierung zur Institutionalisierung wird durch eine Phase der Anomie geprägt.

(4) Im Wirtschaftsrecht durchdringen sich Moral/Ethik und Wirtschaft gegenseitig. Sie bilden hier eine Schnittmenge und stehen gleichwohl in einem Spannungsverhältnis zueinander.

(5) Der Motor der Ausdifferenzierung von Handlungsräumen ist die Verringerung von Distanzen zwischen Menschen, Gruppen und Nationen durch Bevölkerungswachstum, Transport- und Kommunikationsmittel.

(6) Die Institutionalisierung des wirtschaftlichen Handlungsraums erfordert strukturadäquate Innovationen des Wirtschaftsrechts in die Richtung der Ordnung größerer wirtschaftlicher Freiheitsräume.

(7) Die Ausdifferenzierung grenzüberschreitender wirtschaftlicher Transaktionen und moralischer/ethischer Diskurse übt Druck auf die Veränderung des Wirtschaftsrechts in die Richtung der Ordnung größerer Freiräume aus.

(8) Die Erzeugung von Innovationen ist eine Sache moralischer, unternehmerisch handelnder Pioniere, die systematisch Gemeinschaftsgrenzen überschreiten (soziale Bewegungen).

(9) Die Institutionalisierung von Innovationen durch die rechtliche Ordnung grenzüberschreitenden wirtschaftlichen Handelns ist eine Sache politischer Unternehmer und juristischer Experten.

Die Untersuchung darf nicht bei der Ausdifferenzierung von Handlungsräumen stehen bleiben, sondern muss sich insbesondere ihrer Institutionalisierung widmen, die mit erheblichen Unsicherheiten verknüpft ist. Erst durch die Institutionalisierung wird die Differenzierung zwischen Binnen- und Außenmoral überwunden. Von entscheidender Bedeutung ist die Beantwortung der Frage, welche Art des Rechts ausdifferenzierte Handlungsräume strukturadäquat ordnen kann und welche Innovationen erforderlich sind, um neue Ausdifferenzierungsschübe (Europäisierung, Globalisierung) strukturadäquat zu ordnen. Das Augenmerk gilt insofern gerade den nicht-wirtschaftlichen Strukturbedingungen einer geordneten ausdifferenzierten Wirtschaft sowie dem Wandel dieser Strukturbedingungen in Epochen neuer Ausdifferenzierungsschübe.

Diese Besonderheiten der Ausdifferenzierung und Institutionalisierung von Handlungsräumen geraten aus dem Blickfeld, wenn wir sie mit Luhmann als Ausdifferenzierung normfrei operierender autopoietischer Funktionssysteme oder mit Habermas als Entkopplung normfrei operierender Funktionssysteme aus der Lebenswelt oder mit Schluchters Weber-Interpretation als Ausdifferenzierung verselbständigter Wertsphären begreifen.[37] Luhmann und Habermas können das Operieren der Funktionssysteme nur aus dem Blickwinkel ihrer Funktionslogik verstehen. Das Recht als fundamentaler Bestandteil tatsächlich vollzogener wirtschaftlicher Operationen wird in die Umwelt verbannt, obwohl es in Wirklichkeit ein konstitutiver Bestandteil der institutionellen Ordnung der Wirtschaft ist. Jede wirtschaftliche Operation ist rechtlich strukturiert und nur als zugleich rechtliche Operation vollziehbar. Die Voraussetzungen, Eigenarten und Folgen wirtschaftlicher Operationen können wir nur erschließen, wenn wir sie in ihrer rechtlichen Strukturierung betrachten. Auch Wolfgang Schluchter und ihm folgend Thomas Schwinn greifen zu kurz, wenn sie im Anschluss an Weber die Wirtschaft als Wertsphäre mit eigener Logik begreifen. In dieser Perspektive wird wirtschaftliches Handeln allein in seiner Determiniertheit durch Nutzenmaximierung begriffen. Selbstverständlich ist das die identifizierende Handlungsorientierung des Wirtschaftens, wie aber tatsächlich wirtschaftlich konkret gehandelt wird, ist eine Folge der rechtlichen Strukturierung durch die institutionelle Ordnung der Wirtschaft.

In einer konsequent handlungstheoretischen Perspektive ist die rechtliche Struktur nicht bloß eine äußere Bedingung des wirtschaftlichen Handelns von der Qualität einer Umwelt, sondern ein Bestandteil der institutionalisierten und internalisierten Ordnung des wirtschaftlichen Handelns. Wäre sie nur eine äußere Bedingung, auf die sich wirtschaftliche Akteure kalkulierend einstellen, könnte nicht sicher mit ihrer Geltung gerechnet werden. Als legitim geltende institutionelle Ordnung strukturiert das Recht das wirtschaftliche Handeln durchgehend, so dass es ohne eingehende Berücksichtigung dieser Strukturierung schlichtweg nicht verstanden werden kann. Warum so und nicht anders gewirtschaftet wird, lässt sich nur aus dem Zusammenspiel der Nutzenmaximierung mit der rechtlichen Strukturierung erschließen. Und weil für die soziologische Untersuchung die Kenntnis der Strukturen das Entscheidende ist, während die Motive leicht unterstellt werden können, kommt

der Untersuchung der rechtlichen Struktur gegenüber der Untersuchung der ökonomischen Motive die weit größere Bedeutung zu. Das gilt erst recht, wenn wir den Strukturwandel der Wirtschaft untersuchen wollen. Es ist in ganz erheblichem Umfang ein rechtlicher Strukturwandel, etwa der Strukturwandel der Wirtschaft, der sich aus ihrer Europäisierung und Globalisierung ergibt. Wenn die Wertsphäre der Wirtschaft als allein determiniert durch die Eigenlogik wirtschaftlicher Zweckrationalität – zum »Wert« hochstilisiert – verstanden wird, dann fehlt der ganze Komplex der institutionellen (rechtlichen) Ordnung der Wirtschaft, der für einen handlungstheoretischen Ansatz jedoch von fundamentaler Bedeutung ist. Und wir bekommen aus einer solchen Perspektive keinen Zugang zu einer Analyse des Strukturwandels der Wirtschaft.

Die Fokussierung auf die rechtliche Struktur der Wirtschaft soll allerdings nicht den Eindruck erwecken, dass es sich dabei um die einzige Strukturierung der Wirtschaft handelt. Es ist der wesentliche Bestandteil der institutionellen Ordnung, dem jedoch die Strukturierung durch Normen ohne rechtlich bindende Qualität hinzuzufügen ist. Von der institutionellen Ordnung ist weiterhin die nichtnormative faktische Strukturierung, insbesondere durch die Verteilung von Kapital und Macht, zu unterscheiden. Die tatsächliche Strukturierung ergibt sich aus dem Zusammenwirken der institutionellen Ordnung mit der Verteilung von Kapital und Macht und der Dynamik der Nutzenmaximierung.

Was wir als Ergebnis unserer exemplarischen Betrachtung der Ausdifferenzierung und Institutionalisierung des wirtschaftlichen Handlungsraums und in Korrespondenz dazu der analogen Ausdifferenzierung des Handlungsraumes von Solidarität, Recht und Gerechtigkeit festgestellt haben, sollte sich auch anhand der Ausdifferenzierung und Institutionalisierung anderer Handlungsräume, etwa der Politik, der Wissenschaft und der Kunst nachweisen lassen.

---

37 Luhmann (1997, S. 634–776); Habermas (1981, S. 229–93); Schluchter (1988, Bd. 1, S. 148–57, 274–314); Schwinn (2001, S. 154–207).

1. Binnen- und Außenmoral

Ethik und Wirtschaft innerhalb der Gemeinschaft

Ethisch gebundene Wirtschaft	Binnenmoral Brüderlichkeit Pietät Reziprozität

Ethik und Wirtschaft außerhalb der Gemeinschaft

Wirtschaft ohne Ethik	Außenmoral Rücksichtslose Vorteilsnahme

2. Raum des wirtschaftlichen Handelns

Handeln orientiert an Nutzenmaximierung, strukturiert durch:
a) ökonomische Gesetzmäßigkeiten (Gewinn/Verlust)
b) Recht: Wirtschaftsrecht
c) Politik: Wirtschaftspolitik
d) Ethik: Wirtschaftsethik
   Aesthetik: Wirtschaftsaesthetik
   Wissenschaft: Wirtschaftswissenschaft
   Technik: Wirtschaftstechnik

3. Interpenetration von Moral, Ethik und Ökonomie

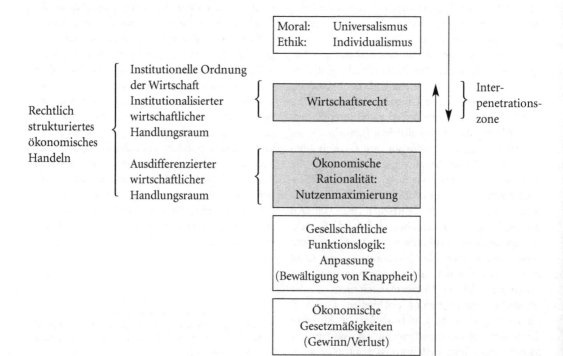

Literatur

DURKHEIM, EMILE (1977), *Über die Teilung der sozialen Arbeit*, Frankfurt/M.: Suhrkamp. ■ GELLNER, ERNEST (1991), *Nationalismus und Moderne*, Berlin: Rotbuch. ■ HABERMAS, JÜRGEN (1981), *Theorie des kommunikativen Handelns*, 2 Bde., Frankfurt/M.: Suhrkamp. ■ HABERMAS, JÜRGEN (1992), *Faktizität und Geltung*, Frankfurt/M.: Suhrkamp. ■ HABERMAS, JÜRGEN (1998), *Die postnationale Konstellation*, Frankfurt/M.: Suhrkamp. ■ HELD, DAVID / MCGREW, ANTHONY / GOLDBLATT, DAVID U.A. (1999) (Hg.), *Global Transformations*, Cambridge: Polity Press. ■ HOBSBAWM, ERIC (1991), *Nationen und Nationalismus. Mythos und Realität seit 1780*, Frankfurt/M./New York: Campus. ■ LUHMANN, NIKLAS (1988), *Die Wirtschaft der Gesellschaft*, Frankfurt/M.: Suhrkamp. ■ LUHMANN, NIKLAS (1997), *Die Gesellschaft der Gesellschaft*, 2 Bde., Frankfurt/M.: Suhrkamp. ■ LUHMANN, NIKLAS (2000), *Die Politik der Gesellschaft*, Frankfurt/M.: Suhrkamp. ■ MÜNCH, RICHARD (1996), »Modernisierung und soziale Integration. Replik auf Thomas Schwinn«, in: *Schweizerische Zeitschrift für Soziologie*, 22, S. 603–29. ■ MÜNCH, RICHARD (1998), *Globale Dynamik, lokale Lebenswelten*, Frankfurt/M.: Suhrkamp. ■ MÜNCH, RICHARD (2001 a), *The Ethics of Modernity*, Lanham, MD: Rowman & Littlefield. ■ MÜNCH, RICHARD (2001 b), *Offene Räume*, Frankfurt/M.: Suhrkamp. ■ PARSONS, TALCOTT (1967), »Durkheim's Contribution to the Theory of Integration of Social Systems«, in: Parsons, Talcott, *Sociological Theory and Modern Society*, New York: Free Press, S. 3–34. ■ POLANYI, KARL (1977), *The Great Transformation*, New York: Rinehart Press. ■ RISSE, THOMAS / ROPP, STEPHEN C. / SIKKINK, KATHRYN (1999) (Hg.), *The Power of Human Rights. International Norms and Domestic Change*, Cambridge: Cambridge University Press. ■ SCHARPF, FRITZ (1999), *Regieren in Europa. Effektiv und demokratisch?*, Frankfurt/M./New York: Campus. ■ SCHIMANK, UWE (1996), *Theorien gesellschaftlicher Differenzierung*, Opladen: Leske + Budrich. ■ SCHLUCHTER, WOLFGANG (1988), *Religion und Lebensführung*, 2 Bde., Frankfurt/M.: Suhrkamp. ■ SCHWINN, THOMAS (1996), »Zum Integrationsmodus moderner Ordnungen. Eine kritische Auseinandersetzung mit Richard Münch«, in: *Schweizerische Zeitschrift für Soziologie*, 22, S. 253–83. ■ SCHWINN, THOMAS (1997), »Institutionelle Entlastung von Zumutungen. Replik auf Richard Münch«, in: *Schweizerische Zeitschrift für Soziologie*, 23, S. 403–11. ■ SCHWINN, THOMAS (2001), *Differenzierung ohne Gesellschaft*, Weilerswist: Velbrück Wissenschaft. ■ SIMMEL, GEORG (1908 [1992]), *Soziologie. Untersuchungen über die Formen der Vergesellschaftung*, Frankfurt/M.: Suhrkamp. ■ STREECK, WOLFGANG (1998), *Internationale Wirtschaft, nationale Demokratie*, Frankfurt/M./New York: Campus. ■ WEBER, MAX (1923), *Wirtschaftsgeschichte. Aus den nachgelassenen Vorlesungen*, Hellmann, Siegmund / Palyi, Melchior (Hg.), Berlin/Leipzig: Duncker & Humblot. ■ WEBER, MAX (1972), *Gesammelte Aufsätze zur Religionssoziologie*, Bd. 1, Tübingen: Mohr Siebeck. ■ WEBER, MAX (1976), *Wirtschaft und Gesellschaft*, Tübingen: Mohr Siebeck. ■ WEIZSÄCKER, C. CHRISTIAN VON (1999), *Logik der Globalisierung*, Göttingen: Vandenhoeck & Ruprecht. ■ ZUKUNFTSKOMMISSION DER FRIEDRICH EBERT STIFTUNG (1998), *Wirtschaftliche Leistungsfähigkeit, sozialer Zusammenhalt, ökologische Nachhaltigkeit*, Bonn: Dietz.

3.4 Kulturelle Lebensformen – zwischen Widerstreit und Gewalt

Burkhard Liebsch

1. Kultur als Lebensform?

Staat und Gesellschaft stellten lange Zeit geisteswissenschaftliche Leitbegriffe dar, auf die das juristische, das politische und das historische Denken des 19. Jahrhunderts konzentriert war. Schon zu Beginn dieses Jahrhunderts traten Staat und Gesellschaft, dann auch Gesellschaft und Kultur auseinander – ungeachtet verschiedener Versuche, sie etwa unter dem Dach nationalstaatlicher Ideen wieder zu vereinen.[1] Inzwischen hat eine bemerkenswerte Verlagerung von den einstigen Leitbegriffen Staat und

Gesellschaft zu verschiedenen Kulturbegriffen hin stattgefunden, die gelegentlich so weit zu gehen scheint, dass eine »Auflösung« des Politischen und des Sozialen in Begriffen kulturellen Lebens diagnostiziert werden konnte.[2] (Ob mit Recht, bleibe hier dahingestellt.) Zugleich scheint die »symbolische Prägnanz« der Kulturen, vielen Diagnosen zufolge, nachgelassen zu haben. Gehen Kulturen nicht aufgrund der medial dramatisch gesteigerten Liquidität ihrer semantischen Gehalte nahtlos ineinander über? Gibt es überhaupt voneinander getrennt existierende Kulturen? Der *Brockhaus* definiert Kultur geradezu als »Gesamtheit der typischen Lebensformen einer Bevölkerung einschließlich der sie tragenden Geistesverfassung«.[3] Weder solche Lebensformen noch die von ihnen getragenen Kulturen gibt es aber in eindeutig abzugrenzender Form. W. Welsch spricht ohne weiteres von einer »Auflösung der Kulturen«, um den Begriff der Lebensform als vollständigen Ersatz zu empfehlen.[4] Eine solche Zeitdiagnose ist zweifellos anfechtbar, doch sie macht darauf aufmerksam, dass der Begriff der Lebensform nicht zufällig in einer Zeit reaktualisiert wird, in der makropolitische, soziale und kulturelle Ordnungen Umformungen unterliegen, die die traditionellen Konturen des Politischen, des Sozialen und des Kulturellen einschneidend zu verändern begonnen haben. Diese Prozesse haben in den Kulturwissenschaften zu einer deutlichen Verunsicherung hinsichtlich der Frage geführt, wie diese Umformungen kategorial zu fassen sind.[5] Die Zeit ist jedenfalls ein für alle Mal vorbei, in der man mit Hegel den Staat oder den »objektiven Geist« als diejenige »Form« begreifen konnte, in der alle Lebensformen sich aufgehoben und integriert finden sollten.[6]

Nicht zuletzt der einschneidenden realen Veränderung der Lebensverhältnisse ist die Rückbesinnung auf den Begriff der Lebensform geschuldet, der, nach einer provisorischen Definition, die Ordnungen menschlicher Koexistenz betrifft, so wie sie sich vor allem durch das Geschehen des Zusam-

---

1 Vgl. Riedel (1969); Habermas (1978, Kap. 1–3); Balke (1996); Schierla (1992, S. 48 ff., 56, 61 ff.).

2 Anstelle einer hier nicht möglichen ausführlichen Bezugnahme auf die einschlägige Literatur begnügen wir uns hier mit gezielten Hinweisen; vgl. Kaschuba (1995); Daniel (1993); Oexle (1996, S. 16); Röttgers (2000, S. 102–127); Meyer-Drawe (1989, S. 63–88).

3 In der 17. Auflage von 1970.

4 Vgl. Welsch (1992). Der Vorschlag, Kulturen geradezu als Lebensformen zu verstehen, ist nicht neu; vgl. Perpeet (1976, S. 78, 89). Siehe auch Gilbert (1960, S. 49); Gall (1997, S. 12); Wimmer (1996, S. 426); Busche (2000, S. 80).

5 Diese Prozesse führen auch als Deformationen nicht zu einer völligen Formlosigkeit; sie zwingen aber dazu, gewissermaßen den Aggregatzustand menschlicher Koexistenz hinsichtlich ihrer Formbarkeit (oder auch Deformierbarkeit) neu zu beschreiben. Castoriadis hat mit seinem Begriff des Magmas hierzu einen bedenkenswerten Vorschlag gemacht: Castoriadis (1984).

6 Zum Staatsdenken in diesem Sinne vgl. Pankoke (1991, S. 697 zu v. Treitschke), sowie Gadamer (1975, S. 215) zu Dilthey, den er mit den Worten zitiert, mit dem aus dem Hegelschen System herausgelösten »objektiven Geist« sei die »Sprache, Sitte, jede Art von Lebensform, von Stil des Lebens ebenso gut umfasst wie Familie, bürgerliche Gesellschaft und Recht«. Vgl. auch die zu Recht mit Blick auf eine genuine Pluralität von Lebensformen an Hegels Begriff der Sittlichkeit geübte Kritik bei Anderson (1993, S. 26 ff.). In der Politischen Philosophie geht die Rede von einer (ethischen, vor allem durch sog. »Fragen guten Lebens« bedingten) Pluralität von Lebensformen inzwischen als Selbstverständlichkeit durch – ohne dass der Begriff der Pluralität selber aber wesentlich über den einer irreduziblen Vielzahl hinausginge; vgl. Larmore (1987, S. Xf.); Rawls (1992, Kap. 7).

menlebens selber (und nicht etwa aufgrund kodifizierter Regeln oder in gleichsam geronnenen Institutionalisierungen) reproduzieren. In diesem Geschehen, das sich weniger denn je auf vor-gegebene, konventionelle, rechtliche oder politisch geregelte Formen stützen kann, vollzieht sich ständig der Prozess der Formung und Umformung sozialen Lebens, das seinen *status nascendi* so gesehen nicht einfach hinter sich lassen kann. Wo dieser Rückbezug der Ordnung oder der Form des Zusammenlebens auf das in Vergessenheit fällt, was nicht immer schon »in Ordnung« gebracht ist oder sozial, politisch und kulturell »geformt« ist, wird bereits eine Pathologie der Koexistenz heraufbeschworen. Nicht nur wird so deren *Genealogie* zum Verschwinden gebracht; aus dem Blick geraten auch die Spielräume der *De-* und der *Reformation* »eingespielter« Ordnungen, die sich auch konstruktiv nur verändern lassen, wenn man sie dem Außer-Ordentlichen aussetzt.

Diesseits der politischen, sozialen und kulturellen Makro-Ordnungen bleiben die Menschen nach wie vor darauf angewiesen, ihr Zusammenleben in Lebensformen zu bewältigen – eine Herausforderung, der um so mehr Gewicht zukommt, wie die sie regelnde und unterstützende Kraft jener Ordnungen nachlässt. Durch die Frage, welche praktische Rolle Lebensformen heute unter dieser Bedingung zukommt, wird auch das politische, das sozial- und kulturtheoretische Denken dazu herausgefordert, anzugeben, was Lebensformen als Formen menschlicher Koexistenz eigentlich ausmacht und wie genau ihre Bedeutung im politischen, sozialen und kulturellen Kontext der Gegenwart einzuschätzen ist.[7]

Der Begriff der Lebensform hat (in ganz verschiedenen Verwendungsweisen) eine weit zurückreichende Geschichte. Ungeachtet gewisser Wiederaufnahmen (etwa durch Sozial- und Kulturhistoriker wie J. Huizinga, J. Bechtel oder A. Borst und P. Münch) kann aber von einer systematischen Rekonstruktion bislang keine Rede sein. Heute macht der Begriff offenbar gerade aufgrund eines vielfach festgestellten »Formwandels des Sozialen« Karriere, um Formen sozialer Koexistenz zu bezeichnen, die sich konventionellen Typologien, wie wir sie in der Soziologie finden, mehr und mehr entziehen. So ist von experimentellen, von

nomadischen und von ästhetisch entformten Lebensformen die Rede, die sich keiner Konvention oder handlichen Typologie mehr ohne weiteres zuordnen lassen. In dieser Lage scheint sich der Begriff der Lebensform im Rückgriff auf die sich im 19. Jahrhundert formierenden Kulturwissenschaften als ein – im Gegensatz zu »ideologisch belasteten« Begriffen wie Gemeinschaft, Volk, Ethnie, Lebensraum oder -reform – unverfänglicher Terminus anzubieten, um konventionell-typologisch nur noch schwer fassbare Formen menschlicher Koexistenz »neutral« zu bezeichnen. So empfiehlt sich der Begriff der Lebensform auf den ersten Blick für einen unbeschwerten Gebrauch.[8]

Im Zeichen jenes Wandels und unter dem Druck tendenziell globaler ökonomischer Vernetzungen besinnt man sich in den Kulturwissenschaften verstärkt auf die Frage, wie wir in mehr oder weniger ortsgebundenen oder -entbundenen Lebensformen »verwurzelt« sind und wie unsere Geschichte und Identität, aber auch unsere Konflikte infolge dessen mit dem Leben Anderer verflochten sind. So ist vielfach von Lebensformen die Rede, die ungeachtet einer weitgehenden Entkonventionalisierung tradierter Formen des Zusammenlebens Weisen lebenspraktischer Koexistenz bezeichnen, ohne die wir aufhören würden, »soziale« Wesen zu sein. In diesem Zusammenhang fällt auf, dass immer wieder im Rückgang auf solche Formen *topografisch* der eigene Ort und »Lebensraum« zu bestimmen sowie *identitär* zu definieren versucht wird, wer man ist, um sich *polemisch* gegen Unvereinbares, unversöhnliche und unaufhebbare Gegensätze abzugrenzen, die in »unübersichtlichen« Zeiten die Frage herausfordern, wer man ist. Werden die fragwürdigen Prämissen einer so verstandenen Selbstvergewisserung nicht bedacht, so begibt man sich allerdings allzu schnell in die Gefahr, unkritisch Beihilfe zu leisten zu

---

7 Vgl. Liebsch (2001 b, Kap. 1), sowie unten den Exkurs zur Vorgeschichte des Begriffs Lebensform unter 2.

8 Eine Diskursgeschichte, die dieses Vorurteil kritisch zu überprüfen hätte, steht aus. Welch problematische Rolle unterschiedliche Lebensform-Begriffe aber in der Geschichte der Volkstumsforschung, in der Landesgeschichte, später dann in der sogenannten (nach 1939 zum willfährigen Instrument der deutschen Expansionspläne gewordenen) Ostforschung gespielt haben, ist aber ansatzweise aus der Arbeit von Oberkrome (1993) zu ersehen.

einer pathologischen Konfrontation von Lebensformen, die in ihrer »Unvereinbarkeit« (die in praktischer Gegensätzlichkeit angelegt scheint) gewaltförmige Konflikte – bis hin zum *clash* der Zivilisationen – heraufbeschwören.

In diesen Kontext gehört auch die fragwürdige Karriere, die in den letzten Jahren der Begriff der *ethnischen Identität* gemacht hat,[9] der eine enge Verbindung mit Rückgriffen auf Lebensformkonzepte eingegangen ist. Die kulturwissenschaftliche Diskussion drehte sich besonders um den Konstruktcharakter des Begriffs – im Gegensatz zu »primordialistischen« Positionen etwa, die ethnische Identität mit einer tiefen »geschichtlichen Verwurzelung« und mit einer lokal »georteten« Lebensform verbinden.[10] Insistiert wurde auf dem symbolischen Charakter von Grenzziehungen, die die eigene Identität von »Anderen« und »Fremden« aber auch von »Feinden« abgrenzt,[11] sowie auf einer Politisierung solcher Grenzziehungen, im Zuge derer »nativistische«, »essentialistische« oder auch »tribalistische« Vorstellungen ethnischer Identität gegen Andere eingesetzt werden.[12] Selbst Autoren, die solchen Vorstellungen skeptisch oder ablehnend gegenüber stehen, gehen aber weitgehend von der »anthropologischen« Annahme aus, es sei gerade unter Bedingungen gesteigerter kultureller »Unübersichtlichkeit« ein unverzichtbares Grundmotiv aller Menschen, zu wissen, »wohin«, d. h. zu welchen Lebensformen sie gehören. Eine unumgängliche *Verortung* der Identität verbürgenden Lebensform wird dabei nicht selten geradezu zum Dogma erhoben.[13] Auf dieser Verortung wird um so mehr insistiert, je mehr sie durch Prozesse der Temporalisierung der Lebensverhältnisse etwa, aber auch der Globalisierung, der Migration, durch Exil, Vertreibung und Diaspora fragwürdig oder bedroht erscheint. Der (kollektiven) Verortung schreibt man nicht selten geradezu einen *kulturellen Überlebenswert* zu; und den Lebensformen, denen es angeblich vor allem um die »Wahrung« ihrer Identität gehen muss, wird vielfach ein *Recht* eben darauf zugestanden. Können aber Lebensformen, die als »verortete« einen gewissen (Lebens-)Raum für sich beanspruchen, nicht zugleich am selben Ort koexistieren, so liegt unter den genannten Prämissen eine »polemogene« Zuspitzung dieses praktischen Widerstreits nahe – an deren Ende die berüchtigte »ethnische Säuberung« stehen kann. In dieser Lage werden kulturwissenschaftliche Theorien selber Teil der konflikthaften Situation, die sie beschreiben: Sie lassen es auf fragwürdige Weise als »verständlich« erscheinen, wie Widerstreit in Gewalt umschlägt oder aus ihm folgt.

Auf ähnliche Weise rückt nun der Begriff der »ethnischen Identität« in ein Zwielicht, insofern man mit ihm zugleich auf einen Lebensort oder -raum abzielt, in dem die in verschiedenen Lebensformen zum Ausdruck kommenden Identitäten »verwurzelt« gedacht werden. Liegt es »in der Natur der Sache«, dass Lebensformen und ethnische Identität eine mehr oder weniger exklusive Ortsbindung verlangen – oder ergibt sich ein solcher Zusammenhang vielmehr aus einem immer schon »territorial« gedachten *Begriff* der Lebensform?[14] Sind Lebens-

---

9 Bereits Max Weber hatte empfohlen, auf den Begriff des Ethnischen aufgrund notorischer Unklarheiten zu verzichten. Ich verweise nur *en passant* auf das Kapitel »Ethnische Gemeinschaftsbeziehungen« in *Wirtschaft und Gesellschaft*; Weber (1976, 1. Halbband, S. 234–244).

10 Müller (2000).

11 Stolcke (1995); Eisenstadt/Giesen (1995).

12 Kymlicka (1991).

13 Schwemmer (1998, S. 77); Gehlen (1995, S. 75).

14 An dieser Stelle bietet sich gleichsam als Gegenprobe die Analyse »diasporischer« Lebensformen an. Vielfach ist in der Literatur von einer Schwächung oder gar Auflösung der Ortsbindungen sozialen Lebens die Rede (Konzepte wie Deterritorialisierung, *disembeddedness*, Dystopie usw. gehören hierher). Man spricht gar von einem Wechsel von der »Raum- zur Zeitgenossenschaft« (Gehlen, 1995, S. 201), die geradezu alle Lebensverhältnisse zu »diasporisieren« scheint. Abgesehen von der fragwürdigen Konsequenz eines derart unterschiedslosen Gebrauchs dieses Wortes sind Argumente, die für geschwächte oder gelockerte Ortsbezüge von Lebensformen sprechen, gewiss nicht rundweg von der Hand zu weisen. Es ist aber gerade die Vorstellung ihrer möglichen Auflösung, die zu einer massiven Renaissance »territorialer« Konzepte geführt hat. »Territoriality is thus reinscribed at just the point it threatens to be erased« – wie »eingebildet« diese »Gefahr« auch immer sein mag; vgl. Gupta/Ferguson (1992, S. 11). So stehen wir vor der paradoxen Situation, dass Vorstellungen pluraler, lokalisierter Lebensformen wiederaufleben, die sich um willen der Wahrung ethnischer Identität auf eine Verteidigung ihrer exklusiven Ortsbindung versteifen, weil man eine universale Diaspora glaubt anbrechen zu sehen. Ich meine, dass diese Alternative (exklusive Ortsbindung vs. diasporische Auflösung) eine theoretische Gewaltsamkeit eigener Art darstellt, welche der aufklärungsbedürftigen Geschichte des Lebensform-Denkens zu verdanken

formen, insofern sie unvermeidlich in »gegensätzlicher« und »exklusiver« Weise koexistieren (müssen), zur Gewalt verurteilt, über deren potenziell genozidale Radikalität wir uns keine Illusionen mehr machen können? Behauptet sich unterhalb der rechtsstaatlichen Ordnungen ein geradezu archaischer Zusammenhang von Identität, Lebensform und Territorialität? Schreiben sich am Ende kulturwissenschaftliche Theorien, die diesen Zusammenhang ohne weiteres affirmieren, auf fragwürdige Weise in die Gegenwart der ethnischen Gewalt ein?[15]

In *derselben* Situation, der wir die Aktualität der Rede von Lebensformen zu verdanken haben, liegen auch gewichtige Gründe, die dafür sprechen, dieses *diskursive Phänomen* mit Vorbehalten zu betrachten. Beerbt diese Rede nicht unbedacht geschichtliche Hypotheken? Ist es ein Zufall, dass nun ein Begriff Karriere macht, der nicht nur eine hier lediglich *en passant* angedeutete Begriffs- und Ideengeschichte aufweist, sondern auch in ein spezifisches gesellschaftlich-semantisches Umfeld gehört – von der Lebens*welt* über die Lebens*reform* bis hin zum Lebens*raum*? Man darf nicht die radikale Polemik vergessen, die sich gerade dieses Begriffs bedient hat, um ethnisch, völkisch oder rassisch definierten Lebensformen ihr historisches »Überlebensrecht« zu sichern. Die Rede von Lebensformen gehört in diesen historischen Kontext. Das heißt: *Sie beerbt ihn unweigerlich*; auch wider Willen. Die Rede von Lebensformen gehört historisch, genauer gesagt, nicht zuletzt in einen bio-politischen und geo-politischen Kontext, wie etwa an der bekannten geopolitischen Programmschrift Haushofers zu zeigen wäre, die im übrigen explizit an den »biologischen« Ansatz des schwedischen Theoretikers Kjellén anknüpft, den Staat als Lebensform zu deuten.[16]

In dieser diffusen, genealogisch noch kaum aufgeklärten Theorielage kursieren hochbrisante Antworten auf die Frage, worum es in diesen Formen eigentlich geht. – Eine dieser (auch im Begriff der ethnischen Identität anklingenden) Antworten besagt, vor allem (wenn nicht ausschließlich) vermittels ihrer *Zugehörigkeit* zu bestimmten Lebensformen seien die Menschen in der Lage zu sagen, wer sie sind. Menschen sind in dieser Sicht »hermeneutische Tiere« (wie Charles Taylor sich ausdrückt), die in ihrem Selbstverständnis vor allem an einer Antwort auf die Frage interessiert sind, *wer* sie

sind.[17] Die Wer-Frage (die auch andere Autoren wie MacIntyre und Ricœur als die Identitätsfrage schlechthin charakterisieren) gewinnt aber besonders durch »polemogene«[18] Abgrenzungen ihr eigentümliches Profil, wie unter Rückgriff auf Autoren wie H. Plessner und C. Schmitt von R. Koselleck

---

ken ist, die hier mit einem fragwürdigen Konzept ethnischer Identität zusammenfließt. Nirgends ist deutlicher zu machen, wie ein nicht genügend bedachter (historisch nicht reflektierter) Zusammenhang von Lebensform, Identität und Ortsbindung auf theoretischer Ebene Gewaltsamkeiten vorzeichnet, die man praktisch scheinbar nur noch bestätigt findet. Genau dem widerspricht aber die außerordentlich differenzierte Diasporaforschung mit ihren Nachweisen neuer Formen der Raum- und Ortsbezogenheit, die Lebensformen grundsätzlich weder als exklusiv ortsgebunden noch als völlig ortsentbunden beschreibt. Vgl. etwa das Konzept des »dwelling-in-displacement« bei Clifford (1994). Damit erzwingt diese Forschung eine grundsätzliche Revision jenes Zusammenhangs, der nicht im Anschluss an das hermeneutische oder bio-politische Denken von Lebensformen einfach fortzuschreiben ist.

15 Vgl. die entsprechenden Bedenken im Einzelnen in Liebsch (2001 b, Kap. 2).

16 Siehe unten, Anm. 32. Diese problematische »Erbschaft« darf nicht übersehen werden, auch wenn man die Ethik der Lebensformen ideengeschichtlich auf eine »Hermeneutik der sittlichen Welt«, wie sie Schleiermacher konzipiert hat, zurückführen möchte. (Die vielfältigen Verknüpfungen zwischen Bio-Politik und Hermeneutik der Lebensformen zu rekonstruieren, bleibt ungeachtet vieler Vorarbeiten ein Desiderat.)

17 Vgl. Liebsch (1999 c). Hier werden der heute oft allein diskutierten narrativen Identität aber Dimensionen praktischen Selbstseins wie die Bezeugung an die Seite gestellt, wozu es bei Taylor und MacIntyre keine Parallele gibt.

18 Hier und im Folgenden setze ich dieses Wort angesichts der Klärungsbedürftigkeit seines Gehaltes in Anführungszeichen. Es hilft jedenfalls nichts, an dieser Stelle einfach die Etymologie einspringen zu lassen, die auf den antiken Gegensatz von *stasis* und *polemos* zurückführt. Nicht zuletzt die Frage der Grenzziehung zwischen innerer, möglicherweise gewaltförmiger Auseinandersetzung (bis hin zum Bürgerkrieg) und »äußerem« Konflikt steht in Frage, wenn wir diesen begrifflichen Gegensatz nicht mehr eindeutig auf vorgegebene politische Ordnungen wie die antike *polis* beziehen können. Darüber hinaus harrt die Frage, wie ein »polemogenes« Moment ursprünglich zu menschlicher Koexistenz gehört, ebenso der Aufklärung wie die Frage, inwiefern es von Anfang an im Horizont der Gewalt zu situieren ist. So erscheint zweifelhaft, ob sich dieses Moment mit Max Weber auf einen »latenten Existenzkampf« *beschränken* lässt, der nicht bewusst geführt wird und keine biologisch oder im Sinne physischen Überlebens oder Nichtüberlebens relevante »soziale Selektion« implizieren soll. Vgl. Weber (1976, § 8 zum Begriff des Kampfes).

bis Z. Bauman gern behauptet wird. Wird nun noch eine vage Vorstellung kollektiver, »ethnischer Lebensformen« als Surrogat an die Stelle von Staaten, Nationen oder Kulturen gesetzt, wie es oft geschieht, so liegt die Schlussfolgerung nahe, in deren »polemogener« Koexistenz, in der es vor allem um die »Definition« und Wahrung eigener Identität im Kontrast zu »fremder«, als unvereinbar zurückgewiesener Identität gehe, sei eine mehr oder weniger gewaltförmige oder feindselige Auseinandersetzung mit »heterogenen« Lebensformen schon vorgezeichnet.[19] Eine Diskursanalyse gegenwärtiger Diskussionen, wie sie etwa über die berühmt-berüchtigte These eines unvermeidlichen Kampfes (oder gar Krieges) der kulturellen Lebensformen geführt wurden, würde solche »Kurzschlüsse« zwischen Lebensform, Identität und Gewalt ohne weiteres bestätigen können.[20]

Identitätstheoretisch und soziodynamisch (hinsichtlich des für erwiesen gehaltenen Zusammenhangs von Identität und Lebensform) wird so die Vorzeichnung drohender Gewalt in der Existenz von Lebensformen als ein »kulturelles Faktum« genommen. Und unter dieser Prämisse gehört auch »das Problem des Krieges [...] in die Kulturwissenschaften«. »Der Kulturanalyse ist somit die Aufgabe gestellt, jene malignen Elemente im Prozeß kultureller Gruppenbildung namhaft zu machen, die den Menschen zum kollektiven Töten disponieren.«[21] Aber sind gewisse radikale Formen der Gewalt in der »Logik« solcher Bildungen »angelegt«? Muss eine Kulturphilosophie der Lebensformen zu dem gleichen Schluss kommen, wenn sie annimmt, zumal in der rechtlich nicht mehr »gehegten« Konfrontation der Lebensformen lebe im Grunde ein niemals wirklich »aufzuhebender« Naturzustand wieder auf?[22] So anfechtbar solche Deutungen sein mögen,[23] so unbestreitbar ist ihre Suggestionskraft im kulturtheoretischen Denken der Gegenwart.

Diese Hinweise auf aktuelle Diskussionen sprechen für die *aktuelle, sachliche* Notwendigkeit einer *systematischen*, allerdings *historisch informierten* Rekonstruktion des Begriffs »Lebensform«. Es ist nämlich davon auszugehen, dass die (nicht nur im Blick auf das 19. Jahrhundert erst noch zu schreibende) Geschichte dieses Begriffs[24] »Kurzschlüsse« wie den zwischen »polemogener« Koexistenz, Identität und Gewalt keineswegs rechtfertigt. Insofern liegt in der Rückbesinnung auf die historische Genealogie des Begriffs, der die folgende Skizze dient, auch ein *kritisches* Potenzial.

---

19 Diese Folgerung, die ich insbesondere Charles Taylor nicht einfach unterschieben möchte, ist nicht zwingend zu ziehen. Um so erstaunlicher ist, wie leicht sie oft durchgeht. Vgl. Schwemmer (1998, S. 77, 82).

20 Allerdings ist es ein *Desiderat*, im Einzelnen zu klären, inwieweit sich in gegenwärtigen Diskussionen, in denen der Begriff der Lebensform zum kulturwissenschaftlichen Grundbegriff aufrückt, solche »Kurzschlüsse« zwischen Lebensform, Identität und Gewalt eine Rolle spielen. Und erst eine – ausstehende – kritische Rekonstruktion der »Geschichte des Denkens« über Lebensformen verspricht zur *Prüfung der Frage* beizutragen, inwieweit die »*Logik*« *der kultur- und lebenswissenschaftlichen Begriffsbildung selber* gewaltträchtige Verhältnisse in und zwischen Lebensformen »vorzeichnet«.

21 Assmann/Assmann (1990, S. 15 f.).

22 Vgl. Assmann/Assmann (1990, S. 20 f.), wo – freilich kritisch – auf eine entsprechende Interpretierbarkeit von C. Schmitts Begriff des Politischen verwiesen wird. Schon Kant und Hegel hatten mangels einer schlichtenden kosmopolitischen oder welt-geschichtlichen »dritten Instanz«, die die konfligierenden »Ansprüche« der Staaten vermitteln und »aufheben« könnte, einen inter-nationalen Naturzustand gedacht – ohne freilich »bio-politisch« zu denken. Für Popper ergab sich der Übergang zur kollektiven Bio-Politik, die lange vor der NS-Zeit in eine »biologische Ethik der Gewalt« (Treitschke) münden wird, aus einer Amalgamierung von Hegel und Haeckel. Die bislang weitgehend auf medizinisch-ethische Fragen konzentrierte Diskussion um sog. Bio-Politik wäre v.a. mit H. Arendt und M. Foucault mit Nachdruck an dieses Erbe zu erinnern. Vgl. Popper (1980, S. 79 ff.).

23 Der Anfechtbarkeit entgehen freilich auch Positionen nicht, die vorschnell eine soziale Regelbarkeit selbst radikalen Streits annehmen und die Regeln selber der Strittigkeit entziehen; vgl. Dubiel (1999); Giegel (1998).

24 Hier sind begriffs- und ideengeschichtliche Aspekte von sozialgeschichtlichen, aber auch von diskurs- und »denkgeschichtlichen« Perspektiven zu unterscheiden. Was ich im Blick habe, ist vor allem die Geschichte des Denkens (Foucault) über Lebensformen, nicht eine reine Begriffs- oder Ideengeschichte, die sich eventuell an die Traditionslinien gewisser Disziplinen, etwa der Philosophie, halten könnte. Der Begriff der Lebensform changiert gerade zu Anfang des 19. Jahrhunderts zwischen »naturgeschichtlichem«, biologischem Denken, Physiologie, romantischer Psychologie, Pädagogik und Hermeneutik, so dass man den vielfach verzweigten Wegen des Wortes, das erst nach und nach der Verbegrifflichung und schließlich der Epistemologisierung unterzogen wird, nicht gerecht würde, wenn man nur einzelne Disziplinen in den Blick nähme. (Von der Frage einmal ganz abgesehen, ob man zu dieser Zeit überhaupt epistemologisch von der Existenz einer Biologie oder gar einer Psychologie etwa sprechen kann.)

2. Zur Begriffs- und Ideengeschichte

Den Begriff der Lebensform ohne weiteres begriffsgeschichtlich auf seine antiken Ursprünge zurückführen zu wollen, wie es bereits mehrfach geschehen ist, führt leicht in die Irre, insofern in ihm *heute* zwei erst der Moderne zu verdankende Momente zur Geltung kommen: Die Idee einer radikalen *Verzeitlichung* dessen, was die »Form« des Lebens ausmacht, und der Gedanke einer unhintergehbaren *Sozialität*, die lebenspraktisch Gestalt annimmt. Während sowohl im aristotelischen *bios* als auch im lateinischen Begriff eines *vivendi ordo* oder einer *forma vivendi* (Cicero) eine unverrückbare Vorgegebenheit der Form bzw. der Ordnung angenommen wird, in der »politische Lebewesen« oder personale Wesen koexistieren, zerstört das moderne, vor allem mit Hobbes' Namen verknüpfte Denken menschlicher Koexistenz genau diese maßgebliche Vorgegebenheit.[25] An ihre Stelle tritt die Unumgänglichkeit, »kontingente« Formen des Zusammenlebens allererst originär zu stiften und durch das Zusammenleben am Leben zu erhalten.[26] Hobbes ist es auch, durch den zuerst die Frage in aller Schärfe aufgeworfen wird, inwiefern »Sozialität« überhaupt konstitutiv zu menschlicher Existenz gehört, wenn diese nicht als a priori vor-gegebenen Formen der Koexistenz eingefügt zu denken ist. Zwar mag Hobbes von einer angemessenen Antwort auf diese Frage weit entfernt gewesen sein, doch stellt sie sich seither in einer Radikalität, die jede die Geschichte des Denkens kontingenter Ordnung nicht in Rechnung stellende Berufung auf antike Begriffe als anachronistische Verkürzung des Problems erscheinen lässt, was Lebensformen als »soziale« Weisen menschlicher Koexistenz eigentlich ausmacht.

Unabhängig von Fragen der Wortgeschichte ist es Hobbes, durch den in diesem Sinne eine Sozialphilosophie auf den Plan tritt, die nicht einfach als ein neues Kapitel Politischer Philosophie betrachtet werden kann, wie sie seit der Antike überliefert ist.[27] Zwar lässt sich das Denken »politischer« Koexistenz in der Form einer *polis* nachträglich einer Geschichte menschlicher Lebensformen einordnen (wie es H. Arendt, J.-P. Vernant, P. Hadot und andere getan haben). Doch kann man kaum behaupten, dieses Denken habe bereits eine radikale Kontingenz der Form des Zusammenlebens selber und ihres »Sinns«

zu Bewusstsein gebracht. Das geschieht erst in der Moderne, im Bereich der Überlieferung politischen Denkens wie gesagt vor allem durch Hobbes, der allerdings unter dem Eindruck des neuzeitlichen Atomismus zunächst isolierte, »wie Pilze aus dem Boden geschossene« Individuen, die primär nur an ihrer Selbsterhaltung und an der Abwehr ihnen von Anderen drohender tödlicher Gewalt interessiert sind, in einer äußerlichen Zwangsordnung zu einer relativ befriedeten Koexistenz zusammentreten lässt. Was die Menschen über die Furcht vor der Gewalt Anderer hinaus eigentlich zu »sozialen« Wesen macht und sie womöglich auf unhintergehbare Weise »sozialen« Lebensformen überantwortet, bleibt bei Hobbes eher rätselhaft. An Hobbes *entzündet* sich zunächst diese Frage, die als sozial-ontologische und ethische mit ihrem ganzen Gewicht aber erst das 20. Jahrhundert, unter dem Eindruck der bislang *äußersten* Gewalt aufgeworfen hat, die das Angesicht des Menschen bis zur Unkenntlichkeit verzerrt und entstellt zu haben scheint.

Eine weitere Quelle des Lebensform-Denkens in der Moderne ist das Aufkommen einer Philosophie und Wissenschaft des Lebens, die es rein als solches zur Sprache zu bringen sucht. In diesem Kontext changiert der Begriff, der gleichsam erst auf der Suche nach seiner epistemologischen Struktur ist, auf vielfältige Weise noch im 18. und 19. Jahrhundert zwischen Disziplinen, die sich überhaupt erst in der Auseinandersetzung mit ihm zu formieren beginnen. So wenig wie Hobbes in seinen Beschreibungen der scheinbar bedingungslos an ihrem eigenen Überleben interessierten Lebewesen bloß »biologisch« gedacht hat, so wenig lässt sich etwa Herders Rede von »Formen des Lebens« eindeutig für eine Geschichte kulturwissenschaftlichen Denkens vereinnahmen. Diese *heute* sich aufdrängende Unter-

---

25 Im Rahmen dieser sehr knappen, schematischen Skizze muss auf ausführliche Belege verzichtet werden. Sicherlich kann Hobbes nur als eine Art Markstein der beschriebenen Zäsur gelten, die historisch so eindeutig nicht ist; vgl. Collins (1989); Bauman (1991, S. 44); Steinvorth (1987, S. 21); und zwar um so weniger, wie man mit Rancière das hobbesianische Kontingenzproblem mit Recht selbst dem »Ursprung des Politischen bei den Griechen« (C. Meier) einschreiben kann; vgl. Rancière (1995).

26 Vgl. v. Graevenitz/Marquard (1998).

27 Vgl. Röttgers (1997) sowie Liebsch (1999 b, Einleitung).

scheidung zwischen biologischen und menschlichen Lebensformen, die kulturell Gestalt annehmen, hatte sich zu Herders Zeit noch gar nicht eindeutig abgezeichnet. Der erst um 1800 mit unterschiedlichen Bedeutungen von Roose, Burdach, Treviranus und Lamarck eingeführte Begriff »Biologie« existierte für Herder nicht, als er Montesquieus kulturgeschichtliche Deutung verschiedener Lebensweisen mit Hilfe des Bildungsbegriffs an ein Lebenskonzept heranrückte, das man nachträglich eher als ein »biologisches« zu verstehen neigt. In seinen *Ideen zur Philosophie der Geschichte der Menschheit* (1784–1791) ist kaum zu entscheiden, ob ein biologischer oder ein kulturgeschichtlicher Begriff der Form gemeint ist, wenn »Formen des Lebens« als Produkte einer ontogenetischen oder gattungsgeschichtlichen »Bildung« zur Sprache kommen.[28]

Die interessanteste Implikation der maßgeblich von Herder angebahnten Interferenz von biologischem und kulturgeschichtlichem Denken ist, dass es sich in der Folge mit epigenetischen, vor allem von C. F. Wolf und J. F. Blumenbach angeregten Konzeptionen verschwistert, die zunächst mit Blick auf die Onto(embryo)genese eine radikale Verzeitlichung des Form*gebenden* (*eidos*, Gestalt usw.) oder Form*annehmenden* implizierten. Von diesem epigenetischen Paradigma wird dann das genetische

Denken des späten 18. und des 19. Jahrhunderts über weite Strecken beeinflusst sein, und zwar umso nachhaltiger, als es in vielfältiger Weise die Begriffe Genese und Geschichte, (historischer, phylogenetischer und ontogenetischer) Entwicklung und Evolution miteinander verschränkt und vermischt.[29] Dafür lassen sich von Goethes Naturphilosophie über die romantische Psychologie bis hin zur Physiologie und zum »weltanschaulich« generalisierten Darwinismus zahlreiche Beispiele nennen.[30] So lässt das evolutionäre Denken die epigenetischen Prozesse der Bildung »höherer« Formen individuellen Lebens in eine scheinbar bruchlose genetische Kontinuität einrücken. Unter Hinweis auf Blumenbach und Wolf einerseits, auf Goethe und Darwin andererseits ist bei Haeckel von Lebensformen im Blick auf Einzeller und auch auf den Staat die Rede.[31] In evolutionärer Perspektive werden Lebensformen geradezu als *Überlebensformen* (bzw. als *Reproduktionsgemeinschaften*) gefasst, die eine biologische Deutung der Geschichte als universalem Überlebenskampf der in Staaten vereinheitlichten Lebensformen nahe legen.[32] Daraus ergab sich eine eigentümliche Nähe einer biologischen Rechtfertigung kriegerischer Gewalt zwischen Staaten zum geschichtsphilosophischen Denken eines quasi-hobbesianischen Naturzustandes, der mangels einer über dem Widerstreit der Interessen verschiedener Staaten stehenden, schlichtenden »dritten Instanz« scheinbar nur ein fortwährender (wenn auch latenter) Kriegszustand sein konnte.[33] Ich spreche hier mit Bedacht von einer Nähe oder Verwandtschaft, nicht von einer Identität der Denkweisen. Denn gerade aus der Erbmasse geschichts- und staatsphilosophischen Denkens entspringt eine weitere Quelle von Lebensform-Konzeptionen, die gewiss nicht biologisch zu vereinnahmen sind.

An erster Stelle ist hier Schleiermacher zu nennen, der in seinen pädagogischen Vorlesungen in ethischer Perspektive von *sittlichen* Lebensformen spricht, wobei der Begriff der Sittlichkeit sich hier nicht mehr der geschichtsphilosophisch überhöhten Ordnung des Hegelschen Staates oder des »objektiven Geistes« fügt. Vielmehr gehört die Rede von Lebensformen bei Schleiermacher in den weiteren Kontext einer *Ethik als »Hermeneutik der sittlichen Welt«.*[34] Dieser spezifisch ethische Kontext wird freilich im Grunde wiederum gesprengt durch

---

28 Vgl. in den *Ideen*, 5. Buch III, 7. Buch IV, sowie 9. Buch I.

29 Vgl. Müller-Sievers (1993); Liebsch (1992, Teil I, C).

30 Vgl. Mandelkow (1998); Schad (1998).

31 Vgl. Haeckel (1919, S. 138) sowie Querner (1973, S. 23).

32 In seiner 1917 veröffentlichten Schrift *Der Staat als Lebensform* plädiert R. Kjellén in diesem Sinne in Anlehnung an Ratzels Anthropogeographie und an Darwin ausdrücklich dafür, das Schicksal der Staaten vom evolutionären »Grundgesetz des Lebens« (und nicht bloß von seiner rechtlichen Seite) her zu verstehen. Die Begriffe der Geo-, Ethno- oder Demopolitik, der Wirtschafts- und Soziopolitik werden dem Erfordernis des Überlebens des Staates als einer »biologischen« Lebensform untergeordnet, für die jene Gesetze das »Weltgericht« bedeuten (Kjellén, 1917, S. 28 f., 38 f., 44, 203).

33 Vgl. Schallmeyer (1903, S. 212–223); Woltmann (1905, S. 145–159).

34 Später wird die Historik (Droysen) eine »Erkenntnis der sittlichen Welt« versprechen, um so ihrerseits die Ethik vorauszusetzen. Daraus lässt sich schließen, dass der wichtigste Gegenstand der historischen Erkenntnis im Grunde eben die Lebensformen hatten sein sollen, die diese Welt ausmachen. Vgl. zum zitierten Begriff der Ethik auch Scholtz (1995); Holzhey (1994, S. 22).

die in der Mitte des 19. Jahrhunderts einsetzende kulturwissenschaftliche Thematisierung von Lebensformen, deren Vorgeschichte sich als engstens verknüpft erweist mit der Geschichte der Ethnologie,[35] mit dem Einsetzen kulturvergleichenden Verstehens (Montesquieu, Voltaire, Herder), mit der deskriptiv verfahrenden Landes- und Volkskunde (Riehl), mit Vorläufern der »Sozialgeschichte« (im Umfeld Lamprechts) sowie der »anthropogeographischen« Erforschung »historischer Lebensräume« (Ratzel)[36] und mit einem sehr weiten, nämlich ethnografisch fundierten Ethikbegriff (Wundt).[37]

Wundt, der sich anfänglich als Physiologe einem im Rahmen der Newtonschen Physik zu explizierenden Lebensbegriff verpflichtet fühlte,[38] dann aber als »Völkerpsychologe« die Befunde der Ethnologie aufnahm, fragte in seiner *Ethik* (1886) im Hinblick auf die kulturgeschichtlich vergegenwärtigten »Tatsachen des sittlichen Lebens« nach »individuellen«, »sozialen« und »humanen« Lebensformen, deren Spektrum er von Weisen der Nahrungsaufnahme über Arten des Wohnens bis hin zur Gastfreundschaft und Wohltätigkeit entfaltete.[39] Von einer wirklichen Vermittlung des Begriffs der Lebensform, so wie er in der *Ethik* kulturgeschichtlich erläutert wird, mit biologischem Denken kann aber weder bei Wundt noch bei G. Simmel, F. Tönnies, M. Weber, J. Cohn, M. Scheler, A. Schütz, R. Eucken, T. Litt, E. Spranger, L. Wittgenstein, E. Cassirer oder anderen die Rede sein, bei denen das Wort später (in höchst unterschiedlichen Verwendungsweisen) wieder auftaucht.[40]

Doch reißt die Verbindung zum biologischen Diskurs keineswegs völlig ab. Als ein Beispiel sei nur E. Cassirer mit seiner Philosophie der symbolischen Formen genannt. Noch in seinem *Essay on man* (1944) setzt er sich mit der Theoretischen Biologie J. v. Uexkülls und der Frage auseinander, ob man von »höheren und niederen Lebensformen« sprechen kann.[41] Die Antwort Cassirers stützt sich auf den »unverkennbaren Unterschied zwischen organischen ›reactions‹ (Reaktionen) und menschlichen ›responses‹ (Antwort-Reaktionen)«, die er als wesentlich symbolisch vermittelt verstanden wissen will. Die spezifisch »menschlichen« Lebensformen sind demnach solche, in denen auf die Welt »Antwort gebende« Wesen einander begegnen, deren Zusammenleben kulturell Gestalt annimmt. Doch »finden wir die

verschiedenen Tätigkeiten, die die Welt der Kultur konstituieren, nirgendwo in harmonischem Nebeneinander. Im Gegenteil, es zeigt sich, daß die verschiedenen, gegensätzlichen Kräfte in fortwährendem Streit liegen«. Es gibt keine »substanzielle« Einheit kulturellen Lebens. Und verschiedene Lebensformen lassen sich nur auf dem Weg eines Vergleichs der ihnen gemeinsamen »Aufgaben« in Beziehung zueinander setzen. Keineswegs können sie sich etwa im Staat bruchlos integriert und mit ihren praktischen Gegensätzen »aufgehoben« finden.[42] Gleich-

---

35 Vgl. Greenblatt (1994, S. 97), der auf interessante Weise mit Blick auf Lyotard das Verhältnis fremder Lebensformen im Widerstreit auf die Geschichte der kulturvergleichenden Forschung bezieht.

36 Vgl. Ratzel (1975[1899], S. 6 f., 16, 148). – Speziell zum Zusammenhang von Volks-, Raum- und Sozialgeschichte vgl. Oberkrome (1993). Letztere setzt sich in ihren aktuellen Formen allerdings forciert von jenen »Vorläufern« ab. – Zur eingangs bereits erwähnten Affinität von geopolitisch gedachtem Lebensraum und Lebensform vgl. Diner (1993, S. 77–164).

37 Zu Wundt vgl. Helbok (1928, S 8 ff., 61), wo die »volkskundliche« Rede von Lebensformen mit Berufung auf Wundt längst selbstverständlich ist, sowie Rieber/Robinson (2001), und zum kulturwissenschaftlichen Kontext Mergel (1996, S. 51); Henningsen (1997, S. 13–32).

38 Ich beziehe mich hier v.a. auf die einschlägigen Forschungen T. Lenoirs zur Geschichte des »vital materialism«.

39 Wundt (1912, 3. Kap.).

40 Für Hinweise im einzelnen vgl. Liebsch (2001 b, S. 19 ff., 63, 277). Ich erwähne verschiedene Quellen der Frage nach Lebensformen lediglich mit Blick auf die *Vorgeschichte* des Begriffs, dessen weit verzweigte Karriere im 20. Jahrhundert hier nicht mehr in Betracht kommen kann. Von einer »wirklichen Vermittlung« biologischen und ethischen Denkens kann im übrigen gerade dort nicht die Rede sein, wo im Vorfeld des Nationalsozialismus (etwa von dem bereits zitiert Helbok) völkisch definierte Lebensformen in der quasi evolutionären Perspektive eines historischen Überlebenskampfes beschrieben werden, der auf »biologischer« Grundlage am Ende eine tödliche, genozidale Gewalt rechtfertigen wird.

41 Vgl. auch Jaspers (1955, S. 45 ff., 159), den – wie schon H. Plessner in *Die Stufen des Organischen und der Mensch* (1928) – die gleichen Fragen bewegen.

42 Noch 1902 wird freilich genau das anachronistisch angenommen. So behauptet T.Th. von Inama-Sternegg unter Berufung auf L. v. Stein: »Das Recht der Verwaltung ist […] die Durchdringung der Lebensformen und der Entwicklung der Gesellschaft mit den Rechtsgedanken, in welchen die Verfassung des Staates sein Wesen ausgeprägt hat, die rechtliche Ordnung der Gesellschaft im Banne des Staates.« (von Inama-Sternegg, 1902, S. 143; zum Kontext vgl. Schierla, 1992, Kap. 4.).

wohl will Cassirer nicht einer letztlichen Unversöhnlichkeit der Lebensformen das Wort reden und bemüht daher Heraklits Bild der »gegenstrebigen Fügung«, die er im Sinne einer »unsichtbaren Harmonie« des Gegensätzlichen auslegt, das sich in der Weise des Kampfes »polemisch« zueinander verhält.[43] Es fragt sich freilich, ob Cassirer nicht auf diese Weise den von ihm angedeuteten Ansatz zu einer *Polemologie der Lebensformen*, die die Unaufhebbarkeit ihrer Gegensätze ungeschminkt zur Kenntnis nimmt, von Anfang an entschärft. Zwar anerkennt er, dass soziales (und darüber hinaus symbolisches) Leben in einer ständigen, »polemogenen« Spannung zwischen stabilen Formen einerseits und der Tendenz andererseits geschieht, »neue hervorzubringen« oder alte revolutionär zu durchbrechen. Doch sieht er darin letztlich nur eine »Vielfalt und Disparatheit«, nicht aber »Zwietracht oder Disharmonie« oder gar eine Art Naturzustand angelegt, der eine offen gewaltsame, am Ende kriegerische Auseinandersetzung der Lebensformen heraufbeschwören würde.[44]

Spätere Autoren – genannt seien vor allem J. Patoèka, E. Fink, J.-F. Lyotard, E. Levinas, N. Loraux und J. Rancière – haben das Hobbesianische Erbe ernster genommen, ohne freilich den Begriff des Naturzustandes einfach zu affirmieren. Was diese Autoren bei allen Unterschieden der Ansätze verbindet, ist das Problem, wie radikal eine »Strittigkeit« der »sozialen« Verhältnisse angesetzt werden muss, die sich als »unaufhebbar« erweist.

---

43 Vgl. Cassirer (1990, Kap. VI und XII).
44 Vgl. Liebsch (2001 b, S. 287) sowie Liebsch (1999 a).
45 Liebsch (2001 b).
46 Vgl. Gadamer (1997, S. 207). Noch Troeltsch hat, ausgehend vom Wertbegriff, der ethischen Heterogenität disparater Lebensformen Rechnung tragen wollen, ohne freilich darauf zu verzichten, eine normative Perspektive der Beurteilung heterogener Lebensformen, die sich unter dem Dach eines Staates zusammenfinden, abzuleiten. Die wertphilosophischen Positionen haben sich aber in Aporien verstrickt, die wohl ihre Problemstellungen, nicht aber ihre Lösungen als aktualisierbar erscheinen lassen; vgl. Graf/Ruddies (1986, S. 132, 139, 148 f.); Drehsen/Sparn (1996). – Die u. a. von Nietzsche, Heidegger, Schmitt und Arendt ausgehende Kritik an einer »Ökonomisierung« des ethischen Denkens im Zeichen des Wertbegriffs ist in diesem Zusammenhang noch kaum ausreichend wahrgenommen worden.
47 Zum Verhältnis Max Webers zum Neukantianismus vgl. Holzhey (1994).

Diese Frage kommt im dissonanten Dreiklang von Widerstreit, Differenz und Gewalt bereits in meinem Buch *Zerbrechliche Lebensformen* zur Sprache.[45] Deshalb möchte ich mich im Folgenden auf eine einflussreiche Position beschränken, die in praktischem Widerstreit eine weder in noch zwischen Staaten wirklich »pazifizierbare« Gewalt angelegt sieht. Was diese Position für eine Philosophie und Sozialtheorie der Lebensformen »zwischen Widerstreit und Gewalt« (s. o.) interessant macht, ist eine *Denkform*, die Widerstreit und Gewalt auf brisante Weise so in Verbindung bringt, dass praktischer Widerstreit geradezu als Herausforderung zur Gewalt verstanden werden kann. Diese Denkform kehrt gegenwärtig vor allem dort wieder, wo der angeblich integrale Zusammenhang von irreduzibel heterogenen Werten mit ebenso heterogenen und deshalb »unvereinbaren« Lebensformen betont wird. Um so mehr lohnt es sich, der Frage nachzugehen, wie jene Verbindung in den Anfängen kulturwissenschaftlichen Denkens mit Folgen bis in unsere Gegenwart hinein hat plausibel erscheinen können.

3. Widerstreit und Gewalt

Über die bereits oben im begriffsgeschichtlichen Exkurs genannten Zusammenhänge hinaus ist der Begriff der Lebensform mit der Karriere des Wertbegriffs vor und nach der Wende vom 19. zum 20. Jahrhundert eng verflochten. Die sozialphilosophische und die soziologische Reflexion des Wertbegriffs zeigt in dieser Zeit das verschärfte Bewusstsein einer irreduziblen, weder in einer kantischen Deontologie noch in einer hegelschen Geschichtsphilosophie[46] aufzuhebenden moralisch-ethischen Heterogenität an, deren Beschreibung vielfach in eine Apologie des Kampfes mündete, der sich gegebenenfalls auch zum Krieg steigern muss. Werte gibt es wie Güter nur im Plural. Aber sie gelten nicht unabhängig voneinander, sondern fechten sich gegenseitig an, ohne sich im Konfliktfall als durch ein Drittes vermittelbar zu erweisen. Wo die Neukantianer dieser anti-universalistischen Konsequenz noch zu entgehen suchen, affirmiert vor allem Max Weber[47] die Unvermeidlichkeit des polemischen Kampfes, der zwischen den Nationen gegebenenfalls auch die Form des Krieges annehmen muss. Wer die heutigen,

v.a. vom sog. Kommunitarismus angestoßenen Debatten um die »Inkommensurabilität"[48] oder »Fragmentierung« (Th. Nagel) von Werten verfolgt hat,
wird ohne weiteres Parallelen zum Wertediskurs jener Zeit feststellen können. Zwar geht keinem Par-
teigänger dieser Richtung noch eine unverhüllte
Apologie des Krieges über die Lippen, doch würde
es sich lohnen, zu überprüfen, ob nicht die Prämissen
der Beschreibung ethischer (vielfach als *ethnisch* bedingt aufgefasster) Heterogenität nach wie vor darauf
hinauslaufen, dass man annimmt, letztlich könne nur
der Machtkampf oder die kollektive Gewalt eine Entscheidung zwischen heterogenen und »letztlich in-
kommensurablen« Werten herbeiführen, die nebeneinander offenbar nicht bestehen bzw. gelten können.
Beschwört eine »letztliche« Inkommensurabilität
nicht eine »letzte«, d. h. endgültige Gewalt herauf?

Genau diese Konsequenz hat zwar Max Weber
nicht ziehen wollen, doch stehen auch in seiner Soziologie immer wieder Sätze zu lesen, die auf sie
hinauszulaufen scheinen.[49] Mehrfach sprach er ja
vom »Polytheismus« »letzter«, gar »todfeindlicher«
Werte,[50] von einem »Kampf der Götter«, der sich in
einer »gottfremden und prophetenlosen Zeit« nun in
einer axiologischen Arena endlos ereignen werde, da
die »Kollision« heterogener Werte sich gar nicht vermeiden lasse. Schließlich seien diese Werte nichts
anderes als der Ausdruck tiefgreifender Überzeugungen, die man zwar dem Anspruch der Begründbarkeit
und der Rechtfertigung aussetzen kann,[51] die aber
dadurch vielfach nicht ihre *Unvereinbarkeit* mit anderen, widerstreitenden Überzeugungen einbüßen
könnten. Darauf zu bauen, hält Weber für wirklich-
keitsfremd. In unseren sozialen, politischen und kulturellen Verhältnissen gehört der Umgang mit der
Unvereinbarkeit von Überzeugungen zum täglichen
Brot. Und kein Begriff des Politischen oder des Friedens lässt sich nach Webers Meinung aufrecht erhalten, der diesem Tatbestand nicht Rechnung trägt.
Deshalb schenkt er gerade dem Nachweis der Unvereinbarkeit und Kollisionen von Werten, Überzeugungen und Idealen besondere Aufmerksamkeit.[52]

Wenn fremdartige Ideale »anderen ebenso heilig
sind, wie uns die unseren«, muss man sie dann nicht
als »gleichrangig« anerkennen?[53] Wenn ethische und
andere, nicht-ethische Werte »kollidieren«, ohne sich
im Konfliktfall in einem Dritten aufheben zu lassen,
müssen wir dann nicht zu einer Politik des Wider-

streits kommen, die weder die »Sphären«, in denen
Werte gelten, noch verschiedene »Lebensordnungen«, noch deren ethische oder moralische »Substanz« als klar voneinander abgegrenzt voraussetzen
darf?[54] Hätte diese Politik dann nicht die Heterogenität der Lebensformen (deren lebenspraktisches Geschehen die »Lebensordnungen«[55] trägt) und ihrer
widerstreitenden ethischen oder moralischen Artikulationen als eine unvermeidliche Gegebenheit hinzunehmen? Zum politisch Hinzunehmenden gehörte, mit Wittgenstein zu reden, so gesehen der Widerstreit der Lebensformen, in denen sich unterschiedliche Weisen der Lebensführung[56] zeigen, die
wiederum mit heterogenen Werten oder Überzeu-

---

48 Zu verschiedenen Aspekten der Behauptung kultureller Inkommensurabilität vgl. Holenstein (1998, S. 257, 278). Besonders deutlich wird deren polemischer Gehalt bei Cesana (1996).

49 Vgl. Weber (1958, S. 14, 18).

50 Weber (1968 b, S. 507 f.).

51 Schluchter trennt in dieser Hinsicht in allerdings anfecht-
barer Weise Wahrheitsbezogenheit von Wahrheitsfähigkeit:
Schluchter (1991, S. 261).

52 Vgl. die kritische Anknüpfung an Weber und I. Berlin bei
Rawls (1992, S. 382 f.), der allerdings dazu neigt, jene Unvereinbarkeit grundsätzlich nicht auf Gerechtigkeitsfragen zu
beziehen. Ob das überzeugt, kann im Rahmen dieser Einleitung, die lediglich die Verflechtung der einbezogenen Fragestellungen deutlich machen soll, nicht entschieden werden.

53 Die Rede von einer Gleichrangigkeit unterstellt nun aber wieder
etwas, woran sie zu bemessen wäre – im Gegensatz zu einem
»Widerstreit ohne Drittes«; vgl. Schluchter (1991, S. 303).

54 Vgl. Ricœurs Auseinandersetzung mit M. Walzer in Ricœur
(1996), sowie Schluchter (1991, S. 107), wo Arten von Relationen zwischen Wertsphären unterschieden werden, die sich
wiederum nicht mit jeweils einem Ethos decken und nicht
aufeinander reduzierbar sind.

55 Bei Schluchter (1991, S. 149, 153) ist das Changieren zwischen
Wert- und Wirklichkeitssphären, die stellenweise mit Welt-
ausschnitten vermischt werden, ein symptomatisches Problem.

56 Vgl. Schluchter (1991, S. 77, 82). Die anfechtbare Annahme,
Lebensformen seien als unterschiedliche Weisen der Lebensführung zu verstehen, die sich letztlich auf autonome existenzielle Entscheidungen zurückführen ließen, teile ich nicht. Eine
solche Verknüpfung von Lebensform und -führung scheitert
schon daran, dass Lebensformen als Formen sozialer Koexistenz, in denen sie praktisch geschieht, überhaupt nicht in der
Weise verfügbar sein und zur willentlichen Disposition stehen
können wie je individuelle Weisen, das eigene Leben zu »führen«. Freilich stoßen wir auch hier an Grenzen des Willentlichen; vgl. Henrich (1987), wo am Ende jegliche »Fremdheit
zwischen Theorie [selbstbestimmten, autonom geführten Le-
bens] und Leben« ebenso »verschwindet« (S. 61), wie jeglicher
Widerstreit in aufgehobenen Widersprüchen liquidiert wird.

gungen verknüpft sind. Wenn dieser Widerstreit unumgänglich polemogene Auseinandersetzungen mit Anderen provoziert, wie Weber offenbar meint, kann es im Politischen dann nicht allein darum gehen, diese Auseinandersetzungen »illusionslos, und das heißt: aufgeklärt, sowie regelgebunden auszutragen« und damit zu entschärfen, um zu verhindern, dass sie sich zu einem gewaltsamen Kampf der Gesinnungen steigern? Diese Gefahr hat Weber gerade in einem gesinnungsethischen Kampf um letzte Werte, Über-

---

57 Vgl. Liebsch (2001 b, Kap. 12).
58 Schluchter (1991, S. 305 f.). Dass später Carl Schmitt ähnlich gegen den modernen Kosmopolitismus argumentiert hat, ist bekannt; vgl. dazu gegen Schmitt Habermas (1996, S. 226), sowie gegen Habermas Joas (2000, S. 36–42); zu Schmitt außerdem Liebsch (1999 a). – Nur auf den ersten Blick hat es im Übrigen den Anschein, als würde bei Weber jegliches Versöhnungsdenken, das Konflikte auf aufhebbare und -lösbare Widersprüche zurückführt, verabschiedet. Tatsächlich setzt sich Weber aber nur von einer Idee der Lösbarkeit sozialer, politischer und kultureller Konflikte ab, die die Existenz von Widerstreit ohne vermittelndes und aufhebendes Drittes gar nicht zur Kenntnis nimmt. Es ist nicht abwegig, Weber, der so oft von unvermeidlichen Kollisionen spricht und die Herausforderung zum Kampf gegeneinander betont, ein *anderes Versöhnungsdenken* zu unterstellen, das die Aufhebbarkeit von Widersprüchen nicht generell für obsolet erklärt, sondern vielmehr die Anerkennung unserer Verstrickung in Widerstreit abverlangt, damit eben dieser Erfahrung nicht Gewalt angetan wird. Nur so ist m. E. zu erklären, warum Weber beispielsweise dem Ansinnen einer rein ethischen Heilung der »modernen Zerrissenheit« der Lebensverhältnisse widerspricht, das glauben macht, in der Rückbesinnung auf eine, für alle Kontexte sozialen, politischen und kulturellen Lebens geltende Ethik liege das Potential der Lösung von Widerstreit und auch von tragischen Konflikten. In Wahrheit erweist sich die Ethik (wie auch eine deontologische Moral und Gerechtigkeit) bereits als in sich heterogen (Schluchter, 1991, S. 199, 326 f.); und ihr Verhältnis zu Werten nicht-ethischer Art hat nicht die Form von fein säuberlich getrennten Wirklichkeitsbereichen. Vielmehr erweist es sich vielfach als strittig, auf welche Wirklichkeit wertend so oder so, ethisch oder nicht-ethisch, zu antworten ist. Die Verstrickung ethischer Werte in nicht »aufhebbare« Konflikte mit »theoretischen«, »ästhetischen«, »Kultur-« und »Erfolgswerten« etc. führt Weber immer wieder als innere und äußere Grenzen der Ethik vor Augen, die aus ihrem Widerstreit mit heterogenen Quellen von Werten resultiert. Vgl. Mannheim (1982, bes. S. 356) zu »Unschlichtbarkeiten existenzieller Art«.
59 In diesem Fall würde man konfligierende Geltungsansprüche bereits an einem einheitlichen Maßstab messen können. Genau das schließt Weber für den Fall von Wertkonflikten aus.
60 Schluchter (1991, S. 180, 186, 227).

---

zeugungen und Ideale gesehen, die die »Vernichtung aller Gewaltsamkeit« – durch eine *letzte* Gewalt – verheißen.[57] Gegen eine solche Gewalt, die von der eigenen, für absolut richtig gehaltenen Gesinnung ausgehend allen anderen die Vernichtung androht, wenn sie sich nicht überzeugen lassen, hat Weber die Affirmation des Polytheismus der Werte gesetzt. Selbst eine für universal gehaltene Vernunft droht sich einer finalen Gewalt schuldig zu machen, wenn man sich zu dieser polytheistischen Affirmation nicht durchringt. Wenn letztere hingegen zur Geltung kommt, kann sich kein Glaube, kein Wert, keine Überzeugung und keine Ethik, »wie aufgeklärt auch immer, als das Ganze setzen, ist keine berechtigt, Gewalt, die Degradation des anderen zum bloßen Mittel, ethisch zu legitimieren, und handle es sich auch um die angeblich letzte Gewalt zur Aufhebung aller Gewalt«.[58]

Weil sich Werte nicht säuberlich getrennten Wirklichkeitsbereichen zuordnen lassen, machen die einen den anderen ihren Geltungsanspruch streitig; d. h. nicht, dass die einen im Lichte der anderen als falsch oder als unwahr erscheinen würden,[59] sondern dass irreduzibel heterogene Weisen im Spiel sind, »Werterfahrungen« diskursiv Rechnung zu tragen. Zwar sind es gerade diese Erfahrungen, die danach verlangen »zur Geltung gebracht« zu werden; doch sagen sie uns nicht eindeutig von sich aus, wie das in einer ihrem Gegenstand wahrhaft angemessenen Weise geschehen kann. So versteht Weber das Missverhältnis zwischen einer (christlichen) Ethik des Mitleids und Problemen staatlicher Politik, die er theoretisch auseinandergehalten sehen möchte, als ein gleichwohl irreduzibel konflikthaftes. Schon in der Erfahrung des Aufgefordertseins zu ethischem oder politischem Handeln interferieren Quellen heterogener Wertungen, deren Widerstreit durch nichts aus der Welt zu schaffen ist.[60] Darin liegt zugleich ein tragisches Potenzial menschlicher Konflikte.

Nun wird aber die Tragik der Verstrickung in praktische Konflikte bei Weber auf fragwürdige Weise überbewertet. Das liegt nicht zuletzt daran, dass Weber das Verhältnis von Widerstreit und Tragik nicht klärt und dass er Widerstreit allzu schnell in ausweglose Konflikte münden sieht. Der Genealogie des Widerstreitenden und der Entstehung solcher Konflikte geht Weber nicht wirklich nach. Allzu oft greift er sie erst dort auf, wo sie sich bereits konfrontativ darstellen, so dass der fatale Anschein erweckt wird, in der am Ende tragischen Kollision könne letztlich nur ein Geltungsanspruch oder Wert dem anderen zum Opfer fallen. Indem Weber von Werten – nicht aber systematisch von der Wertung, die Werte erst zeitigt – ausgeht, um ihre Kollision auszumalen, entsteht der Eindruck, ihre Konfrontation sei quasi objektiv vorgezeichnet in der Welt, in der wert-setzende Subjekte aufeinander treffen.[61] Allzu oft geht es im Konflikt der Werte gleich ums Ganze, um »letzte Entscheidungen« und Stellungnahmen zur Welt insgesamt.[62] Freilich will Weber diese Entscheidungen nicht jeglichem Wahrheits*bezug* und jeglicher Geltungs*kritik* entziehen. Doch glaubt er offenbar nicht an deren durchgängige und »letztliche« Wahrheitsfähigkeit und diskursive Rationalisierbarkeit.

Was auch immer uns zu einer Entscheidung bewegt, wie auch immer wir sie zu begründen versuchen, ein »dezisionistischer Rest« bleibt. Die Entscheidung kann als Entscheidung um so weniger gerechtfertigt werden, wie es sich im Polytheismus der Werte »letztlich« um die Frage handelt, wer oder was für mich oder uns »Gott oder Teufel« ist, wenn es also um stets »partikulare« Grenzziehungen zwischen gut und böse geht, zwischen denen wiederum Widerstreit herrscht. So gesehen bedeutet das Verurteiltsein zu einer sozialen, politischen und kulturellen Koexistenz im Widerstreit der Lebensformen, denen Orientierungen an gegensätzlichen Werten oder Überzeugungen innewohnen, nicht nur die Unvermeidlichkeit des Kampfes um ihre Durchsetzung. Denn das Böse wird auch politisch nicht nur als zu Bekämpfendes, sondern stets als zu Vernichtendes gesetzt. Webers Begriff der Wertekollision beschwört dort, wo er auf letzte Entscheidungen abstellt, tödliche Gewalt herauf, die politisch am Ende gar nicht mehr »geregelt« oder »gehegt« werden kann: Sie *ist* die Negation politisch formierter Koexistenz überhaupt. D. h. wer Anderen Vernichtung androht, muss auf eine Liquidierung jeglichen politischen Verhältnisses zu ihnen aus sein. So hat es den Anschein, als *bedeute* der Werte-Widerstreit *eo ipso* das Verurteiltsein zur *Möglichkeit* vernichtender Gewalt.

Zwar wird man eine solche Deutung nicht rundweg von der Hand weisen können, doch läuft man aufgrund eines Kurzschlusses von Widerstreit und Gewalt, der in dieser Perspektive nahe liegt, nur allzu leicht Gefahr, die problematischen *Übergänge* zu übersehen, an denen sich möglicherweise alternative Spielräume der Dramatisierung oder der Entschärfung von Widerstreit nachweisen ließen. In diesem Sinne ist es ratsam, einen *regressiven* Weg einzuschlagen. Statt unaufhebbare Gegensätze zwischen Werten, Idealen und Überzeugungen als gegeben hinzunehmen und nur noch die Dramatik oder Tragik ihrer »Kollisionen« zu beschwören, empfiehlt es sich, ihrer Genealogie nachzugehen, die womöglich auf die Spur von Auswegen zu führen verspricht. Wie kommt es überhaupt dazu, dass man sich für gewisse, »letzte« Werte glaubt entscheiden zu müssen, die den Wert des Lebens *im Ganzen* repräsentieren sollen? Liegt es in der »Natur der Sache«, die man Leben nennt, *eines* solchen Wertes (einer solchen »Sinngebung«, wie Max Weber sagen würde) zu bedürfen? Lässt sich eine mit Anderen geteilte Lebensform oder auch nur ein individuelles Leben überhaupt zwanglos auf einen einzigen solchen Wert hin ausrichten? Daran hat nicht zuletzt Weber selber Zweifel angemeldet. Widerstreit und unauflösbarer Konflikt widerfahren uns nicht erst in einer manichäischen Konfrontation mit Anderen, deren Begriff des Guten oder des Bösen sich nicht mit dem unsrigen deckt (vorausgesetzt, wir verfügen über einen solchen, eindeutigen Begriff überhaupt). Er begegnet uns von

---

61 Zwar versteht Weber die dingliche Welt gerade als wert-indifferent. Werte kommen nur durch wertende Subjekte in die Welt. Doch gerinnen ihm die Werte letztlich doch zu axiologischen Objekten.

62 Das Leben, behauptet Weber in *Wissenschaft als Beruf*, »solange es in sich selbst beruht und aus sich selbst verstanden wird, [kennt] nur die Unvereinbarkeit und also die Unaustragbarkeit des Kampfes der letzten überhaupt *möglichen* Standpunkte zum Leben, die Notwendigkeit also: zwischen ihnen sich zu *entscheiden*« (siehe auch Schluchter, 1991, S. 278, 356). Mehr noch: »Die aller menschlichen Bequemlichkeit unwillkommene, aber unvermeidliche Frucht vom Baum der Erkenntnis ist gar keine andere als eben die: um jene Gegensätze wissen und also sehen zu müssen, daß jede einzelne wichtige Handlung und daß vollends das Leben als Ganzes, wenn es nicht wie ein Naturereignis dahingleiten, sondern bewußt geführt werden soll, eine Kette letzter Entscheidungen bedeutet, durch welche die Seele, wie bei Platon, ihr eigenes Schicksal: – den Sinn ihres Tuns und Seins heißt das – *wählt*«; Weber (1968 b, S. 272).

Anfang an in uns selbst. Wir widerstreiten uns selbst. Auch die Psychoanalyse kennt keine »dritte Instanz«, die den Widerstreit oder den Kampf, in dem wir vielfach mit uns selbst liegen, in jedem Falle gleichsam »unparteilich« zu schlichten vermöchte.[63] Was Weber vom Kampf sagt, ließe sich genereller noch auch für die Widerstreit-Erfahrung sagen, die uns *uns selbst entgegensetzt*: Weber spricht von einem »innere[n] Ringen innerhalb der Seele des Einzelnen selbst mit sich selbst [...]« – stets sei es da, »und oft um so folgenreicher, je weniger er bemerkt wird, je mehr sein Verlauf die Form stumpfen oder bequemen Geschehenlassens oder illusionistischen Selbstbetrugs annimmt oder sich in der Form der ›Auslese‹ vollzieht«.[64]

Der erst noch zu erhärtende Nachweis inneren Selbst-Widerstreits bzw. eines Widerstreits, der wohl jede Form sozialen, politischen und kulturellen Lebens sich selbst entgegensetzt, verträgt sich freilich nicht mit der Hypostasierung eines eindeutigen Wert-Widerstreits, der zu einem letzten Kampf der Lebensformen oder gar der Kulturen aufzufordern scheint. Und es lag gewiss nicht in *Webers* Absicht, den »Polytheismus der Werte« in dieser Weise zu dramatisieren, aber die bedrohliche Herausforderung, sich in eine »letzte« Entscheidung zwischen unvereinbaren Werten zu verstricken, hat ihn immer wieder beschäftigt. Beschwört sie nicht auch dann, wenn sie nur »latent« zu sein scheint, die Apokalypse des Rechts, der Politik und jeglicher Begrenzung todfeindlicher Kollisionen herauf? Die Kollision der Werte, die in ihrer schieren Heterogenität angelegt scheint, verweist von Anfang an auf einen möglichen Exzess der Verfeindung – und zwar sowohl im Verhältnis einzelner, die sich verschiedenen

Arten der »Lebensführung« verpflichtet fühlen, als auch ganzer Lebensformen oder Kulturen, wenn man nur letztere mit der exklusiven Geltung bestimmter Werte im Verhältnis zu heterogenen Werten identifizieren kann.[65] Ein solches Geschäft der Verschärfung kann unter den skizzierten Voraussetzungen ohne weiteres die politische Propaganda übernehmen, um förmlich zur tödlichen Gewalt gegen Andere aufzufordern, deren Werte als mit den »eigenen« »unvereinbar« erachtet werden. Und wenn in diesen Werten nicht weniger als die eigene (kollektive) Identität zum Ausdruck kommt, kann der bewaffnete Kampf gegen die Anderen dann nicht als gerechtfertigt erscheinen? In welchem Ausmaß muss man aber »vergessen« haben, wie man selbst *im Widerstreit existiert*, um einer politischen Propaganda zu folgen, die glauben machen will, nur der Kampf gegen eine andere Lebensform oder Kultur, der sich gegebenenfalls auch vernichtender Gewalt wird bedienen müssen, könne den »eigenen« (unter der Hand homogenisierten) Werten oder Überzeugungen zur Geltung verhelfen?

Über eine derartige Naturzustandslehre, der die Geschichtsphilosophie hierzulande noch *nach* Weber anhing, werden wir nur hinausgelangen, wenn wir den verschiedenen Quellen der Widerstreit-Erfahrung, deren gewaltsamer Verschärfung und dramatischen Zuspitzung sowie den Gründen ihrer polemischen Vereindeutigung nachgehen, die einen Überlebenskampf heterogener Werte heraufbeschwört. So sollte der regressive Weg von der vermeintlich unabwendbaren Kollision von Werten zur Wertung und ihren Motiven zurückführen. Er müsste zu den Quellen der Werterfahrung führen und dürfte der Frage nicht aus dem Weg gehen, ob darin nicht mehr und anderes stattfindet als ein bloßes Auffinden bereits »gesetzter« Werte oder eine subjektive Wertsetzung, wo nichts »an sich« Wertvolles aufzufinden ist.[66] Es ist mehr als zweifelhaft, ob sich diese neukantianische Alternative durch eine Phänomenologie der Erfahrung, die auch den elementarsten Formen des Widerstreits auf die Spur kommt, bestätigen lässt.[67] Wenn sich Schluchter in seiner Weber-Interpretation auf Hans Jonas beruft, um zu verdeutlichen, wie der Begriff der Werterfahrung im Sinne der Überwindung der schlechten Alternative von Wertsubjektivismus und Wertobjektivismus zu verstehen sein könnte,[68] so

---

63   Auch das Über-Ich ist keine solche neutrale Instanz, obgleich man sagen kann, dass sie in gewisser Weise den Dritten repräsentiert.

64   Weber (1968 b, S. 507).

65   Vgl. Liebsch (2002a/b). – Zur Gleichsetzung von Lebensformen und Kulturen s. o. Anm. 4.

66   Schluchter (1991, S. 292, 295).

67   Freilich will ich hier nicht nebenbei unterstellen, die klassische Wert-Phänomenologie, wie sie v.a. Max Scheler entwickelt hat, sei einfach wiederzubeleben.

68   Vgl. Schluchter (1991, S. 269). Hier ist davon die Rede, eine ethisch »bindende Kraft« gehe »vom Anspruch eines Gegenstandes (!)« aus.

entfernt er sich jedenfalls erheblich von dieser irreführenden Alternative und nähert sich einer Phänomenologie der Erfahrung, die einen dritten Weg geht, insofern sie die Werterfahrung als ein responsives Geschehen deutet, in dem wir antwortend Bezug nehmen auf Herausforderungen, die unsere Antwort verlangen, ohne sie aber zu erzwingen oder eindeutig vorzuzeichnen.

Der responsive Spielraum des Antwortens, von dem her Hans Jonas eine antwortende Verantwortung denkt, ist jedenfalls nicht im Sinne einer Wertsetzung in einer an sich wertindifferenten Welt zu denken.[69] Aufgrund eben dieses Spielraums kann sich aber Widerstreit von Anfang an in der Genealogie der Erfahrung einwurzeln. Indem ich dem Anderen ethisch (verantwortlich) antworte, antworte ich nicht (nur) auf die Anmutungsqualität seiner Erscheinung. Hier sind heterogene (auch in sich mehrdeutige) Anspruchsmodalitäten und -qualitäten im Spiel,[70] die sich niemals alle zugleich realisieren lassen. Die einen widerstreiten den anderen und lassen sich nicht zusammenfügen in einer integralen Erfahrung. Merleau-Ponty hat diesen Sachverhalt auf den der Philosophie von Leibniz entlehnten Begriff der Inkompossibilität gebracht, den man auf die Erfahrung unaufhebbaren Widerstreits in der Wahrnehmung zurückführen kann.[71] Schon die ethische Wahrnehmung des Anderen ist dem Widerstreit nicht gänzlich entzogen zu denken. *Als was* oder *als wer* jemand oder etwas erfahren wird, wird sich stets vom Horizont eines Spielraums kontingenter anderer Möglichkeiten abheben. Auf dieser primären genealogischen Ebene, wo die Erfahrung überhaupt erst *als Erfahrung Gestalt annimmt*, geht es noch nicht um richtig oder falsch, wahr oder unwahr. Es geht darum, wie man *Erfahrungsansprüchen* Rechnung trägt, die einander widerstreiten, auf prä-diskursiver Ebene aber nicht schon einander widersprechen. Ein Widerspruch kann erst auftauchen, wenn ein Erfahrungsanspruch zur Sprache kommt und in der Form des Geltungsanspruchs artikuliert wird. Dann können wir Einspruch erheben – und zwar auch gegen eine vorgängige Erfahrung, die wir für »einseitig«, deformierend oder irreführend halten. Keineswegs sind Erfahrungsansprüche also jeglicher Anfechtbarkeit entzogen, wenn wir sie genealogisch vor der Etablierung einer ihrerseits strittigen Geltung

situieren. Aber als wie auch immer anfechtbare Erfahrung, die so, wie sie artikuliert wird, *wirklich ist*, muss man sie »gelten lassen«. Wenn ich sehe, was der Andere nicht sieht, mag ich ihm meine Wahrnehmung erklären und die seinige korrigieren wollen, so ich sie für falsch erachte. Wenn das aber zu keiner Übereinstimmung führt, bleibt nichts anderes übrig, als den Befund der Nicht-Übereinstimmung oder der Unvereinbarkeit als solchen gelten zu lassen. Die subjektive Wahrheit meiner Wahrnehmung bedeutet dann nicht zugleich die Unwahrheit der widerstreitenden Wahrnehmung des Anderen.

Geht man so auf die Quellen der Erfahrung von und mit Widerstreit zurück, so bleibt es nicht bei einem bloßen Verzicht auf Konsens, zu dem sich eine Philosophie der Werte durchringt, die, mangels einer »dritten Instanz«, nur noch nach einer Einigung über das sucht, worüber man sich nicht einigen kann.[72] Vielmehr verspricht der angedeutete regressive Weg, der der Genealogie des Widerstreits nachgeht, für die vielfältigen Quellen von Dis-sens zu *sensibilisieren*[73] – d. h. für einander widerstreitende Wahrnehmungen, die verschiedene responsive Spielräume freigeben.[74]

---

69 Vgl. Jonas (1982, S. 234 ff.).

70 Vgl. Waldenfels (1994).

71 Vgl. Waldenfels (1996, S. 151), wo allerdings in diesem Zusammenhang nicht von einem »realen Widerstreit« die Rede ist.

72 Schluchter (1991, S. 310).

73 Vgl. zum politischen Kontext dieses Begriffs Liebsch (2001 b), sowie besonders Rancière (1995).

74 Wenn Hans Jonas mit Blick auf das Neugeborene als den »Archetyp« der fürsorgenden Verantwortung überhaupt behauptet, es »gebe« uns diese Verantwortung und wenn er infolgedessen diese Verantwortung für ein hohes Gut hält, so muss er doch zugeben, dass die Verantwortungserfahrung schon in sich so eindeutig nicht ist. (Macht sie uns *für* den Anderen und/oder auch *vor* dem Anderen verantwortlich? Und *wer* ist dieser Andere, wenn es die Stimme des Gewissens ist, die uns die »gegebene« Verantwortung in uns selbst aufträgt? Vgl. Ricœur (1996, bes. das Schlusskapitel.) Überdies lässt sich von diesem Archetyp her der Standpunkt nicht überzeugend begründen, die lebenspraktischen Formen menschlicher Koexistenz, die wir Lebensformen nennen, müssten sich in ihrer ethischen Dimension *allein* nach *dieser* Verantwortung richten. Noch weniger lässt sich so der Widerstreit ethischer und politischer Maßstäbe, Werte und Überzeugungen aus der Welt schaffen.

Angefangen bei der »responsiven« Wahrnehmung über die ethischen Überzeugungen, in die sie münden können, bis hin zum Widerstreit dieser Überzeugungen, die ihrerseits wiederum zu gewaltsamen Gegensätzen zwischen heterogenen Lebensformen führen können – widersetzt sich auftretender Widerstreit ungeachtet der praktischen Konflikte, zu denen er führen kann, der Vereindeutigung von Gegensätzen, wie sie in der »Militanz« von Wertekollisionen nicht selten zu Tage tritt. Wer von der Wahrnehmung von *etwas als etwas* an unvermeidlich dazu gezwungen ist, im Widerstreit heterogener Ansprüche zu leben, dem sollte die restlose Identifikation mit *einem* Wert schwer fallen, der am Ende mit der schieren Existenz anderer Lebensformen, die ihn nicht teilen, für unvereinbar gehalten wird. Insofern wäre es eine lohnende und nicht zuletzt politisch brisante Aufgabe einer Polemologie, aufzuweisen, in welchem Ausmaß der Widerstreit erst in Vergessenheit fallen, verdrängt oder verleugnet werden muss, wo Menschen, die »nichts mehr miteinander gemeinsam« zu haben scheinen, aufgrund ihrer unvereinbaren Werte, ihrer »tiefsten Überzeugungen«, sich mit der Drohung vernichtender Gewalt konfrontiert sehen. Der Sinn einer solchen Polemologie wäre nicht die Apologie des gewaltsamen Konflikts oder gar ein kruder Sozialdarwinismus, sondern die Befreiung vom *fatalen,* »existenziellen« Widerstreit, der am Ende nur die Werte oder Überzeugungen der einen auf Kosten anderer »überleben« ließe, weil das Entweder-Oder die Geister behext. Nichts verspricht so sehr einer *Fatalisierung* des Widerstreits entgegenzuwirken wie eine genealogische Aufklärung darüber, wie sehr er unvermeidlich die zwischenmenschliche Erfahrung prägt. So gesehen ist es nur scheinbar ein Paradox, dass die Befreiung *zum* anerkannten Widerstreit *von* ihm befreien könnte.

Literatur

ANDERSON, PERRY (1993), *Zum Ende der Geschichte*, Berlin: Rotbuch. ▪ Assmann, Aleida / Assmann, Jan (1990), »Kultur und Konflikt«, in: Assmann, Jan / Harth, Dietrich (Hg.), *Kultur und Konflikt*, Frankfurt/M.: Suhrkamp, S. 11–48. ▪ BALKE, FRIEDRICH (1996), *Der Staat nach seinem Ende. Die Versuchung Carl Schmitts*, München: Fink. ▪ BAUMAN, ZYGMUNT (1991), »Moderne und Ambivalenz«, in: Bielefeldt, Uli (Hg.), *Das Eigene und das Fremde*, Hamburg: Hamburger Edition, S. 23–49. ▪ BERG, EBERHARD / FUCHS, MARTIN (Hg.) (1993), *Kultur, soziale Praxis, Text*, Frankfurt/M.: Suhrkamp. ▪ BRONFEN, ELISABETH / MARIUS, BENJAMIN / STEFFEN THERESE (Hg.) (1997), *Hybride Kulturen*, Tübingen: Stauffenberg. ▪ BUSCHE, HUBERTUS (2000), »Was ist Kultur?«, in: *Dialektik*, 1, S. 70–90. ▪ CASSIRER, ERNST (1990), *Versuch über den Menschen*, Frankfurt/M.: Fischer. ▪ CASTORIADIS, CORNELIUS (1984), *Gesellschaft als imaginäre Institution*, Frankfurt/M.: Suhrkamp. ▪ CESANA, ANDREAS (1996), »Kulturelle Identität, Inkommensurabilität und Kommunikation«, in: *Studien zur interkulturellen Philosophie*, 5, S. 119–130. ▪ CLIFFORD, JAMES (1994), »Diasporas«, in: *Cultural Anthropology*, 9, Nr. 3, S. 302–338. ▪ COLLINS, STEPHEN L. (1989), *From Divine Cosmos to Sovereign State. An Intellectual History of Consciousness and the Idea of Order in Renaissance*, Oxford: Oxford University Press. ▪ DANIEL, UTE (1993), »Kultur‹ und ›Gesellschaft‹. Überlegungen zum Gegenstandsbereich der Sozialgeschichte«, in: *Geschichte und Gesellschaft*, 19, S. 69–99. ▪ DINER, DAN (1993), *Weltordnungen*, Frankfurt/M.: Fischer. ▪ DREHSEN, VOLKER / SPARN, WALTHER (1996), »Die Moderne: Kulturkrise und Konstruktionsgeist«, in: Drehsen, Volker / Sparn, Walther (Hg.), *Vom Weltbildwandel zur Weltanschauungsanalyse. Krisenwahrnehmung und Krisenbewältigung um 1900*, Berlin: Akademie-Verlag, S. 11–30. ▪ DUBIEL, HELMUT (1999), »Integration durch Konflikt?«, in: *Kölner Zeitschrift für Soziologie und Sozialpsychologie, Sonderheft 39*, S. 132–143. ▪ EISENSTADT, SAMUEL N. / GIESEN, BERND (1995), »The Construction of Collective Identity«, in: *Archievs européennes de sociologie*, 26, Nr. 1, S. 72–102. ▪ ELWERT, GEORG (1989), »Nationalismus und Ethnizität«, in: *Kölner Zeitschrift für Soziologie und Sozialpsychologie*, 41, S. 440–464. ▪ ENGELS, EVE-MARIE (1982), *Die Teleologie des Lebendigen*, Berlin: Duncker & Humblot. ▪ ENGELS, EVE-MARIE (1989), *Erkenntnis als Anpassung*, Frankfurt/M.: Suhrkamp. ▪ GADAMER, HANS-GEORG (1997), »Das ontologische Problem des Wertes«, in: Gadamer, Hans-Georg, *Kleine Schriften IV*, Tübingen: Mohr, S. 205–217. ▪ GADAMER, HANS-GEORG (1975[4]), *Wahrheit und Methode*, Tübingen: Mohr. ▪ GALL, LOTHAR (1997), »Das Argument der Geschichte«, in: *Historische Zeitschrift*, Bd. 294, S. 1–20. ▪ GEHLEN, ROLF (1995), *Welt und Ordnung. Zur soziokulturellen Dimension von Raum in frühen Gesellschaften*, Marburg: Diagonal. ▪ GIEGEL, HANS-JOACHIM (Hg.) (1998), *Konflikt in modernen Gesellschaften*, Frankfurt/M.: Suhrkamp. ▪ GILBERT, FELIX (1960), »Cultural History and its Problems«, in: *Rapports, Bd. 1, XIe Congrès International des Sciences Historiques*, Uppsala, S. 40–58. ▪ GRAEVENITZ, GERHART v. / MARQUARD, ODO (Hg.) (1998), *Kontingenz. Poetik und Hermeneutik Bd. XVII*, München: Fink. ▪ GRAF, FRIEDRICH W. / RUDDIES, HARTMUT (1986), »E. Troeltsch: Geschichtsphilosophie in praktischer Absicht«, in: Speck, Josef (Hg.), *Grundprobleme der großen Philosophen, Bd. IV*, Göttingen: UTB, S. 128–162. ▪ GREENBLATT, STEPHEN (1994), *Wunderbare Besitztümer. Die Erfindung des Fremden: Reisende und Entdecker*, Darmstadt: Wissenschaftliche Buchgesellschaft. ▪ GUPTA, AKHIL / FERGUSON, JAMES (1992), »Beyond Culture: Space, Identity, and the Politics of Difference«, in: *Cultural Anthropology*, 7,

S. 7–23. ▪ HABERMAS, JÜRGEN (1978), *Theorie und Praxis*, Frankfurt/M.: Suhrkamp. ▪ HABERMAS, JÜRGEN (1996), *Die Einbeziehung des Anderen*, Frankfurt/M.: Suhrkamp. ▪ HAECKEL, ERNST (1919[11]), *Die Welträtsel*, Leipzig: Kröner. ▪ HELBOK, ADOLF (1928), *Siedlungsgeschichte und Volkskunde*, Dresden: Buchdr. d. Wilhelm-u.-Bertha-von-Baensch-Stiftung. ▪ HENNINGSEN, BERND (1997), »Das Ende des Humboldt-Kosmos. Die Kulturwissenschaften und die neue Oberflächenstruktur der Wissenschaft«, in: Henningsen, Bernd / Stephan M. Schröder (Hg.), *Vom Ende der Humboldt-Kosmen: Konturen von Kulturwissenschaft*, Baden-Baden: Nomos, S. 13–32. ▪ HENRICH, DIETER (1987), *Konzepte*, Frankfurt/M.: Suhrkamp. ▪ HOLENSTEIN, ELMAR (1998), *Kulturphilosophische Perspektiven*, Frankfurt/M.: Suhrkamp. ▪ HOLZHEY, HELMUT (1994), »Neukantianismus und Sozialismus«, in: Holzhey, Helmut (Hg.), *Ethischer Sozialismus*, Frankfurt/M.: Suhrkamp. ▪ INAMA-STERNEGG, KARL TH. (1902), »Die Entwicklung der Verwaltungslehre und des Verwaltungsrechts seit dem Tode von Lorenz von Stein«, in: *Zeitschrift für Volkswirtschaft, Sozialpolitik und Verwaltung*, XI, S. 137 ff. ▪ JASPERS, KARL (1955), *Vom Ursprung und Ziel der Geschichte*, Hamburg: Rowohlt. ▪ JOAS, HANS (2000), *Kriege und Werte*, Weilerswist: Velbrück. ▪ JONAS, HANS (1982[3]), *Das Prinzip Verantwortung*, Frankfurt/M.: Suhrkamp. ▪ KASCHUBA, WOLFGANG (Hg.) (1995), *Kulturen – Identitäten – Diskurse*, Berlin: Akademie-Verlag. ▪ KJELLÉN, RUDOLF (1917), *Der Staat als Lebensform*, Leipzig: Hirzel. ▪ KOSELLECK, REINHART / GADAMER HANS-GEORG (1987), *Hermeneutik und Historik*, Heidelberg: Winter. ▪ KYMLICKA, WILL (1991), »Liberalism and the Politicization of Ethnicity«, in: *Canadian Journal of Law and Jurisprudence*, IV, No. 2, S. 239–256. ▪ LARMORE, CHARLES S. (1987), *Patterns of Moral Complexity*, Cambridge: Cambridge University Press. ▪ LIEBSCH, BURKHARD (1992), *Spuren einer anderen Natur*, München: Fink. ▪ LIEBSCH, BURKHARD (1999 a), *Moralische Spielräume*, Göttingen: Wallstein. ▪ LIEBSCH, BURKHARD (1999 b), »Einleitung«, in: Liebsch, Burkhard (Hg.), *Sozialphilosophie*, Freiburg/München: Alber, S. 9–46. ▪ LIEBSCH, BURKHARD (1999 c), »Einleitung. Fragen nach dem Selbst – im Zeichen des Anderen«, in: Liebsch, Burkhard (Hg.), *Hermeneutik des Selbst – Im Zeichen des Anderen. Zur Philosophie Paul Ricœurs*, Freiburg/München: Alber, S. 11–43. ▪ LIEBSCH, BURKHARD (1999/2000), »Herausforderungen einer künftigen Philosophie der Lebensformen«, in: *Jahrbuch des Kulturwissenschaftlichen Instituts im Wissenschaftszentrum Nordrhein-Westfalen*, S. 157–185. ▪ LIEBSCH, BURKHARD (2001 a), »Perspektiven einer kritischen Revision des Verhältnisses von Historik und Hermeneutik«, in: *Divinatio. Studia Culturologica Series 14*, autumn – winter 2001, S. 29–66. ▪ LIEBSCH, BURKHARD (2001 b), *Zerbrechliche Lebensformen. Widerstreit – Differenz – Gewalt*, Berlin: Akademie-Verlag. ▪ LIEBSCH, BURKHARD (2002 a), »Aus Feindschaft geboren? Carl Schmitt, Jan Patoèka, Edgar Morin und die europäische Gegenwart. Mit einem Nachtrag zum Geschichtszeichen des 11. September«, in: Geulen, Christian / von der Heiden, Anne / Liebsch, Burkhard (Hg.), *Vom Sinn der Feindschaft*, Berlin: Akademie-Verlag, S. 17–52. ▪ LIEBSCH, BURKHARD (2002 b), »Werte-Feindschaft, Widerstreit und Gewalt. Tay-

lor – Weber – Nietzsche«, in: Geulen, Christian / von der Heiden, Anne / Liebsch, Burkhard (Hg.), *Vom Sinn der Feindschaft*, Berlin: Akademie-Verlag, S. 109–132. ▪ LÜDKE, ALF (Hg.) (1989), *Alltagsgeschichte. Zur Rekonstruktion historischer Erfahrungen und Lebensweisen*, Frankfurt/M./New York: Campus. ▪ MANDELKOW, KARL R. (1998), »Natur und Geschichte bei Goethe im Spiegel seiner wissenschaftlichen und kulturtheoretischen Rezeption«, in: Matussek, Peter (Hg.), *Goethe und die Verzeitlichung der Natur*, München: C. H. Beck, S. 233–258. ▪ MANNHEIM, KARL (1982), »Die Bedeutung der Konkurrenz im Gebiete des Geistigen« [1928], in: Meja, Volker / Stehr, Nico (Hg.), *Der Streit um die Wissenssoziologie*, Bd. 1, Frankfurt/M.: Suhrkamp, S. 325–370. ▪ MERGEL, THOMAS (1996), »Kulturgeschichte – die neue ›große Erzählung‹?«, in: Hardtwig, Wolfgang / Wehler, Hans-Ulrich (Hg.), *Kulturgeschichte heute*, Göttingen: Vandenhoek & Ruprecht, S. 41–77. ▪ MEYER-DRAWE, KÄTE (1989), »Strukturwandel der Öffentlichkeit: Zerfall oder Befreiung von Vernunft? Merkmale und Konsequenzen postmoderner Rationalitätskritik«, in: Oelkers, Jürgen / Peukert, Helmut / Ruhloff, Jörg (Hg.), *Öffentlichkeit und Bildung in erziehungsphilosophischer Sicht*, Köln: Janus, S. 63–88. ▪ MOST, GLENN W. (1984), »Rhetorik und Hermeneutik« in: *Antike und Abendland*, 30, S. 62–79. ▪ MÜLLER, KLAUS E. (2000), »Ethnicity, Ethnozentrismus und Essentialismus«, in: Eßbach, Wolfgang (Hg.), *wir / ihr / sie. Identität und Alterität in Theorie und Methode*, Ergon, S. 317–343. ▪ MÜLLER-SIEVERS, HELMUT (1993), *Epigenesis. Naturphilosophie im Sprachdenken Wilhelm von Humboldts*, Paderborn: Schöningh. ▪ OBERKROME, WILLI (1993), *Volksgeschichte. Methodische Innovation und völkische Ideologisierung in der deutschen Geschichtswissenschaft 1918–1945*, Göttingen: Vandenhoek & Ruprecht. ▪ OEXLE, OTTO G. (1996), »Geschichte als Historische Kulturwissenschaft«, in: Hardtwig, Wolfgang / Wehler, Hans-Ulrich (Hg.), *Kulturgeschichte heute*, Göttingen: Vandenhoek & Ruprecht, S. 14–40. ▪ PANKOKE, ECKART (1991), *Gesellschaftslehre*, Frankfurt/M.: Deutscher Klassiker Verlag. ▪ PERPEET, WILHELM (1976), »Kulturphilosophie«, in: *Archiv für Begriffsgeschichte*, 20, S. 42–99. ▪ POPPER, KARL (1980[6]), *Die offene Gesellschaft und ihre Feinde*, Bd. 2, München: Francke. ▪ QUERNER, HANS (1973), »Darwin, sein Werk und der Darwinismus«, in: Mann, Gunter (Hg.), *Biologismus im 19. Jahrhundert*, Stuttgart: Enke, S. 10–29. ▪ RANCIÈRE, JACQUES (1995), *La Mésentente. Politique et Philosophie*, Paris: Editions Galiée. ▪ RATZEL, FRIEDRICH (1975 [1899]), *Anthropogeographie*, Darmstadt: Wissenschaftliche Buchgesellschaft. ▪ RAWLS, JOHN (1992), *Die Idee des politischen Liberalismus*, Frankfurt/M.: Suhrkamp. ▪ RICŒUR, PAUL (1996), *Das Selbst als ein Anderer*, München: Fink. ▪ RIEBER, ROBERT W. / ROBINSON, DAVID K. (2001), *Wilhelm Wundt in History*, New York: Kluwer Academic. ▪ RIEDEL, MANFRED (1969), *Studien zu Hegels Rechtsphilosophie*, Frankfurt/M.: Suhrkamp. ▪ RÖTTGERS, KURT (1997), *Sozialphilosophie. Macht – Seele – Fremdheit*, Essen: Die Blaue Eule. ▪ RÖTTGERS, KURT (2000), »Globalisierung, Universalisierung, Absterben der Staaten«, in: *Globale Welten: Geist, Macht und Geld im Prozess der Globalisierung*, Hg. Die Werkstatt, Berlin, S. 102–127. ▪ SCHAD, WOLFGANG (1998), »Zeitgestalten der Natur. Goethe und die Evolutionsbiologie«, in: Matussek, Peter (Hg.), *Goethe und die Verzeitlichung der Natur*, München: C. H.Beck, S. 345–382. ■ Schallmeyer, Wilhelm (1903), *Vererbung und Auslese im Lebenslauf der Völker. Eine staatswissenschaftliche Studie auf Grund der neueren Biologie*, (= Natur und Staat. Beiträge zur naturwissenschaftlichen Gesellschaftslehre, 3. Teil, hg v. Ziegler, H. E.), Jena: G. Fischer. ■ Schierla, Pierangelo (1992), *Laboratorium der bürgerlichen Welt*, Frankfurt/M.: Suhrkamp. ■ Schluchter, Wolfgang (1991), *Religion und Lebensführung*, Bd.1, Frankfurt/M.: Suhrkamp. ■ Scholtz, Gunter (1995), *Ethik und Hermeneutik. Schleiermachers Grundlegung der Geisteswissenschaften*, Frankfurt/M.: Suhrkamp. ■ Schwemmer, Oswald (1998), »Mischkultur und kulturelle Identität«, in: *Divinatio*, 8, S. 75–86. ■ Steinvorth, Ulrich (1987), *Freiheitstheorien in der Philosophie der Neuzeit*, Darmstadt: Wissenschaftliche Buchgesellschaft. ■ Stolcke, Verena (1995), »Talking Culture. New Boundaries, New Rhetorics of Exclusion in Europe«, in: *Current Anthropology*, 36, Nr. 1, S. 1–24. ■ Vierhaus, Rudolf (1995), »Die Rekonstruktion historischer Lebenswelten«, in: Lehmann, Hartmut (Hg.), *Wege zu einer neuen Kulturgeschichte*, Göttingen: Vandenhoek & Ruprecht, S. 7–28. ■ Waldenfels, Bernhard (1994), *Antwortregister*, Frankfurt/M.: Suhrkamp. ■ Waldenfels, Bernhard (1996), »Das Zerspringen des Seins«, in: Métraux, Alexandre / Waldenfels, Bernhard (Hg.), *Leibhaftige Vernunft*, München: Fink, S. 144–161. ■ Weber, Max (1958[2]), *Gesammelte Politische Schriften*, Tübingen: Mohr. ■ Weber, Max (1968a), *Soziologie. Weltgeschichtliche Analysen. Politik*, Stuttgart: Kröner. ■ Weber, Max (1968[3]b), *Gesammelte Aufsätze zur Wissenschaftslehre*, Tübingen: Mohr. ■ Weber, Max (1976[5]), »Ethnische Gemeinschaftsbeziehungen« in: *Wirtschaft und Gesellschaft*, 1. Halbband, Tübingen: Mohr, S. 234–244. ■ Welsch, Wolfgang (1992), »Transkulturalität. Lebensformen nach der Auflösung der Kulturen«, in: *Information Philosophie*, 2. ■ Wimmer, Andreas (1996), »Kultur. Zur Reformulierung eines sozialanthropologischen Grundbegriffs«, in: *Kölner Zeitschrift für Soziologie und Sozialpsychologie*, 48, S. 401–425. ■ Woltmann, Ludwig (1905), *Politische Anthropologie. Eine Untersuchung über den Einfluß der Descendenztheorie auf die Lehre von der politischen Entwicklung der Völker*, Eisenach/Leipzig: Thüringische Verlags-Anstalt. ■ Wundt, Wilhelm (1912[4]), *Ethik*, Bd. 1, Stuttgart: Enke.

4 Geltung

4.1 Symbolische Bedeutungsansprüche der Kulturen

Christoph Jamme

Unter »Kultur« versteht man heute vielfach die Formen- und Bedeutungsvielfalt symbolischer Ordnungen, Handlungen und Äußerungen, in denen sich Welt- und Selbstbilder, Wahrnehmungsweisen und Mentalitäten widerspiegeln.[1] Kultur wäre unter diesem Aspekt nichts weniger als eine »Interpretationsgemeinschaft«,[2] deren Aufgabe in fortwährendem Aushandeln von (instabilen) Bedeutungen und Sinn bestünde.[3] Die Analyse dieses Prozesses obläge vornehmlich den historisch orientierten Kulturwissenschaften. Die Wissenschaft, die konstituierte Systeme der Beziehungen zwischen Menschen untersucht, »lokale Symbolsysteme, in die darüber hinaus auch das Verhältnis zu sich selbst und der einen zu den anderen eingebettet ist«,[4] ist die Anthropologie. Besonders in Amerika hat sich – ausgehend von den Arbeiten von Clifford Geertz – in der Religions- und Kulturanthropologie ein Begriff von ›Kultur‹ durchgesetzt, der eine lokale Sinn-Produktion (local production of meaning) meint.[5] Auch in der europäischen kulturwissenschaftlichen Diskussion der letzten Jahre hat sich die Aufmerksamkeit verstärkt symbolischen Sinnwelten (z. B. Mythen) zugewandt, die die Langlebigkeit von ökonomischen und gesellschaftlichen Institutionen sichern. Gesellschaft wird zunehmend als eine imaginäre Institution gesehen.[6] In Gesellschaften sieht man »symbolische«, nicht »natürliche« Ordnungen, transformieren sie doch Natur in eine symbolische Ordnung,[7] d.h. in Kultur. Martin Heidegger und Maurice Merleau-Ponty gehen so weit, dass sie eine prinzipielle Einheit von Natur und Kultur annehmen (keine *physis* ohne *techne*); für Lévi-Strauss gehört das, was Natur jeweils bedeuten und sein kann, zur künstlichen Schöpfung der Kultur.

1. Das »semiotische Paradigma«

Es hat lange gedauert, bis das semiotische Paradigma in der Kulturphilosophie (und später auch in der Kultursoziologie) an Überzeugungskraft gewonnen hat. Lange herrschte ein objektivistisch-holistisches Paradigma vor, das exemplarisch 1871 von Edward B. Tylor aufgestellt wurde: »Kultur oder Zivilisation, im weitgefaßten ethnographischen Sinne, ist jenes komplexe Ganze, welches Wissen, Glauben, Kunst, Moral, Recht, Sitte und alle weiteren Fähigkeiten und Gewohnheiten umfaßt, die ein Mensch als Angehöriger einer Gesellschaft erworben hat.«[8] Kultur wird hier in einem »identitätslogischen Sinn« verstanden.[9] Gleichwohl gehören die anglo-amerikanische Ethnologie seit 1870 (neben Tylor wäre noch Boas zu nennen) und die Evolutionstheorie eines Frazer auch zu jenen Vorläufern des semiotischen Paradigmas, auf denen dann das 20. Jahrhundert aufbauen

---

1 Luhmann (1980, S. 19) spricht vom »semantischen Apparat« der Kulturen, definiert als »Vorrat an bereitgehaltenen Verarbeitungsregeln«. Die Gesamtkultur, kulturelle Subsysteme differenzieren sich aus (Wirtschaft, Recht, Kunst, Religion). Diese Subsysteme »entwickeln [...] je eigene Deutungs- und Sinnsysteme« (Gladigow, S. 53), wobei der Religion eine Sonderrolle zukommt.
2 Gladigow (1998, S. 66).
3 So die Birminghamer Cultural-Studies-Schule.
4 Augé (1994, S. 43).
5 Davon abzuheben ist der Begriff der *civilization*, den etwa Huntington meint. Im Gegensatz zu solchen lokal begrenzten Kulturen sind Zivilisationen stets übergreifend und vereinigen mehrere Kulturen in einer überregionalen Weltanschauung.
6 Vgl. Castoriadis (1983, bes. S. 195 ff.).
7 So Eder (1988, S. 64, 73 ff.) – Rheinberger spricht vom *Hergestelltsein* kultureller Symbolräume.
8 Tylor (1963, S. 33).
9 Hetzel (2001, S. 74).

konnte. Die semiotische Begründung der Kultur hat älteren Formen wie die wertphilosophische (Windelband, Rickert), lebensphilosophische (Nietzsche, Dilthey, Bergson), kompensationstheoretisch-ontologische (Gehlen, Toynbee, Rothacker) oder anthropologische mehr oder weniger verdrängt und den Blick für die sinngenerierende Funktion von Kultur geschärft. Am Anfang dieses Prozesses steht – wie am Anfang des modernen Kultur-Begriffs überhaupt – Herder, auf den ein umfassendes poietisch-praktisches Verständnis von Kultur als Inbegriff aller Lebensgestaltung zurückzuführen ist. Dominant waren hier aber noch die Momente der Abgeschlossenheit und Abgrenzung: »Jede Nation hat ihren *Mittelpunkt* der Glückseligkeit *in sich* wie jede Kugel ihren Schwerpunkt.«[10] Der definitorische Kern des Herderschen Kultur-Begriffs ist das Volk, was die romantische Volksgeistlehre hervorbrachte (die Spengler dann radikalisierte). Impliziert war der Ausschluss des Fremden. Herder wendet sich ausdrücklich gegen die Aufklärung, die den Nationalismus als ›Vorurteil‹ gegeißelt hatte: »Das Vorurteil ist gut [...], denn es macht *glücklich*. Es drängt Völker zu ihrem *Mittelpunkt* zusammen, macht sie fester auf ihrem *Stamme*, blühender *in ihrer Art*, brünstiger und also auch glückseliger in ihren *Neigungen* und *Zwecken*.«[11] Herder geht so weit, dass er »die unwissendste, vorurteilendste Nation« geradezu für »die erste« halten kann: »Das Zeitalter fremder Wunschwanderungen und ausländischer Hoffnungsfahrten ist schon *Krankheit, Blähung, ungesunde Fülle, Ahndung des Todes*.«[12] Heute können wir Kulturen nicht länger mehr als homogene, in sich geschlossene Kugeln oder Inseln verstehen,[13] moderne Gesellschaften sind – nicht nur ethnisch – multikulturell in sich,[14] die Erfahrung der »unhintergehbaren, äußeren und inneren

---

10 Herder (1774/1967, S. 44 f.).
11 Herder (1774/1967, S. 45 f.).
12 Herder (1774/1967, S. 46).
13 Vgl. Holenstein (1989, S. 40–64, bes. S. 48 ff.).
14 Vgl. Welsch (1987).
15 Schnädelbach (2000, S. 13).
16 Waldenfels (2001, S. 112).
17 Schnädelbach (2000, S. 16).
18 Dilthey (1883, S. 53 ff.).
19 Weber (1985, S. 175).
20 Weber (1985, S. 180).

Pluralität von Kultur überhaupt« ist mittlerweile unbestritten.[15] »Keine Kultur ist bei sich selbst zu Hause [...].«[16] Neben der Dezentrierung ist Reflexivität ein zentrales Spezifikum *moderner* Kulturen: »Kulturen sind reflexiv, wenn sie einen Begriff von sich als Kultur haben.«[17] In der modernen Kultur haben die Menschen nicht nur die normativen, sondern auch die kognitiven Ordnungen selbst zu verantworten. Kultur ist ein Netz von Symbolismen. Schon Dilthey sah Kultur basierend auf der Vermittlung von Symbolsystemen und Wertprinzipien, die sich im Zuge der geschichtlichen Entwicklung der Gesellschaft zu verschiedenen sozialen Wirkungskontexten ausbilden. Kultursysteme sind das geistige Milieu der Gesellschaft, das sich institutionell ausdifferenziert. Kulturelle Institutionen haben eine sozialintegrative Funktion. Sie leisten stets auch einen Beitrag zur Ausprägung und Modifikation kulturell gegründeter Weltbilder und Wertprinzipien.[18]

Unter dem Einfluss des südwestdeutschen Neukantianismus (Rickert, Windelband) sah es auch Max Weber als Aufgabe der Kultur an, den Prozess der Ausdifferenzierung der Sozialsysteme zu steuern, indem sie einen umfassenden Diskurs über Bedeutung organisiert: »Der Begriff der Kultur ist ein *Wertbegriff*. Die empirische Wirklichkeit *ist* für uns ›Kultur‹, weil und sofern wir sie mit Wertideen in Beziehung setzen, sie umfasst diejenigen Bestandteile der Wirklichkeit, welche durch jene Beziehung für uns *bedeutsam* werden, und *nur* diese.«[19] In letzter Konsequenz geht es der Kultur (als der »Gesamtheit aller Lebenserscheinungen und Lebensbedingungen«) und der sie mit Hilfe idealtypischer Begriffe erforschenden verstehenden Kulturwissenschaften um Sinn: »[...] keine Erkenntnisse von *Kultur*-vorgängen [sind] anders denkbar, als auf der Grundlage der *Bedeutung*, welche die stets individuell geartete Wirklichkeit des Lebens in bestimmten *einzelnen* Beziehungen für uns hat. [...] Transzendentale Voraussetzung jeder *Kulturwissenschaft* ist [...], dass wir Kultur*menschen sind*, begabt mit der Fähigkeit und dem Willen, bewußt zur Welt *Stellung* zu nehmen und ihr einen *Sinn* zu verleihen.«[20]

In Weiterführung des Ansatzes von Dilthey sieht auch Simmel die Aufgabe von Kulturgebilden in der Vermittlung von Verbindlichkeit. Das Leben schafft

sich Formen, in denen es sich mit sich selbst vermittelt. Dies sind einmal die Ordnungsformen des Zusammenlebens (Wirtschafts-, Staats-, Gesellschafts-, Rechts-, Erziehungs-, Bildungs- und Verkehrsformen), zum anderen die Formen der Deutung der Wirklichkeit (Sprache, Mythos, Kunst, Religion, Wissenschaft). Das Leben wird sich so objektiv. Simmel unterschied an jedem Kulturgebilde einen lebensweltlich bedeutsamen Kulturwert und einen davon unabhängigen Sachwert. Wegen dieser lebensweltlichen Bedeutsamkeit bezeichnete Simmel die Kultur als »Weg der Seele zu sich selbst«, als »Vollendung ihrer Totalität«.[21] An anderer Stelle nennt Simmel die Kultur »eine Vollendung des Menschen« und spricht von der »Entwicklung unserer inneren *Totalität*«.[22] Wichtig ist in diesem Zusammenhang die Unterscheidung der ›objektiven‹ von der ›subjektiven Kultur‹: »Die subjektive Kultur ist der dominierende Endzweck [...], ersichtlich kann es keine subjektive Kultur ohne objektive geben, weil eine Entwicklung oder ein Zustand des Subjektes eben nur dadurch Kultur ist, dass er so bearbeitete Objekte in seinen Weg einbezieht. Dagegen kann die objektive Kultur eine [...] relativ erhebliche Selbständigkeit der subjektiven gegenüber gewinnen [...].« Dahinter steht der Imperativ, dass alle objektive Kultur auch ›subjektiv‹ assimiliert werden muss.

In seiner Auseinandersetzung mit Simmel versteht Cassirer die Kultur »dialektisch«.[23] Anders als für Simmel steht für Cassirer am Ende des Weges der Kultur »nicht das *Werk*, in dessen beharrender Existenz der schöpferische Prozeß erstarrt, sondern das ›Du‹, das andere Subjekt, das dieses Werk empfängt, um es in sein eigenes Leben einzubeziehen und es damit wieder in das Medium zurückzuverwandeln, dem es ursprünglich entstammt. [...] Der Lebensprozeß der Kultur besteht eben darin, dass sie in der Schaffung derartiger Vermittlungen und Übergänge unerschöpflich ist.« Das Wesen der Kultur besteht in der Vermittlung zwischen Ich und Du, d.h. zwischen zwei Subjekten, wobei diese Subjekte nicht nur Individuen, sondern ganze Epochen sein können. Das Medium bzw. der Ort dieser Vermittlung (auch »des Individuellen und Universellen«, wie Cassirer ganz Goethisch sagt)[24] sind die von Cassirer so genannten »symbolischen Formen«: »Der Mensch hat in den ›symbolischen Formen‹, die

das Eigentümliche seines Wesens und seines Könnens sind, gewissermaßen die Lösung einer Aufgabe vollzogen, die die organische Natur als solche nicht zu lösen vermochte. Der ›Geist‹ hat geleistet, was dem ›Leben‹ versagt blieb. [...] Was die Individuen fühlen, wollen, denken, bleibt nicht in ihnen selbst verschlossen; es objektiviert sich im Werk. Und diese Werke der Sprache, der Dichtung, der bildenden Kunst, der Religion werden zu den ›Monumenten‹, zu den Erinnerungs- und Gedächtniszeichen der Menschheit.«[25] Der Mensch, so Cassirer in seinem Spätwerk *An Essay on Man*, lebe »nicht mehr in einem bloß physikalischen, sondern in einem symbolischen Universum. Sprache, Mythos, Kunst und Religion sind Bestandteile dieses Universums.«[26] Der Mensch, so lautet die berühmte anti-aristotelische Definition, ist »animal symbolicum«, der in seinen symbolischen Formungen immer nur sich selbst begegnet. D.h. der Mensch ist ein Wesen, das Symbole kreiert und anwendet und in einer Art »symbolischem Netz« sich in einem »symbolischen Universum« ansiedelt. Unter ›Symbol‹ beziehungsweise ›symbolischer Form‹ versteht Cassirer dabei »jede Energie des Geistes [...], durch welche ein geistiger Bedeutungsgehalt an ein konkretes sinnliches Zeichen geknüpft und diesem Zeichen innerlich zugeeignet wird.«[27] Hans Lenk hat das erweitert: Der Mensch habe – anders als das Tier – die Fähigkeit, immer abstraktere Symbolisierungen zu erzeugen, die Symbole selbst metasprachlich und metatheoretisch zu untersuchen und anzuwenden: Der Mensch sei das »metasymbolisierende Wesen«.[28] Der Mensch, so Lenk, sei »dasjenige Wesen, das seine Interpretationen auch wiederum interpretieren kann und auch stets von neuem interpretieren muß – und diese auch nur so verstehen kann.«

Aufgrund der Grundfunktion der Kultur, der

---

21   Simmel (1923, S. 236 ff.).
22   Simmel (1908, S. 89); das Folgende ebd. (S. 92). Vgl. die Kritik von Busche (2000).
23   Cassirer (1961, S. 109); das Folgende ebd. (S. 110).
24   Cassirer (1999, S. 173).
25   Cassirer (1961, S. 126).
26   Cassirer (1944/1990, S. 50); das Folgende ebd. (S. 51).
27   Cassirer (1983, S. 175). – Als Hintergrund wichtig ist hier Aby Warburg, für den der symbolisierende Mensch die elementare Stufe der Rationalität verkörpert.
28   Lenk (1995, S. 14); das Folgende ebd. (S. 15).

»Funktion des Symbolischen als solche[r]«,[29] ergeben sich spezifische Anforderungen an die Methode
der Kulturwissenschaften. Drei methodische Momente müssen Cassirer zufolge kombiniert werden:
Die »Werdens-Analyse«, die »Werk-Analyse« und
die »Form-Analyse«, wobei die Werk-Analyse »die
eigentliche tragende Grundschicht« bildet. Dazu
gehört »ein eigenes Verfahren der Deutung; eine
selbständige und höchst schwierige und komplizier-
te ›Hermeneutik‹.«[30] Die Hermeneutik ist also die
Methode der einzelwissenschaftlichen Symbolana-
lyse. Es muss das Wesen jeder einzelnen Kulturform
ebenso bestimmt werden wie ihr Verhältnis zueinander. »Hier gelangen wir zu einer ›Theorie‹ der
Kultur, die letzten Endes ihren Abschluß in einer
›Philosophie der symbolischen Formen‹ suchen
muß [...].«

Die Probleme, denen sich eine solche, auf symbolische Formen konzentrierte Kulturphilosophie
gegenübersieht, sind schon vielfach analysiert worden. Zum Beispiel lassen sich die symbolischen
Formen ergänzen;[31] neben Sprache, Mythos und
Kunst tritt später die Technik. Vielfältige architek-
tonische Probleme kommen hinzu; auch Cassirers
Begrifflichkeit ist nicht sehr präzise (einschließlich
des Begriffs »Symbol« selbst). Vor allem hängt das
gesamte Theoriegebäude an der Hintergrundtheo-
rie der (Goetheschen) »Urphänomene«.[32] Schließlich bereitet das Verhältnis von Kultur/Mensch und
Natur Cassirer nicht unerhebliche Probleme. In
jedem Fall ist Cassirer insofern bahnbrechend, als
bei ihm Kulturphilosophie und Kulturwissenschaft
(beide sind hier fast synonym) als Kulturanthropologie verstanden werden, die die traditionelle
Metaphysik ablöst. Von Einfluss war diese Theorie

z. B. auf Theodor Litt. Prägend für das Verhältnis
zwischen Ich und Welt, so Litt, ist das symbolische
Handeln, das Litt als »Lebensverhältnis« begreift.
Symbolische Form und Sinngehalt bedingen sich
wechselseitig. Sprache ist Voraussetzung und Resultat kulturellen Handelns. Litt betont die Bedeutung
kultureller Sinngebilde für den Einzelnen.[33]

An Cassirer knüpfen, wenn auch je verschieden,
in der Gegenwart noch Blumenberg und Schwemmer an. Blumenberg lokalisiert den Ursprung der
Kultur im »Übergang in die Kulturhöhlen der frühen Menschheit«.[34] Hier, im entlastenden Schutz
des Innenraumes der Höhle, »entstand die Phantasie«, es entstanden Bilder und Kulte (Höhlenmale-
rei). Außerdem erzählten die in der Höhle Lebenden Geschichten, »ohne dabei gewesen zu sein«.
Kultur entsteht mithin, wie eine gelungene Formulierung Blumenbergs anzeigt, aus »geduldeter
Schwäche«; sie bedurfte des geschlossenen Raumes.
Wir beobachten die Genese der Repräsentation. Die
Höhlenbewohner lernten nämlich, »das Abwesende
und Ausstehende oder Bevorstehende operabel zu
machen. Im Bild, im Symbol, im Namen und
schließlich im Begriff werden die Dinglichkeiten
einer Realität ›vorführbar‹, aus der man sich in
dem Maße zurückziehen konnte, wie man über
jene Repräsentanten verfügte.«

Oswald Schwemmer sucht die Leistungen des
menschlichen Geistes in der äußeren Welt der kulturellen Symbolismen auf. Kultur ist für Schwemmer das »Insgesamt« von symbolischen und technischen Gegenständen und ihren Verwendungen,
in dem sich die unablässige »Verschränkung von
Innenwelt und Außenwelt« vollzieht.[35] In seiner
(Cassirer und Whitehead synthetisierenden) »pro-
zeß- und symboltheoretischen« Analyse der Kultur
geht es wesentlich um den »kulturellen Prozeß der
Ausbildung symbolischer Strukturen«. Wie Cassirer
bezieht Schwemmer Symbolismen und Kulturformen in die Definition des Geistes ein, und wie
Blumenberg interessiert sich auch Schwemmer für
die Genese dieser Symbolismen und damit von
Kultur überhaupt: »Die Kultur beginnt genau dort,
wo der Mensch zum ersten Mal seinen Organismus
überschreitet und sich eine neue Welt zwischen den
Individuen aufbaut, eine Welt der materiellen Zeichen und Geräte, die fortan die Außenwelt seines
Handelns wie die Innenwelt seines Denkens und

---

29 Cassirer (1961, S. 26 f.); die beiden folgenden Zitate ebd.
    (S. 97).
30 Vgl. dazu Schwemmer (1997 a, S. 206–219).
31 Vgl. Orth (1985). Vgl. auch Orth (1990). Anhaltspunkte für
    ein symbol-philosophisches Denken nach Cassirer gewinnt
    Tomberg (2001, S. 88–121, bes. S. 98 ff.).
32 Vgl. Schwemmer (1992).
33 Litt (1926, S. 152).
34 Blumenberg (1989, S. 25). Das Folgende ebd. (S. 30, 34, 35).
35 Schwemmer (1997 b, S. 64). Das Folgende ebd. (S. 30, 11 f.,
    13, 30, 31, 64, 86). Zur Methodologie und Theoriebildung
    der Kulturwissenschaften vgl. Schwemmer (1976). Ferner
    Schwemmer (1990, S. 120 f.).

Fühlens, seines Erlebens und Strebens prägen werden. Zugleich wird dabei aber auch [...] der Unterschied zwischen Innenwelt und Außenwelt aufgehoben. Vorwegnehmend kann man sagen, dass Kultur eben darin besteht, die Innenwelt des Menschen aus seiner selbst geschaffenen Außenwelt, als die Innenseite der Außenwelt, zu bilden und die Außenwelt als Präsentation, als faßbare Gegenwart der Innenwelt, als die Außenseite der Innenwelt, aufzubauen.« Kultur erscheint somit als Verschränkung von Innen und Außen. Schwemmer spricht von einem »Zwischenreich der Symbolismen«, denn »zwischen unseren Teilwelten« der Sinne und Erlebnisse werden mittels »symbolische[r] Fixierungen« *Brücken* gebaut, »durch die aus den Teilwelten ein Kontinent entstehen konnte«. Kultur ist die Einheit von symbolischen Gegenständen und Verwendungsweisen (macht Gegenstände zu »Verweisungsdingen«) und technischen Gegenständen und Verwendungsweisen (macht Gegenstände zu »Gerät«). Mit Cassirer sieht Schwemmer in der Symbolisierung auch »eine neue Welt« entstehen, in der das geistige Leben erst seine Strukturen gewinnt und der Mensch damit seine Identität. »Die Welt der Dinge und Ereignisse«, so Schwemmers These, »die wir als unsere Wirklichkeit erfassen, entwickelt sich erst über ihre Repräsentation. [...] Unsere Wirklichkeit ist deren Vergegenwärtigung.«

In der Kulturanthropologie schlugen sich Cassirersche Grundideen etwa bei W. E. Mühlmann nieder, der die These aufstellte, »alles menschliche Handeln [ist] mit determiniert durch Bilder [...]. Die gesamte Umwelt wird symbolisch. Es tritt gleichsam eine zweite Welt neben die erste, eine Welt der Fiktion [...].«[36] Von dieser Verdoppelung der Welt hatte auch Cassirer gesprochen: »Eine Welt selbstgeschaffener Zeichen und Bilder tritt dem, was wir die objektive Wirklichkeit der Dinge nennen, gegenüber und behauptet sich gegen sie in selbständiger Fülle und ursprünglicher Kraft.«[37] Was die Funktion dieser zweiten Welt angeht, so verweist Mühlmann auf die determinierende Kraft der symbolischen Wirklichkeiten, wobei sich das soziale Problem der »Geltung« stelle.[38] Die symbolische Welt ist zugleich auch eine »geschichtliche Welt«: Sie umschließt ›Vorwelt‹ und ›Folgewelt‹ in der Aktualität. Wir handeln fortwährend auf Grund

eines unserer Gruppe eigenen Kulturerbes, das älter ist als wir selbst.«

Damit ist der »cultural turn«, den wir heute als Neuentdeckung feiern, bereits vorweggenommen, verstehen wir, wie Konersmann vorschlägt, den »Titelbegriff des cultural turn, eben die Kultur, durchaus nicht als ein neues Generalsubjekt [...]. Statt eine stabile Ordnung von Sinnbeständen bereitzuhalten, bildet Kultur [...] ein Aggregat ›selbstgeschaffener intellektueller Symbole‹. Bedeutung heißt nun stets: *Genese* von Bedeutung.«[39]

Ein Hauptvertreter dieses »cultural turn« und damit des »semiotischen Paradigmas«[40] ist neben Umberto Eco oder Pierre Bourdieu der amerikanische Ethnologe Clifford Geertz, der explizit an die Cassirer-Schülerin Susanne K. Langer und an Paul Ricœur anknüpft. Kultur ist für ihn kein psychologisches, mentales oder kognitives Phänomen, sondern ein »Universum symbolischen Handelns«,[41] ein Ensemble »ineinandergreifende[r] Systeme auslegbarer Zeichen [interworked systems of construable signs]« bzw. »eine geschichtliche Hierarchie bedeutungsvoller Strukturen [a stratified hierarchy of meaningful structures]« bzw. eine »Vorstellungswelt [an imaginative universe]«. Dieser »wesentlich [...] semiotisch[e] Kulturbegriff« soll etwa Edward B. Tylors berühmtes Konzept eines »hochkomplexen Ganzen« ablösen. Kultur ist letztlich nichts anderes als eine »Montage von Texten« oder ein »Ensemble von Texten, die ihrerseits wieder Ensembles sind«. Berühmt wurde diese Theorie vor allem wegen der aus dieser Sicht von Kultur abgeleiteten methodischen Konsequenzen. Da die Untersuchung von Kultur darin bestehe, »Vermutungen über Bedeutungen anzustellen«, diese Bedeutungen (d. h. die Analyse der zentralen Symbole) aber nirgendwo anders abzulesen seien als am Verhalten der Mitglieder eines Symbolsystems,

---

36 Mühlmann (1956, S. 162).
37 Cassirer (1983, S. 175 f.).
38 Mühlmann (1956, S. 163). Vgl. in diesem Zusammenhang Perpeet (1997).
39 Konersmann (2000).
40 Hansen (1993, S. 13).
41 Geertz (1973/1983, S. 24/35), das Folgende ebd. (S. 21/14, 14/7, 20/30, 9/5, 430/259, 29 f./20, 18/26, 25/17, 21 f./14, 91/49 f., 42/30, 24/16).

d. h., wenn Symbolsysteme erst empirisch werden in Ereignissen, d. h. im »Ablauf des sozialen Handelns«, wird Kultur hier an Praxisbezüge angekoppelt. Es geht um »the symbolic dimension of social events«. Eine sachgerechte »Interpretation« kann deshalb nur eine Darstellung der »Symbolsysteme anderer Völker aus der Sicht der Handelnden« sein. Symbole sind die »empirisch faßbare Seite« kultureller Tätigkeit, weshalb die Untersuchung nur »anhand konkreter sozialer Ereignisse und Vorfälle in der Öffentlichkeit des Alltagslebens« bestehen kann. Geertz prägte hierfür den folgenreichen Terminus der »dichten Beschreibung« (thick description). Eine Schwierigkeit dieser Art von Kulturanalyse und -theorie besteht darin, dass es kaum möglich ist, »eine Grenze zwischen Darstellungsweise [mode of representation] und zugrunde liegendem Inhalt zu ziehen«. Deshalb sind ethnologische Schriften selbst »Interpretationen [...], sie sind Fiktionen [...]«.[42] Von Bedeutung ist in diesem Zusammenhang auch die Theorie von einer Krise der symbolischen Repräsentationen; zu erinnern ist z. B. an die Einführung des Begriffs der ›Inkongruenz‹: Gemeint ist der nicht seltene Umstand, dass sich eine Gesellschaft ändert, während ihr Symbolsystem zumindest solange unverändert fortbesteht, bis einige Leute die traditionellen Symbole als leer und sinnlos empfinden.[43]

Der Ansatz von Geertz war enorm folgenreich; wichtige Impulse verdankt ihm (neben dem New Historicism) etwa die neue literaturwissenschaftliche Anthropologie. Beide teilen die Überzeugung, dass Kultur und Texte gleichermaßen Artefakte sind. Die essentialistischen Bestimmungen der traditionellen Anthropologie und Ethnologie erweisen sich als Instrumente der europäischen Kolonialpolitik.[44]

Heute hat sich das semiotische Paradigma weithin durchgesetzt. So definiert Raymond Williams Kultur als »signifying system« mit bestimmten »signifying practices«,[45] für Ronald Hitzler erscheint Kultur »generell doch vor allem als kollektive Verbindlichkeit und ist deshalb [...] auch vom sozialen Wissensvorrat einer Gemeinschaft her zu erfassen. Typischerweise bestimmt eben nicht das, was der Einzelne denkt, fühlt und tut, die kulturell gültige Wirklichkeit, sondern das, worin sich die individuellen Ansichten treffen.«[46] Frow/Morris sprechen von Kultur als einem »network of representations – texts, images, talk, codes of behaviours and the narrative structures organizing these – which shapes every aspect of social life.«[47]

Auch Klaus P. Hansen vertritt einen »semiotische[n] Kulturbegriff«.[48] Durch Kultur werden Dinge »mit einer Bedeutung versehen«, »gleichzeitig [...] werden den Bedeutungen sprachliche Zeichen oder sonstige Symbole zugeordnet, mit deren Hilfe zum einen ein geistiger Austausch über die Bedeutungen, also Kommunikation, und zum anderen die Speicherung des ›sozialen Wissensvorrats‹ im ›kulturellen Gedächtnis‹ möglich wird.« Hansen sieht vor allem zwei Vorteile dieses Ansatzes: Zum einen würde eine »die Dinge interpretierende und das Leben deutende Geistigkeit der Kultur« sichtbar; zum anderen könne »die Eigendynamik von Kultur ohne Rückfall in Substanzvorstellungen und ohne jede Verdinglichung auf den Begriff gebracht werden«. Auch in der Kultursoziologie wird dieser Kulturbegriff heute von zwei einflussreichen Schulen vertreten. Einmal stehen für die funktionale Systemtheorie von Talcott Parsons »Sozialsystem« und »Kultursystem« in einer »empirischen Interdependenz«: In sozialen Interaktionen werden kulturelle Muster umgesetzt, die über symbolische Bedeutungen gemeinsame Grundüberzeugungen realisieren. Parsons erwartete von kulturellen Symbolen mithin eine stabile Handlungsorientierung. Das war für Parsons nur unter der Annahme möglich, dass die Symbole sich nicht der Situation verdanken, in der sie aufgerufen werden, sondern eine Art übergreifendes Dasein fristen. Parsons nennt vier relativ autonome Bereiche des kulturellen Systems: Religion, Recht, Künste und Wissenschaften.[49] Niklas Luhmann spricht von Kultur als »symbolisch-semantische[m] Komplex«.[50] Kultur ist ein

---

42 Geertz (1973/1983, S. 22 f./15). Vgl. auch Geertz (1988/1990).
43 Geertz (1983); vgl. auch Rabinow (1975).
44 Vgl. Bachmann-Medick (1996); V. Graevenitz/Rieger/Thürlemann (2001); Neumann/Weigel (2000).
45 Williams (1981, S. 13).
46 Hitzler (1988, S. 73 f.).
47 Frow/Morris (1993, S. VIII).
48 Hansen (1995, S. 6). Das Folgende ebd. (S. 212).
49 Vgl. dazu Mintzel (1993, S. 176).
50 Luhmann (1980, S. 1–16); Zum Folgenden auch Luhmann (1984, S. 588).

Vorrat von kommunikativ reproduzierbaren Themen, eine Generalisierung von symbolischen Kommunikationsmedien mit der Funktion der Sinnstiftung. Es gibt eine alle Interaktionssysteme »übergreifende Semantik«.

In seiner Übersicht über die »Transformation der Kulturtheorien« beantwortet A. Reckwitz die Frage nach dem Neuen an den Kulturwissenschaften denn auch mit dem Hinweis auf die Definition von Kulturen als symbolischen Ordnungen, kollektiven Wissensordnungen. Neu sei der kulturtheoretische Typ der Handlungserklärung (neben normorientierten und zweckorientierten).[51] Der Weg der Kulturtheorie, so seine These, führe weg von mentalistischen und strukturalistischen Ansätzen hin zu textualistischen und zu Theorien sozialer Praktiken, die den Gegensatz von interpretativen und strukturalistischen Ansätzen überwinden. Der Ansatz bei den sozialen Praktiken beinhaltet vielfältige Vorteile, die Theorie sozialer Praktiken harre allerdings noch der Ausarbeitung (es gibt nur einen Ansatz bei Bourdieu). Nicht von ungefähr hat heute das Konzept der Performativität begonnen, das der Repräsentation zu beerben. Nicht mehr die Repräsentationen und die Zeugnisse einer Kultur, sondern die Prozesse ihrer Herstellung und Wirksamkeit stehen im Zentrum der Untersuchung. Der »performative turn« der Kulturwissenschaften[52] ist der Annahme verpflichtet, dass sich Kulturen über Prozesse der Inszenierung, des Spektakels, der Verkörperung und Ereignishaftigkeit konstituieren, die in den Bereichen des Sozialen, der Politik, der Subjektivität und der Künste von grundlegender Bedeutung sind. Damit wendet man sich gegen die in den Kulturwissenschaften bis dahin weithin geltende Prämisse, »dass Kultur sich in Texten und Monumenten artikuliert«.[53] Das Interesse an der Performativität kultureller Erscheinungen ist ganz offensichtlich eine Folge der Krise der Repräsentation.

2. Symbolische Wirklichkeit(en)

Da Kulturbegriffe nicht nur Beschreibungsinstrumente, sondern »operative Begriffe« sind, die »ihren Gegenstand mit[prägen]«, da also »die ›Realität‹ von Kultur immer *auch* eine Folge unserer Konzepte von Kultur« ist,[54] ist es von zentraler Bedeu-

tung, sich über die mit dem symboltheoretisch-semiotischen Kulturbegriff verbundenen Konsequenzen im Klaren zu sein. Einmal markiert der neue, um 1900 einsetzende Ansatz, der inzwischen als neues »Paradigma«[55] erkennbar ist, wissenschaftsgeschichtlich den Wandel von den Geistes- zu den Kulturwissenschaften: »Gegenstand der Geisteswissenschaften als Kulturwissenschaften sind nicht Manifestationen des ›reinen‹ oder ›objektiven‹ Geistes, sondern kulturelle Praktiken und Prozesse, die charakterisiert sind a) durch eine spezifische Form der materialen Medialität als ›Sinngebilde‹, b) der sozialen Einbettung und c) ganz wesentlich durch eine spezifische Form der Leiblichkeit oder Körperlichkeit«.[56] Diesem Wandel entsprechen einmal neue Konzepte, Modelle und Verfahren. Mit den neuen Medien wird das Verstehen als Universalmethode zunehmend aufgeweicht, Texte sind nicht mehr vorrangiger Gegenstandsbereich. Neben der neuen zentralen Rolle der Semiotik gewinnen auch die Kulturanthropologie und Handlungs- und Diskurstheorie an Bedeutung. Zum anderen hat sich das Feld der Phänomene, die als zu ihrem Gegenstandsbereich zugehörig betrachtet werden können, erweitert. Es geht verstärkt um die »konkreten soziohistorischen Kontexte seiner [des Geistes; C. J.] kulturellen Manifestationen«. Die Körperlichkeit oder Schriftlichkeit/Mündlichkeit als »semiotische Mechanismen der Kultur«[57] oder die Natur (und deren kulturelle Konstruktion) rücken jetzt verstärkt in das Zentrum der Forschungsinteressen. Dieser Wandel, von dem man sogar als »Kopernikanische Wende der Geisteswissenschaften« gesprochen hat,[58] ist in toto ein Wandel zum Konstruktivismus: Die Wirklichkeit ist »ein Konstrukt der Kultur« bzw. die Kultur schafft »unsere Lebenswirklichkeit«. Das Mittel dazu ist die Erzeugung von »Bedeutsamkeit« (Rothacker) bzw. von »Standardisierungen« (Hansen): Kultur »[verleiht] durch

---

51 Reckwitz (2000, S. 117ff.). Das Folgende ebd. (S. 542ff.).
52 Vgl. Fischer-Lichte (2000).
53 Fischer-Lichte (1998, S. 25).
54 Welsch (1998, S. 101).
55 Hansen (1993, S. 13).
56 List (1998, S. 127). Das Folgende ebd. (S. 109).
57 Lotman/Uspenkij (1977/78).
58 Hansen (1993, S. 13); das Folgende ebd. (S. 14, 214, 211).

ihre Standardisierungen [...] den natürlichen und artifiziellen Fakten eine Bedeutung; sie verleiht den Dingen und Mitmenschen Eigenschaften, so dass die Mehrheit mit bestimmten Gefühlen reagiert. Sie strukturiert unseren Alltag durch Institutionen [...] und formt unsere Meinungen durch Stereotypen des Denkens«. Die kulturellen Standardisierungen sind sowohl besänftigend wie gefährlich (was sich etwa an der Dichotomie Eigenes/Fremdes zeigen lässt). Kultur erzeugt Komplexität, bietet Alternativen an, zwischen denen der Einzelne sich entscheiden muss. Kultur »stellt nicht Orientierung bereit, sondern zwingt dem Individuum Orientierungsentscheidungen auf«.

Das Mittel nun der Erzeugung von Bedeutsamkeit bzw. von kulturellen Standardisierungen sind die Symbole. Sie speichern und transportieren Bedeutungen, und diese Bedeutungen beziehen sich auf Sinnhaftigkeit. Victor Turner hat in diesem Zusammenhang auf den wichtigen Unterschied zwischen Zeichen und Symbol hingewiesen, der in der semantischen »Offenheit« der Symbole besteht,[59] deren Bedeutung nicht absolut festgelegt ist: »Den alten Signifikanten können durch kollektive Praxis neue Signifikate zugesprochen werden. Darüber hinaus können einzelne Individuen der öffentlichen Bedeutung eines Symbols eine private Bedeutung hinzufügen [...]. Solche Privatkonstruktionen können zu einem Teil der öffentlichen Hermeneutik oder standardisierten Interpretationen werden [...].« Ohne diese Offenheit würde etwa die politische Symbolik nicht funktionieren. Symbole, so Schwemmer, sind »Kulturwerke [...], die den sie Verwendenden als eine eigene Wirklichkeit gegenüber treten und ihre eigene Wirksamkeit entfalten«.[60] Neben der materiellen historischen Realität der Symbole (als Werke, d. h. Materialisierungen des menschlichen Geistes), die es ermöglicht, dass sie gepflegt oder zerstört werden können,[61] weist Schwemmer noch auf andere wichtige Wesensmerkmale von Symbolen hin. Zu nennen ist hier

einmal die »Künstlichkeit«, die sie einer »anderen Welt« angehören lässt. Ihre Eindimensionalität und Einfachheit ist »Ergebnis einer anstrengenden Kulturleistung«. Sie haben eine Eigenstruktur und einen »inter-individuell öffentlichen Charakter«. Was sie überdies auszeichnet, ist ihre »innere Differenzierung« bzw. ihr »konnotative[r] Charakter«, der es ihnen ermöglicht, sich zu unterschiedlichsten Konfigurationen zu verbinden. Was die Funktionen von Symbolen angeht, so ist zuerst auf ihre Prägnanzbildung zu verweisen: Die Vorstrukturierung unserer Wahrnehmung erzeugt die Identität der Gegenstände (heute droht allerdings im Zuge der digitalen Medien ein Prägnanzverlust). Symbole bieten darüber hinaus Möglichkeiten der Identifikation, Repräsentation und Reflexion für unsere Empfindungen, Wahrnehmungen, Vorstellungen und unser Denken. Sie sind »eine Befestigung im Strom unseres Bewußtseinslebens«; als »Exteriorisierung« unserer (»inneren«) Vorstellungen dienen sie der »Selbstdistanzierung«. Unsere Vorstellungen »werden von unseren kulturellen Symbolismen mitgeprägt und selbst zu einem kollektiv zugänglichen Element unserer Kultur«. Jede Bewusstseinsform hat eine je andere Form der Symbolisierung, z. B. sind unsere Wahrnehmungsmuster kulturell-medial gebunden, d. h. eingebunden in »die Kultur symbolischer Formen« und reichen damit über die individuelle Geschichte der wahrnehmenden Person hinaus.[62]

Zusammenfassend liegt die wohl wichtigste Rolle der kulturellen Symbolismen in der Strukturierung unseres Weltverhältnisses, in der Stiftung von (individueller wie allgemeiner) Identität und in der Schaffung neuer Wirklichkeit(en). Dabei sind symbolische Medien (als wichtigste die Sprache) kulturelle Symbolismen, menschlicher Geist und jeweilige Kultur auf das Engste miteinander verflochten. Eine jede Kultur ist nur zu verstehen »über die Entwicklung der Symbolismen und Technologien einer historischen Epoche oder einer Gesellschaft«.[63] Die Symbolismen bilden eine eigene sekundäre Welt bzw. Wirklichkeit. Die soziale Umwelt der Menschen wird symbolisch überlagert, und zwar durch Bilder (die alles menschliche Handeln überlagern), durch Sinn, durch Fiktion (Kunst), durch Mythos/Religion, durch sittliche und rechtliche Normen (z. B. das Tabu) und schließlich

---

59 Turner (1992, S. 142), das Folgende ebd. (S. 143).
60 Schwemmer (1997 b, S. 63 f.).
61 Schwemmer (1997 b, S. 36). Das Folgende ebd. (S. 145 f., 146, 149 f., 112, 151 f., 150, 37 f., 85 ff., 68, 112, 64, 69, 90, 94 f.).
62 Vgl. Crary (1996).
63 Vgl. Schwemmer (1997 b, S. 35). Das Folgende ebd. (S. 62 f.).

durch Rituale (als Muster des Handelns, die jeder in der Kultur vorfindet, in die er hineingeboren wird).[64] Der enorme Aufschwung der anthropologischen Erforschung symbolischer Formen und Prozesse und der Funktionen von Symbolen ganz allgemein ist eine direkte Folge dieser Einsicht in die Bedeutung der symbolischen Wirklichkeiten. Dabei hat sich gezeigt, dass die symbolische Welt sowohl idealisiert wie naturalisiert wird. Einmal gibt es eine idealisierende Überhöhung und Steigerung der primären Realität, so dass man von Überprägnanz gesprochen hat.[65] Damit ist aber auch ein Problem verbunden, das im Verhältnis zwischen den Individuen und ihrer Symbolwelt verborgen liegt und das Simmel als Problem des schöpferischen Lebens gedeutet hat, das dauernd etwas erzeuge, »was nicht selbst wieder Leben ist, etwas, woran es sich irgendwie totläuft, etwas, was ihm einen eigenen Rechtsanspruch entgegensetzt. Es kann sich nicht aussprechen, es sei denn in Formen, die etwas für sich, unabhängig von ihm, sind und bedeuten. Dieser Widerspruch ist die eigentliche und durchgehende Tragödie der Kultur«.[66] Zum anderen werden alle kulturellen Symbole, d. h. Normen und Standards, »solange sie naiv und ungebrochen gelebt werden, als ein ›natürliches Verhalten‹ schlechthin empfunden [...]«.[67] Erst die faktische Konfrontation mit anderen Kulturen, der »clash of civilizations« (Huntington), zerstört diese ungebrochene Quasi-Natürlichkeit der symbolischen Welt bzw. normhaften Handelns. Durch normentsprechendes Verhalten des Menschen will die Kultur ihre eigene Kontinuität und Identität sicherstellen. Wie weit aber kann das festgehalten werden im Zeitalter der Globalisierung und Vermischung der Kulturen? Die Kulturanthropologie belehrt uns heute über die ungeheure Variationsbreite kultureller Einrichtungen, Werte etc. Welsch spricht von ›Transkulturalität‹ und meint damit, dass »die Kulturen [...] intern hochgradig pluralisiert und extern hochgradig vernetzt« sind.[68] Bastian glaubte noch, dass es Kulturgüter gebe, die der Menschheit von jeher angestammt seien. Doch »alles Kulturelle war wesensmäßig einmal eine Errungenschaft«.[69] Kultur ist geschichtlich kontingent, alle Bilder sind kulturrelativ. So etwa das Bild, dass sich eine Kultur von der außermenschlichen Natur macht. Andere Beispiele wären der Umgang der Kulturen mit dem Tod oder

der Scham[70] oder die Beziehung der Geschlechter zueinander. »Es war wohl das europäische Bewußtsein, das als erstes lernen mußte, dass ›die Kultur‹ ein Abstraktum ist, mit dem sie in der Regel ihre eigene verwechselte, und dass Kultur in der Wirklichkeit nur als eine Vielfalt von Kulturen existiert. Eine andere Kultur als Kultur und nicht einfach als Barbarei zu verstehen, ist selbst eine bedeutende kulturelle Leistung [...].«[71] Schon Rothacker hatte betont, dass eine Analyse des Menschen nur noch als Geschichts- und Kulturanthropologie möglich sei. Die Kulturgeschichte muss also unser Kulturbewusstsein schärfen, und damit wird auch »die kulturelle Geschichte der Symbolismen und symbolischen Welten«[72] zu einem Thema der Kulturwissenschaften. Peter Burke hat in diesem Zusammenhang auf die wachsende Gemeinsamkeit zwischen Anthropologie und Historie hingewiesen und insbesondere auf die Bedeutung der Untersuchung des Wandels der Symbole über längere Zeiträume. Mit Geertz, Turner etc. haben wir gelernt, Symbole im sozialen Kontext zu sehen, ohne dabei ihren geschichtlichen Wandel zu vernachlässigen. »Auch beim Studium der symbolischen Sinnstiftung«, so Burkes These, sei »eine Verknüpfung mikro- und makrohistorischer Ansätze notwendig«,[73] eine Synthese, die aber noch kaum vorhanden sei (mit Ausnahme von Marschall Sahlins). Symbolismen sind in ständiger Entwicklung und Weiterentwicklung,[74]

---

64 Die symbolische Prozessanalyse Victor Turners hat sich besonders mit der Analyse ritueller und später sozialer Symbole im Allgemeinen beschäftigt; vgl. Turner (1975); Turner (1992).

65 Mühlmann (1956, S. 164).

66 Simmel (1908, S. 99).

67 Mühlmann (1956, S. 163).

68 Welsch (1998, S. 100). Vgl. dazu Mintzel (1993, S. 199).

69 Landmann (1958, S. 101).

70 Vgl. die Debatte zwischen Elias und Duerr.

71 Schnädelbach (2000, S. 10 f.).

72 Schwemmer (1997 b, S. 113).

73 Burke (1992, S. 28). Um diese Synthese zu befördern, stellt Burke einige allgemeine makrohistorische Überlegungen zum Einstellungswandel gegenüber Symbolen in Westeuropa seit dem Ende des Mittelalters an (ebd. S. 28 ff.), mit Konzentration auf die 1520er und die 1650er Jahre. Symbole wurden oft zum Problem (Ikonoklasmus, Reformation, Zeit der Mechanisierung etc.).

74 Beispiele wären etwa der Raum (Entdeckung des geometrischen Raumes: Raum als System), oder die Zeit (Entstehung

denken wir heute nur an die digitalen Medien. Der Mediengeschichte käme in diesem Zusammenhang eine besondere Bedeutung zu, tragen die Medien doch erheblich zur Konstruktion von kultureller Identität bei. Einschneidend war z. B. der Wechsel kultureller Leitmedien in den 20er Jahren des 20. Jahrhunderts: Film und Photographie wurden zum bevorzugten Gegenstand des »Neuen Sehens«. Der Siegeszug neuer Visualisierungstechniken führte ironischerweise zu einer Krise des Blicks.

3. Probleme

Alle diese Beispiele zeigen, dass Kultur als Symbolprozess letztlich *bildhaft* ist; zu ihrer Analyse brauchen wir deshalb eine »Logik des Bildes selbst«.[75] Notwendig ist die Entwicklung einer »Lehre von der symbolischen Ordnung bildhafter Erscheinungen«[76] bzw. einer »philosophische[n] Ikonologie«. Die ikonische Erkenntnis hat Prozesscharakter. Es nimmt unter dieser Perspektive nicht wunder, dass man heute vielfach in der Semiotik eine kulturwissenschaftliche Leitdisziplin sieht, die aufgedeckt habe, »dass Kultur nicht allein von ihren Sinngehalten her verstanden werden kann. Die Wissensformen, die kulturellen Institutionen, die Produktionsweisen, die politischen Herrschaftsformen erwiesen sich nunmehr als entscheidend bestimmt durch die Formen und Medien der Objektivierung, der Tradition und der Vermittlung von Wissen und Erfahrung.«[77] Die große Leistung dieser Methode,

die Kultur als (homogene) symbolische Ordnung beschreibt, liegt in dem Aufweis, dass in einer Kultur ein Kampf um Bedeutung statt hat, eine Selbstverständigung nach dem Ende der grands récits.

Mit diesem »semiotischen Paradigma« (Hansen) bzw. dem »iconic« oder »pictorial turn« (Mitchell) der Kulturwissenschaft ist aber eine ganze Reihe von Problemen verbunden, die insgesamt mit dem Stichwort »Ästhetisierung von Inhalten«[78] umschrieben werden können. Die konkrete soziale Wirklichkeit gerät dieser Theorierichtung zunehmend aus dem Blick. Gegen diese Transzendentalisierung des Kulturbegriffs machen sich deshalb heute zunehmend differenztheoretische und handlungstheoretische Verständnismuster geltend. Das Individuum konstituiert sich nicht einfach dadurch, dass es sich einer symbolischen Ordnung unterwirft. Stattdessen gibt es Abweichungen, Störungen. Der Gebrauch kultureller Regelsysteme entfremdet die Menschen auch von sich selbst.[79] Regeln werden handelnd überschritten, weshalb »die Beschreibung von Kulturen als symbolische Formen [...] die Praxisdimension von Kultur [verfehlt]«.[80] Eine Kulturphilosophie, die diese Dimension nicht vernachlässigt, ist nur als Handlungstheorie denkbar. Die bildliche Seite von Kultur ist zu einem wirklichen Verständnis ihres Wesens nicht ausreichend; hinzutreten muss das radikal Neue, das sich nur aus der Perspektive des Performativen beschreiben lässt.

Diese Überlegungen ließen sich dann auch für eine Theorie der Moderne fruchtbar machen. Nicht eine einheitliche Moderne gibt es, so die These von Eisenstadt in seinen 1997 in Heidelberg gehaltenen Max-Weber-Vorlesungen, sondern eine Vielfalt ganz unterschiedlicher Modernen mit zahlreichen Antinomien zwischen diesen. Bei der Frage, wie eine Kultur die Konflikte zwischen Zentrum und Peripherie austrägt, wie sich also die geltenden Symbole und Werte zu denen um Anerkennung kämpfenden verhalten, gibt es entscheidende Unterschiede zwischen Japan, den USA und Europa.[81] In Europa ist gegenwärtig die kollektive Identität in eine Krise geraten, und diese Krise ist unlösbar mit einer Krise der individuellen Identität verbunden.[82] Modernisierung bedeutet Individualisierung, d. h. Herauslösung aus allen identitätsstiftenden Sinnwelten. Herrschte früher die »Kohärenzfiktion«

---

des symbolischen Gedächtnisses wie Dichtung, Zukunftsbewusstsein), worauf schon Cassirer (1990, S. 87–91) hingewiesen hat. Die Entstehung der Sprache wäre ein weiteres wichtiges Beispiel (vgl. Schwemmer 1997 b, S. 28).

75 Krois (2001, S. 370). Vgl. auch Bockemühl (1998, S. 221).

76 Krois (2001, S. 370). Das Folgende ebd. (S. 371).

77 List (1998, S. 117). List hält sogar »eine neue Einheit der Geisteswissenschaften« für möglich, »nur dass eben das Einheit Stiftende der Blick auf *Kulturen als Lebensformen* ist« (ebd. S. 122).

78 Krois (2001, S. 368). – Zu den »Ästhetischen Geltungsansprüchen« von Kulturen vgl. den Beitrag von Norbert Schneider in diesem Band.

79 de Certeau (1988).

80 Hetzel (2001, S. 12). Das Folgende ebd. (S. 261, 267).

81 Eisenstadt (2000).

82 Augé (1994, S. 39).

von der Einheit und dem historischen Zusammenhalt einer Kultur,[83] so gibt es heute kein »verbindliches Metasystem«[84] mehr, was zum Sinnverzicht führt. Am Ende steht die Frage der Identität komplexer Gesellschaften.[85] Die Aufgabe des aktuellen Angehörigen einer Kultur besteht demnach im »Umgang mit konkurrierenden ›Sinndeutungssystemen‹«, der »von ihren Benutzern oder Anwendern andere Qualitäten und Qualifikationen [erfordert], als es eine Orientierung an traditionellen Religionen oder konservativen Bildungstraditionen verlangt hat oder verlangen würde. Da diese Sinnentwürfe jeweils den kulturellen Ausdifferenzierungsprozessen folgen, ist es für eine pragmatische Orientierung notwendig, sie kulturell einordnen zu können, kulturell kompetent zu sein.«[86]

Literatur

AUGÉ, MARC (1994), »Die Sinnkrise der Gegenwart«, in: Kuhlmann, Andreas (Hg), *Philosophische Ansichten der Kultur der Moderne*, Frankfurt/M.: Fischer, S. 33–47. ■ ASSMANN, JAN (1996), *Ägypten. Eine Sinngeschichte*, Wien: Wissenschaftliche Buchgesellschaft. ■ BACHMANN-MEDICK, DORIS (Hg.) (1996), *Kultur als Text. Die anthropologische Wende der Kulturwissenschaften*, Frankfurt/M.: Fischer. ■ BLANKE, HORST WALTER / JAEGER, FRIEDRICH / SANDKÜHLER, THOMAS (Hg.) (1998), *Dimensionen der Historik. Geschichtstheorie, Wissenschaftsgeschichte und Geschichtskultur heute: Jörn Rüsen zum 60. Geburtstag*, Köln/Weimar/Wien: Böhlau. ■ BLUMENBERG, HANS (1989), *Höhlenausgänge*, Frankfurt/M.: Suhrkamp. ■ BOCKEMÜHL, MICHAEL (1998), »Wirklich sehen – Chancen künftiger Geisteswissenschaft«, in: Reinalter, Helmut / Benedikter, Roland (Hg.), *Die Geisteswissenschaften im Spannungsfeld zwischen Moderne und Postmoderne*, Wien: Passagen-Verlag, S. 221–242. ■ BRACKERT, HELMUT / WEFELMEYER, FRITZ (Hg.) (1990), *Kultur. Bestimmungen im 20. Jahrhundert*, Frankfurt/M.: Suhrkamp. ■ BURKE, PETER (1992), »Historiker, Anthropologen und Symbole«, in: Habermas, Rebecca / Minkmar, Nils (Hg.), *Das Schwein des Häuptlings. Sechs Aufsätze zur Historischen Anthropologie*, Berlin: Wagenbach, S. 21–40. ■ BUSCHE, HUBERTUS (2000), »Was ist Kultur? Zweiter Teil: Die dramatisierende Verknüpfung verschiedener Kulturbegriffe in Georg Simmels ›Tragödie der Kultur‹«, in: *Dialektik*, 2, S. 5–16. ■ CASSIRER, ERNST (1961[2] [1942]), »Die ›Tragödie der Kultur‹«, in: Cassirer, Ernst, *Logik der Kulturwissenschaften. Fünf Studien*, Darmstadt: Wissenschaftliche Buchgesellschaft, S. 103–127. ■ CASSIRER, ERNST (1983[7]), »Der Begriff der symbolischen Formen im Aufbau der Geisteswissenschaften«, in: Cassirer, Ernst, *Wesen und Wirkung des Symbolbegriffs*, Darmstadt: Wissenschaftliche Buchgesellschaft, S. 169–200. ■ CASSIRER, ERNST (1985), *Symbol, Technik, Sprache. Aufsätze aus den Jahren 1927–1933*, hg. v. Orth, Ernst Wolfgang / Krois, John

Michael, Hamburg: Meiner. ■ CASSIRER, ERNST (1990 [1944]), *Versuch über den Menschen*, Hamburg: Meiner. ■ CASSIRER, ERNST (1999), *Ziele und Weg der Wirklichkeitserkenntnis. Nachgelassene Manuskripte und Texte II*, Hamburg: Meiner. ■ CASTORIADIS, CORNELIUS (1983), *Durchs Labyrinth. Seele, Vernunft, Gesellschaft*, Frankfurt/M.: Suhrkamp. ■ CERTEAU, MICHEL DE (1988), *Die Kunst des Handelns*, Berlin: Merve. ■ CRARY, JONATHAN (1996), *Techniken des Betrachters. Sehen und Moderne im 19. Jahrhundert*, Dresden/Basel: Verlag der Kunst. ■ DILTHEY, WILHELM (1883), »Einleitung in die Geisteswissenschaften«, in: Dilthey, Wilhelm, *Gesammelte Schriften* (GS), Bd. I., Leipzig: Teubner. ■ EDER, KLAUS (1988), *Die Vergesellschaftung der Natur. Studien zur sozialen Evolution der praktischen Vernunft*, Frankfurt/M.: Suhrkamp. ■ EISENSTADT, SHMUEL NOAH (2000), *Die Vielfalt der Moderne*, Weilerswist: Velbrück. ■ FISCHER-LICHTE, ERIKA (1998), »Auf dem Weg zu einer performativen Kultur«, in: *Paragrana*, 7, S. 13–29. ■ FISCHER-LICHTE, ERIKA (2000), »Theater als Modell für eine performative Kultur. Zum performative turn der europäischen Kultur des 20. Jahrhunderts«, in: *Universitätsreden*, 46, Saarbrücken. ■ FROW, JOHN / MORRIS, MEAGHAN (Hg.) (1993), *Australian Culture Studies. A reader*, Oxford: Clarendon Press. ■ FUNKE, GERHARD (Hg.) (1958), *Konkrete Vernunft. Festschrift für Erich Rothacker*, Bonn: Bouvier. ■ GEERTZ, CLIFFORD (1973), »Thick Description. Toward an Interpretative Theory of Culture«, in: Geertz, Clifford, *The Interpretation of Culture. Selected Essays*, New York: Routledge, S. 3–30; deutsche Übersetzung: (1983), »Dichte Beschreibung. Bemerkungen zu einer deutenden Theorie von Kultur«, in: Geertz, Clifford, *Dichte Beschreibung. Beiträge zum Verstehen kultureller Probleme*, Frankfurt/M.: Suhrkamp, S. 7–43. ■ GEERTZ, CLIFFORD (1983), »Ritual und sozialer Wandel«, in: Geertz, Clifford, *Dichte Beschreibung. Beiträge zum Verstehen kultureller Probleme*, Frankfurt/M.: Suhrkamp, S. 96–132. ■ GEERTZ, CLIFFORD (1988), *Works and Lives. The Anthropologist as Author*, Stanford/Cal.: Stanford University Press, deutsche Übersetzung: (1990), *Die künstlichen Wilden. Anthropologen als Schriftsteller*, München: Hanser. ■ GEHLEN, ARNOLD (1958), »Über Kultur, Natur und Natürlichkeit«, in: Funke, Gerhard (Hg.), *Konkrete Vernunft. Festschrift für Erich Rothacker*, Bonn: Bouvier, S. 113–123. ■ GEHLEN, ARNOLD (1969), *Moral und Hypermoral*, Frankfurt/M.: Athenäum. ■ GLADIGOW, BURKHARD (1998), »Kulturen in der Kultur«, in: Blanke, Horst Walter /

---

83 Assmann (1996, S. 16 ff.).

84 Welsch (1987).

85 Luhmann hat dies verneint. Die Kapazität symbolischer Deutungs- und Wertsysteme sei zu gering, um den Steuerungsbedarf ausdifferenzierter Teilsysteme hoch harmonisieren zu können. Habermas entwirft dagegen eine neue Identität: nicht gemeinsame Weltbilder, sondern universalistische Moral. Schließlich könne sich eine Identität in projektierten Lebensformen ausbilden, die an wert- und normbildenden Lernprozessen anschließen.

86 Gladigow (1998, S. 64 f.).

Jaeger, Friedrich / Sandkühler, Thomas (Hg.), *Dimensionen der Historik. Geschichtstheorie, Wissenschaftsgeschichte und Geschichtskultur heute: Jörn Rüsen zum 60. Geburtstag*, Köln/Weimar/Wien: Böhlau, S. 53–66. ▪ GRAEVENITZ, GERHARD VON / RIEGER, STEFAN / THÜRLEMANN, FELIX (Hg.) (2001), *Die Unvermeidlichkeit der Bilder. Literatur und Anthropologie*, Tübingen: Narr. ▪ HABERMAS, REBECCA / MINKMAR, NILS (Hg.) (1992), *Das Schwein des Häuptlings. Sechs Aufsätze zur Historischen Anthropologie*, Berlin: Wagenbach. ▪ HANSEN, KLAUS P. (Hg.) (1993), *Kulturbegriff und Methode. Der stille Paradigmenwechsel in den Geisteswissenschaften*, Tübingen: Narr. ▪ HANSEN, KLAUS-PETER (1995), *Kultur und Kulturwissenschaft. Eine Einführung*, Tübingen/Basel: Francke. ▪ HERDER, JOHANN GOTTFRIED (1967 [1774]), *Auch eine Philosophie der Geschichte zur Bildung der Menschheit*, Frankfurt/M.: Suhrkamp. ▪ HETZEL, ANDREAS (2001), *Zwischen Poiesis und Praxis. Elemente einer kritischen Theorie der Kultur*, Würzburg: Königshausen & Neumann. ▪ HITZLER, RONALD (1988), *Sinnwelten. Ein Beitrag zum Verstehen von Kultur*, Opladen: Westdeutscher Verlag. ▪ HOLENSTEIN, ELMAR (1989), »Europa und die Menschheit. Zu Husserls Kulturphilosophischen Meditationen«, in: Jamme, Christoph / Pöggeler, Otto (Hg.), *Phänomenologie im Widerstreit. Zum 50. Todestag Edmund Husserls*, Frankfurt/M.: Suhrkamp, S. 40–64. ▪ KONERSMANN, ROLF (2000), »Die Kultur kann sterben. Der ›cultural turn‹ im philosophischen Diskurs der Gegenwart«, in: *Neue Zürcher Zeitung*, 84 (8./9. 4. 2000). ▪ KROIS, JOHN MICHAEL (2001), »Kultur als Symbolprozeß. Philosophische Konsequenzen eines Paradigmawechsels« in: *Deutsche Zeitschrift für Philosophie*, 49, S. 367–375. ▪ KUHLMANN, ANDREAS (HG) (1994), *Philosophische Ansichten der Kultur der Moderne*, Frankfurt/M.: Fischer. ▪ LANDMANN, MICHAEL (1958), »Kulturbewusstsein«, in: Funke, Gerhard (Hg.), *Konkrete Vernunft. Festschrift für Erich Rothacker*, Bonn: Bouvier, S. 99–112. ▪ LENK, HANS (1995), *Schemaspiele. Über Schemainterpretationen und Interpretationskonstrukte*, Frankfurt/M.: Suhrkamp. ▪ LIST, ELISABETH (1998), »Vom Geist zur Kultur. Zum Paradigmawechsel in den Geisteswissenschaften«, in: Reinalter, Helmut / Benedikter, Roland (Hg.) (1998), *Die Geisteswissenschaften im Spannungsfeld zwischen Moderne und Postmoderne*, Wien: Passagen-Verlag, S. 107–131. ▪ LITT, THEODOR (1926 [1919]), *Individuen und Gemeinschaft*, Leipzig/Berlin. ▪ LOTMAN, JURIJ / USPENSKIJ, BORIS A. (1977/78), »On the Semiotic Mechanism of Culture«, in: *New Literary History*, 9, S. 211–232. ▪ LUHMANN, NIKLAS (1980), *Gesellschaftsstruktur und Semantik. Studien zur Wissenssoziologie der modernen Gesellschaft*, Bd. 1., Frankfurt/M.: Suhrkamp. ▪ LUHMANN, NIKLAS (1984), *Soziale Systeme. Grundriß einer allgemeinen Theorie*, Frankfurt/M.: Suhrkamp. ▪ MINTZEL, ALF (1993), »Kultur und Gesellschaft«, in: Hansen, Klaus P. (Hg.) (1993), *Kulturbegriff und Methode. Der stille Paradigmenwechsel in den Geisteswissenschaften*, Tübingen: Narr, S. 171–199. ▪ MÜHLMANN, WILHELM E. (1956), »Umrisse und Probleme einer Kulturanthropologie«, in: *Homo*, 7, S. 153–171. ▪ NEUMANN, GERHARD / WEIGEL, SIGRID (Hg.) (2000), *Lesbarkeit der Kultur. Literaturwissenschaften zwischen Kulturtechnik und Ethnographie*, München: Fink. ▪ ORTH, ERNST WOLFGANG (1985), »Zur Konzeption der Cassirerschen Philosophie der symbolischen Formen. Ein kritischer Kommentar«, in: Cassirer, Ernst, *Symbol, Technik, Sprache. Aufsätze aus den Jahren 1927–1933*, hg. v. Orth, Ernst Wolfgang / Krois, John Michael, Hamburg: Meiner, S. 165–201. ▪ ORTH, ERNST WOLFGANG (1990), »Der Begriff der Kulturphilosophie bei Ernst Cassirer«, in: Brackert, Helmut / Wefelmeyer, Fritz (Hg.), *Kultur. Bestimmungen im 20. Jahrhundert*, Frankfurt/M.: Suhrkamp, S. 156–191. ▪ RABINOW, PAUL (1975), *Symbolic Domination. Cultural Form and Historical Change in Morocco*, Chicago/London: University of Chicago Press. ▪ RECKWITZ, ANDREAS (2000), *Die Transformation der Kulturtheorien. Zur Entwicklung eines Theorieprogramms*, Weilerswist: Velbrück. ▪ REINALTER, HELMUT / BENEDIKTER, ROLAND (Hg.) (1998), *Die Geisteswissenschaften im Spannungsfeld zwischen Moderne und Postmoderne*, Wien: Passagen-Verlag. ▪ ROTHACKER, ERICH (1948), *Probleme der Kulturanthropologie*, Bonn: Bouvier. ▪ SCHNÄDELBACH, HERBERT (2000), *Philosophie in der modernen Kultur. Vorträge und Abhandlungen*, Frankfurt/M.: Suhrkamp. ▪ SCHWEMMER, OSWALD (1976), *Theorie der rationalen Erklärung*, München: C. H.Beck. ▪ SCHWEMMER, OSWALD (1990), *Die Philosophie und die Wissenschaften*, Frankfurt/M.: Suhrkamp. ▪ SCHWEMMER, OSWALD (1992), »Der Werkbegriff in der Metaphysik der symbolischen Formen. Zu Cassirers Konzeption eines vierten Bandes der »Philosophie der symbolischen Formen««, in: *Internationale Zeitschrift für Philosophie*, 2, S. 226–249. ▪ SCHWEMMER, OSWALD (1997 a), *Ernst Cassirer. Ein Philosoph der europäischen Moderne*, Berlin: Akademie-Verlag. ▪ SCHWEMMER, OSWALD (1997 b), *Die kulturelle Existenz des Menschen*, Berlin: Akademie-Verlag. ▪ SIMMEL, GEORG (1908), »Vom Wesen der Kultur«, in: Simmel, Georg, *Brücke und Tor*, Stuttgart, S. 86–104. ▪ SIMMEL, GEORG (1923³), *Philosophische Kultur*, Potsdam: Kiepenheuer. ▪ TOMBERG, MARKUS (2001), *Studien zur Bedeutung des Symbolbegriffs. Platon, Aristoteles, Kant, Schelling, Cassirer, Mead, Ricœur*, Würzburg: Königshausen und Neumann. ▪ TURNER, VICTOR (1975), »Symbolic Studies«, in: *Annual Review of Anthropology*, Palo Alto/Cal., S. 145–161. ▪ TURNER, VICTOR (1992), »Prozeß, System, Symbol. Eine neue anthropologische Synthese«, in: Habermas, Rebecca / Minkmar, Nils (Hg.) (1992), *Das Schwein des Häuptlings. Sechs Aufsätze zur Historischen Anthropologie*, Berlin: Wagenbach, S. 130–146. ▪ TYLOR, EDWARD B. (1963), »Die Kulturwissenschaft«, [als *Primitive Culture*, London 1871], in: Schmitz, Carl August (Hg.), *Kultur*, Frankfurt/M.: Akademie-Verlag, S. 33–53. ▪ WALDENFELS, BERNHARD (2001), »Genealogie der Kultur«, in: Waldenfels, Bernhard, *Verfremdung der Moderne. Phänomenologische Grenzgänge*, Göttingen: Wallstein, S. 97–117. ▪ WEBER, MAX (1985⁶), *Gesammelte Aufsätze zur Wissenschaftslehre*, hg. v. Winckelmann, Johannes, Tübingen: Mohr. ▪ WELSCH, WOLFGANG (1987), *Unsere postmoderne Moderne*, Weinheim: VCH Acta Humaniora. ▪ WELSCH, WOLFGANG (1998), »Strukturwandel der Geisteswissenschaften«, in: Reinalter, Helmut / Benedikter, Roland (Hg.), *Die Geisteswissenschaften im Spannungsfeld zwischen Moderne und Postmoderne*, Wien: Passagen-Verlag, S. 85–106. ▪ WILLIAMS, RAYMOND (1981), *Culture*, Cambridge: Fontana Press.

4.2 Werte und Normen – Praktische Geltungsansprüche von Kulturen

Matthias Kettner

1. Einleitung: Geltungsansprüche und Geltungsdrang

In der verschlungenen Geschichte von Anläufen innerhalb der Kulturwissenschaften, die Zentralreferenz dieser Wissenschaften, Kultur begrifflich zu fassen, hat man immer wieder versucht, den Bezug auf Werte und Normen in den Rang jener spezifischen Differenz zu bringen, die alle menschlichen Kulturphänomene von allem sonstigen, was es in der Welt gibt oder geben mag, unterscheiden soll.[87] Dieser begriffsgeschichtliche Befund ist erstaunlich, um so mehr, als weder der Begriff eines Werts noch der einer Norm unstrittige, eindeutige und klare Begriffe sind, noch die komplexen Bestimmungen, durch die wir Werte und Normen voneinander unterscheiden und systematisch aufeinander beziehen können. Außer bei philosophischen Naturalisten, die eine einheitliche Weltbeschreibung in den tatsachenfeststellenden Sprachen der Naturwissenschaften für nötig halten, scheint Einigkeit darüber zu herrschen, dass wir kulturelle Phänomene in ihrer eigentümlichen Tatsächlichkeit nicht angemessen erfassen würden, wollten wir sie auf die (sozialen etc.) Tatsachen reduzieren, die sie zweifellos *auch* darstellen. Jenes eigentümliche Mehr im Zusammenhang der Rede von Kultur, wodurch Kulturelles im Faktischen nicht aufgeht, wird wohl in den Begriffen des Werts und der Norm angesiedelt und vermutet.

Diese Vermutung lässt sich auf verschiedene Weisen aufgreifen, entwickeln und präzisieren. Eine überzeugende Weise (die namentlich an einer Tradition abgelesen werden kann, die von Herder und Hegel über den sozialen Interaktionismus im amerikanischen Pragmatismus bis zur formalpragmatischen Theorie des kommunikativen Handelns reicht) baut auf den folgenden Gedankengang: Kulturelle Prozesse und ihre Produkte, kulturelle Gebilde oder Phänomene, denken wir uns nicht als Bestandteile einer Welt *an sich* sondern einer Welt *für uns*. Ein Weltverständnis, in dem wir, die Men-schen, *als* ein Verständnis von uns selbst und einer gemeinsamen Welt habend, unsererseits vorkommen, ist ein Weltverständnis, das uns ermöglicht, soziale, d.h. an geteilten Erwartungserwartungen orientierte Praktiken zu entwickeln und zu unterhalten. Und in der Binnenperspektive von Teilnehmern sozialer Praktikern erscheinen solche Praktiken als etwas, dessen Sinn getroffen oder verfehlt werden kann (=die normative Differenz), so dass das Verfehlen oder Treffen solchen Sinns seinerseits in einer Spanne zwischen Wert und Unwert erfahren werden kann (=die axiologische Differenz). Die Hartnäckigkeit, mit der die kulturtheoretische Anstrengung des Begriffs alles Kulturelle wesentlich mit Werten und Normen in Verbindung bringt, hat wohl eine ihrer Wurzeln darin, dass Wesen wie wir, die zur Kultivierung gemeinsamer Praktiken fähig sind, das Gute und das Richtige in unserem Handlungsselbstbewusstsein als mit diesem Bewusstsein gleichursprünglich erfahren.[88]

Wenn wir die Möglichkeit, gemeinsame Praktiken zu kultivieren, als eine Seite der für Menschen typischen kulturellen Lebensform ansehen, so liegt in dieser Möglichkeit nicht nur die Ausbildung vielfältiger gemeinsamer Praktiken, sondern offenbar auch die Möglichkeit, bestimmte Praktiken (und die Werte und Normen, die sich darin verkörpern) *nicht* zu den gemeinsamen zu zählen, und solche Praktiken, die uns gemeinsam sind, mehr oder weniger scharf abzusetzen von solchen, die *nur die anderen* gemeinsam haben. Begriffe von Kulturellem haben daher die zunächst erstaunliche Tendenz, in Verwendungen im Singular und in Verwendungen im Plural auseinander zu treten: Was als Element von Kultur zu gelten beansprucht, erscheint zugleich als Element einer bestimmten

---

87 Kroeber/Kluckhohn (1967). Für Belege in neueren kulturanthropologischen Werken siehe z.B. Perpeet (1984) sowie Marschall (1990).

88 Joas (1996, S. 252–293) stellt einen umsichtigen neueren Explikationsversuch dieser Erfahrung dar.

und besonderen Kultur unter anderen je besonderen Kulturen. Aus der Zurechnung von Kulturellem auf kulturelle Identitäten, auf Kulturen im Plural, ergibt sich für alle Ansprüche auf Geltung, die mit einem Kulturelement (z. B. einer Handlungsweise oder einem Artefakt) verbunden werden, die Frage nach der *Relativität* dieser Geltung in Abhängigkeit von der bestimmten kulturellen Identität, innerhalb derer das Element auftritt. Eine Erörterung praktischer Geltungsansprüche von Kulturen muss daher ein Verhältnis zum Kulturrelativismus herstellen.[89]

Das Changieren der Theorie zwischen der einen Kultur und den vielen Kulturen drückt auf der Ebene der begrifflichen Artikulation nur noch einmal aus, was sich in der geschichtlichen Wirklichkeit in Anerkennungskämpfen zwischen Kulturen ausgeprägt hat, die ein Bewusstsein ihrer jeweiligen Besonderheit mitkultiviert haben. »Die menschliche Geschichte ist die Geschichte von Kulturen. Es ist unmöglich, die Entwicklung der Menschheit in an-

deren Begriffen zu denken«, denn »zu allen Zeiten waren Kulturen für die Menschen Gegenstand ihrer umfassendsten Identifikation.«[90]

Ein kulturell verbreitetes Deutungsmuster der kulturellen Gemeinschaftsidentität, des uns Eigenen versus uns Fremden, können wir terminologisch als *praktischen Geltungsdrang* einer Kultur bezeichnen und von den *praktischen Geltungsansprüchen* absetzen, welche die ko-kulturellen Teilnehmer an sozialen Praktiken mit diesen und den ihnen eingeschriebenen Werten und Normen verbinden. Während sich der Geltungsdrang einer sich kulturell identifizierenden Gemeinschaft aus vielfältigen Motiven speisen kann (z. B. aus hegemonialen Bestrebungen, religiöser Einbildung, missionarischem Sendungsbewusstsein, militärischen Interessen, kollektivem Narzissmus), entstehen die praktischen Geltungsansprüche sozusagen schon unterhalb ausgebildeter kultureller Identitäten, eben in der Handlungserfahrung von Personen, für die das Gute (Werte) und das Richtige (Normen) ursprüngliche Momente der Orientierung geworden sind, seitdem sie ihrer selbst bewusst zu handeln begonnen haben.

Vom Geltungsdrang lassen sich die praktischen Geltungsansprüche zwar theoretisch unterscheiden, der Sache nach aber nicht vollends abspalten, da sich kultureller Geltungsdrang u. a. auf eine besondere Wertschätzung (oder Überschätzung) bestimmter praktischer Geltungsansprüche gründen kann. So können kulturelle Identitäten ihre Stärke und Färbung aus der Wertschätzung oder Überschätzung einer gemeinsamen Sprachpraxis, eines religiösen Ritus, den Praktiken der politischen Regulierung, den Praktiken einer etablierten »Rechtskultur«[91] oder auch einfach den Praktiken der technischen Daseinsbewältigung, die für vorbildlich, überlegen und richtig gehalten werden, beziehen.

Auch dieser Zusammenhang hat in der Theoriegeschichte des Kulturbegriffs semantische Spuren hinterlassen. Kultur wurde im deutschen Sprachgebrauch bis vor wenigen Jahrzehnten höher gestellt als »Zivilisation«. Dem entspricht im nichtdeutschen Sprachgebrauch der zeitlich frühere Wertgegensatz zwischen der Idee der »Zivilisation«, wie sie von französischen Denkern im 18. Jahrhundert gedacht wurde, und der Barbarei. Die »zivilisierte« Gesellschaft sollte sich von den barbarischen, noch »primitiven« Kulturen (Plural) vor allem dadurch

---

89 Baecker (2001, S. 50): »Der moderne Kulturbegriff führt das Wissen um die Kontingenz aller Lebensformen in die moderne Gesellschaft ein. Aber er tut es heimlich. Er verdeckt seine Operation, indem er nicht den Vergleich betont, sondern das Unvergleichbare, nicht den Zweifel, sondern die Identität, nicht das Zufällige, sondern das Authentische.« Nun wird gewiss niemand leugnen, dass es kulturelle Unterschiede gibt – auch nach Abzug von allem, was selektiver Beobachtung, schlichten Übersetzungsfehlern und voreingenommenen Deutungen geschuldet ist. Aber man muss diese Tatsache theoretisch situieren und fragen, auf welchen Ebenen solche Unterschiede eigentlich liegen, wie tief sie reichen und wie weit sie gehen können. Wer von Kultur*en* im Plural sprechen will (K1, K2), kann sich jedenfalls der Annahme einer kulturellen Homogenität erster Ordnung nicht verschließen. Kulturelle Homogenität erster Ordnung ist das, was bewirkt, dass *zum Zweck des Kulturvergleichs* die Unterschiedlichkeit *in* K1 und die Unterschiedlichkeit *in* K2 geringer ausgeprägt ist als die Unterschiedlichkeit *zwischen* K1 und K2.

90 Huntington (1996, S. 49). In Singapur hat die Obrigkeit Anfang der 90er Jahre versucht, in der Form kulturspezifischer Werte (die sehr allgemein gehalten sind und spezifischere politische Werte nicht nennen) eine eigene asiatische kulturelle Identität zu artikulieren. Ohne Rangfolge werden die folgenden Grundwerte aufgelistet: (1) Nation vor ethnischer Gemeinschaft und die Gesellschaft vor dem Ich; (2) Familie als Grundbaustein der Gesellschaft; (3) Anerkennung und Unterstützung des Individuums durch die Gemeinschaft; (4) rassische und religiös tolerante Harmonie (Regierung von Singapur, 1991).

91 Kang (2000).

unterscheiden, dass sie sesshaft, städtisch und alphabetisiert war. Von dieser sich selbst aufwertenden Zivilisationssemantik wichen deutsche Geisteswissenschaftler des 19. Jahrhunderts ab, indem sie die Unterscheidung von Zivilisation und Kultur kurzschlossen mit der Unterscheidung einer Sphäre des bloß Praktischen und einer Sphäre höherer Geistigkeit: Zivilisation sollte alles Mechanische, die Technik und alles zur materiellen Reproduktion gehörige sein, Kultur demgegenüber alle Werte und Ideale eines höheren, künstlerischen, wissenschaftlichen oder sittlichen Geisteslebens.

Dieser deutsche Sonderweg in der kulturtheoretischen Semantik war eine Sackgasse. Durchgesetzt hat sich eine Semantik, derzufolge Kultur und Zivilisation, im Singular oder im Plural, eine Gesamtheit der Lebensform oder Lebensweise einer Großgruppe meinen, zumeist aber nicht notwendig die eines Volkes. Beide verweisen vor allem auf Werte und Normen, konkreter auf Sprache, politische und andere Institutionen, sozial etablierte Praktiken und Denkweisen, die intergenerationell weitergegeben werden und denen als solchen eine hohe lebensweltlich ausgeprägte Bedeutsamkeit zugemessen wird. Unter diesen kulturellen Charakteristika sind für den überwiegenden Teil der bisherigen Geschichte die Bezüge auf Religion die wirkungsmächtigsten gewesen, weshalb es einen gewissen Sinn hat, die Geschichte der großen Kulturen der Menschheitsgeschichte in Verschränkung mit der Geschichte der Ausbreitung der großen Weltreligionen zu betrachten.

Den großen Weltreligionen (westliches Christentum, Orthodoxie, Hinduismus, Buddhismus, Islam, Konfuzianismus, Taoismus, Judentum), mögen sie auch die Menschheit in einem größeren oder geringeren Maße gespalten haben, sind gewisse zentrale Werte gemeinsam. Sogar Samuel Huntington, der zu Unrecht allein für die spektakuläre Kulturkampfthese seiner politischen Kulturtheorie bekannt geworden ist, meint mit zustimmender Berufung auf den kommunitaristischen Sozialphilosophen Michael Walzer und dessen Idee einer zwar dünnen, dafür aber für die meisten Menschen dieser Welt anerkennungswürdigen »Minimalmoral«, dass es eine tragfähige Basis gemeinsamer moralischer Werte zwischen Asien und dem Westen gebe. Falls die Menschen je eine Universalkultur entwickeln,

werde sie nach und nach aus der Erkundung und Ausweitung dieser Gemeinsamkeiten hervorgehen. »So wäre, neben dem Prinzip der Enthaltung und dem Prinzip der gemeinsamen Verhandlung, ein drittes Prinzip für den Frieden in einer multikulturellen Welt das Prinzip der Gemeinsamkeiten: Menschen in allen Kulturen sollten nach Werten, Institutionen und Praktiken suchen und jene auszuweiten trachten, die sie mit Menschen anderer Kulturen gemeinsam haben.«[92] Die genannten drei Prinzipien formulieren moralisch-praktische Geltungsansprüche, die sich insofern direkt auf den praktischen Geltungsdrang von Kulturen beziehen, als sie diesen zu pazifizieren versprechen.

2. Werte und Normen in Praktiken

Wir legen bei unterschiedlichen Werten auch unterschiedlichen Wert auf Konsens. Etwas so oder so zu werten kann bedeuten, dass wir bestimmte Dinge bevorzugen, andere ablehnen, sie begehren oder verabscheuen, Interesse oder Desinteresse an ihnen zeigen. Der Wert ist dann im weitesten Sinne das, was wir wollen, der Unwert das, was wir nicht wollen. In grober Vereinfachung einer komplexen wertphilosophischen Diskussionslage kann man sagen: Wo von Werten die Rede ist, geht es uns um dasjenige, wofür oder wogegen wir uns entscheiden, wenn wir abwägen müssen, *was wir vorziehen wollen.*

Diese Charakterisierung deckt nicht nur solche Werte ab, in denen sich nichts weiter meldet als die (temporären und kontingenten) Präferenzen je einzelner Personen, deren Verbindlichkeit, soweit sie überhaupt eine solche gewinnen, sich nicht weiter auf andere Personen erstreckt. Vielmehr lässt sich das »wir« in der Formulierung »was wir vorziehen wollen« durchaus auch als die Perspektive der Ersten Person Plural einer kulturellen Wir-Gemeinschaft lesen, und charakterisiert dann Werte als

---

92 Huntington (1996, S. 528). Huntington hält die Durchsetzung des Prinzips der Stärkung kultureller Gemeinsamkeiten, notfalls mit strategischen Mitteln (z. B. der Bildung politischer Allianzen von kulturell sich ihrer Ähnlichkeiten bewusstgewordenen Staaten) für eine notwendige Bedingung des Weltfriedens im Zeitalter multidimensionaler Globalisierungsprozesse.

Ausdruck dessen, wovon ich will, und andere gleich mir wollen, dass jeder von uns es vorziehen wolle. Von derart intersubjektiv konstituierten Werten kann man zutreffend sagen, die entsprechenden bestimmten Wertungen seien *allgemeinverbindlich* oder *gelten objektiv für alle* (d. h. mindestens für alle ko-kulturellen Werter). Denn nicht nur wünschen bzw. wollen wir die Erhaltung oder Realisierung dieser Werte, sondern wir erwarten voneinander, dass wir sie erhalten bzw. verwirklichen wollen, und das heißt, wir *sollen* sie wollen. Erst wenn man in diesem Sinne unter Werten etwas Allgemeinverbindliches oder objektiv Gültiges versteht, haben die Werte normativen Charakter: Zu jedem Wert gibt es dann eine Norm, die die Erhaltung oder Realisierung dieses Wertes als das Richtige vorschreibt, und umgekehrt.

Normen beziehen sich immer nur auf Handeln, das sie normieren. Normen formen Handlungsweisen. Jede Norm, so inhaltlich spezifisch oder abstrakt und so adressatenallgemein oder adressateneingeschränkt sie auch sei, besagt etwas darüber, wie zu handeln sei (von Akteuren einer bestimmten Art unter Umständen einer bestimmten Art) und wie nicht zu handeln sei, damit die betreffende Handlungsweise als eine zählt, die wir für richtig halten.[93] Anders gesagt: Eine Norm ist ein – auf unsere Anerkennung angewiesener – Grund, aus dem das, was eine Person in einer bestimmten Situation macht (d. h. tut oder unterlässt), etwas ist, das entweder so ist, wie es (unserer Meinung nach) sein sollte, oder nicht so ist. Normen dienen, da

sie approbierte Verfahrensmuster (»patterns of procedure«) sind, als Anweisungen oder Standards des Denkens und Handelns.[94] Gemäß (konform: im Einklang mit) einer Norm zu handeln erfordert zweierlei: dass man die Gelegenheit, so zu handeln, richtig identifiziert (nämlich als eine, für die die Norm einschlägig ist) und dass man die für diese Gelegenheit normgemäße Handlungsweise richtig bestimmt (nämlich so zu handeln, dass dies einen gültigen Ausdruck der einschlägigen Norm darstellt). Diese Anforderungen an Akteure, um praktischen Geltungsansprüchen zu genügen, sind in der Wirklichkeit um so viel komplexer, als in der Regel viele Normen in einer Situation miteinander und in diesem Ganzen angemessen zur Geltung gebracht werden müssen.

Es ist ein in der philosophischen Ethik oft anzutreffendes Missverständnis, dass Normen und Normativität mit moralischen Normen und der Normativität einer Moralauffassung gleichzusetzen sind. Wo wir unseren Überzeugungen vom moralisch guten Handeln das Explikationsformat von Normen geben, sind solche »Moralnormen« oder »moralischen Regeln« stets nur eine sehr kleine, wenngleich für unser gutes Zusammenleben sehr wichtige Menge der Normen, die uns bei der Orientierung helfen, wie wir gut und richtig handeln können. Die reiche Textur menschlicher Lebenspraxis ist von verschiedenartigen Normierungen auf jeder beliebigen Konkretisierungsebene gleichsam durchdrungen; eine menschliche Person zu sein heißt, sich in reich normierten Texturen bewegen zu können. Wie viele solche Texturen wir unterscheiden können, hängt vom Stand der Ausdifferenzierung kultureller Deutungsmuster ab und der entsprechenden identifizierbaren Praxisbereiche, die sie sinnhaft auslegen.[95]

Um das praxeologische Verhältnis von Werten und Normen zuzuspitzen: Werte ohne Normen, die uns im Handeln so leiten, dass wir unser Tun als einen gültigen Ausdruck der betreffenden Werte verstehen können, sind leer. Und Normen ohne entsprechende sinngebende Werte, an die wir uns so gebunden fühlen, dass wir diese Wertbindung im Handeln zur Geltung bringen wollen, sind substanzlos.

Folgt man den Grundlinien der skizzierten (im weitesten Sinne: pragmatischen) Auffassung, dann

---

93 Für eine entsprechende Theorie des normativen Urteils s. Gibbard (1990).

94 Eine überzeugende realistische Theorie der Normen entwickelt Will (1988; 1997).

95 Pars pro toto vgl. die Kulturdefinition von Richard A. Shweder (2000, S. 212 f.): Eine Kultur beinhaltet »die für eine Gemeinschaft typischen Ideen darüber, was wahr, gut, schön und effizient ist«; um »kulturell zu sein, müssen diese Ideen über Wahrheit, Güte, Schönheit und Effizienz sozial ererbt und gewohnheitsmäßig sein, und sie müssen tatsächlich konstitutiv für verschiedene Lebensweisen sein.« Anders gesagt, bezieht sich Kultur auf »Ziele, Werte und Weltbilder, die in Sprechweise, Gesetzen und routinemäßigen Praktiken einer sich selbst überwachenden Gruppe kundgemacht werden.« Shweder hält Praktiken für die eigentlich zählende Verkörperung solcher Ideen, nicht etwa Aussagen oder andere dekontextualisierbare Formen kulturellen Wissens.

wird deutlich, dass Werte und Normen komplementäre Funktionen erfüllen. Auch werden wichtige Unterschiede deutlich: Werte sind in der Ordnung der Begründung (Rechtfertigung) des Handelns grundlegender als Normen, denn Achtungsforderungen für handlungsleitende Normen werden begründet mit ihrer Bedeutung für Wertbindungen, denen diese Normen im Handeln Ausdruck geben. Aber Normen sind in der Ordnung der Ausbildung kulturspezifischer Handlungsrepertoires grundlegender als Werte, denn Kinder lernen zuerst, wie man sich verhält und wie besser nicht.

Falls wir die Unterschiedlichkeit der Funktionen und Perspektiven, die wir im Blick haben, wenn wir von kulturell verkörperten Werten und Normen für die Regulierung menschlichen Verhaltens reden, abblenden wollen, dann können wir dazu übergehen, vereinheitlichend von *Gründen*, aus denen wir handeln, zu sprechen. Werte sind Gründe, die wir anführen als Antwort auf die Frage, warum wir etwas, das wir tatsächlich vorziehen, für vorzugswürdig halten; Normen sind Gründe, die wir anführen als Antwort auf die Frage, warum wir unsere Handlungsweise für die richtige halten. Die Übersetzung der Unterscheidung von Werten und Normen in die diskursiven Rollen, welche die Rechtfertigungsgründe in unserer Verständigung über unser Handeln spielen, hat zudem den Vorteil, dass sie jenen praktischen Geltungsanspruch gut ins Bild setzt, den man (jedenfalls in modernen Kulturen) als *durchgängigsten* praktischen Geltungsanspruch ansehen darf, nämlich den Anspruch so zu handeln, dass keine wichtigen Gründe gegen die Handlungsweise sprechen. So normiertes Handeln erscheint paradigmatisch als *vernünftiges* Handeln. Dass Handeln vernünftig sei, ist der basale praktische Geltungsanspruch in Kulturen, deren besonderer Geltungsdrang sich darauf bezieht, aufgeklärt und modern zu sein.

3. Die kulturelle Verkörperung des Geltungsanspruchs praktischer Vernunft

Wie ist ohne metaphysischen Ballast kulturalistisch zu denken, dass etwas gilt (z. B. eine Handlung als vernünftig, eine Norm als recht, ein Wert als wichtig, ein Grund als gut)? Auf der Linie der schon skizzierten (pragmatistischen) Kulturtheorie lässt sich der folgende Gedankengang durchführen.[96] Alles Gültige orientiert Transaktionen, die aufgrund der Gültigkeit des Gültigen gegen bestimmte Arten von Einwänden ein Stück weit immun sind. Das Gültige verleiht den Transaktionen, die sich unter seinem Schirm bewegen, eine bestimmte, relative Einwandfreiheit. Darin gleicht der Unterschied von Falschgeld und Geld dem Unterschied von schlechten und guten Gründen (wenn wir alle Disanalogie vernachlässigen, die sich daraus ergibt, dass mit Geld letztlich Bedarf, mit Gründen letztlich Ungewissheit aufgehoben wird). Wer mit bestimmten Arten von Gründen Einsprüche gegen die im Modus von Gültigkeit geschützten Transaktionen erheben will, braucht nicht ernstgenommen zu werden. Z. B. ist der Grund, dass mir nicht passt, was ein anderer vorbringt, kein Grund, aus dem das, was er vorbringt, falsch (oder wahr) sein könnte. Und dass ein bestimmtes Moralsystem so wunderbar einfach erscheint, ist kein Grund, es für moralisch richtig zu halten. Die Art von Gründen, mit denen wir rechtfertigen, dass wir Geltungsansprüche erheben, legt zugleich fest, wie sie angegriffen werden können, gleichsam die Fenster für Kritik. Das Gültige gibt einem das Recht, bestimmte Arten von Gegengründen, aus denen jemand eine vermeintlich passable Transaktion nicht passabel findet, nicht oder jedenfalls nicht so ernstzunehmen. Man *kann* sie mehr oder weniger diskontieren, während man wieder andere Arten von Gründen ernstnehmen *muss*.

Um in diese Skizze noch eine weitere grobe Unterscheidung einzuziehen: Nach Auffassungen, die man »prädiskursiv« nennen könnte, empfängt Gültiges – zumindest dann, wenn es sich um Wichtiges handelt – seine Gültigkeit von etwas Unumstößlichem; es bezieht sie von etwas, das dem Streit der Menschen entzogen sein soll – Rituale, kosmische Ordnungen, heilige Bücher etc. Diese prädiskursive Auffassung von Gültigkeit hat die Tendenz, Geltungsansprüche zu impertinenten Zumutungen zu machen. Im Namen des Gültigen wird nämlich

---

96 Für eine entwickelte Fassung des Gedankens s. Kettner (2002).

asymmetrische Macht ausgeübt. Die Quellen der Gültigkeit liegen stets jenseits aller Argumente.

In pragmatischer Auffassung können wir Gültigkeit von dieser Tendenz befreit denken. Das Gültige, das sind nun Geltungsansprüche, die auf dem Wege von radikalen Argumentationen (»Diskursen«) gerechtfertigt werden können.[97] Geltungsansprüche werden aus Gründen erhoben, die in diskursiven Kontexten als hierfür hinreichend gute Gründe ausgewiesen werden können. Wofür hinreichend gut? Hinreichend gut dafür, dass man erwarten darf, dass die praktischen Konsequenzen der Erhebung eines bestimmten Geltungsanspruchs von denjenigen, die sie betreffen, nicht als Impertinenz abgewehrt sondern als zumutbare Anforderungen aufgenommen werden. Der hier infrage stehende Sinn von »gut« verdankt sich hierbei der regulativen Idee, dass kein Diskursteilnehmer mehr Macht oder weniger Macht hat als ein anderer, um festzulegen, wie die soziale Konstruktion von Gültigkeit am Ende aussehen wird. Geltendes, das *unter solchen Bedingungen* in seine Geltungsposition gebracht worden ist oder dahin gebracht werden könnte, darf in diskurspragmatischem Sinne als »vernünftig« gelten. Die Qualifikation, dass etwas, das nun einmal da ist und gilt, »vernünftigerweise« gilt, drückt dann den Wert aus, den dieses Geltende insofern hat, als es ernstzunehmenden Einwänden von der Art, es sei durch Gewalt, Ungerechtigkeit oder Willkür in Geltung, so wenig wie möglich noch ausgesetzt ist.

Des Weiteren erlaubt die kulturalistische Diskurspragmatik, die missverständliche hegemoniale Rede von »der Vernunft« nach vier Weisen der Rationalitätszuschreibung und -beschreibung zu differenzieren. Auf einer ersten Beschreibungsebene – nennen wir sie »Intelligenz« – meinen wir mit Rationalität (1) *Anlagen* für gewisse (2) *Fähigkeiten* der kompetenten Ausübung intelligenter Aktivitäten, die die Mitglieder der Spezies Mensch normalerweise haben, die aber auch bei »höheren« nichtmenschlichen Tieren als Anlagen nachweisbar sind.

Auf einer zweiten Beschreibungsebene – nennen wir sie »Gründe geben und Beurteilen (logon didonai)« – bezieht sich die Rede von der Vernunft auf (3) *Urteilspraktiken*, die uns anhand von kulturell zur Geltung gebrachten Standards – ihrer allgemeinsten Form nach sind das »gute Gründe« – über die (Un)Vollkommenheit der Ausübungen von intelligenten Fähigkeiten im je bestimmten Fall Rationalitätsurteile zu bilden erlauben. Auf einer dritten Beschreibungsebene schließlich – wir können für sie auch den Ausdruck »Vernunft (logos)« reservieren – meinen wir eine (4) *Tendenz reflexiver Kontrolle* über die Etablierung, Spezialisierung und Verbesserung solcher Urteilspraktiken.

Erst auf der zweiten Betrachtungsebene erscheint unzweifelhaft etwas spezifisch Menschliches, Tieren Fehlendes, nämlich, dass die »intelligenten Fähigkeiten« (sensu 2) durch Herausbildung von kulturell repräsentierter Rationalität (sensu 3) *mittelbar* werden, vermittelt durch eine alle Praxisbereiche sozusagen transversal durchdringende Bewertungspraxis von Gründen als guten oder schlechten Gründen – Argumentation.

Bewertungen (sensu 3) fordern Bewertungs*gründe*. Diese organisieren sich zu bereichsimpliziten Rationalitätstheorien, Rationalitätskonzeptionen, Rationalitätsinterpretationen. Sie sind daher komplex. Und es entstehen viele, auch miteinander unvereinbare »Rationalitätsparadigmen«.

Doch darf die Pluralität von Rationalitätsparadigmen Folgendes nicht vergessen machen: Bewertungen (sensu 3) sind durch ihre Mittelbarkeit immer auch reflektiert, und zwar in dem Sinne, dass sie durch Fälle ihrer Anwendung hindurch und in Reaktion auf ihre Anwendung sich verändern können. Das Reflexive einer Bewertungspraxis (sensu 3) ermöglicht dann auch höherstufige Bewertungen, nämlich Bewertungen des Verhältnisses von intelligenter Fähigkeit und situierter Anwendung dieser Fähigkeit. Solche höherstufigen Bewertungen ihrerseits ermöglichen eine planvolle Tendenz (sensu 4) zur gezielten Rationalisierung (oder auch Ent-Rationalisierung) von Bereichen von Praktiken, letztlich sogar einer ganzen Lebensführung. Hierin (=4) liegt ein weiteres Spezifikum menschlicher Rationalität, die sich durch ihre Mittelbarkeit und Reflexivität vom Problemlösungslernen nichtmenschlicher Tiere drastisch unterscheidet.[98]

---

97 Der hier zugrundegelegte Diskursbegriff, der mit dem bei Foucault üblichen Diskursbegriff wenig gemein hat, wird von Habermas (1981) entwickelt.

98 Vgl. Tomasello u. a. (1993).

Vernünftig sein (gleich in welchem Praxis-bereich) besteht demnach in der reflexiv immer wieder thematisierbaren Beherrschung solcher Standards, deren Beachtung und Befolgung sich als die in dem Bereich am besten funktionierenden herausstellen, d. h. die erfahrungsgemäß zu akzep-tableren Ergebnissen führen (würden), als die An-wendung anderer Methoden und Standards im sel-ben Bereich.[99]

Die vorgeschlagene pragmatische Differenzie-rung der Vernunftkonzeption nach Anlage, Fähig-keit, Urteilspraxis und Tendenz bietet zudem Aus-sicht auf ein reichhaltiges Spektrum von Formen der Vernunftkritik. Um das wenigstens anzudeuten: Im Horizont von Feststellungen über Anlagen las-sen sich z. B. unnötige Einschränkungen von Ent-wicklungsbedingungen kritisieren. Im Horizont von Feststellungen über intelligente Fähigkeiten bieten Befunde über deren selektive Ausschöpfung, über Hypertrophie oder Distrophie kritische An-satzstellen. Im Horizont von Feststellungen über Urteilspraktiken sind Unterschreitungen von Mini-malkompetenzen interessant, selektive Ausschöp-fungen (Verarmung, Einseitigkeiten), das Versagen vor neuen Problemlagen, fehlerhafte Adaptation, und wiederum Hypertrophie- und Dystrophiebe-funde, sowie destruktive Dialektiken (z. B. zwischen »wertfreier« wissenschaftlicher und moralischer Ra-tionalität). Und schließlich fällt im Horizont von Feststellungen über Rationalisierungstendenzen be-sonderes Augenmerk auf Prozesse, die einen für uns wertvollen Eigensinn bestimmter Praxisbereiche verleiden oder verfehlen.

4. Welcher Kulturbegriff ist mit praktischen Geltungsansprüchen vereinbar?

In diesem Abschnitt wird metaanalytisch ein Kul-turbegriff bestimmt, der die Strukturiertheit auf-weist, die nötig ist, wenn eine kulturwissenschaftli-che Betrachtung von praktischen Geltungsansprü-chen sinnvoll sein soll. Alfred Kroeber und Clyde Kluckhohn haben Anfang der 50er Jahre des letzten Jahrhunderts in einer monumentalen Arbeit 164 im Zeitraum von 1870 bis 1950 verwendete Kultur-begriffe sorgfältig analysiert.[100] Neuere Metaana-lysen humanwissenschaftlicher Kulturbegriffe erge-

ben m. E. keinen wesentlichen Zuwachs an begriff-lichen Differenzierungen.[101] Auf dieser Basis lassen sich fünf Begriffsmerkmale einführen.

(1) *Normalisierungsarbeit.* Alles Kulturelle ver-braucht, im Unterschied zur von selbst laufenden Natur, habituell Arbeit und Aufmerksamkeit. Für die allgemeine Bedeutung dieses Befunds spricht, dass selbst so elementare Kulturleistungen wie der Erwerb bzw. die Weitergabe der Muttersprache nicht ohne Arbeitsaufwand verlaufen. Alle kulturell bestimmten Phänomene haben etwas von einer Er-rungenschaft, haben etwas Leistungs- oder wenigs-tens Gestaltungsmäßiges: Etwas wird in Ordnung gebracht oder gehalten. Wir können diesen Aspekt von Kulturellem als Normalisierungsarbeit fas-sen.[102]

In diesem Zusammenhang ist auch die Abgren-zung von kultureller Normalität zur Verrücktheit interessant, mit der Michel Foucault versucht hat, die kulturelle Kontrasterfahrung des Wahnsinns vorwissenschaftlich zu charakterisieren: Der Wahn-sinn ist die Abwesenheit jeglicher Arbeit.[103] Das »Material« der für Kultur charakteristischen Nor-malisierungsarbeit ist nichts anderes als das Gesamt unserer Praktiken. Dingfest (wenn man so will) wird Kulturelles ja nur in irgendwie etablierten Handlungsweisen, in Praktiken.[104]

---

99 Den Zusammenhang zwischen einer pragmatischen Auffas-sung von Rationalität und gutem Urteilsvermögen in kon-textspezifischen Urteilspraktiken hat Isaiah Berlin (1996) elegant so formuliert: »To be rational in any sphere, to display good judgment in it, is to apply those methods which have turned out to work best in it. What is rational in a scientist is therefore often utopian in a historian or a politician«. Allerdings ist Berlins Formulierung »[…] have turned out to work best […]« unnötig konservativ. Denn wer etwas Neues geltend macht, verbindet damit natürlich auch prospektiv die Zuversicht, dass es so besser gehen *wird* als es *bisher* gegangen ist.

100 Kroeber/Kluckhohn (1952).

101 Jung (1999).

102 Die differenzierteste Ausarbeitung dieses Charakteristikums findet sich bei Link (1998).

103 «Was also ist der Wahnsinn in seiner allgemeinsten, aber konkretesten Form für denjenigen, der von Anfang an jede Ingriffnahme des Wahnsinns durch die Wissenschaft ab-lehnt? Wahrscheinlich nichts anderes als *das Fehlen einer Arbeit.*« (Foucault 1969, S. 11).

104 Dieser Punkt hat Anwendung bis in die sogenannte Kultur-politik, vgl. Fuchs (1999).

Die Normalität von Kulturellem lässt sich allerdings gerade nicht so beschreiben wie ein Replikationseffekt durch eine starre Vorlage, von der nicht abgewichen werden kann. Sie beinhaltet vielmehr einen wirklichen Spielraum, eine Bandbreite der Bildung von unbefremdlichen Varianten. Normalitätsspielräume sind verschiebbar, können enger oder breiter ausfallen je nachdem, worum es geht und wie viel davon abhängt für den Fortgang wichtig genommener Praktiken. Das Neue entsteht im Kulturellen durch solche Verschiebungen, und ohne Paradoxie kann man sagen, dass das Neue nicht trotz sondern gerade *kraft* der Normalisierungsarbeit entsteht. Die Kreativität im Kulturellen wird durch die Normalisierungsarbeit ermöglicht, nicht verhindert.

Dieser Normalisierungsarbeit entspringt alle Selbstverständlichkeit, die Kulturelles hat und auch behält, solange die unauffällige Gewissheit, es mit dem Eigenen zu tun zu haben, nicht erschüttert wird durch die Erfahrung, dass für andere Menschen im Vergleich etwas ganz anderes ebenso selbstverständlich ist. Kurz gesagt: Um eine *kulturelle* Unterscheidung zu machen, muss man einen Unterschied *in Normalitätsspielräumen für* Verhaltensweisen machen, nicht einfach nur zwischen bestimmten Verhaltensweisen.[105]

(2) *Gemeinschaftsbezug.* Kultur wird dingfest in normalisierten Verhaltensweisen, in etablierten Praktiken. Auf die Fragen, für wen Verhaltensweisen normalisiert und wo sie etabliert werden, antwortet der zweite strukturelle Aspekt von Kultur, ihr »Gemeinschaftsbezug«. Kultur wird seit der frühbürgerlich-modernen Sozialphilosophie, seit

Hobbes und Pufendorf, begrifflich von einem *status naturalis* abgehoben. Der moderne Kulturbegriff bezieht Kultur primär auf Zustände eines *sozialen* Lebens, Zustände im Zusammenleben von *Gruppen*. Kulturelles ist gemeinschaftlich Geteiltes, steht gleichsam grammatisch in der Ersten Person Plural, ist auf das Selbstverständnis einer Gruppe bezogen. Sobald sich in einer Gruppe eine kulturell regulierte Praxis festsetzt, besteht in dieser Gruppe, zumindest mit Bezug auf die fragliche Praxis, ein mehr oder weniger explizites Wir-Bewusstsein über die richtigen oder aber falschen Züge der gemeinsamen Praxis. Der unmittelbare normative Gehalt solchen Wir-Bewusstseins lässt sich wohl mit dem folgenden Satz explizit machen: »Wir hier machen das *so!*«

Kulturtheoretisch wird dieser Punkt meist so ausgedrückt, dass gesagt wird, alles Kulturelle werde erlernt, nichts genetisch vererbt oder durch Reifung erweckt. Bleibt hinzuzufügen: Kulturelles wird *sozial* gelernt. Vom Einzelnen aus gesehen, hebt dieses Erlernen mit dem Sozialisationsprozess an, normalerweise zwischen einem erwachsenen Kulturrepräsentanten und einem Nachkömmling in kultureller Null-Lage. Kulturelles vermittelt sich durch Lernen von anderen und, in seiner wirksamsten Ausprägung (die möglicherweise auf unsere Spezies beschränkt ist), Lernen *durch* andere.

Der Gemeinschaftsbezug des Kulturellen wird in allen Kulturtheorien gesehen, aber nach verschiedenen Seiten hin entwickelt. So wird gegenwärtig z. B. in der kulturwissenschaftlichen Diskussion in Deutschland besonders das »kulturelle Gedächtnis« hervorgehoben. Zu den Vorbereitern dieser Richtung gehört die Tartu-Moskauer Schule der Semiotik (besonders Juri Lotman und Boris Uspenskij), die Kultur wesentlich als das genetisch nicht vererbte Gedächtnis einer sich durch gemeinsamen Zeichengebrauch definierenden Gemeinschaft begreifen wollte. Zeichengebrauch bzw. Kommunikation meint hierbei nicht nur die Wortsprachen, sondern überhaupt symbolischen Sinn in allen möglichen Medien der Sinnbildung. Tendenziell verabsolutiert wird der Gemeinschaftsbezug qua Kommunikationsgemeinschaft in der amerikanischen Kultursemiotik.[106] In ihrer Optik erscheint Kultur als Gesamt dessen, was wir zum Träger einer mitteilbaren Bedeutung gemacht haben oder machen könnten (z. B. Ernährungsgewohnheiten, Klei-

---

105 Dass z. B. im Unterschied zu Engländern die wenigsten Franzosen Toast mit gesalzener Butter mögen, ergibt einen *kulturellen* Unterschied erst dadurch, dass die wenigsten Franzosen es für normal unter Franzosen halten, dies zu mögen, die wenigsten Engländer aber für normal unter Engländern, dies nicht zu mögen. Gewiss, von gerade dieser Unterscheidung hängt für niemanden viel ab. Das Beispiel ist banal und soll nur etwas an der Struktur kultureller Unterschiede verdeutlichen. Aber ein Blick etwa auf die Dramatik der Wahrnehmung von Unterschieden in Normalitätsspielräumen für sexuelle oder religiöse Verhaltensweisen genügt, um die allgemeine Bedeutsamkeit dieser Struktur abzusehen.

106 Danesi/Perron (1999, bes. S. 55–65).

dermoden, Tätowierungen, Konsumartikel, Unterhaltungsprogramme, Textgenres).

(3) *Geschichtlichkeit.* Alles Kulturelle ist geschichtlich.[107] Das liegt zum einen daran, dass jedes hervorhebbare Kulturelement, z. B. Tischsitten, einen – im Prinzip jedenfalls kulturgeschichtlich verfolgbaren – Werdegang aus anderem dergleichen hat, das vorher schon bestand oder woanders schon bestand und übernommen, aufgedrungen, entlehnt, zusammengebastelt, modifiziert oder noch einmal erfunden wird.

Dass alles Kulturelle Geschichte *hat*, liegt zum andern daran, dass seine Vermittlung über soziales Lernen von Generation zu Generation durch Wesen erfolgt, deren Bewusstsein geschichtlich *ist*. So hat Kulturelles nicht nur einen Werdegang, der ja auch an einem Endpunkt einfrieren könnte, sondern ist fortgesetzter historischer Wandel.[108] Dieser Wandel kann sich auch gewissermaßen ein Bild von sich selbst in Vergangenheit und Zukunft machen und dadurch auf seinen eigenen Werdegang einwirken. Solcher Wandel ist offen, aber nicht völlig beliebig, denn an jedem Punkt ist er durch den Werdegang bis hin zu diesem Punkt eingeschränkt.

Durch Abstammung eingeschränkter Wandel kennzeichnet freilich auch die Darwinsche Evolution. Aber wir sollten m. E. die kulturelle Geschichtlichkeit nicht mit der natürlichen Evolution gleichsetzen. Denn während die lokale Anpassung durch Selektion unter Varianten indirekt vorangeht, nämlich warten muss, bis zufällig lokale Unterschiede auftreten, ermöglicht der kulturelle Lernmechanismus, dass Varianten überall aufgesucht, ausprobiert, in bevorzugten Richtungen gesteigert, als Wissen direkt an die nächste Generation weitergegeben und dadurch angesammelt werden können. Anders als die natürliche Evolution, *kann* kultureller Wandel Fortschritt aufweisen, im Sinne einer gerichtet wachsenden Komplexität.[109] Dass solche Richtungen allerdings weit auseinanderlaufen können, ist die von Franz Boas über Claude Lévi-Strauss bis heute in der Kulturanthropologie immer stärker vertretene Auffassung.[110] Eine Kulturtheorie, die auf der Höhe der einschlägigen empirischen Diskussion ist, sollte sich daher von monoteleologischen Denkmustern, dem fatalen Erbe der klassischen Geschichtsphilosophie, verabschiedet haben.

(4) *Integrationstendenz.* Durch Normalisierungsarbeit, Gemeinschaftsbezug und Geschichtlichkeit in Praktiken angesammelte kulturelle Komplexität tritt gewöhnlich in zusammenhängend organisierten Mustern in Erscheinung. Das bezeichnet den vierten Aspekt eines die praktischen Geltungsansprüche einbegreifenden Kulturbegriffs. Man darf ihn wohl kurzerhand die »Integrationstendenz« kultureller Praktiken nennen. Stets sind viele und vielfältige Praktiken im Spiel, und stets kombinieren und komponieren sich Praktiken, die mehr oder weniger zusammenpassen, zu Mustern. Praktiken passen sich zum einen an die situativen Gegebenheiten an, in denen sie für die Menschen, die in und mit diesen Praktiken ihre vielfältigen und oft auch konfligierenden Zwecke verfolgen, ihren guten Sinn machen. Zum andern modifizieren sich Praktiken im konkreten Vollzug auch wechselseitig.

Sie stimmen sich aufeinander ab, schließen in Verbänden aneinander an, verdichten sich womöglich sogar zu Sozialsystemen mit einer erkennbar funktionalen Spezialisierung. Man denke etwa an die unzähligen Praktiken, die zusammengenommen ein abgrenzbares großes kulturelles Teilgebilde wie das deutsche Universitätswesen ausmachen. Bekanntlich hat man in den besten Zeiten kulturrelativistischer Ethnologie sogar versucht, »ganze Kulturen« als Totalitäten, die durch je eigene Muster kultureller Integration bestimmt sind, darzustellen – seit Johann Gottfried Herders geschichtsphilosophischem Vorspiel eine scheinbar attraktive Denkmöglichkeit, die aber noch stets daran gescheitert ist, dass die aus kulturellen Prozessen hervorgehenden Produkte (symbolische Formen) an sich keine nonarbiträren Grenzen ihrer Verbreitbarkeit und Vermischbarkeit aufweisen.[111] Kulturen zu konzeptualisieren, als wären ihre Werte und Normen insulär und isoliert, ist künstlich. Die Integrationstendenz in kulturellen Produkten, auch wo sie stark hervortritt, tilgt nie völlig deren Hybridität: Sie bleiben vermischungsfreudig.[112]

---

107 Zum Zusammenhang von Kultur und Geschichte siehe auch die Beiträge von Rüsen und Angehrn in diesem Band.

108 Antweiler (1988).

109 Gould (1999, S. 272).

110 Schoeck/Wiggins (1961).

111 Hannerz (1992).

112 Ackermann (1999).

In der an Dewey, von fern auch an Hegel anschließenden Linie des philosophischen Pragmatismus ist die Phänomenologie der kulturellen Integrationstendenz, die menschliche Praxis auf allen Ebenen durchzieht, sehr realistisch und mit großer begrifflicher Schärfe analysiert worden.[113]

(5) *Schwache Normativität.* Abschließend sei in den Kulturbegriff ein Aspekt eingetragen, der sinnfällig als »schwache Normativität« bezeichnet werden kann. Schwache Normativität zeigt sich in dem uns im Alltag völlig vertrauten, aber theoretisch nicht trivialen Phänomen, dass Menschen normalerweise voneinander erwarten, irgendwelche Gründe für ihre Erleben und Verhalten angeben zu können. Wohlgemerkt: irgendwelche. Der kulturtheoretisch springende Punkt ist nicht die Tiefe, Rationalität oder Stimmigkeit der spontan verfügbaren Gründe, sondern dass kulturelle Praktiken uns überhaupt, indem wir uns in ihnen zu bewegen lernen, immer auch mit Handlungsgründen, mit Erklärungs- und Rechtfertigungsgründen versorgen. Unsere spontan verfügbaren Handlungsgründe können wir dann auch sprachlich artikulieren und dadurch die jeweilige subjektive Handlungsorientierung zu etwas Öffentlichem machen, das von uns selbst so wie von anderen sinngemäß nachvollzogen, Vergleichen unterzogen, in Praktiken der Urteilsbildung eingefangen und in bewusstem Denken reflektiert und dadurch auch in seinem Geltungsanspruch modifiziert werden kann.

Kulturelle Normalisierungsarbeit (s. o.) schafft »Normalitätsspielräume für Verhaltensweisen«, schafft in sozialen Gruppen gängige Praktiken. Hinzuzufügen ist jetzt: Die gängigen Praktiken sind immer auch schon durch Gründe ausgelegt, die für die Mitglieder erhellen und wenn nötig auch rechtfertigen können, warum man sich *besser nicht anders* verhält; warum das, was (unter »uns«) normal und in Ordnung ist, so und nicht anders *sein soll.*

Auf eine knappe Formel gebracht: In der kulturellen Ordnung ist die Normalität selber etwas Normatives. Gemeint ist hiermit keine »Normativität des Faktischen«, ein Unding. Gedacht ist viel-

mehr an die grundlegende »Normativität des Normalen« bzw. dessen, was unter *cultural peers* als Normalität gilt. In einem bedeutenden, leider wenig gelesenen Klassiker der soziologisch-ethnologischen Theorie kultureller Relativität zeigt William Sumner an vielfältigem Material, dass die Gepflogenheiten (*»folkways«*), aus denen sich kulturelle Normalität durch Gewohnheitsbildung in weniger reflektierten (»Gebräuche«, *usages*) oder mehr reflektierten (»Sitten«, *mores*) Formen aufbaut, folgende Verallgemeinerungen zulassen. Sie sind in einfacher Unmittelbarkeit all das, was als wichtig, richtig und wahr erscheint: »The folkways are the ›right‹ ways to satisfy all interests, because they are traditional, and exist in fact. […] The ›right‹ way is the way which the ancestors used and which has been handed down. The tradition is its own warrant. It is not held subject to verification by experience. The notion of right is in the folkways. It is not outside of them, of independent origin, and brought to them to test them. In the folkways, whatever is, is right.« »When the elements of truth and right are developed into doctrines of welfare, the folkways are raised to another plane. They then become capable of producing inferences, developing into new forms, and extending their constructive influence over men and society. Then we call them the mores«.[114] Als Sitten geraten die Gepflogenheiten mehr und mehr unter rationale, existenziale und pragmatische Nötigungen: Anforderungen der *Konsistenz* der sie rationalisierenden Gründe, Anforderungen der *Anpassung* an verschiedenartigste Erfahrungssituationen, Anpassungen der *Kohärenz* vieler und verschiedenartiger Gepflogenheiten bzw. Sitten unter- und miteinander. Dabei tritt in den so dynamisierten Sitten eine Richtungstendenz, eine Grundrationalität der Üblichkeiten zutage: »Everything in the mores of a time and place must be regarded as justified with regard to that time and place. ›Good‹ mores are those which are well adapted to the situation. ›Bad‹ mores are those which are not so adapted. The mores are not so stereotyped and changeless as might appear, because they are forever moving towards more complete adaptation to conditions and interests, and also towards more complete adjustment to each other. People in mass have never made or kept up a custom in order to hurt

---

113 Siehe bes. Will (1997).
114 Sumner (1940, § 31 f., S. 41 f.).

their own interests. They have made innumerable errors as to what their interests were and how to satisfy them, but they have always aimed to serve their interests as well as they could.«[115]

5. Geltungsanspruchsrelevante Einsätze kultureller Relativität

Gründe sind Kulturleistungen par excellence. Denn in dem Maße, wie ein Kind in der Praxis lernt, was jeweils unter welchen Umständen »normal«, d. h. angebracht ist, lernt es auch die Gründe, die diese Normalität zu Normativität machen. In den Gründen selber konzentriert sich Kultur als Normalisierungskraft. Aber dadurch, dass diese Normalisierungskraft in die Form von Gründen eintritt, entsteht innerhalb der kulturell sich vollziehenden Synthesen (d. h. der kontextuellen Anpassungs- und Abstimmungsleistungen) noch einmal ein Spiel für Synthesen, in dem etwaige Unterschiede womöglich auch Unterschiede für die primären Synthesen machen. Es entsteht – mit dem Spielraum von Gründen – etwas, das man ein sekundäres Synthesesystem nennen könnte. In diesem über Gründe und ihre »rationale« Bewertung laufenden Synthesesystem wird die Kohärenz aller kulturell ausgebildeten praktischen Geltungsansprüche immer wieder infrage gestellt und labilisiert, und dadurch unablässig zu Innovationen angeregt.

Der eingeführte Begriff eines kulturellen, mit und an kulturellen Unterschieden arbeitenden Prozesses lässt uns besser verstehen, welchen Beschränkungen Urteilspraktiken von Kultur zu Kultur durch kulturspezifische Formen geltungsanspruchsrelevanter Relativität unterliegen können. Hervorzuheben sind die folgenden Beschränkungen:

(1) Normalisierungsarbeit und Gemeinschaftsbezug können bestimmte Selbstidentifizierungen herstellen, die die Aufnahme diskursiver Gemeinschaft nur mit *cultural peers* wahrscheinlich und sie mit Fremden unwahrscheinlich macht. Die Ethnologie kennt hierfür viele Belege aus vormodernen Gesellschaften, meist erklären sie sich durch ein moralisch aufgeladenes ethnozentrisches Wir-Bewusstsein. Kulturwissenschaftliche Diagnosen über die durch Globalisierung heute bereits deutlich geprägten Teile der Weltgesellschaft schwanken: Zum einen nähren sie die Vermutung, dass die ausgrenzende Kraft eigenkultureller Identitäten im Schwinden begriffen ist; zum andern erscheint genau das Gegenteil plausibel.

(2) Zudem werden womöglich Selbstidentifizierungen kultiviert, die die vorhandenen diskursiven Praktiken thematisch fesseln. Anschauungsmaterial liefern alle Buchreligionen: Die Überlieferung der jeweiligen religiösen Dogmatik darf nicht ohne weiteres in die laufenden diskursiven Praktiken hineingezogen werden.

(3) Die Geschichtlichkeit kultureller Prozesse lässt zu, dass sich kulturelle Normalvarianten im Laufe der Zeit sehr drastisch auseinander entwickeln. Kulturentwicklung in der Weltgesellschaft ist nicht nur keine Einbahnstraße, sie ist überhaupt keine Straße, keine Bahn.

(4) Die Integrationstendenz im Kulturellen, wenn auch oft organizistisch überschätzt, kann Handlungs- und Bewertungsgründe (Geltungsstandards) komplex machen. »Die guten Gründe« für praktische Urteile in einem bestimmten kulturellen (d. h. durch angebbare Kulturunterschiede abgrenzbaren) praktischen Kontext sind dann nur scheinbar (d. h. nur bei oberflächlicher Betrachtung) dieselben guten Gründe auch in einem anderen kulturellen praktischen Kontext.

Angenommen zum Beispiel, im Zuge westlicher Entwicklungshilfe wird ein afrikanischer Dorfbrunnen modernisiert, weil er nachweislich das Risiko für die Verbreitung häufiger Infektionskrankheiten vergrößert. Gute Gründe der Hygiene und Seuchenprophylaxe sprechen klarerweise für die Einrichtung von Wasserleitungen. Die neue Technologie würde aber nicht angenommen. Tiefere Betrachtung der Handlungsgründe, die im Spiel sind, ergeben ein komplexes Bild. Gesundheitsbezogene Gründe (Hygiene, Seuchenprophylaxe) gehören zwar auch zum lokalen Set relevanter Gründe. Sie haben dort aber einen anderen Stellenwert als »bei uns«, denn der lokale problemrelevante Set enthält darüber hinaus viele weitere Gründe, die er »bei uns« nicht (oder nicht mehr) enthält, z. B. Gründe aus wichtigen kommunikativen Interessen, die mit den in der Nutzung der Brunnentechnologie ver-

---

115 Ebd. (§ 65, S. 65 f.).

wobenen Praktiken mitbefriedigt werden, während die Wasserleitungen diese Bedürfnisse unbefriedigt lassen würden.

6. Die Kulturrelativität guter Gründe

Wie – und wieweit – lassen sich solche Einsätze geltungsanspruchsrelevanter kultureller Relativität aufheben, überbrücken, kompensieren? Antworten auf diese Fragen werden mit den jeweils leitenden Zwecken variieren. Wenn im wesentlichen nur die Vertiefung des Verstehens bezweckt wird, also hermeneutisch immer bessere »good reason essays«,[116] dann sicher sehr weit. Kulturell lokalisierte Bewerter können quasi unbegrenzt (d.h. nur begrenzt durch den verfügbaren hermeneutischen Aufwand) nachvollziehen, wie andere kulturell lokalisierte rationale Bewerter Gründe an anderen mehr oder weniger guten Gründen bewerten, d.h. argumentieren. Solchem Nachvollzug ist keine *prinzipielle* Grenze gesetzt außer der, dass es vor Ort eben irgendwelche Argumentationspraktiken geben muss. Alle anderen Einschränkungen – vor allem: ob ein Interesse an der betreffenden Art von Überzeugungen lokal vorhanden ist – sind aus Unterschieden in Lern- und natürlich auch Verlernprozessen zu erklären, die womöglich de facto nur schwer, aber nicht prinzipiell nicht zu überbrücken oder zu verändern sind.

Aber – und dieses »aber« wiegt schwer – die Nachvollziehbarkeit der rationalen Bewertung eines Grundes macht diesen nicht immer auch schon anerkennungswürdig. Ob ich einen Grund auch wirklich anerkenne (d.h. selber übernehme und die Übernahme auch bei allen anderen ceteris paribus erwarte), den ich im verstehenden Nachvollzug als einen guten Grund beurteile bei jemandem, der das Problem P hat, hängt davon ab, ob ich *wirklich dasselbe* Problem P habe oder haben würde in einer seiner Situation entsprechenden Lage.

Um ein Fazit zu ziehen: Vorausgesetzt, dass Argumentieren zugelassen wird, so sind rationale Bewertungen von Rechtfertigungsgründen, d.h. von praktischen Geltungsansprüchen, gerade weil sie

relativ zu einer diskursiven Welt sind, transkulturell sehr weit *nachvollziehbar.* Denn diskursives Argumentieren ist zwar kulturrelativ, nämlich von der Existenz von bestimmten Praktiken des Gründegebens, des Sichrechtfertigens und Kritisierens abhängig; diskursives Argumentieren ist aber nicht kulturrelativistisch, sondern ein leistungsfähiges Medium transkultureller Horizontverschmelzung. Die *Übernahme* guter Gründe – die eigene Anerkennung von Gründen, deren Bewertung als gut durch jemanden man durchaus nachvollziehen kann – ist aber nicht nur relativ zu einer diskursiven Welt, die man sozusagen gemeinsam bewohnt, sondern zudem auch noch relativ zum Teilen derselben Problematisierung – der Weise, wie etwas zu einem bestimmten Problem wird. Und wem sich welche Probleme wirklich wie stellen, dies variiert mehr oder weniger deutlich mit kulturellen Kontexten.

Wer einen guten Grund übernimmt, übernimmt auch, ihm im eigenen Handeln zu folgen bzw. sich daran messen zu lassen, ob das so ist. Die Übernahme eines Grundes *konkretisiert* die im erfolgreichen Nachvollzug zunächst noch abstrakt gebliebene Bewertung des Grundes. In der Übernahme stellt sich erst heraus, ob und gegebenenfalls was vor Ort, praktisch im Handeln, womöglich doch *gegen* die nachvollzogene Bewertung spricht, aber im abstrakten Nachvollzug der Bewertung weggedacht war oder noch nicht richtig gesehen oder eingeschätzt werden konnte. Anders als beim bloß virtuellen Nachvollzug guter Gründe, ist bezüglich der Übernahme nachvollziehbar guter Gründe weit stärker mit solchen kulturellen Differenzen zu rechnen, die via Verständigung (interkulturell hermeneutisch) allein *nicht* kompensierbar sind. Das belegen vielfältige Erfahrungen in Fällen, wo über merkliche kulturelle Unterschiede hinweg zwar ein abstraktes Einverständnis (Konsens) erzielt werden kann, z.B. über »Prinzipien« (d.h. Bewertungs- oder Rechtfertigungsgründe sehr allgemeiner Art), das aber vor Ort, im praktischen Handeln, sich in Unsicherheit auflöst oder in Dissense zerbricht, die dann anders gemanagt werden müssen.

Was ist mit einer »diskursiven Welt« gemeint, von der die Möglichkeit des Nachvollzugs von Bewertungen von Gründen durch Argumentation unmittelbar abhängt? Eine »diskursive Welt« ist einfach eine Welt, in der es Personen sowie solche

---

116 Apel (1994).

Problematisierungs- und Rechtfertigungspraktiken gibt, von denen wir sagen würden, dass sie so sind wie diejenigen Problematisierungs- und Rechtfertigungspraktiken, die in der aktuellen Welt, in der unsere Argumentationskultur hier und heute eine Struktur darstellt, zu der keine vernünftige Alternative behauptet werden kann. Dass es unter sozialisierten Menschen normalerweise (d. h. vor-

behaltlich spezieller und außergewöhnlicher Bedingungen) Argumentationspraktiken gibt, egal in welchem kulturellen Umfeld diese Menschen sozialisiert worden sind und leben, darf man getrost annehmen. Die Existenz diskursiver Praktiken überhaupt ist, wie kulturvergleichende Empirie zeigt, nicht weniger weit verbreitet als die Existenz natürlicher Sprachen.

Literatur

ACKERMANN, ANDREAS (1999), »Globalität, Hybridität, Multikulturalität – Homogenisierung der Kultur oder Globalisierung der Differenz?«, in: *Jahrbuch 1998/99 des Kulturwissenschaftlichen Instituts*, hg. von Rüsen, Jörn, Essen, S. 50–82. ■ ANTWEILER, CHRISTOPH (1988), *Kulturrevolution als transgenerationaler Kulturwandel: Probleme des neueren Evolutionismus und Lösungsansätze dargestellt unter besonderer Berücksichtigung der Anglo-Amerikanischen Diskussion um sogenannte kulturelle Selektion*, Berlin: Reimer. ■ APEL, KARL-OTTO (1994), »Die hermeneutische Dimension von Sozialwissenschaft und ihre normative Grundlage«, in: Kettner, Matthias / Apel, Karl-Otto (Hg.), *Mythos Wertfreiheit? Neue Beiträge zur Objektivität in den Human- und Kulturwissenschaften*, Frankfurt/M.: Campus, S. 17–48. ■ BAECKER, DIRK (2001²), *Wozu Kultur?*, Berlin: Kadmos. ■ BERLIN, ISAIAH (1996), »On political judgment«, in: *The New York Review of Books*, 3. Oktober, S. 26–30. ■ DANESI, MARCEL / PERRON, PAUL (1999), *Analyzing Cultures. An Introduction and Handbook*, Bloomington: Indiana University Press. ■ FOUCAULT, MICHEL (1969), *Wahnsinn und Gesellschaft*, Frankfurt/M.: Suhrkamp. ■ FUCHS, MAX (1999), *Mensch und Kultur: zu den anthropologischen Grundlagen von Kulturarbeit und Kulturpolitik*, Opladen: Westdeutscher Verlag. ■ GIBBARD, ALLAN (1990), *Wise Choices, Apt Feelings. A Theory of Normative Judgment*, Oxford: Clarendon Press. ■ GOULD, STEPHEN (1999), *Illusion Fortschritt. Die vielfältigen Wege der Evolution*, Frankfurt/M.: Fischer. ■ HABERMAS, JÜRGEN (1981), *Theorie des kommunikativen Handelns*, 2 Bde., Frankfurt/M.: Suhrkamp. ■ HANNERZ, URS (1992), *Cultural Complexity: Studies in the Social Organization of Meaning*, New York: Columbia University Press. ■ HUNTINGTON, SAMUEL P. (1996), *Kampf der Kulturen. Die Neugestaltung der Weltpolitik im 21. Jahrhundert*, München: Europaverlag. ■ JOAS, HANS (1996), *Die Entstehung der Werte*, Frankfurt/M.: Suhrkamp. ■ JUNG, THOMAS (1999), *Geschich-*

te der modernen Kulturtheorie, Darmstadt: Wissenschaftliche Buchgesellschaft. ■ KANG, SUNG YONG (2000), »Die problematische Suche nach Menschenrechten im Buddhismus«, in: Orsi, Giuseppe u. a. (Hg.), *Recht und Kulturen, Rechtsphilosophische Hefte IX*, Frankfurt/M.: Peter Lang, S. 43–58. ■ KETTNER, MATTHIAS (2002), »Pragmatismus als Alternative zur postmodernen Kritik der Vernunft«, in: Jaeger, Friedrich (Hg.), *Kulturwissenschaftliche Perspektiven in der Nordamerika-Forschung*, Tübingen: Stauffenburg, S. 239–253. ■ KROEBER, ALFRED LUIS / KLUCKHOHN, CLYDE (1967 [1952]), *Culture. A Critical Review of Concepts and Definitions*, New York: Vintage Books. ■ LINK, JÜRGEN (1998²), *Versuch über den Normalismus. Wie Normalität produziert wird*, Opladen: Westdeutscher Verlag. ■ MARSCHALL, WOLFGANG (Hg.) (1990), *Klassiker der Kulturanthropologie: von Montaigne bis Margaret Mead*, München: C. H. Beck. ■ PERPEET, WILHELM (1984), »Zur Wortbedeutung von Kultur«, in: Brackert, Helmut / Wefelmeyer, Fritz (Hg.), *Naturplan und Verfallskritik: Zu Begriff und Geschichte der Kultur*, Frankfurt/M.: Suhrkamp, S. 21–28. ■ REGIERUNG VON SINGAPUR (1991), *Shared Values*, Singapur: Verordnung Nr. 1 vom 2. 1. 1991. ■ SCHOECK, HELMUT / WIGGINS, JAMES W. (Hg.) (1961), *Relativism and the Study of Man*, Princeton: University Press. ■ SHWEDER, RICHARD A. (2000), »Kulturelle Landkarten, ›Erste-Welt‹-Überheblichkeit und die Neuen Evangelisten«, in: Harrison, Lawrence E. / Huntington, Samuel P. (Hg.), *Streit um Werte*, Hamburg: Europa-Verlag, S. 207–233. ■ SUMNER, WILLIAM GRAHAM (1940 [1906]), *Folkways*, New York: Ginn and Company. ■ TOMASELLO, MICHAEL u. a. (1993), »Cultural learning«, in: *Behavioral and Brain Sciences*, 16, S. 495–552. ■ WILL, FREDERICK L. (1988), *Beyond Deduction. Ampliative Aspects of Philosophical Reflection*, New York/London: Routledge. ■ WILL, FREDERICK L. (1997), *Pragmatism and Realism*. Lanham: Rowman & Littlefield.

4.3 Wissen und Explikation – Zum kognitiven Geltungsanspruch der »Kulturen«

Joachim Renn

Was sind »kognitive Geltungsansprüche« der Kulturen? Man könnte mutmaßen, es gehe bei einer solche Frage entweder um die je kontextspezifische, kulturelle Bedingtheit von Behauptungen über die (objektive) Welt, oder aber um den Anspruch von Kulturen – etwa im Vergleich zu anderen Kulturen – »wahr zu sein«, über die Welt die Wahrheit zu sagen. Die erste Frage verweist auf die verbreitete kontextualistische Kritik an universalistischen Wissenschafts- und Geltungsbegriffen,[1] die zweite Frage stellt sich ungleich sperriger dar, insofern erstens ein Ausdruck wie »die Wahrheit einer Kultur« wie jeder Genitiv doppeldeutig ist und zweitens *eine* der möglichen Bedeutungen, die Vorstellung »dass eine Kultur wahr sei«, merkwürdig klingt. Man kann diese Formulierung modifizieren und nicht die Kultur, sondern das ihr eigene Wissen, ihre Prinzipien oder »Werte« als möglicherweise wahr betrachten. In der Perspektive der modernen Unterscheidung von Geltungsdimensionen – parallel etwa zu »Wertsphären«[2] – fällt dann aber gleich auf, dass hier nur kulturelles Wissen in einer besonderen Dimension, die sich von Fragen der ästhetischen und normativ-praktischen Rationalität unterscheidet, in Frage

kommt. Dem modernen Sinn von Wahrheit oder kognitiver Geltung ist im Rahmen dieser Unterscheidung jedoch ein Bezug zur Universalität der Geltung, also eine notorische Neutralität gegenüber kulturellen Differenzen eingeschrieben. Ex post erscheint die Verknüpfung von speziell kulturellem Wissen und »Wahrheit« dem Glauben und der religiösen Offenbarung zuzugehören. Entweder das Wissen ist ein wissenschaftliches, wenigstens in seinem Anspruch durch diese beglaubigt, oder mit Wahrheit ist etwas gemeint, das sich von den Geltungsansprüchen rationaler wissenschaftlicher Geltung unterscheidet.

Das aber muss nicht nur den Rekurs auf eine »höhere« Wahrheit ins Spiel bringen, auf die Wahrheit der Dichtung, der Geschichte oder der nicht positiven Vernunft im Unterschied zur »bloßen« Wirklichkeit.[3] Es kann die Frage nach der »Wahrheit« der Kulturen auf die Spur der zweiten Bedeutung des Genitivs der ›Wahrheit der Kulturen‹ bringen. Es geht dann darum, was kulturspezifisch mit »Wahrheit« gemeint ist, also welcher Sinn von Geltung mit einem spezifisch kognitiven Anspruch in Abhängigkeit vom Modus und von der Spezifik kultureller Horizonte verbunden wird und war. Damit ist man gewissermaßen zur Frage nach der Kultur- oder Kontextabhängigkeit der Geltung von Behauptungen zurückgekehrt (erste Bedeutung der Frage), nun aber nicht allein in einem systematisch epistemologischen oder begrifflichen Sinne; sondern man fragt in einer *soziologischen* und *historischen* Perspektive nach der Genese kulturbedingter Interpretationen des kognitiven Geltungs*sinnes*.[4]

Spezifisch kognitive oder Wahrheits-Ansprüche – im Unterschied zu praktischen, ästhetischen oder wie immer unterschiedenen Aspirationen auf Geltung – stellen Kulturen oder Einzelne, die in ihrem Namen oder auf ihrem Boden sprechen, erst dann, wenn die Unterscheidung von Geltungsdimensionen als sozial befestigtes Resultat einer Reflexion schon vollzogen und etabliert ist. Eben diese Reflexion und ihre Unterscheidungsfolgen haben dann

---

1 Beispielhaft: Rorty (1988, S. 16): »[…] Der Pragmatist meint, über die Wahrheit gebe es nichts weiter zu sagen, als dass jeder von uns diejenigen Überzeugungen als wahre empfehlen wird, an die zu glauben er für gut befindet.« Des weiteren empfiehlt Rorty bekanntlich, auf eine positive Ausdeutung der Wahrheitsgeltung und auf ihren Universalismus zugunsten der Solidarität mit möglichen Gesprächsteilnehmern zu verzichten. Immerhin legt Rorty sich hier darauf fest, dass »Überzeugungen« Wahrheitsträger sind; auch das ist nicht selbstevident.

2 So bei Weber (1963, Bd. 1, S. 542); vgl. auch Habermas (1981, Bd. 1, S. 225 ff.).

3 Hegel (1952, S. 175 ff.).

4 Die sozio-historische Untersuchung tritt dabei nicht an die Stelle systematischer Überlegungen und kann die wahrheitstheoretische Begriffsexplikation nicht unterlaufen, sie muss sich darum gegen Ende selbst befragen, was hier unter dem Titel der Explikation der Explikation wenigstens andeutungsweise geschieht.

aber aus Kulturen bereits etwas Spezifisches gemacht, das sich als eine explizite »Kultur« in Entgegensetzung zu anderen »Kulturen« kennt, benennt und zu behaupten sucht.

Die reflexive Unterscheidung von Geltungsdimensionen, so wie bereits die reflexive Thematisierung und Rechtfertigung kulturspezifischen oder kulturimmanenten Wissens als prüfungsbedürftige Materie, setzt einen Wechsel des Modus von Hintergrundwissen und der konstitutiven Horizonte der Erfahrung voraus, eine Explikation impliziter Gewissheit und gewisser Überzeugungen. Sie bedeutet zugleich den Wechsel von der stillschweigend und notwendig als zweifelsfreie Basis in Gebrauch genommenen Grammatik »kultureller Lebensformen« zur expliziten Interpretation ›rationalisierter‹ Lebenswelten und Traditionen. Kurz gesagt: der (soziale) Übergang von selbstverständlicher Gewissheit zu rationaler Geltung ist zugleich der Übergang von kulturellen Lebensformen zu expliziten Kulturen. Wenn dieser Übergang nur die ausdrückliche Repräsentation von vormals »an sich« wirksamen Unterschieden darstellt, dann korrespondiert das Ergebnis der Reflexion mit dem Reflektierten im Sinne einer objektiven Artikulation dessen, was zuvor bereits, aber nur implizit, der Fall war. Die Explikation kulturellen Wissens und des Sinnes seiner Geltung macht dann nur zum Thema, was vordem unthematisch den Vollzug sozialer Praxis regulierte. In der Reflexion holt sich die Kultur und holt sich die Gewissheit als reflektierte Wahrheit selbst ein. In diesem Sinne wäre der Unterschied zwischen explizitem und implizitem Wissen trivial.

Dagegen spricht allerdings schon die einfache Beobachtung, dass die Geschichte der Reflexion des Geltungs*sinnes* kultureller Gewissheiten unterschiedliche, konkurrierende und widerstreitende Explikationen des Sinnes von Wahrheit, der spezifischen Bedeutung kognitiver Geltungsansprüche und der Form, in der eine Antwort auf die Frage nach dem Sinn der Geltung gegeben werden müsste, hervorgebracht hat. Nicht nur hat sich im Zuge der Explikation kultureller Horizonte die Gewissheit u. a. zur Wahrheit modifiziert, sondern Wahrheitsansprüche werden in weiterer Reflexion durch Wahrheitstheorien expliziert, die allerdings im Plural auftreten. Begründet liegt diese Bandbreite alternativer Explikationen (u. a.) in der Kontingenz

und Pluralität möglicher Explikationen einer kulturellen Lebensform. Und diese ist ihrerseits darauf zurückzuführen, dass der kognitive und der soziostrukturelle Übergang von der Gewissheit impliziten kulturellen Hintergrundwissens zur expliziten Geltung reflektierten kulturellen Wissen eine selektive, kontingente Übersetzung bedeutet. Kognitive Ansprüche, die in Form impliziter kultureller Gewissheiten Praktiken bestimmen, »sind« nicht einfach unartikulierte Ansprüche auf Korrespondenz, Kohärenz, Konsens etc. zwischen Überzeugungen oder Sätzen bzw. ihren Gegenständen. Die Pluralität wahrheitstheoretischer Explikationen des (qua Explikation als Unterscheidung: *kognitiven*) Geltungssinnes bedeutet dabei keineswegs, dass *jede* Explikation kultureller Gewissheit möglich ist, weil sie alle ihren ›Gegenstand‹ verfehlen; es bedeutet nur, dass eine Vielzahl möglicher und mehr oder weniger berechtigter Beschreibungen und Explikate gleichzeitig möglich ist, die dabei weniger die Form der Gewissheit, sondern eher die ausdifferenzierten sozialen Verwendungsformen des Wahrheitsanspruches repräsentieren. Und diese Formen sind wiederum auf dem Weg der Explikation und der Differenzierung von explizierenden und explizierten Praktiken dem Modus der kulturellen Gewissheit entwachsen.

1. Implizites Wissen und kulturelle Lebensform

Mit diesen einleitenden Bemerkungen ist eine Verwendung des Kulturbegriffes nahegelegt, die mindestens (bzw. zunächst) zwischen zwei grundsätzlichen Modi einer Kultur unterscheidet: zwischen dem Modus der Einheit des impliziten Wissens einer kulturellen Lebensform und dem Modus einer expliziten bzw. mit Rücksicht auf den Übergang aus der erstgenannten Form: einer explizierten Kultur.

Kulturelles Wissen kann zunächst also verstanden werden als das implizite, vornehmlich praktische Wissen, das den konstitutiven Hintergrund für explizite kommunikative Akte, Erfahrungen, Urteile und Handlungen bildet. In diesem Falle *besteht* die Kultur aus einem impliziten, quasi-apriorischen Vorwissen, das nicht selbst Gegenstand und Thema von Erfahrungen und Thematisierungen ist, sondern das als holistische Gesamtheit der Bedingungen der Möglichkeit von Erfahrung und Thematisierung fungiert. In diesem Sinne ist die phänomenologische Metapher der »Lebenswelt« als Einheit aus Horizont und Boden für Erfahrung und Urteil[5] von Alfred Schütz[6] und dann von Habermas[7] zur Beschreibung dieses Hintergrundwissens und seiner Bedeutung für das soziale Handeln und die Kommunikation herangezogen worden. Wenn die Analyse dabei nicht in erster Linie auf das konstituierte einzelne Urteil bzw. den von diesem Hintergrundwissen getragenen kommunikativen Akt oder die Handlung gerichtet wird, sondern auf die soziale Einheit dieses Hintergrundes selbst, erscheint Kultur als kollektiver und praktischer Zusammenhang einer »kulturellen Lebensform«. Der begriffliche

---

5 Husserl (1985, S. 51 ff.).
6 Schütz (1974).
7 Habermas (1981, Bd. 2, S. 182 ff.).
8 Der Unterschied zwischen explizitem und implizitem Wissen wird vor allem dann auf die Differenz: thematisch-unthematisch reduziert, wenn der Begriff des Wissens aus theoriestrategischen Gründen kognitivistisch enggeführt wird – wie in systemtheoretischen Arbeiten über Formen des Wissens in sozialen Systemen, die »Wissen« als Erwartungsstrukturen im Sinne »kondensierter Beobachtungen« behandeln. Mit Bezug auf organisationsinternes Wissen ist dann individuelles Wissen als implizit zu behandeln (Baecker, 1999, S. 70 ff.). Auf die Unterscheidung zwischen Fokus und Horizont bleibt die Differenz zwischen explizitem und implizitem Wissen reduziert bei: Luhmann (1992, S. 42 ff.). In der Systemtheorie nimmt das nicht Wunder, sofern die *praktische* Qualität des impliziten Wissens in der Sprache autopoietischer Sinnsysteme keinen Ausdruck finden kann. Aber auch die formalpragmatische Rekonstruktion von Form und Funktion des Hintergrundwissens bei Habermas projiziert in den lebensweltlichen Hintergrund die explizite Struktur »propositionalen« Wissens. Die Entscheidung für den Begriff der Lebens*form* markiert demgegenüber eine erheblichere Differenz zwischen implizitem und explizitem Wissen, die für die Explikation kulturellen Wissens entscheidend ist.
9 Das wird deutlich in Husserls Erörterung des Explikationsbegriffs in Rahmen der so genannten genetischen Phänomenologie, die die Grundlegung der Logik, die Analyse der Urteilsformen und ihrer Geltungsbasis, zwar an die Analyse der Lebenswelt bindet, in dieser aber die Form der Gegenstände, denen Bestimmungen zukommen, aus der die Form des prädikativen Urteils resultieren wird, schon »vorfindet«, vgl. Husserl (1985, §§ 22–24, S. 112–136); vgl. zur Isomorphie der Gegenstände in lebensweltlicher und wissenschaftlicher Gegenstandsauffassung bei Husserl auch: Tugendhat (1970, S. 241).
10 Heidegger (1984, § 15, S. 66 ff.).

Übergang von der Lebenswelt zur Lebensform steht darüber hinaus für die Betonung des *praktischen* Charakters des fraglichen Hintergrundwissens.

Das implizite Wissen ist nicht zu verwechseln mit dem bloß unthematischen Wissens.[8] Denn der Vorrang der praktischen Funktion des Hintergrundwissens rückt dieses in einen engeren Zusammenhang mit sozialen Handlungen und der Handlungskompetenz von Angehörigen einer Lebensform, als der Lebensweltbegriff es nahe legt, der an der vortheoretischen Erfahrung von Wahrnehmungs*gegenständen* orientiert bleibt. Diese letztgenannte Orientierung ist folgenreich, weil sie dem impliziten Wissen eine Form des Gegenstandbezuges zuschreibt, die isomorph mit der rationalisierten, reflexiven Gegenstandsbeziehung der theoretischen Einstellung ist, welche sich in der apophansis, in der Struktur prädikativer Urteile über Gegenstände und Sachverhalte ausdrückt.[9] Anders gesagt: die Verharmlosung des Unterschiedes zwischen implizitem und explizitem Wissen macht aus dem erstgenannten ein nur noch nicht über sich aufgeklärtes, noch nicht unter Rechtfertigungsdruck gestelltes, im Prinzip aber: theoretisches Wissen. Die Identifizierung des ›impliziten‹ Wissens mit dem unthematischen, dem im Horizont des Fokus befindlichen, ›noch nicht‹ expliziten Wissen, behandelt das Wissen wie einen Karteikasten, aus dem immer nur eine Karte aktuell hervorgezogen und betrachtet wird, wobei sich die Einträge auf den Karten formal nicht unterscheiden: Sie waren und bleiben Sätze, ob sie nun still auf ihre Lektüre warten oder aber gerade gelesen werden. Die pragmatistische Interpretation des Unterschiedes hebt dagegen den Formwandel hervor, dem das Wissen im Moment der reflexiven Explikation von »etwas« (des Gegenstandes oder auch des Aktes des Wissens) unterzogen wird. Ein zentrales Merkmal dieses Formenwandels ist die Vergegenständlichung, bei der – im Bilde gesprochen – der Eintrag auf einer Karte (und die Form dieser selbst) erst im Moment des Hervorziehens geschrieben wird. Das »ungelesene« Wissen ist kein Satz, es liegt nicht im Kasten, sondern es ist Moment der Handlung. Darauf zielte in Verwandtschaft mit den Pragmatisten auch Heidegger ab.

Die »Zeuganalyse« Heideggers[10] hat in einer pragmatischen Lesart der vortheoretischen Lebenswelt den impliziten Gegenstandsbezug radikaler gefasst und im Unterschied zu der Gegenstandsauffassung des deskriptiven, theoretischen Erkennens den Vorrang des Gebrauchs bzw. der Herstellung betont. Darum ist der primäre Zugang zur Welt und zu den Dingen »Umgang«. Hier, und das ist der wesentliche Unterschied, ist das »Zeug« in der pragmatischen Einstellung nicht einfach *noch* nicht thematisch, sondern es ist in einer anderen Weise gegeben, vor allem diesseits der Trennung in erkennendes Subjekt und erkanntes Objekt. Die Praxis, für Heidegger: das Besorgen, hat es nicht (primär) mit vorhandenen Dingen zu tun, sondern mit »Zuhandenem«, das »strenggenommen ›nie‹ ›ist««,[11] statt dessen »dienlich«, d. h. im Gebrauch als es selbst unauffällig bleibt und sich in einen »Zeugzusammenhang« fügt, der zugleich die Verweisungsstruktur des Handelns und des »Behandelten« meint.

Dem Umgang mit dem »zu besorgenden Zeug« entspricht in Gestalt der praktischen Kompetenz und der handelnden Bedachtsamkeit in konkreten Situationen, die Heidegger als »Umsicht« bezeichnet,[12] eine spezifische Form des Wissens.[13] Damit erweitert Heidegger den Begriff der symbolischen Welterschließung (Humboldt) um das vorsprachliche Register der Hantierung mit Werkzeug und Gebrauchsdingen, indem er dieses Handeln schon als eine intentionale Einstellung, als Form der Interpretation vorstellt. Die Hermeneutik setzt an bei der Kompetenz, ›sich auf etwas (nämlich eine Tätigkeit) zu *verstehen*‹.[14] Das bedeutet, das implizite Wissen, das in der Praxis zu Wirkung kommt, ist zwar zuerst kein Wissen *über* die Gegenstände des Hantierens, es ist aber schon eine Form der Auslegung; es ist die primäre hermeneutische Interpretation von etwas als etwas, die dieses in seiner pragmatischen Nützlichkeit und seinem praktischen Horizont wiederum praktisch »auslegt«.[15]

Dieses praktisches Wissen unterscheidet sich demnach von dem für die theoretische Einstellung typischen Wissen über die Gegenstände, so wie das »knowing how« vom »knowing that« in der pragmatistischen Tradition unterschieden wird.[16] Es ist implizites praktisches Wissen, *wie* in der Welt mit ›Dingen‹ verfahren, umgegangen, wie – auch kooperativ – gehandelt wird, das sich von dem expliziten Wissen *über* diese Gegenstände, aber auch von

dem reflexiven expliziten Wissen über dieses Handeln und die pragmatische Kompetenz im Sinne ausdrücklicher Regeln der Praxis unterscheidet. Die durch dieses Wissen getragene Fähigkeit, mit ›Zuhandenem‹ umzugehen, ist nicht auf die explizite, nicht einmal auf die *explizierbare* Kenntnis von Eigenschaften der Gegenstände oder von ausdrücklichen Regeln des Handelns angewiesen; und sie könnte unter der Bedingung einer solchen Angewiesenheit auch gar nicht funktionieren.[17] Und dieser Unterschied ist wesentlich, insofern die Explikation des impliziten, praktischen Wissens mit Rücksicht auf die Effektivität einzelner wie komplexer Handlungen und die effiziente Koordination kollektiven Handelns nicht nur nicht hilfreich, sondern hinderlich wäre. Michael Polanyi bringt es auf die knappe Formulierung: »[...] dass wir mehr wissen, als wir zu sagen wissen«,[18] und betont in der Folge, dass der Modus impliziten Wissens, der in seiner unaufhebbaren Unausdrücklichkeit symp-

---

11 Heidegger (1984, S. 68).

12 Heidegger (1984, S. 69).

13 Vgl. zur pragmatischen Lesart der Heideggerschen ›Hermeneutik der Faktizität‹: Gethmann (1993); Apel (1975); Okrent (1988). Hubert Dreyfus bezeichnet in der Linie dieser Lesart Heideggers Begriff des ursprünglichen Verstehens ausdrücklich als »know how«: Dreyfus (1991, S. 184).

14 Heidegger (1984, S. 143).

15 Bekanntlich beruht auf dieser »Aufladung« der Praxis mit einem nicht prädikativen Begriff des Verstehens Heideggers Strategie, aus der Unterscheidung zwischen hermeneutischem und apophantischem »Als« (des Verstehens von »etwas«) die Kritik an der einseitigen Explikation des Gegenstandsbezuges auf den Linien der traditionellen Metaphysik der Vorhandenheit, also die kritische Auslegung des Sinnes von Sein zu gewinnen (vgl. zur entsprechenden Kritik an der Hypostasierung der Aussagenform und damit der Interpretation der Seinsweise sowohl von »Objekten«, als auch von »Subjekten«: Heidegger (1984, § 33, S. 154 ff. und dann: § 44, besonders: S. 219 ff.).

16 Ryle (1949).

17 Hierin gehört auch die Unterscheidung zwischen »knowledge about« und »knowledge of acquaintance« bei William James. Nach James zeichnet sich das ›Bekanntheitswissen‹ (Schütz) – in Verwandtschaft zu den Bestimmungen Michael Polanyis – dadurch aus, dass über das hierbei Gewusste explizit nichts gesagt werden könne (James, 1950, S. 221 ff.). Auch damit ist der implizite Charakter des Wissens ›von‹ Gegenständen auf der Ebene des praktischen Umgangs mit ihnen charakterisiert.

18 Polanyi (1985, S. 14 ff.).

tomatisch wird, in mannigfaltigen Praktiken unverzichtbare Voraussetzung des Handelns ist. Die
Überführung allen impliziten Wissens in explizites,
bzw. die »Formalisierung« allen Wissens, macht als
solches das Handeln nicht leichter, die vollständige

---

19 Polanyi (1985, S. 27). Vgl. dazu auch die pragmatistische
Rekonstruktion »intelligenten« Handelns in praktischen Situationen einerseits bei Ryle, der an die flexible Anwendung
von Kriterien (in Verwandtschaft zu Wittgensteins Ausführungen zur Regelfolge) erinnert (Ryle, 1949, S. 28), oder bei
Dewey, der die primäre Erfahrung von Objektivität an den
für das Handeln spezifischen Zugang bindet, Dewey (1989,
S. 20 ff.) und Dewey (1988, S. 47 ff.). Grundsätzlich ist der
Hinweis auf die praktische Fähigkeit, flexibel und kreativ in
Situationen und angesichts individueller Umstände zu handeln, ein wesentliches Argument gegen kognitivistische
Handlungstheorien, die den Zusammenhang zwischen Wissen und Handlung entlang der syllogistischen Form der
Handlungserklärung (vgl. v.Wrigth, 1984, S. 93 ff.; in Grenzen und sehr bewusst entschieden aber auch: Parsons, 1994,
S. 69 f.) auf die deduktiven Beziehungen zwischen pro-
positionalem Wissen und situationsspezifischer Ableitung
als Schlussfolgerung reduzieren; siehe zur Kritik an diesen
Handlungsmodellen: Joas (1996).
20 Nach diesem Modell erscheint die Theoriebildung als eine
reife Form der *kreativen* »Rekonstruktion« von Erfahrungen
und dann von vorausliegenden Überzeugungen, die im Handeln im Falle des situativen Scheiterns von Erwartungen
motiviert wird. Bei Peirce steht dieses später von Dewey
und Mead aufgenommene Modell im Zusammenhang mit
der Frage nach dem philosophischen Zweifel, den die Pragmatisten gegenüber dem künstlichen Zweifel der cartesianischen Abstraktion in den Zusammenhang praktisch auf-
dringlicher Probleme zurückstellen wollten, vgl. Peirce
(1967), dazu auch: Joas (1996, S. 187 ff.).
21 Heidegger (1984, S. 74).
22 Die Verbindung von Erkenntnis und Interesse steht beim
früheren Habermas für die Kritik am Positivismus, vgl.
Habermas (1975, S. 235 ff.). Sie erinnert in der Nähe zu
pragmatistischen Motiven – die hier an die Korrektur der
Reflexionsphilosophie durch das Marxsche Produktions-
paradigma angelehnt sind (ebd. S. 36 ff.) – daran, dass Wahr-
heitsfragen nicht in der differenzierten Moderne mit sozialen
Problemlösungsinteressen verbunden sind.
23 Eine kollektive und zugleich »eigentliche« Erschließung von
Welt (dann des Sinnes von Sein) findet in *Sein und Zeit*
keinen Platz zwischen der entschlossenen Existenz eigentlichen, individuellen Daseins und der sozialen Konventionalität, für die Heidegger nur den Titel der »Verfallenheit« zur
Verfügung stellt (Heidegger, 1984, S. 117 ff.). Die Beför-
derung der Verfallenheit zu einem eigenen ›Existential‹
kann nur mühsam den pejorativen Klang überdecken; sie
ändert vor allem nichts daran, dass die »öffentliche Aus-
gelegtheit« der Welt systematisch ein defizienter Modus
bleibt und eine soziale Form der Welterschließung in der

Ersetzung des praktischen Wissens durch ›knowing
that‹ würde das Handeln gar verunmöglichen.[19]

Das solcherart inexplikable Handlungswissen
scheint dann nur schwer ›rationalisierbar‹ zu sein,
solange unter Rationalisierung die Steigerung von
Effizienz über den Weg fortschreitender Erkenntnis
oder aber auch die mögliche Kritik von Praktiken,
kollektiven Routinen und von in diese Routinen
eingelassenen, wieder impliziten, Überzeugungen
verstanden wird. Die Schwierigkeit entsprechender
Rationalisierung ergibt sich dabei allerdings nicht
allein daraus, dass das Handeln in gewissen Maßen
auf die Wirksamkeit impliziten Wissens angewiesen
ist, sondern sie besteht in erster Linie darin, dass das
Wissen im Übergang zur reflexiven Thematisierung
von Bezugsgegenständen und Überzeugungen oder
Vorstellungen, die sich auf diese »Gegenstände« beziehen, seine Form ändert, seinen Geltungsmodus,
seine Handlungsnähe und seine spezifische Form der
Referenz. Reflexion ist dann nicht einfach Repräsentation, sondern selektive Explikation impliziten Wissens. Die Rationalisierung macht also das praktische
Wissen nicht einfach »besser«, sie stellt das Verhältnis zwischen Wissen, Welt und Praxis um. Die pragmatische Tradition, sowohl bei Heidegger als auch
bei Dewey, hat die theoretische Einstellung in einer
antidualistischen Rekonstruktion des Verhältnisses
zwischen Theorie und Praxis als ein Resultat von
»Krisen der Praxis« zu rekonstruieren versucht.[20]
In Heideggers Worten wird das Zeug im dreifachen
Falle seiner Unverfügbarkeit – Auffälligkeit, Auf-
dringlichkeit, Aufsässigkeit[21] – dann also, wenn es
seine geschmeidige Dienlichkeit einbüßt, durch die
Reflexion vergegenständlicht. Hier erst entsteht die
Form der Aussage, mit der im Lichte der Unterscheidung von theoretischer (deskriptiver) und praktischer (normativer) Geltung ausdrücklich kognitive
Geltungsansprüche, wenn auch primär in enger Verbindung zwischen Erkenntnis und Interesse, erhoben werden.[22]

Bei Heidegger führt allerdings der Weg aus der
›verständigen‹ Praxis, die wir auf das implizite Wissen beziehen können, über die Reflexion sofort in die
Konfrontation zwischen Subjekt und Objekt, denn
das pragmatische Verstehen ist hier nicht auf die
Instanz einer *kollektiven* kulturellen Lebensform als
einer Sprachgemeinschaft bezogen.[23] Es ist darum
auch nicht als sprachliches (bzw. nicht als in sprach-

lichen Handlungen wirksames) Wissen konzipiert. Der Pragmatismus von Dewey und Mead geht demgegenüber von vornherein von einer intersubjektiven, primären Kooperation aus. Von dort aus betrachtet ist also das implizite Wissen nicht nur das Wissen einer *kollektiven*, also einer kulturellen Lebensform, sondern zudem ist es die kollektive Gewissheit, die eine sprachliche Praxis konstituiert.

Der Charakter der ›Zuhandenheit‹, den Heidegger dem Umgang mit den ›Gegenständen‹ des Besorgens zugeschrieben hatte, steht in der sprach- und sozialtheoretischen Erweiterung des Begriffs des impliziten Wissens nicht mehr im Gegensatz zur Intersubjektivität einer kooperativen Praxis. Die Reichweite des impliziten Wissens erschöpft sich keineswegs im praktischen Routinehandeln und der gleichsam zur reflexartigen Fertigkeit abgesunkenen Vertrautheit mit »Zeug« in einem komplexen »Zeugzusammenhang«. Es erstreckt sich überdies auf fundamentaler Ebene auf das soziale Handeln, also die Kooperation zwischen Personen und die *sprachlich* vermittelte Koordination des Handelns in der Kommunikation.

2. Das kulturelle Wissen der Sprachgemeinschaft

Implizites kulturelles Wissen ist, wenn es *kulturelles* Wissen sein soll, bereits »Welt-« *und* »Sprachwissen«. Die Beziehung zwischen dem praktischen Umgang mit Dingen und der pragmatischen Kooperation in gemeinsamen Handlungsvollzügen zur sprachlichen Symbolisierung ist nicht schon der Übergang vom impliziten zum expliziten Wissen. Die Kommunikation als kooperativer Sprachgebrauch ist gleichermaßen nicht schon qua »Sprachlichkeit« oder Symbolfunktion bereits die Explikation kultureller Gewissheiten, sondern der Sprachgebrauch ist zunächst ein Bestandteil kulturellen Hintergrundwissens. Kommunikation greift zunächst zurück auf kollektives, implizites Sprachwissen, nicht schon primär auf explizite Regel- und Bedeutungskenntnisse, die vielmehr das Ergebnis einer Abstraktion aus dem Vollzug des Sprechens (oder eher des Lesens) darstellen.[24]

Das kann mit Bezug auf Wittgensteins Konzeption der Regelfolge plausibilisiert werden. Aus-

gehend von der »Gebrauchstheorie« sprachlicher Bedeutung, bindet Wittgenstein das Verständnis einer Sprache und die Kompetenz der Sprecher, eine Sprache zu verwenden, an die *praktische* Grundlage einer Lebensform, die für die »Grammatik« der Gesamtheit der Sprachspiele, die diese Lebensform auszeichnen, konstitutiv ist. Die Bedeutung eines Ausdrucks ist abhängig von der Gesamtheit der Fälle der Anwendung des Ausdrucks, die untereinander nicht in einer ganz bestimmten, oder abstrakten Hinsicht gleich sind, sondern Beziehungen der Familienähnlichkeit unterhalten, also sich aus der performativen Einstellung der Sprachverwender im Zuge der analogischen Verbindung von Einzelverwendungen[25] zur vagen Gesamtheit der Regel der für die Lebensform gültigen, akzeptablen (im Sinne der Zuschreibung von Regeltreue) Form der Verwendung eines Ausdrucks verbinden. Der Ausdruck hat auf dieser Ebene also keine identische Bedeutung als Name eines Gegenstandes, sondern seine Verwendung ist in impliziter Weise »geregelt«, d.h. man folgt keiner ausdrücklichen Regel, sondern versteht sich auf der Grundlage der Urteilskraft – als einem zu wesentlichen Teilen sinnlichen Vermögen – darauf, Einzelfälle ohne Gebrauch definierter Kriterien als regelkonform oder als regel-

---

Existentialanalytik unmöglich gemacht wird (dazu: Renn, 2001, S. 240 f. und Renn, 1993).

24 Und hier ist es wieder entscheidend, das Sprachwissen nicht vorschnell von der expliziten Form der prädikativen Struktur, von der Verknüpfung von Bedeutungsverstehen und Geltungsrechtfertigung (Habermas, 1981, Bd. 1, S. 400; Dummett, 1982), schließlich von reflexivem bedeutungstheoretischem Wissen aus zu rekonstruieren. Eine Variante der Kritik an der Projektion reflektierter Strukturierungen des sprachlichen Systems auf die Kompetenz sprechender Akteure und die Form des in der Sprachverwendung genutzten Sprach-›Wissens‹ stellt die Analyse Christian Stetters dar, der zeigt, dass das »phonematische Prinzip«, demzufolge die schriftlichen Unterschiede zwischen Buchstaben die phonetischen Unterschiede zwischen Lauten und bedeutungsbezogenen Phonemen abbilden sollen, einem Vergessen der kontingenten, medial erzwungenen Festlegungen von sichtbaren und repetierbaren Differenzen gleichkommt, vgl. Stetter (1999, S. 56 ff.); vgl. auch Giesecke (1992, S. 82).

25 Zu der – als eine mögliche Vorstufe abstrahierender Generalisierung einer artikulierbaren, einheitlichen Wortbedeutung – auch die semantische Übertragung von Wortbedeutungen auf neue Anwendungsfälle gehört (Schneider, 2002, S. 55).

verletzend zu interpretieren, letzten Endes als beur-
teilbare Anwendungen einer Regel, die in keiner
anderen Form als in der vagen Gesamtheit ihrer
Anwendungen vorliegt.

Auch hier besteht das kulturelle Wissen also aus
einem *impliziten* Hintergrundwissen eigener Art: an
dieser Stelle aus einem praktischen Wissen, das sich
nicht allein auf Handlungen in einer materiellen
Umgebung und in Kooperation mit anderen, sondern speziell auf das Sprachhandeln bezieht. Das
Entscheidende an dieser Sorte Hintergrundwissen
ist der Regelcharakter des Sprachgebrauches. Wittgenstein zeigt, dass die Fähigkeit, einer Regel zu
folgen, zwar öffentlich bzw. intersubjektiv konstituiert sein muss, dass diese Fähigkeit allerdings nicht
in der logischen oder algorithmischen Ableitung
von korrekten Einzelverwendungen aus einer allgemein und explizit formulierten Regel bestehen

---

26 Wittgenstein (1984).
27 Bourdieu (1987, S. 157 ff.).
28 Schneider (2000).
29 Bourdieu (1979). Akteure richten sich in ihrem Sprechen
und Handeln nicht an expliziten Regeln aus, indem sie
deduktive Schlüsse ziehen, eher folgen und vertrauen sie
im Sinne Gilbert Ryles ihren komplexen Dispositionen.
Komplexe Dispositionen zeichnen sich gegenüber einfachen
Dispositionen dadurch aus, dass sie eine ganze Sprachpraxis
appräsentieren und darum keine einstellige Reiz-Reaktions-
Beziehung darstellen (Ryle, 1949, S. 116 f.). Verfehlt ist darum die Kritik an Ryles Dispositionsbegriff bei Kenny
(1975). Dieser komplexe Dispositionsbegriff liegt zwischen
der Ebene der instinktgesteuerten oder konditionierten Reiz-
Reaktionsverbindung und der kognitiven Kalkulation auf der
Basis expliziter Bedeutungsvorstellungen und Schlussfor-
men. Dafür, dass bereits hier *soziales* Handeln vorliegt,
spricht das Moment der Normativität, das auch der impliziten Regelfolge eignet im Unterschied zur Kausalität einer
empirischen Regelmäßigkeit, vgl. dazu: Mead (1973,
S. 107 ff.) und: Habermas (1981, Bd. 2, S. 28). So muss
Bourdieus Habitusbegriff (Bourdieu, 1979) gelesen werden,
wenn er nicht doch strukturalistischen Modellen der Determination einzelner Handlungen und intentionaler Begleit-
vorstellungen verhaftet bleiben soll.
30 Es ist darum auch gar nicht nötig, dem deduktiven Schluss-
modell, das Handlungen als Schlussfolgerungen aus allgemeinen Regeln verstehen will, das viel zitierte Modell der
Abduktion entgegenzuhalten, denn Akteure sind nicht meistens und nicht einmal oft auf der Suche nach neuen Regeln,
sie handeln und sprechen einfach und d. h. auch, dass sie
nicht permanent an einer umwälzenden Strukturation beteiligt sein müssen (Giddens, 1997). Oft tun sie eben, was
gerade getan werden muss.

---

kann. Entscheidend ist der *implizite Charakter* der
innerhalb einer besonderen Lebensform konstitutiven Regeln. Denn schon deren Anwendung sowie
die Fähigkeit, zwischen korrekter Regelfolge und
Regelverstoß zu unterscheiden, erzwingt einen
Sinn für Angemessenheit, der nicht selbst explizit
reguliert werden kann.

Das entsprechende Argument wird von Wittgenstein mit Hinweis auf das Problem des Regelregresses vorgetragen.[26] Wenn die korrekte Befolgung und
Beurteilung einer sprachlichen und einer Hand-
lungsregel restlos expliziten Kriterien folgen müsste,
würde dies die Formulierung einer Anwendungs-
regel erzwingen, die steuert, wann und wie in concreto die explizite Regel angewendet werden müsste, und diese Aufstufung von Regeln liefe ohne
Abschluss in eine unendliche Iteration. Die Anwen-
dungssicherheit muss darum auf einen impliziten
Sinn für Angemessenheit gestützt sein, so dass die
Einheit der Grammatik einer Lebensform in der
Übereinstimmung des *impliziten* Sprach- und
Handlungswissen der Angehörigen einer Sprachgemeinschaft begründet liegt. Das implizite Handlungswissen integriert soziale Gruppen, die in der
Einheit ihrer Praktiken und der habituellen Übereinstimmung zwischen dem impliziten Hintergrundwissen der Zugehörigen ihr Handeln koordinieren können, ohne den Umweg über explizite
Regeln und explizite pädagogische Anweisungen
gehen zu müssen.[27]

Die Einheit einer kulturellen Lebensform liegt
also auf der Ebene des impliziten Sprach- und
Handlungswissens, das nicht ohne Verluste in den
Modus expliziten Regelwissens überführt werden
kann.[28] Im Horizont einer soziologischen Handlungstheorie ist hier an Bourdieus Beschreibungen
der praktischen Logik zu denken.[29] Die Stabilität
der Praxis und der Sprachpraxis innerhalb einer
Lebensform folgt aus der Übereinstimmung der
pragmatischen Dispositionen, oder des Habitus,
der Angehörigen; und diese sind auf der Ebene
praktischen Wissens in den gemeinsamen Praktiken
oder pragmatischen Routinen verankert.[30]

Dieses praktische Wissen ist nicht einfach in
explizites umzuformen. Bourdieu spricht bezüglich
der Projektion expliziter Regelbestimmungen in die
performative Einstellung der Akteure selbst, bei der
das »Passen« einer Regelartikulation zu einer be-

schriebenen Praxis mit der Anleitung dieser Praxis selbst durch diese Artikulation verwechselt wird, von der Illusion der Regel bzw. von einem juridischen Vorurteil.[31] Gemessen an der Funktion des Wissens für die Fähigkeit zu Handeln erzwingt die Explikation impliziten Wissens nur wieder neues »know how«, nämlich das implizite Wissen, *wie* das nun explizite Wissen in concreto angewendet werden muss.[32] Soziales Handeln greift immer auch auf implizites Wissen zurück, denn explizites Wissen allein kann das konkrete Handeln nicht anleiten. Das Wissen, wie man etwas macht, wie wir, die Angehörigen einer Sprachgemeinschaft handeln und kommunizieren, enthält notwendig mehr als nur das, was man sagen, ausdrücken und explizieren kann.

Das alles ist folgenreich für die Analyse der Form kognitiver Geltungsansprüche, die typisch für den impliziten Modus kulturellen Wissens ist. Eine wesentliche Pointe der Wittgensteinschen Beschreibung einer kulturellen Lebensform liegt in der Rekonstruktion der Gewissheit, mit der das implizite Wissen, das eine konstitutive Funktion für das Handeln und Sprechen hat, als »taken for granted« vorausgesetzt werden muss.[33] In »Über Gewissheit«[34] hat Wittgenstein in seiner Kritik an G. E. Moore vorgeführt, dass das vermeintliche empirische Wissen, z. B. noch niemals auf dem Mond gewesen zu sein, kein primordiales Datum (sinnliche Gewissheit und unverfälschte Erinnerung) darstellt, sondern als Einzel-Überzeugung getragen wird vom gesamten Horizont der in der Grammatik einer Sprachgemeinschaft miteinander verwobenen und sich gegenseitig tragenden Überzeugungen und Konventionen. Das explizite Wissen über »etwas«, über seine Eigenschaften und die Fülle der zutreffenden Behauptungen über dieses etwas, ist also kein isolierter Bestand von kognitiv gültigen Urteilen, sondern eine Abstraktion aus der sprachpraktischen Vertrautheit mit der Verwendung dieses »etwas« und ebenso mit der Verwendung der sprachlichen Ausdrücke, die es bezeichnen. Diese Routinen aber sind gegeben nicht im Modus von reflexiv als gültig geprüften Einzelurteilen, sondern als selbstverständliche, weil Erfahrungen überhaupt erst ermöglichende, konventionelle Grundlagen der Praxis einer Lebensform.[35]

Wenn das implizite kulturelle Hintergrundwissen ein Wissen darüber darstellt, wie etwas gemacht, wie gehandelt, aber auch wie Sprachhandlungen und kooperative Kommunikation vollzogen werden, ist die semantische und formalpragmatische Analyse des Bedeutungsbegriffs, die das Verstehen einer Äußerung an die Kenntnis der (typischen) Geltungsbedingungen knüpft, diesem Modus gegenüber abstrakt: Das Verstehen sprachlicher Handlungen kann nicht schon auf dem Verstehen von z. B. kognitiven Geltungsbedingungen beruhen (die von normativen, expressiven oder ästhetischen unterschieden sind); das Verstehen und das angemessene Reagieren auf eine »Behauptung« kann in der performativen Einstellung des Angehörigen einer kulturellen Lebensform nicht bereits in der Kenntnis der Wahrheitsbeziehungen des propositionalen Gehaltes einer solchen Sprachhandlung bestehen, sondern bleibt zunächst als pragmatisch implizite Kenntnis darüber, welche Regel wann erfüllt ist, ein implizites Wissen und an den Sinn für Anwendung und Angemessenheit gebunden, der ohne explizite Kriterien auskommen (können) muss. Damit ist der *indirekte* Bezug der praktischen Gewissheit in der performativen Einstellung der Lebensform zu einer kognitiven Geltung, zu deskriptiven Gehalten von Sätzen nicht schon ein verkappter Bezug zur Wahrheitsgeltung von propositionalen Behauptungsinhalten; sondern diese Gewissheit ist zunächst eine intuitive Kenntnis der pragmatischen Folgen und Voraussetzungen von solchen Äußerungen, die in selektiver Explikation

---

31 Bourdieu (1979, S. 203 ff.). Dabei orientiert er sich (Bourdieu, 1979, S. 162) an einer Unterscheidung von Quine (1972).

32 Diese Pointe der Beschreibung des impliziten Wissens wurde schon mit Rücksicht auf William James (1950, S. 221 ff.) und Michael Polanyi (1985, S. 25 ff.) erwähnt.

33 Schütz (1974).

34 Wittgenstein (1969).

35 Bei Wittgenstein heißt es entsprechend: »Aber mein Weltbild habe ich nicht, weil ich mich von seiner Richtigkeit überzeugt habe; auch nicht weil ich von seiner Richtigkeit überzeugt bin. Sondern es ist der überkommene Hintergrund, auf welchem ich zwischen wahr und falsch unterscheide.« (Wittgenstein, 1969, Nr. 94, S. 15). Wohlgemerkt ist der Hintergrund nicht nur Voraussetzung dafür, was als wahr und was als falsch betrachtet wird, sondern in der Gesamtheit der entsprechenden Fälle auch dafür, was unter »wahr« und »falsch« zu verstehen ist.

dann als Behauptungen von anderen Sprachhandlungsformen (selbst: praktischen Konventionen) unterschieden werden können.[36]

3. Explikation der Kultur

Das kulturelle Wissen erschöpft sich nun aber keineswegs in der Gesamtheit des impliziten Wissens und der praktischen Routinen einer kulturellen Lebensform. Kulturen sind in Bewegung und verändern aus exogenen, wie aus endogenen Anstößen heraus nicht nur ihre Routinen, Gewissheiten und sprachpraktischen Konventionen, sondern ebenso ihren Modus. Sie werden reflexiv, werden sich selbst im Horizont ihrer eigenen kulturellen Gewissheiten zum Thema (wenn sie dann auch nicht mehr vollkommen »sie selbst« sind) und geben den impliziten Regeln des Handelns explizite Artikulationen. Kulturelle Lebensformen sind durch kulturelle Kontrasterfahrungen, durch soziale Differenzierung (da-

---

36 Searles Principle of Expressability (1992, S. 19 f.) bindet das Wissen an das Sagbare im Sinne der expliziten und wörtlichen (wenn auch diesbezüglich hintergrundrelativen) Bedeutung, woraus in der Formalpragmatik die Prämisse idealiter identischer und propositional ausdifferenzierter Bedeutungsintentionen für die Analyse von Standardbedingungen sprachlicher Verständigung wird (Habermas, 1981, Bd. 2, S. 190 ff.).

37 Durkheim (1992, S. 314 ff.).

38 Eine systematische Unterscheidung dieser Formen wäre nützlich, würde hier aber zu weit führen. Einen Hinweis gibt wenigstens die Beschreibung der Formalisierung bei Tugendhat, demzufolge die formale Betrachtung gegenüber der bloßen Abstraktion (bei der Gegenstände immer umfassenderen ›Klassen‹ zugeordnet werden) eine reflexive Rückwendung auf generalisierte Termini als solche bedeutet. Die formale Semantik beschäftigt sich dann nicht mit den Bedeutungen von mehr oder weniger allgemeinen Begriffen, sondern mit der Bedeutung von »Bedeutung«, vgl. Tugendhat (1976, S. 39 f.).

39 Bourdieu (1987, S. 159).

40 Hier wäre auf die ausgiebige Diskussion des qualitativen Sprunges der »griechischen« Kultur von jenem analogischen, gleichnishaften und metaphorischen Denken zur *theoria* anzuknüpfen, der aus einer Verschiebung des Gebrauches von Vergleichen hervorgegangen sein mag, jedenfalls mit Bezug auf diese Veränderung dokumentiert werden kann (so: Snell, 1986, S. 178 ff.). Gegen Heideggers diesbezügliche Globalinterpretation der metaphysischen Grundlegung der Seinsvergessenheit in der griechischen Philosophie lässt sich De-

bei im Falle erfolgreicher Subsistenzsicherung auch durch demographischen Druck, durch das Anwachsen von Volumen und »moralischer Dichte«),[37] durch die Kumulation von Krisen der Handlungssicherheit (siehe oben) auf den Weg der Explikation des gebrauchten Wissens gebracht. Implizites Wissen wird expliziert, d. h. artikuliert, reflexiv objektiviert, wobei Formalisierung, Generalisierung und Abstraktion die wesentlichen Formen[38] der Ablösung des Wissens und seiner Gegenstände von der situationsbezogenen Modalität praktisch wirksamen impliziten Wissens darstellen. Die Wurzel der Explikation bildet schon die notwendige sprachliche Generalisierung und die Artikulation von Handlungsregeln, die als wenigstens rudimentäre Überschreitung des unmittelbaren Augenblicks und des Einzelereignisses mit jedem Symbolgebrauch verbunden ist. Die Symbolisierung enthält ein situationstranszendentes Moment inmitten jeder kooperativen Praxis einer kulturellen Lebensform.

Diese Situationsüberschreitung bedeutet aber noch nicht notwendig den Übergang zur »theoretischen« Einstellung gegenüber empirischen Gesetzmäßigkeiten, objektiven Gegenständen und eindeutigen, allgemeinen Regeln. Die Explikation impliziten Wissens erster Stufe bleibt dem analogischen Verknüpfen von Einzeldingen und -gegenständen verbunden, bei dem implizit aufgefasste Merkmale von Situationen und Problemlösungen durch metaphorische Erweiterungen des Symbolgebrauches übertragen werden auf andere Situationen und Probleme, die den ersten entweder faktisch hinreichend entsprechen oder aber entsprechend »gemacht« werden. Mit Bezug auf die rituelle Praxis, die offenkundig das Moment der Wiederholung in den Vordergrund rückt, spricht Bourdieu von einer »ungewissen Abstraktion«.[39] Das Moment der Generalisierung von Handlungen und von Gegenständen zu »Typen« geht hier noch nicht den Umweg über die explizite Abstraktion der Gesamtheit der ähnlichen Fälle zu einem Begriff, der Gegenstände zu einer Klasse oder einem »Wesen«; die Generalisierung bleibt die metaphorische Übertragung von z. B. sprichwörtlich artikulierten Phänomenen auf andere und neue Einzelfälle.

Mit der weitergehenden Explikation des kulturellen Wissens, bei der die theoretische Ebene der abstrakten Begriffe erschlossen wird,[40] ändern sich die Reproduktionsbedingungen der sozialen Einheit »kulturelle Lebensform«. Das liegt zunächst an der Ausdehnung der pragmatischen Reichweite einer Koordination des Handelns, die von der impliziten und analogischen Beziehung zwischen Einzelfällen auf die Generalisierung von Typen umgestellt wird. Die soziale Differenzierung und die Ausdehnung der in sich differenzierten sozialen Einheit (einer »Gesellschaft«) verlangt nach Generalisierung von kulturellen Wissensinhalten, denn die Überbrückung der gewachsenen Pluralität von Situationen und der zeitlichen wie räumlichen Distanzen erfordert eine Abstraktion der koordinierenden Sprache von der »Handlungsnähe«[41] metaphorischer Typisierungen.

Diese Extensivierung der Integrationsleistung kulturellen Wissens stützt sich wesentlich auf die Verlagerung des Mediums der symbolischen Reproduktion des Wissens und der praktischen Konventionen von der Interaktion und vom leiblichen Gedächtnis der habitualisierten Personen in die Schriftlichkeit.[42] Das Wissen tritt dann in explizierter Form – in Teilen und auch dann: selektiv – aus dem Hintergrund der praktischen Fertigkeiten in den Vordergrund und wird durch seine Vergegenständlichung zum Objekt von Interpretation und schließlich von Kritik.[43]

Daran schließlich kann die Rationalisierung und Ausdifferenzierung von Kultursphären (Dilthey) oder Wertsphären (Weber) ansetzen, in der etwa vermittels der Genese wissenschaftlicher Bearbeitung kulturellen Wissens dessen Gewissheit *methodisch* reflexiv wird. Das Wissen gerät in den strukturierenden Sog einer Binnendifferenzierung und Autonomisierung von Geltungsbereichen, so dass schließlich die *argumentative* Reproduktion von kulturellen Semantiken als Standardfall in der modernen Gesellschaft verstanden werden kann.

Von der Warte dieses Differenzierungs- und Spezialisierungsprozesses aus wird es möglich, das implizite Wissen einer kulturellen Lebensform retrospektiv als »an sich« gegliedert in die triadische Struktur der Geltungsdimensionen aufzufassen, die sich in die Bezugsspektren der objektiven, sozialen und subjektiven Welt teilt, denen die Wahrheitsgeltung, die normative Richtigkeit und die expressive Wahrhaftigkeit zugehört. Die »Rationalisierung« der Lebens*welt* gilt für die *abstrakte*

Explikation dann als eine reflexive Selbsteinholung der kulturellen Lebensform, die im Medium der Kritik und der sozialen Institutionalisierung von Legitimations- und Rechtfertigungszwängen »für sich« endlich wird, was sie »an sich« schon war (nämlich: begründungsbedürftig und -fähig).[44]

Der Begriff »Kultur« wird damit doppeldeutig, denn er bezeichnet zum einen den expliziten Bestand von Wissen, das sich in objektives Weltwissen und Normen und Werte, vielleicht noch expressive Genres und Aspirationen teilt,[45] zum anderen bleibt kulturelles Wissen, nun aber nicht mehr als dominante gesellschaftliche Integrationsinstanz und -ressource, im Hintergrund des Handelns (und auch der »Kultur« prüfenden Argumentation) als *implizites* Wissen wirksam.

Mit der sozialen Differenzierung und den Formen der Rationalisierung kulturellen Wissens lösen

---

weys soziostrukturelle Hypothese vorbringen, die die Entwicklung des kontemplativen, kosmologischen und vorstellenden Denkens an die spezifisch griechische Trennung von Freien und Unfreien bindet (dazu: Rorty, 1982, S. 44). Eine solche Deutung bedarf jedoch der ausführlicheren sozialgeschichtlichen Einbettung, die die spezifischen kognitiven Folgen besonderer Strukturmomente der archaischen und dann der geometrischen Zeit zu rekonstruieren hat: Murray (1985); Finley (1979, S. 148).

41 Srubar (2002).

42 Zum Zusammenhang zwischen dem Übergang des kulturellen Gedächtnisses vom impliziten zum expliziten Modus und der Verbreitung des Schriftgebrauches vgl.: Goody/Watt (1986, S. 63 ff.); Gelb (1963, S. 221 ff.); Assmann (1999, S. 20 ff. und S. 96).

43 Assmann (1999, S. 103 ff.); Bourdieu (1979, S. 318 ff.); Habermas (1981, Bd. 2, S. 118 ff.).

44 Auf den abstrakten Charakter dieser retrospektiven Projektion klarer Unterschiede in den Modus der performativen Gewissheit haben wir weiter oben bereits hingewiesen. Hier wird nun deutlich, dass diese Abstraktion selbst Ergebnis eines sozialen Prozesses ist, das sich als Rationalitätsorientierung darstellt. In diesem Sinn rekonstruiert Habermas – unter der Bedingung eines Perspektivenwechsels – vom Alltagskonzept der Lebenswelt ausgehend ihre strukturellen Komponenten im Lichte von Rationalitätstypen, Habermas (1981, Bd. 2, S. 207 ff.).

45 Davon ausgehend kann die moderne »Kultur« dann als ein kulturelles *System* mit Integrationsaufgaben versehen werden, die es in der Moderne genau dann erfüllt, wenn das zugehörige kulturelle Wissen den Weg der abstrahierenden Explikation bis zur Universalisierung von formalen Prinzipien genommen hat. Vgl. hierzu Parsons (1996, S. 33); Münch (1986).

sich also unterscheidbare Geltungsansprüche von-einander. Und vom Standpunkt expliziten Wissens aus betrachtet zieht sich die Beziehung kultureller Hintergründe zu *kognitiven* Ansprüchen auf die Wahrheit von Überzeugungen und Behauptungen zurück in den externen Kontext von wissenschaft-licher Rationalität. In der wissenschaftstheoreti-schen Tradition taucht es dann als Thema wieder auf in der Debatte um die Kontextabhängigkeit von Plausibilitätsstrukturen, die den ›Paradigmen‹ im Kuhnschen Sinne zugrunde liegen.[46]

---

46 Kuhn (1967). Auf die breite Debatte der so genannten »pos-tempiristischen« Wissenschaftstheorie kann hier nur verwie-sen werden. Als ein hier relevantes Resümé kommt dabei der Trend in Betracht, die Umstände der ›Kontexte der Ent-deckung‹ nicht länger als externe Bedingungen wissenschaft-licher Rationalität von den internen ›Kontexten der Recht-fertigung‹ zu trennen, so dass – wie das Beispiel Kuhns zeigt – wissenschaftssoziologische und -historische Untersuchungen zu wissenschafts*theoretischen* Analysen gezählt werden müs-sen. Rorty verkündet schließlich salopp (1988, S. 17): »Eine Untersuchung des Wesens der Erkenntnis kann nach prag-matistischer Auffassung nur eine soziohistorische Darstel-lung der Verfahren sein, mit deren Hilfe verschiedene Leute versucht haben, Einigkeit über die zu vertretenden Über-zeugungen zu erzielen.« Vgl. zum Verhältnis der Unterschei-dung zwischen implizitem und explizitem zur Unterschei-dung zwischen wissenschaftsexternem und -internem Wissen auch: Renn (1999, S. 130 ff.).

47 Janich (1996, S. 62).

48 Der Durchbruch der modernen Wissenschaft verbindet zu-erst das Moment der Unzweifelhaftigkeit kulturellen Hinter-grundwissens (das schlicht hingenommen werden muss) mit der Idee der erfolgreichen, *methodischen* Überwindung des auftretenden Zweifels: die großen Wissenschaftler des 17ten Jahrhunderts reklamieren darum objektive »Gewissheit« für ihre Erkenntnisse und müssen das Angebot der kirchlichen Autorität, *hypothetische* Wahrheit für die von ihnen vertre-tenen kosmologischen Prinzipien anzunehmen, zurückwei-sen, während spätere Generationen von Wissenschaftlern und Wissenschaftstheoretikern die starke Gewissheit zuguns-ten einer probabilistischen und fiktionalistischen, d. h. dann: fallibilistischen Auffassung der Geltung aufgeben können, sobald der Anspruch auf kognitive Geltung sich nachhaltig institutionell von religiöser Autorität befreit hat und nun dem Zweifel ein Heimrecht in der Rechtfertigungspraxis ein-zuräumen die Freiheit besteht, vgl. zum Zusammenhang zwischen frühneuzeitlichem Gewissheits-Anspruch und den historischen Voraussetzungen eines hypothetischen Gel-tungsbewusstseins: Nelson (1977, S. 105 ff.).

49 Nelson (1977, S. 119).

50 So Dux (1982); Hallpike (1990).

Die Genese der modernen Wissenschaft ist dabei das Resultat einer sehr spezifischen – für die eu-ropäische Neuzeit und die moderne Gesellschaft typischen – beinahe schon ironischen Form der Explikation von kulturellem und praktischem Hin-tergrundwissen. Denn die neuzeitliche Idee der wis-senschaftlichen Wahrheit ist über die Bedeutung der experimentellen Verfahren an die Technik, also auch an die *pragmatische* Funktion des Wissens gebunden (Francis Bacon), sofern die Evidenzbasis der experimentellen Methode an die kompetente Herstellung von Messergebnissen gebunden ist. Gleichzeitig aber findet die Idee der praktischen Prüfung des Wissens im 17. Jahrhundert den An-schluss an die kosmologische Theorie auf dem Wege der Geometrisierung der Praxis, indem sie eine Umdeutung der praktischen Fertigkeit durch eine Explikation ihres Verfahrens und ihrer »Ge-genstände« more geometrico vornimmt.[47]

Die explizit zu rechtfertigende »Wahrheit« ist jetzt an Objektivität, diese an eine Ontologie der Objekte und eine Theorie der Gesetze gebunden.[48] Die Wahrheit wird sodann, nachdem sie ehedem an Korrespondenz geknüpft war, als Kohärenz oder Konsens innerhalb wissenschaftlicher Diskurse ex-pliziert. In jedem Falle ist die Wahrheit als sie selbst nicht gebunden an partikulare kulturelle Horizonte. Das – und nicht zuerst eine inhaltliche These über Ruhe und Bewegung der Planeten – ist der Streit, den Kopernikus und Galilei mit den »fiktionalis-tisch« argumentierenden (nicht einfach ortho-doxen) Kirchenvertretern, den Bellarmin und Osi-ander, austrugen: ob die kognitive Geltung im Sinne eines starken Wahrheitsanspruches als Ge-wissheit bestimmter Sätze vom Menschen, von der Wissenschaft, gefunden und ausgesagt werden kön-ne.[49]

Das gilt jedenfalls zunächst für den besonderen Weg in die Moderne – soweit die Moderne sich als intern plurale Kultur über sich selbst und über die externe Pluralität der Kulturen verständigt hat. Die moderne Reflexion des Sinnes der Wahrheitsgel-tung und ihrer historischen Wurzeln stellt dann aber selbst die Frage, ob die erfolgreiche Explikation der Geltung auf dem Weg der Neuzeit in die mo-derne Gesellschaft der Repräsentation einer »struk-turnotwendigen« Entwicklungslogik folgt,[50] oder aber ob sie das kontingente (wenn auch global nachhaltige) Resultat *selektiver* Explikationswege ist, was eher in die Richtung Foucaults führt.[51]

Entscheidend ist dabei jedoch nicht allein, nicht einmal vorrangig, die mögliche historische Kontingenz des Selbstbegründungsversuchs der Neuzeit im Übergang zur Moderne,[52] der sich im Wandel der traditionalen, »vormodernen« Gewissheit kulturellen Wissens zur rationalen Rechtfertigungspraxis in dreierlei Geltungsdimensionen niederschlägt.[53] Die dringendere Frage lautet vielmehr, ob die rationale Rekonstruktion des Sinnes der kognitiven Geltung angemessen beschreibt, welchen Bezug die »Kultur« in der Gegenwart moderner Gesellschaft zu Wahrheitsansprüchen hat.

Die »Rationalisierung der Lebenswelt« hat die Praxis der Rechtfertigung und Prüfung von kognitiven und davon unterschiedenen Geltungsansprüchen nicht an die Stelle der Gewissheit impliziten kulturellen Wissens gesetzt, sondern an ihre Seite gestellt.

4. Gewissheit *und* Geltung

Der Weg der Explikation kulturellen Hintergrundwissens führt also von der Gewissheit zur Geltung; er führt jedoch auf verschiedenen Wegen auch wieder zurück zum impliziten Wissen. Unter modernen Bedingungen kultureller Differenzierung und Binnendifferenzierung sind im Horizont der Unterscheidung zwischen impliziten kulturellen Lebensformen und expliziten kulturellen Wissenssystemen oder Semantiken mindestens zwei Typen von gesellschaftsinternen kulturellen Differenzen zu unterscheiden. Die gleichsam *horizontale Differenz* zwischen zwei kulturellen Lebensformen, die in einer Gesellschaft, d. h. in einer gemeinsamen, wenn auch unterschiedlich interpretierten ›Umwelt‹, die selbst symbolisch strukturiert und über formale Organisation expliziert ist, interagieren, unterscheidet sich von der *vertikalen Differenz* zwischen expliziten kulturellen Systemen und impliziten kulturellen Lebensformen. Jene expliziten kulturellen Systeme gehören dabei zu den zentralen Teilen der gesellschaftlichen Umwelt, die horizontal differenzierte Lebensformen in einer Gesellschaft gemeinsam haben. Zu ihnen zählen die ›rationalisierten‹, professionell ausdifferenzierten und expliziten kulturellen

Institutionenzusammenhänge, in denen das kulturelle Wissen im Rahmen formaler Organisation und rationalisierter Kommunikation explizite Formen angenommen hat: Religion, Recht, Kunst, Wissenschaft und Technik (vielleicht und in bestimmtem Sinne auch: Wirtschaft).[54]

Zwischen diesen expliziten Kultursystemen besteht ebenfalls eine horizontale Differenz mit eigenen Problemhorizonten. Für das Verhältnis zwischen kognitiver Geltung und praktischer Gewissheit ist allerdings die vertikale Differenz zwischen der Wissenschaft und den alltagspragmatisch konstituierten kulturellen Lebensformen von größerer Bedeutung. Denn zum einen ist die kognitive Geltung im rationalen Selbstverständnis der aufgeklärten Moderne nahezu konkurrenzlos (bezogen auf die horizontale Differenz zwischen Kultursystemen) Angelegenheit der wissenschaftlichen Rechtfertigung von Wissen; zum anderen konkurrieren und durchdringen sich nur Lebensformen und Wissenschaftssystem mit Bezug auf die kognitive Dimension der Geltung des Wissens.

Untereinander treten Lebensformen nur im Falle der Rationalisierung von offenem Streit, also der kulturspezifischen Explikation von Gründen in

---

51 Foucault (1981, S. 253 ff.).

52 Blumenberg (1996).

53 Man kann konstatieren, dass der Ursprung der Moderne einer zufälligen, keineswegs im hegelschen Sinne notwendigen, historischen Konstellation zu verdanken ist (Rorty, 1984, S. 359); gleichwohl ist die Durchsetzung der »instrumentellen« Vernunft (Horkheimer/Adorno, 1982) und ihrer Ergänzung durch die prozedurale Vernunft intersubjektiver, rechtlicher und normativer Selbstfestlegung (Habermas) im Zeichen globaler Ausbreitung eine höchst wirksame ›Realabstraktion‹, und der Gedanke, es hätte auch alles ganz anders kommen können, wirkt vorläufig ebenso wohlfeil wie folgenlos.

54 Es ist nicht zu übersehen, dass die hier kursorisch aufgelisteten Kandidaten einer institutionalisierten Explikation kulturellen Wissens den ›Funktionssystemen‹ in der modernen Gesellschaft entsprechen (Luhmann, 1997, S. 707 ff.). Das hat seinen sachlichen Grund in den Charakteristika von Funktionssystemen, zu denen die Autonomisierung der Systeme durch die codespezifische Kommunikation und die Monopolisierung der entsprechenden Perspektive und Funktion gehört. Im Fall des Wissenschafts-, des Rechts- und des Kunstsystems besteht diese codebasierte Autonomisierung dann ausdrücklich in der Monopolisierung der Zuständigkeit für eine explizierte Geltungsdimension.

Konkurrenz. Dabei rekurrieren sie im Ernstfall auf das Prestige der wissenschaftlichen Geltung des (durch andere) geprüften Wissens. Als Milieus oder praktische Lebenszusammenhänge müssen kulturelle Lebensformen sich gegenseitig nicht auf dem Feld spezifisch kognitiver Geltungsansprüche widerlegen oder überbieten, sofern es genügt, eigene Gewissheit gegen andere Gewissheit zu stellen. Und diese gegenseitige Indifferenz kann notwendig sein, gerade weil die Zugehörigkeit zu einem Milieu nur außerhalb des rationalen Rechtfertigungsspiels den Kontingenzverdacht gegenüber der eigenen Gewissheit durch Distanzwahrung kompensieren kann. Die kulturelle Gewissheit, die konstitutiv für Sub- oder Gegenkulturen im Sinne sozialer Gruppen ist, lässt sich allerdings entlang der vertikalen Differenz gegenüber dem wissenschaftlichen System kulturellen Wissens provozieren. Denn die Wissenschaft stellt einen Überlegenheitsanspruch, sofern sie sich als die ausdifferenzierte, kognitiv zuständige rationale Organisation kulturellen Wissens in Abgrenzung gegenüber traditionalen Gewissheiten und ihren Plausibilitätsgrundlagen wie -formen definiert. Aufklärung meint nach wie vor Explikation und Prüfung vermeintlich fragloser Gewissheit.

Das praktische und implizite Wissen gerät in der Konfrontation mit dieser vertikalen Differenz unter Explikations- und Rechtfertigungsdruck. Kulturelle Lebensformen begegnen der Konkurrenz zur rationalen Geltung von Wissen und der unübersehbaren Koexistenz verschiedener kultureller Milieus und Gemeinschaften geteilten impliziten Hintergrundwissens. Die Kontrasterfahrung und die hierdurch angestoßene Kontingentsetzung des vermeintlich Selbstverständlichen nagt an der Geltungsbasis impliziter kultureller Gewissheiten. Für empirische Gruppen, die sich innerhalb der pluralen Kontexte explizierter Kultur und formaler Organisation bewegen, wird dadurch die Integration von Gemeinschaft auf der Basis implizit gewisser kultureller Regeln und Überzeugungen permanent erschwert, in Frage gestellt und zur Selbstbehauptung veranlasst, so dass sich die sozial stabile Einheit kultureller Lebensformen qua Reflexions- oder Rechtfertigungszwang auf den Weg der Auflösung oder in die Defensive der Abschottung und Radikalisierung begibt. Zumindest sind kulturelle Lebensformen im Sinne empirischer Gemeinschaften der Anforderung ausgeliefert, ihre eigenen Gewissheiten in den Bahnen der rationalen (und der abstrakten) Explikation von Wissen und Geltung zu reflektieren und gegebenenfalls zu rechtfertigen, oder aber im Kontrast zur wissenschaftlich okkupierten Explikation kognitiver Geltung ihre eigenen Gewissheiten in die Zuständigkeit einer anderen Geltungsdimension zu verlagern, indem sie die Geltung des für sie Selbstverständlichen (z.B. als religiöse Gewissheit) vor Rechtfertigungszwängen schützen.[55] Erst die Explikation der Gewissheit als kognitive Geltung erschließt die Differenz zwischen Religion und säkularem, rationalem Wissen von der Welt.[56]

Für die Alltagspraxis in der pluralen, modernen Gesellschaft, die kulturelle Systeme als Geltungsspezialisten ausgebildet hat, sind kulturelle Lebensformen im Sinne sozialer Gruppen schließlich nicht mehr exklusiv und unangefochten zuständig. Die Lebensführung der Einzelnen ist durch Prozesse der Verwissenschaftlichung der Lebenspraxis und der alltäglich wirksamen Explikation des Wissens im Zusammenhang von Professionalisierung, Ausbildung und Arbeitsmarkt mit der Orientierung an expliziter kognitiver Geltung und ihren Rechtfertigungswegen imprägniert.

Doch diese scheinbare Unterlegenheit des impliziten kulturellen Wissens in der Konkurrenz zur Wissenschaft ist nicht das letzte Wort in der Beschreibung des modernen Verhältnisses zwischen explizitem und implizitem Wissen, bzw. zwischen Gewissheit und rationaler kognitiver Geltung. Und das liegt nicht einfach nur daran, dass selbstverständlich auch in der modernen Gesellschaft in performativer Einstellung Handlungen vollzogen und ausgeführt werden, wobei ganz offensichtlich nicht allein rationales, geprüftes und explizites Wissen zur Anwendung kommt, sondern immer auch implizite, pragmatische und kulturell konstituierte,

---

55 Wofür sie dann wieder moderne Anerkennungsrechte, deren Geltung sich aus der explizit gerechtfertigten Toleranzmaxime speist, in Anspruch nehmen können.

56 Und das gilt gleichermaßen historisch, d.h. bezogen auf die wissenschaftliche Reflexion der Religion, mit deren Ausdifferenzierung erst die Differenz zwischen religiöser und säkularer Überzeugung erschlossen wird, wie gegenwartsbezogen, wenn man auf den Prozess der möglichen religiösen Fundamentalisierung von Lebenspraktiken und Überzeugungen bei Migranten schaut (Schiffauer, 2000, S. 190f.).

habituelle Voraussetzungen im Spiel sind. Der entscheidende Punkt betrifft den Anspruch auf kognitive Geltung selbst. Denn für die rationalisierte kognitive Geltung ist der *interne* Bezug zu Formen des impliziten Wissens und der entsprechenden Form der Gewissheit elementar und unverzichtbar:

Auch wenn die »Kultur der Moderne« durch Reflexion und selbstbezogene Explikation aus sich heraus Standards der rationalen Argumentation (in allen Geltungsdimensionen) hervorgebracht hat und diese im Sinne einer Trennung von Genesis und Geltung nun als verbindlich erachtet werden, so kann gerade diese *Praxis* der Rechtfertigung die Funktion des impliziten Wissens innerhalb ihrer selbst weder abstreifen noch einholen. Denn die Einlösung von Ansprüchen auf die kognitive Geltung von Sätzen oder Überzeugungen ist in zweifacher Weise mit der Praxis verwoben: Sie ist erstens selbst eine – wenn auch auf besondere Weise geregelte – Praxis, und sie ist zweitens auf die Ebene praktischer, sprich: impliziter, Handlungsgewissheiten angewiesen, sofern sich die geprüften Überzeugungen nicht allein in der Argumentation, sondern auch in der praktischen Übersetzung in Handlungen bewähren und dort an eventuellem Scheitern korrigieren können müssen.

Wenn die Geltung von der Form der Rechtfertigung abhängt, liegt der Sinn der kognitiven Geltung in der diskursiv einzulösenden rationalen Akzeptabilität begründbarer Überzeugungen und Behauptungen.[57] Diese Einlösungs- und Rechtfertigungspraxis bleibt aber auch für die begriffliche Rekonstruktion ihrer formalen Struktur eine Form des *Handelns* und damit auf das implizite Wissen potentieller Diskursteilnehmer angewiesen.[58] Der *Begriff* einer diskursiven, kognitiven Geltung kann darum nur dann formal und universal sein, wenn die formalistische Explikation impliziten kulturellen Wissens in dieses, d.h. in den Modus der Gewissheit selbstverständlichen kulturellen Wissens, den Bezug zur Universalität der Einlösung von Wahrheitsansprüchen vor einem unbegrenzten Forum[59] hineinprojiziert. Damit ist die Funktion jener abstrakten Explikation des impliziten Wissens und seiner Geltungsform angegeben, auf die wir weiter oben bereits zu sprechen gekommen sind.

Die Partikularität jeder kulturellen Lebensform ist nur dann kein Problem für den Universalismus des Begriffs der Wahrheit, wenn alle kulturellen Lebensformen »an sich« immer schon zwischen kognitiver und anderer Geltung im Takt der diskursiven Differenzierung – zwischen einer subjektiven, einer sozialen und einer objektiven Welt, sowie zwischen kognitiven und normativen Erwartungen innerhalb von Handlungssituationen – unterscheiden. Auch wenn das aufgeklärte Wissen dem bloßen Vorurteil den Anspruch auf Prüfung entgegenhält, so ist doch jedes Urteil, jeder Schritt der Prüfung und jeder Rechtfertigungsgrund überhaupt nur verständlich auf der Basis einer hermeneutischen Vorstruktur des (Bedeutungs-) Verstehens (Gadamer); und diese Basis ist als kulturelles, pragmatisches und habituelles Fundament durch kontextualistische Lesarten dem Verdacht der Partikularität ausgesetzt, d.h. sie ist relativ zu einer praktischen Lebensform. Dann kann die letzte Plausibilitätsbasis rationaler Gründe selbst nicht im Sinne der durch sie erschlossenen Rationalität rational begründet werden.[60]

Die formale Reflexion der Handlungs- und Kommunikationsform der Rechtfertigung muss deswe-

---

57 Siehe zum Prinzip der rationalen Akzeptabilität mit Bezug auf die diskursive Begründung von Behauptungen: Dummett (1982, S. 35); Putnam (1990) und schließlich: Habermas (1984, S. 160 ff.).

58 Auch für Regeln rationaler Argumentation, d.h. für die als gültig erachteten Schlussweisen, die logischen Beziehungen, die Relevanzstrukturen, die wesentliche von unwesentlichen und informative von uninformativen Argumenten unterscheiden, sowie schließlich für die als legitim amerkannten Regeln des »turn taking« in der argumentativen Rede und Gegenrede, gilt – selbst wenn sie durch und durch expliziert vorliegen würden, was in keiner Wissenschaft der Fall ist – das Argument des Regelregresses: Die einzelne und konkrete argumentative Sprechhandlung kann durch die Regeln nicht vollkommen determiniert sein, sondern sie kann im Modus des Vollzuges nur auf der Basis impliziten Wissens diese Regeln »angemessen« applizieren.

59 So jedenfalls verfährt die formalpragmatische Rekonstruktion der Peirceschen Idee einer »ultimate opinion« der scientific community (Apel, 1975), die als regulative Idee die gegenseitige Kritik der Forscher zugleich mit dem fallibilistischen Bewusstsein der empirischen Unabschließbarkeit der Wahrheitssuche und dem idealisierenden Bezug auf die Universalität der anzustrebenden Geltung ausstattet, vgl. Habermas (1999, S. 286 f.) und derselbe (2001, S. 37).

60 Das ist die zentrale Botschaft Wittgensteins in »Über Gewissheit« (Wittgenstein, 1969). Vgl. dazu: v. Wright (1990, S. 175 ff.).

gen der kulturellen Gewissheit, jedem impliziten Sprach- und Weltwissen den Bezug zur Wahrheit als eine kontexttranszendierende Aspiration unterstellen.[61] Die Analyse der wissenschaftlichen Wahrheitssuche geht diesen Weg, weil sie den Anschluss der theoretischen Diskurse an den *inneren* Kontext und den *äußeren* Kontext der wissenschaftlichen, expliziten kulturellen Lebensform als Teilkultur der Kultur der Moderne nicht verloren geben darf. Denn diese Verbindung ist der kognitiven Geltung intrinsisch, wenn der Kontakt der Behauptungen *über* die Welt *mit* der Welt über das Handeln läuft. Den Übergang zwischen Gewissheit und Wahrheit und zurück zur Gewissheit muss die universalistische »Wahrheitstheorie« dann aber als rational und kontinuierlich ausweisen.[62] Der innere Kontext der Wissenschaft als Sprachpraxis ist die Bindung der Rechtfertigungskommunikation an die Basis des impliziten Wissens und der praktischen Erfahrungen (etwa: Wahrnehmungen) der Teilnehmer an der rationalen Argumentation. Der äußere Kontext ist die Bindung der Wissenschaft an die wissenschaftsexterne Nutzung und Verwendung vorläufiger rationaler, geprüfter Wahrheiten als kognitive Voraussetzungen von Techniken, Praktiken und Orientierungen in der sozialen Welt. Wissenschaft als Praxis und Diskurs versteht sich also als ausgerichtet an »Wahrheit«: Aussagen können nur durch Aussagen und nicht direkt durch Tatsachen bestätigt oder widerlegt werden. Sie ist aber über

---

61 Habermas (2001, S. 23 ff.).
62 Das ist die Strategie von Habermas: erstens den Begriff der Wahrheit als diskursinterne rationale Rechtfertigung und Akzeptabilität zu explizieren, dann aber durch einen Bezug zum »Test an der Welt« zu ergänzen, der in der Form von diskursiv vorbereiteten, pragmatischen Gewissheiten und ihren Fehlschlägen zu Revisionen motiviert; Habermas (1999, S. 50 ff.).
63 Habermas (1999, S. 53).
64 Renn (2000, S. 492 f.).
65 Bourdieu bezeichnet die praktische Einstellung als blind gegenüber ihrer Wahrheit, das Handeln auf der Grundlage habitueller und impliziter Gewissheit schließt jedes Interesse an der formalen Reflexion aus; die Praxis ›denkt‹ über sich selbst bestenfalls im Sinne der lokalen Steigerung der Effizienz nach, der – so Bourdieu – höchstens das juridische Vorurteil, das die Praxis selbst als theoretisch denkt, eine Idealisierung von Bedeutung und Geltung zuschreiben kann (Bourdieu, 1987, S. 166).

das »rechtfertigungs-transzendierende« Moment des Wahrheitsanspruches[63] wieder auf die pragmatische Gewissheit erstens der Sprachpraxis der Wissenschaft, dann der erfolgsorientierten Praxis externer Kontexte angewiesen.

Denn die kognitive Geltung ist in dieser Konstellation durch eine Arbeitsteilung zwischen Diskurs und Praxis, zwischen einerseits theoretischer, Argumente prüfender, Autoritäten und Gewissheiten in Zweifel ziehender Rede und Gegenrede und andererseits der ›in die Welt eingelassenen‹ praktischen Einstellung der Handelnden gekennzeichnet. Die formalistische Deutung der Struktur des impliziten Wissens einer pragmatischen kulturellen Lebensform muss dabei sicherstellen, dass die Gegenstände, die über die referentielle Funktion theoretischer Aussagen zu Bezugsgegenständen des rationalen Diskurses werden, und die Dinge, mit denen in der praktischen Einstellung ›draußen *in* der Welt*‹ umgegangen wird, an denen Erfahrungen gemacht werden, *dieselben* Dinge sind.[64]

Darin liegt ein entscheidendes Problem für den Übergang zwischen diskursiver Geltung und praktischer Gewissheit, zwischen Argumentation und kooperativem Handeln ›in der Welt‹, denn es werden nicht dieselben Dinge verhandelt, die »behandelt« werden, weil der Sinn von Objektivität, den der rationale Diskurs über Postulate der Referenz von singulären Termini und Propositionen der Welt und den Dingen zuschreibt, mit dem pragmatischen Bezug zur Zuhandenheit und einer Situation kooperativen Handelns nicht identisch ist. Diese Vermutung lässt sich auf die oben beschriebenen pragmatischen Überlegungen im Anschluss an Heidegger, Dewey und Wittgenstein stützen. Ebenso unterscheidet sich die »Wahrheit der Praxis«[65] von der generalisierenden und hypothetischen Unterstellung der Einlösbarkeit eines kognitiven Geltungsanspruches, der die lokalen Bezüge der praktischen Anlässe, überhaupt Behauptungen aufzustellen, überschreitet.

5. Reflexion als Übersetzung

Die Assimilation des impliziten Wissens einer kulturellen Lebensform und der pragmatischen Attitude an das explizite Wissen der theoretischen

Einstellung einer (wissenschaftlichen) Kultur reflektierter kognitiver Geltungsansprüche verrät sich in der metaphorischen Beschreibung des Überganges zwischen Diskurs und Praxis: Denn dieser Übergang von rationaler Geltung einer Behauptung über etwas, zur Gewissheit der darin »implizierten« Erwartungen in der performativen Einstellung im Umgang mit einem vermeintlich entsprechenden »etwas« innerhalb einer zuhandenen Situation muss Übersetzung heißen. Und diese Kennzeichnung des Überganges kann nicht eindeutig klären, was genau im Vollzug dieses Überganges erhalten bleibt, ob nicht also etwa im Zuge der Übersetzung von Behauptungen und Überzeugungen in »Handlungsgewissheiten« der Sinn der Geltung sowie der implizite Vorentwurf über die Welt und den Charakter der Objektivität und schließlich der bestimmte Bezugsgegenstand unter der Hand ausgetauscht werden.[66] Der Gegenstand eines expliziten Urteils, einer Behauptung oder gar Theorie ist anders individuiert als das zuhandene Objekt in der praktischen Einstellung; möglicherweise wahr ist eine Behauptung über einen Sachverhalt; praktisch gewiss ist dagegen eine Form des Umgangs mit »etwas«, der ohne die Zuschreibung und Explikation von objektiven Eigenschaften auskommt. Die Identität zwischen beiden »Gegenständen« ist darum nicht ohne weiteres eine Voraussetzung, sondern vielleicht eher ein Ergebnis der Übersetzung zwischen Praxis und Diskurs.

Die zwei Modi kulturellen Wissen, das implizite praktische Hintergrundwissen und das explizite, reflexiv artikulierte und diskursiv geprüfte oder prüfbare Wissen, sind jeweils charakteristisch für koexistierende kulturelle Formen der Geltung innerhalb der sozial und ebenso kognitiv differenzierten modernen Gesellschaft.[67] Sie stehen einander jedoch nicht unvermittelt gegenüber, sondern sie greifen gleichzeitig aufeinander zurück. Das explizite Wissen der rationalisierten Kultur ist als Ergebnis der Explikation eine Übersetzung des impliziten kulturellen Hintergrundwissens. Als Übersetzung repräsentiert es dieses aber nicht und bringt nicht neutral ans Licht, was im impliziten Wissen »an sich« und bloß noch verborgen ist, denn das letztere ist nicht einfach ein unthematisches, selbst schon objektivierendes oder gar theoretisches Wissen. Der ausdrückliche kognitive Geltungsanspruch reflek-

tiert darum nicht neutral, was die Gewissheit des praktischen »know how« im Handeln und Sprechen bedeutet, sondern gibt zunächst dem Inhalt des Wissens, dann seinem Geltungsstatus und der Form der Vergewisserung, schließlich gar der Form, in der das Wissen das Handeln anleitet, einen neuen Sinn. Die abstrahierende Reflexion des know how kann Formen und Regeln des Handelns artikulieren und über den Weg der Technik Praktiken konstituieren. Solche Praktiken können als Sozialtechnologie, Expertokratie, als technokratische Ordnung im Sinne einer Realabstraktion der alltäglichen Praxis Formen aufzwingen, die den Unterschied zwischen implizitem und explizitem Wissen unsichtbar machen, indem sie an die Stelle der Funktion des impliziten Sinnes für Angemessenheit den Identitätszwang setzen, der Situationen, Personen und zuhandene Umgebungen an Standardfälle anpasst. Handlungstheoretisch muss diesbezüglich allerdings von der Instabilität einer rein realabstrakten Handlungsdetermination ausgegangen werden, da explizite Ordnungen auf der Ebene

---

66 In der Habermasschen Rekonstruktion – die wir hier als repräsentativ für eine ebenso gesellschaftstheoretisch, wie rationalitäts- und bedeutungstheoretisch beschlagene, pragmatische Rekonstruktion der modernen Formen des kognitiven Geltungssinnes heranziehen – heißt es entsprechend: »Wie der Wahrheitsbegriff auf der einen Seite die Übersetzung von erschütterten Handlungsgewissheiten in problematisierte Aussagen erlaubt, so gestattet andererseits die festgehaltene Wahrheitsorientierung die Rückübersetzung von diskursiv gerechtfertigten Behauptungen in wiederhergestellte Handlungsgewissheiten.« (Habermas, 1999, S. 263). Es ist dabei aber in keinem Sinne klar, was »Übersetzung« hier bedeuten mag, vor allem ob – angesichts der Unschärfe der Übersetzung – beim Übergang vom Diskurs in die Praxis die universalistische Ausrichtung von Geltungsansprüchen erhalten bleibt, bzw. ob es überhaupt die in diesem starken kognitiven Sinne hypothetisch aufrechterhaltene Überzeugung ist, die im Zuge der doppelten Übersetzung einer Prüfung unterzogen wurde, ob also das Modell einer solchen Übersetzung die Revisionskraft der Praxis für die reflexive Argumentation stützt.

67 Autoren, die den heterogenen Cultural Studies zuzuordnen sind, beschreiben im Kontrast zu den kulturtheoretischen Implikationen der klassischen Modernisierungstheorie »Subkulturen« eher als minoritäre und marginalisierte »Gegen«-Kulturen. Für die Aktualität von Geltungsorientierungen, in denen die kognitive Geltung »wissenschaftlich« autorisierter Überzeugungen zur Stützung impliziter Glaubensgewissheiten ausgebeutet werden: Fiske (1999).

der konkreten Handlungen stets Abweichungen erzeugen. *Geltungstheoretisch* aber kann die Brücke zwischen rationaler Rechtfertigung und performativer Einstellung ohnehin nicht abgebrochen werden, so dass das implizite Wissen in der Explikation der Geltung nicht restlos an das explizite Wissen selbst angeglichen werden kann.

Dieser letzte Aspekt, die Rückwirkung des expliziten Wissens, das im Horizont von Wahrheitsansprüchen gerechtfertigt werden muss, auf die pragmatische Ebene des Handelns, ist dem expliziten Wissen nicht äußerlich, wenn seine rationalisierte kognitive Geltung nur durch die Übersetzung aus der pragmatischen Beziehung zur Welt und die korrelative Übersetzung in diese zurück, wodurch Erfahrung und Revisionsanstoß in den Diskurs gelangen, gerechtfertigt werden kann. Wir können aber die Beziehung zwischen der Geltung geprüfter Urteile und der praktischen Gewissheit des impliziten kulturellen Hintergrundwissens bei Sprechen und Handeln nicht auf die eine oder andere Seite hin auflösen; denn ob die »Adäquatheit« der Übersetzung zwischen Diskurs und Praxis den Kriterien des Diskurses oder denen der Praxis genügen muss, ob also der Transfer zwischen idealiter rational einlösbaren Wahrheitsansprüchen und der Zuverlässigkeit eines implizit gewissen know how wahr, im Sinne von rational akzeptabel oder effektiv im Sinne der Zuverlässigkeit sei, ließe sich nur beantworten, wenn die eine Seite auf die andere reduzierbar wäre.

---

68 Bosch/Kraetsch/Renn (2001). Die (problematische, weil vorschnell generalisierende) Rede von einer vermeintlichen »Wissensgesellschaft« (Stehr, 2000) steht darum nicht für die Vorstellung, es gäbe mehr und ›besseres‹ Wissen in der Gesellschaft, sondern für die Beobachtung, dass die Bedeutung des Wissens, *wie* Wissen herangezogen, vermittelt, umgesetzt und in Kooperationen »vernetzt« und erzeugt werden kann, an Bedeutung gewonnen habe. Dieses Wissen über sozial verteiltes Wissen und seine performative Nutzung kann zwar als ein reflexives Wissen gelten, es ist selbst aber wieder eine Form impliziten, weil praktischen Wissens, denn es entfaltet seine Wirksamkeit im Rahmen der »new production of knowledge«, d.h. im Modus der engen pragmatischen Verschränkung von Kontexten, in denen wissenschaftsnah kognitive Geltung reklamiert und geprüft wird, und Kontexten der performativen Nutzung und Konstitution von praktischem Wissen (Gibbons u.a., 1994). Vgl. zur Verschränkung der Geltungskriterien, an denen das Wissen dabei gemessen wird: Bender (2001, S. 13 f.).

Das aber ist nicht der Fall, wenn das implizite Wissen der kulturellen Lebensformen und das implizite Wissen, das bei jeder Handlung eine notwendige Bedingung der Handlungsfähigkeit bleibt, sich der Explikation in der Reflexion und Rationalisierung des Wissens einer Kultur von der Welt immer auch entziehen.

Die Reflexion des Wissens der modernen Gesellschaft hat sich von der optimistischen und selbstbewussten Einschätzung entfernt, dass die gesteigerte Reflexion zu permanenter Steigerung von Transparenz, Rationalität des Wissens und damit zu einer immer weiter erhöhten Steuerungsfähigkeit sozialer Prozesse führt. Die wissenschaftssoziologische Forschung beschreibt die Analyse der Beziehung zwischen wissenschaftlicher Rechtfertigungspraxis und praktischer Nutzung des Wissens in performativer Einstellung zunehmend als eine Übersetzungspraxis, in der kognitive Geltung und praktische Gewissheit auseinander treten, aufeinander nicht reduzierbar oder in eine einfache Hierarchie höherer bzw. niedriger Rationalität zu bringen sind. Dem praktischen Übergang zwischen Kontexten der expliziten kognitiven Geltung und performativen Kontexten der impliziten (Handlungs-) Gewissheit entspricht ein Transfer von Wissen zwischen unterschiedlichen praktischen Kontexten, der keine Übertragung, keine Repräsentation darstellt, sondern der einen Formwechsel einschließt, der die Form und die Geltungsart des Wissens betrifft.[68]

Die Explikation dieses Übergangs und des Unterschiedes sowie der sozialen Relation zwischen explizitem und implizitem Wissen ist selbstbezüglich: Die Analyse der Explikation des kulturellen Wissens sowie der Ausdifferenzierung von Geltungsansprüchen ist selbst eine Explikation und findet sich am Ende vor der Aufgabe wieder, den Begriff der von ihr geübten Explikation zu explizieren. Sie muss sich dabei mindestens von der Überschätzung der Selbsteinholung des Wissens auf dem Wege der Reflexion bewahren. Der Anspruch auf Kontexttranszendierung (und Kritik) ist gleichermaßen uneinlösbar wie unverzichtbar. Die Analyse beansprucht gewissermaßen den Standpunkt einer Explikation der Explikation, aber sie muss, wenn sie der selektiven Abstraktheit der Reduktion von impliziter Gewissheit auf explizite kognitive Geltung gegenüber empfindlich ist, die Differenz zwischen explizitem und implizitem Wissen *geltungstheoretisch* berücksichtigen. Das heißt, sie kann ihre eigene Argumentation nur als eine Übersetzung verstehen und muss es vermeiden, die Geltung des praktischen Transfers zwischen explizitem wissenschaftlichen Wissen bzw. rationaler Argumentation und der pragmatischen Gewissheit, die dem Modus performativen kulturellen Wissens entspricht, auf eine der jeweiligen Geltungsformen zu reduzieren. Die *gelungene* Übersetzung zwischen Praxis und explizitem kulturellen Wissen bemisst sich weder nur an pragmatischer Effizienz und Zuverlässigkeit, noch allein an der vorläufigen, argumentativen Rechtfertigung von Wahrheitsansprüchen. Woran sie sich – positiv formuliert – bemessen muss, ist eine praktische Rechtfertigung der Rechtfertigungspraxis. Das ist ohne Zweifel eine zirkuläre Formulierung; sie verweist allerdings auf einen produktiven Zirkel:

Das kulturelle Wissen wird im Zuge seiner Reflexion nicht »wahr«, sondern es wird in der Zuspitzung auf die kognitive Dimension als »auf Wahrheit verpflichtet« expliziert. Die Reflexion erschließt im Horizont rationalisierter kultureller Lebensformen als Rückseite des Zweifels das Streben nach gültigem Wissen und Wahrheit; diese Verstetigung des Zweifels aber wird in der Explikation der Explikation wieder: pragmatisch »gewiss«.

Literatur

APEL, KARL OTTO (1975), *Der Denkweg von Charles S. Peirce*, Frankfurt/M.: Suhrkamp. ■ ASSMANN, JAN (1999), *Das kulturelle Gedächtnis. Schrift, Erinnerung und politische Identität in den frühen Hochkulturen*, München: C. H.Beck. ■ BAECKER, DIRK (1999), *Organisation als System*, Frankfurt/M.: Suhrkamp. ■ BENDER, GERD (2001), »Einleitung«, in: Bender, Gerd (Hg.), *Neue Formen der Wissenserzeugung*, Frankfurt/M./New York: Campus, S. 9–23. ■ BLUMENBERG, HANS (1996), *Die Legitimität der Neuzeit*, Frankfurt/M.: Suhrkamp. ■ BOSCH, AIDA / KRAETSCH, CLEMENS / RENN, JOACHIM (2001), »Paradoxien des Wissenstransfers. Die »Neue Liaison« zwischen sozialwissenschaftlichem Wissen und sozialer Praxis durch pragmatische Öffnung und Grenzerhaltung«, in: *Soziale Welt*, 2, S. 199–219. ■ BOURDIEU, PIERRE (1979), *Entwurf einer Theorie der Praxis*, Frankfurt/M.: Suhrkamp. ■ BOURDIEU, PIERRE (1987), *Sozialer Sinn. Kritik der theoretischen Vernunft*, Frankfurt/M.: Suhrkamp. ■ DEWEY, JOHN (1988), *Kunst als Erfahrung*, Frankfurt/M.: Suhrkamp. ■ DEWEY, JOHN (1989), *Experience and Nature*, La Salle, Ill.: Open Court. ■ DREYFUS, HUBERT L. (1991), *Being-In-The-World. A Commentary on Heideggers Being and Time, Division I*, Cambridge, Mass.: MIT Press. ■ DUMMETT, MICHAEL (1982), »Wahrheit«, in Dummett, Michael, *Wahrheit*, Stuttgart: Reclam, S. 7–47. ■ DURKHEIM, EMILE (1992), *Über soziale Arbeitsteilung. Studie über die Organisation höherer Gesellschaften*, Frankfurt/M.: Suhrkamp. ■ DUX, GÜNTHER (1982), *Die Logik der Weltbilder. Sinnstrukturen im Wandel der Geschichte*, Frankfurt/M.; Suhrkamp. ■ FINLEY, MOSES I. (1979), *Die Welt des Odysseus*, München: Deutscher Taschenbuch-Verlag. ■ FISKE, JOHN (1999), »Elvis: Body of Knowledge. Offizielle und populäre Formen des Wissens um Elvis Presley«, in: Hörning, Karl H. / Winter, Rainer (Hg.), *Widerspenstige Kulturen. Cultural Studies als Herausforderung*, Frankfurt/M.: Suhrkamp, S. 339–379. ■ FOUCAULT, MICHEL (1981), *Archäologie des Wissens*, Frankfurt/M.: Suhrkamp. ■ GELB, IGNACE J. (1963), *A Study of Writing. A Discussion of the General Principles Governing the Use and Evolution of Writing*, Chicago: University of Chicago Press. ■ GETHMANN, CARL FRIEDRICH (1993), *Dasein: Erkennen und Handeln. Heidegger im phänomenologischen Kontext*, Berlin/New York: de Gruyter. ■ GIBBONS, MICHAEL U. A. (1994), *The New Production of Knowledge. The Dynamics of Science and Research in Contemporary Societies*; Sage: London. ■ GIDDENS, ANTHONY (1997), *Die Konstitution der Gesellschaft*, Frankfurt/M./New York: Campus. ■ GIESECKE, MICHAEL (1992), *Sinnenwandel, Sprachwandel, Kulturwandel. Studien zur Vorgeschichte der Informationsgesellschaft*, Frankfurt/M: Suhrkamp. ■ GOODY, JACK / WATT, IAN (1986), »Konsequenzen der Literalität«, in: Goody, Jack / Watt, Ian / Gough, Kathleen (Hg.), *Entstehung und Folgen der Schriftkultur*, Frankfurt/M.: Suhrkamp, S. 25–63. ■ HABERMAS, JÜRGEN (1975), *Erkenntnis und Interesse*, Frankfurt/M.: Suhrkamp. ■ HABERMAS, JÜRGEN (1981), *Theorie des kommunikativen Handelns*, 2 Bände, Frankfurt/ M.: Suhrkamp. ■ HABERMAS, JÜRGEN (1984), »Wahrheitstheorien«, in: Habermas, Jürgen, *Vorstudien und Ergänzungen zur Theorie des kommunikativen Handelns*, Frankfurt/M.: Suhrkamp, S. 127–187. ■ HABERMAS, JÜRGEN (1999), *Wahrheit und Rechtfertigung*, Frankfurt/M: Suhrkamp. ■ HABERMAS, JÜRGEN (2001), *Kommunikatives Handeln und detranszendentalisierte Vernunft*, Stuttgart: Reclam. ■ HALLPIKE, CHRISTOPHER ROBERT (1990), *Die Grundlagen primitiven Denkens*, München: Klett-Cotta. ■ HEGEL, GEORG WILHELM FRIEDRICH, (1952 [1807]), *Phänomenologie des Geistes*, Hamburg: Meiner. ■ HEIDEGGER, MARTIN (1984), *Sein und Zeit*, Niemeyer: Tübingen. ■ HORKHEIMER, MAX / ADORNO, THEODOR W. (1982), *Dialektik der Aufklärung*, Franfurt/M.: Fischer. ■ HUSSERL, EDMUND (1985), *Erfahrung und Urteil*, Hamburg: Meiner. ■ JAMES, WILLIAM (1950), *The Principles of Psychology*, 2 Bde., Dover-Edition, New York: Henry Holt&Co. ■ JANICH, PETER (1996), *Was ist Wahrheit. Eine philosophische Einführung*, München: C. H.Beck. ■ JOAS, HANS (1996), *Die Kreativität des Handelns*, Frankfurt/M.: Suhrkamp. ■ KENNY, ANTHONY JOHN PATRICK (1975), *Will, Freedom and Power*, Oxford: Blackwell. ■ KUHN, THOMAS (1967), *Die Struktur wissenschaftlicher Revolutionen*, Frankfurt/M.: Suhrkamp. ■ LUHMANN, NIKLAS (1992), *Die Wissenschaft der Gesellschaft*, Frankfurt/M.: Suhrkamp. ■ LUHMANN, NIKLAS (1997), *Die Gesell-*

schaft der Gesellschaft, Frankfurt/M.: Suhrkamp. ▪ MEAD, GEORGE HERBERT (1973 [1934]), Geist, Identität und Gesellschaft, Frankfurt/M.: Suhrkamp. ▪ MÜNCH, RICHARD (1986), *Die Kultur der Moderne*, 2 Bde., Frankfurt/M.: Suhrkamp. ▪ MURRAY, OSWYN (1985), *Das frühe Griechenland*, München: Deutscher Taschenbuch-Verlag. ▪ NELSON, BENJAMIN (1977), »Die Anfänge der modernen Revolution in Wissenschaft und Philosophie – Fiktionalismus, Probabilismus, Fideismus und katholisches ›Prophetentum‹«, in: Nelson, Benjamin, *Der Ursprung der Moderne*, Frankfurt/M.: Suhrkamp, S. 94–140. ▪ OKRENT, MARK (1988), *Heideggers Pragmatism*, Ithaka/London: Cornell University Press. ▪ PARSONS, TALCOTT (1994), *Aktor, Situation und normative Muster. Ein Essay zur Theorie sozialen Handelns*, Frankfurt/M.: Suhrkamp. ▪ PARSONS, TALCOTT (1996), *Das System moderner Gesellschaften*, Weinheim/München: Juventa. ▪ PEIRCE, CHARLES SANDERS (1967), »Einige Konsequenzen aus vier Unvermögen«, in: Peirce, Charles Sanders, *Schriften 1*, hg. von Apel, Karl Otto, Frankfurt/M.: Suhrkamp, S. 184–224. ▪ POLANYI, MICHAEL (1985), *Implizites Wissen*, Frankfurt/M: Suhrkamp. ▪ PUTNAM, HILARY (1990), *Vernunft, Wahrheit, Geschichte*, Frankfurt/M.: Suhrkamp. ▪ RENN, JOACHIM (1993), »Die kommunikative Erschließung der subjektiven Welt. Die existentielle Genese als dialogische Reflexion expressiver Sprechakte«, in: *Deutsche Zeitschrift für Philosophie*, 41, 3, S. 539–561. ▪ RENN, JOACHIM (1999), »Explikation und Transformation. Die Anwendung soziologischen Wissens als pragmatisches Übersetzungsproblem«, in: Bosch, Aida / Fehr, Helmut / Kraetsch, Clemens / Schmidt, Gert (Hg.), *Sozialwissenschaftliche Forschung und Praxis. Interdisziplinäre Sichtweisen*, Wiesbaden: Deutscher Universitätsverlag, S. 123–145. ▪ RENN, JOACHIM (2000), »One World is Enough (Review of: Habermas, Wahrheit und Rechtfertigung)«, in: *European Journal of Social Theory*, 3, No. 4, S. 485–499. ▪ RENN, JOACHIM (2001), »Heideggers Hermeneutik der Welterschließung als Protosoziologie der modernen Reflexivität«, in: Weiß, Johannes (Hg.), *Die Jemeinigkeit des Mitseins. Die Daseinsanalytik Martin Heideggers und die Kritik der soziologischen Vernunft*, Konstanz: UVK-Verlags-Gesellschaft, S. 233–251. ▪ RORTY, RICHARD (1982), »Overcoming the Tradition: Heidegger and Dewey«, in: Rorty, Richard *Consequences of Pragmatism*, Brighton, Sussex: Harvester Press, S. 37–60. ▪ RORTY, RICHARD (1984), *Der Spiegel der Natur. Eine Kritik der Philosophie*, Frankfurt/M.: Suhrkamp. ▪ RORTY, RICHARD (1988), »Solidarität oder Objektivität«, in: Rorty, Richard, *Solidarität oder Objektivität. Drei philosophische Essays*, Hamburg: Reclam, S. 11–38. ▪ RORTY, RICHARD (1989), *Contingency, Irony, Solidarity*, Cambridge: Cambridge University Press. ▪ RYLE, GILBERT (1949), *The Concept of Mind*, New York: Barnes and Noble. ▪ SCHIFFAUER, WERNER (2000), *Die Gottesmänner. Türkische Islamisten in Deutschland*, Frankfurt/M.: Suhrkamp. ▪ SCHNEIDER, HANS JULIUS (2000), »Was heißt ›Explizitmachen impliziten Regelwissens‹«, in: *Handlung, Kultur, Interpretation*, 9, Heft 2, S. 306–324. ▪ SCHNEIDER, HANS JULIUS (2002), »Fortsetzung statt Übersetzung. Das Problem des Kulturverstehens aus der Sicht einer pragmatischen Bedeutungstheorie«, in: Renn, Joachim / Straub, Jürgen / Shimada, Shingo (Hg.), *Übersetzung als Medium des Kulturverstehens und sozialer Integration*, Frankfurt/M./New York: Campus, S. 39–62. ▪ SCHÜTZ, ALFRED (1974), *Der sinnhafte Aufbau der sozialen Welt*, Frankfurt/M.: Suhrkamp. ▪ SEARLE, JOHN (1992), *Speech Acts. An Essay in the Philosophy of Language*, Cambridge, Mass.: Cambridge University Press. ▪ SNELL, BRUNO (1986), *Die Entdeckung des Geistes. Studien zur Entstehung des europäischen Denkens bei den Griechen*, Göttingen: Vandenhoeck & Ruprecht. ▪ SRUBAR, ILJA (2002), *Handeln, Denken, Sprechen. Der Zusammenhang ihrer Form als genetischer Mechanismus der Lebenswelt*, Konstanz: MS. ▪ STEHR, NICO (2000), *Die Zerbrechlichkeit moderner Gesellschaften. Die Stagnation der Macht und die Chance des Individuums*, Weilerswist: Velbrück. ▪ STETTER, CHRISTIAN (1999), *Schrift und Sprache*, Frankfurt/M.: Suhrkamp. ▪ TUGENDHAT, ERNST (1970), *Der Wahrheitsbegriff bei Husserl und Heidegger*, Berlin: de Gruyter. ▪ TUGENDHAT, ERNST (1976), *Vorlesungen zur Einführung in die sprachanalytische Philosophie*, Frankfurt/M.: Suhrkamp. ▪ WEBER, MAX (1963), *Gesammelte Aufsätze zur Religionssoziologie*, 3 Bde., Tübingen: Mohr Siebeck. ▪ WITTGENSTEIN, LUDWIG (1969), *On Certainty*, (zweisprachige Ausgabe), New York/London: Harper & Row. ▪ WITTGENSTEIN, LUDWIG (1984), *Philosophische Untersuchungen*, Frankfurt/M.: Suhrkamp. ▪ WRIGHT V., GEORG HENRIK (1984), *Erklären und Verstehen*, Königstein: Athenäum. ▪ WRIGHT V., GEORG HENRIK (1990), »Wittgenstein über Gewissheit«, in: Wright v., Georg Henrik, *Wittgenstein*, Frankfurt/M.: Suhrkamp, S. 170–189.

4.4 Sinn und Erzählung – Narrative Kohärenzansprüche der Kulturen

Daniel Fulda

Erzählen gilt als »ein Grundmuster aller Kommunikation, eine Grundoperation der Sinnbildung und anthropologisch konstante Diskursform, zugleich [als] grundlegende Form des literarischen Ausdrucks«.[1] Als mündliche oder schriftliche Darstellung von Begebenheiten ermöglicht die Erzählung[2] eine einerseits elementare, andererseits hochkomplex elaborierbare Auffassung, Strukturierung, Deutung und Vermittlung von realen oder imaginierten Erfahrungen, von Vorstellungen und Intentionen. Sowohl für die Identitätsbildung einzelner Individuen als auch für die intersubjektive Kommunikation und, in deren Institutionalisierung, für die gesellschaftliche Identitätsbildung ist sie daher unverzichtbar.[3] Entscheidend für diese kulturelle Leistung scheint eine dreifache Kohärenz, welche das Erzählen herstellt: zum einen die Verknüpfung von verstreuten Begebenheiten in den temporal strukturierten Zusammenhang einer ›Geschichte‹, zum anderen die Integration von mehreren Handelnden sowohl innerhalb der erzählten Geschichte (Aktanten) als auch in der jeweiligen Erzählsituation (Adressaten) sowie drittens die wechselseitige Vermittlung zwischen den Positionen einerseits des Erzählers, andererseits des Erzählten.

1. Sinn und Kohärenz

Um die Sinnfunktion des Erzählens präziser zu fassen, bedarf es zunächst einer, notgedrungen kurzen, Revision und Ordnung der teilweise divergierenden Verwendungsweisen des Sinnbegriffs in den aktuellen Kulturwissenschaften, soweit sie für das gegebene Thema von Belang sind.[4] Im Vordergrund steht dabei die Sinnbildung durch Herstellung von Kohärenzen oder, als deren schwächere Vorstufe, von Relationen.

1.1. Überblick

Traditionell hat der Sinnbegriff seinen Ort vor allem in Denk- und Theoriezusammenhängen *hermeneutischer* Provenienz. Sinn ist dort das, was zu verstehen ist. Der Text und sein zu ermittelnder, vorderhand vielleicht dunkler Sinn bilden hier das Basismodell; in analoger Weise sinnvoll verstehen lassen sich menschliche Handlungen, das (eigene) Leben, kulturelle Ordnungen, ›die Geschichte‹ (nicht aber die Natur). Dieser im engeren oder weiteren Sinne hermeneutische Sinnbegriff ist theoriearchitektonisch an das ›Subjekt‹ gekoppelt, in dessen Bewusstsein sich ›Verstehen‹ vollzieht.[5] Wohl stellt sich Intersubjektivität nie unmittelbar her; Sinnträger sind vielmehr kulturell codierte und materialisierte Äußerungen, doch haben diese Sinn

---

1 Pankau (1994, Sp. 1425). Die Annahme anthropologischer Konstanz hat in der Erzählforschung bislang verhindert, dass man aus der im Titel angedeuteten Pluralität von Kulturen den Schluss zog, der Erzählbegriff müsse kulturrelativistisch ausdifferenziert werden. In welchem Maße dies nötig ist und welcher Weg dabei zu verfolgen wäre, kann hier nicht erörtert werden, dürfte aber ein künftiges Thema der Narratologie sein.

2 Zur Vieldeutigkeit des Begriffs ›Erzählung‹ vgl. Schmeling/Walstra (1996). Zu unterscheiden sind vor allem (a) die Bezeichnung für eine Rede- und Text*struktur*, (b) ein Sammelbegriff analog zu ›Epik‹ sowie (c) der Name einer vage umrissenen Einzelgattung fiktionaler narrativer Texte kürzeren Umfangs. Im Folgenden wird ›Erzählung‹ prinzipiell im Sinne von (a) diskutiert; soweit es um Erzählstrukturen in der Literatur geht, kommt es indessen zu Überschneidungen mit (b) und (c).

3 Vgl. Polkinghorne (1998, S. 15).

4 Eine gründliche Revision und zugleich ›kulturwissenschaftliche‹ Interpretation philosophischer Sinntheorien nimmt Rustemeyer (2001, S. 7–118) vor.

5 Anders als von vielen Hermeneutikkritikern unterstellt, ist der hermeneutische Sinnbegriff dagegen nicht auf die *Intentionen* eines Subjekts am Anfang des Kommunikationsprozesses (klassisch: des Autors) fixiert. Den Sinn einer Äußerung, einer Handlung usw. zu verstehen geht nicht darin auf, eine Autorintention o. ä. benennen zu können; vgl. Brenner (1998, S. 115–118).

nur für jene menschlichen Subjekte, die sie produzieren und wahrnehmen.

Trotzdem spielt der Sinnbegriff auch in Theorien, die rein *funktionalistisch* argumentieren, auf anthropologische Prämissen verzichten und daher ohne Subjektposition auskommen, eine zentrale Rolle. Niklas Luhmann zufolge läuft Kommunikation – aus deren ohne kommunizierende Subjekte gedachter Struktur seine Systemtheorie den Aufbau von Gesellschaft ableitet – stets mit Bezug auf Sinn ab.[6] Dieser Sinn entsteht – und wird stets bemüht –, da Kommunikation sich immer auf andere, nicht ergriffene Möglichkeiten bezieht und eben dadurch Anschlüsse für weitere Kommunikation schafft. Er stellt damit nicht mehr (nicht etwas Konkreteres), aber auch nicht weniger als »eine Art Anschließbarkeitsgarantie« dar.[7] Als derartig ubiquitär, unvermeidlich und unspezifisch definiert, scheint der Sinnbegriff der Systemtheorie allerdings wenig geeignet zur Beschreibung spezifischer Sinnfunktionen einer besonderen Kommunikationsform wie des Erzählens. Ebenso problematisch ist der Verzicht auf den Subjektbezug, der für das Erzählen konstitutiv ist (vgl. unten 2.2.). Trotzdem werde ich Positionen der Systemtheorie verschiedentlich vergleichend mit einbeziehen. Insbesondere ihre Startoption für *Differenz*[8] stellt eine Vorgabe dar, die

---

6 Vgl. Luhmann (1996, S. 51).
7 Luhmann (1980, S. 17).
8 Vgl. Luhmann (1996, S. 48, 56, 60 u.ö.). Zum theoriekonjunkturellen Kontext vgl. Nassehi (1995). Die differenztheoretische Argumentation basiert zum einen darauf, dass jede Bezeichnung eine Unterscheidung voraussetzt, die aber nicht objektiv vorgegeben, sondern selbst gesetzt ist; zum andern macht sie geltend, dass Bewusstseins- und Sprachakte ihre Inhalte nie präsent machen können, sondern ihnen gegenüber immer nachträglich bleiben. – Im Hinblick auf Sinn vgl. den Beitrag von Dirk Rustemeyer »Formen von Differenz: Ordnung und System« im vorliegenden Band.
9 Böhme/Scherpe (1996, S. 10).
10 Baecker (2000, S. 165).
11 Zur generell zu verzeichnenden Annäherung funktionalistischer und interpretativer Kulturtheorien gerade im Hinblick auf die Inhomogenität von Sinn vgl. Reckwitz (2000, S. 638–643). Als einen (nicht ganz befriedigenden) Versuch, Überschneidungen von Hermeneutik und Systemtheorie im Verständnis von Sinn und Erzählung aufzuweisen und fruchtbar zu machen, vgl. Meuter (1995).
12 Luhmann (1996, S. 44). Ähnlich Deleuze (1993, S. 97).
13 Cassierer (1923, S. 27).

angesichts der gegenwärtigen Tendenz, ›Kultur‹ nicht nur als integrierendes Ganzes, sondern auch und gerade als »Entzweiungsmechanismus« zu betrachten,[9] nicht übergangen werden darf.

Aus dem Primat der Differenz folgt, dass systemtheoretische Beschreibungen von gesellschaftlicher Kommunikation häufig paradox formuliert sind: So sei es die Funktion von »Kultursinn«, »Überraschungen erwartbar« zu machen.[10] Solcherart zwischen widersprüchliche Orientierungen gespannt sind aber auch der hermeneutisch verstandene Sinn sowie das Erzählen – wie im Folgenden deutlicher als üblich herausgestellt werden soll.[11] Als Herausforderung tritt der systemtheoretische Sinnbegriff zudem mit seiner Zurückweisung eines wie immer gearteten objektiven oder fixen Sinns auf: Vom »Medium Sinn« muss einerseits jede gesellschaftliche Operation »Gebrauch […] machen«, doch ist es andererseits nur »*Produkt* der Operationen, die Sinn benutzen«: »Sinn gibt es ausschließlich als Sinn der ihn benutzenden Operationen, also auch nur in dem Moment, in dem er durch Operationen bestimmt wird, und weder vorher noch nachher. Sinn ist […] nicht etwa eine Weltqualität, die sich einer Schöpfung, einer Stiftung, einem Ursprung verdankt. Es gibt demnach keine von der Realität des faktischen Erlebens und Kommunizierens abgehobene Idealität.«[12]

So verstanden, dass Sinn nie einfach angeeignet, sondern zumindest aktualisiert und modifiziert wird, ließe sich Ähnliches freilich auch in der hermeneutischen Theorietradition sagen. Dagegen divergieren die Antworten der beiden Theorietypen auf die Frage, auf welche Voraussetzungen die kommunikative Konstruktion von Sinn zurückgreifen kann: Bezieht die Systemtheorie Sinn lediglich auf soziale Kommunikation und die Unendlichkeit von deren Anschlussmöglichkeiten, so gründen ihn hermeneutische Ansätze nicht nur auf ein Gespräch, eine Handlung, eine Lektüre hier und jetzt, sondern auch auf deren lebensweltliche Kontexte, und zwar in einem breiten Spektrum menschlicher Orientierung: als Subjekt, in der Zeit, in der Gesellschaft. Sinn bildet sich danach durch die Einfügung von »sinnlichen Einzelheiten« in ein kulturell konditioniertes »Bewusstseins-*Ganzes*«.[13]

Eine Definition von ›Sinn‹, die beiden Theorietypen gerecht werden will, muss das Formale der

Sinnbildung herausstellen: »*Sinn*[:] Einbindung eines Phänomens, einer Handlung oder eines Vorkommnisses in einen umfassenden Horizont, Verweis über das Einzelne, über Zwecke und Ziele hinaus, Stiftung kausalen, modalen und temporalen Zusammenhangs als eines ›«Und-so-weiter« des Erlebens und Handelns‹, Erfahrung eines größeren Ganzen im begrenzten, gegebenen Einzelnen«.[14] Überein kommen hermeneutische und funktionalistische Ansätze demnach darin, dass ›Sinn‹ auf *Kohärenzbildung* basiert. Näher zu bestimmen ist diese Kohärenz – nach dem eben Gesagten – als Einheit des Differenten.

1.2. Hermeneutische Sinnbegriffe

Unterschiedliche Ausprägungen ›hermeneutischer‹ Sinntheorien ergeben sich vor allem daraus, wie zentral das *Subjekt* als Produzent und Rezipient von Sinn gesetzt wird. Das wiederum hängt sowohl von philosophischen und anthropologischen Vorentscheidungen als auch von den spezifischen Perspektiven der Disziplin, in der und für die eine Sinntheorie entwickelt wird, ab. Unterschiedliche Schwerpunkte ergeben sich weiterhin daraus, ob ›Handlungen‹ oder ›Erfahrungen‹ im Vordergrund stehen: Im ersten Fall wird Sinn stark an Intentionen gebunden; das Grundmodell von erreichtem Sinn ist dann eine gut funktionierende Verbindung von intendiertem Handlungszweck und eingesetzten Mitteln. Im zweiten Fall spielt die Rezeption bereits vorgeprägten Sinns eine größere Rolle, dementsprechend finden kulturell codierte Sinnträger wie die Sprache, Rituale, gesellschaftliche Ordnungen oder Texte stärkere Aufmerksamkeit. Sinn wird hier nicht zuletzt in der Tradition oder, aktueller formuliert, im ›kulturellen Gedächtnis‹ aufgesucht; methodisch werden semiotische, philologische und ästhetische Zugänge bevorzugt. Sinn an Handlungsintentionen zu binden setzt dagegen einen aktivistischen, ›progressiven‹ Akzent, und die *Methodenwahl* orientiert sich an der Psychologie (von der Entwicklungs- bis zur Sozialpsychologie), Soziologie oder Geschichtswissenschaft.

Eine ›hermeneutische‹ Sinntheorie soziologischer Ausrichtung hat Günter Dux vorgetragen. Er definiert Sinn vor allem vom *Pragmatischen* her: »Die reflexive Form des Handelns nennen wir Sinn. […] Sinn ist die Strukturform des Handelns. In seiner elementaren Form ist er Handlungssinn.«[15] Handeln wiederum wird primär intentional begriffen, so dass sich Sinn aus dem ergibt, »was ein Subjekt zu tun beabsichtigt«. Doch bedenkt Dux auch andere als intentionalistische »Auszeichnung[en] von Welt« als Sinn, nämlich den Sinn gegebener (wenngleich stets vom Subjekt zu aktualisierender) kultureller Zusammenhänge: »Der Sinn eines Worts bestimmt sich aus den Bezügen des Wortfeldes, der Sinn eines Satzes aus dem Kontext des Gesprächs oder des Buchs, und der verweist auf das Wissen einer umfassenden Kommunikationsgemeinschaft.«[16] Solcher Sinn ist nicht allein auf Handlungsintentionen rückführbar, denn er konstituiert sich aus Kohärenzen, die weder für das Subjekt überschaubar noch überhaupt eingrenzbar sind. Sinn bemisst sich, so ist über Dux hinaus zu schließen, nie allein nach Intentionen, sondern ebenso nach einem vom Subjekt nicht kontrollierbaren semantischen Gehalt bzw. Potential derjenigen Codes und Medien, derer das Subjekt sich bedient. Auf die grundlegende Bedeutung des Wechselspiels von Handlung und Sprache für die Wahrnehmung und Produktion von Sinn macht indessen auch Dux aufmerksam: »Sinn als Strukturform des Handelns bildet sich mit der Steuerungskompetenz, also dem Reflexiv-Werden des Handelns bereits vorsprachlich aus. Wie jedoch die Strukturform des Handelns selbst bildet sich auch das Sinnmoment vorsprachlich nur unvollkommen aus. […] Erst wenn der Aktionsverlauf sprachlich objektiviert werden kann – und dazu gehört auch die Objektivation der Situation, in die hinein gehandelt wird –, lässt sich kompetent sinnhaft handeln.«[17]

---

14 Engell (2001, S. 542). Das Zitat im Zitat entstammt Luhmann (1984, S. 93).
15 Dux (1997, S. 199). Das folgende Zitat ebd.
16 Dux (1997, S. 200).
17 Dux (1997, S. 204). Indem Dux einräumt, dass Reflexion – und damit planvolles Handeln – auf Objektivation durch die Sprache angewiesen ist, folgt er einer zentralen hermeneutischen Einsicht schon Wilhelm von Humboldts; vgl. dessen *Einleitung zum Kawi-Werk*, Kap. 13 »Natur und Beschaffenheit der Sprache überhaupt«.

Eine dieser sprachlichen Objektivationen ist das Erzählen.

Nicht einseitig, aber stärker als Dux' aktivistischer Pragmatismus an der Rezeption von vorgeprägtem Sinn orientiert sind die transzendental-philosophischen Überlegungen von Richard Schaeffler. Schaeffler macht darauf aufmerksam, dass die Offenheit von zukunftsgerichtetem Denken und Handeln voraussetzt, dass es nicht orientierungslos ist. Sinn ergibt sich dann, wenn die Reflexion über die Gegenwart und das Ausgreifen in die Zukunft auf in der Vergangenheit gemachte *Erfahrungen* zurückgreifen kann: »Erst im ›Kontext der Erfahrung‹ erlangt das Wahrgenommene seinen möglichen Sinn.«[18] Gegebenes restringiert freilich auch, und diese ›objektive‹ Bedingtheit von Sinnbildung gilt – so muss man Schaeffler angesichts der seit den 1960er Jahren verstärkten Aufmerksamkeit für die Strukturen und Diskurse ›hinter dem Rücken‹ der Subjekte ergänzen – noch stärker im Fall von Vorgaben, die Sozialverhältnisse und kulturelle Muster bilden, derer das Subjekt sich gar nicht bewusst ist.

Eine gemachte Erfahrung stellt indessen keine feste Größe dar; sie erzeugt keinen eindeutigen Sinn. Vielmehr ergibt sich dieser erst in der Relationierung von früherer und späterer – auch: von fremder und eigener – Erfahrung, welche zugleich ein Wechselspiel von Projektion und Rezeption ist: »Nur in dem Wechselverhältnis von ›Vorwissen‹ und ›neuem Sinneseindruck‹ verleiht die erfahrene Weltwirklichkeit dem Denken neuen Inhalt, verleiht das Denken der erfahrenen Weltwirklichkeit eine ›Bedeutung‹, die über ihr bloßes ›Gegebensein‹ hinausweist.«[19] Sinn ergibt sich demnach in jener mentalen Vermittlung, in der sich der stets fortschreitende (und sich wandelnde) Aufbau der Welt im Subjekt ebenso wie die Gewinnung von Subjektidentität in Auseinandersetzung mit der Welt voll-

zieht: »Für ein Denken, das alles schon a priori wüßte und darum aus der Erfahrung nichts lernen könnte, wären die Gestalten und Ereignisse der Welt sinnlos (bedeutungslos). Für ein Bewußtsein aber, das nach Art der *tabula rasa* keinerlei Vorwissen mitbrächte, könnten die Erscheinungen nichts ›bedeuten‹ sondern nur, als ›sinnlose Tatsachen‹, registriert werden.« Auf welche Weise die Erzählung zu dieser Vermittlung beiträgt, wird zu klären sein.

Noch stärker betont Jörn Rüsens hermeneutische Geschichtstheorie die *Konstituierung von Sinn in Vermittlungsleistungen*. Zunächst im Hinblick auf das eben angesprochene Weltverhältnis des Subjekts: »Sinn steht für Kohärenz von Wahrnehmung, Deutung, Orientierung und Motivation, für ihren inneren Zusammenhang in ihrer unterschiedlichen Ausrichtung und mentalen Qualität.«[20] Das ermöglicht weiterhin die Ausbildung eines kohärenten Selbst: »Durch gedeutete Wahrnehmungen [wird] ein persönliches und soziales Selbst formiert, ein Ich und Wir, und Individualität konstituiert, also die menschliche Subjektivität kulturell ausgeprägt.« Eine entscheidende Rolle dabei spielt, zumindest in den modernen westlichen Gesellschaften, die Sinnbildung in der Vermittlung der drei Zeitdimensionen: Sinn »synthetisiert [...] die Erfahrung der Vergangenheit und die normengeleitete und praxisbezogene, absichtsvolle Zukunftserwartung; beides wird so miteinander vermittelt, daß im Zentrum des Vermittlungszusammenhangs die Gegenwart verstanden und die aktuelle Lebenssituation praktisch bewältigt werden kann«.[21] Schließlich steht auch die Vermittlung des Selbst mit anderen bis hin zur Gesellschaft insgesamt unter dem Anspruch von ›Sinn‹.

1.3. Sinn und Unsinn; Normativität vs. Destruktion

Bei einer solchen formal-funktionellen Bestimmung von Sinn bleibt Rüsen indessen nicht stehen, sondern er schreibt dem Sinn eine *normative Qualität* zu, die inhaltlich bestimmbar scheint: »Sinn ist das Ensemble der obersten Kriterien, nach denen im menschlichen Lebensvollzug die kulturelle Orientierung von Handeln und Leiden geleistet wird.«[22]

---

18 Schaeffler (1974, S. 1334).
19 Schaeffler (1974, S. 1333). Das folgende Zitat ebd.
20 Rüsen (1997, S. 28). Das folgende Zitat ebd. Diesem Bezug von ›Sinn‹ auf ein breites Spektrum menschlicher Relationen zur Welt entspricht die Vieldeutigkeit des Begriffs (vom vermögenspsychologischen bis zum teleologischen Sinnbegriff und weiter), vgl. dazu Stückrath (1997, S. 53–56).
21 Rüsen (1997, S. 29).
22 Ebd., S. 27. ›Sinn‹ noch stärker an Normativität gebunden hat Rüsen in einer an Max Weber orientierten Definition:

Tatsächlich hat man immer wieder versucht, ›Sinn‹ durch die Aufstellung unbedingter Normen zu sichern. Sinn kann jedoch durchaus auch darin liegen bzw. dadurch erzeugt werden, dass gegen solche Normen verstoßen wird, und zwar nicht gegen die Normen anderer, die man nicht anerkennt, sondern gegen die eigenen. Gewiss erleichtert es die Normadäquanz von Handlungen usw., in praxi über deren Sinn zu entscheiden. Notwendig an Normativität gebunden ist Sinn deshalb aber nicht.

In diesen Zusammenhang gehört auch die Streitfrage, ob *Unsinn* das Andere von Sinn oder lediglich eine Variante sei. Da Unsinn ebenfalls von Bezügen lebt, seine Bedeutung aus Kontexten und Situationen herleitet und kommunikative Anschlussmöglichkeiten bietet, kommt man kaum umhin, ihn als Variante von Sinn anzusehen, nämlich als eine, die gegen vorausgesetzte Normen verstößt.[23] Indem Unsinn das ostentativ tut, bezieht er sich sogar viel strenger auf Normen, als sich dies im allgemeinen von ›Sinn‹ sagen lässt, denn dessen Vermittlung zwischen Wirklichem und Möglichem, Überliefertem und Neuem setzt die Beweglichkeit von Normen oder deren Ausblendung geradezu voraus.

Seine These der Sinnhaftigkeit auch des Unsinns spitzt Luhmann dahin zu, dass die Abwesenheit von Sinn »ausgeschlossen« sei.[24] Als »absolute Leere, Nichtheit, das Chaos im ursprünglichen Sinne des Wortes« kann *Sinnlosigkeit* in der Tat nicht auftreten, da jede Verweigerung von Sinn noch auf diesen verweist. Trotzdem Sinnlosigkeit zuzulassen, ohne Sinn an Normerfüllung zu binden, ermöglicht dagegen der am Verstehen orientierte hermeneutische Sinnbegriff. Sinn bemisst sich danach an der »Funktionstüchtigkeit eines ›Bedeutungsträgers‹, Auslegung zu veranlassen und zu steuern. [...] Sinnlos ist im Gegensatz dazu ein Phänomen, das keine Auslegung gestattet (z.B. eine Abfolge von Lauten, aus denen kein Aufschluss über irgend etwas zu gewinnen ist); sinnwidrig ist ein Zeichen, das notwendig oder mit Wahrscheinlichkeit Fehldeutungen erzeugt«.[25] Sinnlosigkeit tritt demnach dort ein, wo die permanent unternommene Deutung der Welt durch das Subjekt verhindert wird. Indem Luhmann ›Sinn‹ an die Möglichkeit von Anschlusskommunikation bindet, sagt er im Grunde dasselbe – und sagt es nicht bzw. kann es nicht sagen, weil er davon ausgeht, dass Kommunikation immer wei-

terläuft. Indem der hermeneutische Ansatz solche Immer- bzw., im Hinblick auf Sinnlosigkeit, Nie-Aussagen vermeidet, bewahrt er sich hingegen Differenzierungschancen. (Dasselbe gilt für Schaefflers Kategorie der Sinnwidrigkeit, die Einspruch dagegen erhebt, lediglich auf das Vorkommen von Anschlusskommunikation zu achten, und stattdessen die Aufmerksamkeit auf deren Qualität lenkt.)

Erst solche Differenzierungen vermögen überdies jener Radikalisierung des hermeneutischen Zweifels am »transparenten, restlosen Sinnvernehmen« Rechnung zu tragen, die neuerdings von der *Dekonstruktion* vorgenommen wurde.[26] Gewiss produziert auch die Dekonstruktion von geläufigen Sinnannahmen Sinn, so dass die permanente Prozessierung von Sinn im Sinne Luhmanns bloß fortgesetzt erscheinen könnte. Doch hat dieser Sinn, im Durchgang quasi durch seine Negation,[27] eine komplexere Struktur erhalten. Wie im zweiten Teil des Artikels in mehr als einer Hinsicht zu erläutern, ist die Situation einer Sinnfülle bei durchaus brüchigem oder wenigstens opakem Sinngehalt für die Erzählung sogar typisch.

Geht man davon aus, dass Sinn nicht an die Erfüllung von Normen gebunden ist, so ist schwer zu sagen, was ihn, über die oben genannten Kohärenzbildungen hinaus, inhaltlich auszeichnet. Gegenwärtige Theoretiker halten sich mit Aussagen dazu meist zurück, geraten diese doch rasch zu anthropologischen Setzungen. Anders noch Schaeffler; von der oben diskutierten Beobachtung ausgehend, dass Sinn dort auftritt, wo Anknüpfungen möglich sind, aber auch anders ausfallen könnten,

---

»‹Sinn' ist der Inbegriff von Handlungs- (oder allgemeiner: Daseins-) orientierung durch ›Ideen‹.« (Rüsen [1990], S. 158).

23 Vgl. Luhmann (1996, S. 49–52). Die Einsicht, »dass der größte semantische oder logische Unsinn [...] einen Sinn hat, einen Sinn freilich, der außerhalb der Semantik oder der Logik liegt«, bildet die Prämisse schon von Liede (1963, S. 7).

24 Luhmann (1996, S. 49). Das folgende Zitat ebd.

25 Schaeffler (1974, S. 1330).

26 Angehrn (1999, S. 219).

27 Eine solche dialektische Deutung des dekonstruktiven Prozesses entspricht vielleicht nicht der Selbsteinschätzung der Dekonstruktion. Auf deren Parallelen zur Kritischen Theorie Adornos, insbesondere zu dessen negativ-dialektischer Ästhetik, macht zu Recht jedoch Brenner (1998, S. 153) aufmerksam.

postuliert er: »Sinnvoll in der hier erörterten Wort-bedeutung ist das Erfüllend-Befreiende.«[28] Gemeint ist das, was das Subjekt einerseits anspricht und seinem Streben Inhalte bietet und dabei anderer-seits eine »Identifikation gestattet, durch welche Selbstentfremdung und Selbstverfangenheit ge-meinsam überwunden werden«. Dieser Sinnbegriff impliziert die Vorstellung eines in der Auseinander-setzung mit der Welt sich selbst bestimmenden Menschen. Nun ist dieses Menschenbild von der Subjektkritik der letzten Jahrzehnte vehement in Frage gestellt worden; im Hinblick auf die Sinn-funktion des Erzählens kann es jedoch noch nicht als ad acta gelegt gelten, denn ihm korrespondieren, wie im Folgenden zu zeigen ist, recht exakt die lebensweltlichen Funktionen, die dem Erzählen zu-geschrieben werden.

2. Erzählen als Kohärenzbildung

Ergeben sich Sinnansprüche wie -chancen in der Relation des Subjekts zur Welt sowie in den ver-schiedenen Kohärenzbildungen, die diese Relation erfordert wie ermöglicht, so bedarf es zur Bestim-mung des Beitrags, den das Erzählen dazu leistet, eines Begriffs von Narrativität, der sowohl die Struktur des Erzählens als auch dessen Funktion für Kohärenz- und Sinnbildungen berücksichtigt. Ein zweites Kapitel erläutert die Kohärenzfunktion des Erzählens im Hinblick auf die Relationen zwi-schen Erzähler, Erzähltem und Adressaten – deren Differentialität die Voraussetzung des Erzählens ist! –, ein drittes die Eigenart wie den Zusam-menhang unterschiedlicher Ausprägungen des Er-zählens von der Alltagskommunikation bis zur Wissenschaft. Zuletzt suche ich die in den verschie-denen Human- und Kulturwissenschaften divergie-renden Bewertungen des Erzählens aus den sachlich

und methodisch gegensätzlichen Ansätzen herzulei-ten.

Leitgedanke ist durchweg, dass die Kohärenzbil-dung von ›Sinn‹ auf dessen konstruktiver Relatio-nalität über Differenzen hinweg beruht.[29] Auf Sinn ist das Erzählen aber nicht allein dadurch bezogen: Erzählen ist eine anthropologisch zentrale Möglich-keit, Sinn sprachlich zu objektivieren; Erzählen dient der Funktion von Sinn, Orientierung zu er-möglichen; wie Sinn geht es konstruktiv mit Tatsa-chen und Erfahrungen um und vermag es, sie zu deuten, zu verknüpfen oder auch auszublenden. Wie Sinn enthält das Erzählen zudem ein ›Verspre-chen‹ (nicht zuletzt der Kohärenz von Welt, Han-deln und Personen), es greift aus und vor. Die Erzählung entwirft Geschichte, ein Leben, einen Handlungszusammenhang über das hinaus, was sie im einzelnen erzählen kann; insofern greift ihre Struktur über ihre Inhalte hinaus und verleiht ihr einen semantisch-symbolischen Überschuss.[30] Da-rin gründet ein Gutteil ihrer Leistung und ihrer Attraktivität, zugleich aber auch die Unmöglichkeit aller Endgültigkeit: Das, was sie entwirft, vermag sie niemals zu erreichen; so kann etwa die Geschichts-schreibung nie die ›Geschichte‹ einholen, die sie als kohärente Totalität des Weltgeschehens modelliert. ›Sinn‹ wiederum liegt darin auch in dem Sinne, dass die Erzählung weitere, anschließende Erzählungen provoziert.

2.1. Geschehensintegration

Vorwiegend strukturalistisch definiert Karlheinz Stierle die Erzählung als »ein Textschema, das in allen Kulturen für die Ordnung von Erfahrung und Wissen grundlegend ist. Im Darstellungsschema der Narrativität wird ein Zusammenhang von Gesche-hen und Handlung in eine nach Relevanzgesichts-punkten geordnete und unter einer temporalen Anschauungsform stehende Geschichte überführt. Zugleich wird diese Geschichte im Medium der Sprache konkretisiert und perspektiviert (Diskurs der Geschichte). Die Form der Narrativität läßt sich unabhängig von ihren besonderen Ausprägungen und Verwendungsweisen erfassen. Diese sind eben-so vielfältig im pragmatischen Bereich (z. B. Augen-zeugenbericht, Lebensbeschreibung, Chronik, Na-

---

28 Schaeffler (1974, S. 1338). Das folgende Zitat ebd.
29 Diesen Ansatz zur Verknüpfung von Sinn und Erzählen wählt auch Rustemeyer (2001, S. 277 f.).
30 In diesem Sinne forderte bereits Wilhelm von Humboldt, dass der Geschichtsschreiber »an jeder [Begebenheit] die Form der Geschichte überhaupt darstellen« müsse, Hum-boldt (1960 [1821], S. 590).

turgeschichte, Kulturgeschichte, politische Geschichte usw.) wie im Bereich der Literatur und im engeren Sinne der Fiktion (Roman, Novelle, Märchen, Fabel, Literarisierung einer Vielzahl pragmatischer Erzählformen). Jede Geschichte steht unter dem Prinzip ihrer relativen Abgeschlossenheit und stellt den Übergang zwischen dem (relativen) Ausgangszustand und dem (relativen) Endzustand einer thematisch erfassten Identität dar. Sie ist zugleich eine temporale Interpretation der Differenz von Ausgangs- und Endzustand und ihre Veranschaulichung in einem spezifischen Feld der Erfahrung.«[31]

Die so gekennzeichnete Erzählstruktur stellt Kohärenz vor allem in *syntagmatischer* Hinsicht oder, anders formuliert, auf der Geschehensebene her. Gewonnen wird diese Kohärenz in einer spezifischen Drei-Phasen-Struktur, die zum einen durch eine partielle Identität zwischen Phase 1 und 3, zugleich aber durch deren temporale und qualitative Differenz gekennzeichnet ist. ›Überbrückt‹ wird diese Differenz jedoch – und das ist das zweite entscheidende Merkmal – durch Phase 2, die sich auf eine im Erfahrungshorizont oder zumindest dem Vorstellungsvermögen von Erzähler und Rezipient plausible Weise aus Phase 1 her- und in Phase 3 überleitet. Kausale Stringenz erreicht diese Kohärenzbildung durch sequentielle Vermittlung in der Regel nicht, meist handelt es sich vielmehr um die Plausibilität von erwartbaren Handlungsabläufen, mitunter auch lediglich um ›schwache‹ Kohärenzformen wie textübergreifende Korrespondenzen von Symbolen und anderen Zeichen.

Einen Kohärenzanspruch pragmatischer Art stellte bereits die *Poetik* des Aristoteles (Kap. 7) an einen darstellenden Text (nicht allein narrativer Gattung). Paul Ricœur, der am weitesten ausgreifende Erzähltheoretiker der Gegenwart, hat den Aristotelischen Begriff einer kohärenten Handlung (die ›Fabel‹ als *mythos*) sogar ins Zentrum seiner narrativistischen Geschichtstheorie gestellt.[32] Anders als Stierles Definition vermuten lässt, ist die Erzählforschung allerdings nicht einig, ob tatsächlich jede Erzählung eine ›Geschichte‹ nach dem erläuterten Drei-Phasen-Schema (oder auch nur nach einem reduzierten Schema von Zustand und eintretendem Ereignis) modelliert. Dietrich Weber zufolge kommt »Erzählen im weitesten Sinne« sogar ohne temporale Diffe-

renz und deren Gestaltung aus.[33] Dieses Erzählen ist lediglich »dem Prinzip der Serie untergeordnet [...]: fünf typische Glieder in Serie oder drei oder zwei – in Offenheit für vieles dazwischen und danach«. Diesem Erzählen fehlt die zeitlich bedingte Dynamik des ›Geschichtenerzählens‹; es besteht »bloß aus Statischem [...]: Situationen, Zuständen, Umständen« und bewegt sich daher an der Grenze zum Beschreiben. Kohärenz- und damit Sinnbildung ist auch diesem ›schwachen‹ Erzählen möglich, doch ist sie weniger leicht typisierbar als die narrative Modellierung einer ›Geschichte‹. Da das ›schwache‹ Erzählen aber nicht als typisches Erzählen gilt,[34] können seine Kohärenzbildungsleistungen und -techniken hier ausgeklammert werden. Freilich bestehen auch Texte des Typs ›starke Erzählung‹ nicht ausschließlich aus im engeren Sinne narrativen Passagen, sondern sie umfassen (fast) immer auch Beschreibungen, ›Bilder‹, Reflexionen – also ›Statisches‹ – sowie Argumentationen.[35] Die Kohärenzbildungsleistung des Erzählens wird dadurch aber nicht prinzipiell geschwächt; vielmehr beruht diese zum nicht geringen Teil auf jener Fähigkeit des Erzählens, sein ›anderes‹ einzuschließen.

Liegt der typische Fall vor, dass Erzählen eine zeitliche und qualitative Differenz übergreift (und zugleich ›erklärt‹), so beinhaltet die hergestellte Kohärenz den Ansatz zu *historischer Kontinuität*. ›Historische‹ Qualität hat die stets gegebene zeitliche Bedingtheit von Ereignissen, Personen oder Prozessen dann, wenn zeitliche Differenzen als qualitative gedeutet werden. In diesem Fall bedeutet zeitliche Differenz zugleich Nicht-Identität eines

---

31 Stierle (1984, Sp. 398). Einen Überblick über Herkunft und Entwicklung literaturwissenschaftlicher Erzähltheorien bis zum Strukturalismus gibt Paukstadt (1980).

32 Vgl. Ricœur (1988–91, Bd. 1, S. 66–71).

33 Vgl. Weber (1998, S. 17). Die folgenden Zitate ebd.

34 Dementsprechend ist es erzähltheoretisch wenig sinnvoll, sich mit Minimaldefinitionen zu begnügen, die Weber so formuliert: »Erzählen ist serielle Rede von zeitlich bestimmten Sachverhalten« (1998, S. 20). Folgerichtig gibt Weber häufig ›gestufte‹ Definitionen, und er widmet sein Erzählbuch ganz überwiegend dem typischen, ›starken‹ Erzählen.

35 Vgl. Weber (1998, S. 64–70). Vor einem zu simplen Narrationsbegriff, der sowohl die argumentative Vernünftigkeit als auch die literale Komplexität historiographischer wie fiktionaler Erzählungen verdeckt, warnt Butzer (2002).

Phänomens in seiner Existenz zu verschiedenen Zeitpunkten. Doch folgt aus solcher Nicht-Identität nicht notwendig ein Identitätszerfall.[36] Der wird vielmehr vermieden, wenn das im Vergleich zum Vorhergegangenen Nicht-Identische als kontinuierlich aus dem Vorherigen Hervorgegangenes gedacht wird. (In Bezug auf ein folgendes Nicht-Identisches gilt analog, dass dahin eine ›Brücke‹ kontinuierlicher ›Entwicklung‹ führe.) Eben diese Interpretation von zeitlicher Differenz als ›historische‹ Kontinuität leistet das Erzählen (in seinen ›starken‹ Ausprägungen).[37]

Dabei kann die ›Geschichte‹, welche die Erzählung konstruiert, sehr unterschiedlich dimensioniert sein. Eng begrenzt oder weit gespannt kann sowohl die zeitliche Erstreckung des narrativ konfigurierten Geschehens ausfallen (vgl. Titel wie Hansjörg Küster: *Geschichte der Landschaft in Mitteleuropa. Von der Eiszeit bis zur Gegenwart* vs. Melchior Vischer: *Sekunde durchs Hirn*) als auch dessen geographisches, sozial-personales und ›sachliches‹ Spektrum. Erzählerischer Kohärenz zugänglich und bedürftig sind die intimen Erlebnisse eines kurzen Zeitraums ebenso wie die (soweit rekonstruierbare) gesamte Entwicklung der menschlichen Gattung. Neben die Herstellung von spezifisch historischer Kohärenz über qualitative zeitliche Differenzen hinweg tritt dabei stets – wenngleich ebenfalls in unterschiedlich starker Ausprägung – die Herstellung von ›sachlichen‹ – örtlichen, thematischen, personalen – Kohärenzen. Beides, temporale und sachliche Kohärenzen, zusammen konstituiert den Handlungszusammenhang des Erzählten. Eine direkte Korrespondenz des Umfangs auf dieser Inhaltsebene mit dem Umfang der Erzählung als sprachlicher Form (bei Stierle: ›Diskurs der Geschichte‹) besteht nicht (man halte etwa James Joyces tausendseitige Roman-Erzählung von einem Tag im Leben des Leopold Bloom – *Ulysses* – gegen die neuerdings beliebten Nationalgeschichten im Reclam-Format). So gewinnt Cäsars berühmtes Wort »veni, vidi, vici« (Sue-

ton: Caesar 37), die als kürzestmögliche Formulierung einer Erzählung des Drei-Phasen-Typs gelten kann, seine Prägnanz und seinen (Macht-) Anspruch eben daraus, dass hinter der knappen Form ein komplexer Inhalt vermutet werden muss.

2.2. Der Erzähler, seine Erfahrung und seine Adressaten

Der Begriff des Erzählens setzt voraus, dass es einen *Erzähler* gibt. Denn Erzählen ist die Darstellung eines nicht-aktuellen Sachverhalts (meist in dessen zeitlicher Erstreckung) aus der Perspektive eines menschlichen Subjekts.[38] Deutlich ist dieser subjektive Ursprung des Erzählens zumeist in der Alltagskommunikation, in Autobiographien sowie in literarischen Texten mit Erzählerfigur. Häufig verdeckt ist er dagegen in wissenschaftlichen Aneignungen narrativer Strukturen als Darstellungsform (und das heißt meist auch schon: als Auffassungsform). Problematisch ist er im Hinblick auf die Zurechnung des Berichtsgehaltes eines fiktionalen Textes: Der Erzählinstanz lässt jener Gehalt sich nicht überantworten, da diese lediglich das fiktive Geschöpf des realen Autors ist, und auch dem Autor lässt er sich nicht unmittelbar zurechnen, da dieser seinen Text nicht als Wirklichkeitsaussage zu verantworten hat.

Außer in diesem erst mit dem Fiktionsbewusstsein der kulturellen Moderne auftretenden Sonderfall der Literatur – und mitunter sogar dort – hat die Dualität von Erzähler und Erzähltem ebenfalls eine wichtige Kohärenzfunktion. Mittels der Erzählung greift ein ›Sprecher‹ auf einen Sachverhalt, ein Geschehen, eine soziale Konstellation zu und nimmt dazu zumindest implizit Stellung. Die Erzähltheorie hat den Erzähler als »Außenstehenden« charakterisiert,[39] doch bindet ihn seine Erzählung zugleich an das Erzählte. Seine zeitliche und qualitative Distanz zum Erzählten (selbst im Fall, dass er von sich selbst erzählt) ist einerseits Voraussetzung für seine Fähigkeit, seine Erzählung als perspektivisches Konstrukt, d. h. nicht als vom Darstellungsinhalt determinierte, sondern als nach eigenen Kriterien geordnete und gewichtende Darstellung geben zu können. Zugleich ermöglicht die erzählerische Distanznahme dem Erzähler jene Reflexion, die Voraussetzung für individuelle Identität wie für ein

---

36 Vgl. Straub (1998, S. 99 u. 102).

37 Vgl. Baumgartner (1972).

38 Vgl. Weber (1998, S. 24–42). Die seit geraumer Zeit einflussreichste Erzähltheorie mit Konzentration auf die Techniken dieser Darstellung hat Gérard Genette (1994) vorgelegt.

39 Weber (1998, S. 39).

»kompetent sinnhaftes« Handeln (Dux; vgl. oben 1. 2.) ist. Dass an einem Jetzt und Hier von Anderweitigem erzählt werden kann, weist diese Distanz andererseits aber als nicht absolut aus. Sinn entsteht dabei sowohl durch die zumindest implizite Markierung von Nicht-Identität als auch durch die Relationierung des Nicht-Identischen im Erzählakt, d. h. durch die wechselseitige Einordnung des Erzählten in die Welt des Erzählers sowie des Erzählers in die erzählte Welt.[40]

Dabei heißt Integration erneut nicht Aufhebung von Differenz. Das gilt auch im Hinblick auf die *Normen*, in deren Licht einerseits der Erzähler das Erzählte betrachtet und die er andererseits anhand des Erzählten prüft. Wie sich bereits aus dem oben erläuterten flexiblen Verhältnis von ›Sinn‹ zu Normen ergibt, stellt sich Sinn nicht nur dann ein, wenn die Erzählung auf Übereinstimmung mit vorgefundenen Normen stößt oder wenn das Erzählte Normen bestätigt, die der Erzähler bereits voraussetzte. Sinnhafte Kohärenz entsteht vielmehr daraus, dass überhaupt Normen ins Spiel kommen und gegeneinander abgeglichen werden.[41] Das Erzählen ist für eine solche Relationierung deshalb besonders geeignet, weil es die ›syntagmatisch‹ dargebotene Geschichte stets auf eine ›paradigmatische‹ Ordnung von Normen bezieht – eben darin gründet seine handlungsorientierende Leistung.

Das Verhältnis von ›paradigmatischer‹ Normordnung und ›syntagmatischer‹ Geschichtserzählung ist freilich nicht ganz unproblematisch. Begreift man Erzählung als Mitteilung gemachter Erfahrungen,[42] so dürfen ›paradigmatische‹ Prämissen den ›syntagmatischen‹ Bericht nicht determinieren. Prinzipiell ausgeschlossen ist eine solche Determination jedoch keineswegs; so hat in einer Erzählung mit Exempelcharakter die Lehre den Vorrang vor dem Geschehensbericht, denn sie leitete bereits dessen Konstruktion an.[43] Sinn konstituiert sich hier nicht in einem Wechselspiel von Kontextualisierungen, sondern wird vorausgesetzt. Allerdings ist das Exempel eine Erzählform, die ihre Blütezeit vor der ›kulturellen Moderne‹ und dem zu deren Beginn ausgeprägten historischen Denken hatte (man denke an die umfangreiche didaktische Literatur der Aufklärungszeit), so dass man aus ihrem Zurücktreten den Schluss ziehen kann, dass die Irritation vorausgesetzter Normen durch das Erzählte und in

der Erzählung tatsächlich zu einer in der Moderne überzeugenden Sinnbildung gehört. Diese Irritation kann – und sollte – auch dort mitgedacht werden, wo die Leistung des Erzählens eher harmonistisch als »Integration« von »Erfahrung« (der Vergangenheit), Deutung (der gegenwärtigen Situation) und Orientierung (im Hinblick auf die Zukunft) bestimmt wird.[44]

Umstritten ist die damit zusammenhängende Frage, ob Sinn rein konstruiert werde oder ob Sinnbildung auf vorhandenen Sinn aufbaue, indem sie ihn aufnehme. Eine vermittelnde Position nimmt Jörn Rüsen ein, der einerseits den »konstruktiven Charakter« der stets neuen Sinnbildung durch Erzählen betont, andererseits darauf verweist, dass Sinn »immer schon reale Gestalt hat in den kulturellen Konfigurationen der menschlichen Lebenswelt«, von denen erzählt wird.[45] Dem oben diskutierten Begriffsverständnis nach zeichnet es ›Sinn‹ in der Tat aus, dass er in dem, was erzählt wird, nämlich in menschlichen Interaktionen, »immer schon« vorhanden ist. Begreift man Erzählung als Bericht über (eigene oder fremde) Erfahrungen, nicht bloß als Konstruktion, so muss man Rüsen folgen und narrative Sinnbildung analog zur narrativen Relationierung von Normen als *Vermittlung von vorgefundenem und zu stiftendem Sinn* ansehen. Zu einer gültigen Synthese kann dieses gewissermaßen dialektische Verfahren indessen nie gelangen, da jeder Zuwachs von Erfahrung die augenblicklich erreichte Vermittlung wieder in Frage stellt. Sinnbildung ist damit unabschließbar – wie Hermeneu-

---

40 Zu letzterem vgl. Straub (1998, S. 110–112).
41 Vgl. Ricœur (1996, S. 201). Ricœur betont, dass diese ethische Dimension auch literarischen Erzähltexten eignet, d. h. durch deren primär ästhetischen Geltungsanspruch nicht getilgt wird.
42 Vgl. Benjamin (1977, S. 439 f.). Seit einigen Jahren gewinnt diese Ansicht in der Erzähltheorie wieder an Boden; vgl. Fludernik (1996, S. 26, 28–30). ›Erfahrung‹ als Fundament des Erzählens ist allerdings auch kritisiert worden, da die Geschichte des 20. Jahrhunderts der Erfahrung »die Sprache verschlagen habe« (Liebsch [1996], S. 298); unter gegenwärtigen Bedingungen sei Erzählung als ›nur‹ Ausdruck von ›Zeugenschaft‹ zu denken (vgl. ebd., S. 296–300).
43 Vgl. Stierle (1973, S. 352–360).
44 So bei Rüsen (1997, S. 36).
45 Rüsen (1997, S. 37).

tik und Systemtheorie übereinkommend feststellen[46] – und Erzählen immer wieder neu gefordert.

Der Psychologe Donald E. Polkinghorne bezieht Erfahrung und Erzählung noch enger aufeinander: »Narratives Wissen ist demnach eine reflexive Explikation der pränarrativen Qualität unreflektierter Erfahrung; es ist ein Ausbuchstabieren der Geschichte, welche die Erfahrung verkörpert.«[47] Der Erfahrung eigne eine »Präfiguriertheit, die ein Bedürfnis nach Erzählung nach sich zieht.« Dem schließt sich die entwicklungspsychologische Frage an, in welchem Maße narrative Kompetenzen angeboren sind oder kulturell vermittelt werden.[48] Festzuhalten ist, dass ›Erfahrung‹ sich stets auf Praktiken bezieht, die ihrerseits schon unter Zuhilfenahme narrativen Denkens entworfen wurden (vgl. dazu unten 2.3.) – die letztlich also weniger narrativ vorstrukturiert als ein Produkt narrativer Weltaneignung sind. Gleichwohl wird die Konstruktivität, die man der narrativen Strukturierung von Welt häufig zumisst,[49] im Fall der lebensweltlichen Narrativität durch die Rekursivität des Narrativen relativiert. (Anders, konstruktivistischer, sieht es bei narrativistischen Weltdeutungen aus, die, wie fiktionale Erzählungen oder das Konzept ›Geschichte‹, die Lebenswelt übersteigen – was noch zu erläutern ist.)

Bislang haben wir die Kohärenzbildungsleistung des Erzählens lediglich in einer zweipoligen Konstellation, der Auseinandersetzung eines Erzählers mit einem nicht-aktuellen Geschehen, verortet. Was darin noch fehlt, ist die Adressiertheit des Erzählens:[50] Der Erzähler richtet sich stets an ein Publikum, sei es an unmittelbar gegenwärtige Zuhörer, sei es an Leser, reale oder fiktionale. Diese Adressierung impliziert den Willen, Verstehensbemühungen zu provozieren,[51] stellt das Erzählen in der Regel also unter das Gebot einer nachvollziehbaren Sinnbildung. (Sollen die Verstehensbemühungen des Anderen enttäuscht werden, so kann diese Sinnbildung konterkariert werden; sie scheint dann aber immer noch als Folie durch.) Darüber hinaus ermöglicht sie dem Erzählen eine weitere, soziale und kulturelle Kohärenzbildung: einerseits die Adressaten an den Erfahrungen und Wertungen des Erzählers teilhaben zu lassen sowie andererseits dem Erzähler die Möglichkeit zu geben, sich narrativ einer sozialen oder ideologischen Gruppe anzuschließen. Dieser Anschluss wiederum wird nicht allein durch Adressierung der Erzählung erreicht, sondern durch ›inhaltliche‹ Korrelationen, etwa indem man seine persönliche Lebenserfahrung in den Horizont der Nationalgeschichte stellt.[52] Sinn ergibt sich hier daraus, dass Subjekte sich einander zugehörig wissen oder empfinden können. Allerdings kann es ebenso sinnvoll sein sich abzugrenzen. Auch in diesem Fall aber stellt sich in der Erzählsituation zunächst eine kommunikative Kohärenz her, die ›inhaltlich‹ dann weniger aufgelöst als ins Negative gewendet – also nicht zur sozial-ideologischen Kohärenz verfestigt – wird.

46 Vgl. Gadamer (1984 a, S. 27); Luhmann (1996, S. 49f.).
47 Polkinghorne (1998, S. 23). Das folgende Zitat ebd., S. 22.
48 Vgl. Schumann-Hengsteler (2000).
49 Vgl. Polkinghorne (1998, S. 15).
50 Vgl. Weber (1998, S. 49–57). Burkhard Liebsch (1996, S. 388) sieht in der Ausrichtung auf einen Adressaten sogar die einzige dauerhafte »Legitimation« des Erzählens.
51 Zu eng formuliert Gadamer (1984 b, S. 59): »Wer den Mund auftut, möchte verstanden werden.« Denn Sprechakte können auch auf Missverstehen aus sein. Auch dann aber sind sie auf Verstehensbemühungen eines Gegenüber ausgerichtet, da ohne diese nicht einmal ein Missverstehen zustande käme.
52 Vgl. Straub (1998, S. 132, 129).
53 Ausgeklammert werden z. B. nicht-alltägliche pragmatische Erzählungen (etwa die Gerichtsrede). Den gegebenen Rahmen sprengen würde es, narrative Strukturen in nicht oder nicht nur textuellen Fiktionen wie dem Film zu berücksichtigen; vgl. dazu Chatman (1978). Narrative Strukturen und Techniken in einem noch weiteren Spektrum von ästhetischen Repräsentationen weist jetzt auf: Lämmert (1999).

2.3. Haupttypen der Narration

Wie bereits angedeutet, wird die Kohärenz- und Sinnbildungsleistung des Erzählens in einem außerordentlich breiten Spektrum von Situationen – praktischen, kognitiven und ästhetischen – genutzt. Näher eingegangen wird im Folgenden auf einige Haupttypen, die aktuell besonders stark diskutiert werden: Alltagserzählungen, autobiographische Erzählungen, Fiktionserzählungen sowie Geschichtsschreibung.[53]

Schon in Alltagssituationen haben narrative Strukturen »elementaren Einfluss auf den kognitiven Zugriff des Menschen auf seine soziale Welt«.[54] Denn mit Hilfe von Erzählungen, die gehört oder gelesen sowie weitergegeben werden, kann »eine wesentlich größere Gruppe kognitiv bewältigt werden [...] als über Eigenbeobachtung«. ›Die Welt‹, soziale Beziehungen und Prozesse, Erinnerungen und nicht zuletzt das eigene Leben ordnen sich (zunächst) nach den Strukturen, typischen Figurenkonstellationen und Handlungsmustern der Erzählung. Die *Sozialkohärenzfunktion* des Erzählens realisiert sich in dieser lebensweltlichen Anwendung am unmittelbarsten. Auch der Erfahrungsbezug des Erzählens ist hier am engsten. Doch ist es nicht an ihn gebunden. Erzählen lassen sich vielmehr auch bloß mögliche, (noch) nicht geschehene Begebenheiten und Handlungen, die dann im Erzählen, d. h. mit Hilfe von dessen Strukturvorgaben entworfen werden. *Zukunftserwartungen* erhalten insofern regelmäßig eine narrative Struktur, als solches »mentales Probehandeln mit imaginierten Protagonisten [...] auf eine schlüssige narrative Sequenz hin[arbeitet], in der Absicht und Ziel durch die Überwindung der Widerstände verknüpft werden«.[55] Und damit, so Michael Neumann, nicht genug: Indem der Mensch solche »Fabeln seines Ausprobierens immer länger und komplexer spinnt, beginnt er weit in die Zukunft auszugreifen und große Räume der Vergangenheit zu vergegenwärtigen: er entdeckt die Zeit«.[56] So weit, das Bewusstsein von Zeit an das Erzählen zu binden, sind die meisten Narrativisten allerdings nicht gegangen. So sieht Paul Ricœur in der Erzählung eine kohärenzstiftende *Antwort* auf eine ihr vorgängige ›Zerspannung‹ der menschlichen Zeiterfahrung (da Zeit sich dem Bewusstsein immer nur als Vergangenheit *oder* als Gegenwart *oder* als Zukunft darstellt).[57]

Das nächstliegende Erzähl-Thema, das über den Bereich des Erfahrbaren hinausreicht, ist das *eigene Leben*. Weder sein Beginn – erst recht nicht seine Ursachen – noch sein Ende sind der eigenen Erfahrung zugänglich.[58] Gerade diese Offenheit, auch gegen die Lebensgeschichten anderer, aber macht es der narrativen Kohärenz- und Sinngebung bedürftig. Soweit ein Leben eine Einheit bildet, verdankt es die »einer narrativen Suche«;[59] zugespitzt: Ich bin, was ich erzähle. Erzählen ist auch in dieser Verwendung das, was Brüche zugleich markiert und überbrückt;[60] ohne Erzählung »we could never en-

dure the conflicts and contradictions that social life generates. We would become unfit for the life of culture«.[61]

Das autobiographische Erzählen lässt sich – wie in bescheidenerem Maße auch schon das alltägliche – als kohärenz- und damit sinnbildende Relationierung von subjektiver Welterfassung und sozialen und normativen Rahmenbedingungen charakterisieren. Die *Fiktionserzählung* wiederum ermöglicht es, dazu ein spielerisch-reflektiertes Verhältnis einzunehmen. Ihr Autor präsentiert nicht primär Erfahrungen mit der Welt, sondern ein fiktives Subjekt, den Erzähler, das der Leser dabei beobachten kann, *wie* es mit den Darstellungs- und Deutungsmitteln der Narration umgeht. Paul Ricœur bezeichnet die Fiktionserzählung daher als »*Phantasievariation*« der realitätsbezogenen Kohärenz- und Sinnbildung der Narration.[62] Anders als im Fall pragmatischer Erzählungen wird die Aufmerksamkeit hier auf die häufig hochkomplexe Schreibweise, also auf die Ebene des ›Diskurses‹ gezogen. Das hat mancherorts Zweifel geweckt, ob avancierte Erzählfiktionen, besonders im 20. Jahrhundert, auf der Ebene der ›Geschichte‹ überhaupt noch eine Fabel konfigurieren, die die oben dargelegte Geschlossenheit aufweist und damit die Sinnbildungsfunktion der herkömmlichen Erzählung erfüllt. Von den meisten Narrativisten ist dieser Zweifel zurückgewiesen worden, etwa indem man das Fortleben konfigurationaler Tiefenstrukturen auch unter der Oberfläche diskontinuierlichen Erzählens nachwies oder mit dem Hinweis darauf, dass der literarische Bruch mit dem Fabelprinzip nicht durch Verzicht auf Erzählung erreichbar sei, sondern nur durch Steigerung von narrativer Komplexität.[63] Nichtsdestotrotz bildet die mitunter ostentative Option für Inkohärenz in der Erzählfiktion seit der literarischen Moderne einen Stachel, dem sich Über-

---

54 Neumann (2000 a, S. 284; das folgende Zitat S. 283).
55 Neumann (2000 a, S. 289).
56 Neumann (2000 a, S. 286).
57 Vgl. Ricœur (1988–91, Bd. 1, S. 39).
58 Vgl. Ricœur (1996, S. 197).
59 MacIntyre (1987, S. 292).
60 Vgl. dazu Fulda (2000).
61 Bruner (1990, S. 97).
62 Ricœur (1988–91, Bd. 3, S. 160).
63 Ricœur (1988–91, Bd. 2, S. 266); Liebsch (1996, S. 274).

legungen zur Sinnfunktion des Erzählens stellen müssen.

Zumal wenn man von der Erzählung als literarischer Form herkommt, mag die Kohärenzbildungs- und Sinnfunktion des Erzählens *in wissenschaftlichen Diskursen* durchaus problematisch erscheinen. Erzählerische Ordnung ist nur begrenzt kausalisier- oder logifizierbar, ja überhaupt kognitiv kontrollierbar; sie lebt vielmehr von bloß pragmatischer, erfahrungsmäßiger Plausibilität sowie ästhetischer Eindrücklichkeit. Trotzdem wird seit geraumer Zeit die tragende Rolle narrativer Verfahren in den Geisteswissenschaften, ja selbst in den szientistischen Naturwissenschaften untersucht.[64] Am intensivsten ist die Diskussion in der Geschichtswissenschaft geführt worden, wo man die Darstellung von Forschungsergebnissen ohnehin häufig als erzählerisch auffasste, eben deshalb aber kaum je eine narrative ›Substanz‹ der Disziplin anerkannte.[65] In einem seltenen Zusammenwirken von analytischer Philosophie, strukturalistischer Semiotik, Diskursanalyse und Hermeneutik hat sich dies gründlich geändert:[66] Zunächst wurde die Erzählung als eine für historische Ereignisse und Prozesse besonders geeignete Form der Erklärung ausgewiesen. Fundament dieser Erklärungsleistung ist die verstehbare Folgerichtigkeit der Narration. Hinzu kommt ihre Synthetisierungsfunktion. So ermöglicht die Mittelbarkeit des Erzählens eine spezifisch ordnende und ausrichtende Perspektive auf Vergangenheit und deren genetische Anbindung an die Gegenwart: Retrospektiv betrachtet, kann vergangenes Geschehen die Kohärenz einer zielführenden Geschichte gewinnen. Geschichte zu erzählen impliziert zudem, einer bestimmten Fabel oder einem Erzählmuster zu folgen, die ihre ›Tiefenstruktur‹ bilden. Mit Hilfe dieses Musters betreibt die Erzählung ihre eigene Interpretation: d. h. die Zuweisung eines Sinns, der

nicht schon in ihren ›Fakten‹-Elementen enthalten ist.[67] Soweit beherrscht die Erzählung die Geschichtswerke, die der Historiker im wörtlichen Sinne schreibt. In der transzendentalphilosophischen Geschichtstheorie Hans Michael Baumgartners wird die Erzählung darüber hinaus als apriorisches Schema ausgewiesen, das allen Rekonstruktionen von Geschichte zugrunde liegt.[68]

Von der lebensweltlichen Funktion des Erzählens haben manche Hermeneutiker auf eine ›Kontinuität‹ zwischen jenen Erzählungen, mit deren Hilfe das Subjekt sich in der Welt orientiert, ja konstituiert, und den ›Great Stories‹ der Geschichtswissenschaft geschlossen.[69] ›Geschichte‹ wäre demzufolge ebenso eine anthropologische Universalie wie das Erzählen. Die Begriffsforschung hat dem Denkmuster der *einen*, kohärenten und in sich sinnvollen *Geschichte* dagegen einen recht eng umrissenen bewusstseinsgeschichtlichen Ort zugewiesen, nämlich die europäische Kultur seit der Mitte des 18. Jahrhunderts (was nicht heißt, dass es vorher und andernorts kein historisches Bewusstsein gegeben hätte und gäbe).[70] Wenn man die sprachlichen und semantischen Strukturen des Geschichtsdiskurses untersucht, lässt sich dies noch präziser fassen: Dann stellt sich ›die Geschichte‹ als das Produkt einer keineswegs selbstverständlichen, sondern eigens zu leistenden Übertragung literarischer Erzählmuster auf eine als kontinuierlich gedeutete Vergangenheit dar, die sich im deutschen Sprachraum um 1800 vollzog.[71] Auch in diesem fundamentalgenetischen Sinne hängt historische Kohärenz von der Erzählung ab.

Das narrativ bewältigte Wechselspiel der Erwartungen mit den Erfahrungen angesichts ›historischer‹ Ereignisse, wie es sich bei den Mitlebenden vollzieht, konstituiert demzufolge nicht automatisch die Kohärenz, die der Begriff der einen Geschichte impliziert. Sich Geschichte*n* zu erzählen bildet die lebensweltliche Basis der ›großen Erzählung‹, als welche die *eine* Geschichte strukturiert ist, nicht aber deren hinreichende Bedingung. ›Geschichte‹ stellt vielmehr ein narratives Konstrukt von besonderer Qualität dar, denn in ihr verbindet sich die Entwurfs- und Kohärenzbildungsleistung literarischer Muster mit dem Erfahrungsbezug lebensweltlicher Narrativität, wobei die literarisch

---

64 Vgl. Nash (1990).
65 Vgl. Rüsen (1990, S. 135–152).
66 Im Folgenden greife ich auf eigene Arbeiten zurück, vgl. Fulda (1999) sowie Fulda (2002).
67 Vgl. White (1990).
68 Vgl. Baumgartner (1972, S. 301).
69 Carr (1986, S. 45–72).
70 Vgl. Koselleck (1975).
71 Vgl. Fulda (1996).

induzierte Konstruktion auf jener Narrativität einerseits fußt und sie andererseits überschreitet.[72]

2.4. Erzählen zwischen Kompetenz und Performanz

Erzählforschung ist seit geraumer Zeit nicht allein Domäne der Literatur- und anderer Textwissenschaften, sondern hat auch in der Psychologie, der Soziologie oder der Ethnologie ihren prominenten Platz. An einem jüngst erschienenen Tagungsband[73] lässt sich studieren, dass diese Auffächerung zu geradezu gegensätzlichen Bewertungen des Erzählens geführt hat. Aus psychologischer oder konstruktivistischer[74] Sicht werden durchgängig die Leistung und die Chancen des Erzählens betont; Leitfrage ist hier, warum und in welcher Weise das Erzählen den Menschen zur Orientierung in der Welt befähigt. Methodisch gesehen, wird diese anthropologische Narrativität idealtypisch modelliert, so dass ihr regelmäßiges Funktionieren oder ihr Erwerb im Vordergrund stehen. Wo seine kulturell konditionierte und kulturell diversifizierte Anwendung zur Debatte steht, wird das Erzählen dagegen schnell problematisch. Das kann heißen, dass von ethnologischer Seite auf Kulturen verwiesen wird, in denen z. B. eine starke Gemeinschaftsorientierung keinen Raum für autobiographische Erzählungen lässt. Vor allem aber geben *Texte* Anlass zu der Beobachtung, dass narrative Sinnbildung in praxi nie so bruchlos funktioniert, wie anthropologische oder psychologische Modelle dies entwerfen, da Texte stets Leerstellen lassen und – falls einigermaßen komplex – sich stets in Widersprüche verstricken.

Was sich in dieser multidisziplinären Konstellation abzeichnet, ist eine Grenze zwischen sinnstiftendem und sinnproblematisierendem Erzählen, die dort verläuft, wo Erzählen nicht mehr als psychologisch unverzichtbare Kompetenz, sondern als textuelles Ereignis auftritt. Zum Text geronnen und in einen mehr oder weniger großen Abstand von lebensweltlicher Pragmatik gesetzt, kann zur Geltung kommen, was den ›ursprünglichen‹ sinnbildenden Zweck konterkariert. Ausgespielt wird dies besonders in der Literatur, doch auch komplexe pragmatische Erzählungen wie die Historiographie

vermögen ihre Narration nie vollständig zu kontrollieren, so dass es zu semantischen und/oder strukturellen Inkohärenzen kommt, welche die gleichzeitig vollzogene Kohärenzbildung mehr oder weniger deutlich unterlaufen.[75] Was schließlich die Oberhand behält – eine Sinnbildung der hier beschriebenen Art oder ihre gegenläufigen Effekte – ist teils von Text zu Text unterschiedlich zu beurteilen, teils aber auch eine Frage der Leseeinstellung und des angelegten Sinnbegriffs. Wird Sinn enger, normativer gefasst, als hier vorgeschlagen wurde, so wird der Befund schneller auf ›Sinnverlust‹ oder ›Sinnzerstörung‹ lauten. Wird Sinn dagegen als relationales Konstrukt, als zugleich erfahren und entworfen verstanden, so kann die Lektüre in eine Erfahrung von narrativer Sinnfülle trotz, ja sogar wegen unaufgehobener Differenzen münden.

Literatur

ANGEHRN, EMIL (1999), »Vom Lesen und Schreiben der Geschichte. Dekonstruktion und historischer Sinn«, in: *Selbstorganisation*, 10, S. 217–236. ■ BAECKER, DIRK (2000), *Wozu Kultur?*, Berlin: Kadmos. ■ BAUMGARTNER, HANS MICHAEL (1972), *Kontinuität und Geschichte. Zur Kritik und Metakritik der historischen Vernunft*, Frankfurt/M.: Suhrkamp. ■ BENJAMIN, WALTER (1977 [1936]), »Der Erzähler. Betrachtungen zum Werk Nikolai Lesskows«, in: Tiedemann, Rolf / Schweppenhäuser, Hermann unter Mitw. von Adorno, Theodor W. u. Scholem, Gershom (Hg.), *Gesammelte Schriften*, Bd. 2,2, Frankfurt/M.: Suhrkamp, S. 438–465. ■ BLASBERG, CORNELIA (2002), »Der literarische Eigensinn narrativer Geschichtskonstruktionen. Das Beispiel der Literaturgeschichtsschreibung«, in: Fulda, Daniel / Tschopp, Silvia Serena (Hg.), *Literatur und Geschichte. Ein Kompendium zu ihrem Verhältnis von der Aufklärung bis zur Gegenwart*, Berlin/New York: de Gruyter, S. 103–121. ■ BÖHME, HARTMUT / SCHERPE, KLAUS R. (1996), »Zur Einführung«, in: dies. (Hg.), *Literatur und Kulturwissenschaften. Positionen, Theorien, Modelle*, Reinbek: Rowohlt, S. 7–24. ■ BRENNER, PETER J. (1998), *Das Problem der Interpretation.*

---

72 Vgl. Rustemeyer (2001, S. 184–190). Zur Diskussion um die für das (späte) 20. Jahrhundert zu verzeichnende Auflösung dieser Kohärenz – die gerade angesichts der Erzählform der ›Geschichte‹ sowie der oben angedeuteten, anti-narrativen poetologischen Tendenzen der literarischen Moderne nicht unplausibel erscheint – vgl. Fulda (1999, S. 47–60).

73 Vgl. Neumann (2000 b).

74 Vgl. dazu ergänzend: Rusch (1996).

75 Vgl. dazu Blasberg (2002).

Eine Einführung in die Grundlagen der Literaturwissenschaft, Tübingen: Niemeyer. ▪ BRUNER, JEROME S. (1990), *Acts of Meaning,* Cambridge/MA/London: Harvard UP [dt. *Sinn, Kultur und Ich-Identität,* Heidelberg: Auer 1997]. ▪ BUTZER, GÜNTER (2002), »Narration – Erinnerung – Geschichte: Zum Verhältnis von historischer Urteilskraft und literarischer Darstellung«, in: Fulda, Daniel / Tschopp, Silvia Serena (Hg.), *Literatur und Geschichte. Ein Kompendium zu ihrem Verhältnis von der Aufklärung bis zur Gegenwart,* Berlin/New York: de Gruyter. S. 147–169. ▪ CARR, DAVID (1986), *Time, Narrative, and History,* Bloomington, Indianapolis: Indianapolis University Press. ▪ CASSIRER, ERNST (1923), *Philosophie der symbolischen Formen,* Bd. 1, Berlin: Bruno Cassirer. ▪ CHATMAN, SEYMOUR (1978), *Story and Discourse. Narrative Structure in Fiction and Film,* Ithaca, London: Cornell UP. ▪ DELEUZE, GILLES (1993 [frz. 1969]), *Logik des Sinns,* a. d. Frz. von Dieckmann, Bernhard, Frankfurt/M.: Suhrkamp. ▪ DUX, GÜNTER (1997), »Wie der Sinn in die Welt kam, und was aus ihm wurde«, in: Müller, Klaus E. / Rüsen, Jörn (Hg.), *Historische Sinnbildung. Problemstellungen, Zeitkonzepte, Wahrnehmungshorizonte, Darstellungsstrategien,* Reinbek: Rowohlt, S. 195–217. ▪ ENGELL, LORENZ (2001), »Sinn«, in: Pethes, Nicolas / Ruchatz, Jens unter Mitarb. von Korte, Martin / Straub, Jürgen (Hg.), *Gedächtnis und Erinnerung. Ein interdisziplinäres Lexikon,* Reinbek: Rowohlt, S. 542–543. ▪ FLUDERNIK, MONIKA (1996), *Towards a ›Natural‹ Narratology,* London/New York: Routledge. ▪ FULDA, DANIEL (1996), *Wissenschaft aus Kunst. Die Entstehung der modernen deutschen Geschichtsschreibung 1760–1860,* Berlin/New York: de Gruyter. ▪ FULDA, DANIEL (1999), »Die Texte der Geschichte. Zur Poetik modernen historischen Denkens«, in: *Poetica,* 31, S. 27–60. ▪ FULDA, DANIEL (2000), »Auf der Suche nach der verlorenen Geschichte. Zeitbewußtsein in Autobiographien des ausgehenden 20. Jahrhunderts«, in: Simonis, Annette und Linda (Hg.), *Zeitwahrnehmung und Zeitbewußtsein in der Moderne,* Bielefeld: Aisthesis, S. 197–226. ▪ FULDA, DANIEL (2002): »Strukturanalytische Hermeneutik: Eine Methode zur Korrelation von Geschichte und Textverfahren«, in: Fulda, Daniel / Tschopp, Silvia Serena (Hg.), *Literatur und Geschichte. Ein Kompendium zu ihrem Verhältnis von der Aufklärung bis zur Gegenwart,* Berlin/New York: de Gruyter, S. 39–59. ▪ GADAMER, HANS-GEORG (1984 a), »Text und Interpretation«, in: Forget, Philippe (Hg.), *Text und Interpretation. Deutsch-französische Debatte mit Beiträgen von J. Derrida [u. a.],* München: Fink, S. 24–55. ▪ GADAMER, HANS-GEORG (1984 b), »Und dennoch: Macht des Guten Willens«, in: Forget, Philippe (Hg.), *Text und Interpretation. Deutsch-französische Debatte mit Beiträgen von J. Derrida [u. a.],* München: Fink, S. 59–61. ▪ GENETTE, GÉRARD (1994 [frz. 1983]), *Die Erzählung,* a. d. Frz. von Knop, Andreas, mit einem Vorwort von Vogt, Jochen, München: Fink. ▪ HUMBOLDT, WILHELM VON (1960 [1821]), »Über die Aufgabe des Geschichtschreibers«, in: ders., *Werke,* hg. von Flitner, Andreas / Giel, Klaus, Bd. 1, Darmstadt: Wiss. Buchgesellschaft, S. 585–606. ▪ KOSELLECK, REINHART (1975): »Geschichte, Historie V.-VII.«, in: Brunner, Otto / Conze, Werner / Koselleck, Reinhart (Hg.): *Geschichtliche Grundbegriffe. Historisches Lexikon zur politisch-sozialen Sprache in Deutsch-land,* Bd. 2, Stuttgart: Klett, S. 647–718. ▪ LÄMMERT, EBERHARD (Hg.) (1999), *Die erzählerische Dimension. Eine Gemeinsamkeit der Künste,* Berlin: Akademie. ▪ LIEBSCH, BURKHARD (1996), *Geschichte im Zeichen des Abschieds,* München: Fink. ▪ LIEDE, ALFRED (1992 [1963], *Dichtung als Spiel. Studien zur Unsinnspoesie an den Grenzen der Sprache,* Neuausg. hg. von Pape, Walter, Berlin/New York: de Gruyter. ▪ LUHMANN, NIKLAS (1980), *Gesellschaftsstruktur und Semantik. Studien zur Wissenssoziologie der modernen Gesellschaft,* Bd. 1, Frankfurt/M.: Suhrkamp. ▪ LUHMANN, NIKLAS (1984), *Soziale Systeme. Grundriß einer allgemeinen Theorie,* Frankfurt/M.: Suhrkamp. ▪ LUHMANN, NIKLAS (1996), *Die Gesellschaft der Gesellschaft,* Frankfurt/M.: Suhrkamp. ▪ MACINTYRE, ALASDAIR (1987 [engl. 1981]), *Der Verlust der Tugend. Zur moralischen Krise der Gegenwart,* übers. von Rhiel, Wolfgang, Frankfurt/M./New York: Campus. ▪ MEUTER, NORBERT (1995), *Narrative Identität. Das Problem der personalen Identität im Anschluß an Ernst Tugendhat, Niklas Luhmann und Paul Ricœur,* Stuttgart: M&P, Vlg. für Wiss. u. Forschung. ▪ MITCHELL, WILLIAM J. THOMAS (Hg.) (1981), *On Narrative,* Chicago/London: University of Chicago Press. ▪ NASH, CHRISTOPHER (Hg.) (1990), *Narrative in Culture. The Uses of Storytelling in Science, Philosophy, and Literature,* London/New York: Routledge. ▪ NASSEHI, ARMIN (1995), »Différend, Différance und Distinction. Zur Differenz der Differenzen bei Lyotard, Derrida und in der Formenlogik«, in: Prangel, Matthias / de Berg, Henk (Hg.), *Differenzen. Systemtheorie zwischen Dekonstruktion und Konstruktivismus,* Tübingen/Basel: Francke, S. 37–59. ▪ NEUMANN, MICHAEL (2000 a), »Erzählen. Einige anthropologische Überlegungen«, in: Neumann, Michael (Hg.), *Erzählte Identitäten. Ein interdisziplinäres Symposion,* München: Fink, S. 280–294. ▪ NEUMANN, MICHAEL (Hg.) (2000 b), *Erzählte Identitäten. Ein interdisziplinäres Symposion,* München: Fink. ▪ PANKAU, JOHANNES G. (1994), »Erzähltheorie«, in: Ueding, Gert (Hg.), *Historisches Wörterbuch der Rhetorik,* Tübingen: Niemeyer, Bd. 2, Sp. 1425–1432. ▪ PAUKSTADT, BERNHARD (1980), *Paradigmen der Erzähltheorie. Ein methodengeschichtlicher Forschungsbericht mit einer Einleitung in Schemakonstitution und Moral des Märchenerzählens,* Freiburg/Br.: Hochschulverlag. ▪ POLKINGHORNE, DONALD E. (1998), »Narrative Psychologie und Geschichtsbewußtsein«, in: Straub, Jürgen (Hg.), *Erinnerung, Geschichte, Identität,* Bd. 1: *Erzählung, Identität und historisches Bewußtsein. Die psychologische Konstruktion von Zeit und Geschichte,* Frankfurt/M.: Suhrkamp, S. 12–45. ▪ RECKWITZ, ANDREAS (2000), *Die Transformation der Kulturtheorien. Zur Entwicklung eines Theorieprogramms,* Weilerswist: Velbrück. ▪ RICŒUR, PAUL (1988–91 [frz. 1983–85]), *Zeit und Erzählung,* Bd. 1–3, Übers. von Rochlitz, Rainer / Knop, Andreas (Bd. 3), München: Fink. ▪ RÜSEN, JÖRN (1990), *Zeit und Sinn. Strategien historischen Denkens,* Frankfurt/M.: Fischer. ▪ RÜSEN, JÖRN (1997), »Was heißt Sinn der Geschichte? (Mit einem Ausblick auf Vernunft und Widersinn)«, in: Müller, Klaus E. / Rüsen, Jörn (Hg.), *Historische Sinnbildung. Problemstellungen, Zeitkonzepte, Wahrnehmungshorizonte, Darstellungsstrategien,* Reinbek: Rowohlt, S. 17–47; überarbeitet in: Rüsen, Jörn (2001), *Zerbrechende Zeit. Über den Sinn der Geschichte,* Köln/Weimar/

Wien: Böhlau, S. 7–42. ■ RUSCH, GEBHARD (1996), »Erzählen. Wie wir die Welt erzeugen. Eine konstruktivistische Perspektive«, in: Wimmer, Herbert J. (Hg.), *Strukturen erzählen. Die Moderne der Texte*, Wien: Böhlau, S. 326–361. ■ RUSTEMEYER, DIRK (2001), *Sinnformen. Konstellationen von Sinn, Subjekt, Zeit und Moral*, Hamburg: Meiner. ■ SCHAEFFLER, RICHARD (1974), »Sinn«, in: Krings, Hermann / Baumgartner, Hans Michael / Wild, Christoph (Hg.), *Handbuch philosophischer Grundbegriffe*, Bd. 3, München: Kösel, S. 1325–1341. ■ SCHMELING, MANFRED / WALSTRA, KERST (1996), »Erzählung₁« und »Erzählung₂«, in: Weimar, Klaus / gem. mit Fricke, Harald / Grubmüller, Klaus / Müller, Jan-Dirk (Hg.), *Reallexikon der deutschen Literaturwissenschaft. Neubearbeitung des Reallexikons der deutschen Literaturgeschichte*, Bd. 1, Berlin/New York: de Gruyter, S. 517–522. ■ SCHUMANN-HENGSTELER, RUTH (2000), »Autobiographisches Erinnern bei Kindern. Welche Rolle kommt der sprachlichen Interaktion zu?«, in: Neumann, Michael (Hg.), *Erzählte Identitäten. Ein interdisziplinäres Symposion*, München: Fink, S. 21–39. ■ STIERLE, KARLHEINZ (1973), »Geschichte als Exemplum – Exemplum als Geschichte. Zur Pragmatik und Poetik narrativer Texte«, in: Koselleck, Rein-

hart / Stempel, Wolf-Dieter (Hg.), *Poetik und Hermeneutik, Bd. 5: Geschichte – Ereignis und Erzählung*, München: Fink, S. 347–375. ■ STIERLE, KARLHEINZ (1984), »Narrativ, Narrativität«, in: Ritter, Joachim / Gründer, Karlfried (Hg.), *Historisches Wörterbuch der Philosophie*, Bd. 6, Darmstadt: Wiss. Buchgesellschaft, Sp. 398–401. ■ STRAUB, JÜRGEN (1998), »Geschichten erzählen, Geschichte bilden. Grundzüge einer narrativen Psychologie historischer Sinnbildung«, in: Straub, Jürgen (Hg.), *Erinnerung, Geschichte, Identität, Bd. 1: Erzählung, Identität und historisches Bewußtsein. Die psychologische Konstruktion von Zeit und Geschichte*, Frankfurt/M.: Suhrkamp, S. 81–169. ■ STÜCKRATH, JÖRN (1997), »‹Der Sinn der Geschichte›. Eine moderne Wortverbindung und Vorstellung?«, in: Müller, Klaus E. / Rüsen, Jörn (Hg.), *Historische Sinnbildung. Problemstellungen, Zeitkonzepte, Wahrnehmungshorizonte, Darstellungsstrategien*, Reinbek: Rowohlt, S. 48–58. ■ WEBER, DIETRICH (1998), *Erzählliteratur. Schriftwerk, Kunstwerk, Erzählwerk*, Göttingen: Vandenhoeck & Ruprecht. ■ WHITE, HAYDEN (1990 [engl. 1987]), *Die Bedeutung der Form. Erzählstrukturen in der Geschichtsschreibung*, a. d. Amerik. von Smuda, Margit, Frankfurt/M.: Fischer.

4.5 Ästhetische Geltungsansprüche

Norbert Schneider

1. Zum Begriff des »ästhetischen Geltungsanspruchs«

Es scheint kein Zufall zu sein, dass der Begriff des Geltungsanspruchs in der Ästhetik bzw. den ästhetischen Disziplinen gegenwärtig terminologische Paradigmen wie Wert und Norm abzulösen beginnt.[1] Ursprünglich kommt er von der Jurisprudenz her, in der u. a. Reichweiten und Anerkennungen von Gesetzen (z. B. im internationalen Zivilverfahrensrecht) ventiliert oder Fragen nach der Validität von Forderungen einzelner Rechtssubjekte erörtert werden. Dahinter steht das Bewusstsein oder Gewahrwerden miteinander konfligierender Rechtssysteme und inkompatibler Rechtsvorstellungen von Individuen, letztlich aber – als deren konstitutionelle Basis – das Postulat einer pluralen Gesellschaftsordnung mit dem verbrieften Recht auf Artikulation der je eigenen Meinung.

Von der Rechtswissenschaft ist der Begriff – besonders seit den Achtziger Jahren – zunächst in die Ethikdiskussion eingewandert, und es dürfte maßgeblich Jürgen Habermas gewesen sein, der ihn (z. B. in seiner »Theorie des kommunikativen Handelns« und in der Abhandlung »Faktizität und Geltung«) im Hinblick auf die Fundierung eines konsensual orientierten Diskursmodells in diese Debatte um Handlungsnormen eingeführt hat.[2] Letztlich geht es bei ihm im gut Kantischen Sinne »transzendentalpragmatisch« darum, hinter der Fülle differenter Geltungsansprüche ermöglichende Bedingungen für Konsensfähigkeiten auszumachen, für sie also rekonstruktiv eine universalistische Geltungsbasis zu finden.

Diese strenge Forderung wird bei der Übertragung des Terminus auf die Sphäre des Ästhetischen indessen kaum erhoben.[3] Sie liefe ja darauf hinaus, für in der Öffentlichkeit oder im wissenschaftlichen Diskurs behauptete ästhetische Werte und Normen essentialistisch, mindestens anthropologisch, eine Letztbegründung ermitteln zu wollen. Spätestens seit der Diskussion um die Postmoderne, die, wie Wolfgang Welsch verdeutlicht hat, einen entschieden ästhetischen Einschlag hat,[4] d. h. Auseinandersetzungen, die vormals stärker politisch-ethisch gefärbt waren, im Medium der Kunst bzw. ihr nahe stehender Artefakte oder Aktionsräume austrägt, sind derlei Reduktionismen verpönt. Stattdessen wird ein tiefer liegendes Apriori unterhalb konkurrierender Werthaltungen und Interessen nicht nur nicht mehr angenommen, sondern als zu Ergründendes ironisierend auch vehement verworfen. Sein Korrelat findet der Begriff des Geltungsanspruchs in dem der Positionierung, in dem Sichverorten und

---

1 Vgl. Früchtl (1996, S. 108 ff.). Früchtl definiert den Begriff der »ästhetischen Geltung« durch Rekurs auf Kants »Kritik der Urteilskraft« als »Stimmigkeit« bzw. im Sinne von Platon als »Schein« (S. 104). Die politisch-soziale Dimension, auf die es im vorliegenden Beitrag vorrangig ankommt, verblasst bei Früchtl zu einem konventionellen Formideal.

2 Jürgen Habermas (1981, Bd. 1, S. 25 ff.). Habermas unterscheidet im Anschluss an Sprechakttheorien für das Gelingen der Verständigung vier Geltungsansprüche: Ihm zufolge müssen die Kriterien der Verständigkeit, der Wahrheit, der Wahrhaftigkeit und der normativen Richtigkeit erfüllt sein.

3 Anfang der Neunziger Jahre entdeckte man wieder, sozusagen in umgekehrter Richtung, das Ethische im Ästhetischen, so z. B. in dem Band von Wulf/Kamper/Gumbrecht (1994), in dem es darum geht, »eine in der menschlichen Wahrnehmung und in der ästhetischen Erfahrung enthaltene Ethik aufzudecken« (S. VII). Vgl. auch Böhme (1990, S. 56). – Dieser Zusammenhang von Ethik und Ästhetik ist früher, vor der Proklamation der Autonomie der Kunst, immer schon gesehen worden, so etwa bei Johann Friedrich Herbart, bei dem »Ästhetik« – gleichsam als Wertphilosophie – der Dachbegriff zu Kunstphilosophie einerseits und praktische Philosophie andererseits ist: »Einleitung in die Ästhetik; besonders in ihren wichtigsten [sic!] Teil, die praktische Philosophie« (Herbart, 1993[1813], S. 130 ff., §§ 81 ff.). Zu erinnern ist auch an den größeren Begriffsumfang, den »Ästhetik« noch in Kants »Kritik der reinen Vernunft« (B XI bzw. XVIII) hatte.

4 Welsch (1996, bes. S. 9 ff., 62 ff.). – Welsch kritisiert inzwischen den »Ästhetisierungstrubel« (Welsch, 1992 b, S. 45) und spricht sich gegen eine »Hyperästhetisierung« aus, wobei er sich auf Theodor W. Adorno beruft (*Minima Moralia. Reflexionen aus dem beschädigten Leben*, Nr. 95: »Gerade den ästhetisch avancierten Nerven ist das selbstgerecht Ästhetische unerträglich geworden«).

Geltendmachen innerhalb von ästhetischen Institutionen. Unschwer ist zu erkennen, dass er mit dem Problem der Macht, der Hegemonie eng verknüpft ist. Wenn gegenwärtig in verstärktem Maße ästhetische Geltungsansprüche erhoben werden, so verdanken sich solche Strategien der Selbstinszenierung von Beobachtungen und Erkenntnissen, die zuvor in historischen Analysen von Prozessen der »Umwertung der Werte«[5] gewonnen wurden.

2. Transformationen des ästhetischen Wertsystems seit dem Ausgang des Ancien Régime

Diese teilweise radikalen Veränderungen des Systems ästhetischer Werte haben eine mit dem Vorgang der Modernisierung umschreibbare längere Vorgeschichte. Sie vollzogen sich – mit wachsender Beschleunigung und in immer kürzeren Intervallen – seit dem Ausgang des Ancien Régime. Die davor abgelaufenen Umgestaltungen von Stilen (als expressiven Formen akzentuiert wertgerichteter Wahrnehmungen) bewegten sich weitgehend innerhalb autoritativ gesetzter Normenparameter. Dazu gehörte z. B. die Vorstellung vom »*Decorum*«, wie es in der Antike Vitruv mit Folgen zunächst für die Architekturtheorie, dann aber auch für die Kunst- und Literaturtheorie proklamiert hatte,[6] die traditionsgeleitete (von der »consuetudo« bestimmte) Auffassung vom Schicklichen und Angemessenen (»aptum«). Sie fügt sich ein in ein hierarchisches System von Genera, welche die Rhetorik disziplinübergreifend bis an die Schwelle der Moderne als verpflichtende Einteilungsschemata des sprachlichen, bildkünstlerischen oder musikalischen Ausdrucks festgelegt hatte (*genus humile, mediocre, sublime*).[7] Augenfällig ist hier die Übertragung sozialer Hierarchie auf die fiktiv-imaginäre Welt der Kunst.

Dieses Gliederungsmodell gerät seit dem 18. Jahrhundert zunehmend ins Wanken, es verliert seine Konsistenz, wie auch die Kategorien des Schönen und Erhabenen, des Tragischen und Komischen in der Folgezeit beständiger Korrosion ausgesetzt sind, die, kaum dass sie in der (von Alexander Gottlieb Baumgarten[8] begründeten) philosophischen Disziplin der Ästhetik von Autoren wie Kant oder Hegel als positive, klar definierte Werte bestimmt worden waren, sogleich respektlos von ihrem Podest geholt werden.

3. Die Kategorie des Interessanten

Das geschah zunächst in der Jenenser Frühromantik, die auf das politische Ereignis der Französischen Revolution mit einer Akzeptanz des durch sie nachhaltig demonstrierten Prinzips der Diskontinuität reagiert, das sie auf die Sphäre der Kunst und Literatur überträgt. Bei aller emotionalen Rückkoppelung an die unwiderruflich entschwundenen traditionalen Werte votieren die Brüder Schlegel für den ästhetischen Grundsatz der Modernität, die mit dem Normbegriff des Klassischen bricht, dem Friedrich Schlegel in seiner frühen Abhandlung *Über das Studium der griechischen Poesie* (1797) noch gehuldigt hatte. Sein Oppositionsbegriff ist nun der Begriff des »Interessanten«, welchen Schlegel mit denen des »Charakteristischen« und »Individuellen« verknüpft:[9] »*Interessant* [...] ist jedes originelle Individuum, welches ein größeres Quantum von intellektuellem Gehalt und ästhetischer Energie enthält. Ich sagte mit Bedacht: ein *größeres*. Ein größeres nämlich als das empfangende Individuum bereits besitzt: denn das Interessante verlangt eine individuelle Empfänglichkeit, ja nicht selten eine momentane Stimmung derselben.«[10] Das Interessante hebt nicht auf Allgemeingültigkeit ab (wie sie dem Klassischen zugesprochen wird), es ist vielmehr ein Devianzbegriff, gebunden an das isolierte Individuum, das kraft seines autonom agierenden Intellekts bewusst von den sozial definierten Normen abweicht und somit Neues schafft. Unübersehbar impliziert diese Theorie das Modell des Originalgenies, das, sieht man einmal von seinen ideologischen Verbrämungen mit Naturmetaphern ab (so, prototypisch, bei Edward Young, *Conjectures*

---

5 Nietzsche (1966, Bd. 2, S. 1152).

6 Vitruv, *De architectura* I 2, 1–9.

7 Vgl. Lausberg (1971, S. 59 ff., §§ 162 ff.) (zum »Ornatus«).

8 Baumgarten, Alexander Gottlieb, *Aesthetica*, 1750–58. Dazu Schneider (1997, S. 21–29 und 267 f.).

9 Schlegel (1882, S. 95).

10 Schlegel (1971, S. 182 f.).

on Original Composition, 1759), sich der Anerkennung des *Decorum* verweigert und daran erkannt und gemessen werden will, in welchem Maße es vermöge seiner Einbildungskraft (Imagination) Innovationen evoziert.

Friedrich Schlegel hat diese Theorie des Interessanten zwar weniger, wie nicht selten behauptet wird, postulativ entwickelt (denn er kehrt sehr bald wieder zur Wertschätzung des Schönen zurück, das seiner historisch-analytisch begründeten Meinung zufolge freilich immer schon, vor seiner Erlangung normativer Verbindlichkeit, durch das Interessante konstituiert wurde). Er hat mit ihr jedoch eine Tendenz beschrieben, die sich im Verlauf des 19. Jahrhunderts neben dem offiziellen Kunst- und Literaturbetrieb Geltung zu verschaffen suchte. Denn ihr inhäriert bereits die historische Perspektive auf das sich fortan immer stärker radikalisierende künstlerische Praxismodell der Avantgarde, welche mit der Schockierung eines Publikums operiert, das den permanenten Verletzungen der Normen, in denen es ästhetisch-kulturell sozialisiert wurde, mit Verständnislosigkeit begegnet. Die Ursachen für diese Divergenz von künstlerischer Praxis und ästhetischer Rezeption liegen hauptsächlich in dem Schwund korporativer Einbindungen der Künstler in ein Patronagesystem und der Entlassung aus einem verpflichtenden Regelapparat, wie er für die spätfeudale Phase vor der Revolution noch kennzeichnend war.

4. Hegels Diagnose des Umbruchs ästhetischer Werte

Hegel hat diesen Umbruch bereits in der Einleitung zu seiner *Ästhetik*[11] scharfsichtig diagnostiziert. Er sieht ihn in engem Zusammenhang mit der Heraufkunft der bürgerlichen Gesellschaft, die sich auf Grund ihrer ökonomischen Verfasstheit mit den »höchsten Bestimmungen« der Kunst nicht mehr vereinbaren lässt. »Deshalb ist unsere Gegenwart ihrem allgemeinen Zustande nach der Kunst nicht

---

11 Hegel (o. J., Bd. I, S. 22 f.).
12 Hegel (o. J., Bd. I, S. 22).
13 Hegel (o. J., Bd. I, S. 22).

günstig«, heißt es daher bei Hegel.[12] Da die Kunst keine vorrangige Rolle mehr in der Gesellschaft spielt und auch keine Förderung mehr erfährt, gerät sie zunehmend in die Isolation und Marginalität. Die zwangsläufige Folge ist, da dem Künstler ein verbindlicher, Maß setzender Stoff (wie etwa die antike Mythologie oder die christliche Ikonographie mit all ihren Normassoziationen) nicht mehr vorgegeben ist, dass er sich gesteigert mit der eigenen intellektuellen und psychischen Befindlichkeit beschäftigt. Die Kunst wird reflexiv, gedanklich überdeterminiert, und entsprechend nimmt auch das gesellschaftliche Subsystem der Kunstproduktion und der weltanschaulichen Vermittlung, in dem sie existiert, diesen Charakter potenzierter Reflexivität an: »[...] der ausübende Künstler ist nicht etwa nur durch die um ihn her laut werdende Reflexion, durch die allgemeine Gewohnheit des Meinens und Urteilens über die Kunst verleitet und angesteckt, in seine Arbeiten selbst mehr Gedanken hineinzubringen; sondern die ganze geistige Bildung ist von der Art, dass er selber innerhalb solcher reflektierenden Welt und ihrer Verhältnisse steht und nicht etwa durch Willen und Entschluss davon abstrahieren [...] könnte«.[13]

5. Die Faszination des Hässlichen (Rosenkranz, Baudelaire, Nietzsche)

In der Entwicklungsdynamik der bürgerlichen Gesellschaft war und ist es begründet, dass ihr Primat des Ökonomischen die künstlerischen Existenzgrundlagen und ästhetischen Wertvorstellungen zerstört, an deren ideologischer Bewahrung ihr eigentlich gelegen ist. So wurde das Schöne, das als Leitbild und Muster für die sinnliche Rezeption stets das Resultat eines (zumeist subrational wirkenden) historischen Integrations- und Einübungsprozesses war (insofern stellt es empirisch in der Tat eine gesellschaftliche Objektivation, ein Objektives, dar), nicht nur von den Künstlern, Musikern und Literaten, sondern auch den Kritikern und philosophischen Ästhetikern, mehr oder minder radikal in Frage gestellt. Im 19. Jahrhundert setzt daher schon früh die Sensibilisierung für das Hässliche ein. So etwa bei Karl Rosenkranz (*Ästhetik des Hässlichen*, 1853), der es als das »Negativschöne« bezeichnet und damit zum Ausdruck bringt, dass es dialektisch, als Konterpart (und auch als Kritik), in Beziehung zum Normbegriff des Schönen stehe. Rosenkranz schließt bei seinen Beobachtungen des Normwidrigen an ansatzweise Überlegungen an, die bereits Goethe in seiner Abhandlung *Über den Dilettantismus* (1799) oder Schiller in der Studie *Gedanken über den Gebrauch des Gemeinen und Niedrigen in der Kunst* (1802), gewiss unter dem Eindruck der Französischen Revolution und der mit der gesellschaftlichen Umschichtung verbundenen Veränderung der Wertparameter, in die ästhetische Debatte hineingetragen hatten. Macht sich in der Rehabilitierung bzw. Proklamation des Formlos-Hässlichen, des Frivolen, Bizarren, ja Satanischen – so jedenfalls bei Charles Baudelaire (in seinen *Curiosités esthétiques*, 1855), der als Anhänger der Moderne über Rosenkranz weit hinausgeht – ein an das bürgerliche Publikum adressierter provokativ-verletzender Gestus geltend, so ist in ihr substantiell auch die wahrheitsdemonstrierende Forderung nach Sichtbarmachung des im Ideal des Schönen Verdrängten: des Abnormen, Grotesken, Kranken und Bösen enthalten, das angesichts idealisierender Abstraktion »unbeschönigt« darzustellen oder mimetisch zu inszenieren sei.

Nietzsche hat in seiner *Götzen-Dämmerung* (1888)[14] auf das illusionäre narzisstische Moment des Schönen hingewiesen: »Im Grund spiegelt sich der Mensch in den Dingen, er hält alles für schön, was ihm sein Bild zurückwirft«. Das Hässliche weise der Mensch, so Nietzsche in darwinistischer Argumentation, aus gattungsmäßigem Instinkt zurück, da es ihn an »Verfall, Gefahr, Ohnmacht« erinnere und er dabei Kraft einbüße.[15]

6. Rettungsversuche des Idealschönen gegen Ende des 19. Jahrhunderts

Das Insistieren auf der empirischen Konstatierung des Normwidrigen musste Gegenbewegungen auf den Plan rufen, die von der Position des Bildungsbürgertums aus an der Bewahrung traditioneller ästhetischer Werte interessiert und für die mit der Billigung des Hässlichen auch in die Alltagspraxis hineinwirkende politische Gefahren verbunden waren. So wird zum Ende des 19. Jahrhunderts noch

einmal von Seiten der Kathederphilosophie ein Wertessentialismus verkündet, dem zufolge Werte und Normen in der Kunst bzw. ästhetischen Rezeption geschichtsindifferente metaphysische Größen darstellen. Kennzeichnend hierfür ist etwa die Auffassung von Johannes Volkelt, der von einem »absoluten Wert« ausgeht, welcher für ihn als letzte Größe sogar noch dem Sein vorausgeht.[16] Dieser absolute Wert existiert für ihn in über jeden Zweifel erhabener Gewissheit, er muss jedoch dem Denken und Erkennen zugänglich sein, ja kann auch gar nicht anders als durch diese geistigen Operationen erschlossen werden. Bei aller metaphysischen Unbedingtheit ist er also über das Erkennen an das Subjekt gebunden. Damit stand Volkelt durchaus in Gegensatz zu der »neuen Lehre vom Gelten«,[17] wie er sie bei Edmund Husserl[18] bemerkte, welche

---

14 Nietzsche (1966, Bd. 2, S. 1001 f.).

15 Anders als Nietzsche, der deszendenztheoretisch argumentiert, bringt Theodor W. Adorno die Entstehung des Begriffs des Hässlichen mit der »Abhebung der Kunst von ihrer archaischen Phase« in Verbindung: »Er markiert deren permanente Wiederkunft, verflochten mit der Dialektik der Aufklärung, an welcher die Kunst teilhat.« (Adorno, 1983[1970], S. 76). »Kunst muss das als hässlich Verfemte zu ihrer Sache machen, nicht länger um es zu integrieren, zu mildern oder durch den Humor, der abstoßender ist als alles Abstoßende, mit seiner Existenz zu versöhnen, sondern um im Hässlichen die Welt zu denunzieren, die es nach ihrem Bilde schafft und reproduziert, obwohl selbst darin noch die Möglichkeit der Affirmation als Einverständnis mit der Erniedrigung fortdauert, in die Sympathie mit den Erniedrigten leicht umschlägt« (S. 78 f.).

16 Volkelt (1914, Bd. 3, S. 501 ff.).

17 Volkelt (1914, Bd. 3, S. 494 ff.).

18 Husserl (1900, S. 188 ff., 239 ff.). Wie Husserl hielt auch Nicolai Hartmann (1966, S. 340 ff.) an der Vorstellung eines absoluten, von den individuellen Wertgefühlen unabhängigen Reichs der Werte fest; ähnlich Roman Ingarden: »Der ästhetische Wert im allgemeinen (und die ›Schönheit‹ im besonderen) ist etwas vom Gefallen völlig Verschiedenes« (Ingarden, 1962, S. 247). Eine Theorie a priori geltender Werte vertrat auch der Neukantianer Jonas Cohn, der sie dann später in seinem umfangreichen Werk »Wertwissenschaft« (1932) niederlegte. Cohn ging es vor allem um eine Kritik von Nietzsches Wertrelativismus, von dem beim Bildungsbürgertum der wilhelminischen Phase eine große Faszination ausging, gegen den – als Gefährdung seiner sittlichen Grundlagen – es sich in einer letzten Anstrengung aber noch einmal zu wehren suchte. Zugleich bemühen sich seine philosophischen Repräsentanten, mit der Verkündung eines Reichs idealer Werte dem

unabhängig von allem Körper- und Naturdasein, unabhängig von allem Physischen und Psychischen ein eigenes Reich des Idealen, von zeitlos-unveränderlichen Geltungen annahm, das aber nicht in einem metaphysischen Sinne zu verstehen sei. Gibt es in den theoretischen Grundvoraussetzungen also eine Reihe von Unterschieden, so eint beide Positionen doch der Wunsch nach Bestandssicherung von Werten und Normen, die Sorge vor dem Verlust von Orientierungssystemen, die als traditionsgeleitete Legitimationsmaßstäbe der bestehenden Sozialstruktur Verlässlichkeit verleihen.

Von solcher Sorge durchdrungen war auch die induktive Ästhetik Gustav Theodor Fechners,[19] die vordergründig zwar mit der alten idealistischen Gehaltsästhetik brach und in einem sich am zeitgenössischen Paradigmenwechsel der Psychologie ausrichtenden empirischen Modell ästhetische Wertungen gerade »von unten«, d. h. durch statistische Auswertungen der Bekundungen von Lust-/Unlustgefühlen der Probanden begründen wollte. Fechner reagiert damit in methodisch innovativer Weise auf die Umwertung der Werte, wie sie zeitgleich von Nietzsche als mentaler Umbruch wahrgenommen worden war. Er respektiert – fast könnte man sagen: demokratisch – die Urteile und die darin verborgenen Geltungsansprüche von Laien. Aber letztlich war ihm doch daran gelegen, induktiv das zu bekräftigen und zu belegen, was die alte normative Schönheitsästhetik an Ordnungsgesetzen, z. B. Proportionsmustern oder Kompositionsprinzipien bzw. kanonisch geltenden Idealen wie »Stimmigkeit« (»concinnitas«, »consonantia«),[20] postuliert hatte. Insofern kehrte Fechner auf dem Umweg über eine beinahe schon formalisierte Empirie, die im Ansatz bereits auf eine Rezeptionsästhetik hinauslief, wieder zu dem Normensystem des Idealismus zurück.

___

Vorrücken des Tauschwertgesichtspunkts ein geistiges Prinzip entgegenzusetzen, und zwar vornehmlich das der Hebung des Selbstgefühls und der empathetischen Sensibilität (so etwa bei Moriz Carriere, Alois Riehl, Hugo Münsterberg, Heinrich Rickert u. a.).

19 Dazu Schneider (1997, S. 126–133).

20 Zur »consonantia« bzw. »concinnitas« vgl. in der älteren, an die antike Rhetorik angelehnten kunsttheoretischen Literatur z. B. Leone Battita Alberti, zit. bei Tatarkiewicz (1987, Bd. 3, S. 116, Text-Nr. 13).

7. Wertrelativierung und Kanonrevision bei Alois Riegl und Aby Warburg

Das Bemühen, sich auf die realen ästhetischen Tatsachen einzulassen, ist um die Jahrhundertwende auch in den Geisteswissenschaften zu bemerken, beispielsweise in der Kunstwissenschaft, etwa bei Alois Riegl. In seiner Untersuchung *Die spätrömische Kunstindustrie nach den Funden in Österreich-Ungarn* (Wien 1901) versuchte er, mit dem Mittel der über eine bloße Stilkritik hinausgehenden Stilanalyse an Hand von Denkmälern der antiken Kunstproduktion nachzuweisen, dass sie letztlich nicht anderen Gestaltungsprinzipien und -gesetzen folgte als die sogenannte hohe Kunst. Schon die Wahl des Untersuchungsgegenstandes, erst recht aber die um Vorurteilslosigkeit bemühte Methodik lassen bei Riegl die Absicht erkennen, sich von den Zwängen einer normativen Schönheitsästhetik bzw. eines kunsthistorischen Kanons zu befreien. Dennoch gelang es auch Riegl nicht immer, dieses Ziel ohne theoretische Inkonsistenzen zu erreichen. Auch bei ihm gibt es wie bei Fechner immer wieder Rückkoppelungen an herrschende Wertsysteme, wie aus seiner aus dem Nachlass herausgegebenen *Historischen Grammatik der bildenden Künste* (postum Graz/Köln 1966) ersichtlich ist. Bis zu einem gewissen Grade gilt das auch für Aby Warburg, dessen »*Mnemosyne*«-Bildatlas – einer synoptischen Zusammenstellung von motivverwandten Bildern, die Wanderungen und Querverbindungen von Sujets (»Pathosformeln«) und deren Darstellungsprinzipien im Sinne der Sichtbarmachung eines in ihnen wirksamen kulturellen Gedächtnisses vor Augen führen sollen – zweifellos eine methodisch bedingte Nivellierung der ästhetischen Werte innewohnt, da für Warburg die Wertigkeit der jeweiligen Bilder nach dem traditionellen kunstgeschichtlichen Kanon nicht entscheidend war, statt dessen jedoch ihre kulturelle Signifikanz als Ausdruck psychischer Energien oder magischer Kräfte. Gleichwohl war auch Warburg weiterhin vom normativen Ideal der Antike geleitet, die für ihn ein verpflichtendes, aktuell noch bewegendes Erbe darstellte, dessen Charakter er freilich im Anschluss an Nietzsche (besonders dessen »unzeitgemäße Betrachtung« *Die Geburt der Tragödie aus dem Geiste der Musik*, 1872) umzukehren versuchte, indem er – gegen Winckelmann – das apollinische Schönheitsmodell gegen das chaotisch-regelwidersetzliche Modell des rauschhaft Dionysischen austauschte und damit das Augenmerk auf Leidensspuren und irrationale Strömungen lenkte.

8. Desautomatisierung und Verfremdung (Šklovskij, Brecht, Mukařovský)

Das bereits bei den Brüdern Schlegel im Begriff des »Interessanten« sich manifestierende Bewusstsein von der Notwendigkeit fortgesetzter Normdurchbrechung als Ermöglichung gesteigerter ästhetischer Qualitäten wird, gleichsam in einem zweiten Schub, in den Avantgarde-Bewegungen des frühen 20. Jahrhunderts zu einem künstlerischen Programm. Wie Peter Bürger gezeigt hat,[21] war für diese Bewegungen ein gegenüber früheren Epochen radikal veränderter Charakter der gesellschaftlichen Institution Kunst symptomatisch: Diese hatte, überaus deutlich im Ästhetizismus, nun den Status einer von der realen Lebenspraxis abgehobenen Autonomie erlangt, innerhalb derer alle vorangegangenen Stile und Kunstmittel verfügbar werden, und zwar in einer Weise, dass zwar nicht der Werkbegriff überhaupt in Frage gestellt wird, wohl aber ein bestimmter, vormals normativ geforderter: der des »organischen«, in sich gerundeten, abgeschlossenen Werks. An dessen Stelle tritt nun der Typus des »nicht-organischen« Werks, das seinen Montagecharakter demonstriert und sich als gemachtes Artefakt zu erkennen gibt.

Das dergestalt praktizierte künstlerische Verfahren ist das der »*Verfremdung*«. Es war Viktor Šklovskij, der es – bereits im Rückblick auf gerade rasant sich ablösende avantgardistische Richtungen, also sozusagen bilanzierend – 1917 in seinem Aufsatz *Iskusstvo kak priem (Kunst als Verfahren)* beschrieb. Šklovskijs These läuft darauf hinaus, dass Kunst (er zeigt dies als Literaturtheoretiker am Beispiel der Prosa) ein autonomes, selbstreflexives System darstelle, das von äußeren Einflussfaktoren weitgehend frei sei. Mit der künstlerischen Produktion gehe eine (ästhetische) Wahrnehmung einher, die dazu tendiere, sich zu automatisieren: »Wenn wir uns über die allgemeinen Gesetze der Wahrnehmung klar werden, dann sehen wir, dass Hand-

lungen, wenn man sich an sie gewöhnt hat, automatisch werden.«[22] Nachgerade definierender Maßstab für Kunst ist für Šklovskij daher der Akt der *Desautomatisierung*: »Ziel der Kunst ist das Verfahren der ›Verfremdung‹ der Dinge und das Verfahren der erschwerten Form, ein Verfahren, das die Schwierigkeit und Länge der Wahrnehmung steigert, denn der Wahrnehmungsprozess ist in der Kunst Selbstzweck und muss verlängert werden; die Kunst ist ein Mittel, das Machen einer Sache zu erleben; das Gemachte ist in der Kunst unwichtig.«[23] Šklovskij hebt also darauf ab, dass es ein geradezu konstitutives Moment der Kunst sei, »das Empfinden des Lebens wiederherzustellen, um die Dinge zu fühlen, um den Stein steinern zu machen«.[24]

Bemerkenswert an dieser Position ist die tendenzielle Aufkündigung des Werkbegriffs, da Šklovskij und seine Mitstreiter Jurij Tynjanov und Boris Ejchenbaum vorrangig der evolutive Prozess der Literatur interessiert, im Kern also schon das Moment der Intertextualität. Die Betonung der reinen Autonomie der Kunst (die bei Šklovskij so weit geht, dass er die poetische Sprache von der normalen Sprache gänzlich losgelöst betrachtet) ist später (1928) von P. N. Medvedev (hinter dem – als Pseudonym – man Michail Bachtin vermutet) wegen des radikalen Immanentismus scharf kritisiert worden, allerdings mit anderen Argumenten als von der offiziellen marxistischen Kritik, die naheliegenderweise die Abstrahierung von allem Inhaltlichen (nach Šklovskij: dem »Gemachten«) rügte, welche, genau besehen, indessen real insofern nicht stattfand, als die russischen Formalisten ja gerade der Auffassung waren, dass Kunst für die Wahrnehmung der konkreten Wirklichkeit sensibilisiere.

Trotz dieser Kritik am russischen Formalismus wurde der Terminus der »Verfremdung« in der marxistischen Kunsttheorie zu einer zentralen ästhetischen Kategorie, in der sich, besonders in den ersten Jahrzehnten nach der Oktoberrevolution, als ein neues, von bourgeoisen Sehweisen sich radikal

---

21 Bürger (1974); vgl. auch Bollenbeck (1987).
22 Striedter (1971, S. 11).
23 Striedter (1971, S. 15).
24 Striedter (1971, S. 15, im Anschluss an ein Zitat aus dem »Tagebuch« Leo Tolstojs).

abkehrendes ästhetisches Werte- und Normensystem angestrebt wurde, ein politischer Geltungsanspruch manifestierte. In enger Verbindung mit dem Begriff der »Montage«, der eine Analogieassoziation zu industriellen Produktionstechniken beschwor, wurde er namentlich von Bertolt Brecht eingeführt (anfangs noch als »Entfremdung«, was sich aber mit dem gleichnamigen, negativ, weil kapitalismuskritisch, gemeinten Begriff von Marx nicht vereinbaren ließ), so besonders in seiner Theorie des »epischen Theaters«.[25] Brechts »V-Effekt« zielt auf die Überraschung – insofern »desautomatisierend« im Sinne von Šklovskij – des an eingeübte Wahrnehmungen gewöhnten Publikums ab, das mit gegeneinandergesetzten Handlungs- und Denkmustern konfrontiert und zur Lösung der sozialen Probleme provoziert wird.

Eine Überwindung der in der Autonomievorstellung sich manifestierenden Einseitigkeit des russischen Formalismus wurde von der Konzeption des tschechischen Strukturalismus angestrebt, wie ihn namentlich Jan Mukařovský vertrat. Zwar übernahm Mukařovský die Devianzästhetik der Formalisten, da auch er die Geschichte der Kunst als eine Geschichte der Auflehnungen und Normdurchbrechungen beschreibt; ihm lag aber daran, für das Phänomen der Desautomatisierung eine nicht innerkünstlerische Begründung zu liefern. Dazu führte er den soziologisch (und auch semiologisch) gemeinten Begriff der *ästhetischen Funktion* ein, die über den engeren Wirkungsbereich der Kunst hinausgehe und alle Gegenstände oder Geschehen betreffen könne. Jedoch sei sie in der Kunst die dominierende Funktion, während sie in anderen Bereichen oder Institutionen lediglich zweitrangig sei.[26] Andere Funktionen (z.B. die praktische) gingen durch sie nicht verloren, würden aber von ihr umorganisiert. Mukařovský entwarf auf diese Weise ein Fluxionsmodell: An allen Gegenständen, Sachverhalten, Lebensbereichen einer Gesellschaft auf einer bestimmten historischen Stufe lasse sich eine Fülle von Funktionen feststellen, die zueinander in einer dynamischen Wechselbeziehung stehen, für ihre Spezifik sei aber die Akzentuierung bzw. Do-

minanz einer besonderen Funktion entscheidend. Diese Vorrangstellung brachte Mukařovský nun mit den Normsystemen eines »Kollektivs« – d.h. einer epochal genau zu bestimmenden Gesellschaft, die in Klassen und Schichten differenziert ist – in Verbindung, welche einem Wandel unterliegen, aber über längere Zeit für die jeweiligen sozialen Gruppen prägende Kraft besitzen. Bedeutsam an Mukařovský Konzept war sein bis dahin ungewöhnlicher Versuch, das Ästhetische nicht zu isolieren oder eine unüberbrückbare Antithetik von Ästhetischem und Außerästhetischem zu konstruieren, sondern gerade funktionalistisch den Nachweis dafür zu führen, dass das Ästhetische eine »summarische Bezeichnung für die dynamische Ganzheit« wechselseitiger Relationen der außerästhetischen Werte darstelle. Unter den Ästhetik-Entwürfen des 20. Jahrhunderts thematisierte besonders seine Position das Problem der Geltungsansprüche, und zwar im Hinblick auf die von einzelnen Individuen oder Gruppen entwickelten Werte – verstanden nicht als Eigenschaften der Dinge, sondern als mentale Präferenzbeziehungen zur Realität – einerseits und der temporär vorherrschenden, institutionalisierten Normen andererseits. Sein hermeneutisch-semiologisches Modell impliziert in seinen Grundvoraussetzungen unausgesprochen selbst einen Geltungsanspruch, nämlich die Forderung nach Entmystifizierung der Kunst durch eine konsequent funktionalistische Bestimmung, die privilegierende Abgrenzungen zwangsläufig aufweicht und mit dem Begriff des Ästhetischen (als einer Funktion, die nahezu allem, jedoch in unterschiedlicher Gewichtung, zukommen kann) der Forderung nach einer Expansion der Kunst, wie sie dann seit den Sechziger Jahren *in praxi* (besonders in der Pop Art) verstärkt erhoben wurde, den Boden bereitete.

9. Kritik des auf den Autor bezogenen Geltungsanspruchs

Mit der Korrosion des emphatischen Kunstbegriffs zugunsten des wertneutral gemeinten des Ästhetischen (bzw. der ästhetischen Funktion) ging im tschechischen Strukturalismus tendenziell eine Relativierung der Rolle des Werkurhebers einher. Seit

---

25 Brecht (1967, Bd. 15, S. 361 f.: »Der V-Effekt«).
26 Mukaøovský (1970, S. 18).

der Renaissance, mehr aber noch seit dem 18. Jahrhundert war diese Position im Argumentationsrahmen der Genietheorie kontinuierlich gesteigert worden. Der im Mittelalter durchgängig gültige Grundsatz der »*auctoritas*«, der Verpflichtung auf die Norm der Überlieferung als der Bewahrung in kollektiver Subsidiarität geschaffener Werke, trat gegen Ende der Frühen Neuzeit zunehmend in den Hintergrund zugunsten der Herausstellung der Leistungen des unnachahmlichen, unvergleichlichen, mit divinatorischen Fähigkeiten begabten Individuums. Charakteristisch hierfür ist Shaftesburys Titanisierung des Künstlers: »Ein solcher Künstler ist in der Tat ein anderer Schöpfer, ein wahrer Prometheus unter Jupiter. Gleich jenem obersten Künstler oder der allgemeinen bildenden Natur formet er ein Ganzes, wohl zusammenhangend, und in sich abgemessen, mit richtiger Anordnung und Zusammenfügung seiner Teile.«[27] Trotz ihres Destruktionsgestus hat noch, und gelegentlich sogar in überzogenem, ja überspanntem Maße, die klassische Avantgarde an diesem Geniemodell, mithin dem Geltungsanspruch des Autors, festgehalten. Das gilt selbst für den Surrealismus, dessen Berufung (wie bei André Breton oder bei Max Ernst) auf den psychischen Automatismus die Rolle des Künstlers, welcher dann nur Medium eines kollektiven Unbewussten wäre, eigentlich hätte relativieren müssen.

Erste Versuche, die Autorzentriertheit aufzukündigen, machten sich namentlich seit den Zwanziger Jahren in neo-ontologischen Konzeptionen wie etwa in Martin Heideggers Abhandlung »Der Ursprung des Kunstwerks«[28] bemerkbar, die sowohl den Schöpfer des Werks mit seinem selbstherrlichen Geltungsanspruch als auch eine einfühlende Rezeption, das »Erlebnis«, kategorisch ausblendet. Gleichwohl bleibt auch bei Heidegger latent ein Sakralitätsmoment erhalten: Nun aber ist es nicht mehr der deifizierte Künstler, sondern das Werk, das in seiner Wahrheit (»Unverborgenheit«) eröffnenden Dinghaftigkeit gleichsam eine Offenbarung des Göttlichen darstellt (wenngleich dieses Göttliche in ontologischen Kategorien wie dem »Sein des Seienden« profanisiert erscheint). Heidegger schließt sich mit seiner fundamentalontologischen Theorie des Kunstwerks, wenngleich in der Diktion sehr eigenwillig und politisch ins Konservative ge-

wendet, Tendenzen in der Ästhetik-Debatte der Weimarer Zeit an, die maßgeblich durch das Paradigma der marxistischen Kunsttheorie in der frühen Sowjetunion geprägt waren. Zu erinnern ist hier nur an die Theorie und Praxis des Proletkults,[29] in der das bürgerliche Ideal des privilegierten Künstlers gänzlich zerstört wird und an seine Stelle die eher anonyme ästhetische Produktion des Kollektivs tritt. Mit der Neutralisierung des Künstlers verschiebt sich der Akzent zwangsläufig auf das Produkt und seine Rezeption.

Die Abwendung vom Autor als der bestimmenden, normativen Instanz begegnet innerhalb der »bürgerlichen« Ästhetik in zahlreichen immanentistischen Theorien, die allein das Werk in den Mittelpunkt stellen, für es also den ausschließlichen ästhetischen Geltungsanspruch erheben. Zu erwähnen ist hier besonders die Position des *New Criticism*,[30] die dem Werk einen vom Autor losgelösten, autonomen Status zuspricht, das seine eigene (supralogische) Wahrheit besitzt, die schon in seinem bloßen Sein beschlossen ist, nicht etwa in seinem semantischen Referential (»A poem should not mean/But be«, so das Ende des Gedichts »Ars poetica« von Archibald MacLeish).[31] Vorwiegend sei es durch seine immanenten Relationen konstituiert, und das ihr zugrundeliegende Prinzip ist das der Ironie, welche das Spiel der Ambiguitäten regelt.[32] Am New Criticism hat man zu Recht ein konservatives Moment erkannt, die Abwehr politischer Ansprüche durch Bescheidung auf die Konstatierung immanenter Strukturen, die als »tension« oder »equilibrium of opposed forces« beschrieben werden. Die Intentionen des Autors interessieren dem Dogma der New Critics zufolge nicht; auf sie bei der Werkinterpretation sich zu beziehen, bedeute, einer »intentional fallacy« zu erliegen.[33]

War der für den Autor als zentrale Instanz im ästhetischen Kommunikationssystem erhobene Geltungsanspruch im *New Criticism* und anderen

---

27 Shaftesbury (1980 [1709]), 3. Teil, 2. Abschnitt, S. 176ff.).
28 Heidegger (1992 [1935/36]).
29 Zum Proletkult vgl. Gorsen/Knödler-Bunte (1974/1975).
30 Zum New Criticism vgl. Spurlin (1995).
31 Zit. nach Zapf (1996, S. 153).
32 So Cleanth Brooks in Brooks (1947, S. IX).
33 Wimsatt/Beardsley in: Wimsatt (1954, S. 3–18).

immanentistischen Richtungen zwar nominell negiert, so hielten sie an ihm doch insofern latent fest, als sie den durch die »klassischen« Autoren fixierten Kanon der Werke stillschweigend bekräftigten. Anders dagegen die Position der Strukturalisten und Poststrukturalisten, für die stellvertretend hier Roland Barthes und Michel Foucault genannt seien. Von ihnen stammt die vielzitierte Rede vom »Tod des Autors« (»*La mort de l'auteur*«).[34] Er wird von ihnen aus politischen Motiven verkündet, als Kritik am quasi-theologischen Ideologem des omnipotenten Genies. Während jenes durch seine unverwechselbare Individualität definiert wurde, wird von Barthes und Foucault im Sinne des Primats der Strukturen demgegenüber das kollektive Moment intertextueller Literatur- (und Kunst-)Produktion betont: Der Autor sei lediglich ein medialer Schnittpunkt von Diskursen. Mit der »Beerdigung« des Autors wird nach Barthes der Leser »geboren«, der nun eine auktoriale Funktion übernehme.

Dieses Plädoyer für den Leser/Betrachter impliziert bei Barthes und Foucault bereits den rezeptionsästhetischen Ansatz. Hier wird also der Geltungsanspruch für den Rezipienten erhoben und dieser zum eigentlichen Fokalpunkt des ästhetischen Prozesses gemacht. Diese Position kam nicht zufällig in den Sechziger Jahren auf und verstand sich mit ihrer Parteinahme für das bis dato schwächste Glied in der ästhetischen Interaktion als eine Geste der Demokratisierung. Zaghaft (und noch keineswegs mit dieser politischen Perspektive) wurde sie im deutschsprachigen Bereich vorbereitet in Hans-Georg Gadamers Buch *Wahrheit und Methode*, das als Neubegründung der Hermeneutik den Akt des Verstehens, und zwar von schriftlich fixierten Texten, in den Vordergrund rückt, zugleich aber, und das ist entscheidend, den wechselvollen Vorgang der Überlieferungen, die als ständig vollzogene »Horizontverschmelzungen« die Werke immer mehr von ihren Urhebern ablösen und ihnen permanent neuen Sinn zuführen.[35] An Gadamer schließen sich die Ansätze von Hans Robert Jauss[36] und Wolfgang Iser[37] an. Danach ist in den Werken ein Sinnpotential bzw. eine »Appellstruktur« angelegt, das bzw. die sich sukzessiv dem verstehenden Urteil erschließt. Die Werke seien demnach offen für die aktive Tätigkeit der Rezipienten, welche die »Unbestimmtheitsstellen« (»*indeterminacies*«) in den Texten, also unvollständige, umrisshafte Andeutungen, kraft eigener imaginativer Projektion füllen.

So fortschrittlich sich diese Position auch geben mochte, sie verblieb letztlich doch nicht nur im akkreditierten bürgerlichen Kanon, sondern vindizierte auch für den Leser ein privilegiertes Rezeptionsniveau, das genau dem eines elaborierten Literaturwissenschaftlers entsprach, also nicht gerade dem des sogenannten Durchschnittslesers. Insofern wurde hier eine Praxis sozialer Distinktion theoretisch besiegelt, wie sie kultur- und wissenschaftskritisch Pierre Bourdieu[38] analysiert hat.

10. Politische Geltungsansprüche an den ästhetischen Kanon: Neomarxismus, Dekonstruktivismus, Feminismus, Postkolonialismus

Gegen derlei Kanon-, Interaktions- und Methodenmodelle setzten sich spätestens seit den Siebziger Jahren gänzlich anders gelagerte ästhetische Geltungsansprüche von Kulturtheorien ab, unter denen hauptsächlich vier genannt seien: der Neomarxismus, der Dekonstruktivismus, der Feminismus und der Postkolonialismus. Sie alle eint die Forderung nach radikaler politischer Kritik am etablierten bürgerlichen Werte- und Normensystem, besonders auch an den Kriterien und Mechanismen der Auswahl des kanonisch gültigen Text- bzw. Werkkorpus. Zwar gab es in der marxistischen Kunst- und Literaturtheorie, etwa bei Lukács und Bloch, meist im Sinne der Erbetheorie eine weitgehende Interferenz mit dem bürgerlichen Kanon, dessen progressiver Gehalt anzueignen sei. Daneben wurde aber immer auch, namentlich in den Um-

---

34 Barthes (1969, S. 44–53); Foucault (1974, S. 7–31). Vgl. zur Autorproblematik generell Ingold/Wunderlich (1992; darin von den Herausgebern: »Nach dem Autor fragen«, S. 9–20, mit weiterer Literatur).

35 Gadamer (1960). Hierzu Schneider (1998, S. 95–103, 267–274).

36 Jauss (1970).

37 Iser (1972). Siehe auch Warning (1975). In der Kunstwissenschaft wurde dieser rezeptionsästhetische Ansatz von Wolfgang Kemp aufgegriffen.

38 Bourdieu (1989).

bruchsphasen – einmal nach der Oktoberrevolution, später auch im Umkreis und Gefolge der Studentenrevolte – eine Revision des Kanons durch Einbeziehung von Widerstands- und/oder Klassenkampfliteratur oder -kunst gefordert, wobei mit solchen Ansprüchen auch eine Verschiebung des ästhetischen Maßstabs einherging. Eine Re-Lektüre des Kanons ist ebenfalls das Ziel des anglomarxistischen »*Cultural Materialism*« mit Raymond Williams[39] als seinem Hauptvertreter, der auf der Bewusstmachung des Politischen auch in Werken besteht, bei denen die werkimmanenten Methoden diese Dimension verneinen. Vom *Cultural Materialism* bzw. dem *Birmingham Center for Contemporary Cultural Studies* gingen weiterhin Bestrebungen aus, ästhetische Geltungsansprüche subkultureller Gruppen durch Fallstudien bewusst zu machen, die, in die Marginalisierung gedrängt, ihren Dissens mit der dominanten Kultur in eigenen Stilen zum Ausdruck bringen.[40]

In den letzten zwanzig Jahren hat sich der *Cultural Materialism* der *poststrukturalistischen* bzw. *dekonstruktivistischen Diskurstheorie* angenähert. Auch diese hat eine subversive Tendenz, insofern sie mit dem Marxismus die Kritik an metaphysischen Grundvoraussetzungen bürgerlicher Definitionen des Ästhetischen teilt, diesem jedoch vorhält, sich vom idealistisch geprägten »Logozentrismus« und einem festgefügten semantischen Referential nicht gelöst zu haben. Bei Jacques Derrida, Jacques Lacan, Gilles Deleuze und Pierre Félix Guattari, schließlich auch bei Jean Baudrillard (sie alle haben einmal in ihrer Biographie eine marxistische Phase durchlaufen), wird zwar kein neuer Kanon entworfen, wohl aber geht es ihnen um die »Dekonstruktion« individuell vorgetragener Geltungsansprüche durch die Auflösung des Subjekts zugunsten einer Annahme kollektiver Intertextualitäten.

In den inzwischen stark diversifizierten *feministischen Positionen* gibt es teilweise dezidiert politische Ansätze, die sich der marxistischen Kritik anschließen, die Geschlechterfrage also mit dem Aspekt des Klassenantagonismus verbinden. So sind auch hier Vorschläge zu einer Revision des Kanons gemacht worden, die bis zur Aufstellung eines Alternativ- bzw. Gegenkanons mit Autorinnen/Künstlerinnen gehen, welche durch die männlichkeitsdominierten Selektionskriterien bisher ausgeschlossen wurden.[41] Methodisch wird in diesem Ansatz der Gynokritik das Verfahren des Rereading bzw. Misreading gefordert, eine Interpretationsstrategie, die, partiell bewusst bis zur Überinterpretation getrieben, die herrschende maskuline Sicht unterlaufen bzw. unterminieren will. Dieses Verfahren weist wiederum Affinitäten zum Ansatz der dekonstruktivistischen Subversion auf.[42]

Eine Politisierung des Kanons ist schließlich seit Ende der Achtziger Jahre noch einmal vom *Postkolonialismus* vorgenommen worden, der, wie der Name bereits andeutet, einen Zustand der ästhetischen (Selbst-)Reflexion nach dem Ende des Kolonialismus kennzeichnet. Die HauptvertreterInnen dieser Position sind Edward Said,[43] Homi K. Bhabha[44] und Gayatri Chakravorty Spivak.[45] Es geht bei deren durchaus unterschiedlich akzentuierenden Positionen vorwiegend darum zu zeigen, wie das kulturelle und ästhetische Bewusstsein der Nachfolger der Kolonisierten noch immer unter dem Spannungsverhältnis zur imperialen Welt und der durch sie aufoktroyierten ästhetisch-kulturellen Werte und Normen steht. Bei aller Auflehnung gegen diese mit dem Ziel der Findung einer eigenen Identität sind nach Bhaba derlei Bestrebungen doch dem ambivalent-paradoxen Vorgang der Mimikry ausgesetzt, die freilich auch ironisch subvertiert werden könne.[46]

Literatur

ADORNO, THEODOR W. (1983 [1970]), *Ästhetische Theorie*, Frankfurt/M.: Suhrkamp. ▪ BARTHES, ROLAND (1969), »Schriftsteller und Schreiber«, in: Barthes, Roland, *Literatur oder Geschichte*, Frankfurt/M.: Suhrkamp, S. 44–53. ▪ BHABHA, HOMI K. (1990), *Nation and Narration*, London: Rout-

---

39 Williams (1981).
40 Vgl. die Studien von Hall (1989) und Paul Willis.
41 Besonders einflußreich wurden Showalter (1977) oder Gilbert/Gubar (1985). Für die Kunstwissenschaft ist besonders auf Linda Nochlin zu verweisen.
42 Etwa zu Derrida (1967) oder zu dem »Yale Critic« Bloom (1975). Vgl. auch Jehlen (1995).
43 Said (1994).
44 Bhabha (1990; 1997).
45 Spivak (1987).
46 Bhabha (1990; 1997).

ledge. ■ BHABHA, HOMI K. (1997), *The Location of Culture*, London: Routledge. ■ BLOOM, HAROLD (1975), *A Map of misreading*, New York: Oxford University Press. ■ BÖHME, GERNOT (1990), »Brauchen wir eine neue Ethik? Verantwortung in der Risikogesellschaft«, in: Gamm, Gerhard / Kimmerle, Gerd (Hg.), *Ethik und Ästhetik. Nachmetaphysische Perspektiven*, Tübingen: Edition Diskord (Tübinger Beiträge zu Philosophie und Gesellschaftskritik, 2), S. 51–57. ■ BOLLENBECK, GEORG (1987), *Avantgarde*, in: Borchmeyer, Dieter / Zmegaè, Viktor (Hg.), *Moderne Literatur in Grundbegriffen*, Frankfurt/M.: Athenäum, S. 38–45. ■ BORCHMEYER, DIETER / ZMEGAÈ, VIKTOR (Hg.) (1987), *Moderne Literatur in Grundbegriffen*, Frankfurt/M.: Athenäum. ■ BOURDIEU, PIERRE (1989³), *Die feinen Unterschiede*, Frankfurt/M.: Suhrkamp. ■ BRECHT, BERTOLT (1967), *Gesammelte Werke*, (Werkausgabe edition Suhrkamp), 19 Bde., Frankfurt/M.: Suhrkamp. ■ BROOKS, CLEANTH (1947), *The Well Wrought Urn. Studies in the Structure of Poetry*, New York: Harcourt Brace. ■ BÜRGER, PETER (1974), *Theorie der Avantgarde*, Frankfurt/M.: Suhrkamp. ■ DERRIDA, JACQUES (1967), *L'écriture et la différence*, Paris: Éditions du Seuil. ■ EAGLETON, TERRY (1994), *Ästhetik. Die Geschichte ihrer Ideologie*, Stuttgart: Metzler. ■ FOUCAULT, MICHEL (1974), »Was ist ein Autor?«, in: Foucault, Michel, *Schriften zur Literatur*, München: Nymphenburger Verlagsbuchhandlung ■ FRÜCHTL, JOSEF (1996), *Ästhetische Erfahrung und moralisches Urteil. Eine Rehabilitierung*, Frankfurt/M.: Suhrkamp. ■ GADAMER HANS-GEORG (1960), *Wahrheit und Methode. Grundzüge einer philosophischen Hermeneutik*, Tübingen: Mohr. ■ GAMM, GERHARD / KIMMERLE, GERD (Hg.) (1990), *Ethik und Ästhetik. Nachmetaphysische Perspektiven*, Tübingen: Edition Diskord (Tübinger Beiträge zu Philosophie und Gesellschaftskritik, 2). ■ GILBERT, SANDRA M. / SUSAN GUBAR (1985), *Norton Anthology of Literature by Women*, New York: Norton. ■ GILLORY, JOHN (1995²), »Canon«, in: Lentricchia, Frank / McLaughlin, Thomas (1995), *Critical Terms for Literary Study*, Chicago/London: University of Chicago Press, S. 233–249. ■ GORSEN, PETER / KNÖDLER-BUNTE, EBERHARD (1974/1975), *Proletkult*, Dokumentation, 2 Bde. Stuttgart/Bad Canstatt: Frommann Holzboog. ■ HABERMAS, JÜRGEN (1981), *Theorie des kommunikativen Handelns*, Frankfurt/M.: Suhrkamp. ■ HABERMAS, JÜRGEN (1994), *Faktizität und Geltung. Beiträge zur Diskurstheorie des Rechts und des demokratischen Rechtsstaats*, Frankfurt/M.: Suhrkamp. ■ HALL, STUART (1989), *Ausgewählte Schriften*, Hamburg: Argument. ■ HARTMANN, NICOLAI (1966), *Ästhetik*, Berlin: de Gruyter. ■ HEGEL, GEORG FRIEDRICH WILHELM (o.J.), *Ästhetik*, 2 Bde., Frankfurt/M.: Europäische Verlagsanstalt. ■ HEIDEGGER, MARTIN (1992 [1935/36]), *Der Ursprung des Kunstwerks*, Einleitung von Gadamer, Hans-Georg, Stuttgart: Reclam. ■ HERBART, JOHANN FRIEDRICH (1993 [1813]), *Lehrbuch zur Einführung in die Philosophie*, hg. v. Henckmann, Wolfhart, Hamburg: Meiner. ■ HUSSERL, EDMUND (1900), *Logische Untersuchungen*, Halle: Niemeyer. ■ INGARDEN, ROMAN (1962), *Untersuchungen zur Ontologie der Kunst. Musikwerk, Bild, Architektur, Film*, Tübingen: Niemeyer. ■ INGOLD, FELIX PHILIPP / WUNDERLICH, WERNER (Hg.) (1992), *Fragen nach dem Autor*, Konstanz: Universitätsverlag. ■ ISER, WOLFGANG (1972), *Der implizite Leser. Kommunikationsformen des Romans von Bunyan bis Beckett*, München: Fink. ■ JAUSS, HANS ROBERT (1970), *Literaturgeschichte als Provokation*, Frankfurt/M.: Suhrkamp. ■ JEHLEN, MYRA (1995²), »Gender«, in: Lentricchia, Frank / McLaughlin, Thomas (1995), *Critical Terms for Literary Study*, Chicago/London: University of Chicago Press, S. 263–273. ■ LAUSBERG, HEINRICH (1971⁴), *Elemente der literarischen Rhetorik*, München: Hueber. ■ LENTRICCHIA, FRANK / MCLAUGHLIN, THOMAS (1995²), *Critical Terms for Literary Study*, Chicago/London: University of Chicago Press. ■ MUKAŘOVSKÝ, JAN (1970), »Ästhetische Funktion, Norm und ästhetischer Wert als soziale Fakten«, in: ders., *Kapitel aus der Ästhetik*, Frankfurt/M.: Suhrkamp, S. 7–112. ■ NIETZSCHE, FRIEDRICH (1966), *Werke in drei Bänden*, Bd. 2, hg. v. Schlechta, Karl, München: Hanser. ■ SAID, EDWARD WILLIAM (1994), *Culture and Imperialism*, London: Vintage. ■ SCHLEGEL, FRIEDRICH (1882), *Seine prosaischen Jugendschriften 1794–1802*, hg. v. Minor, Jakob, Wien: Konegen. ■ SCHLEGEL, FRIEDRICH (1971), *Kritische Schriften*, hg. v. Rasch, Wolfdietrich, München: Hanser. ■ SCHNEIDER, NORBERT (1997²), *Geschichte der Ästhetik von der Aufklärung bis zur Postmoderne*, Stuttgart: Reclam. ■ SCHNEIDER, NORBERT (1998), *Erkenntnistheorie im 20. Jahrhundert*, Stuttgart: Reclam. ■ SHAFTESBURY. ANTHONY ASHLEY COOPER EARL OF (1980 [1709]), *Ein Brief über den Enthusiasmus. Die Moralisten*, Übersetzung von Frischeisen-Köhler, Max, Einleitung von Schrader, Wolfgang H., Hamburg: Meiner. ■ SHOWALTER, ELAINE (1977), *A Literature of Their Own British women novelists from Brontë to Lessing*, Princeton, NJ: Princeton University. Press. ■ SPIVAK, GAYATRI CHAKRAVORTY (1987), *In Other Worlds:Essays in Cultural Politics*, New York: Methuen. ■ SPURLIN, WILLIAM J. (1995), *The New Criticism and Contemporary Literary Theory. Connections and Continuities*, New York (u.a.): Garland. ■ STRIEDTER, JURIJ (Hg.) (1971), *Russischer Formalismus. Texte zur allgemeinen Literaturtheorie und zur Theorie der Prosa*, München: Fink. ■ TATARKIEWICZ, WLADYSLAW (1987), *Geschichte der Ästhetik, 3. Band: Die Ästhetik der Neuzeit von Petrarca bis Vico*, Basel: Schwabe. ■ VOLKELT, JOHANNES (1914), *System der Ästhetik*, 3 Bde., München: C. H.Beck. ■ WARNING, RAINER (Hg.) (1975), *Rezeptionsästhetik. Theorie und Praxis*, München: Fink. ■ WELSCH, WOLFGANG (1996), *Grenzgänge der Ästhetik*, Stuttgart: Reclam. ■ WELSCH, WOLFGANG (HG., IN ZUSAMMENARBEIT MIT FRENZEL, IVO u.a.) (1992 a), *Die Aktualität des Ästhetischen*, München: Fink. ■ WELSCH, WOLFGANG (1992 b), »Das Ästhetische – eine Schlüsselkategorie unserer Zeit?« in: Welsch, Wolfgang (Hg., in Zusammenarbeit mit Frenzel, Ivo u.a.), *Die Aktualität des Ästhetischen*, München: Fink, S. 13–47. ■ WILLIAMS, RAYMOND (1981), *Culture*, London: Fontana. ■ WIMSATT, WILLIAM KURTZ (1954), *The Verbal Icon. Studies in the Meaning of Poetry*, with Beardsley, Monroe C., Lexington: University of Kentucky. ■ WULF, CHRISTOPH / KAMPER, DIETMAR / GUMBRECHT, HANS ULRICH (Hg.) (1994), *Ethik der Ästhetik*, Berlin: Akademie. ■ ZAPF, HUBERT (1996²), *Kurze Geschichte der anglo-amerikanischen Literaturtheorie*, München: Fink.

5 Identität

5.1 Identität

Jürgen Straub

>*»Es wird unsere durchgängige These sein,*
daß die im Sinne des ipse verstandene Identität
keinerlei Behauptung eines angeblich
unwandelbaren Kerns der Persönlichkeit impliziert.«
(Paul Ricœur)[1]

1. Koordinaten des Diskurses

Bisweilen ist es ein Indiz für die allgemeine Bedeutung eines theoretischen Begriffs, dass er umstritten ist. Für den sozial- und kulturwissenschaftlichen Diskurs über Identität gilt dieser Zusammenhang zweifellos. »Identität« ist in zahlreichen Disziplinen, von der Psychologie und Pädagogik über die Soziologie, Ethnologie, Sozial- und Kulturanthropologie, die Geschichts- und Literaturwissenschaft bis hin zur Philosophie, und darüber hinaus in vielen trans- und interdisziplinären Debatten ein wissenschaftlicher Grundbegriff, und zwar seit Jahrzehnten.[2] So unbestritten diese Diagnose ist, so kontrovers ist der Begriff selbst. Während ihn die einen für einen unverzichtbaren Bestandteil des theoretischen Vokabulars halten,[3] empfinden ihn die anderen als Ärgernis und empfehlen seine Abschaffung.[4] Jedenfalls in den Wissenschaften stifte ein derartig vieldeutiger Ausdruck, so die Kritiker, mehr Verwirrung, als er nutze. Zu allen »logischen« Übeln, die den Signifikanten in ein schillerndes Symbol verwandeln, das wuchernde, unkontrollierbare Konnotationen und Assoziationen wecke, aber keinen definierten oder wenigstens einigermaßen klar bestimmten semantischen Gehalt besitze, geselle sich die Tatsache, dass der diffuse »Begriff« mit normativen Aufforderungen verwoben sei, die die menschliche Praxis mehr und mehr an verinnerlichte Kontroll- und Disziplinardispositive koppeln. Gerade auch der Identitätsbegriff trage das Seine

dazu bei, dass das vermeintlich autonome, jedenfalls um Autonomie bemühte Subjekt nolens volens zu dem würde, was sein doppeldeutiger Name unbeschadet aller illusionären Verheißungen moderner Gesellschaften eben auch anzeige: zu einem *subjectum*, einem »Unterstellten«, »Unterworfenen«, »Untertanen«.

Die Feststellung der Identität werde, egal, wer sie vornimmt, zu einem Diktat praktisch verbindlicher »Fest-Stellungen«,[5] die das Subjekt festschreiben und festlegen auf unbewegliche, der Zeit und Kontingenz entzogene Attribute. Allem voran rangiere, so wird zu bedenken gegeben, im »mit sich selbst identischen« Subjekt die Selbstverpflichtung, die- oder derselbe zu sein und zu bleiben (z.B. bezüglich der eigenen Geschlechtszugehörigkeit im Sinne des sozial konstituierten »gender«, aber auch aller sonst denkbaren sozialen Kategorien und persönlichen Eigenschaften, die den einen für die anderen durch-

---

1 Ricœur (1996, S. 11).

2 Dies belegen zahllose Monographien und Sammelbände, die sich mit personaler und/oder kollektiver Identität befassen. Informative Abhandlungen und weiterführende Literaturhinweise finden sich z.B. in folgenden Büchern: Ashmore/Jussim (1997); Assmann/Friese (1998 a); Calhoun (1994); Cerutti (1996); Frey/Haußer (1987); Henry (2000); Keupp/Höfer (1997); Lash/Friedman (1992); Liebsch (1999); Quante (1999); Straub/Renn (2002); Willems/Hahn (1999).

3 So z.B., in verschiedenen Kontexten, J. Assmann (1992); Giddens (1991); Joas (1992, 1996, 1997); Ricœur (1996); Taylor (1989).

4 Z.B. Kamper (1980); Ricken (2002); Schmid (1996). Eine dritte Gruppe von Autoren verhält sich uneindeutig, indem sie Plädoyers für die Abschaffung des Begriffs formulieren und zugleich, oft sogar im selben Text, an ihm festhalten; das tut z.B. Welsch (1990, 1991, 1993). Zur Debatte, die häufig mit der Gegenüberstellung von »Moderne« und »Postmoderne« verknüpft ist, vgl. z.B. Straub (1991, 2000 a) sowie Straub/Renn (2002), wo sich weitere Literaturhinweise finden.

5 Wagner (1998).

schaubar und zu einem zuverlässigen, berechenbaren und leichter beherrschbaren Interaktionspartner machen). Dieses Subjekt habe auf dem Weg vermeintlicher Selbstbehauptung und Selbstbestimmung alles »Eigene« und noch den letzten Funken subversiver Kraft abgegeben, um schließlich kaum noch anderes als ein gleichsinniges subjektives Korrelat äußerer, soziokultureller Zwangs- und Gewaltverhältnisse zu sein.

Damit sind die Koordinaten der bereits betagten und gleichwohl noch immer aktuellen Auseinandersetzungen über personale Identität grob skizziert. Wer sich mit dem fraglichen Begriff auseinandersetzen will, tut allerdings gut daran, sich vom dramatisch inszenierten Pathos dieser Debatten nicht affizieren zu lassen und die vermeintliche Alternative »Identität oder nicht« bzw. die apologetische Losung »Nicht-Identisches versus Identität« selbst zur Disposition zu stellen. Die schlichte Gegenüberstellung von Befürwortern und Gegnern des Begriffs beraubt das verhandelte Sachproblem in aller Regel seiner Komplexität. Die kulturelle, speziell die wissenschaftlich imprägnierte Semantik des Begriffs ist überaus vielschichtig und differenziert, was bereits die Vielzahl von theoretischen Begriffen anzeigt. Bereits der gängige Kollektivsingular erscheint also fragwürdig: Es gibt eigentlich nicht »den« theoretischen Identitätsbegriff, sondern mannigfaltige Gebrauchsweisen, die allenfalls durch gewisse Familienähnlichkeiten verbunden sind und dadurch Konturen eines mehrere theoretische Strömungen umfassenden, sozial- und kulturwissen-

schaftlichen Grundbegriffs erkennen lassen. Auf diese Konturen konzentrieren sich die folgenden Überlegungen. Viele spezielle Charakteristika, die der Identitätsbegriff im Rahmen einer bestimmten theoretischen Tradition besitzt – man denke etwa an die Psychoanalyse, den Pragmatismus und symbolischen Interaktionismus, an die Phänomenologie, die empiristische und sprachanalytische Philosophie, die zeitgenössische Handlungs- und Gesellschaftstheorie in einer ihrer Spielarten, an den Kommunitarismus oder Liberalismus –, müssen hier fast ausnahmslos vernachlässigt werden.

Zweierlei Bedeutungsschichten des Begriffs – genauer: zwei häufig konfundierte Begriffe – werden im Folgenden strikt auseinander gehalten, wenngleich sie semantisch keineswegs *völlig* unabhängig voneinander sind: Es macht einen grundsätzlichen Unterschied, ob man, wie oben, von *personaler* Identität redet und dabei qualitative Merkmale oder die Form bzw. Struktur des praktischen, kommunikativen Selbstverhältnisses einer Person im Sinn hat, oder ob man von *kollektiver* Identität spricht und sich damit (in der einen oder anderen Weise) auf eine Gruppe bezieht. Diese Unterscheidung bleibt im Folgenden verbindlich und liefert die Leitlinie für die Gliederung der als möglichst informative Einführung gedachten Darlegungen.[6]

In den Ausführungen über die Konzepte der personalen Identität (Teil 2) und der kollektiven Identität (Teil 3) soll ein knapper Überblick über wesentliche Aspekte des sozial- und kulturwissenschaftlichen Begriffs geboten werden. Die Darstellung bewegt sich im oben aufgespannten Koordinatensystem, in dem (termino-)logische und theoretische Fragen ebenso zur Debatte stehen wie normative und praktische (ethische, moralische oder politische). Dabei kommt eine weithin geteilte Voraussetzung ins Spiel: Der Identitätsbegriff ist ein Paradebeispiel dafür, dass selbst überaus abstrakte Grundbegriffe der (philosophisch flankierten) Sozial- und Kulturwissenschaften mit weit verbreiteten *Lebens- und Handlungsproblemen* verflochten sind, diese artikulieren und »bearbeiten«. Die Umstrittenheit, ja Umkämpftheit des Begriffs, mithin seine schillernde Semantik und abgründige Pragmatik, wurden oben als Indiz seiner weitreichenden Relevanz gelesen. In Identitätsdiskursen sind die *praktischen* Probleme, die viele Menschen angehen

---

6 Das Bemühen, einander widerstreitenden und widersprechenden Stimmen Ausdruck zu verleihen und die Argumente der Kontrahenten gleichermaßen ernst zu nehmen, bedeutet nicht, dass eine völlig neutrale Darstellung möglich oder auch nur angestrebt wäre. In mehreren Abhandlungen habe ich versucht, zumindest die Konturen des modernen Denkens (insbesondere) personaler Identität in hinreichender Komplexität zu rekonstruieren, so dass auch die Gründe sichtbar werden, die m. E. dafür sprechen, diesen Grundbegriff nicht vorschnell ad acta zu legen (und damit die Sozial- und Kulturwissenschaften eines für die Beschreibung und Erklärung bestimmter Aspekte der psychosozialen Praxis nach wie vor hilfreichen, vielleicht unerlässlichen – und normativ keineswegs »repressiven« – Instrumentes zu berauben). Im Falle »kollektiver« Identität ist die Lage, wie in Teil 3 dieses Beitrages gezeigt wird, etwas anders, obwohl sich auch diesbezüglich allzu schlichte Losungen wohl nicht empfehlen lassen.

und von denen der Begriff zeugt, selbst eingetragen. Es kommt nicht von ungefähr, dass die vielschichtige Frage und Nachfrage nach »Identität« »gerade in unserem Jahrhundert zu einem bedrängenden Problem geworden ist«.[7]

Böhme hat Recht zu behaupten, dass »das Prekäre personaler Identität sich bereits in der humanwissenschaftlichen Begrifflichkeit spiegelt.«[8] Diese Behauptung, die sich neben dem Problemkreis der personalen Identität auch auf denjenigen der kollektiven Identität beziehen lässt, bringt eine auslegungsbedürftige Beobachtung zur Geltung. Das Phänomen der Identität ist in der Tat prekär, und zwar alltags- oder lebensweltlich und wissenschaftlich bzw. philosophisch. Die Semantik der Sozial- und Kulturwissenschaften knüpft an die symbolisch vermittelte, alltags- oder lebensweltliche Praxis an, wobei die Richtung dieses Anschlusses keineswegs unidirektional ist. Ebenso wie der prekäre Status, den die Identität als praktisches, alltags- oder lebensweltliches Phänomen besitzt, sich in den sozial- und kulturwissenschaftlichen Diskursen spiegelt, ist dieser, zumal in seinen artikulierten Gestalten, längst auch von jenen abhängig und geprägt: Die kulturelle Semantik des Phänomens ist wissenschaftlich imprägniert. Was der amerikanische Pragmatist James[9] oder der aus Dänemark stammende, viel gereiste Psychoanalytiker Erikson[10] in nächster Nähe und zunächst gerade auch *an sich selbst erlebt* und dann als nicht zu besänftigende Unruhe eines in Bewegung geratenen Selbst artikulierten, hat Schule gemacht und die alltagsweltliche Selbsterfahrung sowie das alltagsweltliche Selbstverständnis zahlloser – keineswegs aber aller – Personen in modernen Gesellschaften eingeholt. Was aber ist nun »Identität«, wie lassen sich wenigstens die wichtigsten Merkmale des Begriffs explizieren? Die zunächst auf die einzelne Person gemünzte Antwort erfolgt in fünf Schritten (2.1–2.5). Erst danach werden Kollektive in Betracht gezogen (3.1–3.4).[11]

2. Personale Identität

2.1. Identität als Aspiration

Die Identität einer Person gibt es nicht im Sinne des reifizierbaren Vorliegens eines Sachverhalts. Selbst jene allgemein anerkannten theoretischen Präzisierungen, welche Identität als *Konstrukt* und stets nur *vorläufiges* Resultat einer lebenslangen Entwicklung ausweisen – womit Identität prinzipiell als etwas Aufgegebenes, zu keinem Zeitpunkt jedoch als etwas Gegebenes erscheint –, unterschlagen den Kern des modernen Begriffs personaler Identität: Identität ist eine *Aspiration*. So kann Böhme den Begriff

---

7 Böhme (1996, S. 323).
8 Böhme (1996, S. 323).
9 Vgl. dazu Straub (1996).
10 Vgl. dazu Straub (1998 c).
11 Vorab ist noch eine methodische Anmerkung nötig: Wer Theorien bzw. Theorien übergreifende Aspekte eines sozial- und kulturwissenschaftlichen Grundbegriffs »rekonstruiert«, sollte mit der gebotenen philologischen Sorgfalt arbeiten, ohne allein philologisch korrekte Auslegungen einzelner älterer und neuerer Texte anzustreben. Wenn im Folgenden von personaler und kollektiver Identität die Rede ist und dabei an Verwendungsweisen und Bedeutungen in den modernen Sozial- und Kulturwissenschaften angeknüpft wird, wird manches akzentuiert und pointiert, um *wesentliche Merkmale* der fraglichen Semantik und Pragmatik eines Begriffs zu erfassen, seinen »Witz«, wie man sagen kann. Das freilich ist ein Anspruch, der nicht schon durch vereinzelte Gegenbeispiele – die sich in allen hier interessierenden Traditionen und Theorien finden lassen – »widerlegt« und erledigt werden kann. Man muss also die Texte oder Äußerungen einzelner Autoren bisweilen »gegen den Strich« und »zwischen den Zeilen« lesen, um den die erörterte Theorie *insgesamt* durchdringenden Sinn adäquat zu erfassen. Geht man so vor, entfällt zwar das Pathos dramatisierend-kontrastiver Rede (»wir Heutige« und die Leute von gestern/ vorgestern) sowie der Gestus (vermeintlich) innovativer Neuentdeckungen, die die eigene Zeit und ihre Genossen manchmal allzu schroff von den Menschen vergangener Tage absetzen. Man gewinnt aber die Möglichkeit, die (teilweise) bereits gegen Ende des 19. Jahrhunderts verbreiteten Einsichten als Erbschaften zu lesen, die uns nach wie vor zutiefst prägen – und durchaus auch bereichern können, wenn es um die Reflexion eines zeitgemäßen, seinerseits durch Reflexivität gekennzeichneten Selbst- und Weltverhältnisses des Menschen in modernen Gesellschaften geht. Wer wesentliche Züge des Identitätsbegriffs der modernen Sozial- und Kulturwissenschaften rekonstruieren will, interessiert sich allerdings nicht mehr besonders für die noch immer kursierenden, zweifellos anachronistischen und reduktionistischen Auslegungen des Konzepts. Dazu gehören Auslassungen über eine substanziell und statisch bestimmte, oft (anthropologisch oder auch im Hinblick auf die Differenz zwischen den Geschlechtern und andere soziale Kategorien) universalisierte »Identität«, die es im Sinne einer »konservativen« Kultur- und Gesellschaftskritik gegen die Zumutungen moderner Existenzen abzuschotten, zu verteidigen oder wieder zu gewinnen gelte.

als treffendes Beispiel dafür hernehmen, dass Theorien der Sozial- und Kulturwissenschaften häufig »das *faktische* Geschehen im humanen Bereich mit *kontra*faktischen Unterstellungen beschreiben. Personale Identität ist eine solche kontrafaktische Unterstellung, die faktisches Humangeschehen ermöglicht.«[12] Personale Identität als »Fluchtpunkt« einer sozialen Praxis, in deren Rahmen der Einzelne ins Verhältnis zu sich selbst tritt und sein Handeln am Horizont der erwünschten Autonomie des eigenen Selbst orientiert (s. u.), bleibt *prinzipiell* unvollständig und unvollendet. Der Begriff signalisiert ein notorisches Projekt, das sich (im Lauf des 20. Jahrhunderts immer mehr) Personen in modernen Gesellschaften zu Eigen machen (können). Diese müssen, weil allgemeine, eindeutige und bleibende Antworten auf die Identitätsfrage im Zuge der Deontologisierung, Enttraditionalisierung, (funktionalen) Differenzierung, Pluralisierung, Individualisierung,[13] Temporalisierung und Dynamisierung kontingenter Lebensverhältnisse nicht mehr verfügbar sind, selbst zusehen, und zwar stets aufs Neue, *wer sie (geworden) sind und sein möchten.*

Antworten auf die (praktische) Identitätsfrage obliegen den Subjekten selbst, was freilich nicht heißt, sie stünden in deren Belieben oder seien gar einfach ein Bestandteil eines ganz und gar in eigener Regie geführten Lebens. Auch diese Antworten, die nicht unbedingt explizit artikuliert werden müssen, sondern dem Handeln auch implizit sein bzw. handelnd zum Ausdruck gebracht werden können, sind stets auch sozial vermittelt. Sie sind an eine Lebensgeschichte gekoppelt, in der das Tun und Lassen »signifikanter Anderer«, einschließlich ihrer Reaktionen auf die je »eigenen Stellungnahmen«, konstitutiv sind für die Entwicklung des subjektiven Handlungspotentials[14] und der subjektiv bedeutsamen Handlungs- und Lebensorientierungen. Im Übrigen sind sowohl die diskursiven, sprachsymbolisch gefassten Antworten auf die Identitätsfrage, als auch die mit den Mitteln einer präsentativen Symbolik gegebenen oder die »praxischen« Antworten leiblich handelnder Subjekte von *kontingenten,* lebensgeschichtlich situierten Standpunkten und Perspektiven abhängig und damit *vorläufig.* Sie sind offen für den Einfluss neuer Ereignisse und die dadurch nahe gelegten Revisionen. In der Moderne ist keine »zeitgemäße« Antwort auf die Identitätsfrage ein letztes Wort oder ein Akt, der definitiv zeigen könnte, wer eine Person (geworden) ist und sein möchte.

Der Identitätsbegriff kreist um das dauerhafte »Paradox einer Einheit, die unabschließbar, entzweit, ungreifbar und vor allem zugleich dauerhaft angestrebt und fortwährend unerreicht bleibt. Die Personen sind nicht in dem trivialen Sinne mit sich selbst identisch, den die Übersetzung des Ausdrucks ›Identität‹ in das Konzept der Gleichheit von etwas mit sich selbst (in jeder Hinsicht) nahe legt. Identität meint hier offensichtlich etwas Reicheres als die Tautologie, dass ein Ich sich selbst gleiche.«[15] Identität meint aspirierte, angestrebte, imaginierte

---

12 Böhme (1996).

13 Die Individualisierung gehört zweifellos zu den soziokulturellen Bedingungen, unter denen die Identitätsfrage in modernen Gesellschaften überhaupt virulent wird. Umstrittene Bedeutungsgehalte und Unklarheiten dieses Begriffs – die etwa die Frage berühren, inwieweit die diagnostizierte Individualisierung nicht nur mit den etwa von Beck (1983, 1986) hervorgehobenen, für das Individuum durchaus »zweischneidigen« Prozessen einhergeht (Zugewinn neuer Freiheiten, Handlungsoptionen und -spielräume für zunehmend mehr Personen aller Klassen, Schichten, Milieus, Generationen und beider Geschlechter bei gleichzeitiger Zunahme von Eigenverantwortung für eine komplexer gewordene Lebensführung), sondern auch mit neuen Formen der Vergemeinschaftung und des gemeinschaftlichen Lebens – können hier vernachlässigt werden. Wichtig ist allerdings der Hinweis, dass die gesellschaftliche Individualisierung sowohl die Individualität des Einzelnen als auch dessen Identität zu einem Problem macht, beide Begriffe aber verschiedene Problemkreise bezeichnen. Dies wird gerade in identitätstheoretischen Debatten häufig übersehen, so dass eine heillose Konfusion von Identitäts- und Individualitätsfragen entsteht (vgl. bereits die treffende Kritik von Henrich 1979, S. 136; Tugendhat 1979, S. 282 ff., wo Individualität als numerische Identität gefasst wird; Straub 1991, S. 54 ff., 1998 c, S. 78 ff.). Die Frage, *wer ich (geworden) bin und sein möchte,* ist im Prinzip ganz unabhängig von der Frage, *ob ich ein unverwechselbarer Einzelner (geworden) bin und sein möchte* (zur Komplexität der Individualitätsfrage vgl. etwa Frank 1986; Rudolph 1991). Identität und Individualität sind zweifellos gleichermaßen Anforderungen, um die Mitglieder moderner (westlicher) Gesellschaften nicht herumkommen – zu denen sie sich in irgendeiner Weise verhalten müssen –, aber es sind eben zweierlei soziokulturelle Ansprüche, die je spezifische Zumutungen und Verlockungen enthalten. Die Identitätsaspiration hat einen anderen »Preis« und Wert als die Individualitätsaspiration.

14 Zu diesem Begriff siehe Boesch (1991).

15 Renn/Straub (2002, S. 10).

Identität, und als solche trägt sie zur Konstitution des Handlungspotentials einer Person bei und motiviert sie zu bestimmten Verhaltensweisen. Identität ist ein normativer, sozialer Anspruch, den Personen an sich und andere stellen können, wohl wissend, dass niemand diesen Anspruch jemals zu erfüllen in der Lage ist. Mit anderen Worten: Es gibt keine Identität ohne Selbstentzug. Letzterer ist für erstere konstitutiv und nicht ein bloßes Störelement auf einem Entwicklungs- oder Bildungsweg, der teleologisch im Sinne einer morphologischen Entelechie auf einen fest umrissenen Endpunkt zuläuft und schließlich ein abgeschlossenes und geschlossenes Sinngefüge umfassen könnte.

2.2. Differenzialität und konstitutiver Selbstentzug: empirisches Faktum und normativer Horizont

In den Identitätsbegriff der modernen Sozial- und Kulturwissenschaften ist der Gedanke einer in diachroner und synchroner Hinsicht differentiellen Verfasstheit der Struktur der kommunikativen Selbstbeziehung einer Person unauslöschbar eingeschrieben. Identität lässt sich treffend als paradoxe Ambition der »Einheit ihrer Differenzen« konzeptualisieren, wobei keine aktive »Synthesis des Heterogenen« zur Aufhebung oder Eliminierung dieser Differenzen führen kann.[16] Differenztheoretisches Denken ist kein Widerpart des hier interessierenden identitätstheoretischen Denkens, sondern seine Voraussetzung und sein komplementäres Gegenstück (vice versa).[17] Im Bedenken dieser Differenzen geht es nicht nur um die Vergegenwärtigung diachroner und synchroner Unterschiede in der qualitativen Identität einer Person, sondern auch um die Reflexion einer Differenz, die das Selbst stets auch »als Anderes« und mitunter »als Fremdes« thematisiert.[18] Erst damit gerät der für die personale Identität konstitutive, uneinholbare Selbstentzug ins Bewusstsein.

Dieser Selbstentzug gilt in identitätstheoretischer Perspektive nicht nur als eine phänomenologisch und erfahrungswissenschaftlich belegbare empirische Tatsache, sondern auch als eine *normativ* gehaltvolle Implikation des Identitätsbegriffs.[19] Der besagte Selbstentzug wird in keiner der anspruchsvollen Theorien personaler Identität lediglich mit dem resignativen Bedauern psychologischer Realisten hingenommen, um dann doch darauf zu sinnen, wie man diesem Vorgang mit der List einer auf Selbstbeherrschung setzenden Vernunft möglichst lückenlos Herr werden könnte. Die für die personale Identität konstitutive Differentialität und der unhintergehbare Selbstentzug gelten – ohne in emphatische Plädoyers der bedenkenlos affirmierten Figur einer aktiv betriebenen, womöglich exzessiven Selbstentgrenzung zu münden – als »willkommene« Grundlage einer für Erfahrungen der Selbsttranszendenz[20] offenen, kreativen Praxis und Persönlichkeit.

Man erkennt diesen normativen Gehalt beispielsweise sehr deutlich an Eriksons frühzeitiger und wegweisender Abgrenzung des Identitätsbegriffs vom (psychologisch interpretierten) Begriff der *Totalität*.[21] Während diese Struktur »absolut exklusiv wie absolut inklusiv« ist und ein Moment der Gewalt nach »innen« und »außen« enthält, lässt sich die transitorische Identität[22] durch eine strukturell verankerte Beweglichkeit und die Offenheit für nicht gewaltförmige Erfahrungen der Selbsttranszendenz charakterisieren.[23] Identität impliziert die

---

16 Leitner (1990); Ricœur (1996), der mehrfach von dieser eigenartigen, aber eigentlich sehr »wortgetreuen« Synthese spricht, da die synthetisierten Elemente zwar »zusammen gestellt«, als je einzelne und besondere jedoch nicht »aufgehoben« werden.

17 Zu diesem Problemfeld siehe Ricken (2002), der dem Identitätsbegriff gerade das abspricht, was ihm hier zugestanden wird.

18 Waldenfels (1998, 1999).

19 Straub (2002 a, S. 94 ff.).

20 Zu diesem handlungs- und identitätstheoretischen Begriff vgl. Joas (1997).

21 Erikson (1973, S. 156); vgl. dazu Straub (1991, S. 61 f.).

22 Hierzu Straub/Renn (2002).

23 Zur »postmodernen« Interpretation personaler Identität als (angeblich totalitär strukturiertes) Zwangs- und Gewaltverhältnis vgl. Straub (2002 a). Eine Kritik dieser Interpretation stellt keineswegs in Abrede, dass man (eigen- oder fremdinitiierte) Identitätszuschreibungen auch als Identitätsforderungen und -zumutungen erleben *kann*, unter denen man, insbesondere wenn sie sich als gewaltsame oder zwanghafte, irreversible Festlegungen auf ein bestimmtes – beispielsweise: »traditionales« – »So-sein« erweisen, *leiden* kann; vgl. dazu etwa Böhme (1996, S. 334 ff.). Man muss allerdings verschiedene Blickwinkel einnehmen, um der Vielfalt möglichen

menschlichen Leids gerecht zu werden. Ebenso wie Personen unter Umständen an Identitätszumutungen, -forderungen und -zuschreibungen leiden können, so mögen sie durch Identitätsdiffusion und -verlust Schaden an Leib und Seele nehmen – und zwar nicht allein zu Eriksons Zeiten, als »Identität« als (mehr oder weniger) fraglose gesellschaftliche Norm galt, die der Psychoanalytiker, wie Böhme (ebd.) argumentiert, affirmativ in seine Theorie integrierte, sondern *heute noch.* Die empirischen Befunde sprechen einstweilen noch eine andere Sprache als der postmoderne Abgesang auf die personale Identität (vgl. z. B. Helsper 1997; Nunner-Winkler 2002; Sennett 2000; vgl. auch die zahllosen empirischen Studien in der Tradition Marcias: Marcia (1989); Marcia u. a. (1993), die zwar Veränderungen in den Identitätsbildungsprozessen – vor allem Jugendlicher in modernen Gesellschaften – diagnostizieren, insbesondere eine Zunahme des Typs einer nicht pathologischen »Diffusion«, aber keineswegs einen völligen und völlig problemlosen Abschied von der Identität; zum Überblick Straub 2000 b). Im Übrigen kann natürlich auch Identitätslosigkeit – etwa in der im heutigen Kapitalismus als »Flexibilität« gefeierten Form unverbindlicher Bindungen (Sennett 2000) – zu einer gesellschaftlichen Norm werden, die Subjekte affirmieren und verinnerlichen, um ihr schließlich unterwürfig Folge zu leisten. So manche Kritik an modernen Identitätstheorien (und der psychosozialen Praxis, die diese auf den Begriff bringen) gerät so unversehens zu einer affirmativen Apologie von Sprachspielen und Lebensformen, die keineswegs zwangsläufig die Handlungsoptionen und Handlungspotentiale ästhetisch gesinnter Vagabunden, Spieler und Flaneure steigern, sondern vielleicht bloß eine neue Runde subtil wirksam werdender Machttechniken im Zeichen wuchernder Kontroll- und Disziplinardispositive einläuten. Nicht jeder »Ausbruch in die Unbelangbarkeit« (Marquard, zit. n. Böhme 1996) ist ein Aufbruch in die postmoderne Leichtigkeit eines von hypertrophen sozialen Rücksichtnahmen und Begründungspflichten befreiten Daseins. – Abgesehen davon ist es keineswegs ausgemacht, ob heutige spät- oder hochmoderne Gesellschaften denn tatsächlich soweit sind (oder je soweit sein werden), dass sie tatsächlich auf Personen, denen Identität und Autonomie zugeschrieben werden kann, verzichten können und deswegen eine als »Freiheitschance« ideologisch getarnte Identitätslosigkeit zum normativen Gebot der Stunde machen »müssen«. Vgl. hierzu etwa Renn (2002), der zeigt, dass Prozesse der funktionalen Differenzierung keineswegs Personen im angedeuteten, emphatischen Sinne des Begriffs überflüssig machen – ganz im Gegenteil, werden diese doch als »Übersetzer« zwischen verschiedenen Systemen (Kulturen etc.) gebraucht, heute und morgen wohl mehr als je zuvor.

24 Selbst-Ironiker sind, psychologisch betrachtet, Personen, die eine einigermaßen gelungene Identitätsbildung hinter sich haben und deshalb nicht zuletzt von sich Abstand nehmen können. Die Figur des ironischen Menschen ist heute sehr beliebt, nicht nur in Rortys Verehrung des sich selbst schöp-

Fähigkeit zur Selbstdistanzierung (z. B. in Form der Selbstironie),[24] der Selbstreflexion und Selbstkritik. Während Totalität lediglich den nach dem »absoluten« Eigenen nachgebildeten Mitmenschen inkludiert und alle »anderen Anderen« ausschließt, fungiert Identität als Modus praktischer Selbstverwirklichung, die just diesen »anderen Anderen« und den Fremden als eine Herausforderung des Eigenen anerkennt. Diese auf die »subjektive Realisierung von Allgemeinheit«[25] gerichtete Identität verschließt sich dem Anderen und Fremden nicht, sondern bedarf seiner – gerade auch deswegen, weil er das Eigene über die Grenzen des Subjektiven hinauszuführen und somit den Horizont und das Handlungspotential einer Person zu bereichern vermag.

Die Unterscheidung zwischen Totalität und Identität darf als deskriptive und normative Leitdifferenz identitätstheoretischen Denkens gelten. Wohl nicht zufällig beginnt Erikson in den vierziger Jahren sein Konzept gegen eine Struktur der kommunikativen Selbstbeziehung einer Person abzugrenzen, die schon begrifflich als Komplement totalitärer Gesellschaften erscheint. Die Theorie personaler Identität arbeitet in normativer Hinsicht mit einer bis heute nur vage angedeuteten Strukturanalogie, die das sozial vermittelte »Gespräch der Seele mit sich selbst« an unterschiedliche Formen öffentlicher Kommunikation und Praxis in verschiedenen Gesellschaftsformationen ankoppelt. Gut sichtbar ist dieses »Zusammendenken« von Subjekt und Gesellschaft z. B. in der politisch-philosophisch informierten Soziologie und Sozialpsychologie von Giddens,[26] dessen Identitätstheorie aus systematischen Gründen an eine liberale, demokratische Theorie offener Gesellschaften in der »Spätmoderne« gebunden ist. Keine Frage, dass nicht zuletzt dieser Konnex klar macht, dass es sich bei der hier in Grundzügen skizzierten Theorie personaler Identität nicht um ein Stück allgemeine Anthropologie handelt, sondern um ein kulturell verwurzeltes und situiertes Denken in (spät- oder hoch-)modernen Gesellschaften. Das begrenzt selbstverständlich die Gültigkeit und Reichweite der (Anwendbarkeit der) sozial- und kulturwissenschaftlichen Theorien personaler Identität, unterstreicht aber zugleich deren historisierte und lokalisierte, empirische und normative Geltungsansprüche.

2.3. Qualitative Bestimmungen und die Form oder Struktur personaler Identität

Wer Identität stets auch vom Selbstentzug her denkt, mithin von all dem her, was die Praxis leiblicher, geschichtlicher und sozialer Subjekte bestimmt, ohne diesen bewusst zu sein, muss keineswegs in Abrede stellen, dass die Identität einer Person (in einer prinzipiell begrenzten Anzahl von Aspekten) qualitativ bestimmt und beschrieben werden könnte. Die empirische Identitätsforschung arbeitet selbstverständlich mit verschiedenen »Definitionsräumen« personaler Identität,[27] in deren Rahmen sich eine Person beispielsweise als »sinnlich«,[28] »ängstlich«, »religiös«, »katholisch«, »musikalisch« und »mathematisch interessiert« zu erkennen geben kann. Freilich sind solche Qualifizierungen personaler Identität nicht nur unvollkommen, partiell und temporär, sondern auch unweigerlich relational strukturiert: Stets ist es *jemand*, der ein *Verhältnis* zum beschriebenen Selbst unterhält und seine Beschreibung auf der Grundlage dieses Verhältnisses bildet. Beschreibungen sind abhängig vom Beschreibenden und dessen Verhältnis zur beschriebenen Identität einer Person – handle es sich um die eigene oder die einer anderen Person zugeschriebene Identität. Der hier skizzierte Identitätsbegriff ist allerdings prinzipiell an die Binnenperspektive und die Selbstthematisierung jener Person gebunden, um deren kommunikatives Selbstverhältnis es letztlich geht. Identitätszuschreibungen von außen sind alles andere als unwichtig für die Konstitution und Transformation dieses Selbstverhältnisses, jedoch unzulänglich, sobald es um die Identität einer reflexiven Person geht. Diese muss, wie Ricœur sagt (und vor allem in seiner Analyse der narrativen Identität darlegt), als *ipse*-Identität aufgefasst und von der *idem*-Identität unterschieden werden.[29] Die *ipse*-Identität als *Selbstheit* (ipse; selfhood; ipséité) impliziert die Binnenperspektive eines Subjekts und wird (neben anderen Unterschieden) nicht wie die als *Selbigkeit* gedachte *idem*-Identität (idem; sameness; mêmeté) mit der *Beständigkeit eines Substrats oder einer Substanz* in Zusammenhang gebracht, sondern mit der *Kontinuität einer Person in der Zeit* (s.u.). Die Identitätsfrage im Sinne der *ipse*-Identität ist eine »persönliche«, von der praktischen Selbstsorge eines

Menschen getragene *Wer*-Frage – »wer bin ich (geworden) und wer möchte ich (eigentlich) sein?« –, keine aus beliebigen Perspektiven mögliche, unpersönliche, im Zeichen der *idem*-Identität stehende *Was*-Frage – »was ist etwas (in bestimmten Zeitpunkten t_1, t_2, ... t_n)?«.

Festzuhalten ist, dass der Identitätsbegriff als theoretischer Terminus über formale oder strukturelle Merkmale bestimmt wird (und nicht über kontingente, relativ stabile oder kurzweilige, qualitative Merkmale oder Eigenschaften einer Person). Theoretisch bezeichnet »Identität« die Struktur oder Form der kommunikativen Selbstbeziehung einer Person, von der die qualitative Identität unterschieden werden kann. (Selbstverständlich können strukturelle Merkmale personaler Identität nur über eine Analyse qualitativer Selbstthematisierungen oder Selbstexpressionen erschlossen werden.) Diese Struktur oder Form lässt sich begrifflich genauer bestimmen. Dazu dienen drei in der Tradition identitätstheoretischen Denkens geläufige Begriffe.

2.4. Kontinuität, Konsistenz und Kohärenz: diskursiv, narrativ und praktisch

Als aspirierte Identität ist das kommunikative, praktische Selbstverhältnis durch folgende formale

---

fenden Individuums, sondern sogar in Texten, die nach der vehementen Kritik »kollektiver Identitäten« eine doch noch optimistisch stimmende Zukunft »ironischer Identitäten« zeichnen, die stark (sic!) genug sind, um oszillieren, sich bewegen und verändern können und »sich nicht auf Verhärtungen und Ausschließungen gründen müssen« (Passerini 1998, zit. nach Niethammer 2000, S. 627). Da steht, wie man sieht, nichts anderes als das hier skizzierte, »klassische« Modell personaler Identität Pate.

25 Theunissen (1981, S. 6).

26 Giddens (1991).

27 Frey/Haußer (1987).

28 Die mit diesem Prädikat angedeutete Dimension der Leiblichkeit oder Körperlichkeit personaler Identität ist in der zeitgenössischen Theorie und Forschung zweifelsohne unterbelichtet; vgl. zum Überblick (und als Versuch einer Korrektur) Gugutzer (2002).

29 Diese für seinen Ansatz zentrale Unterscheidung zieht sich durch das gesamte Buch von Ricœur (1996, insb. S. 141 ff., 173 ff.) und wird dort in verschiedenen Zusammenhängen genauer erläutert.

oder strukturelle Bestimmungen näher charakteri-
sierbar: Kontinuität, Konsistenz und Kohärenz.[30]
Dabei wird unterstellt, dass diese Strukturmerkmale
personaler Identität – wie jene selbst – als kontrafaktische Unterstellungen fungieren. Sie motivieren
symbolische bzw. symbolisch vermittelte Handlungen, die auf Kontinuität, Konsistenz und Kohärenz
abzielen, ohne diese je lückenlos präsentieren zu
können (und zu sollen). Alle diese Handlungen
sind in Erlebnissen bzw. Erfahrungen einer diachronen und synchronen Differenz des eigenen Selbst
verwurzelt. Differenzerfahrungen sind konstitutiv
für die an aktive, bewusste und unbewusste Syntheseleistungen gekoppelte Konstruktion der aspirierten Kontinuität, Konsistenz und Kohärenz (und
damit Identität). Solche Erfahrungen bilden ein
Komplement personaler Identität, nicht aber deren
zu eliminierendes Gegenteil. In einem Spannungsverhältnis, das aktive Synthese- oder Integrations-
leistungen des Subjekts motiviert, stehen Differenzerfahrungen und Identitätsaspirationen dann, wenn
Erfahrungen diachroner und synchroner Differenz
emotionale und kognitive Dissonanzen, Orientie-
rungs- und Handlungsprobleme mit sich bringen,

die eine Person als (mehr oder weniger massive)
Verunsicherung ihres Selbst erlebt. Der Identitätsbegriff und mit ihm die Begriffe Kontinuität, Konsistenz und Kohärenz sind pragmatisch und semantisch abgehoben gegen die im menschlichen Leben
stets gegebene Möglichkeit einer erheblichen Beeinträchtigung des im materiellen oder physischen, im
zeitlichen, sozialen und moralischen Raum operierenden Orientierungsvermögens.[31]

Erheblich sind Beeinträchtigungen, die zumindest temporär das Handlungspotential einer Person
einschränken, vielleicht auf Dauer vermindern oder
zerstören. Solche Erfahrungen werden von den Betroffenen als leidvoll erlebt.[32] Sie sind auch deswegen nicht zuletzt im Kontext der Identitätstheorie
und empirischen Identitätsforschung – bekanntlich
bereits von Erikson – in klinisch-psychologischer
und entwicklungspsychologischer Perspektive analysiert worden. Die aspirierte Identität von Personen kann durchaus als »Antwort« darauf verstanden werden, dass Kontingenz- und Differenzerfahrungen unter den temporalisierten, dynamisierten
Bedingungen moderner Lebensverhältnisse Ver-
unsicherungen mit sich bringen *können*, die die
betroffenen Personen nicht (unmittelbar) als Berei-
cherungen und produktive Herausforderungen,
sondern, jedenfalls zunächst, als Beeinträchtigungen oder Gefährdungen ihres Orientierungs- und
Handlungspotentials erleben mögen und »bearbeiten« müssen. Diese »negative« Erfahrung wird man
öfters auch als Bedrohung einer sinn- und bedeutungsvollen Existenz deuten dürfen – jedenfalls
dann, wenn man die Begriffe »Sinn« und »Bedeutung« grundsätzlich als Kollektivsingular gebraucht,
also nicht mehr an *einen einzigen*, für jeden und
jede, allerorts und jederzeit verbindlichen »Sinn des
Lebens« oder dergleichen koppelt, erst recht nicht
an einen »gegebenen«, unabhängig vom kreativen
menschlichen Denken und Handeln vorhandenen
(und nur noch zu »entdeckenden«) Sinn.[33]

Kontinuität bezieht sich auf die temporale bzw.
diachrone Dimension personaler Identität. Dieser
Begriff unterstellt nicht, dass es einen konstanten
Kern der Person gäbe, der über alle biographische
Zeit hinweg zu erhalten wäre, als ginge es um die
bloße Beständigkeit oder Persistenz von »etwas«,
eines Substrats oder einer Substanz etwa. Es ist
zwar keineswegs ausgeschlossen, dass z. B. grund-

---

30 Diese Begriffe sind logische Implikate oder Konstituenten
des Identitätsbegriffs. Es ist demnach abwegig, z. B. »Kohärenz« als eine Alternative zum umstrittenen Identitätskonzept vorzuschlagen (so Schmid 1996).

31 Zum metaphorischen Gebrauch des Begriffs der handlungsleitenden »Orientierung« vgl. Taylor (1989); in aller Kürze:
Straub (1996, S. 63 ff.), zu Taylors Philosophie und speziell
auch seiner Identitäts- und Handlungstheorie siehe Rosa
(1998).

32 Eine Phänomenologie solcher Erlebnisse, die den Spuren
»ontologischer Unsicherheit« nachgeht, bietet etwa Laing
(1972).

33 Das wird auch in zeitgenössischen Theorien – unabhängig
von deren Provenienz und Profil – allenthalben betont.
Giddens, Ricœur, Taylor und viele andere stimmen darin
überein. Die ausführlichste Behandlung dieses Aspektes des
Identitätsthemas bietet Taylor (1989) in seiner auch historisch tief schürfenden Analyse – die an manchen Stellen
allerdings an eine normative Perspektive gebunden ist, die
nicht nur die kommunitaristische Position, sondern auch
den Katholizismus des Autors offenbart. Nicht zuletzt damit
dürfte es zusammenhängen, dass Taylor die als Sinnkrisen
ausgelegten Identitätskrisen des modernen Menschen bisweilen allzu sehr dramatisiert und perhorresziert, mithin in
ihren produktiven Potentialen und ihren entwicklungspsy-
chologischen Notwendigkeiten eher unterbelichtet lässt
(Straub 1996, S. 66).

legende moralische Orientierungen, die in der Adoleszenz erstmals eine bewusste, artikulierte Gestalt annehmen, zeitlebens verbindlich bleiben.[34] Diese Orientierungen sind jedoch nichts der Person substanziell »Anhaftendes« oder »Innewohnendes«, sondern für sie, ihr praktisches Selbstverhältnis und ihr Handeln in der Welt relevante Aspekte eines Sinn- oder Bedeutungssystems, das »aktiv« erhalten werden muss. Kontinuität meint die temporale Einheit eines Selbst, das nicht wegen irgendwelcher eventueller Konstanzen von »etwas« das »gleiche« bleibt, sondern aufgrund der aktiven Kontinuierungsleistungen eines um sich selbst sorgenden Subjekts, das sich trotz der in der Zeit erfolgten und noch bevorstehenden, trotz aller erfahrenen und erwarteten (kontingenten) Veränderungen und Entwicklungen als nämliches versteht, zu verstehen gibt und praktisch präsentiert. Diese »Leistungen« schaffen erst die Vorstellung und psychosoziale Erfahrung einer Einheit, die angesichts der oben beschriebenen Möglichkeit der Identitätsdiffusion und des Identitätsverlustes zu einer Aufgabe wird. Kontinuität ist ein akzentuierender Gegenbegriff, mit dem auf biographisch-diachroner Ebene theoretisch zum Ausdruck gebracht wird, wie der biographische Zerfall eines Selbst in verschiedene, unabhängig voneinander und völlig unabhängig voneinander fungierende »Selbste« oder »Personen« vermieden wird, und welche Gestalt eine solche »Vermeidung« annimmt. Damit werden keine Brüche oder Diskontinuitäten in der biographischen Erlebnis- oder Erfahrungsgeschichte ungeschehen gemacht oder »geglättet«. Sie werden jedoch im Zuge einer komplexen Bearbeitung von Kontingenz in den insgesamt intelligiblen Zusammenhang *einer* Lebensgeschichte und personalen Identität integriert. Identitätstheoretisch betrachtet hat die ästhetische Figur einer Multiplizität von »Selbsten« oder »Personen«, wie sie etwa Kostelanetz in seinen »experimentellen« autobiographischen Aufzeichnungen, die zugleich ein interessantes Experiment mit autobiographischen Notationssystemen darstellen, artikuliert, keinen rechten Sinn: »Ich bin die Person geworden, die ich sein wollte, und zusätzlich noch ein paar andere«, heißt es dort.[35] Diese längst popularisierte ästhetische Figur kann durchaus in die Sprache der Theorie personaler Identität »übersetzt« werden und bezieht sich dann auf *eine*

Person, die irreduzibel heterogene, sich widerstreitende Erfahrungen, Erwartungen, Widerfahrnisse, Handlungen, Motive, Intentionen und Orientierungen »auszutragen«, zu »relationieren«, zu synthetisieren und in *einen*, freilich von subjektiv erlebten und praktisch bedeutsamen »Spannungen« durchzogenen Lebens-Zusammenhang zu integrieren hat. Kostelanetz' Bilanz ähnelt der pathologischen Rede von der multiplen Persönlichkeit, die identitätstheoretisch wegen der implizierten, *völligen Unabhängigkeit, Unverbundenheit und Beziehungslosigkeit* willkürlich agierender, von niemandem bzw. keiner »personalen Instanz« mehr kontrollierbaren und koordinierbaren »Personen« oder »Selbste« als Leid erzeugende Beeinträchtigung des Handlungspotentials und der Autonomie eines Menschen interpretiert wird.[36]

Das Denken von Kontinuität ist im Rahmen einer lebensgeschichtlich perspektivierten Theorie personaler Identität unweigerlich ein Denken von Veränderung, mit anderen Worten: ein Denken eines als Werden gedachten Seins.[37] Die aktive Selbstkontinuierung eines Subjekts kann damit als ein herausragender, in der Dimension der Zeit operierender Modus einer »Synthesis des Heterogenen« aufgefasst werden. Dabei sind dem Subjekt Grenzen gesetzt:[38] Nicht alles kann in reflexiven, kommunikativen Konstitutionsleistungen nachträglich in eine Lebensgeschichte und diachrone Identität in-

---

34 Zu diesem empirischen Befund vgl. Nunner-Winkler (2002).

35 Kostelanetz (1986, S. 52). Die zitierte Denkfigur findet sich in zahlreichen älteren und vor allem jüngeren Schriften zum Thema (vgl. z. B. Gergen 1990, 1991, oder Rortys interessante Lektüre von Freud: Rorty 1988). Sie steht nicht zuletzt im Zentrum von Welschs auf den Begriff des »pluralen«, manchmal auch des »polyphrenen« Subjekts zugeschnittener, philosophischer Zeitdiagnose. In seinen Arbeiten (z. B. Welsch 1990, 1991) finden sich zahllose Bezugnahmen auf (mehr oder weniger) verwandte Überlegungen bzw. Inszenierungen – von Paul Valéry über Gilles Deleuze zu Cindy Sherman, um nur ein paar zu nennen (zur Kritik an Welschs empirisch anspruchsvoller Subjektphilosophie vgl. Straub 2000 a).

36 Zur irreführenden Gleichsetzung der mittlerweile wieder eindeutiger der Psychopathologie zugerechneten Diagnose einer *Multiple Personality Disorder* (MPD) mit dem angeblich normalen Erscheinungsbild des multiplen Menschen in postmodernen Gesellschaften vgl. die Bemerkungen in Straub (2000 a, S. 185, 187 f.) oder Renn/Straub (2002, S. 26).

37 Leitner (1990).

38 Angehrn (1985, S. 309).

tegriert werden; traumatische Erlebnisse bilden das wichtigste Beispiel dafür.

Im Medium der Sprache ist das *Erzählen von Geschichten* der wohl wichtigste, jedenfalls der bis heute am besten untersuchte Modus einer auf Kontinuität und Identität zielenden Synthese temporaler Differenz.[39] Das Paradigma einer narrativen Integration, die Kontingenzerfahrungen in einzigartiger Weise bearbeitet, bewahrt und zugleich verwandelt,[40] umfasst andere symbolische Formen der Identitätsbildung, die ebenfalls nach dem Muster des Erzählens von Geschichten verstanden werden müssen. Vielfach sind es lediglich »Spuren« solcher Geschichten und temporal konstituierter Bedeutungen – z. B. in der Gestalt narrativer Abbreviaturen –,[41] die Prozesse der Identitätsbildung im narrativen Modus »anzeigen«. Das gilt für bestimmte Metaphern oder Symbole, aber auch für zahllose andere Zeichen und bedeutungsstrukturierte Dinge – etwa »geliebte Objekte«[42] –, die in identitätstheoretischer Perspektive bisweilen nur dann angemessen verstanden werden, wenn sie als derartige narrative Abbreviaturen »gelesen« werden.

Wer das Erzählen von (Selbst-)Geschichten in der skizzierten Weise thematisiert, sieht darin keine bloßen Beschreibungen eines Lebens und einer diachronen Identität, ja vielleicht gar keine deskriptiven Konstrukte, sondern (auch, vorrangig oder ausschließlich) *Sprechhandlungen* mit einer spezifischen *performativen* Kraft. Wer autobiographische Selbsterzählungen (allein) auf einen vermeintlich deskriptiven Geltungsanspruch hin liest, verkennt sie in ihrer praktischen und psychosozialen Funktion. Solche Erzählungen sind komplexe Sprechhandlungen, die ein »performatives Wissen eigener Art« zum Ausdruck bringen.[43] Narrative Selbstthematisierungen schaffen, so verstanden, Kontinuität und die damit verwobenen Identitätsaspekte, sie bilden nicht etwas ab oder beschreiben etwas. Sie verlieren ihre harmlose deskriptive Funktion und werden just dadurch für die Identitätsforschung und Identitätstheorie besonders interessant. Allerdings hängt Kontinuität nicht allein von narrativen Modi der Selbstthematisierung ab.

In letzter Zeit wurden, wiederum vor allem von Ricœur, unter den (im engeren Sinne) praktischen Formen der Konstitution von Kontinuität alltagsweltliche Sprechakte wie das Versprechen eingehend untersucht.[44] Wer »etwas« verspricht, verspricht damit in gewisser Weise auch sich selbst. Wer anderen sein Wort gibt und es hält, ist auch sich selbst treu. Auch darin kann ein Akt der Selbstkontinuierung gesehen werden, ein unmittelbar praktischer. Zu Recht macht Liebsch darauf aufmerksam, dass das Verhältnis von sprachlich-reflexiven, insbesondere auch von narrativen Selbstthematisierungen und im engeren Sinne praktischen Modi der Selbstbezeugung (wie etwa dem Akt des

---

39 Vgl. z. B. Bruner (1990); Freeman (1983); McAdams (1993); Ricœur (1996, insb. 141 ff., 155 ff.), oder die einschlägigen Abhandlungen in Britton/Pellegrini (1990); Sarbin (1986) sowie Straub (1998 a). In vielen Disziplinen ist mit der Etablierung narrativer Ansätze – teilweise parallel zu ihr – auch die Kritik an diesen gewachsen, nicht zuletzt im Hinblick auf das Modell einer narrativ konstituierten personalen Identität. Diesbezüglich ist – unter anderem – nicht nur die prinzipielle Unabschließbarkeit jeder denkbaren erzählerischen Antwort auf die Identitätsfrage »Wer bin ich (geworden) und wer möchte ich sein?«, mithin die nicht eliminierbare Polyvalenz und Virulenz der Frage *in jedem Moment eines noch unabgeschlossenen Lebens* verstärkt ins Blickfeld geraten, sondern auch jene in lebensgeschichtlicher Perspektive sich erweisende *Unmöglichkeit einer Antwort*, die auch keine posthume Hermeneutik, die auf das *gesamte* gelebte Leben eines verstorbenen Menschen zurückschauen könnte, aufzuheben in der Lage ist (vgl. Liebsch 2002). »Wer ich (geworden) bin und sein möchte«, vermag ich niemals so zu sagen/zu erzählen, dass die Frage vollkommen still gestellt wäre. Zur Kritik am narrativen Modell der Identitätsbildung gehören auch jene philosophischen, ethischen Einwände, die auf die Empfehlung hinauslaufen, »den Einsatz der Erzählung im zu lebenden Leben selbst« (Thomä 1998, S. 8) analytisch und kritisch zu reflektieren. Das sich selbst erzählende Individuum erscheint in dieser Perspektive gerade dann, wenn es um das vermeintlich ganze, narrativ zu »umgreifende« Leben geht, keineswegs als Garant eines gelingenden Lebens – im Gegenteil, wie Thomä argumentiert. Die den Autor interessierende ethische Frage »Wie zu leben sei« sollte demnach in skeptischer Distanz zum soziokulturell etablierten – insbesondere dem biographisch totalisierenden – Imperativ »Erzähle dich selbst!« bedacht werden. Es muss hier bei diesem Hinweis bleiben.

40 Vgl. Ricœur (1985); Straub (1998 b, S. 143 ff.), wo die Erzählung nicht zuletzt unter diesem Aspekt als eine spezifische Form menschlicher Intelligenz rekonstruiert wird (siehe auch Bruner 1986).

41 Zu diesem Begriff vgl. Rüsen u. a. (1988, S. 230 f.); Straub (1998 b, S. 123).

42 Zu diesem Ausdruck und der Relevanz geliebter Objekte für die personale Identität vgl. T. Habermas (1996).

43 J. Habermas (1988, S. 208); vgl. Renn/Straub (2002, S. 15 ff.).

44 Ricœur (1996).

Versprechens) noch ziemlich ungeklärt ist.[45] Alles in allem wird man überdies sagen dürfen, dass nicht nur das Verhältnis zwischen narrativen und im engeren Sinne praktischen Modi der Selbstbezeugung bislang unterbelichtet ist, sondern die praktische Seite der Identitätsbildung, -reproduktion und -transformation überhaupt (trotz den klassischen Arbeiten insbesondere von Goffman und den jüngeren Bemühungen Ricœurs und anderer).

Ein Grund für dieses Defizit in den empirischen Disziplinen dürfte wohl in den methodischen Schwierigkeiten der Erfassbarkeit dieser Aspekte der psychosozialen Praxis liegen. Im Moment stehen jedenfalls keine methodischen Instrumente zur Verfügung, die eine intersubjektiv kontrollierbare Analyse dieser praktischen Formen der Selbstkontinuierung und Identitätskonstitution ermöglichen würden. Demgegenüber sind die Verfahren für die Konstitution und Analyse von Erzählungen und speziell von narrativen Selbstthematisierungen, die gewöhnlich in der objektivierten Gestalt von Texten vorliegen, hoch entwickelt und auch in ihren problematischen Implikationen reflektiert.[46]

Was für gewisse Aspekte der »Kontinuität« gesagt wurde, gilt für den Begriff der Kohärenz insgesamt: Obwohl der Ausdruck in so gut wie keiner Abhandlung über das Thema personale Identität fehlt, ist er noch immer außerordentlich unklar. Die Bemühungen, diesen Begriff zu analysieren, sind im Vergleich mit den Untersuchungen vor allem der narrativ konstituierten Kontinuität und Identität spärlich. Grundsätzlich meint Kohärenz im vorliegenden Zusammenhang, dass unter Identität auf synchroner Ebene ein stimmiger Zusammenhang zu verstehen ist, eine Struktur, die aus miteinander verträglichen, zueinander passenden Elementen gebildet wird und insgesamt, ganz im gestaltpsychologischen Sinne, mehr oder anderes darstellt als die bloße Summe ihrer Teile. Allein, was heißt hier »stimmig«, »passend«, »verträglich« oder dergleichen?

Anders als im Fall eines enger gefassten Begriffs der Konsistenz kann damit nicht allein die (allgemein bestimmbare) logische Widerspruchsfreiheit verschiedener Elemente gemeint sein (weshalb Konsistenz auch lediglich sekundär ist für die Identitätstheorie und Identitätsforschung, für die historisch, kulturell, sozial und psychologisch variable Kriterien der Kohärenz sehr viel interessanter sind

als universale Prüfsteine logischer Konsistenz). An anderer Stelle wurde vorgeschlagen, Kohärenz damit in Zusammenhang zu bringen, dass Handlungssubjekte sich bestimmten Regeln verpflichtet fühlen und ihnen folgen, wobei sich diesbezüglich relevante Regelsysteme als moralische Maximensysteme oder ästhetische Orientierungssysteme rekonstruieren lassen.[47] *Was* jeweils in einer Gemeinschaft, Gesellschaft oder Kultur als kohärentes Regel-, Maximen- oder Orientierungssystem gelten soll und anerkannt wird, ist variabel, aushandlungsbedürftig und wandelbar. Die Kriterien, die darüber entscheiden, was in kohärenter Weise gesagt oder getan werden kann von einer Person (im »privaten« oder »öffentlichen«, jeweils nicht zuletzt durch Rollenvorgaben geregelten Leben), sind empirisch kontingent und keiner universalen Logik der Widerspruchsfreiheit von Aussagen unterworfen. Diese Kriterien bestimmen, welche Handlungen (bestimmter Personentypen, unter bestimmten Umständen etc.) überhaupt in sinnhafter und bedeutungsvoller Weise aufeinander bezogen werden und insgesamt einen kohärenten Zusammenhang bilden können.

Die von Kohärenz und Kontinuität abhängige Identität ist nun, wie im nächsten Abschnitt dargelegt werden soll, die Grundlage von Autonomie. Identität und Autonomie sind interdefinierbare theoretische Konzepte. Beide sind ohne impliziten Rekurs auf das andere semantisch leer, jedenfalls unterbestimmt.

---

45 Liebsch (2002). Es sei daran erinnert, dass oben auch Selbsterzählungen als Artikulationen eines performativen Wissens eigener Art bezeichnet wurden, also als Sprechhandlungen, die selbst schon als Praxis (im weiteren Sinne) begriffen und analysiert werden können.

46 Vgl. z.B. Deppermann/Lucius-Hoene (2002). Lediglich erwähnt sei, dass in psychoanalytischer Perspektive alle Aspekte der Identitätsbildung und -umbildung, also auch die aktive Selbstkontinuierung einer Person, als unbewusste Vorgänge aufgefasst werden (wobei der unbewusste Abwehrmechanismus der Identifizierung im Zentrum steht). Dies heißt nicht zuletzt, dass die dieser theoretischen Perspektive verpflichtete empirische Identitätsforschung sich auch eines methodischen Instrumentariums bedienen muss, das die psychoanalytische oder tiefenhermeneutische Rekonstruktion unbewusster, latenter Sinn- und Bedeutungsgehalte aller interessierenden Modi der Identitätsbildung ermöglicht.

47 Vgl. Straub (1996, insb. S. 74 ff.).

2.5. Handlungspotential und Autonomie

Identität wird gemeinhin als strukturelle Voraussetzung des subjektiven Handlungspotentials und insbesondere der Autonomie eines Handlungssubjekts betrachtet, welches sein Leben selbstbestimmt zu führen imstande ist. Gegenwärtig argumentieren nicht zuletzt Repräsentanten einer sprachanalytischen Philosophie, die ihre Berührungsängste gegenüber der Hermeneutik und Phänomenologie ebenso verloren hat wie gegenüber den empirischen Sozial- und Kulturwissenschaften (und sich dem in diesen Disziplinen gebräuchlichen Identitätskonzept widmet und annähert),[48] »dass auch dem Konzept der Autonomie ein impliziter Rekurs auf die biographische Identität der Person eingeschrieben ist: Ohne den Rückgriff auf diese Identität oder [...] auf die Vorstellung einer Persönlichkeit lässt sich weder bestimmen, was unter der Autonomie einer

Person überhaupt zu verstehen ist, noch angeben, ob einzelne Entscheidungen oder Handlungen von Personen als autonom einzuschätzen sind.«[49] Es ist hier nicht der Ort, den Begriff der Autonomie genau zu analysieren, um schließlich einen geeigneten Definitionsvorschlag begründen zu können.[50] Auf zwei besonders nahe liegende Punkte sei jedoch kurz hingewiesen.

(a) Zum einen ist die Rede von der Autonomie einer Person – allen einschlägigen Bedenken zum Trotz – gut verträglich mit der Vorstellung des Menschen als »sozialisiertem« Subjekt. Mit anderen Worten: Es besteht kein überzeugender Grund für die (z. B. im poltisch-philosophischen, gemeinhin »atomistischen« Liberalismus öfters gehegte) pauschale Annahme einer »Inkompatibilität zwischen Autonomie und Sozialisation«.[51] Der Mensch ist *als (biologisch und sozial) faktisch abhängiges Wesen* zur Autonomie fähig (und nicht erst als transzendentales, zu moralischem Handeln fähiges Vernunftsubjekt, dem Kant in seiner Anthropologie in pragmatischer Hinsicht die Perspektive auf den Menschen als physisches Objekt einerseits, als Sozialwesen bzw. »Mitspieler in einer Welt« andererseits unterscheidend gegenüber stellt).[52] Man kann und muss also »dem sozialen Umfeld und intersubjektiven Anerkennungsprozessen eine konstitutive Funktion«[53] für die Bildung, Entwicklung und Bewahrung einer Autonomie zugestehen. Die avisierte Autonomie einer Person ist freilich stets *partiell*, umfasst also niemals jeden Wunsch und Willen oder gar die gesamte Handlungs- und Lebenspraxis eines Menschen. Selbstverständlich gibt es Bedingungen in der konkreten Sozialisation und Enkulturation, die als empirische Begrenzungen oder gar massive Behinderungen der Autonomieentwicklung interpretiert werden müssen. (Kulturen, Gesellschaften und Gemeinschaften haben bekanntlich ganz unterschiedliche Möglichkeiten, Bedingungen des Aufwachsens und Handelns zu gestalten. Autonomie ist – wie die Identität im hier verstandenen Sinne – ein historisches und soziokulturell spezifisches Projekt oder regulatives Ideal, das freilich an ein universales Potential der menschlichen Gattung anknüpft und dieses in bestimmter Weise zu entfalten sucht.)[54] Dessen ungeachtet erfolgt jede Entwicklung der Autonomie von Menschen notwendi-

---

48 Quante (1999).

49 Quante (2002, S. 32).

50 Vgl. hierzu etwa Quantes (ebd.) interessanten Vorschlag, der auf einer Auseinandersetzung mit Frankfurts terminologisch differenzierter Idee, personale Autonomie an die Bildung hinreichend häufig »effektiver Volitionen zweiter Ordnung« zu binden, aufruht und dabei (im Anschluss an Christman) insbesondere die Explikation des Zusammenhangs zwischen Autonomie und biographischer Identität (bzw. der biographischen Dimension des Wunscherwerbs und der Willensbildung) betont (womit er ausschließt, Autonomie als Produkt einer gewaltsamen sozialisatorischen Manipulation begreifen zu können).

51 Quante (2002, S. 48).

52 Vgl. hierzu auch Hampe (2002), der in seinen (vor allem an Peirce anschließenden) Überlegungen zur Autonomie die Person als sich selbst erkennendes und symbolisch bzw. semiotisch *abhängiges* Wesen begreift. Auch er macht klar, dass Autonomie nichts Unbedingtes ist und sein kann, sondern »bedingt ist durch den Regelkonsens einer empirischen Gemeinschaft, an der der einzelne partizipieren können muss« (S. 172). Hampe zeigt im Übrigen, dass eine gewisse Vorstellung der Einheit der Person unabdingbar für den im Kern normativen Autonomiebegriff ist, wobei diese Einheit ganz im Sinne der hier skizzierten – »antisubstantialistischen« – Identitätstheorie, nichts einfach Gegebenes und empirisch objektivierbares ist: »Die symbolische Konstitution relativ autonomer Personalität scheint mit der Konstitution der Einheit der Person Hand in Hand zu gehen« (S. 167).

53 Quante (2002, S. 49).

54 Zur Diskussion siehe etwa die Beiträge in Köpping/Welker/Wiehl (2002).

gerweise unter den Rahmenbedingungen einer Sozialisation und Enkulturation, die der Bildung des Subjekts Wege weisen, Horizonte erschließen und Grenzen setzen. Nicht alle diese Rahmenbedingungen sind negativ im Sinne einer massiven Behinderung der Entfaltung des Autonomiepotentials. Die Autonomie von Handlungssubjekten ist stets eine Fähigkeit sozial und kulturell konstituierter Personen, die mit und neben anderen leben und bisweilen auch gegeneinander handeln.[55] »Eine realistische Konzeption von Autonomie wird daher zwischen solchen externalen sozialen Faktoren, die als konstitutive Rahmenbedingungen angesehen werden können, und tolerierbaren Einschränkungen unterscheiden müssen und beide Gruppen von solchen sozialen Zwängen abzugrenzen haben, die mit der Ausbildung oder dem Haben von Autonomie unvereinbar sind.«[56]

Ohne kritische Selbstreflexion und die damit (begrifflich und empirisch-psychologisch) verwobene Offenheit für Erfahrungen der Selbsttranszendenz ist Autonomie nicht zu haben, und wer wird bestreiten wollen, dass sich Sozialisationsbedingungen dahingehend akzentuierend unterscheiden lassen, ob sie solche Prozesse und Strukturen eher evozieren und fördern oder eher hemmen und unterbinden?[57]

(b) Die Kritik an der These einer Inkompatibilität zwischen personaler Autonomie und Sozialisation kann auf andere Bedingungen der Subjektentwicklung und des Handelns von Personen ausgeweitet werden, die ebenfalls häufiger – und wiederum zu Unrecht – als zwangsläufig massive Einschränkungen der Autonomie interpretiert werden, als Faktoren, die die personale Autonomie tendenziell völlig untergraben und damit den theoretischen Begriff zweifelhaft, ja obsolet erscheinen lassen. Honneths Rekonstruktion personaler Freiheit und Selbstbestimmung als »dezentrierte Autonomie« trägt nicht nur der auch von Quante als konstitutive Rahmenbedingung der Autonomieentwicklung interpretierten Sozialisation bzw. der »primären Sozialität«[58] des menschlichen Daseins Rechnung, sondern weiteren Aspekten, ohne die das Leben und Handeln des Menschen schlechterdings undenkbar ist. Damit wird nun aber nicht nur die Liste von Gesichtspunkten länger, die zu berück-

sichtigen sind, sobald man von Autonomie spricht, ohne einer nicht nur atomistischen, sondern auch rationalistischen Konzeption des »starken Subjekts« das Wort reden zu wollen. Damit nimmt der Autonomiebegriff nämlich Konturen an, die die Unterscheidung zwischen Autonomie und Heteronomie als *akzentuierende* Differenzierung ausweisen. Entscheidungen und Handlungen werden damit niemals als Akte angesehen, die über jeden Zweifel erhaben sind, durch heteronome Bedingungen und für das subjektive Bewusstsein intransparente Momente »kontaminiert« zu sein. Pure Autonomie gibt es in der Welt des Menschen so wenig wie pure Heteronomie. Meyer-Drawe spricht daher von einer generell von Kontingenz und Heteronomie durchkreuzten Autonomie.[59] Honneth bezeichnet just diese limitierte, partielle Autonomie als dezentriert und bindet sie an eine Form von Subjektivität und personaler Identität, die wiederum so strukturiert ist, dass verschiedene Typen »subjektübergreifender« Mächte (entwicklungs-)psychologisch als Konstitutionsbedingungen der Subjekt- bzw. Identitätsbildung und Autonomieentwicklung fungieren: »Die persönliche Freiheit oder Selbstbestimmung von Individuen wird hier in der Weise verstanden, daß sie nicht als Gegensatz zu, sondern als bestimmte Organisationsform der kontingenten, jeder individuellen Kontrolle entzogenen Kräfte erscheint.«[60]

---

55 Unter normativem Aspekt skizziert Hampe (2002, S. 174 ff.) einige Anforderungen an Personen, die ihr Handeln reflektieren, autonom bestimmen bzw. kontrollieren können und deswegen auch zu verantworten haben.

56 Quante (2002, S. 50).

57 Quante hebt (gegen konkurrierende Positionen) hervor, dass der Begriff der Autonomie (im Anschluss an Frankfurts Konzeption) formal bestimmt werden kann und sollte, womit er nicht automatisch mit dem Begriff des »guten Lebens« zusammenfällt. So mag etwa die für Autonomie unabdingbare kritische Selbstreflexion *nicht zwangsläufig* – unter allen denkbaren Bedingungen – in ein »gutes Leben« münden bzw. diesem Leben dienlich sein. Im Hinblick auf dieses Problem liegt natürlich alles an der kriterienorientierten Bestimmung eines »guten Lebens«, was im vorliegenden Zusammenhang nicht zu interessieren braucht.

58 Vgl. dazu Joas (1992).

59 Meyer-Drawe (1990).

60 Honneth (1993, S. 151). Dieser intersubjektivitätstheoretische Begriff der dezentrierten Autonomie wird insbesondere im Anschluss an George H. Mead und psychoanalytische

Im einzelnen plädiert Honneth für eine theoretische Dezentrierung der Autonomie, die die drei »Dimensionen des individuellen Verhältnisses zur inneren Natur, zum eigenen Leben im ganzen und schließlich zur sozialen Welt umfaßt; eine zwanglose und freie Selbstbestimmung [...] verlangt dann also besondere Fähigkeiten im Hinblick auf den Umgang mit der Triebnatur, mit der Organisation des eigenen Lebens und den moralischen Ansprüchen der Umwelt«.[61] Das bedeutet, dass die Kriterien der »klassischen« Konzeption eines »starken« Subjekts durch Kriterien einer dezentrierten Autonomie ersetzt bzw. ergänzt werden. Dabei handelt es sich bei Honneth um dreierlei:

(1) »Das klassische Ziel der Bedürfnistransparenz muß [...] durch die Vorstellung der sprachlichen Artikulationsfähigkeit ersetzt werden«,[62] was bedeutet, dass die »kreative, aber stets unvollendbare Erschließung des Unbewußten« ebenso wichtig ist wie ein möglichst angstfreies Verhältnis zu nicht kontrollierbaren, allenfalls im Nachhinein symbolisierbaren und reflektierbaren Handlungsimpulsen.

(2) »An die Stelle der Idee der biographischen Konsistenz sollte die Vorstellung einer narrativen Kohärenz des Lebens treten«, was heißt, dass man darauf verzichtet, das eigene Leben einem »einzigen Sinnbezug« unterzuordnen, sondern es vielmehr im Zuge einer narrativen Synthese des Heterogenen repräsentiert und reflektiert.[63]

(3) »Die Idee der Prinzipienorientierunng [sollte] schließlich durch das Kriterium der moralischen Kontextsensibilität ergänzt werden«,[64] womit die dezentrierte Autonomie die Fähigkeit von Personen einschließt, »sich in reflektierter Weise auf die moralischen Ansprüche der Umwelt zu beziehen«, ohne sich starr an universalisierbaren Prinzipien der Moral zu orientieren, sondern »diese Prinzipien mit affektiver Anteilnahme und Sensibilität für die konkreten Umstände des Einzelfalls verantwortungsvoll anzuwenden«.[65] Alle drei Punkte markieren eine spezifische kulturelle Semantik von »Autonomie«, die mit der Bedeutung des skizzierten Begriffs einer dezentrierten Identität harmoniert. In der skizzierten Perspektive bewegt sich das auf der »Grundlage« seiner aspirierten Identität handelnde Subjekt so gut wie immer *jenseits* von vollständiger Autonomie und überwältigender Heteronomie. Dieses Subjekt ist *zwischen* totaler Abhängigkeit und vollkommener Eigenständigkeit platziert. Es ist geschwächt, *noch bevor* wir den Begriff des *Widerfahrnisses* als einen kontrastiven Gegenbegriff autonomer Entscheidungen und Handlungen ins Spiel bringen.[66] Und dennoch kann es als autonome Person betrachtet werden, deren Fähigkeit zur Selbstbestimmung und Selbstkontrolle auf jenen Bedingungen aufruht, ohne die Menschen als vielfach abhängige Wesen nicht leben könnten.

3. Kollektive Identität

3.1. Verwickelte Semantik: Anmerkungen zur Begriffsgeschichte

Die Bezugnahme auf eine »kollektive Identität« bringt beträchtliche semantische Verschiebungen mit sich. Die Bedeutung des Begriffs ändert sich durch den Wechsel von der Person auf ein Kollektiv so erheblich, dass es keinen Sinn mehr macht, nach der analogisierenden Übertragung umstandslos davon auszugehen, es sei nach wie vor klar, wovon gesprochen wird, sobald man nun nicht mehr die Identität leiblicher und sozial konstituierter Personen meint, die ein (reflexives) Verhältnis zu sich, ihren Erfahrungen und Erwartungen, Widerfahrnissen und Handlungen, Imaginationen und Wünschen einnehmen können, sondern die Identität

---

Modelle wie dasjenige von Donald Winnicott expliziert. Diese Traditionen ermöglichen es, »die unkontrollierbaren Mächte der Sprache und des Unbewussten nicht als Begrenzung, sondern als Ermöglichungsbedingung des Erwerbs persönlicher Autonomie zu begreifen« (Honneth 1993, S. 155) und auf diese Weise der psychologischen Tatsache gerecht zu werden, dass »dem bewußten Erleben des Menschen stets ein Teil derjenigen Kräfte und Motive entzogen bleibt, die sein psychisches Antriebspotential ausmachen« (ebd.).

61 Honneth (1993, S. 157 f.).
62 Honneth (1993, S. 158).
63 Honneth (1993, S. 159).
64 Honneth (1993, S. 158).
65 Honneth (1993, S. 161).
66 Vgl. Straub (1999, S. 41 ff.). Eine genauere Analyse des Zusammenhangs zwischen identitäts- und handlungstheoretischen Reflexionsfiguren findet sich in einer Abhandlung von Straub (2002 b), aus der ich einige wenige Formulierungen übernommen habe.

von Kollektiven unterschiedlicher Größenordnung – vom Ehepaar über die Firma und Dorfgemeinschaft bis hin zu Nationen, Sprachgemeinschaften oder Kulturen, den Geschlechtern und anderen anonymen Großgruppen.

Das Thema »kollektive Identität« hat der »personalen Identität«, was die Anzahl der Publikationen angeht, längst den Rang abgelaufen. An der Spitze tummeln sich Veröffentlichungen zu politischer bzw. nationaler, ethnischer oder kultureller und geschlechtlicher Identität.[67] In aller Regel wird davon ausgegangen, der Begriff der kollektiven Identität wurzle, begriffsgeschichtlich und systematisch, im Konzept der Identität einer Person, sei also aus einer Übertragung vom Individuum auf die Gruppe hervorgegangen. Niethammer betrachtet diese Darstellung der Dinge, die dem Konzept der personalen Identität die zeitliche und sachliche Priorität einräumt, als eine Legende.[68] Seine Korrektur der Begriffsgeschichte setzt dabei voraus, die »etablierte Auskunft in Deutschland« laute bisher unisono, der auf die Person gemünzte Begriff sei zuerst »nach dem Zweiten Weltkrieg in Amerika«[69] eingeführt und dann in das »soziale Denken« eingewandert. Niethammer behauptet nun umgekehrt, dass »kollektive Identität« als Idee und Wort längst etabliert war, als der Begriff der personalen Identität die Bühne wissenschaftlicher Diskurse noch gar nicht betreten hatte, von seiner vor allem durch Erikson eingeleiteten und maßgeblich beförderten Karriere als Modewort ganz zu schweigen. Die als Legende entlarvte Begriffsgeschichte sei also vereinfachend, falsch und verdecke eine sehr viel kompliziertere Entwicklung, vor allem eben den Primat der kollektiven Identität. Es ist hier nicht der Ort, eine zweifellos noch unabgeschlossene Begriffsgeschichte fortzuschreiben.[70] Folgende Anmerkungen sollen genügen:

Die »etablierte Auskunft in Deutschland« (und anderswo) bezieht sich *sehr selektiv* auf einen bestimmten Diskurs über personale Identität, nämlich den zunächst vornehmlich in der Soziologie und Psychologie geführten. Für diesen in der zweiten Hälfte des 20. Jahrhunderts bald schon weit verzweigten Diskurs waren die auch von Niethammer genannten Traditionen – »der symbolische Interaktionismus im Gefolge von George Herbert Mead um Anselm Strauss und Erving Goffman sowie die

nach Freuds Tod von seiner Tochter Anna geförderte Ich-Psychologie durch Erik H. Erikson«[71] – die wichtigsten Stichwortgeber und Wegbereiter. In dieser Debatte nahm der Begriff eine – bei allen offenen Fragen und bei allen Unterschieden im Einzelnen – durchaus fassbare, spezifische Bedeutung an, nämlich jene, die auch in Teil 2. des vorliegenden Aufsatzes im Zentrum stand. Diese Bedeutung unterscheidet einen durchaus spezifischen Zweig der Identitätstheorie und Identitätsforschung von Traditionen, in denen das Konzept lange vor dem Entstehen der psychoanalytischen Ich-Psychologie und des symbolischen Interaktionismus gebräuchlich war, und zwar ebenfalls im Hinblick auf die leitende Frage nach der Nämlichkeit oder »Einheit der Person«. Beispielsweise Philosophen aus der Tradition des englischen Empirismus (John Locke, David Hume) haben sich bekanntlich dieses Problems angenommen, den Begriff der Identität dabei allerdings theoretisch – unbeschadet einzelner Verwandtschaften – grundsätzlich anders bestimmt, als dies in den oben genannten Traditionen der Fall war. Personale Identität erscheint in der empiristischen Philosophie und ihren Ausläufern nämlich nicht als praktisches Selbstverhältnis leiblicher, sozialer, geschichtlicher und reflexiver Subjekte, sondern als eine Angelegenheit, über die sich aus einer an die Beobachterperspektive gekoppelten Identitätsphilosophie räsonieren lässt. Diese wiederum besondere Exklusivität der (»Außen«-) Perspektive, die allein auf die *idem*-Identität zugeschnitten ist, war und ist noch in den meisten Beiträgen z. B. der zeitgenössischen analytischen Philosophie maßgeblich,[72] wobei sich die Semantik der beiden unterschiedenen Diskurse mittlerweile etwas aufeinander zu bewegt.[73] All das und so manches mehr – etwa

---

67 Einige Zahlen liefert Niethammer (2000, S. 21 ff., wo sich auch Dutzende von Literaturhinweisen finden).

68 Niethammer (2000, S. 55 ff.).

69 Niethammer (2000. S. 58).

70 Dieses Urteil schmälert die Verdienste vorliegender Arbeiten nicht (z. B. de Levita 1971).

71 Niethammer (2000, S. 55).

72 Als paradigmatisch darf die viel diskutierte Arbeit von Parfit (1986) gelten, mit der sich etwa Ricœur (1996, S. 160 ff.) eingehend auseinandersetzt.

73 Quante (1999).

die deutsche idealistische Philosophie[74] – müsste eine umfassende Begriffsgeschichte »personaler Identität« zweifellos berücksichtigen, womit sie nicht erst in der Mitte des 20. Jahrhunderts in den Vereinigten Staaten anhöbe, um sich dann mit der deutschen Rezeption dieser Entwicklung zu befassen.

Sobald sich diese Geschichte (oder Vorgeschichte) der theoretischen Konstruktion personaler Identität außerdem nicht allein an den Begriff bzw. das Wort halten will, sondern – ohne semantische Differenzen zu negieren, die mit unterschiedlichen Bezeichnungen einhergehen können – im Sinne einer sozialgeschichtlich fundierten Ideengeschichte die »Sache selbst« in den Blick nimmt, wird man zahlreichere frühere Quellen auftun, in denen nicht zuletzt die Struktur des kommunikativen Selbstverhältnisses von Personen im Sinne der *ipse*-Identität thematisiert wird, und dies – mehr oder weniger explizit – im Blick auf die damaligen Gesellschaften und ihren Wandel. In Texten des Pragmatismus, allen voran in den Schriften von Mead,[75] wird man ebenso fündig wie bei Freud, dessen Struktur- oder Instanzenmodell, wie es in der sog. zweiten Topik formuliert wurde, sich ebenfalls als Identitätstheorie rekonstruieren lässt.[76] Diese Anmerkungen mögen zeigen, dass es keineswegs einfach ist, einen auch nur zeitlichen Primat auszumachen, wenn es um personale und kollektive Identität geht (zumal Niet-

hammer die Reihe seiner Kronzeugen für den Begriff kollektiver Identität keineswegs für abgeschlossen hält).

Ob und in welcher Weise die theoretischen Reflexionen personaler Identität mit Diskursen über kollektive Identität verflochten sind, diese beeinflusst haben oder ihrerseits von ihnen geprägt worden sind, ist eine bis heute kaum geklärte Frage. Es scheint angebracht, angesichts der grundsätzlich sehr unterschiedlichen Bedeutungen der beiden Konzepte auch die sozial- und ideengeschichtlichen Genealogien und die Begriffsgeschichten auseinander zu halten. Dann wird man Niethammers Befund, dass nämlich so manche Autoren, die womöglich auch für ihre Theorien personaler Identität bekannt geworden sind (z. B. Erikson) oder solche inspiriert haben (z. B. Freud), gleichzeitig oder noch vor der Ausarbeitung ihrer personenbezogenen Ansätze über kollektive Identität nachdachten und dabei auch den Begriff benutzten – wie selten auch immer –, gewiss ernst nehmen müssen. Man wird aber nicht vorschnell den Schluss ziehen, dass die ihrerseits sehr unterschiedlichen, aber allesamt dubiosen Überlegungen zur kollektiven Identität, wie sie etwa Freud, Jung oder Erikson anstellten, untergründig auch das Konzept personaler Identität in Mitleidenschaft zogen und noch heute kontaminieren.

Freud und Jung bilden in Niethammers Kritik der kollektiven Identität neben Carl Schmitt, Georg Lukács, Maurice Halbwachs und Aldous Huxley die »Sechserbande«, an deren Texten sich studieren lässt, dass und wie der Begriff der kollektiven Identität vor 1945, nämlich bereits in den Jahren nach dem Ersten Weltkrieg, in Europa geprägt und gebraucht wurde. Erikson wird dieser Reihe als eine Art Nachzügler als siebter im Bunde hinzugefügt (in einem eigenen Exkurs). Damit wird auch sein Denken – etwas suggestiv – von den »progressiven« Bemühungen im Kontext aufklärerischer und demokratischer Traditionen, denen es um einen »Beitrag zur Rückgewinnung von Autonomiespielräumen unter dem zunehmenden Anpassungsdruck und der traditionszerrüttenden Mobilität in der Moderne und bei der Bewältigung von Katastrophen«[77] ging, abgerückt und mit den weniger »erfreulichen« Konstruktionen kollektiver Identität verbandelt.

---

74 Was das Konzept der *kollektiven* Identität angeht, betrachtet Niethammer (2000, S. 42, Anm. 62) die Texte Fichtes, Schellings und Hegels als irrelevant, da »Identität« dort »ein operativer Begriff der Philosophie [bleibt] und nicht in die politisch-gesellschaftliche Semantik eindringt, um sich dort als Metabegriff für konkrete soziale Entitäten zu materialisieren. Dies ist nicht der Achsenzeit der bürgerlichen Revolution geschuldet, sondern neuen Problemsichten auf die Massengesellschaft des 20. Jahrhunderts.« Das sei hier ebenso dahingestellt wie die Frage, ob bzw. in welcher Weise die besagten Philosophien in die Vorgeschichte einer Theorie personaler Identität gehören, wie sie im späten 19. Jahrhundert und danach im Blick auf die psychosozialen Probleme dieser Zeit formuliert wurden.

75 Vgl. hierzu insbesondere die einschlägigen Arbeiten von Joas (z. B. 1980), der (1983, S. 17 f.) nicht zuletzt die Übersetzung von »self« mit »Identität« – gegen Einwände z. B. von Tugendhat (1979, S. 247, 282 ff.) – rechtfertigt.

76 Vgl. dazu die Hinweise von Straub (1996, S. 44 ff.).

77 Niethammer (2000, S. 63).

Ohne Niethammers Lektüren der genannten Autoren hier würdigen zu können,[78] wird das Thema kollektive Identität im Folgenden als eine Sache für sich behandelt. Am Leitfaden einer – im Vergleich mit anderen Darstellungen – sehr strikten Unterscheidung zwischen personaler und kollektiver Identität gelten die weiteren Ausführungen nun letzterer. Wiederum werden allein einige generelle Züge dieses Denkens skizziert, wobei die nahe liegende Kritik ergänzt werden soll durch Überlegungen, in welcher Weise den vorgebrachten Einwänden Rechnung getragen werden könnte.

3.2. Signifikant ohne Signifikat: gewaltsame Rhetorik »kollektiver Identität«

Während der Begriff der »personalen Identität« wenigstens einigermaßen geklärt scheint, ist es noch keineswegs ausgemacht, was man unter »kollektiver Identität« zu verstehen habe. Kollektive sind keine »bio-physischen Organismen« wie Personen, und sie sind erst recht keine leiblichen, sprach- und handlungsfähigen Subjekte, deren Selbstverhältnis als Selbstheit im Sinne der *ipse*-Identität charakterisiert werden kann. »Den ›Sozialkörper‹ gibt es nicht im Sinne sichtbarer, greifbarer Wirklichkeit. Er ist eine Metapher, eine imaginäre Größe, ein soziales Konstrukt.«[79] Die Rede von »kollektiver Identität« scheint im luftleeren Raum zu operieren und dabei alles Mögliche bedeuten zu können, willkürlich und in vager Unbestimmtheit.

Und so liegt der Verdacht nahe, dieser Signifikant habe am Ende gar kein Signifikat, er sei ein leeres Zeichen ohne jeglichen Referenten und gerade wegen dieser Nebulösität bestens für eine ideologische Diktion geeignet, die eher beschwört als beschreibt, eher aufruft als anspricht, eher mobilisiert als erklärt. Kollektive Identität gehört, das ist leicht festzustellen, zum Vokabular der ideologisch-politischen Mobilmachung. Dem Begriff und der rhetorischen Praxis, die sich seiner bedient, wohnt, so lautet die verbreitete Kritik, eine Tendenz zur Gewalt, ja selbst schon ein Zug der Gewaltsamkeit inne.

Diese Diagnose liegt nahe und wurde entsprechend oft gestellt, nirgends aber so ausführlich und differenziert begründet wie in dem bereits zitierten Buch Niethammers, in dem der Historiker bereits im Untertitel vor der unheimlichen Konjunktur des Konzepts warnt.[80] Es mag sein, dass der affirmative Gebrauch des fragwürdigen Begriffs dessen Kritik noch immer in den Schatten stellt, kollektive Identität also in aller Regel als etwas »Positives«, »Notwendiges« oder als »Gebot« gilt und als »Fetisch« behandelt und gehandelt wird.[81] In der Philosophie und den Wissenschaften ist das jedoch längst nicht mehr so eindeutig. Wie im Fall der »personalen Identität« grassieren auch hier seit einiger Zeit Kritik und Skepsis. Insbesondere werden kollektive Identitäten in der avancierten Debatte kaum mehr objektivistisch »reifiziert«, »essenzialisiert«, »substanzialisiert« oder »naturalisiert«. Was A. Assmann und H. Friese in ihrer Einleitung zu einem einschlägigen Sammelband schreiben, resümiert den aktuellen Stand der Debatte über »kollektive Identität« und markiert einen durchaus weit verbreiteten Konsens: »Heute ist man mit Benedict Anderson dazu übergegangen, Wir-Gruppen als ›vorgestellte Gemeinschaften‹ (*imagined communities*) aufzufassen. [Freilich gibt es verwandte Konzepte anderer AutorInnen; J. S.] An die Stelle der älteren Ideologiekritik, die auf einer Grundlage positiver Wahrheit aufruhte und ›falsches‹ durch ›richtiges‹ Bewusstsein ersetzte, ist die Diskurskritik getreten, die sich für die Formen der Herstellung kultureller Werte interessiert. Sie beruht auf der Prämisse, dass Identität über kulturelle Symbole und diskursive Formationen befestigt wird und dass die wichtigste Strategie, bestimmte Werte oder Grenzen als unverrückbar erscheinen zu lassen, darin besteht, sie als ›Natur‹, als objektiv, unverfügbar und unzugänglich darzustellen, um sie damit persönlicher Entscheidbarkeit und politischer Veränderbarkeit zu entziehen. Die Diskursanalyse unterwirft diese essentialistische Objektivierung einem kritischen Verfahren, das sich den Institutionen

---

78 Grundsätzlich geht es dem Autor darum, an wahrlich drastischen Beispielen darzulegen, dass jede Rede von kollektiver Identität eine bedenkliche Erbschaft tradiert, derer man sich durch die naive »Unschuld der Unkenntnis« (Niethammer 2000, S. 71) nicht entledigt.

79 J. Assmann (1992, S. 132), der dieses Konstrukt aus guten Gründen *als Wirklichkeit* ernst nimmt.

80 Niethammer (2000).

81 Niethammer (2000, S. 37 ff.).

und Diskursen der Macht zuwendet und ihre verbalen und symbolischen Strategien durchleuchtet. Poststrukturalistische Theorien fassen Identitäten als Produkte eines grenzüberschreitenden Austauschs und als Prozesse eines unabschließbaren Aushandelns auf. Die Inszenierungen von Identität werden dann als Teil sozialer und politischer Praktiken sowie als kultureller Text verstanden, der unterschiedliche Signifikate bezeichnet, historisch unterschiedlich codiert ist und unterschiedliche Bilder hervorbringt und aktiviert.«[82]

Gleichwohl ist noch immer Vorsicht gegenüber dem fraglichen und fragwürdigen Konzept angebracht. Niethammers in verschiedenen Fallstudien fundierte Analyse führt zu einem eindeutigen Ergebnis, das trotz des in wissenschaftlichen und öffentlichen Diskursen geschärften Bewusstseins für die problematischen Gehalte des Begriffs so schnell nicht »überholt« sein dürfte: Wer von kollektiven Identitäten spricht bzw. an solche appelliert, verklärt in aller Regel den Status quo, führt die ideologische Vereinnahmung großer Gruppen im Schilde oder betreibt sie nolens volens und fördert das – gewollte oder ungewollte – »Hineingleiten in gewalttätige Konflikte«. Die (pseudo-) wissenschaftliche Aura, die das »Plastikwort« umgibt, ändert daran nichts, im Gegenteil, sie ziert die unheilvolle Rede mit dem Schein des Seriösen und Legitimen: »Die Bestimmtheit der Rede übertönt die Vagheit des Inhalts, der regelmäßig zeitspezifische Bezüge zu religiösen Ersatzbildungen und zu verlorenen oder erschütterten gesellschaftlichen Traditionen, Selbstverständlichkeiten, Unbewusstheiten erkennen ließ.«[83]

Nur allzu häufig operiert(e) der Begriff, der auf eine zunächst harmlose Unterscheidung zwischen Gruppen abzuzielen scheint, mit objektivierenden Kriterien, die einer gewaltförmigen Praxis der Inklusion und Exklusion Tür und Tor öffnen.[84] Kriterien der Zugehörigkeit setzen die Unzugehörigen einer Ausgrenzung aus, deren extremes Telos der »Ausschluss« aus dem Leben, die Verfolgung und Vernichtung ist. Religion und »Rasse« dienen traditionell als wesentlicher psychologischer und legitimatorischer Kitt einer kollektiven Identitätskonstruktion, in der Niethammer prinzipiell eine »Tendenz zum Fundamentalismus und zur Gewalt«[85] angelegt sieht, gegen die kein Recht der Welt zu schützen vermag. Kollektive Identitäten operieren in Räumen, in die die Regelungen des Rechts nicht hineinreichen. Sie bewegen sich »normalerweise im freien Spielfeld der Kultur«.[86] Sie sind mit dieser ebenso verschwistert wie mit der Gewalt: »Diese Vermittlung zwischen Kultur und Gewalt durch kollektive Identitätsbestimmungen ergibt sich aus der Konstruktion des Begriffs und der sozialen Mechanik seiner Praxis und ist weitgehend unabhängig von den Absichten derer, die solche Begriffe formulieren oder sich ihrer bedienen.«[87] Viele meinen es gut und richten dennoch – in naiver Blauäugigkeit, die die potentielle performative Kraft der bloßen Unterscheidung kollektiver Identitäten verkennt – ähnliches an wie jene, die wissen, wovon sie reden, wenn sie von kollektiver oder kultureller Identität sprechen. Carl Schmitt, Georg Lukács, Samuel Huntington oder die Nouvelle Droite erkennen deren untergründige Liaison mit Gewalt (und sie nutzen diesen Zusammenhang ideologisch-strategisch, indem sie letztere als legitim, ja notwendig erscheinen lassen), aber auch Kofi Annan oder Zygmunt Baumann und zahllose andere, denen nichts an heiklen Freund-Feind-Unterscheidungen oder einer geopolitischen Legitimation eines Kampfes der Kulturen und dergleichen liegt, diagnostizieren wachsende Konfliktpotentiale, die, so wird gesagt, die Formierung kollektiver Identitäten bzw. die grassierenden (»negativen«) *Identity politics* mit sich brächten. Die Propaganda, Animation und Formation kollektiver Identitäten sowie die Aktivitäten in deren Namen sind für Niethammer meistens Macht- und Herrschaftsbestrebungen, bisweilen auch Kompensationen der einen oder anderen

---

82 Assmann/Friese (1998 b, S. 12). Die »Diskursanalyse« nimmt dabei so mancherlei theoretische und methodische Gestalt an, und selbstverständlich sind die von den Autorinnen angeführten Strömungen nicht die einzigen, die sich der skizzierten Kritik verschrieben haben. Im Übrigen hat Niethammer (2000, S. 18) Recht mit seinem auf Derrida gemünzten polemischen Hinweis, dass nicht überall eine Kritik des Konzepts kollektiver Identität drin ist, wo »Dekonstruktion« oder »Diskursanalyse« drauf steht.

83 Niethammer (2000, S. 625).

84 Soziale Exklusion wird vor allem in jüngerer Zeit, wenngleich nicht unumstritten (Castel 2000; Hillmann 2000; Nassehi 2000).

85 Niethammer (2000, S. 625).

86 Niethammer (2000, S. 626).

87 Niethammer (2000, S. 625).

Form von realer Ohnmacht oder auch von irrationalen Minderwertigkeitsgefühlen.

Festzuhalten ist: Nirgends fußen Identitätskonstruktionen und Identitätspolitiken einfach auf der nüchternen Feststellung empirischer Sachverhalte. Sie arbeiten vielmehr, wenn sie Differenzen zwischen dem Eigenen und dem Anderen bzw. Fremden ausmachen, mit magischen und religiösen Wahrnehmungen und Zuschreibungen, Projektionen und Manipulationen, die »andere sozio-kulturelle Kollektive« sukzessive oder schlagartig abwerten und über kurz oder lang »als Personifizierungen des Bösen« dämonisieren. Wenn solche psychosozialen, zunächst »nur« symbolischen, sprachlichen oder diskursiven Praktiken für das Selbstverständnis einer Gruppe konstitutiv sind und zum Nährboden des eigenen Selbst(wert)gefühls und der allgemein verbindlichen, die Zugehörigen verbindenden Handlungs- und Lebensorientierungen werden, wird die Lage prekär. Konflikte und deren Eskalation werden zum Programm »negativer« Identitätspolitiken, so dass es nicht mehr wundert, dass besonnene Beobachter der heutigen Welt apokalyptische Szenarien zeichnen, in denen (weiterhin) die Verfolgung und Vernichtung ganzer Ethnien, Religionen, Nationen und Kulturen droht.[88]

Niethammer will sich wegen der verderbten politischen und kulturellen Semantik und deren praktischen Implikationen und Folgen nicht mit der Zuflucht zu semantischen Transformationen, etwa in Gestalt der nun auch auf Kollektive gemünzten Rede von »multiplen Identitäten«, begnügen, sondern sich von dem Unwort lieber gleich ganz verabschieden. Anstatt dessen empfiehlt er als einen ersten Schritt auf dem richtigen Weg, vermehrt das schlichte Personalpronomen »wir« zu gebrauchen.[89] Er verbucht den Abschied von der kollektiven Identität als Gewinn, ganz im Sinne des Mottos »Weniger ist Mehr!«. Was man dabei verliert, könne man getrost entbehren, so etwa die »quasi-religiöse Erhabenheit unserer politischen Sprache«. Die positive Bilanz wäre rundum erfreulich: Man müsste wieder genauer, konkreter sagen, was man meint, anstatt alles in emphatischen Identitätsformen zu verstauen und zu verbergen; »wieder davon sprechen, was uns alle geprägt hat«, *wie viele* unterschiedliche Einflüsse, »darunter auch nationale, geschlechtliche, religiöse, berufliche«; sich daran erinnern, »dass wir vor und nach grundstürzenden Ereignissen und Krisen oft ziemlich unterschiedlich dachten oder uns in verschiedenen Zusammenhängen verschieden verhalten«, usw.[90] Kurzum: Das allgemeine Bewusstsein für die Differenziertheit und Heterogenität der menschlichen Welt, einschließlich der eigenen Praxis und ihres näheren soziokulturellen Umfeldes, wüchse nach dem Abschied von der »kollektiven Identität«, der Blick würde nüchterner, realistischer, aufrichtiger, aufgeklärter, und all dies eröffnete Spielräume des Verhaltens, die aus dem polemogenen, fatalen Mechanismus der Bildung und Behauptung kollektiver Identitäten hinausführe.

Es ist zweifellos zutreffend, dass zahlreiche Diskurse, durch die »kollektive Identitäten« ihre Nebelschwaden ziehen, »nicht auf Verständigung angelegt sind, sondern auf die Auseinandersetzung irreduzibler politisch-kultureller Einheiten, denen ihr Wesen so unfraglich erscheint wie eine Religion oder eine natürliche Gegebenheit und die bereits den ersten Schritt zu einer politischen Verständigung, nämlich sich in der Öffentlichkeit in Frage stellen zu lassen, verweigern.«[91] Niethammers unheimliches Gefühl, das ihn mit zu seiner fulminanten Kritik des Plastikworts »kollektive Identität« bewegt hat, ist nachvollziehbar und unschwer als Signum politischer Vernunft zu erkennen.

Die skizzierte Analyse und Kritik der »kollektiven Identität« könnte sich im Übrigen auf sozialpsychologische Studien Tajfels stützen.[92] Dessen Arbeiten sind unter dem Titel einer Theorie der sozialen Identität bekannt geworden. Sie rekonstruieren just jenen Vorgang der Gruppenbildung und -stabilisierung bzw. der sozialen Differenzierung zwischen Gruppen, der auch für die Konstruktion und praktische Kontinuität kollektiver Identitäten maßgeblich ist. Tajfels Untersuchungen zeigen, dass und wie sich Gruppen bereits im Bildungsprozess im Zuge einer, so lautet die sozialpsychologische Diagnose, quasi naturwüchsigen, automatischen Ab-

---

88 Niethammer (2000, S. 11 f.).
89 Zur Begründung dieses Vorschlags vgl. Niethammer (2000, S. 629).
90 Niethammer (2000, S. 627).
91 Niethammer (2000, S. 631).
92 Z. B. Tajfel (1978).

grenzung voneinander ganz zwangsläufig jeweils eine eigene »positive«, der Fremdgruppe eine »negative« Identität zuschreiben. Gerade im Hinblick auf Gruppen sind »festgestellte« Unterschiede stets Ergebnisse aktiver Unterscheidungen, mithin diskursive Konstruktionen, die gemeinhin instrumentelle, den Akteuren bewusste oder unbewusste Zielsetzungen verfolgen: Gruppen bilden sich, wachsen und bleiben zusammen, *indem* sie sich eine (konstruierte, imaginierte) andere Gruppe als negativen Vergleichs- und Kontrasthorizont hernehmen – mit all den von Niethammer beklagten symbolischen Implikationen und potentiellen praktischen Folgen. Die im Dienst der Gruppenbildung, sozialen Integration und Kohäsion der eigenen Gruppenmitglieder stehende soziale Differenzierung ist, folgt man diesem empirisch fundierten theoretischen Modell, zwangsläufig eine Diskriminierung. Die Mitglieder (mindestens) einer anderen Gruppe werden als »Andere« oder »Fremde« nicht nur vom Eigenen unterschieden, sondern dabei abgewertet und (jedenfalls symbolisch) als Objekte legitimer Aggression und Gewalt kategorisiert. Die qualitative soziale Differenzierung gerät nolens volens zur Disqualifizierung des »Gegenübers«. Soweit die Diagnose, in der nicht nur die beiden exemplarisch zitierten Autoren, sondern viele Kritiker kollektiver Identitätskonstruktionen und Identitätspolitiken übereinkommen.

Im Folgenden soll die skizzierte Analyse und Kritik des fraglichen Begriffs keineswegs zurückgewiesen, aber doch etwas relativiert werden. Niethammer, Tajfel und viele andere interpretieren das semantische und pragmatisch-performative, psychosoziale »Geschehen«, das sie rekonstruieren, als Wirkung einer »sozialen Mechanik«, die sich unabhängig vom bewussten Wollen und Handeln der involvierten Akteure durchsetzt. Das ist eine überaus fragwürdige theoretische Unterstellung. Bevor darauf eingegangen wird, um am Ende der Abhandlung doch noch eine alternative, wissenschaftlich akzeptable Verwendung des Begriffs der kollektiven

Identität zu skizzieren, soll dargelegt werden, dass in normativer, ethisch-moralischer und politischer Perspektive zwischen Varianten der *Identity politics* unterschieden werden muss und dass auch diese Unterscheidung zu einer Spezifizierung und Relativierung der vorgestellten Kritik führt.

3.3. *Identity politics* als defensive Politik der Differenz und Kampf um Anerkennung

Die Konstruktion einer kollektiven Identität ist stets prekär. Die Möglichkeit einer kollektiven Selbstdefinition und einer korrespondierenden Praxis, die ohne die negative Abgrenzung von abgewerteten anderen Kollektiven nicht auskommt und womöglich in diesem diskriminierenden Akt der Grenzziehung und Abgrenzung »nach außen« gründet, besteht immer. Auch die Gefahr, dass sich Einzelne über kurz oder lang in eine solche kollektive Identität eingeschlossen sehen, ohne aus freien Stücken dazugehören zu wollen, ist nicht aus der Welt zu schaffen. Dennoch ist nicht jede Identitätskonstruktion und jede Identitätspolitik eines Kollektivs a priori verwerflich.

Es gibt unbestritten Gruppen, die zu den Mitteln und Möglichkeiten von *Identity politics* greifen, um auf ihr (fremd verschuldetes) Leid aufmerksam zu machen, auf (gemeinsam und zugleich individuell) erlittene Traumata oder »Katastrophenerfahrungen«, auf Herrschafts- und Machtverhältnisse, unter denen sie als Unterdrückte leiden, usw. Es gibt legitime Kämpfe um Anerkennung und um gleiche Lebenschancen und Rechte. Es gibt berechtigte Interessen, sich mit Herrschaft, Macht, Repression und Ungleichheiten vielerlei Art nicht abzufinden, und für alle diese Zwecke ist eine Identitätspolitik, die ein politisch handlungsfähiges Kollektiv imaginiert, konstituiert und mobilisiert, womöglich strategisch geeignetes, effektives Mittel. Der Zusammenschluss Einzelner, ihr Zusammengehörigkeitsgefühl und praktischer Zusammenhalt im kollektiven Handeln ist keine Angelegenheit, die allein aufgrund der Faktizität bestimmter Verhältnisse entsteht. Da sind stets Konstruktionen im Spiel, die über eine empirisch beschreibbare Wirklichkeit »hinausschießen« und nur deshalb zu gemeinsamem Handeln motivieren und mobilisieren können.[93]

---

93 Theorien kollektiven Handelns, speziell auch Modelle sozialer Bewegungen, geben darüber genauere Auskünfte; vgl. die Beiträge von Adloff sowie von Schimank im zweiten Band des vorliegenden Handbuchs.

Politischen und sozialen Bewegungen, die solche Quellen solidarischen Handelns nutzen, wird man wohl nicht einfach die Berechtigung absprechen können. Niethammer bringt selbst eindrucksvolle Beispiele für Identitätspolitiken, ohne die solche Bewegungen (und ihre Erfolge) nicht denkbar wären: Die Frauenbewegung und der Feminismus werden genannt, und auch die Menschen, die zum Opfer genozidaler Gewalt wurden – Armenier und Juden etwa –, haben aus verständlichen und triftigen Gründen zum »Rettungsanker von Identitätsformeln« gegriffen.[94] Von den Juden, auf die sich die meisten Beiträge zur Debatte über kollektive Identität nach 1945 beziehen, heißt es an anderer Stelle sogar (bezogen auf die Zeit vor der Gründung des Staates Israel): »Zwischen der Erfahrung äußerster Feindschaft durch Zuschreibung von außen und einem extremen inneren Pluralismus braucht die Selbstbestimmung jüdischer vorstaatlicher und transnationaler, mithin ethnischer Zusammengehörigkeit mehr als jede andere eine inhaltlich unbestimmte Identitätsformel defensiver Differenz.«[95]

Man kann, *bestimmte* Beispiele für Identitätspolitiken vor Augen, trotz der Berührungsscheu, die nicht wenige Intellektuelle gerade in Deutschland gegenüber dem vielfach missbrauchten und desavouierten Konzept kollektiver Identität »verständlicherweise«[96] zeigen, feststellen: »Ein neues, ernstzunehmendes Interesse an kollektiven Identitäten kommt heute jedoch von der postkolonialen und feministischen Theorie. Diese theoretischen Neuformulierungen stellen nicht mehr das Zentrum politischer Macht in den Mittelpunkt der Betrachtung. Sie werden vielmehr getragen von minoritären und unterdrückten Gruppen, die im Gefüge politischer Hierarchien marginalisiert oder zur Unsichtbarkeit verurteilt werden. Diese Theorien gehen fließend über in Formen einer kulturpolitischen Praxis, da sie Identität mit Artikulation, Stimme und Handlungsermächtigung verbinden.«[97]

Man wird sich darüber streiten können, ob und gegebenenfalls wie viel »neue Theorie« im Spiel ist, wenn im einzelnen Fall von »‹Roots‹, Multikulturalität, Regionalismus, Differenz und vor allem ›Ethnicity‹« oder (anderen) »defensiven Kulturkonzepten« die Rede ist, und außerdem muss man mitt-

lerweile wohl im Auge behalten, dass die »neue« kulturelle oder ethnische Identitätssuche »längst kein Reservat der Benachteiligten mehr ist«,[98] so dass der strategischen Instrumentalisierung der *Identity politics* für alle möglichen Zwecke beinahe beliebiger Gruppen Türen und Tore offen stehen. Hat man jedoch den Typ der oben exemplarisch genannten Gruppen im Blick, wird man konzedieren, dass »die kulturelle Identität defensiver Differenzerfahrungen und postkatastrophischer Gemeinschaftsbildungen ganz anderen Kontexten entwachsen ist als die Ideologie nationaler Homogenität und Macht selben Namens«.[99] Gewiss können *alle* Konstruktionen kollektiver Identität »ein latentes oder offenes Gewaltpotential« ausbilden,[100] was tatsächlich nicht selten der Fall ist, vor allem dort, »wo sie in territorialer Gemengelage zu anderen Differenzgemeinschaften« auftreten »und nicht von wirkungsmächtigen gesellschaftlichen Infrastrukturen relativiert« werden.[101] Das desavouiert diese kollektive Praxis jedoch nicht generell und prinzipiell. Die aus defensiven Differenzerfahrungen geborene Identitätspolitik ist, so lässt sich resümieren, »dort stark, wo sie das Wahrnehmungspotential sozialer Schwäche und Ausgrenzung betont, intuitive Verständigungen zwischen Ausgegrenzten als sinnvolle Kraft begreift und Subjektivität mit Stolz ausstattet; aber schwach, wo sie vorgerückte Arrivierung mit der Paranoia des Op-

---

94 Niethammer (2000, S. 14). Der Autor hat Recht damit, wenn er darauf hinweist, dass der Rückgriff auf pathetische Identitätsformeln selbst in den genannten Fällen zweischneidig ist, jedenfalls sein kann. Butlers (1991) Kritik an der (patriarchalischen) Geschlechterdichotomie, in der auch Feministinnen in ihrem Kampf für »die« Frau(en) verhaftet bleiben, zeigt das exemplarisch. Aber auch im Diskurs über die denkbar komplexe Angelegenheit einer »Jewish identity« gibt es längst Stimmen, die auf die Fallstricke der konstruierten kollektiven Identität aufmerksam machen. Stets bietet kollektive Identität *auch* eine Zuflucht, die es gestattet, sich regressiven Verklärungen und Bestrebungen zu überlassen, sich im Kokon des imaginierten Eigenen einzurichten und vielleicht auch »einzusperren«.

95 Niethammer (2000, S. 263).

96 Assmann/Friese (1998 b, S. 13)

97 Assmann/Friese (1998 b, S. 13).

98 Niethammer (2000, S. 261).

99 Niethammer (2000, S. 261 f.).

100 Niethammer (2000, S. 262).

101 Niethammer (2000, S. 262).

fers ausstattet, objektive biologische Identität vortäuscht, wo subjektive kulturelle Bündnisse erst
gesucht werden müssten und sich über das eigene
Herkommen mit mystischen Konstruktionen be-
trügt.«[102]

Wichtiger als solche abwägenden Urteile im Feld
der normativen, ethisch-moralischen und politischen Reflexion kollektiver Identitäten sind im vorliegenden Zusammenhang Überlegungen, die auf
einen grundsätzlich anderen als den zu Recht kritisierten Gebrauch des fragwürdigen Begriffs zielen.
Gibt es also nicht Möglichkeiten einer alternativen
Bestimmung und Verwendung des Konstrukts, die
seinen Erhalt in den Kulturwissenschaften doch
auch rechtfertigen könnten, selbst wenn gewisse
Probleme und Risiken dadurch ebenfalls perpetuiert werden?

3.4. Rekonstruktion »kollektiver Identität«: ein pragmatischer Vorschlag für die Begriffs-bestimmung und empirische Forschung

Die Rede von der Identität eines Kollektivs muss
nicht unbedingt all jene problematischen Implikationen und Begleiterscheinungen besitzen oder
Konsequenzen nach sich ziehen, die manche empfehlen lassen, auf den Begriff zu verzichten. Es gibt
weder eine semantische noch eine pragmatische
oder »soziale Mechanik« (Niethammer), die, wo
immer der umstrittene Begriff fällt und symbolische Praktiken initiiert, bestimmte Worte und Taten mit kausaler Notwendigkeit nach sich zieht. So
deterministisch »funktioniert« weder die Sprache
bzw. das Sprechen noch die sonstige Praxis. Es ist
ein Kurzschluss, die Unterscheidung zwischen Kollektiven und überhaupt schon die Bestimmung der
qualitativen Identität einer Gruppe mit ebenso
zwangsläufigen wie gewaltsamen Mechanismen
der sozialen Inklusion und Exklusion gleichzusetzen – obwohl das eine mit dem anderen einhergehen *kann*. Einen Automatismus, der die differentielle Bestimmung einer kollektiven Identität mit

der gewaltsamen, symbolischen und »praxischen«
Exklusion und Nihilierung von Anderen und
Fremden – angefangen von abwertenden, ernied-
rigenden, demütigenden Typisierungen über den
Rufmord bis hin zur materiellen Schädigung, physischen Verfolgung und Vernichtung der im Feind-
bild kategorisierten Gruppe – kausal verknüpft,
gibt es nicht. Nicht jede soziale Differenzierung
ist eine Diskriminierung, die obendrein nur den
Anfang vom Ende der Anerkennung und wohlwol-
lenden Behandlung Anderer und Fremder signalisiert. Das gehört ebenfalls zu den allgemein nachvollziehbaren Erfahrungen wie der von Niethammer, Tajfel und vielen andern analysierte Prozess
einer sukzessiven und kumulativen Verfeindung im
Zuge der Bildung und Behauptung kollektiver
Identitäten.

Wie sieht nun die angekündigte alternative Verwendung und Bedeutung des in Frage stehenden
Begriffs aus? Woran könnte man sich orientieren,
wenn man den Begriff nicht aufgeben will, sei es,
dass man ihn für bestimmte wissenschaftliche Zwecke für hilfreich hält, sei es, dass man »pragmatisch«
konzediert, es sei besser, an der semantischen
Transformation eines ohnehin nicht aus der Welt
zu schaffenden Begriffs mitzuwirken, als diesen
ganz jenen zu überlassen, die ihn im Sinne der
dargestellten Kritik »politisch« einsetzen?

Wer in wissenschaftlicher Absicht von kollektiver
Identität bzw. der Identität eines Kollektivs spricht,
schreibt einer variablen Mehrzahl etwas ihnen Gemeinsames zu. Er setzt sie nicht in jeder Hinsicht
miteinander gleich – das ist, wenngleich geschehen,
offenkundig absurd[103] –, sondern in ausgewählten
und spezifizierten, explizierten Aspekten. Diese partielle Gleichheit bedeutet keine »Wesenseinheit eines Kollektivs«,[104] sondern lediglich eine (auch zeitlich limitierte) Gemeinsamkeit, die vielerlei Unterschiede in anderen Hinsichten nicht ausschließt. Es
gibt in der Tat keine »identischen Kollektive« und
kann sie nicht geben, wenn dies heißen soll, alle
Zugehörigen seien rundum »gleich«. Die mögliche
partielle »Verwandtschaft« ist im Übrigen im Hinblick auf keines der herangezogenen Vergleichskri-
terien als absolute Gleichheit aufzufassen, sondern
als Ähnlichkeit (z. B. bestimmter Interessen, Hand-
lungs- und Lebensorientierungen). Es ist trivial,
dass kein Mensch dem anderen vollkommen

---

102 Niethammer (2000, S. 266).
103 Niethammer (2000, S. 19).
104 Niethammer (2000, S. 19 f.).

gleicht, nicht einmal in Einzelaspekten, und für anonyme Großgruppen gilt ohnehin, dass sich auch Familienähnlichkeiten in deutlichen Grenzen halten.

Die kollektiv geteilten Merkmale, die eine auf Ähnlichkeit gründende Gemeinsamkeit stiften, sind empirisch feststellbar, wenn auch nicht objektiv reifizierbar. Sie beziehen sich nicht auf periphere, sondern auf relevante, oft auf zentrale Aspekte einer soziokulturellen *Lebensform*. Es sind die konjunktiven Erfahrungsräume und Erwartungshorizonte, die Anlässe und Anhaltspunkte für die kommunikative, diskursive Aushandlung und Artikulation kollektiver Identitäten bieten (und keine unveränderlichen, »natürlichen« Merkmale von Menschen). Erfahrungswissenschaftliche Forschungen, die sich kollektiven Identitäten widmen, berücksichtigen die für diese Aushandlung und Artikulation konstitutive Binnenperspektive der einem Kollektiv zugehörigen, sich diesem selbst zurechnenden und zugehörig fühlenden Personen. Man kann im Hinblick auf diese Verwendung des Konzepts, die für die empirischen Sozial- und Kulturwissenschaften akzeptabel erscheint, von einem rekonstruktiven Typus sprechen, der vom normativen Typus abgegrenzt wird.[105]

Während letzterer im Hinblick auf die (angeblichen) Angehörigen eines Kollektivs gemeinsame Merkmale, eine für alle »bindende« und »verbindliche« geschichtliche Kontinuität und praktische Kohärenz (bloß) vorgibt oder vorschreibt, inszeniert und suggeriert, vielleicht oktroyiert, schließt der erste Typus an die kommunikative Praxis sowie die Selbst- und Weltverständnisse der betreffenden Subjekte an, um im Sinne einer rekonstruktiven, interpretativen Sozial- und Kulturwissenschaft zur Beschreibung der interessierenden kollektiven Identität zu gelangen.[106] Damit geht es nicht mehr um eine *normierende Vorschrift*, sondern um eine *rekonstruierende Nachschrift* in erfahrungswissenschaftlicher Absicht. Eine solche Rekonstruktion hat z. B. Jan Assmann im Sinn (oder bereits vorgenommen), wenn er von der (auf eine konkrete Gruppe bezogenen) kollektiven bzw. kulturellen Identität spricht. Solche Ansätze richten sich exakt gegen jene normierenden Konstruktionen kollektiver »Pseudo-Identitäten«, für die es kennzeichnend ist, dass das Selbst- und Fremdbild extrem stereo-

typ, erfahrungsarm oder erfahrungsleer ist und ohne kommunikative Verständigung auskommt. In der exemplarisch erwähnten Theorie und Begrifflichkeit Assmanns erscheinen »Kollektivsubjekte« als reichlich instabile Größe mit nur vage bestimmbaren Rändern. Ihr empirischer Wirklichkeitscharakter und ihre Identität hängen letztlich allein von den *Identifizierungen* der dieses Kollektiv bildenden Personen ab. Individuen können »Konstituenten« verschiedener Kollektive sein, solange sie sich eben mit bestimmten Erfahrungen, Erwartungen, Werten, Regeln, Zielen und Orientierungen identifizieren und diese praktisch »berücksichtigen«. Sie können ihre Zugehörigkeiten oder »Mitgliedschaften« *im Prinzip* zu jeder Zeit eingehen, aufkündigen, wechseln. (Faktisch ist das selbstverständlich oft nicht einfach und vielleicht unmöglich, da z. B. die Zugehörigkeit emotionale Bindungen impliziert, die stärker sind als der »eigene Wunsch und Wille«.) Prinzipiell kann also definiert werden: »Unter einer *kollektiven* oder *Wir-Identität* verstehen wir das Bild, das eine Gruppe von sich aufbaut und mit dem sich deren Mitglieder identifizieren. Kollektive Identität ist eine Frage der *Identifikation* seitens der beteiligten Individuen. Es gibt sie nicht ›an sich‹, sondern immer nur in dem Maße, wie sich bestimmte Individuen zu ihr bekennen. Sie ist so stark oder so schwach, wie sie im Denken und Handeln der Gruppenmitglieder lebendig ist und deren Denken und Handeln zu motivieren vermag.«[107]

Nach der nahe gelegten Auffassung sind kollektive Identitäten Konstrukte, die nichts anderes bezeichnen als eine näher zu spezifizierende Gemeinsamkeit im praktischen Selbst- und Weltverhältnis sowie im Selbst- und Weltverständnis Einzelner. Kollektive Identitäten finden im übereinstimmenden praktischen Verhalten sowie in qualitativen Selbst- und Weltbeschreibungen Ausdruck, in denen Menschen übereinkommen. Sie sind in solchen Übereinkünften, in konsensfähigen und konjunkti-

---

105 Ich greife eine an anderer Stelle getroffene Unterscheidung auf (Straub 1998 c, S. 98 ff.).

106 Zur Theorie, Methodologie und Methodik rekonstruktiver, interpretativer oder qualitativer Forschung vgl. etwa Bohnsack (1990).

107 J. Assmann (1992, S. 132).

ven Selbst- und Weltbeschreibungen und gemeinsamen Praktiken begründet. Man muss diese theoretische Konzeption meines Erachtens nicht unbedingt – wie Assmann das tut – mit der Position eines methodologischen Individualismus verknüpfen. Empirische Verfahren, die, wie etwa Gruppendiskussionen, auf die Erforschung der *kollektiven Aushandlung* oder *Kokonstruktion* solcher Übereinkünfte abzielen, liefern ein wichtiges Argument gegen einen methodologischen Individualismus in der sozial- und kulturwissenschaftlichen Identitätsforschung. Auch muss man nicht davon ausgehen, dass die besagten Übereinkünfte in jedem Fall und ohne weiteres »reflexiv« im Sinne von »bewusst« oder gar »rational handhabbar« sind. Sie sind häufig vielmehr als *tacit knowledge* aufzufassen, als latentes Alltagswissen, das das Denken, Fühlen, Wollen und Handeln der Angehörigen des betreffenden Kollektivs gleichsinnig strukturiert und leitet. Dieses »Wissen« mag in habitualisierten, routinisierten und konventionalisierten Verhaltensformen Ausdruck finden und es mag auch, wie die psychoanalytische Sozial- und Kulturforschung nahe legt, in einem psychodynamischen Sinne unterdrückt sein und »latent« das kollektive Handeln motivieren.[108]

Angehörige eines Kollektivs haben vielleicht eine gemeinsame Herkunft, sie stehen womöglich in einer bestimmten Tradition und sprechen eine gemeinsame Sprache, sie praktizieren gewisse Handlungs- und Lebensweisen, verfolgen Orientierungen und hegen Erwartungen, die sie nicht zuletzt eine gemeinsame Zukunft erhoffen oder befürchten lassen. Der Ausdruck der kollektiven Identität stellt eine Chiffre für dasjenige dar, was bestimmte Personen in der einen oder anderen Weise *miteinander verbindet*, diese also erst zu einem Kollektiv *macht*, dessen Angehörige zumindest streckenweise ein-

heitlich charakterisiert werden können, weil *sie selbst sich (in gewissen Hinsichten) einheitlich verhalten* und *sich selbst einheitlich beschreiben*. Sind solche konjunktiven Bezugspunkte in der Praxis sowie der Selbst- und Weltauffassung bestimmter Menschen nicht vorhanden, kann von einem Kollektiv und von kollektiver Identität (wissenschaftlich) nicht die Rede sein. Der Begriff kommt dann weder als deskriptives noch als explanatives Konstrukt in Betracht. Wird er aus empirisch gerechtfertigten Gründen verwendet, schließt er all das ein, was Niethammer vorschwebt, wenn er dafür plädiert, in Zukunft dem Personalpronomen »Wir« mehr Raum in sozialen, auch wissenschaftlichen Diskursen zu verschaffen.

Eine konkrete kollektive Identität impliziert keine totale Gleichheit und schließt Mehrfachzugehörigkeiten einer Person zu verschiedenen Gruppen keineswegs aus. Eine Person kann zur Konstitution verschiedener kollektiver Identitäten beitragen und womöglich als »Übersetzer« zwischen diesen fungieren.[109] Die »vorgefundenen und in sich meistens ziemlich vielfältigen Zugehörigkeiten« mögen den Zugehörigen ganz selbstverständlich erscheinen, sie haben jedoch häufig auch mit »‹frei wählbaren Affinitäten›, mit Koalitionen, Sympathien, Gefühlen, Interessen, Zielen, Konflikt« zu tun,[110] die ein »Wir« konstituieren. All das hat nun allerdings, anders als Niethammer meint, durchaus etwas »mit Identität und Differenz« zu tun. Man kann auch vom Konzept der kollektiven Identität einen deskriptiven und explanativen Gebrauch machen, der die Komplexität psychosozialer Verhältnisse nicht verstellt und mit wissenschaftlichem Denken und empirischer Forschung vereinbar ist. Wer von kollektiver Identität spricht, darf diese freilich niemals einfach voraussetzen, hypostasieren oder postulieren, sondern muss rekonstruieren und explizieren, wie bestimmte Gemeinsamkeiten zwischen Menschen zustande kommen, sprachlich artikuliert, praktisch zum Ausdruck gebracht und tradiert werden, jene Gemeinsamkeiten nämlich, welche die gewiss immer fragwürdig bleibende Rede von der kollektiven Identität doch auch rechtfertigen.

---

108 Vgl. hierzu etwa Lorenzers psychoanalytische Kulturtheorie und Forschungspraxis, die just auf die Explikation solcher latenter Sinnstrukturen kollektiver Wirklichkeiten abzielt (Lorenzer, 1988).

109 Zum Problem einer metaphorisch verstandenen Übersetzung, die als Medium des Kulturverstehens und der sozialen Integration gedacht wird, vgl. die Beiträge in Renn/Straub/ Shimada (2002).

110 Niethammer (2000, S. 630).

Literatur

ANGEHRN, EMIL (1985), *Geschichte und Identität*, Berlin/New York: de Gruyter. ■ ASHMORE, RICHARD D. / JUSSIM, LEE (Hg.) (1997), *Self and Identity. Fundamental Issues*, New York/Oxford: Oxford University Press. ■ ASSMANN, ALEIDA (Hg.) (1998), *Identitäten*, Frankfurt/M.: Suhrkamp. ■ ASSMANN, ALEIDA / FRIESE, HEIDRUN (Hg.) (1998 a), *Identitäten*, Frankfurt/M.: Suhrkamp. ■ ASSMANN, ALEIDA / FRIESE, HEIDRUN (1998 b), »Einleitung«, in: Assmann, Aleida / Friese, Heidrun (Hg.), *Identitäten*, Frankfurt/M.: Suhrkamp. ■ ASSMANN, JAN (1992), *Das kulturelle Gedächtnis. Schrift, Erinnerung und politische Identität in frühen Hochkulturen*, München: C. H. Beck. ■ BECK, ULRICH (1983), »Jenseits von Klasse und Stand? Soziale Ungleichheit, gesellschaftliche Individualisierungsprozesse und die Entstehung neuer sozialer Formationen und Identitäten«, in: Kreckel, Reinhard (Hg.), *Soziale Ungleichheiten. Soziale Welt*, Sonderheft 2, S. 35–74. ■ BECK, ULRICH (1986), *Risikogesellschaft. Auf dem Weg in eine andere Moderne*, Frankfurt/M. Suhrkamp. ■ BÖHME, GERNOT (1996), »Selbstsein und derselbe sein. Über ethische und sozialtheoretische Voraussetzungen von Identität«, in: Barkhaus, ˙Annette / Mayer, Matthias / Roughley, Neil / Thürnau, Donatus (Hg.), *Identität, Leiblichkeit und Normativität. Neue Horizonte anthropologischen Denkens*, Frankfurt/M.: Suhrkamp, S. 370–379. ■ BOHNSACK, RALF (1990), *Rekonstruktive Sozialforschung. Eine Einführung*, Opladen: Leske und Budrich. ■ BOESCH, ERNST E. (1991), *Symbolic Action Theory and Cultural Psychology*, Berlin/Heidelberg/New York: Springer. ■ BRITTON, BRUCE K. / PELLEGRINI, ANTHONY D. (Hg.) (1990), *Narrative Thought and Narrative Language*, Hillsdale/NJ: Erlbaum, S. 99–111. ■ BRUNER, JEROME (1986), »Two Modes of Thought«, in: Bruner, Jerome, *Actual Minds, Possible Worlds*, Cambridge/MA/London: Harvard University Press, S. 11–43. ■ BRUNER, JEROME S. (1990), *Acts of Meaning*, Cambridge/Mass./London: Harvard University Press. ■ BUTLER, JUDITH (1991), *Das Unbehagen der Geschlechter*, Frankfurt/M.: Suhrkamp. ■ CALHOUN, CRAIG (1994), *Social Theory and the Politics of Identity*, Oxford/UK/Cambridge/Mass.: Blackwell. ■ CASTEL, ROBERT (2000), »Die Fallstricke des Exklusionsbegriffs«, in: *Mittelweg 36*, 3, S. 11–25. ■ CERUTTI, FURIO (Hg.) (1996), *Identità e politica*, Rom-Bari: Laterza. ■ DEPPERMANN, ARNULF / LUCIUS-HOENE, GABRIELE (2002), *Rekonstruktion narrativer Identität: Ein Arbeitsbuch zur Analyse narrativer Interviews*, Opladen: Leske und Budrich. ■ ERIKSON, ERIK H. (1973), »Das Problem der Ich-Identität«, in: Erikson, Erik H., *Identität und Lebenszyklus*, Frankfurt/M.: Suhrkamp (Original 1959), S. 123–224. ■ ERIKSON, ERIK H. (1988), *Der vollständige Lebenszyklus*, Frankfurt/M.: Suhrkamp (Original 1982). ■ FRANK, MANFRED (1986), *Die Unhintergehbarkeit von Individualität, Reflexionen über Subjekt, Person und Individuum aus Anlaß ihrer ›postmodernen‹ Toterklärung*, Frankfurt/M.: Suhrkamp. ■ FREEMAN, MARK (1983), *Rewriting the Self. History, Memory, Narrative*, London/New York: Routledge. ■ FREY, HANS PETER / HAUSSER, KARL (1987), »Entwicklungslinien sozialwissenschaftlicher Identitätsforschung«, in: Frey, Hans Peter / Haußer, Karl (Hg.), *Identität. Entwicklungen psychologischer und soziologischer Forschung*, Stuttgart: Enke, S. 3–26. ■ GERGEN, KENNETH (1990), »Die Konstruktion des Selbst im Zeitalter der Postmoderne«, in: *Psychologische Rundschau*, 41, S. 191–199. ■ GERGEN, KENNETH J. (1991), *The Saturated Self. Dilemmas of Identity in Contemporary Life*, New York: Basic Books (dt.: Das übersättigte Selbst. Identitätsprobleme im heutigen Leben. Heidelberg: Auer.). ■ GIDDENS, ANTHONY (1991), *Modernity and Self-Identity. Self and Society in the Late Modern Age*, Cambridge: Polity Press. ■ GUGUTZER, ROBERT (2002), *Leib, Körper und Identität. Eine phänomenologisch-soziologische Untersuchung zur personalen Identität*, Opladen: Westdeutscher Verlag. ■ HABERMAS, JÜRGEN (1976 a), »Moralentwicklung und Ichidentität«, in: Habermas, Jürgen, *Zur Rekonstruktion des Historischen Materialismus*, Frankfurt/M.: Suhrkamp, S. 63–71. ■ HABERMAS, JÜRGEN (1976 b), »Können komplexe Gesellschaften eine vernünftige Identität ausbilden?«, in: Habermas, Jürgen, *Zur Rekonstruktion des Historischen Materialismus*, Frankfurt/M.: Suhrkamp, S. 92–126. ■ HABERMAS, JÜRGEN (1988), »Individuierung durch Vergesellschaftung. Zu G. H. Meads Theorie der Subjektivität«, in: Habermas, Jürgen, *Nachmetaphysisches Denken. Philosophische Aufsätze*, Frankfurt/M.: Suhrkamp, S. 187–241. ■ HABERMAS, TILMAN (1996), *Geliebte Objekte. Symbole und Instrumente der Identitätsbildung*, Berlin/New York: de Gruyter. ■ HAMPE, MICHAEL (2002), »Historische Einheit und semiotische Autonomie. Anthropologische Implikationen der Metaphysik von Charles Sanders Peirce«, in: Köpping, Klaus-Peter / Welker, Michael / Wiehl, Reiner (Hg.), *Die autonome Person – eine europäische Erfindung?*, München: Fink, S. 163–176. ■ HELSPER, WERNER (1997), »Das ›postmoderne Selbst‹ – ein neuer Subjekt- und Jugend-Mythos? Reflexionen anhand religiöser jugendlicher Orientierungen«, in: Keupp, Heiner / Höfer, Renate (Hg.), *Identitätsarbeit heute. Klassische und aktuelle Perspektiven der Identitätsforschung*, Frankfurt/M.: Suhrkamp, S. 11–39. ■ HENRICH, DIETER (1979), »Identität – Begriffe, Probleme, Grenzen«, in: Marquard, Odo / Stierle, Karl-Heinz (Hg.), *Identität*, München: Fink, S. 133–186. ■ HENRY, BARBARA (2000), *Mito e identità. Contesti di tolleranza*, Pisa: Edizione ETS. ■ HILLMANN, FELICITAS (2000), »Eine überfällige Diskussion«, in: *Mittelweg 36*, 5, S. 5–8. ■ HONNETH, AXEL (1993), »Dezentrierte Autonomie. Moralphilosophische Konsequenzen aus der modernen Subjektkritik«, in: Menke, Christoph / Seel, Martin (Hg.), *Zur Verteidigung der Vernunft gegen ihre Liebhaber und Verächter*, Frankfurt/M.: Suhrkamp, S. 149–163. ■ JOAS, HANS (1980), *Praktische Intersubjektivität. Die Entwicklung des Werks von G. H. Mead*, Frankfurt/M.: Suhrkamp. ■ JOAS, HANS (1983), »Einleitung«, in: Mead, George Herbert, *Gesammelte Aufsätze*, Bd. 1, hg. von Joas, Hans, Frankfurt/M.: Suhrkamp, S. 7–18. ■ JOAS, HANS (1992), *Die Kreativität des Handelns*, Frankfurt/M.: Suhrkamp. ■ JOAS, HANS (1996), »Kreativität und Autonomie. Die soziologische Identitätskonzeption und ihre postmoderne Herausforderung«, in: Barkhaus, Annette / Mayer, Matthias / Roughley, Neil / Thürnau, Donatus (Hg.), *Identität, Leiblichkeit und Normativität. Neue Horizonte anthropologischen Denkens*, Frank furt/M.: Suhrkamp, S. 357–369. ■ Joas, Hans (1997), *Die Entstehung der Werte*, Frankfurt/M.: Suhrkamp. ■ Kamper, Dietmar (1980), »Die Auflösung der Ich-Identität«, in: Kittler, Friedrich A. (Hg.), *Austreibung des Geistes aus den Geisteswissenschaften*, München: UTB, S. 79–86. ■ Keupp, Heiner (1988), »Auf der Suche nach der verlorenen Identität«, in: Keupp, Heiner, *Riskante Chancen. Das Subjekt zwischen Psychokultur und Selbstorganisation*, Heidelberg: Asanger, S. 131–151. ■ Keupp, Heiner (1996), »Bedrohte und befreite Identitäten in der Risikogesellschaft«, in: Barkhaus, Annette / Mayer, Matthias / Roughley, Neil / Thürnau, Donatus (Hg.), *Identität, Leiblichkeit und Normativität. Neue Horizonte anthropologischen Denkens*, Frankfurt/M.: Suhrkamp, S. 380–403. ■ Keupp, Heiner (1997), »Diskursarena Identität: Lernprozesse in der Identitätsforschung«, In: Keupp, Heiner / Höfer, Renate (Hg.), *Identitätsarbeit heute. Klassische und aktuelle Perspektiven der Identitätsforschung*, Frankfurt/M.: Suhrkamp, S. 11–39. ■ Keupp, Heiner / Höfer, Renate (Hg.) (1997), *Identitätsarbeit heute. Klassische und aktuelle Perspektiven der Identitätsforschung*, Frankfurt/M.: Suhrkamp. ■ Köpping, Klaus-Peter / Welker, Michael / Wiehl, Reiner (Hg.) (2002), *Die autonome Person – eine europäische Erfindung?*, München: Fink. ■ Kostelanetz, Richard (1986), *Autobiographien New York-Berlin*, Berlin: Merve (Original 1981). ■ Laing, Ronald D. (1972), *Das geteilte Selbst. Eine existentielle Studie über geistige Gesundheit und Wahnsinn*, Köln: Kiepenheuer und Witsch (Original 1960). ■ Lash, Scott / Friedman, Jonathan (Hg.) (1992), *Modernity and Identity*, Oxford/UK/Cambridge/Mass.: Blackwell. ■ Leitner, Hartman (1990), »Die temporale Logik der Autobiographie«, in: Sparn, Walter (Hg.), *Wer schreibt meine Lebensgeschichte. Biographie, Autobiographie, Hagiographie und ihre Entstehungszusammenhänge*, Gütersloh: Mohn, S. 315–359. ■ De Levita, David J. (1971), *Der Begriff der Identität*, Frankfurt/M.: Suhrkamp (Orig. 1965). ■ Liebsch, Burkhard (Hg.) (1999), *Hermeneutik des Selbst – Im Zeichen des Anderen. Zur Philosophie Paul Ricœurs*, Freiburg/München: Alber. ■ Liebsch, Burkhard (2002), »Identitätsfragen in Zeiten des Verrats«, in: Straub, Jürgen / Renn, Joachim (Hg.), *Transitorische Identität. Der Prozesscharakter des modernen Selbst*, Frankfurt/M.: Campus, S. 132–158. ■ Lorenzer, Alfred (Hg.) (1988²), *Kultur-Analysen. Psychoanalytische Studien zur Kultur*, Frankfurt/M.: Fischer. ■ Marcia, James E. (1989), »Identity diffusion differentiated«, in: Luszcz, Mary A. / Nettelbeck, Ted (Hg.), *Psychological development across the life-span*, North-Holland: Elsevier, S. 289–295. ■ Marcia, James E. / Waterman, Alan S. / Matteson, David R. / Archer, Sally / Orlofsky, Jacob L. (1993), *Ego Identity. A Handbook for Psychosocial Research*, New York: Springer. ■ McAdams, Dan P. (1993), *The stories we live by: Personal myths and the making of the self*, New York: William Morrow and Company. ■ Meuter, Norbert (1995), *Narrative Identität. Das Problem der personalen Identität im Anschluß an Ernst Tugendhat, Niklas Luhmann und Paul Ricœur*, Stuttgart: Mu.P-Verlag für Wissenschaft und Forschung. ■ Meyer-Drawe, Käte (1990), *Illusionen von Autonomie. Diesseits von Ohnmacht und Allmacht des Ich*, München: Kirchheim. ■ Nassehi, Armin (2000), »‹Exklusion› als soziologischer

oder sozialpolitischer Begriff?«, in: *Mittelweg 36*, 5, S. 18–25. ■ Niethammer, Lutz (2000), *Kollektive Identität. Heimliche Quellen einer unheimlichen Konjunktur*, Reinbek: Rowohlt. ■ Nunner-Winkler, Gertrud (2002), »Identität und Moral?«, in: Straub, Jürgen / Renn, Joachim (Hg.), *Transitorische Identität. Der Prozesscharakter des modernen Selbst*, Frankfurt/M./New York: Campus, S. 56–84. ■ Parfit, Derek (1986), *Reasons and persons*, Oxford: Oxford University Press. ■ Passerini, Luisa (1998), »Dalle ironie dell'identità alle identità dell'ironia«, in: Passerini, Luisa (Hg.), *Identità culturale europea. Idee, sentimenti, relazioni*, Florenz: Nuova Italia, S. 1–25. ■ Polkinghorne, Donald (1988), *Narrative Knowing and the Human Sciences*, Albany: State University of New York Press. ■ Polkinghorne, Donald (1998), »Narrative Psychologie und Geschichtsbewußtsein. Beziehungen und Perspektiven«, in: Straub, Jürgen (Hg.), *Erzählung, Identität und Geschichtsbewußtsein. Die psychologische Konstruktion von Zeit und Geschichte*, Frankfurt/Main: Suhrkamp, S. 12–45. ■ Quante, Michael (1995), »Die Identität der Person: Facetten eines Problems« in: *Philosophische Rundschau*, 42, S. 35–59. ■ Quante, Michael (Hg.) (1999), *Personale Identität*, Paderborn: Schöningh/UTB. ■ Quante, Michael (2002), »Personale Autonomie und biographische Identität«, in: Straub, Jürgen / Renn, Joachim (Hg.), *Transitorische Identität. Der Prozesscharakter des modernen Selbst*, Frankfurt/M.: Campus, S. 32–55. ■ Renn, Joachim (2002), »Selbstbehauptung. Varianten der Identität von Personen im Zeichen funktionaler Differenzierung«, in: Straub, Jürgen / Renn, Joachim (Hg.), *Transitorische Identität. Der Prozesscharakter des modernen Selbst*, Frankfurt/M.: Campus, S. 238–266. ■ Renn, Joachim und Straub, Jürgen (2002), »Transitorische Identität. Der Prozesscharakter des modernen Selbst«, in: Straub, Jürgen / Renn, Joachim (Hg.), *Transitorische Identität. Der Prozesscharakter des modernen Selbst*, Frankfurt/M.: Campus, S. 10–31. ■ Renn, Joachim / Straub, Jürgen / Shimada, Shingo (Hg.) (2002), *Übersetzung als Medium des Kulturverstehens und sozialer Integration*, Frankfurt/M./New York: Campus. ■ Ricken, Norbert (2002), »Identitätsspiele und die Intransparenz der Macht«, in: Straub, Jürgen / Renn, Joachim (Hg.), *Transitorische Identität. Der Prozesscharakter des modernen Selbst*, Frankfurt/M.: Campus, S. 318–359. ■ Ricœur, Paul (1985), *Zufall und Vernunft in der Geschichte*, Tübingen: Rive Gauche. ■ Ricœur, Paul (1996), *Das Selbst als ein Anderer*, München: Fink (Original 1990). ■ Rosa, Hartmut (1998), *Identität und kulturelle Praxis. Politische Philosophie nach Charles Taylor*, Frankfurt/M./New York: Campus. ■ Rorty, Richard (1988), »Freud und die moralische Reflexion«, in: Rorty, Richard, *Solidarität oder Objektivität? Drei philosophische Essays*, Stuttgart: Reclam, S. 38–81 (Original 1986). ■ Rudolph, Enno (1991), *Odyssee des Individuums. Zur Geschichte eines vergessenen Problems*, Stuttgart: Metzler. ■ Rüsen, Jörn / Fröhlich, Klaus / Horstkötter, Hubert / Schmidt, Hans-Günther (1988), »Untersuchungen zum Geschichtsbewußtsein von Abiturienten im Ruhrgebiet«, in: von Borries, Bodo / Pandel, Hans-Jürgen / Rüsen, Jörn (Hg.), *Geschichtsbewußtsein empirisch*, Pfaffenweiler: Centaurus-Verlagsgesellschaft, S. 221–344. ■ Sarbin, Theodore R. (Hg.) (1986), *Narrative Psychology. The Storied Nature of*

Human Conduct, New York/Westport/Connecticut/London: Praeger. ■ SCHMID, WILHELM (1996), »Der Versuch, die Identität des Subjekts *nicht* zu denken«, in: Barkhaus, Annette / Mayer, Matthias / Roughley, Neil / Thürnau, Donatus (Hg.), *Identität, Leiblichkeit und Normativität. Neue Horizonte anthropologischen Denkens*, Frankfurt/M.: Suhrkamp, S. 370–379. ■ SEEL, MARTIN (1998) »Philosophie nach der Postmoderne«, in: Bohrer, Karl-Heinz / Scheel, Kurt (Hg.), *Postmoderne. Eine Bilanz, Sonderheft Merkur*, 52, S. 890–897. ■ SENNETT, RICHARD (2000), *Der flexible Mensch. Die Kultur des neuen Kapitalismus*, Berlin: Berlin-Verlag (Original 1998). ■ SHOTTER, JOHN / GERGEN, KENNETH (Hg.) (1989), *Texts of Identity*, London/Newbury Park/New Delhi: Sage. ■ STRAUB, JÜRGEN (1991), »Identitätstheorie im Übergang? Über Identitätsforschung, den Begriff der Identität und die zunehmende Beachtung des Nicht-Identischen in subjekttheoretischen Diskursen«, in: *Sozialwissenschaftliche Literatur Rundschau*, 14, S. 49–71. ■ STRAUB, JÜRGEN (1996), »Identität und Sinnbildung. Ein Beitrag aus der Sicht einer handlungs- und erzähltheoretischen Sozialpsychologie«, in: *Jahresbericht 94/95 des Zentrums für interdisziplinäre Forschung der Universität Bielefeld*, Bielefeld, S. 42–90. ■ STRAUB, JÜRGEN (Hg.) (1998 a), *Erzählung, Identität und historisches Bewußtsein. Die psychologische Konstruktion von Zeit und Geschichte*, Frankfurt/M.: Suhrkamp. ■ STRAUB, JÜRGEN (1998 b), »Geschichten erzählen, Geschichte bilden. Grundzüge einer narrativen Psychologie historischer Sinnbildung«, in: Straub, Jürgen (Hg.), *Erzählung, Identität und historisches Bewußtsein. Die psychologische Konstruktion von Zeit und Geschichte*, Frankfurt/M.: Suhrkamp, S. 81–169 ■ STRAUB, JÜRGEN (1998 c), »Personale und kollektive Identität. Zur Analyse eines theoretischen Begriffs«, in: Assmann, Aleida / Friese, Heidrun (Hg.), *Identitäten*, Frankfurt/M.: Suhrkamp, S. 73–104. ■ STRAUB, JÜRGEN (1999), *Handlung, Interpretation, Kritik. Grundzüge einer textwissenschaftlichen Handlungs- und Kulturpsychologie*, Berlin/New York: de Gruyter. ■ STRAUB, JÜRGEN (2000 a), »Identitätstheorie, Identitätsforschung und die postmoderne armchair psychology«, in: *Zeitschrift für Qualitative Bildungs-, Beratungs- und Sozialforschung*, 1, 1, S. 167–194. ■ STRAUB, JÜRGEN (2000 b), »Identität als psychologisches Deutungskonzept«, in: Greve, Werner (Hg.), *Psychologie des Selbst*, Weinheim: Psychologie Verlags Union, S. 279–301. ■ STRAUB, JÜRGEN (2002 a), »Personale Identität: anachronistisches Selbstverhältnis im Zeichen von Zwang und Gewalt?«, in: Straub, Jürgen / Renn, Joa-

chim (Hg.), *Transitorische Identität. Der Prozesscharakter des modernen Selbst*, Frankfurt/M./New York: Campus, S. 85–113. ■ STRAUB, JÜRGEN (2002 b), »Differenzierungen der psychologischen Handlungstheorie, Dezentrierungen des reflexiven, autonomen Subjekts«, in: *Journal für Psychologie*, 3, S. 351–379. ■ STRAUB, JÜRGEN / RENN, JOACHIM (Hg.) (2002), *Transitorische Identität. Der Prozesscharakter des modernen Selbst*, Frankfurt/M.: Campus. ■ TAJFEL, HENRI (Hg.) (1978), *Differentiation between social groups. Studies in the Social Psychology of Intergroup Relations*, London/New York/San Francisco: Academic Press. ■ TAJFEL, HENRI (Hg.) (1981), *Human Groups and Social Categories. Studies in Social Psychology*, Cambridge/New York/Melbourne: Cambridge University Press. ■ TAYLOR, CHARLES (1989), *Sources of the Self. The Making of the Modern Identity*, Cambridge/Mass.: Harvard University Press (dt. Die Quellen des Selbst. Die Entstehung der neuzeitlichen Identität. Frankfurt/M.: Suhrkamp). ■ THEUNISSEN, MICHAEL (1981), *Selbstverwirklichung und Allgemeinheit. Zur Kritik des gegenwärtigen Bewusstseins*, Berlin/New York: de Gruyter. ■ THOMÄ, DIETER (1998), *Erzähle Dich selbst! Lebensgeschichte als philosophisches Problem*, München: C. H.Beck. ■ TUGENDHAT, ERNST (1979), *Selbstbewußtsein und Selbstbestimmung. Sprachanalytische Interpretationen*, Frankfurt/M.: Suhrkamp. ■ WALDENFELS, BERNHARD (1998), *Grenzen der Normalisierung. Studien zur Phänomenologie des Fremden 2*, Frankfurt/M.: Suhrkamp. ■ WALDENFELS, BERNHARD (1999), *Topographie des Fremden. Studien zur Phänomenologie des Fremden 1*, Frankfurt/M.: Suhrkamp. ■ WAGNER, PETER (1998), »Fest-Stellungen. Beobachtungen zur sozialwissenschaftlichen Diskussion über Identität«, in: Assmann, Aleida / Friese, Heidrun (Hg.), *Identitäten*, Frankfurt/M.: Suhrkamp, S. 44–72. ■ WELSCH, WOLFGANG (1990), »Identität im Übergang. Philosophische Überlegungen zur aktuellen Affinität von Kunst, Psychiatrie und Gesellschaft«, in: Welsch, Wolfgang, *Ästhetisches Denken*, Stuttgart: Reclam, S. 168–200. ■ WELSCH, WOLFGANG (1991), »Subjektsein heute. Überlegungen zur Transformation des Subjekts«, in: *Deutsche Zeitschrift für Philosophie*, 39, S. 347–365. ■ WELSCH, WOLFGANG (1993), »ICH ist ein anderer«. Auf dem Weg zum pluralen Subjekt?«, in: Reigber, Dieter (Hg.), *Frauen-Welten. Marketing in der postmodernen Gesellschaft – ein interdisziplinärer Forschungsansatz*, Düsseldorf/Wien/New York/Moskau: ECON, S. 282–317. ■ WILLEMS, HERBERT / HAHN, ALOIS (Hg.) (1999), *Identität und Moderne*, Frankfurt/M.: Suhrkamp.

5.2 Subjektivität – Individuelle und kollektive Formen kultureller Selbstverhältnisse und Selbstdeutungen

Käte Meyer-Drawe

Die Abhandlungen, die sich dem Thema »Subjektivität« widmen, sind kaum mehr überschaubar, geschweige denn in ihrem Facettenreichtum angemessen darzustellen. Trotz der unzähligen Untersuchungen der »Geschichte und Vorgeschichte der modernen Subjektivität«[1] kann man keine einheitliche Problemstellung oder -lösung finden. Es gibt »keine universelle Form des Subjekts, die man überall wiederfinden könnte«.[2] Selbst in den Datierungen seiner Geschichte ist man uneinig. Die einen zählen diese Selbstdeutung zu den ältesten Vorstellungen.[3] Die anderen betonen, dass erst mit Beginn der Moderne ein unverwechselbarer Begriff von Subjektivität bestimmt wird.[4] Für die letzte Einschätzung spricht vieles, wenn man unter Subjektivität nicht lediglich irgendeine Form der Selbstbeziehung begreift, sondern eine Zentralfigur von Sinnstiftung. Das vernünftige Subjekt gilt in dieser Hinsicht als Garant sicheren Wissens, kompetent, moralische Urteile zu fällen und politisch mündig zu handeln.[5] Diese Auffassung verweist auf das Ideal einer autonomen Person,[6] welches eigentümlich für die moderne europäische Kultur ist.[7] Nicht selten verführt die Normalisierung dieser spezifischen Selbstdeutung zu Geringschätzungen anderer Kulturen, die eher an gemeinschaftlichem Handeln als an subjektiver Macht orientiert sind. Erst in letzter Zeit haben ethnologische Blicke auf westliche Kulturen starke Voraussetzungen des Verständnisses des Menschen als Subjekt zu Tage gefördert.[8] Konzeptionen kollektiver Subjektivität konnten sich im Verlaufe der okzidentalen Tradition vor dem Hintergrund einer entfalteten individuellen Selbstdeutung herausbilden. Sie antworten zunächst vor allem auf den Verlust gemeinschaftlicher Wertbindungen, wie sie etwa die Religion geboten hat, und zielen auf Bedingungen, die dem Einzelwillen entzogen sind und nicht zuletzt dadurch ein intersubjektives Band bilden.

1. Individuelle Formen

In der klassischen Antike existieren grundsätzlich zwei Formen des Selbstverhältnisses nebeneinander: die Sorge der Seele um sich selbst (epimeleia tes psyches) und die Aufforderung »Erkenne Dich selbst!« (gnothi seauton). Mit der griechischen Entsprechung zum lateinischen »subiectum« ist anderes gemeint, nämlich das »hypokeimenon«, das Zugrundeliegende, auf das sich jede weitere Bestimmung bezieht. Noch unsere heutige grammatische Bestimmung des Subjekts als Satzgegenstand im Unterschied zum Prädikat als Satzaussage steht in dieser Tradition. Lange Zeit wurde das Wort »Subjekt« wie z. B. von Thomas Hobbes insbesondere auf den Körper bezogen, wenn er als messbarer Gegenstand Beachtung fand. Damit sich der *erkennende* Mensch selbst als Grundlegendes erfahren konnte, musste vieles geschehen. Man kann diese Entwicklung auch als Geschichte seiner Selbstermächtigung betrachten, auf deren gefährliche Dimensionen man nach dem Zweiten Weltkrieg nicht nur angesichts der »Dialektik der Aufklärung«[9] aufmerksam wurde. Im Rahmen dieser Entwicklung darf das christliche Mittelalter zwar nicht außer Acht gelassen werden, weil hier allmählich die Wirklichkeit zum Zugrundeliegenden wird, von dem alles andere abhängt. Allerdings waren die leitenden Deutungen vom Glauben bestimmt und damit auf Offenbarung angewiesen. Die Überzeugung, selbst Quelle allen Sinns zu sein, legte sich dem Menschen vor allem dort nicht nahe, wo in der Abkehr vom Selbst und im Kampf gegen die Selbstsucht zentrale Aufgaben

1 Vgl. Fetz/Hagenbüchle/Schulz (1998).
2 Foucault (1984, S. 137).
3 Vgl. u. a. Kremer (2001).
4 Vgl. Henrich (1989).
5 Vgl. Rustemeyer (2001, S. 121 ff.) und Rieger-Ladich (2002).
6 Vgl. Kobusch (1997).
7 Vgl. Köpping/Welker/Wiehl (2002).
8 Vgl. Schirilla (1996) und Bhabha (2000).
9 Vgl. Horkheimer/Adorno (1971).

eines gottgefälligen Daseins erblickt wurden. Mit dem wirtschaftlichen Wachstum der Städte beginnt eine Entwicklung, die Norbert Elias als »Prozess der Zivilisation« analysiert hat.[10] Die religiöse Praxis der Sammlung in sich selbst, die Askese, erhält eine neue gesellschaftliche Bedeutung in der Beherrschung der Affekte zugunsten eines möglichst konfliktfreien Zusammenlebens zu vielen. Der »homo clausus«[11] wird – wie Elias es interpretiert – zu einem bestimmenden kulturellen Deutungsmuster, das nicht auf die Philosophie beschränkt bleibt. Die wachsende Selbstkontrolle begleitet dabei die Umstrukturierung der Weltdeutung auf dem Wege von Offenbarung und Erfahrungsevidenzen zu einer wissenschaftlichen Erklärung, die sich nicht mehr nach dem Augenschein richtet, sondern in der Befolgung von Regeln einer Methode allererst hervorgebracht wird. »Was mit ihnen [den Menschen] selber im Zuge der wachsenden Naturerkenntnis vor sich ging, blieb der wissenschaftlichen Erkenntnis des Menschen zunächst noch unzugänglich. Es ist nicht wenig charakteristisch für diese Stufe des Selbstbewußtseins, daß man sich in den klassischen Erkenntnistheorien, die sie repräsentiert, weitaus mehr mit der Problematik des erkenntnistheoretischen Objekts als mit der des erkenntnistheoretischen Subjekts selbst, mehr mit der Gegenstandserkenntnis als mit der Selbsterkenntnis befasste.«[12]

Viele sind sich in der Einschätzung einig, dass es Descartes war, der mit seiner Philosophie die Erkenntnistheorie der Neuzeit begründete und entscheidende Weichen im Hinblick auf das Selbstverständnis des Menschen als Subjekt – vor allem des Wissens – stellte. Jedoch fungierte auch in der Philosophie des Descartes zunächst die aristotelisch-scholastische Bedeutung des »subiectum« als Zugrundeliegendes, als durch anderes Bestimmtsein. Allerdings gibt es in den Meditationen eine Stelle, welche das Subjektsein des Menschen erstmalig, wenn auch nur in einem beiläufigen Sinne, mit dessen Ideen in Zusammenhang bringt. Im Rahmen des in der dritten Meditation vorgeführten Gottesbeweises erwähnt Descartes, dass der menschliche Geist analog zum Stein »subiectum« sei. So wie dieser hinsichtlich der Erwärmung Bedingungen unterworfen ist, die er selbst nicht setzt, so sei jener »subiectum«, weil seine Vorstellungen Wirklichem unterworfen seien, das er nicht selbst hervorbrin-

ge.[13] Der Weg, welcher der Auslieferung an die Offenbarung den Rücken kehrt und der zu einem Ideal eines rein theoretischen Wissens aus selbstgewissen Gründen führt, bestimmt im Folgenden das Ich zum »subiectum«. In seinem Bemühen um ein zweifelsfreies Fundament unseres Begreifens reduziert Descartes den Menschen auf einen Wissenwollenden, auf eine »res cogitans«, die sich in ihrem Erkennen strikt an die Regeln der Methode bindet.

»In gewissem Sinn bildete die Erfindung des *Cogito* durch Descartes über ein Jahrhundert lang mitnichten das Hauptverdienst der Philosophie seines Erfinders. Erst mußte Kant das *Cogito* vor den kritischen Gerichtshof des *Ich denke* zitieren und ihm jede substantialistische Geltung bestreiten, ehe es der modernen Philosophie zur Gewohnheit wurde, im *Cogito* jenes philosophische Ereignis zu sehen, dem sie ihre Entstehung verdankt.«[14] Aber auch Kant hat keine Theorie der Subjektivität ausgearbeitet. Henrich spricht bei ihm geradezu von einer »Theorievermeidung in Sachen Selbstbewußtsein«.[15] Die ausdrückliche Behandlung des Begriffs von Subjektivität geht vielmehr vor seiner Präzisierung durch Hegel auf Jacobi und Reinhold zurück.[16] Beide können die Öffnung der Kantischen Theorie nicht schließen. Sie markieren mit ihren Fragebewegungen grundlegende Probleme, welche die Konzeptualisierung von Subjektivität als sich wissende Selbstbeziehung begleiten. Selbstgewissheit – daran scheitert Reinhold – kann nicht als Selbsttätigkeit begriffen werden, ohne denkend in einen Strudel zu geraten. Jacobi kommt deshalb zu dem Ergebnis, dass die Erkundung dieser extremen Möglichkeiten nur durch »anormale Begriffsformen« gestützt werden könne.[17] Damit aber werden die hohen Erkenntnisansprüche gefährdet, die mit dem Subjekt verbunden wurden.

Kant wollte »die formale Verfassung der Erkenntnis als solche aus dem Selbstbewußtsein herlei-

---

10 Vgl. Elias (1997).
11 Vgl. Elias (1997, Bd. 1, S. 47, 52, 57 ff.).
12 Elias (1997, Bd. 1, S. 62).
13 Vgl. Boehm (1974, S. 74 ff.).
14 Canguilhem (1988, S. 42).
15 Henrich (1989, S. 134).
16 Vgl. Henrich (1989).
17 Vgl. Henrich (1989, S. 169).

ten«,[18] aber er entwickelt keinen Lösungsvorschlag im Hinblick auf eine entsprechende Auffassung von Subjektivität. Im Rahmen seiner Ausarbeitung der zentralen Einsicht in die fundamentale Bedeutung des Subjekts als Bedingung der Möglichkeit von Erkenntnis kristallisiert sich jedoch eine Problemfigur heraus, der kaum ein Versuch zur Bestimmung eines wissenden Subjekts entkommen kann.[19] »Der Mensch ist in der Analytik der Endlichkeit eine seltsame, empirisch-transzendentale Dublette, weil er ein solches Wesen ist, in dem man Kenntnis von dem nimmt, was jede Erkenntnis möglich macht.«[20] Vorherrschend war in Kants Vernunftkritik – wie auch schon bei Descartes – das Interesse an der Begründungsleistung des »Ich denke« und nicht die Erörterung der internen Probleme des Ich, obwohl er auch hier maßgebende Formulierungen gefunden hat, so etwa in seiner Beantwortung der Frage: »Welches sind die wirklichen Fortschritte, die die Metaphysik seit Leibnizens und Wolffs Zeiten in Deutschland gemacht hat?« Er gibt hier zu bedenken: »Ich bin mir meiner selbst bewußt, ist ein Gedanke, der schon ein zweifaches Ich enthält, das Ich als Subjekt, und das Ich als Objekt. Wie es möglich sei, daß ich, der ich denke, mir selber ein Gegenstand (der Anschauung) sein, und so mich von mir selbst unterscheiden könne, ist schlechterdings unmöglich zu erklären, obwohl es ein unbezweifelbares Faktum ist; es zeigt aber ein über alle Sinnenanschauung so weit erhabenes Vermögen an, daß es, als der Grund der Möglichkeit des Verstandes, die gänzliche Absonderung von allem Vieh, dem wir das Vermögen, zu sich selbst Ich zu sagen, nicht Ursache haben beizulegen, zur Folge hat, und in eine Unendlichkeit von selbstgemachten Vorstellungen und Begriffen hinaussieht. Es wird dadurch aber nicht eine doppelte Persönlichkeit gemeint, sondern nur ein Ich, der ich denke und anschaue, ist die Person, das Ich aber des Objektes, was von mir angeschaut wird, ist, gleich andern Gegenständen außer mir, die Sache.«[21] Mit diesen Worten wird deutlich, dass Subjektivität eine Deutung

bleibt, um die gerungen werden muss. Sie muss gegen ihre Doppeldeutigkeit und Zwiespältigkeit als Einheit durchgesetzt werden. Zwar wehrt Kant die Rede von der doppelten Person ab, aber die Risse, die seine Analysen dem Subjekt zufügen, kann er nicht verhehlen. Schon mit seiner Geburt erhält das moderne Subjekt Frakturen, die seinen Tod ahnen lassen. Der »Mensch« taucht auf, um alsbald als einheitlicher Gegenstand wieder zu verschwinden. Es entsteht ein Spalt zwischen dem Subjekt als Bedingung der Erkenntnis und dem Subjekt als Gegenstand der Erkenntnis. Dieser Bruch führt dazu, dass sich der Mensch teilweise in die Ordnung der Dinge einschmuggelt, indem er sich explizit zum Gegenstand wissenschaftlichen, vor allem anthropologischen Wissens macht. Gleichzeitig bleibt er als Souverän der Erkenntnisordnung außerhalb. Er verdoppelt sich in einer unerträglichen Spannung zwischen seiner empirischen Existenz und der transzendentalen Funktion seiner selbst als Bedingung der Möglichkeit von Erkenntnis. Stand zu Beginn der Entwicklung angesichts der Bedeutsamkeit einer sicheren Erkenntnis, die ohne fremde Hilfe auskommt, die Problematik der Grundleistung eines Subjekts noch im Hintergrund, so bricht sie nun ausgerechnet auf der Höhe der Vernunftherrschaft hervor. In gesellschaftlicher Perspektive wirft die Differenz von Individuum und Gesellschaft ihre Schatten voraus.

Während die einen weiterhin an einer Heilung der Frakturen arbeiten, indem sie wie Hegel z. B. Substanz und Vernunft zusammen denken oder wie Fichte auf der Suche nach einem Ich sind, das sich selbst setzt, weiden sich romantische Vorstellungen an der Doppelbödigkeit des Subjekts und setzen diesem in der Literatur beachtliche Denkmale. Hegel führt Substanz und Subjekt in seinem dialektischen Großprojekt wieder zusammen: »Es kommt nach meiner Einsicht, welche sich nur durch die Darstellung des Systems selbst rechtfertigen muß, alles darauf an, das Wahre nicht als *Substanz*, sondern ebenso sehr als *Subjekt* aufzufassen und auszudrücken. [...] Die lebendige Substanz ist [...] das Sein, welches in Wahrheit *Subjekt* oder, was dasselbe heißt, welches in Wahrheit wirklich ist, nur insofern sie die Bewegung des Sichselbstsetzens oder die Vermittlung des Sichanderswerdens mit sich selbst ist. Sie ist als Subjekt die reine *einfache Negativität*,

---

18 Henrich (1989, S. 127).
19 Vgl. Ricken (1999, S. 61 ff.).
20 Foucault (1978, S. 384).
21 Kant (1983, S. 601).

eben dadurch die Entzweiung des Einfachen; oder die entgegensetzende Verdopplung, welche wieder die Negation dieser gleichgültigen Verschiedenheit und ihres Gegensatzes ist: nur diese sich *wiederherstellende* Gleichheit oder die Reflexion im Anderssein in sich selbst – [...] – ist das Wahre.«[22] Hegels Lösung ist ebenso beeindruckend wie riskant. Er möchte den Zwiespalt moderner Subjektivität dadurch schließen, dass dieser als interne Fremdheit des Subjekts angeeignet wird. Feuerbach macht auf die brüchige Eleganz dieses Modells aufmerksam. Er ist skeptisch gegenüber der philosophischen Wertschätzung des subjektiven Bewusstseins. Ihn überzeugt weder die religiös motivierte rückhaltlose Hochachtung des Individuums noch die erkenntnistheoretische Hofierung des denkenden Ich.[23] Nietzsches Kritik am neuzeitlichen Subjekt und alle Bedenken, die sich ihr später anschließen, finden hier ihren markanten Vorläufer. Sowohl Luthers Fixierung auf die Innerlichkeit aus religiösen Gründen als auch Descartes' Reduktion auf die »res cogitans« zum Zweck einer absolut gewissen Erkenntnis führen zu einer intensiven Befassung mit dem eigenen Selbst. »In der verzweifelten Anstrengung, sich von seinem sündigen Ich zu befreien, wird dieses paradoxerweise gerade festgehalten und die Problemkonstellation auf Dauer gestellt.«[24] In dem radikalen Bemühen, das Selbst von allen Täuschungen zu reinigen, verstrickt sich das Selbst in die »in sich befangenste Subjektivität«.[25] Um sich aus diesen Fängen zu befreien, muss das Subjekt anerkennen, dass es sich nicht in Klarheit besitzen kann. Feuerbach fühlt sich bei dieser Einsicht durch Leibniz bekräftigt, der den dunklen und verworrenen Vorstellungen neben den klaren und deutlichen in seiner Monadologie Raum gibt. Die Anerkennung der Leiblichkeit unserer Existenz und damit auch unseres Erkennens ist eine Konsequenz, die von ansonsten unterschiedlichen Autoren wie Schelling und Schopenhauer gezogen wird.

Fichte setzt im Unterschied dazu seinen Schlussstrich unter reflexionstheoretische Aporien, indem er davon ausgeht, dass sich das Ich nicht per Reflexion erreicht, sondern nur durch Setzung. »Fichte hat die Theorie des Selbstbewußtseins in eine ganz andere Stellung gebracht. Zwischen dem, was ›Ich‹ ist, und dem, woraus es verständlich gemacht werden kann, öffnet sich eine Differenz, vielleicht

sogar ein Abgrund.«[26] Wie Jacobi und Reinhold laborierte auch Fichte an der genauen Bestimmung eines sich wissenden Selbstbezugs. Immer deutlicher wird in diesem Bemühen, dass die Differenzen des Ich auf etwas aufruhen, das selbst nicht mehr Gegenstand des Erkennens sein kann. Der Weg von den Formeln: »Das Ich setzt sich schlechthin selbst« über: das »Ich setzt sich schlechthin *als* sich setzend« bis hin zur Bestimmung des Selbstbewusstseins als »eine Tätigkeit, der ein Auge eingesetzt ist«,[27] bekundet, dass die Aktivität des Ich nicht zu verstehen ist ohne Voraussetzungen, für die es selbst nicht aufkommt: Das Bewusstsein des Ich bedeutet das Gewahren der Differenz von Subjekt und Objekt als Bewusstseinsleistung. »Das Eine, welches getrennt wird, das sonach allem Bewußtsein zum Grunde liegt, und zufolgedessen das Subjektive und Objektive im Bewußtsein unmittelbar als Eins gesetzt wird, ist absolut = x, kann als einfaches, auf keine Weise zum Bewußtsein kommen.«[28] Der Vorzug des Selbstbewusstseins vor dem Wissen von Gegenständen, der insbesondere die Verheißung von Freiheit für ein autonomes Subjekt bedeutet, gerät in ein Zwielicht. Das Subjekt, das sich in Frontstellung zu seiner Welt behaupten will, bleibt dieser verbunden und kann nicht in sich selbst an den Grund seiner ersehnten Einheit heranreichen. Man kann auch im Hinblick auf die Folgezeit festhalten, dass sich das Subjekt nur in der Differenz von Subjekt und Objekt sowie als bedingt durch den Entzug der Einheit konstituiert. Das Ich ist dazu verdammt, die versagte Einheit zu maskieren, indem es sie stets voraussetzt, aber niemals erreicht. Das moderne Subjekt hatte den Gott der Tradition ins Exil geschickt und seine Herrschaft über die Dinge auf die Tagesordnung gesetzt. Aber die Haltlosigkeit dieser hypertrophen Selbstdeutung ließ sich nicht lange verschleiern.

Literarisch wird diese elementare Unsicherheit mit Hilfe von Verdoppelungsphantasien durch-

---

22 Hegel (1973, S. 22 f.).
23 Vgl. Röhr (2000, S. 53).
24 Röhr (2000, S. 80).
25 Vgl. Röhr (2000, S. 80).
26 Henrich (1967, S. 16).
27 Vgl. Henrich (1967, S. 18; 23; 25).
28 Fichte (1798, S. 5).

gespielt. Puppen, Automaten, Monster, Spiegel und Schatten narren den Menschen und verhöhnen ihn wegen seiner Eitelkeiten.[29] Das vernünftige Subjekt gerät in bedrohliche Situationen, denen es mit seinen Mitteln nicht gewachsen ist. Das eigene Ich, das doch der Angelpunkt allen Sinns sein sollte, wird zum Phantom. Seine scheinbare Eigenständigkeit wird von dunklen Mächten durchkreuzt. Die gerade gewonnene Ordnung der Welt wird auf den Kopf gestellt. In E. T. A. Hoffmanns Erzählung »Der Sandmann« wird die so lebendige Geliebte Klara, die mit ihrem Namen an die Maximen neuzeitlicher Vernunft erinnert, als »lebloses, verdammtes Automat« beschimpft und die Puppe Olimpia als einzig verständige Seele geliebt.[30] Was die Philosophie der Zeit nicht wahrhaben will, wird in literarischen Experimenten zur Doppeldeutigkeit menschlicher Subjektivität immer wieder erprobt. Im gleichzeitigen Auftauchen von Autonomie als prominente Selbstdeutung und Automation als Zielsetzung der Warenproduktion kündigt sich eine spezifische Ausprägung des Selbstverständnisses des modernen Menschen an. Einerseits möchte das selbstbestimmte Subjekt seine Freiheit gegen die Automaten behaupten. Andererseits steigert sich die Autonomie bis ins 20. Jahrhundert hinein selbst zum Automatischen, zu einem Selbstverständnis als autopoietisches System, das sich selbst ohne jeden Anstoß von außen bewegt. Den Samen zu dieser Entwicklung hat das »Ich denke« selbst gesetzt, indem es sich als ein bloßes x ausmacht, konkretisiert einzig durch die Gedanken, die es denkt. »Man kann sozusagen, wenn ein Mensch denkt, nicht den Moment zwischen dem Persönlichen und dem Unpersönlichen erwischen.«[31]

Foucault hat darauf aufmerksam gemacht, dass Subjekte nicht am Anfang von Denk-, Wahrnehmungs- und Handlungsprozessen stehen, sondern Effekte von Prozessen der Subjektivation sind, Ergebnisse von Technologien des Selbst.[32] Das vernünftige Subjekt, das politisch mündig, diszipliniert, kultiviert und moralisiert sein Leben selbst in die Hand nimmt, wird durch sehr unterschiedliche Prozeduren geformt. Es ist weit davon entfernt, eine in seinem Wesen wurzelnde Möglichkeit lediglich zu entwickeln. Im philanthropinistischen Kampf gegen das Subjekt der Wollust werden selbstbeherrschte Individuen produziert, die wie ihre maschinalen Kompagnons in der Staatsmaschine verlässlich funktionieren. Ihren »sichtbarsten Ausdruck« erlangt die »Überlagerung der Machtverhältnisse und der Wissensbeziehungen« in der Prüfung. »Im Herzen der Disziplinarprozeduren manifestiert sie die subjektivierende Unterwerfung jener, die als Objekte wahrgenommen werden, und die objektivierende Vergegenständlichung jener, die zu Subjekten unterworfen werden.«[33] Auch Bourdieu richtet sein Augenmerk auf die »stille Pädagogik«, die alles so einrichtet, dass unsere zweite Natur als solche unentdeckt bleibt. Nach ihm werden die »Strukturen, die zum Aufbau der Objektwelt beitragen, [...] in der Praxis einer Welt von Objekten aufgebaut, die selbst wiederum nach denselben Strukturen aufgebaut sind. Dieses aus der Objektwelt hervorgegangene ›Subjekt‹ bezieht nicht wie eine Subjektivität gegen eine Objektivität Stellung: die objektive Welt besteht aus Objekten, die das Ergebnis der Objektivierungsoperationen sind, welche nach denselben Strukturen strukturiert sind, wie sie der Habitus auf sie anwendet.«[34] In der Übung des Umgangs mit sich selbst lernt der Bürger, sich selbst zu lieben, ohne sich selbst zu verfallen. Er inkorporiert einen Umgang mit sich selbst, der von Respekt getragen ist, langweilt sich nicht mit sich selbst und hat die Begegnung »vis à vis de soi-même«, die Grundlage gesellschaftlich gefälligen Verhaltens ist, nicht zu befürchten.[35] Das »Subjekt als Beamter« schließlich versinnbildlicht in Regierung und Verwaltung des Staates die Doppelfigur von Befreiung durch Unterwerfung.[36]

Subjektivität nur vom Denken her zu begreifen führt in Auswegslosigkeiten, die zu erkennen nicht der Moderne vorbehalten war. Zu erinnern ist in diesem Zusammenhang an einen der Widersacher Descartes‹, nämlich Jan Amos Komenský, genannt Comenius, der angesichts der verhängnisvollen Entwicklung einer von ihm heftig gegeißelten »Selbst-

---

29 Vgl. Konersmann (1991) und Meyer-Drawe (1996, S. 79 ff.).
30 Vgl. Hoffmann (1967, S. 7 ff.).
31 Musil (1981, S. 112).
32 Vgl. Foucault (1993).
33 Foucault (1977, S. 238).
34 Bourdieu (1987, S. 142).
35 Vgl. Knigge (2001, S. 82 ff.).
36 Vgl. Kittler (1988).

eigenheit« besorgt ist, wie sie nicht nur im Verhalten seiner Zeitgenossen in den Wirren des Dreißigjährigen Krieges, sondern auch in Descartes' Konzeption der »res cogitans« zu einer Selbstverständlichkeit zu werden droht. Im Hinblick auf Wahrheit ist nach Comenius der Anfang nicht in einem Erkenntnis- und Erfahrungsakt des Menschen zu suchen, sondern in der Empfänglichkeit des göttlichen Lichts.[37] Er erkannte die Grenze eines bloß wissenden Bezugs zur Welt und zu sich selbst. Er mahnt gleichsam an die Kosten des Wegs in die Neuzeit, ohne mit einer zeitgemäßen Lösung aufwarten zu können. Descartes brach mit dem Postulat des Selbstverzichts als Schlüssel zur Wahrheit, »als er sagte: ›Um zur Wahrheit zu gelangen, genügt es, daß ich *irgendein* Subjekt bin, das sehen kann, was evident ist.‹ An dem Punkt, wo das Selbstverhältnis und das Verhältnis zu anderen und zur Welt sich berühren, wird Askese durch Evidenz ersetzt. Das Selbstverhältnis braucht nicht mehr asketisch zu sein, um mit der Wahrheit ins Verhältnis zu treten. Damit ich definitiv die Wahrheit erfasse, genügt es, daß das Selbstverhältnis mir die augenfällige Wahrheit dessen, was ich sehe, offenbare. Somit kann ich unmoralisch sein und doch die Wahrheit wissen.«[38] Mit der Entdeckung des Wissenssubjekts geht der Verlust des ethischen Subjekts einher. Das hat auch Pascal befürchtet. Nach ihm ist der Mensch ein »denkendes Schilfrohr«, das im Unterschied zu allen anderen Wesen um seine Sterblichkeit weiß und gerade in diesem Wissen um sein Elend seine Größe hat. Seine Sicherheit gewinnt er nicht aus einer radikalen Erkenntnis, sondern aus der Gewohnheit, weil wir »ebensosehr Automat wie Geist«[39] sind. Es gibt einen »Automaten im Menschen«, der ihn vor jeder Reflexion gefügig macht. Im 20. Jahrhundert wird Bourdieu daran anknüpfen und seine Kritik am neuzeitlichen Subjekt entfalten.[40] Auf andere Weise verschafft Montaigne den Grenzen eines sich seiner selbst gewissen Bewusstseins Beachtung. In seinen »Essais« dokumentiert er Selbstverhältnisse, die sich nicht zu einer Einheit schließen.[41] Er knüpft an griechische und römische Lebenslehren an und reflektiert die stets riskante Herrschaft über sich selbst, der es nicht um Sicherheit geht: »ich schildere nicht das Sein, ich schildere das Unterwegssein«.[42] Im Zuge der kritischen Distanzierung von

einer cartesianischen Neuzeit gewinnen diese Überlegungen im 20. Jahrhundert wieder an Bedeutung. Längst ist nicht nur erkannt, sondern auch leidvoll in Erfahrung gebracht worden, dass die Sehnsucht nach Selbstbestimmung, die weitgehend unabhängig von allen äußeren Bestimmungen sein sollte, unerfüllbar ist. Nicht erst die Psychoanalyse machte auf die inneren Dunkelheiten unseres Selbst aufmerksam. Zudem sieht sich das moderne Subjekt nicht nur von den eigenen Fremdheiten bedroht. Immer deutlicher wird seine Verflechtung als Individuum mit gesellschaftlichen Bedingungen. Gerade die Hoffnungen auf die eigenen Gestaltungsmöglichkeiten des Lebens lassen die sozialen Hindernisse besonders deutlich erscheinen. Die mitunter vergessene Doppeldeutigkeit des Subjekts bringt sich wieder in Erinnerung. Die Aufklärung zeigt ihre dialektische Struktur.

Nietzsche spottet über den »Aberglauben der Logiker« und klagt es als eine »*Fälschung* des Thatbestandes« an, »zu sagen: das Subjekt ›ich‹ ist die Bedingung des Prädikats ›denke‹. Es denkt: aber dass dies ›es‹ gerade jenes alte berühmte ›Ich‹ sei, ist milde geredet, nur eine Annahme, eine Behauptung, vor Allem keine ›unmittelbare Gewissheit‹.«[43] Mit seiner Skepsis gegenüber einem Subjekt sämtlicher Initiativen verbindet Nietzsche seine Rehabilitierung der Leiblichkeit. Während der Geist nur »Ich« sagt, »thut« der Leib »Ich«. Er ist das wahre Selbst, dessen Spielzeuge Sinn und Geist sind.[44] Als Denker verleugnet der Mensch seine Begierden und seine Sterblichkeit. Er macht sich etwas vor, was dazu führt, dass er kein »animal«, sondern bloß ein »cogital« (Nietzsche) ist, eine bloße »Scheinexistenz«. Nietzsches Kritik wurde auch schon zeitgenössisch begierig aufgenommen, mitunter ohne seine Polemik gegen die Herdenmoral mit zu beachten. Zwischen den Kriegen wendet sich Heidegger auch unter dem Einfluss Nietzsches gegen die Me-

---

37 Vgl. Meyer-Drawe (1997).
38 Foucault (1987 a, S. 291).
39 Pascal (o.J., S. 52).
40 Vgl. Bourdieu (1997).
41 Vgl. Rieger (1997) und Rustemeyer (2001, S. 139 ff.).
42 Montaigne (1999, S. 398).
43 Nietzsche (1988 b, S. 30 f.).
44 Vgl. Nietzsche (1988 a, S. 39).

taphysik der Subjektivität. Er erinnert an den umfänglichen Sinn von »Subiectität«, an die griechische Herkunft von »hypokeimenon«.⁴⁵ Das Subjekt ist nicht das letzte unhintergehbare Sein. Es ist vielmehr nur zu verstehen auf dem Hintergrund des Seins des Seienden überhaupt. Heidegger richtet sich mit seiner Ontologie gegen Annahmen einer transzendentalen Subjektivität, mit der auch sein Lehrer Husserl arbeitete. Den Ausgangspunkt seiner Phänomenologie findet er im Da-Sein, nicht im Bewusst-Sein, weil dieses jenes zur Voraussetzung hat. Heidegger beleuchtet die zumeist unreflektierten Annahmen, welche der Subjekt-Objekt-Differenz zugrunde liegen, um deutlich zu machen, dass hier unbemerkt das Subjekt zu einem bloß Vorhandenen wird. Rätselhaft wird in dieser Frontstellung von Subjekt und Objekt, von Innen und Außen der Kontakt zur Welt.⁴⁶ Die Metaphysik der Subjektivität – darin ist er mit Nietzsche einig – arbeitet mit Scheinplausibilitäten.

Erst nach dem Zweiten Weltkrieg fand die Kritik an der imperialen Gestik der Subjektivitätsphilosophie vor allem aufgrund des Engagements der Vertreter der Frankfurter Schule weite Verbreitung und Zustimmung. Insbesondere Adorno kann sich nicht der Lösung anschließen, dass ein Terror des Totalitären wie der Nationalsozialismus durch ein »starkes Ich« zu vermeiden sei. Gerade der Zwang zur Identität übt in Gewalt ein. Zugespitzt formuliert er gegen die Haupttendenz der Moderne: »Persönlichkeit ist die Karikatur von Freiheit.«⁴⁷ Sie verhüllt nämlich die Herrschaftsgeste der Identifizierung, des repressiven Gleichmachens. Hier in der Nähe zu Heidegger und vorausdeutend auf Lyotard beleuchtet Adorno den wechselseitigen Überschuss von Subjekt und Objekt. Denn: »Einmal radikal vom Objekt getrennt, reduziert Subjekt bereits das Objekt auf sich; Subjekt verschlingt Objekt, indem

es vergißt, wie sehr es selber Objekt ist.«⁴⁸ Eine Rettung ist nicht zu erwarten von der Rückkehr zu idyllischen Zeiten des Ungeschiedenen. Aber auch die Beglaubigung der bloßen Antithese von Subjekt und Objekt weist nicht in die richtige Richtung. Schon gar nicht kommt Kommunikation in Frage, deren zeitgemäße Fassung – vielleicht durch Habermas – Adorno entschieden ablehnt: »Der gegenwärtige [Begriff von Kommunikation] ist so schmählich, weil er das Beste, das Potential eines Einverständnisses von Menschen und Dingen, an die Mitteilung zwischen Subjekten nach den Erfordernissen subjektiver Vernunft verrät. An seiner rechten Stelle wäre, auch erkenntnistheoretisch, das Verhältnis von Subjekt und Objekt im verwirklichten Frieden sowohl zwischen den Menschen wie zwischen ihnen und ihrem Anderen. Friede ist der Stand eines Unterschiedenen ohne Herrschaft, in dem das Unterschiedene teilhat aneinander.«⁴⁹ Die Teilhabe aneinander ist gewährleistet durch die Doppeldeutigkeit des Subjekts, das unterworfen und souverän ist. Lieb gewonnene Alternativen werden in der nachfolgenden Zeit ihrer geschichtlichen Gewordenheit überführt und in ihrer Plausibilität erschüttert: Subjekt – Objekt [Adorno], Bewusstsein – Leib [Merleau-Ponty], Mensch und Maschine [Lacan],⁵⁰ Innen – Außen [Foucault],⁵¹ Original und Wiederholung [Derrida], Autonomie und Heteronomie,⁵² Passivität und Aktivität.⁵³ Wenn also das Gerücht vom »Tod des Subjekts« in Umlauf gerät, so ist von den maßgeblichen Kritikern nicht gemeint, dass das Subjekt verschwindet, »sondern seine allzu determinierte Einheit steht in Frage; vom Verschwinden des Subjekts (das heißt seiner neuen Existenzweise, die im Verschwinden besteht) wird das Forschungsinteresse angestachelt oder auch von seiner Verflüchtigung, die es gleichwohl nicht negiert, die uns aber nur noch eine Vielzahl von Positionen und eine Diskontinuität der Funktionen anbietet [...].«⁵⁴

Die Rückbesinnung auf die Tradition von Subjektivitätskonzeptionen hat nicht nur zur Folge, dass wir verschüttete Bestimmungen des Subjektbegriffs wieder in Erinnerung bringen. Sie verlangt ebenfalls eine Revision des Objektbegriffs, zumal dieser angesichts von systemtheoretischen und konstruktivistischen Nobilitierungen des menschlichen Gehirns zunehmend fragwürdig wird. Sub-

---

45 Vgl. Schlegel (1997).
46 Vgl. Heidegger (1979, S. 215 ff.).
47 Adorno (1980, S. 294).
48 Adorno (1977, S. 742).
49 Adorno (1977, S. 743).
50 Vgl. Meyer-Drawe (1996).
51 Vgl. Gehring (1994).
52 Vgl. Meyer-Drawe (2000).
53 Vgl. Waldenfels (1994 und 2002).
54 Foucault (1987 b, S. 28).

jektivität ist auch auf dem Gebiet von Neurophysiologie und Informatik von einer Täuschung über ihre Zentralität befreit worden. Sie wird als Netz interpretiert, als Ausdruck einer dynamischen Hirnarchitektur, die sich in keinem Mittelpunkt verdichtet.[55] Allerdings sind mit diesem neuen Verständnis, das unter den Einwirkungen von Netztechnologien entstanden ist, die Bezüge zur Welt eher rätselhafter als verständlicher geworden. Die Zentralfigur von Subjektivität wird zwar einheitlich bezweifelt, aber nicht deren Leistung in Bezug auf die Stiftung von Sinn. Eine Frage wird aufgeworfen: »von wo aus […] uns das Ob-jekt entgegengeworfen [wird], wenn es denn nicht gänzlich konstruiert ist? Oder gar, etwas bescheidener, ohne die Frage nach dem Ursprung zu stellen: gibt es nicht irgendetwas vorgängig? ›Vorgängig‹, das heißt, was vor dem Denken und immer an seinem Horizont wäre. Damit sich die Vernunft die Objekte vorstellen kann, ist es wenigstens notwendig – auch auf die Gefahr hin, von Grund auf und fortgesetzt das Vorstellungsverfahren abzuändern –, daß etwas sich zeigt.«[56] Auch vom Standpunkt der Objekte erreichen wir keinen reinen Vernunftraum. Wir bleiben auf »sinnliche Gebung« angewiesen. Wenn wir denken, antworten wir auf Ansprüche, die wir niemals am Ort ihres Auftauchens bezeugen können.[57] Dies gilt nicht nur für unser Wissen von den Dingen, sondern auch in Bezug auf uns selbst. Subjektivität zeigt sich aus dieser Perspektive als ein Prozess der Subjektivation, als Ergebnis der Technologien des Selbst, in denen der Mensch versucht, Selbstgebung und -entzug für eine erträgliche Existenz zu organisieren. Das geschieht in der Anerkennung seiner Leiblichkeit. Aber auch ein Konzept »minimaler Subjektivität«, die zwischen dem Spieler und dem gebildeten Subjekt changiert, zahlt den Tribut eines Subjekts, das sich und die Welt beherrschen will, ohne selbst beherrscht zu werden.[58]

2. Kollektive Formen

Im 18. Jahrhundert werden unterschiedliche Konzepte üblich, die sich auf eine Art kollektiver Subjektivität beziehen.[59] Dabei ist an die »volonté générale« im Sinne von Rousseau zu denken, die den übereinstimmenden Gesamtwillen der Bürger einer Gesellschaft meint. Ebenso in politischer Hinsicht, vor allem aber als Ergebnis der neu entstandenen Statistik taucht die »Bevölkerung« auf, um deren Bestand man sich angesichts der zahlreichen Seuchen und Kriege sorgt. Die Biologie etabliert sich als Disziplin, und die Evolutionstheorie kennt ein Gattungsschicksal. In der Philosophie der Aufklärung hat Kant die Weltbürgerschaft im Auge, welche die Visionen bereithält, die über Fehlschläge im Einzelnen hinwegtrösten. »Volk« und »Nation« hatten noch nicht ihre Unschuld verloren. Sie standen in Deutschland gegen absolutistische Vereinzelung und unbeherrschbare Zerstreuung. Im Zuge der Umgestaltung der »Fürsten-« in eine »Volkssouveränität« entstand jene Verbindung von Republikanismus und Nationalismus, auf deren Doppelgesichtigkeit und Gefahrenpotenziale Habermas hinweist.[60] »Nation« und »Volksgeist« bilden eine erste Form kollektiver Identität.[61] Auch »die Klasse« kann als eine Art Kollektivsubjekt verstanden werden. Allerdings unterminiert sie vor allem die identitätsstiftende Bedeutung von Nation und Volk, indem sie die inneren Frakturen einer kapitalistischen Gesellschaft in Erinnerung hält.

Das älteste und wandelbarste Kollektivsubjekt ist wohl »die Menschheit«. Als Herder seine Schrift »Auch eine Philosophie der Geschichte zur Bildung der Menschheit« verfasste und an den »Ideen zur Philosophie der Geschichte der Menschheit« arbeitete, war es noch nicht lange üblich, den Begriff der Geschichte als »Kollektivsingular« zu verwenden, statt von Geschichten im Plural zu reden. Koselleck bemerkt, dass sich der »Kollektivsingular der Geschichte« zwischen 1760 und 1780 durchzusetzen beginnt und in dieser Zeit auch erstmals von einer »Philosophie der Geschichte« gesprochen wird.[62] Herder hebt hervor, dass der Mensch in keiner Hinsicht nur ein »Selbstgebohrner« sei. Er bezeichnet ihn als eine »künstliche Maschiene«, die »sich

---

55 Vgl. Lenz/Meretz (1995) und Singer (2002).
56 Lyotard (1986, S. 4).
57 Vgl. Waldenfels (1994).
58 Vgl. Bernet (2002).
59 Siehe hierzu auch den Beitrag von Frank Adloff in Bd. 2.
60 Vgl. Habermas (1996, S. 125–153).
61 Vgl. Habermas (1996, S. 137).
62 Vgl. Koselleck (1995, S. 56).

nicht selbst [spielet]«,[63] und wendet sich dann der Geschichte nicht *des* Menschen, sondern *der* Menschen – letztlich aller Menschen – in ihrer gegenseitigen Verbundenheit zu: » [...] kein einzelner von uns ist durch sich selbst Mensch worden. Das ganze Gebilde der Humanität in ihm hangt durch eine geistige Genesis, die Erziehung, mit seinen Eltern, seinen Lehrern, Freunden, mit allen Umständen im Lauf seines Lebens, also mit seinem Volk und den Vätern desselben, ja endlich mit der ganzen Kette des Geschlechts zusammen, das irgend in einem Gliede *eine* seiner Seelenkräfte berührte.«[64] Herder verwendet die Begriffe »Volk« und »Nation« synonym. Mit den Worten »Nationalcharakter« und »Volksgeist« verweist er auf ethnische und kulturelle, aber auch sprachliche Besonderheiten, welche die Physiognomik der Völker ausmachen. Diese jeweilige Eigentümlichkeit ist Herder sehr wichtig. Er rechtfertigt einen »eingeschränkten Nationalismus«, sofern dieser es einem Volk ermöglicht, sich auf seinen »Mittelpunkt« zu konzentrieren. »Jede Nation hat ihren Mittelpunkt der Glückseligkeit in sich wie jede Kugel ihren Schwerpunkt.«[65] Herder betrachtet die Völker als Kollektivindividuen, welche Träger einer historischen Gesamtentwicklung sind, die von der göttlichen Vorsehung gelenkt wird. Er betont, dass jeder »einzelne Mensch« »in der Gestalt seines Körpers« und »in den Anlagen seiner Seele das Ebenmaas, zu welchem er gebildet ist und sich ausbilden soll, in sich [trägt]«, und hebt hervor, dass auch jede Nation »das Ebenmaas ihrer Vollkommenheit, unvergleichbar mit anderen in sich [trägt].«[66]

Das Selbstbewusstsein des Abendlandes findet seinen treffendsten Ausdruck im Begriff der Zivilisation. Als Nationalbewusstsein grenzt sich dieses von primitiveren Gesellschaften ab und verweist mit Stolz auf den eigenen wissenschaftlichen und technischen Fortschritt sowie auf gesittete Umgangsformen. »Aber ›Zivilisation‹ bedeutet verschiedenen Nationen des Abendlandes nicht das gleiche. Vor allem zwischen dem englischen und französischen Gebrauch dieses Wortes auf der einen, dem deutschen Gebrauch auf der anderen Seite besteht ein großer Unterschied: Dort faßt der Begriff den Stolz auf die Bedeutung der eigenen Nation, auf den Fortschritt des Abendlandes und der Menschheit in einem Ausdruck zusammen. Hier, im deutschen Sprachgebrauch, bedeutet ›Zivilisation‹ wohl etwas ganz Nützliches, aber doch nur einen Wert zweiten Ranges, nämlich etwas, das nur die Außenseite des Menschen, nur die Oberfläche des menschlichen Daseins umfaßt. Und das Wort, durch das man im Deutschen sich selbst interpretiert, durch das man den Stolz auf die eigene Leistung und das eigene Wesen in erster Linie zum Ausdruck bringt, heißt ›Kultur‹.«[67] Mit dieser Differenz werden stillschweigend nationale Wertungen bestätigt und auf Dauer gestellt. Die Opposition zwischen »Zivilisation« und »Kultur« beschreibt zunächst einen sozialen Gegensatz, trägt allerdings den »Keim eines nationalen« Gegensatzes in sich. In ihm spiegelt sich wider, wie sich die politisch weitgehend einflusslose mittelständische deutsche Intelligenzschicht auf kulturellem Gebiet gegen die nach französischem Muster »zivilisierte« herrschende höfische Oberschicht zu behaupten und von ihr zu unterscheiden trachtet.[68] Mit dem langsamen Aufstieg des deutschen Bürgertums aus einer »zweitrangigen Schicht« zum »Träger des Nationalbewusstseins« und schließlich zur »herrschenden Schicht« ändert auch die Entgegensetzung von Kultur und Zivilisation ihren Charakter. Sie wird zu einer nationalen Eigentümlichkeit.

Schillers Gedichtfragment »Deutsche Größe« von 1797 dokumentiert diese deutsche Besonderheit. In der Art, wie er von »Kultur« und von der »deutschen Nation« spricht, während er sie als Kulturnation denkt, hinterlässt jene Scheidelinie zwischen »Kultur« und »Politik« deutliche Spuren: »Deutsches Reich und deutsche Nation sind zweierlei Dinge. Die Majestät des Deutschen ruhte nie auf dem Haupt s[einer] Fürsten. Abgesondert von dem politischen hat der Deutsche sich einen eigenen Wert gegründet, und wenn auch das Imperium unterginge, so bliebe die deutsche Würde unangefochten. [...] Sie ist eine sittliche Größe, sie wohnt in der Kultur und im Charakter der Nation, die von

---

63 Vgl. Herder (1967a, Bd. 13, S. 344f.).
64 Herder (1967a, Bd. 13, S. 346).
65 Herder (1967b, S. 509).
66 Herder (1967a, Bd. 14, S. 227).
67 Elias (1997, Bd. 1, S. 90).
68 Vgl. Elias (1997, Bd. 1, S. 96).

ihren politischen Schicksalen unabhängig ist.«[69] Wie der Nationalismus Fichtes in den »Reden an die deutsche Nation« als ein »unversalistischer und messianischer Nationalismus«[70] beschrieben werden kann, so auch der Nationalismus Schillers in dem Gedichtfragment »Deutsche Größe«. Dem Deutschen – so Schiller – »ist das Höchste bestimmt,/ Und so wie er in der Mitte von/Europens Völkern sich befindet,/ So ist er der Kern der Menschheit,/ Jene sind die Blüte und das Blatt.«[71]

Fichte vertritt in seinen »Reden an die deutsche Nation« die Auffassung, »daß es allein die Erziehung sei, die uns retten könne von allen Übeln, die uns drücken«.[72] Diese befürchteten Übel sind »ausländischen Ursprungs«.[73] Heilmittel ist die Bildung eines »allgemeinen und nationalen Selbst« im Rahmen der »Erziehung der Nation«.[74] Dieses Selbst ruht in sich selbst und ist ein »aller Abhängigkeit durchaus unfähiges Selbst«.[75] Es gehört zu einer rein geistigen Gemeinschaft, in der Undeutsches keinen Platz hat.[76] Die vom »ursprünglichen Leben« Ergriffenen, ob ihnen dies nun aus eigener schöpferischer Kraft gelingt oder zumindest durch den Verzicht auf Nichtiges, »alle diese sind ursprüngliche Menschen, sie sind, wenn sie als ein Volk betrachtet werden, ein Urvolk, das Volk schlechtweg, Deutsche. Alle, die sich darein ergeben, ein Zweites zu sein, und Abgestammtes, und die deutlich sich also kennen und begreifen, sind es in der Tat, und werden es immer mehr durch diesen ihren Glauben, sie sind ein Anhang zum Leben, […], sie sind, als Volk betrachtet, außerhalb des Urvolks, und für dasselbe Fremde, und Ausländer.«[77] Die Zentralfigur kollektiver Subjektivität führte auch dazu, dass die Differenz von Gesellschaft und Gemeinschaft vor allem den Diskurs der Weimarer Zeit prägte und den »sozialen Radikalismus«[78] des Nationalsozialismus vorstrukturierte.

Nach dem Zweiten Weltkrieg wird es schwierig, Kollektivbedingungen zu thematisieren. Die Begriffe Volk und Nation haben wie die Betonung der Gemeinschaft ihre Unschuld verloren. Erst allmählich wendet man sich auch unter der besonderen Berücksichtigung der verhängnisvollen Vergangenheit wieder kollektiven Bewusstseinsstrukturen zu wie etwa dem kulturellen Gedächtnis (Jan Assmann). Andere Kollektivvorstellungen werden entweder im Sinne eines Vorwurfs der Reifizierung

historischer und gesellschaftlicher Prozesse in Frage gestellt oder haben ihre ursprüngliche Plausibilität eingebüßt wie z. B. das kollektive »Gewissen«, wie es Durkheim konzipierte. Die Bedeutung des kollektiven Gedächtnisses (Halbwachs) wird eher im Rahmen der Thematisierung von kultureller Identität aufzusuchen sein als unter dem Stichwort von »Subjektivität«. Aufs Ganze gesehen eignet sich dieses im Umfeld der europäischen Kultur eher als eine bestimmte Betrachtungs- und Problematisierungsform individueller Existenz und führt mit seinem hypersubjektiven Analogon in die Irre.

Literatur

ADORNO, THEODOR W. (1977), *Zu Subjekt und Objekt*, in: Adorno, Theodor W., *Kulturkritik und Gesellschaft II. Eingriffe – Stichworte – Anhang*, hg. von Tiedemann, Rolf, Frankfurt/M.: Suhrkamp, S. 741–758. ■ ADORNO, THEODOR W. (1980[2]), *Negative Dialektik*, Frankfurt/M.: Suhrkamp. ■ BALIBAR, ETIENNE (1991), »Der Rassismus: auch noch ein Universalismus«, in: Bielefeld, Uli (Hg.), *Das Eigene und das Fremde. Neuer Rassismus in der Alten Welt?*, Hamburg: Junius. ■ BHABHA, HOMI K. (2000), *Die Verortung der Kultur*, übers. von Schiffmann, Michael / Freudl, Jürgen, Tübingen: Stauffenburg. ■ BERNET, RUDOLF (2002), »Das Subjekt ohne Eigenschaften«, in: *Phänomenologische Forschungen*, S. 11–26. ■ BOEHM, RUDOLF (1974), *Die Kritik der Grundlagen unseres Zeitalters*, Den Haag: Nijhoff. ■ BOURDIEU, PIERRE (1987 [1980]), *Sozialer Sinn. Kritik der theoretischen Vernunft*, übers. von Seib, Günter, Frankfurt/M.: Suhrkamp. ■ BOURDIEU, PIERRE (1997), *Méditations pascaliennes*, Paris: Seuil. ■ CANGUILHEM, GEORGES (1988 [1967, 1985]), *Georges Canguilhem über Michel Foucault, Michel Foucault über Georges Canguilhem*, übers. von Noll, Monika / Seitter, Walter, Tübingen: edition diskord. ■ ELIAS, NORBERT (1997[20]), *Über den Prozess der Zivilisation. Soziogenetische und psychogenetische Untersuchungen. Erster Band: Wandlungen des Verhaltens in den weltlichen Oberschichten des Abendlandes. Zweiter Band: Wandlungen der Gesellschaft. Entwurf zu einer Theorie der Zivilisation*, Frankfurt/M.: Suhr-

---

69 Schiller (1960, S. 473 f.).
70 Vgl. Balibar (1991, S. 177).
71 Schiller (1960, S. 477).
72 Fichte (1955, S. 180).
73 Fichte (1955, S. 84).
74 Vgl. Fichte (1955, S. 21).
75 Vgl. Fichte (1955, S. 13).
76 Vgl. Fichte (1955, S. 122).
77 Fichte (1955, S. 121).
78 Vgl. Plessner (1981).

kamp. ■ Fetz, Reto Luzius / Hagenbüchle, Roland / Schulz, Peter (Hg.) (1998), *Geschichte und Vorgeschichte der modernen Subjektivität*. Band 1 und 2, Berlin/New York: de Gruyter. ■ Fichte, Johann Gottlieb (1798), *Das System der Sittenlehre nach den Principien der Wissenschaftslehre*, Jena/Leipzig: Gabler. ■ Fichte, Johann Gottlieb (1955 [1808]), *Reden an die deutsche Nation*, Hamburg: Meiner. ■ Foucault, Michel (1977 [1975]), *Überwachen und Strafen. Die Geburt des Gefängnisses*, übers. von Seitter, Walter, Frankfurt/M.: Suhrkamp. ■ Foucault, Michel (1978[2] [1966]), *Die Ordnung der Dinge. Eine Archäologie der Humanwissenschaften*, übers. von Köppen, Ulrich, Frankfurt/M.: Suhrkamp. ■ Foucault, Michel (1984), »Eine Ästhetik der Existenz. Gespräch mit Alessandro Fontana«, in: *Von der Freundschaft. Michel Foucault im Gespräch*, übers. von Karbe, Marianne / Seitter, Walter, Berlin: Merve, S. 133–141. ■ Foucault, Michel (1987a [1982, 1983]), »Vom klassischen Selbst zum modernen Subjekt«, in: Dreyfus, Hubert L. / Rabinow, Paul, *Michel Foucault. Jenseits von Strukturalismus und Hermeneutik*, mit einem Nachwort von und einem Interview mit Michel Foucault, übers. von Rath, Claus / Raulff, Ulrich, Frankfurt/M.: Athenäum, S. 281–292. ■ Foucault, Michel (1987b [1986]), *Michel Foucault vorgestellt von Maurice Blanchot*, übers. von Wahlser, Barbara, Tübingen: edition diskord. ■ Foucault, Michel (1993 [1988]), »Technologien des Selbst«, in: Martin, Luther H. / Gutmann, Huck / Hutton, Patrick H. (Hg.), *Technologien des Selbst*, übers. von Bischoff, Michael, Frankfurt/M.: S. Fischer, S. 24–62. ■ Gehring, Petra (1994), *Innen des Außen – Außen des Innen. Foucault – Derrida – Lyotard*, München: Fink. ■ Habermas, Jürgen (1996), *Die Einbeziehung des Anderen. Studien zur politischen Theorie*, Frankfurt/M.: Suhrkamp. ■ Hegel, Georg Wilhelm Friedrich (1973 [1807]), *Phänomenologie des Geistes*, Frankfurt/M.: Suhrkamp. ■ Heidegger, Martin (1979 [1925]), *Prolegomena zur Geschichte des Zeitbegriffs, Gesamtausgabe. II. Abteilung: Vorlesungen 1923–1944*, Band 20, hg. von Jaeger, Petra, Frankfurt/M.: Vittorio Klostermann. ■ Henrich, Dieter (1967), *Fichtes ursprüngliche Einsicht*, Frankfurt/M.: Klostermann. ■ Henrich, Dieter (1989), »Die Anfänge der Theorie des Subjekts (1789)«, in: Honneth, Axel / McCarthy, Thomas / Offe, Claus / Wellmer, Albrecht (Hg.), *Zwischenbetrachtungen: im Prozess der Aufklärung. Jürgen Habermas zum 60. Geburtstag*, Frankfurt/M.: Suhrkamp, S. 106–170. ■ Herder, Johann Gottfried (1967a [1784–1791]), »Ideen zu einer Geschichte der Menschheit«, in: Herder, Johann Gottfried, *Sämtliche Werke*, Band 13 und 14, hg. von Suphan, Bernhard, Hildesheim: Olms. ■ Herder, Johann Gottfried (1967b [1774]), »Auch eine Philosophie der Geschichte zur Bildung der Menschheit«, in: Herder, Johann Gottfried, *Sämtliche Werke*, Band 5, hg. von Suphan, Bernhard, Hildesheim: Olms. ■ Hoffmann, Ernst Theodor Amadeus (1967), »Der Sandmann«, in: Hoffmann, Ernst Theodor Amadeus, *Werke*, 2. Band, neu durchgesehen und revidiert von Kraft, Herbert / Wacker, Manfred, Frankfurt/M.: Insel, S. 7–40. ■ Horkheimer, Max / Adorno Theodor W. (1971 [1947]), *Dialektik der Aufklärung. Philosophische Fragmente*, Frankfurt/M.: Fischer. ■ Kant, Immanuel (1983[5]), »Über die von der Königl. Akademie der Wissenschaften zu Berlin für das Jahr 1791 ausgesetzte Preisfrage: Welches sind die wirklichen Fortschritte, die die Metaphysik seit Leibnizens und Wolffs Zeiten in Deutschland gemacht hat?«, in: Kant, Immanuel, *Werke in zehn Bänden*, hg. von Weischedel, Wilhelm, Band 5, Darmstadt: Wissenschaftliche Buchgesellschaft, S. 583–676. ■ Kittler, Friedrich (1988), »Das Subjekt als Beamter«, in: Frank, Manfred / Raulet, Gérard / van Reijen, Willem (Hg.), *Die Frage nach dem Subjekt*, Frankfurt/M.: Suhrkamp, S. 401–420. ■ Knigge, Adolph Freiherr von (2001 [1790]), *Über den Umgang mit Menschen*, hg. von Ueding, Gert, mit Illustrationen von Chodowiecki u.a., Frankfurt/M.: Insel. ■ Kobusch, Theo (1997[2]), *Die Entdeckung der Person. Metaphysik der Freiheit und modernes Menschenbild*, Darmstadt: Wissenschaftliche Buchgesellschaft. ■ Konersmann, Ralf (1991), *Lebendige Spiegel. Die Metapher des Subjekts*, Frankfurt/M.: Fischer. ■ Köpping, Klaus-Peter / Welker, Michael / Wiehl, Reiner (Hg.) (2002), *Die autonome Person – eine europäische Erfindung?*, München: Fink. ■ Koselleck, Reinhart (1995), *Vergangene Zukunft. Zur Semantik geschichtlicher Zeiten*, Frankfurt/M.: Suhrkamp. ■ Kremer, Klaus (2001), »Plotin – Eine frühe Form von Subjektivitätsphilosophie«, in: Krieger, Gerhard / Ollig, Hans-Ludwig (Hg.), *Fluchtpunkt Subjekt: Facetten und Chancen des Subjektgedankens*, Paderborn/München/Wien/Zürich: Schöningh, S. 19–35. ■ Lenz, Anita / Meretz, Stefan (1995), *Neuronale Netze und Subjektivität. Lernen, Bedeutung und die Grenzen der Neuro-Informatik*, Braunschweig/Wiesbaden: Vieweg. ■ Lyotard, Jean-François (1986), »Grundlagenkrise«, in: *Neue Hefte für Philosophie*, 20, S. 1–33. ■ Meyer-Drawe, Käte (1996), *Menschen im Spiegel ihrer Maschinen*, München: Fink. ■ Meyer-Drawe, Käte (1997), »Die Philosophie des Johann Amos Comenius«, in: *Comenius-Jahrbuch*, Band 5, S. 11–30. ■ Meyer-Drawe, Käte (2000[2]), *Illusionen von Autonomie. Diesseits von Ohnmacht und Allmacht des Ich*, München: Kirchheim. ■ Montaigne, Michel de (1999), *Essais*, Erste moderne Gesamtübersetzung von Hans Stilett, hg. von Enzensberger, Hans Magnus, Frankfurt/M.: Eichborn, S. 1580ff. ■ Musil, Robert (1981 [1930ff.]), *Der Mann ohne Eigenschaften*, hg. von Frisé, Adolf, Erstes und Zweites Buch, Reinbek: Rowohlt. ■ Nietzsche, Friedrich (1988a[2]), *Also sprach Zarathustra. Kritische Studienausgabe*, hg. von Colli, Giorgio / Montinari, Mazzino, Band 4, München: Deutscher Taschenbuch Verlag. ■ Nietzsche, Friedrich (1988b[2]), *Jenseits von Gut und Böse. Kritische Studienausgabe*, hg. von Colli, Giorgio / Montinari, Mazzino, Band 5, München: Deutscher Taschenbuch Verlag. ■ Pascal, Blaise (o.J.), *Gedanken*, nach der endgültigen Ausgabe übertragen von Rüttenauer, Wolfgang. Einführung von Guardini, Romano, Birsfelden/Basel: Schibli-Doppler. ■ Plessner, Helmuth (1981 [1924]), *Grenzen der Gemeinschaft. Eine Kritik des sozialen Radikalismus*, in: Plessner, Helmuth, *Gesammelte Schriften*, Band V, hg. von Dux, Günter u.a., Frankfurt/M.: Suhrkamp, S. 7–133. ■ Ricken, Norbert (1999), *Subjektivität und Kontingenz. Markierungen im pädagogischen Diskurs*, Würzburg: Königshausen & Neumann. ■ Rieger, Markus (1997), *Ästhetik der Existenz? Eine Interpretation von Michel Foucaults Konzept der ›Technologien des Selbst‹ anhand der ›Essais‹ von Michel de Mon-*

taigne, Münster: Waxmann. ■ RIEGER-LADICH, MARKUS (2002), *Mündigkeit als Pathosformel. Beobachtungen zur pädagogischen Semantik*, Konstanz: UVK Verlagsgesellschaft. ■ RÖHR, HENNING (2000), *Endlichkeit und Dezentrierung. Zur Anthropologie Ludwig Feuerbachs*, Würzburg: Königshausen & Neumann. ■ RUSTEMEYER, DIRK (2001), *Sinnformen. Konstellationen von Sinn, Subjekt, Zeit und Moral*, Hamburg: Meiner. ■ SCHILLER, FRIEDRICH (1960²), »Deutsche Grösse«, in: Schiller, Friedrich, *Sämtliche Werke*, Band 1, hg. von Fricke, Gerhard / Göpfert, Herbert G. in Verbindung mit Stubenrauch, Herbert, München: Hanser, S. 473–478. ■ SCHIRILLA, NAUSIKAA (1996), *Die Frau, das Andere der Vernunft? Frauenbilder in der arabisch-islamischen und europäischen Philosophie*, Frankfurt/M.: IKO-Verlag für Interkulturelle Kommunikation. ■ SCHLEGEL, FRANK (1997), »Subiectivität« bei Heidegger. Zu einem Schlüsselbegriff des seinsgeschichtlichen Denkens«, in: *Archiv für Begriffsgeschichte*, 40, S. 160–175. ■ SINGER, WOLF (2002), *Der Beobachter im Gehirn. Essays zur Hirnforschung*, Frankfurt/M.: Suhrkamp. ■ WALDENFELS, BERNHARD (1994), *Antwortregister*, Frankfurt/M.: Suhrkamp. ■ WALDENFELS, BERNHARD (2002), *Bruchlinien der Erfahrung. Phänomenologie – Psychoanalyse – Phänomenotechnik*, Frankfurt/M.: Suhrkamp.

5.3 Zugehörigkeit und Mitgliedschaft.
Die politische Kultur der Weltgesellschaft

Claus Leggewie

1. Einleitung

Die Soziologie interessiert sich weniger für die Menschheit schlechthin denn für den Menschen als soziales Wesen, der sein Handeln, bisweilen universal ausgreifend, an anderen orientiert und in Gruppen, Vereinen, Teams und dergleichen mit anderen gemeinsam handelt. So bilden sich Lebenswelten und Netzwerke mit Wechselbeziehungen, die ein mehr oder weniger stabiles Kollektivbewusstsein und Wir-Gefühle erlauben. Ein großer Teil der soziologischen Forschung hat sich auf Kleingruppen konzentriert oder sich mittelgroßen Organisationen gewidmet, doch auch die Kohäsion größerer Gruppen war stets ein Problem, vor allem im Hinblick auf die Grenzen der Gemeinschaft und eventuelle free-rider (Trittbrettfahrer). Die Wissenschaft von der Politik befasst sich mit dem *zoon politikòn*, das Verbänden angehört, Gesellschaftsverträge schließt, ein öffentliches Leben führt und politische Gemeinschaften bildet.

In diesem komplexen Geschehen ist der Begriff der Kultur nicht eindeutig anzuordnen: Er ist übergeordnet, insofern soziale und politische Zusammenschlüsse in allgemeinere anthropologische Kontexte eingebettet werden, andererseits markiert er die je besondere Weise, in der sich solche Gemeinschaftsbildungen intern vollziehen. Das Soziale ist somit Ausdruck von Kultur und zugleich wiederum in sich kulturell ausdifferenziert, etwa in Form von Subkulturen und politischen Kulturen. Kultur ist das Besondere – und der ganze Rest.

In diesem Sinne möchte ich im Folgenden zwei relationale Begriffe behandeln, die in den letzten Jahren für Diskussion gesorgt haben: Mitgliedschaft und Zugehörigkeit. Als Mitglied bezeichnet man Angehörige einer fest umrissenen Gemeinschaft,

was meist durch formalen Beitritt und Mitgliedsbeiträge dokumentiert ist, Rechte verleiht und Pflichten auferlegt. Mitgliedschaft ist mehr oder weniger verbindlich und freiwillig – und eine Universalie: So gut wie alle Menschen sind Mitglied eines Vereins oder einer Organisation, und auch, wo deren Attraktion spürbar nachgelassen hat (was sinkende Mitgliederzahlen und der Rückzug aus öffentlichem Engagement anzeigen), gibt es niemanden, der nicht zumindest temporär einer Gruppe oder Gemeinschaft angehört und Teil eines sozialen Netzwerkes ist. Die Individualisierung, der Trendsetter der soziologischen Zeitdiagnose im vergangenen Jahrzehnt, machte den Menschen nicht zum Robinson. Mittlerweile ist wieder von der »Rückkehr der Gemeinschaft« die Rede, und auch dieser stark aus den cultural studies genährte Trend verdient die kritische Aufmerksamkeit der Sozialforschung.

Wo Mitgliedschaft freiwillig ist, setzt sie ein Gemeinschaftsgefühl voraus und einen »Gemeinsamkeitsglauben« (Max Weber), also eine Konsensorientierung bei denen, die »Glied« der Gemeinschaft sind oder sein wollen. Mehr als formale Mitgliedschaft spielt hier das subjektive Zugehörigkeitsgefühl eine Rolle; es handelt sich also um eine starke, oft symbolisch explizierte Investition in die gewählte Gemeinschaft, der man sich wertrational, also über zweckrationale Kalküle hinaus verbunden weiß. Nicht dass solche Gemeinschaften »Substanzen« wären. Aber in der Imagination des Gemeinsamkeitsglaubens bekommen sie leicht die Qualität von »Pech und Schwefel«. Ihre Charakteristika sind Vertrauen, Reziprozität, Solidarität.

Eine spezielle Variante davon sind Nationen und nationale Staaten, die in der heutigen Weltgesellschaft prekär geworden sind, auch wenn sie immer noch imperativ und dramatisch wirken, wenn am Besitz eines Passes oder einer Aufenthaltsberechtigung Tod oder Leben hängen. Staatsbürgerschaft, wie man diese Form der Vergemeinschaftung nennt,[1] ist also eine spezielle

---

1 Der politisch-soziologische Begriff hat sich mittlerweile auch im deutschsprachigen Raum gegen den Rechtsbegriff »Staatsangehörigkeit« durchgesetzt, analog citizenship (engl.) und

soziale Positionierung durch politisch-rechtliche Zugehörigkeit. Mithin ist sie eine Variante »partizipativer Identität«,[2] die meist bereits qua Geburt zugeschrieben worden ist, darüber hinaus aber emotionale und politische Teilnahme erfordert. Staatsbürgerschaft verkoppelt damit auf exemplarische Weise eine subjektive Hinwendung (*a sense of belonging*) zu einem Volk oder einer Nation mit formaler Mitgliedschaft, ohne dass damit, wie bei Ideenzirkeln und Interessenorganisationen üblich, ein gemeinsames, festes Organisationsziel vorgegeben werden kann. Genau diese Janusköpfigkeit macht Staatsbürgerschaft zu einem besonders interessanten Spezialfall von Gemeinschaft *und* Gesellschaft in postmodernen Gesellschaften.

Ein weiteres kommt hinzu: Neben die »Normalform« einfacher nationaler Staatsbürgerschaft, die das Gros der Menschheit wie selbstverständlich besitzt, treten multiple und flexible Beteiligungsidentitäten, die wiederum aufschlussreich sind für postmoderne Formen von Vergemeinschaftung und Vergesellschaftung im Allgemeinen. Mit der Entgrenzung der Welt haben sich nämlich nicht nur ausnahmsweise transnationale Zugehörigkeiten gebildet, womit feste Raumgrößen und Grenzen, auf denen das westlich-moderne Verständnis von Sozialität wie selbstverständlich beruhte, relativiert werden. Der Nationalstaat ist damit keineswegs untergegangen, aber als Referenz politischer Zugehörigkeit verblasst er.

Alternative Fundamente postmoderner Welt-Bürgerlichkeit sollen damit der Fluchtpunkt der folgenden Abhandlung sein, die sich im ersten Abschnitt mit einer grundlegenden Codierung des Sozialen befasst, nämlich der engen Verbindung der Inklusion des Eigenen mit der Exklusion des Anderen, und im zweiten Abschnitt die Verkörperung des Anderen in Gestalt des Fremden thematisiert, womit auf heutige Einwanderungsgesellschaften und Diaspora-Gemeinschaften Bezug genommen wird. Im dritten Abschnitt wird das General-Thema »Inklusion/Exklusion« an der Staatsbürgerschaft und ihrer Dialektik von Einbürgern und Ausschließen ausgeführt, woran sich viertens Betrachtungen zu transnationalen Gemeinschaften und ihrer Bedeutung für postmoderne Vergesellschaftung im Allgemeinen anschließen.

2. Hinführung: Inklusion und Exklusion. Zur sozialen Konstruktion von Fremdheit

Es gibt eine ganz elementare Kodierung von Gesellschaft nach »drinnen und draußen«, »dazugehörig oder nicht«. Unterhalb der Schwelle der »Menschheit« sind wir stets das eine Mal ein-, das andere Mal ausgeschlossen. Man hat es hier offenbar mit einem logisch zwingenden Axiom zu tun: Schon die Bestimmung des eigenen Selbst reklamiert die Nicht-Identität mit anderen, wobei diese Anderen zugleich als Spiegel und als Garant der Anerkennung von Selbst-Behauptung herangezogen werden müssen. Unser Selbst ist nichts ohne die Gewissheit der Existenz, die ihm erst andere verleihen. Die soziale Lebenswelt weist über diesen Dualismus hinaus. In modernen Gesellschaften spielen alle mehrere Rollen, die oft nicht einfach in ein Repertoire einzufügen sind. Die Regel sind Mehrfach-Identitäten und überlappende Zugehörigkeiten.

Wann steht uns eine Gruppe oder Gemeinschaft offen, unter welchen Umständen darf man sie legitimerweise schließen? Eine normativ unterstützte Dynamik der Inklusion besagt, dass Individuen und Gruppen, die »draußen« sind, eingeschlossen werden sollen, worin das starke Prinzip sozialer Gleichheit zum Tragen kommt. Aber wie wir schon gesehen haben, wohnt jedem Inklusionsprozess logischerweise ein Mechanismus der Exklusion inne.[3] Jede binäre Kodierung (also: entweder Mann oder Frau, Deutscher oder Franzose und so weiter) setzt Nicht-Identität mit denjenigen voraus, die definitionsgemäß nicht dazugehören. Die übliche moralische Bewertung und Verurteilung von Ausgrenzung ist aus soziologischer Sicht also nicht plausibel; offenbar kommt es auf die Begründung für einen Ausschluss und die damit verbundenen Nachteile an.

Ein Fallbeispiel kann verdeutlichen, wie historisch und kulturell kontingent diese Begründung

---

citoyenneté (frz.). – Ich beschränke mich im Folgenden auf wenige Anmerkungen; benutzte und weiterführende Literatur ist zu den einzelnen Abschnitten gesondert aufgeführt. Ich führe hier Überlegungen weiter, die in Leggewie (1989, 1994 und 2001; s. Lit. zu 1) angestellt worden sind.

2 Hahn (1998; s. Lit. zu 2).

3 Luhmann (1995; s. Lit. zu 2).

ist. Der Augusta Golfclub in Atlanta im US-Bundes-staat Georgia schließt weibliche Spielerinnen schon seit seiner Gründung vor siebzig Jahren aus. Der im lokalen Rahmen des Südstaates für durchaus akzeptabel gehaltene Ausschluss wurde unter universalen Gesichtspunkten als das bewertet, was er ist: als eine systematische Diskriminierung von Frauen. Problematisiert wurde dies aber erst kürzlich, als der Club wieder sein hochrangiges Golf-Turnier, das »US-Masters«, ausrichten wollte, das in Fachkreisen als »Wimbledon« des Golf gilt. In einem eher nett gehaltenen Brief hatte die Vorsitzende des sechs Millionen Mitglieder starken *National Council of Womens Organizations* (NCWO) angeregt, endlich Frauen aufzunehmen, zumal das die Satzung per se nicht ausschließt. Erst die rüde Reaktion des Club-Vorsitzenden löste einen Skandal aus; zwar kam es nicht zum Boykott, den der mittlerweile ebenso kampfentschlossene Frauenverband forderte, aber potente Sponsoren wie Coca-Cola und IBM zogen sich zurück, weil sie nicht in den Ruf geraten wollten, frauenfeindlich zu sein. Die Veranstalter blieben jedoch stur und verzichteten lieber auf gut sieben Millionen US-Dollar, als dem Wunsch nach Gleichberechtigung nachzugeben. Die Mehrheit der Club-Mitglieder unterstützte die Trotzreaktion, während draußen die Empörung wuchs. Anstößiger wäre wahrscheinlich nur, würde derselbe Club weiterhin Schwarze fernhalten, wie dies in amerikanischen Südstaaten lange Zeit wie selbstverständlich der Fall war, darunter auch im Augusta Golf Club zu Atlanta, der Afro-Amerikanern erst Anfang der 1990er Jahre zuließ, übrigens nach ähnlichen Protesten.

Der Fall, der weltweit für Schlagzeilen sorgte, zeigt, wie sich das Prinzip der Inklusion in der Praxis durchsetzt: durch die konstante Problematisierung von Ungleichheiten aller Art. Der Vorsitzende des Golf-Clubs fühlte sich berechtigt, unerwünschte Personen auszuschließen; private Vereine bilden sich schließlich zu ganz bestimmten Zwecken und sind selbstredend nicht gezwungen, jeden aufzunehmen, der das wünscht. Hierin unterscheidet sich ein Golfclub von der Bundesversicherungsanstalt für Angestellte, aus welcher niemand seines Geschlechts oder seiner Hautfarbe wegen ausgeschlossen werden darf. Verboten ist allerdings auch einem privaten Club der Ausschluss aus Grün-

den, die mit dem Vereinszweck nicht das geringste zu tun haben, hier mit dem Golfspielen. Ein Verein darf sich bizarren Zwecken verschreiben, nebenbei kann er auch Mitgliedsbeiträge verlangen, die prohibitiv und damit de facto diskriminierend wirken; aber Gesetzgeber und Strafverfolgung sind verpflichtet einzugreifen, wenn Benachteiligungen erfolgen, die mit Menschen- und Grundrechten unvereinbar sind. So dürfen sich Eigentümer einer Wohnung ihre Mieter aussuchen, aber nicht schon in einer Annonce nach rassischen, religiösen oder anderen Kriterien ausschließen; die Selektion von Disco- und Clubbesuchern unter nämlichen Kriterien ist ebenso untersagt. Umgekehrt stellen kirchliche Verbände häufig nur Angehörige ihrer Konfession ein, auch wenn sie diese aus öffentlichen Geldern bezahlen; und Frauenbuchläden schließen männliche Besucher mit der Begründung aus, der so geschaffene Freiraum schütze Frauen vor Diskriminierung, der sie andernorts ständig ausgesetzt sind, und erlaube die Entfaltung ihrer Persönlichkeit, die andernorts nicht gegeben sei.

Diese Fälle illustrieren, wie Schließungen nach dem Club-Prinzip (»members only« und »closed shop«) in der sozialen Lebenswelt einerseits hingenommen und auch für legitim und legal angesehen werden, andererseits immer wieder durch Inklusionsansprüche aus dem öffentlichen Bereich problematisiert und unterlaufen werden. Das unterstreicht, wie sich jede Gesellschaft nach dem grundsätzlichen oder gelegentlichen Einschluss und Ausschluss von Individuen und Gruppen strukturiert. Es wird ein temporärer Bereich der Exklusion geschaffen, in dem Menschen, die im Blick auf existenzielle Grundbedürfnisse, ihre Gottesebenbildlichkeit, ihre Menschenrechte und dergleichen eingeschlossen werden könnten, als *Andere* klassifiziert und dadurch von Leistungen ausgeschlossen werden.

Offenbar hat man es hier mit einander widerstrebenden Aspekten des Sozialen zu tun, die an der Kategorie der Gruppe demonstriert werden können. Soziale Gruppen sind kohärente, durch Normen regulierte Gebilde, die sich durch markante Selbstbeschreibungen und symbolische Repräsentationen, auch durch alltägliche Rituale und die Kommemoration gemeinsam verlebter oder imaginierter Schicksalsstunden auszeichnen. Hier ist der Ort für

»unhinterfragte« Solidarität, die man Außenstehenden fraglos verweigert. Primärgruppen dieses Typs sind Familien und Verwandtschaften, die wesentliche Enkulturations- und Sozialisationsaufgaben übernehmen; hinzu treten stabile Gemeinschaften wie Peer-Gruppen, Nachbarschaften, Vereine und Gemeinden sowie sekundäre Assoziationen wie Berufsverbände, Schulklassen und Arbeitsteams. Gemeinsam ist ihnen, jenseits ihrer funktionalen Aufgaben, die Unterstellung von Intimität und Vertrautheit, was innere Konflikte natürlich nicht ausschließt, und ein Wir-Gefühl, das sich typischerweise am Vergleich mit deklarierten Anderen ausbildet, aber ebenso auf interne Abweichler (Häretiker, Apostaten, Verräter, Geisteskranke etc.) übergreift.

Hiermit werden Andere zu Fremden und Außenstehende womöglich als »Feinde« begriffen, und das bedeutet: Gerade qua Exklusion wird eine soziale Beziehung konstruiert und stabilisiert, als eine Beziehung zu Fremden, die über eine bloß okkasionelle oder spontane Beobachtung von Unterschieden hinausgeht. Solche machen sich bekanntlich häufig fest an primären Merkmalen wie Geschlecht, körperlicher Gestalt und Hautfarbe, aber auch an der Sprache und Herkunft und an unvertrauten Glaubensüberzeugungen und Weltanschauungen. Üblicherweise werden Unterschiede zwischen dem Eigenen und dem Fremden auch räumlich fixiert; eine temporäre Variante der Vergemeinschaftung ist hier die Abgrenzung einer Gruppe von Altersgleichen als Generation.

Wozu sind solche Demarkationslinien gut? Offenbar dienen sie dazu, personale Identität aufzubauen: Ich bin kein Anderer. Andere leisten, was man aus sich heraus nicht leisten kann, analog konstituiert die ständige Sortierung von Eigenen und Anderen Wir-Gruppen und Wir-Gefühle: »Wir« sehen anders aus, wir verstehen nicht, wir glauben anders, und so weiter. Dabei muss man zwischen personaler und kollektiver Identität unterscheiden; der Bestimmung von Wir-Gruppen haftet etwas zwanghaft Familiales und Ideologisches an, wenn die Semantik der Verwandtschaft unzulässig auf anonyme Kollektive übertragen wird, die eben keine »große Familie« darstellen.

Die Kulturwissenschaften haben in den letzten Jahrzehnten überzeugend dargelegt, dass es sich bei Fremden um »soziale Konstrukte« und folglich bei der Eigen-Gruppe um eine »imaginierte Gemeinschaft« handelt, die allerdings auf naturwüchsige und sichtbare Differenzen zurückgreift und damit psychologische Schwellen und geographische Grenzen aufbaut. Gemeinsamkeiten allgemeiner oder spezieller Art, die man mit Fremden teilt, werden übersehen, Differenzen zu ihnen besonders betont. Nicht natürliche Unterschiede machen jemanden anderen zum Fremden, sondern umgekehrt: Sozial institutionalisierte Fremdheit erzeugt Wahrnehmungsunterschiede.

Ungeachtet der möglichen Verwerflichkeit solcher Stereotypen gilt, dass auf diese Weise sozial notwendige Unterscheidungen getroffen werden; sie sind darin begründet, dass sich letztlich alle Menschen fremd sind und man sich unmöglich mit allen gleichermaßen vertraut machen kann. »Alle können zu Fremden *werden*, weil sie es in gewisser Weise immer schon *sind* und immer *bleiben*.«[4] Ein eher historischer Typ des Fremden ist der von Simmel apostrophierte »Bewohner des Sirius« – Barbaren, die außerhalb der eigenen Lebenswelt leben und mit dem sich eine Begegnung überhaupt nur als eine feindliche vorstellen lässt. Kultursoziologisch interessanter und zeitgemäßer ist jener Typ des Fremden, der in der klassisch gewordenen Formulierung Georg Simmels »nah und fern zugleich« ist – einer, »der heute geht und morgen bleibt«.[5] Damit wird eine auf Dauer angelegte soziale Beziehung definiert, die gar nicht erst auf Vertrautheit und Verwandtschaft abzielt, sondern kulturelle Distanz aufrechterhält und sogar bewusst perpetuiert. Die Realfigur des Immigranten sticht dabei nur besonders klar hervor, doch kann Fremdheit ebenso vorliegen bei Individuen, die einen sozialen Statuswechsel vornehmen und dabei zumindest vorübergehend die Rolle des Fremden zugeschrieben bekommen. Bei gescheiterter Assimilation bleiben sie möglicherweise dauerhaft Außenseiter. Literarisch einschlägig ist der *outcast*, der auf Grund krimineller Handlungen und anderer Formen abweichenden Verhaltens als *marginal man* abgespalten und stigmatisiert ist, oder der notorische Außenseiter in

---

4 Hahn (1994, S. 143; s. Lit. zu 3).
5 Simmel (1992, S. 764; s. Lit. zu 2).

einer Schulklasse, einem Verein, einer Familie, einer Gemeinde oder Nachbarschaft.[6]

Merkmal dieser Fremden ist, dass sie zwar »drinnen« sind, durch die Zuschreibung von Fremdheit aber latent »draußen« gehalten werden: »Der Fremde ist ein Element der Gruppe selbst«, schrieb Georg Simmel. In dieser soziologischen Funktion können Fremde als Bedrohung wie als Bereicherung aufgefasst werden. Die strukturelle Übereinstimmung antisemitischer mit philosemitischen Motiven zeigt, wie jede besondere Emphase des jüdischen Fremden eine Identifizierungschance für Nicht-Juden bietet. Und so stabilisierte »der Jude« als Fremdkörper oder Exot über Jahrhunderte die Binnenidentität christlicher Gruppen; später unterstützte er die Bildung europäischer Nationen, und sogar die kollektive Bewältigung des Holocaust konnte in Deutschland nach 1945 politische Identität stiften. Allgemein steigert Fremdenfeindlichkeit das subjektive Zugehörigkeitsgefühl zum eigenen politisch-sozialen Verband und überspielt damit Erscheinungen individueller Isolation und sozialer Anomie, denen fremdenfeindlich eingestellte Personen nachweislich besonders stark ausgesetzt sind; andererseits kann auch Xenophilie kollektive Identität stiften, indem man das Bild des Fremden positiv ausmalt und damit in Einwanderungsgesellschaften unterstellt, alle seien gleichermaßen als Fremde ins Land gekommen und nicht als Störer der gewohnten Ruhe und Ordnung.

Aus kultursoziologischer Sicht kann man also die Notwendigkeit latenter Fremdheit aufzeigen. Es ist offenbar gut, dass man in offenen, pluralistischen und lernfähigen Gesellschaften nicht per se davon ausgehen darf, alle seien »auf dem gleichen Stand«, sondern erwarten muss, dass einem – eben in Gestalt von Fremden – stets Neues und »Unheimliches« begegnen wird. Wo Individuen ganz automatisch von kultureller Übereinstimmung mit ihren Zeitgenossen überzeugt sind, wirken Fremde als Feinde der gewohnten Ordnung, und das heißt: Ein Bewusstsein der Fremdheit selbst in der vertrauten Lebenswelt schützt vor provinzieller Borniertheit.

Moderne Gesellschaften haben sich deshalb in der Sphäre der schönen Künste stets Figuren und Institutionen geschaffen, die systematisch Ver- und Entfremdung produzieren und genau dadurch kulturelle Impulse geben. Einen analogen Effekt erzeugen die in modernen Gesellschaften üblichen Institutionen der Wirtschaft und des Rechts, indem ein bürokratischer Akt und eine geschäftliche Beziehung voraussetzen, dass man die Partner der Interaktion (im Übrigen) *nicht* kennt und sie legitimerweise auf Distanz hält. Fremde werden deswegen, nur scheinbar paradox, als Funktionäre der Inklusion und der Generalisierung von Normen betrachtet – ein Fremder kann unbefangener Urteile abgeben und leichter Konflikte lösen, die aus der intimen Binnensicht verfahren erscheinen.

Der erste Abschnitt über die Konstruktion und Funktion des Fremden führt zu dem Schluss, dass in modernen Gesellschaften offenbar mehrere Typen von Differenzierung vorliegen. Die Gesellschaftstheorie, insbesondere die systemtheoretische Schule, unterstreicht vor allem die *funktionale* Differenzierung in die Subsysteme Wirtschaft, Moral, Politik und so weiter, und nimmt als Bezugsgröße konsequent die Weltgesellschaft. Denn die Wirtschaftsordnung und die wissenschaftlich-technischen Expertensysteme sprengen den Rahmen des nationalen Staats, der die vorherrschende Form einer anderen, nämlich *segmentären* Differenzierung ist. Zu erwähnen ist hier noch die dritte Variante, nämlich die *soziale* Differenzierung. Funktionssysteme, Ethnien/Kulturen und Sozialschichtung ziehen jeweils andere Grenzen, die historisch kaum und meist nur gewaltsam mit nationalen Grenzen in Einklang standen, aber durch diese eine gewisse Kongruenz erreicht haben. Darin bestand die progressive Funktion des *nation-building*, das Sozialintegration voraussetzt, aber auch stabilisiert und rechtliche, politische und auch soziale Gleichheit erlaubt.

Analog dazu kann man nun auch drei Formen von Desintegration konstatieren. Wenn in einer Gesellschaft die Subsysteme von Wirtschaft, Politik und Recht inkompatibel sind, wird sie durch Schattenwirtschaft, Steuerhinterziehung und Mafia-Wirtschaft auseinandergetrieben. Soziale Randständigkeit ergibt sich, wo das Gefälle zwischen Oben und Unten zu stark wird und durch Armut, fehlende Rechte und Peripherie-Status Partizipation verhindert wird. Besonders zuwenden möchte ich

---

6 Schütz (1944; s. Lit. zu 2).

mich nun der dritten, segmentären Form von Differenzierung, die Fremdheit auf ethnische und religiöse Gruppenmerkmale projiziert. Dies ist vor allem in multikulturellen Einwanderungsgesellschaften der Fall, die heute für besonders desintegrierend gehalten werden.

3. Problematisierung: Ethnizität und Multikulturalismus

Fremdheit ist in modernen Gesellschaften, wie wir gesehen haben, in den Mechanismus der Inklusion selbst eingebaut; sie erlaubt Anonymität und Mobilität, Spezialisierung und Innovation, und damit wesentliche Elemente von Modernisierung. Inhärent ist dem oft ein diskriminierendes Schema von Normalität, das abweichende Individuen auf ihre Andersartigkeit festlegt und sie von sozialer Kommunikation ausschließt, im Extremfall (des *homo sacer*) für vogelfrei oder »lebensunwert« erklären kann. Diskriminierung entzündet sich an allen möglichen Identitätsmarkern, vor allem aber an rassischen, ethnischen und religiösen Differenzen. Damit wurden Einwanderer zur Personifikation des Anderen, der dauerhaft fremd bleibt, und in dieser Permanenz zeigen sich Charakteristik und Gefährdung kulturell heterogener Gesellschaften.

In der Anschauung und Taxierung des Fremden wird die übliche Fremdheitserfahrung nicht einfach »hochgerechnet«. Das Zusammenleben mit den Trägerinnen von Kopftüchern, um nur das trivialste Symbol von Fremdheit in Westeuropa zu nennen, geht allem Anschein nach über das hinaus, was man gemeinhin für üblich und »zumutbar« hält. Handelt es sich dabei nur um vorgeschobene Gründe für eine in Wahrheit anders motivierte Ablehnung? Das ist möglich, doch steht Differenzerfahrung auch für sich allein. Eine Handlungsweise, ein Symbol, ein Verhalten wirken wie von einem anderen Stern – inkompatibel und inkommensurabel mit allem, was man zu akzeptieren gelernt hat.

Ein jedenfalls aus der Sicht der klassischen Modernisierungstheorie unerwartet zähliges Unterscheidungskriterium ist der Mythos gemeinsamer Herkunft und Abstammung, ein Gemeinsamkeitsglaube, der sozusagen automatisch Minderheiten erzeugt, nicht selten in der Manier eines »Narziß-

mus der immer kleineren Differenz«. Ethnische Gemeinschaften, deren Grenzen häufig willkürlich und gewaltsam von außen gezogen worden sind, neigen zur immer weiteren Binnendifferenzierung. In der Regel geht man dabei auf gemeinsame Vorfahren zurück, darunter Religionsstifter, Heerführer und charismatische Herrscherfiguren. Wichtiger als biologische Abstammung ist jedenfalls eine in die Vergangenheit projizierte Schicksalsgemeinschaft, die durch Narrative und Artefakte – Lieder und Hymnen, Heldensagen und Denkmäler – am Leben gehalten wird. Dass solche ethnischen Gruppen stets imaginiert sind, mindert ihre Konsistenz und Wirksamkeit nicht. Ethnien dürfen in ihrer Eigenwertigkeit nicht verabsolutiert werden, da es in modernen Gesellschaften andere, zwingendere Modi von Zugehörigkeit gibt, aber man darf sie auch nicht als bloße Verschleierung anders begründeter Interessen unterschätzen und ignorieren. In beiden Fällen kommt es zu einer unzulässigen Reduktionen kultureller Komplexität.

Ethnien beruhen auf einem starken »Gemeinsamkeitsglauben« und sind damit zunächst nur schwach institutionalisiert. Doch kommt es zu sekundären Befestigungen ethnischer Kooperation in wirtschaftlicher und politisch-rechtlicher Form, ähnlich bei Religionsgemeinschaften in Gestalt von Aufnahmeritualen, am stärksten bei der Organisationsform Kirche. In diesem Sinne kann man auch eine nationale Volks-Gemeinschaft als Institutionalisierung ethnischer Kooperation einordnen, die aus lokalen und tribalen Herkünften ein häufig weit verstreutes und heterogenes Staatsvolk fingiert. Diese im Kern immer noch auf Abstammung und Herkunft rekurrierende Grundlage kann man idealtypisch abgrenzen von einer anderen Form der Übereinstimmung von Staatsbürgern, die auf der Zustimmung zu abstrakten Rechtsprinzipien begründet ist – *descent* versus *consent*. Einer geschichtlich verbürgten, qua Geburt zugefallenen und gefühlsmäßig tradierten kollektiven Identität steht hier ein willentliches, vorwärts weisendes und verstandesmäßig begründetes Plebiszit gegenüber, das sich in der Ausübung politischer Rechte und patriotischer Pflichten immer neu aktualisiert.

Diese idealtypische Klassifikation wird oft an den historischen Beispielen Deutschland und Frankreich illustriert, allgemeiner an Ost- und Westeuropa.

Westliche Nationen nahmen früher eine staatlich-administrativ definierte Gestalt an und bildeten auf dieser formalen Grundlage einen aufgeklärt-demokratischen Legitimationsmechanismus zwischen Volk und Staat aus, während die »verspäteten Nationen« weiter östlich sich aus großen Imperien herauskristallisierten und dabei in romantisch-verklärender Weise auf Abstammungsmythen zurückgriffen. Diese grobe Typologie der Nationsbildungen wird häufig auch mit den Begriffen Ethnos und Demos umschrieben; sie nahm im Abstammungsprinzip oder im Territorialprinzip – *ius sanguinis* und *ius soli* – rechtliche Gestalt an, doch historisch wie aktuell vermischen sich ethnische und demotische Identitäten. So zieht auch die französische Republik beide Elemente heran; neben der laizistischen und universalistischen Zivilreligion blieben der Mythos der gallischen Herkunft und die religiöse Gründungsfigur der Jeanne d'Arc im kollektiven Gedächtnis und in den Erinnerungsorten der Nation verankert.

Obwohl der starke Widerstand gegen die Anerkennung ethnischer und religiöser Gruppen eine Aversion gegen den Begriff »multiculturalisme« hervorgerufen hat und die französische Republik vorgibt, in der Behandlung ihrer Staatsangehörigen und Einwanderer strikt »farbenblind« vorzugehen, also Herkunft und Glaubensüberzeugungen konsequent zu ignorieren, ist auch dieser Einwanderungsgesellschaft kultureller Pluralismus eigen. Noch mehr gilt dies für die Vereinigten Staaten von Amerika, wo der Terminus »multiculturalism« wegen seiner gelegentlich exzessiven Auslegung (in so genannten *affirmative action*-Programmen) zwar ebenso verpönt ist, aber die Existenz und Qualität ethnischer Gruppen besser angesehen sind; man erkennt ihre besondere Konsistenz und Leistungsfähigkeit und begreift sie weniger als Störfaktor denn als Schmiermittel politischer Assimilation. Dies hängt natürlich mit der Einwanderungsgeschichte der USA zusammen: Je stärker die Neuankömmlinge durch ihre jeweilige ethnische Gruppe aufgefangen und versorgt wurden, desto sicherer war ihr individueller Erfolg und desto loyaler letztlich ihre freiwillige und selbstbewusste Hinwendung zur amerikanischen Nation. Im Übrigen setzten die Vereinigten Staaten mangels wohlfahrtsstaatlicher Integration ganz bewusst auf die Fähig-

keiten der Immigranten zur Selbsthilfe, die sich am leichtesten in homogenen Herkunfts- und Sprachgemeinschaften entwickeln ließ. Deshalb wurden ethnische Identitäten auch in der zweiten und folgenden Generation geduldet und gefördert, solange sie der politischen Integration und dem amerikanischen Patriotismus nicht im Wege standen.

Wie sich Nationalbewusstsein derart aus ethnischen und demotischen Komponenten zusammensetzt, zeigen so genannte Bindestrich-Amerikaner (*hyphenated Americans*), die im ersten Teil die ethnisch-regionale Herkunft betonen, der sie gefühlsmäßig und auch durch soziale Kontakte verbunden bleiben, und im zweiten die Erwartung der gemeinsamen Zukunft in Amerika. In der Regel erzeugt dies keine tiefen und dauerhaften Loyalitätskonflikte; selbst die so genannte »Nation of Islam«, eine Sekte radikaler Muslime, ist in allen Facetten amerikanischer als der islamischen Welt verbunden. Sicher hat es vor allem in Zeiten kriegerischer Konflikte nativistische Reaktionen der weißen amerikanischen Eliten und Bevölkerung gegeben, und vor allem die *Native-Americans* und *Afro-Americans* hatten und haben Schwierigkeiten, sich in den vermeintlichen Schmelztiegel zu assimilieren; überdies hat die Quotierung der US-Bevölkerung, basierend auf einem absurden Zensus mit fünf Bevölkerungskategorien, im Bildungs- und öffentlichen Beschäftigungssystem zu erheblichen Reibungen geführt, ohne die faktische Rassendiskriminierung der amerikanischen Gesellschaft wirklich zu beseitigen.

Verhältnismäßig unproblematisch ist auch die horizontal angeordnete Vielfalt der religiösen Kongregationen in den USA. Trotz der unverkennbaren Dominanz weißer angelsächsischer Protestanten in der US-Gesellschaft hat man auf die Hervorhebung und Verordnung einer christlichen »Leitkultur« explizit verzichtet. Deshalb kam es nie zu einem organisierten Aufstand der Minderheiten oder gar zu einer ethno-nationalistischen Separation, wie sie die Alte Welt von Nordirland bis zum Ganges quält. Anders als in Europa und mit der Ausnahme der indianischen Urbevölkerung haben Minoritäten in den USA in der von Beginn an hochmobilen Einwanderungsgesellschaft nie territoriale Wurzeln geschlagen, so dass sich Ansprüche und Forderungen nicht räumlich materialisierten und die nationalstaatliche Integrität bedrohen konnten.

Während also auch in modernen Gesellschaften soziale Differenzierungen mit segmentären in eins fallen können und dies nicht immer durch funktionale Differenzierung ausbalanciert wird, ist die amerikanische Gesellschaft (bei allen Problemen, Defekten und Exzessen) stets in der Lage gewesen, kulturelle Vielfalt mit politischer Einheit zu kombinieren – und dies bei relativ hoher sozialer Ungleichheit. Für ein Katastrophenszenario, nach dem schlechten Vorbild der auseinandergefallenen Vielvölkerrepublik Jugoslawien, besteht in ökonomisch stabilen Gesellschaften generell keine Veranlassung. Denn im Regelfall übertrifft die Homogenisierung, die durch die moderne Wissenschaft und Wirtschaft genau wie durch die populäre Massenkultur geschaffen (und im Übrigen durch konvergente sozial-moralische Handlungsnormen im Alltagsleben gestützt) wird, die gleichzeitig wachsende Differenz der expressiven und moralischen Standards, vor allem im Hinblick auf Fragen der Sexualität, der Erziehung und der Geltungskraft religiöser Vorschriften. In kulturpluralistischen Gesellschaften prallen eben nicht in sich homogene Kulturen unvereinbar aufeinander, wie es eine krude, aber einflussreiche Theorie vom »Kampf der Kulturen« behauptet, vielmehr überlappen sich diverse kulturelle Praxen, die nur gewaltsam »fundamentalistisch« gebündelt werden können, in der Regel aber im gemeinsamen Bezug auf die moderne Lebenswelt verhandelbar sind. Auch scharfe Meinungsunterschiede werden eingeholt in übergreifende und an vielen Punkten geteilte Bezugssysteme. Mit anderen Worten: Auch »unteilbare« Konflikte, die pluralistische Gesellschaften bedrohen, werden teilbar gemacht und dadurch beruhigt, indem die Zwänge des Marktes, des Rechts und das politische Gewaltmonopol anerkannt werden müssen.

Dagegen begeht jede Substantialisierung von Kultur, wie sie im unglücklichen Begriff der Leitkultur angelegt ist, zwei schwere Denkfehler: Erstens wird unterstellt, Kultur sei ein feststehendes Repertoire, das nur jenen, die es a priori beherrschen, Fähigkeiten und Zugriffsmöglichkeiten verleiht, den anderen aber verschlossen bleibt, weil sie den Code nicht kennen; zweitens behauptet man, dass kulturelle Systeme unwandelbar seien, obwohl in Wirklichkeit permanente Anleihen, Vermischungen und, horribile dictu, Bastardisierung die Regel

sind. Die Verfechter der Leitkultur sind argumentativ ins Leere gelaufen: Wo immer sie versuchten, das »Leitende« ihrer Kultur zu benennen, verfielen sie auf universale Rechtsbegriffe (Menschenrechte, Bürgerrechte, das Grundgesetz), allgemein gültige Denktraditionen (Humanismus und Aufklärung) und politische Prinzipien (Demokratie), die eben nicht »kulturell« und »besonders« sind, sondern rechtlich-politischer Natur und universalistisch angelegt.

Multikulturalismus ist folglich nicht, wie auch manche seiner Verteidiger behaupten, eine alles relativierende Koexistenz unverbundener und von außen unantastbarer Minderheitskulturen; damit stärkt man nur die selbsternannten Verwalter dieser Sonderkultur, die ihren Mitgliedern die Freiheit nehmen, sich nach eigenen Vorstellungen darin zu bewegen und womöglich auch zurückzuziehen. Der oberste Grundsatz multikultureller Koexistenz ist also das individuelle Austrittsrecht und die Prämisse, dass die eventuelle Förderung kollektiver Gruppenrechte durch öffentliche Instanzen (im Rahmen der Kulturförderung, der Schulbildung usw.) nie auf Kosten einzelner Mitglieder gehen darf. Multikulturalismus ist demgegenüber eine aktive Kooperation diverser Lebensformen, Vorstellungen und Praktiken, ohne wechselseitige Abschottung, die Gesellschaft in separate Subkulturen zerfallen lässt. Es handelt sich also um ein Übersetzungsprogramm mit offenem Quellcode, nicht um einen *closed shop*, der Kulturen nach Club-Manier verriegelt.

Die Fremdheit zwischen den kulturellen Strömungen bleibt bestehen, denn ernsthafte Bemühungen um Fremdverstehen und Toleranz erschöpfen sich nicht in indifferentem *laissez-faire*. Tolerante lassen sein und gewähren, womit sie eigentlich nicht übereinstimmen können und wozu eine markante moralische Differenz vorliegt. Ein Missverständnis wäre auch anzunehmen, die Ausübung von Toleranz beende die Meinungsverschiedenheiten und müsse dazu führen, die eigene Position zu relativieren. Tolerant ist erst, wer eine andere, für nicht akzeptabel gehaltene Überzeugung gelten lässt, ohne damit den Geltungsanspruch seiner eigenen Überzeugung fallen zu lassen. Und mit der Respektierung anderer Meinungen ist auch nicht gemeint, dass man ihre Verfechter nicht mehr von der Aufgabe von Positionen und Handlungsweisen zu überzeugen sucht, deren Unangemessenheit man mit guten Gründen belegen kann. Man entschließt sich allerdings, für falsch gehaltene Positionen aus einer »fremden Kultur« (in der Praxis solche, die Einwanderer »mitbringen« bzw. in der Fremde praktizieren) ebenso unter das Maß des Üblichen und Zumutbaren zu subsumieren, wie man es sich in Jahrzehnten und Jahrhunderten kultureller und religiöser Konflikte mit den Angehörigen der »eigenen« Kultur gehalten hat, mit denen man aus diversen Gründen ebenso wenig übereinstimmt. Wenn die Anhänger der Leitkultur auftrumpfen, falsch verstandene Liberalität diene oft als Vorwand, rechtswidrige, diskriminierende oder gar kriminelle Praktiken durch eine Minderheit in der Minderheit zu kaschieren, rennen sie offene Türen ein; nur sind dafür nicht Kulturkritiker und religiöse Experten zuständig, sondern gegebenenfalls Verfassungsrichter, Mediatoren und Staatsanwälte.

Multikulturelle Gesellschaften sind per se Konfliktgesellschaften, aber dies ist für moderne Gesellschaften ohnehin typisch, die auf die reinigende und letztlich innovative Funktion sozialer Konflikte setzen. Kultureller Pluralismus gilt heute als besonders gefährlicher Sprengsatz, doch werden moderne Gesellschaften tatsächlich vielfältiger und »unübersichtlich«? Die Verfechter der Leitkultur-These genau wie die Anhänger des unterkomplexen Multikulturalismus unterstellen, die Verschiedenheit wachse und damit Erfahrungen von Fremdheit und Andersartigkeit auf der ganzen Linie. Das Leben »zwischen den Kulturen« gilt ihnen meist als Pein und Übel, nicht als Quelle von Innovation, wie dies in allen Künsten seit Jahrhunderten faktisch der Fall war. Auch die Gesellschaftstheorie weist seit langem auf eine interne Differenzierung von Kultur hin, die man in kognitiv-pragmatische, sozial-moralische und evaluativ-expressive Dimensionen unterteilen kann. Im ersten Bereich der Wissenschaft und des Rechts, der Wirtschaft und der populären Massenkultur findet eher Assimilation statt, während sich Divergenz vornehmlich im Bereich religiöser oder ästhetischer Werte und Werreich entwickelt.

tungen entwickelt. Wenn wir ubiquitär Kulturkonflikte wahrnehmen, starren wir in der Regel auf Glaubenskämpfe, die mit fundamentalistischem Furor ausgetragen werden. Doch auch unversöhnlich gestimmte Fundamentalisten können ihre Verankerung in den anderen kulturellen Teilsystemen nicht leicht aufs Spiel setzen und sich kaum der Erfahrung widersetzen, die man mit dem Begriff der Hybridisierung gekennzeichnet hat.[7] Er besagt, dass für alle kulturelle Produktion und Wahrnehmung das Zwitterhafte, die Berührung der Gegensätze, das Zusammenführen von Elementen, die »eigentlich« nicht zusammengehören, typisch sind, und zwar nicht nur dort, wo es ganz offensichtlich wird: in der Begegnung einer einheimischen mit eingewanderten Kulturen.

Auch wo wissenschaftlich-technische Zivilisation und universalistische Rechtsprechung Assimilation und Homogenisierung herbeigeführt haben, können sich unterhalb solcher Standards erhebliche Fragmentierungen und Spezialisierungen einstellen, die zu Stil- und Szenekonflikten, in der Regel aber nicht zu grundlegenden und militanten Wertkonflikten zwischen kulturellen Gruppen führen. Typisch ist eben nicht, dass solche Gruppen in sozialer Distanz verharren, sondern in ein Geflecht von Zugehörigkeiten und Mitgliedschaften eingebunden bleiben. Diese nüchterne Betrachtungsweise würde viele hochgespielte Konflikte entschärfen; soziale und systemische Integration wird also weniger durch kulturelle Vorurteile und Rückständigkeiten als durch soziale Ungleichheiten und Asymmetrien erschwert.

Wenn das zutrifft, müssen die Kulturwissenschaften, die in den vergangenen Jahrzehnten auf dem gesamten Gebiet der Geistes- und Sozialwissenschaften einen Siegeszug angetreten haben, bescheidener werden. Die kulturelle Perspektive hat den genannten Disziplinen sicher gut getan, nicht zuletzt dadurch, dass Eurozentrismus und Patriarchalismus durch postkoloniale und feministische Sichtweisen aufgemischt und letztlich unmöglich gemacht worden sind. Der Eigensinn des Kulturellen ist stärker respektiert worden, und es gibt keinen Grund, der bitterbösen (und meist kreuzreaktionären) Polemik gegen diesen Begriff nachzugeben und von einer empirisch wie konzeptionell gehaltvollen Diskussion des Multikulturalismus abzurücken.

---

7 Im Anschluss an Werke von Hannerz (1992; 1996) und Bhabha (2000); dazu auch Wagner (2001). Alle Angaben unter Lit. zu 3.

Recht haben die Kritiker nur in dem bereits angesprochenen Punkt, dass es auch eine »Propaganda der Kultur« gibt,[8] die ebenso einseitig ist wie Soziologismus und Ökonomismus, die sie als Moden abgelöst hat. Es kommt einem Verrat an der Kultur gleich, wenn sowohl die Verfechter einer homogenen Leitkultur wie die Verteidiger sakrosankter Teilkulturen in einem multikulturellen Mosaik kulturelle Identitäten nach dem *closed shop*-Prinzip verteidigen.

Den zweiten Abschnitt möchte ich mit einem Fallbeispiel zusammenfassen und damit zum Thema Staatsbürgerschaft überleiten. Kulturelle Fremdheit und politisch-soziale Exklusion haben sich vor einiger Zeit drastisch am Fall eines schwerkriminellen Jugendlichen namens »Mehmet« konkretisiert, dessen Abschiebung in die Türkei Schlagzeilen machte: Ihn konnte man in ein Herkunftsland zurückführen, das ihm mit Sicherheit fremder ist als die »zweite Heimat«, in der er straffällig geworden ist. Die Absurdität der Prozedur entpuppt sich, wenn man sie ebenso auf delinquente Inländer anwenden würde. Ihrer Desintegration und Marginalisierung muss man jedoch auf andere Weise beikommen als durch Exklusion – durch das Strafrecht und erzieherisches Engagement, durch soziale Kontrolle und gesellschaftliche Ächtung. Die Staatsorgane, die »Mehmet« in die Türkei expedieren, verhalten sich kaum anders als Väter, die Ehemänner für ihre minderjährigen Töchter aus Nordafrika holen, ohne die Braut auch nur zu fragen. Diese Vorgänge unterstreichen die soziale Positionierung durch Staatsbürgerschaft, in welcher subjektive Zugehörigkeit und formale Mitgliedschaft auf besonders prekäre und aufschlussreiche Weise verkoppelt sind.

4. Zuspitzung: Staatsangehörigkeit und bürgerliche Beteiligung

Staatsangehörigkeit, oder in der Terminologie westlicher Demokratien: Staatsbürgerschaft können wir somit als eine wichtige Determinante und zugleich Repräsentation von Sozialität in modernen Gesellschaften identifizieren, an der man das Problem (und die Relation) von Zugehörigkeit und Mitgliedschaft noch einmal zuspitzen kann: »Staats-

angehörigkeit ist die moderne Form der sozialen Positionierung von Menschen durch politische Zugehörigkeit.«[9] Damit ist sie einerseits eine Unterform sozialer Partizipationen, andererseits bündelt sie diese, womit individuelle Verschiedenheit in politisch-sozialer Gemeinschaft aufgehoben wird. Soziale Ungleichheit wird in dem einen Punkt egalisiert, in dem heute Staatsbürger ungeachtet von Einkommen, formaler Bildung, Wohnort, Prestige und so weiter selbstverständlich das allgemeine Wahlrecht genießen und Anspruch auf soziale Leistungen haben. Zugleich wird Ungleichheit extern wiederhergestellt, nämlich gegenüber Ausländern und Staatenlosen, die eben nicht wählen dürfen und als Wehrpflichtige auch nicht ihr Leben für das Vaterland aufs Spiel setzen müssen. Wahlrecht und Wehrpflicht sind die historischen Kerne eines Katalogs von Rechten und Pflichten, die mit dem Erwerb der Staatsangehörigkeit verbunden sind.

Der Besitz eines Passes oder eines anderen, zum dauernden Aufenthalt in einem Staatsgebiet und zum Genuss damit verbundener Partizipationsansprüche berechtigenden Dokumentes egalisiert und befestigt Ungleichheit, denn in der vorherrschend national-staatlichen Hülle bewirkt Inklusion stets eine soziale Schließung, indem sie die Möglichkeit zur Exklusion von Fremden gibt. Darin unterscheidet sich Staatsangehörigkeit vom reinen Wohnort- oder Residenzprinzip. Staatsbürger zu sein, ist ein persönlicher Status, der nicht durch Aufenthalt allein zu erlangen ist – wir sind nicht Bürger des Staates, in dem wir uns gerade befinden – , sondern einer standesamtlichen Beurkundung bedarf und gegebenenfalls den Akt der Einbürgerung voraussetzt; und dieser Status erlischt nicht, wenn man sich aus dem betreffenden Gebiet entfernt. Man wird auch nicht automatisch Staatsbürger, indem man dieser oder jener Gruppe angehört, wie es bei Zünften oder Erbaristokratien der Fall war, Staatsbürgerschaft ist vielmehr eine dauerhafte individuelle Zugehörigkeit zu einer territorial definierten Mitgliederorganisation. Politisch-rechtliche Kodifizierung ist eine wichtige, wenn auch neuerdings

---

8 Davor warnen eindringlich Maalouf (2000); Sandall (2002) und Wikan (2002). Alle Angaben unter Lit. zu 3.
9 Holz (2000, S. 7; s. Lit. zu 4).

relativierte Dimension dieses Status, die in den Ein-
bürgerungsprozeduren von Einwanderungsgesellschaften entsprechend symbolisch überhöht wird.

Der politische Charakter der Zugehörigkeit
kommt also klar zum Ausdruck. Das Politische lässt
sich allerdings verschieden bestimmen und ausdifferenzieren: Zum einen ist Politik ein spezielles
Subsystem von Gesellschaft, dessen Funktion darin
besteht, kollektiv verbindliche Entscheidungen zu
generieren und durchzusetzen. Dies ist nicht per se
an die National-Staatlichkeit gebunden, wie das
Wirken kommunaler Selbstverwaltung und transnationaler Regime zeigt. Faktisch haben politische
Entscheidungssysteme seit dem 18./19. Jahrhundert
aber eine segmentäre Differenzierung der Weltgesellschaft mit sich gebracht; die Reichweite politischer Entscheidung endet an den Staatsgrenzen,
die räumlich ein Territorium, personell ein Volk
und symbolisch eine nationale Identität definieren.
Auf dieser Grundlage regeln politische Systeme
auch den inter-nationalen Verkehr, worunter vorrangig die wechselseitige Kontrolle über den Verkehr von Fremden fällt. Dass »Mehmet« in die
Türkei abgeschoben werden konnte (was fraglich
genug ist und mittlerweile zu gegenteiligen Entscheidungen der Gerichte geführt hat), ist Ausdruck
dieser staatlichen Souveränität, die an den Grenzen
eines Gebiets die Kontrolle über Ein- und Ausreise
ausübt, was ja bei vielen Staaten der heutigen Weltgesellschaft nicht (oder nicht mehr) der Fall ist. Ein
Nationalstaat darf seine eigenen Staatsbürger nicht
abweisen, mit Nicht-Staatsangehörigen kann er dies
aber bei Bedarf tun. So haben Staatsapparate historisch ihre Zuständigkeiten für innere, äußere und
soziale Sicherheit durchgesetzt, und daran hängen
neben Grenzkontrollen, Dokumentations- und
Überwachungssystemen andere wichtige Funktionen wie die Organisation und Abhaltung von Wah-
len, Armenfürsorge, Gesundheitsvorsorge, Schul-
pflicht, Sozialversicherungen und so weiter. Diese
Kompetenzen wurden mit anderen Staatsapparaten
bi- und multilateral abgeglichen, darunter mit der
konsularischen Vertretung im Ausland.

Ex negativo zeigt sich die Bedeutung und Wirkung von Staatsbürgerschaft im Umgang totalitärer
Systeme mit Staatsbürgern, die keine Reisefreiheit
genießen, die willkürlich ausgebürgert und an den
Grenzen abgewiesen werden. Hier wendet sich die
exklusive Kehrseite der Staatsbürgerschaft gegen die
Angehörigen der eigenen Nation, womit ihre im
Prinzip stets inklusive Dynamik außer Kraft gesetzt
ist, auf welcher die Formalisierung subjektiv gefühl-
ter oder gewünschter Zugehörigkeit im Rahmen
eines nationalen Staats beruht. Auch und gerade
wo Nationen explizit oder implizit auf ethnischen
Identitäten aufbauen, ging es darum, möglichst alle,
die sich zugehörig fühlten, als Staatsbürger hinter
der eigenen Fahne auf dem eigenen Gebiet zu ver-
sammeln. Diese politische Identifizierung von
Staatsbürgern ist, auch wo sie auf ethnische Ur-
sprungsmythen zurückgriff, eine moderne Erscheinung, die vor der »Westfälischen Staatenordnung«
nicht anzutreffen war und in Deutschland erst im
Verlauf des 19. Jahrhunderts Kleinstaaterei über-
wand. Der Fortschritt des modernen, an die Nation
geknüpften Staatsbürgerrechts gegenüber republi-
kanisch-partizipativen Ansätzen, die schon in der
antiken Polis anzutreffen waren, bestand darin, dass
der Staatsbürgerschaft eine verbindliche und stabile
Form verliehen wurde, die nicht an die aktive Ausübung bürgerlicher Beteiligung gebunden ist, wovon man in Massengesellschaften nicht mehr ausgehen konnte. Und der Fortschritt des territorialen
Staatsbürgerverbandes gegenüber mittelalterlich-
feudalen Personennetzwerken lag darin, dass die
Inanspruchnahme von Rechten und die Abverlan-
gung von Pflichten nicht mehr an Gruppenzuge-
hörigkeiten und personale Loyalitäten gebunden
waren.

Damit verwandelte sich die personale, feudale
und hierarchische Beziehung zwischen Fürsten
und Untertanen in eine neutrale, reziproke Beziehung zwischen einem Staatsverband und seinen
Bürgern, die als Gleiche behandelt werden. Theoretisch war das schon in der Polis gegeben, aber bis
in die Gegenwart standen die Diskriminierung des
weiblichen Geschlechts, die Zuordnung zu einer
farbigen »Rasse« und Klassenmerkmale, die sich
im Zensuswahlrecht niederschlugen, der tatsächlichen Verwirklichung des Gleichheitsprinzips entgegen, das sich in der viel zitierten Sequenz laut
T. H. Marshall zunächst als Gleichheit vor dem
Gesetz, dann als politische Egalität und schließlich
in der Gleichheit sozialer Rechte entfaltete. Diente
Staatsbürgerschaft bisher dazu, ethnisch-kulturelle
Differenzierungen zu neutralisieren, so lässt sich

heute vielfach beobachten, dass in Verlängerung dieser Sequenz auch ein Recht auf kulturelle Verschiedenheit postuliert wird, das häufig in die Forderung nach Gruppenrechten und pluralistischer Rechtsgestaltung mündet. Hier ist die Diskussion um die Auswirkung der Geschlechteridentität auf die Staatsbürgerschaft angesiedelt, von der klassische Formulierungen ebenso abstrahierten wie von ethnischer Herkunft und religiösem Bekenntnis. Wenn wir nun auch deutlicher von Staatsbürgerinnen sprechen, dann erweist sich daran, dass zum Bürgerstatus nicht nur die abstrakte Gleichheit, sondern auch die soziale und kulturelle Vielfalt gehören muss, und diese in allen Bereichen der Politikformulierung Berücksichtigung finden muss.

In der historischen Genese und im vergleichenden Studium der Staatsbürgerschaft wird eine Variationsbreite erkennbar, die weit über die typologisch vereinfachten Rechtsfiguren des Abstammungs- und des Territorialprinzips hinausreicht. War man, speziell aus deutscher Sicht und in der äußeren Kritik des Beharrens deutscher Politiker auf dem ius sanguinis, geneigt, dieses als partikularistisch und exklusiv im Verhältnis zum universaler und inklusiver angelegten ius soli zu charakterisieren, so zeigt ein genauer historischer Vergleich, dass es sich eher um situationsbezogene Versuche handelt, subjektive Zugehörigkeitsgefühle politisch zu institutionalisieren.

Dies geschah in Deutschland relativ spät, rechtlich abschließend und für fast ein Jahrhundert gültig im Jahr 1913 mit dem Reichs- und Staatsangehörigkeitsgesetz, das im Jahr 2000 entscheidend modifiziert worden ist, indem für Kinder eingewanderter Ausländer das ius soli eingeführt wurde. Dass dieses Territorialprinzip nicht in sich selbst »progressiver« ist als das Abstammungsprinzip, kann ein kurzer Rückblick in die Vorgeschichte des Gesetzes von 1913 zeigen. Denn vor der Reichsgründung hatte in den deutschen Kleinstaaten das nämliche ius soli gegolten, das damals freilich noch ganz auf die Person und das Territorium des Landesherrn bezogen war. Dagegen verbürgte das Abstammungsprinzip eine höhere Stetigkeit und Berechenbarkeit, worum es den Nationalstaaten nun ging, da ihre Bevölkerungen weniger sesshaft wurden und sich von monarchisch-feudalen Traditionen entbanden. Das Abstammungsprinzip war für eine Nation wie die deutsche besonders gut geeignet. Diese gab es, als Kulturnation, vor der staatlichen Einigung; zur Nation verbunden wurden Menschen, die von der Vorstellung einer gemeinsamen Sprache, Geschichte, Tradition und Kultur beseelt waren. Auf diese vorstaatliche Sammlungsbewegung passte exakt das ethno-kulturelle Denkmodell gemeinsamer Abstammung, das Auslandsdeutsche die Einbürgerung erleichterte, die außerhalb des Reichsgebiets lebten oder ausgewandert waren. Damals war Deutschland Auswanderungsland, und die Kehrseite der Inklusivität des ius sanguinis erwies sich gegenüber aktuellen und potenziellen Einwanderern, die damals schon vor allem aus Osteuropa stammten. Ihnen gegenüber richteten das Gesetz von 1913 und die restriktiven Einbürgerungsrichtlinien eine hohe Schranke auf: Einbürgerung war nur individuell möglich und in das Ermessen der zuständigen Behörden gestellt. Das bedeutete und signalisierte, dass Immigration eine Ausnahme war und bleiben sollte. Die exklusive Tendenz, die schon zur Zeit der Verabschiedung des Staatsangehörigkeitsgesetzes sichtbar war und von völkischen Haltungen unterstützt wurde, radikalisierten die Nationalsozialisten, die Juden und so genannte »Fremdvölkische« als Staatsangehörige stufenweise entrechteten und schließlich vernichteten, in rassistischem Sinne. Das auch nach 1945 gültig gebliebene ethno-kulturelle Abstammungsprinzip spielte überhaupt erst in der Bundesrepublik sein inklusives Potenzial voll aus, indem als Volks- oder Statusdeutscher auch außerhalb des aktuellen Staatsgebietes galt, »wer sich in seiner Heimat zum deutschen Volkstum bekannt hat, sofern dieses Merkmal durch bestimmte Merkmale wie Abstammung, Sprache, Erziehung, Kultur bestätigt wird« (so die einschlägige Formel im Bundesvertriebenengesetz). Auch das Festhalten an der gesamtdeutschen Staatsangehörigkeit wies in Richtung Inklusion, die wiederum konterkariert war durch eine weiterhin restriktive Einbürgerungspraxis der Bundesrepublik, obwohl diese seit Anfang der 1960er Jahre eindeutig Einwanderungsland geworden war. Daraus ergab sich die nur absurd zu nennende Situation, dass ein in Deutschland geborenes Kind eines seit 24 Jahren in Deutschland lebenden Einwanderers »Ausländer« blieb, während ein Volksdeutscher binnen 24 Stunden Deutscher wurde, obwohl er des Deutschen häufig kaum mächtig und vom Alltagsleben in der Bundesrepublik denkbar weit entfernt war.

Im Prozess der Nationsbildung, vor allem auf dem Boden großer imperialer Gebilde, erwies es sich als vorteilhaft, die Nation als großes Verwandtschaftssystem zu entwerfen, zu dem auch entfernt und verstreut lebende Verwandte leicht Zugang finden und behalten konnten. Insofern war die deutsche Nationsbildung bis ins späte Zwanzigste Jahrhundert nicht abgeschlossen. Gefestigte Nationen konnten eher auf das ius soli umschalten, aber Einfluss darauf hatte vor allem die andere wesentliche Unterscheidung nach Einwanderer- und Auswanderergesellschaften. Waren letztere immer daran interessiert, die Bindungen zu Staatsangehörigen im Ausland nicht abbrechen zu lassen, konnten Einwanderernationen wie die USA von vornherein nicht auf einen festen Kern rekurrieren, auf den hin Assimilation stattfinden sollte, und mussten alle Neuankömmlinge und ihre Angehörigen möglichst einfach inkludieren.

In der heutigen Rechtspraxis besteht eine weitgehende Konvergenz in Richtung auf das Territorialprinzip. Die meisten Menschen sind Staatsbürger der Nation, der bereits ihre Eltern angehörten; Staatsbürgerschaft wird also faktisch vererbt. In dem Maße jedoch, wie sich so gut wie alle Länder in Einwanderergesellschaften verwandeln, wird das ius soli das vorherrschende Inklusionsprinzip, allerdings unter der Bedingung, dass die staatliche Souveränität unangefochten und die Grenzen stabil sind. Wo das nicht der Fall ist, wie heute in Israel, wird man nicht so rasch auf das Territorialprinzip umschalten, sondern an Abstammungskriterien festhalten, die auf viele atavistisch wirken, aber unter dem Primat der Inklusion im Prozess der prekären Nationsbildung nur logisch konsequent wirken.

5. Ausblick: Transnationale Gemeinschaften?

Wenn es zutrifft, dass im Zeitalter der Nationalstaaten Staatsbürgerschaft eine besonders hervorstechende und zwingende, aber auch ambivalente Form von Zugehörigkeit und Mitgliedschaft war, dann stellt sich die Frage, in welche Richtung sich diese Institution entwickeln wird, wenn sie sich von ihrem nationalstaatlichen, und das heißt: sowohl von ihrem staatlichen wie von ihrem nationalen Substrat löst. Dass dem so ist, kann kaum noch bestritten werden: Die wachsende Flexibilität der Regelungen von Staatsbürgerschaft ist Ausdruck der Entterritorialisierung von Politik genau wie der Entpolitisierung des Territoriums, und sie nimmt verschiedene Ausprägungen an, die zum Teil an vornationale Konstellationen erinnern, also an die Zeit vor der Fixierung der modernen Staatenwelt vom Westfälischen Frieden über den Wiener Kongress bis zum Ersten Weltkrieg und darüber hinaus.

Was verändert sich? *Erstens* greifen in internationalen Konventionen kodifizierte Menschen- und Bürgerrechte zunehmend in die Souveränität der Einzelstaaten ein, womit auch eine restriktive Auslegung gegenüber Einheimischen, etwa ein Ausreise- oder Berufsverbot, problematisch wird. Der jüngst von den Vereinten Nationen einberufene Internationale Strafgerichtshof ist die markanteste Institutionalisierung universal gültigen Rechts, womit es im Prinzip obsolet wird, weiterhin von »inneren Angelegenheiten« zu sprechen. Schwere Kriegsverbrechen und Menschenrechtsverletzungen können kaum noch hinter dieser Souveränitätsformel verborgen werden, und die politisch Verantwortlichen dafür müssen damit rechnen, vor Gericht gezogen zu werden. In eine analoge Richtung zielen übrigens handels- und zivilrechtliche Globalisierungen, die mit der weltwirtschaftlichen Verflechtung einhergehen.

Zweitens gibt es mit den Wanderungsbewegungen über die Grenzen und Kontinente hinweg eine wachsende Zahl ausländischer Personen, die als so genannte Diaspora-Gemeinschaften mehr oder weniger stabil auf fremdem Gebiet leben. Ethnischen Pluralismus hat es in Einwanderungsgesellschaften seit langem gegeben, aber im allgemeinen war die Ansiedlung endgültig und es erfolgte »Nationalisierung«, also die Übernahme der neuen Staatsangehörigkeit, die dem Territorialprinzip zufolge die im Aufnahmeland geborenen Kinder dann automatisch erwarben. Meist blieb man gefühlsmäßig und sprachlich der Herkunftsregion verbunden, identifizierte sich aber zunehmend mit der neuen Heimat, deren Pass man besaß, und betrachtete sich als guter Staatsbürger. Einwanderungsländer optieren auch weiter in diesem Sinne und möchten Doppelstaatsangehörigkeiten tunlichst vermeiden, aber dieses Bemühen ist kaum noch mit der sozialen Lebenswelt in Einklang zu bringen, wo Familiennachzüge und gemischte Partnerschaften zum Alltag gehören und (oft gerade auf Grund der restriktiven Auslegung von Staatsangehörigkeitsgesetzen!) massenhaft Patchwork-Zugehörigkeiten hervorbringen und Einwanderer damit von dem Zwang entbinden, sich für eine politische Zugehörigkeit entscheiden zu müssen. Telekommunikations- und Transportsysteme erleichtern derartige transnationale Existenzen, die sich durch ein ständiges Kommen und Gehen auszeichnen.

Die Entpolitisierung der Staatsbürgerschaft wird *drittens* befördert durch die zunehmende Entkoppelung sozialer Teilhaberechte von politischer Zugehörigkeit. Wohlfahrtsstaaten und Solidargemeinschaften verteilen Rechte und Leistungen keineswegs ausschließlich nach dem Kriterium der Staatsangehörigkeit, so dass deren Erwerb in vielen Fällen nicht mehr als zwingend angesehen wird. Zwar ist sie im Zweifel immer noch der beste Garant für soziale Sicherheit, im konkreten Notfall also für ein Bett im Krankenhaus oder die Überweisung einer Pension. Doch sind soziale Rechte unterdessen vielfach übernational kodifiziert und durch internationale Konventionen geschützt, so dass neben der Staatsbürgerschaft, die das Wahlrecht und andere politische Privilegien verleiht, eine Sozialbürgerschaft entstanden ist, die für viele Immigranten weit attraktiver ist. Neben den Status des Citizen ist der (sozial ebenbürtige) Denizen getreten.

In diese Richtung weist *viertens* die Entstehung supranationaler Staatsbürgerschaft, wie sie exemplarisch in der Europäischen Union eingerichtet worden ist, die aber ebenso auf dem Gebiet anderer Freihandelsgemeinschaften wachsen kann. Die weltwirtschaftliche Verflechtung wird vorangetrieben durch transnationale Unternehmen und Banken, aber sie konkretisiert sich auch in regionalen Blöcken, die ihrerseits quasi-nationale Identität anstreben und sich nach außen abschotten. Die Unionsbürgerschaft, eingeführt mit dem Maastricht-Vertrag, soll laut Art. 5 des Entwurfs eines Verfassungsvertrages der EU vom Dezember 2002 derart ausgebaut werden, dass »jeder Staatsangehörige eines Mitgliedstaates [...] Bürger der Union« ist; er oder sie besitzt damit eine doppelte Staatsangehörigkeit und »benutzt beide nach Belieben und nach eigenem Gutdünken«.[10] Es ist umstritten, ob sich damit eine europäische Zugehörigkeit bilden kann (und soll) und ob diese überhaupt möglich ist ohne das Substrat eines europäischen Staates (was die EU nicht ist) und welche Identität andernfalls eine von territorialen Grundlagen unabhängige demokratische Alltagspraxis zu schaffen vermag.

Können Repräsentationsmechanismen, wie sie die europäischen Institutionen bereithalten, ein starkes Gemeinschaftsgefühl schaffen, oder ist die präpolitische Existenz eines solchen Gefühls die Voraussetzung, dass Repräsentation gelingen kann? Was sich anhört wie das bekannte Problem von Henne und Ei, ist das Geheimnis politischer Repräsentation, die immer institutionell festigt, was gefühlsmäßig vorhanden war und genau damit das Gefühl bestärkt. Die Schwierigkeiten der europäischen Einigung und Erweiterung belegen deutlich, wo dieser Mechanismus derzeit hakt, andererseits bezeugt die Geschichte der EU eindrucksvoll, welche Dynamik ihm bei allen Rückschlägen und Unzulänglichkeiten innewohnt. So haben wir es in der supranationalen Gemeinschaft, die mehr ist als ein lockerer Staatenbund, aber etwas anderes als ein homogener Bundesstaat, mit einer Föderalisierung zu tun, die eine neue Ebene politischer Zugehörigkeiten einrichtet und eine Verschachtelung politischer Identitäten jenseits des Nationalstaats mit sich ringt. Schon jetzt sind Bürger »Lokalbürger« einer Untereinheit des politischen Systems, in welchem sie Nationalbürger sind; die 16 mehr oder weniger anerkannten Länderidentitäten sind aufgehoben im Bürgerstatus der Bundesrepublik.

Man kann also nicht nur theoretisch eine supranationale Zugehörigkeit postulieren, auch wenn man spontan geneigt ist, weiterhin eine territoriale Gliederung zur Grundlage von Zugehörigkeit und Mitgliedschaft zu erklären. Dass dies nicht zwingend ist, zeigt zum einen die Herausbildung korporativer Identitäten, darunter die Identifizierung eines Individuums als Mitarbeiter oder Mitarbeiterin

---

10 Zitiert nach der Frankfurter Rundschau vom 3. 12. 2002.

einer Firma, die grenzüberschreitend tätig ist und auffordert, in dieser Eigenschaft auch außerhalb des Unternehmens »gute Bürgerschaft« zu leisten. Das andere Beispiel für ein von territorialen Grundlagen entkoppeltes Zugehörigkeitsgefühl ist die Beteiligung an virtuellen Kommunikationsgemeinschaften im Cyberspace, wo man im Wesentlichen Kommunikation unter Abwesenden pflegt und damit etwas außer Acht lässt, was traditionell als unverzichtbare Voraussetzung für Vergemeinschaftung überhaupt galt.

Bleiben wir abschließend und zusammenfassend bei der Bestimmung von Staatsbürgerschaft, so ist zeitgemäßer als die monistische Auffassung als homogener Status und exklusive Bindung zwischen Individuum und einer einzigen politischen Gemeinschaft[11] die Rekombination verschiedener Elemente von Staatsbürgerschaft. Man kann dies als eine postmoderne Entwicklung kennzeichnen, womit gemeint ist, dass der Nationalstaat nicht mehr als Gipfel und Telos der politischen Moderne anzusehen ist. Darüber und darunter haben sich Elemente nicht-territorialer Repräsentation angelagert, die in einem zeitgemäßen Verständnis politischer Zugehörigkeit nicht fehlen dürfen. Der Nationalstaat, wie man ihn kannte, ist nicht mehr geeignet, sprachlich-kulturelle, territoriale und Bevölkerungsgrenzen in Übereinstimmung zu bringen und überzeugend zu bündeln. Verschachtelte Zugehörigkeiten sind die Regel geworden.

Aus den bisherigen Darlegungen lassen sich allgemeinere Schlüsse auf Formen von Sozialität in der Postmoderne ziehen. Die im Sinne klassischer Modernisierungstheorien erstaunliche Resistenz von Gemeinschafts- und Organisationsformen »traditioneller« Natur, hier vor allem auf ethnischer und religiöser Grundlage, bleibt erklärungsbedürftig. Denn im Sinne einer strikten Auslegung hätten beide Sorten von Vergemeinschaftung verblassen und untergehen müssen. In Fortschreibung bestimmter, zu Recht als »modern« identifizierter Tendenzen: Säkularisierung, Mobilisierung (Urbanisierung), Individualisierung und Bürokratisierung. Doch erstaunt ihr Überleben nur, wenn man einem ganz bestimmten Modernisierungspfad

folgt. Gerade die in mancher Hinsicht »hypermoderne« amerikanische Gesellschaft belegt die Gangbarkeit eines alternativen Weges der Säkularisierung, auf dem sich zwar Religion und Politik sehr klar separieren, aber weder die private Frömmigkeit noch der Einfluss der Religionen im öffentlichen Raum zurückgehen. Anders als in Europa, basiert in der Neuen Welt bekanntlich ein großer Teil des sozialen Lebens auf religiösen oder zivilreligiösen Grundlagen, und die bei Alexis de Tocqueville und Max Weber herauszulesende Prognose, dieser amerikanische Weg werde irgendwann überholt sein, weicht heute der Einsicht, dass im weltweiten Kontext wie im Prozess der Transnationalisierung wohl eher der europäische Weg der Säkularisierung der Sonderweg sein dürfte. Einwanderer, die eine religiöse Bindung behalten oder eine solche im Exil überhaupt erst imaginieren und rekonstruieren, werden ihn auch in Europa nicht unbedingt beschreiten.

Damit muss man auch die Mobilisierungsthese neu formulieren. Sicher reißen berufliche und geographische Mobilität überkommene Gemeinschaften auf, allerdings zeigt gerade die im Verhältnis zu früheren Kohorten größere Beweglichkeit der so genannten Transmigranten, wie sich ethnische und religiöse Gruppen in der prekären Existenz von Wanderung und Exil revitalisieren. Ethnische Netzwerke und transnationale Religionsgemeinschaften herrschen auch in urbanisierten Ballungsräumen vor, auch Städte werden wieder religiöse Zentren.

Eingangs haben wir festgestellt, wie die Ausbreitung von Markt- und Vertragsbeziehungen Mitgliedschaft in Organisationen individualisiert, das heißt: Wünschen und Kalkülen der Mitglieder unterwirft, die auf freiwillige und kündbare, in der Konsequenz also nur punktuelle Zugehörigkeit hinauslaufen. Mitgliedschaft ist in diesem Sinne unverbindlicher geworden, und sie kann von den Organisationen und Körperschaften nicht mehr so kontrolliert werden. Das gilt auch für Migrantengruppen und Religionsgemeinschaften, allerdings kommt dieser Individualismus mit nicht-kommerziellen und nicht-vertraglichen Bindungen bestens aus.

Als weitere, in der Sicht von Max Weber stärkste Tendenz der Moderne ist die Bürokratisierung zu

---

11 Bauböck (2001; s. Lit. zu 5).

nennen, das »Gehäuse der Hörigkeit« in der verwalteten Welt. Diese Tendenz ist offensichtlich nicht passé, allerdings dachte man ursprünglich an anstaltsstaatliche Zwangsgewalten, denen in einem Jahrzehnte währenden Prozess der Entstaatlichung und Deregulierung nunmehr die Zähne gezogen worden sind. Auch wenn viele Gemeinschaften heute von staatlichen und para-staatlichen Ressourcen abhängig sind, hat sich bei manchen eine anti-institutionelle, vom Staat autonome Tendenz durchgesetzt, sind viele von ihnen dem Einfluss- und Kontrollbereich nationaler Staaten entwachsen.

Nicht zuletzt können hier die virtuellen Gemeinschaften genannt werden, die jenseits »konkreter« Bezüge, das heißt hier vor allem: nicht »von Angesicht zu Angesicht«, über bisher dominierende Raumgrenzen und Zeitzonen hinweg als Kommunikation unter Anwesenden sich entwickeln können. Es kann hier abschließend nur angedeutet werden, in welchem Maße hier für die Moderne konstitutive Trennungen von Privatheit und Öffentlichkeit, von Gemeinschaft und Gesellschaft und damit von Inklusion und Exklusion herausgefordert werden. Ebenfalls nur angedeutet werden kann auch, wie damit jenseits staatlicher Zugehörigkeiten und über alle Grenzen hinweg politische Kommunikation möglich wird und in transnationalen Netzwerken auch ausgeübt wird, welche die Relativierung der Staatsbürgerschaft konterkarieren und neue, partizipative Identitäten erlauben.

Literatur

1. Einleitung

LEGGEWIE, CLAUS (1989), *Multikulti. Spielregeln für die Vielvölkerrepublik*, Berlin: Rotbuch. ■ LEGGEWIE, CLAUS (1994), »Ethnizität, Nationalismus und multikulturelle Gesellschaft«, in: Berding, Helmut (Hg.), *Nationales Bewußtsein und kollektive Identität*, Frankfurt/M.: Suhrkamp, S. 46–65. ■ LEGGEWIE, CLAUS (2001), »Das Erasmus-Program. Gibt es eine transnationale Bürgergesellschaft?«, in: Leggewie, Claus / Münch, Richard (Hg.), *Politik im 21. Jahrhundert*, Frankfurt/M.: Suhrkamp, S. 458–479. ■ ZEITSCHRIFT *Citizenship Studies*, LONDON (1997 ff.).

2. Inklusion und Exklusion. Zur sozialen Konstruktion von Fremdheit

COLEMAN, JAMES S. (1990), *Foundations of Social Theory*, Cambridge/Mass.: Harvard University Press. ■ GIESEN, BERNHARD (1991), *Die Entdinglichung des Sozialen. Eine evolutionstheoretische Perspektive auf die Postmoderne*, Frankfurt/M.: Suhrkamp. ■ GOFFMAN, ERVING (1983), »The Interaction Order«, in: *American Sociological Review*, Bd. 48, S. 1–17. ■ HAHN, ALOIS (1998), »‹Partizipative› Identitäten. Ausgrenzung aus systemtheoretischer Sicht«, in: Eckert, Roland (Hg.), *Wiederkehr des »Volksgeistes«? Ethnizität, Konflikt und politische Bewältigung*, Opladen: Leske + Budrich, S. 143–182. ■ HOMANS, GEORGE C. (1950), *The Human Group*, New York: Harcourt, Brace and World. ■ KÖNIG, RENÉ (1955), »Die Begriffe Gemeinschaft und Gesellschaft bei Ferdinand Tönnies«, in: *Kölner Zeitschrift für Soziologie und Sozialpsychologie*, 7, S. 348–420. ■ LUHMANN, NIKLAS (1995), »Inklusion und Exklusion«, in: Luhmann, Niklas, *Soziologische Aufklärung 6*, Opladen: Westdeutscher Verlag, S. 237–264. ■ MACKERT, JÜRGEN U.A. (Hg.) (2000), *Citizenship. Soziologie der Staatsbürgerschaft*, Wiesbaden: Westdeutscher Verlag. ■ OLSON, MANCUR JR. (1965), *The Logic of Collective Action*, Cambridge/Mass.: Harvard University Press. ■ PARSONS, TALCOTT / PLATT, GERALD M. (1973), *The American University*, Cambridge/Mass.: Harvard University Press. ■ PLESSNER, HELMUTH (1980 [1924]), *Grenzen der Gemeinschaft. Zur Kritik des sozialen Radikalismus*, (Gesammelte Schriften, Bd. 5), Frankfurt/M.: Suhrkamp. ■ SCHIMANK, UWE (1996), *Theorien gesellschaftlicher Differenzierung*, Opladen: Leske + Budrich. ■ STICHWEH, RUDOLF (1988), »Inklusion in Funktionssysteme der modernen Gesellschaft«, in: Mayntz, Renate u.a., *Differenzierung und Verselbständigung. Zur Entwicklung gesellschaftlicher Teilsysteme*, Frankfurt/M.: Campus, S. 261–293. ■ SCHÜTZ, ALFRED (1944), »The Stranger: An Essay in Social Psychology«, in: *American Journal of Sociology*, 49, S. 499–507. ■ SIMMEL, GEORG (1992 [1908]), *Soziologie. Untersuchungen über die Formen der Vergesellschaftung*, (Gesamtausgabe, Bd. 11), Frankfurt/M.: Suhrkamp. ■ TÖNNIES, FERDINAND (1979 [1887]), *Gemeinschaft und Gesellschaft. Grundbegriffe der reinen Soziologie*, Darmstadt: Wissenschaftliche Buchgesellschaft. ■ WEBER, MAX (1972 [1921]), »Offene und geschlossene Beziehungen«, in: Weber, Max, *Wirtschaft und Gesellschaft. Grundriss der verstehenden Soziologie*, Tübingen: Paul Siebeck, S. 23–25.

3. Ethnizität und Multikulturalismus

ANDERSON, BENEDICT (1983), *Imagined Communities. Reflections on the Origin and Spread of Nationalism*, London: Verso. ■ ANTWEILER, CHRISTOPH (1998), »Ethnozentrismus im interkulturellen Umgang – Theorien und Befunde im Überblick«, in: Eckert, Roland (Hg.), *Wiederkehr des »Volksgeistes«?. Ethnizität, Konflikt und politische Bewältigung*, Opladen: Leske + Budrich, S. 19–82. ■ BHABHA, HOMI K. (2002), *Die Verortung der Kultur*, Tübingen: Stauffenburg.

■ ECKERT, JULIA (1998), »Ethnizität, ethnische Konflikte und politische Ordnung – Theorien und Befunde im Überblick«, in: Eckert, Roland (Hg.), *Wiederkehr des »Volksgeistes«? Ethnizität, Konflikt und politische Bewältigung*, Opladen: Leske + Budrich, S. 271–312. ■ ELWERT, GEORG (1989), »Nationalismus und Ethnizität. Über die Bildung von Wir-Gruppen«, in: *Kölner Zeitschrift für Soziologie und Sozialpsychologie*, 41, S. 440–464. ■ FORST, RAINER (Hg.) (2000), *Toleranz. Philosophische Grundlagen und gesellschaftliche Praxis einer umstrittenen Tugend*, Frankfurt/M.: Campus. ■ HABERMAS, JÜRGEN (1996), *Die Einbeziehung des Anderen. Studien zur politischen Theorie*, Frankfurt/M.: Suhrkamp. ■ HAHN, ALOIS (1994), »Die soziale Konstruktion des Fremden«, in: Sprondel, Wolfgang M. (Hg.), *Die Objektivität der Ordnungen und ihre kommunikative Konstruktion*, Frankfurt/M.: Suhrkamp, S. 140–163. ■ HANNERZ, ULF (1992), *Cultural Complexity*, New York: Columbia University Press. ■ HANNERZ, ULF (1996), *Transnational Connections. Culture, people, places*, London: Routledge. ■ HOFFMANN, LUTZ (1991), »Das ›Volk‹. Zur ideologischen Struktur eines unvermeidbaren Begriffs«, in: *Zeitschrift für Soziologie*, 20, S. 191–208. ■ HUNTINGTON, SAMUEL P. (1996), *The Clash of Civilizations and the Remaking of World Order*, New York: Simon & Schuster. ■ LEPSIUS, RAINER M. (1986), »›Ethnos‹ und ›Demos‹. Zur Anwendung zweier Kategorien von Emerich Francis auf das nationale Selbstverständnis der Bundesrepublik und auf die europäische Einigung«, in: *Kölner Zeitschrift für Soziologie und Sozialpsychologie*, 38, S. 751–759. ■ MAALOUF, AMIN (2000), *Les identités meurtrières*, Paris:Grasset. ■ PETERS, BERNHARD (1997), »‹Multikulturalismus›’ und ›Differenz‹. Zu einigen Kategorien der Zeitdiagnose«, in: Münkler, Herfried (Hg.), *Furcht und Faszination. Facetten der Fremdheit*, Berlin: Akademie Verlag, S. 223–253. ■ SANDALL, ROGER (2002), The Culture Cult. Designer tribalism and other essays, Oxford: Westview Press. ■ STICHWEH, RUDOLF (1997), »Der Fremde – Zur Soziologie der Indifferenz«, in: Münkler, Herfried (Hg.), *Furcht und Faszination. Facetten der Fremdheit*, Berlin: Akademie Verlag, S. 45–64. ■ STRECK, BERNHARD (1987), »Art. Wir-Gruppe«, in: Streck, Bernhard, (Hg.), *Wörterbuch der Ethnologie*, Köln: Dumont, S. 255–258. ■ KYMLICKA, WILL (1999), *Multikulturalismus und Demokratie. Über Minderheiten in Staaten und Nationen*, Hamburg: Rotbuch. ■ TAYLOR, CHARLES U. A. (1993), *Multikulturalismus und die Politik der Anerkennung*, Frankfurt/M.: Suhrkamp. ■ WAGNER, BERND (Hg.) (2001), *Kulturelle Globalisierung. Zwischen Weltkultur und kultureller Fragmentierung*, Essen: Klartext. ■ WALZER, MICHAEL (1998), *Über Toleranz. Von der Zivilisierung der Differenz*, Berlin: Rotbuch. ■ WIKAN, UNNI (2002): *Generous Betrayal. Politics of Culture in the New Europe*, Chicago/London: University of Chicago Press.

4. Staatsangehörigkeit und bürgerliche Beteiligung

BOMMES, MICHAEL (1994), »Migration und Ethnizität im nationalem Sozialstaat«, in: *Zeitschrift für Soziologie*, 23, S. 406–424. ■ BÖS, MATHIAS (1997), *Migration als Problem offener Gesellschaften. Globalisierung und sozialer Wandel in Nordamerika und Westeuropa*, Opladen: Leske + Budrich. ■ BRUBAKER, ROGERS (1992), *Citizenship and Nationhood in France and Germany*, Cambridge/Mass.: Harvard University Press. ■ BRUBAKER, ROGERS (2000), »Staatsbürgerschaft als soziale Schließung«, in: Holz, Klaus (Hg.), *Staatsbürgerschaft: Soziale Differenzierung und politische Inklusion*, Wiesbaden: Westdeutscher Verlag, S. 73–91. ■ CANNING, KATHLEEN (Hg.) (2002), *Gender, Citizenship and Subjectivities*, Oxford: Blackwell. ■ CASTLES, STEPHEN (1999), *Challenges to National Identity and Citizenship. A comparative study of immigration and society in Germany, France and Australia*, Wollongong: University of Wollongong Press. ■ CONRAD, CHRISTOPH / KOCKA, JÜRGEN W. (Hg.) (2001), *Staatsbürgerschaft in Europa. Historische Erfahrungen und aktuelle Debatten*, Hamburg: Körber. ■ FAHRMEIR, ANDREAS (2000), *»Citizens and Aliens«. Foreigners and the Law in Britain and the German States 1789–1870*, New York-Oxford: Berghahn. ■ GOSEWINKEL, DIETER (2001), *Einbürgern und ausschließen. Die Nationalisierung der Staatsangehörigkeit vom Deutschen Bund bis zur Bundesrepublik Deutschland*, Göttingen: Vandenhoeck & Rupprecht. ■ HOLLAND, CATHERINE A. (2001), *The Body Politic. Foundings, citizenship, and difference in the American political imagination*, New York: Routledge. ■ HOLZ, KLAUS (Hg.) (2000), *Staatsbürgerschaft: Soziale Differenzierung und politische Inklusion*, Wiesbaden: Westdeutscher Verlag. ■ ISIN, ENGIN F. (Hg.) (2002), *Handbook of citizenship studies*, London: Sage. ■ KERBER, LINDA K. (1997), »The Meanings of Citizenship«, in: *The Journal of American History*, 84, S. 833–854. ■ KIRSHNER, JULIUS (Hg.) (2002), *Privileges and Rights of Citizenship. Law and the juridical construction of civil society*, Berkeley: Robbins. ■ LEVY, DANIEL / YFAAT WEISS (Hg.) (2002), *Challenging Ethnic Citizenship: German and Israeli perspectives on immigration*, New York: Berghahn. ■ LISTER, RUTH (2002), *Citizenship: Feminist Perspectives*, Basingstoke: Palgrave. ■ MARSHALL, THOMAS H. (1949), *Class, Citizenship, and Social Development*, Chicago/London: University of Chicago Press. ■ MARTINIELLO, MARCO (1996), *Migration, Citizenship and Ethno-National Identities in the European Union*, Aldershot: Avebury. ■ MILLER, DAVID (2002), *Citizenship and National Identity*, Cambridge: Polity Press. ■ MONTANARI, INGALILL (2000), *Social Citizenship and Work in Welfare states: Comparative studies on convergence and on gender*, Stockholm: Swedish Institute for Social Research. ■ NASSEHI, ARMIN / SCHROER, MARKUS (2000), »Staatsbürgerschaft. Über das politische Dilemma eines nationalen Konzepts unter postnationalen Bedingungen«, in: Holz, Klaus (Hg.), *Staatsbürgerschaft: Soziale Differenzierung und politische Inklusion*, Wiesbaden: Westdeutscher Verlag, S. 31–52. ■ NOBLES, MELISSA (2002), *Shades of Citizenship. Race and the census in modern politics*, Stanford/Calif.: Stanford University Press. ■ PARSONS, TALCOTT (1967), »Full Citizenship for the Negro American?«, in: Parsons, Talcott, *Sociological Theory and Modern Society*, Norwood/NJ: Ablex, S. 149–160. ■ RIESENBERG, PETER (2002), *A History of Citizenship: Sparta to Washington*, Malabar, Fla.: Krieger. ■ ROELLECKE, INES SABINE (1999), »Gerechte Einwanderungs- und Staatsangehörigkeitskriterien«. *Ein dunkler Punkt der Gerechtigkeitstheorien*, Baden-Baden: Nomos. ■ SHAFIR, GERSHON / PELED, YOAV

(2002), *Being Israeli. The dynamics of multiple citizenship*, Cambridge: Cambridge University Press. ■ SIEHR, ANGELIKA (2001), *Die Deutschenrechte des Grundgesetzes. Bürgerrechte im Spannungsfeld von Menschenrechtsidee und Staatsmitgliedschaft*, Berlin: Duncker & Humblot. ■ SOYSAL, YASEMIN NUHOGLU (1997), *Limits of Citizenship. Migrants and postnational membership in Europe*, Chicago: Univ. of Chicago Press. ■ TORPEY, JOHN (2002), *The Invention of the Passport. Surveillance, citizenship and the state*, Cambridge: Cambridge University Press. ■ TURNER, BRYAN S. / HAMILTON, PETER (Hg.) (1994), *Citizenship. Critical Concepts*, 2 Bde. London: Routledge. ■ WEIL, PATRICK (2001), »Zugang zur Staatsbürgerschaft. Ein Vergleich von 25 Staatsangehörigkeitsgesetzen«, in: Conrad, Christoph / Kocka, Jürgen W. (Hg.), *Staatsbürgerschaft in Europa. Historische Erfahrungen und aktuelle Debatten*, Hamburg: Körber, S. 92–111. ■ WEITHMAN, PAUL J. (2002), *Religion and the Obligations of Citizenship*, Cambridge/UK: Cambridge University Press. ■ YOUNG, MARION IRIS (1990), *Justice and the Politics of Difference*, Princeton: Princeton University Press.

5. Transnationale Gemeinschaften

BAUBÖCK, RAINER (1994), *Transnational Citizenship. Membership and Rights in International Migration*, Minneapolis: University of Minnesota Press. ■ BAUBÖCK, RAINER (2001), »Recombinant Citizenship«, in: Kohli, Martin / Woodward, Alison (Hg.), *Inclusions and Exclusions in European Societies*, London: Routledge, S. 38–58. ■ BAUBÖCK, RAINER / RUNDELL, JOHN (Hg.) (1998), *Blurred boundaries. Migration, ethnicity, citizenship*, Aldershot: Ashgate. ■ BÖS, MATHIAS (2000), »Zur Kongruenz sozialer Grenzen. Das Spannungsfeld von Territorien, Bevölkerungen und Kulturen in Europa«, in: Bach, Maurizio (Hg.), *Die Europäisierung nationaler Gesellschaften, Kölner Zeitschrift für Soziologie und Sozialpsychologie*, Sonderheft 40, S. 429–455. ■ CARTER, APRIL (2001), *The Political Theory of Global Citizenship*, London: Routledge. ■ CROUCH, COLIN (Hg.) (2001), *Citizenship, Markets, and the State*, Oxford: Oxford Univ. Press. ■ EDER, KLAUS U.A. (Hg.) (2001), *European Citizenship between national legacies and postnational projects*, Oxford: Oxford Univ. Press. ■ FAIST, THOMAS (2000), »Soziale Bürgerschaft in der Europäischen Union: Verschachtelte Mitgliedschaft«, in: Bach, Maurizio (Hg.), *Die Europäisierung nationaler Gesellschaften, Kölner Zeitschrift für Soziologie und Sozialpsychologie*, Sonderheft 40, S. 229–250. ■ FUCHS, DIETER (2000), »Demos und Nation in der Europäischen Union«, in: Klingemann, Hans-Dieter / Neidhardt, Friedhelm (Hg.), *Zur Zukunft der Demokratie. Herausforderungen im Zeitalter der Globalisierung*, WZB-Jahrbuch 2000, Berlin: Edition Sigma, S. 215–236. ■

HABISCH, ANDRÉ (2003), *Corporate Citizenship. Gesellschaftliches Engagement von Unternehmen in Deutschland*, Berlin: Springer. ■ HANSEN, RANDALL (Hg.) (2001), *Towards a European Nationality. Citizenship, immigration and nationality law in the EU*, Basingstoke: Palgrave. ■ JACKSON, ROBERT (Hg.) (2003), *International Perspectives on Citizenship, Education and Religious Diversity*, London: Routledge Falmer. ■ JOSEPH, MAY U.A. (1999), *Nomadic Identities. The performance of citizenship*, Minneapolis: University of Minnesota Press. ■ KLEGER, HEINZ (Hg.) (1997), *Transnationale Staatsbürgerschaft*, Frankfurt/M.: Campus. ■ KONDO, ASSUSHI (Hg.) (2001), *Citizenship in a Global World. Comparing citizenship rights for aliens*, Basingstoke: Palgrave. ■ KOSTAKOPOULOU, THEODORA (2001), *Citizenship, Identity and Immigration in the European Union. Between past and future*, Manchester: Manchester Univ. Press. ■ KROES, ROB (2000), *Them and Us. Questions of citizenship in a globalizing world*, Urbana: Univ. of Illinois Press. ■ KYMLICKA, WILL (1995), *Multicultural Citizenship. A Liberal Theory of Minority Rights*, Oxford: Clarendon Press. ■ LUHMANN, NIKLAS (1971), »Die Weltgesellschaft«, in: Luhmann, Niklas, *Soziologische Aufklärung 2*, Opladen: Westdeutscher Verlag, S. 9–20. ■ MAASS, FRANK / CLEMENS, REINHARD (2002), *Corporate Citizenship. Das Unternehmen als »guter Bürger«*, Wiesbaden : Deutscher Universitäts-Verlag. ■ McINTYRE-MILLS, JANET J. (2002), *Global Citizenship and Social Movements: Creating transcultural webs of meaning for the new millennium*, Amsterdam: Harwood Academic Publications. ■ MILLER, CHAR ROONE (2002), *Taylored Citizenship. State institutions and subjectivity*, Westport/Conn.: Praeger. ■ MÜNCH, RICHARD (Hg.) (2001), *Nation and Citizenship in the Global Age. From national to transnational ties and identities*, Basingstoke: Palgrave. ■ ONG, AIHWA (1999), *Flexible Citizenship. The cultural logics of transnationality*, Durham: Duke Univ. Press. ■ PREUSS, ULRICH K. / REQUEJO, FERRAN (Hg.) (1998), *European Citizenship, Multiculturalism, and the State*, Baden-Baden: Nomos. ■ RIMMERMAN, CRAIG A. (2001), *The New Citizenship. Unconventional politics, activism, and service*, Boulder/Colo.: Westview Press. ■ SADOWSKI-SMITH, CLAUDIA (Hg.) (2002), *Globalization On The Line. Culture, Capital, and Citizenship at U. S. Borders*, New York: Palgrave. ■ VANDENBERG, ANDREW (Hg.) (2000), *Citizenship and democracy in a global era*, Basingstoke: Macmillan. ■ WIELAND, JOSEF (Hg.) (2002), *Corporate Citizenship. Gesellschaftliches Engagement, unternehmerischer Nutzen*, Marburg: Metropolis. ■ WOBBE, THERESA (2000), »Die Koexistenz nationaler und supranationaler Bürgerschaft. Neue Formen politischer Inkorporation«, in: Bach, Maurizio (Hg.), *Die Europäisierung nationaler Gesellschaften, Kölner Zeitschrift für Soziologie und Sozialpsychologie*, Sonderheft 40, S. 251–274.

5.4 Respekt – Das Problem von Alterität und Moral in interkultureller Perspektive

Alfred Schäfer

1. Vielfalt als aktuelles moraltheoretisches Problem

Die moraltheoretische Metapher Kants von der praktischen Vernunft als ›Gerichtshof‹, vor dem über die Geltung individueller moralischer Perspektiven entschieden werden soll, scheint kaum etwas von ihrer Faszination verloren zu haben. Dafür werden gegenwärtig geschichtsphilosophische bzw. evolutionstheoretische[1] Gesichtspunkte ins Feld geführt. Danach hatten vormoderne Gesellschaften so etwas wie einen gemeinschaftskonstituierenden Horizont normativer Verbindlichkeiten, der den Menschen in ihrer Alltagspraxis zwar nicht ständig gegenwärtig sein musste, auf den man sich aber zurückziehen konnte, wenn unterschiedliche Sichtweisen mit normativem Geltungsanspruch aufeinander prallten. Es musste nur an ein für alle Selbstverständliches erinnert werden, um solche Probleme aus der Welt zu räumen. In solchen vormodernen Gesellschaften ließe sich zwischen moralischen Geboten und praktischen Lebensempfehlungen, also Regeln praktischer Klugheit, nicht deutlich unterscheiden: Das, was für den Einzelnen im Hinblick auf die Sinnbestimmung seines Lebens ›gut‹ sein sollte, stand zumindest nicht im Widerspruch zu dem ›moralisch Guten‹.

Hier nun sei mit dem Übergang zu modernen Gesellschaften ein Bruch zu verzeichnen: »Deontologische Moraltheorien in der Tradition Kants unterscheiden die Moral von der Ethik, indem sie das moralisch Richtige vom Guten unterscheiden.«[2] Fragen praktischer Klugheit, des richtigen Lebens unter konkreten historisch-gesellschaftlichen Bedingungen, also Fragen der Ethik, und Fragen,

was denn nun im Sinne der Moral akzeptabel ist, treten auseinander. Das im sozialen Umfeld als für das eigene Leben als ›richtig‹ Akzeptierte und das moralisch Legitime haben nun verschiedene Grundlagen. Nach einer von Wingert und Habermas[3] vorgeschlagenen Sprachregelung bezeichnet ›Ethik‹ die Lehre vom richtigen Leben, während ›Moral‹ den Ort meint, an dem über die intersubjektive Verbindlichkeit von Normen entschieden wird. Wenn aber moralische Normen im Unterschied zu individuellen und sozial akzeptierten Entwürfen ›richtigen Lebens‹ eine unterschiedliche Geltungsbasis haben sollen, dann kann diese gerade nicht in der Zugehörigkeit zu bestimmten sozialen Gemeinschaften liegen. Seit Kant wird als Geltungsgrundlage der Moral daher die (jeder Verpflichtung auf soziale Gemeinschaften enthobene) ›praktische Vernunft‹ angenommen. Dabei spielt es keine Rolle, ob diese als universelles Reflexions- und Urteilsvermögen im individuellen Kopf oder als prozedurales Regelwerk einer Diskursgemeinschaft formuliert wird. Es ist die Enthobenheit gegenüber jenem traditionellen Ethos einer Gemeinschaft, die die universelle Geltung einer solchen praktischen Vernunft trägt. Es ist zugleich diese Enthobenheit, die die Rede von einem ›Gerichtshof der Vernunft‹ gegenüber den empirisch vertretenen Entwürfen des ›Richtigen‹ gewährleisten soll. Der Geltungsanspruch einer ›praktischen Vernunft‹ kann sinnvoll nur dort erhoben werden, wo es keine Rücksicht mehr auf soziale Selbstverständlichkeiten oder die den Einzelnen bewegende Frage nach einem guten oder glücklichen Leben gibt.

Diese Perspektive scheint darauf zu verweisen, dass einerseits moralische Fragen (als Fragen der Gerechtigkeit) vernünftig zu lösen seien, dass andererseits ethische Fragen des ›guten Lebens‹ in den Bereich einer nicht-vernunftfähigen privaten Vorliebe fallen. Auch wenn man sich in diesem Bereich Gedanken über ein richtiges Leben machen mag, so lösen sich diese doch niemals von sozialen Vorgaben, von gängigen Lebensentwürfen und den in

---

1 Ich gestehe gerne ein, dass mir der Unterschied zwischen Geschichtsphilosophie und Evolutionstheorie nicht so recht klar ist: Auch eine rekonstruierte Teleologie bleibt eine Teleologie.
2 Wingert (1993, S. 33).
3 Habermas (1996).

ihnen aufbewahrten ›gängigen‹ Alternativen. Es ist nun ein Kennzeichen der jüngeren Diskussion in der deontologisch-kognitivistischen Ethik, dass man dieses Verhältnis von ›ethischen Empfehlungen‹ und ›moralisch begründeten Ge- bzw. Verboten‹ untersucht.[4] Allerdings tut man dies – und das ist der Einsatzpunkt der hier angestellten Überlegungen – dadurch, dass man die Ethik, also den Bereich der Empfehlungen richtigen Lebens, selbst noch einmal moraltheoretisch aufwertet, indem man also ethische Fragen als moralisch relevant einzuschätzen versucht: Gerade dies geschieht mit Hilfe des Respektbegriffs.

Das, was der Einzelne für richtig hält, wird in dieser Sichtweise nicht mehr nur einfach als Privatsache verhandelt, von der er abzusehen habe, wenn er sich auf den moralischen Standpunkt stellt und mit anderen über das spricht, was allgemein, d. h. ohne Ansehen von Person, Umständen und Situationen gelten soll. Eher geht man nun davon aus, dass diese privaten ethischen Gehalte nicht nur kognitive Anteile haben, die Gegenstand von moralischen Verhandlungen werden können; entscheidend ist nun, dass diese persönlichen Perspektiven für das Individuum einen Grad von Verbindlichkeit haben, der nicht einfach suspendiert werden kann – er ist und bleibt Moment moralischer Auseinandersetzungen. Lutz Wingert geht davon aus, dass moralische Probleme, also Fragen der Gerechtigkeit, da sie notwendig von einzelnen Personen verhandelt werden, immer auch eine ›persönliche Dimension‹ haben, die es als solche anzuerkennen, zu respektieren gilt.[5] Diese ›persönliche Dimension‹ ist niemals vollständig auszuklammern; vielmehr ist sie Moment moralischer Auseinandersetzungen selbst auf einer ersten Ebene. Auf dieser ›lokalen Ebene‹ geht es um moralische Konflikte mit konkreten anderen Personen, die von der persönlichen (ethischen) Lebensperspektive des Einzelnen betroffen sind, für die diese Perspektive mit Erwartungen oder Konsequenzen verbunden ist. Darüber hinaus spricht Wingert von einer überlokalen Ebene insofern, als von der persönlichen Perspektive Dritte, also tendenziell alle Dritten, betroffen sind.[6] Der überlokale Gesichtspunkt ist der Aspekt, unter dem die Universalisierbarkeit persönlicher Perspektiven verhandelt wird. Moralische Probleme haben also eine unaufhebbar persönliche (ethische) Dimension

und werden schließlich unter zwei Aspekten zum Gegenstand moralischer Verhandlungen über das ›Gute‹: dem lokalen und dem überlokalen Aspekt.

Vorausgesetzt ist bei einer solchen Perspektive allerdings, dass schon persönliche (ethische) Sichtweisen nicht nur kognitive Gehalte aufweisen, sondern dass der Einzelne in der Lage ist, zu seiner ethischen Lebensperspektive ein distanziert-reflexives Verhältnis zu haben. Erst dann kann man davon ausgehen, dass Fragen des ›richtigen Lebens‹, obwohl sie in der moralischen Sichtweise einer ›praktischen Vernunft‹ niemals ganz aufzugehen vermögen, dennoch für lokale wie überlokale Sichtweisen, Einwände und Argumentationen offen stehen. Fragen des richtigen Lebens werden daher als Fragen eines adäquaten Selbstverhältnisses eingeführt, für deren Beantwortung die Person ihren Maßstab in sich selbst, der eigenen Kohärenz findet – und nicht in einem vorgefundenen ›Ethos‹, einem Lebensstil-förmigen oder sonstigen gemeinschaftlichen Selbstverständnis. »Indem eine Person sich fragt, wer sie ist, indem sie so oder so fühlt, urteilt, handelt, und ob sie bejahen kann, diese Person zu sein, verhält sie sich zu sich, und das heißt jetzt: sie verhält sich dazu, dass sie bekräftigen können muss, die Person zu sein, die ihr bewusstes Verhalten darstellt.«[7] Die Ethik einer Person erscheint von daher immer schon ›vernünftig‹ – sie muss versuchen, die Parameter ihrer Vernünftigkeit zu ver-

---

4 Es kann hier nicht Gegenstand sein zu untersuchen, ob diese Entwicklung auf eine Irritation durch die Debatten um Alterität und Singularität zurückgehen – oder ob sie (eher theorieimmanent) sich an jener Zwei-Welten-Theorie entzündet haben, nach der Fragen des guten Lebens Fragen des empirischen Subjekts sind, während moralische Fragen Sachverhalte darstellen, denen sich das intelligible Subjekt (bzw. kontrafaktische Diskursteilnehmer) widmen. Deutlich scheint allerdings zu sein, dass die (eben der Zwei-Welten-Theorie geschuldete) Frage der möglichen Verbindlichkeit von Vernunft eine Rolle spielt. Auf diese Frage haben schließlich in jüngerer Zeit Ansätze eine Antwort zu geben versucht, die den Stellenwert moralischer Gefühle (wie Scham – vgl. Tugendhat 1993) in den Vordergrund rücken.
5 Vgl. Wingert (1993, S. 114). Ich expliziere diese Position hier an der (Frankfurter) Dissertation von Lutz Wingert. Sie umschreibt aber zugleich den Horizont, unter dem ›Die Einbeziehung des Anderen‹ von Habermas (1996) diskutiert wird.
6 Wingert (1993, S. 125).
7 Wingert (1993, S. 133 f.).

ändern: lokal und schließlich überlokal. Aber es wäre eine unzulässige Überforderung, sie darauf verpflichten zu wollen, ihre Persönlichkeit, ihre Unverwechselbarkeit, die sich schließlich nicht zuletzt in ihrer ›Ethik‹ ausdrückt, zugunsten von ›sozialer Allgemeinheit‹ und universal verstandener ›Menschlichkeit‹ aufgeben zu müssen. Insofern müssen Fragen der Verallgemeinerung des Ethischen von Fragen einer moralischen Universalisierbarkeit weiterhin unterschieden werden.

Es ergibt sich also eine doppelte Perspektive: Auf der einen Seite erweisen sich schon die ›ethischen‹ individuellen Selbstverständnisse als Ergebnis einer praktisch-reflexiven Selbstverständigung, die um das Problem der ›Selbstverwirklichung‹ kreist.[8] Im Kontakt mit anderen Menschen kann diese ›Selbstverwirklichung‹ zum Gegenstand einer (im Lichte der praktischen Vernunft: begrenzten) moralischen Auseinandersetzung werden. Auf der anderen Seite bleibt diese Auseinandersetzung aber in ihrer moralischen Qualität daran gebunden, dass der ›ethisch‹ reflektierte Anspruch auf ›Selbstverwirklichung‹ nicht einfach nur ›moralisch‹ negiert wird. Ethische Fragen der Selbstverwirklichung werden also umgekehrt auch zur Grenze der ›praktischen Vernunft‹. Von einem ›moralischen Standpunkt‹ als Voraussetzung eines moralischen Diskurses kann für Wingert nur gesprochen werden, wenn den Beteiligten klar ist, dass dieser Diskurs niemanden verletzen darf: Die Einnahme des moralischen Standpunkts dient »dem Schutz vor moralischen Verletzungen«.[9] Die Einnahme des moralischen Standpunkts bezieht sich damit nicht mehr nur auf die kontrafaktischen Unterstellungen Habermas', dass alle Teilnehmer an einem praktischen Diskurs von sozialen Bindungen, Interessen, strategischen Spielen oder Gefühlen Abstand nehmen. Hinzu kommt nun die inhaltlich-normative Prämisse, dass der jeweils andere Mensch in seinem ›ethischen Recht auf Selbstverwirklichung‹ nicht verletzt werden darf.

Die Einnahme dieses moralischen Standpunkts, der dem Schutz anderer Menschen vor moralischer Verletzung dient, nennt Wingert auch ›moralischen Respekt‹. Dieser moralische Respekt orientiert sich an einer doppelten moralischen Verletzbarkeit: »In der einen moralischen Hinsicht wird der moralisch Verletzbare respektiert als einer, der darin unvertretbar ist, sein Leben zu leben. In der anderen moralischen Hinsicht wird der moralisch Verletzbare respektiert als einer, der nicht weniger als andere auch in seinem Existenzvollzug auf andere angewiesen ist.«[10]

Der moralische Standpunkt, der durch diese zwei Arten des Respekts ausgezeichnet ist, erfüllt nun eine doppelte Funktion. Zum ersten gehören die »beiden Grundformen des Respekts zu den Ermöglichungsbedingungen von Kommunikation«.[11] Ohne sie scheint eine problemlose wie auch problematisierende moralische Kommunikation also nicht möglich zu sein – eine Kommunikation, in der es ja in der Habermas'schen Lesart immer um erhobene Geltungsansprüche geht, die bei Bedarf begründet werden sollten. Die zweite Funktion besteht darin, das eingangs konstatierte Problem kognitivistischer Ethik zu lösen: Dieses besteht darin, wie unter den Bedingungen der Moderne, die keinen für alle verbindlichen normativen Hintergrund mehr kennt, die autonomisierten Einzelnen nicht nur dazu gebracht werden können, sich an einem praktischen Diskurs zu beteiligen, sondern warum dessen ›vernünftiges Ergebnis‹ von den Beteiligten auch als verbindlich übernommen werden sollte. Für Wingert ist es »die Verschränkung der beiden Grundformen des moralischen Respekts, die die Möglichkeit eröffnet für einen intern motivierten Übergang von einem inhaltlich bestimmten moralischen Standpunkt zu einem anderen«.[12] Es ist also der erfahrene doppelte Respekt, der die Einzelnen nicht nur dazu bringt, sich auf moralische Diskurse einzulassen, statt nur strategisch oder mit Gewalt zu agieren. Und es ist zugleich der erfahrene doppelte Respekt, der sie dazu bewegt, das Ergebnis solcher Diskurse als für sich selbst bindend zu akzeptieren. Es ist dieser erfahrene doppelte Respekt des moralischen Standpunktes, der – analog zum gelebten Ethos vormoderner Gesellschaften – die Stelle jenes (selbst normativen) Fundaments abgeben soll, das moralische Auseinandersetzungen ebenso ermöglicht wie begrenzt dadurch, dass es verbindliche Einigungen wahrscheinlich macht.

---

8 Wingert (1993, S. 144).
9 Wingert (1993, S. 160).
10 Wingert (1993, S. 179).
11 Wingert (1993, S. 210).
12 Wingert (1993, S. 180).

Die folgenden Überlegungen knüpfen an ein von Wingert selbst geäußertes Unbehagen an: Obwohl der Begriff des ›Respekts‹ von ihm als für den ›moralischen Standpunkt‹ zentral ausgewiesen wird, betont er, dass er lieber von ›Anerkennung‹ gesprochen hätte. Dies habe den Grund, dass der Begriff der ›Anerkennung‹ eher zum Ausdruck bringe, dass das Gegenüber im Respekt erst als zu Respektierendes konstituiert werde und dass es sich dabei um ein aktives moralisches Verhalten des Respektierenden handele.[13] Da der Begriff der Anerkennung allerdings moraltheoretisch weitergehende Implikationen als der Respektbegriff enthalte, verzichte er auf dessen Verwendung. Nun ist der Verzicht auf den Anerkennungsbegriff aus zwei Gründen zu begrüßen. Zum ersten vermeidet Wingert so einen schlichten Zirkel. Wenn es darum geht, eine Ermöglichungsbedingung von Kommunikation und Voraussetzung für die Verbindlichkeit moralischer Wahrheit auszuweisen, wäre man nicht weitergekommen, wenn man diese Bedingung selbst als moralische Leistung ausweisen würde, nach deren Möglichkeitsbedingungen und Verbindlichkeit man dann erneut fragen würde.[14] Die Kategorie des ›Respekts‹ verweist demgegenüber gerade dadurch, dass sie als Voraussetzung von Kommunikation eingeführt wird, auf Bedingungen moralischer Verständigung, die dem Einzelnen nicht zur Verfügung stehen – auf die er sich verpflichten muss, wenn er mit anderen über moralische Geltungsfragen überhaupt Verständigung erzielen will. Ob er dies tut (oder sich ausschließt), mag ihm überlassen sein, aber der ›Respekt‹ ist (als Bedingung von Kommunikation) keine herausragende moralische Leistung, sondern die schlichte Eintrittskarte in die (moralische) Kommunikation.

Ein solches Verständnis von ›Respekt‹ ist nun in einem gewissen Sinne ›vormodern‹. Dies werde ich in einem ersten Schritt am Beispiel der Dogon zu zeigen versuchen (2.). Dieses Beispiel wird die von Wingert konstatierte Differenz im Respektbegriff, die zwischen der Achtung vor der Unvertretbarkeit des Einzelnen im Hinblick auf sein je eigenes Leben und derjenigen seiner Angewiesenheit auf andere Menschen unterscheidet, aufnehmen und anders akzentuieren. Dem Respekt vor der ›sozialen Identität‹ tritt ein Respekt vor der ›unvertretbaren‹ Singularität des Anderen zur Seite, der nicht (wie bei

Wingert) an die begründete (›ethische‹) Explikation der eigenen ›Selbstverwirklichung‹ gebunden ist, sondern an die Unfassbarkeit dieses Selbst. ›Respekt‹ besteht hier gerade darin, dass dieses ›Selbst‹ nicht zum Gegenstand moralischer Verhandlungen gemacht wird. Der Grund dafür besteht darin, dass man glaubt, dass über dieses ›Selbst‹ nicht hinreichend Auskunft gegeben werden kann. Eine solche Sichtweise wird mich zu der weiteren Frage führen, ob ein solcher Respekt vor dem Anderen denn überhaupt ein moralisches Problem darstellt: Ob es nicht vielmehr so ist, dass ein solcher Respekt nur die (vielleicht immer schon praktizierte) Einsicht in die Unmöglichkeit ist, die ›Identität‹ des Gegenübers jenseits der sozial akzeptierten Vokabulare der Selbstdarstellung erfassen zu können. Diese Frage werde ich – nach einer Zwischenbetrachtung zur Möglichkeit interkultureller ›moralischer Kommunikation‹ (3.) – in einem zweiten Schritt untersuchen, wobei ich auf die Ansätze Goffmans und Viskers eingehe. Dabei werde ich mich an einem Beispiel dem Problem zuwenden, inwiefern angesichts einer konstatierbaren ›Sakralisierung des Selbst‹ (Goffman) die Moralisierung der Alterität des Anderen sinnvoll erscheint (4.).

2. Die beiden Formen des Respekts bei den Dogon[15]

Nach der bisher dargestellten Auffassung müsste man davon ausgehen können, dass in einer ›vormodernen‹ Gesellschaft wie derjenigen der Dogon

---

13 Wingert (1993, S. 179 f.).

14 Rolf Eickelpasch (1996) hat dieses Problem anhand der Funktion der ›Lebenswelt‹ im Habermas'schen Ansatz überzeugend dargelegt: Die verflüssigte, in ihren Geltungsbeständen zunehmend zur Disposition stehende Lebenswelt soll zugleich das normative Gerüst ihrer eigenen Problematisierung bilden.

15 Die Ausführungen dieses Abschnitts basieren auf Feldforschungen bei den Dogon, die mit Unterbrechungen seit 1998 stattfinden und sich auf die Bedeutung von Respekt und Scham im Hinblick auf die Semantik der Liebe im Geschlechterverhältnis und das Erziehungskonzept beziehen. Wie die folgenden Darlegungen zeigen werden, unterscheidet sich der Ansatzpunkt dieser Forschung von der im deutschen Sprachraum bekannten psychoanalytischen Betrachtungsweise der Dogon durch Parin/Parin-Matthey/Morgenthaler

in Westafrika ethische wie moralische Probleme, also Fragen individueller Selbstentwürfe wie auch die Verständigung über Fragen gerechtfertigten Zusammenlebens auf dem Boden einer von allen selbstverständlich gelebten Moral ineinander aufgelöst werden können. Und tatsächlich scheinen auf den ersten Blick alle Beziehungen und damit legitime Erwartungen und Verpflichtungen im Verhältnis zueinander klar definiert zu sein. Diese Definitionen sind dabei nicht einmal abstrakt bestimmt, sondern konkretisiert auf jedes mögliche soziale Verhältnis bezogen. Alle sozialen Beziehungen scheinen als konkrete Zweier-Relationen bestimmt. Jeder Mensch befindet sich immer in einer Vielzahl solcher Beziehungen und jede von ihnen scheint klar definiert zu sein. Jemand steht also als Sohn in einer solchen, klar in ihren Rechten und Pflichten definierten, Beziehung zu seinem Vater. Diese Beziehung ist eine andere als die zu seiner Mutter; diejenige zum Bruder des Vaters eine andere als die zum Bruder der Mutter; diejenige zum jüngeren Bruder eine andere als die zum älteren Bruder; die zur Schwester eine andere als die zum Bruder; die zu älteren Menschen eine andere als die zu jüngeren usw. Wollte man abstrakte Parameter angeben, so könnte man auf das Senioritätsprinzip einerseits und die Vorrangstellung des Mannes vor der Frau andererseits verweisen. Beide Parameter deuten darauf hin, dass alle Beziehungen asymmetrisch definiert sind. Dabei sind Rechte und Pflichten komplementär definiert: Des einen Rechte sind des anderen Pflichten. Um ein Beispiel für das Verhältnis von Komplementarität und Asymmetrie zu geben: Ein Mann ist für Ernährung, Kleidung und Hilfe im Krankheitsfall gegenüber Frau und Kindern verpflichtet, die Ehefrau umgekehrt für Haushalt, Kinder und Hilfe auf dem Feld. Diese allgemeinen Verpflichtungen definieren zugleich, was man mit Aussicht auf soziale Zustimmung und (im Falle eines Konflikts) auch öffentlich vom jeweils anderen verlangen kann. Die Frau kann darauf bestehen, dass der Mann (als alleiniger Besitzer des Getreides, zu dem die Frau keinen

Zugang hat) ihr jeden Tag eine Ration für die Zubereitung der Mahlzeit gibt, der Mann umgekehrt darauf, dass gekocht wird, Feuerholz und Wasser vorhanden ist. Nicht nur die ökonomische Macht, sondern auch die Durchsetzungsmacht ist dabei unterschiedlich: Der Mann hat das Recht, seine Frau zu schlagen, wenn sie ihre Pflichten nicht zu seiner Zufriedenheit erfüllt; die Frau hat umgekehrt dieses Recht nicht, sondern kann den Mann nur auffordern oder Dritte (seinen Vater oder ihren Vater) bitten, ihn mit stärkerem Nachdruck aufzufordern, seine Pflichten zu erfüllen. Im äußersten Fall kann sie, sollte der Mann auch nach wiederholter Aufforderung seine Pflichten nicht erfüllen, ihn verlassen.

Vor diesem Hintergrund mag es befremdlich erscheinen, dass man bei den Dogon soziale Beziehungen nicht nach dem Befehls/Gehorsamkeits-Modell definiert, sondern sie als Beziehungen wechselseitigen Respekts bestimmt. Damit gewinnen die positional klar definierten Aufgabenkataloge eine ›moralische Dimension‹. Man sagt so etwa, dass Eheleute, die wechselseitig ihre Verpflichtungen erfüllen, sich respektieren. Einen Ehepartner, der seine Pflichten (auch gegenüber anderen Positionsinhabern wie etwa den Eltern, Brüdern usw.) nicht erfüllt, könne man nicht respektieren: Und wen man nicht respektieren könne, den könne man auch nicht lieben. Und es gilt auch: Je mehr der Andere seinen sozialen Verpflichtungen in seinen jeweiligen sozialen Positionen ernsthaft und bereitwillig nachkomme, desto respektabler sei er und desto mehr werde man ihn als Ehepartner lieben. ›Emotionale Nähe‹ scheint also an jene positional definierte Identität gebunden zu sein, deren Kennzeichen eine asymmetrische Distanz ist.

Moralischer Respekt und die Erfüllung sozialer Identitätserwartungen scheinen so eine ungebrochene Einheit darzustellen. Mit der sozialen Position scheint zugleich der ethische Selbstentwurf verbunden zu sein, auf den man im Konfliktfall in ›moralischen Diskursen‹ wiederum verpflichtet werden kann. Eine solche harmonistische Sichtweise stößt jedoch auf Schwierigkeiten. Diese bestehen nicht nur darin, dass die soziale Identität des Einzelnen in eine Vielzahl unterschiedlicher Positionen zerfällt, die ›moralischen Zündstoff‹ in sich bergen können: Einem verheirateten Sohn kann dessen Vater bezogen

---

(1993). Bei diesen Autoren findet sich eine Zusammenfassung der Jahrzehnte währenden Forschung zu diesem in Mali lebenden Volk.

auf Pflichtverletzungen gegenüber seiner Frau nur einen Rat geben, der Sohn kann aufgrund seiner eigenen Position als Familienvater darauf hören oder nicht. Tut er es nicht, kann ihm das als zusätzliche Missachtung seiner Verpflichtungen ausgelegt werden – dies muss aber nicht geschehen. Es zeigen sich also Spielräume, die zugleich mit etwas zusammenhängen, das man wohl als Flexibilität des vermeintlich in Befehlsform gegossenen sozial-moralischen Fundaments bezeichnen könnte: der relativen Unbestimmtheit, also Verhandelbarkeit sozialer Verpflichtungen. Hinzu kommt ein weiterer Sachverhalt: Dieser besteht darin, dass man im Hinblick auf die Erfüllung sozialer Verpflichtungen gemeinhin mit einer ›äußerlichen‹, nicht ›moralisch motivierten‹ Befolgung zufrieden ist. Dies soll an einigen Beispielen demonstriert werden.

Ein alter Mann weist darauf hin, dass Diebstahl ein Vergehen sei, das zur Ausschließung des Diebs aus der Gemeinschaft führe. Selbst noch seine Nachkommen würden sich für ihn schämen. Der gleiche Alte erzählt bei anderer Gelegenheit, dass er zwei Söhne habe: Einer lebe im Dorf und der andere in der Hauptstadt. Letzterer habe ihm und seiner Frau drei seiner Kinder überlassen, damit er sich um sie kümmere. Als der im Dorf lebende Sohn vor einem Jahr seinen Bruder in der Stadt besucht habe, habe dieser ihm die für ihn große Summe von 40 000 FrancsCFA (ca. 40 Euro) mitgegeben. Davon habe er über einen Brief erfahren. Von dem Geld habe er aber niemals etwas gesehen. Das Geld sei für ihn verloren. Der alte Mann käme nun niemals auf die Idee, in einem solchen Fall von Diebstahl zu sprechen. Seine Beziehung zu dem im Dorf lebenden Sohn hat sich im Umgang nicht wahrnehmbar verändert. Der Sohn kommt zweimal am Tag, um nach den Eltern zu sehen und die beiden Eltern erwidern seine Fragen höflich und verweisen auf anfallende Arbeiten, bei denen der Sohn ihnen helfen könnte. Die Eltern können, obwohl verbittert, kaum etwas machen: Würde der Vater den Sohn (ob im Zweiergespräch oder auch öffentlich) zur Rede stellen, würde dieser den Erhalt der Summe eingestehen, aber darauf hinweisen, dass er sich das Geld zunächst einmal für dringende Angelegenheiten ›ausgeborgt‹ habe, dass er es schon noch beibringen werde. Würde der Alte darauf bestehen, das Geld umgehend zu erhalten, dass der Sohn Vieh

verkaufe, so würde er als undankbar und unnachsichtig dastehen, kümmert sich der Sohn doch schließlich um ihn. Schließlich könne er ja etwas warten. Wenn er seinem Sohn Diebstahl vorwerfen würde, könnte er nur den Eindruck der Undankbarkeit verstärken. Damit könnte der Alte auch rechnen, weil ein solcher Vorwurf des Diebstahls, würde man ihn ernst nehmen, Konsequenzen nach sich ziehen würde, die man allgemein lieber vermeiden möchte.

Ein zweites Beispiel: Eine Frau weist ihren Mann darauf hin, dass ein Kind ernsthaft krank ist. Der Mann geht darauf hin zu einem alten Mann und besorgt ›traditionelle Medizin‹, die aus vor Ort vorgefundenen Pflanzen zubereitet wird und kaum etwas kostet. Als sich der Zustand des Kindes verschlechtert und die Frau ihn bittet, das Kind ins 20 km entfernte Krankenhaus zu bringen, besorgt der Mann nur erneut ›traditionelle Medizin‹. Die Frau bittet seinen Vater, ihn aufzufordern, das Kind ins Krankenhaus zu bringen und für die Kosten eine Ziege zu verkaufen. Der Vater gibt dem Mann einen entsprechenden Rat, aber dieser sagt, dass er die Ziege dafür nicht verkaufen könne, da er den Erlös für etwas brauche. Er bleibt dabei und das Kind stirbt. Es handelt sich bei dem Verhalten des Mannes nicht um einen eindeutigen Fall von Pflichtverletzung. Immerhin hat er zweimal seine Verpflichtung angenommen. Es handelt sich daher auch nicht um einen Fall, in dem die Frau für sich das (sozial akzeptable) Recht reklamieren könnte, ihren Mann zu verlassen. Sie wird in einem solchen Fall bei ihm bleiben und ihn erst im Wiederholungsfall verlassen.

Gegenüber jenem ersten Eindruck einer rigiden Regelverhaftung der Positionsinhaber, die zudem noch moralisch überhöht erschien – so als ob die Verpflichtung auf die Regel zugleich als moralische Verpflichtung (im neuzeitlichen Verständnis) gesehen werden müsse, gewinnt man vor dem Hintergrund solcher Beispiele die Vorstellung einer gewissen Beliebigkeit der Regelbefolgung: eines ›Auslegungsspielraums‹, der für den europäischen Betrachter an A-moralität zu grenzen scheint. Die bloße Befolgung der Verpflichtung scheint im Falle des Ehemannes zu reichen – auch wenn sie um das eigene Ungenügen weiß und vorhandene Möglichkeiten aus ›zweitrangigen‹ Gründen ablehnt. Jedenfalls scheinen seine ›Ausreden‹, der Verweis auf angesichts des gefährdeten Lebens seines Kindes vage andere Absichten, keinen Grund darzustellen, einen ›moralischen Diskurs‹ über sie zu führen oder soziale Konsequenzen zu ziehen.

Dass die ›Gründe‹ nicht zum Gegenstand moralischer Auseinandersetzungen werden, dass man Respekterweise im Sinne der Erfüllung von beanspruchbaren Verpflichtungen als solche akzeptiert, ohne auf die ›Motive‹ zu achten, dass man den Respekterweis akzeptiert, ohne sich zu fragen, ob er aufrichtig oder unaufrichtig gemeint ist, aus Zuneigung oder strategischen Gründen erfolgt – zumindest, dass solche Fragen in der sozialen Öffentlichkeit keinen Raum haben, liegt nun an einer zweiten Dimension des Respektbegriffs. Zu respektieren hat man den Anderen nicht nur in seinen positional definierten Rechten durch die Wahrnehmung eigener Verpflichtungen, sondern auch darüber hinaus: ›persönlich‹. Dieser Respekt vor dem anderen Menschen jenseits seiner positionalen Bestimmtheit äußert sich nun nicht darin, dass man seine individuelle Selbstbestimmung als eine aus seiner Sicht nachvollziehbare und also begründbare oder zu rechtfertigende akzeptiert, sondern darin, dass man das, was hinter den (äußeren) Handlungsweisen liegt, nicht thematisiert: seine Gründe, Motive, seinen ›Charakter‹. Was man problematisieren und diskutieren kann, das ist die ›äußere‹ Befolgung (relativ allgemein formulierter) positional definierter Verpflichtungen, was aber kein Gegenstand eines ›moralischen Diskurses‹ zu werden vermag, das ist das ›Innere‹ des Anderen,[16] die Berechtigung seiner Gründe oder die Lauterkeit seiner Motive. Genau dies aber eröffnet neben der Äußerlichkeit und d. h. relativen Unbestimmtheit des konkreten Inhalts sozialer Verpflichtungen den konstatierten Spielraum des Umgangs mit Verpflichtungen. Ein weiteres Beispiel, in dem der bereits erwähnte alte Mann eine Rolle spielt, mag dies verdeutlichen.

Der Alte ist über 80 Jahre alt und wurde während des Zweiten Weltkriegs von der französischen Ko-

lonialmacht als Soldat rekrutiert. Da er nur in Marokko stationiert war und so nicht in Frankreich zum Kriegseinsatz kam, hatte er bis vor kurzem keinen Anspruch auf eine Rente. Da er seit 2001 auf beiden Augen erblindet ist, hat er nun, da er aufgrund einer neuen Gesetzeslage einen solchen Rentenanspruch hat, keine Möglichkeit mehr, ins 20 km entfernte Bandiagara zu gehen, um dort die entsprechende Unterschrift leisten zu können. Er hat den *chef de village* gebeten, das für ihn zu machen, da er doch öfter nach Bandiagara geht und auch die Vollmacht hat, eine solche Unterschrift zu leisten. Dieser hat ihm das auch zugesagt: Dem Alten ist es nun nach der Erblindung unmöglich geworden, seine Felder zu bestellen und er ist daher auf das Geld angewiesen. Als der *chef de village* aus Bandiagara zurückkehrte, hat er auf die Frage des Alten geantwortet, dass er viele Dinge zu erledigen gehabt habe und nicht dazu gekommen sei, die Angelegenheit des Alten zu verfolgen. Der Alte erzählt, dass sich dies noch zweimal wiederholt habe und er jetzt nicht mehr fragen könne. Den *chef de village* zu drängen etwa dadurch, dass man ihn in einen moralischen Diskurs verwickelt, der die Vorrangigkeit der Notlage des Alten gegenüber irgendwelchen (nicht einmal näher bezeichneten) Angelegenheiten betont, ist nicht möglich, weil es für den Alten beschämend wäre: Er müsste mit dem Hinweis auf die persönliche Bedeutung der Angelegenheit versuchen, eine motivationale Bindung des Anderen zu ›erzwingen‹ und ein solches Vorhaben gilt als beschämend – nicht für den *chef de village*, sondern für ihn selbst. Er kann an seine Angelegenheit erinnern, aber auch hier muss er aufpassen, dies nicht penetrant und immer wieder zu tun: Das hätte den gleichen Effekt seiner Beschämung.

Der moralische Rechtfertigungszwang im neuzeitlichen Selbstverständnis, der sich auf die Begründungsfähigkeit von Motiven, auf den ›reinen Willen‹ richtet, scheint so gerade durch den Respekt vor dem sozial wie auch reflexiv nicht definierbaren ›Inneren‹ des Anderen weitgehend suspendiert. Der Respekt vor dem unsagbaren Inneren des Anderen bedeutet daher nicht einfach den Respekt vor der Würde und Unantastbarkeit der Person in einem modernen Verständnis. Dieser Respekt bleibt ambivalent: Man ist dazu verpflichtet, die Intransparenz des Inneren des Anderen zu respektieren,

---

16 Ähnliche Befunde haben sich in einer Untersuchung der Selbstthematisierung der Batemi in Tansania ergeben: vgl. Schäfer (1999 a und b).

weil auch dieser selbst darüber nicht zu verfügen vermag. Wer kann schon sagen, was den Anderen dazu bewogen haben mag, der eigenen Bitte nicht nachzukommen? Ihn darauf verpflichten zu wollen, würde bedeuten, ihm zuzumuten, alles, was ihm begegnet, unter die Kontrolle einer moralischen Verpflichtung zu stellen. Es würde voraussetzen, dem Anderen jene moderne Vorstellung zu unterstellen, nach der das selbsttransparente und selbstkontrollierte Subjekt alleiniger Grund seiner Einsichten, Motive und Handlungen sein soll. Wenn man dies aber nicht tun kann, dann bedeutet der Respekt vor der Intransparenz des Anderen aber auch, dass man nicht damit rechnen kann, dass man den Anderen mit Hilfe sozialer Verpflichtungen ›moralisch ausrechnen‹ könnte. Man kann und muss davon ausgehen, dass beim Anderen alles möglich ist. Womit man rechnen und worauf man bestehen kann, das ist die Erfüllung sozialer Verpflichtungen. Allerdings heißt dies – wie die Beispiele zeigen – noch nicht viel. Der Andere ist letztlich nicht kalkulierbar. Worauf man hoffen kann, das ist die disziplinierende Bedeutung der Scham. Doch auch hier gilt es zu unterscheiden. Viele Menschen vermeiden Pflichtverletzungen nur deshalb, weil sie Angst vor der Schande haben. Das aber führt eben noch nicht dazu, dass sie ihre Verpflichtungen mehr als nur notgedrungen erfüllen – wobei es eben einen beträchtlichen Spielraum gibt. Von einer solchen Scham aus Angst vor Schande, vor einer sozialen Sanktion, unterscheidet man eine Scham, die mit einer Selbstverpflichtung einhergeht. Diese Selbstverpflichtung wird nun allerdings nicht so gedacht, dass sie Ergebnis einer ethischen Reflexion des Einzelnen oder eines moralischen Diskurses wäre. Eine solche Scham resultiert aus einer sozialen Erfahrung: Diese besteht darin, dass jemand sich als jemanden wahrnimmt, der unerwartet und (positional) unverdient ein hohes Maß von Respekt von einem anderen Menschen erfährt. Dieser Respekt kann ihn beschämen und er wird sich dann verpflichtet fühlen, diesem Anderen keine Schande zu machen. Das führt nicht nur dazu, dass er seine Pflichten gegenüber diesem Anderen besonders sorgfältig wahrnimmt, sondern auch gegenüber anderen Menschen, weil seine Schande auf den zurückfallen könnte, dem er sich verpflichtet fühlt.

Eine solche Scham, die zur Arbeit an sich selbst führt, ist kontingent: Mit ihr kann nicht gerechnet werden. Sie hängt von zufälligen sozialen Kontakten und ihrer Bewertung durch den Einzelnen ab. Und darüber eben kann man wenig sagen. Die Dogon bleiben skeptisch. Sie misstrauen der Kommunikation, weil man weder über die Absichten des Sprechers mit Zuverlässigkeit etwas sagen kann noch kontrollieren kann, wie das Gesagte beim Gegenüber aufgenommen wird. Die Konsequenz besteht darin, dass gleichsam alles zum ›Geheimnis‹ werden kann, dass man sich bemüht, Öffentlichkeiten zu segregieren, dass man bei Konflikten Dritte als Mittler einschaltet, dass man auf Magie zurückgreift als eine Form ›mechanischer Kommunikation‹, direkter Wirkung, die Missverständnisse ausschließt usw.

Die Skepsis der Dogon richtet sich zwar auf die respektierte Intransparenz der anderen Menschen, aber damit eben auch auf die verbindliche Akzeptanz sozialer Regeln durch diese anderen Menschen. Regelbefolgung und unauslotbare strategische Absichten von Mitmenschen schließen sich nicht aus: Ein ›vernünftiger Mann‹ rechnet genau damit. Er fragt sich immer, was hinter einer Regelbefolgung stecken könnte, ohne hier jemals sicher sein zu können. »Wir Afrikaner«, sagte der Übersetzer mehr als einmal, um vorschnelle vermeintliche Verständnisse oder Unverständnis zu korrigieren, »sind sehr, sehr tief«. Er meinte damit zugleich, dass es für Europäer, die an die Transparenz von Kommunikation und die moralische Aufrichtigkeit und ›Offenheit‹ ihrer Gesprächspartner glauben, sehr schwierig sei, das zu verstehen. Aus Sicht der Dogon muss jemand, der an die Verbindlichkeit moralisch-sozialer Regeln für andere glaubt, naiv sein. Die Voraussetzungen eines solchen Glaubens, die Selbsttransparenz und der autonome Wille eines sich seine Gesetze in Übereinstimmung mit einer universalen Vernunft selbst gebenden Subjekts, müssten ihnen als fromme Wünsche erscheinen. Alles, was man erwarten kann, ist, dass man sich (aus welchen Gründen auch immer) ›irgendwie‹, d. h. auf von Leuten, die Konflikte vermeiden wollen, nachvollziehbare Weise an die Regeln wechselseitiger Verpflichtung hält. Darüber hinaus bleibt alles kontingent: Verlangt ist Vorsicht, taktvolle Zurückhaltung – eben Respekt vor der Intransparenz des Anderen, vor seiner uneinsehbaren Singularität.

Das so in groben Zügen gezeichnete Bild unterscheidet sich von der Sicht auf vormoderne Gesellschaften, wie es häufig und auch im ersten Abschnitt dargestellt wird. Es ist wenig zu sehen von jenem allgemein akzeptierten Ethos, jener alle Streitfragen schlichtenden moralischen Selbstverständlichkeit, die Individualität geradezu unmöglich machen sollen. Vielmehr entsteht umgekehrt der Eindruck, dass diese Individualität als singuläre, als in der symbolischen Ordnung des Sozialen gerade nicht fassbare, so etwas wie den Bezugspunkt der Skepsis gegenüber jener Verbindlichkeit des Systems wechselseitiger Verpflichtungen darstellt, das doch so etwas wie ein verbindliches Ethos darzustellen scheint. Auch bei den Dogon dient ›Respekt‹ der Vermeidung moralischer Verletzungen. Aber bei ihnen geht es gerade nicht um ›moralische Anerkennung‹, um die aktive moralische Konstitution des respektierten Gegenübers durch den Respektierenden. Von außen blickend, weil dies nun gerade nicht das Problem der Dogon zu sein

---

17 Vgl. beispielsweise im Anschluss an Habermas McCarthy (1993). An anderer Stelle habe ich am Beispiel einer mythischen Vergewisserung hinsichtlich der Umgangsweise mit einem ›moralischen Problem‹ die Grenzen einer solchen Perspektive ausführlicher aufzuzeigen versucht (vgl. Schäfer 1998). Selbstverständlich sind solche Gegenüberstellungen von ›Kulturen‹ fingiert. Dies liegt nicht nur daran, dass der Kulturbegriff viel von seiner monolithischen Kraft verloren hat, die in der Vorstellung einer weitgehenden ›Gleichschaltung‹ von Kulturmitgliedern bestand (vgl. Wimmer, 1996). Die Betrachtung des Respektbegriffs bei den Dogon zeigte gerade das Ineinander von Rahmenbedingungen und Interpretation. Im konkreten Fall (der Feldforschung wie auch der ›moralischen Kommunikation‹) treffen also immer konkrete Verständnisse von ›Selbstverständlichkeiten‹ aufeinander, nicht aber systematische Blöcke. Dennoch ermöglicht eine solche ›Verflüssigung‹ von ›kulturellen Selbstverständnissen‹ allenfalls – wie die gegenwärtigen Diskussionen zur interkulturellen Kommunikation zwischen Ausländern und Deutschen zeigen – Zwischenwelten, in denen Verständigung ebenso wie Missverständnisse möglich sind. Für das in der Habermas-Tradition postulierte Modell interkultureller Verständigung aber ist dieses ›Leben unter verschiedenen kulturellen Herkünften in einer Gesellschaft‹ und damit immer schon vollzogene Assimilationen und Akkomodationen gerade nicht vorausgesetzt, sondern das Aufeinandertreffen der Repräsentanten unterschiedlicher ›Kulturen‹ gleichsam in ›Reinform‹.

---

scheint, könnte man sagen, dass die Dogon sich mit dem Problem der Grenzen solcher Anerkennungsverhältnisse beschäftigen. Moralische Kommunikation macht auf der Basis von wechselseitiger Intransparenz nur sehr begrenzten Sinn: nämlich nur den, auf die (äußerliche) Einhaltung sozialer Verpflichtungen zu drängen und ansonsten auf jede ›moralische Kommunikation‹ zu verzichten, die das ›Innere‹, also ›Motive‹ und ›Charakter‹ des Gegenübers zu binden versucht. ›Gründe‹, die der Andere angibt, sind (skeptisch) zu respektieren, nicht aber an abstrakten Maßstäben zu überprüfen. An deren Verbindlichkeit, würde man ihnen solche Maßstäbe oder Prinzipien vorschlagen, würden die Dogon vermutlich nicht glauben.

3. Zwischenbemerkung: Interkultureller moralischer Diskurs?

Wenn man die ›moderne‹ und die ›vormoderne‹ Sichtweise auf den Respekt vor der ›unvertretbaren Singularität‹ des Anderen und dessen Bedeutung für das, was im ersten Abschnitt eine ›moralische Kommunikation‹ genannt wurde, betrachtet, wird man sich fragen können, ob eine solche moralische Kommunikation zwischen beiden Sichtweisen vorstellbar ist. Diese Frage stellt sich aus der ›modernen Sicht‹, die gerade mit ihrem Anspruch auf Universalisierbarkeit der eigenen Perspektive auftritt. Will man sich dabei nicht einfach auf den Standpunkt zurückziehen, dass aufgrund fehlender evolutionärer Entwicklungsschritte die moralskeptische Sicht der Dogon zwar verständlich sein mag, dass aber diese Sicht selbst gegenüber der modernen Perspektive im Nachteil sei, dann wird man darauf verweisen müssen, dass für die Perspektive der Dogon schlechtere Argumente sprechen. Man fingiert einen interkulturellen Diskurs, in dem verschiedene ›Kulturen‹ ihre Sichtweisen vorbringen und zu begründen versuchen.[17] Jeder hat das Recht, die (ethischen) Lebensentwürfe seiner ›Kultur‹ vorzustellen. Diese Unterschiedlichkeit und Pluralität ist zu respektieren. Aber zugleich sind die in dieser Darlegung erhobenen Geltungsansprüche auf ihre Akzeptanz durch Mitglieder anderer ›Kulturen‹ zu prüfen. Wenn alle sich auf ein solches Gespräch einlassen, so gilt auch hier der ›zwanglose Zwang des besseren Arguments‹. Und auch hier könnte (mit Wingert) der wechselseitige Respekt dazu führen, dass die Teilnehmer jene Sicht für sich als verbindlich akzeptieren, gegen deren Begründung kein praktisches Argument mehr vorgebracht werden konnte, das von allen zu akzeptieren gewesen wäre.

Das Problem einer solchen Perspektive besteht nun allerdings in der unterschiedlichen Sichtweise auf das, was ›Respekt‹ heißen soll. Die Vorstellung des ›Respekts‹ im Modell einer interkulturellen moralischen Kommunikation richtet sich darauf, dass alle Teilnehmer in einer bestimmten Hinsicht als gleich unterstellt werden können: Jeder hat ein reflexives Verhältnis zu seinem ›ethischen‹ Lebensentwurf, d. h. er betrachtet diesen Lebens- bzw. Identitätsentwurf als begründungsbedürftig und begründungsfähig. An diese Begründungsbedürftigkeit und Begründungsfähigkeit bindet sich zum einen der Respekt vor der Unvertretbarkeit des Einzelnen und zum anderen die Hoffnung auf die Verbindlichkeit der moralischen Kommunikation. Dass es Begründungsmöglichkeiten gibt, dass Menschen durchaus Gründe für ihr Tun haben, ist auch aus der skizzierten Sicht der Dogon nachvollziehbar: Auch diese Sicht unterstellt Reflexivität. Jedoch besteht der Respekt vor dem Anderen gerade darin, die von ihm vorgebrachten Begründungen nicht auf ihre moralische Geltung zu befragen: Dem Anderen einen konsistenten Lebensentwurf zu unterstellen, den er sich nach ethischen Reflexionen und in ausschließlicher Verantwortung gegeben habe, ihn also als souveränes Subjekt seiner an nachvollziehbaren Ansprüchen ausgerichteten Identität zu begreifen und (rücksichtsvoll) zur Verantwortung zu ziehen, das wäre respektlos, beschämend für den, der das tut.

Man kann dies auch so formulieren, dass der doppelte Respektbegriff der Dogon einerseits die Gleichheit der Menschen hinsichtlich des sozialen Systems wechselseitiger Rechte und Verpflichtungen annimmt, andererseits aber hinsichtlich der unvertretbaren Individualität davon ausgeht, dass man hier mit Vergleichbarkeit, die ja immer noch ein Allgemeines unterstellen muss, bezogen auf das die Individuen ›gleich‹ wären, nicht rechnen kann. Dies zu tun (etwa mit Hilfe von moralischen Prinzipien) würde bedeuten, der Singularität des Einzelnen gerade nicht gerecht zu werden. Diese zu

respektieren, bedeutet den paradoxen Verzicht auf den Anspruch, den Anderen eine solche Gerechtigkeit gegenüber ihrer Singularität widerfahren zu lassen.[18]

Mit dieser paradoxen Struktur, dem Anderen dadurch gerecht werden zu wollen, dass man auf den Versuch seiner Bestimmung verzichtet, entfällt für die Dogon der Sinn von moralischen Kommunikationen, die sich um die Begründbarkeit von ›ethischen Lebensentwürfen‹ bzw. Identitäten drehen und – bei allem Respekt dafür, dass der Einzelne nun einmal sein Leben selbst leben muss – nach der Verallgemeinerbarkeit der vorgebrachten Gründe fragen. Was bleibt, ist der (moralische) Streit um die Einhaltung sozialer Regeln, um deren Adäquanz im Hinblick auf bestimmte Situationen. Was wenig sinnvoll erscheint, ist eine (moralische) Auseinandersetzung um Motive, um eine diese verantwortende (moralische) Personalität – eine Auseinandersetzung, deren Unausweichlichkeit von der Perspektive eines (interkulturellen) moralischen Diskurses immer schon vorausgesetzt ist. Doch auch dieser faire, Respekt verbürgende, ›Gerichtshof der praktischen Vernunft‹ könnte unter jenem Dogon-Verständnis des Respekts vor der Singularität des Anderen als Inquisition verstanden werden.

4. Diesseits und Jenseits der Moral: Das ›sakralisierte Selbst‹

Die paradoxe Vorstellung, dass man dem Anderen gerade gerecht werde, indem man auf den Versuch seiner begrifflichen Erfassung verzichtet, hat ihre Voraussetzung in der Annahme einer unaufhebbaren Intransparenz des ›Inneren‹. Insofern handelt es sich zunächst nicht um einen moralisch formulierten Imperativ, sondern um eine unausweichliche Notwendigkeit, die zu berücksichtigen ist, wenn sozialer Umgang funktionieren soll.

---

18 Ich wähle hier die Differenz von ›gleich/ungleich‹, von Gerechtigkeit und Gerechtwerden-Können, weil dieses Vokabular an den Versuch Honneths anschließt, die Grenzen der Theorie des ›praktischen Diskurses‹ zu markieren. Honneth macht diesen Unterschied an den Theorieentwürfen von Habermas und Derrida fest, ohne auf den Begriff des Respekts einzugehen (vgl. Honneth, 2000, S. 133–170).

Eine ganz ähnliche Betrachtungsweise auf soziale Interaktion diesseits einer Moralisierung findet sich in der Soziologie Erving Goffmans.[19] Goffman geht von der weithin geteilten Annahme aus, dass der Blick auf das eigene Selbst genetisch und systematisch nicht unabhängig vom wahrgenommenen Blick der anderen Menschen auf dieses Selbst ist. In diesem Blick verschränken sich Handlungserwartungen mit Haltungs- oder Identitätserwartungen. Das Gegenüber erwartet nicht nur bestimmte Handlungen, sondern hat auch die Erwartung, dass man als ›bestimmte Person‹ diese Erwartungen von ihm erwartet. In seine Handlungserwartungen gehen also immer Unterstellungen über die Identität desjenigen ein, von dem er diese erwartet. Goffman fragt nun nach der Möglichkeit einer solchen ›Perspektivenübernahme‹ der Handlungs- und Identitätserwartungen des Gegenübers und konstatiert eine eigentümliche Struktur. Die (in Sprache, Mimik und Gestik) geäußerten Erwartungen des Gegenübers können niemals ›direkt‹ übernommen werden: Sie können nur interpretiert werden. Der Eindruck egos bildet immer nur eine Interpretation des Ausdrucks alters – eine aktive Leistung egos, aber eben auch nicht mehr.[20] Das Interesse Goffmans richtet sich nun auf den Punkt, dass die Lücke zwischen dem Eindruck des Einen und dem Ausdruck des Anderen nicht geschlossen werden kann. Ego kann niemals sicher sein, ob seine Interpretation des Ausdrucks alters das Ausgedrückte ›trifft‹. Er handelt und zeigt sich damit als jemand auf der Grundlage von Vermutungen. Erst in der Reaktion alters auf seine eigene Handlungsweise und Selbstdarstellung nimmt er Zustimmung oder Verwunderung oder Ablehnung wahr und kann für sich die Frage beantworten, ob er in seiner Interpretation der Erwartungen alters die richtige Vermutung hat-te. Aber auch diese Wahrnehmung der Bestätigung der in seiner Handlungsweise gegebenen Identitätsdarstellung ist nur eine Interpretation. Auch sie wird sich im weiteren Verlauf der Interaktion bewähren müssen – immer unter Vorbehalt stehen.

Zwei Konsequenzen scheinen im vorliegenden Zusammenhang besonders bedeutsam zu sein. Zum ersten kann das Individuum von ›seiner Identität‹ immer erst im Nachhinein und unter Vorbehalt sprechen. Es ›weiß‹ immer erst, als wer es gesehen wird, wenn es schon nicht mehr der ist, der sich in seiner Selbstdarstellung als jemand entworfen hat, der auf eine bestimmte ›persönliche‹ Weise soziale Erwartungen erfüllt. Seine Identität steht unter dem Vorbehalt der Nachträglichkeit der Interpretationen und liegt damit nicht in seiner Verfügung. Zum zweiten ist davon auszugehen, dass dies in einer Interaktion für beide Seiten gilt. Dies aber bedeutet eine generalisierte Unsicherheit. Die wechselseitigen Erwartungen führen zu Interpretationen, zu einer Differenz von Ausdruck und Eindruck, um die die Beteiligten immer schon wissen, weil sie genau diese Differenz auch hinsichtlich des eigenen Ausdrucks berücksichtigen müssen: Sie verfügen nicht darüber, welchen Eindruck der eigene Ausdruck beim Gegenüber hervorruft. Es ist daher erforderlich, diese Differenz auch in der Selbstdarstellung, im eigenen Identitätsentwurf zu berücksichtigen. Identitätsentwürfe haben daher notwendig einen Inszenierungscharakter. Die Trennung von Sein und Schein ist systematisch aufgehoben. Identitäten sind gelungene oder misslungene Inszenierungen und es macht wenig Sinn zu fragen, ob es nicht hinter all den Masken oder Rollen doch eine ›eigentliche Identität‹ gibt. Hinter den Masken sind nur Masken.

Was daraus für die Frage der ›intersubjektiven Anerkennung‹ folgt, ist ein Lob der Oberflächlichkeit. Für ein Gelingen intersubjektiver Kommunikation ist es bedeutsam, dass – soweit möglich – die Selbstinszenierungen der Beteiligten nicht in Frage gestellt werden. Die höfliche, taktvolle, wenn man so will: respektvolle Akzeptanz der Selbstinszenierungen durch die Beteiligten nennt Goffman einen ›Arbeitskonsensus‹. Ein solcher ›Arbeitskonsens‹ ist in jeder Situation neu auszuhandeln. Nun müssen die Teilnehmer in solchen Fällen nicht immer jede Selbstinszenierung ›grundsätzlich‹ in Frage stellen:

---

19 Dass gerade Goffmans Theorie in der sozialisationstheoretischen Rezeption in Deutschland, die sich gegen die strukturfunktionalistische Sicht einer ›Über-Sozialisierung‹ wandte, zum Garanten der Möglichkeit gelingender Identität wurde, wenn man nur genügend Empathie, Ambiguitätstoleranz und Rollendistanz aufbringe, bildet ein Kuriosum, das selbst dem apriori moralischen Blick geschuldet sein dürfte (vgl. Krappmann, 1969).

20 Ich beziehe mich hier auf die Einleitung des Buches ›Wir alle spielen Theater‹ (1969). Für eine ausführlichere Darstellung Goffmans vgl. Schäfer (2000, S. 34–47).

Es gibt hinreichend und auf ›soziale Identitäten‹ hin weitgehend typisierte Erwartungsmuster, an denen man sich orientieren kann. Diese Ordnung des in definierten Kontexten ›normal Erwartbaren‹ stellt so etwas wie das soziale ›Allgemeine‹ dar, vor dessen Hintergrund sich die Einzelnen als ›besondere‹ inszenieren können. Ein solches Standardrepertoire erlaubt Entproblematisierungen, Rückzugs-, Begründungs- und Rechtfertigungsmöglichkeiten, aber es hebt das zentrale Problem nicht auf. Immer noch kann die konkrete Selbstinszenierung als unvertretbar individuelle Leistung von den anderen Interaktionsteilnehmern nicht nur vor dem Hintergrund der ›allgemeinen Erwartungen‹ problematisiert werden. Selbst wenn dies nicht geschieht, weiß der Einzelne niemals mit Sicherheit, wie ihn die Anderen sehen. Alles wird also darauf ankommen, wechselseitig Rücksicht zu nehmen. Diese Rücksicht setzt das Wissen um die Unhintergehbarkeit des Inszenierungsmodus voraus: Es macht wenig Sinn zu versuchen, den Anderen auf ein ›wahres Selbst‹ hinter seinen Rollen festlegen zu wollen – auch wenn es gerade in ›privaten‹ Auseinandersetzungen um diese Frage zu gehen scheint. Eine solche ›moralisierende Problematisierung‹ wird nicht zum ›authentischen Selbst‹ führen können, sondern bildet nur eine weitere Inszenierung mit neuen Rollen. In der Konsequenz des Ansatzes Goffmans liegt es also, die Differenz von Höflichkeitsregeln und moralischer Kommunikation einzuziehen.

Eine solche Sichtweise hat verblüffende Ähnlichkeit mit jenem Konzept des Respekts vor der Intransparenz des Anderen, die – wie bei Goffman – immer auch eine Intransparenz des ›Inneren‹ für den Anderen selbst ist. Für ›traditionelle Kulturen‹ hat diese Intransparenz des Anderen wie des eigenen Selbst häufig etwas zu tun mit den Anteilen, die transzendente Wesen an eben diesem Selbst haben.[21] Die Person wird häufig als dezentriertes Ensemble von Kräften dargestellt, denen immer auch göttliche Anteile zugeordnet werden.[21] Auch die ›Neugeburt‹ des Mannes, die in Initiationszeremonien gewährleistet wird, erfolgt durchgehend über die Konfrontation mit transzendenten Wesen, die die neue Identität gewährleisten: In ihr hat der Initiierte Teil am Göttlichen, Teil an etwas, das ihn nun konstituiert, ohne dass er darüber verfügen könnte.[22] Ohne hier auf solche Dezentrierungsvorstel-

lungen, die die Unsagbarkeit der eigenen Identität mit deren Bindung an göttliche Mächte in Verbindung bringen, näher eingehen zu können, so ist auch hier eine Verbindung zur Theorie Goffmans unübersehbar. In einem Aufsatz über ›Ehrerbietung und Benehmen‹ knüpft Goffman unmittelbar an Durkheims Thesen über die ›primitive Religion‹ an, um zu zeigen, dass dem »Individuum in unserer säkularisierten Welt eine Art Heiligkeit zugesprochen wird«.[23] Er betont, »daß das Selbst zum Teil ein zeremonielles, geheiligtes Objekt ist, das man mit angemessener, ritueller Sorgfalt behandeln muß«,[24] zu der eben Ehrerbietung und Benehmen gehören. Heilig aber ist das Selbst aus zwei Gründen: zum einen, weil sich alles um seine ›Identität‹ zu drehen scheint, diese in allen Erwartungen immer schon eine Rolle spielt, zum anderen aber, weil dieses Selbst nicht fassbar ist als etwas, dessen Einheit sich hinter den unterschiedlichen Selbstinszenierungen bestimmen ließe. Ehrerbietung und Benehmen nehmen genau auf diese Differenz Rücksicht und ihr ›zeremonieller‹ Charakter besteht genau darin, durch respektvolle Distanz die Unergründlichkeit der Selbstinszenierung zu akzeptieren und sie gerade dadurch zu ›heiligen‹. Das Selbst gewinnt den Doppelcharakter des Tabus: Es wird zum konstitutiven Bezugspunkt der Interaktion und zugleich zu dem, worüber nichts gesagt werden kann und darf.

Ist die Interaktionstheorie Goffmans durch die Betonung der Unhintergehbarkeit von Selbstinszenierungen zugunsten einer ›wahren und wahrhaftigen Interaktion‹ diesseits der Vorstellung eines ›moralischen Diskurses‹ anzusiedeln, so bezeichnet der Verweis auf die Sakralität des Selbst einen Ort jenseits dieses Diskurses. Eine Moralisierung des Respekts, also der Versuch, ›Benehmen und Ehrerbietung‹ auf ihre moralischen Geltungsgrundlagen zu befragen, birgt Gefahren in sich, da sie den Individuen qua wahrer Selbstgesetzgebung eine moralische Identität verordnen möchte, der

---

21 Vgl. für afrikanische Gesellschaften die umfassende Sammlung afrikanischer Persontheorien in: Colloques Internationaux (1973).
22 Vgl. dazu Schäfer (1999 b, S. 31–54).
23 Goffman (1973, S. 54).
24 Goffman (1973, S. 100).

diese nicht zu genügen vermögen, sondern die zu dann allerdings ›harten‹, nicht mehr spielerischen Selbstinszenierungen führen kann, die gerade aus der Unlösbarkeit des Problems einer ›rein‹ moralischen Identität zu resultieren scheinen. Dies lässt sich ebenfalls am Beispiel interkultureller Kommunikation erläutern, obwohl dies auf jede Kommunikation zutreffen dürfte. Ich wähle hierzu eine andere Terminologie als diejenige Goffmans, obwohl dessen Sichtweise auf ein Selbst, das in der Differenz von gewünschter und unmöglicher Identität gefangen bleibt, hier geteilt wird. Der belgische Philosoph Rudi Visker spricht davon, dass Erwartungen bestimmte Identitäten festlegen, dass diese Erwartungen aber zum einen in das Konfliktfeld von universalisierbarer Gleichheit und unaufhebbarer Differenz eingespannt sind und dass die Menschen aufgrund dieses Konfliktfeldes nicht wissen können, was die Identitätserwartung denn nun konkret bedeutet. Auch aus dieser Perspektive folgt die Unmoralität einer moralisierten Identitätszumutung und in der Konsequenz ebenfalls die Sakralisierung des Selbst.[25]

Visker selbst illustriert diese Problematik an den Beispielen des Geschlechterverhältnisses und des Rassismus. Das folgende Beispiel nimmt die im letzten Abschnitt angedeutete Diskussion um die ›Verflüssigung‹ des Kulturbegriffs auf. Diese geht davon aus, dass es sich bei ›Kulturen‹ nicht um starre Interpretationsmuster handelt und dass sich gerade in der interkulturellen Kommunikation ›Zwischenbereiche‹ bilden, in der sich vermeintlich starre Welten durch Perspektivenübernahme in Bewegung setzen. Eben dieser Bewegung soll hier ein Stück weit gefolgt werden.[26] Ein türkischer Jugendlicher, dessen Familie in der dritten Generation in Deutschland lebt, mag gegenüber deutschen Ausgrenzungsversuchen das Recht auf Gleichbehandlung reklamieren. Dabei dürfte der Hinweis, dass er in Deutschland geboren und aufgewachsen ist, also ein Deutscher wie die anderen auch sei, nicht sehr viel weiterhelfen. Die Deutschen können darauf hinweisen, dass er ›anders‹ ist, einer anderen Religion angehöre, dass er anderen Sitten und Gebräuchen folge usw. Das Recht auf Gleichheit wird daher von dem Jugendlichen durch den Verweis auf die Gleichheit aller Menschen, wie sie etwa durch das deutsche Grundgesetz garantiert wird, begründet werden. Sollte eine solche Begründung von allen akzeptiert werden, so wären eine Reihe von Diskriminierungen zwar ausgeschlossen – und insofern handelt es sich hier um das wichtige Problem moralischer Gerechtigkeit.

Zugleich jedoch ergeben sich auf der konkreten Ebene alltäglicher Kommunikation weiterhin Probleme. Meist werden solche Probleme unter dem Gesichtspunkt von Anspruch und Wirklichkeit diskutiert: Ausländer sind zwar dem Anspruch nach gleichberechtigt, werden aber dennoch in Wirklichkeit, etwa beim Zugang zu Berufen, diskriminiert. In der Betrachtung alltäglicher Situationen öffnet sich also wieder die Differenz von allgemeinen menschlichen Ansprüchen und konkreten kulturellen/nationalen Unterschieden. Unter dem Blickwinkel der Differenz von Anspruch und Wirklichkeit glaubt man, dass dann, wenn kulturelle/nationale Differenzen keine Rolle mehr spielen, Gerechtigkeit herrschen wird. Diese Perspektive kann durchaus einbeziehen, dass die kulturell differenten (ethischen) Lebensentwürfe respektiert werden, aber sie dürfen für Fragen der moralischen Gerechtigkeit eben nicht relevant werden. Das war die eingangs dargelegte Position Wingerts. Der Respekt vor den ethischen Lebensentwürfen und die Verbindlichkeit der in moralischer Kommunikation vereinbarten Gerechtigkeit sollten als ein unproblematisches Verhältnis vorstellbar erscheinen.

---

25 Vgl. Visker (1999). Visker selbst bezieht sich nicht auf Goffman. Die hier vorgenommene Parallelisierung der Problemstellung und Lösungsperspektive ist sicherlich verkürzt, ist der Entstehungskontext beider Theorien doch sehr unterschiedlich. Dennoch scheint mir der gemeinsame Bezugspunkt in der Unmöglichkeit einer Identität des Selbst zu liegen – ein Bezugspunkt, den beide Autoren mit der Theorie des Selbst bei Kierkegaard (1992) teilen. Kierkegaard erreicht (religionsphilosophisch) den gleichen Effekt, indem er das Selbst in das Verhältnis von Endlichkeit und Unendlichkeit aufspannt, das in keiner Selbstreflexion zur Einheit zu bringen ist.

26 Allerdings ist darauf zu verweisen, dass bei aller Verflüssigung des Kulturbegriffs dennoch Missverständnisse nicht nur zufällig, sondern auch systematisch zwischen den Kulturen möglich zu sein scheinen. Diese Systematizität verweist dann doch wiederum darauf, dass ›Kulturen‹ so etwas wie transzendentale Bedingungen des Selbst- und Weltverständnisses zu implizieren scheinen – allerdings transzendentale Bedingungen im Sinne jenes von Foucault favorisierten historischen Apriori.

Fasst man nun aber den Respekt vor den individuellen Lebensentwürfen unter dem Gesichtspunkt auf, dass man der Andersheit des Anderen, seiner Singularität gerecht werden möchte, so wurde deutlich, dass man dies nicht kann, weil jeder Versuch, diese Andersheit zu bestimmen, sie als Andersheit, der man gerecht werden möchte, aufhebt. Und es wurde auch deutlich, dass der Andere über diese Andersheit selbst kaum Auskunft zu geben vermag: Jeder Versuch führt zu einer symbolischen Vergegenständlichung, die immer schon in das Spiel sozialer Inszenierung eingespannt ist. Um das am vorliegenden Beispiel zu zeigen: Der türkische Jugendliche will zwar soziale Gerechtigkeit, aber er will das nicht als abstrakter Mensch, sondern gerade als türkischer Jugendlicher. Er möchte als türkischer Jugendlicher zugleich als ›Mensch‹ behandelt werden. Sein Anspruch richtet sich auf Gleichheit unter Wahrung der Differenz. Würde er wie jeder andere behandelt, so ginge seine Differenz zu den Anderen verloren; würde er aber als ganz anders behandelt, würde er nicht als gleich behandelt.[27]

Das Problem besteht nun allerdings, dass es für beide ›Dimensionen der Identität‹ keine definierten Manuskripte gibt, an denen man sein Handeln und seine Einstellungen konsistent ausrichten könnte. Hinsichtlich der Gleichheit mit allen anderen, also der Dimension allgemeiner Menschlichkeit mag dies sofort einleuchten: Fasst man diese unter dem Gesichtspunkt der situativ oder institutionell einklagbaren Gerechtigkeit, so setzt ein solches Einklagen immer die Erfahrung der Differenz, der Benachteiligung, voraus. Das Abstrakt-Menschliche zeigt sich nur negativ aus der Abwehr von Ungleichheit, nicht aber als positiv formulierbarer Entwurf. Hinsichtlich der Differenz, der ›türkischen Identität‹, scheint jedoch das Problem des Anders-Seins, der anderen Identität nicht zu bestehen. Türken wird von Deutschen (wie umgekehrt) eine andere Identität zugeschrieben. Diese Zuschreibung muss nicht stimmen und man kann sich darüber streiten, womit man wiederum in die Differenz von Gerechtigkeit und dem Recht auf Unterschiedlichkeit eintritt. Aus einem solchen Streit führt nun allerdings auch der Rückzug auf eine von der jeweils anderen Seite vorgeblich falsch verstandene Identität nicht heraus. Denn was diese denn als ›wahre‹ bedeuten soll, ist jenseits der interpretierten Zuschreibungen

durch andere und der eigenen Reaktion darauf, ein ›Türke‹ oder ein ›Deutscher‹ zu sein, nicht angebbar. Visker spricht davon, dass man sich zwar über das ›dass‹, über eine zugeschriebene Identität und deren Bedeutung sicher sein könne, dass man damit aber noch lange nicht wisse, ›was‹ dieses ›dass‹ denn nun im Hinblick auf konkrete Urteile, Perspektiven oder Handlungsweisen bedeuten soll. In der Terminologie Goffmans: Was die ›wahre Identität‹ hinter den Inszenierungen sein soll, dafür gibt es kein ›Skript‹. Gäbe es dies, wäre auch sie nur eine Inszenierung. Der Anspruch auf Differenz (Türke, Deutscher) bleibt ein Gegenstand von Selbstdarstellungen, die sich im Kreise wechselseitig unterstellter Identitätserwartungen drehen.

Wenn die Beteiligten ihre Selbstinszenierungen mit ihrem ›wahren Selbst‹ verwechseln, wenn sie ›Überengagement‹ (Goffman) zeigen, dann liegen Strategien nahe, das ›wahre Selbst‹ zu ontologisieren: ihm ›Natürlichkeit‹, biologisch oder sonstwie verbürgte Selbstverständlichkeit zuzuschreiben. Solche Strategien ignorieren die Unfassbarkeit der eigenen wie der fremden Identität: Sie ›verdinglichen‹ die eigene wie die fremde Identität, um beiden ›an sich‹ eine unterschiedliche Wertigkeit zuschreiben zu können. Sie kündigen damit sowohl den Respekt vor einer undefinierbaren Identität wie auch jede Bemühung um Gerechtigkeit auf. Beides, Alterität und Moral, aber scheint in einem unauflöslichen Spannungsverhältnis zu stehen, sich wechselseitig zu begrenzen (wie die Unterscheidung von ethischen und moralischen Fragen bei Wingert und Habermas andeutet), aber eben auch wechselseitig vorauszusetzen (worauf die doppelte Bedeutung des Respekts bei den Dogon und die Unhintergehbarkeit der Inszenierung des Selbst bei Goffman sowie das Fehlen definiter Identitätsskripte bei Visker hinweisen). Wenn aber die Berücksichtigung der unergründlichen Identität (der Freiheit) des Anderen auch einer moralischen Diskussion über Fragen der Gerechtigkeit vorausgesetzt werden muss, dann durchkreuzt dies genau jene Hoffnung Wingerts,

---

27 Dieser Satz paraphrasiert die paradoxe Doppelbedeutung, die Derrida dem Satz »Tout autre est tout autre« gibt: ›Jeder andere ist jeder andere‹ und ›jeder andere ist ganz anders‹ (vgl. Derrida, 1994, S. 408).

dass der Respekt vor dem einzigartigen und unvertretbaren Lebensentwurf des anderen Menschen diesen nicht nur zum Eintritt in moralische Diskurse bewegen wird, sondern auch noch zur verbindlichen Übernahme der Ergebnisse motivieren wird. In Frage steht, ob man moralische Diskurse jenseits der am Beispiel aufgezeigten Problematik der Selbstinszenierung wird denken können und ob die behauptete Verbindlichkeit nicht von vornherein ein (moralisches) Subjekt unterstellt, das frei von jener Unergründlichkeit ist, die Freiheit und Verbindlichkeit in ein Spannungsverhältnis setzt. Für Derrida jedenfalls ergibt sich erst mit der Akzeptanz der Vorstellung jener Unergründlichkeit des Einzelnen überhaupt jene abgründige Freiheit des Individuums vor dem moralischen Gesetz, die er für die eigentliche moralische Dimension hält.[28] Keine vereinbarte moralische Verbindlichkeit kann dem Einzelnen in einer konkreten Situation die Entscheidung abnehmen – und diese Entscheidung ist moralisch, insofern der Einzelne gerade nicht nur einer Regel folgt – sei sie auch selbstgegeben.

Literatur

COLLOQUES INTERNATIONAUX DU CENTRE NATIONAL DE LA RECHERCHE SCIENTIFIQUE No 544 (1973), *La Notion de Personne en Afrique noire*, Paris: L'Harmattan. ▪ DERRIDA, JACQUES (1994), »Den Tod geben«, in: Haverkamp, Anselm (Hg.), *Gewalt und Gerechtigkeit, Derrida – Benjamin*, Frankfurt/M.: Suhrkamp, S. 331–445. ▪ DERRIDA, JACQUES (1999), *Préjugés. Vor dem Gesetz*, Wien: Passagen-Verlag. ▪ EICKELPASCH, ROLF (1996), »Bodenlose Vernunft. Zum utopischen Gehalt des Konzepts kommunikativer Rationalität bei Habermas«, in: Eickelpasch, Rolf / Nassehi, Armin (Hg.), *Utopie und Moderne*, Frankfurt/M.: Suhrkamp, S. 11–50. ▪ GOFFMAN, ERVING (1969), *Wir alle spielen Theater. Die Selbstdarstellung im Alltag*, München: Piper. ▪ GOFFMAN, ERVING (1973), *Interaktionsrituale. Über Verhalten in direkter Kommunikation*, Frankfurt/M.: Suhrkamp. ▪ HABERMAS, JÜRGEN (1996), *Die Einbeziehung des Anderen. Studien zur politischen Theorie*, Frankfurt/M.: Suhrkamp. ▪ HONNETH, AXEL (2000), *Das Andere der Gerechtigkeit. Aufsätze zur praktischen Philosophie*, Frankfurt/M.: Suhrkamp. ▪ KIERKEGAARD, SÖREN (1992), *Die Krankheit zum Tode*, Gütersloh: Gütersloher Verlagshaus Mohn. ▪ KRAPPMANN, LOTHAR (1969), *Soziologische Dimensionen der Identität*, Stuttgart: Klett-Cotta. ▪ McCARTHY, TIMOTHY (1993), »Multikultureller Universalismus: Variationen zu einigen Themen Kants«, in: Menke, Christoph / Seel, Martin (Hg.), *Zur Verteidigung der Vernunft gegen ihre Liebhaber und Verächter*, Frankfurt/M.: Suhrkamp, S. 26–45. ▪ PARIN, PAUL / PARIN-MATTHEY, GOLDY / MORGENTHALER, FRITZ (1993), *Die Weißen denken zuviel*, Hamburg: Europa Verlags-Anstalt. ▪ SCHÄFER, ALFRED (1998), »Universalität und Differenz. Zur Ambivalenz modernen Selbst- und Fremdverständnisses«, in: Gogolin, Ingrid / Krüger-Potratz, Marianne / Meyer, Meinert A. (Hg.), *Pluralität und Bildung*, Opladen: Leske + Budrich, S. 115–126. ▪ SCHÄFER, ALFRED (1999 a), *Unsagbare Identität. Das Andere als Grenze in der Selbstthematisierung der Batemi*, Berlin: Reimer. ▪ SCHÄFER, ALFRED (1999 b), *Unbestimmte Transzendenz. Bildungsethnologische Betrachtungen zum Anderen des Selbst*, Opladen: Leske + Budrich. ▪ SCHÄFER, ALFRED (2000), *Vermittlung und Alterität. Zur Problematik von Sozialisationstheorien*, Opladen: Leske + Budrich. ▪ TUGENDHAT, ERNST (1993), *Vorlesungen über Ethik*, Frankfurt/M.: Suhrkamp. ▪ VISKER, RUDI (1999), *Truth and Singularity. Foucault into Phenomenology*, Dordrecht/Boston/London: Kluwer. ▪ WIMMER, ANDREAS (1996), »Kultur. Zur Reformulierung eines sozialanthropologischen Grundbegriffs«, in: *Kölner Zeitschrift für Soziologie und Sozialpsychologie*, 48, S. 401–425. ▪ WINGERT, LUTZ (1993), *Gemeinsinn und Moral. Grundzüge einer intersubjektivistischen Moralkonzeption*, Frankfurt/M.: Suhrkamp.

---

28 Derrida (1999).

5.5 Religion, Identität und Transzendenz[1]

Hubert Knoblauch

1. Der Begriff der Identität

Der Begriff der Identität weist eine für wissenschaftliche Begriffe bedenkliche Doppelbödigkeit auf. Denn es handelt sich um eine Kategorie, die quasi als Kunstbegriff innerhalb der wissenschaftlichen Debatte geschaffen wurde. Seit einigen Jahren aber hat sich der Begriff in der Alltagssprache abgelagert und dabei eine Reihe von Bedeutungsschattierungen angenommen, die seine öffentliche Resonanz zwar vergrößern, aber die Genauigkeit des Begriffes mindern. Ähnlich wie etwa beim Begriff der »Rolle« wirkt diese Versozialwissenschaftlichung der Alltagssprache wiederum auf den wissenschaftlichen Begriff zurück, was in der Regel auch hier zur Zunahme von Unschärfen führt. Zugleich ist die Übernahme eines wissenschaftlichen Begriffs auch ein lexikalisches Indiz für eine soziologische Entwicklung, auf deren Konturen ich später eingehen möchte.

Im Deutschen wird der Begriff der Identität aus dem spätlateinischen *Identitas* abgeleitet, das als Weseneinheit verstanden wird. Eine entscheidende Neuprägung erhält der – zuvor in der Mathematik, Philosophie und Logik beheimatete – Begriff in der modernen Psychologie, Sozialpsychologie und Soziologie. In der Psychologie wurde der Begriff durch Freuds psychodynamische Theorie der Identifikation gefördert, derzufolge sich Kinder auf äußere Objekte oder Personen beziehen (etwa das Über-Ich der Eltern). Diese psychodynamische Theorie ist *substantialistisch*, geht sie doch von der Existenz eines inneren Kernes der psychischen Struktur aus, die eine durchgängige Identität besitze. In diesem Sinne sah auch der Psychologe Erikson die Identität als etwas an, das im Kern des Individuums ebenso wie in der Kultur angesiedelt sei und somit beides miteinander verknüpfe.

Es dürfte kein Zufall sein, dass es der große Religionspsychologe und Begründer der pragmatistischen Philosophie William James war, der einen der frühesten modernen Identitätsbegriffe entwarf.

Identität wird von ihm weder substantialistisch als »innerer Kern« noch überhaupt subjektivistisch definiert, sondern vielmehr intersubjektiv. Sie bezieht sich darauf, dass sich jemand als von anderen anerkannt erfährt. Identität also ist das Ergebnis eines sozialen Prozesses. Wie später auch der bedeutende Sozialpsychologe und Pragmatist George Herbert Mead betrachtete er die Identität als einen aus zwei Phasen bestehenden Prozess, den Mead dann sehr detailliert analysierte. Er unterschied das innere, subjektive, kreative und nicht beobachtbare Ich (»I«) und das äußere, soziale, festgelegtere »Selbst« (»Me«). Die daraus bestehende Identität stellt ein spezifisch menschliches Merkmal dar, denn insbesondere das »Me« setzt Kultur, Sprache und Kommunikation voraus. Nach Mead bildet sich eine Identität aus, indem Handelnde in der Interaktion mit »signifikanten Anderen« eine allmähliche Generalisierung der an sie gestellten Verhaltenserwartungen vollziehen, die mit der Fähigkeit zur Orientierung an immer anonymeren Interaktionspartnern (»generalised other«) verbunden ist.[2] Dabei erfahren die Handelnden sich selbst (»I«) gleichsam als subjektive Reaktion auf diese nun anonymisierten Rollenerwartungen, die das »Me« ausmachen. Identität beruht also aus dem Wechselspiel von »Ich« und »Selbst«.

Eine prominente Fortführung dieses Begriffes wurde von Erving Goffman geleistet. Im Anschluss an Mead unterscheidet er drei Identitätsbegriffe: soziale, persönliche und Ich-Identität.[3] Dabei erinnert der Begriff der *Ich-Identität* noch an den schon

---

1 Dieser Artikel nimmt einige Argumente einer früheren Veröffentlichung (Knoblauch 2000) auf. Daneben schließt er sehr ausdrücklich an die Luckmannsche Konzeption der Identität an, die er in konstruktiver Weise aufzunehmen und weiterzuführen versucht.

2 Mead (1978).

3 Daneben unterscheidet Goffman zwischen einer aktualen und einer virtuellen sozialen Identität, also der tatsächlich bewiesenen und der lediglich zugeschriebenen Attribute von Individuen.

erwähnten Erikson, denn sie bezeichnet »das subjektive Empfinden seiner eigenen Situation und
seiner eigenen Kontinuität und Eigenart«.[4] Die *persönliche Identität* ist dagegen ein durch und durch
soziales Phänomen. Sie bezieht sich auf die Einmaligkeit und Einzigartigkeit einer Person als einer
Kombination körperlicher und biographischer Daten, sofern diese Ergebnisse moralischer oder rechtlicher Zuordnungen sind (wie etwa der Name, der
Ausweis, Fingerabdrücke u. a. »Identitätsaufhän-
ger«). Die *soziale Identität* ist schließlich ebenfalls
ein soziales Phänomen, umfasst aber das Gesamt
der Zuschreibung von Eigenschaften und Merkmalen einer Person durch seine soziale Umwelt.

Allerdings betrachtet Goffman diese drei Aspekte
der Identität nicht als Universalien. Er benutzt sie
vielmehr als lediglich nützliche methodologische
Unterscheidung zur Analyse moderner Identitäten.
Gerade dadurch hebt er ein Merkmal hervor, das er
mit den Ansätzen von James und Mead teilt: Sie
sehen Identität nicht als personale Substanz an,
sondern als ein Ergebnis von Interaktionen, in
denen sich das Eigene gleichsam als Reflex auf
Verhaltenszumutungen ausbildet. Gerade dieses

Wechselspiel bildet auch nach Krappmann die wesentliche Dynamik der Identität.[5] Denn angesichts
fortwährend wechselnder Interaktionssituationen
bedürfe es eines dauernden Abgleichens und Balan-
cierens zwischen diskrepanten Anforderungen bzw.
Erwartungen und Interpretationen. Ich-Identität ist
in diesem Sinne nicht nur ein Prozess, in dem
Erwartungen fortwährend akzeptiert und abgelehnt
werden. Sie ist nicht einmal im Individuum verankert, sondern »ein Bestandteil des Interaktions-
prozesses« selber. (Auf die Momente dieses Inter-
aktionsprozesses werde ich später detaillierter eingehen.) Im Unterschied zu den substantialistischen
Konzeptionen haben wir es hier mit *konstruktivistischen* Vorstellungen der Identität zu tun. Diese finden sehr radikale Ausprägungen vor allem in einigen Diskursansätzen, die sich in der Folge von Foucaults Arbeiten ausgebildet haben.[6] Sie betrachten
die persönliche Identität ausschließlich als ein Ergebnis diskursiver, kommunikativer Prozesse, und
zwar in einem doppelten Sinn. Zum einen bilde sich
das Konzept der Person selbst erst in einem historischen Diskurs, der Zuschreibungsmöglichkeiten für
Verantwortung erfordere. Zum anderen werde jede
einzelne Identität in kommunikativen Prozessen
aufgebaut und gestaltet und sei damit nichts anderes
als eine kommunikative Konstruktion.

Der völligen Entsubstantialisierung des Identi-
tätsbegriffes begegnete Jürgen Habermas mit seinem Konzept der Ich-Identität. Zum erwähnten
interaktionistischen Konzept fügt er eine *diachrone
Dimension* hinzu, die sehr bedeutsam werden kann:
Identität schließt die Fähigkeit zur Integration einer
»unverwechselbaren Lebensgeschichte« ein. So bedeutsam diese Dimension erscheint, so sehr trägt sie
bei Habermas normative Züge: Zwar kann auch die
Religion als ein identitätsvergewisserndes Bezugs-
system angesehen werden, das die Funktion der
Integration erfüllen kann. In der Moderne aber
sollte diese Integration durch eine autonome Entscheidung für (diskursiv ausgehandelte) Werte geschehen, so dass die Religion überflüssig werde.[7]
Die Moderne also löse die Identitätsentwicklung
von der Religion ab. Auf diese historische Dimension werde ich später noch einmal im Zusammenhang mit einem Ansatz eingehen, der zwar ebenfalls
die diachrone Dimension der Identität hervorhebt,
ohne jedoch diese normative Abgrenzung zur Reli-

---

4 Goffman (1967, S. 132).
5 Krappmann (1971).
6 Gergen (1991).
7 Diese antireligiöse Tendenz ist ein Erbe vor allem der von
   Habermas (1981) herangezogenen psychologischen Stufen-
   theorien. In der Tradition von Piaget und Erikson geht sie
   von einem ontogenetischen moralischen Reifeprozeß des Individuums aus, in dessen Rahmen sich auch das »religiöse
   Urteil« ausbildet: Einer ersten Stufe der Orientierung an der
   absoluten Heteronomie folge eine zweite Stufe, in der das
   Andere zwar noch als Letztgültiges, aber beeinflußbar erschei-
   ne. In einer dritten Stufe werde das Letztgültige aus der Welt
   verdrängt, das Subjekt werde autonom, indem es sich gegen es
   auflehne. Auf der vierten Stufe werde das Andere wieder –
   etwa als Ermöglichungsgrund oder als Chiffre des Selbst –
   angenommen. Die Stufe fünf zeichne sich durch eine universalistische völlige Vermittlung zwischen Letztgültigem und
   Welt aus, wie sie etwa in der Mystik zum Ausdruck komme.
   Die letzte Stufe orientiere sich schließlich »an universaler
   Kommunikation und Solidarität […] Im Mittelpunkt […]
   steht eine kommunikative Praxis mit universalem Anspruch,
   angelegt auf universale Solidarität.« (Oser/Gmünder, 2000,
   S. 140 f.) Die Stufenfolge weist also durchaus normative
   Züge auf, mündet sie doch immer in einem areligiösen autonomen Individuum, das in der späten Moderne auch gesell-
   schaftlich möglich würde.

gion aufzuweisen. Zuerst jedoch sollten wir die Positionen zum Verhältnis von Religion und Identität im Überblick betrachten.

2. Identität und Religion

Die Verbindung zwischen Religion und Identität wird häufig über die Lehrgehalte von Religionen hergestellt. Dabei werden in der Regel die ethischen Vorstellungen von Religionen sowie ihre Selbstkonzepte in den Vordergrund gestellt, die sie in ihren offiziellen und verschrifteten Lehren zur Verfügung stellen. Mit Blick auf die Geschlechtsidentität wird etwa angenommen, dass die in einer Religion vertretene Geschlechterkonzeption sich gleichsam in der sozialen Wirklichkeit widerspiegele bzw. dass religiöse Konzeptionen als »soziale Repräsentationen« angesehen werden könnten.[8] Wie aber Wilke mit Blick auf den Hinduismus zeigt, lässt sich etwa die weibliche Identität weniger aus der »Evotivkraft religiöser Symbolik« ableiten.[9] Sie ist vielmehr durch den »in sozialen Kontexten bestimmten Gebrauch von Symbolen« geleitet. Damit folgt Wilke den Spuren Webers, der deutlich machte, dass die gesellschaftlich prägende Kraft von Religionen weniger auf ihren Lehren basiert, die von wenigen spezialisierten Virtuosi tatsächlich vertreten werden, als vielmehr auf der Art ihrer Aneignung durch die Laien.

Dennoch sollte nicht übersehen werden, dass sich die Lehrgestalt der Religionen in einer sehr sichtbaren Form auf die Identität auswirken kann. Denn als soziale Institutionen, die in Gemeinschaften als legitim anerkannt sind, tragen religiöse Lehren zweifellos zur Ausbildung und Aufrechterhaltung dessen bei, was wir als kollektive Identitäten bezeichnen können. *Kollektive Identität* ist sozusagen die umfassendste Form einer sozial konstruierten Identität. Sie bezieht sich auf die von einer Gemeinschaft konstruierte Grenze zwischen ihrem sozialen Innenraum und einer durch sie gebildeten Außenwelt. Solche Grenzkonstruktionen basieren auf einer gemeinsamen Vergangenheit, werden aber zusätzlich symbolisch erweitert. Diese symbolische Erweiterung vollzieht sich mithilfe verschiedener Kodierungen.[10] Religionen bieten neben der Gemeinsamkeit schaffenden Ritualform zahlreiche

solcher Kodierungen an, die meist auch an feste Gruppierungen gebunden sind. Die gerade in jüngerer Zeit wieder beobachtbare religiöse Aufladung ethnischer Konflikte, aber auch die gegenläufige religiöse Durchmischung westlicher Gesellschaften und der damit einhergehende religiöse Synkretismus machen auf diese Bedeutung der Religion für traditionale, an spezifische Gemeinschaften gebundene kollektive Identität aufmerksam.[11] Insbesondere die »missionarischen Erlösungsreligionen« aber haben, so Giesen, auch eine universalistische Form der kollektiven Identität geschaffen, die alle Außenstehenden als potentielle Mitglieder betrachten. Diese universalistischen Orientierungen können sich von ihren religiösen Wurzeln ablösen und Grundlage weltlicher säkularer Orientierungen werden. Die religiös begründete kollektive Identität ist damit auch eine Quelle moderner säkularer Identitäten.

Wie die in jüngerer Zeit beobachtbare Verbindung von Religion und ethnischer, nationaler und kultureller (zivilisatorischer) Identität deutlich macht, eignet sich Religion vorzüglich für die Wiedererfindung von Traditionen, mit denen das Kollektiv erst geformt wird. Dies gilt etwa für die serbischen Orthodoxen, kroatischen Katholiken oder protestantischen Iren ebenso wie für die tschetschenischen Muslims oder gar die versuchte islamistisch-fundamentalistische Frontbildung gegen die westliche Moderne, die einen eigenen Kulturraum schaffen möchte. Die Wiedererfindung religiöser Traditionen – vom fundamentalischen Protestantismus über die charismatische Bewegung in verschiedenen christlichen Konfessionen bis zur Beschwörung eines Goldenen Zeitalters der islamischen Zivilisation – stellt dabei ein wesentliches, jedoch keineswegs das einzige Instrument von im Grunde genommen politischen Bewegungen und Organisationen dar. Dies gilt für die Hamas ebenso wie für die IRA, die islamische Revolution im Iran ebenso wie für die Anschläge

---

8 Meyer-Wilmes (1999).

9 Wilke (2000, S. 20).

10 Giesen (1999).

11 Dies wird sehr deutlich dort, wo religiöser Universalismus und nationale Interessen aufeinanderstoßen, wie etwa in der Geschichte des chinesischen Buddhismus.

Osama Bin Ladens (die sich bezeichnenderweise nicht gegen religiöse Ziele des Westens, sondern gegen politische und ökonomische wandten – und ebenso politisch bzw. militärisch beantwortet wurden). Gerade weil die religiös motivierte kollektive Identität einzelne Handelnde zu gelegentlich dramatischen Ausbrüchen verleitet, sollte man doch beachten, dass sie besonders dann von Relevanz ist, wenn sie nicht bloß eine kollektive Identität ist, sondern zu einem zentralen Bestandteil der persönlichen Identität wird: Religion kann hier nicht einfach mit Orthopraxie (etwa im Islam) oder der Orthodoxie (etwa im Christentum) gleichgesetzt werden, sie bleibt nicht bloß ein gesellschaftlich organisiertes System, dem kollektive Identitäten entsprechen, sondern wird in einer so besonderen Weise individualisiert, dass auch die auffälligen, häufig normativ »abweichenden« und zuweilen selbstzerstörerischen Karrieren religiöser Fanatiker erklärbar sind. Abgesehen davon nimmt die Bedeutung der Religion für die kollektive Identität besonders im »christlichen Abendland« ohnehin deutlich ab: Zumindest die konfessionellen Identitäten von Katholiken und Protestanten scheinen sich aufzulösen, wie die fundamentalistischen, evangelikalen und charismatischen Bewegungen sozusagen ex negativo zeigen.

Doch auch wenn die religiös motivierte kollektive Identität einzelne Handelnde zu gelegentlich dramatischen Ausbrüchen verleitet – man denke nur an Palästina oder Nordirland –, so sollte man doch nicht vergessen, dass die kollektive Identität nur einen Aspekt dessen darstellt, was wir als persönliche Identität bezeichnen wollen: Selten genug gehen einzelne Handelnde in den Identitätsvorstellungen auf, die ihr Kollektiv definiert, und das gilt auch für religiös definierte Kollektive. Entsprechend kurz greifen Konzepte, die Identität mit Orthopraxie in der einen oder Orthodoxie in der anderen Religion gleichsetzen.[12]

Religion wirkt sich also nicht nur als gesellschaftlich organisiertes System auf die Ausbildung kollektiver Identitäten aus. Dies festzuhalten ist um so wichtiger, als gerade der kollektive Aspekt von Religion, so sehr er auch manche Krisenherde kennzeichnen mag, besonders im mitteleuropäischen Raum doch zunehmend an Bedeutung verliert: Zumindest die konfessionellen Identitäten von Katholiken und Protestanten scheinen sich aufzulösen, und wie die fundamentalistischen, evangelikalen und charismatischen Bewegungen sozusagen *ex negativo* zeigen, wird selbst die Frage nach einer christlichen Identität in unserem Kulturkreis zu einem Problem. Wenn man davon ausgeht, dass Religion eine »Identitätsstifterin« darstellt, dann muss diese Funktion wohl auf einer Ebene gesucht werden, die unterhalb gesellschaftlicher Kollektive angesiedelt ist.

Darauf macht auch schon Drehsen aufmerksam, der eine Unterscheidung zwischen universalen Funktionen der Religion auf der einen Seite und den personalen und sozialen Funktionen für die Ausbildung der Identität trifft.[13] Die *universalen Funktionen* der Religion schaffen kognitive Bedeutungen, die eine menschliche Orientierung erst ermöglichen. Religion schafft zudem eine moralische Wertorientierung, die Handlungen leitet, und sie dient schließlich zur Regelung der inneren Affekte. Ihre *personalen Funktionen* bestehen darin, dass sie eine Alternative zur empirischen Gestalt der Gesellschaft bietet und damit die Möglichkeit eröffnet, die gerade in der Moderne als brüchig erlebten Daseinsumstände dennoch als sinnvoll und kohärent zu deuten. Sie bietet damit eine Folie, mit der die Person ihre eigenen Erlebnisse als ein einzigartiges Schicksal begreifen kann. Ihre *sozialen Funktionen* bestehen endlich darin, dass sie die Disparität der Lebensformen zu überbrücken hilft, indem sie geteilte Interpretationsmuster zur Verfügung stellt, die Kommunikation mit Menschen in ganz anderen Lebenswelten ermöglicht und damit eine Art Klammer schafft.

Drehsen deutet damit schon u. a. die grundlegende Prägung der Identität durch Religion an. Diese grundlegende Prägung ist auch das ausdrückliche Thema einer wissenschaftlichen Disziplin: Die Religionspädagogik verdient hier nämlich eine besondere Erwähnung, stellt sie doch zuweilen die Frage

---

12 Dies gilt etwa für die Definition von Hoheisel (1999, S. 45), der die religiöse Identität allgemein lediglich moralisch damit bestimmt, daß »die Grundsätze von richtig und falsch so tief verinnerlicht sind, daß größere Abweichungen Reaktionen des ganzen, denkenden, fühlenden und handelnden Individuums nach sich ziehen.«

13 Drehsen (1975).

nach der menschlichen Identität geradezu in den Mittelpunkt ihrer Anstrengungen: »Die Grundfrage der Religionspädagogik«, so formuliert Reiser, »ist mithin das Problem der menschlichen Identität«.[14] Mit Blick auf die Identitätsentwicklungen kann Religion demzufolge nicht als äußere Größe betrachtet werden, sondern kommt nur insofern in Betracht, als sie sozusagen subjektiv angeeignet wird.

Noch deutlicher wird der Zusammenhang zwischen Identität und Religion am Beispiel der *religiösen Konversion*, also bei jenem Prozess, in dem sich eine Person religiös verändert und damit eine neue religiöse Identität annimmt.[15] Als eine Form des religiösen Identitätswechsels ist die Konversion auch ein Musterbeispiel für die Vielgestalt der kulturellen Prägung der Identität. So wird sie im abendländisch-christlichen Raum mit einem grundlegenden persönlichen Wandel verknüpft. Dies liegt schon in der biblischen Semantik begründet: im Hebräischen »shub« und den griechischen Vokabeln »epistrephein«, »strephein« und »metanoia«, die alle einen dramatischen Wandel, eine Wendung von einer Auffassung zu einer anderen oder eine Rückkehr zu einer früheren Auffassung bezeichnen, wobei umstritten ist, wie plötzlich dieser Wandel ausfällt. Doch schon innerhalb der christlichen Tradition können daneben u. a. Alternationen, pendelförmige Konversionen und Transformationen unterschieden werden. Während sich eine Alternation quasi zwangsläufig aus schon entwickelten Lebensformen ergibt (wenn etwa ein Methodist eine Presbyterierin heiratet und der presbyterischen Kirche beitritt), hat die pendelförmige Konversion die Ablehnung der individuellen Vergangenheit zugunsten des neuen religiösen Sinnsystems zur Folge (ein protestantisch aufgezogener junger Mensch tritt in die Scientology-Kirche ein). Von einer Transformation reden wir dann, wenn der vergangene Glaube nicht abgelehnt, sondern im Lichte der neuen Erfahrung umgedeutet wird (wie etwa bei der Konversionserfahrung Martin Luthers, dessen Verständnis der Heiligen Schrift ihn dazu zwang, seine Vergangenheit neu zu interpretieren). Außerhalb des Christentums ist der so umrissene Begriff der Konversion jedoch problematisch, weil das Verhältnis von Identität und Religion anders geregelt wird. Deswegen bezeichnet man die Bekehrung in der arabischen und afrikanischen Welt zum Islam zuweilen als »Adhäsion«, als Erwerb einer zusätzlichen, aber nicht alternativen religiösen Orientierung. (In jüngerer Zeit setzt sich der Begriff jedoch auch für die Bezeichnung von Phänomenen in anderen kulturellen und religiösen Bereichen durch.)

Wenn wir uns anschauen, welche Faktoren die Konversion – den religiösen Identitätswechsel – prägen, dann stoßen wir hier zum einen auf Faktoren, die schon im Zusammenhang mit der kollektiven Identität erwähnt wurden. Denn Konversion kann einmal bedeuten, dass jemand die Religion wechselt, also von einer *religiösen sozialen Organisation* zu einer anderen übertritt. Über den formalen Beitrittsakt hinaus kann sie – auch ein Aspekt der kollektiven Identität – eine Änderung der religiösen Lehrgehalte und weltanschaulichen Vorstellungen umfassen und mit einem Wechsel der *religiösen Praxis* einhergehen, also eine Umorientierung der Muster religiöser Handlungen und Rituale zur Folge haben. Zum anderen aber weist die Konversion auch auf andere Faktoren der Identität hin. So unterstreicht sie die subjektive Seite der Identität, die darin zum Ausdruck kommt, dass Konversionen auch in einer besonderen *religiösen Transzendenzerfahrung* begründet sein können. Denn über alle kulturellen Unterschiede hinweg scheint die Konversion mit einer besonderen subjektiven Erfahrung verbunden zu sein, die als Identitätswechsel oder -veränderung verstanden werden kann. Das Paulus-Erlebnis liefert hierfür zweifellos ein klares Muster, das zumindest im abendländisch-christlichen Raum prägend für die Art der mit der Konversion verbundenen Erlebnisse wurde. Gerade aber die Bekehrung von Saulus zu Paulus bietet aber nicht nur einen Hinweis auf die subjektive Erfahrungsdimension der Konversion, sondern auch darauf, wie diese kommunikativ mitgeteilt werden kann. Denn bei der Konversion handelt es sich in diesem Sinne also auch um eine Transformation dessen, was man als »universe of discourse« bezeichnen könnte. Mit diesem Hinweis auf die *kommunikativen Aspekte* der Konversion weisen sie auch auf einen Aspekt der Identitätsbildung im

---

14 Reiser (1972, S. 22).
15 Knoblauch/Krech/Wohlrab-Sahr (1999).

allgemeinen hin, den die schon erwähnten diskurs-theoretischen Ansätze ansprechen. Das religiöse Diskursuniversum, das Identität prägt, umfasst ein Set von als selbstverständlich betrachteten Annahmen, an denen sich Menschen orientieren. Dieses Set ist eingebettet in Sprache, rhetorische Muster und argumentative Strategien, die Konversions-erfahrungen nicht nur leiten, sondern kulturell prägen. Dies gilt vor allem für die umfassende Form der Konversionserzählung.[16] Sie stellt eine besondere Form der biographischen Erzählung dar, die in eine vorkonversionelle Biographie, ein biographisches Ereignis und eine nachkonversionelle Biographie zerfällt. Auf die Rolle der subjektiven Erfahrung wie auf die Rolle der Kommunikation für die Ausbildung der Identität werde ich später noch einmal zurückkommen. Dennoch sollte schon das Beispiel der Konversion darauf hinweisen, dass gerade die Kommunikation als Bindeglied zwischen den sozial-kollektiven und den subjektiven Aspekten der Identität dient. Bei der Durchsicht der verschiedenen Merkmale der Konversion muss man jedoch auch beachten, dass bei diesem stark um ein oder mehrere (innere, äußere, kommunikative u. a.) Ereignisse kreisenden Vorgang die diachrone (biographische) Dimension naturgemäß vernachlässigt wird, die ja als konstitutiv für Identität angesehen werden muss.

3. Transzendenz und Identität

Es ist kein Zufall, dass alle der bisher erwähnten neueren Konzepte der Identität und ihrer Beziehung zur Religion ausdrücklich an Bergers und Luckmanns wissenssoziologische Theorie der gesellschaftlichen Konstruktion der Wirklichkeit anschließen.[17] Sie erklären den Begriff der »persönlichen Identität« zu einer Schlüsselkategorie eben jenes dialektischen Prozesses, in dem Wirklichkeit entsteht, erhalten und verändert wird: »Identität ist natürlich ein Schlüssel zur subjektiven Wirklichkeit,

und wie alle subjektive Wirklichkeit steht sie in dialektischer Beziehung zur Gesellschaft. Sie wird in gesellschaftlichen Prozessen geformt. Ist sie erst einmal geformt, so wird sie wiederum durch gesellschaftliche Beziehungen bewahrt, verändert oder sogar neu geformt. Die gesellschaftlichen Prozesse, durch die sie geformt und bewahrt wird, sind durch die Gesellschaftsstruktur determiniert. Umgekehrt reagiert die Identität, die durch das Zusammenwirken von Organismus, individuellem Bewusstsein und Gesellschaftsstruktur produziert wird, auf die vorhandene Struktur [...].«[18]

Dieser dialektische Prozess zwischen »Bewusstsein« und »Gesellschaft« führt zu wahlverwandtschaftlichen Präferenzen zwischen bestimmten Identitätstypen und bestimmten Gesellschaftsstrukturen, wie sie besonders Peter Berger bearbeitet hat. Wissen spielt dabei eine vermittelnde Rolle, denn Wissen leitet Handeln – und damit auch Handelnde und Identitäten. Und Wissen ist auch gesellschaftlich verteilt und strukturiert (nach Relevanzen, Experten, Institutionen). Dabei spielt die Religion – neben anderen »symbolischen Wissenssystemen« – eine besondere Rolle, da sie eines der umfassendsten Wissenssystemen darstellt.

Im Folgenden möchte ich mich vor allem auf die von Luckmann ausformulierte Theorie der persönlichen Identität konzentrieren. Die Konzentration auf Luckmanns Begriff der Identität und dessen Ausarbeitung hat mehrere Gründe, die besonders für den hier zu behandelnden Zusammenhang von Religion und Identität entscheidend sind:
– Wie Berger betont auch Luckmann immer wieder, dass persönliche Identität gewissermaßen das subjektive Korrelat einer menschlich gemachten sozialen Wirklichkeit ist.[19] Sie entsteht zwar im Prozess der Konstruktion, doch ist sie als Produkt selbst wiederum gewissermaßen konstitutiv für den spezifischen Prozess der gesellschaftlichen Konstruktion: Auch wenn sie je nach Kultur, Gesellschaft und Epoche variiert, so ist die persönliche Identität doch ein zentrales Merkmal der menschlichen Lebensform. Diese dialektische Vorstellung der persönlichen Identität hat den Vorteil, dass sie besondere Holzwege früherer Identitätstheorien umgeht. Zum einen kann sie die von Locke begründete substantialistische Vorstellung der Identität vermeiden, die eine lange und erfolglose Suche nach dem

---

16 Ulmer (1988).
17 Berger/Luckmann (1970).
18 Berger/Luckmann (1970, S. 185).
19 Luckmann (1979, 1980, 1984).

›eigentlichen‹ Wesen der persönlichen Identität verursachte. Andererseits löst sie die Identität nicht in ein reines Produkt gesellschaftlicher Konstruktionsprozesse auf.

– Zum zweiten enthält der von Luckmann aufgebaute Begriff der persönlichen Identität alle Aspekte, die wir bisher in der Diskussion angesprochen haben und verbindet sie in einem theoretischen Entwurf. Dazu gehört die soziale Dimension der Institution, die kognitiv-ethische Dimension der Weltansichten, die praktische Dimension ritueller Handlungen, die subjektive Dimension der Transzendenzerfahrung. Diese Dimensionen werden theoretisch mit einem an James, Mead und Cooley angelehnten Modell der symbolischen Interaktion verknüpft, die, wie ich zeigen möchte, genauer als Kommunikation betrachtet werden kann (und die damit auch die kommunikativ-diskursive Dimension aufweist, die im Zusammenhang mit Konversionen angeschnitten wurde). Dabei betrachtet er persönliche Identität interaktionistisch als einen zweiseitigen Prozess: der Selbststeuerung von Verhalten und der Zuschreibung von Handlungen. Zugleich eröffnet Luckmanns Vorstellung einer langfristigen Verhaltenssteuerung, die ich gleich noch erläutern werde, die diachrone Dimension der Identität, ohne sie auf kulturspezifische Begriffe des Individuums und der Biographie zu reduzieren.

– Vor allem aber kann Luckmann zeigen, dass die Bildung der Identität selbst eine Form der Transzendenz impliziert, die religiöse Züge trägt. Dabei vermeidet er es, Religion und Identität einfach gleichzusetzen, wie dies in der vieldiskutierten Theorie von Hans Mol der Fall ist, welcher die Grundfunktion der Religion geradezu in der Sakralisierung der menschlichen Identität sieht. (Das Sakrale und die Ausbildung einer Identität fallen für Mol zusammen – so dass allerdings auch die Unterscheidung zwischen beidem nicht mehr möglich ist.)[20] Während Mol von einem Bedürfnis nach Identität als tierischem Erbe spricht, stehen auch für Luckmann Religion und Identität in einem Zusammenhang, der jedoch analytisch geschieden werden muss. Luckmann sucht das Tertium comparationis von Religion und Identität im Begriff der Transzendenz – und kann dabei an eine ausgebaute und weiter ausbaufähige Theorie der Transzendenz anschließen.

Was verstehen wir nun unter persönlicher Identität, und wie stellt er den Zusammenhang zwischen Transzendenz, Identität und Gesellschaft her? Im Grunde unterscheidet sich die menschliche persönliche Identität nur graduell von der Identität anderer Spezies: Sie zeichnet sich durch eine hochgradige *Individuation* aus. Der Begriff der Individuation meint, dass einzelne Wesen der Gattung als einzelne erkannt, wiedererkannt und entsprechend behandelt werden. Die für die menschliche Spezies kennzeichnende hochgradige Form der Individuation findet ihren Ausdruck in der Ausbildung eines diachron integrierten Bewusstseins, das zeitübergreifend Erfahrung organisiert. Phänomenologisch wird diese Organisation als Lebenswelt bezeichnet. Soziologisch ist diese diachrone Dimension deswegen von besonderer Relevanz, weil sie damit nicht nur die »Abspeicherung« erinnerbarer Erfahrungen ermöglicht, sondern vor allem eine langfristige Verhaltenssteuerung in die Zukunft hinein. Persönliche Identität kann also keineswegs nur als Folge von Zuschreibungen von Identität durch anderes erfasst

---

20 Mittels der Sakralisierung erwerben kulturelle Orientierungs- und Verhaltensmuster die Stabilität, die in tierischen Verhaltensmustern durch Instinkte gesichert werden. Dabei unterscheidet Mol verschiedene Sakralisierungsmechanismen: Die Objektivation bedeutet »the tendency to sum up the variegated elements of mundane existence in a transcendental point of reference where they can appear more orderly, more consistent, and more timeless« (Mol, 1976, S. 11). Ein zweiter Sakralisierungsmechanismus stellt die Bindung, das »commitment« dar. Damit bezeichnet Mol eine emotionale Fixierung auf die persönliche und soziale Einheit. Eine große Rolle spielen drittens Rituale, also wiederholende, die Gefühle aufrührende Handlungen, durch welche die bestehende Ordnung bestätigt wird. Einen vierten Mechanismus zur Sakralisierung der Identität sieht er schließlich in dem Phänomenkomplex, der Mythen, Theologie und religiösen Symbolismus umfasst. Sie bieten allesamt Deutungen der Wirklichkeit, durch welche Konflikte bewältigt, das Unerklärliche erklärt und die eigene Existenz gestärkt wird. Sakralisierung ist gewissermaßen eine Folge der Verunsicherung des Menschen, und Identität besteht im wesentlichen darin, den einzelnen gegen die Umwelt abzugrenzen. Nicht Bewußtsein ist zentral dafür, sondern Grenzen. »Identity on the personal level is the stable niche that man occupies in a potentially chaotic environment which he is therefore prepared to vigorously defend. Similarly, on the social level, a stable aggregate of basic and commonly held beliefs, patterns, and values maintains itself over against the potential threat of its environment and its members« (Mol, 1976, S. 65).

werden, wie Luhmann meint.[21] Zwar geht auch Luckmann davon aus, dass persönliche Identität in Interaktionen entsteht. Denn da persönliche Identität mit Individuation verbunden ist, umfasst sie tatsächlich Prozesse der Zuschreibung von Handlungen durch beobachtende Akteure auf einzelne Wesen – und darauf aufbauend ist sie mit der Zuschreibung von Verantwortung für Handlungen verknüpft. Persönliche Identität erschöpft sich aber nicht in Zuschreibung. Vielmehr bezieht sich der Begriff eben auch auf die – in dieser Zuschreibung vorausgesetzte – Fähigkeit des Organismus zur langfristigen Selbststeuerung seines Verhaltens als Handeln.[22] Diese Selbststeuerung erfordert eine Art reflektiven Bewusstseins, die Plessner mit dem Begriff der exzentrischen Positionalität umschrieben hat. Erst auf dieser anthropologischen Grundlage, die ich weiter unten etwas erläutern werde, ist Handlungsplanung, Erinnerung, gezielte Kooperation und auf Zeichen beruhende Kommunikation mit anderen möglich.

Es würde vermutlich einer ethnozentrischen Annahme gleichen, würde diese diachrone Perspektive grundsätzlich mit einer biographisch »unverwechselbaren Lebensgeschichte« gleichgesetzt, wie Habermas dies zu tun scheint.[23] Der moderne Begriff der Biographie setzt zweifellos eine Vorstellung der Individualität voraus, die vermutlich erst eine späte historische Leistung ist, an der die Religion – von der »Geburt des Gewissens« in den Hochreligionen über die Individualisierung der Religion im Protestantismus und schließlich die Individualisierung der Gesellschaft im allgemeinen – wesentlich beteiligt war.[24] Selbst in unseren Zeiten finden sich ja noch Formen der persönlichen Identität, die nicht an die »individuelle« Lebensgeschichte gebunden sind.

Religion ist jedoch auf eine grundlegendere Weise an der Konstitution von Identität beteiligt. Denn schon die diachrone Organisation von Erfahrungen

und Handlungen impliziert eine Fähigkeit, die Luckmann – mit Schütz – als Bewältigung von *Transzendenz* bezeichnet. Mit diesem Begriff ist in der phänomenologisch orientierten Religionssoziologie kein über den Menschen hinausgehender sakraler Bereich gemeint, sondern ein Merkmal des menschlichen Erfahrens selbst. Die Erfahrung der Transzendenz beruht auf der Intentionalität des Bewusstseins: Erfahrungen sind immer Erfahrungen von etwas. Erfahrung zeichnet sich zum einen dadurch aus, dass das Erfahren auf etwas Erfahrenes bezogen ist, das nicht mit dem zeitlichen Vorgang des Erfahrens identisch ist.[25] In diesem Sinne transzendiert das vom Bewusstsein konstituierte Erfahrene den Vorgang des Erfahrens. Zudem verweist jede einzelne Erfahrung auch durch den zeitlichen Horizont vorhergehender und nachfolgender Erfahrungen über sich hinaus auf andere Erfahrungen und kann dadurch typisiert werden. Diese beruht darauf, dass jede Erfahrung in einem Horizont des Miterfahrenen steht, das nicht selbst unmittelbar gegeben ist, das in Retentionen nachhallt und in einem Hof von Protentionen steht. Jede Erfahrung weist durch den Horizont vorhergehender und nachfolgender Erfahrungen über sich hinaus. Mit der Erfahrung kann schließlich auch etwas anderes appräsentiert werden, das nicht selbst erfahren, sondern vom Bewusstsein gleichsam automatisch konstituiert wird. Dabei ist es vorläufig noch unwichtig, ob es sich beim Appräsentierten um die unwillkürlich mitgesehene Rückseite von etwas Gesehenem handelt oder um das mitgedachte Alter ego eines kundgebenden Wesens. Transzendenz in einem phänomenologischen Sinn besteht also in der bei der Appräsentation automatisch gesetzten Annahme des Bewusstseins, dass etwas existiert, welches das unmittelbare Erfahren des sinnlich-körperlichen Organismus überschreitet.

Transzendenz umschreibt nun die Fähigkeit des menschlichen Bewusstseins, die Grenzen seiner Erfahrungen zu kennen, zu wissen, dass wir nicht in der Zeit zurückgehen, dass wir Entworfenes möglicherweise umsetzen und dass wir nicht in die Köpfe von anderen blicken können. Transzendenz beruht auf der Intentionalität des Bewusstseins, d.h. der Bezogenheit von Erfahrungen: dass Erfahrungen immer Erfahrungen *von etwas* sind. Als Bezogensein auf etwas anderes ist das, was erfahren wird, jedem

---

21 Luhmann (1997, S. 1016 ff.).
22 Luckmann (1979).
23 Habermas (1981).
24 Ausdrücklich formuliert findet sich dies in Hahns (1987) Konzept der »Biographiegeneratoren«.
25 Diese phänomenologischen Aspekte finden sich näher erläutert in Knoblauch (1998).

Erfahren selbst grundlegend transzendent. Gerade weil der Begriff der Transzendenz so grundlegende Prozesse bezeichnet, wäre es jedoch verwegen, zu behaupten, dass dieser Vorgang des Transzendierens selbst schon als Religion bezeichnet werden könnte, wie Luckmann das zuweilen zu tun scheint. Tatsächlich aber sagt er ja von dieser Fähigkeit zum Transzendieren lediglich, dass sie sich »mit einer elementaren Bedeutungsschicht des Religiösen« decke.[26] Eine spezifischere Bestimmung des Religiösen erfordert dagegen auch eine Spezifizierung des Begriffes der Transzendenz.[27]

Aufbauend auf Schütz' Analyse unterscheidet Luckmann nämlich genauer *drei Ebenen der Transzendenz*:[28] Wenn etwas die unmittelbare Erfahrung in zeitlicher oder räumlicher Hinsicht überschreitet, reden wir von den kleinen Transzendenzen. Die mittleren Transzendenzen unterscheiden sich von den kleinen grundsätzlich darin, dass das, was erfahren wird, überhaupt nur mittelbar erfahren werden kann. Die Erfahrung des Alter ego etwa ist nur über Akte der Kundgabe und Kundnahme möglich. Während andere aber wenigstens mittelbar erfahrbar sind, zeichnen sich die großen Transzendenzen dadurch aus, dass sie in der Alltagswelt überhaupt nicht erfahrbar sind.[29] Hier, im Alltag, finden wir lediglich Statthalter, Symbole und Ikonen der Erfahrungen großer Transzendenzen in der Ekstase, in der Trance oder in anderen Grenzsituationen. Diese Unterscheidung zwischen drei Transzendenzen führt nun auch zu einer Spezifizierung des Begriffes der Religion. Als Religion kann man nun nämlich den gesellschaftlichen Umgang mit denjenigen Transzendenzerfahrungen ansehen, die mehr oder minder nachdrücklich als auf eine nicht-alltägliche Wirklichkeit bezogen erfasst werden. Dazu gehören zweifellos auch die entsprechenden Wirklichkeitskonstruktionen, die damit verbundenen Handlungsformen, Rituale und vor allem Institutionen.

Die Ausbildung der Identität nun beruht auf denselben Prozessen, kann aber gerade nicht mit der Religion gleichgesetzt werden. Vielmehr kann man im Anschluss an Luckmann sagen, *dass die persönliche Identität dieselbe Grundlage hat wie die Religion*. Denn die Fähigkeit zum Transzendieren ist nicht nur die Grundfunktion der Religion, sondern stellt auch die Grundlage der persönlichen Identität dar. Sie erst erzeugt die für die menschliche Lebens-

form typische exzentrische Positionalität, hier genauer: ihre »vermittelte Unmittelbarkeit«, den Abstand zwischen dem physiologisch Wahrgenommenen und instinktiv Angelegten zum Erfahren und Handeln. Es ist die Fähigkeit zur Bewältigung der Transzendenz von Zeit und Raum, die es ermöglicht, »dass sich der Einzelne von der Gegenwärtigkeit und Unmittelbarkeit laufender Erfahrungen ablösen und sich [...] vergangenen Erfahrungen zuwenden kann«.[30] Und sie ermöglicht es auch erst, dass Erfahrungen in die Zukunft entworfen werden und also gehandelt werden kann. Damit schafft sie die Voraussetzung für die diachrone Dimension der persönlichen Identität, die ja keineswegs die gesamte Biographie umfassen muss, sich wohl aber auf langfristige Handlungsplanung bezieht.

Nachdem wir nun auf der einen Seite auf die Bedeutung der subjektiven Bewältigung kleiner Transzendenzen für die Ausbildung der Identität hingewiesen haben, kann nun auf die daran anknüpfende Verbindung zwischen Identität und Interaktion eingegangen werden. Kurz kann man sagen, dass jene für die diachrone Struktur der Identität konstitutive Transzendenzerfahrung in der Interaktion (oder genauer, wie ich gleich erläutern werde: in der Kommunikation) gründet.

Der Prozess der *Ausbildung der Identität in der Interaktion* ist sehr genau analysiert worden. Wir müssen uns hier auf eine grobe Skizze beschränken. Ausgangspunkt der Analyse bilden biologisch basale Reiz-Reaktionsmuster, aus denen, wie schon Mead zeigte, einfache Formen des »*Handlungs-Dialogs*«

---

26 Luckmann (1991, S. 85 f.).
27 Es wäre deswegen, wie sich zeigen wird, nützlich, zwischen einem allgemeinen anthropologischen und einem differenzierteren phänomenologischen Begriff der Transzendenz bei Luckmann zu unterscheiden.
28 Luckmann (1991).
29 Dabei sollte man deutlich hervorheben, daß Schütz und Luckmann eine sehr detaillierte Analyse der Lebenswelt der nicht-alltäglichen Wirklichkeit durchgeführt haben, die sozusagen ex negativo das »Diesseits« der großen Transzendenzen sehr genau beschreibt. Daneben hat sich Schütz in seinen Arbeiten zu den »Mannigfaltigen Wirklichkeiten« ja sehr ausführlich mit verschiedenen Formen großer Transzendenz beschäftigt. Vgl. dazu etwa Knoblauch (1998).
30 Luckmann (1991, S. 81).

zwischen Kleinkind und Erwachsenen entstehen. Der Handlungs-Dialog führt zu einem (von Cooley beschriebenen) *Spiegelungseffekt*, der es ermöglicht, den Sinn eigener Aktivitäten aus den Reaktionen der anderen zu erschließen. Auf dieser Grundlage kann sich die Fähigkeit zur *Rollenübernahme* (»Taking the role of the other«) ausbilden, also die Antizipation der Handlung anderer in den eigenen Handlungen. Es ist also die Begegnung mit anderen, die es dem Individuum ermöglicht, Abstand zu den eigenen Erfahrungen zu gewinnen. Anders ausgedrückt: Das (kleine) Transzendieren als Ablösung von der eigenen Erfahrung vollzieht sich also im interaktiven Umgang mit anderen Menschen. Sie wird »in der Face-to-face-Situation möglich«, indem ein »äußerer Blickwinkel importiert« wird.[31] M.a.W.: Die Möglichkeit des Eigenen wird in der Begegnung mit dem Anderen erworben (auf die der Mensch anthropologisch angewiesen ist). Dieser soziale Abstand auf die eigenen Erfahrungen kann dann auch auf andere Erfahrungen übertragen werden. Im Abstand von der eigenen unmittelbaren Erfahrung können vergangene Erfahrungen erinnert und zu einem individuellen Gedächtnis werden (das sich erst in der Sozialität ausbildet). Und auf derselben Grundlage können zukünftige Erfahrungen als Handlungen entworfen und langfristig Handlungsplanungen durchgeführt werden. Sozialität – also Interaktion bzw. Kommunikation[32] – ist damit die Voraussetzung für die Ausbildung einer persönlichen Identität als einer Form der langfristigen Integration von Erfahrungen und der dauer-

haften Kontrolle der körperlichen Verhaltensweisen.

Das Vermögen zum Transzendieren, das die Grundlage für die Ausbildung der Identität wie auch der Religion bildet, ist nicht wiederum »transzendental« begründet. Vielmehr setzt hier die schon erwähnte anthropologische Begründung ein. In Anlehnung an die Ergebnisse der philosophischen Anthropologie sieht Luckmann die Ausbildung der menschlichen Identität wie auch der Religion als Folge bzw. Kompensation seiner natürlichen Mangelhaftigkeit: als biologisch merkwürdig ›unfertiges‹, instinktarmes Mängelwesen zeichnet sich der Mensch durch Weltoffenheit und eine besondere »exzentrische Positionalität« aus: Solange Menschen von Anbeginn ihrer Existenz auf andere Menschen (auch heute zumeist noch Mütter) angewiesen sind, fundiert Interaktion und Kommunikation mit Mitmenschen alle anderen Kategorien des Menschseins. Die Möglichkeit des Transzendierens der eigenen Erfahrung ist demnach in der anthropologisch elementaren Angewiesenheit auf ein Alter ego fundiert. Es ist die in der Kommunikation vermittelte Erfahrung eines Alter ego, das als grundlegende Transzendenzerfahrung angesehen werden kann. Die Erfahrung der Differenz »ähnlich wie ich, aber nicht ich« begründet auch die persönliche Identität. Die Differenz der Alterität, die in kommunikativen Handlungen konstituiert wird, bildet den Kern der Transzendenzerfahrung ebenso wie den Grundstock der persönlichen Identität.

4. Der historische Wandel der Sozialstruktur, Subjektivierung und neue Spiritualität

Bildet die Anthropologie den bedingenden Rahmen der persönlichen Identität, so wird sie prozessual in der zwischenmenschlichen Interaktion und Kommunikation erzeugt. Tatsächlich ist die Kommunikation auch analytisch das wesentliche Bindeglied zwischen Subjekt und Gesellschaft, das auch die soziale Konstruktion der Identität erklärt: Abgesehen davon, dass Kommunikation Individuen miteinander verknüpft, schafft sie überdies einen Bedeutungsraum, aus dem längerfristige Handlungen und damit auch Identitäten ihren Sinn beziehen können. Und schließlich bildet sie eine Bedeutungs-

---

31 Luckmann (1991, S. 83 f.).

32 Dieser Prozeß wird häufig als Interaktion bezeichnet und der entsprechende Ansatz als interaktionistisch. Doch schon Mead wies deutlich darauf hin, daß es sich hier um einen *Kommunikations*prozeß handelt: Es geht nicht nur um die Wechselwirkung von Handlungen, sondern um die Koordination mithilfe von Gesten (als einer Art Protozeichen), Zeichen und Symbolen. Deswegen ist es auch »theoriearchitektonisch« sehr naheliegend, daß Luckmann auf demselben Prozeß eine Theorie der Zeichenkonstitution entwirft. Dabei wird die Kommunikation nicht als vom Subjekt unabhängiges, eigenständiges »System« erfahren, in das man sich nur einklinken müßte. Die Differenz zwischen dem Sinn kommunikativer Akte und ihrem Vollzug setzt im Akt einen selbst erfahrenen leiblichen Vollzug Egos voraus (und einen – davon differenten – leiblich erfahrenen Vollzug Alter Egos).

struktur, die Handlungen und Identitäten eine Ordnung verleiht.

Gesellschaften überlassen die für sie relevanten Handlungen und die Ausbildung persönlicher Identitäten selten der Zufälligkeit kontingenter Kommunikation. Sie versuchen vielmehr, dauerhafte kommunikative Strukturen und Bedeutungen zu schaffen, indem sie die sie hervorbringenden sozialen Institutionen auf Dauer stellen. Insbesondere Weltansichten, symbolische Legitimationen und religiöse Deutungsmuster – kulturelle Ausgestaltungen dessen, was wir als Religion im engeren Sinne bezeichnen – dienen dazu, eine bestimmte persönliche Identität aufzubauen, zu prägen und zu stützen, da sie großflächige, dauerhafte und kollektiv verbindliche Bedeutungen schaffen und damit eine langfristige Handlungsorientierung (also Verhaltenssteuerung) ermöglichen. Diese Weltansichten, symbolischen Wirklichkeiten und religiösen Deutungsmuster bedürfen nicht nur der kommunikativen Konstruktion und Vermittlung. Sie stehen vielmehr auch in einem engen Zusammenhang mit der Wissensverteilung und damit auch der sozialen Struktur von Gesellschaften. Während manche der Identität leitenden Ansichten von allen Gesellschaftsmitgliedern geteilt werden, setzen andere die Existenz eines besonderen Sonderwissens – und damit besonderer Wissens- und Kommunikationsexperten – voraus (deren Sonderstellung dann auch in der institutionellen Struktur der Gesellschaft angelegt und gesichert werden muss). Deswegen steht die Ausbildung der persönlichen Identität in einem engen Zusammenhang mit der Struktur gesellschaftlicher, besonders auch religiöser Institutionen. (Dies gilt freilich auch für die Bestimmung und Festlegung der Situationen kommunikativer Vermittlung – besonders herausgehobener Zeremonien – und der Auswahl derjenigen Kategorien von Personen – Frauen, Männer, Jugendliche usw. –, an die bestimmte Versionen des Wissens vermittelt werden.)

Wenn eine gewisse Vereinfachung erlaubt ist, dann kann man sagen, dass *archaische, segmentäre Gesellschaften* eine mehr oder weniger konsistente, im großen und ganzen aber einheitliche und gesellschaftlich festgelegte Weltansicht vermitteln. Weil die Ausbildung der Identität ausschließlich in der Face-to-face-Kommunikation erfolgt und von einer weitgehend durch Verwandtschaft organisierten Struktur geprägt ist, zeichnet sich auch die persönliche Identität in solchen Gesellschaften durch Stabilität, Einheitlichkeit und eine wenig individualistische Bindung an das Kollektiv aus.

Traditionelle Hochkulturen weisen dagegen deutlich zentralisierte Institutionen auf. Obwohl die politischen und ökonomischen Institutionen schon mehr oder weniger bürokratisch organisiert sind und zur Anonymität neigen, bildet sich Identität noch immer in davon weitgehend unberührten gemeinschaftlichen Beziehungen aus. Die einsetzende funktionale Differenzierung und die Schaffung spezifisch religiöser Deutungssysteme ermöglichen eine allmähliche Individualisierung der persönlichen Identität. So bildet sich etwa in der ägyptischen Gesellschaft eine religiöse Forderung nach persönlicher Frömmigkeit aus, die biographisch langfristige Handlungsverantwortung erfordert und zur Entstehung dessen führt, was man als »Gewissen« bezeichnen kann.[33] Ausdifferenzierte Formen der Religionen erlauben dann eine reflexive Integration der menschlichen Handlungen in eine Biographie. Um ein abendländisches Beispiel zu geben, könnte man die Beichte betrachten, um zu sehen, wie Religion zu einer zunehmend individualisierten Selbstkontrolle der eigenen Handlungen führt.[34]

In den modernen, *funktional differenzierten Gesellschaften* sind die meisten der vom Selbst zu steuernden Verhaltensweisen von den Anforderungen der institutionell spezialisierten Bereiche der Wirtschaft, der Herrschaft, der Wissenschaft usw. abhängig. Hochanonymisierte, von Face-to-face-Beziehungen abgekoppelte Organisationen geben den Sinn der Handlungen vor. Wegen ihrer besonderen funktionalen Ausrichtung sind die Sinnhorizonte dieser verschiedenen Teilsysteme nicht mehr an persönliche Identitäten gebunden, ja man kann sogar sagen, dass sie sich u. a. gerade dadurch auszeichnen, dass die persönliche Identität der Handelnden vernachlässigbar ist oder wenigstens in den Hintergrund treten muss. Die zunehmende Rationalisierung bedeutet damit zugleich, dass die Sinnhorizonte an über sie hinausgehender Bedeutung

---

33 Breasted (1950).
34 Hahn (1982).

einbüßen und die Fähigkeit verlieren, sinnhaft und sinnstiftend zu wirken, und zwar auch innerhalb der Funktionsbereiche der Politik, der Wissenschaft und – wenn wir der Erforschung der Einstellungen vor allem protestantischer Geistlicher Glauben schenken dürfen – sogar im Kern der großen auf Religion spezialisierten Institutionen. Wenn jedoch die Verrichtungen in den meisten institutionellen Bereichen entpersönlicht werden, dann wird auch die persönliche Identität nicht mehr entscheidend von ihnen geformt. Darüber hinaus werden aber auch die besonderen Institutionen, die den Privatbereich prägen, zunehmend eingeschränkt: Die Familie etwa gibt Einfluss nicht nur an (ihrerseits immer mehr rechtlich »kolonialisierte«) Erziehungseinrichtungen ab, sondern auch an die Massenmedien, die Kinder- und Jugendkultur u. a. m. Dazu kommt, dass die Sozialisation in den Restbeständen der Institutionen der primären Sozialisation – also den schrumpfenden Familienverbänden und Gruppen »signifikanter Anderer« – in keinem zwingenden Zusammenhang mit der Sozialisation in den Institutionen sekundärer Sozialisation steht, die etwa schulisch und berufsvorbereitend erfolgen. Das Individuum wird damit zu einer Art Pendler zwischen disparaten Bereichen, die man als relativ eigenständige Bedeutungs- und Kommunikationszusammenhänge fassen kann. Die Verbindung zwischen diesen Bereichen wird nurmehr dadurch gewährleistet, dass sie vom Individuum in einer zeitlichen Abfolge erlebt werden. In der Folge fällt eine Integration dieser Zusammenhänge immer schwerer. Deswegen wird die Stabilisierung einer gleichbleibenden Identität zu einem durchgängigen Problem für die Einzelnen. Daraus nun erklärt sich auch die anfangs erwähnte Dauerthematisierung der Identität in unserer Gesellschaft.

Weil die Vorgaben und der Verpflichtungscharakter der einzelnen Angebote abnimmt, wird die persönliche Identität deswegen, wie auch Luckmann betont, zu einer subjektiven Angelegenheit: »Die Produktion persönlicher Identität verlagert

sich also in kleine Unternehmungen privater Hand, nämlich in das menschliche Individuum«.[35] Die *Privatisierung bzw. Individualisierung der Identitätskonstruktion* führt, so vermuteten Berger und Luckmann, zur Ausbildung einer »Patchwork«-Identität, deren Gestalt einem »Fleckerlteppich« gleiche und zu »hybriden« Identitäten führe.

Allerdings sind diese Begriffe der Privatisierung bzw. Individualisierung mehrdeutig. Denn indem er die Bewegung als eine Sphäre des Privaten bezeichnet, die sich nicht nur deutlich gegen die primären Institutionen, sondern auch gegen die sekundären Institutionen abgrenzt, weist der Begriff der Privatisierung einen Aspekt dessen auf, was auch als Entinstitutionalisierung bezeichnet wird. Tatsächlich ist es kaum zu übersehen, dass sich die Religiosität zunehmend von den großen religiösen Organisationen, ihren Lehren und Praktiken entfernt. Die Ablösung von institutionellen Vorgaben kann aber auch mit einer Enttraditionalisierung verbunden sein, wenn die eingespielten Traditionen es nicht mehr erlauben, jene dem raschen sozialen Wandel ausgesetzte individuelle Lebensführung zu bewältigen. Entinstitutionalisierung und Enttraditionalisierung sind zwar die Voraussetzungen der Individualisierung der Religion, müssen aber analytisch von ihr geschieden werden. Denn die Individualisierungsthese besagt einmal, dass individuelle Biographien nicht mehr von Schichten und Klassenzugehörigkeiten bestimmt werden, dass die Lebensläufe flexibel werden und dass sich der Zusammenhang zwischen religiösen Bindungen und individuellen Handlungsorientierungen aufgelöst hat. Sie enthält aber auch einen weiteren Aspekt, den ich im Zusammenhang mit der diachronen Dimension der Identität schon erwähnt habe. Weil nämlich das Individuum an den verschiedensten Bereichen der ausdifferenzierten Gesellschaft teilnimmt und über das Ausmaß seiner Teilnahme an den unterschiedlichen religiösen und sozialen Gruppen, Organisationen und Bereichen zunehmend frei entscheidet, wird es selbst gleichermaßen zur letzten dauerhaften »Institution« und zum wichtigsten Glaubensinhalt.[36] (Daraus erklärt sich dann auch die ausgeprägte Biographisierung des Lebenslaufs.)

Die Individualisierung enthält aber auch einen weiteren Aspekt, den ich hier mit dem Begriff der

---

35 Luckmann (1980, S. 138).
36 Die religiösen Wurzeln der »Ideologie des Individualismus« hat Dumont (1983) sehr deutlich aufgezeigt.

Subjektivierung fassen möchte.[37] In dem Maße nämlich, wie sich die persönliche Identität von der Abhängigkeit von Institutionen und herkömmlichen Traditionen löst, werden subjektive Erfahrungen, Präferenzen und Interessen zum Maßstab, Leitfaden und zur Quelle für Weltauffassungen. Dabei braucht es sich keineswegs um Erfahrungen zu handeln, die außerhalb sozialer Räume gemacht werden. Vielmehr kann auch eine Gemeinschaftserfahrung als subjektiviert betrachtet werden, wenn die Einzelnen vor allen Dingen deswegen zusammenkommen, *um* ein besonderes Gemeinschaftserlebnis zu machen. Die Gemeinschaft ist also nicht der unbefragte Grund, sondern kann auch das Mittel sein, um eine besondere Erfahrung zu machen. Diese Instrumentalisierung des Gemeinschaftlichen scheint vor allen Dingen jene Phänomene zu kennzeichnen, die als »Events« bezeichnet werden können. Im Unterschied zur Individualisierung erlaubt der Begriff der Subjektivierung also nicht nur, neben den individualisierten Formen auch diese Vergemeinschaftungen subjektivierter Erfahrungen zu erfassen. Er weist überdies auch darauf hin, dass die Identität in der späten Moderne noch immer sehr explizit religiöse Züge trägt. Denn es geht hier nicht nur um eine allgemeine »Subjektivierung der Identitätsbildung«, von der etwa Nunner-Winkler spricht.[38] Vielmehr hebt die Subjektivierung die in der Identitätsbildung ohnehin angelegte Subjektivität der Transzendenzerfahrung auf eine ungewöhnlich starke Weise hervor. Oder anders gesagt: Die ohnehin im Begriff der Identität angelegte subjektive Dimension kommt unter den »spätmodernen« Bedingungen erst so recht zur Entfaltung, dass sie ihre »Authentizität« durch ihren exklusiven Zugang zur »Erfahrung« und besonders deren außergewöhnlichen, großen, transzendenten Ausprägungen beansprucht. Religiosität und Identität können heutzutage deswegen eine sehr eigenwillige Verbindung eingehen. Seit Durkheim wurde diese Verbindung als »Sakralisierung des Individuums« bezeichnet, doch dürfte ein anderer Begriff der gegenwärtigen Überhöhung subjektiver Erfahrungsräume besser gerecht werden: *Spiritualität*. Der Begriff der *Spiritualität* (als quasi religiöse Sonderform der Subjektivierung) erlaubt es zum einen, auf eine religiöse Wirklichkeit Bezug zu nehmen, ohne an institutionell definierte Vorstellungen des Reli

giösen anschließen zu müssen. Dies gelingt ihm, zum anderen, gerade deswegen, weil er auf die Dimension der subjektiven Erfahrung der (großen) Transzendenz rekurriert.[39] Zweifellos lässt sich die Spiritualität ebenso wie die Subjektivierung in Gemeinschaft realisieren. Dabei werden auch hier die Gemeinschaften sozusagen reflexiv und instrumentell zu dem Zwecke gebildet, um die eigene Spiritualität zu erleben. Diese Tendenz scheint besonders ausgeprägt nicht nur in neuen Formen religiöser Gemeinschaftsbildung (etwa im charismatischen oder pfingstlerischen Bereich), sondern auch in der »Nutzung« herkömmlicher Institutionen (Klöster; kirchliche Zeremonien, wie etwa Hochzeiten oder Gebete, welche als Mittel zur »psychologischen Entlastung« angesehen werden). Die als Spiritualität bezeichnete meist emotionale Betonung der individuellen Erfahrung wie auch die auf subjektiven religiösen Erfahrungen basierenden Gemeinschaftsbildungen sind zwar kein neues Phänomen. Sie kennzeichnen schon historisch denjenigen Typ religiöser Vergemeinschaftung, den man als ›Mystik‹ zu erfassen suchte. Während jedoch etwa die mittelalterliche Mystik auf besondere Bevölkerungsgruppen beschränkt war, zeichnet sich die gegenwärtige Spiritualität dadurch aus, dass sie sehr unterschiedliche Gruppen der Gesellschaft umfasst. Man könnte geradezu von einer Universalisierung des Charismas sprechen, denn nunmehr gelten nicht mehr nur wenige als ›religiös musikalisch‹. Vielmehr erheben mehr und mehr Menschen den Anspruch, solche Transzendenzerfahrungen gemacht zu haben oder machen zu können. Von Spiritualität zu reden, hat jedoch noch einen weiteren Grund. Denn während der Begriff der Religion (oder auch Religiosität) eine deutliche Orientierung an spezifischen, institutionell festgelegten Vorgaben besonderer religiöser Lehren und Liturgien sowie die Anerkennung der Legitimität eines besonderen religiösen Personals suggeriert, scheint die

---

37 Eine detailliertere Darstellung der Subjektivierung im religiösen Bereich findet sich in Knoblauch (2000).
38 Nunner-Winkler (1987).
39 In diesem Sinne erinnert er an die Giddensche (1991) Kategorie der »Authentizität«, als quasi »eigentlicher« Dimension der Person, übersteigt sie aber insofern, als sie sich auch auf die großen Transzendenzen bezieht.

Spiritualität in all ihrer synkretistischen Beliebigkeit ihre Begründung nicht im Sozialen, sondern im Subjekt selbst zu suchen. Sie bezeichnet die zunehmende Tendenz von Gesellschaftsmitgliedern, die eigenen Transzendenzerfahrungen als Quelle, Evidenz- und ›Güte‹-kriterium der eigenen Religion anzusehen.

Dennoch wird die Identitätskonstruktion keineswegs zur Münchhauseniade völlig individualisierter Subjekte, die sich gleichsam aus sich heraus selbst konstruieren müssten und deswegen vollständig »innengeleitet« und damit »narzisstisch« wären.[40] Denn paradoxerweise werden ja gerade die Inhalte der Subjektivierung und der Spiritualität auf eine vergleichsweise standardisierte Weise produziert und vermittelt. Dabei erweisen sich zwar die großflächigen, bürokratischen und hierarchischen Strukturen der Großkirchen als nicht mehr besonders geeignet, die Vielfalt der subjektiven Deutungsnachfragen zu bedienen. Diese Funktion erfüllen vielmehr »kundenorientiertere« Institutionen, und zwar in einem solchen Maße, dass selbst den Großkirchen entsprechende Strukturveränderungen auferlegt werden. Als Produzent auf diesem Markt tritt das auf, was Berger und Luckmann als »Sekundär-Institutionen« bezeichnen, also Massenmedien, religiöse Organisationen und ›therapeutische‹ Einrichtungen, die keinem Funktionssystem eindeutig zugeordnet sind.[41] So stark diese »sekundären« Institutionen der Sinnvermittlung auch an der Nachfrage orientiert sein mögen, so wenig kann man sagen, dass die für die Identitätsbildung relevanten Sinndeutungen selbst individualisiert seien. Die »objektive Kultur« ist vielleicht pluralisiert, nicht aber individualisiert. Der Grund dafür liegt sicherlich auch darin, dass der sogenannte »Markt«, auf dem diese sekundären Institutionen auftreten, keineswegs strukturlos ist. Markt erfordert notwendigerweise Kommunikation, damit Nachfrage und Angebot vermittelt werden können. Und es ist die Teilnahme an der Marktkommunikation, die zur Integration in neue soziale Strukturen führt. Wie jeder Markt bedarf auch der Markt der Weltansich-

ten der Kommunikation, um das Angebot zu formulieren, zu vermitteln und verstehbar zu machen. Ob es sich um massenmediale Kommunikation, um interaktive digitale Kommunikation oder um die Kommunikation von Angesicht zu Angesicht handelt: All diese Kommunikation tritt nicht nur selbst in spezifischen Formen, Mustern und Gattungen auf, sondern schafft im Prozess der Kommunikation auch selbst besondere soziale Strukturen. Dies zeigt sich in der Bildung von »Event-Gemeinschaften« bei religiösen Massenveranstaltungen, die dem Muster der Populär- und Massenkultur folgen, in der losen Struktur virtueller Gemeinden oder der nur durch die Struktur der Massenmedien gesicherten populären Religion, die um Themen wie ›Umgang mit dem Tod‹, ›Todesnäheerfahrungen‹, ›innere Heilung‹ u. ä. kreist.

Weil der Markt der Weltansichten in Gestalt jeweils gangbarer Formen und Strukturen verläuft, sollte man aber die Reflexivität der Identitätskonstruktion nicht überschätzen, wie Giddens das zu tun scheint.[42] Andererseits wäre es auch nicht statthaft, davon auszugehen, die moderne Identität bestehe aus passiv rezipierten Mediengehalten, die überhaupt nicht mehr aktiv selegiert würden, wie Gergen das mit dem Begriff des gesättigten Selbst zum Ausdruck bringt.[43] Denn allein schon die vom Markt geforderten Innovationen führen zu so raschen Veränderungen (wie etwa vom »Popper« über den »Yuppie« zum »Bobo«), dass die Identitätskonstruktion damit kaum auf die erforderliche Dauer gestellt werden kann. Damit wird die einzelne Person zu eigenen Anstrengungen zur Konstruktion ihrer Identität geradezu gezwungen. Irritiert von der Vielfalt auf dem »Markt der Weltansichten« und immer weniger bedrängt von determinierenden Klassen- oder Milieustrukturen scheint es auf der Suche nach einem Selbst zu sein, dessen subjektive Existenz als ideologischer Glaubensinhalt von einer Kultur gepredigt wird, die diese Identität fortwährend wieder neu konstruiert, mit anderen Inhalten füllt und umformt.

---

40 Lasch (1978).
41 Berger/Luckmann (1970, S. 150).
42 Giddens (1991).
43 Gergen (1991).

Literatur

BERGER, PETER L. / LUCKMANN, THOMAS (1970), *Die gesellschaftliche Konstruktion der Wirklichkeit*, Frankfurt/M.: Fischer (engl. 1967). ■ BREASTED, JAMES HENRY (1950), *Die Geburt des Gewissens. Die Entwicklung des menschlichen Verhaltens im kulturgeschichtlichen Verlauf Alt-Ägyptens*, Zürich: Morgarten. ■ DREHSEN, VOLKHARD (1975), »Zum Interesse der sozialwissenschaftlichen Kritik an der Religion«, in: Dahm, Karl-Wilhelm / Drehsen, Volker / Kehrer, Günter, *Das Jenseits der Gesellschaft*, München: Claudius-Verlag, S. 281–327. ■ DUMONT, LOUIS (1983), *Essais sur l'individualisme. Une perspective anthropologique sur l'idéologie moderne*, Paris: Editions du Sueil. ■ GERGEN, KENNETH (1991), *The Saturated Self. Dilemmas of Identity in Contemporary Life*, New York: Basic Books. ■ GIDDENS, ANTHONY (1991), *Modernity and Self-Identity. Self and Society in the Late Modern Age*, London: Polity. ■ GIESEN, BERNHARD (1999), »Codes kollektiver Identität«, in: Gephart, Werner / Waldenfels, Hans (Hg.), *Religion und Identität*, Frankfurt/M.: Suhrkamp, S. 13–43. ■ GOFFMAN, ERVING (1967), *Stigma. Über Techniken der Bewältigung beschädigter Identität*, Frankfurt/M.: Suhrkamp. ■ HABERMAS, JÜRGEN (1981), *Theorie des kommunikativen Handelns*, 2 Bde., Frankfurt/M.: Suhrkamp. ■ HAHN, ALOIS (1982), »Zur Soziologie der Beichte und anderer Formen institutionalisierter Bekenntnisse: Selbstthematisierung und Zivilisationsprozess«, in: *Kölner Zeitschrift für Soziologie und Sozialpsychologie*, 34, S. 407–434. ■ HAHN, ALOIS (1987), »Identität und Selbstthematisierung«, in: Hahn, Alois / Kapp, Volker (Hg.), *Selbstthematisierung und Selbstzeugnis: Bekenntnis und Geständnis*, Frankfurt/M.: Suhrkamp. ■ HOHEISEL, KARL ROBERT (1999), »Identität in dialogischer Struktur und in monologischem Fundamentalismus«, in: Gephart, Werner / Waldenfels, Hans (Hg.), *Religion und Identität*, Frankfurt/M.: Suhrkamp, S. 44–57. ■ KNOBLAUCH, HUBERT (1998), »Transzendenzerfahrung und symbolische Kommunikation. Die phänomenologisch orientierte Soziologie und die kommunikative Konstruktion der Religion«, in: Tyrell, Hartmann / Krech, Volkhard / Knoblauch, Hubert (Hg.), *Religion als Kommunikation*, Würzburg: Ergon, S. 147–186. ■ KNOBLAUCH, HUBERT / KRECH, VOLKHARD / WOHLRAB-SAHR, MONIKA (Hg.) (1999), *Religiöse Konversion*, Konstanz: UVK. ■ KNOBLAUCH, HUBERT (2000), »Jeder sich selbst sein Gott in der Welt« – Subjektivierung, Spiritualität und der Markt der Religion, in: Hettlage, Robert / Vogt, Ludgera (Hg.), *Identitäten in der modernen Welt*, Opladen: Westdeutscher Verlag, S. 201–216. ■ KRAPPMANN, LOTHAR (1971), *Soziologische Dimensionen der Identität*, Stuttgart: Klett. ■ LASCH, CHRISTOPHER (1978), *The Culture of Narcissism*, New York: Norton. ■ LUCKMANN, THOMAS (1979), »Persönliche Identität und Lebenslauf - Gesellschaftliche Voraussetzungen«, in: Klingenstein, Grete / Lutz, Heinrich / Stourzh, Gerald (Hg.), *Wiener Beiträge zur Geschichte der Neuzeit, Bd. 6: Biographie und Geschichtswissenschaft*, Wien: Verlag für Geschichte und Politik, S. 29–46. ■ LUCKMANN, THOMAS (1980), »Persönliche Identität als evolutionäres und historisches Problem«, in: Luckmann, Thomas (1983), *Lebenswelt und Gesellschaft*, Paderborn: Schöningh, S. 123–141. ■ LUCKMANN, THOMAS (1984), »Remarks on Personal Identity: Inner, Social, and Historical Time«, in: Jacobson-Widding, Anita (Hg), *Identity: Personal and Socio-Cultural*, Uppsala: Acta Universitatis Upsaliensis, S. 67–91. ■ LUCKMANN, THOMAS (1991), *Die unsichtbare Religion*, Frankfurt/M.: Suhrkamp. ■ LUHMANN, NIKLAS (1977), *Die Funktion der Religion*, Frankfurt/M.: Suhrkamp. ■ MEAD, GEORGE HERBERT (1978), *Geist, Identität und Gesellschaft aus der Sicht des Sozialbehaviorismus*, Frankfurt/M.: Suhrkamp (engl. 1934). ■ MEYER-WILMES, HEDWIG (1999), »Weibliche Identität aus der Sicht der feministischen Theologie«, in: Gephart, Werner / Waldenfels, Hans (Hg.), *Religion und Identität*, Frankfurt/M.: Suhrkamp, S. 58–71. ■ MOL, HANS (1976), *Identity and the Sacred. A sketch for a new social-scientific theory of religion*, Oxford: Blackwell. ■ NUNNER-WINKLER, GERTRUD (1987), »Identitätskrise ohne Lösung«, in: Frey, Hans-Peter / Heußer, Karl (Hg.), *Identität: Entwicklungen psychologischer und soziologischer Forschung*, Stuttgart: Klett, S. 165–178. ■ OSER, FRITZ / GMÜNDER, PAUL (2000), »Der Mensch – Stufen seiner religiösen Entwicklung«, in: Büttner, Gerhart et al (Hg.), *Die religiöse Entwicklung des Menschen. Ein Grundkurs*, Stuttgart: Calwer, S. 123–150. ■ REISER, HELMUT (1972), *Identität und religiöse Einstellung*, Hamburg: Furche-Verlag. ■ ULMER, BERND (1988), »Konversionserzählung als rekonstruktive Gattung. Erzählerische Mittel und Strategien bei der Rekonstruktion eines Bekehrungserlebnisses«, in: *Zeitschrift für Soziologie*, 17, S. 141–169. ■ WILKE, ANETTE (2000), »Wie im Himmel so auf Erden? Religiöse Symbolik und Weiblichkeitskonstruktion«, in: Lukatis, Ingrid / Sommer, Regina / Wolf, Christof (Hg.), *Religion und Geschlechterverhältnis*, Opladen: Leske und Budrich, S. 19–36.

6 Geschichte

6.1 Typen des Zeitbewusstseins – Sinnkonzepte des geschichtlichen Wandels

Jörn Rüsen

1. Allgemeines

Zeit ist eine Grundbestimmung des menschlichen Daseins. Sie umgreift Mensch und Welt, Denken und Sein, Innen und Außen, Kultur und Natur. Sie ist daher eine Fundamentalkategorie (nicht nur) der Kulturwissenschaften. Mit ihrem Zeitverständnis bestimmen diese über Zusammenhang und Unterschied von Kultur und Natur, über die Eigenart des Menschen und seinen Umgang mit seiner Welt und mit sich selbst. Zugleich bestimmen sie auch über sich selbst, über eine ihrer wichtigsten Aufgaben: der Zeit als Phänomen in allen Bereichen des menschlichen Lebens nachzuspüren, sie zu verstehen, zu deuten und zu erklären und sich dabei zu ihr kritisch-rational (methodisch argumentierend) zu verhalten.

Die Kulturwissenschaften dürfen dabei nicht übersehen, dass sie mit diesen ihren Erkenntnisleistungen selber ein Vollzug von Zeit sind, ihr auch in der Abständigkeit rationalen Argumentierens genauso angehören wie die Objekte ihrer Erkenntnis. Insofern können sie sich zu ihr nicht neutral zeitenthoben verhalten, sondern sind selber ein Teil der Kultur, die ihren Gegenstandsbereich ausmacht. Indem sie den Sinn, den die Menschen der Zeit abgewinnen oder geben, erforschen, gehören sie selber zu diesem Sinngeschehen der Kultur.

Das ist besonders dann systematisch und methodisch in Rechnung zu stellen, wenn kulturelle Differenz zur Angelegenheit einer interkulturellen Kommunikation wird. Denn in die Prämissen dieser Kommunikation können diese Differenzen selber uneinholbar eingehen, so dass sie festgeschrieben, statt verflüssigt werden. Will man nicht einen grundsätzlichen kulturellen Relativismus in Kauf nehmen (was letztlich die Kulturwissenschaften als Fachdisziplinen zerstören würde), dann sind besondere Reflexionen und Begründungen notwendig, um Verständigungschancen über Wahrheitsansprüche eröffnen und einlösen zu können.

Zeit als Fundamentalkategorie der Kulturwissenschaften zu charakterisieren, ist eine fast unlösbare Aufgabe. Sie führt in Bereiche natürlicher Voraussetzungen und Bedingungen der Kultur hinein, die den Kulturwissenschaften nur schwer zugänglich sind. Und da es um nichts Geringeres geht als um eine Rahmenbestimmung kulturwissenschaftlicher Deutung von Zeitphänomenen überhaupt, müsste man eigentlich vor der Fülle der Phänomene und der ihnen gewidmeten Forschungen resignieren. Nur durch hohe Abstraktionen, Schematisierungen und Typologien lässt sich ein Umriss des kulturwissenschaftlichen Umgangs mit Zeit skizzieren, – und das auch nur mit dem relativierenden Zugeständnis einer Perspektivierung auf Sinnkonzepte des geschichtlichen Wandels, die andere Perspektiven herausfordert und sich durch sie verändert.

2. Lebenswelt und Erfahrung

Wie erschließt sich Zeit den Kulturwissenschaften? Es empfiehlt sich, von elementaren und anthropologisch-universalen Phänomenen des Verhältnisses von Mensch und Zeit auszugehen. Sie bilden die (phänomenologische) Grundlage dafür, dass Kultur sinnbildender Umgang mit Zeit ist, wo und wie immer Menschen leben.

Zeit ist eine fundamentale, allgemeine und elementare Dimension des menschlichen Lebens. Sie wird als Werden und Vergehen, Geburt und Tod, Wandel und Dauer erfahren und muss als Erfahrung durch Deutungsleistungen des menschlichen Bewusstseins so bewältigt werden, dass der Mensch sich in ihr orientieren, sein Leben sinnhaft auf sie beziehen kann. Der Mensch kann die Zeit nicht einfach so lassen, wie sie ist (d. h. wie sie ihm unmittelbar begegnet). Denn er erfährt sie als Einbruch unvorhersehbarer Ereignisse in seine gedeutete Welt, kurz: als einen Wandel seiner Welt und seiner selbst, den er erleiden und zu dem er sich noch einmal deutend verhalten muss, weil er von sich aus noch nicht hinreichend auf sein Handeln sinnhaft bezogen ist.

Zeit vollzieht sich aber nicht einfach im Lebensprozess der Subjekte, in dem das, was geschieht, vergeht und neues Geschehen in Zukunft hinein handelnd in Gang gesetzt oder gehalten wird. Vielmehr müssen die Betreffenden, um diese ihre eigene Zeitlichkeit lebend vollziehen und bewältigen zu können, das zeitliche Geschehen ihrer eigenen Welt und ihrer selbst deuten. Sie müssen ihm einen Sinn geben, mit dem sie sich zu ihm selber verhalten. Das ist so elementar wie die Dreiteilung der Zeit in Vergangenheit, Gegenwart und Zukunft. *Sinn ist die vierte Dimension der Zeit, ohne den die drei anderen menschlich nicht gelebt werden können.* Er erwächst keiner der drei Dimensionen, sondern stellt eine geistige Leistung dar, durch die und mit der der Lebensbogen des Menschen zwischen Vergangenheit, Gegenwart und Zukunft allererst eine konkrete kulturelle Form, die Form realen Lebens, gewinnt.

Es gibt eine *Urerfahrung des Zeitlichen*, die besondere Aufmerksamkeit verdient: *Kontingenz*. Kontingent ist eine Zeiterfahrung insofern, als sie eine Herausforderung an die Deutungsarbeit des Bewusstseins stellt, also nicht ›einfach so‹ vor sich geht, dass sie immer schon – also ohne Vollzug einer eigenen Deutungsleistung – wahrgenommen und ›verstanden‹ werden kann. Kontingente Geschehnisse sind unvermutet, plötzlich, unverhofft, ereignishaft (mit der spezifischen Qualität des Besonderen). Zugleich bedeutet ihr Erfahrungsmodus, dass man sie nicht einfach ignorieren kann. Das ist z. B. dann evident, wenn Handlungen zu Ergebnissen führen, die nicht beabsichtigt waren, ja sogar den handlungsleitenden Absichten zuwiderlaufen.

Kontingente Zeiterfahrungen müssen gedeutet werden, weil sie Einfluss auf das Leben der jeweiligen Subjekte nehmen. Die Betroffenen müssen auf sie Rücksicht nehmen, sich auf sie beziehen, mit ihnen umgehen. Es gehört zu der ›Freiheit‹ genannten Ausstattung des Menschen, die Zeitvollzüge seines Lebens nicht ohne sein eigenes Zutun, seine Stellungnahme, ein eigenes Verhalten zu ihnen leben zu können. Sein Zeitverhältnis ist gleichsam systematisch gebrochen; zwischen ihm und den Geschehnissen im Zeitfluss seines Lebens gibt es eine Verwerfung, die durch die Deutungsarbeit des Bewusstseins überwunden werden muss, sich aber immer wieder herstellt und immer wieder neu bearbeitet und lebensdienlich zugerichtet werden muss. Die Zeit hält sich nicht einfach an die kulturell vorgegebenen Deutungsmuster, sondern springt aus ihnen heraus und macht eine dauernde Applikation dieser Deutungsmuster auf das, was im Wechsel der Dinge geschieht, notwendig. Dabei kann das, was geschieht, unterschiedlich erfahren werden, so dass es im einen Falle reicht, schon vorhandene Deutungsmuster abzurufen und zu applizieren (dann handelt es sich um eine ›normale‹ Zeiterfahrung), in einem andern Fall aber müssen die Deutungsmuster modifiziert werden, um das, was geschieht, begreifend und handelnd bewältigen zu können (in diesem Falle handelt es sich um eine ›kritische‹ Zeiterfahrung). Schließlich gibt es auch zeitliche Widerfahrnisse, die sich der Deutung entziehen, deren überwältigende Wucht die zur Verfügung stehenden Deutungsmuster zerschlägt, so dass der Mensch ihnen kulturell gegenüber ›nackt‹ erscheint und von ihnen in den Möglichkeiten seiner Kultur verletzt wird. Dann handelt es sich um eine traumatische Zeiterfahrung.[1]

Je nachdem, in welchen kulturellen Deutungsmustern Zeiterfahrungen gemacht werden, kann die zu bewältigende *Kontingenz* einen höchst unterschiedlichen Charakter annehmen:

– Im Rahmen eines moralisch strukturierten Kosmos von Zeitdeutungen wäre Kontingenz eine diesen Kosmos störende *Verfehlung*. So wird zum Beispiel die Geburt eines verkrüppelten Kindes in einer archaischen Gesellschaft als Herausforderung an eine moralische Deutung erfahren, die zur Suche nach einer Verfehlung veranlasst, die dieses Missgeschick verursacht hat und beseitigt werden muss. Als Ausdruck einer Gefährdung der moralischen Weltordnung verstanden, wird diese Kontingenz

---

1 Vgl. dazu Rüsen (2001 b, S. 145ff).

durch besondere Sühne- und Reinigungsmaßnahmen beseitigt und die gestörte Weltordnung wiederhergestellt.[2]

– Kontingenz kann auch ein *Ereignis* im Sinne eines historischen Deutungszusammenhangs von Zeit sein. Dann muss sie als Erfahrung in einen narrativen Zusammenhang mit anderen Ereignissen gebracht werden, in dem der kontingente Charakter des in Frage stehenden Geschehnisses verschwindet. Er hebt sich auf in einen sinn- und bedeutungsvollen historischen Lebenszusammenhang. Historisch lässt sich Kontingenz auch als Anachronismus erfahren, als Vorkommen eines Sachverhalts in einem Zeitzusammenhang, in den er nicht passt, weil er typisch für eine andere Zeit ist.

– Im Rahmen einer evolutionstheoretischen Deutung von Zeit wäre Kontingenz der die Evolution selber steuernde *Zufall*, beispielsweise einer genetischen Mutation.

Kontingenz geschieht also immer im Rahmen von gedeuteter Zeiterfahrung. Sie wird erfahren als Kontrast zu einer anderen Erfahrung, die immer schon deutend verarbeitet ist. Sie hebt sich als ein Erfahrungsmodus von anderen Erfahrungsmodi ab, die immer schon in lebensermöglichende Deutungen eingegangen sind. Das wären dann Zeiterfahrungen, die vertraut sind, gewöhnlich, undramatisch, eingelagert und aufgehoben in der immer schon sinnhaft erschlossenen Welt. In dieser Form gibt es die Urerfahrung des Werdens und Vergehens, der Differenz zwischen jung und alt, zwischen Geburt und Tod, die fundamentalen Erfahrungen von Dauer, von rhythmischer Gliederung, von Wiederholung und Wiederkehr, aber auch von Unumkehrbarkeit, von Stillstand, Flüchtigkeit. Es gibt aber auch komplexere Erfahrungen, die mit speziellen Bedeutungskoeffizienten ›gemacht‹ werden: Verbesserung und Verschlechterung, Zeitdruck, die Verkehrung von Entwicklungsrichtungen, Zeitleere, die Knappheit oder die Kostbarkeit von Zeit. In noch komplexeren Deutungszusammenhängen kann Zeit als etwas erfahren werden, von dem man sich distanzieren muss, die man von sich abweist. Zeit kann aber auch als ein Vorgang der Transzendierung in ein anderes ihrer selbst erfahren werden, so etwa im Zusammenhang mit ästhetischer Wahrnehmung: Das Hier und Jetzt des Erfahrungsvorgangs und der Gegebenheit des Er-

fahrenen transzendiert sich im Akt der Erfahrung in eine andere Zeit hinein, die oft als ›Ewigkeit‹ oder ›Zeitlosigkeit‹ einer Wertsphäre qualifiziert wird; mit dieser Qualifikation soll zum Ausdruck gebracht werden, dass es sich um eine Erfahrung handelt, die über den Augenblick des Zeitgeschehens hinaus eine Bedeutung besitzt, den Menschen in eine Zeit der Dauer von Sinnhaftigkeit und Bedeutung eintreten lässt. Die radikalste Form dieser Zeiterfahrung als Zeittranszendierungserfahrung dürfte die *unio mystica* sein, in der sich die Zeit augenblickshaft in Nicht-Zeitliches aufhebt. Im Rahmen eines komplexen historischen Deutungsmusters kann ein zeitliches Vorkommnis als ›ungleichzeitig‹ erfahren werden, als etwas, das eigentlich in eine andere Zeit gehört, aber in der Erfahrungszeit da ist. Zeit wird gleichsam als Differenz in sich selber erfahrbar.

Mit der herausfordernden Kontingenzerfahrung und der Notwendigkeit kultureller Zeitdeutung ist der Mensch aus der Natur-Zeit herausgefallen und bringt sich als Kulturwesen im deutenden Umgang mit ihr zur Geltung. Er geht symbolisierend-denkend über die naturalen Grundlagen im Zeitverlauf seines Lebens hinaus und fügt ihnen eine kulturelle Be-Deutung hinzu, ohne die er nicht leben kann. Mit seiner Zeitdeutung bringt er sich, seine geistigen Fähigkeiten, seine Subjektivität, im Umgang mit der Natur, auch mit seiner eigenen Natur, zur Geltung. Die Kultur des Menschen nistet im Zeitbruch seiner Lebensführung, den er deutend schließen muss. Um dies zu leisten, ist sein Bewusstsein selber zeitlich ausgerichtet, durch ein komplexes *Wechselspiel zwischen Erinnerung und Erwartung.* Er teilt diese Fähigkeit mit vielen Tieren, aber er unterscheidet sich von ihnen dadurch, dass beides eine Deutungsleistung, eine symbolisierende Interpretation, enthält, mit der der Mensch in einer nicht genetisch festgelegten Weise *grenzenlos* über die natürlichen Grundlagen seines eigenen Lebens hinausgeht, auch und gerade über die scheinbar definitiven Zeitpunkte von Geburt und Tod. Mit der ersten Blume, die der Urmensch auf das Grab eines Verstorbenen legte, sprengte er die Grenzen der Natur in der zeitlichen Verfassung seines Lebens.

---

2 Vgl. Müller (1996).

Dieses naturungebundene Zeitbewusstsein des Menschen im Widerspiel von Erinnerung und Erwartung, oder, wie Edmund Husserl es formulierte, von Retention und Protention[3] stellt die anthropologische Grundlage für die Vielfalt von Zeitdeutungen dar, mit denen der Mensch sein Leben im Verlauf der Zeit platziert, sich selbst in diesem Verlauf versteht und sein Handeln und Leiden in und an ihm ausrichtet.

Zeit ist ein elementarer Faktor der menschlichen Lebenspraxis. Was immer Menschen tun und leiden, es geschieht je gegenwärtig im Spannungsfeld zwischen Erinnerung und Erwartung.[4] Menschliches Leben ist ausgespannt zwischen Vergangenheit, Gegenwart und Zukunft, und diese drei Dimensionen sind immer systematisch ineinander verschränkt. Aber diese Verschränkung ist nicht nur faktisch der Fall, sondern muss dazu noch eigens geleistet werden. Die alltägliche Lebenspraxis ist in ihrem Zeitverhältnis bestimmt durch Erfahrungen und Erwartungen. Vergangenheit ist in Erinnerung und Zukunft ist in Erwartung gegenwärtig, und beide sind im je gegenwärtigen Lebensvollzug ineinander verschränkt.

Für den einzelnen Menschen ist die persönliche Erinnerung eingegrenzt in die Spanne zwischen den ersten Lebensjahren und der jeweiligen Gegenwart. Die aus dieser Erinnerung gespeiste Zukunftsperspektive des eigenen Lebens hat ihre Grenze im Tod. Dieser Zeithorizont der eigenen Lebensspanne wird immer systematisch überschritten: Persönliche Erinnerungen sind durchsetzt und geformt von sozialem Gedächtnis, und entsprechend verlängert sich die Zukunftsperspektive über den eigenen Tod hinaus in die Zukünftigkeit des sozialen Lebenszusammenhangs der eigenen Gruppe. Diese umfassende Zeitdimension wird erfüllt von den alltäglichen Verpflichtungen des praktischen Lebens, von

verarbeiteter Erfahrung dessen, was geschehen ist und von einer ihr entsprechenden Voraussicht dessen, was geschehen kann und wird. Im Zentrum dieser zeitlichen Erstreckung der alltäglichen Lebenspraxis stehen ihre Subjekte, die Menschen. Sie sind zeitunterworfen und zeitbestimmt und in dem, was sie sind, eingespannt in den Bogen zwischen Erinnerung und Erwartung.

Zeiterfahrungen werden immer unter strukturellen Rahmenbedingungen gemacht. Sie stehen also nicht als eine Sache ›für sich‹, sondern formieren sich in objektiven Zusammenhängen der Lebensbedingungen. So ist zwar die Erfahrung der Dauer im Arbeitsprozess abhängig von der Ökonomie der Arbeit und steht in einem inneren Zusammenhang mit wirtschaftlichen Gegebenheiten. Dennoch lassen sich Modi der Zeiterfahrung idealtypisch unterscheiden. Denn das, was jeweils konkret erfahren wird, ist ein mentaler Vorgang im Bedingungszusammenhang nicht-mentaler Lebensumstände.

Die Modi der Zeiterfahrung können sich historisch erheblich ändern: Zeit kann als Qualität des erfahrenen Sachverhalts wahrgenommen werden. Dann hat jedes Ding seine Zeit. Zeit ist hier etwas ontologisch Vorgeordnetes, dem es im menschlichen Lebensvollzug zu entsprechen gilt. Völlig anders wird Zeit erfahren, wenn es darum geht, dass man sie sinnvoll füllen muss, für sie verantwortlich ist, oder dass sie als eine und selbe ganz verschiedene Sachverhalte umgreift, sich von den Dingen verselbständigt hat.

Aber nicht nur der zeitliche Wandel der Dinge wird erfahren, sondern auch die an ihm oder über ihn vollzogene Deutungsleistung selber, also der den primären Zeiterfahrungen gegebene Sinn. In festlichen Veranstaltungen, die die Ordnung der Welt repräsentieren, wird Zeit als sinnhaft, als geordnet und lebbar erfahren. Im Fanum, dem Ort des Heiligen z. B., sind die Unruhen des Wandels, die Herausforderungen der Kontingenz und der Schrecken des Todes verschwunden. Eine ähnliche Erfahrung gedeuteter Zeit vermittelt die Kunst. Die Gebilde eines Gestalt gewordenen Zeitsinns lassen sich wie eine zweite Welt verstehen, in die die erste verwandelt wurde. Sie lassen diese im Lichte der Lebensdienlichkeit erscheinen. Beides ist dauernd ineinander verflochten; seine analytische Trennung ist aus methodischen Gründen erforderlich, wenn

---

3 Husserl (1980).
4 Der aktuelle Erinnerungsdiskurs tendiert dazu, die Erwartung als konstitutive Komponente des menschlichen Zeitbewusstseins systematisch zu unterschätzen. Das ist im anders gelagerten Diskurs über Geschichtsbewusstsein nicht der Fall. Zum Erinnerungsdiskurs vgl. Assmann (2002), anschließend Kritik und Replik; Assmann (1999 a); Winter (2000); AHR Forum (1997); zum Diskurs über Geschichtsbewusstsein vgl. den knappen Überblick von Becher/Fausser/Rüsen (2002); vgl. auch Rüsen (2001 a).

man kulturwissenschaftlich der Zeitdeutung als elementarem Lebensvollzug des Menschen auf die Spur kommen will.

Nie freilich gelangen beide Erfahrungen vollständig zur Deckung. Die Welt des zeitlichen Wandels wird zwar immer als sinnhaft geordnet und nie als pures Chaos erfahren, doch diese vorgängige kulturelle Orientierung der menschlichen Lebenspraxis stellt sich immer als prekär, als grundsätzlich gefährdet dar. Die sinnhafte Ordnung der Zeit ist stets darauf abgestellt, durch kulturelle Tätigkeit erneuert, bekräftigt und auf Dauer gestellt zu werden. Das pure zeitliche Vergehen selber gilt schon als drohender Sinnverlust, – nicht nur in den ›kalten‹ Kulturen, die tunlichst allen Wandel und alle Veränderungen in die Dauer einer mythisch-ursprünglich gestifteten Weltordnung stillstellen wollen,[5] sondern auch in den ›heißen‹ Kulturen, wo Veränderung als sinnträchtig gilt: Der durch sie mögliche Sinn vollzieht sich nicht einfach im Wandel der Zeit, sondern muss tätig vollbracht und kulturell erarbeitet werden.

3. Dimensionierung

Je nach Deutungsvorgaben wird die Zeit dimensioniert, d. h. Bereichen der Erfahrung und Wahrnehmung zugeordnet, für die je unterschiedliche Deutungsmuster und -verfahren gelten. Solche Dimensionierungen sind kulturell variabel, aber es lassen sich doch (wenn auch nur künstlich) Gesichtspunkte unterscheiden, von denen her solche Dimensionierungen vorgenommen werden und die (wenn auch in unterschiedlichen Konstellationen) in vielen, wenn nicht in allen Kulturen vorkommen.

Anthropologisch universell sind vier Zeitdimensionen: Gegenwart als erfahrene und gelebte Lebenswelt; die Vergangenheit als Erfahrungsraum; die Zukunft als Erwartungsraum im Sinne pragmatischer Entwürfe erfahrungsgestützter Projektionen und Prognosen; und schließlich eine übergeordnete umgreifende (Meta-)Zeit, die die drei Dimensionen zu einem Sinnzusammenhang verknüpft. In ihr wird selber wieder auf eine Zeitqualität zurückgegriffen, entweder auf eine meta-empirische Vergangenheit, auf die ›Ur-Zeit‹, die arché des Mythos, auf einen emphatischen Ursprung, der Sinn für alles

Spätere macht; oder auf eine Zukunft, auf ein eschaton als Ziel von Entwicklung oder Ende von Zeit. Die umgreifende Meta-Zeit als Sinnkriterium zur Dimensionierung und Deutung von Zeiterfahrung kann aber auch a-temporal, als ewige, zeitentrückte, zeitlose Zeitordnung konzipiert werden.

Mit den Sinnkriterien einer solchen Meta-Zeit lassen sich dann unterschiedliche Dimensionierungen, in denen Zeiterfahrungen auf Deutungen bezogen werden, konzipieren. So lässt sich eine *nicht-menschliche* von einer *menschlichen* Zeit unterscheiden, und an der nicht-menschlichen lässt sich wieder eine *kosmologische*, die die ganze Welt bestimmt, und eine *natürliche*, die die Natur als Objekt der menschlichen Aneignung bestimmt, unterscheiden. Die ganz verschiedenen Zeitdeutungen von Aristoteles (die Zeit ist »die Zahl der Bewegungen nach dem Vorher und Nachher«)[6] und von Augustinus (»in Dir, mein Geist, messe ich die Zeiten«)[7] widersprechen sich nicht, sondern thematisieren solche unterschiedlichen Fundamentaldimensionierungen, (die sich grob mit den Termini ›objektiv‹ und ›subjektiv‹ umschreiben lassen). Innerhalb dieser Dimensionen lassen sich weitere sinnträchtige Strukturierungen vornehmen: die Zyklik, die Linearität, der Rhythmus, aber auch ein Synchronismus und natürlich die Zeit als etwas, das einen Anfang und ein Ende hat. (Eine kulturtypologische Fundamentalunterscheidung zwischen zyklischer und linearer Zeitvorstellung ist verbreitet und dient vor allem zur Charakterisierung östlicher und westlicher oder älterer und neuerer Kulturen. Dabei wird übersehen, dass alle Kulturen beide Zeitkonzepte, wenn auch in unterschiedlichen Konstellationen, gleichzeitig verwenden.)

Die menschliche Zeit lässt sich noch weiter unterscheiden:

Soziale Zeit standardisiert und koordiniert Handlungen und Erwartungen. Zeit wird zur Institution, die handlungssteuernde Normen, Werte und Organisationsformen vergegenständlicht und auf Dauer stellt. Soziale Zeit ist zugleich konstruiert und un-

---

5 Vgl. Müller (1999).
6 Physik 219 b 29.
7 Confessiones 27, 36.

hintergehbar. Sie integriert durch Synchronisation die Individuen zur Gesellschaft.

Politisch lässt sich Zeit als eine Ressource deuten, Macht und Herrschaft auszuüben. Macht besteht dann darin, über die Zeit anderer verfügen zu können. Zeitverfügung ist ein höchst wirksames Instrument sozialer Regulierung.[8]

Psychische Zeit bestimmt den menschlichen Lebensvollzug in seinen Motivationen aus unterschiedlichen Bewusstseinslagen; hier liegt die noch unausgeschöpfte Bedeutung der Psychoanalyse für das Zeitverständnis der anderen kulturwissenschaftlichen Disziplinen. Nach Freud gibt es in den Tiefenschichten des Unbewussten eines Individuums »keine Anerkennung eines zeitlichen Ablaufs und [...] keine Veränderung des seelischen Vorgangs durch den Zeitablauf«,[9] und Geschehnisse können im Zeitmodus der Nachträglichkeit gegenwärtige Wirkung entfalten, obwohl sie zeitlich (chronologisch) weit zurückliegen. Im Unbewussten gilt also eine andere Zeitordnung als diejenige, die im absichtsvollen Handeln in chronologischer Ordnung vollzogen wird. Vergangenheit kann hier zur Zukunft werden. In jedem Falle erweitert die Psychoanalyse die Dimension mentaler Aktivitäten, die menschliches Handeln weit über die jeweils bewussten Absichten hinaus motivieren. C. G. Jungs Theorie der Archetypen z. B. beansprucht, ein Reservoir von konstitutiven Deutungsleistungen zu erschließen, die die Menschheit als Gattung und ihren universalhistorischen Entwicklungsprozess definieren.[10]

Quer zu diesen Dimensionierungen liegen Qualifizierungen von Sinn – wie z. B. eine religiöse oder ästhetische –, die ihrerseits wieder Sinndimensionen oder Sinnprovinzen in mannigfachen Konstellationen konstituieren.

Alle Dimensionen hängen miteinander zusammen. Ihr Zusammenhang regelt sich nach den jeweils maßgebenden Gesichtspunkten und Kriterien, die die eigentlichen Sinnbildungsleistungen des menschlichen Zeitbewusstseins bestimmen.

4. Sinnbildung

Sinn ist Inbegriff der Deutungsleistungen, die die Menschen im Vollzug ihres Lebens erbringen müssen, um ihre Welt und sich selbst im Zusammenhang mit Anderen verstehen und handelnd und leidend bewältigen zu können. Als eine solche Deutungsleistung konstituiert Sinn Kultur als einen eigenen Bereich des menschlichen Lebens neben anderen. Kultur ist Deutung, und Deutung ist immer bezogen auf etwas Anderes, auf Arbeit, auf Herrschaft, auf soziale Lebensumstände etc. Mit der Sinnkategorie gewinnt die Vorstellung von Kultur als Qualität der menschlichen Welt eine analytische Trennschärfe. ›Kultur‹ deckt nicht alles und jedes ab, was in und mit den Menschen geschieht, sondern ist eine Weise, eine Dimension dieses Geschehens, untrennbar und aufs engste verflochten mit anderen Weisen oder Dimensionen, mit Arbeit, Gesellschaft, Politik und mit der Abhängigkeit von natürlichen Ressourcen.

Die Frage nach der Zeit ist keine exklusiv kulturelle Frage. Zeit bestimmt auch Arbeit, zum Beispiel durch den Wechsel der Jahreszeiten, die die Möglichkeiten von Ernten festlegen, oder auch die Form politischer Herrschaft, die durch Geburt und Tod von Herrschern beeinflusst wird und natürlich durch Veränderung der natürlichen Lebensbedingungen des menschlichen Daseins. Kultur besteht in der Deutung dieser Zeit. Sie muss gedeutet werden, damit die Menschen mit dem, was mit ihnen durch diese Zeit geschieht, umgehen können. Zeit muss lebensermöglichenden Sinn gewinnen.

Sinnbildung lässt sich begrifflich explizieren als ein komplexer Zusammenhang von vier mentalen Aktivitäten: Erfahren, Deuten, Orientieren und Motivieren. Zeit wird erfahren als Wechsel der Dinge und des Menschen; sie wird gedeutet in den Perspektiven von Erinnerung und Erwartung; mit und in diesen Perspektiven wird menschliches Leben durch Orientierung vollzogen; und diese Orientierung reicht in die Willensbestimmung des Handelns als Kraft der Motivation hinein. Bei der Orientierung kann (künstlich) zwischen zwei Dimensionen unterschieden werden, einer inneren, in der es um die menschliche Subjektivität, um ihre zeitliche Kohärenz zwischen Zukunft und Vergangenheit geht, und in eine äußere, in der die Um-

---

8 Schäfer (1997, bes. S. 149).
9 Freud (1969, S. 511).
10 Vgl. Neumann (1986).

stände und Angelegenheiten des praktischen Lebens zeitbestimmt wirken und vor sich gehen.

Die innere Dimension von Zeitorientierung wird zumeist mit der Kategorie der *Identität* bezeichnet und erschlossen. Identität meint in Bezug auf Zeit genau das Ausmaß von Kohärenz im zeitlichen Wandel des menschlichen Selbstverhältnisses, das die Menschen brauchen, um sinnbestimmt oder kulturell orientiert handeln zu können. Identität hält Selbsterfahrung und Selbstentwurf als Dauer des eigenen Ich oder Wir so zusammen, dass die Leidenserfahrung des Ausgeliefertseins, dass Kontingenz und Tod ausgehalten und zu einem Handeln überwunden werden können, das zugleich normativ motiviert und erfahrungsgestützt erfolgt. Mit dieser Identität werden Subjekte sozial situierbar. Sie grenzen sich mit ihren Kohärenzvorstellungen von anderen ab und gewinnen durch Zugehörigkeit soziale Signifikanz.

Die mentalen Aktivitäten der Sinnbildung über Zeiterfahrung folgen einer Logik, die drei Elemente vorgängig synthetisiert: Erklären von *Zusammenhängen*, normative Ausrichtung des menschlichen Lebens auf *Ziele*, und Rückbeziehung von beidem auf Selbstverständigung der Subjekte über ihre *Identität*. Alle drei sind grundsätzlich durch Zeitbezüge bestimmt: Erfahrung vergangenen zeitlichen Wandels durch Erinnerung, Entwürfe von Zukunftsperspektiven durch Erwartung und Dauer des eigenen Selbst im Schnittfeld beider als lebendiger Gegenwart.

Zeitsinn kann grundsätzlich auf zwei verschiedene Weisen konzipiert werden: *Mimetisch* durch Erhebung von Zeitordnung aus den erfahrenen Wandlungsprozessen der Welt oder *konstruktiv* als Leistung des menschlichen Bewusstseins im Umgang mit der Welt. Welt kann als kosmische Ordnung auf Bewusstsein abgebildet werden; dann ist der Sinn von Zeit für die Menschen immer schon objektiv gestiftet, und sie verhalten sich zu ihm hermeneutisch-vernehmend. Bewusstsein kann sich aber auch mit seinem Ordnungsvermögen auf die Welt abbilden; dann wird der Sinn der Zeit durch die Menschen immer wieder gestiftet, und sie verhalten sich zu ihm konstruktiv-bestimmend. Beides tritt häufig in Überschneidungen und Vermischungen auf, und es lässt sich eine universalhistorisch-übergreifende Veränderung des Zeit-

sinns vom Objektiven zum Subjektiven plausibel machen.

Im Fokus von Sinnbildung als Kontingenzbewältigung gibt es ebenfalls zwei grundsätzlich verschiedene Möglichkeiten: Kontingenz kann in Vorstellungen wandlungsenthobener überzeitlicher, ewiger oder auch nur abstrakter Ordnungen zum Verschwinden gebracht werden. Das geschieht alltäglich durch Generierung von Erfahrungsregeln, deren sachverständiger (technisch instrumenteller) Gebrauch den Menschen zum Herren von Zeitverläufen macht. Jeder Versuch, diese Herrschaft zum dominierenden Sinnprinzip im Umgang mit Zeiterfahrungen zu machen, generiert freilich neue Kontingenzprobleme in der Form unbeabsichtigter Handlungsnebenfolgen, die sich grundsätzlich nicht beherrschen lassen. Das wirkungsmächtigste Paradigma dieser Kontingenzbeseitigung in einer universellen Zeitordnung der Welt ist die Newtonsche Physik. Kontingenz verschwindet in einer durchgängigen nomologischen Ordnung der Welt. Ihrer Erklärungsstärke steht eine normative Reduktion auf mathematisierende Rationalität gegenüber, und das menschliche Selbst verallgemeinert sich zur Vernunftnatur eines puren (unterschiedslosen) Ego cogito im Vollzug dieser Rationalität.

Die andere Möglichkeit besteht darin, Kontingenz selber zum Sinnträger zu machen, sie als Ereignis mit Bedeutung zu versehen. Dann lässt sie sich nicht beherrschen, wohl aber lebensdienlich interpretieren. Dies geschieht zumeist durch Erzählen einer Geschichte. Hier wird Zeit als Ordnung von Ereignisketten entworfen, vergangenes Geschehen wird durch diese Ordnung erklärt. Sie hat stark normative Züge, die keine Prognosefähigkeit zielbestimmt entworfener Zukunft erlaubt. Zugleich konkretisiert sich das menschliche Subjekt zu einer Zeitgestalt, die andere als unterschiedene neben sich hat und kommunikativ auf sie bezogen ist.

Auch diese beiden Möglichkeiten treten in vielfältigen Überschneidungen und Verflechtungen auf. Und auch hier gibt es eine universalhistorische Veränderungstendenz zugunsten zunehmender Kontingenz und Narrativität (auch im Umgang mit der Natur durch deren Historisierung; deren prägnantestes Beispiel ist die biologische Evolutionstheorie).

5. Typen

Typen von Zeitsinn charakterisieren unterschiedliche Logiken der Sinnbildung über Zeiterfahrung, die sich klar voneinander unterscheiden lassen. In dieser Klarheit treten sie selten empirisch auf. Und eben darum sind sie geeignet, empirische Befunde analytisch-begrifflich zu entschlüsseln. Im folgenden werden einige Typen besonders wirkungsmächtiger Zeitdeutungen aufgelistet.

Einer der ältesten und verbreitetsten Typen der Sinnbildung über Zeiterfahrung stellt der *Mythos* dar. Zeit gewinnt ihren Sinn vom ›Anfang‹ her, vom Ursprung aller Dinge (Arché). Das, was im Zeitverlauf der Welt gegenwärtig geschieht, lässt sich von seinem Ur-Anfang her deuten und verstehen. Hier wird klar zwischen Vergangenheit und Gegenwart unterschieden: Die ›Vergangenheit‹ des Ursprungs ist in ihrer Sinnträchtigkeit der Gegenwart und der lebenspraktisch erinnerten Vergangenheit und der pragmatisch aus dieser Erinnerung entworfenen Zukunft schlechthin übergeordnet, ihnen normativ verbindlich vorgeordnet. Eigentlich ist die Vergangenheit des Ursprungs überhaupt nicht vergangen, sondern ständig als Sinnquelle gegenwärtig und wirksam. Die Menschen versichern sich dieser Wirksamkeit, indem sie diesen Anfang rituell wiederholen und damit ihre gegenwärtige Wirklichkeit mit Sinn aufladen. Damit machen sie ihre gegenwärtigen Lebensverhältnisse zukunftsfähig. Zukunft ist gegenüber dieser sinnträchtigen Vergangenheit keine eigene abgehobene Kategorie; sie liegt im Ursprung bereits vollständig beschlossen.

Eine Verbindung zwischen dieser sinnträchtigen Ur-Zeit und der pragmatischen Lebenszeit stellt die *Genealogie* dar. Herrschaftsansprüche werden durch Verlängerung der eigenen Geschlechterfolge in die mythische Zeit hinein legitimiert. Ähnliches gilt für die Konzeption von Zugehörigkeit durch Abstammung von Ur-Ahnen oder legendären Gründerfiguren.

Vom mythischen Zeitsinn lässt sich der *mystische* unterscheiden. Hier geht es nicht um Ursprung, sondern um eine Sinndimension des zeitenthobenen Augenblicks, in den hinein die drei Zeitdimensionen zusammenfallen. Zeit wird gleichsam vom Augenblick verzehrt, der sich in eine schlechthin überwältigende, alles umgreifende Gegenwart ausdehnt. In formaler Hinsicht hat der mystische Zeitsinn mit der traumatischen Zerstörung lebenspraktisch wirksamer Sinnkriterien der kulturellen Daseinsorientierung viel gemeinsam: Sinn wird als Überwältigung und radikale Überbietung bzw. Zerstörung der im praktischen Lebensvollzug wirksamen und reflektierten Sinnformationen erfahren und ausgelegt. Daher stellt die Vermittlung dieses Sinns mit der Lebenspraxis ein Dauerproblem dar: Die Welt verliert sich in der unio mystica, wird in ihr wesenlos und damit zur permanenten Aufgabe einer erneuten Be-Sinnung.

Eng mit dem mystischen Zeitsinn ist der *kontemplative* verwandt. Er spielt eine zentrale Rolle in zahlreichen religiösen Praktiken, die darauf zielen, sich über die Zwänge der Zeit des Alltags zu erheben. Es geht darum, sich so vom Alltag zu lösen, dass sich das eigene Selbst in einer relativen Unabhängigkeit von ihm als eine Instanz der Welt-Betrachtung gewinnen kann, von der her sich allererst ein tragfähiger Lebenssinn gewinnen lässt.

Historischer Sinn hat seine Eigenart darin, dass sich das ereignishafte Geschehen in der Welt selber, – im Zeithorizont der Erinnerung und aktuellen Wahrnehmung – als sinnträchtig erweist oder so angesehen wird. Sinn wird zur Angelegenheit einer Deutung innerweltlicher Ereignisketten. Diese Deutung kann ihrerseits in höchst unterschiedlichen, typologisch aufschlüsselbaren Formen erfolgen. Hierhin gehören die verschiedenen Typen der Geschichtsschreibung: Hayden Whites Unterscheidung der rhetorischen Tropen Metapher, Metonymie, Synekdoche und Ironie,[11] Nietzsches Unterscheidung von antiquarischem, monumentalischem und kritischem Umgang mit der Vergangenheit[12] und Rüsens Typologie der traditionalen, exemplarischen, kritischen und genetischen Sinnbildung.[13] Hierhin gehört aber mehr: die ganze Fülle verschiedener Sinnbezüge, die innerweltliches Geschehen in seinen zeitlichen Zusammenhängen aufweist. Ich liste davon im folgenden die wichtigsten auf: epochaler Zeitsinn, Kairos und verschiedene heilsgeschichtliche Sinntypen (typologischer, eschatolo-

---

11 White (1973, Introduction).
12 Nietzsche (1988).
13 Rüsen (1990).

gischer, apokalyptischer) und ihre säkularen Modifikationen.

Innerhalb der historischen Sinnhaftigkeit von Zeit lassen sich untergeordnete Sinnqualitäten ausmachen und beschreiben, so zum Beispiel ein *epochaler Zeitsinn*.[14] Er ergibt sich aus der Einteilung des Geschichtsverlaufs in einzelne Abschnitte und die Zuordnung der eigenen Zeit in einen solchen Abschnitt. In älteren Formen des historischen Denkens wird z. B. die jeweilige Gegenwart zumeist als letzte Epoche eines langfristigen Zusammenhangs verstanden und gedeutet, so etwa bei Hesiod, Augustinus, Tabari.

Es gibt eine sinnträchtige Rückvermittlung innerweltlicher Ereignishaftigkeit mit einer metahistorischen Dimension von Sinn, in der sich Vergangenheit und Zukunft auf eigentümliche Weise in die Gegenwart hinein verschränken: die Vorstellung des *Kairos* als sinnträchtigen besonderen Augenblicks, des Augenblicks, in dem sich ›die Zeit erfüllt‹. Im Kairos lädt sich gegenwärtiges innerweltliches Geschehen mit einem Sinn auf, der als Erfüllung von Vergangenheit und vorweggenommene Zukunft erfahren, gedeutet und auch durch die jeweiligen Akteure bewusst so vollzogen wird. Im Kairos verwirklichen sich die Erwartungen der Menschen in der Vergangenheit so, dass sie zugleich auch die Verwirklichung zukünftiger Erwartungen darstellen. In ihm schließen sich die Generationsketten der Vergangenheit und der Zukunft so zusammen, dass die projektiven, werthaft aufgeladenen Handlungsentwürfe in beiden Dimensionen sich im Hier und Jetzt dieser Gegenwart immer schon erfüllt haben. (Jahrhundertelang haben die Menschen gehofft, jetzt aber ist es geschehen, und auch in aller Zukunft wird dieses Geschehen die Hoffnungen beflügeln.) Revolutionäres Handeln lädt sich oft mit dem Sinnpotential einer solchen Gegenwartsdeutung als Kairos auf: Was hier und jetzt geschieht, das geschieht im Namen der vergangenen Geschlechter und stellvertretend auch für die zukünftigen.

Die bisher beschriebenen Typen sind positive Sinnbildungen: Sie laden Vorstellungen von Zeitordnungen mit einer Synthese von empirischer Triftigkeit und normativer Geltung auf. Deutender Umgang mit Zeit kann aber immer auch als kritische Distanzierung, Abweisung und Verwerfung vollzogen werden. Dann wird kulturell vorgegebener Sinn als Bürde und Last angesehen, die abgeworfen werden oder in lebensdienlichere Ordnungsvorstellungen hinein verändert werden müssen und können. Diese Kritik ist ein Lebenselement jeder Zeitdeutung. Mit ihr wird der Wandel der Zeit im Medium der Sinnbildung über ihn mit vollzogen und daher zur Angelegenheit seiner geistigen Bewältigung.

Einen eigenen Großtyp stellen *heilsgeschichtliche* Sinnkonzepte dar. Im Unterschied zu mythischen, mystischen und kontemplativen Sinnkonzepten werden hier historische Ereignisse (also innerweltliche Geschehnisse) in Bezug auf religiöses Heil gedeutet, und dieses Heil gewinnt dabei selber den Charakter eines innerweltlichen Geschehens. Heil kann dabei entweder die Bewahrung der Weltordnung oder die Erlösung von ihr bedeuten (die erstere ist älter als die andere). Zur bewahrenden Zeitordnung heilsgeschichtlicher Art gehört die Vorstellung, dass die Welt grundsätzlich (also auch in ihren Zeitverläufen) wohlgeordnet ist, solange der Herrscher legitim regiert. Mit dem Tod des Herrschers ist diese Weltordnung gefährdet, und daher werden z. B. im alten Ägypten Rituale des Weltuntergangs und der Welterneuerung vollzogen, wenn ein Pharao stirbt und ein neuer Pharao die Regierung antritt. In Shakespeares Macbeth wird drastisch vorgeführt, dass und wie die Welt in Unordnung gerät, wenn der für ihre Ordnung stehende ›good old king‹ ermordet wird.

Eine innere Spannung kommt in die Vorstellung der heilsgeschichtlichen Zeitordnung dadurch hinein, dass verschiedene Zeiten unterschieden und mit unterschiedlichen Graden der Heilsträchtigkeit aufeinander bezogen werden. Dafür steht die ›typologische‹ Zeitdeutung des europäischen Mittelalters:[15] Zeitliche Ereignisse haben hier eine Bedeutung, die über die eigene Zeit hinaus in eine andere verweist. Dafür steht die ältere christliche Hermeneutik: Alle Geschehnisse des Alten Testamentes haben den Sinn des Vorausweisens auf die Heilsgeschichte des Neuen. Das Mittelalter hat es bei dieser Doppelheit des Sinns nicht gelassen, sondern

---

14 Siehe hierzu die Beiträge von Eder, Müller, Assmann/Mittag, Gehrke, Kuchenbuch und Jaeger in diesem Band.
15 Auerbach (1967); Kölmel (1965).

ihn in eine vierfache Bedeutung überschritten: Die historischen Ereignisse haben zunächst ihre Bedeutung im Geschehenszusammenhang ihrer eigenen Zeit. Dort sind sie gleichsam ›säkular-historisch‹ geordnet. Diese Ordnung aber verweist über sich hinaus auf eine heilsgeschichtliche Ordnung, auf einen höheren Sinn. Er besagt, dass das, was geschah, sich eigentlich erst in anderen (späteren) Geschehnissen der Heilsgeschichte erfüllt. Die eine Zeit verhält sich zur anderen wie die Erfüllung zu einem Versprechen. Zugleich stehen die historischen Geschehnisse als Exempla für allgemeine Handlungsregeln, sie haben eine exemplarisch-moralische Bedeutung. Schließlich verweisen sie über alle Zeit hinaus auf die Endzeit jenseits des historischen Geschehens überhaupt. Dieser Sinn wäre dann eschatologisch.

Der *eschatologische* Sinn bildet einen eigenen Typ. Hier ergibt sich der Sinn der Zeit vom Ende der Welt her. Der Zeitsinn des Endes der Zeit wird auf das innerweltliche Geschehen so bezogen, dass dieses von ihm her einen eigenen Sinn erhält, zumeist einen positiven, so dass sich in dem Geschehen vor dem Ende der Zeit dessen Sinn vollzieht. Dieser Vollzug kann unterschiedlich bestimmt werden als Erfüllung, Fortsetzung oder Steigerung.

Im Typ des positiven eschatologischen Zeitsinns nähert sich die Zeit dem Ende als Erfüllung. Hierhin gehören der Chiliasmus und die Vorstellungen des kommenden Welterlösers (der Buddha Maitreya, der Mahdi, der Messias). Es gibt aber auch einen negativen eschatologischen Zeitsinn. In diesem Falle bedeutet fortschreitende Zeit fortschreitenden Sinnverlust. Diese Eschatologie ist mit der mythischen Prämiierung des Anfangs als Ursprung verbunden. Zu diesem Typ negativen eschatologischen Zeitsinns gehört Hesiods Weltalterlehre, aber auch die buddhistische Zeitvorstellung im mittelalterlichen Ostasien, in säkularer Weise auch der katastrophische Sinn der Geschichte in der Geschichtsphilosophie von Walter Benjamin, wo der Weltverlauf als wachsender Trümmerhaufen metaphorisch gedeutet wird.[16]

Schließlich gibt es noch einen rekursiven eschatologischen Zeitsinn. In ihm wird das sinnträchtige Ende zum Anfang einer neuen Zeit.

Der *apokalyptische* Zeitsinn besteht darin, dass das Eschaton von der vorhergehenden ›historischen Zeit‹ radikal getrennt wird. Das Ende der Welt wird dem vorherigen Geschehen entgegengesetzt, so dass die reale innerweltliche Geschehniszeit der Geschichte gegenüber dem erwarteten Ende bedeutungslos wird. Konstitutiv für diese Sinnvorstellung ist der Bruch zwischen zwei Zeitverläufen. Zwischen ihnen gibt es einen ›Nullpunkt‹ oder ein Vakuum, in das hinein dann die göttlichen Mächte handeln. Menschliche Geschichte und göttliche Geschichte können auch zeitlich gegeneinander gesetzt werden (wobei dann die Frage nach einer übergreifenden sinnträchtigen Zeitvorstellung offen bleibt). Die Auserwählten gehen dann von der einen in die andere Zeit; diese letztere transzendiert die erstere. Solche apokalyptischen Sinnkonzepte dienen dazu, die irdische Zeit zu deuten. Dabei herrscht eine hermeneutische Dialektik von Verbergen und Offenbaren vor; denn eigentlich ist der Sinn der Zeit nur indirekt erschließbar. Er steht als Widersinn der innerweltlichen ›empirischen‹ Geschichte entgegen und muss aus dieser herausgeheimnist werden. In diesen Zusammenhang gehört die Vorstellung, dass man bewusst die gegenwärtigen Lebensverhältnisse umstürzen und zerstören muss, damit das Neue eintreten kann. Dafür stehen beispielsweise die Figur des Sabbatai Zwi[17] oder die Offenbarung der Nunqawuse in Südafrika mit ihrer erschütternden Folge der Selbstzerstörung der Xhosa.[18]

Vom historischen Zeitsinn lässt sich der *utopische* unterscheiden. Mit ihm wird Zeit zu einer Differenzbestimmung, die einen wünschbaren (oder im Falle von Dystopien einen befürchteten) Zustand scharf gegen den gegenwärtigen abhebt. Im Unterschied zur historisch gedeuteten Zeit geht es nicht um eine sinnträchtige Verbindung verschiedener Zeiten, sondern um ihre Entgegensetzung. Aus ihr lassen sich scharfe Konturen der Kritik gegenwärtiger Verhältnisse gewinnen.

Ein ganz anderer Zeitsinn liegt den Versuchen und Praktiken zugrunde, Zeitverläufe zu beherrschen. Hier handelt es sich um einen *instrumentellen oder strategischen Zeitsinn*. Er bestimmt die Vorstellungen der Gesetzmäßigkeit historischer Verläu-

---

16 Benjamin (1991, bes. S. 697).
17 Vgl. Scholem (1973).
18 Peires (1989).

fe, deren Kenntnis zur ideologischen Anleitung und vor allem zur Rechtfertigung politischen Handelns verwendet wird. Dabei kommen katastrophische Ergebnisse heraus. Beherrschbarkeit der Zeit ist aber keine neuzeitliche Erfindung, sondern so alt wie die Menschheit selber: Immer wieder ist versucht worden, zeitliche Geschehnisse so zu deuten, dass die Zukunft vorausgesagt und entsprechend gehandelt werden kann. Dazu gehört auch der Typ eines zahlenspekulativen Zeitsinns: Hier dient die Chronologie im Deutungsmuster sinnträchtiger Zahlenrelationen dazu, Zeitverläufe auf durchgängige Gesetzmäßigkeiten hin durchsichtig zu machen und zu entschlüsseln. Das Wissen um diese Gesetzmäßigkeiten dient dann zur Bewältigung von Alltagsproblemen, aber auch von Problemen der politischen Strategie. Die Astrologie ist ein anderes verbreitetes Beispiel.

Einen eigenen Bereich von Zeitdeutung mit eigenen Typen stellt die *Kunst* dar.[19] Sie löst sich vom Erfahrungsbezug des Historischen und bildet Sinn durch ein Spiel der Einbildungskraft, das den Zwängen praktischer Lebensführung ebenso enthoben ist wie den Regeln ihrer theoretischen Orientierung (Fiktionalisierung). Die Kunst hebt erfahrene Zeit in den Schein einer anderen auf, um in ihm Sinnpotentiale als Chancen freier Subjektivität im Umgang mit realen Zeitverläufen hermeneutisch, kritisch oder utopisch erscheinen zu lassen. Ästhetischer Sinn kann funktional zu anderen Sinnbildungstypen gebildet werden; dann dient er der Veranschaulichung, der Beschwörung, der Illustration, der Verdichtung, der Hervorhebung ihm vorgegebener Sinndimensionen und Gestaltungen. Freilich tendiert er immer über seinen bloß funktionalen Stellenwert im kulturellen Orientierungsgefüge des menschlichen Lebens hinaus. Er kann autonom werden und entfaltet sich in der Fülle von Kunstwerken mit exklusiv ästhetischem Sinn und seiner spezifischen Rezeption und Kommunikation.

Im Modus der ästhetischen Erfahrung werden die Zeitverhältnisse der Lebenspraxis aufgehoben in eine andere Zeit: in den Augenblick einer Erfahrung von Sinnhaftigkeit. Diese Erfahrung kann nur durch eine solche Unterscheidung gewonnen und als Stimulans der Lebensführung wirksam werden. Insbesondere dann, wenn die religiösen Sinnpotentiale entzaubert werden, übernimmt die Kunst eine Platzhalter- oder Stellvertreterfunktion der Imprägnierung von Zeiterfahrung mit Freiheitsspielräumen menschlicher Selbstentfaltung. In ihrer modernen Form verweist die Kunst über den Bereich der sinnlichen Anschauung hinaus auf eine meta-ästhetische Orientierung menschlicher Subjektivität, in der einzig noch Sinn vermutet werden kann. Im Gegenzug zu dieser negativen Sinnbildung versucht die Postmoderne, in Enttäuschung über den ausgebliebenen Sinn der Modernisierung, politische und soziale Wirklichkeit fundamental zu ästhetisieren, um sie erträglich zu machen. Der Preis dieser Ästhetisierung ist hoch: ein erheblicher Zeiterfahrungsverlust und eine Entpolitisierung und Enthistorisierung kultureller Zeitorientierungen.

Eine neue und geschichtstheoretisch noch wenig analysierte Kategorie des Zeitsinns ist die der *Nachhaltigkeit*. Hier werden Elemente der Dauer im beschleunigten Wandel der Neuzeit als Bedingung der Möglichkeit dafür gedeutet, dass in diesem beschleunigten Wandel der Mensch im Verhältnis zu den natürlichen Ressourcen seiner Welt lebensfähig bleibt. Der Gesichtspunkt der Nachhaltigkeit kann freilich auch auf andere Faktoren der menschlichen Lebensführung als die des Gebrauchs natürlicher Ressourcen zur Geltung gebracht werden: Dann ginge es um ein neues Verständnis traditionaler Zeitorientierung im Blick auf die Wandlungsprozesse der Gegenwart, die durch Traditionen nicht stillgestellt, sondern erträglich und lebbar gemacht werden sollen.[20]

6. Modi des Zeitsinns

Zeitsinn ist nicht nur eine Angelegenheit aktiver Deutungsleistungen des menschlichen Bewusstseins. Er ist immer schon als Handlungsvorgabe in die Gegebenheiten und Umstände der menschlichen Lebenspraxis eingelagert und dort wirksam. Allerdings sind die objektiven Sinnvorgaben der menschlichen Lebenspraxis nicht so geartet, dass ihnen einfach gefolgt werden könnte. Sicher verlaufen viele menschliche Handlungen und kom-

---

19 Vgl. Jauß (1977).
20 Vgl. Assmann (1999 b).

munikative Akte in Deutungsmustern der Akteure ab, derer sie sich nicht bewusst sind. Sie folgen ihnen einfach, weil sie als selbstverständlich gelten und mit dieser Selbstverständlichkeit auch höchst wirksam sind. Grundsätzlich aber ist Sinn prekär, vor allem deshalb, weil er durch stetige Kontingenzerfahrungen herausgefordert wird.[21] Dem Menschen strömen eben permanent Erfahrungen zu, die er durch Deutungsleistungen verarbeiten muss (sei es bewusst und reflexiv, sei es unbewusst).

In idealtypischer Zuspitzung lassen sich also zwei Gegebenheiten oder praktische Vollzugsweisen der sinnhaften Orientierung der menschlichen Lebenspraxis unterscheiden: die fungierende und die reflexive.[22] In der *fungierenden* folgt das Leiden und Handeln der Menschen kulturellen Sinnvorgaben, die ihm gar nicht bewusst zu sein brauchen und mit denen er sich auch nicht in der Form expliziter Deutungsleistungen beschäftigen muss, um mit ihnen zurecht zu kommen. Sitten und Gebräuche sind dafür die besten Beispiele. Man tut eben dies und lässt jenes, und solche Verhaltensnormen wirken oft mit der puren Kraft ihrer schlichten Gegebenheit und Selbstverständlichkeit. Sie werden daher auch intergenerationell nicht immer und regelmäßig durch eigene Erziehungspraktiken auf Dauer gestellt, sondern schlicht mimetisch angeeignet.

Reflexiv wird die Deutungsleistung des menschlichen Bewusstseins immer dann, wenn solche Vorgaben in Frage gestellt werden. Das kann durch Erfahrungen geschehen, die nicht unmittelbar mit ihnen kompatibel erscheinen, sondern erst durch eine explizite Deutungsleistung kompatibel gemacht werden müssen; es kann aber auch durch veränderte Einstellungen der Subjekte erfolgen, denen das, was lange Zeit plausibel war, nicht mehr einleuchten will.

Zwischen diesen beiden Vollzugs- und Wirkungsmodi kultureller Deutungen vermittelt eine

dritte Weise ihres Vollzuges: die *operative*. Mit ihm wird reflektierter Sinn in Lebenspraxis umgesetzt und mit den dort als selbstverständlich wirksamen Deutungen vermittelt.[23]

Es ist üblich geworden, kulturelle Deutungsmuster der menschlichen Lebenspraxis als ›Erfindung‹ oder ›Konstruktion‹ anzusehen. In dieser Sichtweise engt sich der Blick auf die reflexive Ebene der Kultur ein. Vor aller ›Erfindung‹ oder ›Konstruktion‹ sind die Menschen aber immer schon ›erfunden‹ oder ›konstruiert‹. Sie werden in kulturelle Umstände hineingeboren und eignen sie sich an, noch bevor sie zur eigenen Deutungsarbeit fähig sind. Vieles wird ihnen dabei so selbstverständlich, dass es ihrer Aufmerksamkeit entgeht oder als nicht weiter thematisierbar angesehen und in Kraft gehalten wird. In der zeitlichen Organisation des menschlichen Lebens sind solche ›objektiven‹ Vorgaben in Tiefenschichten der anthropologischen Verfassung der menschlichen Zeitlichkeit verankert. Geburt und Tod, Wachen und Schlafen, die körperlichen Reifungsprozesse und die naturalen Zeitverläufe von Tag und Nacht, der Jahreszeiten, des Sternenlaufs und vieles andere werden als immer schon sinnhaft erfahren, und diese Sinnhaftigkeit wird auch lebenspraktisch dauernd vollzogen. Hinzu kommen Deutungsmuster, die tief in die Lebensumstände eingelagert sind, so dass sie für die Betroffenen als zweite Natur erscheinen und wirken: z. B. die mentale Verlängerung der eigenen Lebensspanne über die Grenzen von Geburt und Tod hinaus. Die hierfür maßgeblichen Geschichten sind Teil sozialer Realität.[24] Kulturelle Regulative der zeitlichen Organisation des menschlichen Lebens können einen solchen Zwangscharakter annehmen, dass die Betroffenen es sich nicht vorstellen können, sie zu ändern. Sie zweifeln dann eher an sich selbst, an ihrer eigenen Subjektivität, als an diesen objektiven Vorgaben.

Demgegenüber wird der Sinn der Zeit auf der *reflexiven Ebene* den kulturellen Praktiken der menschlichen Subjektivität überantwortet: Zeitsinn wird verhandelbar, kritisiert, verändert, umgedeutet. Um ihn wird gestritten und gekämpft. Es gibt Spezialisten, deren Deutungskompetenz nachgefragt wird und damit zum ökonomischen Faktor des Haushalts einer Gesellschaft wird, so z. B. Astrologen zur Festlegung günstiger Zeiten für be-

---

21 Siehe hierzu auch den Beitrag von Liebsch in diesem Band.
22 Eine ähnliche Unterscheidung macht Renn in seinem Beitrag zu diesem Band mit Blick auf die in Kulturen erhobenen kognitiven Geltungsansprüche.
23 Ich folge der Unterscheidung von drei Ebenen der Mimesis bei Ricœur (1988, S. 90 ff.).
24 Das hat David Carr in zahlreichen Arbeiten betont: Carr (1986 a; 1998; 1986 b).

stimmte Handlungen, Historiker für nationalpolitische Aufgaben kollektiver Identitätsbildung etc. Dieser reflexive Modus folgt zwingend daraus, dass die fungierenden Sinnvorgaben der menschlichen Lebenspraxis grundsätzlich zur Orientierung nicht hinreichen, sondern immer wieder als prekär erscheinen, strittig und dem Machtkampf um Herrschaftspositionen und soziale Anerkennung ausgesetzt sind. Sie fordern von sich aus zu reflexiven Deutungsleistungen auf. Der prekäre Status ihrer objektiven Vorgabe fordert die mentalen Kräfte kultureller Praktiken der Welt- und Selbstdeutung im Umgang mit Zeit heraus.

Im *operativen* Modus der Zeitdeutung werden solche reflexiven Praktiken in die deutungsbedürftigen Lebensvollzüge hinein vermittelt. Ein faszinierendes Paradigma solcher Vermittlung ist die Rolle des Hofhistorikers im chinesischen Kaiserreich. Von ihm wird gesagt, er sitze neben dem Kaiser und liefere ihm die historischen Muster des aktuellen politischen Handelns. Noch in jüngster Zeit ließ sich beobachten, dass chinesische Staatsaffären nach alten historiographischen Mustern ablaufen.[25] Im Erfahrungshorizont westlicher Berufshistoriker sieht es normalerweise bescheidener aus. Da wirken sie in Kommissionen mit, die über Denkmalspflege, die Gestaltung von Gedenkstätten, die Ausarbeitung von Richtlinien des Geschichtsunterrichts und Ähnliches entscheiden. Aber es kommt auch vor, dass Historiker um Rat gefragt werden, wenn es darum geht, eine überraschend neue politische Situation von weitreichender Bedeutung einzuschätzen. So hat die deutsche Wiedervereinigung bei vielen Regierungen zu erheblichem Deutungsbedarf geführt, der ohne die Fachleute für deutsche Geschichte nicht abzudecken war. (Bekannt ist das Beispiel der damaligen britischen Premierministerin Margret Thatcher, die eine Gruppe von Sozialwissenschaftlern und Historikern zu sich eingeladen hatte, um sich darüber informieren zu lassen, was von den Deutschen zu halten sei.)

Auf der operativen Ebene der Zeitdeutung gewinnen die Konstrukte reflexiver Deutungspraktiken praktische Geltung. Die theoretische Geltung expliziter Sinnkonzepte der menschlichen Zeitlichkeit wird praktisch, und damit gewinnen die Deutungsmuster einen anderen Status als im Diskurs ihrer Reflexion. (Natürlich gehen die beiden Modi

immer ineinander über, und die objektive oder empirische Geltung kulturell wirksamer Zeitdeutungen spielt ebenfalls immer mit.)

Betrachtet man das Verhältnis dieser drei Ebenen zueinander, dann wird eine eigentümliche innere *Zeitlichkeit der Zeitdeutung selber* sichtbar, die durch keine Deutungsleistung eingeholt oder überholt werden kann. Die objektiven Deutungsvorgaben treiben zur subjektiven Konstruktion von Zeitsinn, der dann seinerseits wieder in den lebenspraktischen Vollzug operativ vermittelt wird. In ihm verändern sich die reflexiv vollzogenen Deutungen in einer Weise, die reflexiv nicht vorherbestimmt und systematisch in Rechnung gestellt werden kann. Weder entscheiden die Vorgaben über die Reflexion, noch diese über die praktische Wirkung der verhandelten Deutungsmuster. Zeitdeutung geschieht also in einer eigenen inneren Zeitlichkeit, in einer Dynamik, die sie in sich selbst, in der Logik ihres Vollzuges, zeitlich macht, also einem historischen Prozess überantwortet, der aller Sinnbildung voraus- und über alle Sinnbildung hinausgeht. Bezogen auf das historische Denken kann man von einer unvordenklichen Geschichtszeit sprechen, in der dieses Denken sich selber vollzieht und deren es sinnbildend nicht mächtig ist. Geschichte ist erzählte Zeit, Zeit des Erzählens und sich selbst erzählende Zeit als innere Einheit im menschlichen Lebensprozess.

7. Ansätze einer historischen Theorie der Zeit

Das heißt nun freilich nicht, dass diese geschichtliche Erstreckung der Zeitdeutung nicht selber gedeutet werden müsste. Im Gegenteil: Ihr eigenes Werden und Vergehen stellt eine Herausforderung an den Menschen dar, auch diese Zeit im Sinn der Zeit zu deuten. Dies kann auf unterschiedliche Weise geschehen: anthropologisch, historisch und theoretisch.

Eine *anthropologische* Deutung expliziert die im vorigen Abschnitt dargelegte Geschichtlichkeit im inneren Zusammenhang der drei Modi der Sinnbildung über Zeit. Die Zeitlichkeit der Zeitdeutung

---

25 Weigelin-Schwiedrzik (1996; 1990).

kann als allgemeines, kultur- und zeitübergreifendes Grundmuster menschlicher Weltbewältigung und Selbstverständigung dargelegt und an der Fülle unterschiedlicher Phänomenbestände kulturanthropologisch aufgewiesen und ausgelegt werden.

Historisch wird eine solche Deutung dann, wenn einzelne Veränderungen in den Blick genommen und als Sinngeschehen gedeutet werden. Eine solche einzelne historische Entwicklung stellt z. B. die Veränderung heilsgeschichtlichen Denkens dar, in dem das Heil des Menschen nicht mehr von der Bewahrung einer den irdischen Angelegenheiten eingelagerten kosmischen Zeitordnung abhängig gemacht wird. Vielmehr richtet sie sich gegen die weltlichen Ordnungen auf ein Jenseits und gewinnt von ihm her ein ganz anderes Verhältnis zu den innerweltlichen Geschehnissen und aktuellen Lebensumständen. Ist einmal eine solche Jenseitsdimension von Zeitsinn (eschatologisch, utopisch, apokalyptisch, aber auch mystisch) erschlossen, dann lässt sich der Sinn der Zeit nicht mehr ausschließlich in der Welt halten. Anders ausgedrückt: Die Weltzeit erhält ein neues Unruhepotential, eine dynamische Bewegung, deren vorläufiges Ende die Beschleunigungsprozesse sich modernisierender Gesellschaften darstellen.[26]

Solche historischen Veränderungen sind zeit- und kulturspezifisch. Auch sie lassen sich typisieren. Als Beispiele solcher Typen lassen sich aufzählen: Erfahrungszuwachs, Komplexitätserhöhung bzw. -reduktion, Reflexivwerden von Deutungsmustern, Universalisierung konstitutiver Normen, Repartikularisierung, Säkularisierung, Verwissenschaftlichung, Verzeitlichung, Transformation von Sinnbildungstypen etc.

Zu einer *theoretischen* Zeitdeutung führt die Frage, ob es *zeit- und kulturdifferenzübergreifende Veränderungen der Zeitdeutung* gibt. Die Zeit für solche universalistischen, zugleich anthropologisch universell und historisch spezifischen theoretischen Deutungen zeitlicher Veränderungen im menschlichen Umgang mit der Zeit ist schlecht.[27] Es hat sie

in den großen Meistererzählungen immer gegeben, in denen sich die Autoren und Adressaten solcher Deutungen ihres einzigartigen Status im historischen Geschehen der Welt versichert und ihre Sinnkonzepte der Zeit als Vollendung von deren geschichtlicher Entwicklung angesehen haben. Der ideologische Status solcher Deutungsstrategien und der in ihnen vorherrschenden Denkmuster sind offensichtlich geworden. Diese Deutungsmuster universalistischer Meistererzählungen können nur um den Preis eines Erfahrungsverzichts im Blick auf die Fülle kultureller Divergenzen aufrechterhalten werden. An seine Stelle ist ein Kulturalismus von Deutungen gerückt, der die Fülle historischer Unterschiede für die einzige Bestimmung anthropologischer Universalität sich verändernder menschlicher Zeitdeutungen hält. Das aber wird der Erfahrungsfülle nur um den Preis gerecht, die Geltungsfrage nicht mehr stellen zu können. Sie muss aber insofern immer gestellt werden und ist unumgänglich, weil die infragestehende historische Deutung von Zeitdeutungen zu diesen selber gehört, von ihnen also gar nicht mit welchem ethnologischen Blick auch immer abgekoppelt werden kann. Im diskursiven Zusammenhang der kulturellen Vielfalt lassen sich Geltungsansprüche weder eliminieren noch mit einer abstrakten Gleichwertigkeitsfloskel verabschieden.

Dies ist natürlich kein Plädoyer für die Wiederkehr der alten kulturgeschichtlichen Meistererzählungen. Wohl aber sollten empirische Befunde aufgelistet und kulturübergreifend gedeutet werden, in denen sich Richtungsbestimmungen in den zeitlichen Veränderungen von Zeitdeutungen ausmachen lassen. Und dazu gibt es genügend Hinweise.

Schon die Reflexion der eigenen Deutungsarbeit im Umgang mit kultureller Sinnbildung kann einen übergreifenden Gesichtspunkt ergeben: Der teleologische Bezug, der die älteren Meistererzählungen kultureller Selbstbestimmung auszeichnete, ist obsolet geworden. Und damit ist eine erste, zwar abstrakte, aber durchaus erfahrungserschließende Zeitdimension eröffnet, in der der historische Wandel der Zeitdeutung verortet werden kann: die *Verwandlung teleologischer in rekonstruktive Deutungen*. Die Unterscheidung von Teleologie und Rekonstruktion hat den großen Vorteil, zugleich sys-

---

26 Vgl. hierzu die klassisch gewordene Darstellung von Löwith (1953).
27 Vgl. aber Dux (1989).

tematisch und genetisch zu sein. Sie stellt einen entscheidenden Schritt zu einer dezidiert historischen Theorie der Zeit dar.[28]

Der universalhistorische Schritt von der Teleologie zur Rekonstruktion ist ein aktueller modernisierungstheoretischer Versuch einer universalistischen Deutung. Er nimmt den Differenzierungsschritt in den Blick, der von einem Zeitverständnis, das sich an der Bewegung im Raum orientiert, zu einem Zeitverständnis führt, das die innere Zeitlichkeit der menschlichen Subjektivität betont. Er erschließt damit den reichen Phänomenbestand historischer Veränderungen in den Deutungspraktiken von Zeiterfahrungen, in denen sich die menschliche Subjektivität zunehmend zur Geltung bringt.

In frühen Stadien der kulturellen Entwicklung wurde Zeit durchgängig als objektive Qualität angesehen, die an den Erfahrungsbeständen der menschlichen Welt hängt: Jedes Ding hat seine eigene Zeit. In späteren Stadien und in besonderem Maße in modernen Gesellschaften gilt die Zeit als eine Konstruktion des menschlichen Geistes. Die menschliche Zeit wurde zunehmend von der natürlichen unterschieden, und die letztere wird (erkenntnistheoretisch) als konstruktiv verstanden und nicht mehr als naturale Vorgabe. (Dies muss nicht notwendig und sollte auch nicht zu einer rein konstruktivistischen Auffassung führen, in der es dann keinerlei Realität und ihr geschuldete Erfahrungskontrolle mehr gibt.) Die objektive Naturzeit wird zu einem Sachverhalt rationalisiert, den man mathematisch interpretieren, den man zählen und messen kann. Die Zeit verliert ihre inhärente Bedeutung und wird zur Angelegenheit einer bewusst subjektiv vollzogenen Deutungspraxis.[29] Immer mehr wird Zeit zur Angelegenheit menschlicher Subjektivität, zum Inhalt handlungsleitender Absichten (Zeitersparnis, Zeitgebrauch für wertvolle Dinge, etc.) Die Webersche Vorstellung einer universalgeschichtlichen Rationalisierung und Entzauberung findet ihr empirisches Pendant in den historischen Befunden der Veränderungen von Zeitdeutungen.[30]

Die gleiche Bewegung lässt sich auch als *Verzeitlichung der Zeit* deuten: Jeder Vergangenheit wächst als gewesene Gegenwart eine eigene Vergangenheit und Zukunft zu, die von der je gegenwärtigen unterschieden ist, und das gleiche gilt für das Denken

über die Zukunft. Damit öffnet sich ein qualitativ neuer Möglichkeitsraum und ein erheblicher Kontingenzgewinn im deutenden Umgang mit Zeiterfahrung.

Innerhalb dieser umgreifenden und – wie es scheint – irreversiblen Subjektivierung und Verzeitlichung der Zeit gibt es noch eine jüngere Tendenz der Auflösung von Unilinearität und Homogenität zugunsten einer heterogenen Vielfalt von Zeitlinien und -entwicklungen. Das gilt nicht nur für die elaborierten Gebilde der reflexiven Selbstverständigung über kulturelle Orientierungen in Kunst, Literatur und Philosophie seit der Wende zum 20. Jahrhundert, sondern auch und erst Recht für das naturwissenschaftliche Zeitverständnis, das seit Einstein seine strenge Uniformität verloren hat. Zeit wird nunmehr als »komplexes Netzwerk«, als »transversale Verflechtung und horizontale Relationierung pluraler Eigenzeiten« verstanden.[31]

Freilich verschwinden die älteren Denkmuster in den neueren, die objektiven in den subjektiven nie ganz. Sie führen ihr aufklärungsbedürftiges Leben auch unter der Dominanz entzaubernder Rationalität und säkularer Subjektivität. Schon die Widerständigkeit, die alltägliche Zeiterfahrungen (z. B. der Tod, aber auch das schlichte Entstehen und Vergehen) der Deutung und Konstruktion entgegensetzen, bleibt ein Stachel konstruktivistischer Zeittheorien.[32] So wie die Geschichte in den objektiven Auswirkungen der Vergangenheit auf die Gegenwart uns immer schon konstruiert hat, bevor wir sie

---

28 Dazu hat Dux (1989) Entscheidendes ausgeführt.

29 Vgl. dazu grundlegend: Rustemeyer (2001). Ein Beispiel: »Die Zeit, in allen Modi und unter allen Rubriken, unter denen die Historie sie begreift, ist ein Deutungsphänomen, eine Tatsache der Auslegung und der (kulturellen und sozialen) Konstruktion«, Raulff (2000, S. 9).

30 Dirk Rustemeyer hat das für die Philosophie zusammenfassend als »schrittweise Lösung von der Realität der Zeit hin zu einer Zeit des Bewusstseins bis zu einer Zeitlichkeit des Daseins« beschrieben, Rustemeyer (i. Dr).

31 Sandbothe (1997, hier S. 56).

32 Natürlich ist der Tod, um Raulff (2000) nochmals zu zitieren, »eine Tatsache der Auslegung und der (kulturellen und sozialen) Konstruktion«, aber doch wohl nicht in seiner Tatsächlichkeit. Er hat für die Menschen Bedeutung gerade wegen seiner unverfügbaren Tatsächlichkeit; nicht die Deutung gibt ihm unverfügbare Tatsächlichkeit, sondern seine Unverfügbarkeit konstituiert den Deutungsbedarf.

deutend ›konstruieren‹, so hat uns die Zeit immer schon bestimmt, bevor wir sie – uneinholbar! – als subjektives Konstrukt erkennen und bestimmen. Dieses – wie ich finde: unvermeidliche – Zugeständnis ›objektiver‹ Zeitvorgaben unseres subjektiven Zeitsinns bedeutet keine umstandslose Rehabilitation älterer ontologischer Zeitkonzepte. Im Gegenteil: Die wachsende Bedeutung reflexiver Sinnbildung in der Zeitdeutung stellt eine universalhistorische Größe ersten Ranges dar. Wer wollte bestreiten, dass im gegenwärtigen Globalisierungsprozess die Verantwortung für das, was zeitlich geschieht, bei uns liegt, obwohl oder geradezu: weil wir wissen, dass wir seiner nicht Herr sind.

Diese Subjektivierung wirft unübersehbar einen Sinnschatten: Genau in dem Maße, in dem die subjektiven Kompetenzen im Umgang mit Zeiterfahrungen wachsen, wird die menschliche Subjektivität durch Zeiterfahrungen in sehr viel höherem Maße verletzlich, als dies bislang der Fall war. Solange die zeitlichen Geschehnisse, denen die Menschen ausgesetzt waren und zu denen sie sich deutend verhalten mussten, so gedeutet werden konnten, dass in ihnen selbst ein Sinn waltet, dem sich der Mensch fügen konnte (weil er musste), steckte in jeder Veränderung eine Sinnchance. Sinn konnte gar nicht zerstört werden, weil die zerstörenden Kräfte der zeitlichen Veränderung selber immer schon als sinnträchtig angenommen (›geglaubt‹) wurden. In dem Augenblick aber, in dem die Sinnträchtigkeit des Umgangs mit Zeiterfahrung zur Angelegenheit der menschlichen Subjektivität wird, kann diese durch Zeiterfahrungen in der ihr zugewachsenen Sinnkompetenz aufs äußerste herausgefordert und grundsätzlich negiert werden. Zeiterfahrung kann traumatisch werden, und im Trauma historischer Katastrophenerfahrungen findet der Zeitsinn menschlicher Subjektivität sein unübersteigbares Ende.[33] Freilich kann er sich dazu noch einmal verhalten und sehnsuchtsvoll auf die Dimension von Sinnvorgaben blicken, die ihr im Prozess ihrer eigenen Hervorbringung verloren gegangen sind.

8. Medien

Die vielfältige und unterschiedliche Ausprägung von Zeitsinn und sein historischer Wandel hängen wesentlich von den *Medien* ab, in denen Zeiterfahrung und -deutung vermittelt werden. Durchgängig ist die *Sprache* bestimmend, wenn es auch Zeitwahrnehmung und Zeitgestaltung im Bereich des Imaginativen, in Bild und Ton, in Bauwerken und im Tanz gibt. Maßgebend für die Ausprägung des Zeitbewusstseins sind die Modi, in denen Sprache die menschliche Kommunikation regelt.

Ursprünglich und nach wie vor wirksam – zumindest im privaten Lebensbereich – vollzieht sich die Kommunikation des Zeitsinns in *mündlicher* Rede. Er ist politisch zumeist konservativ ausgerichtet: Die traditionell vorgegebene Weltordnung wird verpflichtend gemacht; neue Zeiterfahrungen werden so in sie integriert, dass ihr wesentlicher Normenbestand und das darauf gründende Selbstverständnis des Sozialverbandes bestätigt werden. Die Zeit wird sinnlich-konkret dargestellt; sie geschieht in einer *face-to-face* Kommunikation und entfaltet eine entsprechend unmittelbare Wirkung. Kognitiv enthält sie die akkumulierte Erfahrung vieler Generationen; ereignisgeschichtlich reicht sie über die jüngeren Generationen, deren Erinnerungen innerweltliche Tatsachen festhalten, zurück in eine mythische Zeit, die die Gegenwart genealogisch mit dem alles bestimmenden Ursprung der Welt verbindet. Ihre Sinnkriterien sind mythischer Art; d. h. reale, im engeren Sinne ›historische‹ Ereignisse sind keine Träger handlungsleitender Normativität. Ihre Geltungsansprüche werden rituell-repetitiv erhoben und plausibel gemacht.

Das Medium der *Schrift* dominiert seit mehreren tausend Jahren bis heute die hegemoniale Kultur der Zeitdeutung (in der allerdings orale Elemente immer wichtig und wirksam, ja – zumindest in der Erziehung – sogar konstitutiv bleiben). Sie entlastet von der Unmittelbarkeit einer kommunikativen Situation und schafft eine Distanz zwischen Zeiterfahrung als Inhalt und Zeitdeutung als Kommunikationsform.[34] Diese Distanz erweitert den Erfahrungshorizont des Zeitbewusstseins ganz erheblich und ermöglicht neue methodische Verfahren der Erfahrungsakkumulation und -kontrolle. Schriftlichkeit entlastet das Gedächtnis, fixiert Tat-

---

33 Vgl. Rüsen (2001 b); Rüsen (2002).
34 Ong (1982).

sachen, schafft neue Kommunikationsformen, koppelt den Kosmos zeitlichen Sinns aus unmittelbaren Handlungszusammenhängen ab und lässt ihn zu einem Phänomen *sui generis* werden. Zugleich mit der neuen Objektivierungschance im Umgang mit der Zeiterfahrung öffnen sich auch neue Subjektivierungschancen der Interpretation; Erzähler werden zu Autoren, und die Rezipienten der Zeitdeutungen erhalten einen erweiterten Spielraum kritischer Lektüre. Geltungsansprüche werden entweder durch Kanonisierung fixiert oder zur Angelegenheit diskursiver Begründung. In beiden Fällen wird Interpretation zu einer eigenen geistigen Praxis der historischen Sinnbildung (mit entsprechendem Spezialistentum und den Folgeproblemen der Übersetzung und Popularisierung). Das ursprüngliche Verhältnis von Poesie und Wahrheit löst sich auf; Mythen werden einer fundamentalen Kritik unterzogen. Begrifflichkeit wird zum wesentlichen kognitiven Element der historischen Deutung, so dass – langfristig – die Zeitdeutungen durch Geschichten sogar wissenschafts- und theoriefähig werden können.

In jüngster Zeit verändern *neue Medien* den Modus der Sinnbildung. Klare Entwicklungslinien und feste Strukturen lassen sich noch nicht angeben, wohl aber Neuerungen, von denen Veränderungen grundlegender Art vermutet werden können. In der öffentlichen Kultur überwältigt eine ungeheure Bilderflut das kollektive Gedächtnis. Die aus der Schriftlichkeit resultierenden Bewusstseinsformen – vor allem die der distanzierenden Rationalität – können schnell an Bedeutung und besonders an politischer Wirksamkeit verlieren. Die Grammatik der Zeitdeutung wird zur Imagologie von Präsentationen, in der alle Zeiten zugleich erscheinen und die fundierende Vorstellung eines durchgehenden Zeitsinns in eine zusammenhanglose Kette von ästhetischen Augenblicken sich verflüchtigt. Die konstitutive Differenz von Zeit kann sich in eine universale Gleichzeitigkeit aufheben, die sich nicht mehr narrativ ordnen lässt. Ob es dann noch eine spezifische ›Ordnung des Historischen‹ im handlungsleitenden Zeitzusammenhang zwischen Vergangenheit, Gegenwart und Zukunft geben wird, ist zumindest fraglich geworden. Der Terminus ›Posthistoire‹ und die mit ihm geführte Diskussion über eine Lebensform ohne genuin historische Orientierung indiziert diese offene Frage.[35] Hinzu kommt eine ungeheure Erweiterung des empirischen Zugriffs auf Zeitphänomene und -deutungen. Die neuen Speichermedien erlauben neue Modi der Zeiterfahrung und stellen radikal die Frage nach Sinnkriterien, die über Wesentliches entscheiden lassen. Zugleich lassen die neuen Kommunikationsmedien (Internet) darüber keine politisch sanktionierte Entscheidung zu. Die Fülle der Möglichkeiten und die Vielfalt der Stimmen verlangen nach neuen Strategien, Formen und Inhalten historisch begründeter Zugehörigkeit und Abgrenzung. In jedem Fall werden fixe Vorstellungen von der dauernden Wesenheit und Substanz des Eigenen durch die Vielfalt globaler Kommunikation zugunsten dynamischer und offener Differenzierungen überschritten. Dagegen richten sich dann Reaktionen, die in und durch diese Kommunikation selber starrsinnig auf ethnozentrische Unterscheidungen bestehen.

9. Interkulturalität

Kulturelle Differenz spielt im Zeitalter der Globalisierung eine besondere heuristische Rolle. Politische und soziale Konflikte laden sich mit kulturellen Kräften des Kampfes um Anerkennung auf und gewinnen dadurch besondere Schärfe. Die Kulturwissenschaften sind gesellschaftliche Institutionen, in denen maßgebende kulturelle Orientierungen und Selbstverständigungen verhandelt werden. Die Erfahrung fremder und anderer Kulturen wird systematisch aufgearbeitet und gedeutet und interkulturelle Kommunikation wird praktisch vollzogen.[36] Diese Kommunikation findet immer auch naturwüchsig statt. Kulturen durchdringen sich, grenzen sich voneinander ab, bekämpfen sich, lernen voneinander, und im Umgang miteinander verändern sie sich. Aus den naturwüchsigen Vorgängen dieser ›Verhandlungen‹ wachsen den Kulturwissenschaften zwei problematische, aufs engste miteinander zusammenhängende Prämissen zu: ein kultureller Monismus und die Logik ethnozentrischer Sinnbildung.

---

35 Niethammer (1989).
36 Z. B. Rüsen (1999).

Kultureller Monismus – ihre prominentesten Vertreter sind Oswald Spengler und Arnold Toynbee – lässt Kulturen als semantische Universen erscheinen, die einem eigenen Code folgen und sich zueinander nur äußerlich verhalten. Ihre universelle geschlossene Eigenart lässt sich hermeneutisch aufschlüsseln, und die verschiedenen Kulturen lassen sich in einer allgemeinen Typologie miteinander vergleichen.[37] *Ethnozentrismus* lädt die kulturelle Differenz mit asymmetrischen Wertungen auf, die das Eigene auf Kosten des Anderen (z. B. Zivilisation versus Barbarei) zur Geltung bringen. Er tendiert zu einer teleologischen Deutung von Entwicklungen und folgt einer zentralistischen Raumordnung. (Das Eigene ist die Mitte der Welt, das Andere liegt am Rande.)

Beide Prämissen sind auch in akademischen Diskursen mächtig. Diese Macht kann nur reflexiv zugunsten eines wechselseitigen Anerkennungsverhältnisses, einer rekonstruktiven statt einer teleologischen Zeit und einer polyzentrischen statt einer zentralistischen Raumordnung gebrochen werden. Kulturvergleiche können den Fehler vermeiden, das eigene kulturelle Paradigma als Parameter zu unterstellen, wenn sie auf anthropologische Universalien rekurrieren und kulturelle Differenz als spezifische Konstellation von Elementen und Faktoren begriffen werden, die alle Kulturen gemeinsam haben. Diese Denkweise begünstigt idealtypologisierende methodische Verfahren.

Der Vergleich selber ist nur ein Faktor in einem Kommunikationsprozess, in dem alle Beteiligten diskursiv ihre Interpretationskonzepte verhandeln. Wenn sie dabei gemeinsam der Regel begrifflichen und erfahrungsbezogenen Argumentierens folgen und ihre Verhandlungen am Ziele wechselseitiger Anerkennung orientieren, kann das kulturwissenschaftliche Denken seine ideologischen Funktionen im Kampf der Kulturen zivilisieren, d. h. sein zerstörerisches Aggressionspotential kritisieren und zur Triebkraft von Verständigung führen.[38]

---

37 Galtung (1997). – Wie ein solcher Vergleich bei vorausgesetzter semantischer Geschlossenheit kultureller Sinnsysteme ohne Annahme eines meta-kulturellen Außenstandpunktes epistemologisch möglich sein soll, bleibt offen.
38 Vgl. dazu Wimmer (1997); Renn/Straub/Shimada (2002); Straub (1999).

10. Grenzen

Zeit sinnhaft zu denken, teilt mit jedem Sinnkonzept dessen Grenzen. Im Sinn der Zeit sind immer schon Sinnwidrigkeit und Sinnlosigkeit mitgedacht – wenn auch oft nur implizit und nicht eigens erhoben und expliziert. Drohender Sinnverlust durch zeitlichen Wandel gedeuteter Zeit ist eine dauernde Quelle dafür, Zeit neu zu denken und zu deuten. Sinn als Deutungsresultat ist immer umfassend. Nur von ihm her bestimmt sich, was sinnlos oder -widrig ist. Seine Grenze liegt dort, wo neue Zeiterfahrungen neu gedeutet werden müssen. Das kann durch Applikation schon entwickelter Zeit-Sinnkonzepte auf neue Erfahrungen geschehen oder – bei entsprechender Widerständigkeit der in Frage stehenden Erfahrungen – durch Modifikation der Deutungsmuster und -strategien. Immer wieder aber kann es geschehen, dass Erfahrungen Sinn zerstören. Dann sind sie katastrophisch oder traumatisch und wirken im Unbegriffenen mit signifikanter Nachträglichkeit. Dafür steht in der westlichen Kultur paradigmatisch (aber nicht allein) der Holocaust. Als Verwerfungen in gedeuteter Zeit lassen sie deren Brüchigkeit erkennen. Als Spur führen sie an den Rand, an die Grenze zeitbezogener Sinnbildung. Der Überlebenswille der Betroffenen zwingt sie zur Enttraumatisierung sinnverzehrender Zeiterfahrungen in deren eigener Nachträglichkeit. Die kulturwissenschaftliche Erkenntnis kann (und muss) mit ihren Mitteln der Deutung durch rationales Argumentieren diese Enttraumatisierung mitvollziehen – jede Erkenntnis macht Sinn, auch dann, wenn sie auf Traumata gerichtet ist. Soll sie aber den spezifischen Erfahrungscharakter des Traumatischen nicht zum Verschwinden, sondern zum Vorschein bringen (und seine Einebnung in eine scheinhafte Normalität kritisieren können), dann bedarf es eigener neuer Deutungsmodi und Repräsentationen. Das erkennende Denken würde methodisch in die Pflicht negativer Sinnbildung genommen.

11. Ausblick

Für die gegenwärtige Kultur moderner Gesellschaften ist die Unterscheidung zwischen Natur und

Kultur grundlegend. Sie liegt verschiedenen Wissensbereichen und den dafür maßgebenden kognitiven Strategien des Umgangs mit der Zeit zugrunde, wenn sich auch eine strikte Trennung zwischen Kultur- und Naturwissenschaften nicht durchführen lässt. Unterscheidungskriterium kann die Annahme einer Sinnqualität im Objektbereich sein. Wenn die Sinnbestimmtheit (Deutungsleistungen und ihre kulturellen Objektivationen) maßgebend für die menschliche Welt ist, dann wäre ›Natur‹ Gegenstandsbereich eines Denkens, das seine eigene Subjektivität als Sinnquelle methodisch von der Gegebenheit seiner Objekte ausklammert. Zwar macht dieses Denken auch Sinn, aber die von ihm geleisteten Deutungen von Zeit bleiben dem Subjekt äußerlich. Traditionell war diese Äußerlichkeit selber noch geistbestimmt; sie hatte göttliche Qualität und war als solche dem Menschen übergeordnet. Seine Lebenszeit, die Zeit seiner Verrichtungen der Lebensfristung, empfing ihren Sinn daher. ›Natur‹ im modernen Sinne wurde sie durch ›Entzauberung und Rationalisierung‹ zu einem Faktengefüge mit Bedingungszusammenhang, dessen entscheidende Form in der Physik eine durchgängige Mathematisierung erfuhr. In ihr löste sich die qualitative Differenz zwischen Vergangenheit und Zukunft, die menschliches Leben im gegenwärtigen Spannungsfeld zwischen Erinnerung und Erwartung auszeichnet, restlos auf. Im Schritt von der Newton'schen zur modernen Physik brachte sich die menschliche Subjektivität als Abhängigkeit von Zeitbestimmungen vom Standpunkt des Beobachters wieder zur Geltung; die absolute Zeit Newtons wurde in eine unhintergehbare Vielheit von heterogenen Zeitdimensionen zurückgenommen.

Die Kulturwissenschaften können solche Zeitdeutungen und ihren Wandel konstatieren. Würden sie selber als kulturelle Leistungen im Wandel der Zeit interpretiert, dann kämen spezifische Zeitvorstellungen – vor allem historischer, gelegentlich auch ästhetischer und in Ausnahmefällen sogar religiöser Art – ins Spiel, die sich von den mit ihnen thematisierten freilich logisch streng unterscheiden.

Dieser Unterschied ist ein Problem. Kultur und Natur sind begriffliche Unterscheidungen, die im Blick auf Erkenntnisverfahren Sinn machen. Die menschliche Welt aber ist beides; es gibt z. B. keine historische Zeit ohne die physikalische (chronome-

trische). Der Zusammenhang von menschlicher und nicht-menschlicher Zeit ist eine Tatsache, die wissenschaftlich deshalb nicht hinreichend eingelöst werden kann, weil es keine übergreifende Kategorie ihrer Deutung gibt, die die Sinnbestimmtheit der Kultur mit der anderen ontologischen Qualität der Natur vermittelte.

Die Natur hat freilich im Licht einschlägiger physikalischer, astronomischer, chemischer, geologischer und biologischer Erkenntnisse eine ›Geschichte‹, die von einem absoluten Anfang bis zur Gegenwart reicht und ihrem zukünftigen Geschehen nicht vorausgesagt werden kann. In formaler Hinsicht teilt sie damit den geschichtlichen Charakter der menschlichen Kultur. Diese ist ein Teil von ihr, und umgekehrt ist die Natur ein Teil der menschlichen Geschichte. Für das Ganze, für den inneren zeitlichen Zusammenhang von Natur und Kultur, fehlt ein übergreifendes narratives Sinnkriterium, in dem sich die Differenz beider aufhebt. Die zugleich komplementären und inkompatiblen Reduktionen eines Naturalismus oder Kulturalismus überzeugen nicht. Sie können die beiden Dimensionen Natur und Kultur jeweils nur auf Kosten der einen oder anderen integrieren. Und erkenntnistheoretisch folgen sie jeweils Paradigmen der Erkenntnis, die sich wechselseitig (zumindest teilweise) ausschließen. In beidem, Natur und Kultur, waltet die Zeit und hält sie zu einem Sinnganzen zusammen. Was dieses Sinnganze ist und wie die Zeit in ihm wirkt, wissen wir nicht, obwohl wir doch in ihm und aus ihm leben.

Literatur

AHR Forum (1997), »History and Memory«, in: *The American Historical Review*, 102, S. 1372–1412. ▪ Assmann, Aleida (1999 a), *Erinnerungsräume. Formen und Wandlungen des kulturellen Gedächtnisses*, München: C. H.Beck. ▪ Assmann, Aleida (1999 b), *Zeit und Tradition. Kulturelle Strategien der Dauer*. (Beiträge zur Geschichtskultur, Bd. 15), Köln: Böhlau. ▪ Assmann, Jan (2002), »Das kulturelle Gedächtnis«, in: *Erwägen, Wissen, Ethik*, 13, Heft 2, S. 239–247. ▪ Auerbach, Erich (1967), »Figura«, in: Auerbach, Erich, *Gesammelte Aufsätze zur romanischen Philologie*. Bern: Francke, S. 55–92. ▪ Becher, Ursula A. J. / Fausser, Katja / Rüsen, Jörn (2002²), »Geschichtsbewusstsein«, in: Greiffenhagen, Martin / Greiffenhagen, Sylvia (Hg.), *Handwörterbuch zur politischen Kultur der Bundesrepublik Deutschland*, 2. Aufl. Wiesbaden: Westdeutscher Verlag, S. 169–176. ▪

BENJAMIN, WALTER (1991), »Über den Begriff der Geschichte«, in: Benjamin, Walter, *Gesammelte Schriften*, hg. v. Tiedemann, Rolf / Schweppenhäuser, Hermann, Bd. I,2. Frankfurt/M.: Suhrkamp, S. 691–704. ■ CARR, DAVID (1986 a), »Narrative and the Real World: An Argument for Continuity«, in: *History and Theory*, 25, S. 117–131. ■ CARR, DAVID (1986 b), *Time, narrative and history. Studies in phenomenology and existential philosophy*, Bloomington: Indiana UP. ■ CARR, DAVID (1998), »Phenomenology and historical knowledge«, in: Orth, Ernst Wolfgang / Cheung, Chan-Fai (Hg.), *Phenomenology of interculturality and life-world* (Phänomenologische Forschungen, Sonderband), Freiburg: Alber, S. 112–130. ■ DUX, GÜNTER (1989), *Die Zeit in der Geschichte. Ihre Entwicklungslogik vom Mythos zur Weltzeit*, Frankfurt/M.: Suhrkamp. ■ FREUD, SIEGMUND (1969), *Vorlesungen zur Einführung in die Psychoanalyse Und Neue Folge*, (Studienausgabe, Bd. 1), Frankfurt/M.: S. Fischer. ■ GALTUNG, JOHAN (1997), »Die ›Sinne‹ der Geschichte«, in: Müller, Klaus E. / Rüsen, Jörn (Hg.), *Historische Sinnbildung. Problemstellungen, Zeitkonzepte, Wahrnehmungshorizonte, Darstellungsstrategien*, Reinbek: Rowohlt, S. 118–141. ■ HUSSERL, EDMUND (1980²), *Vorlesungen zur Phänomenologie des inneren Zeitbewusstseins*, hg. von Heidegger, Martin, Tübingen: Niemeyer. ■ JAUSS, HANS ROBERT (1977), *Ästhetische Erfahrung und literarische Hermeneutik, Bd. 1: Versuche im Feld der ästhetischen Erfahrung*, München: Fink. ■ KÖLMEL, WILHELM (1965), »Typik und Atypik. Zum Geschichtsbild der kirchenpolitischen Publizistik (11.-14. Jahrhundert)«, in: *Speculum Historiale*, Festschrift Johannes Spörl, Freiburg u. a.: Alber, S. 277–302. ■ LÖWITH, KARL (1953), *Weltgeschichte und Heilsgeschehen. Die theologischen Voraussetzungen der Heilsgeschichte*, Stuttgart: Kohlhammer. ■ MÜLLER, KLAUS E. (1996), *Der Krüppel. Ethnologia passionis humanae*. München: Beck. ■ MÜLLER, KLAUS E. (1999), *Die fünfte Dimension. Soziale Raumzeit und Geschichtsverständnis in primordialen Kulturen*, Göttingen: Wallstein. ■ NEUMANN, ERICH (1986), *Ursprungsgeschichte des Bewusstseins*, Frankfurt/M.: Fischer Taschenbuchverlag. ■ NIETHAMMER, LUTZ (1989), *Posthistoire. Ist die Geschichte zu Ende?*, Reinbek: Rowohlt. ■ NIETZSCHE, FRIEDRICH (1988), »Vom Nutzen und Nachteil der Historie für das Leben (Unzeitgemäße Betrachtungen, zweites Stück)«, in: Nietzsche, Friedrich, *Sämtliche Werke*, Kritische Studienausgabe in 15 Einzelbänden, Bd. 1, München: Deutscher Taschenbuch Verlag, S. 243–334. ■ ONG, WALTER J. (1982), *Orality and Literacy*, London: Methuen. ■ PEIRES, JEFFREY BRIAN (1989), *The Dead Will Arise. Nonqawuse and the Great Xhosa Cattle-Killing Movement of 1856–7*, Johannesburg: Ravan Press. ■ RAULFF, ULRICH (2000²), *Der unsichtbare Augenblick. Zeitkonzepte in der Geschichte*, Göttingen: Wallstein. ■ RENN, JOACHIM / STRAUB, JÜRGEN / SHIMADA, SHINGO (Hg.) (2002), *Übersetzung als Medium des Kulturverstehens und sozialer Integration*, Frankfurt/M.: Campus. ■ RICŒUR PAUL (1988), *Zeit und Erzählung, Bd.1: Zeit und historische Erzählung*, München: Fink. ■ RÜSEN, JÖRN (1990), »Die vier Typen des historischen Erzählens«, in: Rüsen, Jörn, *Zeit und Sinn. Strategien historischen Denkens*, Frankfurt/M.: Fischer Taschenbuchverlag, S. 153–230. ■ RÜSEN, JÖRN (Hg.) (1999), *Westliches Geschichtsdenken. Eine interkulturelle Debatte*, Göttingen: Vandenhoeck & Ruprecht. ■ RÜSEN, JÖRN (Hg.) (2001 a), *Geschichtsbewusstsein. Psychologische Grundlagen, Entwicklungskonzepte, empirische Befunde*, (Beiträge zur Geschichtskultur, Bd. 21), Köln: Böhlau. ■ RÜSEN, JÖRN (2001 b), *Zerbrechende Zeit. Über den Sinn der Geschichte*, Köln: Böhlau. ■ RÜSEN, JÖRN (2002), *Kann Gestern besser werden? Essays zum Bedenken der Geschichte*, Berlin: Kulturverlag Kadmos. ■ RUSTEMEYER, DIRK (2001), *Sinnformen. Konstellationen von Sinn, Subjekt, Zeit und Moral*, Hamburg: Meiner. ■ RUSTEMEYER, DIRK (i. Dr.), »Zeit und Zeichen«, demnächst in: Rüsen, Jörn (Hg.), *Zeitsinn. Studien zu einer Anthropologie temporaler Ordnungen*. ■ SANDBOTHE, MIKE (1997), »Die Verzeitlichung der Zeit in der modernen Philosophie«, in: Gimmler, Antje / Sandbothe, Mike / Zimmerli, Walther C. H. (Hg.), *Die Wiederentdeckung der Zeit. Reflexionen – Analysen – Konzepte*, Darmstadt: Primus, S. 41–62. ■ SCHÄFER, BERNHARD (1997), »Zeit in soziologischer Perspektive«, in: Ehlert, Trude (Hg.), *Zeitkonzeptionen, Zeiterfahrung, Zeitmessung. Studien ihres Wandels vom Mittelalter bis zur Moderne*, Paderborn: Schöningh, S. 142–154. ■ SCHOLEM, GERSHOM (1973), *Sabbatai Sevi: The Mystical Messiah*, Princeton: Princeton Univ. Press. ■ STRAUB, JÜRGEN (1999), *Verstehen, Kritik, Anerkennung. Das Eigene und das Fremde in der Erkenntnisbildung interpretativer Wissenschaften*, (Essener kulturwissenschaftliche Vorträge, Bd. 4), Göttingen: Wallstein. ■ WEIGELIN-SCHWIEDRZIK, SUSANNE (1990), »Der Erste Kaiser und Mao Zedong. Bemerkungen zu Politik und Geschichtsschreibung in der Volksrepublik am Beispiel der siebziger Jahre«, in: Ledderose, Lothar / Schlombs, Adele (Hg.), *Jenseits der Großen Mauer. Der Erste Kaiser von China und seine Terrakotta-Armee* [Ausstellungskatalog], Gütersloh/München: Bertelsmann-Lexikon-Verlag, S. 98–106. ■ WEIGELIN-SCHWIEDRZIK, SUSANNE (1996), »Der erste Kaiser von China und das Problem des Rezitivs in der Historiographie der VR China«, in: *Heidelberger Jahrbücher*, 40, S. 120–146. ■ WHITE, HAYDEN (1973), *Metahistory. The Historical Imagination in Nineteenth Century Europe*, Baltimore: The Johns Hopkins Univ. Press (deutsch: *Metahistory. Die historische Einbildungskraft im 19. Jahrhundert in Europa*, Frankfurt/M.: Fischer 1991). ■ WIMMER, ANDREAS (1997), »Die Pragmatik der kulturellen Produktion. Anmerkungen zur Ethnozentrismusproblematik aus ethnologischer Sicht«, in: Brocker, Manfred / Nau, Heino-Heinrich (Hg.), *Ethnozentrismus. Möglichkeiten und Grenzen des interkulturellen Dialogs*, Darmstadt: Wissenschaftliche Buchgesellschaft, S. 120–140. ■ WINTER, JAY (2000), »The Generation of Memory: Reflexions on the ›Memory Boom‹ in Contemporary Historical Studies«, in: *Bulletin of the German Historical Institute*, 27, Fall, S. 69–92.

6.2 Kultur und Geschichte – Historizität der Kultur und kulturelles Gedächtnis

Emil Angehrn

Die beiden Begriffe, die hier in ihrem Verhältnis zu betrachten sind, nennen Themen, denen in den letzten Jahrzehnten in unterschiedlichen Kontexten eine bemerkenswerte, aber auch deutungsbedürftige Aktualität zugewachsen ist. »Kultur« ist in der Öffentlichkeit wie im Wissenschaftsbetrieb zu einem Leitbegriff geworden, mit dem sich gesellschaftliche Debatten und disziplinäre Neuorientierungen verbinden; die kulturwissenschaftliche Wende in den Humanwissenschaften ist ein Phänomen, das nicht als äußerlicher Etikettenwechsel abzutun und nicht losgelöst von gesellschaftlichen Auseinandersetzungen um Kultur – um kulturelle Grenzen, Vermischungen, Identitäten – zu interpretieren ist. »Geschichte« findet, nachdem sie im Zeichen von post-histoire, Strukturalismus und Postmoderne tendenziell in den Hintergrund gerückt – oder gar ihr Ende verkündet worden – war, ein facettenreiches, neues Interesse; Erinnerung und Gedächtnis sind Themen zahlreicher Tagungen und Publikationen. Man mag nach den Gründen dieses Interesses fragen. Naheliegend ist die Vermutung, dass es einem Aspekt der menschlichen Lebenswelt gilt, der fragwürdig geworden, zerbrechlich, bedroht ist. Auch wenn man gewiss nicht einfach von einem Verlust historischer Erinnerung oder kultureller Identität ausgehen kann, scheint unbestreitbar, dass das gewachsene Interesse an Phänomenen der Kultur und des Gedächtnisses mit realen Problemen der Gesellschaft zu tun hat, auf offene Fragen unserer Zeit verweist und in der theoretischen Reflexion eine teils marginalisierte oder verdrängte Seite zur Geltung bringt.

Um diesen Zusammenhang aufzuhellen, haben wir uns indes nicht nur über zeitbedingte Motive, sondern allgemeiner über die Gründe des menschlichen Interesses an Kultur und Geschichte, über die wesentliche Kulturbedürftigkeit und Geschichtlichkeit der menschlichen Existenz zu verständigen. Beides sind konstitutive Moment der individuellen wie sozialen Lebenswelt, die zudem in signifikanter Weise ineinander verschränkt sind. Im Folgenden sollen zunächst vorausgreifend die Affinität und gegenseitige Verweisung zwischen der kulturellen und der historischen Dimension des menschlichen Lebens umrissen werden (1.). Danach sind Kultur (2.) und Geschichte (3.) je für sich, in ihrer strukturellen Verfassung und ihrer lebensweltlichen Funktion zu betrachten, um auf dieser Grundlage ihre Verflechtung genauer ins Auge zu fassen.

1. Affinität und Verflechtung von Kultur und Geschichte

Kultur und Geschichte sind wesentliche Dimensionen menschlicher Existenz. Sie benennen zwei Richtungen, nach denen der Einzelne die je eigene Erfahrungswelt transzendiert: indem er an gemeinsamen Orientierungen, Vorstellungen und Werten teilhat und indem er sich, über das Erleben und unmittelbare Erinnern hinaus, in einer umfassenderen Geschichte situiert. Ohne ein gewisses Maß an kulturellem Wissen und historischem Gedächtnis ist keine Gesellschaft lebensfähig. Neben ihrer thematischen und strukturellen Differenz sind Kultur und Geschichte durch gemeinsame Grundzüge verbunden. Beide stehen für Formen der Reflexivität des sozialen Lebens, in denen sich Menschen über ihre Herkunft, ihre leitenden Orientierungen und ihre Eigenart gegenüber anderen verständigen. Beide sind Konstruktionen, Gestaltungen und Entwürfe, welche die Menschen hervorbringen und verändern und die als Leistungen auf ihre Funktion und treibenden Motive hin befragbar sind. Beide antworten auf Bedürfnisse und existentielle Interessen, die sowohl für die individuelle Existenz wie für das Zusammenleben in der Gesellschaft grundlegend sind. In ihrer Reflexivität, Konstruktivität und Interessengeleitetheit stellen Kultur und Geschichte zum Teil konvergierende, sich ergänzende Leistungen dar. Gleichzeitig repräsentieren sie je spezifische Orientierungen, die aber in bestimmter Weise aufeinander bezogen sind. Diese Verflechtung umfasst unterschiedliche Relationen.

Generell ist zwischen Kultur und Geschichte ein konstitutives Wechselverhältnis festzuhalten: Kultur ist wesentlich historisch, Geschichte ist wesentlich über Kultur vermittelt. Der Historizität der Kultur entspricht die Kulturbestimmtheit der Geschichte. Diese globale gegenseitige Verweisung ist konkreter dahingehend zu spezifizieren, dass jede Seite sowohl als Grundlage und Medium wie als Gegenstand der anderen fungiert.

Zum einen ist Geschichte Grundlage der Kultur. Kulturen sind historisch entstanden und verwurzelt, ihr Inhalt wie ihre Geltung kommt ihnen aus der Überlieferung zu. Im Medium der Geschichte bilden sich ihre Sinnkonstrukte heraus, in ihm werden kulturelle Orientierungen ausgebildet, überliefert, tradiert, stabilisiert und verändert. Geschichte ist Medium der kulturellen Kontinuität wie des Bruchs; kulturelle Gebilde – Weltbilder, Moralvorstellungen, Lebensstile, Techniken, Medien etc. – sind geschichtlich entstanden, durch den Gang der Geschichte affiziert, der historischen Veränderung und dem Vergehen unterworfen.

Zum anderen gehört Kultur zum Stoff und Gegenstand der Geschichte. Geschichte erschöpft sich nicht in Kulturgeschichte, doch bildet Kultur eine wesentliche Dimension, teils einen umfassenden Horizont des geschichtlichen Verlaufs; dementsprechend schließt eine nicht-reduktive Historie den wesentlichen Bezug auf die kulturelle Dimension, die Deutung des Vergangenen unter dem Gesichtspunkt kultureller Werte und Vorstellungen ein.[1] Das an Kultur orientierte Gedächtnis ist eine Form historischer Erinnerung, teils neben anderen Ausrichtungen – wie der individuell-lebensgeschichtlichen oder der gruppenbezogenen Erinnerung –, teils als deren Tiefenschicht oder umfassender Rahmen.

Von der Gegenseite her betrachtet, zeigt sich Kultur zum einen als Grundlage und Medium des Historischen. Geschichtlichkeit gründet in der Fähigkeit des Menschen zur kulturellen Schöpfung und Repräsentation; animalisches Leben, auch

wenn es für das Individuum wie die Spezies Evolutionen und Veränderungen beinhaltet, ist kein historisches Leben, solange es nicht über die Fähigkeit zur reflexiven Vergegenwärtigung und Verarbeitung des Werdens verfügt. Kulturelle Tätigkeit ist das Medium der Konstitution von Geschichte. Wenn wir Geschichte nicht auf der Ebene des gegenständlichen Geschehens, sondern eines reflexiven Prozesses ansiedeln – Geschichte hat nur, wer sich seiner Geschichte (wie defizient auch immer) bewusst ist, sich auf seine Geschichte bezieht –, so gehört Kultur als Basis solcher Vergegenwärtigung zu den Voraussetzungen von Geschichte. Im Medium von Sprache, Schrift, Tradition, Kult etc. bildet sich das historische Bewusstsein einer Gesellschaft heraus, pflanzt es sich fort und verändert es sich.

Schließlich bezieht sich kulturelle Reflexion auf Geschichte als ihren Gegenstand, und dies in mehrfachem Sinn. Die historische Welt ist eines der Themenfelder kultureller Arbeit, historische Kultur – neben ästhetischer, politischer, moralischer etc. Kultur – eine der inhaltlichen Ausprägungen des kulturellen Lebens. Darüber hinaus bezieht sich Kultur reflexiv auf Geschichte und historische Sachverhalte: Sie entscheidet darüber, welche Ereignisse erinnerungswürdig sind, nach welchen Kriterien und in welcher Form Geschichte konstruiert wird, welche Erinnerungspolitik eine Gemeinschaft betreibt. Zuletzt fragt sie danach, welcher Wert der Geschichtskultur überhaupt zukommt, welchen Platz historisches Bewusstsein im Leben des einzelnen oder des Kollektivs einnehmen soll. Im Medium der Kultur wird historische Kultur reflexiv: Nicht nur die Geschichte, sondern die Historie, das Geschichtsbewusstsein, wird zum Gegenstand des Fragens und Forschens.

Nun kann es nicht allein darum gehen, die einzelnen Fäden der Verflechtung zwischen Kultur und Geschichte freizulegen. Es interessiert die in dieser Konstellation als ganzer sich vollziehende Reflexion in ihrer Leistung und ihrem leitenden Interesse. Dazu ist es nötig, die kulturelle Arbeit wie die Konstitution von Geschichte in ihrer je eigenen Stoßrichtung, ihrer Gestalt und ihrer Funktion herauszuarbeiten, um von daher ihre wechselseitige Durchdringung, aber auch ihre Komplementarität und Gegenläufigkeit zu fassen. Als ein Drittes, das für die Bestimmung beider wie ihre Interaktion

---

1 Vgl. dazu Johann Gustav Droysens Konzept der »Interpretation nach den sittlichen Mächten oder Ideen« (1977, §§ 42–44, S. 180–187) oder Alfred Webers Schrift *Kulturgeschichte als Kultursoziologie* (1935).

grundlegend ist, erweist sich das Element des Sinns; Geschichte und Kultur bewegen sich wesentlich im Element von Sinnbildung und Verständigung (und nicht nur sozialer, medialer, temporaler, rhetorischer etc. Konstruktion). Damit ist ein Begriff genannt, der seinerseits differenziert und konkretisiert werden muss, um zu verdeutlichen, was in Geschichte und Kultur auf dem Spiel steht.

2. Kultur

2.1. Begriff und Status der Kultur

Die Frage, was Kultur sei, verweist auf das, was sie nicht ist. Als grundlegendster Gegensatz gilt der von Kultur und Natur. Kultur ist, was nicht von Natur ist. Sie ist die vom Menschen geschaffene Welt, die Welt der Konstrukte und Artefakte. Sie ist ein wesentlich soziales und historisches Produkt: eine Äußerung, in welcher Gesellschaften ihr Leben gestalten, ausdrücken und reflektieren. Auch wenn sie durch Einzelne getragen und vorangebracht wird, ist sie wesentlich mit der Struktur und dem Selbstverständnis einer Zeit, einer Region, einer Gemeinschaft verknüpft. Sie ist je partikular und konkret; wenn vergleichende Kulturtheorien versuchen, die innere Morphologie und den Prozess des Entstehens und Vergehens von Kulturen unter allgemeinen Gesetzmäßigkeiten zu fassen, so ist das für die jeweilige Kultur Entscheidende jenseits solcher Allgemeinheit.

Nun lässt diese erste Umschreibung der Kultur als vom Menschen hervorgebrachtes, gesellschaftliches und geschichtliches Gebilde die kontroverse Frage offen, ob damit der Gegenstandsbereich ›Kultur‹ schon angemessen umrissen ist, d. h. ob alles, was unter die genannte Bestimmung fällt, zur Kultur zu rechnen ist. Infrage steht die Unterscheidung zwischen einem weiteren und einem engeren Kulturbegriff, die sich etwa mit der im Deutschen gebräuchlichen Gegenüberstellung von Zivilisation und Kultur verbindet, aber auch unabhängig davon einen verbreiteten Sprachgebrauch bestimmt, der mit der Kultur die Vorstellung künstlerischer oder geistiger Tätigkeiten verbindet, von denen etwa die Welt des Geschäfts oder der Politik abgehoben ist. Schriftsteller, doch nicht Techniker sind danach

Kulturschaffende. Dieser Unterscheidung steht der umfassende, holistische Kulturbegriff gegenüber, der zur Kultur alles zählt, was als gesellschaftliches Gebilde auftritt, vom politischen Disput über das Atomkraftwerk bis zur Opernarie. Im Rahmen neuerer Kulturwissenschaften steht meist dieser umfassende Begriff im Vordergrund, sowohl aus der Überzeugung heraus, dass alles vom Menschen Erzeugte ein Medium seiner Selbstgestaltung sei, wie angesichts der Schwierigkeit, einsichtige Grenzziehungen innerhalb der Welt dieser Erzeugnisse vorzunehmen. Zugleich betont die holistische Sichtweise den Wechselbezug von Ganzem und Teil: Jede Dimension des sozialen Lebens soll im Horizont der anderen und vom Ganzen her begriffen werden. Religion, Kunst, Sozialstruktur, Ökonomie verweisen aufeinander als Teile eines kulturellen Ganzen.

Es ist ein bemerkenswerter Tatbestand, der auch in kulturwissenschaftliche Debatten hineinspielt, dass hier im öffentlichen wie im wissenschaftlichen Sprachgebrauch eine Undeutlichkeit bzw. ein Schwanken verbleibt. Es lässt sich im Selbstverständnis kulturhistorischer Arbeit vom 18. Jahrhundert bis heute ausmachen, wobei die inhaltliche Besetzung und die normative Stellung der Begriffe ›Kultur‹ und ›Zivilisation‹ mit den Epochen, den nationalen Traditionen – exemplarisch der französischen und deutschen – , aber auch mit den Fragestellungen und den Disziplinen variieren. So impliziert die ethnographische Beschreibung ›der‹ Kultur einer Gruppe eine klar holistische Perspektive, während eine soziologische Untersuchung der Interaktion zwischen Politik, Wirtschaft und kultureller Öffentlichkeit offenkundig einen engeren Begriff unterstellt. Nun spricht nichts dagegen, einen engeren und einen weiteren Begriff von Kultur auseinanderzuhalten und sie unterschiedlichen Theoriebereichen und Fragestellungen zuzuordnen; als rein terminologische ist die Frage ohne Interesse und durch Festlegung zu entscheiden. Wichtiger für die Sacherschließung ist es, nach den Kriterien zu fragen, denen gemäß bestimmte Medien und Gestalten des Sozialen als kulturelle zu qualifizieren sind. Hier legt sich eine funktionale Betrachtung nahe, die nicht gegenständliche Eigenschaften, sondern Leistungen hervorhebt: Nicht bestimmte materiale Sektoren, sondern solche Äußerungen des sozialen Lebens sind als Kultur bestimmt, die eine spezifische Reflexivität der Gesellschaft realisieren, indem sie bestimmte Funktionen für diese erfüllen.

2.2. Funktionen der Kultur

(a) *Kreativität, Ausdruck, Selbstgestaltung.* – Kultur ist das Medium historischer Schöpfung, in dem Menschen neue Gestalten des Lebens, der Verständigung und des Ausdrucks hervorbringen.[2] Sie ist Medium der Äußerung und konkreten Selbstgestaltung des sozialen Lebens. In ihr gibt sich menschliches Leben bestimmte Form und Realität, indem es sich in verschiedene Gestalten ausdifferenziert, in denen eine Gesellschaft, eine Generation, eine Gruppe ihr konkretes Dasein hat und für sich fassbar wird. Soweit ist von Kultur in einem umfassenden Sinne die Rede, der praktisch alle Bereiche sozialen Lebens in sich begreift. Politik, Volkstum, Bildung, Wirtschaft etc. machen das konkrete Leben einer Gesellschaft aus.

(b) *Identitätsbildung.* – Bereits diese Gestaltung leistet in einem basalen Sinn Identitätsbildung. Durch die besondere Ausprägung ihrer Kultur gewinnen Gruppen ihre unverwechselbare Eigenart. In der Weise, wie eine Gesellschaft sich in ihrem Lebensstil, ihrer politischen und ökonomischen Organisation, ihren Welt- und Wertvorstellungen, ihrem Naturverhältnis oder ihrer technischen Praxis artikuliert, bildet sie eine bestimmte Identität aus, unterscheidet sie sich von anderen. Indes beschränkt sich menschliche Identitätsbildung nicht auf den gleichsam objektiven Prozess der Differenzierung, sondern schließt wesentlich das Moment der Selbstvergegenwärtigung ein. Kultur ist das Medium solcher Reflexion, die Dimension gesellschaftlicher Selbstbeschreibung über Sprache und Symbol. Ersichtlich bestehen hier Überlagerungen und fließende Übergänge zwischen der konkreten Ausgestaltung und der reflexiven Selbstvergegenwärtigung und Selbstunterscheidung, mit denen sich schwerpunktmäßig unterschiedliche Bereiche des sozialen Lebens verbinden, die aber nicht durch

eindeutige materiale Abgrenzungen voneinander getrennt sind. Kunst gilt als Bereich der (im engen Sinn verstandenen) Kultur und symbolischen Repräsentation, obwohl sie auch Teil des ökonomischen Systems ist; Politik und Wirtschaft sind als solche Organisationsformen des gemeinsamen Lebens, nicht der kulturellen Selbstexplikation, an der sie aber insofern teilhaben, als sie in sich Formen der Selbstverständigung (über eigene Mechanismen, Ziele, Legitimationen) und öffentlichen Selbstdarstellung entwickeln. Sport und Mode enthalten Übergänge zwischen Lebensgestaltung, Selbstinszenierung und Selbstverständigung.

Das Eigene, das Fremde, das Allgemeine. – Kultur ist nicht nur Medium der Ausbildung des Eigenen, sondern ebenso der Kommunikation mit dem Anderen und der Teilhabe am Allgemeinen. Sie zieht Grenzen und öffnet Wege ins Freie. Sie markiert Differenzen und befähigt zur Wahrnehmung des Allgemeinen. Sie führt zurück zu eigenen Wurzeln und ermöglicht gleichzeitig die Begegnung mit dem Fremden. Kultur ist Selbstbehauptung und Verständigung, Grund von Kriegen und Voraussetzung des Friedens. Sie ist lokal und steht im Horizont des Globalen; sie begründet eine Selbstverständigung, die das Selbst transzendiert und in sich selbst der natürlichen Egozentrik jeder kulturellen Identität entgegenarbeitet.

Identitätssicherung. – Nicht nur die Bildung und reflexive Vergewisserung, sondern auch die Erhaltung von Identität vollzieht sich im Element der Kultur, in den Medien des kulturellen Gedächtnisses ebenso wie in der Schaffung überzeitlicher Gebilde (in idealisierender wissenschaftlicher Konstruktion, großen Kunstwerken etc.); komplementär zur Potenz der Neuerung und des Wandels eignet der Kultur das Vermögen der Idealisierung und des Bewahrens. Im kulturellen Gedächtnis versichert sich eine Gesellschaft ihrer Herkunft und ihres Gewordenseins. Im engen Sinn erfüllt Historie (ohne sich darauf zu beschränken) die Funktion dieses Gedächtnisses; in einem weiten Sinn sind Kultur und Kulturwissenschaften im Ganzen mit dem Gegenwärtighalten der Geschichte und dessen, was zum Selbstsein einer Gemeinschaft gehört, befasst.

(c) *Selbstverständigung.* – Wenn wir die Figur der Identitätsbildung vertiefen, geht es nicht nur

---

2 Vgl. dazu Castoriadis (1975).

darum, das Selbst in seiner Unterschiedenheit gegen andere festzuhalten, sondern seine inhaltliche Selbstbeschreibung zu entwerfen und zur Diskussion zu stellen. Über die Kultur erarbeitet – entwirft, hinterfragt, modifiziert – eine Gesellschaft das Bild dessen, was sie ist und was sie sein will. Die Angewiesenheit auf solche Selbstrepräsentation, die sich in unterschiedlichsten Formen konkretisieren kann, gehört zur »Kulturbedürftigkeit« des Menschen. Selbstbeschreibung heißt nicht Abbildung eines vorgegebenen Selbstseins. Vielmehr geht es um das Konstruieren und Erproben von Selbstdefinitionen, um Ansätze der Selbstinterpretation. Was der Mensch – das »sich selbst interpretierende Tier« (Charles Taylor) – ist, ist durch keine Wesensbestimmung festgelegt, sondern erst in seiner Selbstdeutung realisiert und fassbar. In der Verständigung über sich gehen Selbsterkenntnis und Selbstbestimmung eine enge Verbindung ein: Die Selbstinterpretation eines Menschen ist sowohl ein Vorschlag der Beschreibung dessen, was er ist, wie eine Formulierung dessen, was er sein will: Sich als etwas verstehen kann eine Feststellung wie eine Absichtserklärung sein. Unter beiden Hinsichten bleibt die Interpretation überprüfungs- und revisionsfähig. Ihre Revision geschieht in kritischer Reflexion und neuen Interpretationsvorschlägen: Der Kulturbetrieb ist der Ort der Ausarbeitung, Explikation, Überprüfung, Begründung und Korrektur kollektiver Selbst- und Weltbilder.

(d) *Kritische Reflexion.* – Selbstverständigung als zugleich theoretische wie praktische Reflexion enthält zwei Fluchtlinien, die über sie hinausweisen: als normativ-kritische Reflexion und als sinnhafte Verständigung über die Wirklichkeit überhaupt. Als praktische Verständigung betrifft Kultur nicht nur die Frage, was ich sein will, sondern auch, was ich für richtig halte; sie enthält die Öffnung zum ethischen Diskurs, der die Voraussetzungen der je besonderen Orientierung übersteigt und in der Kultur den Kulturrelativismus transzendiert; auch nach dieser Hinsicht bedeutet Kultur als unverzichtbarer Lebensraum keine Abschließung auf sich.

Als normative Reflexion entfaltet Kultur ihre kritische oder stabilisierende Potenz. Als beides ist Kultur beschrieben und angeprangert worden: als subversive Macht wie als verschleiernde Legitimationsinstanz. Kultur macht das Auseinanderklaffen von Anspruch und Realität deutlich, sie ist nach Burckhardt das Ferment der Veränderung, das zersetzend auf die beiden »stabilen Lebenseinrichtungen« Staat und Religion einwirkt; heutige Kulturindustrie jedoch, statt gegen das Bestehende Widerstand zu leisten, ist nach Adorno zum Instrument der Anpassung verkommen. Ob mit kritischer oder legitimatorischer Stoßrichtung, ist Kultur konstitutiv für die normative Verfassung der Gesellschaft. Wenn Kant beklagt, dass im geschichtlichen Fortgang die Entwicklung der Moral mit der »Kultur der Talente, der Geschicklichkeit und des Geschmacks« nicht Schritt halte, so weist er darauf hin, dass jede Moral, um lebensfähig zu sein, über die rationale Begründung hinaus entsprechender subjektiver Grundhaltungen bedarf, die zu erzeugen Aufgabe kultureller Sozialisation ist: Gewissen, Mitleid, Solidarität etc. müssen nicht gefordert, sondern »kultiviert« werden. Als kritische Instanz fungiert Kultur schließlich nicht nur gegenüber den gesellschaftlichen Verhältnissen, sondern im Verhältnis zu sich selbst: Lebendige Kultur und Kulturkritik gehen Hand in Hand.

(e) *Sinnstiftung und Verstehen.* – Die andere Richtung, in der Kultur über Selbstverständigung hinausgeht, ist die eines sinnhaften Weltverhältnisses überhaupt. Die Funktion kultureller Konstruktionen erschöpft sich nicht darin, dass Subjekte sich in ihnen zum Ausdruck bringen. Das expressive Moment wird durch das darstellend-repräsentative ergänzt. Kultur ist die Welt der Symbolisierung, deren treibendes Motiv die sinnhafte Durchdringung und Aneignung der Welt ist; in ihr verständigen wir uns über uns selbst, über die Anderen, über die Dinge, über die Wirklichkeit im Ganzen. Zur Reflexivität der menschlichen Welt gehört das Produzieren, Aneignen und Verarbeiten sinnhafter Entwürfe, über die wir dem Leben und der Welt Bedeutung verleihen; Kultur ist der Ort der Sinnstiftung und sinnhaften Beschreibung unserer selbst und der Welt. In ihr kommt ein grundlegendes menschliches Bedürfnis zum Tragen, das dem Verstehen und Auslegen gilt: Es ist der Wunsch, dass uns das Leben, die natürliche und menschliche Welt ›lesbar‹ werden, dass wir in ihnen einen Sinn ausmachen können. Die Kulturbedürftigkeit des Menschen meint nicht zuletzt das Angewiesensein auf diese Lesbarkeit. Menschen leben so, dass sie sich immer schon auslegend auf sich und die Welt beziehen; diese Grundeinsicht der existentiellen Hermeneutik bleibt auch für die Kulturtheorie basal. Kultur ist das Ganze der Ausdrucks- und Gestaltungsformen, über welche sich der »sinnhafte Aufbau der sozialen Welt«[3] vollzieht und Wirklichkeit für die Menschen verstehbar und sinnhaft aneignbar wird.

Wenn wir von sinnhafter Konstitution sprechen oder das Motiv der Lesbarkeit der Welt, das unsere Kulturgeschichte durchzieht, mit Hans Blumenberg einem ursprünglichen Sinnverlangen zuordnen,[4] so ist es wichtig, die Verwendung des Sinnbegriffs zu präzisieren. Wenn wir vom ›Sinn‹ als Sinnesorgan – sensorium, sensus – absehen, sind es vor allem zwei Verwendungen des Begriffs, die in unserem Kontext von Belang sind.[5] Die eine meint den semantischen oder hermeneutischen Sinn: den Sinn als Korrelat eines Verstehens, als Bedeutung eines Zeichens, eines Rituals, eines komplexen Geschehens. Die andere Verwendung ist wertend-normativ und bezieht sich auf das, was den Wert, den Zweck einer Sache – einer Tat, einer Geschichte, einer Lebensaufgabe – ausmacht. Gefragt ist im einen Fall, wie etwas sinnhaft verständlich, im anderen, inwiefern etwas ›sinnvoll‹ ist; Gegeninstanzen sind im ersten Fall das Nicht-Verstehbare, im zweiten das Absurde. Die zweite Verwendung ist neueren Datums, zwar in der Alltagssprache vertraut, doch als Terminus gegenüber den anderen – sensus, significatio – später und wohl erst mit Nietzsche terminologisch zentral geworden; die Sache aber ist älter und kommt etwa in der metaphysischen Frage nach der Ordnung des Alls oder nach der Vernunft in der Geschichte zum Tragen. Während sich die gängige Rede von der ›Sinnfrage‹ oder ›Sinnsuche‹ auf diese wertende, voraussetzungsreichere Verwendung bezieht, ist die phänomenologische Rede von ›Sinnstiftung‹ gewissermaßen basaler und meint die Strukturierung, die einen verstehenden Umgang mit sozialen Gebilden erlaubt.

Ersichtlich bestehen zwischen beiden Verwendungen Überlagerungen und fließende Übergänge: Wir können eine Geschichte dann verstehbar, konsistent erzählbar finden, wenn wir einen Sinn ›in‹ ihr – ein erstrebtes Ziel, einen sie rechtfertigenden Zweck – ausmachen können (wie Hegel meinte, dass die historische Welt in dem Maße verstehbar und nicht nur ein undurchdringliches Chaos sei, wie sich in ihr ein vernünftiger Plan ausmachen lasse). Gleichwohl scheint es wichtig, beide Pole auseinanderzuhalten und die Eigenständigkeit der nicht normativ-wertenden Sinnhaftigkeit zu unterstreichen, wenn die Leistung kultureller (und dann auch historischer) Konstruktion als Bedeutungsverleihung ins Auge gefasst wird. Das Sinnbedürfnis, welches das Pathos des Verstehens trägt, ist nicht notwendig auf affirmative oder gar überschwängliche Sinnpostulate angewiesen; auch unabhängig von ihnen gilt dem Verstehen ein grundlegendes Interesse. Die Bedeutung eines Ereignisses, einer Praxis, einer Institution zu begreifen, eine Ereignisfolge als Geschichte erzählen, das Buch der Natur lesen zu können, sind Ausprägungen dieses Interesses, die einem verstehenden Weltbezug gelten, in welchem wir uns in ein Verhältnis zu den Dingen setzen und diese gleichsam zu uns sprechen. Der hermeneutische, nicht der evaluative Sinnbegriff markiert die Grenze dieses Bezugs. Beide Arten von Deutungen werden im kulturellen Raum vollzogen: sowohl Deutungen, mit denen wir der Erfahrung des Sinnlosen begegnen und in der Welt der Kontingenz oder des Leidens eine sinnvolle Lebensorientierung begründen (uns mit der Welt ›versöhnen‹, wie Hegel die Aufgabe der Philosophie umschreibt), wie auch Deutungen, die das Gegebene entzifferbar, als Text lesbar machen; den letzteren kommt auch losgelöst von den ersteren ein eigenständiges Interesse zu. Vielleicht der grundlegendste Impuls kultureller Produktion antwortet dem anthropologischen Bedürfnis, die Erfahrung ihrer Stummheit zu entreißen und symbolisch zu transformieren, sie in ein Zeichensystem zu übersetzen und damit für uns und für andere lesbar, kommunizierbar und sinnhaft assimilierbar zu machen.[6]

Die Frage, was zur Kultur gehört, und die Frage, welches die Leistungen der Kultur seien, haben

---

3 Vgl. Vgl. Schütz (1932).
4 Blumenberg (1986).
5 Auch die erste Bedeutung ließe sich – im übertragenen Sinn – in unserem Kontext thematisieren, sofern sich etwa Kulturen darin unterschieden, wieweit sie einen Sinn für Kunst, für Geschichte etc. ausbilden.
6 Vgl. Langer (1965), S. 48 ff.

keine einfache Antwort gefunden. Die aufgeführten Funktionen nennen keine sich ausschließenden Potenzen, sondern vielfältig sich ergänzende und kombinierende Aspekte kultureller Produktion. Im Rückblick auf die Eingangsfrage nach der Grenze des Kulturellen bestätigt sich, dass die entscheidende Differenz nicht in materiellen Bereichen, sondern in der Dimension der Funktion festzumachen ist: zwischen der Ebene der Lebensäußerung und -gestaltung als solcher und der Ebene ihrer (begrifflichen, künstlerischen, wissenschaftlichen) Darstellung und Reflexion. Zum kulturellen Leben einer Gesellschaft gehört diese Doppelung von Ausdruck und Reflexion, der Übergang von der Strukturierung und Organisation des sozialen Lebens zu Prozessen interpretierender Sinngebung und reflexiver Verständigung. Kulturen sind Gestaltungen des gemeinsamen Lebens, in denen eine Gesellschaft ihr Sein und Wollen entwirft, zum Ausdruck bringt, durchleuchtet, kritisch hinterfragt, verändert und aneignet. Diese Reflexivität kann mit verschiedener Explizitheit gegeben, nur ansatzweise formuliert oder in Theorien und künstlerischen Werken ausgearbeitet sein. Als Medien, die gewissermaßen auf diese Reflexivität spezialisiert sind, galten traditionellerweise die Bereiche der hohen Kultur, Kunst, Religion, Wissenschaft, Philosophie. Wenn diese ›Großmächte der europäischen Kultur‹ nach der Kulturkritik des 19. und 20. Jahrhunderts ihre Eminenz verloren haben, wird Kultur mit dem Verblassen ihrer Absolutheitsansprüche nicht obsolet, bleibt sie der Ort, wo die Selbstreflexion einer Gesellschaft stattfindet, und dies so, dass die Selbstverständigung in den offenen Horizont einer Verständigung über Wirklichkeit überhaupt, über Grundlagen des Denkens, Wertens und Wollens eingeht. Geschwunden ist das Vertrauen, dass hier eine letzte, abschließende Reflexion vollziehbar sei, doch ohne dass damit der kulturellen Arbeit etwas von ihrer Unverzichtbarkeit genommen wäre.

2.3. Historizität der Kultur

Kultur ist wesentlich historisch. Sie ist historisch entstanden, sie erhält und verändert sich in der Geschichte, sie wird ihrer eigenen Geschichtlichkeit bewusst. In historisch-genetischer Sicht erscheint Kultur als eine zu einem bestimmten Zeitpunkt und unter bestimmten Bedingungen entstandene, »symbolisch-mediale, über Denken und Sprache vermittelte Daseinsform«, die sich auf der Basis der biologischen Lebensorganisation und als deren Ablösung etabliert. Aufgrund der in der Naturgeschichte heraufgeführten anthropologischen Konstitution bildet sich eine radikal neue Existenzform heraus, die sich mit der Konstruktion der Welt und – als »Reflexivität der Konstruktivität« – mit deren Bedeutung und Deutung befasst.[7]

Doch ist diese Lebensform nicht nur äußerlich in Geschichte eingelassen, sondern in sich wesensmäßig geschichtlich verfasst. Dies betrifft zum einen ihre Inhalte, die Konstrukte der gemeinsamen Lebensgestaltung wie deren Deutung. Soziale und politische Organisationen, Arbeitsformen und Essenssitten, ökonomische und rechtliche Regulierungen variieren mit den Zeiten und Orten. Historische und ethnographische Bildung artikulieren das Bewusstsein dieser Bedingtheit und kultivieren die Kunst des Verstehens unter Bedingung der Historizität. Die Historizität der Kultur und die Kulturbedingtheit der einzelnen Lebenssphären durch das kulturelle System als ganzes verschränken und verstärken sich gegenseitig. Indes sind nicht nur Inhalte historisch bedingt, sondern desgleichen die Formen, die Konstellation, der Status kultureller Sphären und der Kultur als ganzer. Von fernen Zeiten und fremden Völkern trennen uns nicht nur bestimmte Moralvorstellungen und Religionspraktiken, sondern der Stellenwert von Moral, Religion und Tradition überhaupt. Zur Reflexivität der Kultur gehört, dass sie nicht nur den Wert und die Funktion ihrer Konstrukte – die Bedeutung religiöser Praktiken, die Problematik der Technik, die Ambivalenz künstlerischer Richtungen – thematisiert, sondern diese in historischer Perspektive wahrnimmt. Kultur wird für sich selbst zu einem historischen Gebilde, sei es, dass sie die Geltung ihrer einzelnen Produkte geschichtlich kontextualisiert, sei es, dass sie den Gang der Kulturentwicklung im Ganzen als Höherentwicklung oder Verfall, als Humanisierung oder Naturentfremdung beurteilt. Dass sich Kultur kritisch über sich selbst ver-

---

7 Dux (2000, S. 72 ff.).

ständigt und dass sie sich auf die eigene Geschichte bezieht und sich als grundsätzlich geschichtliches Gebilde denkt, sind zwei sich ergänzende Aspekte der wesentlichen Reflexivität der kulturellen Lebensform. Wieweit durch die Besinnung auf Geschichte die kritisch-interpretative Potenz der Kultur vertieft wird, ist im folgenden aus der Gegenperspektive, im Ausgang von der Geschichtlichkeit, zu verdeutlichen.

Zuletzt schließt das Bewusstsein der Kultur von ihrer eigenen Historizität auch die Aufgabe ein, sich gewissermaßen des geschichtlichen Stands der Kultur anzunehmen: Kulturelle Praxis ist unausweichlich mit der Frage konfrontiert, wie Kultur als historisches Erbe verfestigt, für die Zukunft bewahrt werden kann, doch ebenso mit der Frage, was und wie viel von den gegenwärtigen Kulturprodukten bewahrt werden kann und bewahrt werden soll. Nicht zuletzt die elektronische Revolution der letzten Jahrzehnte mit ihrer unvergleichlichen Steigerung der Datenproduktion und der Speicherkapazität der Datenträger hat die Dringlichkeit dieser in ihrer Qualität neuen Fragen vor Augen gestellt; die Ideen des absoluten Archivs oder der idealen Bibliothek sind allenfalls noch metaphorische – und keineswegs unkontroverse – Leitbilder. Diese Fragen leiten dazu über, das Verhältnis von Kultur und Geschichte aus der umgekehrten Perspektive aufzunehmen: Kultur ist nicht nur der Geschichte ausgesetzt, sondern wird selber zum Gefäß, zum Medium des Historischen, zur Instanz, welcher Geschichte überantwortet ist.

3. Geschichte

Historizität und Kulturalität sind Bedingungen des modernen Bewusstseins. Gegen den Anspruch der Vernunft auf Absolutheit und Universalität hat sich in der Neuzeit zunehmend die Einsicht durchgesetzt, dass unser Denken, unsere Werte, unsere Weltbilder historisch relativ und kulturell bedingt sind. Was zunächst für Lebensformen und künstlerische Ausdrucksweisen im Kontakt mit fremden Völkern augenfällig war, wurde vermehrt auch für

moralisch-rechtliche Fragen, schließlich im Bereich von Theorie und Wissenschaft geltend gemacht. Dabei steht teils der historische, teils der kulturalistische Gesichtspunkt im Vordergrund; teils ergänzen sich beide. Indes erschöpft sich ihr Wechselspiel nicht darin, dass die Geltung einer Kultur durch ihre Historizität relativiert wird. Ebenso interessiert die Frage, in welcher Weise sich eine Gesellschaft auf ihre Geschichte bezieht, wie sie ihre Vergangenheit vergegenwärtigt, aufarbeitet und konstruiert. Nicht die (objektive) ›Geschichte‹, die eine Gesellschaft hat, sondern die ›Historie‹, das Geschichtsbewusstsein steht im Blick; war vorher Thema, wie Kultur in Geschichte eingefügt und durch Geschichte affiziert ist, so geht es nun darum, wie Menschen in ihrer kulturellen Praxis Geschichte vergegenwärtigen, wie sie als historische Wesen existieren. Zu betrachten sind zunächst Formen (3.1) und Funktionen (3.2) dieser reflexiven Geschichtlichkeit, um dann ihre Verflechtung mit der Kulturalität des sozialen Lebens sowie schließlich ihre eigene Historizität (3.3) zu thematisieren.

3.1. Das historische Bewusstsein: Strukturen, Formen, Medien

Geschichtlich sein heißt in der Zeit und im Wandel sein, sich in eine Zukunft und in eine Vergangenheit erstrecken. Die eine Seite ist die Kreativität des geschichtlichen Hervorbringens – Geschichte als unablässiges Schaffen von Formen, Möglichkeiten, Bildern, letztlich von Bedeutungen, in denen wir unser Leben gestalten und die Welt wahrnehmen.[8] Die andere Seite ist der Vergangenheitsbezug, die Historie als Erinnerung und Gedächtnis. Im paradigmatischen Sinn hat Geschichtsbewusstsein mit dieser zweiten Seite zu tun. Geschichtlich existiert eine Gesellschaft kraft der Kultur der Erinnerung.

(a) *Gedächtnis und Erinnerung.* – Eine erste strukturelle Unterscheidung, die seit den ältesten Theorien thematisiert wird, betrifft die Weise des Erinnerns: ob wir Vergangenes (bzw. seine Zeugnisse und Überbleibsel) wie totes Material in einem Speicher horten, oder ob wir in lebendiger Erinnerung Gewesenes vergegenwärtigen, vergangene Zeiten in Erzählungen neu durchleben. Platons berühmte

---

8 Castoriadis (1975, S. 24).

Schriftkritik im Dialog *Phaidros* insistiert darauf, dass die Schrift, entgegen der Anpreisung durch ihren Erfinder Theuth, keineswegs unser Gedächtnis unterstütze und unsere Weisheit vermehre, da sie nur ein starres Festhalten, nicht ein lebendiges Erinnern ermögliche; Geschriebenes wird nur mechanisch wiederholt, hat nicht an der Lebendigkeit des Gesprächs teil.[9] Die Kluft zwischen wirklichem Wissen und dem Verfügen über gespeicherte Informationen scheint heute angesichts der realen Zugriffsmöglichkeiten auf Daten-Unendlichkeiten tiefer denn je. Ob Festplatte und Internet das menschliche Gedächtnis potenzieren, es entlasten oder absterben lassen, ist keine Frage der bloßen Definition, sondern des realen Wandels der Erfahrungswelt. Indes müssen diese beiden Prägungen des Erinnerns nicht in dieser Weise antagonistisch gegeneinander gestellt werden. Ebenso können wir in ihnen zwei strukturelle Momente unseres Vergangenheitsbezugs sehen, die beide für diesen konstitutiv sind und in ihm zusammenwirken. Schwerpunktmäßig entsprechen sie einer verbreiteten terminologischen Unterscheidung zwischen ›Gedächtnis‹ und ›Erinnerung‹ (die allerdings weder umgangssprachlich noch im Theoriekontext strikt durchgehalten wird). Aleida Assmann hat vorgeschlagen, zwischen einem ›Speichergedächtnis‹ und einem ›Funktionsgedächtnis‹ zu unterscheiden, wobei sie beide Instanzen gerade nicht als sich ausschließende, sondern als funktional verschränkte versteht: Das Speichergedächtnis steht für das potentiell verfügbare Erinnerungsmaterial, das Funktionsgedächtnis für die Aktualisierung der Erinnerung, die auf jenes Material angewiesen ist.[10] Das Speichergedächtnis ist tendenziell amorph, ohne Gestalt und Ordnung, im Potentiellen verbleibend, das Funktionsgedächtnis ist aktual, selektiv, in den Prozess der Sinngebung und Identitätsbildung involviert. Als polarer Gegensatz aufgefasst, entsprechen sie den Elementen von Hintergrund und Vordergrund, Möglichkeit und Verwirklichung.

Wichtig ist die Interaktion beider Seiten und die Weise ihres konkreten Zusammenwirkens in der historischen Konstitution. Die Überführung von Gedächtnisdaten aus dem Reservoir der Möglichkeiten in die gestaltende Erinnerung ist ein Prozess historischer Sinnbildung. Für das Individuum oder die Gesellschaft geht es darum, dass bestimmte Ele-

mente aus dem Fundus des Gedächtnisses in das konkrete Erinnern übernommen – bzw., vielleicht gegen Widerstand, zugelassen – werden, dass sie in den Zusammenhang einer erzählbaren, mitteilbaren Geschichte integriert, als Teil eines Selbstbildes aktualisiert werden. Die Transposition aus dem Potentiellen ins Aktuale vollzieht sich als eine »Umwandlung in Sinn«, die auf den Grund, aus dem sie herkommt, zurückwirkt: »Das Gedächtnis produziert Sinn, und Sinn stabilisiert das Gedächtnis.«[11] Auch das Gedächtnis ist nicht einfach eine naturale Größe oder ein Resultat mechanischer Sedimentierungen. Es muss aufgebaut werden und ist auf mögliche Aktualisierungen hin angelegt; was in Museen, Bibliotheken, Datenbanken für das künftige Erinnern aufbewahrt wird, hängt seinerseits von der Erinnerungskultur einer Gesellschaft ab. Dabei ist schon vor der bestimmten, teils unbewussten Selektionsstrategie die grundsätzliche Entscheidung von Belang, solche Reserven der Erinnerung gleichsam im Überschuss anzulegen: Durch sie wird eine Distanz gegenüber den je herrschenden Orientierungen ermöglicht, die es der Gesellschaft auch erlaubt, ihre Vergangenheit neu zu strukturieren, andere Elemente in den Vordergrund zu rücken und neue Selbstbeschreibungen zu entwerfen.[12] Unser Geschichtsbewusstsein ist weder vorgegeben noch ein für allemal festgelegt, sondern ein Konstrukt, das für Kritik, Transformation und Neuprägungen offen ist.

(b) *Formen, Metaphern, Medien des Gedächtnisses.* – Unter verschiedenen Gesichtspunkten lassen sich Formen und Funktionsweisen des Gedächtnisses differenzieren. Ein naheliegender Gesichtspunkt betrifft die Bezugssubjekte der Erinnerung. Je nach-

---

9 Platon (1983, 274e-276e).

10 A. Assmann (2000, S. 130–145). Assmann verweist auf analoge Unterscheidungen in der Literatur: zwischen der grenzenlos-diffusen ›Historie‹ und dem selektiv-formenden kulturellen Gedächtnis bei Nietzsche, zwischen der identitätskonstitutiven kollektiven *mémoire* und der abstrakten wissenschaftlichen *histoire* bei Maurice Halbwachs, zwischen dem aktualen gesellschaftlichen Gedächtnis und dem Fonds an Zeichen und Symbolen als dessen Hintergrund bei Pierre Nora (ebd. S. 130 ff.).

11 Ebd. S. 134, 136.

12 Ebd. 140 f.

dem ob es sich um Individuen, Familien, politische und soziale Kollektive, Kulturen etc. handelt, nimmt die Erinnerung verschiedene Gestalt an: Sie zielt auf unterschiedliche Zeiträume und Sachzusammenhänge, begründet verschiedene Zugehörigkeitstypen, verankert sich in anderer Weise im Leben der Einzelnen und der Gesellschaft, stützt sich auf andere Gedächtnisstrukturen und Erinnerungsmechanismen ab. Ein gemeinsames Merkmal vieler Erinnerungsmodi, sofern sie kulturell vermittelt und sozial organisiert sind, ist der bestimmte Gruppenbezug; mit ihm geht die Konkretheit, Strukturiertheit, Verbindlichkeit des kollektiven Gedächtnisses einher (im Gegensatz zum thematisch offenen, unspezifischen Erinnerungshorizont, aus dem wir in unserer Praxis und Kommunikation schöpfen).[13]

Nicht uninteressant ist ein Blick auf die Bilder und Begriffe, in denen Gedächtnis und Erinnerung umschrieben werden. A. Assmann unterscheidet die der Persistenz des Gedächtnisses zugeordneten räumlichen Metaphern und die der Diskontinuität und der Dialektik von Erinnern und Vergessen korrespondierenden zeitlichen Metaphern (Erwachen, Erwecken).[14] Besonders prägend für das Verständnis des Gedächtnisses und die Kunst der Memoria waren fraglos die räumlich-topologischen Bilder, die ihrerseits die zwei Hauptgruppen der Behälter- und Gebäudemetaphern (Speicher, Tempel, Bibliothek) und der Schriftmetaphorik (Buch, Inschrift, Buchstabe, Zeichen) umfassen. Gerade die letztere verweist auf die mit dem Spannungsfeld zwischen totem Speicher und lebendigem Gedenken assoziierte Polarität von Idealisierung und Materialisierung, Verinnerlichung und Veräußerlichung. Damit sind zwei Stoßrichtungen angezeigt, die beide in profilierten Ausarbeitungen für das Thema der Erinnerung tragend geworden sind. Auf der einen Seite gilt Schrift als das in sich transparente, sich gleichsam selbst aufhebende Medium der reinen Sprache des Geistes, die allein das Sichverständigen und Einssein über die Zeiten trägt; Erinnerung ist, wie Hegel betont, ein In-sich-Gehen, und es ist die ideelle Identität des Geistes, die den Wandel der Zeiten transzendiert. Auf der anderen Seite ist Schrift gerade in den Diskussionen der letzten Jahrzehnte in ihrer Eigenständigkeit gegenüber dem Sinn, ihrer materialen Beschaffenheit und Substrathaftigkeit bedacht worden, die als solche nicht zuletzt das in der Zeit sich Erhaltende (und damit Erinnerung Ermöglichende) ist. In diese Richtung weisen jene Vor- und Derivatformen von Schrift, die für die Bildung von Gedächtnis jenseits etablierter Codierungen namhaft gemacht werden: Spuren, Residuen, Anzeichen etc., Formen des materiellen Niederschlags von Geschehnissen, die darin registriert und lesbar bleiben. Komplementär kommt der Körper als privilegierter Träger von Erinnerungen in den Blick, wie dies zahlreiche Metaphern gerade im Fall von Negativerfahrungen bekunden (das Einschreiben im Gedächtnis als Eingravieren, Einschneiden, das Zufügen von Schmerz als Instrument der Mnemotechnik [Nietzsche]). Schrift steht hier stellvertretend für die Modi der Materialisierung, Verräumlichung, Inkorporierung als Mittel der Gedächtnisbildung. Kontinuität und Erinnerung stehen im Spannungsfeld zwischen Innerlichkeit und Äußerlichkeit, Verinnerlichung und Veräußerlichung, an denen die Medien des Gedächtnisses – mündliche Tradierung, Monumente, Orte, Rituale, Lebensformen etc. – mit variierender Gewichtung partizipieren.

3.2. Funktionen des historischen Bewusstseins

Schon dadurch, dass wir die Frage nach dem Geschichtsbewusstsein unter dem Stichwort des Gedächtnisses behandeln, rückt der Gesichtspunkt der Funktion in den Blick. Dies sowohl mit Bezug auf die Fähigkeit und Leistung wie auf den Zweck des Erinnerns: Die Rede von Gedächtniskunst, Mnemotechnik, Macht des Erinnerns verweist auf der einen Seite darauf, dass hier ein Subjekt involviert ist, das eine Fähigkeit besitzt, ausbildet und einsetzt; anderseits lässt sie anklingen, dass diese Fähigkeit einem bestimmten Zweck dient, eine bestimmte Funktion für das Subjekt erfüllt. Sofern Geschichtsbewusstsein ein wesentlicher Bestandteil der individuellen wie sozialen Lebenswelt ist, ist die Frage nach seiner Struktur von der Frage nach seinem Stellenwert und seiner Funktion nicht ablösbar. Die Frage ›Wozu

---

13 J. Assmann (1988).
14 A. Assmann (2000, S. 149–178).

Geschichte?‹ lässt sich sowohl auf das soziale Gedächtnis und die gelebten Erinnerungspraktiken wie auf die methodisch-wissenschaftliche Arbeit an der Geschichte beziehen. Sie hat in der Tradition des Geschichtsdenkens die unterschiedlichsten Antworten gefunden.

Zwei Kristallisationspunkte seien im folgenden hervorgehoben, um die sich tragende Motive des historischen Interesses gruppieren und die sich zugleich in ein Verhältnis zu den oben dargelegten Funktionen kultureller Arbeit setzen lassen. Auf der einen Seite geht es darum, dass durch die Erinnerung Geschichte gebildet und sinnhaft vergegenwärtigt wird, auf der anderen Seite interessiert, wie sich das Subjekt in der Geschichtskonstruktion auf sich selbst bezieht: Geschichtliche Arbeit fungiert als Sinnstiftung und als Identitätsbildung.

(a) *Geschichtskonstruktion und historische Sinnbildung.* – Dass Geschichte nicht mit den materialen Tatbeständen und faktischen Ereignissen identisch, sondern Resultat einer Konstruktion ist, ist von der Theorie vielfach reflektiert worden. Historie ist nicht Abbild, sondern die strukturierend-interpretierende Tätigkeit, durch welche, wie Droysen formulierte, aus Geschäften Geschichte wird. Dabei wird der Akzent teils auf die temporale Konstruktion (Arthur C. Danto), teils auf die narrative Einheitsbildung oder die rhetorische Verfassung des historischen Textes (Hayden White) gelegt. Wichtige Publikationen haben die Konstitution der Geschichte unter dem Stichwort der ›historischen Sinnbildung‹ untersucht.[15] Die Genese historischer Gebilde vollzieht sich wesentlich im Element des Sinns, als Konstitution eines nicht nur strukturellen oder temporalen Ganzen, sondern eines in seiner Bedeutung erfassbaren, sinnhaft interpretierbaren Zusammenhangs.

Sinnbildung ist das Medium des Zustandekommens *und* der Vergegenwärtigung von Geschichte. Zum Spezifikum historischer Wahrnehmung gehört das Zusammenspiel von rezeptivem Sinnvernehmen und interpretierender Sinnkonstruktion; im einzelnen kann offen sein, wie weit Sinn in eine Geschichte hineingetragen oder aus ihr herausgelesen wird. Dieses Wechselspiel ist Reflex des grundlegenden, für Geschichte kennzeichnenden Ineinander von Gegenstand und Darstellung, der Unablösbarkeit der Geschichtserfahrung vom Dis-

kurs über sie. Sinn ist das Medium, in welchem diese Interaktion von Geschichte und Interpretation stattfindet. Die Auslegung ist selber Teil des Sinngeschehens; nur kraft dieser von der Hermeneutik betonten Zugehörigkeit ist das Verstehen in der Lage, Sinn zu erfassen und an seiner Konstitution mitzuwirken. Historie entziffert nicht nur Spuren und Sedimentierungen vergangener Sinnbildungsprozesse, sondern ist selber Teil dieser Sinnbildung, der Gestaltung und Selbstauslegung der menschlichen Verhältnisse. An dieser Auslegung, die sowohl erkennend wie entwerfend und verändernd, theoretisch und praktisch ist, hat historische Reflexion, wie kulturelle Arbeit überhaupt, teil.

Um die Funktion und Leistung solcher Sinn-Bildung konkreter auszumessen, wäre die oben genannte Differenzierung zwischen dem hermeneutisch-deskriptiven und dem normativ-wertenden Sinnbegriff auszuführen. Die auslegende Konstruktion des Vergangenen kann sich auf dessen verstehbare Bedeutung oder auf seine immanente Vernunft und Zweckhaftigkeit richten; die Aufgabe der Historie kann darin liegen, aus der ungeordneten Faktenfülle eine strukturierte, erzählbare Geschichte zu formen oder hinter dem Wirrwarr und Elend der Geschichte einen positiven Sinn aufzudecken und den Glauben an die Vorsehung zu rechtfertigen. Beide Fragerichtungen können ineinander verschachtelt, aber auch unabhängig voneinander Thema sein; die Verstehbarkeit kann in einem affirmativen Sinn der Geschichte begründet, doch auch unabhängig davon konstituiert sein. Diese Doppelstufigkeit spielt analog in die reflexive Frage nach dem Sinn unserer Beschäftigung mit Geschichte hinein: Welches Interesse können wir an der Geschichte nehmen, wenn wir nicht mehr von der Möglichkeit überzeugt sind – ja, gar nicht mehr das Ziel verfolgen –, im Gang der Geschehnisse einen affirmativen Sinn auszumachen? Worin liegt der Sinn historischer Erinnerung unabhängig vom Sinn ›der‹ Geschichte? Eine Antwort lautet: Historische Arbeit dient der Bildung persönlicher und sozialer Identität. Es ist eine Funktion, die wesentliche Motive des historischen Interesses bündelt und ihrerseits intern zu differenzieren ist.

---

15 Rüsen (1994), Rüsen/Müller (1997).

(b) *Historische Identitätsbildung.* – Historische Identitätsbildung vereinigt drei Stoßrichtungen, die sich in Anlehnung an eine interne Differenzierung des Identitätsbegriffs – als numerische Identität (Individualität), qualitative Identität, Selbigkeit (Identität über die Zeit) – explizieren lassen.

(c) *Historische Individuation.* – In einem ersten Sinn meint der Begriff die numerische Identität oder Individualität: das, wodurch ein jedes von anderen unterschieden, es selbst und nicht ein anderes, einzig unter seinesgleichen ist. Die Philosophie hat unter dem Titel des Individuationsprinzips nach den Kriterien solcher Unterscheidbarkeit für die verschiedenen Typen von Gegenständen – Körper, abstrakte Entitäten, Lebewesen etc. – gefragt; ein besonderes Problem betrifft die Individualität von Menschen, die nicht nur als je einzelne von anderen unterschieden sind, sondern sich selbst von anderen zu unterscheiden und als einzelne zu leben und zu handeln haben, und analog die Identität von Kollektivsubjekten. Offenkundig hat Geschichte an dieser Individuation maßgeblichen Anteil. Meine bestimmte Herkunft und mein Werdegang, die Begegnungen und Erlebnisse, die mich geprägt haben, die Glücks- und Unglücksfälle, die mir zugestoßen sind, all dies macht die Bestimmtheit meines Gewordenseins, die Unverwechselbarkeit meines Seins aus. Das Interesse am Geschichtlichen ist in diesem Sinn ein Interesse an – eigener wie fremder – Individualität, an der bestimmten Besonderheit einer Gruppe, einer Institution, einer Tradition; entsprechend kommt in der methodologischen Bestimmung der Historie als »individualisierender« (Rickert) oder »idiographischer« (Windelband) Beschreibung nicht ein bloßer Verzicht auf Gesetzeserkenntnis, sondern etwas von der Hochschätzung des Individuellen und Konkreten zum Ausdruck, die zum Kern historischer Anschauung gehört. Etwas von diesem Interesse kann gerade in der modernen Zivilisation als treibendes Motiv fassbar werden, als Gegenkraft gegen Tendenzen zur zunehmenden Abstraktheit, Uniformität und Ersetzbarkeit. Für das Kollektiv wird in solcher Identitätsbildung sowohl die Einheit nach innen wie die Unterscheidung nach außen geprägt und stabilisiert. Im kulturellen Gedächtnis vergewissert sich die Gruppe ihrer Eigenart und Differenz.

(d) *Qualitative Identität und historische Selbstverständigung.* – In einem zweiten Sinn meint Identität die ›qualitative‹ Identität: Hier geht es darum, etwas als etwas, als ein so und so Bestimmtes zu identifizieren. Mit Bezug auf Personen ist diese Verwendung u. a. im sozialpsychologischen Kontext vertraut, wenn etwa von Problemen der beruflichen, geschlechtlichen, nationalen etc. Identität die Rede ist. Dass Geschichte mit solcher Identitätsbildung zu tun hat, liegt auf der Hand: Fast alles von dem, ›als was‹ sich eine Person versteht, ist nicht Resultat freier Entscheidung, sondern in irgendeiner Weise durch die Geschichte, die ihr widerfahren ist, vermittelt. Solches Sich-Verstehen kann theoretischer oder praktischer Art sein: Sich über soziale Rollen, über Zugehörigkeiten, über moralische Prinzipien oder über Vorbilder zu identifizieren kann ein Akt der Selbstbestimmung oder der Selbsterkenntnis sein, eine Antwort auf die Frage ›Was für ein Mensch will ich sein?‹ oder auf die Frage ›Was für ein Mensch bin ich (möglicherweise in Kontrast zu meinem Ideal oder meinem Selbstbild)?‹. Beide Fragen, die sich analog für Kollektivsubjekte stellen, haben in signifikanter Weise mit historischer Reflexion zu tun.

Mit der praktischen Selbstverständigung hat die Orientierungsfunktion der Geschichte zu tun. Wenn Menschen sich über das, was sie tun und sein wollen, über Normen, Werte und Zwecke verständigen, tun sie dies nicht im abstrakten Raum moralischer Selbstbestimmung und rationaler Güterabwägung, sondern im Kontext konkreter Umstände, geschichtlicher Vorgaben und eigener historischer Prägungen. Teils beziehen sie sich in ihren Überlegungen und Begründungen explizit auf Geschichte, indem sie ihre Verwurzelung in Traditionen reflektieren, anhand historischer Beispiele Orientierungen erproben, eigene Bedingtheiten hinterfragen. Die kritische Aneignung der Geschichte ist Basis und Pendant des Selbstentwurfs in die Zukunft; historische Erfahrung kann eine lebensweltliche Basis praktischer Klugheit, auch moralischer Reife sein. Praktische Vernunft hat sich als Vernunft endlicher und geschichtlich situierter Subjekte zu bewähren.

Selbstverständigung über Geschichte ist jedoch nicht auf die Frage nach dem Richtigen und dem eigenen Wollen beschränkt, sondern ebenso an historischem Verstehen und Selbsterkennen interessiert. Geschichtliches Verstehen soll einerseits Gewordenes in seinem Gewordensein erhellen, anderseits Verdecktes sichtbar machen. Auf der einen Seite ermöglicht Historie ein genetisches Begreifen dessen, was man ›nur historisch‹ erklären kann: Sie rekonstruiert die Wechselfälle und Interferenzen, aus denen geschichtliche Tatbestände resultieren. Vieles an dem, wie wir und andere sind und wie die Welt uns begegnet, wird uns erst durch diese Nachzeichnung begreifbar, in unser Bild von uns und der Welt integrierbar. Zugleich ermöglicht dieses Erforschen den Blick von außen: Es macht auf Faktoren und Zusammenhänge aufmerksam, die dem geschichtlichen Subjekt selbst möglicherweise verborgen bleiben. Historische Selbstverständigung ist auch das Bemühen, im eigenen Selbstbild – in dem, was wir als Individuen, als Gruppe sind, in der Kultur, über die wir uns definieren – den blinden Fleck sichtbar zu machen, das Verdrängte, Ausgeschlossene in den Blick zu rücken. Solche Aufdeckung ist Kritik und Zurechtrückung eines verfestigten Geschichtsbildes: Historische Selbstverständigung ist auch ein kritisches Sich-Abarbeiten am gegebenen Selbstverständnis und Verständnis der eigenen Geschichte. Wir eignen uns Geschichte an, um besser zu begreifen, was wir sind und wohin wir gehen. Es gehört zum Spezifikum historischer Erkenntnis, dass solche Selbstaufklärung nicht im Selbstbezug terminiert: Die Tiefe der Selbstverständigung kommt ihr nicht allein durch das Insichgehen, sondern ebenso durch das Hinausgehen, durch die Begegnung mit dem Anderen und Fremden zu. Dass die Funktion solcher Selbsterkenntnis keine rein theoretische, sondern in eminenter Weise eine lebensweltlich-praktische ist, wird nicht zuletzt im Negativen, in den Verzerrungen und Pathologien, welche individuelle und kollektive Amnesien begleiten, manifest.

(e) *Identität-über-die-Zeit und Erinnerung.* – Eine dritte Verwendung des Identitätsbegriffs versteht diesen im Wortsinn des Identischseins-mit-etwas, als Selbigkeit.[16] Mit Bezug auf Geschichte kommt hier die Frage in den Blick, ob jemand im Verlauf der Zeit mit sich identisch, derselbe geblieben ist; umgekehrt geht es darum, dass die Erinnerung, das mit-sich-Einssein über die Zeit Grundlage persön-

licher oder sozialer Identität und Selbstgewissheit ist. Geschichtliche Identitätsbildung ist hier mit genuinen Motiven historischer Kultur verwandt, mit der Leitidee der Kontinuität, der Pietät des Bewahrens, dem Motiv der Erinnerung. Historie ist der Bericht vom Gewesenen, und vor aller begrifflichen Formung und inhaltlichen Deutung besteht ihre Leistung darin, das Vergangene in der Gegenwart präsent zu halten. Wenn Kontinuität und Identität-über-die-Zeit als Leitideen fungieren, so geht es weder um eine inhaltliche Unveränderlichkeit des Geschichtssubstrats noch eine geschlossene Einheit der erzählten Geschichte. In den Blick kommt vielmehr ein innerstes Motiv des Interesses an Geschichte, das in radikalster Weise von allen Sinn-Präsuppositionen absieht und allein der Historie als Kultur der Erinnerung, des Widerstandes gegen das Vergessen gilt. Vor aller Orientierung an herausragenden, lehr- oder ruhmreichen Inhalten, um derentwillen wir das Vergangene festhalten, liegt das Interesse am Erinnern als solchem. »Nichts ist vergessen und niemand ist vergessen« wird zum Leitspruch historischer Kultur. Hans Michael Baumgartner hat in der modernen Geschichtstheorie den Begriff der Kontinuität gewissermaßen als letzten Residualbegriff nach der Krise voraussetzungsreicherer Prinzipien wie Vernunft, Entwicklung und Fortschritt herausgearbeitet und als sein innerstes Motiv das »Interesse an der Unvergänglichkeit alles Vergänglichen«[17] bestimmt. Besondere Prägnanz nimmt dieses Motiv dort an, wo es der Erinnerung des Unterdrückten, des Macht- und Ruhmlosen, des dem Vergessen Preisgegebenen gilt. Im Mittelpunkt der Historie steht nicht Verklärung, sondern das Gedenken als solches.

3.3. Kulturbestimmtheit der Geschichte

Die Funktionen des historischen Gedächtnisses konvergieren unter signifikanten Aspekten mit den Leistungen der kulturellen Arbeit als solcher.

---

16 Paul Ricœur hat den Begriff der »Selbigkeit« (mêmeté) – im Kontrast zur »Selbstheit« (ipséité) – in diesem Zusammenhang ausgearbeitet: Ricœur (1990).

17 Baumgartner (1972, S. 324).

Die im Kulturellen realisierte Reflexivität des sozialen Lebens vollzieht sich, ohne darin aufzugehen, wesentlich im Bezug zur Geschichte; umgekehrt ist historisches Bewusstsein wesentlich durch kulturelle Prägungen bestimmt und über kulturelle Praxis vermittelt. Die Kulturbestimmtheit der Historie bedeutet zum einen, dass Kultur das konkrete Medium ist, in welchem die Funktionen des historischen Bewusstseins erfüllt werden. Zum anderen ist Kultur die Instanz eines reflexiven Umgangs mit Geschichte; in ihrem Horizont wird schließlich die eigene Historizität des Geschichtlichen thematisch.

Im Medium kultureller Praxis entfaltet historisches Gedenken seine sinnstiftende und identitätsbildende Kraft. Nicht nur sind kulturelle Praktiken wie das Totengedenken Paradigmen des kollektiven Gedächtnisses. Darüber hinaus ist Kultur als ganze mit der Stiftung von Tradition befasst; sie ist das Medium der Schaffung neuer Verständigungsweisen, des Aufarbeitens geschichtlicher Überlieferung, der Weitergabe, Kritik und Transformation von Denk- und Lebensformen. In verschiedener Weise bieten Kunst, Technik, Rechtspflege, Wissenschaft etc. dem sozialen Leben den Raum seiner Entfaltung, seiner reflektierenden Orientierung und seiner Kontinuierung über die Zeit. Die drei Stoßrichtungen der Identitätsbildung – individuierende Unterscheidung, Selbstverständigung und Erinnerung – finden darin je spezifische Ausprägungen. Über die kulturelle Produktion kann sich eine Gesellschaft ihrer Eigenart gegenüber anderen versichern, sich über Wert- und Lebensvorstellungen verständigen, neue Selbst- und Weltbeschreibungen erproben, sich mit ihrer Herkunft kritisch auseinandersetzen und Zukunftsräume eröffnen.

Wie die Kultur einer Gesellschaft durch ihre historische Situierung bedingt ist, so ist umgekehrt die Geschichtskultur durch den kulturellen Kontext affiziert. Das tragende Selbstverständnis einer Gesellschaft, ihre Wertvorstellungen, ihr Menschenbild, gehen in die Art und Weise ein, wie sie ihre Vergangenheit vergegenwärtigt. Dies betrifft nicht nur die Auswahl und Wertung der Inhalte, sondern die Form des Historischen selbst: Welchen Stellenwert wir der Erinnerung zumessen, nach welchen Rastern wir Vergangenes mit dem Heute verknüpfen, welche Werte wir mit Leitideen wie Kontinuität, Identität, Wandel oder Fortschritt verbinden, ist

von kulturellen Rahmenbedingungen abhängig (die ihrerseits durch paradigmatische Geschichtsbilder beeinflusst sein können). Doch geht es nicht nur um die faktische Kulturbedingtheit des Historischen. Kultur etabliert sich gleichzeitig als die reflexive Instanz, von der aus der Umgang mit Geschichte bewusst strukturiert und gelenkt werden kann. Staaten und Gesellschaften setzen sich nicht nur mit ihrer Geschichte, sondern ebenso mit ihrer Historie, ihrer – offiziellen, oppositionellen, verdrängten – Geschichtskultur auseinander. Der Streit um eine belastende Vergangenheit wird normalerweise von der Kontroverse um Richtungen der Erinnerungsarbeit begleitet. Totalitäre Staaten praktizieren eine explizite und rigorose Erinnerungspolitik, einschließlich bewusster Verfälschungen und strenger Ausschließungen – wobei sich zugleich die auffallende Resistenz des Geschichtlichen gegen langfristige Verzerrungen bemerkbar macht. Doch auch wo keine strategische Regulierung des Geschichtsbewusstseins stattfindet, ist dieses für eine Gesellschaft nichts natürlich Vorgegebenes, sondern etwas, zu dem sie sich in ein bewusstes Verhältnis setzt und setzen muss. Wenn Historie zur Reflexivität der Lebenswelt gehört, so ist eine zweite Reflexion dem Umgang mit historischem Wissen und historischer Praxis gewidmet. Kultur im weiten Sinn ist der Ort dieser Reflexivität des Geschichtsbewusstseins selbst.

Ein besonderes Augenmerk gilt dabei der eigenen Historizität der historischen Kultur. Geschichtliches Leben und Geschichtskultur sind selber historisch entstandene Größen, die sich in der Zeit verändern, in variierender Gestalt und Prägnanz einzelne Epochen und Kulturen bestimmen, möglicherweise wieder in den Hintergrund treten, selber zum Gegenstand des bloßen Gedenkens werden. Die in den letzten Jahrzehnten geführten Debatten um ein ›posthistorisches‹ Zeitalter oder um das ›Ende der Geschichte‹ illustrieren pointiert einen Aspekt dieser Reflexion. Ausgelöst wurden sie u. a. durch Veränderungen der sozialen Lebenswelt, in denen nicht zuletzt Erfahrungen, die für die Genese des neuzeitlichen Geschichtsbewusstseins bestimmend waren – Beschleunigung, weltweite Vernetzung, Gleichzeitigkeit des Ungleichzeitigen –, in einer Weise gesteigert werden, die das geschichtliche Erleben auszuhöhlen scheint. Vielen gelten die

Technik und der technische Wandel als Gegenwelt zur Geschichte: Die wert-indifferente Zweckrationalität, die Dominanz des Quantitativen, die abstrakte Verallgemeinerung sind jenseits nationaler und regionaler Traditionen; erst recht scheint sich die Tendenz zum Virtuell-Medialen, zur Potenzierung des Fiktionalen von jener Konkretheit und Faktizität abzulösen, welche zum Wesen der Geschichte gehört. Es ist die Frage, wieweit diese unleugbaren kulturellen Veränderungen mit einer Enthistorisierung des Sozialen einhergehen. Gegen eine zu abstrakte Gegenüberstellung macht Johannes Rohbeck geltend, dass die technische Evolution mit der Veränderung unserer Lebensbedingungen auch neue Deutungs- und Sinnhorizonte aufreißt, die durchaus in unser historischen Selbstverständnis eingehen und nicht ein Anderes zur Geschichte, sondern allenfalls eine andere Form von Geschichtlichkeit, teils geradezu einen geschärften Sinn für das Historische begründen.[18] Am Ende bedeutet das Selbstbewusstwerden der Geschichte nicht nur das Gewahrwerden der jeweiligen Standortgebundenheit, sondern das Konfrontiertwerden mit der Geschichtlichkeit alles Menschlichen und der Frage nach dem ›Sinn‹ historischen Bewusstseins überhaupt.

4. Kulturalität und Historizität

Menschen sind grundlegend kulturelle und geschichtliche Wesen. Davon auszugehen, kennzeichnet einen modernen, nach-kantischen Standpunkt des Denkens. Was sich im 19. Jahrhundert in der theoretischen Reflexion Geltung verschaffte, hat im 20. Jahrhundert in Kulturwissenschaft und Wissenschaftsgeschichte weithin Anerkennung gefunden. Indessen geht es nicht allein um die negative Seite des Bedingtseins, um den Verzicht auf Absolutheits- und Souveränitätsansprüche. Ebenso grundlegend ist die positive Kreativität und sinnstiftende Potenz, die der kulturell-geschichtlichen Seinsweise des Menschen zugrunde liegt und kraft deren der Mensch seinem Leben und der Welt Bedeutung verleiht. Kultur und Geschichte sind Dimensionen des sinnhaften Selbst- und Weltbezugs, der Verständigung über sich und der interpretierenden Beschreibung der Welt. Sie sind für den Menschen

Dimensionen des Sinns und der Reflexivität des Lebens.

Dieses Gemeinsame, das eingangs anhand der Begriffe der Reflexivität, der Konstruktivität und des existentiellen Interesses umrissen wurde, realisiert sich konkret in der Verflechtung beider Potenzen: in der Geschichtlichkeit – historischen Bedingtheit und Vermitteltheit – der Kultur und in der Kulturalität – kulturellen Bedingtheit und Medialität – der Geschichte. Ihr verbindendes Drittes ist der Sinn, das Verstehen und Auslegen, welches nach der Hermeneutik immer auch Sichverstehen und Selbstauslegung ist; darin sind die von der Phänomenologie herausgearbeitete Sinnstiftung – als Grundlage des genuin menschlichen Wirklichkeitsbezugs – und die Selbstverständigung und Identitätsbildung unterhintergehbar ineinander verschränkt. Beide antworten einem ursprünglichen Bedürfnis des Menschen, einem Bedürfnis nach Sinn und Verstehbarkeit im Umgang mit dem eigenen Leben, mit der Welt und mit der Geschichte. Als kulturelles und geschichtliches Wesen ist der Mensch nicht Meister des Sinns, sondern auf vorgegebenen Sinn – eine Sprache, eine Kultur, eine sinnhafte Welt – angewiesen und gleichzeitig schaffend und erneuernd in dieser tätig. Nach beiden Seiten, als Bedingtheit und als sinnstiftende Kreativität, ist die geschichtlich-kulturelle Seinsweise ein grundlegendes Merkmal der conditio humana. Kulturwissenschaft und Historische Wissenschaften bedenken die »kulturelle Form der Welt«,[19] die eine wesentlich historische ist und sich im Medium des Sinns und der Auslegung artikuliert.

Literatur

ACHAM, KARL (1995), *Geschichte und Sozialtheorie. Zur Komplementarität kulturwissenschaftlicher Erkenntnisorientierungen*, Freiburg/München: Alber. ■ ASSMANN, ALEIDA (1999), *Erinnerungsräume. Formen und Wandlungen des kulturellen Gedächtnisses*, München: C. H. Beck. ■ ASSMANN, ALEIDA / HARTH, DIETRICH (1991) (Hg.), *Mnemosyne. Formen und Funktionen der kulturellen Erinnerung*, Frankfurt/M.: Fischer. ■ ASSMANN, JAN / HÖLSCHER, TONIO (1988) (Hg.), *Kultur und Gedächtnis*, Frankfurt/M.: Suhrkamp. ■

---

18 Rohbeck (2000).
19 Mittelstraß (1991).

ASSMANN, JAN (1988), »Kollektives Gedächtnis und kulturelle Identität«, in: Assmann, Jan / Hölscher, Tonio, *Kultur und Gedächtnis*, Frankfurt/M.: Suhrkamp, S. 9–19. ▪ BAUMGARTNER, HANS MICHAEL (1972), *Kontinuität und Geschichte. Zur Kritik und Metakritik der historischen Vernunft*, Frankfurt/M.: Suhrkamp. ▪ BLUMENBERG, HANS (1986), *Die Lesbarkeit der Welt*, Frankfurt/M.: Suhrkamp. ▪ CASTORIADIS, CORNELIUS (1975), *L'institution imaginaire de la société*, Paris: Seuil (dt.: Gesellschaft als imaginäre Institution. Entwurf einer politischen Philosophie, Frankfurt/M.: Suhrkamp 1984). ▪ DROYSEN, JOHANN GUSTAV (1977[7] [1937]), *Historik. Vorlesungen über Enzyklopädie und Methodologie der Geschichte*, München: Oldenburg. ▪ DUX, GÜNTER (2000), *Historisch-genetische Theorie der Kultur. Instabile Welten. Zur prozessualen Logik im kulturellen Wandel*, Weilerswist: Velbrück. ▪ LANGER, SUSANNE (1965 [1941]), *Philosophie auf neuem Wege. Das Symbol im Denken, im Ritus und in der Kunst*, Frankfurt/M.: Fischer. ▪ MITTELSTRASS, JÜRGEN (1991), »Die Geisteswissenschaften im System der Wissenschaft«, in: Frühwald, Wolfgang u. a., *Geisteswissenschaften heute. Eine Denkschrift*, Frankfurt/M.: Suhrkamp, S. 15–44. ▪ OEXLE, OTTO GERHARD (1995) (Hg.), *Memoria als Kultur*, Göttingen: Vandenhoeck und Ruprecht. ▪ OEXLE, OTTO GERHARD / RÜSEN, JÖRN (1996) (Hg.), *Historismus in den Kulturwissenschaften. Geschichtskonzepte, historische Einschätzungen, Grundlagenprobleme*, Köln/Weimar/Wien: Böhlau. ▪ PLATON (1983), »Phaidros«, in: *Werke in acht Bänden, griechisch und deutsch*, hg. von Eigler, Günter, Darmstadt: Wissenschaftliche Buchgesellschaft. ▪ RICŒUR, PAUL (1990), *Soi-même comme un autre*, Paris: Seuil. ▪ ROHBECK, JOHANNES (2000), *Technik – Kultur – Geschichte. Eine Rehabilitierung der Geschichtsphilosophie*, Frankfurt/M.: Suhrkamp. ▪ RÜSEN, JÖRN (1994), *Historische Orientierung. Über die Arbeit des Geschichtsbewusstseins, sich in der Zeit zurechtzufinden*, Köln/Weimar/Wien: Böhlau. ▪ RÜSEN, JÖRN / MÜLLER, KLAUS E. (1997) (Hg.), *Historische Sinnbildung. Problemstellungen, Zeitkonzepte, Wahrnehmungshorizonte, Darstellungsstrategien*, Reinbek: Rowohlt. ▪ SCHÜTZ, ALFRED (1932 [1974[3]]), *Der sinnhafte Aufbau der sozialen Welt. Eine Einleitung in die verstehende Soziologie*, Wien: Springer / Frankfurt/M.: Suhrkamp. ▪ TOMLISON, JOHN (2000), »Globalisierung, Kultur und komplexe Vernetzungen«, in: Düllo, Thomas u. a. (Hg.), *Kursbuch Kulturwissenschaft*, Münster: Lit. ▪ WEBER, ALFRED (1935), Kulturgeschichte als Kultursoziologie, Leiden: Sijthoff. ▪ WIEHL, REINER (1988), »Kultur und Vergessen«, in: Assmann, Jan / Hölscher, Tonio (Hg.), *Kultur und Gedächtnis*, Frankfurt/M.: Suhrkamp, S. 20–49.

6.3 Zukunft und Historische Zukunftsforschung

Lucian Hölscher

1. Methodologie

1.1. Was sind Zukunftsvorstellungen?

Die Geschichtswissenschaft, so lautet ein auch heute noch gelegentlich anzutreffendes Vorurteil, beschäftige sich nur mit der Vergangenheit (am besten sogar mit der ferneren, schon abgeschlossenen Vergangenheit, nicht mit der noch offenen Zeitgeschichte); die Zukunft zu ergründen sei dagegen, wenn überhaupt, dann ausschließlich das Geschäft systematischer Wissenschaften wie der Soziologie, der Politologie und der Wirtschaftswissenschaft. Neuerdings begegnet man allerdings unter Historikern weit häufiger der Auffassung, die Geschichtswissenschaft beschäftige sich wenigstens indirekt durchaus auch mit der Zukunft, weil sie in ihren vergangenheitsgerichteten Erkenntnissen immer auch mögliche Zukunftsperspektiven erahnen lasse. Geschichte sei geradezu auf Zukunft angelegt, denn historische Sinnstrukturen könnten sich gar nicht bilden ohne den impliziten Verweis auf die Zukunft:[1] Mögen vergangene Ereignisse und Prozesse, so lautet das Argument, auch noch so abgeschlossen sein, so gewinnen sie doch ihre spezifisch historische Wirklichkeit erst im Horizont einer Gegenwärtigkeit ihrer Betrachtung, die deren mögliche Zukunft immer schon einschließt. Die folgenden Ausführungen gehen diesem Zusammenhang von Zukunft und Vergangenheit in der Geschichte näher nach. Ihre Absicht ist eine doppelte: Erstens soll mit der vergangenen Zukunft ein neues Forschungsfeld, die Erforschung vergangener Zukunftsentwürfe, für die Geschichtswissenschaft erschlossen werden; und zweitens soll der theoretische Beitrag geklärt werden, den die Erforschung vergangener Zukunftsvorstellungen für die allgemeine Geschichtswissenschaft erbringen kann.

1. Methodologie

1.1. Was sind Zukunftsvorstellungen?

Zukunftsvorstellungen sind luftige Gebilde, entstanden aus den Sorgen und Wünschen der Menschen, ihren vergangenen und gegenwärtigen Erfahrungen und den Berechnungen für die kommende Zeit, die sie daraus ableiten. Zukunftsvorstellungen treten nicht überall und zu allen Zeiten auf, sondern nur in bestimmten Bereichen und zu spezifischen Gelegenheiten. Auch zerfallen sie oft ebenso schnell wieder, wie sie entstanden sind und dienen ganz unterschiedlichen Zwecken. Auf manche Gegenstände richten sich viele – und dies unter Umständen sogar bei denselben Trägern und zur selben Zeit –, auf andere dagegen überhaupt keine Zukunftsvorstellungen. Auch werden die bestehenden meist schnell wieder vergessen, wenn der Anlass vorüber ist, der sie hervor trieb oder neue Ereignisse sie überrollen. Rückblickend wundert man sich oft nicht nur darüber, dass man sich ganz falsche, sondern auch darüber, dass man sich in bezug auf bestimmte Gegenstände überhaupt keine Vorstellungen von der Zukunft gemacht hat.

Anders als den auf die Vergangenheit bezogenen Vorstellungen schreiben wir Zukunftsvorstellungen deshalb gewöhnlich keine allzu große Tatsächlichkeit zu: Vergangene Tatsachen scheinen historisch verbürgt, wir beziehen uns auf sie in der privaten und öffentlichen Erinnerung mit großer Selbstverständlichkeit. Zukünftige Tatsachen dagegen gibt es, so meinen wir heute, genau genommen noch gar nicht, sie entstehen erst. Was wir haben, sind lediglich vage und unsichere Vorstellungen von der Zukunft. Diese allerdings lassen sich genauer typologisieren und begrifflich differenzieren:

Eine erste, *erkenntnistheoretische* Unterscheidung ergibt sich zwischen dem, was tatsächlich in Zukunft kommen wird, und dem, was wir uns nur für die Zukunft erwarten. Nahe verwandt damit ist die Unterscheidung zwischen den zukünftigen Tatsachen und den zukünftigen Möglichkeiten, welche Bertrand de Jouvenel mit einem nur im Französischen möglichen Begriff als »*futuribles*« bezeichnet.[2]

---

1 Vgl. Rüsen (1989, S. 121 ff.).
2 de Jouvenel (1967, S. 20).

So trivial diese Unterscheidung auf den ersten Blick auch erscheinen mag, so geht es dabei doch um mehr als lediglich um die Unterscheidung zwischen dem Gegenstand selbst und unserer inneren Vorstellung von ihm. Denn es ist nicht selbstverständlich, von der realen Existenz eines Gegenstücks zu unseren Vorstellungen überzeugt zu sein. Gerade bei Zukunftsvorstellungen dreht sich ein Großteil der historischen Reflexion darum, ob es sich um bloße Hirngespinste, um Schimären, Utopien und Illusionen oder um real mögliche oder gar sicher verbürgte Zukunftstatsachen handelt.[3] Zwischen der tatsächlichen und der bloß vorgestellten Zukunft zu unterscheiden, heißt deshalb, Zukunftsvorstellungen auf ihre historische Realisierung bzw. Realisierbarkeit abzuklopfen.

Eine zweite, *soziologische* Unterscheidung bezieht sich auf den sozialen Träger von Zukunftsvorstellungen: *Kollektive Zukunftsvorstellungen* sind der Besitz einer größeren sozialen Gruppe, nicht eines Einzelnen. Viele arbeiten an ihrer Entstehung mit, modeln sie um und präsentieren sie in unterschiedlichen Varianten. Solche Zukunftsvorstellungen größerer sozialer Gruppen weisen häufig auch eine weit längere Lebensdauer auf als diejenigen eines Einzelnen. Sie beziehen sich meist auf öffentliche, die ganze Gruppe und deren Umwelt insgesamt betreffende Gegenstände, nicht wie die bloß individuellen vorwiegend auf private. Deshalb sind sie in der Regel historisch bedeutsamer und einflussreicher. Doch gilt dies nicht immer: Gelegentlich können einzelne Individuen auch einer Gruppe ihre eigenen Zukunftsvorstellungen politisch aufzwingen (wir sprechen dann häufig anerkennend von »politischen Visionen«) oder in Form von Schriften und Kunstwerken eingeben. Sie hängen dann meist an den Taten dieser Menschen und der öffentlichen Rezeption ihrer Werke.

Eine dritte, *funktionale* Unterscheidung bezieht sich schließlich auf die aktive bzw. passive Rolle historischer Subjekte gegenüber der Zukunft: Als Handelnder bin ich in gewissem Maße selbst der Schöpfer meiner Pläne und der Garant ihrer Verwirklichung: Was geschehen wird, in welcher Weise und in welchem Zeitplan, bestimme ich selbst. Als

Beobachter fremden Handelns habe ich dagegen wenig Einfluss auf die Gestaltung der Zukunft; dafür erschließt sich mir leichter der innere Zusammenhang komplexer Prozesse. Die Zukunft, welche sich dem Handelnden leicht auf den bloßen subjektiven Willensakt ihrer Herstellung reduziert, zeigt sich dem Beobachter leichter in ihrer objektiven, der Gegenwart und Vergangenheit verwandten Gestalt. In der historischen Wirklichkeit vermischen sich zwar beide Gesichtspunkte fast immer: Niemand ist in seinem Handeln so frei, dass er nicht auf bestimmte Umstände Rücksicht nehmen müsste; niemand in seiner Beobachtung so unfrei, dass er nicht die Chance hätte, durch sie auch Einfluss auf das beobachtete Geschehen zu nehmen. Doch im Grad, in dem das eine oder das andere möglich ist, variieren die historischen Subjekte erheblich von einander und bestimmen dadurch den Charakter von Zukunftsvorstellungen grundlegend.

1.2. Semantische Strukturen

Zukunftsvorstellungen hängen an sprachlichen Voraussetzungen, die sie überhaupt erst zu generieren erlauben. Man mag zwar in fremden Kulturen, die über kein oder ein anderes sprachliches Ausdrucksinventar verfügen, Vorstellungen als zukunftsbezogen wieder erkennen, die sich keiner futurischen Sprachstrukturen bedienen. Aber dabei handelt es sich um ein Hineinlesen vertrauter in fremde Ausdrucksinventare, die, bei aller Notwendigkeit zur hermeneutischen Übersetzung, doch ihre eigenen Sinnstrukturen haben. Deshalb ist es sinnvoll, sich zunächst die sprachlichen Voraussetzungen zu vergegenwärtigen, welche die Rede von Zukunftsvorstellungen überhaupt erst ermöglichen:
– Über eine futurische Zeitstruktur verfügen in Europa einzig die romanischen Sprachen und das Griechische. Alle übrigen Sprachen, eingeschlossen das Deutsche, haben das futurische Tempus erst im Zuge einer langfristigen Adaptation der lateinischen Grammatik übernommen. Im Deutschen und Englischen etwa wurde die futurische Verbform erst im Frühneuhochdeutschen durch die Kombination des Infinitivs mit einem Hilfszeitwort (»werden«, »shall«/»will«) künstlich gebildet. Lange Zeit stand die Kombination mit »werden« auch im Deutschen

---

3 Vgl. zur Kategorie der Möglichkeit Bloch (1959).

in Konkurrenz zu intentionalen Kombinationen wie »wollen« und »sollen«.

– Ebenso wenig wie über futurische Verbformen verfügten die germanischen Sprachen vor der Adaptation lateinischer Ausdrucksstrukturen über andere sprachliche Formen mit eindeutig futurischem Sinn, etwa über Konjunktionen wie »wenn – dann« oder Adverbien wie »einst«, die auf ein zukünftiges Geschehen hätten hinweisen können. Besonders auffallend ist dies bei den Nomina, zunächst den Ausdrücken »Zukunft« und »zukünftig« selbst. Auch sie wurden erst im Laufe einer Übergangsperiode gebildet, die sich vom 14. bis zum 18. Jahrhundert erstreckte.

– Bei der Adaptation futurischer Sprachstrukturen aus dem Lateinischen wurden meist Raumbegriffe mit einer neuen, futurischen Bedeutung versehen. Der Ausdruck »Zukunft« bedeutete, als er Ende des 15. Jahrhunderts gebildet wurde, zunächst so viel wie heute »Ankunft«. Zur Zeit Luthers und bis weit ins 18. Jahrhundert hinein sprach man in diesem Sinne von der »Zukunft« an einem Ort, etwa bei Freunden oder in einer fremden Stadt. Im Lateinischen entsprach diesem Begriff »adventus«, nicht »futurum«. In manchen europäischen Sprachen bestehen bis heute zwei Ausdrücke für »Zukunft« – im Französischen z. B. »avenir« und »futur«. Erst um die Mitte des 18. Jahrhunderts gewann der Ausdruck »Zukunft« eine zeitliche Bedeutung. Ähnliches gilt auch für andere futurische Begriffe wie »Jenseits« und »Nachwelt«, die erst im 18. Jahrhundert gebildet wurden.

– Dieser Vorgang ist Teil der allgemeinen sprachlichen Kodierung von Raumbegriffen mit zeitlichem Sinn: der Bildung von Begriffen wie »Zeitraum« (für lateinisch »spatium«), »Augenblick« (für »momentum«), »Vergangenheit« und »Gegenwart« (für »praeteritum« und »praesens«), »Epoche« u. a. m. All diese Begriffe dienten der universalen Ausmessung der Zeit wie des Raums, die sich erst im 18. Jahrhundert in den europäischen Wissenschaften und Künsten durchsetzte.

– Mit temporaler Bedeutung aufgeladen wurden jedoch auch andere sprachliche Ausdrücke, die es nun erlaubten, die geschichtliche Zeit inhaltlich zu strukturieren. Wir verfügen heute über eine große Palette solcher sprachlicher Zeitmodelle, die dem historischen Wandel, und damit auch der Zukunft, eine je eigene temporale Form geben: »Fortschritt« und »Niedergang«, »Entwicklung«, »Reform« und »Revolution«, »Wende« und »Katastrophe«, »Wandel« und »Wechsel« u. a. m. Eine futurische Bedeutungsdimension tragen auch viele religiöse Begriffe wie »Gericht«, »Erweckung« und »Erlösung«, wenn sie auf geschichtliche Prozesse angewandt werden. Sie alle beschreiben den Gang der Geschichte in einer Weise, die, ohne dessen faktischen Inhalt vorwegzunehmen, doch dessen formale Gestalt festlegen. Es ist daher durchaus möglich, eine Theorie historischer Zeiten zu entwickeln, die das sprachliche Ausdrucksinventar zum Ausgangspunkt einer formalen Beschreibung geschichtlicher Prozesse und Strukturen macht.

Auch jede Analyse von vergangenen Zukunftsvorstellungen sollte zunächst bei den sprachlichen Strukturen einsetzen, in denen sie artikuliert werden. Denn ohne sprachlichen Ausdruck existieren diese Vorstellungen nicht. Lenkt man den Blick auf sie, dann offenbaren die semantischen Strukturen allerdings weit mehr als die bloße Zukunftsgerichtetheit einer Vorstellung: Sie verweisen auf den diskursiven Zusammenhang, in dem solche Vorstellungen entstehen, auf ihre Generierung aus vergangenen und gegenwärtigen Erfahrungen z. B. oder aus mythologischen und religiösen Erwartungen.

1.3. Futurische Technologien

Im neuzeitlichen Begriff der »Zukunft« verschränken sich zwei Zeit- und Geschichtsmodelle, die oft mit den Begriffen »Prophetie« und »Prognose« unterschieden und einerseits einem »religiös-mythologischen« andererseits einem »säkular-wissenschaftlichen« Weltverständnis zugeordnet werden: Im einen wird die Zukunft von ihrem Ende, dem göttlichen Weltgericht und ewigen Leben, im andern von der Vergangenheit und Gegenwart her entworfen: Dort »gibt es« die zukünftigen Dinge an sich (d. h. nach Gottes Ratschluss) schon, sie sind nur noch dem Blick des gegenwärtigen Menschen verborgen; hier entstehen sie erst. Im einen »kommen« die Dinge auf den in der Gegenwart ruhenden Betrachter »zu«, im andern »schreitet« dieser selbst durch die Zeit hindurch zu ihnen »fort«. Dem einen entspricht mehr unsere Sprache

– wir sehen bis heute drohende zukünftige Ereignisse »auf uns zukommen« – dem anderen mehr unser modernes Zeitverständnis: Denn Raum und Zeit gelten seit der Aufklärung als absolute Parameter menschlichen Handelns und Wahrnehmens. Und doch ist uns die Zukunft als noch nicht realisierter, aber schon vorhandener Entwurf nicht fremd geworden: Jede Utopie, jedes Parteiprogramm ist ein solches Stück vorweggenommener Zukunft, die wir vor uns sehen müssen, um sie verwirklichen zu können.

Wie aber entstehen solche Zukunftsvorstellungen? Die bloße literarische Phantasie reicht dazu nicht aus: Ihr fehlt die Beglaubigung der wirklichen Antizipation. In älteren Zeiten waren es oft Ahnungen, Prophezeiungen und Weissagungen, welche die Zukunft besetzt hielten. Mit der Durchsetzung des geschichtlichen Raum-Zeit-Kontinuums im 18. Jahrhundert sind sie zunehmend unglaubwürdig geworden. Neue futurische Technologien verdrängten die alten Zukunftskünder. In ihnen wurde die Gestalt der Zukunft in bestimmter, rational anerkannter Weise aus dem Erfahrungsmaterial der Vergangenheit und Gegenwart abgeleitet.[4] Es gibt eine große Fülle solcher prognostischer Techniken, etwa

– die Tendenzprognose, bei der eine zeitlich gestaffelte Reihe gleicher Daten aus der Vergangenheit in die Zukunft hochgerechnet wird;
– die Analogieprognose, bei der das Wiedereintreten eines Ereignisses aufgrund strukturell gleicher Umstände vorausgesagt wird;
– die dialektische Prognose, bei der der Umschlag eines Zustands in sein Gegenteil für den Fall vorausgesagt wird, dass er sich nicht mehr halten lässt;
– die Gesetzesprognose, bei der bestimmte Folgen aus einem immer wirkenden Naturgesetz abgeleitet werden.

In der historischen Realität unterliegen Prognosen allerdings häufig konstellativen Bedingungen, die ihre absolute Aussagekraft einschränken. So trifft man auf prognostische Bedingungsgefüge wie »Wenn das und das geschieht, dann wird das und das geschehen«, oder »solange nicht das und das

geschieht, wird auch nicht das und das geschehen«. Oft findet man auch Alternativprognosen: »Entweder es geschieht dies oder jenes«. Es würde den Sinn solcher Prognosen verfälschen, wenn man sie aus solchen Kontexten herauslösen und verabsolutieren wollte. Dies gilt auch für die Redesituation, in der eine Prognose aufgestellt wird: Es gibt Angst- und Drohprognosen, die das, was sie voraussagen, gerade verhindern, und Wunschprognosen, die es dadurch umgekehrt befördern wollen; auch Drohprognosen, die etwas verhindern wollen, es aber in Wirklichkeit dadurch gerade befördern usw.

2. Die Zukunft als historisches Untersuchungsfeld

Worin liegt nun die historische Bedeutung solcher Zukunftsvorstellungen? Zunächst natürlich in ihnen selbst: Wie alle Manifestationen des sozialen und geistigen Lebens verdienen vergangene Zukunftsvorstellungen schon deshalb die Aufmerksamkeit des Historikers, weil sie wesentlich zur inneren wie äußeren Gestalt jedes Einzelnen wie jeder sozialen Gruppe gehören. Ihre Erforschung dient ebenso wie die der materiellen Lebensformen oder der politischen Organisationsformen der Identifizierung historischer Subjekte. Eine traditionelle, an Max Webers Klassifikation orientierte Sozialgeschichte wird sie vermutlich dem Bereich der »Kultur« zuordnen, aber eine solche Klassifikation führt leicht in die Irre: Denn Zukunftsvorstellungen sind ebenso politische und soziale wie kulturelle, ja selbst ökonomische Gebilde, sie treten in allen Bereichen des menschlichen Lebens auf. Allerdings bedarf ihre Erforschung einer speziellen Methodik und theoretischen Analyse, die sich von der anderer Äußerungen des gesellschaftlichen Lebens unterscheidet. Um diese näher zu bestimmen, ist es nützlich, ihre Erforschung in historiographische Zusammenhänge zu rücken, in denen sie besonders ergiebig erscheint:

2.1. Die Motive des individuellen und kollektiven Handelns

Zukunftsvorstellungen spielen zunächst eine erhebliche historische Rolle bei der Rekonstruktion von

---

4 Vgl. de Jouvenel (1967, S. 20 ff.); Hölscher (1989, S. 16 ff.); Erdmann (1964, S. 44 ff.).

Motiven des individuellen und kollektiven Handelns: Warum Menschen so und nicht anders gehandelt haben, lässt sich besser erklären, wenn man weiß, was sie von der Zukunft erwartet, was sie erhofft und befürchtet haben. Diese Bedeutung ist so selbstverständlich, dass sie zunächst kaum der Erwähnung zu bedürfen scheint: Schon immer haben Historiker bei der Rekonstruktion vergangener Ereignisse und Prozesse auf die Motive und Absichten, die Sorgen und Berechnungen der Beteiligten, vor allem derjenigen, die das historische Geschehen maßgeblich bestimmten, geachtet. Was das historische Erklärungspotential solcher Zukunftsvorstellungen begrenzte, war lediglich der unübersehbare Umstand, dass sich die jeweiligen Zukunftsvorstellungen der beteiligten Akteure bei der Gestaltung des historischen Geschehens nicht immer so durchgesetzt haben, wie es ihre Träger gerne wünschten, so dass sich der Blick des Historikers auch noch auf andere treibende Faktoren des historischen Geschehens richten musste: »Der Mensch denkt, doch Gott lenkt«, wie ein bekanntes Sprichwort sagt.

Deshalb interessierte sich die ältere historistische Geschichtswissenschaft vor allem für das, was den Absichten und Erwartungen der Zeitgenossen zuwider lief: für das Unvorhergesehene, den Zufall, die Koinzidenz und Kontingenz der Ereignisse, mithin für alles, was der Geschichte einen überindividuellen und für die Zeitgenossen unüberschaubaren, letztlich oft sogar religiösen Charakter verlieh. Die Geschichtsphilosophie der Aufklärung sprach von der »unsichtbaren Hand Gottes«, vom »Naturgesetz der Geschichte«, die frühen Historisten von den göttlichen »Ideen« in der Geschichte, die der Mensch oft sogar erst im Nachhinein erahnen könne, spätere Historisten vom »Schicksal« und der »Vorsehung« usw. Aber immer lag die Pointe der historischen Betrachtung darin, dass die Zukunftsvorstellungen der Zeitgenossen, so wichtig sie im einzelnen auch sein mochten, eben gerade nicht ausreichten, um das Ganze eines historischen Gebildes, seine wahre historische Bedeutung zu erkennen.

Die spätere Sozialgeschichtsschreibung achtete die Zukunftsvorstellungen der Zeitgenossen sogar noch geringer: Sie erblickte in der Rekonstruktion zeitgenössischer Handlungsmotive eine nicht bloß begrenzte, sondern von vorn herein fehlgeleitete Form der historischen Analyse. Durch die von ihr angestrebte Rekonstruktion historischer Trends und Gesetzmäßigkeiten sollte ihre Berücksichtigung gerade möglichst überflüssig werden. Die soziale Handlung wurde als interessegeleitet betrachtet, das historische Interesse jedoch nicht durch subjektive Motive, sondern durch objektive gesellschaftliche Gegebenheiten definiert. Dabei hatte man zwar in erster Linie die Handlungsmotive einzelner, der mit viel Häme so genannten »großen Männer« im Blick, während die kollektiven Handlungsmotive sozialer Gruppen häufig in recht undurchsichtiger Weise dem Bereich der objektiven »Interessen« zugeschlagen wurden. Aber gerade diese unzureichend geklärte Identifizierung zeitgenössischer Willensäußerungen mit den nachträglich rekonstruierten objektiven Interessen verhinderte jede nähere Analyse des historischen »Gewichts« zeitgenössischer Zukunftsvorstellungen im Gesamtverbund historischer Prozesse und Entwicklungen.

Indem die Geschichte im Rahmen sozialgeschichtlicher Analysen radikal auf deren jeweilige Gegenwartsperspektive reduziert wurde, indem die Quellen immer nur das Material für die Konstruktion gegenwartsgestützter Theorien und Gesamtzusammenhänge lieferten, nie die Chance erhielten, selbst ebenfalls die Perspektive des Geschichtsverlaufs zu bestimmen, reduzierte man ihr historisches Deutungspotential auf einen bloßen Abgleich mit dem nachträglich rekonstruierten »wahren Verlauf« der Geschichte. In diesem Sinne traten vergangene Zukunftsvorstellungen immer nur dann in den Blick, wenn sie sich als »Visionen« des Kommenden im Nachhinein bewährt oder als »Illusionen« entlarvt hatten. Dass der durch sie indizierte geschichtliche Perspektivenwechsel selbst ein würdiger Gegenstand historischer Analysen sein könnte, war und ist der Sozialgeschichte bis heute ein ganz ungewohnter Gedanke.

2.2. Die mentale Innenausstattung vergangener Gesellschaften

Eine weiter reichende historiographische Bedeutung fällt den vergangenen Zukunftsvorstellungen zu, wenn wir sie im Sinne Lucien Febvres als Teil der »outillage mental«, der mentalen Innenausstattung vergangener Gesellschaften betrachten, deren Erkundung uns Aufschluss über vergangene Weltsichten geben. Im Rahmen seines Entwurfs einer historischen Psychologie traute Febvre dem zeitgenössischen »System der Emotionen« schon in den 1930er Jahren die Fähigkeit zu, späteren Generationen, denen dieses System fremd geworden ist, wesentliche Erkenntnisse über die Funktionsmechanismen vergangener Gesellschaften zu liefern.[5] Der gesellschaftliche Zusammenhang einer Epoche, der geschichtliche Zusammenhang einer Gesellschaft lässt sich diesem mentalitätsgeschichtlichen Ansatz zufolge gerade nicht vom historischen Ausgang, vom historischen »Ergebnis« im Sinne seiner zeitlichen Entwicklung erkennen, sondern aus der mentalen Innenausstattung der Epoche bzw. der sozialen Gruppe selbst: dem System ihrer Gefühle, dem Inventar ihrer sprachlichen Möglichkeiten, dem Spektrum ihren Normen und den idealen Parametern ihrer Weltwahrnehmung: Warum die französischen Untertanen bis ins 18. Jahrhundert an die wunderbare Heilkraft der Könige glaubten, welchen Frauen sie den Preis der größten Schönheit zuerkannten, wie sie den Mikrokosmos im Makrokosmos abgespiegelt sahen, all dies und vieles andere mehr verschließt sich dem späteren Blick heutiger Beobachter, wenn sie es nicht durch die mentale Innenausstattung der Zeitgenossen hindurch betrachten.[6]

Vergangene Sprachen und Normen, Gefühlskulturen und Glaubenssysteme haben eines miteinander gemeinsam: Sie lassen sich vom Historiker in ihrer Bedeutung für die Zeitgenossen nur noch unvollkommen rekonstruieren. Wir können zwar oft noch die »Spielregeln« ihres Gebrauchs erlernen. Doch anders als die Zeitgenossen können wir heute nicht mehr von dem Ausgang damals noch offener Entwicklungen absehen, anders als sie wissen wir heute über bestimmte Dinge, etwa die Geographie der Erde oder die Ursache von Naturkatastrophen und Krankheiten, besser Bescheid. So können wir

uns zwar noch vergegenwärtigen, wie sich die mittelalterliche Menschheit geographisch orientierte, bevor es moderne Weltkarten gab, wie sie Blitze und Kometen, Krankheiten und Hungersnöte für Boten und Gerichte Gottes halten konnte; aber wir können diese Erklärungen nicht mehr in gleichem Sinne wie sie für wahr halten, können uns bei unseren historischen Erklärungen nicht mehr wie die Zeitgenossen mit ihnen begnügen, sondern müssen sie zumindest ergänzen durch andere, triftigere Zusammenhänge.[7]

2.3. Vergangene Zukunft und gegenwärtige Vergangenheit

Dies gilt nun auch und ganz besonders für die Zukunftsvorstellungen vergangener Zeiten: Auch bei ihnen handelt es sich um ausgesprochen zeitgebundene, nur aus der mentalen Innenausstattung der Gesellschaft heraus verständliche Entwürfe und Vorstellungen, die oft ganz unvereinbar sind nicht nur mit unserem eigenen Wissen, sondern auch mit der für uns einzig angemessen erscheinenden Art und Weise, aus der sie sich ableiten. Bei den Zukunftsvorstellungen stößt das einfache mentalitätsgeschichtliche Konzept der »mentalen Innenausstattung« allerdings zugleich auch an seine Grenzen. Denn vergangene Zukunftsvorstellungen halten historisch gesehen genau denjenigen zeitlichen »Ort« besetzt, den wir heute zugleich mit unseren eigenen Erinnerungen und Erfahrungen besetzen.

So kommt es zur zeitlichen Koinzidenz zwischen dem, was vergangene Zeiten als Zukunft vor sich geglaubt haben, und dem, was wir heute als historische Erfahrung hinter uns wissen. Es kommt zum geschichtlichen Widerspruch zwischen zwei historischen Behauptungen, die in der Regel erheblich von einander abweichen.[8] Das verändert den epistemologischen Status solcher Vorstellungen: Das Schönheitsideal der französischen Gesellschaft des 16. Jahrhunderts wird dadurch nicht in Frage gestellt, dass wir es vielleicht nicht mehr teilen. Doch Voraussagen wie die des nahe bevorstehenden Weltendes rufen notgedrungen unseren Widerspruch auf den Plan.

Sind vergangene Zukunftsvorstellungen nicht eingetroffen, so können sie zwar weiterhin als zeit-

---

5 Febvre (1990, S. 94).

6 Vgl. Bloch (1924); Febvre (1989, S. 15 ff.); Foucault (1966).

7 Vgl. hierzu Hölscher (1989, S. 1 ff.).

8 Die Schwierigkeiten, die sich bei der Überprüfung historischer Prognosen ergeben, werden beispielhaft diskutiert bei Erdmann (1963, S. 59 ff.); vgl. auch Hölscher (1999, S. 56 ff.).

genössischer Zukunftsglaube verstanden werden, aber sie verlieren den Charakter tatsächlicher Antizipationen des Zukünftigen. So müssen wir sagen, dass sich die linearen Fortschrittserwartungen des Aufklärungszeitalter in der Folgezeit nur z. T. erfüllt haben: nämlich soweit sie den technischen Fortschritt betrafen, weit weniger dagegen in Bezug auf den moralischen Fortschritt der Menschheit. Gleiches gilt von den kommunistischen und faschistischen, aber natürlich auch von vielen liberalen Zukunftsvorstellungen des 19. und 20. Jahrhunderts. Die intensive Sehnsucht der englischen und französischen Republikaner des 17. und 18. Jahrhunderts nach einer Wiederherstellung der moralischen und ästhetischen Normen der klassischen Antike – wo sind sie geblieben? Die Prognose von Malthus, dass die Weltbevölkerung immer notwendigerweise sehr viel schneller wachsen werde als der Nahrungsmittelspielraum zu ihrer Ernährung, und die Befürchtungen, die daraus im 19. Jahrhundert entstanden – was ist aus ihnen geworden? Wird es unseren eigenen Ängsten vor einem Zusammenbruch der Weltökonomie und den gleichzeitigen Hoffnungen auf eine Verwirklichung und Befestigung des sozialen Wohlfahrtsstaats künftig besser gehen?

Vergangene Zukunftsvorstellungen lassen sich oft an der Realität inzwischen vergangener Entwicklungen und Ereignisse abgleichen. Sie fordern zur Frage nach ihrer Richtigkeit und damit zugleich nach den Gründen ihres Scheiterns heraus. Damit eröffnet sich ein ganz neuer Zugang zum Verständnis vergangener Zeiten, der einer näheren Betrachtung bedarf.

3. Elemente einer Theorie der geschichtlichen Zukunft

3.1. Vorstellungen zwischen Realität und Fiktion

Zukunftsvorstellungen sind Zwitter zwischen Realität und Fiktion: Wir können sie als rein mentale Ereignisse, als Einbildungen der Vorstellungskraft betrachten und tragen damit ihrem fiktionalen Charakter Rechnung. Ihn teilen sie mit allen fiktionalen Ereignissen, wie wir sie z. B. in Romanen finden. Wir können sie jedoch auch als Antizipationen der Zukunft betrachten und nehmen sie dann als reale zukünftige Ereignisse wahr. Allerdings ist diese Realität gegenwärtig noch ungewiss, das für die Zukunft Erwartete kann sich auch als fiktiv herausstellen. Die begriffliche Unterscheidung zwischen Fiktionalität und Fiktivität ist für den Zwittercharakter von Zukunftsvorstellungen außerordentlich wichtig: Fiktional ist alles, was als literarisches Produkt »gemacht« ist, das historische Ereignis ebenso wie das literarische. Fiktiv hingegen ist das Nicht-Reale, der Begriff verweist auf eine Realität außerhalb unserer literarischen Vorstellungen

Fiktional sind zukünftige wie vergangene Ereignisse, in der Möglichkeit, ihre Fiktivität schon jetzt, in der Gegenwart zu erkennen, unterscheiden sie sich dagegen: Die vergangene Welt lässt sich in reale und fiktive Ereignisse unterteilen, die zukünftige Welt so zu ordnen, wäre dagegen sinnlos. Denn es gehört in der Regel zum Wesen zukünftiger Ereignisse, dass wir noch nicht mit Bestimmtheit sagen können, ob sie eintreten werden oder nicht – Ausnahmen wie zukünftige Sonnenfinsternisse, die sich genau voraussagen lassen, sollen hier nicht näher betrachtet werden. Und dies ist kein kontingentes, sondern ein wesentliches Merkmal derselben. Denn wüssten wir schon im Voraus mit Bestimmtheit, was geschehen wird, so würden wir uns wahrscheinlich in vielen Situationen völlig anders verhalten: Wer würde noch an der Börse spekulieren, wenn Gewinn und Verlust schon im vornherein feststünden? Wer würde eine bestimmte Ausbildung antreten, wenn er schon wüsste, dass er im Beruf nicht das erreichen wird, was er sich erhofft?

3.2. Der Verlust der Wirklichkeit

Im Gegensatz zu literarischen lässt sich die Realität geschichtlicher Zukunftsvorstellungen allerdings in gewissem Umfang überprüfen. Dafür muss die Voraussage allerdings bestimmt genug sein, um sich im Falle kommender Ereignisse als wahr oder falsch erweisen zu können – was keineswegs immer der Fall ist. Wenn wir Zukunftsvorstellungen einem solchen historischen Realitätstest aussetzen, gehen sie daraus allerdings notwendigerweise anders hervor, als sie vorher waren: nämlich entweder als tatsächliche Vorausschau oder als Illusion. In jedem Fall verändern sie dabei im Übergang von zukünftigen Erwartungen zu gegenwärtigen und vergangenen Erfahrungen ihren Charakter.

Um dies zu verdeutlichen, ist es hilfreich, sich Zukunftsvorstellungen noch einmal in Erinnerung zu rufen, an die wir selbst früher einmal geglaubt haben, die sich in der Folge dann aber doch nicht erfüllt haben: Wohl kann man im Nachhinein gelegentlich erkennen, warum man sich geirrt hat, aber oft gelingt dies auch nicht. Häufig lag es an kontingenten Umständen, deren Eintreten damals noch gar nicht absehbar war. So wird man etwa die Erwartung vieler westdeutscher Politiker in den 60er und 70er Jahren, dass die DDR noch Jahrzehnte lang bestehen werde, kaum als von vornherein falsche Zukunftserwartung abtun können, ebenso wenig wie die Hoffnung vieler Israelis heute auf einen friedlichen Ausgleich mit den Palästinensern. Sobald sich solche Hoffnungen zerschlagen haben, verlieren sie viel von ihrem Wirklichkeitscharakter. Im Nachhinein leiden die Menschen meist darunter, dass sie sie einst für wahrscheinlich oder auch nur möglich gehalten haben.

Für den Historiker ist dies eine wichtige Beobachtung. Denn er wird sich die vergangenen Zukunftsvorstellungen genauer anschauen, ihre Möglichkeit und Wahrscheinlichkeit genauer einzuschätzen versuchen, wenn es ihm nicht nur darum geht zu erklären, warum die Dinge nicht so gekommen sind, wie sie einst erwartet wurden. Die Geschichte erscheint dann weit offener, nachträgliche Sinnbildungsprozesse des faktischen Verlaufs fragwürdiger, die Versuche der Zeitgenossen, auf das Geschehen Einfluss zu nehmen, ernsthafter. Die Analyse vergangener Zukunftsvorstellungen lädt deshalb dazu ein, die vergangene Gegenwart nicht einfach in der gegenwärtigen Vergangenheit aufgehen zu lassen, sondern ihr einen eigenen historiographischen »Ort« und Wert zu geben. Um ihn zu ermitteln, wollen wir uns zunächst noch einmal auf den Standpunkt eines gegenwärtigen historischen Ereignisses stellen.

9 Vgl. Hölscher (1999, S. 28 ff.).

3.3. Der prognostische Orientierungsbedarf moderner Gesellschaften

Zukunftsvorstellungen dienen in modernen Gesellschaften der Orientierung in einer unübersichtlichen und überkomplexen Welt. Mag es auch oft so scheinen, als orientierten sich die Zeitgenossen oft nur an einer einzigen Zukunftserwartung, die sie öffentlich verkünden, so gilt doch in aller Regel das Gegenteil: Jeder Mensch, vor allem jeder politisch Handelnde hält sich möglichst lang mehrere Optionen offen, verfolgt mehrere mögliche Perspektiven zugleich und lässt sich durch das, was ihm widerfährt, erst nach und nach auf eine, die ihm dann wahrscheinlichste, Zukunftsperspektive führen.[9] Jeder kritische Zeitungsleser wird die Erfahrung kennen, dass er die Tagesnachrichten jeweils unter der Perspektive möglicher alternativer Zukunftsszenarien liest, deren Wahrscheinlichkeit sich mit dem Eintreten bestimmter Ereignisse entweder vermindert oder erhöht: Jedes politische Attentat, jede Gewalttat unterstützt etwa im gegenwärtigen Palästinakonflikt die Zukunftsperspektive der Falken, welche auf eine scharfe Abgrenzung der jüdischen und palästinensischen Gesellschaft drängen und eine friedliche Koexistenz unter den gegenwärtigen Bedingungen für unmöglich halten. Jedes erfolgreiche politische Gespräch, jede Abmachung zwischen beiden Seiten, ja sogar schon jede zusätzliche Frist ohne neue Gewalttaten scheint dagegen die Möglichkeit zur friedlichen Koexistenz zu erhöhen. Beobachter des politischen Geschehens halten sich prinzipiell offen für beide Möglichkeiten und auch die politisch Engagierten werden immer mit der Möglichkeit rechnen, dass sich ihre Zukunftsperspektive nicht durchsetzt.

Mag diese Situation auch gerade charakteristisch für moderne, nicht ebenso für vormoderne Gesellschaften sein, so handelt es sich doch um einen mittlerweile universalen Befund, der ebenso für autoritäre Staaten mit nur einer politischen Staatsideologie wie für demokratische Staaten mit vielen weltanschaulichen Prägungen und Werten gilt. In Gesellschaften, die von mehreren konkurrierenden Machtzentren beherrscht werden, verteilen sich die verschiedenen Zukunftsperspektiven meist auf mehrere Parteien, doch insgesamt besteht auch hier eine Mehrzahl von Perspektiven, die das Risiko des Irrtums und damit des Schadens für die gesamte Gesellschaft minimieren soll. Das schützt sie zwar nicht wirklich vor unvorhergesehenen Ereignissen und Erfahrungen, erhöht jedoch das Gefühl der Sicherheit gegenüber der Ungewissheit dessen, was kommt, und erleichtert die Reaktion auf möglichen Schaden durch den Wechsel zu anderen, schon vorhandenen Zukunftsentwürfen. Zukunftsvorstellungen begrenzen damit das Spektrum des zu einer Zeit für möglich Gehaltenen, eröffnen Handlungsoptionen und verhindern den Zusammenbruch eines gesellschaftlichen Systems im Falle des Irrtums, der Unrealisierbarkeit einer bestimmten Zukunftsperspektive.

3.4. Zukunftsentwürfe als politische Handlungen

Damit fällt Zukunftsvorstellungen auch eine wichtige Funktion nicht nur innerhalb des politischen Systems moderner Gesellschaften, sondern auch innerhalb einer künftigen, zur Gesellschaftswissenschaft erweiterten Geschichtswissenschaft zu, die bislang erst ansatzweise theoretisch reflektiert worden ist: Geschichtliche Zukunfts- und Vergangenheitsentwürfe erweisen sich nämlich wissenssoziologisch als ein besonderer Fall von politisch-gesellschaftlichem Handeln, genauer gesagt als die konstruktive Leistung einer geschichtlichen Dimensionierung dessen, was in dieser Welt, unter maßgeblicher Beteiligung der geschichtlichen Akteure, geschieht. Aus dem Gang der vergangenen Ereignisse können wir nicht nur erkennen, welche Zukunftsvorstellungen Individuen und Gruppen bei ihren Entscheidungen bestimmt haben, sondern auch, wodurch diese Vorstellungen modifiziert oder durch welche anderen Vorstellungen sie ersetzt wurden.

Zwischen der geschichtlichen Dimensionierung politischen Handelns und der Modifikation von Geschichtsbildern durch neue Erfahrungen besteht ein wechselseitiger Zusammenhang, der den Historiker aus seiner traditionellen Beobachterrolle reißt und in einen gesamtgesellschaftlichen Handlungszusammenhang stellt. Diesen Zusammenhang zu untersuchen heißt nicht, die Geschichtswissenschaft politisch zu funktionalisieren oder zu pädagogisieren. Vielmehr gehört in demokratischen Gesellschaften heute gerade die institutionelle Autonomie von Politik und Wissenschaft zu den Grundbedingungen ihrer wechselseitigen Befruchtung. Allerdings muss eine Geschichtswissenschaft, die diesen Zusammenhang aktiv gestalten will, von einigen traditionellen Vorurteilen Abschied nehmen, die ihren Begriff von sich selbst bis heute verdunkeln: etwa von der Vorstellung, die Geschichtswissenschaft sei gesellschaftlich völlig autonom; sie sei eine rein beobachtende, nicht zugleich auch auf Handeln angelegte Wissenschaft. Als eine spezifische Form politischer Praxis sieht sich die Geschichtswissenschaft vielmehr in der doppelten Rolle, gesellschaftliches Handeln geschichtlich zu dimensionieren und dabei zugleich das Verhältnis von Politik und Wissenschaft zu reflektieren.

3.5. Die Historizität vergangener Zukunftsentwürfe

Auf die Vergangenheit übertragen eröffnet der Befund, dass Zukunftsvorstellungen politisch vor allem der aktuellen Orientierung von Gesellschaften dienen, für die sie entworfen sind, einen neuen Blick auf politische Handlungsfelder, Entscheidungssituationen und Erlebnissequenzen: Zunächst stellt sich die Frage, wie weit der Zukunftshorizont vergangener Gesellschaften überhaupt gespannt war; was die Zeitgenossen für prinzipiell denkbar hielten, und umgekehrt, was sie überhaupt nicht für möglich hielten, obwohl es im Nachhinein vielleicht gerade das einzige war, was tatsächlich eintrat. Das historische Urteil wird anders ausfallen, wenn das tatsächliche spätere Geschehen gar nicht im Horizont des einst für möglich Gehaltenen lag, als wenn es zwar durchaus schon gesehen, aber beim Handeln nicht hinreichend beachtet worden ist. In der Aufmerksamkeit für solche Unterschiede gewinnt der rückblickende Historiker ein Verständnis sowohl für die Zeitgebundenheit seines eigenen als auch für die des zeitgenössischen historischen Blicks.

Darüber hinaus stellt sich dann aber auch die Frage, was vergangene Gesellschaften überhaupt unter ihrer Zukunft verstanden: wie sie Zukunftsvorstellungen gewannen, welche Techniken der Vorausschau sie benutzten, welche sprachlichen Artikulationsmittel sie dafür verwendeten u. a. m. Zweifellos, so lässt sich heute z. B. konstatieren, spielten göttliche Offenbarungen und die zukunftsleitende Weisheit vergangener Praktiken und Erfahrungen in der vormodernen Gesellschaft eine größere Rolle als heute. Höchst wahrscheinlich verfügten vormoderne Gesellschaften noch überhaupt nicht über das Konzept eines homogenen und prinzipiell unendlichen zukünftigen Zeitraums, in dem zukünftige Ereignisse ihren festen Platz einnehmen konnten. Jedenfalls lässt sich der historischen Überlieferung nur wenig entnehmen, was in diese Richtung deutet. Die Entstehung des Konzepts der Zukunft als Parameter moderner Weltbetrachtung gehört selbst zu den Gegenständen, deren historischen Wandel die historische Zukunftsforschung zu erforschen hat. Und ebenso die Fragmentierung der Zukunft in virtuellen Welten, deren zunehmende Autonomie wir gegenwärtig als einen realen historischen Vorgang erleben können.

3.6. Das historische Ereignis

Eine nähere Analyse zeitgenössischer Zukunftshorizonte lässt die empirische Vermutung zu, dass in jedem zeitgenössischen Ereignis von einiger historischer Tragweite die zeitgenössischen Zukunftserwartungen und die nachträglich konstatierten neuen Erfahrungen eine jeweils eigentümliche Synthese eingehen: Häufig lässt sich beobachten, dass sich die Zeitgenossen über die langfristige Bedeutung eines gerade erlebten historischen Ereignisses durchaus irrten: So erlebten die meisten Deutschen die Machtergreifung Hitlers am 30. Januar 1933 offenbar mit ganz anderen (nicht unbedingt weniger bedrohlichen) Erwartungen, als die Erfahrungen, die sie später diesem Ereignis zuschrieben. Noch deutlicher wichen die Erwartungen fast aller am Ersten Weltkrieg beteiligten Zeitgenossen an einen künftigen Weltkrieg oder die Revolutionserwartungen der deutschen Sozialdemokratie an eine künftige sozialistische Revolution von den späteren Erfahrungen mit Ereignissen ab, die als deren Erfüllung angesehen wurden – und zwar ganz unabhängig davon, wie weit der zeitliche Abstand zu diesen Ereignissen von uns gewählt wird. Und selbst die künftige deutsche Einheit stellte man sich 1989/90 vielfach sehr anders vor als was heute darüber öffentlich geschrieben wird. Dabei liegt die

Differenz nicht allein im materiellen Inhalt der Erwartungen und Erfahrungen, sondern auch in deren Bewertung: Häufig werden bestimmte Erfahrungen überhaupt nur gemacht, weil sie den vorlaufenden Erwartungen widersprechen. Solche Differenzerfahrungen scheinen geradezu konstitutiv zu sein für das sich wandelnde politische Bewusstsein.

Doch wie sehr sich die Zeitgenossen in ihren Vermutungen über die dauerhafte Bedeutung historischer Ereignisse auch irren, wie sehr die späteren Erfahrungen auch von den früheren Erwartungen abweichen mögen, so resistent erweist sich oft die Beachtung, die einem solchen Ereignis selbst einmal gezollt worden ist: Meist halten die Späteren gerade dadurch an der historischen Wichtigkeit eines vergangenen Ereignisses fest, dass sie es neu interpretieren, es mit neuem historischen Sinn aufladen. So sind die meisten sog. »historischen Ereignisse« schon von den Zeitgenossen als solche begriffen, allerdings mit oft ganz anderer Bedeutung als derjenigen besetzt worden, unter der wir sie heute in unseren Geschichtsbüchern verzeichnet finden.

3.7. Historischer Perspektivenwechsel

Oft verbindet sich mit einem solchen Bedeutungswandel ein Perspektivenwandel auf den gesamten historischen Geschehenszusammenhang, in dem das betreffende Ereignis ein wesentliches Element bildet. Gerade indem alte Erwartungsmuster anlässlich eines Ereignisses, das sie nicht voll bestätigt, durchbrochen werden, generiert ein solches Ereignis neue Erfahrungs- und Erwartungsstrukturen, die ihrerseits auch wieder die Vergangenheit in neuem Licht erscheinen lassen. So können wir historische Ereignisse, vereinfacht gesagt, als »Scharniere« eines sich wandelnden historischen Bewusstseins verstehen. Eingespannt zwischen dem »alten« und »neuen« Geschichtsbild haben sie an beiden zugleich teil und transzendieren sie: Denn einerseits bilden sie sowohl als Erfüllungsereignis ein Element der vorlaufenden wie auch als Ursprungsereignis neuer Erfahrungen ein Element neuer Erwartungsstrukturen, die jene verdrängen. Zugleich fügen sie sich jedoch nie völlig den Erfahrungs- und Erwartungsstrukturen der Zeitgenossen, sondern transzendieren deren historische Deutungsmuster.

So konnte etwa der Ausgang des Ersten Weltkriegs in Deutschland von konservativen Kreisen gleichermaßen als Erfüllung einer schon zu Beginn des Krieges beobachtbaren Sorge vor dem mangelhaften Durchhaltewillen des deutschen Volkes wie auch als Ausgangspunkt einer ganz neuen nationalistischen Erwartungsstruktur erfahren werden, für die »das Erlebnis« des Ersten Weltkriegs eine Art von Ursprungsmythos bildete. Wenn der Ausgang des Ersten Weltkrieges so aber auch unterschiedlichen Geschichtsbildern angehörte, innerhalb derer er überhaupt nur eine historische Bedeutung freigab, so transzendierte er damit zugleich doch auch deren jeweilige Geschichtsdeutung und bot sich auch anderen, gleichzeitigen wie späteren Geschichtsdeutungen als wesentliches historisches Ereignis an. Haben historische Ereignisse erst einmal im Gedächtnis einer Gesellschaft einen solchen Status gewonnen, so kommt in der Regel keine spätere Geschichtsdeutung mehr umhin, sie historisch zu interpretieren. Die Ermordung Caesars 44 v.Chr., Kolumbus' Entdeckung Amerikas 1492, der Ausbruch der Französischen Revolution 1789 sind solche historischen Ereignisse. Sie bilden zugleich wesentliche »sachgeschichtliche« Etappen der Weltgeschichte und wesentliche wissensgeschichtliche Etappen des historiographischen Perspektivenwechsels.

3.8. Die fragmentierte Geschichte

Am historischen Schicksal vergangener Zukunftsvorstellungen können wir so die Bauprinzipien der Geschichtsschreibung in ihrem historischen Wandel ablesen. Begreift man die Geschichte nämlich nicht als einen homogenen, prinzipiell unendlichen historischen Zeitraum, sondern als historisch gedeuteten Ereigniszusammenhang, dann sehen wir eine Fülle zeit- und raumgebundener Geschichtsbilder, die sich im Laufe der Zeit entweder ablösen oder konkurrierend nebeneinander bestehen. Von den begrenzten Geschichten einzelner historischer Gegenstandsbereiche, der »Geschichte der Französischen Revolution« oder der »Geschichte des parlamentarischen Systems der Bundesrepublik« etwa, unterscheiden sich diese Geschichtsbilder allerdings in zweierlei Hinsicht: Zum einen können sie sich immer wieder auf denselben Gegenstand richten

(also auf die »Geschichte der Französischen Revolution« von Jules Michelet, von Albert Soboul, von Michel Vovelle usw.), zum andern liegt es in der Natur solcher Geschichtsbilder, dass sie in der Perspektive, die sie auf die Geschichte ihres Gegenstands werfen, jeweils weit über diesen Gegenstand hinaus reichen. Jede solcher Geschichten impliziert eine Vor- und eine Nachgeschichte, die sich jeweils bis in die Gegenwart und sogar darüber hinaus bis in die Zukunft erstreckt.

Indem sie sich jedoch auf denselben geschichtlichen Zeitraum und Gegenstand beziehen, schließen sie sich in ihrem impliziten Universalisierungsanspruch wechselseitig aus. Dieser Widerspruch lässt sich nur auflösen, wenn wir diese Geschichtsbilder selbst historisieren, d.h. sie wissenssoziologisch bestimmten sozialen Gruppen und begrenzten Zeiträumen zuordnen. Wir gewinnen dann das theoretische Muster einer Geschichte der Geschichtsschreibung, in der Geschichtsbilder mit tendenziell jeweils universalgeschichtlichen Ansprüchen, die sich wechselseitig jeweils ausschließen, einander ablösen oder soziologisch beschreibbar nebeneinander existieren. Geht man den realgeschichtlichen Hintergründen für diese Art der Koexistenz bzw. Ablösung nach, so lassen sich zwei Möglichkeiten denken: Entweder die Geschichtsbilder berühren sich gesellschaftlich nicht, so dass sie auch in keinen realen Widerstreit zueinander treten, oder sie berühren sich: In diesem Fall sind es meist historische Ereignisse, die ihre gesellschaftliche Geltungskraft begrenzen. So verloren das Geschichtsbild der Nationalsozialisten durch die Niederlage Deutschlands 1945, das Geschichtsbild der Deutschen Demokratischen Republik durch die Wende von 1989/90 ihre jeweilige Geltungskraft und machten anderen Geschichtsbildern Platz, die sich allerdings auch ihrerseits in diesen Umbruchphasen erheblich modifizierten.

4. Die Geschichte der Zukunft

4.1. Zwei Geschichten der vergangenen Zukunft

In den vergangenen Jahren sind, fast gleichzeitig, zwei historiographische Werke erschienen, die eine Geschichte der vergangenen Zukunft erzählten:

1998 erschien, verfasst von dem französischen Historiker Georges Minois, »Die Geschichte der Zukunft. Orakel, Prophezeiungen, Utopien, Prognosen«, ein Jahr später »Die Entdeckung der Zukunft« vom Verfasser dieses Beitrags selbst. Die Werke unterscheiden sich nicht nur materiell, d. h. in der Verarbeitung unterschiedlicher Quellen, voneinander, sondern vor allem auch theoretisch in der Konzeption dessen, was sie unter »der Zukunft« verstehen: Für Georges Minois ist die Zukunft eine Dimension des subjektiven Bewusstseins, keine objektive Dimension der Geschichte selbst: Sein Buch beschreibt die Vorstellungen, die sich die Menschen zu verschiedenen Zeiten, unter wechselnden gesellschaftlichen und epistemologischen Voraussetzungen, von »ihrer« Zukunft gemacht haben. So enthält es viel Befremdliches – nicht nur, weil sich die darin geschilderten Zukunftsvorstellungen zum größten Teil nie erfüllt haben, sondern fast noch mehr, weil sie, wie etwa die Vielzahl der hier versammelten Orakel und Prophezeiungen, auf heute befremdliche Weise gewonnen worden sind. Gerade dadurch aber weist sich das Buch als ein typisches Beispiel moderner Mentalitätsgeschichte aus: Ihr geht es ja darum, nach dem Vorbild der Begründer dieser Disziplin in Frankreich, Lucien Febvre und Marc Bloch, mentale Strukturen als ebenso reale historische Gegebenheiten zu begreifen wie die materiellen und institutionellen Gegebenheiten einer Gesellschaft.

Das ist zweifellos ein Fortschritt, den man nicht preisgeben sollte. Und doch analysiert das andere Buch, »Die Entdeckung der Zukunft«, seinen Ge-

genstandsbereich ganz anders: Die »Zukunft« ist hier keine vorgegebene Dimension des subjektiven Bewusstseins, sondern ein mentales Konzept, das seinen Gegenstand zu verschiedenen Zeiten unterschiedlich auffasst, das mithin eine eigene Geschichte aufweist. Historisiert werden in ihm nicht allein wie bei Minois die Zukunftsvorstellungen selbst, sondern darüber hinaus auch die begriffliche »Brille«, durch die sie, vom rückblickenden Historiker wie von den Zeitgenossen, ins Auge gefasst wurden. Hinzu kommt ein weiterer Unterschied: Unter der »Zukunft« versteht das jüngere Buch neben den subjektiven Zukunftsvorstellungen vergangener Gesellschaften auch deren tatsächliche Zukunft, mithin all das, was der heutige Beobachter entweder als inzwischen vorliegende Gegebenheiten historisch zu erkennen oder zumindest realistisch auch für seine eigene Zukunft noch zu erwarten vermag. An die Stelle der einfachen Geschichte vergangener Zukunftsvorstellungen tritt so in ihm die »doppelte Geschichte« einer dialektischen Beziehung zwischen zweierlei Formen der Zukunft, einer realen und einer imaginären. Wir können sie begrifflich am besten unterscheiden, indem wir die imaginäre als »vergangene Zukunft«, die reale hingegen als »gegenwärtige Vergangenheit« (bzw. Gegenwart und Zukunft) bezeichnen. Mit beiden wollen wir uns im Folgenden näher beschäftigen.

4.2. Die historische Zeitrevolution im 20. Jahrhundert

Eine Geschichte der vergangenen Zukunft zu schreiben, wäre früheren Zeiten wohl kaum eingefallen, jedenfalls nicht als reizvoll erschienen.[10] Denn unter der »Geschichte« verstand man lange Zeit immer nur die Erzählung wirklicher Begebenheiten, nicht diejenige imaginärer Vorstellungen.[11] Fragt man nach den wissenschaftsgeschichtlichen Voraussetzungen des neueren Interesses, so zeigt sich, dass überhaupt erst im Laufe des 20. Jahrhunderts die begrifflichen Grundlagen dafür gelegt worden sind, sich mit der vergangenen Zukunft zu beschäftigen: Erst seit Anfang der 1960er Jahre findet sich, fast gleichzeitig, in den Schriften von Reinhart Wittram und Reinhart Koselleck das Konzept der »vergangenen Zukunft« als historisches For-

---

10 Der erste mir bekannte Aufruf zu einer Geschichte der Zukunft erschien 1775 im *Neuen Hamburgischen Magazin*, S. 359–371: »Von Geschichten der Zukunft«. Darunter verstand der Autor allerdings eine Geschichte der zukünftigen Begebenheiten, nicht der vergangenen Vorstellungen von vormals zukünftigen Begebenheiten.

11 Schon Johann Martin Chladenius hatte 1752 in seiner »Allgemeinen Geschichtswissenschaft« die »Erkenntnis des Zukünftigen« zum Gegenstand der Geschichtswissenschaft erklärt: Sie sei zwar im Vergleich zur Erkenntnis des Vergangenen »sehr enge und kurz gefasst«, könne jedoch mancherlei zutage fördern »nicht allein durch die Offenbarung, sondern auch in der Astronomie und in bürgerlichen Geschäften« (§ 26). So handelte bei ihm das gesamte 12. Kapitel »von zukünftigen Dingen«.

schungskonzept.[12] Wenig später erschienen dann auch in anderen Disziplinen, etwa in der Theologie und in der Soziologie, Arbeiten, die das Konzept der »Zukunft« zu historisieren begannen.[13]

Älter schon waren die epistemologischen Voraussetzungen, unter denen sich zur selben Zeit französische Historiker, vor allem Michel Vovelle und Philippe Ariès, Jacques LeGoff, Georges Duby und Emmanuel LeRoy Ladurie, der Geschichte kollektiver Vorstellungen und Verhaltensdispositionen zuwandten. Diese jüngeren Anhänger der sog. »Annales-Schule« griffen damals einige von Marc Bloch und Lucien Febvre schon seit den 1920er Jahren entwickelten Forschungsansätze wieder auf und entwickelten sie weiter zu dem breiten historiographischen Forschungsprogramm der sog. »Mentalitätsgeschichte«.[14] Neben anderen kollektiven Verhaltens- und Vorstellungskomplexen konnte diese nun auch Zukunftsvorstellungen wie die von Jacques LeGoff behandelten mittelalterlichen Vorstellungen vom kommenden Fegefeuer umfassen.[15]

Die Wendung der französischen und deutschen Geschichtswissenschaft zur Analyse vergangener Zukunftsvorstellungen ist ein deutliches Symptom für die Revolution des historischen Bewusstseins im 20. Jahrhundert. Das ganze Ausmaß dieser Umwälzung wird allerdings erst im Abstand der Wende zum 21. Jahrhundert erkennbar: In Kürze zusammengefasst besagt sie, dass Raum und Zeit nicht länger mehr als absolute Parameter für die historische Situierung vergangener Begebenheiten dienen, sondern selbst als wandelbar erscheinen. Die transzendentale Einheit von Raum und Zeit löst sich auf und macht einem partialisierten Raum- und Zeitverständnis Platz, das keine absoluten, sondern nur noch relative zeitliche und räumliche Zuordnungen erlaubt.

Um diesen Vorgang in seiner geschichtstheoretischen und forschungspragmatischen Konsequenz zu verstehen, ist es nötig sich zu vergegenwärtigen, was die traditionelle Erkenntnistheorie von der Universalität und Homogenität von Raum und Zeit bis dahin in der sog. »historistischen« Geschichtstheorie des 19. Jahrhunderts geleistet hatte: Sie erlaubte es nämlich, jedem vergangenen Ereignis eine absolute Bedeutung in der Geschichte überhaupt dadurch zuzuweisen, dass man es einem bestimmten Raum-Zeit-Punkt zuordnete.[16] Allein aufgrund seines geschichtlichen »Ortes« konnte es

nun mit jedem beliebigen anderen Ereignis eine historisch definierbare Beziehung eingehen und dadurch Teil immer neuer geschichtlicher Zusammenhänge werden. Die Annahme einer universellen und homogenen historischen Zeit löste also vergangene Begebenheiten, wie sie in Geschichten aller Art überliefert wurden, aus ihrem gegebenen Erzählkontext und machte sie für neue historische Deutungen und Zusammenhänge verfügbar. Und sie schuf einen universalen historischen Kosmos, in dem sich eine allgemeine historische Wirklichkeit zu entfalten vermochte.

Die fortschreitende Historisierung der Welt untergrub jedoch im Laufe des 19. Jahrhunderts selbst immer mehr die theoretischen Grundlagen, auf denen ihre Erkenntnistheorie bis dahin beruht hatte, und leitete damit die viel beschriebene »Krise des Historismus« ein. Wie die absoluten »Werte«, so sahen sich auch »Raum« und »Zeit« in den letzten Jahrzehnten des 19. Jahrhunderts, etwa bei den Philosophen Dilthey, Husserl und Bergson, aber auch bei Wahrnehmungspsychologen wie Wilhelm Wundt, als erfahrungsgebundene Wahrnehmungsformen einer phänomenologischen und psychologischen Differenzierung ausgesetzt, welche die transzendentale Gegebenheit der historischen Zeit und des historischen Raums als absoluten Parametern der historischen Welterkenntnis infrage stellte.

Eine neue historische Zeit- und Raumtheorie bereitete sich vor, die den neuen philosophischen und psychologischen Theorien Rechnung trug.[17] Aus den Ansätzen seines Lehrers Vidal de la Blache zu einer historischen Geographie entwickelte der Gründungsvater der »Annales«-Schule Lucien Febvre in den 1920er Jahren das Forschungsprogramm einer historischen Psychologie, in der historische Zeiten und Räume als mentale und soziale Ordnungsstruk-

---

12 Vgl. Wittram (1966, S. 5); Koselleck (1979, S. 17 ff.).

13 Vgl. Moltmann (1964); Marsch (1969); Luhmann (1976).

14 Vgl. Burke (1990).

15 Vgl. LeGoff (1982).

16 Die klassische Darlegung dieses Sachverhalts findet sich bei Johann Gustav Droysen zu Beginn seiner »Historik« und passim: Droysen (1977). Gut zusammengefasst wird diese Anschauung noch 1917 von Georg Simmel in seinem Essay »Das Problem der historischen Zeit«, in: Simmel (1957, S. 48 ff.).

17 Vgl. hierzu Raulff (1999).

turen selbst zu Objekten der historischen Betrachtung wurden.[18] Sein Schüler Fernand Braudel formte daraus im und nach dem Zweiten Weltkrieg das eingängige Dreizeitenmodell einer kurzen, mittleren und langen Dauer, d. h. einer kurzen Zeit der politischen Ereignisgeschichte, einer mittleren Zeit der sozialen Strukturen und der wirtschaftlichen Konjunkturen und einer langen Dauer des langfristigen, fast unmerklichen Wandels in Bereichen wie der scheinbar unbeweglichen Erd- und der Sprachgeschichte.[19] Komplexe historische Vorgänge wie der politische, soziale und ökologische Wandel der Mittelmeerwelt im 16. Jahrhundert wurden damit als Überlagerungen von Wandlungsvorgängen unterschiedlicher Geschwindigkeit les- und deutbar.

Nicht nur in Frankreich stiegen objektgebundene Zeitanalysen seither zu bevorzugten Forschungsaufgaben der modernen Struktur- und Mentalitätsgeschichte auf, bei denen etwa zwischen der »Zeit der Händler«, der »Zeit der Städte« und vielen anderen Eigenzeiten sozialer Gruppen und politischer Institutionen unterschieden wurde. Auch die Zukunft konnte nun als eine solche Eigenzeit vergangener Epochen begriffen werden. Wie das kollektive Verhalten, die kollektive Erinnerung und die kollektiven Wunschvorstellungen gehörten auch die kollektiven Zukunftsvorstellungen zur psychisch-sozialen Innenausstattung einer sozialen Gruppe, die ihre geschichtlichen Äußerungen bestimmten. Allerdings bildeten sie in dieser sozialen Ausstattung einen bezeichnenden Sonderfall, weil sie selbst eine geschichtliche Dimension innerhalb der Geschichte eröffneten, die ihre historische Rekonstruktion gewissermaßen verdoppelte. Deshalb bedarf das Verhältnis von Geschichte und Zukunft einer gesonderten Betrachtung.

4.3. Die Universalisierung der Zeit in der Geschichte

Die unterschiedlichen Konzepte der »Zukunft« lassen sich letztlich auf zwei Begriffe von Zeit zurück-

führen, die sich bis heute mit den theoretischen Vorlagen von Aristoteles und Augustin verbinden:[20] Aristoteles beschreibt die Zeit als das Verhältnis zweier Bewegungen, von denen die eine, kreisförmig wie der Umlauf der Erde um die Sonne während eines Jahres, das Maß abgibt für die andere, die eigentliche zeitliche Bewegung, deren Länge eben an diesem Zeitmaß gemessen werden kann. Augustin dagegen beschreibt die Dimensionen der Zeit im 11. Buch seiner »Bekenntnisse« als Extensionen der Seele, welche sich ihrer Natur nach als Erinnerung in die Vergangenheit und als Erwartung in die Zukunft entwirft. Die Wahrnehmung der Zeit wird von Augustin im Augenblick, in der jeweiligen Gegenwart lokalisiert, Vergangenheit, Gegenwart und Zukunft sind für ihn gleichermaßen psychische und transzendentale Kategorien, die den Menschen eine Wirklichkeit erschaffen, welche sich für Gott ganz anders, nämlich in der Einheit aller zeitlichen Wahrnehmung darstellt.

Die unendliche Zeit und der unendliche Raum waren für die mittelalterliche Theologie Attribute Gottes, insbesondere die Zukunft wurde als »Eigentum Gottes« bezeichnet, weil sie sich nur dem Blick Gottes, nicht dem der Menschen erschloss. Im Unterschied zur unendlichen Zeit Gottes war die menschliche Zeiterfahrung immer begrenzt, kalendarisch wurde sie in Epochen und Regierungszeiten, noch nicht wie heute anhand eines ewig dauernden Kalenders erfasst. Deshalb gab es auch noch nicht die Vorstellung eines unendlichen und homogenen geschichtlichen Zeitraums, in den die historischen Ereignisse in ähnlicher Weise eingefügt werden konnten, wie die sinnlichen Gegenstände in den zentralperspektivisch konstruierten Raum eines Bildes. Für die Geschichtsschreibung gab es immer nur »Geschichten«, begrenzte Ereigniszusammenhänge, keine »Geschichte« schlechthin im Sinne einer räumlich und zeitlich prinzipiell unbegrenzten Ordnung allen (menschlichen) Geschehens in der Welt.

Der moderne Begriff der »Geschichte« ist im 18. Jahrhundert aus einer konzeptionellen Verschmelzung des sachlichen Ereigniszusammenhangs, den man bis dahin im Deutschen als »Geschicht«, lateinisch als »res gestae« bezeichnete, mit der Erzählung von diesem Zusammenhang, der »Historie«, lateinisch »historia rerum gestarum«,

---

18 Vgl. etwa Febvre (1935).
19 Braudel (1966).
20 Zusammenfassend vgl. Ricœur (1988, S. 13 ff.).

hervorgegangen.[21] Die geschichtsphilosophische Reflexion entwickelte daraus den selbstreflexiven Begriff einer allgemeinen »Geschichte«, die einerseits auch als bloße Erzählung immer auf eine ihr zugrunde liegende geschichtliche Realität Bezug nimmt, andererseits aber immer nur in der Form einer historischen Erzählung zu haben ist. Die bloße historische Realität überstieg diese neue »Geschichte« durch ihre narrative Struktur ebenso wie die traditionelle Geschichte einzelner Begebenheiten durch ihren universellen Charakter.

Das Konzept einer allgemeinen Geschichte basierte auf der Vorstellung eines unendlichen Zeit-Raums, in dem alle Dinge in Form einer universalen Kette des Lebens zusammenhingen und jede geschichtliche Begebenheit ihren unverwechselbaren »Ort« und »Zeitpunkt« hatte. Dieser Raum erstreckte sich in alle Zeiten und Völker dieser Welt, in der Zukunft ebenso wie in der Gegenwart und Vergangenheit, er setzte eine homogene, allumfassende Zeit voraus, wie es sie bis dahin nicht gegeben hatte. Damit war also das Konzept eines innerweltlichen Zukunftsraums gewonnen, der sich nun mit immer neuen Vorstellungen erfüllen ließ. Die Zukunft wurde zum Raum des Planens und Hoffens, der Ängste wie der Utopien, sie ließ sich beliebig weit in die Ferne ausdehnen und mit beliebig vielen Vorstellungen erfüllen. Diese Vorstellungen konnten sowohl in Form einer Verlängerung von Bekanntem aus der Vergangenheit und Gegenwart heraus entwickelt, als auch diesem Bestehenden in Form eines utopischen oder programmatischen Entwurfs entgegen gestellt werden. Die Zukunft wurde so zum bevorzugten Experimentierfeld aller politischen und gesellschaftlichen Aktivitäten. Ihre Geschichte ist bislang noch nicht geschrieben, doch wird eine künftige Geschichtswissenschaft nicht umhin kommen, ihre theoretische und methodologische Aufmerksamkeit ebenso wie ihre materielle Neugierde um diese bislang weitgehend vernachlässigte Dimension ihrer disziplinären Zuständigkeit zu erweitern.

Literatur

BLOCH, ERNST (1959), *Das Prinzip Hoffnung*, Frankfurt/M.: Suhrkamp. ▪ BLOCH, MARC (1924), *Les rois thaumaturges* (= Die wundertätigen Könige), Strasbourg/Paris: Libr. Istra. ▪ BRAUDEL, FERNAND (1972), »Histoire et sciences sociale. La longue durée« (= Geschichte und Sozialwissenschaften. Die longue durée) , in: Wehler, Hans-Ulrich (1972), *Geschichte und Soziologie*, Köln: Kiepenheuer & Witsch, S. 189–215. ▪ BRAUDEL, FERNAND (1966), *La Méditerranée et le monde mediterranéen à l'époque de Philippe II* (= *Das Mittelmeer und die mediterrane Welt in der Epoche Philipps II.*), Paris: Armand Colin. ▪ BURKE, PETER (1990), *The French Historical Revolution. The Annales School, 1929–1989*, Cambridge: Polity Press. ▪ CHLADENIUS, JOHANN MARTIN (1752 [1985]), Allgemeine Geschichtswissenschaft, worinnen der Grund zu einer neuen Einsicht in allen Arten der Gelahrtheit geleget wird, Leipzig: Thorschmied [Neuausgabe: Wien u. a.: Böhlau]. ▪ DE JOUVENEL, BERTRAND (1967), *Die Kunst der Vorausschau*, Berlin/Neuwied: Luchterhand. ▪ DEMANGEON, ALBERT / FEBVRE, LUCIEN (1935), *Le rhin. Problèmes d'histoire et d'économie*, Paris: Armand Colin. ▪ DROYSEN, JOHANN GUSTAV (1977), Historik, Textausgabe von Leyh, Peter, Stuttgart/Bad Cannstadt: frommann – holzboog. ▪ DUX, GÜNTHER (1989), *Die Zeit in der Geschichte. Ihre Entwicklungslogik vom Mythos zur Weltzeit*, Frankfurt/M.: Suhrkamp. ▪ ERDMANN, KARL-DIETRICH (1963), »Historische Prognosen – rückschauend betrachtet«, in: Burck, Erich (Hg.), *Die Idee des Fortschritts*, München: C. H. Beck, S. 59–84. ▪ ERDMANN, KARL-DIETRICH (1964), »Zukunft als Kategorie der Geschichte«, in: *Historische Zeitschrift*, Bd. 198, S. 44–61. ▪ FEBVRE, LUCIEN (1989), »Der Mensch in seiner Zeit. Der Franzose in der Renaissance«, in: ders., *Leben in der französischen Renaissance*, Berlin: Wagenbach, S. 15–34. ▪ FEBVRE, LUCIEN (1990), »Sensibilität und Geschichte«, in: ders., *Das Gewissen des Historikers*, Frankfurt/M.: Fischer, S. 91–109. ▪ FLECHTHEIM, OSSIP K. (1968), *Futurologie – Möglichkeiten und Grenzen*, Frankfurt/M.: Ed. Voltaire. ▪ FOUCAULT, MICHEL (1966), *Les mots et les choses* (= Die Ordnung der Dinge), Paris: Gallimard. ▪ FREVERT, UTE (Hg.) (2000), *Das neue Jahrhundert. Europäische Zeitdiagnosen und Zukunftsentwürfe um 1900*, Göttingen: Vandenhoeck & Ruprecht. ▪ HERDER, JOHANN GOTTFRIED (1828), »Vom Wissen und Ahnen«, in: von Müller, Johann (Hg.), ders.: *Sämmtliche Werke*, 2. Abt.: *Zur Philosophie und Geschichte*, Bd. 8, Stuttgart/Tübingen: Cotta, S. 43–53. ▪ HÖLSCHER, LUCIAN (1989), »Geschichte und Vergessen«, in: *Historische Zeitschrift*, Bd. 248, S. 1–17. ▪ HÖLSCHER, LUCIAN (1989), *Weltgericht oder Revolution. Protestantische und sozialistische Zukunftsvorstellungen im deutschen Kaiserreich 1871–1918*, Stuttgart: Klett-Cotta. ▪ HÖLSCHER, LUCIAN (1999), »Die Einheit der Geschichte und die Konstruktivität historischer Wirklichkeit«, in: Sonne, Wolfgang / Schulz, Evelyn (1999) (Hg.), *Die Geschichtswissenschaft zwischen Realität und Fiktion*, Zürich: vdf Hochschulverlag, S. 19–40. ▪ HÖLSCHER, LUCIAN (1999), *Die Entdeckung der Zukunft*, Frankfurt/M.: Fischer. ▪ KNOLL, JOACHIM H. / SCHOEPS, JULIUS H. (Hg.) (1984), *Von kommenden Zeiten. Geschichtsprophetien im 19. und 20. Jahrhundert*, Stuttgart: Burg-Verlag. ▪ KOSELLECK, REINHART (1975), »Art. Geschichte«, in: *Geschichtliche Grundbegriffe*, Bd. 2, Stuttgart:

---

21 Vgl. Koselleck (1975, S. 647 ff.).

Klett, S. 647–691. ■ Koselleck, Reinhart (1979), »Vergangene Zukunft der frühen Neuzeit«, in: ders.: *Vergangene Zukunft. Zur Semantik geschichtlicher Zeiten*, Frankfurt/M.: Suhrkamp, S. 17–37. ■ LeGoff, Jacques (1982), *La naissance du purgatoire*, Paris: Gallimard. ■ Luhmann, Niklas (1976), »The Future cannot begin: Temporal Structures in Modern Society«, in: *Social Research*, 43, S. 130–152. ■ Luhmann, Niklas (1976), *Weltzeit und Systemgeschichte*, in: Baumgartner, Hans Michael / Rüsen, Jörn (Hg.), *Seminar: Geschichte und Theorie. Umrisse einer Historik*, Frankfurt/M.: Suhrkamp, S. 337–387. ■ Marsch, Wolf-Dieter (1969), *Zukunft*, Stuttgart: Kreuz-Verlag. ■ Minois, Georges (1998), *Geschichte der Zukunft. Orakel, Prophezeiungen, Utopien, Prognosen*, Düsseldorf/Zürich: Artemis und Winkler. ■ Moltmann, Jürgen (1964), *Theologie der Hoffnung*, München: Kaiser. ■ Noack, Paul (1996), *Eine Geschichte der Zukunft*, Bonn: Bouvier. ■ Ogburn, William Fielding (1969), »Über die Möglichkeit, die Zukunft vorauszusagen«, in: ders., *Kultur und sozialer Wandel. Ausgewählte Schriften,* Neuwied: Luchterhand, S. 391–423. ■ Raulff, Ulrich (1999), *Der unsichtbare Augenblick. Zeitkonzepte in der Geschichte*, Göttingen: Wallstein. ■ Ricœur, Paul (1988), *Zeit und Erzählung* (frz. »Temps et récit«), Teil 1, München: Fink. ■ Rüsen, Jörn (1989), *Grundzüge einer Historik III: Lebendige Geschichte*, Göttingen: Vandenhoeck & Ruprecht. ■ Schwendter, Rolf (1982), *Zur Geschichte der Zukunft. Zukunftsforschung und Sozialismus*, Bd. 1, Frankfurt/M.: Syndikat. ■ Simmel, Georg (1957), *Brücke und Tür: Essays des Philosophen zur Geschichte, Religion, Kunst und Gesellschaft*, hg. von Landmann, Michael im Verein mit Susman, Margarete, Stuttgart: Köhler. ■ Toulmin, Stephen / Goodfield, June (Hg.) (1970), *Die Entdeckung der Zeit*, München: Goldmann. ■ Wittram, Reinhart (1966), *Zukunft in der Geschichte. Zu Grenzfragen zwischen Geschichtswissenschaft und Theologie*, Göttingen: Vandenhoeck & Ruprecht. ■ Wittram, Reinhart / Gadamer, Hans-Georg / Moltmann, Jürgen (Hg.) (1965), *Geschichte – Element der Zukunft*, Tübingen: Mohr Siebeck.

6.4 Kulturelle Evolution und Epochenschwellen – Richtungs-bestimmungen und Periodisierungen kultureller Entwicklungen

Klaus Eder

1. Eine epistemologische Verortung

Die Welt zu klassifizieren gehört zu den elementaren kognitiven Operationen, mit denen es Menschen möglich wird, eine gemeinsame Welt herzustellen, in der sie ihre sozialen Beziehungen organisieren können. Diese gemeinsame Welt nennen wir die Kultur einer Gesellschaft. Es liegt dem menschlichen Geist nahe, diese emergenten kulturellen Formen wiederum zu klassifizieren, Klassifikationen zu klassifizieren, um der Irritation Herr zu werden, dass es so viele unterschiedliche Klassifikationen gibt. Solche Klassifikationen des Klassifizierten nehmen in dem Maße zu, wie Gesellschaften mit einer Vergangenheit leben, die in die Gegenwart durchgreift, in anderen Worten: in dem Maße, wie sie Geschichte präsent zu halten suchen. Damit der Klassifizierende weiß, was er tut, greift er auf eine Klassifikation des Vergangenen zurück, die die Fiktion einer Einheit ermöglicht: entweder als Ausgangspunkt einer Klassifikation, aus dem das Vergangene notwendig hervorgeht, oder als notwendiges Ende dieses Vergangenen. Die Optionen sind also »Ursprung« oder »Telos«.

Das in der Moderne perfektionierte Modell der Klassifikation kultureller Formen ist das teleologische Entwicklungsmodell. Die Geschichte wird klassifiziert, indem sie in eine Stufenabfolge angeordnet wird. Das Ende dieser Geschichte ist mit der Idee eines zu sich selbst kommenden, sich selbst realisierenden Lernprozesses verbunden, der die Ordnung der Welt im Geist des Klassifizierenden selbst verortet. Dieser Effekt lässt sich in den theoretischen Diskussion rekonstruieren, die sich an dieser Klassifikationsarbeit beteiligt haben. Der hier zur Diskussion stehende Fall sind die Theorien sozialer Evolution, die sich im 19. Jahrhundert herausgebildet haben und im 20. Jahrhundert zunehmender Kritik unterzogen wurden.

Wie lässt sich diese Theoriearbeit reflexiv einholen? Der Dekonstruktivismus hatte leichtes Spiel, solche Klassifikationsmodelle zu delegitimieren und die Welt als kontingent, ungeordnet, »rhizomisch« zu beschreiben. Diese Versuche fokussieren das Problem, unterlaufen jedoch die Frage nach der Lösung des Problems. Die Negation des Problems ist dann die Lösung. Im folgenden wird der Versuch unternommen, an die Stelle der dekonstruktivistischen Erklärung des Endes aller Klassifikationen die theoretische Idee zu setzen, dass Klassifikationen notwendig unabgeschlossen bleiben. Daraus folgt ein verändertes methodologisches Verständnis einer Theorie gesellschaftlicher Entwicklung. Die eine solche Theorie tragenden Klassifikationen sind Hypothesen, mit denen das Vergangene begriffen und zum Gegenstand kognitiver Aneignung wird. Theorien gesellschaftlicher Entwicklung produzieren Klassifikationen der Welt zu dem Zweck, diese Klassifikation zu ändern. Theorien gesellschaftlicher Entwicklung tragen selber zur dauernden Reklassifikation der Welt bei. Dies leisten sie schon dadurch, dass jedes Telos oder Ende einer Entwicklung selbst zu etwas zu Klassifizierendem wird. Aus dieser Dynamik ergibt sich die besondere Problematik einer Begründung von Entwicklungstheorien, die nicht durch Dekonstruktion, sondern durch Rekonstruktion eingefangen wird.

2. Die klassischen Versuche

2.1. Morgan und Bachofen

Morgan reagierte als erster systematisch auf die Erfahrung der Moderne, indem er die fremde Welt der »Primitiven« als Ursprung der eigenen Gesellschaft deutete.[1] Bachofen lieferte zu dieser Erzählung den Kontrapunkt: die Suche nach dem Mütterlichen in der Entwicklung der menschlichen Gesellschaft. Klanorganisation bzw. Gentilverfas-

---

1 Morgan (1998 [1877]). Der Begriff »primitivus« hat mit der Vorstellung des Zuerst-Daseins zu tun.

sung und Mutterrecht sind die Stichworte, mit denen die Differenz zur Moderne und zugleich die Herkunft der Moderne begriffen werden sollten.[2]

Diese Herkunftserzählungen (die sich selbst gegen Verfallsgeschichten richten) werden – und das ist ihre Besonderheit – einer empirischen Überprüfung unterzogen. Historisches und völkerkundliches Wissen wurde gesammelt, um jene Veränderungen des familialen Kerns menschlicher Gesellschaften und des »Staatlichen« zu fassen, der das »Stabile« jener Veränderungen fixierte, das gegen das »Öffentliche«, das Kontingente, das Veränderliche gerichtet war. Damit gelang es, die Besonderheit der Moderne im Öffentlichen zu lokalisieren und zugleich die Unsicherheit der Moderne zu bändigen.

Lewis Henry Morgan ist vermutlich der wichtigste und auch der kontroverseste Theoretiker dieses Evolutionismus. Ancient Society (1877 erschienen) hat die Grundlagen für den sozialwissenschaftlichen Evolutionismus gelegt, der sich – anders als die Sozialdarwinisten – darauf verlegte, die Geschichte der Menschheit in Stufen einzuteilen. So identifiziert Morgan mehrere »ethnische Perioden« in der menschlichen Vorgeschichte, die an Hand technologischer Entwicklung periodisiert werden. Die älteste dieser ethnischen Perioden ist selbst noch einmal in drei Unterperioden eingeteilt: »savagery«, einer Periode, von der wir wenig wissen; dann eine mittlere Periode mit Fischfang, Gebrauch des Feuers und von Pfeil und Bogen, und dann eine höhere Stufe mit Töpferkunst, ein Punkt, an dem dann der »barbarism« beginnt, der über Domestizierung von Tieren und Bewässerung zum phonetischen Alphabet führt, dem Beginn von »civilization«. Der Rest

von »Ancient Society« behandelt dann die Perioden der »civilization«, die mit der Evolution von Familie, Staat und Eigentum in Zusammenhang gebracht wird. Der größte Raum wird der Evolution des Staates (government) gegeben, die von den gentes (also Verwandtschaftssystemen), was als Phase der societas bezeichnet wird, zur civitas führt, wo Eigentum und Territorialität das Gemeinwesen prägen. Ungleichheit steigert sich, und die frühe Demokratie und Gleichheit der gens zerfällt. Rom und seine Gentilverfassung sind schließlich der Schlüssel für den Übergang.[3]

Der Kontrapunkt von Bachofen (1861) besteht in der Rekonstruktion der Moderne aus einem Bild der bürgerlichen Gesellschaft, in der die Frau dominiert. Bachofen liefert die Rückprojektion des Bildes der Frau in die Ursprungsgeschichte der menschlichen (also bürgerlichen Gesellschaft). Es geht um die Beschreibung der Gynaikokratie der alten Welt, um die Entdeckung der mutterrechtlichen Kulturen als dem Ursprung der Geschichte. Das Telos bleibt allerdings männlich – das stoffliche weibliche Prinzip, das am Anfang steht, wird durch das männliche geistige Prinzip überhöht und überwunden. Der Sieg des Vatertums, der sich in den griechischen Heldengestalten (Dionysos, Apollo) vollendet, ist der Sieg über das Stoffliche; das Wesen des Geistigen überschreitet die chthonische Natur. Dazwischen steht die Bändigung des »Rohsinnlichen« des Geschlechtslebens durch die Vereinigung des Weiblichen mit dem Männlichen, also die Institution der Ehe. Hier formuliert Bachofen in der romantischen Wendung gegen die bürgerliche Gesellschaft ihr zugrundeliegendes Prinzip, das nun entwicklungsgeschichtlich überhöht wird.[4]

Bei Morgan und bei Bachofen finden sich in der Komplementarität ihrer entwicklungsgeschichtlichen Perspektiven alle jene Elemente, die die Selbstverortung der entstehenden modernen Gesellschaft in den nächsten 100 Jahren bestimmt haben. Sie liefern den kategorialen Rahmen, in dem dieser Rückbezug auf vergangene soziale Formen mit einem Telos verbunden werden sollte: die bürgerliche Gesellschaft, verstanden als bürgerliche Familie, ungleiche Eigentumsverhältnisse und staatliche Herrschaft. Zugleich blieb die Bewertung dieses Telos ambivalent: Es wird als Fortschritt und als Verlust zugleich gedacht. Die Koordinaten waren

---

2 Diese Liste ist offensichtlich selektiv und dem Ziel der bestmöglichen Kontrastierung geschuldet. Andere wichtige Namen wären Maine, Fustel de Coulange, McLennon oder Tylor. Ihnen gemeinsam ist die systematische Analyse sozialer Institutionen, die als besondere soziale Institutionen ja erst mit der Ausdifferenzierung der bürgerlichen Gesellschaft sichtbar wurden.

3 Auch die Familie erfährt eine Periodisierung, eine Systematik, die begrifflich weniger folgenreich war. Zu Morgan vgl. u. a. Sanderson (1990, S. 12 ff.).

4 Siehe dazu die Einleitung und die Auswahl der Schriften von Bachofen von Hans-Jürgen Heinrich in: Bachofen (1975 [1861]).

für die gesetzt, die von ihnen lernten: Marx und Durkheim.

2.2. Marx und Durkheim

Marx und Durkheim haben zwei formal ähnliche, wenn auch auf unterschiedlichen normativen Prämissen aufgebaute Modelle vorgeschlagen. Der historische Materialismus unterscheidet Produktionsweisen, deren interne Logik auf die Aufhebung des inneren Widerspruchs zwischen der Entfaltung von Möglichkeiten (»Produktivkräfte«) und ihrer suboptimalen Nutzung durch soziale Strukturen (»Produktionsverhältnisse«) gerichtet ist. Dieses systemische Modell wird an ein normatives Modell gebunden: den Widerspruch zwischen dem Wissen um das Mögliche und der Unterdrückung dieses Wissens durch Macht und Gewalt.

Die strukturellen Koordinaten einer historischen Rekonstruktion von Entwicklungsstufen sind bei Marx mit dem Begriff der Produktionsweise benannt, in der sich spezifische technische, soziale und kulturelle Strukturen zu einer widersprüchlichen Einheit zusammenfügen. Diese Produktionsweisen kennen ein eigentümliches Telos, dessen Motiv wohl eher die krisenhafte Erfahrung der Dynamik der bürgerlichen Gesellschaft gewesen ist: nämlich die Aufhebung der inneren Widersprüchlichkeit einer Produktionsweise. Dieses theoretische Motiv wird in einer doppelten Abstraktion entfaltet: als Anfangszustand und als Endzustand der Menschengeschichte. Der Begriff des »Kommunismus« fasst beide Zustände als hypothetische Unterstellungen: eine kommunistische Urgemeinschaft und eine kommunistische Zukunftsgemeinschaft. Das Verlassen des Urzustands war dem Zwang der Verhältnisse geschuldet: der Unvermeidbarkeit der Entfaltung der Produktivkräfte, die den Rahmen der Urgemeinschaftsordnung sprengte. Dieses Verlassen des Paradieses ist gleichbedeutend mit der Institutionalisierung jener Widersprüchlichkeit, die im Kapitalismus dann ihre klarste und durchschaubare Ausdrucksform findet. Was zwischen Urgemeinschaftsordnung und Kapitalismus sich entwickelt, sind Manifestationen von struktureller Widersprüchlichkeit, die nicht mehr als notwendige Stufen hin zum Telos Kapitalismus und sei-

ner Überwindung verstanden werden, sondern als historische Formen, die mit den räumlichen Gegebenheiten und zeitlichen Abhängigkeiten sich entwickeln. Diese Formen bleiben in ihrer Besonderheit offene empirische Phänomene. Die Unterscheidung von asiatischer, feudaler und kapitalistischer Produktionsweise ist nicht mehr als ein Systematisierungsvorschlag historisch sehr unterschiedlicher und differenzierter Systeme. Es gibt keine notwendige Entwicklung in diesen Formen. Es gibt allerdings einige Innovationen, die von besonderer Bedeutung sind, nämlich die Entstehung zentralistischer staatlicher Institutionen und die Verfügbarkeit von Produktivkräften. Sie treiben aber nur die Widersprüche in unterschiedlichem Maße voran. Sie sind keine Stufen der Entfaltung von Widersprüchen.

Die entscheidenden Momente der gesellschaftlichen Entwicklung sind der des Verlassens der Urgemeinschaft und der des Übergangs in die widerspruchsfreie Gesellschaft, den Kommunismus. Während ersterer dem Willen der Menschen noch äußerlich war, nichts als äußerer Zwang, ist der letzte Übergang an den Willen der Menschen gebunden. Dies ist die These von der voluntaristisch verstandenen Rolle der Arbeiterklasse im Klassenkampf. Damit ist ein implizites Entwicklungsmodell zwischen den beiden Übergängen angedeutet, das jedoch bei Marx weitgehend implizit bleibt: die Lernprozesse sozialer Gruppen, die aus der Erfahrung gesellschaftlicher Widersprüche resultieren. Die Entwicklung zwischen dem Ende des Urzustands und dem Beginn des Zukunftszustands ließe sich in diesem Sinne als ein gesellschaftlicher Lernprozess interpretieren.[5]

Als theoretischer Antipode zu Marx, der mit ihm zugleich die Erfahrung der entstehenden bürgerlichen Gesellschaft teilt, lässt sich Durkheim heranziehen. Auch er geht von der grundlegenden Problematik gesellschaftlicher Arbeitsteilung aus. Ebenso wie Marx kennt er einen einfachen Zustand, die mechanische Arbeitsteilung, die, bedingt durch technisch-ökonomische Entwicklungen, zur Zu-

---

5 Diese Unklarheit bei Marx ist der Ausgangspunkt der Problemstellung, die dann bei Habermas eine neue Wendung erfahren wird.

nahme organischer Arbeitsteilung führt.[6] Die gesellschaftliche Arbeit (le travail social) trennt die Menschen bzw. sozialen Gruppen und zwingt dazu, die Solidarität zwischen den Gruppen über funktionale Abhängigkeiten herzustellen. Gesellschaften werden integriert wie Organismen, wo jedes Teil seine besondere Funktion zur Erhaltung des Ganzen beiträgt. In der mechanischen Arbeitsteilung kann sich diese Solidarität auf die sozialen Beziehungen der Menschen selber stützen, auf ihre im Vollzug der Arbeit sich ergebenden Reziprozitätsbeziehungen.

Das Durkheimsche Modell der Entwicklung von der mechanischen zur organischen Arbeitsteilung ist also neben der Idee zunehmender Arbeitsteilung durch den analytischen Bezugspunkt der damit verbundenen besonderen Form sozialer Integration gekennzeichnet. Das Ausgangsmodell dieser Entwicklung finden wir in den späten Schriften zur Religion.[7] Dort wird die Solidarität in der Repräsentation der Gesellschaft als Einheit, in den rituell immer wieder bekräftigten kollektiven Repräsentationen der Gesellschaft gesucht. Das Endprodukt dieser Entwicklung im vollentwickelten organischen Zustand der Arbeitsteilung, also in der modernen Gesellschaft, beruht demgegenüber auf prekären kollektiven Repräsentationen der Gesellschaft, nämlich auf der Vorstellung von funktional miteinander verbundenen Individuen. Doch funktionale Interdependenz stellt nicht mehr jene Solidarität her, die eine Gesellschaft braucht. In der Suche nach einer mit dem Individualismus hocharbeitsteiliger Gesellschaften kompatiblen Form von Solidarität entwickelt Durkheim die Idee einer über eine »staatsbürgerliche Religion« integrierte moderne Gesellschaft.

Auch hier findet sich wieder jenes Muster, das bereits Marx kennzeichnete: eine imaginäre Konstruktion der vergangenen Welt, aus der sich das Modell der Lösung der Gegenwart, sei es des Kapitalismus, sei es der funktionalen Arbeitsteilung,

ergibt. So wie Marx in der Gentilverfassung die versteckten Wurzeln des selbstbestimmten Menschen der kommunistischen Gesellschaft suchte, so suchte Durkheim in den religiösen Repräsentationen australischer Ureinwohner die elementaren Formen von Sozialintegration, die das Modell für die besonderen Voraussetzungen von Solidarität in einer bürgerlichen Gesellschaft (eine solidarité citoyenne) liefern.[8]

Der Staat erscheint in beiden Theorien als das Zwischenstadium zwischen der imaginierten Vergangenheit und der zukünftigen Gesellschaft von miteinander solidarischen Individuen. Die Geschichte zwischen dem Beginn der mechanischen und dem Ende der organischen Arbeitsteilung ist letztlich die Geschichte der Integration durch Zwang, jene Geschichte der Herrschaft, die den Naturzustand verlassen hat. Durkheim formuliert dafür ein pädagogisches Projekt, eine Erziehung des bürgerlichen Individuums zum Staatsbürger. Marx ist hier radikaler: Er baut auf die revolutionäre Kraft einer Klasse, die sich selbst in der Erfahrung der Entfremdung und Ausbeutung erzieht. Beide Projekte machen den sozialwissenschaftlichen Beobachter zum Lehrer oder zur Avantgarde, die in den Bildungsprozess der menschlichen Gattung interveniert und diesen auf den Weg bringt.

2.3. Die Webersche Relativierung

Max Weber bricht mit dem Modell eines Anfangs und eines Endes, was ihn gleichermaßen von Marx und Durkheim entfernt. Sein entwicklungsgeschichtlicher Blick konzentriert sich auf das, was sich in der Geschichte entwickelt. Dieser entwicklungsgeschichtliche Blick bleibt allerdings nicht historisch. Max Weber erzählt nicht, wie es geworden ist, sondern wie das Historische sich als Ausdruck eines universalgeschichtlichen Rationalisierungsprozesses deuten lässt. Der Anfang und das Ende werden eingezogen – der Rest wird als Prozess der Rationalisierung abstrahiert und rekonstruiert.[9] Über die Möglichkeit der rationalen Gestaltung der aus diesem Rationalisierungsprozess hervorkommenden Verhältnisse zeigen sich bei Weber allerdings Irritationen: Das Telos wird unklar, die Unbestimmtheit des Kommenden wird in Begriffen

---

6 Durkheim (1960).
7 Durkheim (1968).
8 Durkheim (1969).
9 Die Beschäftigung Webers mit der Frage der Wertfreiheit mag als methodologische Rechtfertigung dieser theoretischen Distanzierung gedient haben.

gefasst, die gerade zeigen, dass es nichts zum Begreifen gibt. Das Telos und das Danach wird in Metaphern gefasst.[10]

Und doch eignet der Idee eines universalen Rationalisierungsprozesses eine für das Selbstverständnis der Moderne zentrale Idee: die rationale Motivation menschlichen Handelns als Klassifikationskriterium der Weltgeschichte. In der Religionssoziologie wird dieses Motiv zum Organisationsprinzip der Entwicklung, an dessen Ende die moderne Gesellschaft als die im Vergleich am weitestgehenden rationalisierte Gesellschaft übrig steht. Das ist kein Telos mehr, sondern ein Zustand, dem sich historische Gesellschaften in unterschiedlicher Weise haben entziehen können. Die Wege historischer Entwicklung vervielfachen sich nun und eröffnen komparative Perspektiven, die auf einen neuen Typus von Entwicklungstheorien verweisen. Max Weber lässt letztlich offen, ob es sich um unterschiedliche Wege zum selben Ziel, die empirisch von einigen Gesellschaften nicht erreicht werden, handelt oder um unterschiedliche Wege mit unterschiedlichen Zielen, also um unterschiedliche »Modernen«. Gerade Neo-Weberianer haben dieses Motiv von vielen Wegen in unterschiedliche Modernen, die ihrerseits variierende Rationalisierungsprozesse und emergente Rationalitäten kennen, weiterentwickelt.[11]

2.4. Parsons und Habermas

Parsons und Habermas markieren das Ende der großen entwicklungstheoretischen Entwürfe in den Sozialwissenschaften. Sie abstrahieren von der Familie wie vom Staat und der Ökonomie und konzipieren die Moderne als ein formales Abstraktum, das Bedingung für Handeln und zugleich Adressat dieses Handelns ist. Parsons nutzt dazu das Vokabular der kybernetischen Systemtheorie. Die Steuerungsleistung sozialer Systeme wird – in »letzter Instanz«[12] – dem kulturellen System zugewiesen. Damit bleibt ein Rest, der nicht in Selbststeuerung aufgeht. Habermas rekurriert demgegenüber – angeregt durch eine Auseinandersetzung mit Luhmann und dessen Adaptation der Systemtheorie für die sozialwissenschaftliche Analyse – auf ein Kompositum von System und Lebenswelt, das ge-

gen die Systemabstraktion von Markt und Staat noch ein konkretes Element bewahrt: die lebensweltliche Gebundenheit von Kultur und moralischer Welt.[13] In dieser Konzeption wird das Problem gesellschaftlicher Entwicklung selbst auf Evolutionstheorie abstrahiert.[14] Evolutionäre Universalien und ihre Entfaltung werden zum analytischen Werkzeug sozialwissenschaftlicher Beobachtung historischer Prozesse. Das Ergebnis ist eine Stufenkonzeption, die sich formal kaum von der des 19. Jahrhunderts unterscheidet: der Dreierschritt aus der Primitivität (nicht notwendig im pejorativen Sinne gemeint) über die Hochkulturen in die Moderne. Zwischenstadien ergeben sich daraus, Übergänge zwischen diesen Stufen zu denken. So werden historische Gesellschaften zu Übergangsgesellschaften oder Saatbett-Gesellschaften,[15] in denen sich die folgende Stufe im Sinne kultureller Vorgriffe auf das Neue bereits andeutet.

Diese Bedeutung von Kultur in den seit den 50er Jahren des letzten Jahrhunderts sich durchsetzenden sozialwissenschaftlichen Evolutionstheorien wird im Rückgriff auf Motive von Marx, Durkheim und Weber begründet: nämlich die Idee einer über ein kollektives Bewusstsein, über kollektive Repräsentationen und religiöse Weltbilder zusammengehaltenen Gesellschaft. Diese Motive werden in einer je spezifischen Weise metatheoretisch verarbeitet. Parsons gründet seine Gesellschaftstheorie auf die Annahme letzter Wertbeziehungen, auf »ultimate meanings«, die die Kontingenzen sozialen Handelns überbrücken helfen.[16] Habermas dagegen gründet die Bedingung der Möglichkeit von Vergesellschaftung auf die Vorstellung einer über kontrafaktische Unterstellungen gemeinsamer Verstän-

---

10 Berühmt sind jene Passagen des Weberschen Werkes, in denen das Bild des Polytheismus gemalt wird, der den Rationalisierungsprozess beerben wird.
11 Vgl. dazu insbesondere Eisenstadt (2000).
12 Parsons (1975, S. 52).
13 Habermas (1981).
14 Parsons (1975); Habermas (1976). Die radikalste Fassung des evolutionstheoretischen Blicks findet sich bei Luhmann (1978), der jegliche Rückbindung an Annahmen über Lebenswelt oder Wertsysteme aufgibt. Die stufentheoretischen Annahmen ändern sich dadurch aber nicht.
15 Parsons (1975, S. 149 ff.)
16 Parsons (1975).

digungsfähigkeit hergestellten Sozialität.[17] In der »Rekonstruktion des Historischen Materialismus«[18] wird das organisierende Prinzip des evolutionären Prozesses gegen Marx und mit Marx bestimmt: nicht Arbeit, sondern Interaktion, nicht an Gegenständen sich abarbeitendes Handeln, sondern kommunikatives Handeln ist der Schlüssel zur Logik sozialer Evolution. Evolution ist konzipiert als die stufenweise Entfaltung kommunikativer Kompetenz, die sich in der Moderne dann selbst als solche erkennt.

Für Parsons ist das Telos des evolutionären Prozesses die Ausdifferenzierung der kulturellen Wertsphäre als eines funktional spezifizierten kulturellen Systems. Das Ende wird im Sinne eines universalistischen Wertkonsenses bestimmt, der selber nicht mehr hintergehbar ist. Universalistische Moral, die Idee der Menschenrechte, die in den politischen Revolutionen seit dem 18. Jahrhundert formuliert wurden, definieren jene Modernität, deren Strukturen die Sozialwissenschaften als Teil dieser Moderne sichtbar machen kann.[19] Alles läuft auf dieses Telos zu. Die Irritationen von Weber sind aufgehoben; die über universalistische Wertbezüge hergestellte soziale Ordnung kann nun zum Schlüsselbegriff soziologischer Analyse werden. Das Ergebnis ist ein bislang in seiner Komplexität kaum übertroffenes analytisches Modell der Gesellschaft. Die Geschichte wird zum Träger eines Differenzierungsprozesses von Systemen und ihren Funktionen, deren interne Logik die Logik voluntaristischen Handelns ist.

Habermas formuliert demgegenüber einen weniger affirmativen Begriff von Modernität. Modernität wird zum Projekt, das es zu realisieren gilt. Dieses Motiv teilt Habermas mit Marx. Doch dieser Zusammenhang eines sich selbst erfüllenden Projekts ist nicht mehr selbstevident. Er bedarf einer besonderen Form der Vergewisserung. Wir kennen das Telos, aber nicht mehr den Weg dorthin. Wie aber kann man sich des Weges vergewissern, wenn sowohl der Ausweg der intellektuellen Avantgarde, das leninistische Modell, als auch der Ausweg revolutionärer Phantasie, das spontaneistische Modell, ausfallen? Hier greift Habermas auf eine sozialwissenschaftlich gewendete Hegelsche Denkfigur zurück: auf die Vorstellung eines zu sich selbst kommenden Geistes im Sinne der Selbstentfaltung menschlicher kognitiver Kompetenz. Im kommunikativen Handeln kommen mit fortschreitender Evolution die Potentialitäten des menschlichen Geistes zum Zuge. Gesellschaften können – wie Habermas dann formuliert – »nicht nicht lernen«.

In der Parallelisierung von ontogenetischer Entwicklung allgemeiner Kompetenzen zu sozialem Handeln und der Entwicklung der Geschichte hin zu einer Gesellschaft kompetenter Individuen entfaltet Habermas die Idee einer empirisch begründbaren Geschichtsphilosophie des zu sich selbst kommenden menschlichen Geistes. Im Rückgriff auf Piaget[20] wird in den Strukturen der in jedem menschlichen Individuum angelegten kognitiven Kompetenz zu moralischen Urteilen und empirischer Erkenntnis die Logik des in Stufen sich entfaltenden Lernprozesses der menschlichen Gattung rekonstruiert. Das Ende dieses gesellschaftlichen Lernprozesses fällt mit der höchstmöglichen Entwicklungsstufe menschlicher Entwicklung, der berühmten »Stufe 6«, zusammen.[21]

Die Geschichte lässt sich nun als Versuch interpretieren, die in der Entwicklungsfähigkeit des einzelnen Menschen vorgegebenen Möglichkeiten zu realisieren.[22] Die starke Annahme ist, dass auch Gesellschaften an diese dem individuellen Lernen eigentümliche Entwicklungslogik gebunden sind. Das begründet schließlich die Annahme einer universalen Geltung dieser Entwicklungslogik.[23]

---

17 Habermas (1981).

18 Habermas (1976).

19 Parsons (1975).

20 Die Theorie der kognitiven Entwicklung des Menschen und die Parallelisierung mit den Entwicklungsschüben menschlicher Erkenntnis in der Geschichte findet sich am anspruchsvollsten ausformuliert in Piaget (1975).

21 Die Stufe 6 kennzeichnet das Stadium vollentwickelter kognitiver Kompetenz: die Fähigkeit zu dezentriertem Denken und Urteilen.

22 Zu Versuchen in dieser Richtung vgl. Eder (1976); siehe auch Dux (1981), der diese Argumentation weitergeführt hat.

23 Auch dies ist strittig. So ist es empirisch unentschieden geblieben, inwieweit die Stufen menschlichen Lernens nicht ihrerseits bereits durch interaktive Strukturen, also gesellschaftlich konstituiert sind. Dies gilt insbesondere für Annahmen zum moralischen Lernen, da Piaget strikt parallel zur Entwicklung der menschlichen Erkenntnisfähigkeit konstruiert.

Damit ist die höchstmögliche Abstraktion erreicht, mit der die Klassifikation der Geschichte als eines zur Moderne führenden Prozesses formuliert worden ist. Das Ende dieser Theorie ist nicht das Ende der Geschichte, sondern ihre empirische Freisetzung und die Suche nach einem Verständnis der Welt, die erklärt, warum der universalgeschichtliche Rationalisierungsprozess nicht das Telos realisiert, das er versprochen hat.

2.5. Das Scheitern der Modernisierungstheorie

Der empirische Test auf die Evolutionstheorie ist die Modernisierungstheorie. Sie ist die Explikation des Telos, das in der Evolution der Evolutionstheorien sich herausgebildet hat: die Selbstentfaltung des Universalismus als einer Form des Sozialen. Parsons formulierte auf der Basis seiner Evolutionstheorie eine Modernisierungstheorie, die auf der Grundlage von fehlenden Elementen funktionaler Ausdifferenzierung auf Rückständigkeit schließen konnte. An diese gesellschaftsdiagnostische Annahme ließ sich dann auch problemlos die politische Mission der Durchsetzung von Modernität anschließen. Das Ziel dieser Modernität ist die Inklusion aller, die Verallgemeinerung und Universalisierung von Wertorientierungen, formale rechtsstaatliche Rationalität sowie abstraktere Formen ökonomischen Tausches, also Markttausch. Gegen den Pessimismus Max Webers steht ein Optimismus: dass es möglich ist, auf diesem Wege weiterzukommen, allen Unfällen der Geschichte zum Trotz. Die Erfahrung des zweiten Weltkrieges trägt paradoxerweise dazu bei, diesen Optimismus zu verstärken.

Habermas teilt diesen Optimismus nicht mehr und erinnert zugleich an den Weberschen Pessimismus. Die Ambivalenz der Moderne bricht ein und wird doch zugleich gezähmt. Hier verlässt Habermas die theoretische Explikation und verweist auf Politik als der Voraussetzung für die Realisierung des Potentials moderner Vergesellschaftung. Habermas verlegt das Telos in einen aufklärerischen Impuls, der an die Intellektuellen gerichtet ist und seine theoretische Begründung in der Lernfähigkeit moderner Gesellschaften findet. Denn Gesellschaften können lernen, wenn sie die dafür notwendigen Bedingungen realisieren: nämlich sich auf kommunikatives Handeln einzulassen.[24] Hier kommt die Idee einer räsonierenden Öffentlichkeit herein, die den Raum für argumentative Auseinandersetzungen bereitet, der seinerseits die kognitive Entwicklung der daran Beteiligten vorantreibt.

Doch die Modernisierungstheorie wurde vom Prozess der Modernisierung immer wieder enttäuscht. Die empirische Soziologie widersprach zunehmend. Die Geschichte ging nicht mehr in der Evolutionstheorie auf. Die Eindeutigkeit, mit der die an stufentheoretischen Überlegungen sich orientierende Evolutionstheorie gearbeitet hatte, löste sich auf. Was konnte dann von der Idee einer entwicklungslogisch in Stufen sich vollziehenden Entwicklung noch überleben?

3. Die Internalisierung der Geschichte

3.1. Globalisierung und das Ende sozialer Evolution

Gerade die Modernisierungstheorie von Parsons und das aufklärerische Telos von Habermas haben die Kritik an den kulturellen Evolutionsmodellen vorangetrieben. Der modernen Gesellschaft ist es zwar gelungen, und das macht ihre evolutionäre Besonderheit aus, die nicht-modernen Gesellschaften in den Sog ihrer Modernisierung hineinzuziehen. Dieser Prozess hat aber auch die Evolution der Gesellschaft zu einer historischen Konstellation geführt, in der sich die kulturelle Dominanz einer Vergesellschaftungsform durchsetzte und die konkurrierenden Vergesellschaftungsformen zu assimilieren begann. Universalistisch begriffen sich viele traditionale Gesellschaften. Politisch und ökonomisch realisiert hat diesen Universalismus zuerst die europäische Moderne.

Der moderne Globalisierungsprozess scheint diesen Prozess zu Ende gebracht zu haben – im Sog der Globalisierung verschwinden kulturelle Differenzen. Die diesen Prozess thematisierende kulturelle

---

24 Zu den Aporien dieser Lösung siehe Strydom (1992), der auf naheliegende ontogenetische Fehlschlüsse und die Unklarheit der sozialen Konstitution menschlicher Lernprozesse bei Habermas verweist.

und soziale Evolutionstheorie des 19. und 20. Jahrhunderts ging davon aus, dass diese Assimilation unumkehrbar und unvermeidbar war. Die moderne Globalisierungstheorie schreibt diese Theorie fort; sie geht vom Gelingen eines globalen Assimilationsprozesses aus. Die Globalisierungstheorie ist also die Beobachtung eines gelungenen, an seinem Ende angelangten Evolutionsprozesses. Richtungsbestimmungen erübrigen sich dann, und Stufen der Entwicklung werden zur Vorgeschichte der globalisierten Moderne.

Die Gesellschaft der globalisierten Moderne geht aber in diesem Prozess nicht auf. Begriffe wie die Ungleichzeitigkeit des Gleichzeitigen oder die Inkommensurabilität von Kulturen signalisieren, dass es einen Rest gibt, der sich diesem Telos der gesellschaftlichen Entwicklung sperrt. Es bleibt nicht-assimilierbare Sozialität im Evolutionsprozess übrig, die nur im Hinblick auf eine erneute Verlagerung in die Zukunft, als am Horizont der Geschichte sich abzeichnende Einheit, als zukünftiges Problem neutralisiert werden kann. Dies ist ja die – von Hegel perfektionierte – Denktechnik der Evolutionstheorien des 19. und 20. Jahrhunderts gewesen, dass sie das Ende, die Gleichzeitigkeit des Sozialen (die »Aufhebung« des Differenten) in die mehr oder weniger nahe Zukunft projizierten. Diese, selbst vom älteren Erlösungsmodell gespeiste Denkfigur bricht dann zusammen, wenn das Telos selbst ambivalent wird. Daraus ergibt sich ein Umbauproblem der Evolutionstheorie selbst: weg vom Telos und den Mechanismen, die zu diesem Telos treiben, hin zu einer Evolutionstheorie, die Mechanismen ohne Telos kennt, also eine Evolutionstheorie mit prinzipiell offenem Ausgang. Weder lässt sich Evolution von einem Schöpfungsplan her denken noch in ein zu realisierendes Projekt packen. Evolution verändert nur die besonderen Bedingungen für Vergesellschaftungsprozesse, bietet damit Überlebensbedingungen für historische Formen, die bereits überholt schienen, und macht »progressive« For-

men zu Ladenhütern der Geschichte, ohne dabei festzulegen, dass es auch nicht wieder anders sein könnte.

3.2. Ambivalenz als Prinzip soziokultureller Evolution

Der in den klassischen Evolutionstheorien unterstellte evolutionäre Fortschritt stellt sich in der kulturellen Evolution der modernen Gesellschaft nicht ein. Die Rationalitätsunterstellung, die in der Vorstellung einer Entwicklung von der primitiven Magie zur modernen Aufklärung steckt, einem zentralen Topos aufklärerischer Evolutionsvorstellungen, wird durch die Doppelstruktur des Fortschritts gebrochen: Evolution ist immer zugleich Evolution des Guten und des Bösen. Die Geschichte der Evolution der Moderne zeigt diese Doppelstruktur in einer besonders drastischen Weise. Die jüngere Debatte um die Ambivalenz der Moderne hat diesen anti-progressistischen Topos aufgenommen und zu einer Theorie der Postmoderne verarbeitet, in der die Präsenz gerade der »anderen Seite« der Moderne thematisch wird.[25]

Indifferenz gegenüber Gut und Böse ist das Geheimnis der europäischen Moderne gewesen. Das hat die Religionskriege beendet und eine staatliche Entwicklung eingeleitet, die sich von moralischen Vorschriften unabhängig wusste. Der Staat konnte, je nach Bedarf, gut oder böse sein, ohne sich zugleich rechtfertigen zu müssen. Weber hat die damit ausgelöste Entwicklung als formale Rationalisierung gekennzeichnet.[26] Die Ambivalenz wurde damit neutralisiert.

Eine besondere Leistung dieser Moderne ist die Entzauberung der Welt, das Zurückdrängen dessen, was als Magie bezeichnet wurde. Magische Bilder von der Welt sind nicht per se rational oder irrational. Magie kann rational sein; sie kann sogar rationaler sein als nicht-magische Praktiken.[27] Wenn wir aber weiterfragen, ob an Magie glaubende Menschen eine kritische Einstellung zu ihren Glaubensanschauungen und Erklärungen einnehmen bzw. überhaupt einnehmen können, dann wird der Rationalitätsbegriff enger. Dieser engere Rationalitätsbegriff führt zur Frage: Können Menschen mit magischen Anschauungen diesen gegen-

---

25 Soziologisch besonders lesenswert sind die Überlegungen von Zygmunt Baumann. Siehe vor allem Baumann (1992).

26 Die Apotheose dieser Rationalisierung ist das Plädoyer für eine höhere Amoralität von Systemen.

27 Indikator dafür ist die überbordende Nachfrage nach esoterischer Literatur.

über kritisch werden, unter welchen Bedingungen und in welchem Ausmaß?

Die Annahme der optimistischen Moderne war, dass gerade die Aufklärung eine solche kritische Einstellung ermöglicht und kulturell festgeschrieben hat.[28] Dem widersprechen nun historische Erfahrungen der Moderne. Die Neutralisierungsleistung der Moderne hält nicht, sie bleibt in der Dialektik von Entzauberung und Wiederverzauberung, der »Dialektik der Aufklärung«, gefangen.

Dies zeigt sich an der Rückkehr der Magie[29] in die Moderne, etwa an Vorstellungen von Hexen und Teufeln. Sie werden in der Moderne zu Abwechslung und Unterhaltung, zu Kinderschreck oder zu Trägern des Schaurigen und Abartigen. Es ist chic, über den Teufel zu reden. Das gehört zur neuen Halbbildung der neuen Mittelklassen. Beide, die Hexe wie der Teufel, werden zu einer symbolischen Repräsentation für Kräfte und Energien, die von der modernen Gesellschaft unterdrückt worden sind. Die Psychologisierung des Bösen in der modernen Gesellschaft macht – paradoxerweise – die Dialektik der Aufklärung sichtbar.

Mit diesem Funktionswandel des Guten und Bösen geht ein neuer Irrationalismus einher. Die Gegenwart wird nicht als Ergebnis von Handlungen, die wir verstehen und kritisieren können, sondern als das Ergebnis dunkler Mächte gedeutet. Geschichte wird personalisiert: nicht mehr nur als Geschichte der großen Männer, sondern als Geschichte von Dämonen, die sich in Männern (oder Frauen) verkörpern (etwa in Hitler, der zum Dämon, zum Bösen schlechthin wird), oder als Geschichte von Verrückten, die der historische Zufall an die Oberfläche der Gesellschaft gespült hat. Es handelt sich um den Versuch des Verstehens von Unbegriffenem. Wir haben es hier mit einem Prozess der Umkehrung von Aufklärung zu tun. Die Menschen suchen Sinn, und je unbegreifbarer die neuen Sinnautoritäten werden, umso besser erfüllen sie diese Funktion.

Solche neu-magischen Praktiken gehen mit dem Bedürfnis nach einem neuen Erlöser Hand in Hand. Die Suche nach dem Erretter aus dieser bösen Welt ist jedoch – unter den Bedingungen moderner Vergesellschaftung – eine Einladung zu charismatischer Herrschaft. Das deutet darauf hin, dass die Rationalisierungsprozesse, die die klassische Evolu-

tionstheorie ausgemacht hat, in einer besonderen Ordnung des Sozialen verankert sind, auf das sich Evolution nicht mehr im Sinne eines teleologischen Modells beziehen kann. Das erzeugt die Gegenreaktion, nach ontologischen oder anthropologischen Voraussetzungen zu suchen, Unsicherheiten eines gesellschaftlichen Prozesses durch eine Axiomatisierung der Grundlagen menschlichen Handelns zu ersetzen. Dagegen sperrt sich aber wieder der vom evolutionstheoretischen Denken des 19. Jahrhunderts angesteckte Gedanke. Gegen die neue Substantialisierung sucht das evolutionstheoretische Denken seine radikale Zuspitzung in der Konstruktion des Sozialen als Prozess, in dem Sozialität immer wieder hergestellt wird.

Die Alternative zum Substantialismus ist die Entsubstantialisierung des Telos. Mit der Formel der »Entdinglichung des Sozialen« hat Giesen diese Unbestimmtheit zu fassen gesucht.[30] Der Formalabstraktion von Parsons und Habermas wird noch der letzte Rest an Substantialismus ausgetrieben. Soziale Realität konstituiert sich in Interaktionsprozessen, die zwar voraussetzungsvoll, aber in ihren Konsequenzen situativ bestimmt und prinzipiell kontingent sind. Von der Evolutionstheorie bleibt nur mehr die Idee eines Prozesses, in dem evolutionäre Mechanismen die Komplexität situativer Bedingtheiten erhöhen. Die strukturtheoretische Erklärung liegt nicht mehr in den Stufen menschlicher Erkenntnisfähigkeit, sondern in den elementaren Bedingungen der kollektiven Konstruierbar-

---

28 Die Aufklärung erweist sich immer wieder als der Prüfstein einer Evolutionstheorie. Die »Dialektik der Aufklärung« zu fassen, bedeutet, einerseits die evolutionäre Singularität selbst noch evolutionstheoretisch zu fassen, andererseits die Blockierungen zu identifizieren, die im Versuch der Institutionalisierung der Aufklärung stattgefunden haben. Der hier vorgestellte Versuch der Lösung dieses Problems besteht darin, der Moderne zwar die Fähigkeit zuzuschreiben, die kulturelle Evolution der Gesellschaft weiterzutreiben. Dass sie es tut, ist damit allerdings noch keineswegs gegeben. Dazu bedarf es spezifischer Formen der Kommunikation, die sich aber nur unter unwahrscheinlichen evolutionären Bedingungen stabilisieren lassen, d. h. auf der »letzten« Stufe kultureller Evolution als Selbstreproduktion einer kollektiven Praxis.

29 Manche sprechen hier auch von religiösem »Fundamentalismus«.

30 Giesen (1990).

keit von Sozialität. Damit wird die Evolutionstheorie von stufentheoretischen Vorstellungen systematisch abgekoppelt, eine theoretische Perspektivenverschiebung mit weitreichenden Folgen.

Die Evolutionstheorie wird nun in doppelter Weise neu begründet. Sie nimmt einmal die Unschärfe des Telos auf und relativiert die Sicherheit, mit der die moderne Gesellschaft noch sich selbst als den Endpunkt einer Entwicklung deuten konnte. Sie wird dabei an die komparative Forschung angeschlossen, die mit der neuen Betonung historischer Besonderheit von Modernität in Raum und Zeit einhergeht. Dies ist die deskriptive Seite der Neubegründung. Die theoretische Seite dieser Neubegründung liegt in der Ankopplung an die moderne formale Evolutionstheorie. Dieser Theorie geht es nur mehr um die evolutionären Mechanismen, die die Entwicklung von Sozialität bestimmen. Damit ist ein weitgehender kausalitätstheoretischer Anspruch verbunden, der über komparative Evidenz historisch-vergleichender Untersuchungen weit hinausgeht.

Die kognitive Dezentrierung des evolutionstheoretischen Programms hat also zwei Folgen, die im folgenden skizziert werden. Die erste ist deskriptiver Natur und zeigt sich am analytischen Umgang mit Geschichte. Die zweite ist theoretischer Natur und führt zu einem evolutionstheoretischen Minimalprogramm, das seine Stärke aus der rein formalen Konstruierbarkeit evolutionärer Prozesse zieht.

3.3. Multiple Modernen: Vergleichbarkeit als Prinzip

Die kognitive Dezentrierung des evolutionstheoretischen Programms legt nahe, die Idee eines entwicklungslogisch rekonstruierbaren Prozesses geschichtlichen Wandels aufzugeben. Damit wird die Annahme eines in kognitiv rekonstruierbaren Stufen sich entfaltenden Evolutionsprozesses problematisch. Stufenmodelle werden zu Abstraktionen konkreter historischer Prozesse, denen nur mehr das Telos der Ankunft in einer Gegenwart gemeinsam ist. Angesichts der Vielfältigkeit der Wege und Stufen geschichtlicher Veränderungen, die sich aus der Differenz von Kulturen ergeben, liegt der Ausweg nahe, die Multilinearität gesellschaftlicher Entwicklungen zum Konstruktionsprinzip theoretischer Erklärungsmodelle zu machen.

Die Annahme, dass es mehrere parallele Entwicklungsprozesse gibt, denen jeweils ein durch seine Struktureigenschaften bestimmtes Telos im Sine einer Restriktion eigen sein mag, die dann auch unterschiedliche Stufen durchlaufen, macht die klassische Evolutionstheorie entbehrlich. Denn nun enthält die klassische Evolutionstheorie so viele Fälle, wie es Entwicklungspfade gibt, die von jeweils unterschiedlichen strukturtheoretischen Annahmen ausgehen. Prinzipiell kann es so viele Entwicklungspfade wie Fälle geben, was das analytische Konzept von Entwicklungsstufen obsolet macht. Eine theoretische Einengung dieser Vielfalt kann dann nur mehr anhand einer Theorie vorgenommen werden, die die riskante Annahme einer begrenzten Zahl kultureller Typen macht.[31] Solche Typologien bleiben analytische Heuristiken, die in der historischen Konkretion dann als je spezifische Mischformen ausgewiesen werden.

Nicht nur die Idee, dass sich dieser Fortschritt in Stufen vollziehen könnte, wurde entbehrlich. Auch die Fortschrittsidee selbst blieb von dieser Theorieentwicklung nicht verschont. Wenn auch noch das Telos wegfällt, löst sich die Theorie sozialer Evolution wieder in eine Theorie besonderer geschichtlicher Prozesse auf. Es gibt dann nicht nur unterschiedliche Pfade der Entwicklung in die Moderne, sondern auch unterschiedliche Modernen. Es gibt dann eine chinesische Moderne ebenso wie es eine europäische oder afrikanische Moderne gibt. Damit sind der klassischen Evolutionstheorie alle theoretischen Elemente genommen, die sie als Theorie begründet haben. Der Prozess der Evolution wird wieder zum geschichtlichen Prozess, dessen Strukturiertheit kontingent in Raum und Zeit ist.

Hier schließt ein Modus der Analyse an, wie er sich etwa in den Arbeiten von Michael Mann findet.[32] Denn wenn es verschiedene Modernen gibt, dann liegt es nahe anzunehmen, dass sie dazu ten-

---

31 Dafür gibt es das Beispiel Max Webers, der diese Zahl am Typus hochreligiöser Traditionen orientiert. Ein rein analytischer Vorschlag ist der von Mary Douglas, die vier (später fünf) Typen von Kulturen unterscheidet (Thompson u.a., 1990).

32 Mann (1990).

dieren, miteinander zu konkurrieren. Sie werden versuchen, in diesem Kampf auch das zu bestimmen, was als Moderne gelten soll. Sie können dabei symbolische Macht mobilisieren, die Aura des Modernen der eigenen Kultur zu verleihen suchen. Diese Konkurrenzverhältnisse um symbolische Macht legen eine dem selektionstheoretischen Paradigma folgende evolutionstheoretische Perspektive nahe. So erklärt Mann die besondere Dynamik Europas aus der besonderen Konkurrenz zwischen Städten und Regionen in Europa, die zugleich durch besondere Umweltbedingungen zu Kooperation gezwungen waren. Wenn Möglichkeiten des exit verschlossen sind, wie dies für Europa in besonderer Weise gegolten hat, dann bleiben nur mehr voice und loyalty, der Zwang zu Protest oder Unterordnung. Dieses einfache selektionstheoretische Modell erweist sich bei Mann als eine außergewöhnlich produktive Heuristik für die Erklärung historischer Prozesse.

In der historisch-komparativen Variante[33] wird das Phänomen der Existenz multipler Modernen als Ergebnis eines Entwicklungsprozesses gedeutet, der in der historischen Einmaligkeit der kommunikativen Erreichbarkeit aller gipfelt. Die mit diesem »Globalisierungsprozess« verbundene neue Zugänglichkeit des Fremden erlaubt die Kopräsenz unterschiedlicher Modernen. Die europäische Moderne beobachtet andere Modernen, eine islamische Moderne, die wiederum von einer islamischen Anti-Moderne beobachtet wird, eine japanische Moderne, die sich einer japanischen Anti-Moderne gegenübersieht. Diese gegenseitige Beobachtbarkeit von Kulturen macht ihre Differenzen deutlich und forciert zugleich das Moment ihrer Abgrenzung. Es geht um die Betonung der Besonderheit der einzelnen Kulturen, um die Herstellung starker kollektiver Identitäten, die diese Modernen voneinander trennt und sie zugleich als das Andere beobachtbar macht.

Theoretisch kann diese Differenz multipler Modernen nicht mehr im Rahmen der Evolutionstheorie des 19. und 20. Jahrhunderts gefasst werden – sie scheitert an der Multiplizität der Teloi wie an der Multilinearität gesellschaftlicher Entwicklungsprozesse. In dem Maße, wie sich die Idee der bürgerlichen Gesellschaft in der multikulturellen Differenz auflöst, wird die zu ihr gehörende Evolutionstheorie eine historische Form ihrer Selbstbeschreibung.

An ihre Stelle treten Versuche, eine Theorie zu formulieren, die dieses Nebeneinander posttraditionaler Vergesellschaftungsformen in Raum und Zeit zu fassen vermag. Die Annahme multipler Modernen liefert einen deskriptiven Ausgangspunkt für eine solche Theorie, bleibt aber die theoretische Formulierung dieser Vergesellschaftungsform schuldig.

3.4. Evolution als Selektionsprozess

Die kognitive Dezentrierung des evolutionstheoretischen Programms findet eine radikale Lösung in der neo-darwinistischen Evolutionstheorie. Das Paradigma eines entwicklungslogisch rekonstruierbaren Prozesses geschichtlichen Wandels wird durch das selektionstheoretische Paradigma eines offenen Entwicklungsprozesses von Sozialität ersetzt.

Mit diesem selektionstheoretischen Programm wird nun nicht – wie das oft missverstanden worden ist – das menschliche Handeln mit tierischem Verhalten gleichgesetzt. Es geht vielmehr darum, die besonderen Bedingungen zu fassen, unter denen lernfähige Akteure handeln und die daraus sich ergebende Evolution von Regelsystemen sozialen Handelns zu fassen. Soziokulturelle Evolution impliziert Lernprozesse, deren Potential durch die besondere Ausstattung der menschlichen Spezies bestimmt und deren Ausgang von der besonderen Form der Vergesellschaftung, also des Zusammenhandelns von Menschen in Raum und Zeit bestimmt wird. Wenn wir soziokulturelle Evolution so bestimmen, dann geben wir zwar die entwicklungslogische Komponente als richtungweisende Annahme auf, können demgegenüber aber den Beitrag menschlichen Handelns zum Evolutionsprozess selber genauer bestimmen. Die kulturellen Kompetenzen des Menschen eröffnen ihm Handlungschancen und -optionen, sie präformieren aber nicht den Evolutionsprozess. Der Verzicht auf die starke entwicklungslogische Annahme und damit der Verzicht auf einen theoretischen Topos, der das Evolutionsdenken im 19. und 20. Jahrhundert bestimmt hat, wird durch den Vorteil einer mikro-

---

33 Eisenstadt (2000).

theoretischen Fundierung evolutionärer Prozesse mehr als kompensiert.

Evolution betrifft in dieser neo-darwinistischen Wende die Regeln, die das Handeln der Menschen miteinander koordinieren. Dieser Vorschlag wurde in besonderer Klarheit von Bruns und Dietz vorgetragen.[34] Die Lernfähigkeiten von Akteuren provozieren permanent Mutationen in den menschliches Handeln koordinierenden Regelsystemen; kulturelle Umwelten als Ergebnis evolutionärer Selektionsprozesse setzen diese Mutationen unter selektiven Druck. Das Ergebnis sind institutionelle Formen, die die Reproduktion sozialer Formen mit diesen Mutanten erlauben.

Mit dieser Reformulierung wird zugleich der Anschluss an die allgemeine Evolutionstheorie wiederhergestellt, die mit den evolutionären Mechanismen der Variation, Selektion und Stabilisierung (bzw. selektiven Retention) die Emergenz und Reproduktion jeder evolutionär variablen Form zu erklären sucht.[35] Anstatt den Graben zwischen Geist und Materie zu vertiefen, am Irreduziblen der Kultur gegenüber Natur festzuhalten, wird in der Wendung auf den die Kultur und Natur denkenden menschlichen Geist die Logik expliziert, mit der die zunehmende Komplexität von Kultur und Natur dem denkenden Geist verfügbar wird. Die Darwinsche Dezentrierung des kognitive Erkennens, die ja immer noch religiösen Streit, und das nicht ohne Grund, provoziert, liefert die bislang plausibelste Form des Denken evolutionärer Prozesse.

Mit dieser theoretischen Einstellung lässt sich erklären, wie das Komplexitätsniveau sozialer Regelsysteme im Verlauf von Evolution zugenommen hat. Gesellschaften werden immer umfassendere Gebilde, die – wenn überhaupt noch – auf eine »Welt-

gesellschaft« hinauslaufen. Dennoch bleibt auch diese Weltgesellschaft, die die prinzipielle Erreichbarkeit jedes Handelnden durch jeden Handelnden unterstellt, eine Fiktion, ist doch selbst dieser kommunikative Zusammenhang als ein Zusammenhang von Inklusionen und Exklusionen bestimmt, die ihrerseits permanentes Handeln von Akteuren mit offenen Folgen für den Gesamtzusammenhang produzieren. Die Idee einer Abgeschlossenheit eines evolutionären Prozesses wird damit obsolet – die Theorie richtet sich auf die Permanenz von Strukturbildungen ein, die wiederum das Produkt der Fähigkeit sind, das menschliche Handeln mit dem anderer zu koordinieren und in diesem Prozess die Umwelt des Menschen zu transformieren.

Richerson und Boyd gehen am weitesten in diese Richtung einer darwinistisch begründeten Theorie kultureller Evolution.[36] Aufbauend auf der Annahme, dass Sozialität auf der kommunikativen Vermittlung von Informationen aufbaut, werden die Besonderheiten der Logik menschlicher Kommunikation für Evolutionsprozesse bestimmt. Hier eröffnen sich Möglichkeiten theoretischer Innovation, die in den Sozialwissenschaften entwickelten Kommunikationstheorien mit allgemeinen Evolutionstheorien fruchtbar zu verbinden mit dem Ziel, die Emergenz und Reproduktion komplexer Sozialformen zu erklären. Das ermöglicht auch den Schritt über vereinfachende rationalistische Annahmen menschlichen Handelns, bei denen bislang diese allgemeine Evolutionstheorie stehen geblieben ist.

Mit dieser Outputoffenheit evolutionstheoretischer Erklärungsmodelle ist nicht nur das Ende einer Illusion der Moderne über sich selbst verbunden, das Ende ihres Glaubens in ihr Telos, sondern auch eine Öffnung des kognitives Feldes, in dem neue Möglichkeiten der Erklärungen evolutionärer Prozesse bereitgestellt werden. Insofern erweist sich das Paradigma der sozialen und kulturellen Evolutionstheorie des 19. und 20. Jahrhunderts selbst als ein Mechanismus, der das Denken soziokultureller Evolutionsprozesse vorangetrieben hat.

4. Können Gesellschaften lernen?

Entgegen dem selektionstheoretischen Programm, das soziale Evolution an ein mikrosoziologisch be-

---

34 Burns/Dietz (1995); Dietz/Burns (1992).

35 Ansätze zur Nutzung dieser allgemeinen Evolutionstheorie (die sich gleichermaßen für biologische wie für soziale Prozesse eignet) finden sich bereits in den 60er Jahren, blieben jedoch noch weitgehend unbeachtet. Vgl. dazu vor allem Campbell (1965) und dann systematisch Parijs (1981). Für einen Versuch der Kompatibilisierung dieser Perspektive mit einer entwicklungslogischen Perspektive vgl. Eder (1976).

36 Richerson/Boyd (1989). Reduktionistische sozio-biologische Theorien bleiben in diesem Zusammenhang unberücksichtigt. Ihr theoretischer Wert ist zweifelhaft, ihr öffentlicher Aufmerksamkeitswert dafür umso höher.

gründetes Erklärungsprogramm anzubinden sucht und die Emergenz komplexer Strukturen aus der immer wieder mit sich selbst rückkoppelnden Strukturierung kollektiven Handelns in Raum und Zeit erklärt, bleibt das Programm einer historisch-vergleichenden Analyse unterschiedlicher Pfade in unterschiedliche Modernen ein deskriptives Unterfangen. Die neue soziale Evolutionstheorie folgt zugleich dem Anspruch des darwinistischen Erklärungsprogramms von Entwicklungsprozessen wie dem Anspruch einer vergleichenden Kulturwissenschaft, die, dabei zu Max Weber zurückkehrend, die besonderen Dynamiken kulturgeschichtlicher Entwicklungen ausfindig zu machen sucht.

Was bleibt in dieser neuen Spannung vom Programm der alten sozialen Evolutionstheorie? Wenn man das Telos eines Projekts der bürgerlichen Gesellschaft und die Idee von notwendigen Stufen historischen Wandels, die zu dieser führen, aufgibt, dann bleibt noch ein Rest, der in dieser Aufgabe übrigbleibt: dass Wandel kein beliebiger, umweltbedingter Prozess ist, sondern ein Prozess der konstruktiven Auseinandersetzung mit einer unsicheren Umwelt. Evolution ist immer auch ein Lernprozess, der die unsicheren Kontextbedingungen für konstruktives Handeln in der Welt zugleich miterzeugt. Der Hinweis, dass die Gegenwartsgesellschaften zunehmend risikoreiche Umwelten erzeugen, ist nicht nur eine kulturkritische Attitüde, sondern ein Ausdruck dieses Rests der alten Evolutionstheorie: dass Entwicklung Lernen ist, das zugleich die Umwelt dieses Lernens so sehr verändert, dass der Lernende zu noch mehr Lernen gezwungen ist.

Dieser »aufklärungssoziologische« Rest ist also die Idee von Lernprozessen. Wenn man kulturelle Evolution als experimentierendes Lernen begreift, können auch wieder analytische Anknüpfungspunkte an evolutionstheoretische Modelle gewonnen werden, die sich aus der an Darwin anschließenden Selektionstheorie entwickelt haben, ein Zusammenhang, der mit der Degeneration des Sozialdarwinismus und der kulturalistischen Engführung von soziokulturellen Evolutionstheorien gekappt worden war. Zugleich erscheint dieser Lernprozess als unabgeschlossen in dem Maße, wie das Ergebnis dieses Prozesses strittig ist. Wenn unterschiedliche Modernen ein Telos reklamieren, dann wird dieses selbst strittig, zum Gegenstand

von Lernprozessen, in denen ein solches Telos wieder zum Gegenstand weiterer Lernprozesse wird.

Richtungsbestimmungen und Periodisierungen haben mit der neueren Evolutionstheorie ihren quasi-ontologischen Status verändert. Sie sind nicht mehr geeignet als theoretische Mittel für das Verstehen der Moderne, in der wir leben. Sie sind nur mehr heuristische Mittel, die die Beobachtung der Gesellschaft erlauben. Sie sind Mittel für den Beobachterstandpunkt in einer Gesellschaft. Wenn dies der methodologische Ort kulturwissenschaftlicher Analyse ist, dann kann sich keine Entwicklungstheorie mehr der reflexiven Vergewisserung ihrer eigenen Voraussetzungen entziehen. Sie wird notwendig reflexiv. Periodisierungen sind dann nur mehr Hypothesen, die raum-zeitlich verortet werden und Beobachterstandpunkte fixieren. Jeder kann prinzipiell etwas anderes sehen – also andere Periodisierungen vornehmen. Jede Periodisierung ist insofern kontingent. Analoges gilt für Richtungsbestimmungen, die dann kontingent werden, wenn die Richtungsbestimmungen divergieren, ohne dass dies durch Beobachtungen empirisch entschieden werden könnte.

Die Kulturtheorie steht hier vor einem epistemologischen Dilemma. Dessen Auflösung besteht darin, die soziale Kontingenz der Beobachterperspektiven zum Thema zu machen und die Kulturtheorie weiter zu »soziologisieren«. Das muss nicht in der Postmoderne, in der Absolutsetzung von Kontingenz enden. Im Gegenteil. Sie endet vermutlich in einer Theorie der Kommunizierbarkeit und Verständlichkeit von Perspektiven, in einer Theorie kollektiven Lernens.

Literatur

BACHOFEN, JOHANN JAKOB (1975 [1861]), *Das Mutterrecht. Eine Untersuchung über die Gynaikokratie der alten Welt nach ihrer religiösen und rechtlichen Natur*, Frankfurt/M.: Suhrkamp. ■ BAUMANN, ZYGMUNT (1992), *Moderne und Ambivalenz. Das Ende der Eindeutigkeit*, Hamburg: Junius. ■ BOYD, ROBERT / RICHERSON, PETER J. (1985), *Culture and the Evolutionary Process*, Chicago/Il: University of Chicago Press. ■ BURNS, TOM R. / DIETZ, THOMAS (1995), »Kulturelle Evolution. Institutionen, Selektion und menschliches Handeln«, in: Müller, Hans-Peter / Schmid, Michael (Hg.), *Sozialer Wandel. Modellbildung und theoretische Ansätze*, Frankfurt/M.: Suhrkamp, S. 340–383. ■ CAMPBELL, DONALD T. (1965), »Variation and selective retention in sociocultural evolution«, in: Barringer, Herbert R. u.a. (Hg.), *Social Change in Developing Areas. A Reinterpretation of Evolutionary Theory*, Cambridge/MA: Harvard University Press, S. 19–49. ■ Cohen, Gerald A. (1978), *Karl Marx's Theory of History. A Defence*, Oxford: Clarendon Press. ■ Dietz, Thomas / Burns, Tom R. (1992), »Human Agency and the Evolutionary Dynamics of Culture«, in: *Acta Sociologica*, 35, S. 187–200. ■ Durkheim, Emile (1960[7]), *De la division du travail social*, Paris: Presses Universitaires de France. ■ Durkheim, Emile (1968 [1912]), *Les formes élémentaires de la vie religieuse. Le système totémique en Australie*, Paris: Presses Universitaires de France. ■ Durkheim, Emile (1969[2]), *Leçons de Sociologie. Physique de moeurs et du droit*, Paris: Presses Universitaires de France, S. 131–259. ■ Dux, Günter (1981), *Die Logik der Weltbilder. Sinnstrukturen im Wandel der Geschichte*, Frankfurt/M.: Suhrkamp. ■ Eder, Klaus (1976), *Die Entstehung staatlich organisierter Gesellschaften. Ein Beitrag zu einer Theorie sozialer Evolution*, Frankfurt/M.: Suhrkamp. ■ Eder, Klaus (1988), *Die Vergesellschaftung der Natur. Studien zur sozialen Evolution der praktischen Vernunft*, Frankfurt/M.: Suhrkamp. ■ Eisenstadt, Shmuel Noah (2000), »Multiple modernities«, in: *Daedalus*, 129, S. 1–30. ■ Friedman, Jonathan / Rowlands, Michael J. (Hg.) (1982[2]), »Notes toward an epigenetic model of the evolution of ›civilisation‹«, in: Friedman, Jonathan / Rowlands, M. J. (Hg.), *The Evolution of Social Systems*, Gloucester Crescent: Duckworth, S. 201–276. ■ Giesen, Bernhard (1990), *Die Entdinglichung des Sozialen. Eine evolutionstheoretische Perspektive auf die Postmoderne*, Frankfurt/M.: Suhrkamp. ■ Habermas, Jürgen (1976), *Zur Rekonstruktion des Historischen Materialismus*, Frankfurt/M.: Suhrkamp. ■ Habermas, Jürgen (1981), *Theorie des kommunikativen Handelns*, 2 Bde., Frankfurt/M.: Suhrkamp. ■ Habermas, Jürgen (1986), »Gerechtigkeit und Solidarität. Eine Stellungnahme zur Diskussion über ›Stufe 6‹«, in: Edelstein, Wolfgang / Nunner-Winkler, Gertrud (Hg.), *Zur Bestimmung der Moral. Philosophische und sozialwissenschaftliche Beiträge zur Moralforschung*, Frankfurt/M.: Suhrkamp, S. 291–318. ■ Luhmann, Niklas (1978), »Geschichte als Prozess und die Theorie soziokultureller Evolution«, in: Faber, Karl-Georg / Meier, Christian (Hg.), *Historische Prozesse*, München: Deutscher Taschenbuchverlag, S. 413–440. ■ Mann, Michael (1990), *Geschichte der Macht. Band 1: Von der Vorgeschichte bis zur griechischen Antike*, Frankfurt/M.: Campus. ■ Morgan, Lewis Henry (1998 [1877]), *Ancient Society. Researches in the Lines of Human Progress from Savagery Through Barbarism to Civilization*, London u.a.: Routledge/Thoemmes Press. ■ Parijs, Philippe van (1981), *Evolutionary Explanation in the Social Sciences*, Totowa/NJ: Rowman & Littlefield. ■ Parsons, Talcott (1975), *Gesellschaften. Evolutionäre und komparative Perspektiven*, Frankfurt/M.: Suhrkamp. ■ Piaget, Jean (1975), *Die Entwicklung des Erkennens*, 3 Bde., Stuttgart: Klett. ■ Richerson, Peter J. / Boyd, Robert (1989), »A Darwinian theory for the evolution of symbolic cultural traits«, in: Freilich, Morris (Hg.), *The Relevance of Culture*, New York: Burgin & Garvey, S. 120–142. ■ Sanderson, Stephen K. (1990), *Social Evolutionism. A Critical History*, Cambridge/MA: Blackwell. ■ Simon, Herbert A. (1991), »Bounded rationality and organizational learning«, in: *Organization Science*, 2, S. 125–134. ■ Strydom, Piet (1992), »The ontogenetic fallacy. The immanent critique of Habermas' developmental logical theory of evolution«, in: *Theory, Culture & Society*, 9, S. 65–93. ■ Thompson, Michael / Ellis, Richard / Wildavsky, Aaron (1990), *Cultural Theory, or, Why All That is Permanent is Bias*, Boulder/CO: Westview Press. ■ Weber, Max (1988[9] [1920]), *Gesammelte Aufsätze zur Religionssoziologie I–III*, Tübingen: Mohr.

6.5 Anfänge der Kulturentwicklung –
Sinnkonzepte archaischer Gesellschaften

Klaus E. Müller

1. Die ersten Schritte

Die Definition des Menschen schließt den Kulturbesitz ein; menschliche Sozietäten ohne Kultur sind weder denkbar noch jemals nachgewiesen worden. Sinnfälligstes und für die Anfänge auch einzig belegbares Merkmal bilden dabei Elemente der materiellen Kultur, vor allem Geräte. Insofern wird der Mensch in der prähistorischen Archäologie – nach einem Vorschlag Benjamin Franklins (1706–1790) – als »*the tool-making animal*« definiert.

Allerdings sind auch Tiere, und namentlich Primaten, imstande, Geräte herzustellen. Die *Ammophilia urnaria*-Wespe höhlt ihr Erdloch mit Hilfe eines kleinen Kiesels aus, den sie zwischen den Kiefern hält und im Sinne eines Grab- und Schlaggeräts benutzt. Ägyptische Geier zertrümmern Straußeneischalen, indem sie mit ihren Schnäbeln Steine gegen sie schleudern. Schimpansen zerkauen eine Handvoll Blätter, kneten sie passförmig zurecht und schieben sie in eine Baumhöhlung mit Wasser, damit sie sich schwammartig vollsaugen und anschließend ausgelutscht werden können. Im Kampf benutzen sie Stöcke und Keulen als Hieb- und Stichwaffen, Steine als Wurfgeschosse. Auch Innovationen, wie bei japanischen Makaken das Waschen von Süßkartoffeln im Meer, um sie ebenso von Sandkörnern zu reinigen wie zu würzen, sind beobachtet worden. Sie bildeten in der Folge *spezifische* Traditionen der Erfindergruppe und ihrer näheren Nachbarn.

Da Tiere indes an Habitate gebunden bleiben, an die sie optimal angepasst sind, kommt es nur kaum zur Fortentwicklung des einmal Gefundenen; Rüssel, Krallen, Zähne, Greifhände usw. reichen zur Bedarfsdeckung vollkommen aus. Radikale und vor allem rasch eintretende Umweltveränderungen werden Tieren in der Regel daher zum Verhängnis. Ihr Anpassungsoptimum, das heißt ihre Verhaltensfixierung, lässt ihnen kaum Spielraum zur Wahl rettender *schöpferischer* Alternativen.

Das änderte sich mit dem Auftreten der ersten echten Homininen, der »Archanthropinen« aus dem Formenkreis des *Homo erectus* vor rund 2 Millionen Jahren. Anders als die ihnen vorausgehenden »Prähomininen« oder verschiedenen Varietäten des *Australopithecus* schritten sie durchwegs aufrecht und erhobenen Hauptes, erreichten eine Größe von annähernd 1,70 m und besaßen eine Schädelkapazität von 800–1200 cm^3, während die *Australopithecinen* noch deutlich kleinwüchsiger waren, gebeugt gingen und mit einem Schädelvolumen von 428–530 cm^3 noch im Rahmen der Pongiden (Großaffen) blieben.[1] Vor allem aber war das Gehirn des *Homo erectus*, wie sich Innenabdrücken ihrer Schädel entnehmen lässt, merklich komplexer strukturiert, und besonders in den Regionen, die den Finger- und Daumengebrauch kontrollieren – ein Anzeichen dafür, dass die Archanthropinen über die geistigen Voraussetzungen zur Herstellung und Nutzung von Werkzeugen verfügten.

Und in der Tat besaßen sie gegenüber der nur geringfügig bearbeiteten Geröllstein-Industrie (»*pebble culture*«) der Prähomininen ein deutlich differenzierteres, formenreicheres Geräte- und Waffeninventar aus sorgsam zugehauenen Steinknollen (»Faustkeilen«) und Abschlägen zum Schneiden, Schnitzen, Schaben und Kratzen (bei der Fellbearbeitung), Wühlstöcken, Holzgefäßen, Körben und anderem Flechtwerk sowie Lanzen, Speeren und Keulen. Sie lebten nicht nur in Höhlen, sondern auch unter Windschirmen, in Hütten aus Stangen und Laubwerk, ja gelegentlich auch in Langhäusern von bis zu 15 m Länge,[2] kannten die Feuernutzung und konnten sich mit Sicherheit auch bereits sprachlich verständigen, das heißt Informationen sowohl austauschen als auch *kollektiv speichern* – anders wären der Erhalt, die Tradierung und Fortentwicklung ihres komplexen Kulturbesitzes nicht möglich und »denkbar« gewesen.

---

1 Zum Vergleich: Heutige Menschen erreichen im Schnitt eine Kapazität von 850–2200 cm^3.
2 Lüning (1983, S. 3).

Für letztere bietet der Faustkeil ein überzeugendes Beispiel, gewissermaßen das Leitfossil ihres Geräteinventars. Zunächst schlug man, noch in der Tradition der älteren Geröllsteingeräte, den Kern so lange zu, bis er eine länglich-ovale Form, dann durch weitere Feinarbeit oben eine scharfe Spitze und beidseitig Schneidkanten erhielt. Darüber hinaus gewann er mit der Zeit zunehmend ebenmäßigere, bisweilen geradezu *geometrisch ausgewogene* Formen. Nicht selten waren, sichtlich bewusst, Steine von besonderer Zeichnung und Farbe ausgewählt worden, so dass der Gestaltung fraglos Absichten zugrunde lagen, die aus dem Verwendungszweck allein nicht erklärlich erscheinen und den Willen wie das Vermögen zu *ästhetischem* Ausdruck bekunden. Wozu der Faustkeil letztlich diente, ist ungewiss. Vermutlich handelte es sich um ein *Allzweckgerät.* Jedenfalls muss er dem *Homo erectus* unentbehrlich gewesen sein: Er begleitete die Archanthropinen zeit ihres Daseins, also etwa über 1,5 Millionen Jahre hin; kein anderer Werkzeugtyp blieb jemals so lange im Gebrauch des Menschen! Und gegen Ende der Entwicklung glückte dann noch die Entdeckung der Schäftung. Damit war nicht nur die Urform des Beils, sondern, wichtiger noch, das *Prinzip* erkannt, durch die Kombination zweier – oder mehrerer – voneinander unabhängiger Geräte (hier: Stock und Klinge) einen neuartigen Typ von größerer Effizienz und Anwendungsbreite zu schaffen.

Während Tiere von Sammel- *oder* Beutekost leben, die Pongiden nur gelegentlich, eher beiläufig Jung-, seltener Großtiere jagen (Schimpansen, Paviane) und die *Australopithecinen* sich nahezu ausschließlich von Vegetabilien ernährten, betrieb der *Homo erectus* erstmals *neben* der Sammelwirtschaft auch und in erheblichem Maß *Großwildjagd* – mit Hilfe von Fernwaffen (Lanzen), Fallen und Treibverfahren. Ergänzend wurden Wildpflanzen, Grassamen, Beeren, Nüsse, Vogeleier, Insekten und Kleingetier gesammelt, ganz so, wie das auch in der Folgezeit typisch für Sammel- und Jagdgesellschaften war.

Das Leben hatte sich einschneidend *qualitativ* verändert. Ihre höhere Intelligenz erlaubte es den Archanthropinen, elastischer auf wechselnde Umweltanforderungen zu reagieren, das heißt mehr Flexibilität in der Anpassung zu entwickeln. Das

stärkte nicht nur, sondern förderte auch ihr Kreativitätspotential. Als wichtigste Konsequenzen lassen sich resümieren:

– Ursprünglich hatten die Menschen sich bei ihren ergologischen Erstschöpfungen sicherlich an Vorbildern in der Natur orientiert: Kiesel wurden zum Hauen, Schneiden und Zerreiben, Stöcke und Wurzelknollen als Speere, Lanzen und Keulen genutzt; das Netzen und Flechten konnte man den Spinnen, das Fällen von Bäumen den Bibern, Jagdtechniken den Tieren selbst absehen. Erst die *Kombination* in Denken und Handeln jedoch führte zu effizienteren Technologien und Nutzungsmöglichkeiten der Umweltressourcen. Die Geräte entwickelten sich zunehmend *vom Körper fort*, gewannen Selbständigkeit und konnten so zu *Symbolträgern* werden. Die ästhetisierende Formgebung *einzelner* Faustkeile dürfte Ausdruck einer entsprechend differenzierten Bedeutungszuweisung sein.

– Die je gegebenen Umweltvoraussetzungen stellten keine unüberwindlichen Hindernisse mehr dar. Fehlende Höhlen konnten durch Windschirme und Hütten, Stein durch Holz, textile Materialien durch Felle ersetzt werden. Der Mensch war nicht länger habitatgebunden.

– Die Herstellung komplexerer Geräte erfordert mehr Akkuratesse und Zeit: Man begann Wert auf längere Verwendbarkeit zu legen. Ihre Bewährung führte zur *Serienproduktion* teils über Jahrzehntausende hin. An die Stelle natürlicher Hilfsgeräte für einmalige, situationsbedingte Zwecke traten Artefakte, die Erfahrung im Gebrauch, technologische Einsicht sowie zukunftsorientiertes Planungsvermögen voraussetzten und zur Tradierung bestimmt waren.

– Die Kenntnis der Feuernutzung stellte insofern einen erheblichen Fortschritt dar, als sie Rohstoffe besser zu bearbeiten (Absengen von Fellhaar, Härten von hölzernen Lanzenspitzen u. a.), ja umzuwandeln (Nahrungszubereitung, Holz zu Kohle) erlaubte, Wärme und Licht spendete, so dass die Menschen abends länger zusammensitzen und in kühlere Klimazonen vorstoßen konnten.

– Die Kombination aus Sammel- und Jagdwirtschaft, speziell auch die Treibjagden, setzten planvolle Kooperation, das heißt Gruppen aus mehreren Familien voraus, die sich ihrer Zusammengehörigkeit auf irgendeine Weise bewusst, also in der Lage sein mussten, sich darüber zu verständigen. Die entwickeltere Jagd hatte zudem Arbeitsteilung zufolge: Während die Männer über Stunden, vielleicht Tage dem Lager fernblieben, fiel den Frauen zunehmend allein das Einsammeln der Wildvegetabilien und Kleintiere zu. Beide Geschlechter waren so *abhängig voneinander*, bildeten einen Wirtschaftsverbund und mussten, was sie an Nahrung einbrachten, untereinander *teilen*.

– Die wachsende Flexibilität in der Anpassung, verbesserte, polyfunktionale Geräte und Technologien machten die Menschen zunehmend unabhängiger von ihren angestammten Territorien. Der *Homo erectus*, ursprünglich hervorgegangen aus einem der Formtypen aus dem Umfeld speziell des *Australopithecus afarensis*, verließ als erster Hominide seine Heimat Afrika und breitete sich in der Folge über weite Teile Asiens und Europas aus, dessen Süden (Spanien) er vor rund 1,6 Millionen Jahren erreichte.

Etwa ab 200000 v. Chr. tritt mit dem Neandertaler, dem *Homo sapiens primigenius*, ein neuer Hominidentyp auf, der sich als Sonderform in den Jahrzehntausenden zuvor in einem noch nicht näher bestimmbaren Bereich aus dem Varietätenspektrum des *Homo erectus* entwickelt hatte. Größe und Schädelvolumen (bis zu 1500 cm^3 und mehr) entsprachen bereits den Werten des heutigen Menschen.

Der Lebensraum dieser Paläanthropinen (»Altmenschen«) blieb indes auf Eurasien und Nordafrika beschränkt. Gleich ihren Vorgängern bestritten sie ihren Unterhalt von der Sammel- und Jagdwirtschaft. Ihr Geräteinventar stellt zwar eine kontinuierliche Fortentwicklung der vorausgehenden altpaläolithischen Acheuléen-Industrien dar, weist aber ein deutlich differenzierteres Typenspektrum und größere Formenvielfalt auf. Der Faustkeil kam allmählich außer Gebrauch; an seine Stelle traten in den mittelpaläolithischen Moustérien-Kulturen des Neandertalers mehr und mehr *Abschlaggeräte* von zunehmender Vervollkommnung in der Bearbeitungstechnik. Vor allem in der Retuschierung der Schneidflächen wurden unverkennbare Fortschritte erzielt. Auch die Tendenz zu ebenmäßig und harmonisch gestalteten Formen und der bedachten Auswahl spezifischer, farbiger Materialien (Buntgesteine, Quarz, schwarzer Kieselschiefer) setzte sich fort.

Bedeutungsvoller aber erscheint, dass nunmehr erstmals auch Licht auf die religiöse Vorstellungswelt der frühen Homininen fällt. Bereits etwa ab 100000 v. Chr. sind gut drei Dutzend Grablegungen bezeugt. Die Toten wurden offenbar bevorzugt unter den Lagerstätten und sichtlich *rituell*, meist in Hockerstellung, wie schlafend auf die Seite gelegt, bestattet: Man bestreute sie mit *rotem* Ocker und gab ihnen Blumen, Nahrungsmittel und Gebrauchsgegenstände, den Männern Jagdwaffen mit. Manches deutet darauf hin, dass auch später an den Gräbern noch Opfer dargebracht wurden. Das alles lässt den sicheren Schluss zu, dass die Neandertaler von einer *postmortalen Fortexistenz* in einer jenseitigen Welt »ewiger Jagdgründe« überzeugt gewesen sein müssen, was wiederum zwingend den *Seelenglauben* zur Voraussetzung hatte. Hockerstellung und Ocker (zur Stärkung der Lebenskraft) legen, geht man von entsprechenden rezenten Vorkommen aus, immerhin die Vorstellung von der *Wiederkunft der Abgeschiedenen* nahe: Der Verstorbene verwandelte sich zum Fetus zurück, um im Jenseits neugeboren zu werden, dort zum erwachsenen Ahnen heranzureifen, zu »sterben« und schließlich als »Geistkind« in den Leib einer irdischen Mutter zurückzukehren – ganz so, wie das analogen Bestattungen späterer Kulturen als Glaube zugrunde lag.

Religiöse Vorstellungen scheint man auch mit bestimmten – größeren – Tieren verbunden zu haben. Die Schädel von Höhlenbären jedenfalls wurden auf sichtlich reverentielle Weise behandelt, das heißt gesondert »beigesetzt« und aufbewahrt, worin man vielleicht erste Ansätze des Bärenkultes – und der auch dabei üblichen Sonderbehandlung des Schädels – sehen darf, wie er Jahrtausende später noch im Zentrum der religiösen Anschauungswelt nordeurasiatischer und nordamerikanischer Jägervölker stand. Wiederum würde auch dies bedeuten, dass bereits analoge Vorstellungen zu denen bestanden, die sich in rezenten Kulturen mit Schädelkulten verbanden (Sitz der Freiseele, aufgrund von Augen, Mund, Atem, Hirn, Haar und Knochenmasse Höchstkonzentrationsträger der Lebenskraft).

Eine geradezu dramatische Wende in der Geschichte der Menschheit setzte schließlich mit dem Auftreten des anatomisch modernen Menschen, des *Homo sapiens sapiens*, ein. Vermutlich entwickelte er sich um 200 000 v. Chr. in Afrika aus dem Formenkreis des *Homo erectus* heraus. Mit einem Hirnvolumen von ca. 1100 bis 2200 cm³ seinen Vorfahren geistig und entsprechend an kreativem, kulturschöpferischem Potential überlegen, breitete er sich in den folgenden knapp 100 000 Jahren nahezu über die gesamte Alte Welt aus und verdrängte dort offensichtlich die Homininen älteren Typs. Um 50 000 erreichte er Australien, um 40 000 Europa und etwa gleichzeitig über die – damals noch trockenen Fußes passierbare – Bering-Straße Nordamerika. In Nordeurasien fiel der Prozess mit der letzten Eiszeit, dem Würm-Glazial (70 000–10 000), zusammen, das den Menschen ein hohes Maß an Anpassungsvermögen abverlangte. Dem scheinen die Neandertaler nicht mehr gewachsen gewesen zu sein. Der Lebensraum wurde knapper. In Europa lebten sie noch etwa 10 000 Jahre neben den Neanthropinen (»neuen Menschen«) vom Cromagnontyp (nach der Fundstätte Crô-Magnon in der Dordogne), vermochten aber wohl ihre an die vorausgehende Warmzeit des Riß-Würm-Interglazials (120 000–70 000) angepasste Lebensweise nicht mehr auf die neuen Klimabedingungen umzustellen und wichen unter dem Konkurrenzdruck der kulturell überlegenen Zuzügler mehr und mehr in die noch unwirtlicheren Randzonen aus, ja gingen, wie neuere Untersuchungen nahe legen, teils wohl auch in ihnen auf.

Mit dem Jungpaläolithikum (36 000–8 000 v. Chr.), den Kulturen der Neanthropinen der Mittelmeerländer und Eurasiens, setzt eine Art »schöpferischer Explosion« ein. Diversifizierung durch Adaptationen an unterschiedliche Klimabereiche, die wachsende Bevölkerungsdichte und die dadurch begünstigten Handelsbeziehungen samt Informations- und Kulturaustausch taten das Ihre dazu.

Der Geräteschatz, auf den älteren Traditionen aufbauend, gewann rasch an Typen- und Formenvielfalt. Zunehmend wurde neben Stein und Holz auch in Knochen, Horn und Elfenbein gearbeitet.

Die Abschlagtechnik verfeinerte sich noch einmal mehr; elegantere Formen, etwa von blattförmigem Zuschnitt, entstanden. Daneben kamen *neue komplexe* Gerätetypen (wie Speerschleuder und Harpunen, zuletzt Pfeil und Bogen) auf. Erstmals sind *reichlich* Schmuck – Halsketten aller Art, Anhänger in Tier- und Menschengestalt sowie Armringe aus Elfenbein – sowie Steinschalenlampen belegt – alles Anzeichen dafür, dass sich der materielle Kulturbesitz mehrte – notwendigerweise in Anpassung an die arktischen Witterungsbedingungen, die zur Entwicklung neuer Produktions- und Verarbeitungstechniken führte, vor allem aber aufgrund *lokaler Übergänge zur Sesshaftigkeit*, die wiederum Folge der Spezialisierung auf einige – reichlich vorkommende – Großwildarten (wie Mammut, Wollnashorn, Wildpferd usw.) war. Es entwickelte sich ein *spezialisiertes*, sogenanntes »höheres Jägertum«.[3] Man lebte in kleineren Gruppen in Höhlen und unter Felsüberhängen, in Kegelstangen- und Rundzelten mit Blattwerk und Fellen bedeckt, teils auch, wie die Mammutjäger des osteuropäischen Gravettien (26 000–19 000), in halbunterirdischen, gut 5 m breiten Langhäusern von bis zu 20 m mit Satteldach, die der Anzahl der Feuerstellen nach bis zu zehn Kleinfamilien Platz bieten konnten.

Eine enorme Fortentwicklung scheint sich auch in der Geisteskultur vollzogen zu haben. Im Mittelpunkt der jungpaläolithischen Religiosität stand, wie sich Felszeichnungen, Höhlenmalereien und Skulpturen aus Stein, Knochen und Elfenbein entnehmen lässt, ohne Frage *das Tier*. Unter den dargestellten Motiven lassen sich, neben den Hauptjagdtieren selbst, Tänze in Tiermasken, Tierpantomimen, jagdmagische Rituale und Hinweise auf Jägerinitiationen und schamanistische Séancen erkennen. Daneben sind Tieropfer und wiederum die besondere Rolle des Bären in Glaube und Kult bezeugt.

Eine Art Leitfossil der Glaubenswelt aber bildeten seit Beginn des Jungpaläolithikums die sogenannten »Venusstatuetten«, figürliche Darstellungen fülliger Frauengestalten aus Stein, Knochen oder Elfenbein mit üppigen Brüsten, Hüften und Gesäßen und deutlicher Markierung des Schambereichs. Sie wurden teils als Talismane getragen, teils – wie Jahrtausende später Ikonen – in eigens dafür geschaffenen Wandnischen innerhalb der Behausungen auf-

---

3 Narr (1961, S. 90).

gestellt. Vermutlich hat man in ihnen, wie für die Folgezeit bezeugt, Idole von Fruchtbarkeits- beziehungsweise Mutter-»Gottheiten«, vielleicht auch von Herrinnen der Tiere oder einer Kombination aus beiden zu sehen: Hauptsorge der Menschen waren nun mal Reproduktion und Jagderfolg. Wie weibliche Geistmächte dieses Typs (»Tiermütter«) lebten auch andere Züge, die offensichtlich zum Kerngehalt der jungpaläolithischen Geistigkeit zählten, noch bis vor kurzem in Glaube und Kult vor allem der sibirischen, teils auch der Eskimo-Kulturen fort (Tierverehrung, Jagdrituale, Bärenkult, Schamanismus).

2. Sammel- und Jagdkulturen

Eine Kultur stellt die Summe der *artifiziellen*, dinglichen wie sozialen (institutionellen) und geistigen Instrumentarien in Anpassung an die Um- und Mitwelt, das heißt zur Lösung der Probleme, die sich daraus für die Existenzsicherung einer Gruppe ergeben, dar, deren Mitglieder ihre Geltung bejahen und aus dieser gemeinsamen Affirmation ihr Identitätsbewusstsein schöpfen. Kulturgüter kennzeichnet daher eine im Zuge der Entwicklung fortschreitende *Distanzierung* von ihren natürlichen Vorgaben aus. Die ersten Geräte bildeten gewissermaßen Transzendierungen der menschlichen Extremitäten: Der Speer *verlängerte* den zum Stoß vorgestreckten Arm, der gestielte Stein in der Hand *erhöhte* die Hebelkraft von Unterarm und Faust. Der deutsche Geograph und Philosoph Ernst Kapp (1808–1896), der das Prinzip als erster benannte, bezeichnete die ersten Gerätetypen daher als »Organprojektionen«,[4] Arnold Gehlen (1904–1976) sprach analog von »Organüberbietung«, beziehungsweise, seiner Mängelthese entsprechend, von »Organersatz« oder »Organentlastung«.[5] Die Technik entwickelte sich zunehmend von ihren natürlichen Grundlagen fort. Ihre Produkte verselbständigten sich, gewannen Zeichen- und Symbolbedeutung, hoben sich, gleich den Vorstellungen und Ideen, die sich mit ihnen verbanden, immer weiter ab von der *unmittelbaren* Sinneswahrnehmung, bildeten ein eigenes, »abstraktes« Instrumentarium, mit dem die Menschen sich sprachlich über Bedeutung, Funktion und Werträchtigkeit ihrer Artefak-

te verständigen konnten. Alles verband sich zum Ganzen einer Kultur, die ebenso das Zusammenleben einer Gesellschaft verbürgte, wie es ihr zum Kommunikationsmedium diente. Dafür waren Kohärenz wie System- und Sinnhaftigkeit, die Identität begründen und erhalten, die notwendige Voraussetzung. Insofern stellt Kultur, als *Sinnsystem*, das sich weder durch bloße Fortpflanzung noch Selbstwuchs erhalten kann,[6] gegenüber dem Verhaltensrepertoire tierlicher Sozietäten etwas *qualitativ Neues* dar.[7]

Mit der Distanz waren Verwendungsspektrum und Funktionsbreite der Artefakte gewachsen und flexibler geworden. Die Menschen konnten ihre angestammten Habitate oder »Ökosysteme«[8] verlassen und sich adaptiv veränderten Herausforderungen stellen. Entsprechend differenzierten sich die Kulturen. Ergänzend führten Kontakte zu mitweltlichen, *kulturellen* Anpassungsprozessen. Die Entwicklung begann sich zu dynamisieren. Mit der Horizontüberschreitung traten die Menschen in die Geschichte ein.

Sammel- und Jagdkulturen beherrschten gut zwei Millionen Jahre lang die Ökumene und Geschichte der Menschheit. Um Christi Geburt nahmen sie noch etwa die Hälfte ihres ursprünglichen Lebensraums ein. Zur Entdeckungszeit waren ihnen gerade noch knapp 15 % davon verblieben. Heute leben nur mehr verschwindende Reste in letzten »Rückzugsgebieten« an einzelnen entlegenen Stellen der Erde fort.

Da die genutzten Vegetabilien zu unterschiedlichen Zeiten und an wechselnden Standorten reiften und auch das Jagdwild bestimmten Wanderungszyklen folgte, führten die Menschen ein *unstetes*, »nomadisches« Leben. Das hatte einen gewissen Innovationsdruck zur Folge: Man musste mit einem geringen materiellen, leicht transportablen Güterbesitz auskommen und bevorzugte entsprechend vielfältig verwendbare, *kombinierte* Geräte. Dürren oder Steppen- und Waldbrände konnten einen Umweltwechsel erforderlich machen, der zu erneu-

---

4 Kapp (1877).
5 Gehlen (1963, S. 93 ff.).
6 Steinbacher (1976, S. 15).
7 Belik (1999, S. 9).
8 Dice (1955, S. 2).

ter Anpassung zwang. Flexibilität war ein Lebens-
gebot, das sich auch in der für Sammel- und Jagdgesellschaften charakteristischen Leichtigkeit im
Umgang mit allen Belangen des täglichen Lebens,
einer reichen, phantasievollen Vorstellungswelt und
der geringen Neigung zu Festlegungen und Ritualen
äußert. Kein prämoderner Subsistenztyp kennt daher so viele Spezialisierungsformen wie die Sam-
mel- und Jagdkulturen, handle es sich um Gruppen,
die vorwiegend vom Einsammeln von Mollusken
und der Küstenfischerei, der Seesäuger- oder Großwildjagd, dem Lachsfang oder der Nutzung von
Samen bestimmter Gramineen und Wildgetreiden
lebten.

Und schlecht ging es den Menschen nicht dabei.
Selbst in ihren späteren Rückzugsgebieten war ihr
Tisch immer noch reichlich gedeckt. Bei Busch-
mann-Gruppen in Botswana zum Beispiel bildete
das Grundnahrungsmittel die Mongongo-Nuß (*Ri-
cinodendron rautanenii* Schinz), die fünfmal soviel
Kalorien und das Zehnfache an Proteinen enthält
wie bei vergleichbaren Zerealien. Der Vorrat war so
groß, dass alljährlich immer noch Tausende von
Pfund ungenutzt blieben. Und daneben standen
den Buschmännern noch 84 weitere essbare Wildvegetabilien, ebenfalls in reichlichem Ausmaß, sowie eine Fülle an Jagdwild zur Verfügung, so dass
ihre Ernährung selbst in Dürrejahren keine Engpäs-
se kannte.[9] Bei den Hadza, deren Lebensraum eine
felsenreiche Trockensteppe südlich des Victoria-
Sees in Ostafrika bildete, herrschten eher noch
günstigere Verhältnisse. Ärztliche Untersuchungen
ergaben, dass ihre Ernährung nicht nur voll ausreichend, sondern auch optimal zusammengesetzt
war und sie infolgedessen über eine hervorragende
Gesundheit verfügten. An Arbeit brauchten sie dafür im Schnitt ganze zwei Stunden pro Tag auf-
zuwenden.[10] Der amerikanische Ethnologe Marshall
Sahlins (geb. 1930) charakterisierte Sammel- und
Jagdvölker daher als »Überflussgesellschaften« (*af-
fluent societies*).[11] Forscher, die länger mit ihnen
zusammenlebten, beschreiben sie denn auch übereinstimmend als äußerst heitere Menschen, die immer Grund zum Lachen fanden.

Gleichwohl standen sie vor essentiellen Problemen, für die sie immer und überall probate Lösungen parat haben mussten:
- Sie konnten nicht zu wenigen, sie mussten in,
  wenn auch – der weiträumigen Nahrungssuche
  wegen – kleinen Gruppen zusammenleben; der
  Ausfall eines einzigen Familienmitglieds hätte sie
  sonst schon vor die Existenzfrage gestellt.
- Die unterschiedliche Mobilität und Leistungsfähigkeit von Kindern, Frauen (Müttern), Männern und Alten erforderte eine entsprechend
  angepasste Aufgabenverteilung.
- Alle sollten, um ihren Verpflichtungen gerecht
  werden zu können, bei guter Gesundheit und
  Leistungskraft sein.
- Erfolgreiche Kooperation hatte verbindliche Regeln und ein sicheres Zugehörigkeitsbewusstsein
  zur Voraussetzung.

Andererseits kennzeichnete Sammel- und Jagdgesellschaften aus den schon genannten Gründen
der unsteten Lebensführung stets eine gewisse Bin-
dungsschwäche und Fluktuation. Wenig war *streng*
geregelt oder gar institutionalisiert. Es herrschten
keine festen Heiratsvorschriften. Die Ehen wurden
ebenso rasch geschlossen wie wiederaufgelöst;
Treue stand nicht sonderlich hoch im Kurs. Einzelne oder Familien wechselten oftmals die Gruppe,
um einer Streiterei aus dem Weg zu gehen oder
auch nur, um sich mal zu verändern. Das bedrohte
die Kohärenz, die wegen der arbeitsteiligen Abhängigkeit aller voneinander dringend geboten war,
und erforderte entsprechende Gegenmaßnahmen.
Sie bestanden vor allem in
- der strikten Verpflichtung zur *Reziprozität*, das
  heißt zur Bereitschaft, Nahrung wie Gebrauchs-
  güter (selbst Schmuck) mit andern zu *teilen* und
  Hilfsbedürftigen beizustehen;[12]
- dem Appell zur unbedingten Solidarität unter
  Engstverwandten;
- dem Gebot, sich an die Normen zu halten und
  die überlieferte Ordnung möglichst unge-
  schmälert fortzutradieren (worauf die Öffentlichkeit ein waches Auge hatte).

Um überzeugen zu können, bedurften diese Regeln
plausibler Begründungen. Sie bestanden, weltweit im
ganzen übereinstimmend, in

---

9 Lee (1968, S. 30 ff.).
10 Woodburn (1968, S. 49 ff.).
11 In einem Diskussionsbeitrag in Lee/DeVore (1968, S. 85 ff.).
12 Müller (1997, S. 114 ff.).

- Zeugungsvorstellungen, die eine Erklärung für die Bluts-, mehr noch die *Seelenverwandtschaft* unter Familienmitgliedern[13] und entsprechend den Glauben lieferten, dass eine Art sympathetischer Empfindungsgemeinschaft unter Engstverwandten besteht;[14]
- der Auffassung, dass normwidriges Verhalten zu Unfruchtbarkeit, Krankheit, Krafteinbußen, Unfällen und Erfolglosigkeit führt;
- der Überzeugung, mittels Magie, positiv wie negativ, Einfluss auf Menschen und Umwelt nehmen, das heißt Kraft und Wirkungsvermögen potenzieren zu können.[15]

Und schließlich konnten diese Begründungen nur glaubwürdig und konsensfähig sein, wenn sie letztinstanzlich auf den Menschen *vor- und übergeordnete*, also »jenseitige« Geistmächte rückführbar waren, deren Existenz sich aus dem – primären – Seelenglauben ableiten ließ (»Animismus«). Die Summe all dieser Vorstellungen machte den Kern der sammel- und jagdkulturlichen Geistigkeit aus. Ihre Grundpositionen lauten zusammengefasst:

- Wie die Menschen Vorstellungen entwickeln, Kulturgüter herstellen, ihnen mit magischen Mitteln mehr Effizienz und Bestand verleihen und Kinder erzeugen, konnten sie selbst, die Pflanzen, Tiere und die gesamte Welt ursprünglich nur von den ihnen zeitlich vorausgehenden und an magischem Wirkvermögen weit überlegenen Geistmächten erschaffen und seitdem erhalten worden sein.
- Das bedeutete, dass der wandelbaren, formenvergänglichen Immanenz eine unwandelbare, zeitlose Transzendenz (die Welt der Seelen und Geistmächte) gegenüberstand.
- Nach dem Tod nahmen die unsterblichen, die »Freiseelen« ihren Weg wieder zurück ins Jenseits; Bestattungsriten, in Sammel- und Jagdkulturen freilich nur wenig elaboriert, konnten ihnen die Lösung von Körper und Angehörigen erleichtern. Später kehrten sie auf die Erde zurück und verliehen, während der Zeugung »eingefangen«, den neu entstehenden Menschen Leben.
- Um das Dasein sichern, das heißt gesund bleiben, Krankheiten heilen und seinen Unterhalt erfolgreich bestreiten zu können, bedurfte es steter Kontakte zu den jenseitigen Mächten. Dafür waren vor allem besondere Spezialisten, wie namentlich die Schamanen, verantwortlich, die aufgrund einer speziellen Initiation imstande waren, in Bedarfsfällen *jederzeit und willentlich*, also nicht nur in Traum-, sondern auch schlafanalogen, ekstatischen Zuständen ihre Freiseele ins Jenseits reisen zu lassen.[16]

Die Überzeugung, vom ersterschaffenen Menschen abzustammen, sein Leben über die Generationen hin immer wieder von denselben Seelen zu empfangen, das Zusammenleben und der gemeinsame Kultur- und Überlieferungsbesitz verliehen den einzelnen Lokalgruppen, die ein und dasselbe Territorium und vor allem die Sprache teilten, ein wenn auch lockeres *Identitätsbewusstsein* mit Ansätzen einer entsprechenden ethnozentrischen Ideologie.

Diese über Jahrhunderttausende gewachsenen und tradierten Anschauungen und Formen des sozialen Zusammenlebens blieben prägend auch für die Folgeentwicklung. Sie machen den Kernbestand der *transkulturellen Universalien* aus.

3. Sinngebung

Eine Weltanschauung muss, um überzeugen zu können, auch *Sinn* besitzen, das heißt einen plausibel begründeten, stimmigen Zusammenhang zwischen den Menschen und ihrer Umwelt herstellen, der die wichtigsten Wechselbeziehungen ebenso notwendig wie ausgewogen erscheinen lässt, so dass die Kohärenz des Ganzen, die dem Dasein die erforderliche Verlässlichkeit und Orientierung verleiht, als verbürgt gelten kann.

In Sammel- und Jagdkulturen, in denen der Jagd ein größeres Gewicht zukam, standen die Tiere, vor allem das Jagdwild, im Zentrum der Aufmerksamkeit des Menschen. Man spricht daher hier von einem »*animalistischen*« Weltbild, das eine besondere Ausprägung in den verschiedenen Formen des *Totemismus* fand. Es herrschte der Glaube, dass Tiere und Menschen ursprünglich gemeinsamer

---

13 Müller (1984, S. 70 ff.).
14 Müller (1995).
15 Vgl. Müller (1987, 1997 a).
16 Vgl. Müller (2001).

Abkunft waren, also *Verwandte* sind. Ihre Unterschiede bezogen sich allein auf die äußere Erscheinung, während beider – leibunabhängige – Freiseelen gleicher Art, das heißt austauschbar waren: Sie konnten sich ebenso in Tieren wie in Menschen verkörpern. Anders als früher vermochten sich in der »Gegenwart« allerdings zu Lebzeiten nur mehr Tiere *beliebig* in Menschen, diese selbst sich – bis auf Schamanen – erst nach dem Tod in Tiere zu verwandeln; ihre Seele nahm dann etwa die Gestalt von Insekten, vor allem aber Vögeln an. Tiere waren den Menschen auch sonst überlegen. Sie standen dem Jenseits näher. Verschiedentlich herrschte der Glaube, dass sie eigentlich dort lebten und auf Erden lediglich entweder als theriomorphe Geister oder gleichsam als Tiere »verkleidet« in Erscheinung träten; in Sammel- und Jagdgesellschaften besaßen die Geister überwiegend Tiergestalt.

Das besondere Verhältnis zwischen Menschen und Tieren verlangte, dass man sich Tieren wie älteren Verwandten gegenüber ehrerbietig verhielt, sie bei Begegnungen respektvoll mit »älterer Bruder« oder »Onkel« ansprach, niemals über sie lachte und sich vor allem, wie unter Angehörigen, strikt an das Reziprozitätsgebot hielt und in Notfällen einander beistand – Märchen sind noch voll von Beispielen dafür. Häufig unterhielten einzelne Menschen auch engere Beziehungen zu *bestimmten* Tieren einer Gattung. Vielfach nahm man dann an, dass beide zur gleichen Zeit geboren waren, ihr Verhältnis also dem von Zwillingen entsprach und beide fortan eine Art Schicksalsgemeinschaft verband. Das betreffende Tier galt in diesen Fällen als Alter Ego oder persönlicher Schutzgeist des Menschen. Es erteilte ihm – im Traum, wenn beider Freiseelen unmittelbar miteinander kommunizieren konnten – Ratschläge in kritischen Situationen, warnte ihn vor Gefahren und kündigte ihm zuletzt seinen Tod an. Man spricht hier in der Ethnologie von »Personal-«, »Individual-« oder »Prototototemismus«.[17] In manchen Teilen der Welt, wie in Ostsibirien, im Kaukasus und Hindukusch, gingen Jäger – wiederum in der Traumwelt – auch Liebesbeziehungen, ja Ehen mit weiblichen Tiergeistern oder Feen in theriomorpher Gestalt ein, um sich ihres Jagdglücks zu versichern.

Die Verwandtschaft zwischen Menschen und Tieren warf allerdings ein ernstes, ja *das* Problem zumindest in stärker jägerisch bestimmten Kulturen auf: Angehörige zu töten, stellte traditioneller Anschauung nach ein *Kardinalverbrechen* dar; es verletzte das Reziprozitätsgebot *im Kern*. Eben dazu aber sahen sich Jägervölker um des Überlebens willen gezwungen. Hier war die Sinnfrage zutiefst betroffen. Insofern kreisten alle ernsteren Rationalisierungsbemühungen und drehte sich, was man an Ritual aufwandte, vornehmlich *um die Jagd*.

Es begann damit, dass man die männlichen Jugendlichen in einer Initiation gebührend darauf vorbereitete. Dabei ging es in der Hauptsache darum, zwischen Initiand und Jagdwild eine *sympathetische* Beziehung, eine Art »Blutsbrüderschaft« herzustellen, die das durch die Jagd bedrohte Verwandtschaftsverhältnis noch einmal mehr verdichten sollte. Dazu wurden dem jungen Mann bei Buschmännern in Südafrika zum Beispiel in Einschnitte zwischen den Augen und an den Oberarmen Pulver aus dem verkohlten Fleisch der wichtigsten Jagdwildarten gerieben, um dergestalt *auch* seine Sehschärfe und Treffsicherheit zu stärken. Bei Pygmäen-Gruppen »salbten« die Ältesten sowohl ihn selbst wie seine Waffen mit dem Blut, speziell dem Herzblut des erstmals während der Probejagd offiziell von ihm erlegten Tieres oder legten ihm bestimmte seiner Organe in die Hände, um beider Lebenskraft (die Vitalseele) ineinander übergehen zu lassen.[18]

Die Jagd selbst entsprach einem einzigen Ritual. Die Jäger reinigten sich zuvor, fasteten und übten sexuelle Enthaltsamkeit. Während des Anfangs sprach man gewöhnlich nicht oder nur leise und in einem spezifischen Jägeridiom, konzentrierte sich aber dafür um so mehr auf das Wild, um es gewissermaßen gedankenmagisch an sich zu ziehen. Hatte man Erfolg gehabt, geschahen auch Abhäuten und Zerlegen auf eine rituell strikt vorgeschriebene Weise. Vor allem aber *beklagten die Jäger den Tod des Tieres* oft geradezu leidenschaftlich, baten es flehentlich um Vergebung und führten abschließend eigene Riten *zur Versöhnung seiner Seele* durch. Nach dem Verzehr des Fleisches im Lager

---

17 Baumann (1950, S. 17, 19; 1952, S. 170; 1965, S. 39, 42 f.).
18 Müller (1996 a, S. 78 f.).

setzte man seine sterblichen Überreste förmlich gleich verstorbenen Angehörigen bei.

Den Umstand, dass die Tiere, obwohl sie den Menschen ja eigentlich überlegen waren, ihnen dennoch zum Opfer fielen, erklärte man sich allgemein damit, dass sie ihren Tod *freiwillig* auf sich nahmen, beziehungsweise der »Herr« oder die »Herrin der Tiere«, eine Art Übergeistmächte, die für den Erhalt des Wildes Sorge trugen, sie vorab für den Opfergang bestimmt hatten.

Um diese *de facto* ja ungleichgewichtige und daher bleibend kritische Beziehung zwischen Verschulden auf der einen und wohlwollendem Gnadenerweis auf der anderen Seite keinesfalls zu gefährden, suchten einstmals offenbar alle nordeurasiatischen, rezent noch ost- und nordostsibirische Jägervölker die Problematik noch einmal in einem besonderen Ritual gleichsam zu schürzen und durch ihre theatralische Darstellung allen Beteiligten magisch bindend ins Bewusstsein zu rücken. Man fing dazu einen Jungbären ein, zog ihn, wie die eigenen Kinder, auf das liebevollste in der Siedlung auf und verwöhnte ihn allseits nach Kräften, um ihn zuletzt während eines großen Festes, an dem *alle* Gruppenmitglieder teilnehmen mussten, *kollektiv* zu töten. Daraufhin wurde seine Seele feierlich verabschiedet und zurück zu seinem »Vater«, in diesem Fall dem bärengestaltigen »Herrn der Tiere«, gesandt, um ihm zu berichten, wie gut es seinem »Kind« ergangen war, ihn um Vergebung und Gnade, also Jagdglück, auch in Zukunft zu bitten.[19]

Allerdings konnten die Menschen darauf nur zählen, wenn sie auch ihren Part dazu beitrugen. Abgesehen von der respektvollen Behandlung ihrer »älteren« Verwandten im Tierkleid, schloss das in der Regel ein, dass man trächtige Mutter- und Jungtiere schonte, niemals mehr Wild erlegte, als für den Unterhalt notwendig war, und keinesfalls leichtfertig mit dem Erbeuteten umging, das heißt nichts vergeudete oder gar ungenutzt liegen ließ. Tiere und Menschen teilten ein und dieselbe Welt; sie zu erhalten, gebot ein solidarisches Miteinander beider. Es kam, wie Polar-Eskimo Knud Rasmussen gegenüber erklärten, darauf an, »sich strikt den von den Vorvätern überkommen weisen Lebensregeln gemäß zu verhalten« und »die richtige Balance zwischen den Menschen und dem Rest der Welt« zu wahren.[20]

4. Die Entstehung des Bodenbaus

Sammlerinnen- und Jägervölker lebten, entschieden mehr, als das in allen nachfolgenden Kulturen der Fall war, unmittelbar in und mit der Natur. Ihre Unterhaltspraxis und lange Erfahrung hatten ihnen eine ebenso umfangreiche wie diffizile Kenntnis nicht nur der Tier-, sondern auch der Pflanzenwelt beschert, letzteres namentlich in Kulturen, in denen die Sammelkost den Hauptteil der Ernährung ausmachte. Neben rein magischen »Tier-« und »Pflanzenvermehrungsriten« suchte man oft auch ganz pragmatisch Einfluss auf das Wachstum der genutzten Wildvegetabilien zu nehmen. Frauen westaustralischer Gruppen steckten zum Beispiel Teile des gestochenen Wildyams zur erneuten Knollenbildung in die Erde zurück.[21] Die Karok in Nordkalifornien gruben die Stellen, an denen bestimmte, bevorzugt von ihnen genossene Knollengewächse gediehen, regelmäßig um und befreiten sie von Unkraut, um das Wachstum der Pflanzen zu fördern. Die Shoshone in Nevada säten Körner der von ihnen gesammelten Wildgrassamen aus, um ihre Ernteerträge zu erhöhen.[22]

Das geschah freilich immer nur mehr nebenbei. Ein echter Bedarf dazu konnte in »Überflussgesellschaften« schwerlich aufkommen. Der Anreiz, den entscheidenden Schritt zum pfleglichen Anbau in größerem Umfang zu tun, hatte einschneidende Veränderungen in den Unterhaltsbedingungen zur Voraussetzung. Der Übergang dazu begann mit dem Abklingen der letzten Eiszeit um 10 000 v. Chr. Mit der Erwärmung rückten Nadel-, Laub- und Mischwälder weiter nach Norden vor. An die Stelle von Mammut, Wollnashorn, Riesenhirsch und anderem Großwild traten kleinere, ortsfeste Arten wie Rot- und Rehwild, Elche, Wildschweine, Hasen und Wildgeflügel. Das Angebot an genießbaren Vegetabilien und fruchttragenden Sträuchern und Bäumen wuchs, Flüsse und Seen wiesen einen zunehmend reicheren Fischbestand auf. Gleichzeitig begann das Angebot teils drastisch

---

19 Vgl. Hallowell (1926); Zolotarev (1937); Slawik (1952); Paproth (1976); Kohn (1986).
20 Rasmussen (1929, S. 62).
21 Herrmann (1958, S. 354).
22 Haekel (1953, S. 318).

mit den Jahreszeiten zu wechseln. Das Jungpaläolithikum ging in das *Mesolithikum* (8000–4000 v. Chr.) über.

Ein neuer Anpassungsschub war die Folge. Der Ressourcenreichtum begünstigte ökonomische *Spezialisierungsprozesse*: Manche Gruppen lebten überwiegend als »Küsten-« und »Wattsammler« von Muscheln, Krebsen, Austern, Seeigeln und sonstigem kleineren Seegetier, andere vom Robbenfang (»Grübchenkeramik-Kultur« an den Küsten Nordosteuropas, ca. 3000–2300 v. Chr.), wieder andere von der Binnenfischerei oder als »Erntevölker« von Eicheln und Haselnüssen. Die saisonalen Schwankungen im Kostangebot nötigten zu planvoller *Vorratshaltung*. Fisch-, vor allem Lachsfleisch wurde gedörrt beziehungsweise geräuchert, Robbentran in Tonkrügen, Samenkörner und Nüsse in Körben und anderen geeigneten Behältnissen aufbewahrt. Der Gerätebesitz mehrte und differenzierte sich entsprechend der gewachsenen Tätigkeitsvielfalt. Neben Bogen und Pfeil als der nunmehr wichtigsten Fernwaffe traten verstärkt Fischereigeräte wie Reusen, Angeln, Fangnetze und Harpunen, dickköpfige Holzbolzen für die Jagd auf Vögel und kleinere Pelztiere, Boote und Schlitten, erstmals Beile und Hacken (aus Geweihstangen) sowie nicht zuletzt auch Mahlsteine auf. An Fluss- und Seeufern entstanden teils *ortsfeste* Siedlungen aus kleinen Rund- oder Ovalhütten (bzw. Zelten) – mit den Gräbern, auch bereits Friedhöfen, meist innerhalb der Siedlung: ein Anzeichen für die Festigung der Gruppen und ihres Identitätsbewusstseins, auch über den Tod hinaus (Ahnenglaube).

Besonders deutlich zeigt sich der Wandel im Natufien (12000–7000 v. Chr.), einer Kultur-Gruppe Vorderasiens mit einem Verbreitungsbereich vom heutigen irakischen Kurdistan bis Unterägypten, in der auffallend häufig, neben geschäfteten Klingen aus Silex oder Obsidian, die offensichtlich, wie die Patinierung ausweist, zum Schneiden von

Riedgras, Binsen und Schilf für Matten, Körbe und Dachbedeckungen dienten, *Steinmörser mit Stößeln*, *Handmühlen* (Steinschalen mit Mahlsteinen) sowie *Vorratsgruben* mit einer Tiefe von knapp einem und einem Durchmesser von bis zu sechs Metern auftreten. Die Menschen lebten wiederum weitgehend sesshaft in Weilern mit Rundhütten aus Stampflehm, deren Wände auf steinernen Sockeln ruhten.

Insgesamt dürfte es sich also um eine Bevölkerung gehandelt haben, die sich zu einem großen Teil – neben der üblichen Sammelkost (Mollusken, Schildkröten, Frösche, Früchte, Pilze usw.), dem Fischfang und der Jagd – von wilden Gramineen- und Getreidearten ernährte. Derartige Gesellschaften werden in der Ethnologie nach einem Vorschlag von Julius Lips (1895–1950) als »Erntevölker« bezeichnet. Sie kamen rezent noch in vielen Teilen der Welt vor. Indianer Kaliforniens ernährten sich zum Beispiel – wie antiken Zeugnissen nach auch die Altbevölkerung Arkadiens[23] – weitgehend von Eicheln, die Ojibwa, Menomini und andere Gruppen am Michigan-See im Nordosten der USA von den Körnern des sogenannten »Wild-« oder »Indianerreises« (*Zizania aquatica*), in Wahrheit einer Grasart, die an den Ufern der nordamerikanischen Flüsse und Seen reichlich gedeiht.[24] Tuareg machen ergänzend zur Weidewirtschaft ausgiebig Gebrauch von den verschiedensten Wildgräsern (z. B. von *Panicum turgidum*), wie sie namentlich in den gebirgigen Teilen der Sahara in beträchtlicher Menge vorkommen und von ihnen zu Breispeisen oder Brot verarbeitet werden. Die Ernten können bis zu einigen 100 kg einbringen.[25] Untersuchungen in der Osttürkei, wo es noch große Bestände an Wildweizen gibt, erbrachten den Nachweis, dass eine einzige Familie bei einer Sammeltätigkeit von gut drei Wochen mehr an Erntegut einbringen würde, als sie im Verlauf des Jahres aufbrauchen könnte.[26]

Derartige Sammelerträge ließen sich nicht mitführen; sie mussten *gespeichert* werden, und das eben hatte weitgehende Sesshaftigkeit zur Voraussetzung. Lips vertrat daher, wie im übrigen auch antike Autoren, zum Beispiel Demokrit (ca. 460–370 v. Chr.) und Theophrast (ca. 370–287 v. Chr.) schon,[27] die These, dass die Ursprünge des Bodenbaus bei Erntevölkern zu suchen, Sesshaftigkeit und Vorratshaltung also nicht die Folge, sondern die *Voraussetzung* des pfleglichen Anbaus

23 Herodot I 66. Apollonios Rhodios IV 264. Pausanias VIII 1, 6; 13, 6. Vgl. Hesiod: *Werke und Tage*, 232 f. Pompeius Trogus bei Iustin II 6.
24 Vgl. Schwanitz (1957, S. 6).
25 Nicolaisen (1963, S. 175 ff.).
26 Harris (1971, S. 179).
27 Müller (1972, S. 179 f., 211).

seien.[28] Überdies wird die Erfahrung rasch gelehrt haben, dass sich kultivierte Arten von ihren wilden Stammformen allgemein durch einen robusteren und höheren Wuchs (sog. »Gigasformen«) mit entsprechend größeren Blüten, Fruchtständen, Früchten und Samen unterscheiden.[29]

Allerdings dürfte sich der Übergang von der Erntewirtschaft zum pfleglichen Anbau nur in Gegenden vollzogen haben, in denen die Ernteerträge aufgrund schwankender Witterungsbedingungen *ungesichert* erschienen, so dass ein Anreiz bestand, gezielt Einfluss auf das Gedeihen der genutzten Wildpflanzen zu nehmen.[30] Im Verbreitungsgebiet des Natufien trafen derartige Voraussetzungen am ehesten auf die höhergelegenen Gebirgstäler im östlichen Randbereich mit ihren spärlicheren Niederschlagsmengen, strengen Wintern und Überschwemmungen nach der Schneeschmelze zu, in denen sich in der Tat auch die ältestbekannten, eindeutig agrarischen Siedlungen nachweisen lassen.[31]

Derartige Bedingungen bestanden aber natürlich auch anderswo. Man darf daher annehmen, dass der Bodenbau *unabhängig* an mehreren Stellen der Erde entstand. Als historisch bedeutungsvollste Ursprungszentren haben sich jedoch allein Vorderasien (10000–8000 v. Chr.) und Mesoamerika (9000–7000 v. Chr.) erwiesen. Im ersteren Fall bildeten die ältesten belegbaren Anbaupflanzen die Sechszeilgerste (*Hordeum hexastichum*) und die Nacktweizenarten Einkorn (*Triticum monococcum*), Emmer (*Triticum dicoccum*) und Saatweizen (*Triticum aestivum*) sowie die Hülsenfrüchtler Wicke (*Vicia sativa* u. a.), Linse (*Lens esculenta*), Erbse (*Pisum sativum* u. a.) und Bohne (Acker-, Puff-, Sau- oder Dicke Bohne, *Vicia faba*). Daneben wurden sehr früh auch bereits etliche andere Pflanzen – zur Farb- und Fett- beziehungsweise Ölgewinnung, zu Heilzwecken oder als Zukost – in Kultur genommen, wie etwa das Hirtentäschelkraut (»Bauernsenf«, *Capsella bursa pastoris*), der Lein (*Linum usitatissimum*), die Olive (*Olea europaea*), die Feige (*Ficus carica*) und der Mandelbaum (*Prunus amygdalus*). In Mesoamerika und dem südlich angrenzenden Andenraum bis Peru lassen sich als wichtigste Kulturpflanzen sicher etwa ab Ende des 6. Jahrtausends nachweisen der Mais (*Zea mays*), die Mond- und Gartenbohne (*Phaseolus lunatus*,

bzw. *P. vulgaris*), Kürbisse (*Cucurbita*) und die körnerliefernden Kräuter Fuchsschwanz (*Amaranthus*) und Reismelde (*Chenopodium quinoa*); hinzu kamen, möglicherweise erst später, die Feuerbohne (*Phaseolus coccineus*), Tomate (*Lycopersicon esculentum*), der Tabak (*Nicotiana*), Erdnuss (*Arachis*), Papaya (*Carica papaya*), Avocado (*Persea americana*), Kakao (*Theobroma cacao*) und, vor allem zur Fasergewinnung (Sisal), verschiedene Agavenarten (*Agavaceae*).

Vermutlich muss noch mit einem dritten einflussreicheren Ursprungszentrum irgendwo zwischen Hinterindien und Melanesien mit Neuguinea gerechnet werden, dessen Alter sogar auf etwa 15000 bis 13000 v. Chr. angesetzt wird. Bei den Hauptanbaupflanzen dürfte es sich hier in den Tropen – neben Erbsen, Bohnen (*Phaseolus* oder *Vicia*), Gurken und Kürbissen, wie sie für Thailand nachgewiesen sind – zunächst allerdings um Knollen- und Staudenpflanzen, namentlich Yams (*Dioscorea*) und Taro (*Colocasia esculenta*), gehandelt haben. Der Reis (*Oryza sativa*) scheint, ebenfalls in Südostasien, sehr viel später zwischen dem 6. und 4. Jahrtausend v. Chr. in Kultur genommen worden zu sein; Indien erreichte er erst um 1500 v. Chr.

Im Westen breitete sich der Bodenbau alsbald über den Mittelmeerraum nach Nordafrika und Europa (»Linienbandkeramische Kultur«, 5800–4500 v. Chr.), über Nordostafrika und die Sahara in den Sudan (4. Jahrtausend), über Innerasien nach China (6.–5. Jahrtausend) und östlich nach Indien (4.–3. Jahrtausend) aus, wobei das Anbauprinzip auch auf andere, lokale Pflanzen übertragen wurde, wie vor allem Hirsen praktisch überall, in Europa speziell auf Roggen (*Secale cereale*) und Hafer (*Avena sativa*), etwa um 1500 v. Chr. Von Mexiko aus vollzog sich die Diffusion in den Süden Nordamerikas, wo dem Bodenbau die Existenz zahlreicher Sammlerkulturen auf der Basis unter anderem von Gänsefuß (*Chenopodium*), Glanzgras (*Palaris caroliniana*) und Sonnenblume (*Helian-*

---

28 Lips (1928, S. 490 ff.; 1953).
29 Schwanitz (1957, S. 12 ff.).
30 Zvelebil (1986, S. 118).
31 Narr (1959, S. 83); Mellaart (1967, S. 22, 267); Harris (1971, S. 175).

thus) entgegenkam, während in Meso- und Süd-
amerika die Zusammenhänge mit den angrenzenden Regenwaldgebieten und dem dort heimischen
Knollen- und Stauden-, vor allem Maniok- (*Mani-
hot esculenta*) und Batatenanbau (*Ipomoea batatas*),
noch unsicher sind.

Nahezu zeitgleich mit der Entstehung des Bodenbaus wurden auch die ersten Haustiere, in Vorderasien zunächst Ziege (*Capra*) und Schaf (*Ovis*),
einige Jahrhunderte später Schwein (*Sus domesti-
cus*), Esel (*Asinus*) und Rind (*Bos primigenius tau-
rus*), in Mesoamerika und den Anden Truthühner
(*Meleagrididae*) und Lama (*Lama guanicoë glama*)
domestiziert. Der Hund hatte sich dem Menschen
bereits Jahrtausende früher, spätestens während des
Mesolithikums, mehr oder weniger »angeschlossen«.

Das Zeitalter der Agrikulturen, das *Neolithikum*,
hatte begonnen, ohne Frage wesentlich in Reaktion
auf die veränderten Klima- und Umweltbedingungen am Ende der letzten Eiszeit. Es handelte sich
um eine wahrhaft folgenschwere Wende, keinesfalls
jedoch um einen gleichsam explosiven Prozess, wie
der englische Prähistoriker Gordon Childe
(1892–1957) meinte, der in Analogie zur neuzeitlichen Industrierevolution von einer »Umwälzung«, der »*neolithic revolution*« sprach.[32] Vielmehr
wird man von einer mehr gleitenden, eher zögerli-
chen und schwankenden Entwicklung ausgehen
müssen, die erst allmählich festere Konturen gewann.[33] Lange Zeit spielten sicherlich Fischfang,
Jagd und das Einsammeln der üblichen Zusatzkost
(Beeren, Nüsse, Insekten, Schnecken usw.) weiterhin eine wichtige Rolle. Allerdings sollte darin
nicht, wie das gewöhnlich geschieht, lediglich eine
Übergangsphase gesehen werden. Der ethnographische Befund kennt genügend Fälle von Völkern, die
sich gerade auf diese Art *Kombinationswirtschaft*
spezialisiert haben und entweder, wie zahlreiche
indische Ethnien (Chenchu, Kanikkaran, Irula, Bir-
hor u. a.), den Bodenbau immer wieder mal kurz-
fristig übernehmen, dann wieder aufgeben,[34] oder

ihn, wie für Ethnien der südamerikanischen Hyläa
typisch,[35] zwar permanent, aber lediglich ergänzend
zur Sammel- und Jagdwirtschaft betreiben. Eher
wird man daher in dieser gemischten Wirtschaft
einen *eigenen Typus* sehen müssen, der sich jahr-
tausendelang gerade in Grenzbereichen zwischen
Bodenbau und Wild- und Feldbeuterei als optimal
effektiv erwies.

5. Pflanzerkulturen

Die Ethnologie unterscheidet zwischen zwei Haupttypen von Agrikulturen: den vorhochkulturlichen
Pflanzer- und den hochkulturlichen Bauernkulturen. Leitgeräte der ersteren bilden der – aus den
Sammel- und Jagdkulturen übernommene – Grab-
beziehungsweise Pflanzstock (überwiegend in Ozea-
nien und Amerika verwandt), der sowohl zum Um-
brechen des Bodens als auch zum Stoßen von Lö-
chern für die Aufnahme von Wurzelknollen, Steck-
lingen und Saatgut dient, und die – ebenfalls bereits
präagrarische – Hacke (überwiegend für Afrika,
Ostasien und Teile Indonesiens typisch). Der Anbau, in den Tropen auf Wurzel-, Knollen- (Yams,
Taro, Maniok, Batate), Staudengewächs- (z. B. Ba-
nanen) und Fruchtbaum- (z. B. Palmen, Brotfrucht-
und Mangobaum), in den Subtropen verstärkt auf
Zerealienbaubasis (Hirsen, Reis, Mais), wird *exten-
siv*, ohne besondere Ameliorationsverfahren betrieben. Zur Ergänzung sind Ziegen-, Schweine- und
Geflügelhaltung üblich. Die Gruppen leben in orts-
festen Siedlungen, die bei Landwechselwirtschaft
(»Wanderfeldbau«) etwa alle 15–20 Jahre innerhalb
des Territoriums verlegt werden. Sie sind ökonomisch weitgehend autark und politisch autonom.
Bauernkulturen dagegen gründen sich auf *intensive*
Anbaumethoden auf Zerealienbaubasis (Gerste,
Weizen, Reis, Mais), kombiniert mit Klein- *und*
Großviehhaltung (Rinder, Büffel, Esel, Pferde).
Das Leitgerät bildet – ursprünglich allein in den
altweltlichen Bauernkulturen – der Pflug (Entstehung um 4500 v. Chr.), ergänzt durch Egge, Feldwalze und Dreschschlitten, die breitflächig allesamt
nur mit Hilfe von Zugtieren einsetzbar waren, also
die Großviehhaltung (mit Heu- und Stallwirtschaft)
voraussetzten. Zur Erhöhung der Ernteerträge dienten die Mist- und Gründüngung, artenreichere,

---

32 Childe (1954, S. 48–68).
33 Smolla (1967, S. 104 f.).
34 Vgl. Fürer-Haimendorf (1943, S. 76, 290 f.); Manndorff
    (1960, S. 43).
35 Vgl. Zerries (1983, S. 146).

komplexere Fruchtwechselwirtschaften und in ariden Gebieten teils hochentwickelte Bewässerungssysteme.

Bauernkulturen entwickelten sich erst um 4000 v. Chr. mit den Archaischen Hochkulturen Altvorderasiens und, etwas später, Mesoamerikas heraus und blieben strukturell an sie gebunden. Die ländlichen Siedlungen waren daher weder autark noch autonom, sondern ökonomisch wie politisch abhängig von Städten (Märkten) und Staat (Abgaben, Frondienste).

Typologisch lässt sich der traditionelle Grabstock-, Hack- oder Pflanzbau in den *tropischen Dauerfeldbau* in den Regenwäldern und den *Saison- oder Regenzeitenfeldbau* in den Monsunwaldgebieten, Savannen und Steppen scheiden. Ersterer basiert zur Hauptsache auf dem Anbau von Knollen-, Stauden- und Fruchtbaumpflanzen, letzterer in den feuchteren Bereichen noch ebenfalls, in den trockeneren dann zunehmend auf dem Zerealien- (Hirse, Reis, Mais) mit ergänzendem Gemüsebau (Leguminosen, Kürbis, Gurke, Melone u. a.) und begrenzter Großviehhaltung. Der Betriebsform nach handelt sich gewöhnlich um Landwechsel- (Brandrodungsfeldbau), in den ariden Gebieten häufig in Kombination mit (einfacher) Fruchtwechselwirtschaft (bzw. »Umlagefeldbau«).

Von entscheidender Bedeutung für die – primären – Pflanzerkulturen war, nach jahrhundertausendelanger unsteter Lebensweise, der Übergang zur *Dauersesshaftigkeit*. Er erforderte Neuanpassungen vor allem im *Mitweltbereich*, deren wichtigste Konsequenzen sich wie folgt resümieren lassen:

- Die Ortsfestigkeit erlaubte den Menschen, in solideren und größeren Behausungen zu leben, die Raum für einen umfänglicheren Materialgüterbesitz boten.
- Dies entsprach, im komplementären Wechselbezug, den Anforderungen der komplexeren Ökonomie (Bodenbau, Sammelwirtschaft, Fischerei, Jagd, Viehhaltung), die veränderte Produktions- und Verarbeitungstechnologien und ein entsprechend differenzierteres Werkzeug- und Geräteinventar zur Folge hatte.
- Die »neue Häuslichkeit« festigte die familiären Bande, stärkte das Bewusstsein der Zusammengehörigkeit von Großeltern, Eltern, Kindern und Geschwistern.

- Verschiedene Arbeiten – Roden, Ernten, Hausbau, Anlegen von Bewässerungssystemen, Errichten von Gemeinschaftsbauten – erforderten die Kooperation mehrerer Männer (oder Frauen) beziehungsweise Familien. *Alle* im Dorf waren aufeinander angewiesen, zumal auch die gewisse *Krisenanfälligkeit des Bodenbaus* (Pflanzenkrankheiten, Schädlingsbefall, Unwetter) bedingte, dass Bessergestellte Geschädigten halfen. Das Reziprozitätsgebot erweiterte sich so nicht nur von der individuellen zur *kollektiven* Verpflichtung, sondern verschob sich auch mehr zur *redistributiven* Entgeltbeziehung: Zwischen Leistung und Gegenleistung konnte ein größerer zeitlicher Abstand bestehen. Das alles stärkte die dörfliche Solidarität und weckte ein neuartiges Gemeinschafts- und *Identitätsbewusstsein*.
- Da dies existenzunabdinglich war, bedurfte es plausibler Begründungen. Zur Hauptsache bestanden sie in folgenden Postulaten:
- Die eigene Siedlung stellt den Ursprungs- und Mittelpunkt der Welt dar.
- Der ersterschaffene Mensch ist der Urahn des eigenen Ethnos. Er entstieg an der Stelle des heutigen Dorfes der *Erde* oder wurde dort vom Schöpfer aus *Erde* (Lehm, Ton) geformt; oder aber ein Nachfahre nahm als erster Besitz von dem Land und *gründete* das Dorf. Seitdem leben seine Nachkommen dort in *kontinuierlicher* Abfolge.
- Alle sind also *abstammungsverwandt* miteinander. Dabei entstand jedoch ein Problem. Die Gemeinschaften waren zu klein, um hinreichend altersgemäße Heiratspartner zu finden. Das führte zur *Exogamie*: Man wählte seine Gattinnen beziehungsweise Gatten in bestimmten benachbarten Dörfern. Um die Besitzansprüche der Lokalgruppe nicht zu verwischen, bildete sich aus der für Sammel- und Jagdgesellschaften typischen bilinearen die *unilineare*, das heißt entweder (überwiegend) patri- (rein vater-) oder matrilineare (rein mutterseitige) Deszendenzregel heraus. Der konsanguinen oder Abstammungs- stand die affinale oder Schwiegerverwandtschaft gegenüber. Die Kontinuität der Lokalgruppe wurde durch den ungebrochenen »Blut«-, besser Sperma-, also Vitalkrafttransfer und die stete Zirkulation (bzw. Reinkarnation) der Freiseelen gesichert.

- Der Anspruch auf das Land kam den *Ältestansässigen*: den Nachfahren des Urahnen oder Gründerheroen, zu, nach dem gerade in sesshaften Gesellschaften besonders ausgeprägten Anciennitäts-, das heißt Prioritäts- oder Senioritätsprinzip, demzufolge Eigentumsanspruch an und Verfügungsrecht über etwas besitzt, wer es *als erster* erhalten, gefunden, entdeckt, hergestellt beziehungsweise produziert hat. Der ältesten Lineage eines Patriklans, der sogenannten »Gründersippe« (englisch *founder sib*) »gehört« so das Land einer Siedlung. Ihr Ältester (der »Erdherr«) trägt die Verantwortung für die Fruchtbarkeit des Bodens und den Erdkult.

- Das dichte Zusammenleben, verbunden mit den notwenig gewordenen strikten Besitz-, Erb- und Nachfolgeregularien, erhöhte das Konfliktpotential, zumal niemand mehr abwandern konnte, weil man an seinen Besitz, seine »Scholle«, gebunden blieb. Die Arbeitsteilung war weniger deutlich geschieden; vieles, wie namentlich Teile der Feldarbeit, wurden von den Gatten, den Familien, ja mehreren Haushalten *gemeinsam* verrichtet. Unstimmigkeiten offen auszutragen, wäre dem unzuträglich gewesen und hätte das Solidaritätsgebot verletzt. Streitereien waren daher verpönt. So kam es verstärkt zu *Verdächtigungen*. Fehlschläge, Krankheiten und anderes Ungemach wurden auf missgünstige Empfindungen anderer, Schadenszauber oder Hexerei zurückgeführt. Da sie schwerlich von Verwandten herrühren konnten, machte man bevorzugt *Fremde*, das heißt Ehefrauen, Schwiegerverwandte oder Angehörige, die zu Fremden Kontakt hatten, dafür verantwortlich: Das »Böse« war genuin *exogenen* Ursprungs.

- Dem entgegenzuwirken, dienten generell die *ethnische Endogamie*, das heißt nur bestimmte Gruppen innerhalb eines Ethnos unterhielten Heiratsbeziehungen, die so über Generationen hin durch affinale Verwandtschaft enger miteinander »verschwägert« waren, sowie speziell *Binderiten* (Festmahle, Kollektivrituale, Kulte), die Ritualisierung aller Übergangs- und Kontaktnahmeprozesse durch *Rites de Passage* (Initiations-, Hochzeits-, Adoptionszeremonien, Begrüßungs- und Besuchsetikette, Gastrecht) und verschärfte Normenkontrollmaßnahmen: Die Öffentlichkeit, »obrigkeitlich« die Ältesten und Ahnen (aus dem Jenseits heraus) überwachten gestrenge die Wahrung der Tradition und verhängten im Fall von Verfehlungen entsprechende Sanktionen.

- Dörfliche Gemeinschaften lebten wie in einem magischen Zirkel, in einer nach außen hin abgeschlossenen eigenen »Kugelwelt«. Ihrem Kohärenzideal entsprach eine stabile Identität, ideologisch überhöht vom *Ethnozentrismus*. Dessen Optik zufolge glich ihr Weltbild einem *dualistischen* Schalenmodell: Die binnenweltliche Endosphäre, in der allein das Dasein optimal verwirklicht erschien, war rings von einer fremdweltlichen Exosphäre umschlossen, die, proportional zur Entfernung zunehmend drastischer, ihr negatives »Hohlbild« darstellte und demgemäss nur von unheilvollen, *zerstörerischen* (»bösen«) Kräften beherrscht sein konnte. Wo beide in Kontakt miteinander gerieten, drohte ihnen irgendeine Form von *Versehrung*, in weicheren Fällen kontaminierende »Verunreinigung«, in härteren Krankheit, Unheil, ja Tod. Dem inneren Kohärenzideal stand nach außen hin ein striktes *Distinktionsgebot* gegenüber.[36] Schwerstschuldige wurden daher exkommuniziert, das heißt der Fremdwelt überantwortet, der sie ihrem Verhalten nach entsprachen.

Das Leben war härter, ernster, gezwungener und bedrohlicher geworden. Um so mehr bedurfte es einsichtiger Begründungen, die es notwendig, plausibel und *sinnvoll* erscheinen ließen.

6. Sinngebung

Agrarkulturen auf Saisonfeldbaubasis, von denen im folgenden ausgegangen werden soll, waren sowohl auf *fruchtbare Böden* als auch *ausreichende Niederschläge* angewiesen und standen vor dem Problem, dass sie die Pflanzen, von denen ihre Existenz abhing, »*töten*« mussten.[37] Wiederum war

---

36 Müller (2000, S. 335 f.).

37 In den Gebieten des Dauerfeldbaus, der tropischen Hyläa, gehen täglich ergiebige Regenfälle nieder, so dass die Nahrungspflanzen gleichsam »von selbst« gedeihen, ohne dass die Menschen noch etwas hinzutun müssten, und spielen die

hierin die Sinnfrage *im Kern* betroffen. Die Lösung wurde – in den Grundzügen weltweit übereinstimmend – durch urzeitliche Begründung und den steten rituellen und kultischen Nachvollzug gesucht.

Die Mythen, die davon berichten, wie die Menschen in den Besitz der Kulturpflanzen gelangten, kreisen in der Hauptsache um zwei Versionen. Der einen zufolge erhielten die Menschen die Feldfrüchte von Göttern oder Kulturheroen *geschenkt*, die sie dann auch in ihrem Anbau unterwiesen. Nach der anderen wurde irgendwann in der Urzeit das »göttliche Kind« der »Welteltern« Himmel und Erde – Knabe oder Mädchen – entweder von einem feindlichen Gott oder den damaligen Menschen *gewaltsam getötet.* Je nach der Art der Pflanzen *zerstückelten* die Täter danach seinen Leichnam und verteilten die Gliedmaßen über das Land, beziehungsweise *zermahlten* die Knochen in einer Mühle und streuten die Reste weitflächig aus. Und daraus entstanden dann zu Beginn der nachfolgenden Regenzeit die ersten Kulturpflanzen – die Gottheit war in anderer Gestalt wiederaufgelebt. Doch blieb es fortan ihr Geschick, alljährlich im Sommer bei Einsetzen der Dürre zu sterben oder auch in einen tiefen Schlaf zu verfallen und in die Unterwelt einzugehen, um im Frühjahr mit dem Aufsprießen der Vegetation zu erwachen, beziehungsweise zu neuem Leben aufzuerstehen. Dazu bedurfte es allerdings der Mithilfe ihrer Eltern, die das göttliche Kind Jahr für Jahr, im Rahmen einer »Heiligen Hochzeit« (*Hieros Gamos*), aufs neue erzeugten: Die ersten Regenfälle entsprachen dem Sperma des himmlischen Vaters, mit dem er die Erdmutter schwängerte, »be-fruchtete«.[38]

Hierin ist der *Zentralmythos* der Völker mit traditionellem Regenzeitfeldbau zu sehen. Er überbrachte den Menschen, die sich immer wieder schuldig machen mussten, die frohe, erlösende Botschaft, dass der Tod der Gottheit stets nur befristet war, die göttlichen Eltern die Tötung *billigten* und das Kind selbst sich *freiwillig* in seinen Opfertod schickte, um die Menschen am Leben zu erhalten.

Dem suchten diese zu entsprechen, indem sie sich als Abbild der »Heiligen Familie« verstanden und das Geschehen durch *Korrespondenzverhalten* mit ihrem Leben eins setzten. Man nahm an, dass namentlich zwischen Mensch und Kulturpflanzen

Wesensverwandtschaft bestand. »Die Yamspflanzen«, waren die Dobu-Insulaner in Melanesien zum Beispiel der Überzeugung, »sind wie Menschen; sie verstehen, was man ihnen sagt.«[39] *Beide* hatten Himmel und Erde zu Eltern. Den Mythen zufolge waren die ersten Menschen pflanzengleich der Erde entsprossen, wie Früchte an Bäumen herangereift oder auch vom Himmelsgott aus Lehm gebildet worden.[40] Später empfingen sie ihr Leben durch die elterliche Zeugung, wuchsen heran, reiften, wurden vom »Schnitter Tod« niedergemäht und gingen in den Schoß der Erdmutter ein, um schließlich aufs neue wiedergeboren zu werden.

Alljährlich zu Jahresbeginn während der Aussaatzeit vollzogen bestimmte, für besonders fruchtbarkeitskräftig geltende Erwachsenenpaare den *Hieros Gamos* der Welteltern auf dem frisch bestellten Land repräsentativ für die Gesamtgruppe nach. Weitere sexualmagische Praktiken, ja promiskuitive Orgien konnten den Einzelakt kollektiv stärkend begleiten.[41] Ließen die Niederschläge auf sich warten, suchte man den Himmelsgott durch Liebeszauber analogiemagisch zu stimulieren, seinen Samen in den Schoß der Großen Mutter zu ergießen – in der sichtlich die ältere »Herrin der Tiere« fortlebte, zumal beiden ja der *generative* Aspekt, die Verantwortlichkeit für das stete Wiedererstehen und reichliche Gedeihen der Nahrungsgüter gemeinsam war.

Den Höhepunkt des agrarischen Jahres schließlich bildete die Erntezeit. Sie entsprach der mythischen »Urszene« und bedurfte, damit nichts wider die Regel verlief, abermals des rituellen Nachvollzugs. Nach der »Tötung« des göttlichen Kindes brachen die Schnitterinnen – diese eben, weil sie sich als Frauen und Mütter besonders mit dem Schmerz der Erdgöttin über den Verlust ihres Kindes zu identifizieren vermochten – in lautes Wehklagen, ja leidenschaftliche Trauerbekundungen aus. Häufig wurde ein Mensch, bevorzugt ein Kind,

---

Ergänzungswirtschaften (Sammeln, Jagd) eine mindestens gleichgewichtige Rolle, so dass die Existenz erheblich geringere und andere Probleme aufwarf.
38 Müller (1973–74, S. 58 f., 62 ff.).
39 Fortune (1932, S. 108 f.).
40 Müller (1973–74, S. 82).
41 Müller (1973–74, S. 71 ff.).

geopfert, sein Leichnam zerstückelt und über die Felder verteilt, beziehungsweise darin vergraben. Es handelte sich, wie analog in Sammel- und Jagdkulturen, um ein *Versöhnungsritual*: Die Getöteten hatten das Schicksal der Nahrungspflanzengottheit zu teilen, um, repräsentativ für die Gruppe, deren Schuld an seinem Tod zu *sühnen*. Teile des »Leichnams« der getöteten Gottheit, jeweils die Erstlingsfrüchte, wurden während des Erntefestes in einem feierlichen *Sakramentalmahl* oder auch als Getränk (z. B. Hirsebier) von allen gemeinsam oder lediglich den Ältesten der Gruppe gleichsam rituell »vorgekostet«. Erst danach stand die Ernte für den profanen Genuss frei.[42]

Die Leitidee agrarischen Daseins war die perennierende *Wiederkehr des Gleichen*, demzufolge Abweichungen und Neuerungen als bedrohliche Störungen aufgefasst werden mussten. Kritische Grenzübertritte wie namentlich vom Jugendlichen- zum Erwachsenendasein oder die Hochzeit, bei der die lokale Patrisippe sich mit einer »fremden« Frau verband, um von ihr den eigenen Nachwuchs »austragen« zu lassen, wurden durch *Wiedergeburtsriten* vollzogen: Die Betreffenden lösten sich von ihrem bisherigen Zustand, indem sie »starben« (oder rituell »getötet« wurden), gingen – gewöhnlich für drei Tage und Nächte – ins Totenreich ein, um von den Ahnen verwandelt und mit Fruchtbarkeit gesegnet zu werden, und erstanden in den abschließenden »Angliederungsriten« zu *neuen Menschen*, zu Erwachsenen beziehungsweise Eheleuten, wieder auf.[43] Nahm irgend etwas Schaden, wurde eine Regel verletzt oder kam es zu einem schweren Vergehen, setzte man alles daran, die entstandene Lücke zu schließen, Zerstörtes zu ersetzen – das heißt: die »abwegige« Entwicklung *rückgängig* zu machen und die ursprüngliche Ordnung *wiederherzustellen*. Die Schuldigen mussten sich einer gründlichen Reinigung unterziehen, um ihre »Befleckung« durch Ablution, Räuchern, Schwitzkuren, Aderlässe, künstlich induziertes Erbrechen oder Beichten *ungeschehen* zu machen. Schmähungen wurden *widerrufen*, Zerwürfnisse durch Ausgleichszahlungen,

Bußen und Opfer *wiedergutgemacht*, schwere Regelverstöße durch die »Spiegelstrafe« (das *Ius talionis*) gleichsam *reversiert*.

Gut und vorbildlich lebte, wer peinlich genau der Überlieferung folgte, seine Gesundheit schonte, bei Kräften, namentlich fruchtbar blieb und es zu etwas brachte. Kinderreiche und Wohlhabende erfüllten diese Voraussetzung besonders; denn sichtlich ruhte der Segen der Ahnen auf ihnen. Sie genossen Ansehen und stiegen in führende, priesterliche wie politische Positionen auf.[44] Sie machten sich kraft ihres vorbildlichen Verhaltens um das Gemeinwohl verdient und führten so insgesamt ein höchstmäßig sinnvolles Leben.

7. Die Entstehung der Archaischen Hochkulturen in der Alten Welt

Gegen Ende des 5. Jahrtausends v. Chr. setzte mit der Herausbildung der Archaischen Hochkulturen im östlichen Mittelmeerraum ein neuerlicher Entwicklungsschub ein, den man wohl als den folgenschwersten in der Geschichte der Menschheit bezeichnen darf, da er dynamisch und konsequent zur heutigen, von der Industrieproduktion geprägten Lebensweise führte. Kennzeichnend für die altweltlichen Hochkulturen waren: eine intensive Landwirtschaft auf Zerealienbaubasis, die erhebliche, *lagerungsfähige* Ertragsüberschüsse abwarf, so dass zunehmend mehr Menschen von der Urproduktion abgezogen und anderen Tätigkeiten zugeführt werden konnten; eine entwickeltere Keramik unter Verwendung der Töpferscheibe, Weberei mit Webstuhl, Ansätze zur Metallverarbeitung (Kupfer, etwa ab 4000 v. Chr. Bronze); ein differenziertes Gewerbewesen; leistungsfähige Transportmittel (Karren auf Rädern, etwa ab 3500 v. Chr. Lastkähne), feudale Fürstentümer, mehr noch städtische Gemeinwesen mit einem hierarchisch gestuften Bevölkerungsaufbau, der sich aus Sklaven und Tagelöhnern, Vertretern der sekundären (verarbeitenden) und tertiären (behördlichen) Produktionsbereiche zusammensetzte; zentralisierte Formen der Herrschaft; die Kenntnis der Schrift (zunächst Scheiben, Kugeln, Kuben und piktographische Zeichen als Symbole für Handelsgüter, ab 3500 v. Chr. Bilderschriften, rund 1000 Jahre später Entstehung der

---

42 Müller (1973–74, S. 77 ff.).
43 Vgl. Müller (1987, S. 110 ff.; 1996, S. 223 ff.).
44 Müller (1973–74, S. 91 ff.).

Keilschrift),[45] vereinheitlichte, kodifizierte Steuer- und Rechtssysteme, Befestigungsanlagen und die Tendenz zur monumentalen Bauweise. Erste Zentren bildeten Mesopotamien, Südiran (Elam), Syrien, Ägypten, Kreta, Chorezm, die Industal-Kulturen und das Gebiet um den mittleren Hoangho in China.

Der Entwicklung lagen bestimmte zwingende, einander wechselseitig bedingende Voraussetzungen zugrunde, wie sie im folgenden kurz resümiert seien:

– Bereits während der Frühphase des vorderasiatischen Neolithikums war die Bevölkerung gegenüber dem Mesolithikum um das Zehnfache angewachsen,[46] woraus sich der Druck auf Bemühungen zur *Intensivierung der Landwirtschaft* ergab.

– Diese setzte fruchtbare Böden und – in niederschlagsärmeren Gebieten – größere Flüsse zu ihrer *künstlichen Bewässerung* voraus, die es entsprechend erlaubte, auch größere Flächen zu kultivieren. Beide Bedingungen waren ideal in den großen Stromtaloasen Mesopotamiens, Ägyptens, Choresmiens (Syr- und Amudarja), Indiens (Indus) und Chinas (Hoangho) mit ihren ertragreichen Schwemmlandböden gegeben.[47] Die agrarische Nutzung größerer Flächen setzte wiederum geeignete Geräte und Ameliorationsverfahren voraus, deren Grundlage in den altweltlichen Hochkulturen die Kombination von Bodenbau und Großviehhaltung (*bäuerliche Landwirtschaft*) bildete: Der Pflug, um 5500 v. Chr. in Vorderasien aus dem Furchenstock (einem gewinkelten Grabstock) oder Zugspaten entwickelt, Egge, Feldwalze und Dreschschlitten waren nur effektiv einsetzbar, wenn sie von Eseln, Rindern oder Büffeln gezogen wurden, die ihrerseits – neben Schweinen, Ziegen, Schafen und Geflügel – ausreichend Mist zur Düngung der Böden lieferten. Dank dieser verbesserten Produktionsverfahren nahm die Anbaufläche schon zu Beginn der Entwicklung um das Fünffache zu. Das Kulturpflanzenspektrum (Gemüsearten, Steinobst, Dattelpalme u. a.) erweiterte sich; zusätzlich spielten nach wie vor die Jagd, vor allem aber die Fischerei eine wichtige ergänzungswirtschaftliche Rolle.

– Der Zerealienanbau, die Überschussproduktion, das trockene Klima und verbesserte Verarbeitungs- und Konservierungsverfahren machten

es möglich, teils gewaltige Nahrungsmittelvorräte anzulegen, mit denen die städtische Bevölkerung in Dürre- und Notzeiten am Leben erhalten und Dienstleistungen aller Art entlohnt werden konnten. Umfangreiche Speicheranlagen bilden daher eine Art Leitmerkmal archaisch-hochkulturlicher Fürstensitze und Städte.[48]

– Getreidekulturen, in Kombination mit Leguminosen, bildeten daher, nicht zuletzt auch des höheren Nährwertgehalts (vor allem an Proteinen) beider Fruchtgattungen gegenüber Knollen- und Staudenpflanzen wegen, die *conditia sine qua non* der Archaischen Hochkulturen – handle es sich um Gerste und Weizen (Vorderasien), Hirsen (Indien, China) oder Reis (Südostasien), beziehungsweise Gräser und Mais (Mesoamerika, Anden). Diese These vertrat als erster der britische Tropenarzt Hubert Cary Trowell (1904–1989), der Mitentdecker des Kwashiorkor-Syndroms.[49]

– Große, wohlgefüllte Getreidespeicher weckten indes leicht die Begehrlichkeit benachbarter Populationen, die unter weniger gesicherten Verhältnissen lebten. Zu ihrem Schutz waren daher entsprechende Befestigungsanlagen und möglichst ständig in Bereitschaft stehende Wachmannschaften unter der Leitung eines Befehlshabers erforderlich. Die ältesten stadtähnlichen Siedlungsanlagen mit größeren Vorratsbauten, etwa ab dem Ende des 6. Jahrtausends v. Chr. – z. B. Jericho in Westjordanien (Jordantal!), Tell Halaf im nördlichen Mesopotamien oder Mersin an der Mittelmeerküste Südostanatoliens – weisen solide Ummauerungen mit massiven Tortürmen und an der Innenseite Kasematten mit schießschartenartigen Fensterschlitzen sowie Waffen, Munition und andere untrügliche Hinterlassenschaften eines wehrhaften Garnisonslebens auf.[50]

---

45 Vgl. Müller (2001 a, S. 132 ff.).
46 Harris (1971, S. 175).
47 Vgl. Steward (1958, S. 206).
48 Ein anschauliches Bild von der Bedeutung der Massenbevorratung von Getreide in den Archaischen Hochkulturen liefert die Josephsgeschichte im 1. Buch Mose, Kap. 41.
49 Trowell (1957).
50 Narr (1961, S. 261 ff.).

Offensichtlich entstanden die ersten archaisch-hochkulturlichen Sozietäten nicht monogenetisch, sondern aus unterschiedlichen Voraussetzungen heraus. Drei Typen, zwei primäre und ein sekundärer, lassen sich meines Erachtens dabei zur Hauptsache unterscheiden:

(1) Mehrere Siedlungen bildeten, wofür noch rezente Befunde hinreichend Beispiele liefern, einen dichter geschlossenen, quasi symbiotischen Verbund, sei es aufgrund von Heiratsbeziehungen, genealogischer Filiation (Gründung von Tochterdörfern rings um das »Urdorf«) oder ungleich verteilter Rohstoffvorkommen, die lokale gewerbliche Spezialisierungen mit fest institutionalisiertem Gütertausch zur Folge hatten.[51] Um Dürre- oder sonstigen Notzeiten vorzubeugen, kam man überein, einen *zentralen Getreidespeicher* anzulegen, dessen Schutz durch eine Befestigungsanlage gesichert und durch das lokale Oberhaupt garantiert wurde. Wuchs die Gefahr räuberischer Übergriffe, stellte man zusätzlich eine Mannschaft junger Krieger bereit, zu deren Führer für den Ernstfall Ältestenrat und Oberhäupter einen »Kriegshäuptling« (»*dual leadership*«) bestimmten.[52] Bei Dauerbedrohung erweiterte man das befestigte Gebiet um den Speicher herum zur »Fluchtburganlage«. Unter derartigen Voraussetzungen festigte sich die Position des »Kriegsherrn«. Zusätzlich zu den heimischen Kriegern stellte er sich vielleicht – auch dafür fehlt es nicht an Belegen aus neuerer Zeit – aus Flüchtlingen und Gefangenen eine eigene, ihm persönlich verpflichtete Truppe aus Gefolgsleuten zusammen, so dass er allmählich die Oberhoheit gewann und zum »Fürsten« des Stammesverbandes aufstieg. Er bezog eine eigene befestigte Residenz (Pfalz oder Burg); die Gesellschaft, bestehend aus Bauern, Handwerkern, Kriegern und Hofstaat, nahm feudale Strukturen an – eine Entwicklung, die in Vorderasien, auf dem Balkan, in Europa wie Indien in Ansätzen bereits seit dem Neolithikum, spätestens jedoch ab der frühen Bronzezeit archäologisch gut dokumen-

tiert ist (Hügelgräber-Kulturen).[53] Als charakteristische, »ausgereifte« Formen dieses Typus gelten die Siedlungen der späten Halaf-Zeit, Troja und die Mykenische Kultur.

(2) An Punkten, an denen sich Fernhandelsstraßen kreuzten und zudem gute Bedingungen bestanden, eine Rast einzulegen, um Kräfte und Proviant aufzufrischen – wie in Trockengebieten namentlich in Oasen – bildeten sich *lokale Märkte* heraus, an denen Teile der Waren umgeschlagen, teils auch zu neuen Produkten weiterverarbeitet und, nicht zuletzt, Informationen ausgetauscht wurden. Zunehmend siedelten sich dort Handwerker und Geschäftsleute an, so dass die »Marktflecken« allmählich städtische Dimensionen annahmen. Gewerbe und Handel konnten allerdings nur gedeihen, wenn der Schutz der Geschäftsleute und Güter verlässlich garantiert war. Dafür trugen, wie abermals historische und rezente Beispiele aus aller Welt übereinstimmend belegen, die Umlandbevölkerung und eine Gottheit (später Heilige) Sorge, der die Stätte geweiht war. So entstanden autonome sakrale Schutzzonen mit eigener »Marktgerechtsame«, die vor allem das Tragen von Waffen und jede Art von Streiterei und Gewalttätigkeit untersagte und den »Marktfrieden« verbürgte. Die Aufwendungen dazu wurden aus Abgaben und Steuern bestritten, die der Gottheit, das heißt dem Tempelherrn, zu entrichten waren. Die ersten Schriftzeichen dienten, wie schon gesagt, der Notierung der ein- und ausgehenden Waren sowie der Feststellung des Personalbestandes und Sachinventars der lokalen Heiligtümer, die *de facto* Wirtschafts- und Handelsunternehmen mit teils beträchtlichem Umsatz waren. Die besondere Rechtslage führte dazu, dass Märkte (Tempel) auch Asylrecht gewährten und Schlichtungsfunktionen wahrnahmen: Streitereien der benachbarten Stämme konnten hier, auf »neutralem« Boden, verhandelt und beigelegt werden. Das entscheidende Wort im Ältestenrat kam dabei dem geistlichen Marktherrn zu, der die Parteien beriet, vermittelte und gegebenenfalls den Waffenstillstand ausrief. Die ältesten Städte Vorderasiens, wie etwa Uruk in Sumer und Byblos in Phönizien, wiesen ursprünglich genau diese Struktur auf. In Sumer lässt sich zudem noch beobachten, wie die politische Macht von Ältestenrat und Hohempriester allmählich auf die-

---

51 Müller (2002, Manuskript S. 8 ff.).

52 Zu analogen Prozessen in traditionellen Gesellschaften der Neuzeit vgl. Numelin (1944, S. 5 ff.).

53 Korfmann (1986, S. 143 f.); Bergmann (1987, S. 48, 84 f., 97 ff.); Kulke (1991, S. 128).

sen übergeht, er sich vom Tempel löst und schließlich die weltliche Position des Stadtkönigs mit eigenem Palast einnimmt, der freilich immer noch der führenden Schutzgottheit unterstellt bleibt, beziehungsweise sie auf Erden repräsentiert. Die Kontrolle des Handels – auch zu Wasser! – und des Verarbeitungsgewerbes bleibt die ökonomische Basis der ersten Stadtkönigtümer. Auch in anderen Teilen der Alten Welt geht der Ursprung vieler (späterer) bedeutender Städte wie Rom,[54] Lyon (Lugudunum), Paris (Lutetia), Bordeaux (Burdigala),[55] Mekka, Medina[56] oder Petra (am »Ende« der Weihrauchstraße!)[57] auf einstige Marktflecken zurück. Der Friede, der dort herrschte, spiegelt sich noch in einem Mythos der Khasi in Assam wider: »Vorzeiten, als die Welt noch jung war, lebten alle Tiere glücklich miteinander zusammen, kauften und verkauften und richteten gemeinsam Märkte ein.«[58]

(3) Während der ersten Hälfte des 20. Jahrhunderts hatten führende Ethnologen – wie namentlich Richard Thurnwald (1869–1954)[59] und Wilhelm Schmidt (1868–1954)[60] sowie auch der Soziologe und Nationalökonom Alexander Rüstow (1885–1963)[61] und bedingt noch der Prähistoriker Karl J. Narr (geb. 1921)[62] – die These vertreten, hochkulturliche, *stratifizierte* Gemeinwesen seien durch die »*Überschichtung*« neolithischer Dorfgesellschaften durch kriegerische Nomadenvölker entstanden. Derartige Fälle sind in der Tat seit dem Altertum bis in die Neuzeit hinein bezeugt – doch handelte es sich stets um *sekundäre* Prozesse: Sie setzten die Hochkulturen bereits voraus und trugen ehestenfalls, so die modifizierte These des Thurnwald-Schülers Wilhelm E. Mühlmann (1904–1988), zur Verschärfung der Herrschaftsverhältnisse bei.[63] Nomadenkulturen bildeten sich nämlich, worauf mit Nachdruck bereits der Zoologe und Wirtschaftswissenschaftler Eduard Hahn (1856–1928) und der Ethnologe Leo Frobenius (1873–1938) verwiesen hatten,[64] zwangsläufig erst *nach* der Entstehung der Klein- und Großviehhaltung und im Zuge wachsender Übervölkerung in den Kernarealen der Archaischen Hochkulturen heraus: Abgedrängt in die peripheren Übergangsbereiche zur Trockensteppe oder in höhergelegene Bergregionen, verlagerten mehr und mehr Gruppen das Schwergewicht vom Bodenbau auf die Vieh-,

beziehungsweise Herdenviehhaltung, so dass allmählich Formen des *Halbnomadismus* entstanden. Historisch und als ernstzunehmende Gegner für die Stadtkönigtümer Altvorderasiens traten derartige Gruppen erstmals mit den Akkadern (Mitte des 3. Jahrtausends v. Chr.), dann den Amurru oder Amoritern (um 2000 v. Chr.), den Hanäern und Benjaminiten (2. Jahrtausend v. Chr.) und schließlich den Aramäern (zwischen 1200 und 1000 v. Chr.) in Erscheinung. Sie hielten zur Hauptsache Schafe, einige Ziegen und als Lasttiere Esel. Der Übergang zum *Vollnomadismus*, das heißt die Extensivierung der Weidewirtschaft bis in die Wüstengebiete hinein, gelang erst nach der Domestizierung des Kamels, vermutlich irgendwann um die Mitte des 2. Jahrtausends v. Chr. Gleichsam »welthistorische« Bedeutung erlangten die Nomaden dann erst, nachdem sie Wagen und Zugprinzip von den Hochkulturen übernommen, sich bevorzugt auf die Pferdezucht spezialisiert und mit der Entwicklung des *Reiterkriegertums* eine Offensivwaffe von eminenter Durchschlagskraft gewonnen hatten – ein Prozess, der sich im Umfeld der frühbronzezeitlichen Hochkulturen Choresmiens vollzog und seinen ersten Höhepunkt mit dem Auftreten der Skythen während des 7. und 6. Jahrhunderts v. Chr. erreichte. Schon früher (um 1100 v. Chr.) und lokal begrenzt treten berittene Kamelnomaden – die biblischen Midianiter und Amalekiter (Richter 6: 1–6) – in Vorderasien auf. Mit der *Entstehung* der Archaischen Hochkulturen haben Nomadenvölker also nichts zu tun. Gleichwohl spielten Überschichtungsprozesse in der Folgezeit eine wichtige Rolle, und verschiedentlich auch – wie im Falle der Akkader und Aramäer zum Beispiel – unter Beteiligung von Nomaden. Entscheidender jedoch waren

---

54 Vgl. Livius II 1. Dionysius Halicarnassus 2, 15; 3, 10.
55 Hassinger (1953, S. 185).
56 Serjeant (1981, S. 50 ff.).
57 Wenning (2001, S. 76–83).
58 Gurdon (1914, S. 174).
59 Thurnwald (1935, insbes. S. 22 ff., 251 ff.).
60 Wilhelm Schmidt in Schmidt/Koppers (1924, S. 54 f., 214–223).
61 Rüstow (1950, S. 40, 58 ff. u. passim).
62 Narr (1961, S. 296 ff.).
63 Mühlmann (1964, S. 296).
64 Hahn (1891, S. 487); Frobenius (1904, S. 154 f.).

Eroberungsfeldzüge der alten Stadtstaaten untereinander, die wiederholt zu Dynastiewechseln und
langfristig zu Reichen immer größeren Umfangs,
zuletzt ganzen Imperien führten.

Das charakteristische Novum der Archaischen
Hochkulturen waren die *Städte*. In ihnen lebten
Menschen der verschiedensten Herkunft und Pro-
fession in einem ebenso multifunktionalen wie
multikulturellen System dicht geschichteter Schach-
telung zusammen: Zuunterst Sklaven, Tagelöhner
und Lastenträger, dann Handwerker, Kaufleute,
Verwaltungsbeamte, Soldaten, Priester, Honoratio-
ren und an der Spitze die Angehörigen der aristokratischen Führungsschicht mit dem vielköpfigen
Personal ihrer Residenzen – Gärtnern, Köchen, Bä-
ckern, Bediensteten, Musikanten, Tänzerinnen,
Künstlern und Gelehrten.

Strukturierende Schlüsselbereiche bildeten Markt
(Basar) und Hof. Die Konzentration von Rohstof-
fen und Waren aller Art hatte eine zunehmende
gewerbliche Spezialisierung und entsprechende soziale Differenzierung zur Folge. An die Stelle der
verwandtschaftlichen war die berufsständische Zugehörigkeit getreten. Handwerker – Färber, Tuch-
macher, Seiler, Töpfer, Wagner, Zimmerleute,
Grob-, Fein- und Kunstschmiede usw. – schlossen
sich zu Zünften, Kaufleute zu Gilden zusammen,
die, wie analog die Oberschicht, eigene Straßenzüge
oder Viertel bewohnten und nur untereinander
heirateten. So entstand eine endogame *Kastengesell-
schaft*, die ihre eigenen Lebensformen und Identitäten mit der Tendenz zur Verselbständigung aus-
bildete, insgesamt jedoch durch ihre kommerzielle
und soziale Interdependenz verklammert blieb.

Die hohe Komplexität der städtischen Gemeinwesen vervielfältigte einerseits zwar den Informati-
ons- und Wissenstransfer und förderte Innovationen, warf auf der anderen Seite aber spezifische
Versorgungs-, Transport- und Organisationspro-
bleme auf und trug den zwangsläufig divergierenden Interessen zufolge immer auch ein gefährliches
Spannungs- und Konfliktpotential in sich, was alles,
um das Ganze funktions- und kooperationsfähig zu
halten, eine obrigkeitliche Jurisdiktion, entsprechende Kontrollinstanzen (Spitzel und Polizei)
und die Mittel zur gegebenenfalls gewaltsamen Aufrechterhaltung der Ordnung (Militär) erforderlich
machte. Die Städte (und Reiche) besaßen zentralis-

tische Herrschaftsstrukturen. Ihre führenden Repräsentanten hoben sich, den ursprünglichen
Markt- und Tempelherren gleich, bewusst, um
glaubhaft vermitteln und ihrer richterlichen Verpflichtung gerecht werden zu können, von der Gesellschaft ab, lebten entrückt inmitten ihres eigenen
Hofstaats gleichsam nahe den Göttern, von denen
sie abzustammen oder zur Herrschaft bestimmt zu
sein vorgaben. In Tracht, Schmuck, Gefolge, Auf-
tritten und Prunk hoheitlich ästhetisiert, achtung-
gebietend umrahmt von den steinernen Fluchten
der monumentalen Tempel- und Palastarchitektur,
stellten sie sich, zeitlich sparsam dosiert, statuarisch
wie Götterbilder, der Bevölkerung dar.

Die *strukturellen Schwächen* der Archaischen
Hochkulturen lagen in der gesellschaftlich unaus-
gewogenen, hohen Komplexität der Städte, ihrer
Kopflastigkeit gegenüber dem Land, die zu einer
scharfen Dichotomisierung und Abhängigkeit beider führte, und der besonderen Art ihrer Ökonomie, für die der österreichische Geograph Hans
Bobek (1903–1990) den Begriff »*Rentenkapitalis-
mus*« prägte: Die Herrschenden pressten der Bevölkerung, vor allem Bauern und Gewerbetreibenden,
jeweils soviel an Abgaben (»Renten«) und Arbeits-
leistungen ab, als gerade möglich war, ohne sie
vollends zu ruinieren. Die derart abgeschöpften
Ertragsanteile wurden indes nur selten für produk-
tions- und strukturverbessernde Investitionen (Re-
formmaßnahmen), sondern hauptsächlich für den
eigenen Sicherheits-, Luxus- und Repräsentations-
bedarf aufgewandt. Dies führte, namentlich in Notzeiten, die in der primären und sekundären Produktion Tätigen wenn nicht in die Verelendung, so
doch in Dauerverschuldung, so dass es ihnen so gut
wie immer am dringend erforderlichen eigenen Be-
triebskapital fehlte und sie sich ihrerseits gezwungen sahen, Raubbau am eigenen Boden und Vieh zu
üben. Das wiederum hatte zur Folge, dass die
Machthabenden, um den Mangel auszugleichen,
Raub- und Eroberungszüge in die benachbarten
Länder unternahmen. So entstand ein wechselseiti-
ges Ringen, das zwar zu immer größeren Reichen
(und dem Untergang kleinerer) führte, letzten Endes die Probleme jedoch lediglich verlagerte. Hierin
liegt die Erklärung dafür, dass die Archaischen
Hochkulturen trotz ihrer zunächst eindrucksvollen
Entwicklung und Blüte namentlich in den urbanen

Zentren, die unmittelbar von der Verschwendung und Palastkultur der Residenzen profitierten, von einem bestimmten Zeitpunkt an – wenn eben alle verfügbaren Ressourcen ausgeschöpft waren – zu stagnieren begannen und schließlich verfielen.[65]

Zu Beginn jedoch wirkte der Prozess stimulierend. Vermutlich unter dem – über Handelsbeziehungen vermittelten – Einfluss und nach dem Vorbild der Entwicklung im östlichen Mittelmeerraum bildeten sich während des 3. Jahrtausends v. Chr. die Minoische Kultur mit dem Zentrum Kreta, die Industal-Kulturen mit den Metropolen Harappa und Mohenjo Daro und die ältesten chinesischen Hochkulturen (um 2000 v. Chr.) im mittleren Ho-angho-Bereich (Shang-Periode, ca. 1850–1100 v. Chr.) aus, alle ihrerseits ausstrahlend in die Umlandgebiete, so dass zuletzt ein Hochkulturgürtel von Europa im Westen über den Mittelmeerraum, Nordostafrika, den Mittleren Osten, Indien, Teile Indonesiens und Hinterindiens bis nach China und Japan bestand.

Literatur

BAUMANN, HERRMANN (1950), »Individueller und kollektiver Totemismus: zur Frage ihres gegenseitigen Verhältnisses«, in: *Verhandlungsberichte des 14. Internationalen Soziologen-Kongresses, Rom 30. August – 3. September 1950*, Bd. 4, Roma: Società Italiana di Sociologia, S. 134–152. ■ BAUMANN, HERRMANN (1952), »Das Tier als Alter Ego in Afrika. Zur Frage des afrikanischen Individualtotemismus«, in: *Paideuma*, 5, S. 167–188. ■ BAUMANN, HERRMANN (1965), »Die Wiedergeburtsideen in Afrika und ihre kulturhistorische Wertung«, in: *Réincarnation et vie mystique en Afrique Noire: Colloque de Strasbourg (16–18 mai 1963)*, Paris: Presses Universitaires de France, S. 31–49. ■ BELIK, ANDREJ A. (1999), *Kul'turologija: antropologièeskie teorii kul'tur*, Moskva: Rossijskij gosudarstvennyj gumanitarnyj universitet. ■ BERGMANN, JOSEPH (1987), *Die metallzeitliche Revolution: zur Entstehung von Herrschaft, Krieg und Umweltzerstörung*, Berlin: Dietrich Reimer. ■ BOBEK, HANS (1959), »Die Hauptstufen der Gesellschafts- und Wirtschaftsentfaltung in geographischer Sicht«, in: *Die Erde*, 90, 3, S. 259–298. ■ CHILDE, GORDON (1954[7]), *What happened in history*, Harmondsworth: Penguin Books. ■ DICE, LEE RAYMOND (1955), *Man's nature and nature's man: the ecology of human communities*, Ann Arbor: University of Michigan Press. ■ DITTMER, KUNZ (1961), *Die sakralen Häuptlinge der Gurunsi im Obervolta-Gebiet*, Hamburg: Cram. ■ FORTUNE, REO F. (1932), *Sorcerers of Dobu: the social anthropology of the Dobu islanders of the western Pacific*, London: Routledge. ■ FROBENIUS, LEO (1904), *Geographische Kulturkunde: eine Darstellung der Be-*

ziehungen zwischen der Erde und der Kultur nach älteren und neueren Reiseberichten zur Belebung des geographischen Unterrichts, Leipzig: Brandstetter. ■ FÜRER-HAIMENDORF, CHRISTOPH VON (1943), *The Chenchus: jungle folk of the Deccan*, London: Macmillan. ■ GEHLEN, ARNOLD (1963[2]), *Anthropologische Forschung: zur Selbstbegegnung und Selbstentdeckung des Menschen*, Reinbek: Rowohlt. ■ GURDON, PHILIP RICHARD THORNHAGH (1914[2]), *The Khasis*, London: Macmillan. ■ HAEKEL, JOSEF (1953), »Zum Problem des Mutterrechtes«, in: *Paideuma*, 5, 6, S. 298–322. ■ HAHN, EDUARD (1891), »Waren die Menschen der Urzeit zwischen der Jägerstufe und der Stufe des Ackerbaus Nomaden?«, in: *Das Ausland*, 64, Nr. 25, S. 481–488. ■ HALLOWELL, ALFRED IRVING (1926), »Bear ceremonialism in the northern hemisphere«, in: *American Anthropologist*, 28, S. 1–175. ■ HARRIS, MARVIN (1971), *Culture, man, and nature: an introduction to general anthropology*, New York: Thomas Y. Crowell Company. ■ HASSINGER, HUGO (1953[2]), *Geographische Grundlagen der Geschichte*, Freiburg i. Br.: Herder. ■ HERRMANN, FERDINAND (1958), »Die Entwicklung des Pflanzenanbaues als ethnologisches Problem«, in: *Studium Generale*, 11, 6, S. 352–363. ■ KAPP, ERNST (1877), *Grundlinien einer Philosophie der Technik*, Braunschweig: Westermann. ■ KOHN, MAREILE (1986), *Das Bärenzeremoniell in Nordamerika: der Bär im Jagdritual und in der Vorstellungswelt der Montagnais-Naskapi-East Cree und der Chippewa-Ojibwa*, Hohenschäftlarn: Renner. ■ KORFMANN, MANFRED (1986), »Die Waffe Davids. Ein Beitrag zur Geschichte der Fernwaffen und zu den Anfängen organisierten kriegerischen Verhaltens«, in: *Saeculum*, 37, 2, S. 129–149. ■ KULKE, HERMANN (1991), »Gramakama – ›das Verlangen nach einem Dorf‹. Überlegungen zum Beginn frühstaatlicher Entwicklung im vedischen Indien«, in: *Saeculum*, 42, 1, S. 111–128. ■ LEE, RICHARD B. (1968), »What hunters do for a living, or, how to make out on scarce resources«, in: Lee, Richard B. / DeVore, Irven (Hg.) (1968), *Man the hunter*, Chicago: Aldine Publishing Company, S. 30–48. ■ LEE, RICHARD B. / DEVORE, IRVEN (Hg.) (1968), *Man the hunter*, Chicago: Aldine Publishing Company. ■ LIPS, JULIUS (1928), »Die Anfänge des Rechts an Grund und Boden bei den Naturvölkern und der Begriff der Erntevölker«, in: Koppers, Wilhelm (Hg.), *Festschrift P. W. Schmidt. 76 sprachwissenschaftliche, ethnologische, religionswissenschaftliche, prähistorische und andere Studien*, Wien: Mechitharisten-Congregations-Buchdruckerei, S. 485–494. ■ LIPS, JULIUS (1953), »Die Erntevölker, eine wichtige Phase in der Entwicklung der menschlichen Wirtschaft. Rektoratsrede, gehalten am 31. Oktober 1949 in der Kongresshalle zu Leipzig«, in: *Berichte über die Verhandlungen der Sächsischen Akademie der Wissenschaften zu Leipzig, phil.-hist. Kl.*, 101, 1, S. 1–18. ■ LÜNING, JENS (1983), »Mensch und Umwelt in der Steinzeit«, in: *Forschung Frankfurt*, 1, S. 2–5. ■ MANNDORFF, HANS (1960), »Notes on some primitive hunting tribes of southern and central India«, in: *Bulletin of the International Committee on Urgent Anthropological and Ethnological Research*, 3,

---

65 Bobek (1959).

S. 40–44. ▪ MELLAART, JAMES (1967), *Çatal Hüyük: Stadt aus der Steinzeit*, Bergisch Gladbach: Gustav Lübbe. ▪ MÜHLMANN, WILHELM E. (1964), *Rassen, Ethnien, Kulturen: moderne Ethnologie*, Neuwied/Berlin: Luchterhand. ▪ MÜLLER, KLAUS E. (1972), *Geschichte der antiken Ethnographie und ethnologischen Theoriebildung: von den Anfängen bis auf die byzantinischen Historiographen*, Bd. 1, Wiesbaden: Franz Steiner. ▪ MÜLLER, KLAUS E. (1973–74), »Grundzüge der agrarischen Lebens- und Weltanschauung«, in: *Paideuma*, 19–20, S. 54–124. ▪ MÜLLER, KLAUS E. (1984), *Die bessere und die schlechtere Hälfte: Ethnologie des Geschlechterkonflikts*, Frankfurt/M.: Campus. ▪ MÜLLER, KLAUS E. (1987), *Das magische Universum der Identität: Elementarformen sozialen Verhaltens; ein ethnologischer Grundriss*, Frankfurt/M.: Campus. ▪ MÜLLER, KLAUS E. (1995), »Sympathie«, in: *Zeitschrift für Parapsychologie und Grenzgebiete der Psychologie*, 37, 3–4, S. 131–144. ▪ MÜLLER, KLAUS E. (1996), *Der Krüppel: Ethnologia passionis humanae*, München: C. H.Beck. ▪ MÜLLER, KLAUS E. (1996²a), »Initiationen«, in: Müller, Klaus E. / Treml, Alfred K. (Hg.), *Ethnopädagogik: Sozialisation und Erziehung in traditionellen Gesellschaften; eine Einführung*, Berlin: Dietrich Reimer, S. 69–91. ▪ MÜLLER, KLAUS E. (1997), *Der gesprungene Ring: wie man die Seele gewinnt und verliert*, Frankfurt/M.: Otto Lembeck. ▪ MÜLLER, KLAUS E. (1997 a bzw. 2003), »Magie«, in: *Zeitschrift für Parapsychologie und Grenzgebiete der Psychologie*, 39, 3–4, im Druck. ▪ MÜLLER, KLAUS E. (2000), »Ethnicity, Ethnozentrismus und Essentialismus«, in: Eßbach, Wolfgang (Hg.), *wir/ihr/sie: Identität und Alterität in Theorie und Methode*, Würzburg: Ergon, S. 317–343. ▪ MÜLLER, KLAUS E. (2001²), *Schamanismus: Heiler, Geister, Rituale*, München: C. H.Beck. ▪ MÜLLER, KLAUS E. (2001 a), *Wortzauber: eine Ethnologie der Eloquenz*, Frankfurt/M.: Otto Lembeck. ▪ MÜLLER, KLAUS E. (2002), »Die Tafelrunde«, Manuskript, erscheint als Buchbeitrag 2002. ▪ NARR, KARL J. (1959), »Anfänge von Bodenbau und Viehzucht. Alte Fragen und neue Funde und Forschungen«, in: *Paideuma*, 7, 2, S. 83–98. ▪ NARR, KARL J. (1961), *Urgeschichte der Kultur*, Stuttgart: Alfred Kröner. ▪ NICOLAISEN, JOHANNES (1963), *Ecology and culture of the pastoral Tuareg: with particular reference to the Tuareg of Ahaggar and Ayr*, Kopenhagen: National Museum of Copenhagen. ▪ NUMELIN, RAGNAR (1944), »Dual leadership in savage societies«, in: *Acta Academiae Aboensis*, 14, 12, S. 1–18. ▪ PAPROTH, HANS-JOACHIM (1976), *Studien über das Bärenzeremoniell. Bd. 1: Bärenjagdriten und Bärenfeste bei den tungusischen Völkern*, Uppsala: Tofters Tryckeri AB. ▪ RASMUSSEN, KNUD (1929), *Intellectual culture of the Iglulik Eskimos*, Kopenhagen: Nordisk Forlag. ▪ RÜSTOW, ALEXANDER (1950), *Ortsbestimmung der Gegenwart: eine universalgeschichtliche Kulturkritik. Bd. 1: Ursprung der Herrschaft*, Erlenbach-Zürich: Eugen Rentsch. ▪ SCHMIDT, WILHELM / KOPPERS, WILHELM (1924), *Völker und Kulturen. Bd. 1: Gesellschaft und Wirtschaft der Völker*, Regensburg: Josef Habbel. ▪ SCHWANITZ, FRANZ (1957), *Die Entstehung der Kulturpflanzen*, Berlin: Springer. ▪ SERJEANT, ROBERT BERTRAM (1981), *Studies in Arabian history and civilisation*, London: Variorum Reprints. ▪ SLAWIK, ALEXANDER (1952), »Zum Problem des Bärenfestes bei den Ainu und Giljaken«, in: *Kultur und Sprache*, Wien: Herold. ▪ SMOLLA, GÜNTER (1967), *Epochen der menschlichen Frühzeit*, Freiburg i. Br.: Alber. ▪ STEINBACHER, FRANZ (1976), *Kultur: Begriff – Theorie – Funktion*, Stuttgart: W. Kohlhammer. ▪ STEWARD, JULIAN H. (1958²), *Theory of culture change: the methodology of multilinear evolution*, Urbana: University of Illinois Press. ▪ THURNWALD, RICHARD (1935), *Die menschliche Gesellschaft in ihren ethno-soziologischen Grundlagen. Bd. 4: Werden, Wandel und Gestaltung von Staat und Kultur im Lichte der Völkerforschung*, Berlin: Walter de Gruyter & Co. ▪ TROWELL, HUBERT CARY (1957), »Food, protein and Kwashiorkor«, in: *Uganda Journal*, 21, 1, S. 81–90. ▪ WENNING, ROBERT (2001), »Petra. Metropole am Rande der Wüste«, in: *Spektrum der Wissenschaft*, 2001, 3, S. 76–83. ▪ WOODBURN, JAMES (1968), »An introduction to Hadza ecology«, in: Lee, Richard B. / DeVore, Irven (Hg.), *Man the hunter*, Chicago: Aldine Publishing Company, S. 49–55. ▪ ZERRIES, OTTO (1983), »Yanoama«, in: Müller, Klaus E. (Hg.), *Menschenbilder früher Gesellschaften: ethnologische Studien zum Verhältnis von Mensch und Natur; Gedächtnisschrift für Hermann Baumann*, Frankfurt/M.: Campus, S. 143–177. ▪ ZOLOTAREV, ALEXANDER (1937), »The bear festival of the Olcha«, in: *American Anthropologist*, 39, S. 113–130. ▪ ZVELEBIL, MAREK (1986), »Nacheiszeitliche Wildbeuter in den Wäldern Europas«, in: *Spektrum der Wissenschaft*, 1986, 7, S. 118–125.

6.6 Kulturelle Komplexität in den Hochkulturen: Sinnkonstruktionen im alten Ägypten und im alten China

Jan Assmann/Achim Mittag

Der Mensch ist das Tier, das versprechen kann. Das befähigt ihn, sich auf Zukunft festzulegen. Diese Zukunfts- und Zurechnungsfähigkeit des Menschen erfordert eine besondere Form des Gedächtnisses, die über das »natürliche« Zusammenspiel von Erinnern und Vergessen hinausgeht. Das charakteristische Novum der archaischen Hochkulturen war – darauf hat Klaus E. Müller im vorangegangenen Artikel hingewiesen – die Anlage von Städten. Die Stadt ist die in Lehm gestampfte, mit Steinen und Holz errichtete Tatenbühne, auf der sich diese Befähigung des Menschen, zu versprechen, zur Entfaltung kommen und sich voll entwickeln konnte.

Zukunft birgt immer Unsicherheit. Religion und Ritual, Magie und Mythos – damit bezeichnen wir unterschiedliche, aber doch ineinandergreifende Dimensionen, in denen sich vielfältige Strategien und kulturelle Praktiken des Umgangs mit Unsicherheit auszubilden begannen. Dieser in den archaischen Hochkulturen in Gang gesetzte, bis heute unabgeschlossene, nicht-endende Prozess erzeugte (und erzeugt weiterhin) kulturelle Komplexität.

Die entscheidende Frage, die sich hierbei für uns stellt, lautet: welche grundlegenden Sinnkonstruktionen lassen sich in dieser Komplexität ausmachen? Dieser Frage werden wir im Folgenden am Beispiel des alten Ägypten und des alten China nachgehen. Dabei gehen wir von einer Begriffsbestimmung aus, die »Sinn« als Zusammenhang und Richtung fasst,[1] und legen eine mit Blick auf die Art der Sinnquelle vorgenommene typologische Unterscheidung von drei Sinnbegriffen zugrunde. Im Ergebnis zeigt sich nicht nur, wie unterschiedlich der Prozess der Sinnkonstruktion im alten Ägypten und im alten China verlief, sondern es wird auch sichtbar, dass dieser Prozess sowohl im alten Ägypten als auch im vor-kaiserzeitlichen China auf eine *soziale und kulturelle Konstruktion von Sinn* hinauslief, also auf einen Typ von Sinnkonstruktion, den wir gemeinhin als Kennzeichen unser modernen Gesellschaften anzunehmen geneigt sind.

---

1 Jörn Rüsen nimmt als dritte Kategorie neben »Zusammenhang« und »Richtung« noch »Identität« an, d. h. die spezifische Beitragsleistung kulturellen Sinns zu Selbstbild, Lebensentwurf, Daseinsorientierung des Einzelnen. So wäre etwa auch dies eine Erfahrung der Sinnlosigkeit, wenn ich etwas zwar in seinem Zusammenhang, vielleicht auch in seiner Richtung verstehe, aber nicht sehe, wie das mich angeht und für mich in meiner Daseinsorientierung von irgendeinem Belang sein könnte. Man könnte freilich diese Frage unter »Zusammenhang« verbuchen; die Dinge müssten dann in ihrem Zusammenhang nicht nur untereinander, sondern auch in ihrem Zusammenhang *mit mir* erkennbar sein, um von mir als sinnvoll empfunden werden zu können. Ob nun als eigene Kategorie oder als Teilaspekt von »Zusammenhang« – dieser Gesichtspunkt ist zweifelsohne von so grundsätzlicher Bedeutung, daß er danach verlangt, eigens thematisiert und systematisch entfaltet zu werden.

Teil I Sinnkonstruktionen im alten Ägypten

Jan Assmann

Der Begriff »Sinn«, frz. *sens*, engl. *sense*, lat. *sensus*, hat etwas Paradoxes. Er bezieht sich zugleich auf das Sinnliche und das Unsinnliche. Sinn, im Sinne von »Bedeutung«, engl. *meaning*, ist etwas Unsinnliches, Unhandgreifliches; es bildet das Gegenteil von Materie und *factum brutum*. In diesem Sinn unterschied Max Weber »Sinnhuber« und »Faktenhuber«. Man könnte sagen, der Sinn sei den Sinnen entzogen und nur dem Verstand zugänglich. Das Auge sieht die Buchstaben, der Geist erfasst den Sinn. Aber das Wort »Sinn« bezieht sich ja nun auch gerade auf das andere des Sinns, auf die Sinnlichkeit der fünf Sinne. Sinn u Sinnlichkeit, wie geht das zusammen? Die Weisheit der Sprache spannt hier etwas zusammen, was wir nur schwer zusammen denken können, was aber trotzdem irgendwie zusammengehört: die Sinnlichkeit der Vernunft und die Vernünftigkeit der Sinne. Wie immer wir »Sinn« definieren wollen – wir dürfen nicht davon absehen, dass ihm etwas Sinnliches, Einleuchtendes eignet, so wie auch das Sinnlose und das Unsinnliche verwandt sind.

Dies vorangestellt, möchte ich im Folgenden »Sinn« als Zusammenhang und Richtung definieren, wobei dann der Aspekt des Sinnlichen nur als Nebenbedeutung mitschwingt. Wir machen die Erfahrung der Sinnlosigkeit vor allem in zwei Fällen: erstens, wenn wir nicht sehen, wie eines mit dem anderen zusammenhängt, und zweitens, wenn wir nicht erkennen, worauf etwas hinausläuft. Dabei ist das erste, Zusammenhang, die Bedingung für das zweite, Richtung. Wo kein Zusammenhang besteht, kann von Richtung schon gar keine Rede sein. Wir

können daher einen schwachen und einen starken Sinnbegriff unterscheiden: wo nur Zusammenhang besteht, haben wir es mit einem schwachen, und wo darüber hinaus auch Richtung und Ziel gegeben sind, mit einem starken Sinnbegriff zu tun.[2]

Ferner lassen sich kulturelle Sinnbegriffe danach unterscheiden, was sie als Quelle oder Generator von Zusammenhang und/oder Richtung voraussetzen. Hier gibt es drei grundsätzliche Möglichkeiten: (a) transzendente, (b) immanente und (c) soziale Sinnquellen. Zum Typus A gehören alle Sinn-Theorien, die Sinn auf den ordnenden und planenden Willen Gottes zurückführen. Den Typus B repräsentieren Theorien, die den Sinn dem Kosmos oder der Natur selbst ablesen wollen, ohne dabei einen dahinter stehenden Planer oder Programmierer vorauszusetzen. Zum Typus C schließlich gehört unser moderner, seit Max Weber, Alfred Schütz und vor allem Peter Bergers und Thomas Luckmanns Klassiker *Die soziale Konstruktion der Wirklichkeit*[3] wohl communis opinio gewordener Ansatz, der Sinn als eine soziale und kulturelle Konstruktion versteht. (Den Sinnbegriff der Systemtheorie[4] wird man freilich dem Typus B zuordnen müssen; Sinn als Systemrationalität ist eine Form von Immanenz, die bei sozialen und biologischen Systemen viele Gemeinsamkeiten aufweist. Auch die moderne Physik, z. B. Albert Einsteins, vertritt häufig einen Sinnbegriff des Typus B).

Die alten Ägypter hatten natürlich keinen abstrakten Begriff für »Sinn«, aber die Frage nach dem Zusammenhang, zuweilen darüber hinaus auch nach Richtung und Ziel, des »Ganzen« hat sich ihnen wie allen anderen Gesellschaften und Kulturen gestellt, und sie haben darauf sehr interessante Antworten entwickelt. Davon will ich im folgenden berichten. Der Schlüsselbegriff dieser Antworten ist *Ma'at*, ein sehr komplexer Begriff, den wir mit Wahrheit, Gerechtigkeit und Ordnung umschreiben.[5] Ma'at hängt mit einem Verbum *ma'a* zusammen, das »lenken« bedeutet; das verweist schon einmal auf das Element »Richtung«. Wir können

2 Als gesellschaftliche Konstruktion von Zusammenhang gehört Sinnbildung aufs engste mit Geschichtsbewusstsein und Zeitkonzepten zusammen. Zu diesem Komplex siehe Müller/Rüsen (Hg.) (1997). Am Beispiel Ägyptens habe ich denselben Zusammenhang aufzuzeigen versucht: Assmann (1996).
3 Berger/Luckmann (1964).
4 Luhmann (1971).
5 Zum folgenden siehe Assmann (2000 a) sowie Koch (1998).

uns diesen etymologischen Zusammenhang im Deutschen mit Wörtern wie »richtig«, »richten« und »Richtung« klar machen: in »richtig« haben wir das Element »Wahrheit«, in »richten« das Element Recht, Gerechtigkeit und in »Richtung« das Element »Ziel«. Das alles schwingt in dem ägyptischen Begriff *ma'a* mit. Im Hinblick auf das ägyptische Schriftsystem gibt es nun neben der Etymologie noch einen anderen Zugang zur Grundbedeutung von Wörtern, der von der Schreibung ausgeht und den man daher als »Etymographie« bezeichnen kann.[6] Die ägyptischen Hieroglyphen sind ja im Unterschied zu unseren Buchstaben »motivierte« Zeichen, die dazu einladen, den Motiven ihrer Auswahl nachzugehen. Das Wort Ma'at konfrontiert uns hier mit zwei Zeichen: einem an einer Schmalseite abgeschrägten flachen Rechteck und einer Feder. Das flache Rechteck hat man als Thronsockel erklärt. Im Sockel des Thrones erblickten die Ägypter offenbar so etwas wie das paradigmatische Symbol von Recht, Wahrheit und Ordnung. Von diesem Bildsinn (und nicht etwas von entsprechenden sprachlichen Formulierungen) ausgehend hat H. Brunner die ägyptische Herkunft des biblischen Motivs von der »Gerechtigkeit als Fundament des Thrones« postuliert, das an nicht weniger als vier Stellen vorkommt (Ps. 80:15; Ps. 97:2; Prov. 16:12; Prov. 20:28).[7] Ägyptische Throne stehen auf Sockeln, deren Form dem Schriftzeichen für »Wahrheit-Gerechtigkeit« entspricht.

Noch aufschlussreicher vielleicht ist das Zeichen der Straußenfeder als Symbol der Wahrheit. Mit der Straußenfeder werden Worte wie »Luft«, »Luftgott«, »aufschweben«, »Licht« und »Schatten« geschrieben.[8] Diese Worte enthalten alle das Lautelement *schu*, so dass man mit dem Zeichen »Feder« den Lautwert *schu* verbindet. In der Schreibung des Wortes »Wahrheit« jedoch hat das Zeichen der Feder diesen Lautwert abgestreift. Hier fungiert es, wie wir sagen, als »Determinativ« und verweist nicht auf ein Wort, sondern auf eine Sinnklasse oder einen allgemeinen Begriff, der sich im Deutschen etwa als »Lufthaftigkeit« wiedergeben ließe. Im Ägyptischen ließe sich ein solches Wort nicht bilden. Daher ist das Zeichen der Feder hier wie fast alle »Determinative« ein »Schriftzeichen im Jenseits der Sprache«.[9] Es verweist auf einen Allgemeinbegriff, der lexematisch nicht realisiert ist. Das

heißt: es gibt kein ägyptisches Wort für den Begriff der Lufthaftigkeit. Es gibt aber den Begriff, sonst würde das Zeichen der Feder nicht funktionieren. Wahrheit ist etwas so Unsichtbares, so Allgegenwärtiges, aber auch etwas zum Leben so unabdingbar Notwendiges wie die Luft. Wahrheit ist ein alldurchdringendes Lebenselement. So wie Fische im Wasser, leben Menschen in der Luft der Wahrheit. Diese in der Schrift angelegte Metaphorik kommt in vielen Texten explizit zur Sprache: »Ma'at-Tun ist Luft für die Nase« heißt es in den *Klagen des Oasenmannes*.[10] Tausend Jahre später rühmt sich ein Beamter:

»Ich gab Gesetze gemäß den alten Schriften, mein Sprechen bedeutete Atem des Lebens.«[11]

Als »Atemluft in der Nase des Sonnengottes« erscheint Ma'at schon in den Sargtexten,[12] und der Sonnenhymnus des Haremhab preist sie mit den Worten:

»Preis dir, MAAT, Herrin des Nordwinds, die die Nasen der Lebenden öffnet, die dem in seiner Barke Luft gibt!«[13]

Die Lufthaftigkeit der Ma'at ist zugleich eine schöne Metapher für die übersinnliche Sinnlichkeit des Sinns. Man kann ihn nicht sehen und mit Händen greifen, aber man spürt ihn und leidet unter seiner Abwesenheit ebenso, wie man seine Evidenz als belebend und beglückend empfindet.

Da ich über den Begriff Ma'at ein umfangreiches Buch geschrieben habe, möchte ich mich hier kurz fassen und mich auf einen einzigen Punkt beschränken, der mir in diesem Zusammenhang absolut zentral erscheint, und das ist die Nähe des ägyptischen Ma'at-Begriffs zu Sinnbegriffen des Typs C, den ich als den Sinnbegriff der Moderne bezeichnet habe: Sinn als soziale Konstruktion. Natürlich lässt

---

6 Siehe hierzu Assmann (2003).
7 Brunner (1958).
8 Hierzu siehe Shirun-Grumach (1985).
9 Vgl. dazu Assmann (2003).
10 Vogelsang (1913, S. 127).
11 Jansen-Winkeln (1985, Teil 1, S. 207; Teil 2/3, S. 553, Zeile 10–11).
12 *CT* VI 271 e.
13 Assmann (1975, Nr. 58).

sich der ägyptische Begriff Ma'at darauf nicht reduzieren. Es gibt Texte, die ihn eindeutig mit dem
Willen Gottes zusammenbringen,[14] und andere,
die eine Deutung im Sinne einer immanenten Weltordnung nahe legen, aber darüber hinaus wird doch
immer betont, dass es der Staat ist, der die Ma'at auf
Erden, wie es heißt, »entstehen lässt«, also generiert,
konstruiert, produziert, und dass es die Menschen,
die Gesellschaft, jeder Einzelne, sind, die dafür verantwortlich sind, dass sie existiert und funktioniert.
Die Ägypter schienen zutiefst davon überzeugt, dass
die Ma'at, und damit der Sinn, aus der Welt, zumindest der von den Menschen bewohnten irdischen Welt, verschwindet, wenn der Staat zusam-
menbricht, der für ihre Verwirklichung zuständig
ist, und wenn sie aufhörten, sie als Einzelne in Wort
und Tat zu praktizieren.

Hinter dieser Überzeugung steht die Erfahrung
des Zusammenbruchs des Alten Reichs gegen Ende
des 3. Jahrtausends. Die Erinnerung an dieses Trauma wird in all den Texten beschworen, die von der
Verantwortung der Menschen und der Unabding-
barkeit des Staates für die Sinnhaftigkeit der
menschlichen Welt, die Präsenz der Ma'at auf Erden, handeln.[15] Natürlich handelt es sich hier um
eine im höchsten Grade staatstragende Theorie oder
auch Ideologie; vor dreißig, vierzig Jahren hätte man
so etwas als »systemstabilisierend« ad acta gelegt,
doch so sinnvoll es vor dreißig und mehr Jahren
war, den erstarrten Muff von tausend Jahren zu
destabilisieren, so sinnvoll mag es vor 4000 Jahren
gewesen sein, nach Kategorien der Stabilisierung zu
fragen. Eine solche Kategorie ist Ma'at, ohne jeden
Zweifel. Sie ist das Prinzip der Stabilisierung, die
Antwort auf die Frage, woran wir uns halten können
in einer von Zerfall, Verschwinden und Tod be-
drohten Welt. Hier geht es nicht um die Auflösung
des Erstarrten, Verhärteten, Verkrusteten, sondern
um die Fundierung von Bestand, Dauer, Kontinuität und Unsterblichkeit gegen Tod und Zerfall.

Mit Bedacht habe ich die beiden Worte »Tod«
und »Zerfall« wiederholt und zusammengespannt:

In dieser Verbindung liegt das Geheimnis der ungeheuren Anziehungskraft, den der Begriff der
Ma'at auf die Ägypter ausgeübt haben muss. Ma'at
ist nicht nur staatstragend, sie verheißt auch dem
Einzelnen Bestand über den Tod hinaus. Wer sein
Leben im Sinne der Ma'at führt, der vergeht und
zerfällt nicht im Tode. Ma'at ist das Prinzip des
Zusammenhangs in der Sozial- und in der Zeitdimension. In der Sozialdimension wirkt sie solidari-
sierend, gemeinschaftsbildend, harmonisierend,
friedensstiftend, und in der Zeitdimension wirkt
sie stabilisierend, kontinuitätsstiftend und bewah-
rend. In der Sozialdimension schützt sie vor Zwietracht und Vereinsamung und in der Zeitdimension
vor Scheitern und Verschwinden. Ma'at erlöst vom
Tod, vom sozialen Tod der Vereinsamung und vom
physischen Tod der Verwesung. Ma'at ist Sinn im
Sinne vor allem von Zusammenhang und weniger
von Richtung. Sie will auf nichts bestimmtes hinaus, sie will einfach bleiben, bestehen, bewahren.
Es geht also nicht um Erlösung im christlichen
Sinne. Sie erlöst vom Tod, indem sie einen zerris-
senen Zusammenhang wiederherstellt.

Für diesen Zusammenhang nun sind die Menschen selbst verantwortlich. Sie stellen ihn her, sie
halten ihn in Gang. Das ist weder die Sache eines
göttlichen Willens noch einer immanenten Weltordnung. Die Menschen sind frei, die Ma'at zu
verspielen oder zu vertreiben. Natürlich verstoßen
sie damit sowohl gegen den Willen Gottes als auch
gegen die Weltordnung, die in dem Begriff Ma'at
immer mitgedacht sind, aber sie sind zu solchem
Verstoß in der Lage und weder durch den göttlichen
Willen noch durch die Weltordnung an die Ma'at
gebunden, jedenfalls nicht im Sinne einer notwendigen Determination. Sie können auch anders. Freilich werden sie damit nicht glücklich, sie sind ihrem
Wesen nach auf Ma'at angelegt. Sie sind Bezie-
hungswesen, und Ma'at ist das Prinzip der Beziehung, der »Konnektivität« oder »iustitia connecti-
va«.[16] Trotz dieser Anlage auf Ma'at hin müssen sie
einiges dafür tun, die Ma'at aufrecht zu erhalten
und in der Ma'at zu verbleiben. Die Möglichkeit des
Scheiterns ist immer gegeben.

Die Menschen haben zwei Möglichkeiten, die
Ma'at zu verfehlen, als Einzelne und als Gesellschaft.
Wenn der Einzelne sich nicht an die Ma'at hält,
dann scheitert er, wenn nicht zu Lebzeiten, dann im

---

14 Vgl. hierzu den bahnbrechenden Aufsatz Brunner (1963).
15 Ich beziehe mich hier vor allem auf die literarische Gattung
    der Klagen, siehe hierzu Assmann (1983).
16 Siehe dazu Assmann (2000 b); Assmann (2001).

Tod. Für ihn bedeutet der Tod das Ende, über das ihn keine Kontinuität hinwegrettet. Wenn die Gesellschaft die Ma'at verfehlt, dann lehnt sie sich gegen den Staat auf und zerstört das Königtum. Damit verschwinden die Rahmenbedingungen dafür, dass der Einzelne sich an die Ma'at halten und seinem Dasein über den Tod hinaus Bestand verleihen kann. Unter den Menschen herrschen Mord und Totschlag, die Stärkeren erschlagen die Schwächeren, Recht und Ordnung, Sicherheit und Vertrauen verschwinden aus der Welt, und das Band zwischen Menschen und Göttern zerreißt. Das wird in der literarischen Gattung der Klagen ausführlich ausgemalt.[17]

Vor diesem Unheil bewahrt die Menschen der Staat. Derselbe Staat, den die Bibel als das »Haus der Knechtschaft« darstellt, als Inbegriff tyrannischer Willkür und Hybris, versteht sich selbst als ein Institut der Erlösung und Befreiung.[18] Er befreit die Menschen von der Unterdrückung der Schwachen durch die Starken, indem er eine Rechtssphäre herstellt, in der alle die gleichen Chancen haben, sich durchzusetzen, und er erlöst sie vom Tode, indem er eine Kontinuität garantiert, in der die Toten in der Gemeinschaft der Lebenden weiterleben. Kein Totenkult würde funktionieren, wenn der Staat nicht dafür Sorge tragen würde, dass das Erbe den rechtmäßigen Erben zukommt und die Gräber nicht geplündert werden. Natürlich bauen sich darauf noch wesentlich erhabenere Vorstellungen von Unsterblichkeit auf, aber die Basis dieser Sinnkonstruktion ist durchaus erfahrungsnah und bodenständig. Der Staat schafft die Bedingungen dafür, dass sich die Menschen nicht gegenseitig umbringen, sondern lieben, und dass sie nach dem Tode in ihren Gräbern, im Jenseits und im Gedächtnis der Nachwelt fortleben. Diese Funktion des Staates umschreibt der Ägypter mit der Formel »die Ma'at verwirklichen«. Re, der Schöpfer- und Sonnengott, so beschreibt es ein sehr zentraler und normativer Text,

»hat den König auf Erden eingesetzt
für immer und ewig,
um die Ma'at zu verwirklichen und die Isfet (das Gegenteil der Ma'at, also Lüge, Unrecht, Unordnung) zu vertreiben,
indem er die Götter zufrieden stellt und den Menschen Recht spricht,

indem er den Göttern Gottesopfer und den Toten Totenopfer darbringt.«[19]

Die Verwirklichung der Ma'at ist also die vornehmste Aufgabe des Staates. Sie entspringt klar dem Willen Gottes, aber Gott delegiert sie an den König. Er selbst greift nicht ein, um sie auf Erden durchzusetzen.

Allerdings ist dieser Gott auch kein *deus otiosus*, der sich nach getaner Schöpfungsarbeit von den Menschen abwendet und im Himmel zur Ruhe setzt. Ganz im Gegenteil: als Sonnengott umkreist der Schöpfer unermüdlich die Erde und durchreist Himmel und Unterwelt, Götterwelt und Totenreich, um dort die Ma'at zu verwirklichen und die Isfet zu vertreiben. Nach ägyptischer Vorstellung ist die Schöpfung nicht mit einem siebten Tag zu Ende, sondern muss unablässig wiederholt und in Gang gehalten werden. Das ägyptische Wort für Schöpfung heißt in wörtlicher Übersetzung »das erste Mal« und bezieht sich auf die Initialzündung eines unablässig ablaufenden Prozesses.[20] Diesen Prozess denkt sich der Ägypter nicht als ein perpetuum mobile, sondern als einen Akt der Durchsetzung und Aufrechthaltung von Herrschaft, das heißt der Verwirklichung von Ma'at und der Vertreibung von Isfet. Auch auf dieser Ebene ist Ma'at also keine immanente Weltordnung, sondern eine immer wieder neu gegen Widerstände durchzusetzende Rechtsordnung. Immanent ist der Welt vielmehr eine Gravitation zu Chaos, Zerfall und Entropie, die sich in der Gestalt eines riesigen Wasserdrachens verkörpert und vom Sonnengott mit dem Beistand vieler anderer Götter unablässig bekämpft werden muss.

Der Ägypter deutet und erlebt das kosmische Geschehen des Sonnenlaufs also nach dem Modell der politischen Aufgabe Pharaos, der die Ma'at gegen die der Menschenwelt natürliche Disposition zu Unrecht, Gewalt und Unterdrückung durchsetzen muss. Zugleich deutet und erlebt er den Staat,

---

17 Siehe Anm. 15.
18 Vgl. hierzu Assmann (2000 c).
19 Siehe Assmann (1996, S. 216 f); Assmann (2000 a, S. 205–212).
20 Zu ägyptischen Schöpfungsvorstellungen siehe Allen (1988) und Bickel (1994).

die Herrschaft Pharaos, nach dem Modell des Sonnenzyklus als unablässigen Sieg über Finsternis und Untergang. Der Pharao triumphiert wie der Sonnengott über seine Feinde, der Staat setzt sich wie der Sonnenlauf gegen alle Widerstände durch, die Gerechtigkeit, Wahrheit, Ordnung verbreitet sich unter Pharaos Herrschaft auf Erden wie das Licht der Sonne am Himmel. Wir haben es mit einer mutuellen Modellierung oder gegenseitigen Spiegelung von Himmel und Erde, Kosmos und Staat zu tun. Auf beiden Ebenen wird gleichzeitig Ma'at verwirklicht, das heißt Sinn produziert oder Zusammenhang hergestellt. Das Recht wird durchgesetzt und damit bewirkt, dass Tun und Ergehen sich entsprechen, dass das Gute besteht und das Böse scheitert. Ein Zusammenhang wird aber nicht nur in, sondern zwischen beiden Sphären hergestellt, dadurch, dass sie zueinander in die Beziehung der Analogie und der mutuellen Modellierung oder Spiegelung gesetzt werden. Dadurch erst wird Sinn sinnlich, gewinnt diese Sinnkonstruktion die sinnfällige Strahlkraft natürlicher Evidenz. Wie im Himmel, so auf Erden, das ist ein zutiefst einleuchtendes Prinzip. Wie im Vaterunser, so bezieht sich auch in Ägypten diese Formel nicht auf die Welt, wie sie ist, sondern auf eine regulative Idee. Dein Wille geschehe – so ist es nicht, aber so soll es sein. Darum muss man beten, und dafür muss man viel tun. In Ägypten war es nicht anders.

Was die Ägypter dafür tun, ist einerseits der unablässige Vollzug ungezählter Rituale, die die kosmischen Vorgänge auf Erden begleiten und dadurch die irdische Welt dem kosmischen Prozess einfügen und anpassen, und andererseits eben der Staat, der die Ma'at-durchsetzende Herrschaft des Sonnengottes auf Erden abbildet. Wenn der Staat zerfällt und die Riten nicht mehr durchgeführt werden, verliert die Erde ihre Ähnlichkeit mit dem Himmel, die Analogie zerfällt, die Spiegelung trübt sich und der Sinn verschwindet. Das Gesetz der Analogie wirkt aber insofern weiter, als der Kosmos durch den Zerfall der staatlichen und sozialen Ordnung in schwerste Mitleidenschaft gezogen wird. Die kosmischen Prozesse kommen zwar nicht zum

Stillstand, aber sie verlieren ihre lebenspendende und orientierende Kraft für den Menschen. Die Sonne verliert ihre Strahlkraft, so dass man den Schatten nicht mehr messen und seine Zeit nach ihr einteilen kann; der Nil wechselt sein Bett und tritt nur noch unregelmäßig über die Ufer, und die Winde wehen unstet und aus verkehrten Richtungen. Die Götter wenden sich von den Menschen ab – bis dann ein neuer messianischer Heilskönig auftritt, den Staat wieder errichtet und Himmel und Erde, Natur und Gesellschaft wieder in Einklang bringt.[21]

Der Sinn ist also, nach ägyptischer Auffassung, der Welt nicht unabänderlich einprogrammiert, er ist nicht fraglos gegeben, kein Automatismus, der wie ein ehernes Naturgesetz mit unabwendbarer Notwendigkeit die Ursache an die Wirkung, die Tat an die Folge knüpft, sondern er muss ständig im täglichen Denken, Sprechen und Handeln hergestellt und aufrecht erhalten werden. Die Welt an sich hat keinen Sinn, von sich aus tendiert sie zu Zerfall und Chaos. Der Sinn kann ihr aber eingeprägt, Zusammenhang, Form und Richtung können ihr durch ständigen Zuspruch und rituelle Steuerung gegeben werden und das ist eben diese Lenkung, von der sich das Wort Ma'at ableitet. Der ägyptische Ausdruck für die rituelle Begleitung des Sonnenlaufs lautet »die Ma'at aufsteigen lassen zu ihrem Herrn«. So wie der Sonnengott mit seinen Strahlen und seiner Bewegung die Ma'at im Himmel verbreitet, so lässt der König mit und durch seine Priesterschaften von der Erde aus die Ma'at zum Sonnengott aufsteigen.[22] Er muss das Seine dazu tun, die Welt in Gang zu halten. Wenn wir, wie ich es hier vorschlagen möchte, Ma'at und »Sinn« gleichsetzen, dann muss nach ägyptischer Auffassung dieser Sinn unablässig hergestellt und der Welt in Form von Riten und Rechtsprechung unablässig gewissermaßen eingehaucht werden.

In diesem Sinne entspricht also die ägyptische Vorstellung vom Sinn dem Typ C. Der Sinn entspringt hier nicht dem planenden und ordnenden Willen Gottes, dem sich der Mensch einfach fromm unterzuordnen hat (Typ A) – dein Wille geschehe –, und er ist der Welt auch nicht gewissermaßen einprogrammiert, so dass er ihr ablesbar wäre (Typ B), sondern muss von den Menschen (und auch von

---

21 Siehe hierzu Assmann (1983).
22 Zur kultischen Bedeutung von Ma'at siehe Teeter (1997).

Göttern) unablässig verwirklicht werden. Die Ma'at ist nicht einfach da, man muss sie »entstehen lassen«, »verwirklichen«. Das geschieht in der Menschenwelt auf zweierlei Weise. Der König muss sie »verwirklichen«, das heißt institutionell einsetzen, in Kraft setzen in Form des Staates mit seinen Institutionen sowohl des Kultes als auch der Rechtsprechung und Versorgung. Damit schafft er die Rahmenbedingungen und Grundlagen dafür, dass die einzelnen Menschen sie praktizieren können. Das wird terminologisch streng unterschieden.[23] Der König »verwirklicht« die Ma'at, der Mensch »sagt« und »tut« sie, indem er die Wahrheit sagt und Gerechtigkeit übt. Der König »verwirklicht« die Ma'at, so hatte es der oben zitierte Text ausgedrückt, indem er den Menschen Recht spricht und den Göttern und Toten Opfer darbringt, also durch Recht und Kult. Der Kult sorgt für den Einklang von Himmel, Erde und Totenreich, und das Recht sorgt für den Schutz der Schwachen vor den Starken. Die Menschen sagen und tun die Ma'at, indem sie, wie es immer wieder heißt, »füreinander handeln«, indem sie dafür sorgen, dass jede Aussage und jede Tat die rechte Antwort findet. In einer Welt, in der die Ma'at herrscht, kehrt die Tat zum Täter zurück, und »einer der handelt, wird einer sein, für den gehandelt wird«.[24] Auf diese Prinzip des »Füreinander-Handels« bezieht sich eine Sentenz, die man geradezu als ägyptische Definition des Begriffs Ma'at verstehen kann:

»Der Lohn eines Handelnden liegt darin, daß für ihn gehandelt wird.
Das hält Gott für Ma'at.«[25]

Der Nachsatz »das hält Gott für Ma'at« gibt dieser Gleichung (»Füreinander-Handeln = Ma'at) definitorische und apriorische Geltung.

Im ganzen Orient – vielleicht überhaupt in der ganzen alten Welt – herrscht die Auffassung, dass die Tat zum Täter zurückkehrt.[26] Nichts bleibt folgenlos, irgendwann und irgendwie rächt sich das Böse und lohnt sich das Gute. Dieses Prinzip nennt man den Tun-Ergehen-Zusammenhang. Auch hier kann man wieder unsere drei Typen der Sinnkonstitution unterscheiden. Typ A unterstellt den Tun-Ergehen-Zusammenhang dem Willen Gottes. Gott sorgt dafür, dass sich das Gute lohnt und das Böse rächt. Diese Auffassung dominiert in der Bibel und

in der gesamten jüdisch-christlichen Tradition. Der Alttestamentler K. Koch hat demgegenüber auf eine archaischere Auffassung aufmerksam gemacht, von der sich noch zahlreiche Spuren in alttestamtentlichen Texten finden und die er mit der ägyptischen Ma'at in Verbindung bringen möchte. Er nennt sie die »schicksalwirkende Tatsphäre«. Hier trägt die Tat ihre Folge als Fluch oder Segen in sich. Nicht kraft göttlichen Willens, sondern aus eigener Kraft kehrt sie zum Täter zurück. Dies ist das Prinzip einer immanenten Providenz, als Typ B. Typ A erfordert Frömmigkeit, die Unterordnung unter den Willen Gottes, Typ B dagegen erfordert Weisheit, das durch Erfahrung klug gewordene Achten auf den Lauf der Dinge. »Lügen haben kurze Beine«, »Wer anderen eine Grube gräbt, fällt selbst hinein«, »Was du nicht willst, dass man dir tut, das füg auch keinem anderen zu« – nicht, weil Gott es so will, sondern weil Erfahrung lehrt, dass dieser Weg der richtige ist: das ist das Prinzip Weisheit, und K. Koch hat völlig recht, dass dies in der Bibel eine ältere Schicht darstellt und der ägyptischen Weisheit sehr nahe steht.[27] Die Bibel hat diese weltliche Weisheit explizit der Frömmigkeit untergeordnet oder einverleibt, indem sie den Satz »Die Furcht des Herrn ist der Weisheit Anfang« darüber gesetzt hat.

In der Tat gibt es eine Fülle ägyptischer Texte, die sich dem Thema widmen, worin die Ma'at besteht, die der Einzelne in seinem Leben sagen und tun soll. Die ägyptische Bezeichnung für diese Gattung ist »Lebenslehre« oder auch »Weg des Lebens«.[28] Es sind didaktische, »protreptische« Texte, Verhaltenslehren, in denen ein Lehrer zum Schüler spricht und ihn in den Regeln des gelingenden Lebens unterweist. Das geschieht nicht in Form abstrakter Regeln, sondern der Kasuistik: wenn du in dieser oder jener Situation bist, musst du dich so oder anders

---

23 Siehe dazu Assmann (2000 a, S. 204 f.).
24 Vgl. de Meulenaere (1965).
25 Stele des Königs Neferhotep, hg. von Helck (1975, Nr. 32, S. 21–29).
26 Siehe hierzu Janowski (1999).
27 Die grundlegenden Arbeiten von K. Koch zum Thema des Tun-Ergehen-Zusammenhangs sind in Koch (1991) zusammengestellt.
28 Brunner (1991) hat diese Lehren übersetzt und kommentiert.

verhalten. Zuweilen schwingen sich die Texte aber auch zu sehr allgemeinen Formulierungen auf. So heißt es einmal:

»Höre auf jenes schöne Wort,
das aus dem Munde des Sonnengottes selbst kam:
Sage die Ma'at, tue die Ma'at!«[29]

Das klingt nun ganz so, als sei die Ma'at doch mit Gottes Willen gleichzusetzen. Natürlich will Gott, dass die Menschen die Ma'at tun und sagen. Aber Gott sagt ihnen nicht, worin sie besteht. Er gibt ihnen keine Gebote, im Unterschied zum biblischen Gott am Sinai. Worin die Ma'at besteht, müssen sie selbst herausfinden, nicht durch Frömmigkeit, sondern durch Weisheit. Dem entspricht der oben zitierte Satz »Der Lohn eines Handelnden liegt darin, dass für ihn gehandelt wird. Das hält Gott für Ma'at.«. Darin wird inhaltlich bestimmt, was Gott unter Ma'at versteht, allerdings auf eine so allgemeine Weise, dass es schon der Goldenen Regel oder dem kategorischen Imperativ entspricht. Wie du handelst, wird für dich gehandelt. Der Lohn deines Handelns liegt in der Antwort. Gib, so wird dir gegeben. Der Zusatz »das hält Gott für Ma'at« sagt nicht, dass Gott es ist, der die Tat vergelten wird, sondern dass die Welt so funktioniert und dass Gott es so richtig findet.

Wir müssen also K. Koch darin zustimmen, dass der Tun-Ergehen-Zusammenhang dieser Auffassung zufolge unabhängig von Gottes Intervention funktioniert. Gott will es so, aber er überlässt es den Menschen, herauszufinden, wie sie sich unter den Bedingungen dieses Zusammenhangs verhalten sollen. In Ägypten ging man aber noch einen Schritt darüber hinaus und zwar in Richtung auf die konstruktivistische Position C. Der Tun-Ergehen-Zusammenhang ist nicht ein verborgener Automatismus, eine Art Naturgesetz, auf das die Menschen aufmerksam achten sollen, sondern eine Ordnung, die sie selbst herstellen und aufrecht erhalten müssen, dadurch, dass sie aneinander denken und füreinander handeln.

In der Ausformulierung dieses Prinzips des Aneinander-Denkens und Füreinander-Handelns kommen die Ägypter bereits erstaunlich nah an Gedankengänge heran, die Nietzsche in seiner Genealogie der Moral entwickelt hat.[30] Nietzsche und die Ägypter sind sich darin einig, dass es sich hier um eine Form von Gedächtnis handelt. Die Menschen müssen sich ein besonderes Gedächtnis schaffen und anzüchten, das in der Natur nicht vorgesehen ist. Während im natürlichen Gedächtnis Erinnern und Vergessen zusammenarbeiten, ist in diesem künstlichen Gedächtnis, wie Nietzsche sagt, »das Vergessen ausgehängt«, für jene Fälle nämlich, wo ein Versprechen abgegeben, eine Verpflichtung für die Zukunft eingegangen werden soll. Der Mensch ist das Tier, das versprechen kann. Er kann sich auf Zukunft festlegen und daher für seine Taten verantwortlich gemacht werden. Dieses Gedächtnis erst macht ihn zurechnungsfähig oder, wie Nietzsche sagt, »berechenbar«. Nietzsche drückt sich hier bewusst krass aus, er stellt dieses Gedächtnismachen und Anzüchten als etwas Gewaltsames, ja Grausames hin, durch das die Menschheit hindurch musste, aber über das sie auch hinausgehen wird in Richtung auf das »souveräne Individuum«. Das wollen wir hier auf sich beruhen lassen; bis in diese Höhenflüge der Nietzscheschen Spätphilosophie lassen sich die Analogien zum altägyptischen Denken natürlich nicht ausziehen.

Literatur

ALLEN, JAMES PETER (1988), *Genesis in Egypt. The Philosophy of Ancient Egyptian Creation Accounts*, New Haven: Yale Egyptological Seminar. ■ ASSMANN, JAN (1975), *Ägyptische Hymnen und Gebete*, Zürich: Artemis. ■ ASSMANN, JAN (1983), »Königsdogma und Heilserwartung. Politische und kultische Chaosbeschreibungen in ägyptischen Texten«, in: Hellhom, David (Hg.), *Apocalypticism in the Mediterranean World and in the Near East*, Tübingen: Mohr, S. 345–377. ■ ASSMANN, JAN (1996), *Ägypten. Eine Sinngeschichte*, München: Hanser. ■ ASSMANN, JAN (2000³ a), *Ma'at. Gerechtigkeit und Unsterblichkeit im Alten Ägypten*, München: C. H. Beck. ■ ASSMANN, JAN (2000 b), »Der Eine lebt, wenn der andere ihn leitet. Altägyptische Konzepte konnektiven Lebens«, in: Fischer, Hans Rudi / Weber, Gunthard (Hg.), *Individuum und System. Für Helm Stierlin*, Frankfurt/M.: Suhrkamp, S. 147–161. ■ ASSMANN, JAN (2000 c), *Herrschaft und Heil. Politische Theologie in Altägypten, Israel und Europa*, München: Hanser. ■ ASSMANN, JAN (2001), »Tod und Konnektivität«, in: Schweidler, Walter (Hg.), *Wiedergeburt*

---

29 Vogelsang (1913, S. 215 f.). Auch hier gibt die Nennung des Schöpfergottes Re, ebenso wie in der Stele des Neferhotep (s. Anm. 23), der Aussage den Charakter einer absoluten, d. h. letztinstanzlichen Norm.

30 Siehe Assmann (2000 a, S. 62 f.).

und kulturelles Erbe, Sankt Augustin: Academia-Verlag, S. 35–47. ■ Assmann, Jan (2003), »Etymographie: Zeichen im Jenseits der Sprache«, in: Assmann, Aleida / Assmann, Jan, *Hieroglyphen. Altägyptische Ursprünge abendländischer Grammatologie*, München: Fink. ■ Berger, Peter L. / Luckmann, Thomas (Hg.)(1964²), *Die soziale Konstruktion der Wirklichkeit. Eine Theorie der Wissenssoziologie*, Frankfurt/M.: Fischer. ■ Bickel, Susanne (1994), »La cosmogonie égyptienne avant le Nouvel Empire«, Fribourg: Ed. Universitaires; Göttingen: Vandenhoeck & Rupprecht u. a. ■ Brunner, Hellmut (1958), »Gerechtigkeit als Fundament des Thrones«, in: *Vetus Testamentum*, 8, S. 426–428. ■ Brunner, Hellmut (1963), »Der freie Wille Gottes in der ägyptischen Weisheit«, in: *Centre d'études supérieures spécialisé d'histoire des religions* (Hg.), *Les sagesses du Proche-Orient ancien: colloque de Strasbourg, 17–19 mai, 1962*, Paris: PUF, S. 103–117. ■ Brunner, Hellmut (1991²), *Die Weisheitsbücher der Ägypter. Lehren für das Leben*, Zürich: Artemis-Verlag. ■ Helck, Wolfgang (Hg.)(1975), *Historisch-biographische Texte der 2. Zwischenzeit und neue Texte der 18. Dynastie*, Wiesbaden: Harrassowitz. ■ Janowski, Bernd (1999): »Die Tat kehrt zum Täter zurück. Offene Fragen im Umkreis des ›Tun-Ergehen-Zusammenhangs‹«, in: Janowski, Bernd (Hg.), *Die rettende Gerechtigkeit. (Beiträge zur Theologie des Alten Testaments* 2), Neukirchen-Vluyn: Neukirchener, S. 167–191. ■ Jansen-Winkeln, Karl (1985), *Ägyptische Biographien der 22. und 23. Dynastie*, 3 Teile; Teil 1: *Übersetzung und Kommentar*; Teil 2-3: *Phraseologie; Texte*. Wiesbaden: Harrassowitz. ■ Koch, Klaus (1991), *Spuren des hebräischen Denkens. Beiträge zur alttestamentlichen Theologie. Gesammelte Aufsätze 1*, Neukirchen-Vluyn: Neukirchener. ■ Koch, Klaus (1998), »Sädäq und Ma'at. Konnektive Gerechtigkeit in Israel und Ägypten?«, in: Assmann, Jan / Janowski, Bernd / Welker, Michael (Hg.), *Gerechtigkeit. Richten und Retten in der abendländischen Tradition und ihren altorientalischen Ursprüngen*, München: Fink, S. 37–64. ■ Luhmann, Niklas (1971), »Sinn als Grundbegriff der Soziologie«, in: Habermas, Jürgen / Luhmann, Niklas (Hg.), *Theorie der Gesellschaft oder Sozialtechnologie*, Frankfurt/M.: Suhrkamp, S. 25–100. ■ de Meulenaere, Herman (1965), »Une formule des inscriptions tardives«, in: *Bulletin de l'Institut d'Archéologie Orientale du Caire*, 63, S. 33–36. ■ Müller, Klaus E. / Rüsen, Jörn (Hg.), *Historische Sinnbildung. Problemstellungen, Zeitkonzepte, Wahrnehmungshorizonte, Darstellungsstrategien*, Reinbek: Rowohlt. ■ Shirun-Grumach, Irene (1985), »Remarks on the Goddes Ma'at«, in: Groll, Sarah Israelit (Hg.), *Egypt, the Bible and Christianity*, Jerusalem: Magness-Press, S. 173–201. ■ Teeter, Emily (1997), *The Presentation of Maat. Ritual and Legitimacy in Ancient Egypt*, Chicago: Oriental Inst., (Studies in Ancient Oriental Civilizations, 57). ■ Vogelsang, Friedrich (1913), *Kommentar zu den Klagen des Bauern*, Leipzig: J. C. Hinrichs, (Untersuchungen zur Geschichte und Altertumskunde Ägyptens, 6).

Teil II Sinnkonstruktionen im alten China

Achim Mittag

Mit China kommt eine relativ junge Hochkultur in den Blick. Neuere archäologische Grabungen, insbesondere bei Erlitou (Provinz Henan), könnten die bislang nur aus der erheblich später einsetzenden Überlieferung bekannte, traditionell sogar bis ins 3. Jt. v. Chr., von 2205–1766 v. Chr. datierte Xia-Dynastie im Gebiet am oberen Unterlauf des Huanghe, des Gelben Flusses, belegen. Aber die Funde lassen bislang noch keine eindeutigen Schlüsse zu.[31] Die früheste historisch nachweisbare Dynastie ist daher nach wie vor die Shang- oder Yin-Dynastie (ca. 16.-11. Jh. v. Chr., trad. 1766–1122 v. Chr.), die ihren Schwerpunkt ebenfalls in dieser Region hatte, allerdings mehrfach – der Überlieferung zufolge: fünfmal – die Hauptstadt verlegte, zuletzt in das Gebiet bei Anyang im Norden der heutigen Provinz Henan.[32] Dort wurden seit 1899 und verstärkt in systematischen, zwischen 1928–37 durchgeführten Grabungen die sog. Orakelknocheninschriften aus der Spätzeit der Shang-Dynastie (ca. 1200–1045 v. Chr.), die bislang frühsten Schriftzeugnisse des Chinesischen, in großer Zahl – inzwischen über 200.000 Stücke – gefunden.[33] Es handelt sich dabei um auf Tierknochen, meist Schulterblattknochen von Rindern, sowie Schildkrötenbauchpanzer eingeritzte Schriftzeichen, durch die ein vorangegangenes Divinationsritual aktenkundig gemacht wurde. Kern dieses Divinationsrituals war die meist von einem Orakelpriester, manchmal auch vom König selbst durchgeführte »Befragung« bzw. »Anrufung« der Götter und Geister (*mingci*; engl. *charge*). Dafür waren zuvor die Knochen oder Schildkrötenpanzer gesäubert und angebohrt worden. Durch Erhitzen über Feuer bzw. stabförmiger Metallgegenstände, die zuvor in die gebohrten Löcher eingeführt wurden,

entstanden charakteristische Risse. Dem König allein oblag es, aufgrund der Risseentstehung Weissagungen (*zhan*) zu machen.

Idealtypisch umfasst eine Inschrift auf der Rück- oder Außenseite der Knochen bzw. Schildkrötenpanzer fünf Teile (Vorspann; »Befragung« bzw. »Anrufung«; Weissagung; Bestätigung; Nachspann); in der Praxis aber sind Orakelinschriften mit mehr als 30 Zeichen und solche, die alle fünf Teile umfassen, äußerst rar; meistens fehlt die Weissagung des Königs, noch häufiger die Bestätigung oder der Nachspann mit Angaben des Monats und des Orts der Orakelbefragung. Die Orakelknocheninschriften geben Zeugnis von einem aufwendigen Opfer- und Orakelwesen, durch das die Kommunikation mit den übernatürlichen Mächten, dem Hochgott Di, den diversen Fluss- und Berggottheiten, vor allem aber mit den königlichen Ahnen erfolgte. Im Hinblick auf das System der Datierung, die formelhafte Ausdrucksweise und Wortökonomie weisen sie bereits charakteristische Merkmale der frühen chinesischen Historiographie auf und prägten entscheidend die Form annalistischer Aufzeichnungen.

Was den deutenden Umgang mit Zeit betrifft, so zeigt sich im Shang-Orakelwesen ein eigentümliches Spannungsverhältnis zweier divergierender Konzeptionen von Zeit und Geschehen, das die Entstehung von Geschichtsbewusstsein in China nachhaltig prägte und das Spezifische der chinesischen Entwicklung ausmacht. Einerseits wurde dem singulären Ereignis bzw. der singulären Situation – der Einfall eines fremden Stammes, ein bevorstehender Kriegszug, der Aufbruch des Königs zur Jagd oder zur Bereisung des Landes, eine Erkrankung des Königs oder anderer Mitglieder der königlichen Sippe etc. – Sinn und Bedeutung zugemessen, und die Orakelbefragung zielte in diesen Fällen auf eine Entscheidungshilfe oder darauf ab, den jeweiligen »Opfertarif« für die Gewährung von Schutz und Hilfe durch die überirdischen Mächte auszuhandeln; kurz, es ging immer darum, die Kon-

---

31 Thorp (1991).
32 Keightley (1999).
33 Im Überblick: Keightley (1997), vor allem basierend auf ders. (1978 a).

tingenz der jeweiligen Situationen einzudämmen. Andererseits hatte das Shang-Orakelwesen einen ausgeprägt rituellen und gebetsartigen, ja, geradezu »proto-bürokratischen« Charakter.[34] Dies zeigt sich vor allem in der Häufigkeit und Regelmäßigkeit, mit der Divinationsrituale an fünf jeweils einem anderen königlichen Ahn geweihten Wochentagen durchgeführt wurden.[35] Daher tendiert die neuere Forschung auch dazu, in bezug auf den meist durch das Zeichen *zheng* eingeleiteten Hauptteil der Orakelknocheninschriften nicht mehr von einer »Frage« zu sprechen.[36] Man könnte deshalb argumentieren, dass dem Shang-Orakelwesen auch ein am Bestreben nach Zyklisierung von Zeit orientiertes Zeitverständnis nicht fremd war.

Das shangzeitliche China entzieht sich daher einer eindeutigen Klassifizierung nach Divinations- oder Ritualkultur.[37] Ebenso schwierig ist es, es *einem* der zuvor von J. Assmann unterschiedenen drei Typen von Sinnquellen eindeutig zuzuordnen. Dies sei im Folgenden kurz erläutert:

(a) Dem transzendenten Sinn-Prinzip begegnen wir im Shang-Orakelwesen in Form des Obergottes Di, des ersten Hochgottes im chinesischen Kulturraum, von dem wir Kenntnis haben. Unter seinem »Befehl« (*ling*) standen die Naturgewalten Wind und Regen, Schnee, Hagel, Donner, Wolken, und in seinem Machtbereich lagen vor allem Stadtansiedlungen sowie das Hauptkultzentrum der Shang bei Xiaotun nordwestl. von Anyang. Er scheint vorwiegend bei weitreichenden, das Wohl und Wehe des Shang-Volkes berührenden Entscheidungen wie vor Kriegszügen, Stadtgründungen und der in Erwägung gezogenen Verlegung des Kultzentrums angerufen worden zu sein, und es kommt vor, dass feindliche Einfälle seinem Zorn zugeschrieben wurden. Dennoch wurde ihm weitaus geringere kultische Referenz als den Ahnengöttern erwiesen, und die Opfergaben für ihn waren sparsam im Vergleich zu denjenigen, die den Ahnengöttern dargebracht wurden. Ferner trat der König häufig nicht direkt, sondern nur mittelbar in Kontakt mit dem Di, sei es durch Opfer an die nächsten Ahnen mit der Erwartung der gegenseitigen Opferbeköstigung bis hinauf zum obersten, als Unterhändler gegenüber dem Di fungierenden Ahnherr Shang Jia, sei es über Dis Befehlsempfänger wie seine als »Boten« agierenden Winde.[38] Der Universalgott Di war also kein reiner *deus*

otiosus, aber ein von den Allerweltsgeschäften distanzierter, in Zurückgezogenheit waltender Gott, in dem gewissermaßen das daoistische Herrschaftsideal des »Nicht-Eingreifens« bzw. »Nicht-Handelns« (*wu wei*) vorentworfen ist.

(b) Was das immanente Sinn-Prinzip betrifft, so muss die Fülle und Ubiquität der Naturgottheiten im Alten China – der Gottheiten der Flüsse und Berge, der Erde, der vier (später fünf) Himmelsrichtungen bzw. Weltgegenden, der Winde und Wolken, des Donners etc. – erwähnt werden. Bitten um Regen und eine gute Ernte sowie um die Abwehr von unzeitgemäßem Regen, verheerenden Winden, Dürre, Hochwasser und Heuschreckenplagen bestimmten den Opferdienst an diesen lebens- und fruchtbarkeitsspendenden Gottheiten.[39] Hierin, in der kultischen Verehrung dieser Naturgottheiten, sind sicher die Ursprünge des chinesischen »Universismus« mit seiner zentralen Vorstellung, das Weltengefüge werde durch magische und miteinander kommunizierende Kräfte durchpulst, zu sehen.[40] Diese universistische Vorstellung verwandelte, in den Worten Max Webers, die Welt in einen »Zaubergarten«.[41] Inwieweit die Zaubergarten-Metapher trägt, insbesondere für die Nach-Han-Zeit, sei dahingestellt; wichtig ist hier, dass dem »Zaubergarten« eine machtvolle Sinn-Konstruktion vom Typ B, die Vorstellung eines durch und durch sinnhaften, aber eben nicht kraft eines göttlichen Willen geordneten Kosmos, zugrunde liegt.

(c) Entscheidend ist nun – und damit kommen wir zur Sinn-Konstruktion vom Typ C –, dass im Shang-Orakelwesen dieser aus einer früheren Zeit des Totemismus stammende Naturgötterkult in den Ahnengötterkult integriert wurde. So hausten die Naturgottheiten nach gängiger Vorstellung an jeweils bestimmten Orten, doch wurden sie auch mit den Ahnengöttern in der Himmelssphäre sich auf-

---

34 Keightley (1978 b, S. 211–225).
35 Keightley (2000, S. 47–53).
36 Keightley (1997, S. 53–54) und Hertzer (1991).
37 Zu dieser Unterscheidung s. Assmann (1994, S. 111–112).
38 Chang (1970, S. 211–235); Keightley (2000, S. 4–5, 44–45, 97).
39 Chang (1970, S. 167–210); Keightley (2000, S. 103–119).
40 Die Bezeichnung »Universismus« geht auf de Groot (1918) zurück.
41 Weber (1991, S. 173).

haltend vorgestellt und waren also auch für die Opfergaben der Shang-Könige empfänglich. Überdies waren die mächtigsten Fluss- und Berggottheiten, namentlich der auch vor Kriegszügen angerufene Flussgott He, der sich mit dem Di die Befehlsgewalt über den Regen teilte, den obersten Ahnengöttern kultisch gleichgestellt.[42] Mit der Ahnenverehrung rückt nun ein zentraler Aspekt des Shang-Orakelwesens ins Blickfeld: die Regelung einer »standesgemäßen«, außerordentlich aufwendigen und hochdifferenzierten Opferversorgung der Ahnen. Dabei galt das Hauptaugenmerk den näheren, über ein schweres Unheil bewirkendes Potential verfügenden Ahnen, während die entfernteren Ahnen eher als Segens- und Heilspender angerufen wurden. Diese vom Shang-Volk und den Ahnengöttern der Shang-Königssippe gebildete Solidargemeinschaft wurde von einer Art »Generationenvertrag« einandergebunden, der über den Tod hinaus sowie auf der Basis des *do-ut-des*-Prinzips geschlossen wurde: wie umfangreich die Opfergaben für die Ahnen und wie differenziert der entsprechende Leistungskatalog waren (so sind uns aus den Orakelknocheninschriften 37 unterschiedliche Arten von Opfern bekannt), so ausgeprägt war die Erwartungshaltung der Lebenden gegenüber den beopferten Ahnengöttern. Nachlassender Beistand und ausbleibende Hilfen konnten rasch schwächere Notierungen des einen oder anderen Ahnen zur Folge haben. Und mit den Orakelknocheninschriften – darin scheint der Sinn und Zweck der »Bestätigungen« zu liegen – gebot der König über ein wirksames Instrument der Leistungskontrolle.[43]

Kurz, Sinn im Sinne von Zusammenhang wurde

shangzeitlich in erster Linie durch die kultisch wohlversorgten Ahnengötter in ihrer kontinuierlichen Abfolge gewährleistet. Die Wichtigkeit der Generationenabfolge – hierin liegt eine der Wurzeln für Geschichtsbewusstsein im Alten China – zeigt sich eindrucksvoll in einigen Orakelinschriften, in denen die Ahnen der Hauptlinie über zehn Generationen namentlich und im Kollektiv angerufen werden.[44] Bemerkenswert ist ferner, dass über die Zeit, die durch die Orakelinschriften dokumentiert ist, also von ca. 1200–1050 v. Chr., die kultische Verehrung des Obergotts Di und der Naturgötter gegenüber der Ahnenverehrung zurücktrat,[45] ein Prozess, den man als eine Grundkoordinatenverschiebung von ›rascher Vermehrung‹ zu ›Kontinuität‹ deuten kann.[46] Die Folge dieser Verschiebung: eine stetig wachsende ökonomische Belastung durch die sich unaufhaltsam ausweitende Opferversorgung. Damit war der Kollaps der Shang-Dynastie vorgezeichnet. Traditionell fand diese Entwicklung im Schrifttum der nachfolgenden Zhou-Dynastie im Topos des sich in Exzessen ergehenden letzten Shang-Herrschers sowie in den notorischen Warnungen der frühen Zhou-Herrscher vor übermäßigem Alkoholkonsum ihren Niederschlag.

Die Organisation des Ahnenkults als eine Art Effektenhandel zum Zwecke des Tausches von Opfergaben für Anteile am Beistands- und Heilskapital der Ahnen; die Rolle des Königs als Makler und Mittler zwischen Menschen- und Götterwelt;[47] die strenge Hierarchisierung der Ahnenschaft nach dem Generationsprinzip, die die patriarchalische Gesellschaftsordnung des konfuzianischen China vorwegnimmt; die »bürokratische« Ausformung herrschaftlichen Handelns – all dies sind Strukturelemente einer sozialen Sinn-Konstruktion, die im nachshangzeitlichen China des Altertums und darüber hinaus auch noch im kaiserzeitlichen China wirksam waren.

Aber wie weitreichend die shangzeitlichen Vorgaben auch waren – die entscheidenden Prägungen der Sinnstrukturen im Alten China erfolgten erst in der die Shang ablösenden Zhou-Dynastie und ist auf engste mit der Zhou-Königsherrschaft, ihrem Aufstieg und Niedergang in der Westlichen Zhou-Zeit (ca. 1045–771 v. Chr.) sowie ihrer tiefen Grundlagenkrise in der Frühlings- und Herbstperiode (722–481 v. Chr.) verknüpft. Die herausragen-

---

42 Keightley (2000, S. 105–106, 116); Chang (1970, S. 259, sowie zum Flussgott He, S. 167–180, 211).

43 Im Überblick: Keightley (1978 b) und Eichhorn (1976, S. 6–14); ausführlich und mit zahlreichen Übersetzungen von Orakelknocheninschriften: Chang (1970, S. 79–158; zusammenfassend S. 159–166).

44 Keightley (2000, S. 98–99).

45 Chang (1970, S. 260).

46 Darauf hat Einhorn (1976, S. 6–7) hingewiesen.

47 Nach traditioneller Erklärung der »Etymographie« des Schriftzeichens für »König«, *wang*, stehen die drei Querstriche für die drei Mächte Himmel, Mensch, Erde, während der verbindende Längsstrich den König in seiner Mittlerfunktion zwischen diesen drei Mächten repräsentiert.

de Bedeutung dieser nicht ganz sechs Jahrhunderte währenden, von der fluchtartigen Aufgabe der Stammlande 771 v. Chr. und der Verlegung des kultischen Zentrums nach Osten (in den Raum des heutigen Luoyang) unterteilten Epoche hat sich in traditioneller Perspektive auf die Gründerzeit verdichtet: sie gilt als die »klassische« Periode schlechthin, und auf sie bezieht sich ein Gutteil der Texte, die im *Buch der Urkunden* (*Shangshu*) und dem *Buch der Lieder* (*Shijing*), die den Kern des konfuzianischen Kanons bilden,[48] versammelt sind. Freilich ist davon auszugehen, dass der größte Teil dieser Texte zu einem späteren Zeitpunkt verfasst wurde, in vielen Fällen erst nach 900 v. Chr., als im Zuge einer umfassenden »Riten-Revolution« starke archaisierende Tendenzen einsetzten.[49]

Mit dem Aufstieg der Zhou verbindet sich die Herausbildung eines klar fassbaren Geschichtsbewusstseins. Zwar finden sich in den Orakelinschriften – vor allem in der strengen Beachtung der Generationenfolge der Ahnen sowie im gelegentlichen Wiederaufgriff eines zuvor erwarteten und inzwischen eingetretenen Ereignisses oder Geschehensablaufs über einen längeren Zeitraum (längstens 170 Tage) Ansätze für ein Geschichtsbewusstsein;[50] entscheidend aber ist, dass mit dem Shang-Ahnenopferkult und der von den Shang-Königen gepflegten Divinationspraxis, in Verbindung mit den mündlich tradierten Mythen, von denen wir im späteren Schrifttum einige, wenn auch spärliche Fragmente haben,[51] offenbar ein Instrumentarium zur Verfügung stand, mit dem die Welt hinlänglich begriffen und Kontingenzerfahrungen in das Selbst- und Weltverständnis sinnvoll integriert werden konnten.[52]

Soweit wir also von den heutzutage bekannten Schriftzeugnissen urteilen können, entstand ein ausgeprägtes Geschichtsbewusstsein erst vor dem Hintergrund des fundamentalen Bruchs, den der Sturz der zivilisatorisch hochstehenden Shang-Dynastie durch die am Rande der Shang-Oikumene ansässige und im Vasallenverhältnis stehende Stammeskonföderation der Zhou bedeutete, und konkret unter dem gewaltigen Legitimationsdruck, der auf den neuen Herren lastete und der sich noch dadurch verschärfte, dass es nach dem frühen Tod des Erobererkönigs Wu (Wuwang; reg. 1049/45–1043 v. Chr.)[53] innerhalb der neuen Füh-

rungsschicht zu tiefen Zerwürfnissen kam, die in Rebellion, Straffeldzug und Brudermord endeten.[54]

Im Kern der Rechtfertigungsstrategie des Zhou-Königtums nach der sog. »zweiten Gründung« der Dynastie stand die Berufung auf den »Himmel« (*tian*) und dessen »Mandat« (*ming*) für König Wen (Wenwang), dem Vater Wuwangs, die Shang-Dynastie abzulösen.[55] So heißt es in einer bronzeinschriftlich aufgezeichneten, an seine Kohorte und künftige Gefolgschaftsgruppe gerichtete Ansprache des jungen Königs Cheng (Chengwang; reg. 1042/35–1006 v. Chr.), des Sohnes Wuwangs:

»In der Vergangenheit haben unsere Fürsten, eure verstorbenen Väter und Großväter, ihre Anstrengungen darauf gerichtet, König Wen Beistand zu leisten, so daß er dieses unser großes Mandat erhielt. Als nun König Wu die große Stadt Shang erobert hatte, machte er in der Palasthalle folgende Bekanntgabe an den Himmel: ›Ich werde also hier in dieser Zentralregion meine Residenz errichten und von hier das Volk regieren.‹ […]«[56]

Exemplarisch findet sich der Gedanke der Erteilung des himmlischen »Mandats« an König Wen, nach-

---

48 Zur Entstehung des konfuzianischen Kanons s. neuerdings Kern (2002).

49 Zur »Riten-Revolution« s. Rawson (1999, S. 433–440). Zur Textgeschichte der *Lieder* und der *Urkunden*, insbesondere zur Problematik der Authentizität der einzelnen im *Shangshu* aufgenommenen ›Bücher‹, s. für eine erste Orientierung die Abschnitte in Loewe (1993, S. 415–423 u. S. 376–389).

50 Zu weiteren Ansätzen eines Geschichtsbewusstsein im Shang-Staat s. Lau (1985).

51 Keller (1995).

52 Siehe hierzu Allan (1991, S. 13–17).

53 Datierungen für die Westliche Zhou-Zeit folgen Shaughnessy (1999a, S. 25). Zur Problematik der Chronologie s. ebd. sowie ders. (1991, S. 217–287).

54 Shaughnessy (1999b, S. 310–311).

55 Müller (1998, S. 281–282) macht auf ähnliche Berufungen auf den Himmel bei fremden Ethnien in vor-hochkulturellen Gesellschaften, die authochtone Führungsschichten verdrängten, aufmerksam. – Die Bedeutung der Sternenkonstellationen, insbesondere der Planetenkonjunktion im Jahre 1059 v. Chr., für die Entstehung der Lehre vom »Himmlischen Mandat« hebt Pankenier (1995) hervor.

56 *He zun*-Inschrift, 1963 in Jiacunyuan, Baoji (Provinz Shaanxi), 122 Zeichen, auf das 5. Jahr des Königs Cheng (1031 v. Chr.?) datiert; Nachweis und Übers. bei Eno (1990, S. 185–186); Nivison (1996, S. 27). Vgl. auch Li Min (1983).

dem sich die der Trunkenheit verfallenden Shang-Führungselite des »Mandats« unwürdig erwiesen habe, in einer an einen frisch ernannten Militärinspekteur namens Yu gerichteten Ansprache des Königs Kang (Kangwang; reg. 1005/03–978 v. Chr.), die in einer auf sein 23. Regierungsjahr (981 v. Chr.) datierten Bronzeinschrift aufgezeichnet ist:

»Yu! Der illustre König Wen erhielt den Beistand des Himmels und das große Mandat (*da ling*). Als König Wu die Nachfolge König Wens antrat und den Staat schuf, beseitigte er die, die sich ihm widersetzten, breitete (die Herrschaft) in den Vier Himmelsgegenden aus und führte rasch sein Volk zu rechter Ordnung. […] Deshalb nahm der Himmel seinen Sohn [König Cheng?] unter seine Fittiche und hielt ständig Wache über ihn, beschützte die verstorbenen Könige, so daß (seine Herrschaft) in den Vier Himmelsgegenden verbreitet wurde. Ich habe gehört, daß Yin [Shang] das Mandat fallen ließ. Es waren die Markgrafen und Domänenverwalter in den Grenzregionen Yins und die Amtsträger in Yin selbst, die allesamt dem Alkohol verfielen; deshalb verloren sie ihre Truppen!«[57]

Die »Etymographie« des Zeichens *tian*, »Himmel«, und die zugrundeliegende Himmelsvorstellung sind bislang noch nicht völlig geklärt.[58] Fest steht aber, dass der Himmel der Zhou die Vorstellung des shangzeitlichen Obergottes Di aufnahm – *tian* und Di werden im westzhouzeitlichen Schrifttum wechselseitig austauschbar benutzt –, dass ihm aber eine neue Dimension durch seine Figurierung als Eingreifskausalität, die den Dynastiewechsel erzwang, sowie als Schutzmacht des Zhou-Hauses zuwuchs. Für die Westliche Zhou-Zeit lässt sich daher eine Verschiebung hin zur Privilegierung einer transzendenten Sinnquelle konstatieren. Wichtig ist aber der Hinweis, dass das »Mandat« des Himmels an die »Tugendkraft« (*de*) der Zhou-Könige – Inbegriff ihres königlichen Charismas und ihrer Herrschertugenden – gekoppelt war und in der Ansammlung von *de* über Generationen von Zhou-Königen hinweg seine Bestätigung fand.[59]

Die Ausbreitung dieser »Tugendkraft« über die ganze Oikumene, sprich die Bindung vor allem der Kriegseliten an das Zhou-Königshaus, erfolgte durch die mit Schenkungen an Kauri-Muscheln und anderen Wertgegenständen, an Waffen und Kriegsbeutegut, an Land, Arbeitskräften, Sklaven etc. verbundenen Gewährung des Rechts, wie die Königsfamilie Bronzegefäße gießen zu lassen.[60]

Der sich auf diese Weise herausbildende Zhou-Adel ahmte die Königsfamilie in der Ahnenverehrung nach. Davon geben die Bronzeinschriften ein beredtes Zeugnis (es handelt sich um ein Korpus von ca. 5000 Inschriften für die gesamte Zhou-Zeit [ca. 1045–256 v. Chr.], der Großteil davon für die Westliche Zhou-Zeit).[61] Ein Musterbeispiel hierfür ist die Inschrift auf der 1975 in einem westzhouzeitlichen Kellergrab (frühes 9. Jh. v. Chr.?) gefundenen Bronzeschale des Schreibers Qiang (*Shi Qiang pan*), die in zwei Blöcke aufgeteilt ist (282 Zeichen): im Block zur Rechten wird der ersten sieben Zhou-Herrscher, im Block zur Linken dagegen der Vorfahren des Stifters dieser Bronze über fünf Generationen gedacht.[62]

Diese Inschrift ist als »probably the first concious attempt in China to write history«[63] bezeichnet worden – eine nicht unstrittige Etikettierung, weil es sich hier wie bei allen Inschriften der Westlichen Zhou-Zeit um rituell-religiös intendierte Texte handelt.[64] Nichtsdestotrotz indizieren die Bronzeinschriften ein tätiges Geschichtsbewusstsein. Dies zeigt sich deutlich im idealtypischen Aufbau der Bronzeinschriften in drei Teilen – Identitätsnachweis bzw. Rechenschaftsbericht des Stifters, Stif-

---

57 *Da Yu ding*-Inschrift; Nachweis und Übers. bei Dobson (1962, S. 221–226); Behr (1996, S. 155–159); Cook (173–174). Zum historischen Hintergrund s. Shaughnessy (1999 b, S. 322–323).

58 Eno (1990, S. 181–189).

59 Zu dem für die chinesische Herrscherethik zentralen Begriff *de* im Gebrauch in den Orakelknochen- und Bronzeinschriften s. Nivison (1996). Siehe auch Cook (1997, S. 257) und, im Kontext des politischen Denkens im Alten China allgemein, Opitz (2000, S. 39–46).

60 Cook (1997, insbes. S. 257 ff.).

61 Aus dem genannten Gesamtkorpus sind 987 Inschriften, 646 für die Westliche Zhou- und 341 für die Östliche Zhou-Zeit, in dem monumentalen Werk von Shirakawa (1962–84) erfasst und erschlossen. Für die westzhouzeitlichen Bronzeinschriften als historische Quellen s. Shaughnessy (1991).

62 Übers. bei Shaughnessy (1991, S. 3–4, sowie mit Erläuterungen, S. 183–192); Lau (1999, S. 188–189, mit Abbildung, Transkription und Glossen, S. 184–204).

63 Shaughnessy (1991, S. 1).

64 von Falkenhausen (1993, S. 160, 167–171, insbes. S. 168–169).

tungsabsichterklärung, Heils- und Segenswünsche –, durch die jeweils eine der drei Zeitdimensionen Vergangenheit, Gegenwart, Zukunft repräsentiert und miteinander in einen sinnvollen Zusammenhang gebracht werden;[65] kurz, Bronzeinschriften sind von ihrer Grundstruktur her einem historischen Narrativ verwandt.

Als historische Texte sind denn auch traditionell jene im *Buch der Lieder* und im *Buch der Urkunden* überlieferten, vom Sprachlichen her den Bronzeinschriften z. T. auffällig nahestehenden Schriften gelesen und gedeutet worden. In historiographiegeschichtlicher Hinsicht von Interesse sind unter den *Liedern* vor allem die ›eposhaften‹ Lieder, die die Herkunft und frühe Stammesgeschichte der Zhou wie auch die heldenhafte, jüngere Vergangenheit – Unterwerfung benachbarter Stämme und Besiegung der Shang – erinnern.[66] Bei den *Urkunden* handelt es sich im Kern um Ansprachen und Weisungen der frühen Zhou-Herrscher und königlicher Vollmachtträger an ihre ›Erzwingungsstäbe‹ bzw. an einzelne hohe Mandatsträger oder den noch minderjährigen König Cheng. Um diese und analog konstruierte, auf den Dynastiewechsel von Xia zu Shang zurückprojizierte Texte herum findet sich die für die gesamte spätere Dynastiegeschichtsschreibung so wichtige Lehre vom »Himmlischen Mandat« in ihrer »klassischen« Ausprägung, d. h. mit Erwägung der Möglichkeit, dass der »Himmel« das »Mandat« der Zhou wieder zurückziehen könne. Das deutet eher auf eine spätere Abfassungszeit der einschlägigen Texte vor oder nach der Flucht der Zhou-Elite aus den Stammlanden in der heutigen Provinz Shaanxi nach Osten im Jahr 771 v. Chr. hin,[67] als die Parteinahme des »Himmels« für die Zhou zunehmend in Frage geriet und sich die Vorstellung eines wankelmütigen »Himmels« (»Di ist launenhaft, laßt euch nicht auf ihn ein!«, Lied Nr. 224 »Wan liu«) durchzusetzen begann.[68]

Mit dem Verfall des starken, vom »Himmel« kraftvoll gestützten Zhou-Königtums, dem Vormachtstreben der Lehnsstaaten und der Aufstieg von sukzessiv sich einander ablösenden »Oberfürsten« (*ba*), die die Sicherung des Reiches nach außen hin und die Regelung des diplomatischen Verkehrs zwischen den Teilstaaten übernahmen, geht eine tiefgreifende Transformation der Sinnstrukturen und damit zugleich auch des historischen Denkens

und der Geschichtsschreibung einher. Die Grundlagenkrise, die die Distanzierung vom »Himmel« und das als »Verblassen« umschriebene Zurücktreten der Natur- und Ahnengötter verursacht hatte,[69] führte zu einer vielstimmigen, von der neuen Schicht der *shi*, der umherziehenden, »Schulen« gründenden Politikberater getragenen Suche nach ihrer Überwindung. Diese Suche war begleitet von der Herausformung des alle Lebensbereiche durchdringenden Rituals (*li*) und der später als konfuzianisch apostrophierten Moralethik; die den König auszeichnende »Tugendkraft« (*de*) wandelt sich zur moralischen Vorbildlichkeit des »Edlen« (*junzi*).[70]

Im historischen Denken zeichnet sich ein nicht weniger dramatischer Umbruch ab: die Ablösung des in den *Lieder* und den *Urkunden* vorherrschenden ›traditionalen‹ Geschichtsdenkens durch den ›exemplarischen‹ Modus historischer Sinnbildung.[71] Dafür stehen paradigmatisch Konfuzius und die nach herkömmlicher Auffassung von ihm nach den Leitkategorien von Lob und Tadel (*bao – bian*) verfassten *Frühlings- und Herbstannalen* (*Chunqiu*). Es gibt einige Hinweise darauf, dass diese »achsenzeitliche« Revolution im historischen Denken durchaus auch bereits von Zeitgenossen als ein epochaler Einschnitt empfunden wurde; bestes Beispiel ist das viel und kontrovers diskutierte Menzius-Wort, dass nach dem Erlöschen der Spuren wahrer Königsherrschaft die *Lieder* vergingen und nach dem Vergehen der *Lieder* die *Frühlings- und Herbstannalen* geschaffen wurden (*Mengzi* IVB.22).

Diese durch die Grundlagenkrise des Zhou-Königtums ausgelösten Umbruchprozesse mündeten in die Herausbildung des umfassendsten Sinnkonzepts, das das chinesische Denken hervorgebracht hat: *dao*, »der (rechte) Weg« (das Zeichen setzt sich aus den zwei Zeichen *zhi*, »sich auf ... zubewegen, erreichen«, und *shou*, »Kopf, Haupt«, zusammen). Richard Wilhelm (1873–1930), der große Überset-

---

65 von Falkenhausen (1993, S. 152–160, insbes. S. 154).
66 Einige Beispiele zitiert Opitz (2000, S. 17 ff.).
67 Diese These ist von Eichhorn (1976, S. 39) geäußert worden.
68 Eno (1990, S. 24–27).
69 Bauer (1995).
70 Eno (1990) und Roetz (1992).
71 Ich beziehe mich hier auf die vier von Jörn Rüsen unterschiedenen Typen; s. Rüsen (1990, S. 153–230).

zer des *Buchs der Wandlungen* (*Yijing*) und andere Werke des »klassischen« Schrifttums, entschied sich in seiner Übersetzung des *Daode jing* (d.i. des Laotse) unter Bezug auf den Faust, *dao* mit »SINN« wiederzugeben,[72] während Otto Franke (1863–1946), Verfasser einer umfänglichen »Geschichte des chinesischen Reiches«, urteilte, dass »für den ganzen gewaltigen Bedeutungsumfang des chinesischen Terminus [...] keine europäische Sprache ein gleichwertiges Wort (habe)«; es umschreibe ungefähr »das den Dingen innewohnende natürliche Gesetz, die Zielrichtung, die sittliche Bedingtheit«.[73]

Die frühe Begriffsgeschichte des Terminus *dao* und seiner Entwicklung zum umfassenden Sinnkonzept ist noch nicht abschließend erforscht; die folgenden vier Bemerkungen, die diese Ausführungen abrunden sollen, haben daher thesenhaften Charakter.

Erstens, *dao* wurde im frühen Sprachgebrauch korrelierend bzw. synonym mit *xing*, »Weg, Straße; zuwege bringen, durchführen, etc.«, verwendet (z.B. im Lied Nr. 203 »Da dong«). Das Zeichen *xing* zeigt eine Wegeskreuzung; es kommt bronzeinschriftlich (10. Jh. v. Chr.) in Sonderheit zur Bezeichnung der vom neuen Machtzentrum der Zhou in Chengzhou (Luoyang) aus militärstrategischen Gründen weit nach Süden bis nach Mittelchina hinein gebaute(n) Straße(n) vor.[74] Die Ausdrücke *nan xing*, »die Straße nach Süden« (vgl. Lied Nr. 227 »Shu miao«), bzw. *Zhou xing/Zhou dao*, »die Straße der Zhou« (vgl. Lied Nr. 203 »Da dong«), stehen pars pro toto für den Expansions- und Kolonisationsdrang der Westlichen Zhou nach Süden mit seinen begehrten Kupfervorkommen in der mittelchinesischen Yangtse-Region. Der Terminus *nan xing* findet sich u.a. auch in der obengenannten Inschrift auf der Bronzeschale des Schreibers Qiang, und zwar in dem König Zhao (Zhaowang, reg. 977/75–957 v. Chr.) gewidmeten Eintrag, im Zusammenhang mit dessen Südfeldzug gegen Chu, der

in einem Desaster endete – der König ertrank jämmerlich, die Armee wurde völlig aufgerieben. Von diesem Verlust konnte sich das Zhou-Herrscherhaus nie mehr wieder wirklich erholen.[75]

Zweitens, diese einschneidende, in den frühen Quellen verschwiegene Verlusterfahrung ist in den *Liedern* und der sich um diesen Kanon herum entstehenden Kommentartradition als auch in der späteren Historiographie kompensatorisch ins positive Gegenteil verkehrt worden: die Süd-Kolonisation der Zhou wird in die verherrlichte Gründerzeit verlegt und als »Wirken des umwandelnden Einflusses König Wens« (*Wenwang zhi hua*), als Öffnung der Fürstentümer des Südens für den »rechten Weg König Wens« (*Wenwang zhi dao*) erinnert und verklärt. Das Herrschaftsideal einer paradigmatisch von König Wen verkörperten »wahren Königsherrschaft« (*wangdao*) entsteht also als eine Art Verlustfigur, in der das Scheitern der Süd-Kolonisation gewissermaßen aufgehoben ist. Damit einher geht die Abstraktion des *dao*-Begriffes: aus dem Konkretum »Straße der Zhou« (*Zhou dao*) wird das Abstraktum »(vorbildliche) Herrschaft der Zhou«. Diese Begriffsbildung ist dann Grundlage und Voraussetzung für die »achsenzeitliche« (5.-3. Jh. v. Chr.) Ausprägung des *dao*-Begriffs in seinem universalen Zuschnitt.

Drittens, eine der im frühen Schrifttum bezeugten Bedeutungen von *dao* ist »dem Weggott opfern« (und zwar bei Reisen, die über die Grenzen des eigenen Teilstaates hinausgehen).[76] Diese Bedeutung verweist nachdrücklich auf die Wichtigkeit des Rituals als einer fundamentalen Dimension menschlichen Zusammenlebens in Gemeinschaft, die für den neuen *dao*-Sinnbegriff konstitutiv ist. Denn es setzt sich letztlich nicht das daoistische Verständnis von *dao* als ein vom Menschen unabhängig waltendes Prinzip des Entstehens und Vergehens allen Seins durch, sondern dominant wird die konfuzianische, *dao* in Beziehung zur Gesellschaft setzende Auffassung. Um den Unterschied zuzuspitzen: Während es bei Laotse heißt: »Geht der große SINN zugrunde, so gibt es Sittlichkeit und Pflicht« (*Daode jing*, Kap. 18), so kann nach konfuzianischem Verständnis jenseits der beiden Kardinaltugenden »Sittlichkeit« (*ren*) und »Pflicht« (*yi*) gar nicht von *dao* gesprochen werden – wobei *ren* und *yi* vielleicht treffender mit »Sinn für verantwortliches, an der Fürsorgepflicht orientiertes

---

72 Wilhelm (1957, S. 24–25).
73 Franke (1945, S. 96).
74 Zhang Pingche (1987).
75 *Shi ji* (1982, Kap. 4, S. 134 u. 135, Anm. 1) sowie Shaughnessy (1999 b, S. 322–323).
76 Wang Yu (1989, S. 652).

Handeln« und »Gerechtigkeitssinn« zu übersetzen sind. Deutlich wird damit, dass *dao* schlechthin das Prinzip des Zusammenhangs in der Sozialdimension ist, also dem Typ C von Sinnkonstruktionen zuzuordnen ist.

Viertens, abschließend sei die Frage aufgeworfen, ob wir es beim Sinnkonzept *dao* mit einem starken oder schwachen Sinnbegriff zu tun haben. Anders gefragt: Gehört »Zielrichtung« tatsächlich zum Bedeutungsfeld von *dao*, wie O. Franke meinte? Obwohl Ziel-implizierende Worte wie »lenken« und »leiten« zur Semantik von *dao* gehören, möchte man dies gleich verneinen; denn *ren* und *yi* sind freilich keine auf Erfüllung angelegte Normen menschlichen Handelns: der Edle, sagt Konfuzius, lässt von *ren* nicht einmal für die Dauer einer Mahlzeit ab (*Lunyu* IV.5). Allerdings ist zu bedenken, dass sich, wie oben kurz ausgeführt, historisch der *dao*-Gedanke, unter Aufnahme früherer Vorstellungen von einer »wahren Königsherrschaft«, im Ausgang der Frühlings- und Herbstperiode und in der Zeit der Streitenden Reiche (5.–3. Jh. v. Chr.) herausbildete und damit die Errichtung eines Einheitsreichs als kognitive Strategie vorentworfen wurde, bevor sich real-historisch die Reichseinigung in der zweiten Hälfte des 3. Jahrhunderts v. Chr. vollzog. Von »Richtung« kann also höchstens in dieser eingeschränkten Hinsicht, in der Ausrichtung des *dao*-Gedankens auf Einheitsreich und Kaisertum, die Rede sein.[77]

Literatur

ALLAN, SARAH (1991), *The Shape of the Turtle: Myth, Art and Cosmos in Early China*, Albany: State University of New York Press. ■ ASSMANN, JAN (1994), »Solar Discourse. Ancient Egyptian Ways of Worldreading«, in: *Deutsche Vierteljahresschrift für Literaturwissenschaft und Geistesgeschichte*, 68, S. 107–123. ■ BAUER, WOLFGANG (1995), »Gläubigkeit und Rationalität. Über das Verblassen von Göttern und Geistern in der zweiten Hälfte des 1. vorchristlichen Jahrtausends«, in: *Das alte China. Menschen und Götter im Reich der Mitte. 5000 v. Chr. – 220 n.Chr. [Ausstellungskatalog]*, Kulturstiftung Ruhr, Essen, Villa Hügel, 2. Juni 1995 – 5. November 1995, München: Hirmer, S. 147–155. ■ BEHR, WOLFGANG (1996), *Reimende Bronzeinschriften und die Entstehung der chinesischen Endreimdichtung*, Phil. Diss. Universität Frankfurt/M. ■ CHANG, TSUNG-TUNG (1970), *Der Kult der Shang-Dynastie im Spiegel der Orakelinschriften. Eine paläographische Studie zur Religion im archaischen China*, Wiesbaden:

Harrassowitz. ■ COOK, CONSTANCE A. (1997), »Wealth and the Western Zhou«, in: *Bulletin of the School of Oriental and African Studies*, 60, 2, S. 253–294. ■ DOBSON, W. A. C. H. (1962), *Early Archaic Chinese. A Descriptive Grammar*, Toronto: University of Toronto Press. ■ EICHHORN, WERNER (1976), *Die alte chinesische Religion und das Staatskultwesen*, Leiden, Köln: Brill. ■ ENO, ROBERT (1990), *The Confucian Creation of Heaven. Philosophy and the Defense of Ritual Mastery*, Albany: State University of New York Press. ■ VON FALKENHAUSEN, LOTHAR (1993), »Issues in Western Zhou Studies: A Review Article«, *Early China*, 18, S. 139–226. ■ FRANKE, OTTO (1945): »Der Sinn der chinesischen Geschichtsschreibung«, in: *Sinologische Arbeiten*, 3, S. 96–113. ■ DE GROOT, JAN JAKOB MARIA (1918), *Universismus. Die Grundlage der Religion und Ethik, des Staatswesens und der Wissenschaften Chinas*. Berlin: Reimer. ■ HERTZER, DOMINIQUE (1991), »Das Zeichen *zheng* im Zusammenhang mit den Standardformeln des Orakelentscheids im *Yijing*«, in: *Chinablätter*, 18, S. 178–191. ■ KEIGHTLEY, DAVID N. (1978 a), *Sources of Shang History. The Oracle-Bone Inscriptions of Bronze Age China*, Berkeley, Los Angeles, London: University of California Press. ■ KEIGHTLEY, DAVID N. (1978 b), »The Religious Commitment: Shang Theology and the Genesis of Chinese Political Culture«, in: *History of Religions*, 17, S. 211–225. ■ KEIGHTLEY, DAVID N. (1997), »Shang Oracle-Bone Inscriptions«, in: Shaughnessy, Edward L. (Hg.) (1997), *New Sources of Early Chinese History: An Introduction to the Reading of Inscriptions and Manuscripts*, Berkeley: The Society for the Study of Early China, S. 15–55. ■ KEIGHTLEY, DAVID N. (1999), »The Shang: China's First Historical Dynasty«, Loewe, Michael / Shaughnessy, Edward L. (Hg.) (1999), *The Cambridge History of Ancient China. From the Origins of Civilization to 221 B. C.*, Cambridge: Cambridge University Press, S. 232–291. ■ KEIGHTLEY, DAVID N. (2000), *The Ancestral Landscape. Time, Space, and Community in Late Shang China (ca. 1200–1045 B. C.)*, Berkeley: Institute of East Asian Studies, University of California. ■ KELLER, ANDREA (1995), »Kosmos und Kulturordnung in der frühen chinesischen Mythologie«, in: *Das alte China. Menschen und Götter im Reich der Mitte. 5000 v. Chr. – 220 n.Chr. [Ausstellungskatalog]*, Kulturstiftung Ruhr, Essen, Villa Hügel, 2. Juni 1995 – 5. November 1995, München: Hirmer, S. 136–146. ■ KERN, MARTIN (2001), »Ritual, Text, and the Formation of the Canon: Historical Transitions of *wen* in Early Modern China«, in: *T'oung Pao*, 87, S. 43–91. ■ LAU, ULRICH (1985), »Altchinesische Vorstellungen über die Ur- und Frühgeschichte. I. Das sakrale Geschichtsbild«, in: *Ethnographisch-Archäologische Zeitschrift*, 26, S. 201–222. ■ LAU, ULRICH (1999), *Quellenstudien zur Landvergabe und Bodenübertragung in der westlichen Zhou-Dynastie (1045?-771 v. Chr.)*, Nettetal: Steyler. ■ LI MIN (1983), »He zun mingwen bushi – jian lun He zun yu <Luo gao>«, in: Li Min, <Shangshu> *yu gushi yanjiu*, erweiterte Neuaufl., Zhengzhou: Zhongzhou shuhuashe,

---

77 Zur Frage des Reichseinheitsgedanken im politischen Denken des Alten China s. Loewe (1994).

[1]1981, [2]1983, S. 177–189. ▪ LOEWE, MICHAEL (Hg.)(1993), *Early Chinese Texts. A Bibliographical Guide*, Berkeley: The Society for the Study of Early China. ▪ LOEWE, MICHAEL (1994), »China's Sense of Unity as Seen in the Early Empires«, *T'oung Pao*, 80, S. 6–26. ▪ MÜLLER, KLAUS E. (1998), ›Prähistorisches‹ *Geschichtsbewußtsein. Versuch einer ethnologischen Strukturbestimmung*, in: Rüsen, Jörn / Gottlob, Michael / Mittag, Achim (Hg.), *Die Vielfalt der Kulturen. Erinnerung, Geschichte, Identität 4*, Frankfurt/M.: Suhrkamp, S. 269–295. ▪ NIVISON, DAVID S. (1996), »›Virtue‹ in Bone and Bronze«, in: Nivison, David S., *The Ways of Confucianism. Investigations in Chinese Philosophy*, edited by Bryan W. Van Norden, Chicago, La Salle/Ill.: Open Court, S. 17–30. ▪ OPITZ, PETER J. (2000), *Der Weg des Himmels. Zum Geist und zur Gestalt des politischen Denkens im alten China*, München: Fink. ▪ PANKENIER, DAVID W. (1995), »The Cosmo-Political Background of Heaven's Mandate«, in: *Early China*, 20, S. 121–176. ▪ RAWSON, JESSICA (1999), »Western Zhou Archaeology«, in: Loewe, Michael / Shaughnessy, Edward L. (Hg.) (1999), *The Cambridge History of Ancient China. From the Origins of Civilization to 221 B. C.*, Cambridge: Cambridge University Press, S. 352–449. ▪ ROETZ, HEINER (1992), *Die chinesische Ethik der Achsenzeit. Eine Rekonstruktion unter dem Aspekt des Durchbruchs zu postkonventionellem Denken*, Frankfurt/M.: Suhrkamp. ▪ RÜSEN, JÖRN (1990), »Die vier Typen des historischen Erzählens«, in: Rüsen, Jörn, *Zeit und Sinn. Strategien historischen Denkens*, Frankfurt/M.: Fischer, S. 153–230. ▪ SHAUGHNES-SY, EDWARD L. (1991), *Sources of Western Zhou History. Inscribed Bronze Vessels*, Berkeley, Los Angeles, Oxford: University of California. ▪ SHAUGHNESSY, EDWARD L. (1999 a), »Calendar and Chronology«, in: Loewe, Michael / Shaughnessy, Edward L. (Hg.) (1999), *The Cambridge History of Ancient China. From the Origins of Civilization to 221 B. C.*, Cambridge: Cambridge University Press, S. 19–29. ▪ SHAUGHNESSY, EDWARD L. (1999 b), »Western Zhou History«, in: Loewe, Michael / Shaughnessy, Edward L. (Hg.) (1999), *The Cambridge History of Ancient China. From the Origins of Civilization to 221 B. C.*, Cambridge: Cambridge University Press, S. 292–351. ▪ *Shi ji* (1982), von Sima Qian (ca. 145–90 v. Chr.), 10 Bde., 1. Aufl. 1982, Peking: Zhonghua. ▪ SHIRAKAWA SHIZUKA (1964–84), *Kinbun tsûshaku*, 54 Bde., Kobe: Hakutsuru bijutsukan. ▪ THORP, ROBERT L. (1991), »Erlitou and the Search for the Xia«, in: *Early China*, 16, S. 1–38. ▪ WANG YU (1989), »Dao (xian-Qin)«, in: Wei Zhengtong (Hg.), *Zhongguo zhexue cidian daquan*, Taipei: Shuiniu, S. 652–653. ▪ WEBER, MAX (1991), *Die Wirtschaftsethik der Weltreligionen. Konfuzianismus und Taoismus. Schriften 1915–1920*, Studienausgabe hrsg. v. Helwig Schmidt-Glintzer in Zusammenarbeit mit Petra Kolonko, Tübingen: Mohr (Paul Siebeck). ▪ WILHELM, RICHARD (1957), *Laotse. Tao te king. Das Buch des Alten vom Sinn und Leben*. Orig. Ausg. 1911. Düsseldorf/Köln: Diederichs. ▪ ZHANG PINGCHE (1987), »Cong Anzhou suo xian da qi mingwen tan dao *Shijing* de ›Zhou dao‹, ›Zhou xing‹«, in: *Xibei shifan xuebao*, 1987: 3, S. 79–82.

6.7 Die »Klassische« Antike als Kulturepoche – Soziokulturelle Milieus und Deutungsmuster in der griechisch-römischen Welt

Hans-Joachim Gehrke

1. Vielfalt und Einheit

Das sogenannte klassische Altertum, die Welt der Griechen und Römer, bildete von Hause aus keineswegs eine Einheit. Vielmehr finden sich zwischen beiden deutliche Diskrepanzen in der sozialen Formation, der politischen Organisation und der kulturellen Identität. Man hat deshalb von »zwei Alten Geschichten« (Jochen Martin) gesprochen. Außerdem waren auch die internen Differenzen innerhalb des Griechentums erheblich. Hier herrschte eine klare Spannung zwischen Einheit und Vielfalt. Eine vergleichbare Konstellation lässt sich in gewisser Weise auch im Falle Roms beobachten, wenn man dessen äußeres Umfeld mit in den Blick nimmt und das recht breit aufgefächerte italienische Ambiente mit berücksichtigt: Dort finden wir neben Rom und den Latinern vor allem die etruskische und griechische Stadtkultur sowie das tribale Milieu der besonders in der Bergwelt Italiens lebenden umbrischen und osko-sabellischen Gruppen. Es handelt sich um recht unterschiedliche Organisationsformen und Vorstellungshorizonte, die infolge der herrschaftlichen Durchdringung von Rom aus in Verbindung mit komplexen Akkulturationsprozessen zusammengefasst wurden und ein zunehmend einheitliches Gesicht erhielten.

Dennoch gab es zwischen Griechen und Römern von vornherein nicht ganz unwichtige Gemeinsamkeiten. Sie lagen zunächst in den Voraussetzungen für die Herausbildung der jeweils spezifischen soziopolitischen Ordnungen und Ordnungskonzepte: Die Organisation stand nicht unter dem Druck ausgeprägter Herrschaftsformen. Das erlaubte und erleichterte die Ausbildung von Gemeinschaften mit zunächst begrenzter lokaler Reichweite und eigenständigen Formen in der Regelung politischer Angelegenheiten. Eine ähnliche Situation finden wir auch bei älteren Kulturen, die besonders in der Frühphase starken Einfluss auf Griechen und Römer ausübten, bei den Phönikern und Etruskern.

Die Gemeinsamkeiten wurden überdies bald verstärkt und gefördert durch frühe Kontakte, insbesondere zwischen den Etruskern, Römern und ihrem Ambiente auf der einen sowie den griechischen Zentren in Unteritalien und auf Sizilien auf der anderen Seite. Deutliche Ähnlichkeiten zeichneten sich ab, im Gebrauch der Alphabetschrift, in der religiösen Bildgebung, in Lebensstilen und Strategien der politischen Konfliktlösung. Die griechisch-römische Akkulturation erhielt dann mit dem imperialen Ausgreifen Roms im Osten und mit dessen Rückwirkungen auf Italien seit dem 2. Jahrhundert v. Chr. eine neue Qualität. ›Griechisches‹ wurde in Rom zu einem sozialen Kapital vor allem im Konkurrenzkampf der römischen Elite. So kam es zu massiven Rezeptionen in Kunst, Literatur und Philosophie, aber auch auf zentralen Feldern des soziopolitischen Lebens, in Religion und Recht, Geschichtsvorstellungen und Rhetorik. Rom wurde hellenisiert, ohne spezifische Eigenarten aufzugeben – eine neue Dialektik von Einheit und Differenz.

Dies setzte sich in die römische Kaiserzeit hinein fort und gab dieser eine besondere Prägung. Das römische Imperium war kein ausschließlich römisches, sondern ein gräko-römisches Reich. Alte Differenzen lebten weiter und erwiesen sich als durchaus wirkungsmächtig. Doch zeigte die kaiserzeitliche Welt von Anfang an auf politischem, sozialem, ökonomischem und kulturellem Gebiet zugleich ein durchaus einheitliches Gesicht. Prozesse der Romanisierung und Hellenisierung griffen ineinander, denn gerade im Osten war die Integration in das römische Reich mit einer deutlichen Gräzisierung verbunden. Grundlage dieser Einheit war die griechisch-römische Stadtkultur, die sich in Struktur und Funktion annäherte, im Osten die griechische Polis, im Westen die römisch-lateinische *civitas*. Massiv integriert wurden die Oberschichten, so dass auch Angehörige der griechisch-hellenistischen Eliten in die höchsten Ränge des Reiches aufsteigen konnten. Die Verwaltung war zweisprachig. Und vor allem gab es ein klares Empfinden einer gemeinsamen Identität. Es kam vor allem in der Abgrenzung von den jenseits der Reichsgrenzen lebenden Barbaren als wilden Feinden der Zivilisation zum Ausdruck. So nannten sich schließlich auch die Griechen Römer (Rhomaioi), und über das mittelalterliche Reich von Byzanz hat sich diese in der Antike entstandene griechische Selbstbezeichnung bis in die Neuzeit hinein gehalten. Wir können von hier aus also mit Recht die griechisch-römische, d.h. »klassische« Welt als eine Einheit und ein Kontinuum sehen.

2. Grundlagen der sozialen und politischen Organisation

Was die genannten Kulturen, also die griechische und die römische, die etruskische und die phönikische, daneben in gewisser Weise aber auch die jüdische, untereinander verbindet und von den Hochkulturen des Orients und Ägyptens unterscheidet, wurde bereits angedeutet. Die Organisation der politischen Einheiten war hier im Grundsatz sozusagen herrschaftsfrei, genauer: frei von markant ausgeprägter Alleinherrschaft. Statt dessen dominierten in den jeweiligen Gemeinschaften Elemente der Selbstorganisation, unabhängig von deren sozialer Reichweite, d.h. unabhängig davon, wie weit die Organisation von den Eliten der jeweiligen Einheiten geprägt war oder weitere Kreise der Bevölkerung mit einbezog. Dass Phöniker, Karthager, Etrusker und Römer eher aristokratisch bestimmt waren, während sich in Griechenland demokratische Ordnungen herausbildeten, ist hierbei weniger wichtig, zumal es sich um Ergebnisse historischer Prozesse handelt und es auch Elemente der Mitwirkung breiterer Schichten etwa bei Karthagern und Römern gab. Entscheidend war die mangelnde Präsenz echter herrschaftlicher Dominanz am Beginn der Entwicklung, und das gab erhebliche Spielräume für Eigenentfaltung und -verwaltung.

Zwar gab es wohl überall »Könige«, Personen, die mit jeweils unterschiedlichen Titeln an der Spitze der Gemeinschaften standen und für diese wichtige Aufgaben in der Streitschlichtung, in der Kriegführung und auf sakralem Gebiet wahrnahmen. Doch waren diese ziemlich eng in die jeweiligen Eliten eingebunden. Es handelte sich eher um *primi inter pares* und Amtsträger als um göttlich legitimierte und den Staat und dessen Gewalt verkörpernde Herrscher; sie standen in, nicht über der Gemeinschaft. Von den Griechen und den Römern, womöglich auch von den Karthagern, kann man sogar sagen, dass sie die für sie spezifische Form soziopolitischer Organisation gerade im Widerstand und im Widerspruch gegenüber auch bei ihnen auftretenden starken Herrschaftsbestrebungen ausgestalteten.

In Griechenland gab es, vor allem im 7. und 6. Jahrhundert v. Chr., in Zeiten krisenhafter Zuspitzungen in verschiedenen Gemeinschaften, eine massive Tendenz zur Monopolisierung des Politischen und zur Ausbildung von herrscherlicher Gewalt in der sogenannten Tyrannis. Bezeichnenderweise war sie deutlich orientiert am orientalisch-ägyptischen Herrschaftsmodell. Die Tyrannen sind indes auf der ganzen Linie gescheitert, so sehr, dass die Verteufelung und Perhorreszierung der Tyrannis den politischen Ordnungen und Konzepten der Griechen eingeschrieben war. In besonderer Weise wurde dies, kurz nach dem Ende der Tyrannenherrschaften in etlichen griechischen Poleis, durch die Erfahrung der Perserkriege zu Beginn des 5. Jahrhunderts v. Chr. pointiert. Der persische Großkönig erschien hier, in griechischer Optik, als Supertyrann, als Herrscher über Unfreie und Sklaven. Die Griechen waren demgegenüber die Freien, und dies bestimmte hinfort ihr Selbstverständnis und war grundlegendes Element griechischer Identität. Der Grundsatz der Freiheit (*eleutheria*), konkretisiert in dem Begriff der Selbstbestimmung (*autonomia*), galt für die politischen Gemeinschaften insgesamt im Hinblick auf die anderen, sozusagen außenpolitisch, wie auch für die einzelnen Bürger im Inneren. Er ließ sich mobilisieren gegen imperialistische Bestrebungen (auch seitens griechischer Staaten) und gegen das Streben nach interner Dominanz und Herrschaft, wodurch er den Ausbau demokratischer Mitbestimmung förderte. Zugleich wurde Freiheit allerdings sehr umfassend definiert, als maximaler Handlungsspielraum, tun zu können, was man wolle, so dass als letztlich frei nur der Tyrann erscheinen konnte. Dass sich sogar Herrschaftstendenzen auf den Freiheitsgedanken berufen konnten, war für die griechische Politik und Mentalität besonders charakteristisch – und folgenreich.

Auch in Rom machte sich, wohl um 500 v. Chr. herum, Widerstand gegen eine herrschaftliche ›Überdehnung‹ des Königtums geltend, wenn wir die Geschichte über dessen Ende und die Etablierung der Republik richtig verstehen. Gegen den Anspruch der Könige formierte sich gerade die patrizische Elite, die sich selbst dann gleichsam an die Stelle der Könige setzte. Sie übte die Herrschaft kollektiv aus, indem ihr Gremium, der Senat, über alle wesentlichen Dinge entschied, die Einzelnen mittels sozialer und politischer Kontrolle in die Ordnung strikt eingebunden wurden und die Ämter und Funktionen für die wichtigsten gemeinschaftlichen Aufgaben innerhalb der Elite im Jahresturnus wechselten.

So haben die Römer Freiheit dezidiert als Freiheit von der Königsherrschaft (*regnum*) verstanden und diese entsprechend verdammt. Zugleich bedeutete Freiheit aber auch die Freiheit der Patrizier bzw. Senatoren zum Herrschen. Aus der Optik der Elite war also – nicht anders bei den Griechen – Freiheit zugleich der maximale politische Handlungsspielraum. Dass die römische Elite dies als Kollektiv realisieren konnte, ist nicht nur das wesentliche Merkmal der römischen Republik, sondern auch Kennzeichen von deren zutiefst aristokratischem Charakter. Bei den mittleren und unteren Schichten, den Plebejern, entwickelte sich im Zusammenhang mit den Ständekämpfen im 5. und 4. Jahrhundert v. Chr. eine begrenztere Vorstellung von Freiheit: Freiheit als Schutz vor aristokratischer Willkür vor allem in der Garantie bestimmter Rechtsverfahren, in dem Anspruch auf einen Prozess vor einem ordentlichen Gericht (sog. Provokationsrecht) – einem griechischen Polisbürger wäre das zu wenig gewesen.

Im Zuge der griechisch-römischen Begegnung und Akkulturation wurde die anti-königliche Einstellung der Römer durch die griechische Tyrannis-Opposition noch weiter aufgeladen. Die frühe Geschichte vom Sturz des Königtums wurde entsprechend erzählerisch ausstaffiert durch das Arsenal, das die schon im 5. Jahrhundert hoch entwickelte griechische Tyrannentypologie zur Verfügung stellte. Der *rex* war das genaue Äquivalent des *tyrannos*. Die Emphase des antityrannischen Widerstandes ließ sich leicht reproduzieren und ›abrufen‹; sie konnte jederzeit gegen politische Gegner mobilisiert werden und verdichtete sich zur Idee der – positiv besetzten – Tyrannentötung. So wurde etwa das Attentat auf Caesar an den Iden des März 44 v. Chr. ganz gezielt als Akt der Tötung eines Tyrannen geplant und propagiert, kein Delikt, sondern ein Gebot, im Zeichen der Freiheit. Dies ließ sich später auch gegenüber »schlechten« Kaisern geltend machen und wurde schließlich sogar eine wichtige europäische Erinnerungsfigur – wie sich ja überhaupt europäisch-westliche Revolutionäre intensiv an antiken Vorstellungen von Freiheit und Selbstbestimmung orientierten.

Die entscheidenden materiellen Voraussetzungen für die Entfaltung selbstbestimmter Ordnungen in Griechenland und Rom lagen in der weitgehenden ökonomischen Eigenständigkeit der Bevölkerung. Sie bestand im wesentlichen aus Bauern, die in Zonen des Regenfeldbaus ihre Äcker bewirtschafteten. Dies geschah zunächst in eher bescheidenen Formen und auf Ländereien von eher beschränktem Umfang, orientiert auf die bloße Subsistenz. Aber die Bauern waren eigenständig, sie entwickelten und betonten ein klares Verständnis von individuellem Eigentum, auf dem *per se* keine Abgaben lasteten. Ihre Existenz war eben nicht wesentlich oder mindestens partiell von hohe Organisationskompetenz voraussetzenden Infrastrukturmaßnahmen wie Kanal- und Deichbau abhängig – anders als in Mesopotamien und im Nilland. Die Besitzunterschiede waren zunächst wohl relativ gering, und entsprechend schwach ausgeprägt war die soziale Differenzierung. Es herrschten eher flache Hierarchien.

3. Gemeinschaftsleben und Lebensstile

Die Organisationsformen der archaischen Gemeinschaften lassen sich auf Grund unserer schlechten Quellenlage, besonders in Rom, nur sehr schwer ermitteln. Vor allem mit Hilfe von Analogien ist die Forschung allerdings in letzter Zeit für das frühe Griechenland etwas weiter gekommen. Die erwähnten Bauern lebten in Dorfgemeinschaften. Diese waren kleine *nuclei*, um die herum sich das fruchtbare Ackerland erstreckte. Eher hügelige und bergige Randgebiete dienten der Viehzucht, Wildbeuterei und Jagd. Die Gemeinschaft der oft am Rande des Existenzminimums lebenden Bauern war auf nachbarschaftliche Unterstützung angewiesen, die zu strikten Regeln der Solidarität und Reziprozität führte. Diese prägten auch das kultisch-religiöse Milieu: Durch Verehrung und Opfer suchte man sich die Götter zu verpflichten, und man dankte ihnen für Erträge und Erfolge durch Votive und Geschenke – ein striktes Regiment des *do ut des*.

Es ist klar zu erkennen, dass dieses System der Not geschuldet war und nicht einem ausgeprägten inneren Gemeinschaftssinn entsprang. Wir haben nämlich mehr als deutliche Indizien dafür, dass diese Gemeinschaften stark konfliktanfällig bzw. konflikthaltig waren. Man orientierte sich markant am eigenen Haus und Hof (*oikos*) und dementsprechend an der eigenen Familie, die außer dem Gesinde, häufig schon Sklaven, die Kernfamilie umfasste. Hier lag der Kern, um den herum sich Beziehungen von Verwandtschaft, vor allem aber von Freundschaft und Verschwägerung lagerten. Diese Orientierung war vor allem bei denjenigen ausgeprägt, die auf Grund ihrer ökonomischen Position weniger auf die gemeinschaftliche Solidarität angewiesen waren als das Gros der jeweiligen Bevölkerungen. Aus diesen Kreisen formierte sich, seit dem 8. Jahrhundert vor allem, eine sich zunehmend exklusiv gebärdende Adelsschicht mit extrem kompetitiver Orientierung und einem ausgeprägten Konkurrenzdenken. Schon Jacob Burckhardt sprach in diesem Zusammenhang vom Prinzip des Agonalen.

Die dieser Schicht angehörenden reicheren Bauern und größeren Grundbesitzer strebten danach, ihren Rang und ihr Gewicht in der Gemeinschaft auf Kosten anderer zu vergrößern. »Immer der erste sein und die anderen übertreffen« – mit diesem Vers aus Homers Ilias lässt sich das Credo einer sich formierenden Elite zusammenfassen. Um dies zu erreichen, bemühten sich die Adligen um die Mehrung ihres Reichtums. Ihr Streben nach Rang und Einfluss prägte ein markantes Ehrbewusstsein aus, das Kränkungen und Verletzungen nicht duldete und Nachgeben als Zeichen von Schwäche und Feigheit ansah.

Da es sich – jedenfalls zu Beginn des hier behandelten Zeitraums – noch nicht um einen fest gefügten Geblütsadel handelte, entwickelten die dieser Schicht Angehörenden klare Mechanismen der sozialen Distinktion, die ihnen durch Abgrenzung von den Ärmeren Exklusivität verleihen sollte. Ihre primär ökonomische Überlegenheit transformierten sie in einen ganz bestimmten Lebensstil. Mit diesem betonten und demonstrierten sie vor allem, dass sie unabhängig waren, unabhängig von der eigentlichen Arbeit für die Ressourcen des täglichen Lebens. Sie waren eben »abkömmlich« und bildeten eine geradezu klassische »*leisure class*« (Thorsten Veblen), indem sie prägnant und ostentativ das Leben von Müßiggängern führten. Muße (*scholé*) wurde das unterscheidende Merkmal des griechischen Adels.

Die Aristokraten signalisierten das auf verschiedenen Feldern, und auf diese Weise haben sich wesentliche Kennzeichen der griechischen Kultur herausgebildet. Noch verhältnismäßig konventionell war die besondere Aufmerksamkeit, die sie ihrem öffentlichen Auftreten widmeten: Besonders aufwendig hergestellte Kleidung aus zum Teil kostbaren Materialien, die Verwendung von Schmuck, die kunstvolle Gestaltung der Frisuren und die Verwendung von Kosmetika sorgten für ein besonderes ›Outfit‹. Vor allem aber entwickelten sie spezifische und ungemein charakteristische Tätigkeiten und Stile der Interaktion und Kommunikation. Sie trafen sich regelmäßig zu Gelagen (Symposien), die zunehmend ritualisiert wurden und Raum für Gespräche und Unterhaltung, aber auch für verschiedene Formen der Performanz, für Tanz, Musik, Gesang und Rezitation boten. Darüber hinaus kreierten sie, als Raum für die friedlich-regulierte Variante ihres Konkurrenzgehabes, den sportlichen Wettkampf. In verschiedenen Disziplinen wetteiferten sie miteinander auf dem Felde körperlicher Tüchtigkeit. Sie taten dies nackt (*gymnos*) an einem speziell dafür vorgesehenen Ort, dem Gymnasion. So wurde die Nacktheit des durchtrainierten und gepflegten Mannes sichtbarer Ausdruck des aristokratischen Habitus, wie noch heute die Statuen griechischer *kuroi* (Jünglinge) zeigen. Das Ideal der Tüchtigkeit und Leistungsfähigkeit, der *areté*, das auch politisch und militärisch relevant war, hatte vor allem eine Außenseite: Tüchtigkeit und Schönheit fielen zusammen, und später sollte sich daraus das Ideal der *kalokagathia* (›Schöngutheit‹) entwickeln.

Auf politischem Gebiet herrschte zwischen den Adligen extreme Rivalität im Kampf um Macht und

Einfluss sowie eine deutliche Reziprozität im Geben und Nehmen: Gutes musste mit Gutem, Schlechtes mit Schlechtem vergolten werden. Kränkungen wurden mit Rache erwidert und konnten zu dauernden Feindschaften und langen Konflikten führen. Freundschaft war nicht selten eher Kameraderie und Kumpanei, der Freund (*philos*) zugleich der Gefährte (*hetairos*) im Kampf und Konflikt. Deutlich stärker als die kooperativen Werte waren die kompetitiven ausgeprägt. Funktionen, die gerade die Angehörigen der Elite für die Gemeinschaft wahrnahmen, in Rechtsprechung und Streitschlichtung, in Kriegführung und Kultausübung, nutzten sie zur Verbesserung ihrer Position. Schon deshalb konnte sich kein autonomer Bereich des Religiösen herausbilden. Es gab keinen etablierten Priesterstand, Adlige ›verwalteten‹ auch sakrale Angelegenheiten in ihrem Sinne. Und so bildete die griechische Götterwelt gerade aus der Sicht dieser Elite kaum mehr als das Abbild der menschlichen Gemeinschaft. Andererseits konnte sich keine wirklich exklusive Aristokratie herausbilden, auch wenn die Vorstellung der Vererbung adliger Tüchtigkeit wuchs. Durch Besitzverlust konnte man auch die Basis für Repräsentation und Auftrumpfen verlieren, andere, die ihren Reichtum geschickt mehrten, konnten durch Führen eines entsprechenden Lebens der Muße ihre weniger gute Herkunft vergessen machen.

Die Lage und die Mentalität der römischen Elite war in mancher Hinsicht durchaus ähnlich. Schon die etruskischen Adligen pflegten einen dem griechischen vergleichbaren Lebensstil. Auch für Rom lassen sich – jedenfalls von späteren Zeiten und besser dokumentierten Zuständen her – markantes Reziprozitätsdenken und strikte Erwiderungsethik sowie höchst ausgeprägtes Ehr- und Prestigebewusstsein unterstellen. Man wird sich nicht weniger in den Bahnen der Konkurrenz um Macht und Ehre bewegt haben als die Griechen. Dennoch dominieren die Unterschiede, und es gehört zu den ungelösten Rätseln der Alten Geschichte, wie es zu diesen gekommen ist. Bei allem Ehrgeiz und Konkurrenzdenken zeigt nämlich der römische Adel eine ebenso stark ausgeprägte, *á la longue* sogar prävalierende Kohärenz. Man hat hierfür auf den äußeren Druck hingewiesen, dem sich das frühe republikanische Rom ausgesetzt sah. Doch dass dieser die Gesell-schaft zusammenschweißte und nicht spaltete – was ja auch denkbar gewesen wäre –, lässt darauf schließen, dass der innere Zusammenhalt schon vorher größer gewesen ist als in vielen griechischen Gemeinschaften. Hatten die Römer vielleicht gerade angesichts ihres massiven Konkurrenzdenkens auf Kooperation gesetzt? Hat der gemeinsame Kampf gegen die herrschaftlichen Bestrebungen von Königen die verbindenden Elemente gestärkt?

Wir können gerade an diesem zentralen Punkt über Vermutungen nicht hinauskommen. Aber konstatieren können wir, dass das römische Gemeinschaftsleben durch strikte Regeln und Kontrollmechanismen geprägt war. Das religiöse Verhalten und der Umgang mit den Göttern war durch peinlichst genaue Beachtung der Regularien gekennzeichnet, auch und gerade etwa in der Handhabung militärischer Aktionen und in der »Konstruktion des Krieges«. Darüber wachten auch hier nicht Gruppen von Priestern, sondern Amtsträger der Gemeinschaft und der Senat selbst. Und diese achteten genauestens darauf, dass die *res publica* stets in Übereinstimmung mit dem Willen der Götter handelte.

Strengste Normen beherrschten auch die soziale Interaktion. Die Leistungen der Einzelnen waren auf die *res publica* bezogen, die Tüchtigkeit zeigte sich in der Leistung für die Gemeinschaft, für Ehre und Amt gab es dasselbe Wort: *honos*. Die patriarchalische Gewalt des Familienoberhauptes (*patria potestas*) war noch ungleich stärker als in Griechenland, sie diente aber letztendlich der Gemeinschaft und förderte die soziale Disziplinierung. So fehlte gerade die Betonung der Muße als Merkmal der Distinktion. Sie war in Rom sogar diskreditiert. *Neg-otium* (Nicht-Muße) gab den Adligen die entscheidende Orientierung, und *negotium*, das »Geschäft«, war ›Geschäftigkeit‹, war Tätigkeit für den Staat.

Darüber hinaus war die Adelsschicht klar ständisch abgegrenzt. Sie war zunächst ein Geblütsadel, die Patrizier. Die Exklusivität blieb im Wesentlichen sogar angesichts der Herausforderung durch die Ständekämpfe erhalten. In deren Verlauf gelangten zwar auch Plebejer in die höchsten Ränge. Aber letztendlich formierte sich daraus vor allem in der zweiten Hälfte des 4. und in der ersten Hälfte des 3. Jahrhunderts eine neue Aristokratie, eine Mischung aus Geblütsadel und Leistungselite, der Senatsadel mit einer kleinen Spitzengruppe, der Nobilität. In dieser Elite hatte sich soziales Kapital über Generationen hinweg akkumuliert, und dies trug zu Rang und Einfluss, *dignitas* und *auctoritas* bei – aber der ›Nachwuchs‹ hatte dies für seine Person immer wieder zu bestätigen und zu mehren.

Innerhalb der Elite herrschte – trotz zum Teil erbitterter Konkurrenzkämpfe und bei erheblichen Rangunterschieden – die Akzeptanz der aristokratischen Gleichheit und der formellen Freundschaft (*amicitia*). Zugleich waren die Mitglieder der Elite mit den Angehörigen der mittleren und unteren Schichten auf persönliche Weise verbunden, durch die Klientel. Diese setzte das soziale Gefälle zwischen dem höher Gestellten (*patronus*) und dem sozial Schwächeren (*cliens*) voraus, fasste es aber nicht als Untertänigkeit oder gar Sklaverei, sondern als Verhältnis gegenseitigen Respekts und vor allem wechselseitiger Unterstützung und Loyalität. Diese vertikale Solidarität war ein ganz wesentlicher ›Kitt‹ der römischen Gesellschaft. Hinzu kamen noch die klaren Kommandostrukturen im römischen Heer, wo der Senator als Offizier fraglos respektiert wurde. Die Autorität des Adelsstandes als Kollektiv wie die seiner einzelnen Mitglieder war fest gegründet.

4. Literarisch-künstlerische und philosophische Deutungsmuster im sozialen Kontext

Gerade die unterschiedlichen Grundorientierungen – strikter Bezug auf die *res publica* hier, Muße und aristokratischer Individualismus dort – wirkten sich auch auf das Gefüge und die Inhalte der jeweiligen Vorstellungen aus. Die Römer und die römische Sozialisation orientierten sich strikt am Herkommen, dem *mos*. Die Regularien wurden auf ganz elementare Weise und ohne grundsätzliche Debatten weitergetragen, *learning by doing*: Römische Jugendliche aus der Oberschicht lernten, nicht anders als ein Bauern- oder Handwerkersohn, den ›Beruf‹ des Vaters. Sie taten dies, indem sie in der Regel einen Erwachsenen aus befreundeter Familie bei dessen Tätigkeit begleiteten.

In Griechenland dagegen wurde die aristokratische Muße-Welt ständig ausgestaltet, erweitert und neu koloriert. Dazu gehörte etwa, dass Elemente

dieser Welt auch Bestandteil von kultischen Praktiken wurden und damit sogar die Festkultur in besonderer Weise prägten. Der Gottesdienst wurde mit dem Wettkampf verbunden, Agone auf sportlichem, dann auch auf musischem Gebiet gehörten zu ihm und konnten Eigengewicht gewinnen. Gerade wegen der unvollständigen Einbindung der Adligen in ihre Gemeinschaft und auf Grund ihrer vielfachen Außenbeziehungen, etwa durch Gastfreundschaften, vermittelten die Agone auch Kontakte und Kommunikation über die Gemeinden hinaus, etwa bei den Olympischen Spielen. So entwickelte sich ein Bewusstsein gemeinsamen Hellenentums auch angesichts vorhandener Differenzen und Konflikte zwischen den Gemeinden. Generell erhielt die Darbietung von Kunst und Musik neben dem Sport hier einen zunehmend bedeutsameren Platz.

Ferner verbreitete sich das Performative über die Festkultur hinaus auch im alltäglichen Kontext der Symposien, zunehmend auch im öffentlichen Bereich, aus verschiedenen Anlässen. Sänger und Poeten berichteten von den Taten der Götter und Heroen, priesen aber auch die Leistungen der Sieger in sportlichen Wettbewerben. Häufig traten auch Chöre von Männern oder Frauen auf, oft verbunden mit tänzerischen Darbietungen. Man kann geradezu sagen, dass die Formierung der Aristokratie, schließlich auch die Integration der politischen Gemeinschaft auf der einen und die Entwicklung der Literatur und ihrer Gattungen auf der anderen Seite in einem Prozess enger Rückkoppelung erfolgte. Die Literatur hatte in extremer Weise einen »Sitz im Leben« und damit in dem Maße Wirkung und Einfluss, wie sie auf die gegebenen Verhältnisse reagierte und diese doch in ästhetischer Distanzierung, etwa im Raum des Mythos, reflektierte. So wurden Homer und Hesiod, aber auch andere, Lyriker, Chorlyriker und Dramatiker, zu Lehrmeistern der Griechen.

Das zeigte sich in allen für das Gemeinschaftsleben wichtigen Bereichen. Die religiösen Vorstellungen wurden vom strikten Anthropomorphismus geprägt. Wie Menschen sahen die Götter aus, und wie Menschen handelten sie. Dabei kam es zu manchen Inkonsistenzen: Einerseits verehrten die Griechen ihre Götter auf strenge und fromme Weise, andererseits erzählten und hörten sie über sie viele allzu menschliche Geschichten. Einerseits machte man die Götter und die Inspiration durch sie für menschliches Verhalten verantwortlich, andererseits schrieb man den Menschen selbst die Verantwortung für ihr Tun zu. Beides wirkte zusammen, so wie man für wichtige politische Maßnahmen und Gesetze Orakel einholte oder den Schutz der Götter anrief und doch wusste, dass es sich dabei um Menschenwerk handelte.

Wichtige Probleme des Gemeinschaftslebens wurden literarisch repräsentiert, so die Gefährdung durch individualistisches Ehr- und Rachedenken am Beispiel des Achilleus in der Ilias oder die Bedrohung durch schwere innere Konflikte, ja durch Bürgerkrieg in der Odyssee. Vor allem gestalteten die Dichter, zunehmend auch die bildenden Künstler, den Raum der Vergangenheit aus. Schon Homer schuf eine Distanz, indem er die Handlung seiner Epen bewusst in einem entfernten Präteritum ansiedelte, und zunehmend wurde der Vergangenheitsraum durch Genealogien sowie die Bezeichnung und Beschreibung verschiedener Gruppen und Stämme zeitlich wie räumlich gegliedert. Vieles wurde in die Welt des Mythos verlagert, aber diese wurde von der Gegenwart her konstruiert und strukturiert. Man war mit ihr nicht nur durch die Abstammungslinien und durch die Gleichnamigkeit der Stämme und Gemeinschaften verbunden, sondern auch kategorial nicht getrennt: Damals herrschten dieselben Regeln und Vorstellungen, alles war lediglich noch größer, ja grandioser. Es wurde der Gegenwart als eine heroisch idealisierte Vergangenheit gegenübergestellt, die auch dem aktuellen Verhalten Norm und Orientierung gab.

Verquickt mit den maßgeblichen Tendenzen des sozialen Lebens war auch die Bildkunst, wie sich nicht nur darin zeigt, dass etwa in der Vasenmalerei ähnliche Themen behandelt wurden wie in der Literatur. Die bildende Kunst war vor allem für das Ostentations- und Repräsentationsbedürfnis der ganz auf äußerlich sichtbaren Rang und auf ästhetische Distinktion erpichten Aristokratie wichtig. Die ideale Darstellung des nackten Männerkörpers wurde bereits erwähnt. Die statuarische Gestaltung junger Frauen betonte vor allem den reichen Charakter der Gewandung, des Schmucks und der Frisur. Da der aristokratische Habitus nach Möglichkeit nachgeahmt wurde, nicht zuletzt auch

durch die Gemeinschaften selbst, wurden auch kollektive Leistungen, hier besonders in der Architektur, entsprechend demonstriert, wie etwa die Monumentalisierung des Tempelbaues zeigt. Überhaupt waren auch hier die Grenzen zwischen göttlicher und menschlicher Sphäre gering: Götter und Göttinnen wurden prinzipiell nicht anders dargestellt als Menschen und häufig ließen sie sich nur durch die Beifügung spezifischer Götterattribute und durch Beischriften unterscheiden. Repräsentative Standbilder von Menschen bevölkerten nicht nur private Gräber, sondern auch – als Weihgeschenke – öffentliche Heiligtümer.

Darüber hinaus herrschten, bei Künstlern wie bei ihren vornehmlich aristokratischen Adressaten und Konsumenten, eine deutliche Offenheit für Anregungen aus anderen, ja fremden Milieus, und nicht selten auch eine sehr konkrete Mobilität. Die Expansion der Griechen in der Zeit der Großen Kolonisation (ca. 750–550 v. Chr.) hat dies – auch über die aristokratischen Milieus hinaus – beträchtlich gefördert. Griechen erschlossen sich neue Räume, vor allem in Unteritalien und Sizilien sowie im Schwarzmeerraum, aber auch zum Teil in Nordafrika, Südfrankreich und Katalonien. Vor allem aber übernahmen sie aus älteren Kontaktregionen, aus Ägypten, Kleinasien und von der Levante, vielfältige Anregungen aus dem Nahen Orient, Mythen, Göttervorstellungen, Zeit- und Welthorizonte, und formten diese auf ganz eigene Weise um, gerade im Bereich von Literatur und Bildkunst, aber auch in der Musik, die für uns freilich nicht mehr rekonstruierbar ist. Die orientierende Rolle der ästhetischen Produktion, die prägende Tätigkeit von Dichtern, Bildhauern und Malern blieb erhalten. Dies wird nicht zuletzt in den großen Werken der griechischen Klassik des 5. Jahrhunderts v. Chr. deutlich, in der Blütezeit des demokratischen Athen, in der attischen Tragödie und Komödie nicht anders als in der Plastik und Architektur.

Generell waren also viele Orientierungen durch das intellektuell-ästhetische Feld gegeben, aber dieses war mit der Lebenswelt aufs engste verquickt. So waren Literatur und Kunst auch der Ort für das Durchspielen von Grundproblemen und die Bewältigung von Krisen. Dies geschah aber in der Regel nicht auf gleichsam realistisch-konkrete Weise, sondern in der mythischen Distanz, in einer als entfernt wahrgenommenen Welt. Hier war auch Platz für Idealisierung und Normierung. Eine als bedrückend empfundene Wirklichkeit konnte transzendiert, ja auch mit Idealvorstellungen konfrontiert werden, mit einer sozusagen schöneren und besseren Option. Dies trug dazu bei, dass eine zutiefst konfliktbereite und für Gewalt anfällige Gesellschaft sich zunehmend mit den Normen von Harmonie und Maß umgab, also gerade mit dem, was ihr am meisten mangelte. Man hat also den Eindruck, dass Winckelmanns »edle Einfalt und stille Größe« und Nietzsches »inwendiger Explosivstoff« der Griechen nur zwei Seiten einer Medaille waren: die klassische Beschwörung von Form und Zurückhaltung, Beherrschtheit und Kontrolle als Gegenbild einer rasch zur Maßlosigkeit und Hybris tendierenden Mentalität, in der die Freiheit des Tyrannen ein großes Ziel abgab.

Die hier angesprochene Dialektik wurde noch dadurch gefördert, dass sich im Verlauf des 6. Jahrhunderts v. Chr. im aristokratischen Muße-Milieu eine neue geistige Tätigkeit entwickelte, gleichsam ein Sport des Geistes, das Philosophieren. Dies ergab sich zunächst im Ambiente von Milet, einer kleinasiatischen Stadt, deren soziales und politisches Leben reich an Spannungen war und die zugleich dichte Kontakte nach Übersee und in ihr Hinterland hatte. Hier kamen viele neue Eindrücke und Einflüsse zusammen, nicht zuletzt aus dem Orient und Ägypten. Jedenfalls zeigt sich, dass die griechische Philosophie, die von den großen Milesiern, Thales und Anaximander, begründet wurde und sich rasch ausbreitete – Pythagoras stammte von der benachbarten Insel Samos und lebte zuletzt in Unteritalien –, nicht weniger als die Kunst und Literatur auf Vorstellungen und Leistungen der orientalisch-ägyptischen Welt zurückgriff. Dies galt für Mathematik, besonders Geometrie, und Astronomie, aber auch für Weisheitslehren und religiöse Konzepte.

Entscheidend war aber, dass diese nicht lediglich rezipiert, sondern in einen ganz anderen Kontext verpflanzt wurden. Im Orient und Ägypten dienten sie ganz konkret der Bewältigung und Organisation praktischer Aufgaben und der Regulierung des sozialen und politischen Lebens. In Griechenland wurden sie vorwiegend Gegenstand des Gedankenspiels als Teil einer aktiven Muße; dass aus *scholé*

über das lateinische *schola* die heutige Schule werden konnte, verweist noch immer auf diesen Ursprung.

So dienten Geometrie und Astronomie weniger der Berechnung für Maßnahmen der Infrastruktur oder die Errichtung monumentaler Gebäude, also konkreten Zwecken, sondern wurden auch um ihrer selbst willen betrieben, als Selbstzweck, gelöst vom unmittelbaren Interesse. Eine Kluft zwischen Theorie und Praxis tat sich auf. So fragte man auch, angetrieben von Neugier, nach den Ursprüngen und Prinzipien, den *archai*, und sammelte aus reinem Wissensinteresse durch Erforschung und Erkundung (*historie*) Nachrichten über Länder und Völker, Sitten und Gebräuche, Mythen und Genealogien. Aristoteles konnte all das später – am Beginn seiner ›Metaphysik‹, die sich zunächst dieser ionischen Philosophie widmete – mit dem Satz zusammenfassen: »Alle Menschen streben von Natur aus nach Wissen«.

Sehr schnell erreichten diese Intellektuellen einen hohen Abstraktionsgrad, der sich extrem weit von geläufigen und alltäglichen Vorstellungen entfernte: Der Blick auf die Welt war der auf eine geometrisch konstruierte Fläche, die sich als Karte darstellen ließ, während man sich gemeinhin an Hand von Linien und markanten Punkten sozusagen topologisch im Raum orientierte. Schon Anaximander postulierte, dass die Welt auf Grund ihrer Zentralität mitten im Kosmos stabil ruhte, weshalb schon die Pythagoreer folgerten, die Erde müsse eine Kugel sein. Für Parmenides aus dem unteritalischen Elea war die den Menschen umgebende Welt mit ihrem Werden und Vergehen nicht ›real‹, das echte ›Sein‹ musste anders beschaffen sein. Es war, wie auch Heraklit von Ephesos postulierte, nur der Vernunft, dem *lógos* zugänglich, der auch sein Grundprinzip verkörperte.

Es ergab sich also rasch eine massive Diskrepanz zwischen den Vorstellungen der Philosophen und denen der ›normalen‹ Menschen, die von jenen nicht selten als dumm und lächerlich qualifiziert wurden. Zugleich herrschte in den noch kleinen Milieus der Intellektuellen hohe Konkurrenz – nicht anders als in dem Freund-Feind-Denken der aristokratischen Cliquen und Hetairien, die stärker politisch orientiert waren: Auf der einen Seite gab es die Loyalität des Schülers gegenüber dem Lehrer und die interne Freundschaft innerhalb der sich entwickelnden Schulen, zum anderen machte man sich eine Freude daraus, die Gedanken der anderen zu widerlegen und zu verspotten. So ergaben sich ganz eigenständige Linien von Tradition und Umbruch, Rezeption und Rückgriff. Das intellektuelle Feld war weitgehend autonom. Wie in der Politik, im Sport, bei Künstlern und Dichtern dominierte auch hier das Agonale, vor allem in Form der Kritik. Das hatte wichtige Konsequenzen, denn es ergab sich eine enorme Pluralität und ein hoher Reichtum an verschiedenen Ansichten, Varianten und Versionen. Originalität entstand durch Abweichung und den Versuch, besser zu sein als die anderen. Dies blieb der griechischen Geistes-, Literatur- und Kunstgeschichte eingeschrieben.

Deshalb war der griechischen Kultur die Kanonbildung von Hause aus fremd; es fehlte eine Fixierung von Konzepten und Schriften, über die jemand sozusagen letztinstanzlich entschied. Griechische Weisheit war nicht herrschafts- oder glaubensgestützt, sondern Gegenstand und Ergebnis von Debatten, Diskussionen, Widerlegungen. Sie war gleichsam diskursgestützt. Lediglich durch breitere und über Epochen hinweg wiederholte Akzeptanz erhielten bestimmte Texte und Autoren, so etwa Homer und Hesiod, eine höhere Autorität. Auch diese aber erweiterte man bedenkenlos, etwa durch Zusätze in das zunächst noch weitgehend mündlich tradierte Corpus oder durch Veröffentlichung späterer Schriften unter deren berühmteren Namen.

Da Kunst, Literatur und Philosophie primär im Milieu zweckfreier Muße angesiedelt und im wesentlichen nicht von politisch-sozialen Vorgaben her mehr oder weniger gesteuert waren, ließen sie sich zwar verschiedentlich instrumentalisieren und schufen nicht wenige Künstler auch Auftragswerke. Aber eine totale und eindeutige Indienstnahme war auch angesichts konkurrierender Gruppen innerhalb der politischen Gemeinschaften und auf Grund der Vielgestaltigkeit der griechischen Poliswelt gar nicht möglich. Jede ›offizielle‹ Version etwa in der Darstellung eines mythisch-historischen Zusammenhanges konnte jederzeit durch eine andere, literarischem Konkurrenzkampf entsprungene Variante ersetzt werden, wenn die betreffenden Individuen und Gruppen diese im Prozess der Rezepti-

on akzeptierten. Die Gültigkeit solcher Varianten war also immer prekär.

Bei aller Diskrepanz von theoretischen und alltäglichen Vorstellungen musste die Philosophie keineswegs *l'art pour l'art* sein. Sie konnte gerade mit dem Aufweis dieser Diskrepanz auch Kritik an bedenklich erscheinenden Phänomenen des Lebens und an gängigen Anschauungen hervorbringen, etwa an den religiösen Vorstellungen von den allzumenschlichen, mithin zum Teil auch kriminellen Göttern oder an dem übertriebenen Luxusgehabe der Eliten oder an der Überbewertung sportlicher Leistungen. Das kritische Potential war nicht unbedingt auf das intellektuelle Milieu beschränkt. Es ließen sich auch konkrete Verbesserungsvorschläge angesichts besonders drängender Probleme des sozialen und politischen Lebens gewinnen.

Wir können beobachten, dass auf diesem Felde deutliche Anleihen bei den ganz anders gearteten religiösen Vorstellungen des Orients, des Judentums und Ägyptens und bei den dort entwickelten Theologien und Weisheitslehren gemacht wurden, so bereits bei Hesiod (7. Jahrhundert v. Chr.) und dann vor allem bei Solon von Athen (um 600 v. Chr.). Hier finden wir ein Ethos der Gerechtigkeit, über die die höchsten Götter wachten. Und damit verband sich eine besondere politisch-soziale Moralität, die die kooperativen Werte und das Gefühl für die Verantwortung des Einzelnen für seine Gemeinschaft stärken sollte. Die Vergeltung, im positiven wie im negativen Sinn, Belohnung und Bestrafung, lag in der Hand der Götter, insbesondere des Zeus als dem Schützer des Rechts und der Dike als der verkörperten Gerechtigkeit. So finden wir gerade im künstlerisch-intellektuellen Milieu auch eine markante Ethisierung der Religion. Sie stand im Widerspruch zu dem Bild einer prinzipiell a-moralischen Götterwelt und zu den konkreten Praktiken des *do ut des*.

5. Die »moralische Topographie«: Die definitive Formierung der Gemeinschaften und ihrer Regeln und Vorstellungen

Nichts von alledem finden wir im frühen Rom. Dort gab es auch erhebliche innere Konflikte zwischen den ehrbewussten Individuen. Doch dafür fand man pragmatische Lösungen. Es entwickelte sich eine Rechtspflege im Sinne einer Kultur der Streitregelung. Die Verfahren und ihr Ablauf standen unter der Aufsicht staatlicher Funktionäre, der Prätoren, die auf die Einhaltung der Regeln achteten, aber die materielle Entscheidung einer kundigen und erfahrenen Privatperson aus der Oberschicht, dem Richter (*iudex*) überließen. Ansonsten wurde das Zusammenleben durch mündlich tradierte Sozialnormen, durch Brauch und Sitte (*mos*) gelenkt.

Als es im 5. Jahrhundert zu massiven Auseinandersetzungen zwischen den Patriziern und den Plebejern kam, in den sogenannten Ständekämpfen, haben die Römer um 450 v. Chr. durch eine Kommission bestimmte Regeln schriftlich fixieren lassen. Sie wurden auf 12 Tafeln verzeichnet und für allgemein verbindlich erklärt. So war geschriebenes, d. h. gesetztes Recht entstanden. Zu denen der 12 Tafeln kamen später – gerade zur Lösung besonders tiefer Konflikte und drängender Probleme – weitere Gesetze hinzu. So war die römische *res publica* ein Gebilde aus *mores* und *instituta*, aus Gebräuchen und Rechtsinstituten. Diese wurden über die Generationen hinweg tradiert, aber im Zweifelsfall im Senat ausgehandelt. So ließen sich immer auch neue Herausforderungen meistern, solange das dominierende Gremium, eben der Senat, am Konsens orientiert war. Angesichts der oben skizzierten Mechanismen der sozialen Kontrolle und der Observanz war seine Autorität unangefochten.

Der Gebrauch der Schrift zur Schaffung von gesetztem Recht, die Gesetzgebung, war nun keineswegs eine römische Erfindung. Die Römer hatten sich hier vielmehr eines Modells bedient, das die Griechen schon weit vorher, seit dem 7. Jahrhundert, entwickelt hatten. Auch dort war die Verschriftung von Regeln, die oft auch mit einer Neuschöpfung oder Präzisierung verbunden war, die Antwort auf krisenhafte Entwicklungen gewesen, die die jeweiligen Gemeinschaften zu sprengen drohten. Die schriftliche Fixierung sollte die Regeln stabilisieren und zugleich der Öffentlichkeit kenntlich machen. Sie ging auf die Tätigkeit Einzelner zurück, die als Gesetzgeber eingesetzt und mit besonderen Vollmachten ausgestattet worden waren, oder auf die Beschlüsse von Versammlungen, zu denen die berechtigten Angehörigen der Gemein-

schaft zusammenkamen. Insofern waren sie – wie jeder wusste – Menschenwerk. Zugleich stellte man sie aber auch unter den Schutz der Götter, und nicht selten hatte man vor der Fixierung den göttlichen Willen durch Orakel erkundet. Die Gesetze hatten also auch eine religiös-sakrale Komponente. *De facto* war aber die Gemeinschaft selbst der Garant für ihre Beachtung.

Mit der Etablierung derartiger Rechtsordnungen war eine staatliche Organisationsform von bescheidenen Dimensionen entstanden, ein Stadtstaat bzw. – mit dem griechischen Wort – die Polis. Diese war im wesentlichen eine Nomokratie (»Gesetzesherrschaft«), denn die Gesetze waren in den Augen der Griechen der Garant für die Freiheit (von der Tyrannis oder anderen Herrschaftsformen) und für die Selbstregulierung durch die Gemeinschaft selbst. Später konnte man sogar sagen, die Gesetze seien der »Charakter« einer Polis. Zwar war die Regelungsdichte qua Gesetz recht gering, und Brauch und Sitte, also soziale Normen, hatten nach wie vor einen hohen Stellenwert. Aber die Gesetze regelten gerade besonders wichtige Komplexe, etwa auf religiösem Gebiet, in der Frage der innerstaatlichen Machtverteilung und auf dem Felde der Konfliktregelung durch Prozesse. Ihr Volumen wuchs auch ständig, weil sich in der Polis immer wieder die Machtfrage stellte und weil insbesondere die Frage nach der Breite der Partizipation strittig war. Wer in welchem Umfange über was mitzubestimmen hatte, war häufig klärungsbedürftig: Sollte es ein mehr oder weniger enger Kreis sein (das nannte man später Oligarchie) oder sollten alle freien Bürger in wesentlichen Dingen zu entscheiden haben (Demokratie) – das war immer wieder Gegenstand zum Teil erbitterter, auch gewaltsamer und blutiger Auseinandersetzungen.

Überhaupt waren – anders als in Rom, wo die Dinge nach Abschluss der Ständekämpfe und mit der Etablierung des neuen Senatsadels im wesentlichen geklärt waren – die soziopolitische Organisation und die Machtverteilung Gegenstand der Debatte, in der Praxis wie im intellektuell-künstlerischen Milieu. Die Ordnung wurde nicht als quasi gegeben angesehen, sondern als ein Problem, über das man mindestens diskutierte. Schon die homerischen Epen zeigen das, und das zog sich durch die Jahrhunderte hindurch.

So wurde auch die Gesetzgebung selbst Gegenstand der Debatte. Schon Solon hatte gesehen, dass die bloßen Gesetze nicht ausreichten, sondern dass auch ein entsprechendes, die Gemeinschaft tragendes Ethos notwendig war. Sein Versuch, dieses Ethos durch eine moralisch aufgeladene Religiosität zu stützen, schlug allerdings fehl. Die Religion war eben kein autonomes Feld, sondern konnte sogar Bestandteil der Auseinandersetzungen werden. Die ›menschlichen‹ Götter hatten Freunde und Feinde, denen sie halfen. Sie standen einerseits über, andererseits aber auch in dem Geschehen. Und letztlich war Politik eben – auch bei Solon – Sache von Menschen, die von ihren Interessen und Vorlieben geleitet waren – wie die Götter, die schon in der Ilias ihre Sympathien und Antipathien ganz menschlich verteilten.

Schon dies kann auf die Grenzen der Gesetzgebung und ihrer göttlichen Sanktionierung verweisen. Aber auch die Gesetze selbst, ihr Inhalt und ihre generelle Bedeutung, gerieten zunehmend auf den Prüfstand der Kritik. Die Fixierung durch die Verschriftung sollte der Stabilität dienen, untergrub diese aber ungewollt. Sichtbar gemacht wurde auch, dass und wie sich Gesetze weiterentwickelten. Vergleiche – auch zwischen den Poleis – waren möglich, Verbesserungen ließen sich erzielen. Die Gesetze erschienen mithin als veränderbar.

Hinzu kam, dass durch die erwähnte Erforschung der Welt, die *historie*, auch Regeln und Bräuche anderer Gemeinschaften bekannt wurden, die denen der Griechen zum Teil diametral entgegengesetzt waren. All dies erhielt besondere Bedeutung mit der Ausbreitung einer neuen intellektuellen Bewegung im 5. Jahrhundert, mit der Sophistik. Diese setzte – bei einem ihrer ersten und führenden Vertreter, Protagoras, kann man das noch einigermaßen erschließen – gerade bei der oben bezeichneten Kluft zwischen philosophischer und alltäglicher Weltsicht an. Die Sophisten scheinen dabei die Dinge umgekehrt, sozusagen vom Kopf auf die Füße gestellt zu haben: Sie vertrauten nicht so sehr der Kraft des Denkens über die letzten Dinge, die zu ganz unglaublich-abstrakten Theorien geführt hatte, sondern setzten auf die maßgebliche Bedeutung der Sinne bzw. der sinnlichen Wahrnehmung. An die Stelle der abstrakten Logik trat eine sensualistische Orientierung. Diese führte aber direkt zu Skepsis und Relativismus.

Zugleich wandten sich die Sophisten aber generell der Welt der Empirie und Praxis zu, auch der des Menschen und seiner sozialen Organisation. Gerade darüber, und damit über die Gesetze, haben sie lebhaft debattiert. Auch die Gesetze wurden als relativ wahrgenommen. Über die besten Gesetze ließ sich trefflich streiten, und dabei gab es die verschiedensten Versionen. Woran sollte man sich orientieren? Charakteristisch ist, dass die Sophisten eine neue Kategorie einführten und neben die Gesetze stellten, die der Natur (*physis*). Sie sahen deutlich, dass die Gesetze eine Einschränkung bedeuteten, gerade für die sozial Stärkeren und Mächtigeren. In der Natur – auch in der menschlichen – erkannten sie aber den »Willen zur Macht« als obwaltenden Trieb, für den sie als Beispiel gerne auf die Tierwelt verwiesen. Die Gewichtung des auf diese Weise konstatierten Spannungsverhältnisses zwischen *nomos* und *physis* war unterschiedlich. Es gab Sophisten, die gerade auf Grund dieser Erkenntnis für die Stärkung der Gesetze plädierten, während andere sogar dem »Recht des Stärkeren« das Wort redeten, in einer Art Sozialdarwinismus *avant la lettre*. Komödien des Aristophanes, das Geschichtswerk des Thukydides und andere Texte lehren uns, dass hierüber spätestens im letzten Drittel des 5. Jahrhunderts bereits mit aller Leidenschaft diskutiert wurde, nicht zuletzt unter dem Eindruck der imperialen Machtentfaltung Athens und des Peloponnesischen Krieges (431–404).

Die Griechen hatten sich als Polisbürger mühsam daran gewöhnt, Gerechtigkeit in politischem Sinne als Beachtung der Gesetze, als Gesetzlichkeit zu verstehen. Dies verbürgte ihnen ja, wie gesagt, Freiheit und Partizipation. Aber jetzt war diese Gewissheit erschüttert, und es handelte sich nicht nur um eine philosophisch-akademische Debatte. Im Athen des Peloponnesischen Krieges waren viele Angehörige einer ganzen Generation von den sophistischen Debatten ›infiziert‹. In einem blutigen Knäuel aus Krieg und Bürgerkrieg, Diktatur und Aufstand hatte jeder spüren können, wohin derartige Relativierungen und Umwertungen führten. Dass man Sokrates den Prozess machte (399 v. Chr.), ist ein deutlicher Ausdruck solcher Verunsicherung. Auch in anderen griechischen Staaten hatte man vergleichbare Erfahrungen machen müssen, und in den Hegemonialkriegen und in den Bürgerkriegen des 4. Jahrhunderts vermehrten sich diese weiter. Im praktisch-politischen Leben setzte man nach wie vor auf Gesetze und Gesetzlichkeit, und gerade in Athen führte dies auch noch im 4. Jahrhundert zu einer beachtlichen Stabilität. Aber anderswo zeigte sich immer wieder, wie wenig haltbar das alte Modell war, weil sich der Machttrieb im Zweifelsfall über die gesetzliche Beschränkung leicht hinwegsetzte. Und auch die Athener wussten nur zu gut um dieses Gefährdungspotential.

So stellte sich immer wieder die Frage nach dem entscheidenden Korrektiv, nach einer besser verankerten Gerechtigkeit, die die katastrophalen Konsequenzen des politischen Egoismus besser steuern konnte als die Gesetze. Dies war schon ein wichtiges Thema der attischen Tragödie des 5. Jahrhunderts und es bestimmte auch die großen philosophischen Entwürfe des 4. Jahrhunderts. Platon, der bedeutendste Schüler des Sokrates und durch dessen Hinrichtung bis ins Mark erschüttert, sah eine grundsätzliche Diskrepanz zwischen den verschiedenen alltäglich-üblichen Verfahren von Recht und Gesetzlichkeit und der wahren Gerechtigkeit. Erstere hielt er letztlich – in Anknüpfung an die ältere Philosophie und ihre ontologische Orientierung – für unwirklich und scheinhaft, letztere für real. Sie war in der als eigentlich wirklich gedachten Welt der Ideen, im Transzendentalen verankert und eine geradezu göttliche Größe, eine »Sonne der Gerechtigkeit«. Sie sollte den menschlichen Gesetzen und dem Gesetzgeber Orientierung geben.

Platons Schüler Aristoteles operierte ebenfalls mit einer idealen Verfassungsform, ließ aber auch den empirischen Ordnungen ihren Platz. Auch wenn sie nicht die besten aller Welten verkörperten, waren sie doch der Verbesserung fähig. Dafür entwickelte Aristoteles klare Konzepte. Zu diesen gehörte auch, dass die real existierenden Verfassungen das Prinzip der Gesetzesobservanz hochzuhalten hatten: Die Verfassungen, die den Gesetzen den Vorrang vor der Verfolgung partikularer Interessen gaben, waren die besseren. Hierin stand der Philosoph dem üblichen Rechtsdenken recht nahe. Doch rechnete er gerade die verbreiteten griechischen Verfassungsformen, Oligarchie und Demokratie, nicht in diese Kategorien, zu sehr dominierte dort das Eigeninteresse der jeweils dominierenden

Schichten: der Reichen in der Oligarchie, der Armen in der Demokratie.

So standen gerade die Klassiker der griechischen Philosophie in mehr oder weniger deutlicher Distanz zu den in ihrer Zeit existierenden Polisordnungen. In der hellenistischen Philosophie hat sich diese Kluft noch vertieft, so in der Propagierung des Rückzugs aus der Politik bei Epikur und im Kosmopolitismus der Stoiker. Der von Platon ins Grundsätzliche gerückte Tod des Sokrates bleibt die dafür charakteristische Erinnerungsfigur: Der in Wirklichkeit gerechteste Mensch – übrigens, wie der Dialog ›Kriton‹ zeigt, sogar nach den Gesetzeskriterien der Polis – wird in der Polis zum Tode verurteilt. Eine kaum überbrückbare Kluft zwischen Denken und Handeln hatte sich aufgetan.

6. Der Zug ins Universale und seine Konsequenzen

In vielen Teilen der mediterranen Welt hatte es schon seit langem Zonen engen kulturellen Austausches gegeben. Hierzu gehörte besonders die Levante mit ihrer recht gemischten Bevölkerung aramäischer, phönikischer und jüdischer Herkunft und Kultur. Diese Region war über verschiedene Karawanenwege mit dem Zweistromland und der arabischen Halbinsel verbunden, zugleich wurden von ihr aus zunehmend, durch phönikische Seefahrer, weitere Küstenzonen des Mittelmeeres erschlossen. Griechen waren schon früh mit Phönikern in Kontakt gekommen, und das verstärkte sich noch in der Zeit der Großen Kolonisation. Damit aber kamen auch die Etrusker, die Römer und andere italische sowie keltische und keltiberische Gruppen ins Spiel. Besonders wichtig blieben aber die Berührungen zwischen der griechischen und orientalischen Welt an der Levante, auf Zypern und zunehmend auch in Kleinasien, zunächst dort mit den Lydern und dann mit dem Persischen Reich. Diese Kontakte verdichteten sich schon im 4. Jahrhundert, und es kam vor allem in diesen Regionen zu Prozessen intensiver Akkulturation zwischen Griechen und den verschiedenen indigenen Verbänden und Gemeinschaften, insbesondere deren Eliten.

Dennoch schuf die Eroberung des Orients durch die Makedonen unter Alexander dem Großen

(336–323 v. Chr.), also die Bezwingung und Transformation des Persischen Reiches, hier eine neue Qualität und eine neue Dimension. Im Gefolge der Eroberung ließen sich zahlreiche Griechen in den Ländern des Orients nieder bzw. wurden im Zuge der Gründung zahlreicher Städte von den neuen Machthabern, den hellenistischen Königen, angesiedelt. Sie waren damit in bisher ganz unbekanntem Ausmaß auch direkt mit anderen Lebensformen konfrontiert, so wie sie ihrerseits Eigenes in weitere Regionen verpflanzten. Die mit Alexander beginnende Epoche des Hellenismus war also vor allem eine Zeit forcierten kulturellen Austausches, ein Milieu der Akkulturation.

Was die Griechen am meisten frappierte, beeindruckte und beeinflusste, waren die aus ihrer Sicht ganz anderen Formen der Religiosität und der Kultpraxis. Sie waren im Orient und Ägypten mit ganz anderen Göttern konfrontiert, als sie sie etwa in ihrem Homer fanden. Es handelte sich um große und schier übermächtige Götter, die das Leben, auch das politische und soziale Leben, in ganz anderer Weise prägten und strukturierten, als es die Griechen kannten. Selbst- und machtbewusste Priesterschaften pflegten deren Kult, und auch die Herrscher hatten darauf Rücksicht zu nehmen. Die Götter waren nicht selten gewaltige Entitäten, Himmelsgötter mit schier universalem Anspruch, oder Gottheiten, die das Leben der Menschen wie die ganze Natur regulierten. Allenfalls mit Zeus konnte man sie zur Not identifizieren oder mit einer starken Fruchtbarkeits- und Muttergöttin wie Demeter. Dazu kam, dass diese Gottheiten, so vor allem der Jahwe der Juden, auch ethisch-politische Größen waren, deren Gebote strikte Beachtung verlangten.

Dies hat auf die kulturelle Prägung der Griechen weit über den Kult hinaus gewirkt. Sehr schnell wurde das in der griechischen Philosophie virulent, wo schon die Neigung zur Transzendenz und zur Idee die Vorstellung einer abstrakten Gottheit jenseits der vielen Götter nährte. Bei Platon hatte sich das schon deutlich in der Ethik und Staatstheorie ausgewirkt. Man könnte geradezu von einem Philosophengott sprechen. Bei den Stoikern konkretisierte sich das. In Anlehnung an die Ontologie Heraklits sahen sie im Logos das vernünftige Prinzip, das die Welt lenkte. Und dies haben sie auch

mit dem Namen des Zeus versehen und damit personifizieren können, eine philosophische Theologie mit monotheistischer Tendenz. Gerade hier ergaben sich interessante Wechselbeziehungen mit dem Judentum, denn wollte man dessen Gottesvorstellung mit den Kategorien griechischen Denkens bezeichnen, konnte man schnell auf platonisch-stoische Konzepte zurückgreifen. Dies hat auch jüdische Denker und Theologen stark beeinflusst.

Noch wichtiger – da in der Breite wirksamer – waren die unmittelbaren Einflüsse der Religiosität, die schon erwähnte Begegnung mit den übermächtigen Göttern. Sie wurden in der *interpretatio Graeca* oft mit Zeus gleichgesetzt. Doch musste dieser noch Superlative hinzubekommen oder Namen anderer Götter, deren Qualitäten bei den östlichen Gottheiten ebenfalls vorhanden waren. So gab es Zeus Hypsistos (den Höchsten) oder Zeus Helios (die Sonne) usw. Schon diese Verbindung verschiedener göttlicher Eigenschaften zeigt eine Tendenz zum Henotheismus, eine Vorstellung, die zwar polytheistisch ist, aber einer Gottheit eine ganz besondere, überlegene Stellung zuschreibt.

Dies verband sich mit einer zunehmenden Intensivierung von Kultformen, die sich schon vorher neben der verbreiteten Votivreligiosität entwickelt hatten, nämlich der Mysterienkulte. In diesen gab es neben den üblichen Praktiken einen Kern von Kulthandlungen, die nur einem Kreis von Eingeweihten nach bestimmten Initiationsritualen offenstanden, die Mysterien. Sie stifteten eine besondere Beziehung zwischen dem Eingeweihten und einer bestimmten Gottheit. Zugleich verbanden sie sich mit Vorstellungen von verschiedenen Formen eines Weiterlebens, jedenfalls einer besseren Existenz im Jenseits. Die Gottheiten, die traditionell auch auf diese Weise verehrt wurden, waren Vegetationsgottheiten wie Demeter und Dionysos/Bacchus. Im Hellenismus traten nun gerade die als besonders stark empfundenen Gottheiten hinzu, vor allem die ägyptische Isis und die kleinasiatische »Große Mutter« oder Kybele, später auch der iranische Lichtgott Mithras. Mit ihnen ließen sich auch Eigenschaften und Gestalten anderer Gottheiten synkretistisch verbinden, so dass sie weit über den vielen anderen Göttern rangierten. Gerade in schwierigen Zeiten und Situationen erschien die Hinwendung zu ihnen hilfreich, und deshalb verbreiteten sich ihre Kulte allmählich immer weiter. So haben selbst die Römer, auch in religiöser Hinsicht eher konservativ, bereits im Jahre 204 v. Chr., in den schweren Zeiten des 2. Punischen Krieges (218–201), die Einführung des Kultes der Großen Mutter (*Magna Mater*) beschlossen.

Die neue Gemeinschaft mit einer Göttin oder einem Gott versprach aber ganz konkret auch individuelle Erlösung und kam damit auch emotionalen religiösen Bedürfnissen entgegen und verstärkte diese. Dennoch blieben die Anhänger dieser Kulte nach wie vor dem intensiven religiösen Leben der politisch-administrativen Gemeinden und Städte mit ihrer markanten Festkultur verbunden. Denn man konnte an diesen etwa als Isisverehrer und Polisbürger ohne weiteres teilnehmen. Die Gottheiten der Mysterien waren und blieben in die Welt des Polytheismus eingebunden.

Waren die Griechen der hellenistischen Zeit auf religiösem Gebiet überwiegend die Nehmenden, so hatte ihre Lebensweise auf der anderen Seite eine beträchtliche Wirkung auf die je indigenen Gruppen. Der *Greek way of life* war höchst attraktiv, insbesondere für die verschiedenen lokalen Eliten. Sie öffneten sich ihm ohne Bedenken und sehr weitgehend. So war die Hellenisierung des Orients nicht nur das Ergebnis griechischer Expansion, von Immigration und Städtegründungen, sondern auch Resultat einer massiven Transformation im Zuge einer Selbsthellenisierung. Das Modell der griechischen Polis setzte sich weithin durch, in der inneren Organisation wie auch in der äußeren – urbanen – Gestalt.

Auf diese Weise verbreitete sich die griechische Formung und Bildung (*paideia*) in allen ihren Elementen, der Sprache, Rhetorik, Literatur, Kunst und Philosophie, insbesondere in den städtischen Zentren und in den dortigen Eliten. Auf dem Lande blieben demgegenüber traditionelle Lebens- und Organisationsformen, einschließlich der lokalen Sprachen und Dialekte, häufig erhalten. Ohnehin war die hellenistische Kultur eher ein Milieu der Konvivenz und Koexistenz, geprägt von Wechselwirkungen und Beeinflussungen, denn ein *melting pot*. Die Grenzen zwischen griechischen und indigenen Formen waren aber fließend, und wer sich griechischer Lebensweise und Kultur verschrieb,

konnte zum Griechen werden und als solcher Anerkennung finden.

Wie attraktiv das Griechische war, zeigt sich gerade, wo es um Kulturen und Gemeinschaften ging, die von hoher Eigenständigkeit geprägt waren, bei Juden und Römern. Die Juden, die sich schon in hellenistischer Zeit weit über ihre alten Siedlungsgebiete und ihr Zentrum in Jerusalem hinaus verbreitet hatten und zum Teil als Gruppen nach ihren strikten Regeln in fremden Milieus lebten, öffneten sich gerade dort dem Hellenismus sehr stark. In der ägyptischen Hauptstadt musste deshalb schon im 2. Jahrhundert ihre heilige Schrift ins Griechische übersetzt werden: Die Septuaginta entstand. Dies forcierte die interkulturelle Debatte über die Charakterisierung zentraler Elemente jüdischen Glaubens, insbesondere der Gottesvorstellung, mittels des Begriffs- und Denkinstrumentariums griechischer Philosophie. Selbst in Jerusalem liebäugelten jüdische Eliten sehr stark mit der griechischen Lebensweise und Vorstellungswelt. Man dachte daran, Jerusalem in eine griechische Polis zu verwandeln und den Jahwe in synkretistischer Weise wie einen griechischen Zeus und einen phönikisch-aramäischen Baal zu verehren.

Angesichts des drohenden Glaubensverlustes, der zugleich einen Identitätsverlust bedeutete, regte sich Widerstand, vor allem auf dem Lande und bei der einfachen Priesterschicht der Leviten. Es entstanden neue Frömmigkeitsbewegungen und schließlich erhob man sich gegen die griechischen Herren im Makkabäeraufstand. In langwierigen Kämpfen und Auseinandersetzungen wurden die Juden politisch unabhängig, und die Lebensweise nach dem Gesetz Jahwes wurde gestärkt. Aber im Endeffekt war das Ergebnis paradox: Die Juden bildeten einen eigenen Staat, doch dessen Herrscher gebärdeten sich zunehmend wie hellenistische Monarchen, griechische Einflüsse blieben weiterhin stark, das Verhältnis zwischen Griechen, hellenisierten Juden und Vertretern des traditionellen Judentums blieb spannungsreich, eine Mischung von Anziehung und Abstoßung.

Die Römer hatten die hellenistische Welt bereits im 2. Jahrhundert v. Chr. militärisch-politisch unter ihre Kontrolle gebracht. Nach und nach traten sie das Erbe der hellenistischen Monarchien an, zuletzt in Ägypten mit dem Tode von dessen letzter

Königin, Kleopatra VII. (30 v. Chr.). Aber dieser Prozess hatte eine Kehrseite: Geradezu hemmungslos setzten sich die Sieger dem kulturellen Einfluss der Besiegten aus. Angesichts der weiter oben herausgestellten Grunddifferenz in der soziopolitischen Organisation, in der Kultur und im Lebensstil hatte das ganz erhebliche Konsequenzen. Literarische Diskurse, einschließlich der Geschichtsschreibung, und Kunstformen fanden Eingang in Rom. Vieles war ›Beutekunst‹ im weitesten Sinne, aber rasch gewannen griechische Vorstellungen und Stile Verbreitung. Das Griechische im weitesten Sinne wurde soziales Kapital, gerade bei der senatorischen Oberschicht, in der es schon zu Beginn des 2. Jahrhunderts ausgesprochen philhellenische Kreise gab. Ebenfalls sehr rasch regte sich auch Widerstand dagegen, der der politischen Konkurrenzsituation entsprang, aber ganz generell – so besonders beim älteren Cato – zu einer Selbstvergewisserung und zu einer Rückbesinnung auf die eigenen, römischen Traditionen führte.

Aber selbst darin lag ein hohes Maß an Rezeption von Griechischem. Denn für die römische Ordnung war es ja charakteristisch, dass ihre wesentlichen Grundsätze fraglos tradiert und praktiziert wurden und nicht Gegenstand prinzipieller Debatten waren – etwa im Sinne der Frage nach der besten Ordnung. Nun aber wurden die römischen Grundwerte und wesentlichen Elemente der römischen Identität in griechischen Medien, Gattungen und Denkformen begründet. Sie waren Gegenstand der Reflexion geworden. Der *mos maiorum* wurde jetzt beschrieben und damit in gewisser Weise erst als definierbare Größe konstruiert, zugleich – als Grundlage römischer Ordnung und Überlegenheit – idealisiert.

Cato war weitgehend erfolgreich, im unmittelbaren politischen Raum. Aber die Pflege griechischer Bildung und Sprache, die Schwäche für griechische Literatur und Kultur, konnte er nicht beeinträchtigen, zumal er sich ihrer selbst bedient hatte. Sie fand mehr und mehr Eingang in die Häuser und Villen römischer Aristokraten und in die Erziehung des Führungsnachwuchses. Dies waren scheinbar private Bereiche, und hier ging es vordergründig um Beschäftigungen in Freizeit und Muße. Aber die römischen Senatoren waren nach wie vor an Tätigkeit und politischer Geschäftigkeit

orientiert, am *negotium* statt am *otium*. Sie waren sozusagen immer im Dienst. So kannten sie keine Trennung zwischen – römischer – politischer Praxis und – griechischer – Freizeitbeschäftigung mit Kunst, Literatur und Philosophie.

Auf diese Weise fanden griechische Vorstellungen im 2. und 1. Jahrhundert v. Chr. zunehmend Eingang in die Kernbereiche der politischen Praxis der Römer. Schulmäßig eingeübte Rhetorik, nach den Regeln der Kunst, bestimmte die Debatten im Senat, in der Volksversammlung und vor Gericht. Philosophische Konzepte der Griechen, in Erkenntnistheorie und Ethik, beeinflussten das römische Recht und seine traditionellen Praktiken und Auffassungen. Und als sich mit den radikalen Reformen des Volkstribunen Tiberius Gracchus (der übrigens auch griechisch erzogen worden war) ein tiefer Riss in der *res publica* und insbesondere in der Senatsaristokratie auftat, suchte man die Krise zunehmend mit wohl durchdachten Gesetzen zu bewältigen, also mit dem Rückgriff auf griechische Formen der Konfliktregulierung.

Ein Unterschied blieb allerdings: Während das theoretische Denken und das praktisch-politische Verhalten bei den Griechen oft weit auseinander klafften, nahmen die Römer die griechischen Konzepte durchaus als handlungsleitend wahr. Ihnen kam dabei die starke praktische Orientierung, insbesondere in der mittleren Stoa, sehr zugute. Beides scheint sich sogar wechselseitig bedingt zu haben, denn Panaitios, der wichtigste Vertreter jener Richtung, stand in engem Kontakt mit führenden Persönlichkeiten der römischen Nobilität.

Einen Höhepunkt erreichte die Entwicklung bei Cicero. Dieser transportierte wesentliche Grundgedanken griechischer Rhetorik und Philosophie in den römischen Vorstellungshorizont und in die lateinische Sprache. Seine theoretische Suche nach der besten Ordnung sollte auch auf das Verhalten der Elite und des Volkes prägend wirken. Zwar sah er – auch unter Nutzung griechischer Denkformen – die römische Republik als die bestmögliche Staatsform an. Aber indem er alle ihre Elemente und Grundsätze auf den Prüfstand der Theorie stellte, trug er zu der Auffassung bei, dass diese disponibel seien. Politisches Handeln und rational-politisches Denken und Kalkulieren hatte in der römischen Ordnung, insbesondere in Senatskreisen, immer seinen Platz gehabt. Aber man stand bei allem Überlegen und Taktieren immer innerhalb dieser Ordnung. Jetzt konnte man sich gedanklich auch außerhalb ihrer stellen – ein angesichts römischer Traditionen im Grunde ungeheuerlicher Vorgang, der dazu beitrug, diese nicht nur gedanklich zu untergraben.

7. Das *Imperium Romanum* als antike Welt: Alte Grundlagen und neue Tendenzen

Die Monarchie, die nach dem Ende der Republik etabliert wurde, war freilich demgegenüber zunächst keineswegs von griechischen Komponenten geprägt. Ihr Begründer Augustus war alles andere als ein Doktrinär. Umsichtig und gerissen, auf römische Praxis und römisches Herkommen blickend, schuf er, was Römer jahrhundertelang perhorresziert hatten: die Monarchie. In einem behutsamen Verfahren, oft im Sinne des *trial and error*, institutionalisierte und inszenierte er das ganz Neue und Unerhörte als Wiederherstellung der traditionellen Ordnung, als *res publica restituta*.

So waren denn auch in der Kaiserzeit ganz wesentliche Elemente der römischen Praxis, zeitgemäß weiterentwickelt, tragende Säulen des Imperiums. Das römische Heer versah, eingebunden in klare Kommandostrukturen und – von kurzen, aber desto gewaltsameren Phasen zunächst abgesehen – in strikter *disciplina*, seinen Dienst in militärischen Einsätzen zum Schutz der Reichsgrenzen und zur Erweiterung des Reiches, aber auch zur Verbesserung der Infrastruktur. Die Verwaltung des riesigen Gebietes erfolgte im wesentlichen mit den Mitteln des römischen Rechts. Ihre Basis war die weitgehende Selbstverwaltung in den Grundeinheiten des Reiches, den Städten. In der Regel griff die zentrale Administration nur ein, wenn ungelöste oder schwer lösbare Probleme auftauchten. Basis waren die geltenden Rechtsnormen und -verfahren, die am Einzelfall entschieden wurden. Dabei konnten die jeweiligen Entscheidungen ihrerseits, in gleich oder ähnlich gelagerten Fällen, herangezogen werden. Diese Kasuistik setzte enorme Kenntnisse des Rechts voraus, und diese massierten sich immer mehr in der kaiserlichen Zentrale, die im Zweifelsfalle letztinstanzlich entschied. So verfeinerte sich auch die römische Rechtsgelehrsamkeit, und entsprechend wuchs die Bedeutung der Juristen.

Dieses System hatte erhebliche Vorzüge: Die genaue Orientierung auf den Einzelfall und auf die gewachsene Rechtstradition ermöglichte ein höchst differenziertes und flexibles Verfahren, das den unterschiedlichen Gegebenheiten sozusagen ihr Recht ließ. Zugleich entstand, vor allem im Zuge der kaiserlichen Rechtsprechung, durch Abgleich und Übertragung auf andere Provinzen und Regionen, ein dichtes Netz von Regeln und Grundsätzen, das allmählich zu einer gewissen Vereinheitlichung führte. Zu dieser trugen auch allgemeine Gesetze und Verordnungen bei, die in der Regel vom Kaiser erlassen wurden. Das römische Reich war deshalb in höchst charakteristischer Weise eine Mischung von Differenz und Einheit. Man konnte in seinem lokalen Bereich ähnlich weiterverfahren wie bisher und war dennoch dem gesamten Imperium mit seiner allgemeinen Rechtsordnung verbunden. Das Ganze konnte auch innerlich akzeptiert werden. Man nahm es als Einheit wahr und fühlte sich ihm zugehörig.

Dies zeigte sich gerade, wo eigene Traditionen stark ausgeprägt waren, im griechischen bzw. hellenisierten Osten. Dort waren die alten Grundeinheiten, die Poleis, Träger des Reiches, nicht anders als die römischen Munizipien, *coloniae* und *civitates* im Westen. So konnte dort die Integration in das Reich durchaus in den Bahnen der Hellenisierung verlaufen. Das Imperium war, wie schon angedeutet, ein griechisch-römisches Reich. Dass dieses von Römern *und* Griechen getragen war und in die römische wie griechische Kultur gehörte, ist schon in der Zeit des Augustus artikuliert worden, etwa bei Dionysios von Halikarnassos. Gerade die Akzeptanz durch die Griechen verstärkte sich noch weiter. Die Einheit war allerdings keine Einförmig- oder Eintönigkeit, sondern stark koloriert und konturiert. Der Dienst beim Militär und die Rechtspraxis förderten die Romanisierung. Doch es gab starke Rückwirkungen je indigener Traditionen, die sich im Imperium sogar weit verbreiten konnten, wie besonders der Siegeszug orientalischer Gottheiten, etwa des Mithras, demonstrierte, nicht zuletzt aber auch die Expansion des Christentums.

Griechische Sprache und Literatur, Kunst und Philosophie genossen nach wie vor in den römischen Eliten große Bewunderung. Sie wurden damit auch in den Westen des Reiches, in die erst spät eroberten Gebiete in Spanien und Nordafrika, West- und Mitteleuropa getragen, wenn auch oft im lateinischen Gewand. In der ehemaligen Führungsschicht, dem Senatsadel, der zunehmend zur Funktionselite des Reiches wurde, hatten die Elemente griechischer Bildung also einen festen Platz. Sie waren jetzt, da diese Schicht nicht mehr die einzig machthabende war, dem Milieu der politischen Debatte weitgehend entzogen. Damit bildeten sie nun auch hier primär ein Ornament der Distinktion, verortet im Milieu von Muße und Zweckfreiheit.

Anders konnte dies sein, wenn sich der eigentliche Machthaber, der Kaiser, ihrer bediente und sie zu regierungspraktischen, repräsentativen oder ideologischen Zwecken nutzte. Einige Kaiser – Caligula, Nero, Domitian – hatten mit forcierter ›Hellenisierung‹ auf verschiedenen Gebieten allerdings schlechte Erfahrungen gemacht. Aber im 2. Jahrhundert änderte sich das. Die sogenannten Adoptivkaiser stützten sich auf vornehmlich stoische Konzepte von der Herrschaft des Besten und formten daraus eine neue Ideologie des Reiches, weil jener Grundgedanke gerade bei der Senatsaristokratie populär war. Sie förderten das Griechentum aber auch sonst, besonders Hadrian, und operierten mit philosophischen, wiederum vor allem stoischen Konzepten auch in der praktischen Rechtsprechung und -setzung. Der stoisch erzogene Kaiser Mark Aurel, der »Philosoph auf dem Kaiserthron«, verkörperte diesen Sachverhalt in besonderer Weise – auch wenn nicht immer ersichtlich ist, was daran Realität oder Inszenierung war.

Schon in der letzten Phase des Adoptivkaisertums, unter Mark Aurels Sohn Commodus, und in den darauf folgenden Jahrzehnten machten sich gerade in Bezug auf den Kaiser, seine Person und seine Stellung im Reich, ganz neue Tendenzen geltend, die letztlich die große Transformation in der Spätantike, die vor allem in der Christianisierung des Reiches bestand, vorbereiteten. Von jeher war der Kaiser auf im einzelne recht unterschiedliche Weise göttlich verehrt worden. Ihn als Gott zu imaginieren und ihm Opfer zu bringen, war für die große Masse der Untertanen selbstverständlich, ja ein Akt der Loyalität. Religiöse Gefühle im enge-

ren Sinne wurden dabei allerdings kaum ›bedient‹. In echter Not und Bedrängnis waren die ›richtigen‹ Götter gefragt, zunehmend die starken und hochmächtigen Götter der Mysterienkulte und des Ostens, deren Bedeutung ständig wuchs.

Deshalb mochte es nahe liegen, dem Kaiser durch eine besondere Annäherung an die ganz großen Gottheiten zusätzlich Sakralität zu verleihen. Dass er selbst ein Gott war, mochte angesichts der Vielzahl von Göttern weniger ins Gewicht fallen, als wenn er sich einer übermächtigen und weithin verbreiteten, sozusagen henotheistisch aufgeladenen und synkretistisch imaginierten Gottheit in besonderer Weise verschrieb, ihr strenger Verehrer und zugleich Dienstmann war. Dieser Gedanke war bereits in der späten Severerzeit ganz manifest geworden, als zwei Angehörige einer alten Priesterdynastie des Baal von Emesa (Homs in Syrien) auf den Kaiserthron gelangten. Aber immer weiter und tiefer verbreitete sich die Verehrung für den »unbesiegbaren Gott« (Sol Invictus), in der die verschiedensten religiösen Traditionen und Vorstellungen zusammenfließen konnten, die des alten griechischen Helios und Apollon, des römischen Sol, aber auch des Baal, der im Orient schon lange die Qualität eines – wenn auch an unterschiedlichen Orten in unterschiedlichen Varianten verehrten – allgemeinen Himmels- und Sonnengottes angenommen hatten. Man konnte ihn auch mit dem ursprünglich iranischen Lichtgott Mithras identifizieren, dessen Mysterienkult sich gerade in der Kaiserzeit wachsender Beliebtheit erfreute, aber auch – im Anschluss an bereits hellenistische Praktiken – mit dem höchsten Gott des griechisch-römischen Pantheons, dem Zeus/Jupiter.

Diese qualitativ neue Sakralisierung des Kaisers wurde beträchtlich forciert, als das Kaisertum unter dem Druck massiver auswärtiger Angriffe und zahlreicher interner Usurpationen seit den dreißiger Jahren des 3. Jahrhunderts in eine beträchtliche Legitimationskrise geraten war. Es neu, also mit dem Blick auf die dominierenden religiösen Vorstellungen zu verankern, konnte also angeraten erscheinen. Die römischen Kaiser haben hier auf im einzelnen unterschiedliche Weise ›experimentiert‹. Besonders signifikant war die deutliche Bindung Aurelians an den genannten Sonnengott: Er machte dessen Kult zum reichsweiten Staatskult und dessen

Geburtstag (25. Dezember) zum großen Feiertag – dem konnte sich später selbst das Christentum nicht entziehen. Wir haben hier wesentliche Elemente eines Gottesgnadentums.

Genau in diesen Kontext gehören auch die großen Christenverfolgungen seit der Mitte des 3. Jahrhunderts. Die ursprünglich jüdische Sekte der Christen hatte sich bald nach der Hinrichtung ihres Stifters über das hellenisierte Judentum auch außerhalb der jüdischen Milieus ausgebreitet. Sehr früh konnte es als eigene Gruppe wahrgenommen werden. Die Christen galten prägnant als Außenseiter. Als Monotheisten konnten sie nicht an den traditionellen religiösen Handlungen und Opfern, aber auch nicht am Kaiserkult teilnehmen, also an Ritualen, die für die soziale Kohärenz und die politische Loyalität fundamental waren. Anders als die Juden, deren Religionsausübung von staatlich-römischer Seite akzeptiert war und die zudem als auch ethnisch definierte Gruppe zusätzlich klar umgrenzt waren und sich nicht durch Mission wesentlich über diesen Kreis hinaus ausbreiteten, konnten die Christen als Außenseiter gerade dann ins Blickfeld geraten, wenn auf Grund von Schwierigkeiten und Katastrophen ein Sündenbock gesucht war. So kam es schon früh zu Verfolgungen, die aber lokal begrenzt blieben. Erst mit der beschriebenen Sakralisierung des Kaisertums, das nach reichsweiten Loyalitätsakten verlangte und bestimmte religiöse Rituale reichsweit und offiziell zu etablieren suchte, wurde das Christentum ein ganz allgemeines Skandalon und entsprechend verfolgt.

Bekanntlich war es aber nicht auszurotten. Man konnte den Eindruck haben, dass sein Gott noch stärker war als die anderen mächtigen Götter, selbst der »unbesiegbare Sonnengott«. Von hier aus lässt sich wohl am ehesten die sogenannte Konstantinische Wende erklären, die Schwenkung des Kaisers Konstantin zum Gott der Christen und ihrem Heiland im Zusammenhang mit der Schlacht an der Milvischen Brücke (312), in einer für ihn persönlich und für das römische Kaisertum höchst prekären Situation. Damit wurde das Christentum nicht lediglich toleriert, sondern zu einer wesentlichen Stütze des Kaisertums und seiner Legitimierung, und damit des Reiches selbst. Andere Praktiken wurden nicht untersagt, vielmehr auch weiterhin gefördert, aber der Situation der Christen und ihren Organisationsformen wandte Konstantin schon recht früh seine besondere Aufmerksamkeit zu. Vom Kaiser zunehmend gefördert, gewann das Christentum als Religion allmählich eine Monopolstellung. Obwohl sich dies sehr lange hinzog und das Reich keineswegs sein Gesicht schlagartig oder gar völlig veränderte, hatte mit seiner Christianisierung ein Prozess eingesetzt, der die antike Welt deutlich veränderte – freilich nicht ablöste. Traditionelle Lebensstile und Denkweisen blieben erhalten, nicht zuletzt deshalb, weil sich das Christentum, ausgehend von den großen Debatten im hellenistischen Judentum, eine Theologie geschaffen hatte, die deutlich von Konzepten griechischer Philosophie geprägt war. Noch in den dogmatischen Konflikten des 4. und 5. Jahrhunderts lebt die Debattierfreude und Rechthaberei der griechischen Philosophie fort – aber die Diskussionen blieben nicht akademisch. Jedenfalls hat das Christentum gerade im Bereich der Bildung wichtige Elemente der klassischen griechisch-römischen Kultur bewahrt.

Literatur

AUF EINZELNACHWEISE WURDE VERZICHTET. ZUR WEITEREN ORIENTIERUNG MAG DIE FOLGENDE KNAPPE LITERATURAUSWAHL DIENEN, WIE SIE DEM AUTOR VIELFÄLTIG ANREGUNG UND ORIENTIERUNG GAB. ■ ANDRESEN, CARL / RITTER, ADOLF MARTIN U. A. (1993), *Geschichte des Christentums I: 1. Altertum*, Stuttgart: Kohlhammer. ■ BETTINI, MAURIZIO (1992), *Familie und Verwandtschaft im antiken Rom*, Frankfurt/M.: Campus. ■ BLEICKEN, JOCHEN (1975), *Lex publica. Gesetz und Recht in der Römischen Republik*, Berlin/New York: de Gruyter. ■ BORBEIN, ADOLF HEINRICH (Hg.) (1995), *Das alte Griechenland: Kunst und Geschichte der Hellenen*, München: C. Bertelsmann. ■ BOURDIEU, PIERRE (1987), *Sozialer Sinn. Kritik der theoretischen Vernunft*, Frankfurt/M.: Suhrkamp. ■ BURCKHARDT, JACOB (1956/1957), *Griechische Kulturgeschichte*, hg. von Oeri, Jakob, 3 Bände, Basel: Schwabe. ■ BURCKHARDT, JACOB (2002), »Griechische Kulturgeschichte«, Bd. 1 und 3, in: Burckhardt, Jacob, *Kritische Gesamtausgabe*, Bd. 19 und 21, hg. von Burckhardt, Leonhard u. a., München: C. H. Beck. ■ BURKERT, WALTER (1990), *Antike Mysterien. Funktionen und Gehalt*, München: C. H. Beck. ■ DAHLHEIM, WERNER (1989²), *Geschichte der Römischen Kaiserzeit*, München: Oldenbourg. ■ FUNCK, BERND (Hg.) (1996), *Hellenismus. Beiträge zur Erforschung von Akkulturation und politischer Ordnung in den Staaten des hellenistischen Zeitalters*, Tübingen: Mohr. ■ GEHRKE, HANS-JOACHIM (1986), *Jenseits von Athen und Sparta. Das Dritte Griechenland und seine Staatenwelt*,

München: C. H.Beck. ▪ GEHRKE, HANS-JOACHIM (1995²), *Geschichte des Hellenismus*, München: Oldenbourg. ▪ GEHRKE, HANS-JOACHIM (1999), *Kleine Geschichte der Antike*, München: C. H.Beck. ▪ GEHRKE, HANS-JOACHIM / SCHNEIDER, HELMUTH (Hg.) (2000), *Geschichte der Antike. Ein Studienbuch*, Stuttgart/Weimar: Metzler. ▪ GOTTER, ULRICH (2002), *Griechenland in Rom? Die römische Rede über Hellas und ihre Kontexte (3.-1. Jh. v. Chr.)*, Habilitationsschrift, Universität Freiburg. ▪ HENGEL, MARTIN (1988³), *Judentum und Hellenismus. Studien zu ihrer Begegnung unter besonderer Berücksichtigung Palästinas bis zur Mitte des 2. Jh.s v. Chr.*, Tübingen: Mohr. ▪ HÖFFE, OTTFRIED (Hg.) (2001), *Aristoteles. Politik*, Berlin: Akademie-Verlag. ▪ HÖLKESKAMP, KARL-JOACHIM (1999), *Schiedsrichter, Gesetzgeber und Gesetzgebung im archaischen Griechenland*, Stuttgart: Steiner. ▪ MANN, CHRISTIAN (2001), *Athlet und Polis im archaischen und frühklassischen Griechenland*, Göttingen: Vandenhoeck & Ruprecht. ▪ MARTIN, JOCHEN (Hg.) (1994), *Das Alte Rom. Geschichte und Kultur des Imperium Romanum*, München: C. Bertelsmann. ▪ MARTIN, JOCHEN (1995³), *Spätantike und Völkerwanderung*, München: Oldenbourg. ▪ MARTIN, JOCHEN (1997), »Zwei Alte Geschichten. Vergleichende historisch-anthropologische Betrachtungen zu Griechenland und Rom«, in: *Saeculum*, 48, S. 1–20. ▪ MEIER, CHRISTIAN (1988), *Die politische Kunst der griechischen Tragödie*, München: C. H.Beck. ▪ RAAFLAUB, KURT A. (1985), *Die Entdeckung der Freiheit. Zur historischen Semantik und Gesellschaftsgeschichte eines politischen Grundbegriffs der Griechen*, München: C. H.Beck. ▪ RAAFLAUB, KURT A. / MÜLLER-LUCKNER, ELISABETH (Hg.) (1993), *Anfänge politischen Denkens in der Antike. Die nahöstlichen Kulturen und die Griechen*, München: Oldenbourg. ▪ RÜPKE, JÖRG (1990), *Domi militiae. Die religiöse Konstruktion des Krieges in Rom*, Stuttgart: Steiner. ▪ SCHMITZ, WINFRIED (1999), »Nachbarschaft und Dorfgemeinschaft im archaischen und klassischen Griechenland«, in: *Historische Zeitschrift*, 268, S. 561–597. ▪ TRAMPEDACH, KAI (1994), *Platon, die Akademie und die zeitgenössische Politik*, Stuttgart: Steiner. ▪ VAN WEES, HANS (1992), *Status Warriors. War, Violence, and Society in Homer and History*, Amsterdam: Gieben.

6.8 Mediävalismus und Okzidentalistik.
Die erinnerungskulturellen Funktionen des Mittelalters
und das Epochenprofil des christlich-feudalen Okzidents

Ludolf Kuchenbuch

1. Einstieg

»Die Barbaren, nachdem sie ihrer Seits ihre Macht bevestigten, führten einen gewissen verkehrten Geschmack ein, den man den Gothischen nennet, und der auf Fratzen hinauslief. Man sahe nicht allein Fratzen in der Baukunst, sondern auch in den Wissenschaften und den übrigen Gebräuchen. Das verunartete Gefühl, da es einmal durch falsche Kunst geführt ward, nahm eher eine jede andere unnatürliche Gestalt, als die alte Einfalt der Natur an, und war entweder beym Uebertriebenen, oder beim Läppischen. Der höchste Schwung, den das menschliche Genie nahm, um zu dem Erhabenen aufzusteigen, bestand in Abentheuern. Man sah geistliche und weltliche Abentheurer, und oftmals eine widrige und ungeheure Bastartart von beyden. Mönche, die mit dem Meßbuch in einer und der Kriegsfahne in der andern Hand, denen ganze Heere betrogener Schlachtopfer folgten, um in andere Himmelsgegenden und in einem heiligeren Boden ihre Gebeine verscharren zu lassen, eingeweyhte Krieger, durch feyerliche Gelübde zur Gewalthätigkeit und Missetaten geheiligt, in der Folge eine seltsame Art von heroischen Phantasten, welche sich Ritter nannten und Abentheuere aufsuchten, Turnire, Zweykämpfe und romanische Handlungen. Während dieser Zeit ward die Religion zusamt den Wissenschaften und Sitten durch elende Fratzen entstellet, und man bemerket, daß der Geschmack nicht leichtlich auf einer Seite ausartet, ohne auch in allem übrigen, was zum feineren Gefühl gehöret deutliche Zeichen seiner Verderbnis darzulegen. Die Klostergelübde machten aus einem großen Theil nutzbarer Menschen zahlreiche Gesellschaften emsiger Müßiggänger, deren grübleri-

sche Lebensart sie geschickt machte, tausend Schulfratzen auszuhecken, welche von da in größere Welt ausgingen und ihre Art verbreiteten.« Kein geringerer als Immanuel Kant zog 1764 zu diesen Worten zusammen, was er an ›dieser Zeit‹ zwischen den ›alten Zeiten der Griechen und Römer‹ und ›unseren Tagen‹ aufgeklärten Weltbürgertums für charakteristisch hielt.[1] Weder ›schön‹ noch ›erhaben‹ schien sie ihm, sondern ›barbarisch, verkehrt, verunartet, fratzenhaft, unnatürlich, übertrieben, läppisch‹, beherrscht von ritterlichen Abenteurern und mönchischen Müßiggängern.

35 Jahre später behauptete Novalis das glatte Gegenteil: »Es waren schöne glänzende Zeiten, wo Europa ein christliches Land war, wo *Eine* Christenheit diesen menschlich gestalteten Welttheil bewohnte; *Ein* großes gemeinschaftliches Interesse verband die entlegensten Provinzen dieses weiten geistlichen Reichs. – Ohne große weltliche Besitztümer lenkte und vereinigte *Ein* Oberhaupt, die politischen Kräfte. – Eine zahlreiche Zunft zu der jedermann den Zutritt hatte, stand unmittelbar unter demselben und vollführte seine Winke und strebte mit Eifer seine wohltätige Macht zu befestigen. Jedes Glied dieser Gesellschaft wurde allenthalben geehrt, und wenn die gemeinen Leute Trost und Hülfe, Schutz und Rat bei ihm suchten, und gerne dafür seine mannigfaltigen Bedürfnisse reichlich versorgten, so fand es auch bei den Mächtigeren Schutz, Ansehen und Gehör, und alle pflegten diese auserwählten, mit wunderbaren Kräften ausgerüsteten Männer, wie Kinder des Himmels, deren Gegenwart und Zuneigung mannigfachen Segen verbreitete. Kindliches Zutrauen knüpfte die Menschen an ihre Verkündigungen. – Wie heiter konnte jedermann sein irdisches Tagewerk vollbringen, da ihm durch diese heiligen Menschen eine sichere Zukunft bereitet, und jeder Fehltritt durch sie vergeben, jede mißfarbige Stelle des Lebens durch sie ausgelöscht, und geklärt wurde.«[2]

---

1 Kant (1991, S. 108 f.).
2 Novalis (1984, S. 76); dazu Kasperowski (1994, S. 41–132).

Weder Kant noch Novalis nennen die Zeiten, von denen sie hier sprechen, das ›Mittelalter‹. Wenn auch längst als Zeitaltername für das Jahrtausend zwischen 500 und 1500 etabliert, der Durchbruch dieses Wortes zum Schlüsselbegriff bürgerlicher Geschichtsgliederung in Öffentlichkeit und Wissenschaft stand noch bevor. Beide aber meinen Zeiten, aus denen ihre Gegenwart direkt hervorging. Im Gegensatz zum Altertum verkörpert das Mittelalter die Epoche, aus der die Moderne resultiert und von der sie sich zugleich abhebt. Die Mittelalter-Imaginationen von Kant und Novalis leben von dieser widersprüchlichen Nachbarschaft. Kant sucht durch polemische Herabwürdigung jener überwundenen Epoche *fast gänzlicher Zerstörung* allen Sinns für *Schönheit und Erhabenheit* seiner eigenen Zeit neuen Mut zu machen. Novalis' feierliche Überhöhung der katholischen Kirchenherrschaft vor der Reformation dient dazu, seine eigene, von Aufklärung und Eigennutz bestimmte Zeit für die Wiedergewinnung jenes damals bestimmenden *heiligen Sinns* zu begeistern.

2. Erinnerungskulturelle Funktionen des Mittelalters

An der Schwelle zur Moderne, das sollen diese – beliebig vermehrbaren – Zitate belegen, gewinnt eine ›Antinomie der Wertungen‹ des Mittelalters Profil, die bis heute die erinnerungskulturellen Orientierungen prägt.[3] Das Mittelalterbild der Moderne, so hat Otto Gerhard Oexle treffend festgestellt, ist ›entzweit‹.[4] Als Epochenimagination, mittels derer sich die Moderne ihrer Identität versichert, bleibt das Mittelalter janusköpfig präsent. Zwischen Ablehnung und Bewunderung, Abscheu und Sehnsucht schlägt das Bewertungspendel hin und her. Insofern fungiert das Mittelalter als eine ambigue Komplementärvorstellung zur Moderne, und insofern gibt es keine Moderne ohne ›Mediävalismus‹.[5] ›Typisch‹ Mittelalterliches – im Übrigen auch typisch Feudales – dient beständig als positive bzw. negative Bezugsgröße bei der Selbstreflexion, der Selbstdeutung und der Selbstkritik der Moderne. Diese Bipolarität unterscheidet die Mittelalterbilder von den durchgehend positiv besetzten des Altertums bzw. der Antike. Alle wesentlichen Sinnele-

mente im Selbstverständnis der Moderne selbst – Fortschritt, Individualität, Freiheit usf. – können in diese widersprüchliche mediävalisierende Stereotypie geraten. Jede Etappe aber bietet andere Schwerpunkte und andere Mischungen solcher Vergegenwärtigungen. Hierzu nur wenige Andeutungen, die sich weitgehend auf den deutschen Weg beschränken.

2.1. Tripartition und Bereichsbildung (14.–18. Jahrhundert)

Stimmt man dem zu, was Reinhart Koselleck über die Verzeitlichung des geschichtlichen Bewusstseins im Übergang zur Moderne erarbeitet hat[6] – die Trennung von Gegenwart, Zukunft und Vergangenheit, die Entfristung der Kalendarik (Erweiterung um die Naturgeschichte), die Chronologisierbarkeit der Menschheitskulturen (zum Nacheinander, zur Gleich- oder Ungleichzeitigkeit), die Universalisierung der Geschichten zur Menschheits-Geschichte, die sachliche Charakterisierung größerer Zeiträume (Reformation, Feudalismus) und die Erfahrung der Wirkung der Vergangenheit auf die Gegenwart und vice versa – dann stehen die wichtigsten Phänomene des Geschichtsdenkens der Jahrhunderte davor im Zeichen des differenzierenden Abrückens von der Einheit der Zeiten im christlichen Heilsplan und der ihm inkorporierten Vier-Reiche-Lehre. Mit der literarischen Vergegenwärtigung der lateinischen Kultur (Cicero) seit dem 14. Jahrhundert, und verstärkt durch die Wiederentdeckung der antiken Ethnographie (Tacitus' Germania), kam es zu gelehrten Neuakzentuierungen des Verhältnisses zwischen *antiquitus* und *modernitas*, die eine *media aetas* als terminologische Überbrückung zwischen beiden nahe legten. Dass

---

3 Guter Überblick bei Graus (1974).

4 Grundlegend: Oexle (1992); Oexle (1997): dort auch die weiterführende Literatur. Ich halte mich im Folgenden weitgehend an Oexles Forschungen.

5 Der Terminus stammt aus dem Englischen (*medievalism*) und wird im Wesentlichen für ästhetische Bezüge (Literatur, bildende Kunst, Architektur) benutzt. Im Deutschen entspricht ihm eher die Mittelalter-›Rezeption‹. Mir geht es aber hier um breitere erinnerungskulturelle Bezüge.

6 Koselleck (2000, S. 287–297).

diese aus literarisch-republikanischem Interesse geborene Aufwertung der klassischen Antike auf die
ergänzende Modellierung eines ›Mittelalters‹ zwischen den beiden Zeiten, auf die es damals literarisch ankam (Antike und Humanismus/Renaissan-
ce), hinauslaufen würde, konnte damals niemand
ahnen. Wichtiger waren andere Stränge der Vergegenwärtigung der Vergangenheit. Sie standen im
engsten Zusammenhang mit der Konfessionalisierung der Christenheit und Kirche, der Verdichtung
und Wandlung der politischen Macht zum frühmodernen Flächenstaat und der fürstenstaatlichen Förderung des ›Wohlstands‹ bzw. der Kontrolle des
Handels. Was von Macchiavelli bis zu Montesquieu
an geschichtlich begründetem Wissen über die Vereinigung oder Teilung der Gewalten in allen bekannten Formen des Gemeinwesens zusammen-
getragen und diskutiert wurde, in welche Auseinandersetzungen Katholiken und Protestanten um das
Verständnis der Heiligen Schrift und ihr geschichtliches Verhältnis zur Tradition, zur Kirche als Institution und zur Glaubenspraxis gerieten, und in
welche Vergangenheitsbilder die Diskurse über das
richtige Haushalten, die ›Ökonomik‹, und die Mehrung des Reichtums bzw. die Geld- oder Handels-
politik (›Merkantilismus‹) verwickelt waren, ist hier
nicht auszubreiten.[7] Fest steht aber, dass sich die
Bindungen an die christliche Heilsgeschichte lo-
ckerten, politisches, religiöses und ökonomisches
Denken zunehmend an Eigenständigkeit gewann,
sich in getrennte Diskursbereiche auffächerte. Wie
die Dreiteilung der europäischen Geschichte in Altertum, Mittelalter und Neuzeit in diesem Umfeld
zunehmender Differenzierung zu Ehren kam (Cellarius, 1685), und wie dabei die ›mittleren Zeiten‹
durch protestantische Universitätsgelehrte als pro-
fane Zeitaltermarke für die Jahrhunderte zwischen
ca. 500 und 1500 etabliert wurden, ist gut erforscht.[8]
Doch was bedeutete dieser Aufstieg für die Erinnerungskultur der Aufklärung und des 19. Jahrhunderts?

2.2. Komponenten des Mediävalismus im langen 19. Jahrhundert

In der Aufklärung nimmt, wie das Zitat von Kant
gezeigt hat, das Mittelalter (das regelmäßig mit dem
Ancien Regime bzw. der Feudalität gleich- oder
zusammengesetzt wird) ein polemisch abgewertetes
inhaltliches Profil an, von dem sich die ›neue Zeit‹
und der ihr innewohnende Fortschritt bestens abgrenzen ließ: ein Inbegriff der seelischen Knechtung
durch die Kirche und der politisch-ökonomischen
Unfreiheit durch die privilegierten ›Stände‹. Im
Kampf des Bürgertums um Freiheit, Recht und
Macht galt die Devise: Je republikanischer und
demokratischer das politische, je liberaler das wirtschaftliche, je freier das religiöse und je profaner das
kulturelle Programm, desto illegitimer, negativer
die Imaginationen des Ancien Régime bzw. Mittelalters. Und für die Gegenseite: je konservativer,
klerikaler, monarchischer das Credo, für desto
glaubwürdiger und werthaltiger wurde die zurück-
liegende Epoche gehalten. Beide Seiten aber glichen
sich darin, dass sie die Zeit, die man hinter sich
gelassen hatte oder die mit ihren Resten in die
›neue‹ Gegenwart hineinragte, durch die Brille der
voneinander getrennten Wirklichkeitsdimensionen
der Religion, der Politik, der Ökonomie, der Gesellschaft und der Kultur sahen, sie also in Vorstel-
lungsfeldern und Begriffen beschrieben und deuteten, die mit der Moderne selbst erst entstanden
waren. An dieser distinktiven und polemischen
›Verbürgerlichung‹ des Bildes von Ancien Regime,
Feudalismus bzw. Mittelalter nach seiner ›Existenz‹
und angesichts seiner ›Abschaffung‹ trägt die Erinnerungskultur der Moderne bis heute.[9]

Mitbestimmend für die unterschiedlichen nationalen Mittelalterbilder im Laufe des 19. und frühen
20. Jahrhunderts waren der Zeitpunkt und die
Form des ›nation building‹, d.h. die Eigenart des
Bildungsprozesses der Nation als Konglomerat von
Staatsgewalt, Gebiet, Volk und Kultur. Gestreckter
Wandel durch verschiedene Modernisierungsschü-
be (England) oder eine Revolution im bereits bestehenden Gemeinwesen, die das alte Regime abrupt durch das neue ersetzte (Frankreich), hatten
andere Konsequenzen für die Vergegenwärtigung
und Nachgeschichte des ›Alten‹ als Staatsbildungs-
prozesse, denen ein sprachlich-kultureller Patriotis-

---

7 Zum theologischen Diskurs: Kittsteiner (1991); zum politisch-
   konstitutionellen: Pitz (1987); zum ökonomischen: Burg-
   hardt/Priddat (2000).
8 Hierzu Neddermeyer (1988); v. Moos (1994).
9 Guerreau (1999); Guerreau (2001 a, S. 21–46).

mus vorauslief (Deutschland), oder solche, die sich dem Zerfall von Großreichen verdankten (Erben der habsburgischen Donaumonarchie) oder gar von außen gestiftet wurden. Viel hing auch davon ab, wann der jeweilige ›Übergang‹ begann, wie weit er ging, welche internen oder externen Vorbilder wirkten und womit er verglichen werden konnte.

Der Fall des prominenten Emigranten Karl Marx bietet viel für derlei Fragen.[10] Dies gerade deshalb, weil Zeit seines Lebens für Marx das Mittelalter bzw. der (weitgehend synonyme) Feudalismus, auch wenn sich mehrfach gezielt über neuere Forschungen informiert hat, nie im Zentrum seines wissenschaftlichen Interesses gestanden hat und er somit als Repräsentant ›durchschnittlicher‹ Gegenwärtigkeit des Mittelalters im Zentrum des 19. Jahrhunderts gelten kann. Als junger Radikaldemokrat erlebte er, ganz im Fahrwasser des in den zwanziger Jahren entstandenen liberalen Mittelalterbildes denkend, das konservative Klima des Vormärz im Rheinland regelrecht als ›hörig‹ machend, kritisierte Hegels ›feudale‹ Maskierung des bürgerlichen Eigentums und Staats und geißelte in höchst origineller Diktion, aber ganz im zeitgenössischen Denkstil, den feudal-bürgerlichen ›Synkretismus‹ in Tagespolitik und Wissenschaft. Im Pariser Exil (1845–48), nun vom politisch bedrohlichen deutschen ›Rest‹-Mittelalter befreit, wurde er mit einer hitzigen Diskurs-Gegenwart der (politisch und rechtlich längst abgeschafften) *féodalité* konfrontiert, die es nun in eine materialistische Geschichtsphilosophie, die zuerst radikal vom Eigentum bestimmt war, einzubauen galt, dann aber zur Perspektive auf die Produktionsverhältnisse hinüberglitt.

Im Londoner Exil traf er auf ein ganz anderes geschichtskulturelles Klima. Die Bürger der Metropole des kapitalistischen Weltmarkts erinnerten sich eher gelassen an die jahrhundertalte Überwindung des *feudalism* und liebten romantisch-mediävalisierende Attitüden in der Bild-, Bau- und Wortkunst. Für Marx, der sich für gut zwei Jahrzehnte auf die kritische Analyse der kapitalistischen Produktionsweise konzentrierte, wurden Feudalismus und Mittelalter abstrakte Begleitphänomene, die einerseits der Phalanx anderer vorkapitalistischer Produktionsformen zuzuordnen waren, die der Kapitalismus zu verändern bzw. aufzulösen begann (Weltmarkt, Kolonialismus), andererseits

kontrastiven oder genetischen Erklärungswert für die kapitalistische Produktionsweise hatten. Von 1868 bis zu seinem Tode geriet Marx, weiter am ›Kapital‹ arbeitend, zusehends in vergleichende Studien zur Geschichte des Grundeigentums, wobei das neue Fachschrifttum – das zeigen seine Exzerpte und Briefe – ihn von der Eigenartigkeit des okzidentalen Feudalismus überzeugte. Marx, so lassen sich diese Andeutungen zusammenfassen, bezeugt zwei gegenläufige Bewegungen. Einerseits verschwinden Mittelalter und Feudalismus als bedrohliche politische Realitäten aus seinem Leben, andererseits steigen beide zu historischen Phänomenen auf, die von Land zu Land ein anderes erinnerungskulturelles Profil gewonnen hatten und sich so in seiner eigenen wissenschaftlichen Arbeit sachlich verschoben und ihre Bedeutung wechselten – vom kritikwürdigen Versatzstück bürgerlicher Staatstheorie zum Baustein einer Geschichtsphilosophie, von einer der Formen vorkapitalistischer Produktion zum Prüfstein vergleichender Herrschaftstypologie. So gesehen steht Marx in origineller Form für den ganz allgemeinen Prozess der realen Distanzierung der Moderne von ihrer nächsten Vergangenheit zum einen und von ihrer erinnerungsformenden Bearbeitung und Verwissenschaftlichung zum anderen.

Geschichten dieser Art gäbe es genug, aber die Mediävalismus-Forschung steht erst an ihrem Beginn.[11] Blickt man auf die deutschen Vexierspiele über das entzweite Mittelalter, dann lassen sich Eigenheiten sowie Phasen der Zuspitzung und Verdichtung kaum übersehen: der emphatische Start in die Modernität vom patriotischen Nährboden aus; die positiv mediävalisierenden Vorstellungen vom germanischen Ursprung sowohl der bäuerlich-bürgerlichen Freiheit und Kommunalität als auch der ›altdeutschen‹ Wesensart des ›Volkes‹; die Neigung zur sozialen Modernisierung mit ständischen Prinzipien; der politische Drang zu Monarchie, Kaisertum und Reich. All das ergab eine Mischung, die

---

10 Zum Folgenden: Kuchenbuch (1997).
11 Zum Feudalismus: Fryde/Monnet/Oexle (2002); zum deutschen Mediävalismus ein erstes Bündel wichtiger Aspekte in: Althoff (1992).

sich – im Gegensatz etwa zum französischen Weg – mehr auf die Verbindung mit dem ›Alten‹ als auf den Bruch mit ihm berief. Das Gotische[12] wurde – ganz im Gegensatz zu Kants Herabwürdigung zur unzivilisierten Kulturfratze – ein hochrangiges, für die Neuerfindung des bürgerlichen Mittelalters zentrales Sinngut – man denke, in Deutschland, an den Kölner Dom, die Marienburg, die Goslarer Pfalz, den Bamberger Reiter. Neugotische Denkmäler ergänzten diesen originären Spitzenbestand. Kaum ein Rathaus, das nicht mediävalisierend eingekleidet wurde; manchem Hauptbahnhof erging es ähnlich, ebenso unzähligen Schulen, Fabriken und Fabrikherrenvillen. Die neuen Viertel der wachsenden Großstädte wurden mit neugotischen Kirchen gespickt. Die Geschichtsschreibung und der Geschichtsroman über das deutsche Mittelalter, besonders aber über die Staufer, und allen voran Friedrich Barbarossa, gab diesen Attitüden hochtönende Nahrung. Demgegenüber hatten negativ mediävalisierende, auf den ›Bruch‹ setzende Attitüden von Republikanern und Sozialisten wenig erinnerungskulturelles Gewicht – obwohl man den Erfolg des ›Deutschen Bauernkrieges‹ von Friedrich Engels nicht unterschätzen sollte, aber Erfolg in anderen sozialen Kreisen.

2.3. ›Neues Mittelalter‹ im kurzen 20. Jahrhundert

Was das lange 19. Jahrhundert den Deutschen als Mittelalter-Erbe mit auf den Weg gab, wurde in den Krisenzeiten um die Jahrhundertwende, nach dem 1. Weltkrieg, um die Machtergreifung Hitlers herum und nach dem 2. Weltkrieg immer wieder zu neuen Fassungen eines ›Neuen Mittelalters‹ ausgearbeitet und hochstilisiert. Diejenigen Intellektuellen, die die Moderne als Zeitalter des Verfalls deuteten, die an Sinn und Funktion von Liberalismus und Republikanismus zweifelten, die meinten, dem schrankenlosen Individualismus, der zersetzenden Gesellschaft, der Hydra der Technik, der

Interessenschacherei des Parlamentarismus und den amoralischen Gesetzen des Marktes die Werte der (wertrationalen) Person, der (Volks)Gemeinschaft und des (neothomistischen) Gradualismus entgegensetzen zu müssen, fassten ihre Gedanken immer wieder ins Bild eines ›Neuen Mittelalters‹, dessen Grundwerte auf Ordnung, Dienst, Treue, Ehre, u. a. m. hinausliefen. Otto Gerhard Oexle hat hier jüngst an Wichtiges erinnert: an die Gotik-Debatte, die Wilhelm Worringer auslöste (1908/11); an den George-Kreis, dessen Anhänger manifesten antirepublikanischen Polit-Mediävalismus propagierten; an einen mediävalisierenden Katholizismus wie den von Max Scheler; an Soziologen wie Othmar Spann, Hans Freyer und viele andere.[13] Ein überraschend weit gestreuter Pulk von Denkern, Juristen, Schriftstellern, Architekten usf. wurde in den zwanziger Jahren getrieben von hilflos utopischen Hoffnungen auf ein ›Neues Mittelalter‹, das der gott-, geist- und herzlosen Moderne durch heroische Neo-Vergemeinschaftung (Volk und Führer) Herr werden sollte. Dies kulminierte in den Grußadressen zur Machtergreifung Hitlers. Martin Heideggers Beitrag – auch er passt in dieses mediävalisierende Feld – ist nur die Spitze eines Eisberges von Zustimmung und Kollaboration von Gesinnungskreisen, für die die nationalsozialistische Mittel die sozialtherapeutischen Zwecke heiligen sollten.[14] Von welchen germanomanen und rassistischen Verengungen und Radikalisierungen diese Imaginationen in Dienst genommen, überholt und übersteigert wurden, zeigen die mediävalisierenden Bausteine in der SS-Ideologie. Unter Himmler wurde – man denke nur an den Heinrich-der-Vogler-Kult – ein ›neogermanisches‹ Mittelalter nicht nur erhofft, sondern ausprobiert, wie es in der Sache absurder und in ihrer Handlungsorientierung brutaler und zerstörerischer kaum sein konnte.

Damit aber ist die Geschichte des Mediävalismus deutscher Prägung noch nicht zuende. Es waren in der Nachkriegszeit Denker wie Hans Sedlmayr (›Der Verlust der Mitte‹, 1948), Romano Guardini (›Das Ende der Neuzeit‹, 1950), Hans Freyer (›Theorie des gegenwärtigen Zeitalters‹, 1955) und andere, die – in direkter Anknüpfung an ihre eigenen Ideen oder die antimoderner Gesinnungsfreunde der zwanziger und dreißiger Jahre – die Erinnerungskultur ins naturrechtlich Humane zurückzuführen

---

12 Guerreau (2001 a, S. 246–50).
13 Oexle (1997).
14 Vetter (1999); zur Historie: Schreiner (1985).

suchten und sie sowohl von ihren völkischen Besudelungen reinigten als auch gegen den Histomat im erstarkenden Ostblock abgrenzten. Dies in vorherrschenden pessimistischen Grundtönungen und unter Berufung auf Engbindungen an ein atlantisch gebundenes ›Abendland‹ bzw. ›Alteuropa‹ jenseits nationalistischer Zuspitzungen. Darin wurde auch dem Mittelalter zentrale Bedeutung als kulturhomogenem Großraum (›Lateinisches Mittelalter‹) beigemessen,[15] und zwar in der Form eines statischen Gegenbilds von einer ›verlorenen‹ Welt, deren Vergegenwärtigung Mühe koste, weil sie durch die Moderne selbst verstellt sei. Trotz dieses Entnationalisierungs- und Distanzierungsgewinns sowie weit verbreiteter Bekenntnisse zu ›ideologischer‹ Abstinenz[16] konnte die Entzweiheit des Mittelalters vor allem deshalb nicht zu Grabe getragen werden, weil den kommunistischen Legitimationsansprüchen auf die Geschichte entgegenzutreten war, die sich eng an die Maximen der Aufklärung hielten, zugleich aber mit nationalgeschichtlichen Kontinuitätselementen aufgemischt waren, den ›progressiven Traditionen‹. Auf eine Nachzeichnung dieses geschichtspolitischen Dauerkonflikts zwischen den ideologischen Fronten etwa der BRD und der DDR und der vielschichtigen Rolle, die das Mittelalter und der Feudalismus dabei spielten, muss ich hier verzichten.[17] Sie dürfte ja auch noch in genügender Erinnerung sein.

2.4. Alterität und ›neue‹ Europäisierung seit dem späteren 20. Jahrhundert

Schließlich die jüngste Vergangenheit. Auch sie ist nicht frei von Mediävalismen. Doch scheinen sie anderer Art zu sein oder mindestens in anderen Zusammenhängen zu stehen – sieht man einmal von Standardfloskeln der Aufklärung über das ›finstere Mittelalter‹, ›feudale Privilegien‹ und dergleichen im politischen Tageskampf um Fort- oder Rückschrittlichkeit ab. Eine neue Komponente im aktuellen Profil der Mittelalterimaginationen scheint das Infotainment zu sein, ein breiter Bereich unterhaltsamer und hobbyartiger Vorliebe zu Ausschnitten aus dem Mittelalter, die, gefördert durch Archäologie, vielerlei Musealisierungsaktivitäten, populärwissenschaftliche Publikationen, zu einem

Geschichtskonsum gehören, der nicht mehr der historischen Tiefenorientierung dient, sich nicht mehr an der Frage ›Woher kommen wir?‹ orientiert, sondern am beliebig ›Anderen‹ Gefallen findet – von der Klosterkrimisucht über cineastische Leidenschaft bis hin zum ›echten‹ Brotbacken oder der Segeltour mit einer nachgebauten mittelalterlichen Kogge. Es scheint klar, dass diese mediävalisierenden Leidenschaften als lebensweltlich solidisierte Surrogate gegen den ›Preis des Fortschritts‹ fungieren und relativ immun gegen mediävistische Aufklärung sind. Doch wäre es eine wichtige kulturwissenschaftliche Aufgabe zu fragen, inwieweit die bis zur Zusammenhanglosigkeit spezialisierte Mediävistik[18] solchem mediävalisierenden Einzelkonsum ›zuarbeitet‹. Den zeitdiagnostischen Rahmen für den ›alteritären‹ Massenkonsum bietet Umberto Ecos Trendwerbung für ein postmodernes ›neues Mittelalter‹ voller Mobilität, Buntheit, Instabilität und Unübersichtlichkeit.[19]

Dass politische Transformationen, die auf das Ende des Nationalstaats hindeuten, neue Mittelalterimaginationen anregen können, beweist ein geschichtskulturelles Feld, das, wiewohl von langer Tradition, neuerdings überaus kulturrelevant wird: Neo-Europa. Die neuen, nicht nur postsowjetischen, sondern inzwischen auch postatlantischen Auseinandersetzungen um die politische Gestalt und Rolle Europas in einer multilateral ausbilanzierten Weltordnung stimulieren einen brisanten kulturpolitischen Orientierungsdurst, der ohne tiefengeschichtliche Dienstleistungen kaum stillbar sein wird. Ich brauche hierzu nicht in die Details laufender Diskurse zu gehen, die sich mittlerweile fast im Tagestakt fortentwickeln. Klar ist nur die Unklarheit darüber, aus welchen Bestandteilen Neoeuropa ›gebaut‹ werden sollte. Dies ist aber unmöglich ohne ständige Rekurse auf die Tiefengeschichte Europas, und das heißt des Okzidents mit seinen sich abwechselnden Zentren, seinen instabilen Grenzen, seinen großräumigen ›Umgebungen‹ – ein äußerst sugges-

---

15 Oexle (1997, S. 320 f., 358 ff.); Bödeker/Hinrichs (1991).

16 Hierzu und zum Folgenden: Schreiner (1989).

17 Neben Schreiner (1989) nun, nach der ›Wende‹, Borgolte (1996); Kuchenbuch (1997); Töpfer (2002).

18 Guerreau (2001 a, S. 275 ff.).

19 Eco (1985, S. 8–33).

tives Feld für Mediävalisierungen aller Art. Es könnte sein, dass sich hier eine ganz neue Konjunktur des Mediävalismus ankündigt, der der Wissenschaft vom Mittelalter äußerst wichtige, besonders mythenkritische Aufgaben zuweist.[20]

3. Zwischenbemerkung

Ich hoffe, klargemacht zu haben, dass in den Wechsellagen des mentalen Klimas der Moderne die unmittelbare Vormoderne sehr verschiedene mediävalisierende Gestalt und Bedeutung gehabt hat, und zwar in allen Bereichen und auf allen Ebenen der Erinnerungskultur. Selbstverständlich ist auch die entsprechende historische Forschung selber der ›persuasiven Steuerung‹ (Oexle) durch die oben angedeuteten Varianten des Mediävalismus mehr oder weniger ausgeliefert gewesen. Jede Vergegenwärtigung des Ganges der Forschung liefert endlose Beweise dafür.[21] Man könnte von einer sublimierten Spiegelbildlichkeit von Mediävalismus und Mediävistik sprechen. Die groben, als kulturelle ›Wertideen‹ fungierenden Mittelalterbilder finden sich in der Fachwissenschaft doppelt rationalisiert wieder: als Koppelung des gesellschaftlich relevanten ›Forschungsinteresses‹ (Thema) mit der operativ angemessenen ›Fragestellung‹ (Methode). Je sublimer die Koppelung und je spezialisierter, detaillierter der Zuschnitt, desto plausibler die Leistung im

Selbstverständnis der Fachkreise. Argwohn aber erregt, was man den Wertideen zu nahe wähnt, insbesondere ›zu Allgemeines‹, ›Banales‹, epochale Profile etwa. Trotzdem sei ein Versuch gemacht.

4. Epochenprofil des christlich-feudalen Okzidents

Im Folgenden soll keine Faustformel, keine Definition, keine Reihung von Merkmalen, keine abgeschlossene Konstruktion und kein Idealtyp geboten werden, sondern ein von streng ausgewählter Literatur flankiertes Bündel von Hypothesen, das von drei Voraussetzungen lebt. Zum einen von der oben angedeuteten Abriegelung des ›Alten‹ durch die sektoralen Erfahrungsperspektiven der frühen Moderne (Religion, Politik, Ökonomie) samt ihrer ›Grundbegriffe‹. Genau sie sind denkbar ungeeignet, ein Epochenprofil zum Ausdruck zu bringen, und sollen hier vermieden werden. Als positive Kehrseite dieser ›Entmodernisierung‹ wird eine Alterität unterstellt, deren Grundlinien es erst noch zu entdecken gilt.[22] Das Kompositum ›christlich-feudaler Okzident‹[23] soll hierfür stehen. Drittens ist konstitutiv, dass die Moderne aus ihnen hervorgegangen, Resultat jener Zeiten ist.

Daraus ergibt sich eine grobe Vierteilung. Zuerst ist in drei Schritten zu entwickeln, welche Prinzipien der Vergesellschaftung im ›langen‹ christlich-feudalen Jahrtausend des Okzidents (4./5.–17./18.Jahrhundert)[24] bestimmend waren. Hierzu wird die zeitliche Mitte der Epoche gewählt.[25] Anschließend muss es um die großen Trends, um Expansion und Wandel und die Frage nach den Abgrenzungen und Übergängen gehen; es wird dann also zurück und nach vorn gesehen.

4.1. Kirche (*ecclesia*)[26]

Fragt man radikal, wodurch alle Lebenden und Toten im christlich-feudalen Okzident sich gleichen und direkt miteinander verbunden sind, sozusagen eine soziale Einheit bilden, dann gibt es nur eine Antwort: durch die kirchliche Taufe. Verglichen mit der ›Gotteskindschaft‹ haben alle anderen entscheidenden Lebenskonditionen – das Unterhaltshan-

---

20 Eine methodisch innovative Bilanz, von der künftige Mediävalismusforschung über ›Europa‹ profitieren kann: Schmale (2001).

21 Zwei neuere Bilanzen: Goetz (1999); Guerreau (2001 a).

21 [1] Zwei neuere Bilanzen: Goetz (1999); Guerreau (2001 a).

22 Beste Grundlage dazu: Le Goff/Schmitt (1999).

23 Ich meine den ›Westen‹ Europas nicht im geographischen, sondern im Sinne von ›katholisch‹ vor der Verengung zum dichotomen Konfessionsbegriff; hierzu Beinert (1976).

24 Dieses ›lange Jahrtausend‹ entspricht Jacques Le Goffs ›langem Mittelalter‹.

25 Hierzu leitend: Le Goff (1970); Fossier (1982); Le Goff/Schmitt (1999).

26 Das Folgende im Wesentlichen nach Guerreau (1980, S. 177–210); Guerreau-Jalabert (1996); Guerreau-Jalabert (2002). Beide haben eine Forschungshaltung entwickelt, die man als Anthropologie der Kirche, Theologie und Mentalität des christlichen Okzidents bezeichnen kann. Zur christlichen Religiosität im Mittelalter: Angenendt (1997).

deln, die Abhängigkeit von Herren, das Geschlecht, die Verwandtschaft oder der Geburtsstand, die Herkunft oder die Sprache – nachgeordneten und partikularen Sinn für das Daseinsverständnis und die Lebensführung. Man sollte dies aber nicht als eigenständige Bindungsentscheidung – im Sinne moderner persönlicher Religiosität bzw. konfessioneller Christlichkeit – missverstehen. Im Chronotop des Okzidents werden Christen rituell ›gemacht‹, ohne dass sie die Wahl zum Eintritt oder Austritt hätten. Mit dem Basisritus der Taufe werden zugleich alle ›Anderen‹ ausgegrenzt – im Innern als Ketzer, nach außen als Juden, Muslime, Heiden. Mit der Taufe steht der Christ in der Liebe (*caritas*) des dreieinigen Gottes und wird spiritueller Bruder seiner Mitmenschen. Damit öffnet sich der Weg zu Gnade und Heil, zur Tilgung der Erbsünde, zur Läuterung des aktuell stets sündhaften Fleisches (*caro*) und zur Rettung und Auferstehung des Leibes durch die spirituellen Kräfte der Seele (*spiritus/anima*). Dieser anthropologische, besser vielleicht ›hominologische‹ Initialwert der Taufe wird systematisch ergänzt durch die Sakralisierung der Eckdaten und Grundrhythmen des christlichen Einzeldaseins. Die Sakramente der Firmung, der Heirat und des Sterbens heiligen das Erwachsenwerden, die Ehe und den Tod. Beichte, Absolution und Buße (jährliche Pflichtbeichte ab 1215) reinigen in überschaubaren Abständen von den aktuellen Sünden. In der sonntäglichen Messfeier bietet die Eucharistie die rituelle Wiedervereinigung mit Gott durch die Eingliederung in die Opfergemeinschaft und durch die Kommunion von Leib und Blut des Erlösers und aktualisiert damit auch den sozialen Frieden. Sakramentalisch durchflochten ist schließlich der gesamte Alltag von Bitten, Fürbitten, Bekenntnissen, Gebeten und Segnungen für die aufs Ende der Zeiten wartenden Toten, für einander, für die seinen und für sich. Alles in allem: *extra ecclesiam nulla salus*.

All dies ist rituell und repräsentativ, doktrinal und doktrinär in der Hand der Geistlichen (*clerici*).[27] Sie bilden als zölibatäre Verzichter auf fleischliche Lust und leibliche Nachkommenschaft den besseren, weil ›reinen‹ Teil der Christenheit als Kirche. Vielfältig längs- und quergeteilt in Sekularklerus, Mönche/Nonnen, Priestermönche auf allen sozialen Ebenen – vom Dorfpfarrer bis zum Papst, vom Konvent bis zum Kardinalskollegium, vom

Novizen bis zum Abt – sind sie untereinander durch geistliche Verwandtschaft gestuft verbrüdert und leben nach fein abgesetzten Gemeinschaftsregeln für Heilssuche, Gnadenvermittlung und Seelsorge für die Lebenden und die Toten (*memoria*) bei Gott, Christus, Maria und den Heiligen, den Helfern der Gläubigen aus deren eigenen Reihen. Als geweihter *Ordo* sind sie befugt, Anteile vom himmlischen Gnadenschatz (*thesaurus ecclesiae*) für das Besserungs- und Erlösungswerk der Laien zu verausgaben. Dazu bedarf es des rechten Umgangs mit dem heiligen Wissen.[28] Langjährige Übung und Unterweisung im Gebrauch der lateinsprachlichen und -schriftlichen *Vulgata*, vor allem aber derjenigen Teile, die in den Verbund der gesungenen bzw. gelesenen Liturgie gehören (*textus*), führt zu einer exklusiven Latinität, die neben Zölibat und Weihe das kulturelle Merkmal des Klerus bildet. Angelagert an die Heilige Schrift sind diverse, durch ständige Auslegung, Glossierung, Umschreibung und zunehmende Ordination geprägte Bestände heiligen und profanen Schriftwissens (*artes, leges, cartae, brevia, gestae, vitae, versus* usf.), die zur gleichen Grundform tendieren: dem Pergamentcodex und dem aus *textus* und *glossa* komponierten Schriftbild der Seite. Als Zwillingsform des Wortwissens gilt ihnen das Bildwissen, mit dem sie, in ständigen Kombinationen von Erzählfigurationen (z. B. der ›Verkündigung‹) mit Symbolzeichen (z. B. Evangelist, Christus am Kreuz) alle sakralen Räume und Geräte ausstatten (*ornamenta ecclesiae*).[29]

Drittens meint *ecclesia* die Kirche als Bauwerk, den geweihten, den Altar mit den Reliquien des Patrons beherbergenden Ort, Treffpunkt der Gemeinde mit dem Klerus zu den Riten, umgeben vom Friedhof. Sie ist das Zentrum eines Bezirks, das alle in ihm Wohnenden unter die Seelsorge des Ortsplebanen fasst (Pfarrzwang), ebenso zur Entrichtung der Abgaben verpflichtet (Zehnt, Stolgebühren). Pfarrei reiht sich an Pfarrei – der Okzident ist von einem lückenlosen Netz von Parrochien in den ländlichen Siedlungen und den Städten

---

27 Über die soziale Struktur der Kirche: Borgolte (1996).

28 Grundlegend zum Übergang vom monastischen zum scholastischen Lesen und Wissen: Illich (1991); zur Geschichte des *textus*: Kuchenbuch/Kleine (2003/4).

29 Kemp (1989); Baschet/Schmitt (1996).

überzogen, die in Kompetenz und Ausdehnung variieren, nicht aber in der Grundform.

Mittels der Pfarrei als kleinster toposozialer Zelle kontrolliert die Kirche als bischöfliche und päpstlich-kuriale Großinstitution die Seelsorge und die Rechtgläubigkeit aller Christen und organisiert ihre Einkünfte.[30] Eine stabile Homogenisierung und Hierarchisierung des christlichen Gesamtraums, in die auch das Pilgern der Christen zu den nahen und fernen heiligen Stätten eingebunden ist. Die Kontrolle erstreckt sich aber nicht nur über den Raum, sondern auch auf die Zeiten: Anfang und Ende der Welt, die Zeitrechnung, der Jahreskalender, die Sonn- und Feiertage, die Fastenzeiten, die Rufe der Glocke und später die Stundenschläge der Uhr. Ebenso die Ausbildung der Jungen und die Armenfürsorge. Schließlich ist die Kirche Herr über ein Drittel bis ein Fünftel der liegenden Habe, und sie legitimiert mittels Weiherecht den ›weltlichen Arm‹. Das führt zum zweiten Schritt.

4.2. Macht (*potestas*)

Im Gemenge mit der raumhomogenen Hegemonie der hierarchischen Kirche, aber mit weniger dichten und konstanten Vergesellschaftungseffekten, liegen die polyarchischen ›Mächte‹, denen rechte Gewalt über Leib und Leben zusteht. Sie organisieren sich durch ein Beziehungsprinzip, dessen Variationsfülle am Ende der Epoche von den bürgerlichen Gegnern immer wieder auf den feudo-vasallitischen Nexus als Inbegriff bzw. Gesamtname reduziert worden ist (*Lehnswesen/Feudalität*). Es besteht darin, dass auf allen sozialen Ebenen und in allen sozialen Kreisen Jeder Herr, zugleich aber auch Diener ist – dauerhaft akephale soziale Beziehungen sind ausgesprochen selten. Man denke an die Hierarchie der Kirche vom Papst, sowohl Haupt der Kirche als auch *servus servorum Dei*, über Erzbischof, Bischof, Archidiakon bis hinunter zum Leutpriester, der nach ›oben‹ dient und über seine Pfarrkinder wacht. Das Prinzip, nach unten *potens, magnus, melior, dives, dominus, rector, magister, seigneur, lord, Herr,* und nach oben *pauper, minister, servitor,* ›ergebenster Diener‹ zu sein, gilt,

wie in den geistlichen, so auch in den weltlichen Ordnungen (*ordines*). Man denke etwa an die Rangfolge vom *rex* zum *dux, comes, miles, villicus, villanus* bis hinunter zum landlosen Ackersklaven (*mancipium*); selbst dieser ›regiert‹ noch die Seinen. Gleiches gilt für die städtischen Rangordnungen; ähnliches auch für die Generationsbeziehungen, und ebenso stuft das Geschlecht sozial ab. Dieses allgemeine Prinzip vertikaler Vergesellschaftung nimmt jedoch in den sozialen Positionen jeweils andere Form und Bedeutung an. Beziehungen zwischen dem *pater* und der *familia*, dem *abbas* und den *fratres*, dem *rex* und dem *populus*, dem *senior* und den *vasalli*, dem *dominus* und den *servi*, dem *villicus* und den *villani*, den *consules* und den *burgenses*, den *magistri* und den *scholares*, dem *Hausherrn* und den *Seinen* usf. betreffen verschiedene Leute, haben eigene soziale Inhalte, abgestufte Verbindlichkeit (Eid). Sie differieren danach, ob sie erboren oder gestiftet, von oben oder unten erzwungen oder gewählt sind. Sie können kombiniert werden, sich überlagern, ineinander geschachtelt, gegeneinander gerichtet sein. Sie können zwischen Einzelnen, aber auch zwischen Gruppen bestehen, die sich um dieser Beziehungsform willen organisieren. Die Mitglieder dieser Gruppen sind in ständiger solidarischer Bewegung, verstehen sich als ›Alle‹ in ihrer Sache (*universitas*), als Verwandte (*proximi*), schwören Freundschaft (*amicitia*), verbrüdern sich (*fraternitas*), driften auseinander, erklären sich zu Feinden, schaden einander, befehden sich. Diese Beziehungsformen können verschärft oder abgemildert, gelockert oder verfestigt werden. *Trotz* der verwirrend vielfältigen Variationen gilt, dass, je höher der soziale Rang, desto komplexer die Kombinationen bzw. Konglomerate solcher Beziehungen pro Position, desto größer der Bestand an ›Rechten‹ (*iura, privilegia*). Hochrangige Herren vereinigen und nutzen viele Machtrelationen in ihrer ›Person‹ (als namhafter und institutioneller ›Körper‹), arme Leute müssen mit der Verfügung über ihre schmale Habe auskommen, haben kaum einen Namen. *Wegen* dieser Variationsbreite gilt, dass alle Positionen instabil sind, ständig modifiziert werden. Die Grundregel all dieses Machthandelns ist das ›Paktieren von Fall zu Fall‹ (Max Weber).

Übersetzt man das hier grob umrissene Profil der Kristallisations- und Bewegungsformen der Macht in die konventionelle Terminologie der Mediävis-

---

30 Zur räumlichen Herrschaft der Kirche: Schmidt (1999).

tik, dann geht es um die ›Herrschaftsformen‹ im Okzident zwischen *Imperium* und *Sacerdotium*, Wahl- und Erbmonarchie, Personenverbandsstaat und territorialem Flächenstaat, Iurisdiktionsprimat und Konzil, Leiherecht und Ständeparlament, Lehnspyramide und Grundherrschaft, Landesherrschaft und Kirchenpatronat, Städtebund und Ordensland, Königspfalz und Burgbezirk, Schirmvogtei und Markthoheit, Berggericht und Forstregal, Stadtkommune und Münzrecht, Brückenzoll und Mühlenbann usf. In diese polyarchische Machtformenwelt ist kaum staatstypologische Ordnung zu bringen, außer man schlägt sie über den viel zu kurzen Leisten moderner öffentlicher ›Gewalten‹- bzw. ›Verfassungs‹-Lehren, oder man verortet jede Ausprägung zwischen den Polen von ›Herrschaft‹ und ›Genossenschaft‹. Jede reale Herrschaft ist ein instabiles Mächte-Ensemble mit seinem eigenen kompositen Gesicht (übrigens auch mit seinem Namen, seinen Insignien und seiner Tradition) – und ändert es unentwegt.

Nun zur Gegen-Seite der Machtbeziehungen. Da jede Gemeinschaftsfunktion, sei es die Exkommunikation, der Kampf, die Messe, die Friedensstiftung, die Einkommensvermehrung, der Burgenbau, der Münzgeldwechsel, das Salzsieden, das Pflügen und das Gebären ›Dienst‹ ist, kann es nicht verwundern, wenn sie alle ins Licht der Abhängigkeit, Unfreiheit, Knechtschaft geraten können. Der Vielfalt und Beweglichkeit der Machtpraxen bzw. Herrschaftsweisen entspricht die der ›Servilitäten‹, der Verknechtungen bzw. Befreiungen. Unendliche Diskurse um mehr ›Freiheit‹ bzw. Proteste gegen Verknechtung tönen durch das lange Jahrtausend des Okzidents – auf allen sozialen Ebenen. Jede Lebenskondition kann zum Signum irgendeiner Unfreiheit oder Freiheit werden, jede Lebenssituation zum Forum der Akzentuierung oder Modifikation des Status, der Würde, der Ehre (oder seines Gegenteils). Und hier gilt spiegelbildlich: je niedriger die soziale Position, desto schmaler der Bestand der Freiheiten und desto breiter der der Beschränkungen. Hinter jeder *libertas* oder *servitus* stehen Bindungskonglomerate, die auf alle Konditionen von Leib und Leben radiziert sein können: auf Zeugung und Geburt, Geschlecht und Herkunft, Haupt und Glieder, Haus und Hof, Hab und Gut, Mühsal und Können, Ehe und Erbe, Kind und Kegel, Bleibe und Abzug, Kauf

und Verkauf, selbst auf den Tod und das Warten im läuternden Jenseitsraum des Fegefeuers. Auch hier gelten die oben genannten Regeln und Strategien der Variation: breite Zusammensetzung, Verdichtung, Lockerung, Verstärkung, Minderung. Konkreter: Was jemand zum Eigenmann, Wachszinser, Schutzhörigen, Mundmann, Gerichtsfreien, Hufner, Meier, Ministerialen, was Gruppen zu Königs-, Burg- oder Gotteshausleuten, zur *familia* eines Heiligen, zu Hintersassen, Bannleuten, zu Untertanen, armen Leuten usf. ›macht‹, hat seinen Namen zwar von einer (meist dominanten) ›Eigen‹-schaft, stellt aber jeweils ein Konglomerat vieler Kennzeichen dar. Ob das Ensemble aber als ›Freiheit‹ oder ›Unfreiheit‹ gilt, hängt von ganz verschiedenen Umständen ab – und dabei steht dahin, ob die Betroffenen sich selber so verstehen oder dies ablehnen – und sich beharrlich anders ›nennen‹. Eines ist sicher: Reduktionen dieser Beziehungsfächer auf modernisierende Pole – Freiheit, Unfreiheit – oder auf ein Kriterium – Leibeigener, Grundhöriger – verdecken eher das grundsätzlich Andere dieser Abhängigkeitsbeziehungen.

Schließlich der materielle Zweck der ›Gewalten‹: der angemessene Unterhalt der Herren, ihre Einkommen. Um auch hier prinzipielle Klarheit zu gewinnen, bedarf es entsprechender Distanzierung von den Eigentums- und Einkommensbegriffen der modernen Ökonomie wie Eigentum/Besitz, Steuer, Profit (gespalten in Zins und Rente), Lohn usf. In Analogie zu den oben dargelegten Verhältnissen der Gewalten und Abhängigkeiten lässt sich Folgendes sagen.

Als Herr versteht man seine materiellen Ansprüche als ›Rechte‹ und ›Ehren‹, seine Verfügung über ihre sachlichen Voraussetzungen als Macht über seine ›Habe‹ bzw. sein ›Eigen‹, das daraus entstehende Einkommen selber schließlich als das Empfangene (*receptum*), das zurückgegeben wird (*redditus* – Rente) von denjenigen, die es schulden (*debitum*). Diese Dimensionen werden regelmäßig zusammengefasst zu einem Herrsein (*dominium, potestas*), das die Abhängigen in der Doppelform von *servitium* und *census*, Dienst und Zins ›realisieren‹. Der Hauptindex dieser Schuldigkeiten ist die Erde, das Land, der Grund und Boden. Die Macht wurzelt im feudalen Okzident im Boden, sucht sich in allen seinen Ausformungen zu verankern. Von Kopf und Herd, Haus und Hof, von der Beackerung, der Viehhaltung, der Wiesen-, Wald- und Wassernutzung bis hin zu diversen regionalen oder standortbedingten Kulturen (Weinbau, Salzsiederei, Töpferei, Erzgrabung), beanspruchen die Herren ihren Teil, entweder in der Form von (Fron-) Diensten, von fixierten bzw. anteiligen Erträgen, oder schließlich in Münz-›Äquivalenten‹. Zu den die Wachstumszyklen anzapfenden Ertragsformen kommen nachgeordnete Unterhaltsbereiche, etwa die ländlichen und städtischen Handwerke (Gewerbezinse), der Marktbesuch und Transport (Zoll), die Seelsorge (Zehnt), der Schutz und der Friede (Burgdienste, Gerichtsabgaben, Heeressteuern). Darüber hinaus trachten die Herren danach, sich auch Anteile der mittelfristigen Errungenschaften ihrer Leute zu sichern (Erb- oder Verpachtungsgebühren, Kreditsteuern). Welche konkreten Variationen und Konstellationen aus diesen Möglichkeiten entstehen können, ist erstaunlich. Sie laufen zum einen darauf hinaus, dass jeder Abhängige – ob Kätner oder Vollbauer, Müller oder Priester, Handwerker oder Bergmann – mehreren Herren abgeben muss – den Pachtzins, den Zehnt, den Zoll, den Schlagschatz und die Münzwechselgebühr, die Vogtabgabe an jeweils einen anderen. Entsprechend sind die Einkünfte jedes Herrn anders zusammengesetzt, wachsen oder schrumpfen in anderen Rhythmen, bedeuten anderen Reichtum, haben andere Symbolkraft. Und jeder Herr rivalisiert mit seinesgleichen scharf um jedes Jagdrecht, jeden Sack Getreide, jedes Schwein, jeden Gerichtspfennig – mit der Folge, dass die Pflichtigen neben den täglichen Drohungen, Strafen und Bußen beständig um den Umschlag von der geregelten in die ›wilde‹ Abschöpfung fürchten müssen (Fourage, Beutemachen, Plünderung), die Herren umgekehrt darum, dass ihre Leute überhaupt genug haben, um zinsen zu können. Das führt in den dritten Bereich.

4.3. Werk (*opus*)[31]

Wer im langen Jahrtausend des Okzidents nach ›der‹ Arbeit sucht, wird enttäuscht. Ebenso fehlen

Grundvorstellungen moderner Ökonomie wie Knappheit, Bedürfnis, Produktion, Ware, Zirkulation, Kapital, Konjunktur. Damit entfällt die Vorstellung vom *homo oeconomicus*. Als Schlüsselwörter, die das Unterhaltshandeln in ihre soziale Funktion fassen, gelten Termini wie ›Dienst‹ bzw. ›Amt‹ (*servitium, officium, ministerium*). Will man sich in der Sache ausdrücken, dann spricht man im allgemeinen von ›Werken‹ (*opera*) bzw. vom Werken. Wird man dann genauer, dann stellt jedes Werken eine jeweils andere Mischung von Mühsal (*labor*) und Können (*ars*) dar. Die Tatsache, dass den weitaus meisten Unterhaltätigkeiten die Qualität reiner Lohnarbeit abgeht, bedeutet vor allem, dass sie keinen nur monetär messbaren Wert haben, sondern von je verschiedenem Nutzen sind (*usus, utilitas*). Anders die Resultate des Werkens. Viele gehen ins Getriebe des ergänzenden, münzgeldvermittelten Märkteverkehrs ein oder werden an ihm orientiert und sind deshalb ›Werk‹ und ›Gut‹ zugleich, führen ihren Wert als Preis mit sich. Von einer Epoche der Lohnarbeit zu sprechen, wäre absurd. Die Preis-Frage (*iustum pretium*) jedoch bewegt die Gemüter. Dennoch: Alles Mühen, Können und Werken dient vor allem der Notdurft, der Nahrung (*victus* und *vestitus*) für sich und die Seinen in Haus, Hof und Werkstatt. Kaum jemand haushaltet für sich allein. Zum Haushalt gehören die tätigen Männer und Frauen, die jungen und alten Esser. Aber man hat für mehr zu sorgen: für die Toten als gegenwärtige Vorfahren (*memoria*), für die künftigen Lebenden (*hereditas*), für Fremde und Gäste, für benachbarte Habenichtse und Sieche (*elemosina*) – und für die Herren, wovon bereits die Rede war. Den Glauben daran, dass die Werke nicht nur dem diesseitigen Auskommen, sondern auch dem jenseitigen Los, ob zu Heil oder Verdammnis, dienen, sucht die Kirche ohne Unterlass zu bestärken, dies auch mit der Folge, dass alle menschlichen als Nachahmung der göttlichen Werke, als Fortsetzung des Schöpfungswillens verstanden werden können.

Es gilt noch kurz zwei weitere Merkmale zu erörtern: den sachlichen Zusammenhang der *opera humana* und die räumlichen und zeitlichen Ordnungen des Unterhaltshandelns. Drei moderne Selbstverständlichkeiten: die Vorstellung von der gesellschaftlichen Arbeitsteilung, von den drei wirt-

---

31 Zum Folgenden: Eriksson u.a. (1989); Kuchenbuch/Sokoll (1990); Contamine u.a. (1997); Guerreau (2001a).

schaftlichen Sektoren einer Volkswirtschaft – dem ersten als Agrar-, dem zweiten als Gewerbe- und dem dritten als Dienstleistungssektor – und von der Teilung in Stadt und Land haben es bislang verhindert, zeitgenössische Artikulationen ernster zu nehmen, die aufs Ganze der Unterhaltswerke zielen. In der Lehre von den sieben mechanischen Künsten (*artes mechanicae*) hat man eine solche vieldiskutierte Ordnungsform vor sich. In ihr werden alle Unterhaltswerke danach bestimmt, was sie dem Überleben des Menschen bieten. Vier von ihnen erhalten das Leben durch Hineinführung in den Körper: Der Ackerbau liefert die vegetabilische Nahrung, die Jagd die animalische, die Medizin reguliert das Säftegleichgewicht, Schauspiel und Musik balancieren das Gemüt (*anima*). Die Webkunst kleidet, die Schmiedekunst stattet aus mit Werkzeugen und Gerät; der Handel beschafft das Fehlende; diese drei führen an den Körper heran. In der christlichen Wissenskunde sind diesen sieben ›leibeskulturellen‹ Künsten spiegelbildlich sieben ›geisteskulturelle‹ Künste (*septem artes liberales*) übergeordnet. Zusammen bilden sie eine umfassende Ausstattung zur Lebensbewältigung und Heilssuche.[32] Jede ›Kunst‹ dient einem anderen leibseelischen Teilzweck, nimmt dabei die vier Elemente (*terra, aqua, ignis, aer*) sowie deren ›Stoffe‹ (*materiae*) unter Verwendung diverser Werkzeuge (*instrumenta*) auf seine Weise hand-werklich in Dienst und vermittelt so an und in jeden Menschen hinein ihren Anteil an der materialen Schöpfung (*natura*). Kein Wunder, dass in diesem Sinngefüge der Mensch als *homo artifex* gilt.

Und die räumliche und zeitliche Ordnung der Werktätigen? Auch hier ist eine enorme Bandbreite von Verortungen (*locatio*) der Betriebe der Landleute festzustellen: weit gestreut liegende Einzelhöfe, weilerartige Hofgruppen, um zentrale Einrichtungen gruppierte Agglomerate, regellose Haufendörfer sowie ein ganzer Fächer von regelhaften Ordnungen sowohl der Höfe als auch der Felder. Jede Siedlung ist der jeweiligen Landesnatur angepasst, und mit ihr variiert die grundlegende Verbindung von Ackerbau und Viehhaltung, sorgen Gärten, Wälder, Weinberge, Baumpflanzungen, Teiche, Tongruben usf. für weitere Profilierung. Dort wird nach den Vorgaben der Jahreszeiten, dem schnellen Wechsel der ›Werke und Tage‹ in Haus, Hof und

Flur, den Begegnungen mit der Herrschaft und dem Kalender der kirchlichen Feiertage gelebt. Mehrere solcher Orte bilden ein kleinräumiges Siedlungsgefüge, das Anschluss hat an einen tagsüber erreichbaren Nahmarkt, an Wege oder schiffbare Gewässer, die zu größeren Zentralorten wie Gewerbe- oder Handelsstädten und Herrenresidenzen führen. Dort sind die vom Landbau abgeschichteten Handwerke und die herrenspezifischen Dienste je nach Umlandreichtum, Bewohnerzahl und Zentralfunktionen ausdifferenziert. In den agrarisch dominierten Marktflecken ist nur der grobe Satz der an die *artes mechanicae* erinnernden Grundgewerbe (Nahrung, Kleidung, Behausung, Gerät/Werkzeug, Fuhrwerk) vertreten, deren ländlicher Lebensrhythmus jedoch ergänzt wird von den Sequenzen der Markt- und Messetage. Die Gewerbe- und Handelsstädte beherbergen eine elaborierte Vielzahl von längs- oder quergeteilten Handwerken, die sich aus den *primae materiae* des Umlands entwickelt haben und sich gegenseitig streng regulieren; ihr Auf und Ab ist bereits maßgeblich bestimmt vom initiativen Einkauf und vom Absatz der fertigen Güter. Eine Kombination publiker Marktplätze mit weiträumig privilegiertem Kommerz, Speditionswesen und Kredit hat dafür zu sorgen. Schließlich existieren die aufwendigen Hofhaltungen der geistlichen, adligen und bürgerlichen Herren, die mit ihren besonderen Verausgabungsstilen und -rhythmen auf das Stadtinnere und das Umland zurückwirken.

›Raumsystemisch‹ ausgedrückt:[33] Die unzähligen Gehöfte und Werkstätten sind lokal verankerte, periphere Bausteine von polyzentrisch hierarchisierten Regionen. Jede Region hat ein grundlegend partikulares Profil mit mannigfachen Eigenheiten, z. B. eigenen Maßen und Gewichten, eigener Währung, eigenem Orts- und Personen-Namensgut, besonderen Redeweisen und Gewohnheiten. Damit aber nicht genug. Auch das nahezu wirr erscheinende In-, Neben- und Übereinander der Rechte und Ansprüche verschiedener Herrschaften, von dem

---

32 Die genauere Erörterung der *artes liberales* muss aus Platzgründen unterbleiben.

33 Hierzu konzeptionell: Guerreau (1996); empirisch, als umfassender Prozess eines ›encellulement‹ ins Haus, in die Pfarrei die Herrschaft und die lateralen Solidaritäten: Fossier (1982, Bd. 1, S. 288–601).

oben die Rede war, steigert die materielle und subsistenzielle Heterogenität zusätzlich, und zwar auch in dem Sinne, dass kaum jemand das gleiche Los wie sein Nachbar hat, die Wahrnehmung gleicher Lagen und die Bildung gleicher Meinungen über die lokalen Gewohnheiten und Pflichten hinaus deshalb kaum möglich ist. Schließlich das einheitsstiftende Netz der Pfarrsprengel. Jede Pfarrkirche bietet dieselbe dreischrittige Steigerung des Sakralen vom Friedhof über den Kirchenraum zum Altar mit den Reliquien darunter und der Eucharistie auf ihm. Jeder Christ erlebt so in ›seinem‹ Ort die Hierarchisierung des Raumes vom Grab bis in den Himmel hinauf, die Ordnung der Zeiten von der Flurprozession bis zum Fest des Kirchenpatrons, vom Jahrmarkt bis zur Fastenzeit. An den Rändern und Horizonten dieser partikularen Kleinwelten beginnt das ›Unland‹, die Wildnis, die Fremde, das Unheimliche.

Um zusammenzufassen: Das Epochenprofil des Okzidents drückt sich, so scheint es, in einer eigentümlichen Polarität der räumlichen Vergesellschaftungen aus – eine widersprüchliche Einheit der umgebungsgeprägten Werktätigkeiten der Leute mit unstet rivalisierenden Kontroll- und Appropriationspraktiken der Mächtigen, systemisch durchflochten und überlagert von einem ortspräsenten Universalismus der christlichen Kirche.

4.4. Reform (*renovatio*)

In aller Kürze sollen noch einige Gedanken zum Charakter des sozialen Wandels im christlich-feudalen Okzident folgen. Eines steht – gegen alle ignoranten Vorurteile, der vormoderne Okzident habe als statisches Zeitalter zu gelten – fest: Im langen Jahrtausend von ca. 400 bis 1750 gibt es massive Zeugnisse nicht nur für großes Kompensationsvermögen und hohe Anpassungsfähigkeit an verschiedenste naturale und soziale Herausforderungen und Destruktionen wie Klimaschwankungen, Überflutungen, Ernteausfälle mit katastrophalen Hungersnöten, Pandemien, Invasionen, endemische Verwüstungskriege oder Verfolgungen, sondern ebensolche für eine materielle und operative Effektivität – weittragende Innovationen im Land-, Wasser- und Bergbau, im Waffen-, Textil- und Baugewerbe, im Speditions- und Münz-, im Schrift-, Mess- und Rechnungswesen – sowie für einen Verdichtungsdruck nach innen und eine Übertragungsfülle nach außen, Bewegungsphänomene, die zusammen in ihren langfristigen Resultaten und Wirkungen auf eine räumliche Verdoppelung des *orbis christianus* und eine enorme Akkumulation von Gütern, Wissen und Macht hinausliefen.[34]

Bevor man dieses Bündel von Phänomenen mit gängigen modernen Bewegungsbegriffen belegt (Wachstum, Expansion, Fortschritt, Entwicklungsdynamik, Konjunktur und Krise usf.), sollte gefragt werden, was das Zeitalter selber bietet. Es mag gewagt erscheinen, hierzu auf den Vorstellungsraum der ›Reform‹ und ›Erneuerung‹ zu rekurrieren. Aber die einschlägige Forschung[35] hat gezeigt, dass in der Patristik die antiken kosmologischen und vitalistischen Wiederkehrs- und Wiedergeburtraditionen im Ausgang vom christlichen Offenbarungsbestand (besonders Paulus) zu einer eigenen Zeitform umgedeutet werden, der *reformatio in melius*. Diese Kombination von Rück- und Vorausorientierung, der *conservatio* des Guten mit der *reformatio* des Schlechten dient während des ganzen christlich-feudalen Jahrtausends, ausgehend von der Sinnesänderung der Einzelmenschen (Taufe, Reue, Bekehrung), in allen sozialen Bereichen als Bewusstseinsform des Wandels und als Argument für Umgestaltungen. Nahezu alle Macht-, Wissens- oder Glaubenskonflikte – von Reichs(um)bildungen, Eroberungen, Missionen, Kolonisationen bis zu lokalen oder regionalen Herrschaftsstrukturierungen, Landeserschließungen, Umwandlungen in Ritus und Liturgie, Dogmatik und Erziehung, Recht und Gewohnheit – kleiden sich in Reform-Rhetorik ein, werden von den Protagonisten (bzw. ihren Gegnern) als Reform, Reformation, Renaissance, Erneuerung des betreffenden Bereichs der Wirklichkeit verstanden. Welche dieser Grundvorstellung nachgeordneten Bewegungsbegriffe das Verhältnis zwischen Einst (*antiquitus*) und Jetzt (*modernitas*) präzisieren,

---

34 Hierzu einige Überblicke: umfassend Bartlett (1996); zum Wachstum der ›Staats‹-Macht: Mann (1991); zur ›Wirtschaft‹: Contamine u.a. (1997); zur ›Technik‹: Lindgren (1996).

35 Zum Folgenden: Ladner (1966); Miethke (1995).

kann hier nicht mehr erörtert werden. Auf jeden Fall umreißen sie keine systemisch zusammenhängende Qualität der sozialen Zeit – wie etwa die ökonomische ›Konjunktur‹ in der Moderne –, sondern stehen weitgehend im parabolischen Bann des Rads der *fortuna*, also dem unplanbaren Auf und Ab, den guten und schlechten Zeiten des irdischen Daseins, und natürlich der göttlichen Providenz und ihrer Einwirkungen (Wunder, Strafen).

Abschließend sollen nur noch einige Grundphänomene des Wandels selber angedeutet werden, indem von der Mitte aus polarisierend in die früheren und die späteren Perioden der Gesamtepoche geblickt wird.

Die Zeiten zwischen dem 5. und 11. Jahrhundert sind räumlich von ganz verschiedenen Ausgangskonstellationen geprägt. Romanisierte Regionen, in denen sich die zum Christentum übergegangene senatorische Grundbesitzer-Aristokratie, integriert in Bischofsherrschaften, behaupten konnte, unterliegen anderen Konditionen des Wandels als heidnisch-akephale und wenig orts- und sozialstabile Ethnien, oder Kampfverbände, die unter einem Heerkönig Regionen erobern, das Christentum annehmen und dann dort nach dauerhafter Herrschaft und Siedlung trachten. Verallgemeinert man die regional ungleichzeitigen Formierungsprozesse aufs Äußerste, dann dürften sie von folgenden Tendenzen bestimmt gewesen sein: der Ruralisierung des lokal-materiellen Lebens, der Seigneurialisierung der sozialen Bindungen und der Verkirchlichung der Jenseitsbezüge. Dabei werden in der Aufstiegszeit des Christentums zur katholischen Kirche zentrale antike Erbschaften wie die lateinische Schrift und Sprache, das heidnische Wissen, das Münzgeld und die sozialen Ordnungsmodelle modifiziert und inkorporiert in den Normenkanon und die Handlungsorientierung.

Aus dem Ineinander dieser großen Trends entsteht dann in den fränkisch-angelsächsischen Kernregionen das oben dargelegte äußerst flexible Siedlungs-, Werke-, Herrschafts- und Kirchen-Muster des Okzidents und wird von dort aus, in rudimentären Missions- und Eroberungswellen, in die Zwischen- und Außenräume des Kontinents getragen.[36]

Seit dem späteren 11. Jahrhundert wird dieses Muster, verfestigt und elaboriert durch ›innerräumliche‹ Feingliederung und Verknüpfung (Dorf-Markt-Stadt-›Netze‹), dann systematisch über Skandinavien, Ostmitteleuropa, die atlantischen Inseln und die ganze iberische Halbinsel (sowie ›extern‹, aber befristet, in den Kreuzfahrerreichen) verbreitet. Zu dieser gigantischen Vervielfältigung kommen Ausdifferenzierungen und Funktionsteilungen in allen sozialen Bereichen: Verfestigungen der Vernakularidiome durch lateinschriftliche Fixierung, Regionalisierungen der dem Ackerbau aufsitzenden Güterherstellung, Zellteilung des Regular- und Säkularklerus, Söldnerwesen, Befestigungswerke und Distanzwaffen, Universitäten und gelehrte Stände, Formalisierung des Wissens und Buchdruck, Ämter- und Steuerwesen, Trennung von Güter- und Geldhandel. Aus beiden Trends resultieren neue Machtkonzentrationen (Papstmonarchie und Kurie, Königreiche, Städtebünde, Residenzen), weiträumige Beziehungsgeflechte (besonders der intensivere Güter- und Geldverkehr, die Heiratsbeziehungen der Dynastenhäuser, der Nachrichten- und Wissenstransfer) und schließlich Verlagerungen der Reichtums- und Machtzentren (von Oberitalien nach Flandern; vom deutschen Reich nach Frankreich usf.). All das sind spannungsreiche ›Reformen‹, die meist durch Paktieren von Fall zu Fall reguliert und eingedämmt werden, sich aber immer zuspitzen zu Ketzerkrieg, Inquisition, Reformation, Aufstand, Revolte, Fehde, Belagerung, Beutezug und Verheerung.

5. Schlussbemerkung

Man hat diese Bewegungs-, Kumulations- und Transformationsqualitäten des Okzidents um und um bedacht. Die Stichworte – Rationalisierung, Säkularisierung, Kapitalisierung, Modernisierung usf. – sind bekannt und brauchen hier nicht angeschlossen zu werden. Neu – und damit komme ich zum ersten Teil zurück – ist die Vokabel des europäischen ›Sonderwegs‹.[37] Sie steht im Begrün-

---

36 Einer dieser Großvorgänge von ›Verwestlichung‹ ist die Genesis der (späteren) Mitte des (späteren) Europas aus der *Germania romana*, *Germania germanica* und *Germania slavica*: die *tütschen lande*. Dazu jetzt grundlegend: Ehlers (2002).

37 Ein mutiger, in der Sache äußerst anregender Anfang: Mitterauer (2003).

dungszusammenhang mit neuerlichen neo-europäischen Sinnstiftungsaufgaben, die ohne epochenvergleichende Konzeptionsarbeit nicht gelöst werden können. Um sich diesem Aktualisierungsdruck zu stellen, muss die Fachwissenschaft ihre ganze methodische Souveränität und ihren diskursiven Mut aufbringen. Es gilt, eine historisch-kritische Diskussion um nicht nur ›ein‹ Europa, nicht nur ›eine‹ Neuzeit und nicht nur ›eine‹ Moderne zu führen, zentrale Sinnfiguren, denen *nicht* ohne Weiteres der Okzident zugeschlagen werden darf. Dazu könnte eine *Okzidentalistik* taugen, deren Grundriss auf die historische Agenda gehört.

Literatur

ALTHOFF, GERD (Hg.) (1992), *Die Deutschen und ihr Mittelalter. Themen und Funktionen moderner Geschichtsbilder vom Mittelalter*, Darmstadt: Wissenschaftliche Buchgesellschaft. ■ ANGENENDT, ARNOLD (1997), *Geschichte der Religiosität im Mittelalter*, Darmstadt: Primus. ■ BASCHET, JÉRÔME / SCHMITT, JEAN-CLAUDE (Hg.) (1996), *L'image. Fonctions et usages des images dans l'Occident médiéval*, Paris: Le Léopard d'or. ■ BARTLETT, ROBERT (1996), *Die Geburt Europas aus dem Geist der Gewalt*, München: Kindler. ■ BEINERT, WOLFGANG (1976), »Katholisch, Katholizität«, in: *Historisches Wörterbuch der Philosophie*, Bd. 4, Sp. 787–789. ■ BÖDEKER, ERICH / HINRICHS, ERNST (Hg.) (1991), »Alteuropa – Frühe Neuzeit – Moderne Welt? Perspektiven der Forschung«, in: Bödeker, Erich / Hinrichs, Ernst (Hg.), *Alteuropa – Frühe Neuzeit – Moderne Welt. Probleme und Methoden der Forschung*, Stuttgart/Bad Cannstatt: Frommann-Holzboog, S. 11–50. ■ BORGOLTE, MICHAEL (1992), *Die mittelalterliche Kirche*, München: Oldenbourg. ■ BORGOLTE, MICHAEL (1996), *Sozialgeschichte des Mittelalters. Eine Zwischenbilanz nach der deutschen Einheit*, München: Oldenbourg. ■ BURGHARDT, JOHANNES / PRIDDAT, BIRGER P. (Hg.) (2000), *Geschichte der Ökonomie*, Frankfurt/M.: Deutscher Klassiker Verlag. ■ CONTAMINE, PHILIPPE / BOMPAIRE, MARC / LEBECQ, STEPHANE / SARRAZIN, JEAN-LUC (Hg.) (1997), *L'économie médiévale*, Paris: Colin. ■ ECO, UMBERTO (1985), *Über Gott und die Welt*, München: Hanser. ■ EHLERS, JOACHIM (Hg.) (2002), *Deutschland und der Westen Europas im Mittelalter*, Stuttgart: Thorbecke. ■ ERIKSSON, YLVA / KUCHENBUCH, LUDOLF / SOKOLL, THOMAS / TEUBNER-SCHOEBEL, SABINE / VANJA, CHRISTINA / WIESEHÖFER, JOSEF (1989), *Arbeit im vorindustriellen Europa*, 6 Teile, Studienbrief der FernUniversität Hagen. ■ FOSSIER, ROBERT (1982), *Enfance de l'Europe. Aspects économiques et sociaux*, 2 Bde. Paris: Presses Univ. de France. ■ FRYDE, NATALIE / MONNET, PIERRE / OEXLE, OTTO GERHARD (Hg.) (2002), *Die Gegenwart des Feudalismus*, Göttingen: Vandenhoeck und Ruprecht. ■ GOETZ, HANS-WERNER (1999), *Moderne Mediävistik. Stand und Perspektiven der Mittelalterforschung*, Darmstadt: Primus. ■ GRAUS, FRANTICEK (1974), Art. »Mittel-

alter«, in: *Marxismus im Systemvergleich, Geschichte 3*, Frankfurt/M./New York, Sp. 47–69. ■ GUERREAU, ALAIN (1980), *Le féodalisme. Un horizon théorique*, Paris: Le Sycomore. ■ GUERREAU, ALAIN (1996), »Quelques caractères de l'espace féodal européen«, in: Bulst, Neithard / Descimon, Robert / Guerreau, Alain (Hg.), *L'Etat ou le Roi. Les fondations de la modernité monarchique en France (XIVe-XVIIe siècles)*, Paris: Éd. de la Maison des sciences de l'homme, S. 85–101. ■ GUERREAU, ALAIN (1999), Art. »Féodalité« in: Le Goff, Jacques / Schmitt, Jean-Claude (Hg.), *Dictionnaire raisonné de l'Occident médiéval*, Paris: Fayard, S. 387–395. ■ GUERREAU, ALAIN (2001 a), *L'avenir d'un passé incertain. Quelle histoire du Moyen Age au XXIe siècle?* Paris: Ed. de Seuil. ■ GUERREAU, ALAIN (2001 b), »Avant le marché, les marchés: en Europe, XIIIe-XVIIIe siècle (note critique)«, in: *Annales. HSS*, nov.-déc. 2001, S. 1129–1175. ■ GUERREAU-JALABERT, ANITA (1996), »*Spiritus* et *caritas*. Le baptême dans la société médiévale«, in: Héritier-Augé, Francoise / Copet-Rougier, Elisabeth (Hg.), *La parenté spirituelle*, Paris: Editions des archives contemporaines, S. 133–203. ■ GUERREAU-JALABERT, ANITA (2002), »L'*ecclesia* médiévale, une institution totale«, in: Schmitt, Jean-Claude / Oexle, Otto Gerhard (Hg.), *Les tendances actuelles de l'histoire du Moyen Age en France et en Allemagne*, Paris: Publ. de la Sorbonne, S. 219–226. ■ ILLICH, IVAN (1991), *Im Weinberg des Textes. Als das Schriftbild der Moderne entstand. Ein Kommentar zu Hugos »Didascalicon«*, Frankfurt/M.: Luchterhand. ■ KANT, IMMANUEL (1991), *Beobachtungen über das Gefühl des Schönen und Erhabenen* (1764) (Kant im Original, Bd. 5), Erlangen: Fischer. ■ KASPEROWSKI, IRA (1994), *Mittelalterrezeption im Werk des Novalis*, Tübingen: Niemeyer. ■ KEMP, WOLFGANG (1989), »Mittelalterliche Bildsysteme«, in: *Marburger Jahrbücher für Kunstwissenschaft*, 22, S. 121–134. ■ KITTSTEINER, HEINZ D. (1991), *Die Entstehung des modernen Gewissens*, Frankfurt/M./Leipzig: Insel-Verlag. ■ KOSELLECK, REINHART (2000), *Zeitschichten. Studien zur Historik*, Frankfurt/M.: Suhrkamp. ■ KUCHENBUCH, LUDOLF / MICHAEL, BERND (1977), »Zur Struktur und Dynamik der ›feudalen‹ Produktionsweise im vorindustriellen Europa«, in: Kuchenbuch, Ludolf / Michael, Bernd (Hg.), *Feudalismus – Materialien zur Theorie und Geschichte*, Frankfurt/M./Berlin/Wien: Ullstein, S. 694–761. ■ KUCHENBUCH, LUDOLF / SOKOLL, THOMAS (1990), »Vom Brauch-Werk zum Tauschwert: Überlegungen zur Arbeit im vorindustriellen Europa«, in: König, Helmut / Greiff, Bodo von / Schauer, Helmut (Hg.), *Sozialphilosophie der industriellen Arbeit*, Leviathan Sonderheft 11, Opladen: Westdeutscher Verlag, S. 26–50. ■ KUCHENBUCH, LUDOLF (1997), »Marxens Werkentwicklung und die Mittelalterforschung«, in: Lüdtke, Alf (Hg.), *Was bleibt von marxistischen Perspektiven in der Geschichtsforschung*, Göttingen: Wallstein, S. 35–66. ■ KUCHENBUCH, LUDOLF / KLEINE, UTA (Hg.) (2003/4, in Vorbereitung), *Textus im Mittelalter. Komponenten und Situationen des Wortgebrauchs im schriftsemantischen Feld*, Göttingen. ■ LADNER, GEORG (1966), Art. »Erneuerung«, in: *Realenzyklopädie für Antike und Christentum*, Bd. 6, Sp. 240–275. ■ LE GOFF, JACQUES (1970), *Kultur des europäischen Mittelalters*, München: Droemer Knaur. ■ LE GOFF, JACQUES / SCHMITT, JEAN-CLAUDE (Hg.) (1999), *Dictionnaire raisonné de l'Occi-*

dent médiéval, Paris: Fayard. ■ LINDGREN, UTA (Hg.) (1996), *Europäische Technik im Mittelalter: 800 bis 1200. Tradition und Innovation*, Berlin: Mann. ■ MANN, MICHAEL (1991), *Geschichte der Macht. 2. Bd.: Vom Römischen Reich bis zum Vorabend der Industrialisierung*, Frankfurt/M./New York: Campus. ■ MIETHKE, JÜRGEN (1995), »Reform, Reformation, in: *Lexikon des Mittelalters*, Bd. 7, München: LexMa Verlag, Sp. 543–550. ■ MITTERAUER, MICHAEL (2003), *Warum Europa? Mittelalterliche Grundlagen eines Sonderwegs*, München: C. H.Beck. ■ MOOS, PETER VON (1994), »Gefahren des Mittelalterbegriffs. Diagnostische und präventive Aspekte«, in: Heinzle, Joachim (Hg.), *Modernes Mittelalter. Neue Bilder einer populären Epoche*, Frankfurt/M./Leipzig: Insel-Verlag, S. 33–63. ■ NEDDERMEYER, UWE (1988), *Das Mittelalter in der deutschen Historiographie vom 15. bis zum 18. Jahrhundert. Geschichtsgliederung und Epochenverständnis in der frühen Neuzeit*, Köln/Wien: Böhlau. ■ NOVALIS (FRIEDRICH VON HARDENBERG) (1984), *Fragmente und Studien. Die Christenheit oder Europa*, hg. von Paschek, Karl, Stuttgart: Reclam. ■ OEXLE, OTTO GERHARD (1992), »Das entzweite Mittelalter«, in: Althoff, Gerd (Hg.), *Die Deutschen und ihr Mittelalter. Themen und Funktionen moderner Geschichtsbilder vom Mittelalter*, Darmstadt: Wissenschaftliche Buchgesellschaft, S. 7–28, 168–177. ■ OEXLE, OTTO GERHARD (1997), »Die Moderne und ihr Mittelalter. Eine folgenreiche Problemgeschichte«, in: Segl, Peter (Hg.), *Mittel-alter und Moderne. Entdeckung und Rekonstruktion der mittelalterlichen Welt*, Sigmaringen: Thorbecke, S. 307–364. ■ PITZ, ERNST (1987), *Der Untergang des Mittelalters. Die Erfassung der geschichtlichen Grundlagen Europas in der politisch-historischen Literatur des 16. bis 18. Jahrhunderts*, Berlin: Duncker und Humblot. ■ SCHMALE, WOLFGANG (2001), *Geschichte Europas*, Wien/Köln/Weimar: Böhlau. ■ SCHMIDT, HANS-JOACHIM (1999), *Kirche, Staat, Nation. Raumgliederung der Kirche im mittelalterlichen Europa*, Weimar: Böhlau. ■ SCHREINER, KLAUS (1985), »Führertum, Rasse, Reich. Wissenschaft von der Geschichte nach der nationalsozialistischen Machtergreifung«, in: Lundgren, Peter (Hg.), *Wissenschaft im Dritten Reich*, Frankfurt/M.: Suhrkamp, S. 163–252. ■ SCHREINER KLAUS (1989), »Wissenschaft von der Geschichte des Mittelalters nach 1945. Kontinuitäten und Diskontinuitäten der Mittelalterforschung im geteilten Deutschland«, in: Schulin, Ernst (Hg.), *Deutsche Geschichtswissenschaft nach dem Zweiten Weltkrieg (1945–1965)*, München: Oldenbourg, S. 87–146. ■ TÖPFER, BERNHARD (2002), »Die Herausbildung und die Entwicklungsdynamik der Feudalgesellschaft im Meinungsstreit von Historikern der DDR«, in: Fryde, Natalie / Monnet, Pierre / Oexle, Otto Gerhard (Hg.) (2002), *Die Gegenwart des Feudalismus*, Göttingen: Vandenhoeck und Ruprecht, S. 271–291. ■ VETTER, HELMUTH (Hg.) (1999), *Heidegger und das Mittelalter*, Frankfurt/M.: Lang.

6.9 Neuzeit als kulturelles Sinnkonzept

Friedrich Jaeger

»Ich habe kaum nötig, hier ausdrücklich darauf aufmerksam zu machen, dass es in der Geschichte sowenig Epochen gibt wie auf dem Erdkörper die Linien des Äquators und der Wendekreise, dass es nur Betrachtungsformen sind, die der denkende Geist dem empirisch Vorhandenen gibt, um sie so desto gewisser zu fassen.«[1]

Mit diesen Worten hat Johann Gustav Droysen auf dem Höhepunkt der historistischen Geschichtswissenschaft der Überzeugung Ausdruck verliehen, dass es sich bei Epochen um »Gliederungen der Geschichte« handelt, mit denen einem zunächst ungegliederten Bestand geschichtlicher Phänomene und Ereignisse eine temporale Ordnungsstruktur und damit ein kultureller Sinn gegeben wird. Mit ihnen transformiert sich der Stoff der historischen Erfahrung zu Sinneinheiten geschichtlichen Wandels, die aus der Perspektive der Gegenwart erst ihre Kontur gewinnen. Mit Epochen als Ordnungsinstrumenten der historischen Erkenntnis gewinnt die Vergangenheit eine kulturelle Dimension – darin sieht Droysen ihren Erkenntniswert begründet.

Jedoch bedeutete dies für ihn keineswegs, dass es sich bei den Epochen der Geschichte um willkürliche Setzungen oder bloße Konstruktionen handelt, in denen sich allein die Vorlieben einer epochensetzenden Gegenwart spiegeln. Die epochale Struktur der Geschichte blieb für ihn eingebunden in einen Fortschrittsprozess der Menschheit. Insofern repräsentierten die Epochen der Geschichte nicht allein die Sinnkonzepte des historischen Denkens, sondern zugleich die Sinnstruktur der geschichtlichen Entwicklung.[2] In ihnen manifestierten sich nicht nur die Stufen der kulturellen Sinnbildung über die Vergangenheit, sondern zugleich die Schrittfolge einer durch den menschlichen Geist vorangetriebenen Kulturentwicklung, die sich Droysen auf dem Boden der historistischen Geschichtsphilosophie als einen Fortschritt der Freiheit dachte, in dem sich für ihn als Repräsentanten des Historismus die Geschichte der Menschheit kondensierte: »In jenen Epochen, und genauer, in jenen großen Gruppierungen der Zeiten und Völker, die sie bezeichnen, tritt uns die Reihe der allgemeinen geschichtlichen Typen entgegen. Wie allmählich auch der Übergang von einem zum anderen sich vermittelt zeigen mag, prinzipiell sind sie unermesslich weit voneinander. Es sind nicht bloß gelegentliche Unterschiede von etwas mehr oder weniger Einsicht und dergleichen, sondern so große Wandlungen, dass man wohl sagen kann, die Menschheit ist je mit der neuen Epoche eine qualitativ andere geworden; mit jeder ist ihr eine völlig neue Welt aufgegangen.«[3]

Der Sinn, den Droysen mit dem Epochenbegriff verbindet, ist zugleich ein sich im Bewusstsein nachträglich herstellender Ordnungssinn und ein sich im Handeln aktual vollziehendes Sinngeschehen, – und die Wahrheitsfähigkeit der Geschichtswissenschaft entscheidet sich an der Frage, ob sie diese beiden Gesichtspunkte zusammenzubringen und zu einem kohärenten Sinnkonzept zu synthetisieren vermag, das eine historische Orientierung der Gegenwart über die Entwicklungsstufen der Vergangenheit zu leisten vermag, indem die vergangenen Epochen der menschlichen Freiheitsentwicklung auf dem Boden der Gegenwart in die Epoche ihres zukünftigen Fortschreitens übersetzt werden können.

Das 19. Jahrhundert stellte eine Phase der historischen Begriffsbildung dar, in der die wissenschaftliche Zeitdeutung zunehmend mit theoretisch ausformulierten Konzepten der Epochendifferen-

---

1 Droysen (1977, S. 371).
2 Parallel zu diesem historistischen Verständnis von Epochen als einer dialektischen Korrespondenz von Sinnbildung und Geschehen, Theorie und Praxis hat es immer auch Versuche gegeben, Epochenbestimmungen zu objektiven Entwicklungstendenzen zu verdinglichen und ihnen eine reine Abbildfunktion zuzusprechen. Die Epochenkonzeptionen des Marxismus und des Positivismus stehen etwa dafür.
3 Droysen (1977, S. 376).

zierung operierte.[4] Der Begriff der »Neuzeit« im Sinne einer Epochenbezeichnung breitete sich seit dem ersten Drittel des 19. Jahrhunderts allmählich aus, wenn auch die dem Begriff korrespondierenden Vorstellungen einer temporalen Ordnung der Zeit wesentlich älter waren, wie die bereits im Jahre 1685 von Cellarius erstmals vorgenommene Unterscheidung eines antiken, mittleren und neuen Zeitalters belegt.[5] In der Praxis der historischen Forschung hatte sich die Arbeit mit einem Periodisierungsschema, in dem der Neuzeitbegriff einen prominenten Stellenwert besaß, durchgesetzt, bevor es zu einer theorieförmigen Explikation dieser auf die Neuzeit zugeschnittenen Epochenkonzeption kam. In diesem Zusammenhang besaß die protestantische Geschichtsauffassung eine besondere Bedeutung, da ihr begreiflicherweise an der Legitimation der Zäsur ›um 1500‹ als einem Neubeginn der Weltgeschichte gelegen war.

Die seit dem 19. Jahrhundert akzentuierte Epochenstruktur der Geschichte ist Teil einer Historisierung der Weltdeutung, in der die Kultur jede Form der Statik verliert und stattdessen als Entwicklung, als kontinuierliche Herausbildung immer neuer individueller Formen wahrgenommen wird. In diesen kulturhistorischen Vorgängen hat der moderne Epochenbegriff eine Bedeutungsspannweite erhalten, die er bis heute nicht verloren hat. Wie sich das Problem einer Periodisierung des geschichtlichen Wandels zu epochal aufeinander folgenden Sinneinheiten in der Gegenwart als Problem des historischen Denkens stellt, soll im Folgenden unter besonderer Berücksichtigung des Neuzeit-Begriffs untersucht werden. Im Zentrum steht dabei die Frage, unter welchen Gesichtspunkten sich der Epochen- und Neuzeitbegriff als ein Sinnkonzept des historischen Denkens beschreiben lässt und welche Bedeutung die epochale Gliederung des Zeitverlaufs im historischen Denken besitzt.

Braucht die historische Forschung Epochenkonzepte des historischen Wandels? – Unumstritten ist dies nicht;[6] unbestritten ist jedoch, dass sie sich ihrer immer dann reflexiv zu vergewissern hat, wenn sie als etablierte Interpretationsrahmen existieren, – und dies ist offensichtlich der Fall. Es gibt »Epochen« als methodische Instrumente der historischen Forschung und daher ist zu fragen, welche Rolle sie im Prozess der Erkenntnisgewinnung spie-

len. Betrachtet man neuzeithistorische Epochenkonzepte als Instrumente der historischen Sinnbildung, lassen sich insgesamt sieben Aspekte voneinander unterscheiden.

1. Epochen als diachrone Unterscheidung – Der temporale Zusammenhang und die historische Differenz zwischen Vergangenheit und Gegenwart

Epochen lassen sich als methodische Instrumente des historischen Denkens begreifen, mit denen eine *diachrone Unterscheidung* vorgenommen wird und ein temporaler Zusammenhang oder auch eine historische Differenz zwischen Vergangenheit und Gegenwart als unterscheidbaren Aggregatzuständen des Zeitflusses hergestellt wird. Bereits die spätmittelalterlichen und frühneuzeitlichen Vorstellungen einer »diversitas temporum« verweisen auf diese historische Unterscheidungsleistung von Epochenbegriffen, die angesichts einer sich nicht nur beschleunigenden, sondern auch qualitativ ändernden Zeiterfahrung ein ursprünglich homogenes Zeitkontinuum zu einem durch Epochenzäsuren untergliederten Entwicklungsprozess transformieren. Diese in den Texten vormoderner Geschichtsdenker und Chronisten nachweisbaren Deutungsmuster legen die Vermutung nahe, dass bereits den Zeitgenossen des späten Mittelalters und der frühen Neuzeit Erfahrungen geschichtlichen Wandels präsent waren, die auf einer qualitativen Divergenz von Vergangenheit, Gegenwart und Zukunft beruhten. Und dies gilt trotz des zunächst noch ersichtlichen Bemühens, die durch Veränderungserfahrungen heraufbeschworene Erschütterung der Gegenwart zu beruhigen und sie mit der Hilfe kontinuitätsbildender Epochenschemata erneut an die tradierte

---

4 Riedel (1972). – Am Beispiel des Renaissance-Begriffs zeigt dies auch Stierle (1987).

5 In seiner Arbeit: »Historia universalis, in antiquam, medii aevi novam divisa«. – Eine Zusammenfassung der Geschichte des Neuzeit-Begriffs bietet Schulze (1996, S. 22 ff.).

6 Den heuristisch-methodischen Wert des bis heute gültigen Epochenschemas, das Altertum, Mittelalter und Neuzeit voneinander scheidet, bestreitet Günther (1984, Sp. 796), indem er behauptet, die historische Arbeit könne durchaus auf sie verzichten.

Überlieferung anzudocken, um die kulturelle Verunsicherung auszubalancieren. Auf längere Sicht ging mit dieser sich allmählich einstellenden Einsicht in die Einmaligkeit und Differenz der jeweiligen Epochen ein nachhaltiger Historisierungsschub der Zeitdeutung einher.[7]

Epochen periodisieren Geschichte chronologisch aus der Perspektive der Gegenwart, um sie in eine prozessuale Ordnung zu bringen und somit deuten zu können. Daher lassen sich aus den Epochenbegriffen einer Zeit auch Vorstellungen darüber ableiten, wie diese sich in ihrem Verhältnis zur Vergangenheit begreift. Nur mit diesem Zusammenhang zwischen Gegenwart und Vergangenheit ist die Dynamik von Epochendiskussionen zu erklären, die zu einer Abfolge unterschiedlicher Vorstellungen über Anfang und Ende, Struktur und Sinn der Neuzeit, aber auch über ihr Verhältnis zu anderen Epochen geführt hat. Der konstitutive Gegenwartsbezug jeder epochalen Strukturierung der Vergangenheit zeigt sich darin, dass sich mit dem Wandel aktueller Zeiterfahrungen in der Gegenwart nicht nur der Zuschnitt der Neuzeit, sondern auch der Charakter ›ihres‹ Mittelalters und ›ihrer‹ Antike verändert, also das Bild, das sich eine transformierende Neuzeit jeweils von ihnen gemacht hat.

Die Ausbildung eines Epochenbewusstseins ist eine Unterscheidungsleistung, mit der sich eine Zeit von anderen abgrenzt und sich auf diesem Wege ihres eigenen Orts im Wandel der Zeit vergewissert. Dieser Umstand erklärt auch, warum eine

Epoche ihren kulturellen Sinn und ihre geschichtliche Perspektive gewöhnlich aus ihrem Ursprung ableitet und ihre Eigentümlichkeit von ihrem Anfang her deutet: In ihrem Ursprung bilden sich nämlich diejenigen Faktoren erst heraus, die sie von anderen Epochen unterscheiden. Darauf verweisen deutlich die adjektivischen Verwendungsweisen des Wortes Epoche: »Epochal« oder »epochemachend« werden gewöhnlich solche Ereignisse genannt, die dem geschichtlichen Verlauf eine schlagartige und unvorhergesehene Wendung geben. Sie beenden das Althergebrachte und machen einen Neuanfang. Mit ihnen beginnt eine neue Zeitrechnung, wenn man darunter versteht, dass sich von ihnen als Ursprung und Stiftung her auch die folgenden Eigenschaften und Ereignisketten einer Epoche perspektivisch ableiten lassen.

Grundsätzlich können Epochenbestimmungen im Sinne zeitlicher Unterscheidungen und als Ausdruck historischer Divergenzerfahrungen in einer prospektiven und in einer retrospektiven Form auftreten: als utopische Handlungsentwürfe oder als rekonstruktive Interpretationen. Im ersten Fall sind epochale Neuanfänge der Geschichte von den jeweils Handelnden bewusst intendiert, etwa im Kontext neuzeitlicher Revolutionen, deren Selbstverständnis oftmals darin begründet lag, dass mit ihnen ein neuer Anfang utopisch gewollt oder politisch ›gemacht‹ werden sollte. Dieser Anspruch und Status eines gewollten »Machens« hat Revolutionskritikern wie Edmund Burke oder Jacob Burckhardt die Munition geliefert, Revolutionen als gefährliche Abirrungen vom Weg geschichtlicher Entwicklungen und Kontinuitäten zu deuten, die nicht allein Ausdruck menschlicher Hybris seien, sondern mit einer gewissen Konsequenz im Terror zwanghaft realisierter Handlungsabsichten und Utopien enden müssten.[8] Man muss derartige Befürchtungen nicht unbedingt teilen, um es für historisch gut begründet zu halten, dass das emphatische Zeitbewusstsein geschichtlicher Akteure, in Übereinstimmung mit einer epochalen Tendenz zu stehen und diese in der Praxis zu vollstrecken, enorme Bedeutung im Sinne der Politisierung und Handlungsverstärkung besitzt.

Im zweiten Fall von Epochen als Interpretationen entscheidet die Retrospektive darüber, ob einem bestimmten Ereignis eine epochemachende Quali-

---

7 Näher hierzu Schreiner (1987, S. 381 f., 408, 414), dort: »Spätmittelalterliche Geschichtsdenker sprachen von ›diversitas temporum‹, um Erfahrungen der Andersheit und des Wandels auf den Begriff zu bringen. Das Wissen um die epochale Einmaligkeit und Differenz der verschiedenen Zeiten bildete eine Grundkategorie ihres geschichtlichen Denkens. Die Wortverbindung ›diversitas temporum‹ beweist einen Zugewinn an entwicklungsgeschichtlicher Denkweise. Der Gedanke der ›Zeitverschiedenheit‹ ermöglichte die Ausdifferenzierung einer eigenen Geschichtszeit, für welche Einmaligkeit, Dauer und Wandel grundlegend waren. Die Einsicht in die Verschiedenheit und Andersheit vergangener Zeiten befreite von theologischen, kosmologischen und anthropologischen Prinzipien der Zeitgliederung; sie erschloss Möglichkeiten, weltlichen Handlungs- und Ereignisfolgen ihre eigene Historizität zu geben.«

8 Ausführlicher hierzu am Beispiel Burckhardts Jaeger (1994, S. 134 ff.).

tät zugesprochen werden kann. Weder die Entdeckung Amerikas durch Kolumbus, noch der
Thesenanschlag Luthers, denen retrospektiv oftmals
die Bedeutung epochaler Ereignisse beigemessen
wurde und weiterhin beigemessen wird, haben
sich im Rahmen ihres eigenen Zeithorizonts als
Beginn einer neuen Epoche verstanden. Erst rückblickend erweisen sie sich als wesentlich für eine
Gegenwart, die sich zu diesen Ereignissen im Sinne
eines geschichtlichen Ursprungs ihrer selbst noch in
einem besonderen historischen Verhältnis weiß.
Epochen stellen insofern unverzichtbare historisie-
rende Hilfsmittel der eigenen Traditionsbildung
dar: Mit ihnen werden diejenigen Elemente des
geschichtlichen Wandels ausgemacht und bestimmt, die man als ausschlaggebend für die eigene
Gegenwart ansieht.

Diese Doppelstruktur von Epochen als Zukunftsentwürfen und Rekonstruktionen macht deutlich,
dass sie in zwei möglichen Aggregatzuständen existieren: einem motivierend-emphatischen und einem interpretierend-analytischen. Sie entspringen
einerseits dem Selbstverständnis der Zeitgenossen,
das sich in den historischen Quellen dokumentiert;
andererseits stellen sie methodische Instrumente
der historischen Forschung dar, in denen sich das
Selbstverständnis der Gegenwart und deren Interessen an historischer Orientierung im Verhältnis zur
Vergangenheit spiegeln, – und zwar im Prinzip
auch unabhängig von dem in den Quellen sich
manifestierenden Zeitverständnis und der Eigen-
wahrnehmung der Handelnden. Dass diese beiden
Ebenen historischer Epochalisierung keineswegs
übereinstimmen müssen, zeigt nicht zuletzt die kritische und analytische Arbeit des historischen Denkens an den Zäsursetzungen vergangener Zeiten, die
das emphatische Selbstverständnis der Zeitgenossen, einen Neuanfang zu markieren, nur zu oft als
einen Akt der Selbsttäuschung entlarvt hat. So hat
die epochenkritische Arbeit der historischen Forschung selbst vor der mit der Französischen Revolution traditionellerweise verbundenen epochalen
Emphase nicht Halt gemacht, indem sie diese vermeintliche Wende der Weltgeschichte zu einem
durchaus uneinheitlichen, ja in sich widersprüchlichen Geschehenskomplex relativiert hat, der gleichermaßen von Brüchen und Kontinuitäten, von
Neuanfängen und Traditionen geprägt ist.[9]

Die Plausibilität der Neuzeit-Kategorie beruhte
jedoch bis in die jüngste Vergangenheit auf der
weitgehenden Kongruenz zwischen der Selbstwahr-
nehmung der Zeitgenossen, in einer ›neuen Zeit‹ zu
leben, und den Orientierungsbedürfnissen der interpretierenden Nachgeborenen, die sich bewusst in
die Tradition der Neuzeit stellten. Diese diachrone
Übereinstimmung zwischen der aktualen und der
retrospektiven Bedeutungsschicht des Epochenbegriffs der Neuzeit erstreckte sich vor allem auf
den Beginn der europäischen Expansion, auf die
Informations- und Kommunikationsrevolution als
Folge des Buchdrucks und der Entstehung neuer
Medien, auf die sich seit dem 16. Jahrhundert herausbildenden neuen Formen (national)-staatlicher
Herrschaft, oder schließlich auf die Entstehung der
konfessionellen Spaltung, – allesamt Phänomene,
die sowohl von den Zeitgenossen der Frühen Neuzeit, als auch von den Interpreten des 19. oder
20. Jahrhunderts mit epochaler Signifikanz versehen und daher mit einer hohen kulturellen Wertigkeit aufgeladen waren. Die allmählich festzustel-
lende Krise des Neuzeit-Begriffs als einer tragfähigen Kategorie der historischen Forschung zeichnet
sich daher auch vor allem darin ab, dass sich diese
diachron konsensfähigen Bedeutungsevidenzen ab-
zuschleifen beginnen: Die neuzeitspezifische Hegemonie Europas erscheint heute angesichts eines
fortschreitenden Globalisierungsprozesses als zunehmend problematisch, weil er diejenigen Unterschiede und Traditionen zu nivellieren droht, mit
denen die nicht-europäischen Kulturen ihre Eigenständigkeit zu behaupten versuchen. Damit entsteht
zugleich der Druck, das tradierte dualistische Deu-
tungsschema, das Europa bzw. ›dem Westen‹ in der
Geschichte der Neuzeit eine Sonderrolle gegenüber
allen anderen Kulturen zuerkannte, durch ein kom-
plexeres Modell von Interkulturalität und »world
history« zu ersetzen, in dem diese anderen Kulturen
neu in den Blick treten.[10] Die digitale Medienrevo-
lution unserer Gegenwart wirft Fragen auf, inwieweit die neuzeitspezifischen Kommunikationsfor-

---

9 Hierzu Schulze (1996, S. 78).
10 Zu den damit verbundenen Herausforderungen des historischen Denkens siehe Rüsen (1999). – Einen Abriss der neueren Konzepte der world history und der mit ihnen verbundenen Periodisierungsfragen bietet Green (1992).

men und das von ihnen begründete Modell der
Öffentlichkeit und der Zivilgesellschaft in der Zukunft überhaupt noch Bestand haben werden und
ob sich nicht stattdessen ein Politik- und Kommunikationsmodell abzeichnet, das diese Erbschaft
der Neuzeit hinter sich lässt. Fortschreitende Prozesse der Säkularisierung und der religiösen Pluralisierung, überhaupt das Schwinden der geschichtlichen Innovationskraft und Kulturbedeutung der
Religion lassen die konfessionelle Spaltung mit ihren dramatischen Konsequenzen zu Beginn der
Neuzeit in neuem Licht erscheinen. Angesichts derartiger Verschiebungen der Neuzeiterfahrung stellt
sich die Frage, ob sich unsere Gegenwart überhaupt
noch als eine Fortschreibung derjenigen Prozesse
verstehen lässt, die ›um 1500‹ begonnen haben,
oder ob wir nicht bereits in ein Zeitalter eingetreten
sind, dessen Konturen sich gerade in der Negation
neuzeitspezifischer Faktoren des geschichtlichen
Wandels abzuzeichnen beginnen. In jedem Falle
scheint sich ein Nachlassen der historischen Orientierungskraft der Neuzeitkategorie anzukündigen.
Diesem Sachverhalt entsprechen die zunehmenden
innerwissenschaftlichen Versuche, sich ihrer Leistungen und Grenzen neu bewusst zu werden, und
die damit verbundene Frage, ob die diachrone Unterscheidung, die der Begriff der Neuzeit bisher
vorgenommen hat, heute noch zu überzeugen vermag.[11]

2. Epochen als Arrangements struktureller Ordnungs- und Entwicklungsfaktoren

Unabhängig von den mit Epochenschemata verbundenen diachronen Unterscheidungen historischer Zeiteinheiten stellen sie auch eine *strukturelle
Ordnung* her, indem sie spezifische Arrangements

geschichtlicher Entwicklungsfaktoren erkennbar
machen. Jenseits der Chronologie und Diachronie
von Zeitabläufen geht es ihnen immer auch um eine
synchrone Tiefenebene der geschichtlichen Wirklichkeit, d. h. um den spezifischen Zusammenhang, in
dem Faktoren einer geschichtlichen Epoche zueinander stehen und durch den sie sich gegenüber
anderen Epochen auszeichnen. Mit Epochenbestimmungen verbinden sich gewöhnlich Vorstellungen darüber, wie sich innerhalb einzelner Epochen Segmente oder Sphären der geschichtlichen
Wirklichkeit zueinander verhalten, welche Elemente dominieren und welchen Faktoren eine Schrittmacherrolle zukommt. Hier geht es also weniger
um das Nacheinander epochaler Entwicklungsschritte, als vielmehr um das Nebeneinander epochaler Strukturelemente, die sich im Schritt von
einer bestimmten Epoche zu einer anderen neu
arrangieren. Von einer neuen Epoche ließe sich
also immer dann sprechen, wenn sich aufgrund
eines Wandels allgemeiner Strukturbedingungen
in Zentralbereichen der menschlichen Lebensführung Umschichtungen und Gewichtsverlagerungen
ergeben, so dass sich aufgrund dieser Umstrukturierung der Charakter der Lebensform als ganzer
nachhaltig zu ändern beginnt.

Das bekannte Beispiel einer Epochenkonzeption,
für die derartige Arrangements struktureller Ordnungsfaktoren von konstitutiver Bedeutung sind,
stellt die marxistische Theorie aufeinander folgender Produktionsweisen dar, in denen sich das Verhältnis von Produktionsverhältnissen und Produktivkräften jeweils neu organisiert. Aber auch in Max
Webers Modernisierungstheorie finden sich formal
vergleichbare Vorstellungen einer Umschichtung
von Instanzen der Lebensführung. In seiner Religionssoziologie korreliert er die Entstehung der modernen Gesellschaft mit dem epochalen Bedeutungsverlust der Religion im Konzert kultureller
Ordnungsmächte. Der Verlust ihrer tradierten Kulturbedeutung zeitigte für Weber ›epochale‹ Konsequenzen für den Charakter der menschlichen Lebensführung insgesamt, da sie seither auf neuen,
spezifisch rationalisierten und religiös ›entzauberten‹ Grundlagen beruht.[12]

Aber auch von der Frühneuzeitforschung sind
wesentliche Strukturmerkmale und Konstellationen
herausgearbeitet worden, die diese Epoche aus-

---

11 Exemplarisch für diese Diskussionen ist ein Heft der neugegründeten »Wiener Zeitschrift zur Geschichte der Neuzeit«
unter dem fragenden Titel »NeuZeit?« (2001, Heft 2). Dort
wird bereits von einer sich abzeichnenden »Dekonstruktion«
des Neuzeit-Begriffs gesprochen, der sich als zunehmend
unfähig erweise, die historischen Orientierungsbedürfnisse
der Gegenwart in den Blick zu bringen (Bader-Zaar/Hämmerle, 2001, S. 7).

12 Näher hierzu Jaeger (1994, S. 182 ff.).

zeichnen und von anderen Zeiteinheiten deutlich unterscheiden. Dazu gehören etwa die Dominanz der ländlichen Gesellschaft bei allmählicher Verdichtung des Städtewesens; eine Herrschaft des Landbesitzes und des Adels, die durch den Aufstieg bürgerlicher Teilgruppen, Professionen und Funktionseliten langsam relativiert wurde; die Ausbildung des frühmodernen Staates auf der Grundlage territorialer Souveränität nach außen und des staatlichen Gewaltmonopols im Innern; die Expansion der europäischen Mächte in den überseeischen Raum und die Internationalisierung des Handels; die Entfaltung neuer erfahrungs- und naturwissenschaftlicher Methoden, Disziplinen und Formen der Kritik; eine zunächst schwache Alphabetisierung mit zunehmender Tendenz, – um nur einige Arrangements von Entwicklungsfaktoren zu nennen. Mit ihnen ist ein Ensemble struktureller Merkmale frühneuzeitlicher Gesellschaften und Staaten benannt, die diese Epoche als eine in sich zusammenhängende Periode sowohl gegenüber dem Mittelalter,[13] als auch gegenüber der auf den Grundlagen von Industrialisierung, politischer Aufklärung, Frühliberalismus, entstehenden Nationalbewegungen beruhenden Neuzeit des 18. und 19. Jahrhunderts identifizierbar machen.[14]

Es gibt zahlreiche Beispiele dafür, wie innerhalb von Forschungskonzepten die strukturellen Grundlagen neuzeitlicher Geschichte thematisiert und unterschieden werden. Ein sozialgeschichtliches Gesellschaftsmodell operiert gewöhnlich mit der Unterscheidung allgemeiner Strukturbedingungen neuzeitlicher Geschichte in den Bereichen der Wirtschaft, des sozialen Lebens, der politischen Herrschaft und schließlich der Kultur. Zugrunde liegt dabei die Vorstellung, dass jenseits der Sphäre der Ereignisse eine Sphäre struktureller Bedingungsfaktoren und gesellschaftlicher Großkomplexe geschichtlichen Wandels existiert, deren Konstellation zueinander sich im epochalen Wandel nur langsam verändert. Dazu gehören beispielsweise Prozesse der Urbanisierung und der inneren Staatsbildung, die allmähliche Ausbildung eines bürokratischen Staats- und Verwaltungsapparats mit regulativ-interventionistischen Aufgaben, die Tendenz zur Professionalisierung moderner Berufe und Berufsgruppen, Prozesse der Industrialisierung, der Entstehung von Lohnarbeit sowie der Kapitalkonzen-

tration in den Händen großer Unternehmen. Die epochenerschließende Kraft eines solchen sozialgeschichtlichen Theoriemodells besteht darin, dass es – wie vormals die historistische Orientierung an den Ereignisketten der politischen Geschichte – auf einer analytischen Ebene die Neuzeit als Epoche strukturell qualifiziert und damit von den anders gelagerten Epochenstrukturen des Mittelalters abgrenzt.

Eine damit vergleichbare Ausdifferenzierung epochenspezifischer Strukturmerkmale und Bedingungsfaktoren neuzeitlicher Geschichte lässt sich gewinnen, wenn man von markanten »Schlüsselbegriffen« der Neueren Geschichte im Sinne einer Forschungsdisziplin ausgeht und mit ihnen neuzeitübergreifende Strukturprozesse wie Modernisierung, Säkularisierung, Revolution, Verrechtlichung, Zivilisierung oder Sozialdisziplinierung interpretiert.[15] Die Gemeinsamkeit derartiger Deutungsmodelle ist darin zu sehen, dass sie mit Vorstellungen übergreifender Strukturveränderungen langer Dauer operieren, die der Neuzeit eine Epochenspezifik geben und sie als ein einzigartiges Arrangement allgemeiner Ordnungsfaktoren erkennbar machen. Damit wird die Neuzeit als eine Konstellationen struktureller Rahmenbedingungen erkennbar, in der ihre Eigenart begründet liegt. Allgemeiner ausgedrückt: Die Geschichte erfährt in der Abfolge ihrer Epochen einen grundlegenden Formwandel, indem sich die Ordnung ihrer wesentlichen Entwicklungsfaktoren und dynamischen Kräfte ändert und neu aufbaut: Religion und Kirche in ihrem Verhältnis zu Individuum und Staat; die Städte in ihrem Verhältnis zum Land; die entstehenden Nationalstaaten in ihrem außenpolitischen Verhältnis zueinander innerhalb eines sie umgreifenden Staatensystems; die ökonomisch handeln-

---

13 Ein prominentes mediävistisches Beispiel für die Arbeit mit Vorstellungen struktureller Ordnungen ist etwa Dubys Interpretation der Epoche des Feudalismus als eines dreifach gegliederten Arrangements der mittelalterlichen Gesellschaft; Duby (1986).

14 Vierhaus (1992 b, S. 24 f.).

15 Schulze (1996, S. 60–93). – Eine ähnliche Orientierung an forschungspragmatischen Schlüsselbegriffen als einer strukturanalytischen Rekonstruktion von Grundelementen neuzeitlicher Geschichte zeichnet eine jüngere Einführung in die Frühe Neuzeit aus, Völker-Rasor (2000, S. 293 ff.).

den Gruppen in ihren zunehmend marktvermittel-
ten Austauschbeziehungen; die politischen Gruppen, Parteien und Bewegungen in ihrem Verhältnis
zum monarchischen Zentrum.

3. Interkulturalität – Epochen als Unter-
scheidungen von Eigenem und Fremdem

Ein weiteres Element von Epochenkonzepten ist
darin zu sehen, dass ihnen Vorstellungen *kultureller
Differenz und Spezifik* bzw. *Vorstellungen von Interkulturalität und des Zusammenhangs zwischen den
Kulturen* zugrunde liegen. In diesem Sinne legt auch
der Begriff der Neuzeit ein bestimmtes Verhältnis
zwischen Europa und der übrigen Welt nahe und
impliziert eine Unterscheidung zwischen Eigenem
und Fremdem, weil mit ihrem Beginn erstmals im
weltgeschichtlichen Maßstab Kulturen und Kultur-
stufen in Kontakt zueinander traten, was neuartige
Erfahrungen von Fremdheit und Differenz mit sich
brachte, für die es keine Vorläufererfahrungen gab.[16]
   Seit ihren erstmaligen Verwendungen im 17.
Jahrhundert bezieht sich die Rede von der »neuen
Zeit« vor allem auf die Geschichte Europas. Es
handelt sich um eine Kategorisierung geschichtlichen Wandels, die auf spezifisch europäische Erfahrungsbestände zugeschnitten ist. Der Begriff der
Neuzeit entsteht in dem weltgeschichtlichen Augenblick, in dem mit der Entdeckung Amerikas der
Ausgriff Europas auf die übrige Welt beginnt und
er periodisiert dieses Verhältnis zwischen europäi-
schem Zentrum und außereuropäischer Peripherie
im Rekurs auf innereuropäisch relevante Epochen-

zäsuren und Ereignisse. Insofern steckte in ihm von
Anfang an ein entweder versteckter, offener oder
auch reflektierter Europazentrismus, der die Geschichte der anderen, nicht-westlichen Kulturen
den Kriterien und Periodisierungen der europäischen Neuzeitgeschichte unterwarf. Der Begriff
der Neuzeit zielt daher immer auch auf die »Weltgeschichte Europas«.
   Seit einigen Jahren wächst die Sensibilität dafür,
dass sich im Horizont eines solchen Epochenbewusstseins kein angemessenes Verständnis der außereuropäischen, aber auch der innereuropäischen
Geschichte entwickeln kann und dass es darum
gehen muss, die dominanten Epochenstrukturen
der Neuzeit im Rahmen transkultureller Vergleiche
reflexiv zu öffnen, um die Unterschiedlichkeit von
Entwicklungszyklen, Entwicklungsdynamiken und
Entwicklungsrichtungen berücksichtigen zu können.[17] »Can a periodization contrived by Europeans
for the study of European history provide a meaningful structure for the study of world history?«[18] –
In dieser Frage klingt die Hauptaufgabe einer interkulturell geöffneten Neuzeit-Bestimmung an, wie
sie etwa in dem seit 1989 erscheinenden »Journal
of World History« programmatisch verfolgt wird,
indem es sich der Herausforderung einer neuen
Universalgeschichte jenseits einer europäisch über-
determinierten Neuzeit stellt.
   Vornehmlich ginge es in diesem Zusammenhang
darum, unterschiedliche Formen des historischen
Denkens und der wechselseitigen Wahrnehmung
geschichtlicher Prozesse aufeinander zu beziehen,
um mit dieser Vermittlung und Erweiterung von
Zeitperspektiven komplexere Epochenstrukturen
zu gewinnen, als es eine weiterhin einseitige Orientierung am neuzeitlichen Erfahrungs- und Begriffs-
horizont Europas erlauben würde.[19]
   Dies kann angesichts der offensichtlichen Sonderrolle Europas innerhalb der Geschichte der letzten
500 Jahre freilich nicht bedeuten, den Focus der
europäischen Geschichte völlig abzublenden, denn
die Expansion Europas war ›die‹ epochale Zäsur
auch für die übrigen Kulturen, auch wenn sie nicht
für alle gleichzeitig, sondern zeitlich gestaffelt erfolgte, je nachdem, zu welchem Zeitpunkt die nicht-europäischen Kulturen in den Einfluss- und Interes-
senbereich der europäischen Welt gerieten. Nicht
allein in europäischer, sondern auch in universal-

16 Zu den theoretischen, methodischen und empirischen He-
    rausforderungen einer interkulturell und transkulturell ge-
    öffneten Geschichtswissenschaft und Neuzeitgeschichte siehe
    im Einzelnen Osterhammel (2001).
17 Ansätze dazu finden sich mit Blick auf die Geschichte der
    Frühen Neuzeit inzwischen bei Völker-Rasor (2000,
    S. 429 ff.).
18 Green (1992, S. 40). – Interessanterweise hält aber auch
    Green daran fest, dass erst im Gefolge der mit den Kreuzzü-
    gen beginnenden Expansion Europas sinnvollerweise von
    einer Weltgeschichte gesprochen werden könne, die tenden-
    ziell alle Völker und Kulturen »in a shared experience«
    umfasste. Ähnlich argumentiert auch Bentley (1996).
19 Rüsen (1999).

historischer Perspektive begann die Neuzeit als ein weltumspannender Erfahrungsraum mit verteilten Rollen und unterschiedlichen Konsequenzen, wobei das Zusammentreffen in einem integrierten Raum geschichtlicher Veränderung für die nicht-europäischen Völker die bekannten dramatischen Konsequenzen zeitigte. Mit der Neuzeit wurden in zeitlicher Abfolge alle Teile der Welt zu Rädern eines Prozesses, dessen Musik für lange Zeit vornehmlich in Europa gespielt wurde. Ihre Spezifik ist unter dem Gesichtspunkt interkultureller Beziehungen gerade darin zu sehen, dass mit ihr ein interdependentes Welt-System entstand, in dem die Entwicklung der europäischen Geschichte und Kultur unmittelbare Konsequenzen für alle anderen Kulturen hatte.[20]

So gesehen vermag keine Geschichte der Neuzeit zu überzeugen, die von dieser epochenspezifischen Sonderrolle Europas abstrahieren würde. Einerseits können die nicht-europäischen Kulturen ihre Geschichte der letzten 500 Jahre nur begreifen, indem sie die von Europa ausgegangenen und weiterhin ausgehenden Wirkungen und Einflüsse als wesentlichen Bestandteil ihrer eigenen Geschichte mit reflektieren. Andererseits bedeutet es aber auch, dass Europa seiner eigenen Geschichte der Neuzeit nur unter Berücksichtigung dieser interkulturellen Dimension bewusst werden kann. Ein historisches Selbstverständnis seiner selbst kann es nur gewinnen, sofern es im Rahmen einer Beziehungs- und Transfergeschichte die Konsequenzen seiner Sonderentwicklung für die nicht-europäischen Kulturen – und zwar auch und gerade die verheerenden – mit bedenkt und seine geschichtliche Eigenart der kontrastierenden Erfahrung anderer Kulturen und Lebensformen aussetzt.

Beispielhaft wäre im Hinblick auf die Realisierung einer derart erweiterten Perspektive an eine Geschichte der europäischen Expansion zu denken, die für Europa wie für die nicht-europäischen Gesellschaften seit dem 16. Jahrhundert konstitutiv für die Entstehung der Neuzeit geworden ist. In diese Geschichte wäre die Wahrnehmung der nicht-europäischen Völker und Kulturen, die der europäischen Expansion unterlagen oder ausgesetzt waren, systematisch hineinzuschreiben. Das historische Phänomen würde im Zuge dieser Perspektivenerweiterung seine vormalige Eindeutigkeit verlieren und als eine konfliktgeladene interkulturelle Begeg-

nung sichtbar werden, die aus unterschiedlichen Perspektiven gedeutet und interpretiert werden muss, um zu einem Ereignis der Neuzeit zu werden, in dem sich beide Seiten wiedererkennen können. In der Überwindung einer europazentrischen Wahrnehmung inter- und transkultureller Entwicklungen würde sich damit der Epochencharakter der Neuzeit qualitativ verändern, ohne zugleich den dominanten Bezug auf die europäische Geschichte zu verlieren.

Diese Einsicht in die Notwendigkeit kulturübergreifender Forschungsperspektiven prägte bereits die Forschungs- und Theoriekonzepte europäischer Geschichte, die zu Beginn des 20. Jahrhunderts die Diskussion dominierten. Bereits Max Webers religionssoziologisches und universalhistorisches Werk, oder auch Ernst Troeltschs Programm einer »Kultursynthese« vom Standpunkt des Europäismus aus waren von der Überzeugung getragen, dass der Sonderentwicklung und geschichtlichen Eigenart Europas bzw. des Okzidents nur auf der Grundlage einer interkulturell vergleichenden Forschungsperspektive analytisch Rechnung getragen werden könne, die die anderen Kulturen nicht zu Randphänomenen der eigentlichen Weltgeschichte Europas verkümmern lässt. Vielmehr müssten sie als eigenständige Realisationen der menschlichen Kultur zur Geltung gebracht werden, vor denen sich die Eigenart der europäischer Kultur deutlicher abzeichne. Einher ging diese interkulturelle Wendung der modernen Kulturwissenschaften mit der Erfahrung eines Epochenbruchs neuzeitlicher Geschichte und einer tiefgreifenden Sinnkrise der bürgerlich geprägten westlichen Kultur. Angesichts dieser Krise europäischer Kulturtraditionen ergab sich die Notwendigkeit, sich ihrer in der reflexiven Unterschei-

---

20 Green gibt einen Überblick über die neueren Versuche innerhalb der World History, diesen interkulturellen Zusammenhang zu begreifen. Auffällig ist dabei, dass er in weltgeschichtlicher Perspektive die Plausibilität der Epochenschwelle ›um 1500‹ relativiert und dazu anregt, die wichtigeren Schwellen im 10. und 18. Jahrhundert zu sehen und insofern eher den Kreuzzügen eine Initialbedeutung zuzubilligen, mit denen eine jahrhundertelange Entwicklung einsetzte, in der alle Länder dieser Welt zunehmend und Schritt für Schritt in den politischen und ökonomischen Einflussbereich Europas gelangten, Green (1992, S. 52 f.).

dung von der Geschichte anderer Kulturen neu zu vergewissern.

Unter zunächst stark modernisierungstheoretisch geprägten Vorzeichen lebte dieser in der Kulturkrise des frühen 20. Jahrhunderts wirksame komparative Impuls in der Sozial- und Gesellschaftsgeschichte seit den 60er Jahren fort, begleitet durch eine starke normative Aufladung des westlichen Demokratie- und Gesellschaftsmodells. Bis heute ist dieser zivilisations- oder kulturvergleichende Zugriff ein Grundzug der neueren Sozialgeschichte geblieben und zu einem analytischen Instrumentarium von hohem methodischen und forschungspraktischen Wert weiterentwickelt worden, wobei allerdings die modernisierungstheoretische Euphorie der 60er und 70er Jahre sowie die einseitige Orientierung an den explanatorischen Ansprüchen makrosoziologischer Theoriemodelle inzwischen einer größeren Offenheit gegenüber unterschiedlichen, auch kulturwissenschaftlich geprägten Ansätzen gewichen ist.[21]

Wie ist jedoch die zunehmende Interkulturalität und Internationalität der Perspektiven, in der eurozentrische oder gar rein nationalgeschichtlich ›geschnittene‹ Zugriffe nicht mehr plausibel erscheinen und sich die Kulturen zu einem transeuropäischen Erfahrungsraum vernetzen, mit der neuzeitspezifischen Sonderrolle Europas zu vermitteln?[22] Dass diese beiden Perspektiven sich nicht wechselseitig ausschließen, wird allein schon daraus ersichtlich, dass die stark komparative Ausrichtung der historischen Forschung es überhaupt erst möglich gemacht hat, die eigentümliche Sonderrolle Europas seit dem Beginn der Neuzeit komplexer als bisher in den Blick zu nehmen. Weiterhin wird sie nicht nur als naheliegender, sondern auch als

unvermeidlicher und zudem heuristisch fruchtbarer Ausgangs- und Bezugspunkt der Neueren Geschichte im Sinne einer Forschungsdisziplin betont.[23] Die Epochenqualität der Neuzeit bleibt damit perspektivisch an die Sonderentwicklung Europas gebunden, ohne dass damit zugleich eine Haltung kultureller Überlegenheit eingenommen werden müsste. Vielmehr ist eine historische Komparatistik, der es um die neuzeitgeschichtliche Eigenart des »europäischen Wunders« geht, als Ausweg aus der historischen Fixierung an eine fragwürdig gewordene Tradition der Weltgeschichte Europas gemünzt. Indem die Vorreiterrolle Europas nicht unilinear aus der Spezifik eines von vornherein auf westliche Rationalität hin ausgelegten Wesenszuges abgeleitet, sondern im Rekurs auf ein historisch kontingentes Zusammentreffen ganz unterschiedlicher Entwicklungsfaktoren erklärt wird, zeichnen sich neue Erklärungswege der historischen Forschung ab. Der neuzeitliche Sonderweg Europas resultiert in solcher Sicht aus einer erfolgreichen und ›epochemachenden‹ Lösung von Problemen, Krisen und Herausforderungen, die sich den europäischen Staaten und Gesellschaften seit der Frühen Neuzeit gestellt haben. Dazu zählt sowohl die Bewältigung der von den spätmittelalterlichen und frühneuzeitlichen Pestepidemien ausgelösten Bevölkerungskrisen, die die Voraussetzung für ein demographisches Wachstum schaffte, mit der das industrielle Zeitalter eingeleitet wurde, als auch der Übergang von einer Subsistenzwirtschaft zu einer marktorientierten Überschussproduktion, die nicht nur Arbeitskräfte auf dem Agrarsektor freisetze, sondern auch dem entstehenden Bürgertum als sozialer Trägerschicht günstige Aufstiegsbedingungen innerhalb eines florierenden Städtewesens bot. Als weitere erfolgreiche Antworten auf die Herausforderungen der europäischen Geschichte lassen sich die Herausbildung der frühneuzeitlichen Staaten anführen, die auf der Grundlage einer neuartigen Disziplinarmacht neue Herrschafts-, Ordnungs-, und Verwaltungsfunktionen übernahmen und zu einem kompetitiven Staatensystem zusammenwuchsen, aus dessen Konfliktnatur eine enorme geschichtliche Dynamisierung nach innen und außen resultierte; ferner ein Prozess der sozialen, ökonomischen, rechtlichen und kulturellen Individualisierung im Rahmen einer bür-

---

21 Haupt/Kocka (1996); Kaelble (1999); Kaelble/Schriewer (1999); Kaelble/Schriewer (2002); Osterhammel (2001).

22 Programmatisch zur Notwendigkeit einer gesamteuropäischen Perspektive jenseits der Summe einzelner Nationalgeschichten siehe Schmale (1998).

23 So etwa bei Schulze (1993, S. 16): »Wo immer in der Welt – gerade auch außerhalb Europas – über das Phänomen komplexen sozialen Wandels gesprochen wird, wird auf die Frühe Neuzeit zurückgegriffen, zunehmend auch von Nichthistorikern. Aber auf welche Frühe Neuzeit greift man zurück? Die Antwort kann nur lauten: Auf die europäische Frühe Neuzeit.«

gerlich geprägten Lebensführung, die neue Formen sozialer Ungleichheit, aber auch erhebliche Transformationsenergien und Freiheitschancen innerhalb einer sich pluralisierenden Gesellschaft freisetzte.[24] Sicherlich wären noch weitere Antworten der europäischen Gesellschaften zu erwähnen, um den Sonderweg Europas in der Geschichte der Neuzeit historisch erklären zu können, – man denke nur an den mit blutigen konfessionellen Kriegen und Bürgerkriegen einhergehenden Prozess der religiösen Pluralisierung und der Durchsetzung des Toleranzprinzips, oder an die Tendenz zur Verrechtlichung sozialer und politischer Interessenkonflikte, die sich innerhalb der Gewalt- und Protestgeschichte seit der Frühen Neuzeit bemerkbar machte.

Einem zukünftig tragfähigen Konzept der Neuzeit wird man zumuten dürfen, die in solchen komplexen Faktoren sich abzeichnende Spezifik des europäischen Sonderweges nicht nur in komparativer Absicht, sondern auch im Interesse einer interkulturellen Beziehungs- und Transfergeschichte mit den Entwicklungswegen der nicht-europäischen Kulturen abzugleichen, um auf diese Weise zu einem multiperspektivisch gebrochenen Konzept der Neuzeit zu gelangen, in dem sich die Kulturen, die den Konsequenzen der europäischen Weltgeschichte ausgesetzt waren und weiterhin sind, in ihrer jeweiligen Eigenart auch wiederzuerkennen vermögen.

4. Die Hierarchisierung geschichtlicher Akteursgruppen und die Identifikation epochaler Handlungssubjekte

Wie jedes andere Epochenkonzept macht auch das Epochenkonzept der Neuzeit Aussagen darüber, wer »Handlungsträger der Neuzeit ist und wer ihre Folgen lediglich zu erleiden hat.«[25] Unabhängig davon, ob man die Neuzeit eher als einen diachronen Prozess, oder aber als ein synchrones Arrangement struktureller Ordnungsfaktoren betrachtet, schwingen in jedem Falle Vorstellungen darüber mit, in welchen Individuen oder sozialen Gruppen die geschichtlich bewegenden Handlungsakteure bzw. diejenigen Kräfte zu sehen sind, die für eine bestimmte Konstellation der sozialen Ordnung stehen, diese aufrechterhalten oder verändern wollen. Zu-

gleich werden diese Akteursgruppen in der Regel auch einander zugeordnet und damit in ein hierarchisches Verhältnis zueinander gebracht, das sich in der Abfolge von Epochen unterschiedlich arrangiert. Ein Blick in die verschiedenen Epochenkonzepte der historischen Forschung im Besonderen oder des historischen Denkens im Allgemeinen lässt dies sofort deutlich werden: Immer erscheint die Neuzeit auch im Lichte eines konfliktreichen Verhältnisses zwischen sozialen Gruppen oder Klassen, die sich in einer epochenspezifisch geprägten Konstellation gegenüberstehen und ihre Interessen verfolgen.

Exemplarisch lässt sich diese akteursspezifische Dimension epochaler Bestimmungen im Rahmen eines Vergleichs sozialgeschichtlicher und kulturhistorischer Methodenkonzepte deutlich machen: In der sozialgeschichtlich geprägten Neuzeitgeschichte treten die Akteure gewöhnlich nicht als unverwechselbare Individuen, sondern als Repräsentanten sozialer Gruppen und übergreifender Transformationsprozesse in den Blick. Im Mittelpunkt ihrer heuristischen Perspektiven stehen etwa die neuzeitliche Etablierung des Bürgertums als einer vielfältig gestaffelten sozialen Formation, die Entstehung neuer Funktionseliten im Kontext von Bürokratisierungs- und Professionalisierungsprozessen, die soziale Klassenbildung infolge der Durchsetzung von Lohnarbeit und marktregulierten Beziehungen, ferner langfristige demographische Trends, Urbanisierungsfolgen und vieles andere mehr.

Demgegenüber widmen sich die neueren kulturgeschichtlichen Strömungen oftmals eher den konkreten Menschen als Handlungsakteuren neuzeitlicher Geschichte oder ihrem Alltagsleben in überschaubaren Lebenszusammenhängen und Sozialformationen, in denen sie nicht als anonyme Repräsentanten epochenübergreifender Strukturen fungieren, sondern als individualisierbare Subjekte greifbar werden. Ganz in diesem Sinne widmet sich eine bekannte kulturgeschichtlich orientierte Rekonstruktion von Lebensformen der Frühen Neuzeit zwischen 1500 und 1800 eher »den Problemen elementarer Lebensbewältigung, den Hauptstationen menschlicher Existenz, den Formen der Sozialität

---

24 Hierzu auch van Dülmen (1997).
25 Günther (1984, Sp. 795).

sowie den Werten, Normen und Mentalitäten, die das Leben offen oder versteckt bestimmt haben.«[26] Es geht hier also weniger darum, historische Subjekte in ihrer alltäglichen Lebensführung als Organe, Opfer und Funktionsträger derjenigen Entwicklungsmächte neuzeitlicher Geschichte zu betrachten, die sich aus dem retrospektiven Blickwinkel und unter Berücksichtigung der rekonstruktiven Interessen der Gegenwart als relevant erweisen, als vielmehr darum, die Individuen im originären Kontext ihrer eigenen Verhältnisse und Sinnordnungen zu beobachten und von dort ausgehend die Epochenspezifik menschlichen Handelns zu bestimmen und ihr Verhältnis zur Gegenwart zu beschreiben.

Betrachtet man diese beiden Forschungskonzepte unter neuzeit- oder epochentheoretischen Gesichtspunkten, dann fällt auf, dass sich für die sozialgeschichtliche Seite der neuzeitspezifische Sinn menschlichen Handelns, der nicht mit dem Handlungssinn der Subjekte selbst identisch ist, erst im Rückblick einer späteren Gegenwart herstellt, während die kulturgeschichtliche Seite darauf beharrt, dass dieser erst nachträglich hergestellte Sinnzusammenhang neuzeitlicher Geschichte nicht nur den Handlungs- und Eigensinn der Akteure unterschlägt, sondern auch die geschichtliche Epochenspezifik vergangener Zeiten – im angeführten Beispiel also den Handlungssinn frühneuzeitlicher Menschen – aus dem Blick verliert: »Stets lauert

die Gefahr, die Epoche von ihren so oder so definierten Zielen einsinnig und einseitig auf eine als dominant angesehene Entwicklung zu verkürzen. Ein unbefangener Blick auf die frühe Neuzeit wird außerdem durch die zeitgebundene Perspektive des 19. Jahrhunderts versperrt oder getrübt.«[27]

Was heißt hier jedoch »unbefangener Blick«? – Es heißt offensichtlich nicht, dass die Epochenspezifik vergangener Zeiten in den Quellen selbst, ohne Zutun rekonstruktiver Interpretamente sichtbar vorliegt. »Unbefangen« kann dann nur heißen, die rekonstruktive Reflexivität der auf vergangene Epochen zielenden Interpretation geschichtlichen Wandels mit einer Heuristik des Fremden anzureichern, in der die Eigenperspektive sowie der Handlungs- und Sinnhorizont vergangener Lebensformen ihren Platz findet und methodisch erschlossen werden kann. Damit würde die einfache Reflexivität historischer Epochenbestimmungen durch eine doppelte ersetzt und damit erheblich gesteigert. Epochenkonzepte müssen zu zwei Seiten gleichermaßen geöffnet sein: zum einen gegenüber dem retrospektiven Wissen der Nachgeborenen um die Kosten und Folgen des Handelns der geschichtlichen Akteure; zum anderen gegenüber den damit keineswegs identischen Sinnhorizonten der vergangenen Handlungssubjekte selbst, deren historisches Selbstverständnis nicht durch die Epochenkonzepte der Gegenwart verstellt werden darf, sondern erschlossen und als Korrektiv unseres eigenen Vorverständnisses und als Erweiterung unserer heuristischen Perspektive genutzt werden muss. In diesem Fall würde die Neuzeit an Reflexivität und Komplexität gewinnen und zugleich würde der historische Kurzschluss zwischen Gegenwart und Vergangenheit vermieden, in der die Geschichte zum bloßen Echo der Gegenwart verkümmert und ihre Epochen nur noch als arbiträre, künstliche Konstruktionen der Gegenwart wahrgenommen werden können, denen keine Wirklichkeit mehr korrespondiert.

---

26 Münch (1996, S. 20).

27 Münch (1996, S. 16 f.) – Hier wird auch deutlich, warum es kein Zufall ist, dass sich der erfahrungs- und mikrogeschichtliche Blick auf die konkreten Lebenszusammenhänge sozialer Akteure vor allem in der Frühneuzeitgeschichte etabliert hat, denn die Frühe Neuzeit gilt als »Paradefeld dieser Forschungsrichtung« (Schulze, 1993, S. 13), während die Sozialgeschichte ihren Schwerpunkt weitgehend in der Geschichte des 19. Jahrhunderts hatte und dort die Rolle struktureller Prozesse jenseits mikrogeschichtlich verortbarer und sozial konkretisierbarer Akteure akzentuierte. Demgegenüber entfaltete sich das Paradigma der Erfahrungsgeschichte als Frage nach kulturellen Potentialen und Ressourcen konkreter Akteursgruppen, mit denen epochenspezifische Herausforderungen aufgegriffen wurden, wesentlich in Forschungskontexten zur frühneuzeitlichen Geschichte, weil hier die Divergenz zwischen den Forschungsperspektiven der Gegenwart und den Sinnperspektiven der zeitgenössischen Handlungsakteure geradezu schlagend und die methodische Verarbeitung kultureller Fremdheitserfahrungen dringlicher war.

5. Die Prozessualisierung geschichtlicher Entwicklungen – Epochen als Richtungs- und Tendenzbestimmungen

Diachrone Unterscheidungen zwischen einzelnen Epochen verbinden sich gewöhnlich mit Theorien der geschichtlichen Entwicklung, die in einer neu-zeit-emphatischen Version als Fortschrittsvorstel-lungen oder Modernisierungstheorien, in einer neuzeit-kritischen Version dagegen als Theorien des kulturellen Eigensinns und der historischen Individualität vergangener Epochen, oder gar als kulturkritisch gemünzte Verfallstheorien der Neu-zeit aufgetreten sind.[28] Ihnen liegen Unterschei-dungskriterien zwischen Vormoderne und Moder-ne, Traditionalität und Neuzeitlichkeit zugrunde, die sich auf ganz unterschiedliche Leitdifferenzen beziehen können: etwa auf die Leitdifferenz zwi-schen Religion und Wissenschaft als konkurrieren-den Mächten der menschlichen Lebensführung, oder auf die zwischen einer noch nicht funktional ausdifferenzierten Kultur der Vormoderne und den rational autonomisierten Wertsphären moderner Lebensformen. Die Neuzeit als Epoche wird vor diesem Hintergrund zu einem Prozessgeschehen, das sich zwischen den jeweiligen Anfangs- und End-zuständen dieses Zeitabschnitts vollzieht und die entsprechenden Veränderungen austrägt. Ganz in diesem Sinne ist dafür plädiert worden, die Epoche der Neuzeit von der sie kennzeichnenden Verände-rungsdynamik und von den ihr zugrunde liegenden Transformationsprozessen her zu deuten. Dies wür-de sie nicht zu einem statischen Zeitraum mit festen Ausgangs- und Endpunkten stillstellen, sondern zu einem dynamischen Geschehen prozessualisieren, dessen Triebkräfte und Tendenzen eindeutig be-stimmt werden könnten: »In der Geschichtswissen-schaft hat sich immer mehr der Trend durchgesetzt, unabhängig von tradierten Epochengrenzen be-stimmte Probleme oder Prozesse in den Mittel-punkt des Interesses zu stellen. Fast alle modernen Forschungskonzepte sind Prozessbegriffe, wenn wir an Konzepte wie Nationalstaatsbildung, Moderni-sierung, Industrialisierung, Sozialdisziplinierung oder Verzeitlichung denken [...] Daraus folgt, dass in der konkreten Forschung viel eher vom Problem der ›Prozessualisierung‹ als von ›Periodi-sierung‹ gesprochen werden sollte. So ergäbe sich leichter die Chance, Gegenstände in ihrem Zusam-menhang und ihrer historischen Veränderung zu erkennen und sich nicht durch tradierte Epochen-grenzen ablenken zu lassen.«[29]

Für die historische Periodisierung ist dieses Element der Prozessualisierung von zentraler Be-deutung, da sich die heuristische Fruchtbarkeit von Epochenkonzepten als operativen Mitteln der historischen Interpretation wesentlich an ihrer Fähigkeit entscheidet, historische Verlaufsbestim-mungen, d. h. Entwicklungsrichtungen, Tendenzen, Triebkräfte, Brechungen, Beschleunigungen, Ver-zögerungen präzise benennen zu können und damit die Historizität der menschlichen Lebenspraxis als einen zeitlichen Prozess in den Blick bringen zu können. Historische Ist-Zustände und Momentauf-nahmen können so in übergreifende Entwicklungen eingeordnet und historisch skaliert werden.

In der historischen Forschung sind vielfältige methodische Verfahren entwickelt worden, die die-se Prozessualisierung der Neuzeit leisten sollen. Dazu gehört die Arbeit mit allgemeinen Schlüssel-begriffen, die sich in der Arbeit mit den Quellen bewähren müssen und dazu dienen, die dort auf-tauchenden vielgestaltigen Phänomene zu Tendenz-bestimmungen neuzeitlicher Geschichte zu verdich-ten und zugleich in einen dynamischen Gesche-henszusammenhang zu bringen.[30] Es handelt sich um verzeitlichende und dynamisierende Prozess-kategorien, die die Wandlungsdynamik neuzeitli-cher Gesellschaften als deren epochale Grundstruk-tur zum Ausdruck bringen. Bekannte Beispiele da-für sind makrohistorische Konzepte der Individua-lisierung, die auf die Herauslösung der Individuen aus sozialen, in der Frühen Neuzeit vor allem stän-disch und familiär geprägten Ordnungen zielen;[31] ferner Interpretations- und Verlaufsmodelle der Modernisierung, der Verrechtlichung,[32] der Ver-bürgerlichung,[33] der Verwissenschaftlichung,[34] der

---

28 Hierzu auch van Dülmen (2000, S. 43 ff.).

29 Schulze (1996, S. 32 f.) – Siehe auch Schulze (1988, S. 271). Unter Prozessualisierung von Periodisierungskonzepten »soll ein offenes Verfahren der historischen Analyse von vermuteten Wirkungsfaktoren und Prozessen verstanden werden, die in ihrer jeweils spezifischen Genese und Entwick-lung verfolgt werden sollen, unabhängig von tradierten Epo-chengrenzen.«

30 Beispiele für diese Arbeit mit expliziten Schlüsselbegriffen bieten Schulze (1996, S. 60 ff.) sowie Völker-Rasor (2000, S. 293 ff.).

31 van Dülmen (1997); Schulze (1988).

32 Stolleis (1988–1999).

33 Wehler (1987, S. 202 ff.).

34 Schulze (1987, S. 232 ff.).

Konfessionalisierung,[35] der Nationalisierung der Staaten und des internationalen Staatensystems,[36] oder schließlich der Sozialdisziplinierung.[37] Obwohl derartige Grundbegriffe, die sich noch ergänzen ließen, die Gefahr in sich bergen können, ihren epochenübergreifenden Deutungsanspruch zu überdehnen und damit ihren forschungspraktischen Effekt für die Interpretation konkreter Phänomene neuzeitlicher Geschichte einzubüßen, sind sie von hohem epochentheoretischen Nutzen, da sie Periodisierungen dynamisieren, Veränderungsrichtungen angeben und die Kategorie der Neuzeit mit Inhalt füllen. Eine besondere theoretische Herausforderung ist darin zu sehen, dass sich ganz unterschiedliche Prozesse überlagern und in einem komplexen Verhältnis zueinander stehen, das ebenfalls eigener Interpretationsmodelle bedarf, die geeignet sind, auch diese Komplexität noch einmal theorieförmig abzubilden.

Auf der Grundlage derartiger Kategorisierungen wird die Neuzeit zu einem dynamischen Transformationszusammenhang gerichteter Entwicklungen prozessualisiert, der sich als ein flexibles Netz historischer ›von-zu‹-Relationen beschreiben lässt:[38] von der Agrarwirtschaft zur Industrialisierung; von der ständischen zur bürgerlichen Gesellschaft; von mittelalterlichen Personenverbänden zum modernen Anstalts- und Sozialstaat; von angeborenen Rechten zum Grundrechtsverständnis; vom Gemeinnutz zum Eigennutz als Motivationsgrundlage ökonomischen Handelns; vom Stände- und Fehderecht zum staatlichen Gewaltmonopol; von der mit-

telalterlichen Einheitskirche zur konfessionellen Pluralisierung, um nur einige Beispiele solcher von-zu-Relationen innerhalb des Epochenkonzepts der Neuzeit zu erwähnen.

6. Periodisierung als epochale Binnendifferenzierung der Neuzeit

Epochenbegriffe dienen der Periodisierung historischer Zeitabläufe, wobei sich die Aufgabe einer zeitlichen Strukturierung und Binnendifferenzierung im wesentlichen auf drei verschiedenen Ebenen stellt:[39]

1. Auf der ersten Ebene geht es um die Epoche als ganzes, d. h. vor allem um die Datierung ihres Anfangs und Endes und die für diese Datierung entscheidenden Kriterien. Im Hinblick auf die Frage, für welchen Zeitpunkt der Beginn der Neuzeit anzusetzen sei, besitzen die bisherigen Antworten der historischen Forschung eine Schwankungsbreite von nicht weniger als einem halben Jahrtausend. Der Epochenkonzeption, die den Beginn der Neuzeit auf die Zeit ›um 1500‹ datiert,[40] stehen ältere Positionen entgegen, die die Herausbildung neuzeitlicher Staatlichkeit bereits entweder weit in das 13. Jahrhundert hinein zurückdatierten,[41] oder – wie die Vertreter des ›Alteuropa‹-Konzepts und Ernst Troeltsch bereits vor ihnen – in die Zeit der politisch-industriellen Doppelrevolution ›um 1800‹ als entscheidende Wendemarke zur Neuzeit verlegten.[42] Dieser Bandbreite möglicher Epochenschwellen entsprechen verschiedene Versuche, mit ausufernden Übergangszeiten zwischen Mittelalter und Neuzeit zu operieren, die aufgrund ihrer zeitlichen Erstreckung von bis zu 500 Jahren ebenfalls Epochenqualität erreichen.[43]

2. Dieser Gesamthorizont der Neuzeit ist jedoch nicht der einzige Zeitrahmen, auf den die Epochenkategorie Anwendung findet. Auf einer zweiten Ebene erstreckt sie sich auch auf kleinformatigere Teilabschnitte der Neuzeit: auf das Zeitalter der Revolution, des Absolutismus, der konfessionellen Kriege etwa, denen von der historischen Forschung ebenfalls die Qualität von »Epochen« zugesprochen wird. Mit ihnen wird

---

35 Hierzu näher Burkhardt (1990, S. 366 ff.).
36 Langewiesche (2000).
37 Hierzu Lottes (1992, S. 71); Schulze (1987).
38 Ein Beispiel dafür bietet Schulze (1996, S. 94 ff.).
39 Binnendifferenzierende Konzepte der epochalen Feinperiodisierung sind jedoch nichts neuzeitspezifisches: Das Mittelalter wird bekanntlich ebenfalls in Früh-, Hoch- und Spätmittelalter unterteilt; mit Blick auf die Antike dominiert bis heute die Unterscheidung zwischen griechischer; römischer und Spätantike.
40 Hierzu aus älterer Sicht Skalweit (1982).
41 Hassinger (1964); Näf (1970).
42 Zu diesen Debatten siehe im einzelnen Walder (1967); Bödeker/Hinrichs (1991).
43 Skalweit etwa interpretiert die Renaissance als eine 300-jährige Übergangsperiode zwischen Mittelalter und Neuzeit, Skalweit (1982, S. 9–46).

die Neuzeit zu einzelnen Zeitabschnitten periodisiert, die sie als Gesamtepoche nicht auflösen und zerfasern lassen, sondern ihr eine Fein- und Binnenstruktur verleihen. Auch die Rede von ›langen‹ (1517–1648; 1789–1914) und ›kurzen‹ (1914–1991) Jahrhunderten verweist auf inhaltlich begründete Periodisierungskriterien, die eine bloße Chronologie außer Kraft setzen.[44] Begriffe wie »Frühe Neuzeit« oder »Moderne« stehen an vorderster Stelle für diese zweite Ebene epochaler Differenzierung, wobei zwischen den von ihnen auf den Begriff gebrachten Teilepochen neuzeitlicher Geschichte sowohl fließende Übergänge als auch scharfe Zäsuren und Knotenpunkte, mit denen schlagartig neue Entwicklungen einsetzen und sich Richtungen oder Dynamiken ändern, denkbar sind. In diesem Sinne gilt etwa der Westfälische Friede als ein Übergangsereignis, mit dem das konfessionelle Zeitalter endet und das Zeitalter des Absolutismus beginnt.

3. Noch einmal unterhalb dieser Ebene einer Periodisierung neuzeitlicher Geschichte zu Teilepochen existieren schließlich die zeitgliedernden Zäsuren der jeweiligen Nationalgeschichten, die in der politischen Kultur und Sinnsymbolik der einzelnen Völker und Nationen von enormer kultureller Bedeutung sind und die kollektiven Erinnerungslandschaften konturieren, – man denke nur an die Bedeutung des 4. Juli in der amerikanischen Geschichte oder des 14. Juli in der französischen. In der deutschen Geschichte symbolisieren die üblicherweise genannten Daten 1806, 1848, 1871, 1918, 1933, 1945, 1989 eine komprimierte, an epochalen Ereignissen orientierte Narration der deutschen Nationalgeschichte, die in ihrer zeitlichen Abfolge ein historisches Sinngebilde mit äußerlich zwar weithin konsensfähigen, inhaltlich und politisch jedoch heftig umstrittenen Signaldaten liefert. Derartige Epochenzäsuren sind nur innerhalb eines eingeschränkten, gewöhnlich nationalstaatlich geprägten Rahmens plausibel zu machen. Selbst die Jahre 1517 und 1648 besitzen als Zäsuren neuzeitlicher Geschichte allein für das Heilige Römische Reich deutscher Nation ein Höchstmaß an Bedeutung, das sie für Spanien, Frankreich oder Italien keineswegs besitzen.[45]

Mit Blick auf die zweite der genannten Ebenen epochaler Binnendifferenzierung soll im Folgenden ein Periodisierungskonzept nahegelegt werden, das eine Feingliederung der Neuzeit in eine *frühe Neuzeit* (bis zur Mitte des 18. Jahrhunderts), eine *revolutionäre Neuzeit* (bis zur Mitte des 19. Jahrhunderts), eine *moderne Neuzeit* (bis zur Mitte des 20. Jahrhunderts) und in eine *globalisierte Neuzeit* (seit dem Ende des Zweiten Weltkriegs) vorsieht. Natürlich versteht sich dieses Periodisierungskonzept nicht als ein starres Zeitschema, sondern als ein Gerüst der historischen Deutung, das in mehrfacher Hinsicht heuristisch zu flexibilisieren wäre: erstens für zeitliche Entwicklungsgefälle, für Vorreiterschaft und Verspätung zwischen unterschiedlichen Gesellschaften (etwa zwischen England, Deutschland oder Russland mit Blick auf die Ausbildung wesentlicher Entwicklungsfaktoren und Modernisierungstrends); zweitens für die Ungleichzeitigkeit der Entwicklung unterschiedlicher Strukturebenen (etwa zwischen der wirtschaftlichen und politischen Ebene); drittens schließlich für epochale Sonderentwicklungen im internationalen und transkulturellen Vergleich (etwa im Sinne des ›europäischen Wunders‹). Ferner erweist es sich als zwingend notwendig, mit überlappenden Periodisierungskonzepten zu operieren, die Übergangsperioden auch längerer Dauer (etwa zwischen 1750 und 1789, oder zwischen 1850 und 1880) vorsehen und begründen.[46]

1. Das Epochenkonzept der *Frühen Neuzeit*, das sich erst seit den 50er Jahren als Bezeichnung für die Zeit zwischen dem 16. und 18. Jahrhundert allmählich herausgebildet und inzwischen weithin durchgesetzt hat, geht davon aus, dass sich ›um 1500‹ mit dem Zusammentreffen mehrerer einschneidender Ereignisse die Konfiguration Europas langfristig und tiefgreifend zu ändern begann.[47] Es

---

44 Zur Geschichte des Jahrhundertbegriffs siehe auch Brendecke (2000).

45 Hierzu auch Bödeker/Hinrichs (1991, S. 14).

46 Als Plädoyer für fließende Zeitstrukturen und Epochengrenzen siehe Demel (1997).

47 Vierhaus (1992 b, S. 17). – Der disziplinäre Aufstieg der Frühen Neuzeit kann geradezu als ein Erfolgsmodell innerwissenschaftlicher Autonomisierung und Spezialisierung gelten. Untrüglicher Indikator dafür ist die Existenz eigener

unterstellt, dass sich bereits in dieser Periode – womöglich sogar im Gegensatz zum Selbstverständnis der Zeitgenossen selbst[48] – die epochalen Trends andeuten und abzeichnen, die die Neuzeit insgesamt ausmachen und seit dem 18. Jahrhundert dominant und prägend wurden: Prozesse der politischen Staatsbildung, Anfänge der wissenschaftlichen Revolution, die Genese der Weltwirtschaft auf dem Boden sich internationalisierender Handelsbeziehungen, die religiöse Pluralisierung in der Folge der Reformation sowie schließlich die Entfaltung des Individualismus stehen dafür.

Durchgesetzt hat sich das Modell der Frühen Neuzeit in Deutschland vor allem gegenüber den Alteuropa-Vorstellungen Dietrich Gerhards und Otto Brunners, indem es die Veränderungsdynamik dieser Zeit akzentuierte. Auch der Alteuropa-Begriff war ein Produkt der Nachkriegszeit, schloss aber lose an ältere Ideen an, wie sie von Jacob Burckhardt und Alexis de Tocqueville bereits im 19. Jahrhundert entwickelt worden waren.[49] Auch eine Nähe zu Braudels Theorie der »longue durée«, die ebenfalls die Statik der alteuropäischen Institutionen akzentuiert hatte, ist auffällig.[50] Die Kontinuität Alteuropas endete bei Gerhard und Brunner erst mit der ökonomisch-politischen Doppelrevolution des späten 18. Jahrhunderts, so dass die größte Schwäche dieses Konzepts darin zu sehen ist, dass es die bereits im Kontext von Renaissance, Reformation und Frühaufklärung erfolgenden Transformationsprozesse nicht hinreichend zu würdigen vermochte. In dem Maße, in dem die neuzeitkonstitutive Bedeutung der kulturgeschichtlichen, ökonomischen und politischen Wandlungsprozesse seit

dem 15. Jahrhundert zunehmend in den Blick trat, verblasste daher auch der Glanz des institutionenlastigen Alteuropa-Konzepts.

Die sich in der historischen Forschungspraxis durchsetzende Tendenz, die frühe Neuzeit zu einem Elementarbaustein der Neuzeit zu erklären und nicht zur Vorlaufphase einer erst um 1800 einsetzenden ›eigentlichen‹ Neuzeit verkümmern zu lassen, beruhte auf der Erkenntnis, dass hier bereits wichtige Entwicklungen begonnen hatten, die die Neuzeit insgesamt prägen sollten. Aus diesem Grunde wurden die dynamisierenden Faktoren der frühneuzeitlichen Staatsbildung und des ›protoindustriellen‹ Frühkapitalismus betont,[51] oder das vorausweisende Element der religiösen Pluralisierung unterstrichen, in der sich Grundvoraussetzungen bürgerlicher Lebensformen bereits anzudeuten schienen. Wenn das 16. Jahrhundert als eine Epoche interpretiert wird, die durch ein »Übermaß an Veränderung« gekennzeichnet gewesen sei,[52] macht dies schlagartig deutlich, wie sehr sich das Konzept der Frühen Neuzeit von den Versuchen abhebt, diese Epoche noch der alteuropäischen Welt des Mittelalters zuzurechnen. Nicht Statik, sondern »Aufbruch« und »Veränderung« wurden zu Leitkategorien der Frühneuzeitforschung, indem sie die dynamisierenden, in die Zukunft der Neuzeit weisenden Kräfte und Entwicklungen akzentuierte.

Neben dieser ausgeprägten Prozessualisierung ist ein weiterer Vorteil des Konzepts der Frühen Neuzeit darin zu sehen, dass es eine Konfigurationsanalyse erlaubt, in der vielschichtige Prozesse gesondert und zugleich in ihrem Verhältnis zueinander betrachtet werden können und damit der Gleichzeitigkeit von Statik und Wandel Rechnung getragen werden kann. Es öffnet den historischen Blick auf eine komplexe Übergangsperiode, in der sich widersprüchliche oder sogar gegensätzliche Tendenzen überschneiden und in Spannung zueinander stehen. Man denke dabei nur an die Festschreibung der Ständegesellschaft bei gleichzeitigem Aufstieg eines städtischen Bürgertums; an den aufkeimenden Konflikt zwischen religiöser und weltlicher bzw. wissenschaftlicher Lebensorientierung; an die weiterhin bestehende Dominanz des agrarischen Sektors bei gleichzeitiger Entstehung eines Welthandelssystems und eines auf zunehmender Arbeitsteilung beruhenden Frühkapitalismus.[53]

Lehrstühle, Einführungen und Fachzeitschriften als notwendigen Voraussetzungen innerfachlicher Verselbständigung.

48 Angesichts eines weithin fehlenden neuzeitlichen Selbstverständnisses repräsentiert die Frühe Neuzeit geradezu den Zeitabschnitt der Neuzeit, »der seine Neuzeitlichkeit noch nicht wahrhaben wollte.« Burkhardt (1990, S. 365).

49 Hierzu ausführlicher Bödeker/Hinrichs (1991, S. 24 ff.).

50 Gerhard (1981).

51 Sehr deutlich bereits bei van Dülmen (1981, 1982); zur Debatte um Protoindustrialisierung ferner Kriedte u. a. (1995).

52 Schulze (1987, S. 292 ff.).

53 Vierhaus (1992 b, S. 24 f.); Bödeker/Hinrichs (1991, S. 31 ff.).

2. Zwar richtete sich das Konzept der Frühen Neuzeit grundsätzlich dagegen, die europäische Welt vor 1800 umstandslos der statischen Welt Alteuropas zuzurechnen, nicht aber dagegen, der politisch-industriellen Revolution des 18. Jahrhunderts eine Zentralbedeutung innerhalb der Epoche der Neuzeit beizumessen.[54] Ganz in diesem Sinne lässt sich dem Jahrhundert zwischen 1750 und 1850 als *revolutionärer Neuzeit* eine eigenständige Bedeutung im Sinne eines »Umbruchs aller Lebensverhältnisse« geben,[55] eine Perspektive, die bereits Jacob Burckhardt mit seinen »Vorlesungen zur Geschichte des Revolutionszeitalters« eröffnet hatte, die aber auch in der späteren Neuzeit-Forschung noch eine Rolle gespielt hat.[56] Das Modell einer revolutionären Neuzeit geht von der Gleichzeitigkeit politischer und ökonomischer Transformationsschübe der bürgerlichen Gesellschaft aus. Unter Gesichtspunkten der politischen Entwicklung bringt es die Vorgeschichte der Amerikanischen Revolution und die unmittelbare Nachgeschichte der Revolutionen von 1848 in einen epochalen Zusammenhang miteinander und öffnet so den historischen Blick auf eine epochenspezifische Spannung von Revolution und Restauration. Unter Gesichtspunkten der industriellen Entwicklung umspannt sie die Zeit zwischen der Bevölkerungsexplosion und Agrarrevolution der Mitte des 18. Jahrhunderts und der Spaltung zwischen bürgerlicher und proletarischer Bewegung als konkurrierenden Antworten auf die Herausforderungen des modernen Kapitalismus, mit der sich zugleich der politisch-revolutionäre Impuls des Bürgertums verliert.

Aus dieser Perspektive erscheinen die revolutionären Bewegungen von 1848 als letzter, zum Scheitern verurteilter Versuch, die Vergangenheit im Sinne frühliberaler Ideale der bürgerlichen Gesellschaft gegen die kapitalistische Gesellschaft der Zukunft zu verteidigen.[57]

3. Das hier vorgeschlagene Epochenkonzept sieht eine weitere Zäsur um 1850 (mit einem Übergangskorridor von etwa 30 Jahren) vor, in der der Schritt in die *moderne Neuzeit* erfolgte. Dies verbindet sich mit dem Plädoyer, den Begriff der Moderne im Gegensatz zu weit umfassenderen Semantiken auf das Jahrhundert zwischen der Mitte des 19. Jahrhunderts und dem Ende des Zweiten Weltkriegs zu

beschränken. Wie unterschiedlich der Begriff der Moderne innerhalb der historischen Forschung und in seinem Verhältnis zum Begriff der Neuzeit verwandt wird, zeigt sich an der jeweiligen Divergenz seines Zeithorizonts:

Zum einen gibt es die Tendenz, die beiden Begriffe im wesentlichen synonym zu verwenden; in diesem Sinne wird die Welt ›um 1500‹ zum Beginn der Moderne, der frühneuzeitliche bereits zum ›modernen Staat‹.[58] Die Frühe Neuzeit gilt als »Inkubationszeit der Moderne« (Paul Münch), die bereits »alle jene Problemlagen enthält, die die Neuzeit bestimmen sollten« und sie zum »Musterbuch der Moderne« macht.[59]

Von dieser begrifflichen Identifikation von Neuzeit und Moderne unterscheidet sich deutlich ein Verständnis der Moderne als ›eigentlicher‹, sich ihrer selbst bewussten Neuzeit als einer Epoche, die sich in ihrer spezifischen Neuzeitlichkeit gesteigert und in der sich die frühneuzeitliche Vorgeschichte der Moderne vollendet habe.[60] Dem entspricht die Tendenz, die Moderne mit der Doppelrevolution der zweiten Hälfte des 19. Jahrhunderts beginnen zu lassen und die »Umbruchphase um 1800« als die »letztlich entscheidende Wende zur Moderne« zu interpretieren.[61]

Schließlich findet sich auch die Vorstellung, dass die Moderne gar nicht mehr zur Neuzeit gehöre und bereits eine gänzlich neue, eigenständige und letztlich zur Gegenwart gehörige Epoche darstelle, die die Neuzeit hinter sich gelassen habe. Daher müsse man sogar noch »die Vorstellung vom 19. Jahrhundert als der klassischen Ausformung von Modernität […] fallen lassen«,[62] weil selbst diese Zeit einer Welt der Vormoderne zugerechnet werden müsse, auf die wir uns quasi nur noch aus

---

54 Auch für Vertreter der Frühen Neuzeit bildet die Französische Revolution die »Mittelachse« des Neuzeitbegriffs, Schulze (1996, S. 34).
55 Conze (1957, S. 9).
56 Etwa bei Palmer (1964).
57 Langewiesche (1990, S. 398).
58 Skalweit (1982, S. 123 ff.). – Ebenso bei LeGoff (1994).
59 Schulze (1993, S. 8).
60 Kunisch (1975, S. 150).
61 Burkhardt (1990, S. 364 f.). – Ähnlich Langewiesche (1990, S. 386); Bödeker/Hinrichs (1991, S. 30 f.).
62 Nolte (1996, S. 300).

der Ferne – wie auf eine uns fremde Welt – beziehen könnten.

Zweifellos ist auch die hier in Absetzung von diesen Verwendungen des Moderne-Begriffs vorgeschlagene Epochensetzung ›um 1850‹ mit vielen Argumenten zu bestreiten, zumal sie mit wichtigen etablierten Periodisierungen nicht kompatibel erscheint. Das »lange 19. Jahrhundert« zwischen 1789 und 1918, das vielfach als eine »Epoche von eigenständigem Gepräge« aufgrund von Nationsbildung, Verstaatung und Demokratisierung interpretiert wird,[63] verliert seine Einheit und wird zwei unterschiedlichen Perioden der Neuzeit zugeschlagen, wobei die Zeit zwischen Jahrhundertmitte und 1880er Jahren eine längere Übergangsperiode bildet, in der sich die Grundlagen der Moderne ausbilden. Zum anderen relativiert sich die Bedeutung des Ersten Weltkriegs, der von vielen Zeitgenossen als ein epochaler Einschnitt sowie als ein ruckartiges Ende der bürgerlichen Welt erfahren wurde und in der historischen Forschung teilweise noch immer als Beginn der Zeitgeschichte gilt.

Ein Vorteil dieses Periodisierungsvorschlags scheint jedoch darin zu bestehen, dass er eine Prozessualisierung dessen ermöglicht, was mit Blick auf die Jahrhundertwende oder die 20er Jahre des 20. Jahrhunderts die »eigentliche« oder »klassische« Moderne genannt worden ist.[64] Sie ermöglicht, die allmähliche Herausbildung moderner Lebensformen und struktureller Bedingungen in längeren Zeiträumen zu verfolgen, als es eine Fixierung und Konzentration des Blicks auf die Zeit der Jahrhundertwende ›um 1900‹ erlauben würde. Prozesse der Urbanisierung und der Professionalisierung; Tendenzen der Kapitalkonzentration und der Herausbildung neuer innerbetrieblicher Organisationsformen und Unternehmensstrukturen; ein neues, durch zunehmend kritische Untertöne geprägtes kulturelles Selbstverhältnis der bürgerlichen Gesellschaft und ihrer Deutungs- und Interpretationseliten; die Genese einer imperialistischen Konstellati-

on, die sich im Ersten Weltkrieg auf katastrophale Weise entlud; die Entstehung des Sozial- und Interventionsstaats; der Aufstieg der Frauenbewegung; eine neue Stufe von Verkehr und Kommunikation durch Eisenbahnbau und die Massenpresse würden sich auf diese Weise in eine übergreifende historische Perspektive rücken und damit prozessualisieren lassen. Mit der Epochenzäsur um 1850 ist keineswegs unterstellt, dass sich alle diese Tendenzen bereits zu diesem Zeitpunkt deutlich abzeichnen oder sogar prägend wurden. Vielmehr soll sie es möglich machen, diese Tendenzen, die teilweise erst Jahrzehnte später dominante Erscheinungen des geschichtlichen Wandels wurden, heuristisch so in den Blick zu bringen, dass sie in größere historische Zusammenhänge gestellt werden können. Die Entstehung der modernen politischen Massenparteien – man nehme nur das zuletzt untersuchte Beispiel der SPD[65] – lässt sich besser verstehen, wenn man sie bis in die Mitte des 19. Jahrhunderts hinein zurückverfolgt. Insofern scheint es heuristisch ergiebiger, die sich seit der Mitte des 19. Jahrhunderts herausbildende Ausgangskonstellation der modernen Welt von der etablierten Moderne des frühen 20. Jahrhunderts nicht abzuspalten, sondern diese von ihren historischen Grundlagen her, in statu nascendi, zu verstehen. Denn in dieser Zeit entstanden die Erfahrungswelten und die problemerzeugenden Krisenkonstellationen, auf die die Moderne erst reagierte.[66]

Wenn hier im Interesse eines Präzisionsgewinns der Begriff der Moderne bzw. der modernen Neuzeit auf das Jahrhundert zwischen 1850 und 1945 beschränkt wird, so entspricht dies nicht allein einem verbreiteten Selbstverständnis der Zeitgenossen, das darin zum Ausdruck kommt, dass der Begriff der Moderne – wie derjenige der Neuzeit – ein Produkt der zweiten Hälfte des 19. Jahrhunderts ist. Vielmehr liegt dem auch die Überzeugung zugrunde, dass er an konkretisierbare Phänomene gebunden ist, die sich erst in der zweiten Hälfte des 19. Jahrhunderts herausgebildet haben und die hier nur selektiv und exemplarisch erwähnt werden können.

Von wesentlicher Bedeutung war in diesem Zusammenhang, dass das Projekt der bürgerlichen Gesellschaft, das die Epoche der revolutionären

---

63 Langewiesche (1990, S. 388).
64 Nitschke u. a. (1990); Peukert (1987).
65 Hierzu jetzt Welskopp (2000).
66 Mit Blick auf die amerikanische Gesellschaft der Jahrhundertwende und die Reformbewegung des Progressive Movement siehe Jaeger (2001).

Neuzeit weithin getragen hatte, in die Defensive gerät. Dies war zugleich mit der Verabschiedung eines die revolutionäre Neuzeit noch kulturell tragenden Fortschrittsmodells durch eine bürgerliche Kulturkritik verbunden, die zunehmende Selbstzweifel der bürgerlichen Gesellschaft an ihrer eigenen Zukunftsfähigkeit artikulierte. Neu war eine abschiedlich gestimmte Bürgerlichkeit, deren Individualitätskonzept einer im Entstehen begriffenen Massenkultur nicht mehr angemessen schien und die sich durch die Entstehung neuer Klassengegensätze sowie durch den mit der Kritik der bürgerlichen Gesellschaft verbundenen Aufstieg der Arbeiterbewegung zur Massenbewegung in ihren Grundlagen bedroht fühlte.

Weitere modernitätsspezifische Phänomene lassen sich im Bereich der technisch-industriellen Entwicklung ausmachen. Dazu zählen sowohl der Aufstieg der Naturwissenschaften zu Produktivkräften der ökonomisch-technischen Entwicklung und die Entstehung eines neuen, naturalistisch geprägten Deutungsmusters gesellschaftlicher Wirklichkeit, als auch eine neue, geradezu als Revolutionierung von Raum und Zeit erfahrene Stufe der neuzeitlichen Kommunikationsrevolution. Die Massenpresse erreichte dabei in den USA bereits während der 1820/30er Jahre eine Durchdringungsdichte des öffentlichen Raumes, die in Europa erst in der zweiten Jahrhunderthälfte erreicht wurde.

Auffällig war ferner ein tiefgreifender Wandel von Lebensstilen angesichts der seit 1870 beschleunigten Phase der Urbanisierung und Metropolenbildung, in der sich nicht nur das Verhältnis von Stadt und Land rapide verschob, sondern auch spezifisch urbane Lebensformen und eine neuartige Massenkultur entstanden. Hinzu kam ferner im Verlauf der zweiten Jahrhunderthälfte eine Tendenz zur Professionalisierung und zur Ausbildung einer Kultur des Professionalismus, zu der auch die Entstehung der Angestellten als einer spezifisch ›modernen‹ sozialen Schicht gehörte.

Schließlich ist noch auf die Entstehung eines europäischen Konzerts der Nationalstaaten und neuer Typen von Nationalitätenkonflikten zu verweisen, die sich zu einer zunehmend imperialistisch geprägten Konstellation mit den totalitären Konsequenzen der ersten Hälfte des 20. Jahrhunderts verdichteten.[67] In den 80er Jahren erfolgte der Übergang vom freihändlerischen Frühimperialismus zum Hochimperialismus als einem Wettlauf der Mächte um die Aufteilung der Welt. Hier erfolgte eine gesellschaftliche Aufladung des Politischen und zugleich eine folgenschwere Vergesellschaftung der Kriegsführung, die bereits zur Vorgeschichte des Ersten Weltkriegs gehört. Zugleich erfolgte seit dem letzten Drittel des 19. Jahrhunderts ein im Zweiten Weltkrieg dann vollendeter Aufstieg der USA zur neuen weltpolitischen Führungsmacht der westlichen Welt, der die neuzeitspezifische Führungsrolle Europas beendete und damit eine Epoche herbeiführte, in der sich die Frage nach dem Ende der Neuzeit stellt.

4. Hat die Neuzeit ein Ende? Oder handelt es sich, in deutlichem Gegensatz zu allen bisherigen Epochen erstmalig um eine Periode geschichtlichen Wandels, die prinzipiell offen, unabgeschlossen und in eine unabsehbare Zukunft hinein dehnbar ist? – Vor einigen Jahren noch schien letzteres ausgemacht zu sein und zugleich in der Konsequenz der sich seit dem späten 18. Jahrhundert vollziehenden Fundamentalhistorisierung des neuzeitlichen Welt- und Selbstverständnisses zu liegen: »›Neuzeit‹ ist per definitionem unabgeschlossen; deshalb konnte sich (im Deutschen) die Epochenbezeichnung ›frühe Neuzeit‹ durchsetzen, sich aber kein Pendant ›späte Neuzeit‹ einstellen; von einer ›hohen Neuzeit‹ zu sprechen, wäre absurd.«[68]

Inzwischen hat sich jedoch in der historischen Forschung durchaus der Begriff der »späten Neuzeit« als Bezeichnung für die Geschichte seit der zweiten Hälfte des 19. Jahrhunderts eingebürgert. Dass auf dem Deutschen Historikertag des Jahres 2002 in Halle die entsprechenden Sektionen unter dieser Epochenzuschreibung firmierten, hat den Begriff von höchster Stelle aus autorisiert und legt die Vermutung nahe, dass er sich inzwischen als gleichberechtigtes Pendant zum Begriff der Frühen Neuzeit durchgesetzt hat. Jedoch impliziert diese Ergänzung einer »frühen« durch eine »späte« Neuzeit mit innerer Denknotwendigkeit die Vorstellung von einem nahenden Ende der Neuzeit; ansonsten

---

67 Langewiesche (2000); Wehler (2001).
68 Vierhaus (1992 b, S. 14).

wäre diese Begriffsverwendung sinnlos. Die Neuzeit wird damit als eine Epoche denkbar, die mit den ›um 1500‹ einsetzenden Transformationsprozessen begonnen hat und seit dem späten 19. Jahrhundert einen Aggregatzustand erreicht hat, der auf ein mögliches, ja historisch absehbares Ende derjenigen Konstellation hindeutet, die die Neuzeit als Epoche konstituiert und bisher geprägt hat. Dies liegt in der Konsequenz des Epochenbegriffs überhaupt begründet, da er allein solche Zeiteinheiten auszeichnet, die nicht nur eine temporale und strukturelle Ordnung besitzen, mit der sie sich von anderen Zeitabschnitten unterscheiden, sondern die auch einen Anfang und ein Ende haben (müssen). Auch die Neuzeit kann – sofern sie als eine Epoche gedacht wird – nicht unendlich in die Zukunft hinein verlängert werden, ohne ihren Epochencharakter zu verlieren. Eine unabschließbare Epoche der Neuzeit wäre ein Widerspruch in sich, da Epochen gar nicht als Phänomene statischer Dauer begriffen werden können. Vielmehr handelt es sich um zeitliche Einheiten, die immer schon sowohl auf ihre interne Transformation, als auch auf ihre geschichtliche Abfolge sowie auf ihre Überwindung durch andere Epochen hin angelegt sind.[69]

Doch worin bestehen die Veränderungsprozesse, die die spezifisch neuzeitliche Konstellation geschichtlicher Veränderung zur Auflösung bringen oder bringen könnten? Ich möchte diese Frage dahingehend beantworten, dass ich von einem *Ende der Neuzeit im Prozess ihrer Globalisierung* als der vierten Phase neuzeitlicher Geschichte spreche.

Diese These verbindet sich zugleich mit einer Absage an den Begriff der Zeitgeschichte, da dieser Begriff im Sinne einer Epochenkategorie nicht tragfähig genug ist, um diejenige Periode neuzeitlicher Geschichte auf den Begriff zu bringen, auf die er heute üblicherweise Anwendung findet. Dies liegt in seiner historischen Inhalts- und Konturlosigkeit begründet, die außer dem Kriterium, dass die Zeitgeschichte im großen und ganzen von der Geschichte der noch lebenden Generationen handelt, keine inhaltlichen Kriterien zur Verfügung stellt, um eine Zeit epochal zu qualifizieren und von

anderen Epochen begrifflich zu unterscheiden. Der Begriff ist bereits 1657 erstmals nachgewiesen und erfuhr eine Konjunktur nach 1789, um die jeweils unmittelbare Aktualität von Ereignissen zum Ausdruck zu bringen.[70] Zeitgeschichte als Epochenkategorie zielt also nicht auf eine einmalige und unverwechselbare geschichtliche Konstellation, sondern kann auf alle möglichen Konstellationen und Ereignisketten angewendet werden. Der Begriff ist letztlich austauschbar; die Zeitgeschichte des 20. Jahrhunderts ist eine andere als die des 19. oder des 21. Jahrhunderts. Diese Austauschbarkeit unterscheidet ihn in grundsätzlicher Weise von den Epochenbegriffen der Antike, des Mittelalters und der Neuzeit, die ausschließlich auf eine jeweils inhaltlich bestimmte zeitliche Konstellation und Entwicklungsstufe Anwendung finden.

Wenn die oben bereits angedeutete These stimmt, dass die Neuzeit als historische Kategorie unterschwellig oder bewusst immer durch Theoreme einer Weltgeschichte Europas bestimmt war, so lässt sich, ohne dabei zwangsläufig in das Fahrwasser postmoderner Positionen zu geraten, von einem Ende der Neuzeit in dem Moment sprechen, in dem dieses Verhältnis als Folge ökonomischer, politischer oder kultureller Globalisierungsprozesse auf komplexere Weise bestimmt werden und die außereuropäische, nicht-westliche Welt auf multilaterale, post-dualistische Weise in die Geschichte der ehemals allein europäischen Neuzeit hineingeschrieben werden muss. Nimmt man das Argument einer europäisch-westlichen Schieflage der Neuzeitkategorie ernst, liegt es nahe, dass die Neuzeit nicht in alle Zukunft hinein gedehnt werden kann, sondern in dem Moment ihr Ende findet, in dem sich ein globaleres Weltsystem ausbildet, in dem die Rollen nicht mehr in neuzeittypischer Weise zwischen Zentrum und Peripherie verteilt sind, sondern das Verhältnis zwischen den Kulturen multiperspektivischer, differenzierter und komplexer gedacht werden muss. Dies scheint im Prinzip seit dem Ende des Zweiten Weltkriegs und dem seither vollzogenen Prozess der Dekolonisierung, in verschärfter Form mit dem Ende des Ost-West-Gegensatzes der Fall zu sein. Die dualistische, dem Prinzip »Europa und die Anderen« verpflichtete Struktur neuzeitlicher Geschichte ist damit an ihr Ende gelangt und muss mit der Hilfe neuer Kon-

---

69 Hierzu auch Vogler (1998).
70 Schulze (1996, S. 40).

zepte multilateraler Art neu gedeutet werden: als eine Transformation der Neuzeit hin zu einer neuen Epoche, in der sich das tradierte Verhältnis des europäisch-amerikanischen Westens zu den anderen Kulturen neu arrangiert, – nicht im Sinne der Postmoderne oder der Theorie vom Ende der Geschichte, sondern eher in Auseinandersetzung mit den Problemen der Globalisierung sowie in Anknüpfung an neue komparative Theoreme von Interkulturalität und transkulturellen Beziehungen.[71]

Die Neuzeitkategorie war und ist dagegen eurozentrisch, insofern sie bis heute auf spezifisch europäische Erfahrungsbestände zugeschnitten ist und von ihnen ausgehend die Weltgeschichte der letzten fünfhundert Jahre gliedert. Ihr Aufkommen im 16. Jahrhundert reagierte auf europäische Entwicklungen, die bereits von den Zeitgenossen als neuartig, wenn nicht gar als revolutionär wahrgenommen wurden. Dabei handelt es sich neben den kulturellen Transformationsprozessen im Anschluss an die Reformation, dem Aufstieg des frühneuzeitlichen Staates sowie der Kommunikationsrevolution infolge des Buchdrucks vor allem auch um den Beginn der europäischen Expansion im Zusammenhang der Entdeckung Amerikas. Angesichts des beginnenden »Zeitalters der Entdeckungen«[72] und Eroberungen ergab sich zu Beginn der Neuzeit die Notwendigkeit, die kulturelle Identität Europas (bzw. der christlichen Völker) in ein kulturell reflektiertes Verhältnis zu den nichteuropäischen Kulturen zu setzen und sie vor der Kontrastfolie dieser außereuropäischen Welt zu formulieren. Zum Kernbereich dieses europäischen Selbstverständnisses gehörten traditionellerweise entweder christlich, ökonomisch oder politisch motivierte und legitimierte Vorstellungen einer »Weltgeschichte Europas«. In historischer Perspektive konnten sie sehr vielfältige Formen annehmen und sich über verschiedene Entwicklungsstufen bis in unsere Gegenwart hinein ausbilden; in interkultureller Perspektive konnten sie mit unterschiedlichen Graden europäischer Hegemonie und eines offenen oder latenten Eurozentrismus, aber auch mit spezifisch europäischen Formen der Anerkennung von Differenz und Vielfalt verbunden sein.

Weil also die Kategorie der Neuzeit letztlich die Weltgeschichte Europas in den drei genannten Perioden der frühen, revolutionären und modernen

Neuzeit meint, stellt sich zumindest die Frage, ob nicht in dem Moment von einem Ende der Neuzeit gesprochen werden kann, in dem sich diese einseitige Form historischer Epochalisierung zugunsten neuer Formen interkultureller Kommunikation und der Neuzentrierung geschichtlicher Handlungs- und Entscheidungsräume inklusive einer neuen Gewichtsverteilung der geschichtlichen Akteure auflöst. Das Ende der Neuzeit wäre dann als eine Zeit verstehbar, in deren »Verlauf die Weltstellung Europas zuende gegangen ist«.[73]

Die tradierten Muster europäischer Selbstdeutung im Verhältnis zu den anderen Kulturen, für die die Kategorie der Neuzeit bisher stand und weiterhin steht, haben angesichts der gegenwärtigen Dynamik sozioökonomischer, kultureller und politischer Entwicklungen ihre Plausibilität verloren und müssen neu konzeptualisiert werden. Begleitet ist dies von einer zunehmenden Sensibilisierung für die unterschiedlichen Entwicklungswege und Modernisierungspfade, die die außereuropäischen Kulturen und Gesellschaften im Kontrast zu europäischen Vorbildern gegangen sind und die daher in ein neues Verhältnis zu ihnen gerückt werden müssen. Neuere modernisierungstheoretische Konzepte versuchen daher dem Eintritt in eine globalisierte Weltgeschichte mit dem Leitbegriff der »multiple modernities« Rechnung zu tragen und damit eine Öffnung der kulturwissenschaftlichen Perspektiven zu bewirken.[74]

Die Rede vom Ende der Neuzeit ließe dabei auch die Neuzeit selbst nicht unberührt, sondern verlangt danach, auch sie in der historischen Retrospektive neu zu deuten. Bei ihr würde es sich dann nicht mehr um die aufeinander folgenden Stufen einer kumulativen Europäisierung der Welt oder der Globalisierung des Westens handeln, vielmehr wäre der Geschichte der anderen Kulturen auf eine Weise Rechnung zu tragen, die deren historisch-kulturelle Eigenständigkeit nicht unterschlägt. Die gegenwär-

---

71 Zum Forschungs- und Theorieprogramm einer transkulturell vergleichenden Geschichtswissenschaft siehe Osterhammel (2001, S. 11–45).

72 Zu dieser Kategorie neuzeitlicher Geschichte auch Skalweit (1982, S. 47 ff.).

73 Vierhaus (1992 b, S. 20 f.).

74 Eisenstadt (1999); Osterhammel (2001).

tig noch weithin offene Frage besteht darin, wie diese kulturübergreifende Dimension der europäischen Geschichte heuristisch und methodisch aufgearbeitet werden kann und welche historisch-kulturwissenschaftlichen Konzepte zur Verfügung stehen, um das Verhältnis Europas oder »des Westens« zu den nicht-europäischen Kulturen seit dem Beginn der Neuzeit zur Darstellung zu bringen. Seit dieser Zeit gibt es keinen Teil der Welt, der nicht von den – teilweise dramatischen – Implikationen und Konsequenzen der europäischen, später auch der amerikanischen Kultur in irgendeiner Form geprägt worden ist. Als europäische Historiker können wir den europäischen Standpunkt unserer Arbeit weder verleugnen noch verlassen. Gerade deshalb wird es darauf ankommen, sich den Ausprägungen, Folgen, Grenzen und Chancen dieses neuzeitlichen Erbes unserer eigenen Identität reflexiv zu vergewissern und die hier unterstellte Möglichkeit eines nahenden oder sich bereits vollziehenden Endes der Neuzeit als Herausforderung unserer Arbeit anzunehmen, die dazu zwingt, die Epoche der Neuzeit retrospektiv neu zu deuten, um auf der Höhe gegenwärtiger Herausforderungen zu bleiben.

7. Die Kohärenz des Heterogenen und die Bedeutung des Widersprüchlichen

Es ist bereits erwähnt worden, dass Epochenkonzepte auf Vorstellungen eines strukturellen Zusammenhangs zwischen und einer synchronen Einheit von verschiedenen Basisfaktoren geschichtlichen Wandels beruhen. Gleichzeitig jedoch geht es in ihnen immer auch darum, das Nicht-Zusammenhängende und Uneinheitliche geschichtlicher Prozesse historisch zu deuten. Man kann sich die innere Spannung zwischen diesen gegensätzlichen Anforderungen an Epochenkonzepte erneut an den Unterschieden zwischen Sozial- und Kulturgeschichte klar machen: Für den Neuzeitbegriff der Sozialgeschichte ist die Vorstellung einer Kongruenz be-

stimmter Basisentwicklungen leitend, die in ihrem spannungsvollen Zusammenspiel die Entwicklung neuzeitlicher Gesellschaften bestimmen und dynamisieren. Dieses Zusammenspiel besteht etwa in der historischen Parallelität einer ökonomischen, politischen und sozialen Freisetzung der Subjekte von traditionellen ständischen Bindungen; in der Monopolisierung der Gewaltausübung und regulativer Funktionen in den Händen des liberal-demokratischen Verfassungsstaates; in der zunehmenden Unterwerfung der Subjekte unter die Mechanismen des Marktes; oder schließlich in der Entstehung einer bürgerlichen Zivilgesellschaft und debattierenden Öffentlichkeit. Von der Seite der neueren Kulturgeschichte ist diese sozialgeschichtliche, teilweise modernisierungstheoretisch unterfütterte Synchronisation neuzeitlicher Entwicklungstendenzen dem Verdacht eines »finalistischen Denkens« ausgesetzt.[75] Damit verbindet sich zugleich die Kritik, dass aus der Vogelperspektive makrohistorischer Theoriebildung eine vorschnelle Glättung des Disparaten erfolge, das im Gegensatz zu einem sozialgeschichtlichen Methodenmodell nur in einer mikrohistorischen Einstellung wahrgenommen werden könne, die die Uneindeutigkeit und Widersprüchlichkeit von Entwicklungen, die Gleichzeitigkeit des Ungleichzeitigen, die Unterschiedlichkeit zwischen fortgeschrittenen und rückständigen Gebieten innerhalb derselben Untersuchungseinheit akzentuiert. Daraus erklärt sich zugleich die Abwendung von allzu ›glatten‹ Modernisierungskonzepten, die derartige Widersprüchlichkeiten auf der Detail- und Momentebene durch eine Orientierung an epochenübergreifenden Entwicklungstendenzen einebnet; das gespaltene Verhältnis der neueren kulturhistorischen und -anthropologischen Strömungen zu den etablierten Globaltheorien neuzeitlicher Geschichte, wie sie in den Werken von Marx, Weber, Foucault und anderen vorliegen, steht dafür.

Damit stellt sich jedoch die Frage, wie die Kulturgeschichte die Leerstelle dieser epochentheoretischen Globalvorstellungen neuzeitlicher Geschichte alternativ besetzen könnte. Zwar operiert sie implizit durchaus mit Vorstellungen übergreifender Entwicklungen,[76] verortet diese aber nicht innerhalb eines einförmigen Neuzeitkonzepts, sondern innerhalb eines Netzes widersprüchlicher Tendenzen, das

---

75 van Dülmen (2000, S. 44).

76 Ein epochenübergreifender Prozess von Individualisierung scheint etwa eine solche allgemeine Entwicklungstendenz neuzeitlicher Geschichte zu repräsentieren; siehe van Dülmen (1997).

sich als eine Einheit des Heterogenen, Ambivalenten und Differenten beschreiben ließe.

Damit ist ein wesentlicher Aspekt epochaler Differenzierungen angesprochen, bei denen es immer auch um die Deutung des Kontingenten und Heterogenen, des Ungleichzeitigen und Widersprüchlichen und damit alles dessen geht, was sich den synchron-strukturellen Ordnungsleistungen von Epochenkonzepten entzieht oder sich ihnen gegenüber sperrig verhält.[77]

Unter mehreren Gesichtspunkten erhöht sich die Komplexität von Epochenkonzepten, wenn sie sich derartigen Erfahrungen des Kontingenten stellen:

1. Zunächst sind sie zu einer *temporalen Flexibilisierung* neuzeitspezifischer Epochenstrukturen gezwungen. Damit ist die Aufgabe gemeint, den unterschiedlichen Entwicklungsgeschwindigkeiten gerecht zu werden, die nicht nur die Ebene der Ereignisse und Strukturen voneinander trennen, sondern auch eine innere Widersprüchlichkeit einzelner Geschehenszusammenhänge erzeugen. Nicht nur für die deutsche Geschichte ist etwa im Kontext der Sonderwegs-Diskussion eine Zeit- und Verlaufsdivergenz zwischen ökonomischer Entwicklung und politischer Demokratisierung konstatiert worden, auch mit Blick auf die Französische Revolution ist betont worden, dass sich ein völlig anderes Verlaufsbild zeigt, je nachdem auf welchen Aspekt von Veränderung man blickt. Überwiegt auf der einen Seite angesichts einer weitgehenden Kontinuität der Sozialverfassung, der Mentalitäten und der alltäglichen Lebensformen der Eindruck einer von der revolutionären Dynamik nur begrenzt erfassten Dauer, so drängt sich auf der anderen Seite und im Gegensatz zu dieser Statik beim Blick auf die politische Ereignisgeschichte das Element des Wandels in den Vordergrund.[78]

Auch der Beginn und das Ende der Frühen Neuzeit werden in diesem Sinne temporaler Flexibilisierung zunehmend als eine Gemengelage unterschiedlicher Entwicklungen interpretiert, die in Politik, Gesellschaft, Wirtschaft oder Wissenschaft zu unterschiedlichen Zeitpunkten wirksam wurden und unterschiedliche Intensitäten, Prozessgeschwindigkeiten und Ergebnisse zeitigten: »Beginn und Ende der Frühen Neuzeit werden nicht länger als synchrone Entwicklungen sondern als Gefüge von Prozesssträngen mit differierenden Anfängen und Enden beschrieben.«[79]

2. Eine weitere Dimension des Heterogenen und Inkohärenten wird deutlich, wenn man an die einem kulturellen Alteritätsschock gleichkommende interkulturelle Horizonterweiterung denkt, die mit dem Beginn der Neuzeit und der Expansion Europas hin zu anderen Kulturen einsetzte. In diesem Zusammenhang ließe sich von der Notwendigkeit einer *kulturellen Flexibilisierung* des Epochenkonzepts der Neuzeit sprechen. Die erwähnten Strömungen einer komparativen Geschichtswissenschaft erweisen sich unter diesem Gesichtspunkt als ein methodischer Versuch, die Eigentümlichkeit von Entwicklungswegen in der Unterscheidung von kulturellen Alternativen zu untersuchen und damit die Sensibilität der historischen Forschung für Differenzen und Alteritäten zu wecken.

3. Ferner ergibt sich die Notwendigkeit einer *disziplinären Flexibilisierung* des Neuzeitkonzepts, wenn man sich vergegenwärtigt, dass Epocheneinteilungen hochgradig disziplinabhängig variieren. Gewöhnlich ergibt sich keineswegs eine Kohärenz, sondern eine Asynchronie zwischen den Epochenzäsuren, die aus den jeweiligen Sonderperspektiven der Politikgeschichte, Wirtschaftsgeschichte, Sozialgeschichte, Kirchengeschichte und Kultur- oder Mentalitätsgeschichte sinnvoll gesetzt werden könnten, – zumal wenn man die verschiedenen nationalgeschichtlichen Kontexte berücksichtigt.

Diese drei Aspekte machen darauf aufmerksam, dass es sich bei historischen Epochen niemals um völlig kohärente, auf einen Nenner zu bringende Einheiten handelt, sondern dass sie durch eine Gemengelage inkonsistenter Elemente und eine Vielfalt unterschiedlicher Tendenzen geprägt sind. Allerdings ist diese Einsicht kein Argument gegen die

---

77 Ganz in diesem Sinne wird in der Neuzeitforschung bereits seit Jahren der Aspekt des Widersprüchlichen als eine wesentliche forschungspraktische Herausforderung akzentuiert: »Die Geschichte der Neuzeit stellt sich uns als eine hochkomplizierte Mischung von Widersprüchen dar, zumal in ihrer deutschen Version.« (Schulze, 1996, S. 339).

78 Siehe hierzu ebenso Schulze (1996, S. 78).

79 Bödeker/Hinrichs (1991, S. 43).

Verwendung und Erarbeitung übergreifender Epochenkategorien. Im Gegenteil setzt die Fähigkeit, Detailprozesse als ungleichzeitig oder unzeitgemäß erkennen zu können, die Arbeit mit allgemeinen Epochen- und Prozesskategorien voraus. Aus ihnen resultiert überhaupt erst die Fähigkeit, Unterschiede und Abweichungen feststellen und ihre Ursachen und Bedingungen präzisieren zu können. Gleichzeitig machen es übergreifende Epochenbegriffe erst möglich, die Gleichzeitigkeit des Ungleichzeitigen, die Einheit in der Vielfalt, den Zusammenhang des Auseinanderstrebenden, die Konstanz im Wandel, das Übergreifende im Partikularen zu erkennen. Epochenbestimmungen tragen zur Stiftung eines Zusammenhangs des Heterogenen gerade dann bei, wenn sie die Existenz von Inkohärenzen nicht leugnen, sondern sich als fähig erweisen, sie als solche zu erkennen und in ein Verhältnis zueinander zu setzen. Die Neuzeit verliert auf dem Boden derart differenz-offener Epochenbestimmungen den Charakter eines einlinig gerichteten und sich kontinuierlich vollziehenden Wandels und wird stattdessen als eine Gemengelage unterschiedlicher Entwicklungen denkbar, ohne damit zugleich ihre Einheit verlieren zu müssen.

Ein Beispiel dafür, dass der Aufweis von Ungleichzeitigkeiten und Widersprüchlichkeiten einen Epochenbegriff der Neuzeit nicht unmöglich macht, sondern nur zu einer Komplexitätssteigerung der Perspektiven zwingt, stellen die neueren Debatten um den Zusammenhang zwischen Modernisierung und Gewalt dar, in denen sich allmählich die Konturen seiner historischen Gewaltforschung abzeichnen.[80] Die historische Einsicht, dass die Ausübung von Gewalt jenseits aller neuzeitlichen Errungenschaften der Gewaltzivilisierung infolge der Verrechtlichung von Konflikten, der Zunahme des moralischen Bewusstseins oder der erhöhten Regulierungsdichte internationaler Beziehungen ein konstitutives Element neuzeitlicher Geschichte bleibt, führt nicht etwa zu einem Verlust der Einheit der Neuzeit, sondern zu einer Neuperspektivierung historischer Prozesse, die in der Lage ist, den vorschnell unterstellten Prozess umfassender Gewaltzivilisierung zu überdenken und damit das ›Ungleichzeitige‹ und ›Unzeitgemäße‹ von Gewalt und Barbarei als Element einer komplexer gewordenen Neuzeit zu verstehen.

Die traditionelle Modernisierungstheorie etwa tendierte im Sinne eines sunny-side-up-Konzepts des geschichtlichen Wandels dazu, die dunklen und gewaltsamen Begleitmomente der Moderne auszublenden. Auch angesichts der ungeheuren Gewalterfahrungen des 20. Jahrhunderts hielt sie weithin an einem evolutionistischen Fortschrittsparadigma fest, das es erlaubte, selbst extreme Gewaltphänomene durch Exterritorialisierung zur Bestätigung des eigenen Konzepts zu nutzen. Das bekannteste Beispiel dafür ist die Theorie des deutschen Sonderweges, der als negative Kontrastfolie den westlichen Normalfall der Modernisierung gegen Kritik immunisierte und den Anschein des gewaltzivilisierenden Charakters der Moderne ex negativo zu retten versuchte.

Die Annahme der Modernisierungstheorie, dass die Neuzeit einen allmählichen Übergang von gewaltsamen zu immer gewaltloseren Formen des Austragens von Interessenkonflikten und kultureller Differenz impliziere, hat sich angesichts der fortdauernden Gewaltgeschichte des 20. Jahrhunderts als falsch erwiesen. Dem entspricht, dass in den letzten Jahren die Sensibilität gegenüber Gewalt sowohl innerhalb, als auch zwischen den Kulturen zugenommen hat, und zwar auch im Kontext modernisierungstheoretischer Ansätze selbst. Am entschiedensten hat der Soziologe Hans Joas zuletzt dafür plädiert, die Gewaltgeschichte des 20. Jahrhunderts theoretisch ernst zu nehmen, um die fortschrittsmythischen Banalitäten der Vergangenheit zugunsten eines zukünftigen Verständnisses der Moderne überwinden zu können, das den Katastrophen des 20. und nun auch bereits des 21. Jahrhunderts angemessen ist.[81]

Das epochenspezifische Theorieproblem besteht in diesem Zusammenhang darin, wie sich die kontinuierlich fortsetzenden Gewalterfahrungen der Neuzeit und Moderne verstehen lassen, ohne in das Fahrwasser einer politischen Kulturkritik zu geraten, die schon immer wusste, dass man sich die Flausen einer zunehmenden Gewaltlosigkeit

---

80 Siehe aus einer Vielzahl von Beiträgen nur Joas (2000); Lindenberger/Lüdtke (1995); Miller/Soeffner (1996); Schumann (1997); Sieferle/Breuninger (1998).

81 Joas (2000, S. 34 ff.).

und einer zunehmenden Zivilisierung von Gewalt im Zuge von Modernisierung zugunsten eines machtpolitischen Realismus aus dem Kopf zu schlagen habe. Es wäre fatal, auf die Enttäuschung überschwänglicher Erwartungen von Gewaltlosigkeit zu reagieren, indem nun die Gewalt selbst zur heimlichen, aber universellen Grundstruktur der Moderne erklärt wird, eine Gewalt, die nicht enden will, sondern nur ständig neue Formen annimmt und ihre zerstörende Wirkung mit der Zunahme technischer Vernichtungspotentiale unendlich steigert.

Zu plädieren ist daher für eine Rückbesinnung der Moderne auf die ihr eigenen Gewaltrisiken und Gewalterfahrungen jenseits dieser beiden Extreme.[82] Ein derartiges Bewusstsein von den Ambivalenzen und Kontingenzen des Modernisierungsprozesses hatte bereits die Klassiker der Soziologie ausgezeichnet, die – wie Max Weber etwa – bereits frühe Zweifel an den Fortschrittsversprechen der Moderne artikuliert und begründet haben.[83] An dieses selbstreflexive Erbe der Moderne, das in der modernisierungstheoretisch geprägten Atmosphäre der Nachkriegszeit verloren gegangen war, ist vor dem Erfahrungshintergrund neuer Gewalterfahrungen im Zusammenhang der Balkankriege, der Nord-Süd-Konflikte zwischen zweiter und dritter Welt, der religiösen Fundamentalismen und politischen Nationalismen der letzten Zeit anzuknüpfen, um ein angemesseneres Verständnis der Neuzeit zwischen Gewaltkontinuität und den Versuchen ihrer rechtlichen, politischen und sozialen Zivilisierung zu gewinnen. Gelingt dies, könnte dieses Beispiel einer tradierte Epochenbestimmungen revidierenden historischen Gewaltforschung zeigen, dass eingespielte Epochen- und Prozesskategorien in der Folge erfahrener Ungleichzeitigkeiten und Diskohärenzen transformiert werden können, ohne dass sich zugleich die Konsistenz des Epochenkonzepts insgesamt auflöst. Vielmehr besteht die Chance, dass es in solchen Vorgängen historischer Neuperspektivierung an innerer Komplexität gewinnt.

Literatur

BADER-ZAAR, BRIGITTA / HÄMMERLE, CHRISTA (2001), »Neuzeit als Epoche – ein notwendiges heuristisches Prinzip«, in: *Wiener Zeitschrift zur Geschichte der Neuzeit*, 1, S. 3–16. ▪ BENTLEY, JERRY H. (1996), »Cross-Cultural Interaction and Periodization in World History«, in: *American Historical Review*, 101, S. 749–770. ▪ BÖDEKER, HANS ERICH / HINRICHS ERNST (Hg.) (1991), *Alteuropa – Ancien Régime – Frühe Neuzeit. Probleme und Methoden der Forschung*, Stuttgart/Bad Cannstatt: Frommann-Holzboog. ▪ BÖDEKER, HANS ERICH / HINRICHS ERNST (1991), »Alteuropa – Frühe Neuzeit – Moderne Welt? Perspektiven der Forschung«, in: Bödeker, Hans Erich / Hinrichs Ernst (Hg.), *Alteuropa – Ancien Régime – Frühe Neuzeit. Probleme und Methoden der Forschung*, Stuttgart/Bad Cannstatt: Frommann-Holzboog, S. 11–50. ▪ BRENDECKE, ARNDT (2000), »Vom Zählschritt zur Zäsur. Die Entstehung des modernen Jahrhundertbegriffs«, in: *Comparativ*, 10, S. 21–37. ▪ BURKHARDT, JOHANNES (1990), »Frühe Neuzeit«, in: van Dülmen, Richard (Hg.), *Das Fischer Lexikon Geschichte*, Frankfurt/M.: Fischer TB, S. 364–385. ▪ CONZE, WERNER (1957), *Die Strukturgeschichte des technisch-industriellen Zeitalters als Aufgabe für Forschung und Unterricht*, Köln: Westdeutscher Verlag. ▪ DEMEL, WALTER (1997), »›Fließende Epochengrenzen‹. Ein Plädoyer für eine neue Periodisierungsweise historischer Zeiträume«, in: *Geschichte in Wissenschaft und Unterricht*, 48, S. 590–598. ▪ DROYSEN, JOHANN G. (1977), *Historik*, hg. von Leyh, Peter, Stuttgart/Bad Cannstatt: Frommann-Holzboog. ▪ DUBY, GEORGES (1986), *Die drei Ordnungen. Das Weltbild des Feudalismus*, Frankfurt/M.: Suhrkamp. ▪ VAN DÜLMEN, RICHARD (1981), »Formierung der europäischen Gesellschaft in der Frühen Neuzeit. Ein Versuch«, in: *Geschichte und Gesellschaft*, 7, S. 5–41. ▪ VAN DÜLMEN, RICHARD (1982), *Entstehung des frühneuzeitlichen Europa 1550–1648*, Frankfurt/M.: Fischer TB. ▪ VAN DÜLMEN, RICHARD (1987), »Reformation und Neuzeit. Ein Versuch«, in: *Zeitschrift für Historische Forschung*, 14, S. 1–25. ▪ VAN DÜLMEN, RICHARD (1990–1994), *Kultur und Alltag in der frühen Neuzeit*, 3 Bde., München: C. H. Beck. ▪ VAN DÜLMEN, RICHARD (1997), *Die Entdeckung des Individuums, 1500–1800*, Frankfurt/M.: Fischer TB. ▪ VAN DÜLMEN, RICHARD (2000), *Historische Anthropologie. Entwicklung – Probleme – Aufgaben*, Köln u. a.: Böhlau. ▪ EISENSTADT, SHMUEL NOAH (1999), »Multiple Modernities in an Age of Globalization«, in: *Canadian Journal of Sociology*, 24, S. 283–295. ▪ GERHARD, DIETRICH (1981), *Old Europe: A Study of Continuity, 1000–1800*, New York: Academic Press. ▪ GREEN, WILLIAM A. (1992), »Periodization in European and World History«, in: *Journal of World History*, 3, S. 13–53. ▪ GÜNTHER, H. (1984), »Neuzeit, Mittelalter, Altertum«, in: *Historisches Wörterbuch der Philosophie*, Bd. 6, Basel/Stuttgart: Schwabe&Co., Sp.

---

82 Siehe in diesem Sinne Miller/Soeffner (1996, S. 17): »Eine dritte mögliche grundlegende Antwort auf die Frage nach dem Verhältnis von Moderne und Barbarei lautet: Das Projekt der Moderne erfüllt sich genau darin, dass sich die Moderne ihres Potentials an Barbarei bewusst wird und es in einem Zivilisierungsprozess zu überwinden trachtet. [...] Modernität impliziert eine Selbstdistanzierung der Moderne, ohne sie – das heißt ihre Zivilitätsstandards – preiszugeben.«

83 Hierzu Jaeger (1994, S. 182 ff.).

782–798. ■ Hassinger, Erich (1964²), *Das Werden des neuzeitlichen Europa 1300–1600*, Braunschweig: Westermann. ■ Haupt, Heinz-Gerhard / Kocka, Jürgen (Hg.) (1996), *Geschichte und Vergleich. Ansätze und Ergebnisse international vergleichender Geschichtsschreibung*, Frankfurt/M./New York: Campus. ■ Jaeger, Friedrich (1994), *Bürgerliche Modernisierungskrise und historische Sinnbildung. Kulturgeschichte bei Droysen, Burckhardt und Max Weber*, Göttingen: Vandenhoeck&Ruprecht. ■ Jaeger, Friedrich (2001), *Amerikanischer Liberalismus und zivile Gesellschaft. Perspektiven sozialer Reform zu Beginn des 20. Jahrhunderts*, Göttingen: Vandenhoeck&Ruprecht. ■ Joas, Hans (2000), *Kriege und Werte. Studien zur Gewaltgeschichte des 20. Jahrhunderts*, Weilerswist: Velbrück. ■ Kaelble, Hartmut (1999), *Der historische Vergleich. Eine Einführung zum 19. und 20. Jahrhundert*, Frankfurt/M./New York: Campus. ■ Kaelble, Hartmut / Schriewer, Jürgen (Hg.) (1999), *Diskurse und Entwicklungspfade. Der Gesellschaftsvergleich in den Geschichts- und Sozialwissenschaften*, Frankfurt/M./New York : Campus. ■ Kaelble, Hartmut / Schriewer, Jürgen (Hg.) (2002), *Vergleich und Transfer*, Frankfurt/M./New York: Campus. ■ Koselleck, Reinhart (1979), »›Neuzeit‹. Zur Semantik moderner Bewegungsbegriffe«, in: Koselleck, Reinhart, *Vergangene Zukunft. Zur Semantik geschichtlicher Zeiten*, Frankfurt/M.: Suhrkamp, S. 300–348. ■ Koselleck, Reinhart (1987), »Das 18. Jahrhundert als Beginn der Neuzeit«, in: Herzog, Reinhart / Koselleck, Reinhart (Hg.), *Epochenschwelle und Epochenbewusstsein*, München: Fink, S. 269–283. ■ Koselleck, Reinhart (1990), »Wie neu ist die Neuzeit?«, in: *Historische Zeitschrift*, Bd. 251, S. 539–553. ■ Kriedte, Peter / Medick, Hans / Schlumbohm, Jürgen (1995), »Sozialgeschichte in der Erweiterung – Proto-Industrialisierung in der Verengung?«, in: *Geschichte und Gesellschaft*, 21, S. 231–255. ■ Kunisch, Johannes (1975), »Über den Epochencharakter der Frühen Neuzeit«, in: *Die Funktion der Geschichte in unserer Zeit. Festschrift für Karl Dietrich Erdmann*, Stuttgart: Klett, S. 150–161. ■ Kunisch, Johannes (1990), »Alteuropa – der Ursprung der Moderne«, in: Dülffer, Jost /Martin, Bernd / Wollstein, Günter (Hg.), *Deutschland in Europa. Kontinuität und Bruch. Gedenkschrift für Andreas Hillgruber*, Berlin: Propyläen, S. 21–36. ■ Langewiesche, Dieter (1990), »Neuzeit, Neuere Geschichte«, in: van Dülmen, Richard (Hg.), *Das Fischer Lexikon Geschichte*, Frankfurt/M.: Fischer TB, S. 386–405. ■ Langewiesche, Dieter (2000), *Nation, Nationalismus, Nationalstaat in Deutschland und Europa*, München: C. H. Beck. ■ LeGoff, Jacques (1994), *Das alte Europa und die Welt der Moderne*, München: C. H. Beck. ■ Lindenberger, Thomas / Lüdtke, Alf (Hg.) (1995), *Physische Gewalt. Studien zur Geschichte der Neuzeit*, Frankfurt: Suhrkamp. ■ Lottes, Günther (1992), »Disziplin und Emanzipation. Das Sozialdisziplinierungskonzept und die Interpretation der frühneuzeitlichen Geschichte«, in: *Westfälische Forschungen*, 42, S. 63–74. ■ Miller, Max / Soeffner, Hans-Georg (1996), »Modernität und Barbarei. Eine Einleitung«, in: Miller, Max / Soeffner, Hans-Georg (Hg.), *Modernität und Barbarei. Soziologische Zeitdiagnose am Ende des 20. Jahrhunderts*, Frankfurt/M.: Suhrkamp, S. 12–27. ■ Münch, Paul (1996), *Lebensformen in der Frühen Neuzeit. 1500–1800*, Frankfurt/M.: Ullstein. ■ Näf, Werner (1970²), *Die Epochen der Neueren Geschichte. Staat und Staatengemeinschaft vom Ausgang des Mittelalters bis zur Gegenwart*, 2 Bde., München: List. ■ Nitschke, August u. a. (Hg.) (1990), *Jahrhundertwende. Der Aufbruch in die Moderne 1880–1930*, 2 Bde., Reinbek: Rowohlt. ■ Nolte, Paul (1996), »1900: Das Ende des 19. und Beginn des 20. Jahrhunderts in sozialgeschichtlicher Perspektive«, in: *Geschichte in Wissenschaft und Unterricht*, 47, S. 281–300. ■ Osterhammel, Jürgen (2001), *Geschichtswissenschaft jenseits des Nationalstaats. Studien zu Beziehungsgeschichte und Zivilisationsvergleich*, Göttingen: Vandenhoeck&Ruprecht. ■ Palmer, Robert Roswell (1964²), *The Age of Democratic Revolution. A Political History of Europe and America, 1760–1800*, 2 Bde., Princeton: University Press. ■ Peukert, Detlev (1987), *Die Weimarer Republik, Krisenjahre der klassischen Moderne*, Frankfurt/M.: Suhrkamp. ■ Riedel, Manfred, »Epoche, Epochenbewusstsein«, in: *Historisches Wörterbuch der Philosophie*, Bd. 2, Sp. 596–599. ■ Rüsen, Jörn (Hg.) (1999), *Westliches Geschichtsdenken. Eine interkulturelle Debatte*, Göttingen: Vandenhoeck&Ruprecht . ■ Schmale, Wolfgang (1998), »Europäische Geschichte als historische Disziplin. Überlegungen zu einer ›Europäistik‹«, in: *Zeitschrift für Geschichtswissenschaft*, 46, S. 389–405. ■ Schreiner, Klaus (1987), »›Diversitas Temporum‹. Zeiterfahrung und Epochengliederung im späten Mittelalter«, in: Herzog, Reinhart u. Koselleck, Reinhart (Hg.), *Epochenschwelle und Epochenbewusstsein*, München: Fink, S. 381–428. ■ Schumann, Dirk (1997), »Gewalt als Grenzüberschreitung. Überlegungen zur Sozialgeschichte der Gewalt im 19. und 20. Jahrhundert«, in: *Archiv für Sozialgeschichte*, 37, S. 366–386. ■ Schulze, Winfried (1987), *Deutsche Geschichte im 16. Jahrhundert*, Frankfurt/M.: Suhrkamp. ■ Schulze, Winfried (1987), »Gerhard Oestreichs Konzept ›Sozialdisziplinierung in der Frühen Neuzeit‹«, in: *Zeitschrift für Historische Forschung*, 14, S. 265–302. ■ Schulze, Winfried (1988), »Das Wagnis der Individualisierung«, in: Cramer, Thomas (Hg.), *Wege in die Neuzeit*, München: Fink, S. 270–286. ■ Schulze, Winfried (1990), »Ende der Moderne? Zur Korrektur unseres Begriffs der Moderne aus historischer Sicht«, in: Meier, Heinrich (Hg.), *Zur Diagnose der Moderne*, München: Piper, S. 69–97. ■ Schulze, Winfried (1993), »Von den großen Anfängen des neuen Welttheaters‹. Entwicklungen, neuere Ansätze und Aufgaben der Frühneuzeitforschung«, in: *Geschichte in Wissenschaft und Unterricht*, 44, S. 3–18. ■ Schulze, Winfried (1996³), *Einführung in die Neuere Geschichte*, Stuttgart: Ulmer. ■ Schulze, Winfried (1998), »Neuere Geschichte – Ein problematisches Fach«, in: Goertz, Hans-Jürgen (Hg.), *Geschichte. Ein Grundkurs*, Reinbek: Rowohlt, S. 287–317. ■ Sieferle, Rolf P. / Breuninger, Helga (Hg.) (1998), *Kulturen der Gewalt. Ritualisierung und Symbolisierung von Gewalt in der Geschichte*, Frankfurt/M./New York: Campus. ■ Skalweit, Stephan (1982), *Der Beginn der Neuzeit. Epochengrenze und Epochenbegriff*, Darmstadt: Wiss. Buchgesellschaft. ■ Stierle, Karlheinz (1987), »Renaissance – Die Entstehung eines Epochenbegriffs aus dem Geist des 19. Jahrhunderts«, in: Herzog, Reinhart / Koselleck, Reinhart (Hg.), *Epochenschwelle und Epochenbewusstsein*, München: Fink, S. 453–492. ■ STOLLEIS, MICHAEL (1988–1999), *Geschichte des öffentlichen Rechts in Deutschland*, 3. Bde., München: C. H.Beck . ■ VIERHAUS, RUDOLF U. A. (Hg.) (1992 a), *Frühe Neuzeit – Frühe Moderne? – Forschungen zur Vielschichtigkeit von Übergangsprozessen*, Göttingen: Vandenhoeck&Ruprecht. ■ VIERHAUS, RUDOLF (1992 b), »Vom Nutzen und Nachteil des Begriffs »Frühe Neuzeit«. Fragen und Thesen«, in: Vierhaus, Rudolf u. a. (Hg.), *Frühe Neuzeit – Frühe Moderne? – Forschungen zur Vielschichtigkeit von Übergangsprozessen*, Göttingen: Vandenhoeck&Ruprecht, S. 13–26. ■ VÖLKER-RASOR, ANETTE (Hg.), *Frühe Neuzeit*, München 2000. ■ VOGLER, GÜNTER (1998), »Probleme einer Periodisierung der Geschichte«, in: Goertz, Hans-Jürgen (Hg.), *Geschichte. Ein Grundkurs*, Reinbek: Rowohlt, S. 203–213. ■ WALDER, ERNST (1967), »Zur Geschichte und Problematik des Epochenbegriffs »Neuzeit« und zum Problem der Periodisierung der europäischen Geschichte«, in: *Festgabe Hans von Greyerz*, Bern: Lang, S. 21–47. ■ WEHLER, HANS-ULRICH (1987), *Deutsche Gesellschaftsgeschichte*, bisher 3 Bde., München: C. H.Beck. ■ WEHLER, HANS-ULRICH (2001), *Nationalismus. Geschichte, Formen, Folgen*, München: C. H.Beck. ■ WELSKOPP, THOMAS (2000), *Das Banner der Brüderlichkeit. Die deutsche Sozialdemokratie vom Vormärz bis zum Sozialistengesetz*, Berlin: Dietz.

Autorinnen und Autoren

Emil Angehrn, Professor für Philosophie an der Universität Basel. *Arbeitsschwerpunkte*: Philosophie des 19. und 20. Jahrhunderts; Geschichtsphilosophie; Hermeneutik; Metaphysik. *Ausgewählte Veröffentlichungen*: Die Überwindung des Chaos. Zur Philosophie des Mythos, Frankfurt/M. 1996; Interpretation und Dekonstruktion. Untersuchungen zur Hermeneutik, Weilerswist 2003. (*Beitrag 6.2*).

Jan Assmann, Professor für Ägyptologie an der Universität Heidelberg; Mitglied (u.a.) der Heidelberger Akademie der Wissenschaften, des Deutschen Archäologischen Instituts, des Instituts für Historische Anthropologie, der Egypt Exploration Society und der Société Française d'Eygyptologie; Träger des Max Planck Forschungspreises 1996 und des Deutschen Historikerpreises 1998. *Arbeitsschwerpunkte*: Ägyptische Religion, Geschichte, Literatur und Kunst; Religionswissenschaft; allgemeine Kulturtheorie; Schrift, Kanon und Zensur in den frühen Hochkulturen, insbesondere im alten Ägypten. *Ausgewählte Veröffentlichungen*: Ägypten - eine Sinngeschichte, 1996[1], Frankfurt/M. 1999; Moses der Ägypter, 1998[1], Frankfurt/M. 2000; Weisheit und Mysterium, München 2000; Herrschaft und Heil, München 2000; Der Tod als Thema der Kulturtheorie, Frankfurt/M. 2000; Religion und kulturelles Gedächtnis, München 2000; (Mithg.) Einsamkeit, München 2000; (Mithg.) Aufmerksamkeiten, München 2001; Das kulturelle Gedächtnis, 1992[1], München 2002; Totenliturgien in den Sargtexten des Mittleren Reiches, Heidelberg 2002; (Mithg.) Ägyptische Mysterien?, München 2002; Stein und Zeit, 1991[1], Darmstadt 2003; Tod und Jenseits im Alten Ägypten, 2001[1], München 2003; (Mitautor) Hieroglyphen, München 2003. (Beitrag 6.6).

Bernd Auerochs, Privatdozent für neuere deutsche Literaturgeschichte an der Universität Jena. *Arbeitsschwerpunkte*: Geschichte des Romans; deutsch-jüdische Literaturgeschichte; Literatur und Religion; Literaturtheorie; Aufklärung und Goethezeit; Literatur des 20. Jahrhunderts. *Ausgewählte Veröffentlichungen*: Erzählte Gesellschaft, München 1994; Das Ordnen der Welt, Heidelberg 1998; Die Entstehung der Kunstreligion, vorauss. 2004. (*Beitrag 1.2*).

Klaus Eder, Professor für Vergleichende Strukturanalyse am Institut für Sozialwissenschaften der Humboldt-Universität zu Berlin. *Arbeitsschwerpunkte*: Politische Soziologie und historisch-vergleichende Makrosoziologie. *Ausgewählte Veröffentlichungen*: Die Entstehung staatlich organisierter Gesellschaften. Ein Beitrag zu einer Theorie sozialer Evolution, Frankfurt/M. 1976; Geschichte als Lernprozess? Zur Pathogenese politischer Modernität in Deutschland, Frankfurt/M. 1985; (Mithg.) European Citizenship. National Legacies and Postnational Projects, Oxford 2001. (*Beitrag 6.4*).

Daniel Fulda, wiss. Assistent am Institut für deutsche Sprache und Literatur der Universität zu Köln. *Arbeitsschwerpunkte*: Theorie und Texte der ›Geschichte‹; kulturwissenschaftliche Motivik: Geld, Textilien, Anthropophagie; Theorie und Geschichte literarischer Gattungen, bes. Komödie/Tragödie, Narrativik. *Ausgewählte Veröffentlichungen*: Wissenschaft aus Kunst. Die Entstehung der modernen deutschen Geschichtsschreibung 1760–1860, Berlin/New York 1996; (Mithg.) Das Andere Essen. Kannibalismus als Motiv und Metapher in der Literatur, Freiburg/Brsg. 2001; (Mithg.) Literatur und Geschichte. Ein Kompendium zu ihrem Verhältnis von der Aufklärung bis zur Gegenwart, Berlin/New York 2002. (*Beitrag 4.4*).

Hans-Joachim Gehrke, Professor für Alte Geschichte und Direktor des Seminars für Alte Geschichte der Albert-Ludwigs-Universität Freiburg/Brsg.; Mitglied (u.a.) der Heidelberger Akademie der Wissenschaften. *Arbeitsschwerpunkte*: Soziale Konflikte und soziale Integration in der Antike; kulturelle Deutungsmuster, besonders Vergangenheitsvorstellungen und Erinnerungspflege; historische Geographie und Landeskunde; Geschichte des Hellenismus, besonders Akkulturationsprozesse; soziale und politische Aspekte der griechischen Philosophie. *Ausgewählte Veröffentlichungen:* Kleine Geschichte der Antike, München 1999; (Mitautor) Demokratie in Athen, Berlin 2002; Geschichte des Hellenismus, München 2003[3]. *(Beitrag 6.7).*

Lucian Hölscher, Professor für Neuere Geschichte an der Ruhr-Universität Bochum. *Arbeitsschwerpunkte:* Kultur- und Religionsgeschichte; Begriffsgeschichte; Theorie der Geschichte. *Ausgewählte Veröffentlichungen:* Öffentlichkeit und Geheimnis, Stuttgart 1979; Weltgericht oder Revolution, Stuttgart 1989; Geschichte und Vergessen, in: Historische Zeitschrift, Bd. 248, 1990, S. 1–17; Die Entdeckung der Zukunft, Frankfurt/M. 1999. *(Beitrag 6.3).*

Karl H. Hörning, Direktor des Instituts für Soziologie der RWTH Aachen. *Arbeitsschwerpunkte:* Kultur- und Wissenssoziologie; Techniksoziologie. *Ausgewählte Veröffentlichungen:* (Mitautor) Zeitpioniere, Frankfurt/M. 1998[3]; (Mithg.) Widerspenstige Kulturen, Frankfurt/M. 1999; Experten des Alltags, Weilerswist 2001. *(Beitrag 3.1).*

Friedrich Jaeger, Privatdozent für Neuere Geschichte an der Universität Bielefeld und Mitarbeiter des Kulturwissenschaftlichen Instituts in Essen. *Arbeitsschwerpunkte:* Amerikanische Geschichte des 18.–20. Jahrhunderts; Kommunikations- und Mediengeschichte der Neuzeit; Geschichte der Geschichtswissenschaft und Geschichtstheorie. *Ausgewählte Veröffentlichungen:* (Mitautor) Geschichte des Historismus, München 1992; Bürgerliche Modernisierungskrise und historische Sinnbildung, Göttingen 1994; Amerikanischer Liberalismus und zivile Gesellschaft, Göttingen 2001; Religionsphilosophie im Angesicht der Moderne: Ernst Troeltsch und der amerikanische Pragmatismus (vorauss. 2003). *(Beitrag 6.9).*

Christoph Jamme, nach dem Studium der Germanistik, Philosophie und Allgemeinen und Vergleichenden Literaturwissenschaft 1981 Promotion an der Ruhr-Universität Bochum, danach wissenschaftlicher Mitarbeiter am Hegel-Archiv der Ruhr-Universität Bochum; 1989/90 Fellow am Nether-

lands Institute für Advanced Study (NIAS); Habilitation 1990 in Bochum; von 1994–1997 Professor für Geschichte der Philosophie mit besonderer Berücksichtigung des Deutschen Idealismus an der Friedrich-Schiller-Universität Jena; seit 1997 Lehrstuhl für Philosophie an der Universität Lüneburg. *Ausgewählte Veröffentlichungen:* »Ein ungelehrtes Buch«. Die philosophische Gemeinschaft zwischen Hölderlin und Hegel in Frankfurt 1797–1800, Bonn 1983, 1988[2] (Diss.); »Gott an hat ein Gewand«. Grenzen und Perspektiven philosophischer Mythos-Theorien der Gegenwart, Frankfurt/M. 1990, 1999[2] (Habil.). *(Beitrag 4.1).*

Wolfgang Kaschuba, Lehrstuhl für Europäische Ethnologie an der Humboldt-Universität zu Berlin. *Arbeitsschwerpunkte:* Alltags- und Wahrnehmungsgeschichte der Moderne; öffentliche und politische Kultur; nationale und ethnische Identitätskonstruktionen. *Ausgewählte Veröffentlichungen:* Einführung in die Europäische Ethnologie, München 2002; (Mithg.) Schund und Schönheit. Populäre Kultur um 1900, Köln 2001. *(Beitrag 2.4).*

Matthias Kettner, Lehrstuhl für Philosophie an der Fakultät für das Studium fundamentale der Privatuniversität Witten/Herdecke. *Arbeitsschwerpunkte:* Praktische Philosophie und angewandte Ethik (bes. biomedizinische Ethik und Wirtschaftsethik); Diskurstheorie (bes. Diskursethik); Wissenschaftstheorie der Humanwissenschaften (bes. Psychoanalyse). *Ausgewählte Veröffentlichungen:* (Mithg.), Mythos Wertfreiheit? Neue Beiträge zur Objektivität in den Human- und Kulturwissenschaften, Frankfurt/M. 1994; (Mithg.), Die eine Vernunft und die vielen Rationalitäten, Frankfurt/M. 1996; (Mithg.), Globalisierung und Demokratie. Ökonomische, rechtliche und mediale Aspekte, Frankfurt/M. 2000. *(Beitrag 4.2).*

Hubert Knoblauch, Professor für Allgemeine Soziologie an der Technischen Universität Berlin; studierte Soziologie, Philosophie und Geschichte an den Universitäten Konstanz und Brighton; Promotion 1989 an der Universität Konstanz; er lehrte und forschte an der Universität Konstanz, der Hochschule Sankt Gallen, der University of Berkeley in California, der London School of Economics

u. a. m.; Habilitation 1994; 1996–1997 Heisenberg-Stipendiat; 1998–1999 Senior Research Fellow am King's College, London. *Arbeitsschwerpunkte*: Allgemeine Soziologie; Kommunikation; Wissen; Religion; Qualitative Methoden. *Ausgewählte Veröffentlichungen*: (Mitautor) Verbal Art across Cultures. The Aesthetics and Protoaesthetics of Communication, Tübingen 2001. (*Beitrag 5.5*).

John Michael Krois, Professor für Philosophie an der Humboldt-Universität zu Berlin, am Lehrstuhl für Philosophische Anthropologie und Kulturphilosophie. *Arbeitsschwerpunkte*: Kulturphilosophie und Semiotik. *Ausgewählte Veröffentlichungen*: Cassirer. Symbolic Forms and History, New Haven 1987; (Mithg.) Edgar Wind. Kunsthistoriker und Philosoph, Berlin 1998; (Mithg.) Ernst Cassirer. Nachgelassene Manuskripte und Texte, Hamburg 1995 ff. (*Beitrag 2.2*).

Ludolf Kuchenbuch, Professor für Geschichte und Gegenwart Alteuropas an der FernUniversität in Hagen. *Arbeitsschwerpunkte*: Feudalismustheorien; Mittelalterliche Schriftkultur; Arbeit im mittelalterlichen Europa. *Ausgewählte Veröffentlichungen*: Grundherrschaft im früheren Mittelalter, Idstein 1991; (Mitautor) Vom Brauch-Werk zum Tauschwert: Überlegungen zur Arbeit im vorindustriellen Europa, in: H. König u. a. (Hg.), Sozialphilosophie der industriellen Arbeit, Opladen 1990, S. 26–50; Ordnungsverhalten im grundherrlichen Schriftgut vom 9. zum 12. Jahrhundert, in: J. Fried (Hg.), Dialektik und Rhetorik im früheren und hohen Mittelalter. Rezeption, Überlieferung und gesellschaftliche Wirkung antiker Gelehrsamkeit vornehmlich im 9. und 12. Jahrhundert, (Schriften des Historischen Kollegs, Kolloquien 27), München 1997, S. 175–268; Potestas und Utilitas. Ein Versuch über Stand und Perspektiven der Forschung zur Grundherrschaft im 9.-13. Jahrhundert, in: Historische Zeitschrift, Bd. 265, 1997, S. 117–146. (*Beitrag 6.8*).

Claus Leggewie, Professor für Politikwissenschaft an der Justus-Liebig-Universität Gießen; Direktor des dortigen Zentrums für Medien und Interaktivität; Gastprofessuren an der New York University. *Arbeitsschwerpunkte*: Kulturelle Globalisierung und Einwanderungsgesellschaften; transnationale Politik und Demokratie; politische Kommunikation und neue Medien. *Ausgewählte Veröffentlichungen*: Multikulti. Spielregeln für die Vielvölkerrepublik, Berlin 1990^3; Von Schneider zu Schwerte. Das ungewöhnliche Leben eines Mannes, der aus der Geschichte lernen wollte, München 1998; Amerikas Welt. Die USA in unseren Köpfen, Hamburg 2000, TB München 2003; Die Globalisierung und ihre Gegner, München 2003; (Mithg.), Internet & Politik. Von der Zuschauer- zur Beteiligungsdemokratie, Köln 1998; (Mithg.) Politik im 21. Jahrhundert, Frankfurt/Main 2001. (*Beitrag 5.3*).

Burkhard Liebsch, seit 1995/6 Privatdozent an der philosophischen Fakultät der Ruhr-Universität Bochum; 1996/7 Gastprofessor für Philosophie an der Universität Ulm; ab 1997 Fellow am Kulturwissenschaftlichen Institut, dort ab 1999 mit J. Straub Leitung der Studiengruppe »Lebensformen im Widerstreit«. Derzeit Research Fellow am Forschungsinstitut für Philosophie Hannover. *Arbeitsschwerpunkte*: Philosophie der Geschichte; praktische und Sozial-Philosophie in kulturwissenschaftlicher Perspektive. *Ausgewählte Veröffentlichungen*: Geschichte als Antwort und Versprechen, Freiburg/München 1999; Moralische Spielräume, Göttingen 1999; Zerbrechliche Lebensformen. Widerstreit – Differenz – Gewalt, Berlin 2001; (Hg.) Hermeneutik des Selbst, Freiburg/München 1999; (Mithg.) Vernunft im Zeichen des Fremden, Frankfurt/M. 2001; (Mithg.) Trauer und Geschichte, Köln 2001; (Mithg.) Vom Sinn der Feindschaft, Berlin 2002; (Mithg.) Gewalt – Verstehen, Berlin 2003. (*Beiträge 1.1 und 3.4*).

Martina Löw, Professorin für Soziologie mit dem Schwerpunkt »Raumbezogene Gesellschaftsanalyse/Stadt- und Regionalsoziologie« an der TU Darmstadt. *Arbeitsschwerpunkte*: Raum und Macht; Qualitative Stadtforschung; Geschlechterforschung. *Ausgewählte Veröffentlichungen*: Raumsoziologie, Frankfurt/M. 2001; (Hg.) Differenzierungen des Städtischen, Opladen 2002. (*Beitrag 1.4*).

Käte Meyer-Drawe, Professorin für Allgemeine Pädagogik im Institut für Pädagogik der Ruhr-Universität Bochum. *Ausgewählte Veröffentlichungen*: Leiblichkeit und Sozialität. Phänomenologische Beiträge zu einer pädagogischen Theorie der Inter-

Subjektivität, München 2001[3]; Illusionen von Autonomie. Diesseits von Ohnmacht und Allmacht des Ich, München 2000[2]; Menschen im Spiegel ihrer Maschinen, München 1996. *(Beitrag 5.2)*.

Achim Mittag, Projektmitarbeiter des Kulturwissenschaftlichen Instituts in Essen. *Arbeitsschwerpunkte*: Chinesische Historiographie- und Ideengeschichte; Geschichte der Kanongelehrsamkeit in China. *Ausgewählte Veröffentlichungen*: Pacing the Past. Essays on Chinese Historiography and Historical Thought (im Erscheinen). (Beitrag 6.6).

Klaus E. Müller, Prof. emer. für Ethnologie an der Universität Frankfurt/M.; Fellow am Kulturwissenschaftlichen Institut Essen seit 1997, am Hanse-Wissenschaftskolleg Delmenhorst seit 1999. *Arbeitsschwerpunkte*: Allgemeine und Theoretische Ethnologie, speziell Kognitions- und Verhaltensethnologie. *Ausgewählte Veröffentlichungen*: Die fünfte Dimension: soziale Raumzeit und Geschichtsverständnis in primordialen Kulturen, Göttingen 1999; Wortzauber: eine Ethnologie der Eloquenz, Frankfurt/M. 2001. (*Beitrag 6.5*).

Richard Münch, Professor für Soziologie an der Otto-Friedrich-Universität Bamberg. *Arbeitsschwerpunkte*: Soziologische Theorie; historisch-vergleichende Soziologie; Fragen der europäischen Integration und der Globalisierung. *Ausgewählte Veröffentlichungen*: Die Kultur der Moderne, Frankfurt/M. 1986; Globale Dynamik, lokale Lebenswelten. Der schwierige Weg in die Weltgesellschaft, Frankfurt/M. 1998. (*Beitrag 3.3*).

Joachim Renn, Mitarbeiter am Institut für Soziologie der Universität Erlangen-Nürnberg (Redaktion der Werkausgabe Alfred Schütz); derzeit Habilitationsstipendiat der DFG mit einem Projekt zur Pragmatik der Integration moderner Gesellschaft. *Arbeitsschwerpunkte*: Theoretische Soziologie; Wissens- und Kultursoziologie; Übersetzungspraktiken; pragmatische Handlungs- und Differenzierungstheorie; Kulturvergleich; Gewaltforschung und Identitätstheorie. *Ausgewählte Veröffentlichungen*: Der Tod des Kapitän Cook. Zur Pragmatik sozialer Integration am Beispiel einer interkulturellen Begegnung, in: Handlung, Kultur, Interpretation.

Zeitschrift für Sozial- und Kulturwissenschaften, 8, 1999, S. 5–27; Die Übersetzung der modernen Gesellschaft. Das Problem der Einheit der Gesellschaft und die Pragmatik des Übersetzens, in: (Mithg.), Übersetzen als Medium des Kulturverstehens und sozialer Integration, Frankfurt M./New York 2002, S. 183–215. (*Beitrag 4.3*).

Norbert Ricken, wissenschaftlicher Assistent am Institut für Allgemeine Erziehungswissenschaft der Westfälischen Wilhelms-Universität Münster. *Arbeitsschwerpunkte*: Geschichte, Theorie und Philosophie der Erziehung; (pädagogische) Anthropologie; Sozialphilosophie und (Inter-)Subjektivitätstheorie. *Ausgewählte Veröffentlichungen*: Subjektivität und Kontingenz. Markierungen im pädagogischen Diskurs, Würzburg 1999. (*Beitrag 3.2*).

Paul Ricœur, lehrte ab 1948 Geschichte der Philosophie in Straßburg; 1956 Professor für Allgemeine Philosophie an der Sorbonne; ab 1966 an der Universität Nanterre; ab 1970 an der University of Chicago. *Ausgewählte Veröffentlichungen*: (Mitautor) Karl Jaspers et la philosophie de l'existence, Paris 1947; Philosophie de la volonté I, Paris 1950; Historie et vérité, Paris 1955 (dt.: Geschichte und Wahrheit, München 1974); Philosophie de la volonté II, Paris 1960 (dt.: Die Fehlbarkeit des Menschen; Symbolik des Bösen, Freiburg/München 1971); De l'interpretation, Paris 1965 (dt.: Die Interpretation, Frankfurt/M. 1969); Le conflit des interprétations, Paris 1969 (dt. Hermeneutik und Strukturalismus; Hermeneutik und Psychoanalyse, München 1973/4); La métaphore vive, Paris 1975 (dt. Die lebendige Metapher, München 1986); Temps et récit, Paris 1983 (dt.: Zeit und Erzählung I–III, München 1988–1991); A l'école de la phénoménologie, Paris 1986; Soi-même comme un autre, Paris 1990 (dt.: Das Selbst als ein Anderer, München 1996); La mémoire, l'histoire, l'oubli, Paris 2000. (*Beitrag 2.1*).

Enno Rudolph, Professor für Philosophie an der Geisteswissenschaftlichen Fakultät der Universität Luzern; Geschäftsführender Leiter des neuen »Kulturwissenschaftlichen Instituts« der Universität Luzern; Mitherausgeber der »Internationalen Zeitschrift für Philosophie (IZPh)«. *Arbeitsschwerpunk-*

te: Kulturphilosophie; Wirkungsgeschichte der Philosophie der Antike (mit bes. Berücksichtigung der Renaissance); Politische Philosophie der Gegenwart. *Ausgewählte Veröffentlichungen*: Odyssee des Individuums. Zur Geschichte eines vergessenen Problems, Stuttgart 1992; (Mithg.) Kulturkritik im 20. Jahrhundert, Hamburg 1995; (Mithg.) A Soul for Europe: On the political and cultural Identity of the Europeans, Leuven 2001; Ernst Cassirer im Kontext, Tübingen 2003. (*Beitrag 1.3*).

Jörn Rüsen, Präsident des Kulturwissenschaftlichen Instituts im Wissenschaftszentrum Nordrhein-Westfalen in Essen und Professor für allgemeine Geschichte und Geschichtskultur an der Universität Witten-Herdecke. *Arbeitsschwerpunkte*: Fragen der Geschichtskultur und der Geschichtsdidaktik, der Menschenrechte und der Sinnbildung im Prozess der Geschichte und Historiographiegeschichte. *Ausgewählte Veröffentlichungen*: Zeit und Sinn. Strategien historischen Denkens, Frankfurt/M. 1990; (Hg.) Geschichtsbewusstsein. Psychologische Grundlagen, Entwicklungskonzepte, empirische Befunde, Köln 2000; Zerbrechende Zeit. Über den Sinn der Geschichte, Köln 2001; Geschichte im Kulturprozess, Köln 2002; Kann gestern besser werden? Essays zum Bedenken der Geschichte, Berlin 2003. (*Beitrag 6.1*).

Dirk Rustemeyer, Professor für Allgemeine Pädagogik an der Universität Trier und für Philosophie an der Universität Witten/Herdecke. *Arbeitsschwerpunkte*: Theorie der Sinnbildung, der Narration und des Wissens; Sozial- und Bildungsphilosophie. *Ausgewählte Veröffentlichungen*: Historische Vernunft, politische Wahrheit, Weinheim 1992; Erzählungen. Bildungstheorie im Horizont von Theorien der Narration, Stuttgart 1997; Sinnformen. Konstellationen von Sinn, Subjekt, Zeit und Moral, Hamburg 2001; (Hg.) Symbolische Welten. Philosophie der Kulturwissenschaften, Würzburg 2002; (Hg.) Bildlichkeit. Aspekte einer Theorie der Darstellung, Würzburg 2003. (*Beitrag 1.6*).

Mike Sandbothe, Hochschuldozent für Medienwissenschaft und Kulturtheorien digitaler Medien am Bereich Medienwissenschaft der Friedrich-Schiller-Universität Jena. *Arbeitsschwerpunkte*: Medienphi-

losophie; Medienpädagogik; Wissenschaftsforschung der Kultur-, Medien- und Kommunikationswissenschaften. *Ausgewählte Veröffentlichungen*: Pragmatische Medienphilosophie, Weilerswist 2001; (Mithg.) Medienphilosophie. Beiträge zur Klärung eines Begriffs, Frankfurt/M. 2003. (*Beitrag 2.3*).

Alfred Schäfer, Professor für Systematische Erziehungswissenschaft an der Martin-Luther-Universität Halle-Wittenberg. *Arbeitsschwerpunkte*: Konstitutionsprobleme von Erziehungstheorien; Bildungsphilosophie; Subjektivierungsformen in anderen Kulturen. *Ausgewählte Veröffentlichungen*: Das Bildungsproblem nach der humanistischen Illusion, Weinheim 1996; Jean-Jacques Rousseau. Ein pädagogisches Porträt, Weinheim 2002; Theodor W. Adorno. Ein pädagogisches Porträt, Weinheim 2003. (*Beitrag 5.4*).

Gregor Schiemann, wissenschaftlicher Mitarbeiter am Philosophischen Seminar der Universität Tübingen. *Arbeitsschwerpunkte*: Natur- und Wissenschaftsphilosophie. *Ausgewählte Veröffentlichungen*: (Hg.) Was ist Natur? Klassische Texte zur Naturphilosophie, München 1996; Wahrheitsgewissheitsverlust. Hermann von Helmholtz' Mechanismus im Anbruch der Moderne, Darmstadt 1997. (*Beitrag 1.5*).

Norbert Schneider, Professor am Institut für Kunstgeschichte der Universität Karlsruhe (TH). *Arbeitsschwerpunkte*: Sozialgeschichte der europäischen Malerei; kunstwissenschaftliche Methodologie; Ästhetik und Erkenntnistheorie. *Ausgewählte Veröffentlichungen*: Geschichte der Landschaftsmalerei vom Spätmittelalter bis zur Romantik, Darmstadt 1999; Venezianische Malerei der Frührenaissance, Darmstadt 2002. (*Beitrag 4.5*).

Jürgen Straub, Professor für Interkulturelle Kommunikation an der Technischen Universität Chemnitz. *Arbeitsschwerpunkte*: Handlungstheorie; Kulturpsychologie; Kulturvergleich und interkulturelle Kommunikation; Identitätstheorie; Konflikte, Gewalt und Verständigung in modernen Gesellschaften; Gedächtnistheorie und Geschichtsbewusstsein; Theorie, Methodologie und Methodik qualitativer Forschung. *Ausgewählte Veröffentlichungen*: Handlung, Interpretation, Kritik. Grundzüge einer text-wissenschaftlichen Handlungs- und Kulturpsychologie, Berlin/New York 1999; Verstehen, Kritik, Anerkennung. Das Eigene und das Fremde in den interpretativen Wissenschaften, Göttingen 1999; Unverlierbare Zeit. Langfristige psychosoziale Folgen des Nationalsozialismus bei Nachkommen von Opfern und Tätern, Tübingen 2001; (Mithg.) Übersetzung als Medium des Kulturverstehens und der sozialen Integration, Frankfurt/M./New York 2002. *(Beitrag 5.1).*